창의성의 심리학

The Psychology of Creativity

by Jae Yoon Chang

ACANET, PAJU KOREA 2024.

대우학술총서 647

창의성의 심리학

장재윤 지음

아카넷

일러두기

1. 이 책에서는 다양한 인물들의 사례가 소개되고 있는데, 대부분 위키피디아와 네이버 백과 사전 등의 관련 자료들을 참조하였음을 밝힌다.
2. 이 분야에 관심 있는 분들이 참조할 수 있도록 참고문헌은 각 장별로 최대한 놓치지 않고 담았다.

머리말

  1913년 5월 29일 파리 샹젤리제 거리의 새로 지어진 극장에서 발레곡이 초연되었다. 바순 선율로 연주가 시작된 지 얼마 지나지 않아 객석이 술렁이기 시작하였다. 공연이 이어지자 일부 관객은 물건을 집어 던지며 당장 중단하라고 소리쳤으며 관객들끼리 주먹다짐도 벌어졌다. 당시 세련된 취향의 파리 관객들에게 이교도가 처녀를 제물로 바친다는 야만적인 줄거리와 계속되는 불협화음은 참기 힘든 것이었다. 폭동과도 같았던 당시 상황은 경찰이 동원되어서야 마침내 진정되었다. 이것이 《BBC 뮤직 매거진》에서 역사상 가장 위대한 작곡가 중 한 명으로 지명된 스트라빈스키의 〈봄의 제전〉이 처음 소개되었을 때 벌어진 일이다. 창의성은 독창적이고 놀라울 뿐만 아니라 때로는 엄청난 반대나 저항에 부딪히기도 하는 위험한 사고와 행동이다.

  그러나 창의성은 인류 문화의 형성 및 발전 과정에서 가장 두드러진 역량이다. 인류의 눈부신 문화는 '지능'의 승리라기보다는 '창의성'의 승리라고 해야 할 것이다. 그럼에도 인간의 창의성은 예나 지금이나 수수께끼 같은 것으로 신화적 믿음들이 여전히 편재하고 있다.

스트라빈스키의 일화가 역사적 창의성의 사례라면, 일상적 창의성의 사례들에서도 독창성과 놀라움을 경험할 수 있다. 예를 들어, 공공장소에서 울음을 그치지 않는 아이를 달래는 기발한 방법을 찾아내는 경우이다. 그리고 요즘은 유튜브와 같은 소셜 미디어 플랫폼을 조금만 살펴보아도 일상적 창의성의 수많은 사례를 쉽게 찾을 수 있는 세상이 되었다.

직장에서도 창의성은 필요하다. 로펌 변호사는 의뢰인에게 유리한 판결을 얻기 위한 창의적인 아이디어가 필요하며, 회계 담당자는 재무 관련 자료를 보다 효율적으로 처리할 수 있는 새로운 체계를 개발하려고 한다. 교사는 학생들의 몰입을 유도하여 다양한 지식을 이해하고 습득하도록 독특한 교수법을 고안할 수 있다. 사실 창의성은 거실을 장식하거나, 글을 쓰거나, 요리를 하는 등 우리 삶의 모든 영역에서 중요한 역할을 하며, 누구나 발휘 가능한 것이다.

더 나아가 로봇과 기계가 점점 더 많은 일을 대체하면서 인간은 새로운 아이디어를 생성하고 응용하는 능력이 필요한 지식 노동자가 되어가고 있다. 심지어 인공지능이 인간의 창의적 능력마저 뛰어넘으려 하고 있다. 지식 노동은 특정 기술을 반복적으로 사용하여 정형화된 산출물을 만들어내는 것이 아니라 일상적이지 않은 새로운 아이디어로 문제를 해결하는 유형의 일이다. 피터 드러커도 21세기 조직에서 가장 가치 있는 자산은 지식 노동자와 그들의 생산성이라고 내다보았다 (Drucker, 1999).

지식 노동자들이 생산성을 높이는 데 가장 중요한 역량이 창의성이기에 이에 관심을 두는 것은 자연스러운 것이지만, 매우 복잡다단한 현상으로서의 창의성은 지금까지 밝혀진 것보다는 더 많은 질문을 던지고 그 답을 찾아내야 하는 연구 주제라고 할 수 있다. 즉, 창의성 연구 영역은 꽃들이 만발하고 풍성하게 잘 가꾸어진 정원이라기보다는 듬성듬성 꽃이 피어 있고 아직 여러 곳에 잡초나 거친 흙이 드러나 있는, 더 다듬고 가꾸어야 할 정원으로 비유될 수 있다.

1950년 길포드가 미국심리학회 회장에 취임하면서 창의성 연구의 필요성을 역설한 후 20여 년 동안 심리측정 관점의 다양한 연구가 이루어졌지만, 오랫동안 창의성 연구는 예술과 과학 영역에 집중되었으며, 주로 교육 현장에서 제한적으로 응용될 뿐이었다. 더구나 심리학 분야에서 창의성을 연구하는 학자도 소수로 한정되어 있으며, 오늘날 심리학 개론서에 창의성 관련 내용은 거의 소개되지 않을 정도로 주요 관심사가 되지 못하였다. 노벨상을 수상한 심리학자 사이먼(H. Simon)도 창의성은 일상적인 '문제해결'의 한 형태로 보았을 뿐이다.

그러나 21세기에 들어 조직이나 비즈니스 영역에서 혁신이 강조되면서 새로운 전기가 마련되었다. 창의성이 '혁신'과 거의 동의어로 사용되면서, 예술과 과학에 이어 제3의 섹터로 비즈니스와 산업 영역까지 확장된 것이다. 이에 따라 최근 경영학과 조직심리학 분야에서 창의성 관련 연구가 급증하고 있으며 창의성 연구가 이전과는 질적으로 다르게 다양한 관점에서 이루어지고 있다. 창의성은 다양한 요소들의 상호작용으로 발현되기에 복합적이며 그 과정도 여러 단계를 순환적으로 반복하는 복잡한 현상이기 때문에 이러한 관점의 다양화는 지극히 자연스러운 것이다. 최근 두드러지게 나타난 주요 관점의 변화를 몇 가지 언급하면 다음과 같다.

첫째, 창의성 연구에서는 창의성이 정의되고 측정되는 방식에 따라 서로 다른 결론에 이르는 경우가 많다. 길포드의 제안에 따라 창의성을 '확산적 사고'로 정의하면서 오랫동안 대안 용도 과제(AUT)와 같은 간단한 검사로 창의성을 측정하였으나, 최근에는 일상생활에서의 창의적 활동 혹은 생애 동안의 창의적 성취물들을 평가하거나, 연구 참여자들에게 특정 영역의 창작물을 만들어내도록 하고 전문가들의 평가의 합의 수준으로 측정하는 등 측정 방식에서 큰 변화가 나타나고 있다.

둘째, 이전에는 역사적 창의성 관점의 창의적 산물(output)에 주목하는 연구와 일상적 창의성 관점의 창의적 잠재력(potential)에 초점을 두는 연구 간에 간극이 존재했다면, 이제는 실제 현장에서의 '창의적 작업(creative work)의 과정'에 초점을 두면서 이러한 간극이 점차 좁혀지고 있다(Harrison et al., 2022).

셋째, 이전에는 창의성을 '종속변인'으로 간주하여 창의적 성취에 이르게 하는 개인 특성이나 환경 요소에 관심을 두었다면, 최근에는 창의성을 '독립변인'으로 보고 창의적인 생각이나 행동이 이후 개인이나 조직에 어떤 결과를 유도하거나 변화를 초래하는지에도 관심을 둔다.

넷째, 이전에는 창의성의 전체 과정 중에서 선행 단계인 '아이디어 생성'에 주로 관심을 가졌지만, 지금은 '아이디어 평가나 선택'과 같은 이후의 수렴적 과정에도 주의를 기울이는 등 전반적으로 창의성 개념을 제한적으로 보기보다 창의적 성과에 이르는 전 과정에 두루 관심을 가지는 것으로 확대되었다.

21세기에 들어와 나타난 이런 변화는 한마디로 창의성 연구에서의 시각, 주제, 연구방법, 범위 등이 매우 다양해지고 확장된 것이라고 할 것이다. 또한, 가드너가 창의성은 "분명 특정 한 분야 내에서만 설명될 수 없는 종류의 문제"(Gardner, 1988)라고 언급했듯이, 창의성은 교육학이나 심리학적 접근뿐만 아니라 다양한 분야의 참여가 필요한 학제적 연구 영역이 되고 있다. 예술과 과학 영역에서의 창의성 연구가 주를 이룰 때에는 창의성 연구자의 수도 제한적이었지만, 지금은 비즈니스 영역까지 확대되면서 여러 학문 영역의 연구자들로 그 수가 많이 늘었다.

이 책은 이러한 창의성 연구의 변화 흐름에 따라 창의성에 관한 현재까지의 연구들을 주제별로 개관하고 주요 내용 중심으로 정리하여 창의성에 관심을 가진 독자들이 창의성을 이해하는 데 도움이 되는 것을 목표로 하였다. 또한, 심리학적 관점에서의 연구를 주로 다루었으나 그것에만 한정되지 않고 창의성을 여러 관점에서 이해할 수 있도록 다양한 관점의 내용을 주제별로 구성하였다. 더불어 최근 급격하게 늘어난 응용 창의성 관련 심리학적 연구들을 정리하고 통합할 필요에 부응하고자 하였다.

4부, 15장으로 구성된 이 책에서 다루는 내용을 개략적으로 소개하겠다. 1부 「창의성의 기초」의 각 장 주요 내용은 다음과 같다. 1장에서는 창의성의 정의와 유형 분류에 대해 살펴보고 오늘날 여전히 남아 있는 창의성에 대한 잘못된 믿음인 창의성 신화를 소개하였다.

2장에서는 창의성의 역사 및 연구방법론을 다루었다. 고대부터 근대에 이르기까지 창의성에 대한 관념의 변화와 1950년 이후 창의성의 주요 연구접근들을 살펴보았다. 또한, 창의성 연구방법의 동향과 창의성만의 독특한 연구방법인 역사측정법을 자세히 다루었다.

3장에서는 창의성에 관련된 주요 이론들을 정리하였다. 애머빌과 스턴버그의 요소이론, 영역 일반성과 특수성 논쟁 및 놀이공원 이론 모형, 맹목적 변이와 선택적 보유(BVSR) 모형, 칙센트미하이의 체계이론, 스턴버그의 추진 모형 및 삼각형 이론, 그리고 CASE 모형을 자세히 소개하였으며, 이 이론과 모형들은 이후의 장에서 자주 언급될 것이다.

4장은 확산적 사고 검사를 비롯한 창의성에 대한 다양한 평가 방법들을 개관하였다. TTCT로 대표되는 전통적인 창의성 검사 외에도 창의적 성취, 창의적 활동, 창의적 산물 등을 평가하는 다양한 평가 방법들을 소개하였으며, 팀, 조직, 국가 수준에서의 창의성을 가늠하는 방법도 포함하였다.

2부 「미시적 관점의 창의성」에서는 심리학의 주요 분과별로 창의성을 다양하게 조망하였다. 구체적으로, 5장에서는 창의성의 유전율에 관한 연구로 시작하여 창의적 인물의 성장 배경, 출생 순위, 스승의 영향, 나이와 창의성의 관계, 10년 법칙과 같은 신중한 연습의 효과, 노년기의 창의성 등을 포함한 다양한 주제를 다루었다.

6장에서는 창의성의 인지적 과정을 다루었는데, 무의식과 창의성, 창의적 인지 접근, 이전 지식의 영향, 숙고적 창의 과정과 즉흥적 창의 과정의 비교, 재능과 연습 간의 논쟁, 긴장 관점 대 토대 관점의 비교, 지능과 창의성 간의 관계, 그리고 최근 큰 주목을 받는 인공지능(AI)의 창의성에 대해 논의하였다.

7장은 낭만주의 시대의 유산인 정신병리와 창의성 간의 관계를 다루는 것을 시작으로, 프로이트와 광기의 천재 관점, 성격 5요인 및 기타 성격 특성들과 창의성 간의 관계, 창의적인 인물들의 역설적 특성 등을 소개하였다.

8장은 창의성의 동기 및 이에 영향을 미치는 사회심리적 영향을 주로 다루었다. 특히, 외적 보상이 내적 동기 및 창의성에 미치는 영향에 대한 오랜 논쟁, 친사회적 동기의 영향, 실패의 의미, 플로우에 대한 연구를 소개하였다. 마지막으로, 창의성의 사회정체성 관점과 젠더 편향 관련 연구를 다루었다.

9장은 정서와 창의성 간의 관계를 다루었다. 긍정 및 부정 정서의 영향뿐만 아니라 개별 정서가 창의성에 미치는 영향에 관한 연구를 개관하였으며, 정서지능과 같은 능력 측면의 정서가 창의성과 어떤 연관성을 갖는지, 그리고 창의적 작품이 일반인들의 정서에 어떤 영향을 미치는지도 다루었다.

10장은 창의성의 생물학적 기초로서, 분리 뇌 연구와 더불어 창의성과 연관된 전전두엽, DMN, 그리고 뇌 신경망에 대한 최근 관점을 다루고, 신경과학의 최신 연구들을 개관하였다.

3부 「맥락에서의 창의성」에서는 심리학을 포함한 사회과학의 여러 분야가 창의성을 이해하고자 시도하는 학제적 접근들을 소개하였다.

11장은 조직 창의성의 최신 연구들을 다루었으며, 조직 현장에서의 창의성 역설, 독립변인으로서의 창의성 연구 및 아이디어 평가와 관련된 경험적 연구들을 중점적으로 개관하였다.

12장은 창의성에 미치는 시대정신의 영향을 내적인 것과 외적인 것으로 구분하여 다루었다. 먼저 과학과 예술 영역에서의 내적 시대정신의 작동 방식을 쿤의 패러다임 개념과 마틴데일의 모형을 중심으로 살펴보았다. 그리고 외적 시대정신의 영향에 대해서는 사이먼턴의 역사측정 연구를 중심으로 개인의 창의성이 국가나 사회의 정치, 경제, 문화적 변인들에 의해 얼마나 영향을 받는지에 대하여 고찰하였다.

13장은 창의성의 문화 간 차이를 다루었다. 서구 중심으로 구성된 창의성 개념이 유교 문화권의 동아시아에도 적용될 수 있는지를 검토하였다. 특히, 동서양의 창의성 개념 차이, 개인주의−집단주의 차원에서의 문화 간 차이와 그것이 창의성 연구 및 육성에 주는 시사점 등 동서양 간의 창의성 비교 연구들을 개관하였다.

마지막 4부는 「창의성의 명과 암」으로, 개인의 창의적 잠재력을 긍정적인 방향으로 실현하는 창의성의 밝은 면과, 창의성을 나쁜 목적이나 의도로 사용하는 어두운 측면을 다루었다. 구체적으로 14장에서는 창의적 아이디어의 생성 기법으로, 브레인스토밍, 결부법, 형태분석법, 속성열거법, 스캠퍼 등을 소개하였다. 또한, 창의성 훈련 프로그램의 효과에 대해 논의하였으며, 그간의 심리학적 연구와 여러 연구자의 조언을 바탕으로 창의적인 삶을 위한 유효한 조언을 제시하였다.

한편 15장은 부정적 또는 악의적 창의성을 다루었다. 나쁜 의도를 가진 창의적 행위에 관한 연구가 21세기에 들어와 활발하게 이루어지고 있다. 악의적 창의성 주제는 범죄 영역, 특히 테러리즘과 주로 연관되어 연구되어왔기에 이와 관련된 연구들을 개관하였다.

이 책은 창의성 관련 심리학적 연구들을 (적어도 필자의 관점에서는) 포괄적으로 개관한 책이다. 따라서 창의성에 대해 좀 더 심도 있는 내용을 학습하고자 하는 학부생이나 대학원생에게 유용할 것이며, 창의성에 관심을 가진 일반인들에게도 지적 흥미를 충족할 기회가 될 것이다. 무엇보다 대학에서 창의성 관련 강좌를 개설하는 데 이 책이 유용하게 사용될 수 있기를 바란다.

이 책에 전문적인 용어와 표현이 간혹 포함되어 일반인들에게 친숙하지 않은 부분도 있을 것이다. 다만, 가급적 전문 용어를 최소한으로 사용하고자 하였으며, 필요한 경우 각주 등에 설명을 추가하였다. 또한, 이 책은 2023년까지 발간된 창의성 관련 주요 연구 결과들을 최대한 반영하고자 하였으되, 누락되거나 잘못된 부분이 있다면 이는 전적으로 필자의 잘못이자 한계이다.

감사의 말

심리학자로서 필자가 창의성에 관심을 가지게 된 두 가지 계기가 있었다. 첫째는 박사과정 재학 시 민경환 교수님의 〈예술 심리학〉 과목을 수강하면서 예술가들의 창의성에 관한 심리학적 연구들을 접한 것이었다. 창의적 인물들과 그들의 성취가 보여주는 놀라움과 극적인 요소들에 흥미를 갖는 여느 사람들처럼 필자도 이들의 심리적 특성에 매료되었던 것 같다. 둘째는 박사학위 논문으로 당시 재직하던 회사의 박사인력들의 조직 적응을 연구하면서, 연구개발 조직의 성과에 핵심적인 역량인 창의성을 증진하는 방법을 계속 공부해보고 싶은 마음을 갖게 된 것이었다.

1996년 박사과정을 마치면서 언젠가는 '창의성'을 주제로 책을 써보겠노라 다짐한 지 28년이 되었다. 대학에 자리를 잡은 후 창의성을 주제로 학생들과 소통하는 〈창의성의 심리학〉 강좌를 개설하여 지금도 이어오고 있으며, 2007년에는 가볍게 읽을 수 있는 『내 모자 밑에 숨어 있는 창의성의 심리학』을 출간하기도 하였다. 그러나 늘 마음 한구석에 좀 더 깊이 있게 창의성에 관한 심리학적 연구들을 소개하는 책에 대한 미련이 있었고, 이제 회갑이 되어서야 내놓게 되었다.

이 책이 나오기까지 도움을 주신 분들에게 감사의 인사를 전하고 싶다. 먼저, 돌아가신 정양은 선생님(서울대, 학술원 회원)의 은혜를 잊을 수 없다. 대학원 석사과정 진학 초기부터 선생님께서는 명확한 연구 주제로 방향을 잡아주셨고, 중요 순간마다 학업을 계속 이어갈 수 있도록 격려와 지원을 아끼지 않으셨다. 선생님 나신 지 100년 되는 해에 이 책을 내게 되어 개인적으로 큰 기쁨이다.

삶 자체가 심리학이었던 정양은 선생님은 많은 제자를 배출하셨고, 지금도 두륜회(頭輪會)라는 모임으로 학문적 교류를 이어가고 있다. 이들은 이미 고인이 되신 이수원, 장성수 두 분 교수님과 더불어, 홍대식(성신여대), 안신호(부산대), 조긍호(서강대), 민경환(서울대) 교수님으로, 모두 필자에게 연구자의 삶이 어떠해야 하는지의 본보기가 되시는 분들이다. 박사과정 재학 중 김명언(서울대) 지도교수님은 조직심리학에 대해 새로운 눈을 뜨게 해주셨고, 가까운 선배로서 박영석(가톨릭대) 교수님도 늘 조언을 아끼지 않으셨다.

이 책이 나오기까지 여러분들의 도움이 있었다. 우선 이 책의 일부 장은 조직심리학을 전공한 필자에게는 부담스러운 주제였는데, 두 분의 도움을 받았다. 12장 「창의성의 문화 간 차이」는 조긍호 선생님과 공저한 《한국심리학회지: 사회 및 성격》 게재 논문이 토대가 되었다. 필자에게 늘 멘토가 되어주시는 선생님은 이 책의 집필에 대해서도 관심을 가지고 격려해주셨다. 또한, 신경심리학자로서 한결같은 모습을 보여주신 김명선(성신여대) 교수님은 뇌와 신경과학을 다룬 10장을 읽고 내용을 바로잡고 보완해주셨다. 두 분의 도움으로 두 장이 질적으로 개선되었다.

더불어 오래전부터 함께한 동료 이병주 박사는 전체 원고를 모두 읽고 내용이 좀 더 체계를 갖도록 유용한 조언들을 많이 해주었다. 무엇보다 논리적으로 부적절하거나 어색한 부분을 매의 눈으로 찾아 주었다. 제자들의 도움도 있었다. 서희영 선생(서강대 박사과정)은 전체 원고를 꼼꼼하게 읽고 수정 의견을 주어 크게 도움을 받았다. 서 선생은 긴 작업 과정에서 자잘한 일들에 대해 늘 밝은 얼굴로 아낌없이 지원해주었다. 박춘신 박사와 남상희 박사도 여러 장을 읽고 격려와 함께 유효한 조언을 해주었다. 서강대 석사과정생들인 강영희, 김소정, 윤예린은 책의 각종 표와 그림을 정리해주었다. 그리고 막바지에 참고문헌 작업도 도와주었는데, 모두 내 일처럼 적극적이었다.

젊은 시절 창의성에 관심을 가지며 함께 공부했던 창의성 연구회의 오인수, 최창회, 이계원, 김규성에게도 감사하며, 이제 중장년기를 넘어가는 시기에 있지만, 이후에도 창의적인 노년기 삶을 이어가기를 바란다.

이 저술의 단행본 발간을 지원해준 대우재단에 감사드린다. 원고가 늦어지는 상황에 대해 배려해준 재단 관계자분들과 두 차례의 심사에서 유용한 조언을 해주신 심사위원께도 고마움을 전하고 싶다. 그리고 많은 원고 분량임에도 자세히 검토하고 의견 주신 아카넷의 김명준 편집자와 박수용 팀장께도 감사드린다.

2년간의 지루한 집필 과정에서 신체적으로 힘든 점도 있었으나, 앎의 과정에서 느끼는 즐거움과 내적 동기가 계속 작업을 이어가게 한 동력이 되었던 것 같다. 그리고 제법 방대한 내용을 담고 있지만 이 책을 통해 창의성을 좀 더 깊이 있게 이해하는 즐거움을 누리는 독자들이 많이 있기를 바라는 마음이다.

마지막으로 필자가 하고 있는 일에 늘 집중할 수 있도록 도와주는 아내에게 이 책을 통해 크게 고마운 마음을 전하고 싶다. 늘 함께하는 아내의 물질적, 정신적 지지가 없었다면 아마 이 책이 세상에 나오기 어

려웠을 것이다. 그리고 사랑스러운 승현과 하린도 각자의 영역에서 창
의적 작업에 몰입하고 정진하여 다채로운 결실이 있기를 바란다.

2023년 겨울 긴 여정을 마치며

장재윤

차례

2부 미시적 관점의 창의성

3부 맥락에서의 창의성

4부 창의성의 명과 암

1부 창의성의 기초

1장
창의성의 정의, 유형, 신화

"'타고난 천재'라는 신화와 '고된 작업'이라는 냉엄한 현실 중에 선택하게
하면 대중문화는 대개 신화를 선택한다."

- 브라이언 버렐(2004)

서울에 사는 40대 중반의 화가 '갑'과 '을'이 있다. 두 사람은 출신 지역이 같고, 둘 다 여유로운 중산층의 맏이로 태어났으며, 같은 학교에서 미술을 전공하였다. 현재 '갑'은 새로운 양식을 개척한 독창적인 화가로 명성을 얻고 있지만, '을'은 능력은 뛰어나지만 그다지 주목할 만한 화가로는 인정받지 못하고 있다. 이 두 사람 간의 차이는 어떻게 생겨난 것일까? '갑'과 '을'은 다른 유전적 또는 신경생물학적 특성을 갖고 태어난 것일까? 아니면 '갑'은 어린 시절, 학창시절, 또는 성인기에 남다른 독특한 경험을 했을까? 그렇다면 그런 경험은 무엇일까?

어려서부터 천재 소리를 들으며, 과학고를 조기 졸업한 '병'과 '정'은 이후 저명한 대학에서 물리학 박사학위를 받았고, 대학에서 관련 분야의 연구자로 활동하고 있다. '병'은 이미 30대 중반에 인용지수가 매우 높은 논문을 계속 발간하여 노벨 물리학상 후보에 오르고 있지만, '정'은 다수의 논문을 꾸준히 발간하였으나 학계 동료들로부터 대단한 주목을 받지는 못하고 있다. 이 두 사람 간의 차이는 어떻게 생겨난 걸

까? '병'이 '정'보다 호기심이나 학습량이 더 많아서일까? 아니면 '병'은 '정'과는 질적으로 다른 방식으로 사고하거나 문제에 접근하는 것일까? 또는 '병'이 대학이나 대학원 시절 지적 자극과 정서적 지지를 많이 해 준 탁월한 스승이나 멘토를 만나서일까?

세계보건기구(WHO)의 2018년 보고서에 의하면, 전 세계에서 매일 팔리는 150억 개비의 담배 중 3분의 2가 거리에 버려진다. 대도시 공무원들은 늘 이 문제를 해결하기 위해 애쓴다. 그런데 A 시청의 공무원은 '휴대용 재떨이 배부'나 '무단투기 집중단속'과 같은 관습적인 방안을 내놓지만, B 시청의 한 공무원은 기발한 아이디어를 내놓아 주목할 만한 성과를 얻었다. '당신은 메시와 호날두 중 누구를 좋아합니까?'라는 문구가 적힌 노란색 담배꽁초 투표함을 설치하여 꽁초 투기를 단번에 80%까지 줄인 것이다(Linkner, 2021).[1] 두 공무원의 사고와 행동의 차이는 어떻게 나타난 것일까? 두 공무원은 다른 성격이나 동기적 특성을 가진 것일까? 아니면 A 시청과 B 시청의 조직 분위기가 달라서일까? B 시청 분위기는 A 시청과는 달리 구성원들의 새로운 아이디어에 대해 수용적이고 개방적인 분위기를 가져서일까?

위의 예시처럼, 어떤 이는 자신의 직업이나 업무에서 창의적인 아이디어와 산물을 만들어내지만, 다른 이는 그런 모습이 별로 나타나지 않는다. 이 책은 이런 차이가 어디서, 어떻게, 왜 생기는 것인지에 대한 심리학적 관점에서의 해답을 모색하였다. 즉 '창의성'이라는 현상에 대한 다양한 학자들의 관점과 심리학적 연구 결과를 소개하면서, 창의성 현상에 대한 보다 진실에 가까운 이해를 얻고자 하였다.

---

1 이것은 실제 사례로, 영국 한 도시의 임시직 공무원이었던 레스토릭(T. Restorick)이 제안한 아이디어였다. 설치한 지 불과 45일 만에 600만 명 이상이 투표에 참여하였다.

1. 창의성의 시대

1) 창의성에 대한 학계의 관심

창의성에 관한 선구적 연구와 활성화에 크게 기여한 길포드(J. P. Guilford)는 1950년 미국심리학회(APA) 회장 취임사에서 당시의 창의성 연구 동향을 지표로 제시한 적이 있다. 심리학 분야의 학술 데이터베이스(DB)였던 《심리학 초록(*Psychological Abstracts*)》[2]에 나오는 논문에서 제목에 창의성 관련 용어가 포함된 비율은 전체 12만 1,000개 중 86개로 0.2%에도 미치지 못했다. 그의 취임사 이후에는 어떤 변화가 있었을까?

Sternberg와 Lubart(1996)가 1975년부터 1994년까지 창의성 연구의 빈도를 파악하기 위해 《심리학 초록》에서 창의성과 관련된 키워드를 검색한 결과에서는 전체 논문의 0.5%로, 이전보다 두 배 이상 증가하였다.

Jung과 Vartanian(2018)은 1995년부터 창의성 연구 논문의 수가 가파르게 상승하는 형태를 보인다고 하면서, 1990년대에 창의성에 관한 유력한 이론들과 Sternberg(1999)의 *Handbook of Creativity*와 같은 서적들이 출간되었고, 인지심리학의 확장으로서 창의적 인지 접근이 1990년대에 널리 인기를 끌었으며, 1990년대부터 뇌와 신경과학 연구를 위해 MRI와 같은 뇌 영상 촬영 방법이 사용되기 시작한 점들을 그 이유로 들었다.

전통적으로 창의성은 예술과 과학 영역에서 강조되는 현상이자, 교육 현장에서 관심이 많은 주제였다. 그런데 최근 비즈니스와 경영 분야에서 '혁신(innovation)'이 강조되면서 혁신의 전 단계인 창의성에 관한

---

2   미국심리학회(APA)에서 1927년부터 매달 발행한 정기간행물로, 영어로 된 저널, 보고서, 북 챕터 등의 심리학 분야 논문들에 대해 초록 및 서지정보를 담고 색인 작업을 하였다. 2006년에 발행이 종료되어, 사이크인포(PsycINFO) DB로 대체되었다.

관심이 급증하고 있다. 이것은 Hoelscher와 Schubert(2015)의 조사에서 나타나는데, 1950~1959년에는 사회과학 인용지수(SSCI) DB의 전체 논문 중 '창의성' 또는 '혁신'이라는 용어가 포함된 경우가 1.48%에 불과했지만, 1990~1999년에 1.63%에 이르렀고, 2000~2009년에는 2.44%로 증가하였다. 특히 동료 심사를 거치는 학술지에서는 1950~1959년에 1.25%이었던 것이 2000~2009년에는 2.50%로 두 배 증가하였다. 실제 발간된 논문 수에도 164편에서 8,096편으로 거의 50배나 증가하였다.

최근 Mejia 등(2021)은 '혁신'과 관련된 창의성 연구들이 폭증하고 있으며, 지금이 창의성 연구의 가장 생산적인 시기에 들어와 있다고 진단하였다. 그들은 1922년 1월부터 2020년 12월까지 출간된 학술논문《웹 오브사이언스(Web of Science)》에서 논문 제목, 초록, 키워드에 'creativ'가 포함된 논문 중 창의성을 직접 다루는 3만 8,290편의 논문)을 네트워크 분석과 텍스트 마이닝 기법으로 분석하여 열한 개의 군집(cluster)을 확인하였다(〈그림 1-1〉). 열한 개의 군집이 전체 논문 중에서 90%를 차지하였다.

여기서 주목할 것은 2011년 이후 군집의 변화 양상이다. 〈그림 1-1〉을 보면 첫 군집인 '조직 및 팀 창의성' 주제는 1990년대 초반에 시작되었으나 최근에는 가장 논문 수가 많고 논문 증가율도 가장 높다. 창의성 연구의 기초가 되는 주제들을 다루는 '창의성의 사회심리학'과 가장 최근인 2000년대에 나타난 주제인 '창조 산업 및 창의적 도시'도 상당히 증가율이 가파르다. 다섯 번째인 '신경과학' 연구도 1990년대에 시작된 이후 일관되게 창의성 연구의 8~10% 정도를 차지하고 있다.

이런 추세는 창의성 연구가 기존의 학교나 예술 현장에서 벗어나 조직(팀) 현장으로 확대되고 있으며, 전통적인 개인 수준의 연구에서 벗어나 산업 수준과 지역(도시) 수준의 연구도 늘고 있음을 알 수 있다.

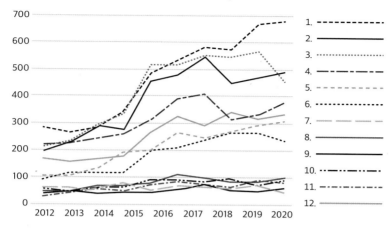

1. 조직 및 팀 창의성　　2. 창의성의 사회심리학　　3. 창조 산업 및 창의적 도시　　4. 아이디어 생성

5. 창의성의 신경과학　　6. 창의적 예술과 미술 치료　　7. 창의성과 정신질환　　8. 전문성과 생산성

9. 창의성 증진　　10. 정체성과 다문화주의　　11. 창조적 파괴　　12. 기타

그림 1-1 **2011년 이후 창의성 연구 주제의 추이(Mejia et al., 2021)[3]**

또한, 첫 세 군집에서 알 수 있듯이, 개인에 초점을 두었던 이전의 경향과 달리 창의성이 발현되는 '맥락(context)'을 고려하는 연구들이 더 많아지고 있다. 상대적으로 가장 오래된 전통적 주제라고 볼 수 있는 '창의성 증진'은 아홉 번째로 후순위이다.

　학계에서의 이러한 창의성 관련 연구논문의 증가는 현실 세계의 변화 흐름을 반영하는 것으로도 볼 수 있다. 즉, 영문 학술지에 발표된 창의성(및 혁신)에 대한 논문의 증가가 시사하는 바와 같이, 창의성의 필요성 또는 요구가 증대되는 것은 전 세계적인 현상일 수 있다.

3　군집명은 해당 군집에서 가장 많이 나타나는 키워드와 가장 많이 인용되는 논문들의
　　내용에 근거하였다.

2) 인류 생존과 번영의 키워드

젊은 시절 습득한 기술이나 지식으로 평생을 살아가는 데 별 무리가 없던 시기에는 '새로움'에 직면할 일이 별로 없었다. 또한 오랜 기간 큰 변화가 없던 과거에는 창의적 과정에 종사하는 사람들의 수는 매우 제한적이었다. 그러나 지금은 지식 축적의 속도가 기하급수적으로 빨라지고 새로운 기술과 정보들이 넘쳐나면서 사실상 거의 모든 사람이 매일 새로운 것에 직면하면서 살아가고 있으며, 그것들에 대응하여 창의적인 사고 과정에 관여하지 않을 수 없는 세상이 되었다. 굳이 창의적인 아이디어나 산물을 만들어내지 않더라도, 누군가의 새로운 창작물을 매일 만나면서 영향을 받는 세상이 되었다. 우리는 지금 날마다 새로움으로 가득 찬 환경에서 살고 있다.

또한 한 국가의 경제적 풍요로움의 정도는 창의적 계급(creative class)의 사람들이 얼마나 많은지의 함수일 수 있다(Florida, 2002). 선진국들이 값비싼 노동력에도 불구하고 경쟁력을 유지할 수 있는 것은 기업 구성원들의 창의적인 사고와 행동에 기반한 것이라고 볼 수 있다.

물론 창의성의 중요성에 대한 강조나 사회적 요구가 21세기만의 현상은 아니다. 앞서 언급한 길포드는 젊은 시절 이미 창의성이 인간 생존의 필수 역량임을 깨달았다(Haren, 2004). 그는 창의성을 '확산적 사고(divergent thinking)'라고 보았는데, 이러한 생각의 배경에는 제2차 세계대전 당시 자신의 체험이 있다. 당시 그는 심리학 박사로서 미 공군에 배속되어 다양한 심리검사를 사용하여 조종사로 적합한 사람을 선발하는 임무를 맡고 있었다. 신체검사와 심리검사를 모두 통과한 후보자들은 마지막 면접에서 최종적으로 선발 결정이 이루어졌다. 그는 퇴역한 조종사들과 더불어 면접관으로 참여하여 각자 면접을 보았고, 최종 선발된 후보자들은 이후 여러 작전에 참여하여 제2차 세계대전을 연합군의 승리로 이끄는 데 기여하였다. 그런데 전쟁이 끝난 후 길포드는 자신이 선발한 사람과 퇴역 조종사들이 선발한 사람 중에서 누가 더 많이 생존했는지를 조사한 결과에 큰 충격을 받았다. 자신이 선발한 사람들이 더 많이 사망한 것이었다. 개인차를 과학적으로 연구하는 심리 측정 전문가로서 받아들이기 어려운 결과였다.

왜 이런 결과가 나왔을까? 당시 면접에서 '작전 수행 중 적군이 대공포를 쏘면 어떻게 하겠는가?'라는 질문에, 그는 '더 높이 상승하여 대공포를 피하겠다'라고 응답한 사람들을 선발하였는데, 그 이유는 당시의 비행 교본에 그렇게 되어있었기 때문이었다. 그러나 퇴역조종사들은 오히려 '비행기를 하강시키겠다' 또는 '본부로 귀환하겠다'와 같이 교본과는 다른 답을 제시하는 사람들을 선발하였다. 교본에 맞게 응답한 사람을 선발한 그의 결정이 참담한 결과로 이어진 이유는 독일 공군은 미군의 교본을 입수하여 대공포를 피해 올라오는 연합군 항공기를 손쉽게 격추시켰기 때문이었다. 이러한 경험 이후 그는 전통적인 지능검사처럼 정답을 찾는 검사가 아닌 다양한 아이디어들을 생각해내는 창의력을 측정하는 검사를 고안하고자 평생 노력을 기울였다. 길포드의 경험이 우리에게 주는 시사점은 잘 알려진 정답만을 찾는 사람은 생존하기 어렵다는 것이다.

세계적으로 널리 알려진 창의력 검사인 토런스 창의적 사고 검사(TTCT: Torrance Test of Creative Thinking)의 개발자 토런스(E. P. Torrance)도 유사한 경험을 하였다(Robinson & Stern, 1997). 그는 6 · 25 전쟁이 발발한 1950년에 미 공군으로부터 작전 수행 중 항공기가 추락했을 때 조종사가 생존하여 무사히 귀환할 수 있도록 돕는 훈련 프로그램을 개발해 달라는 요청을 받았다. 그는 관련 문헌을 조사하면서, 제2차 세계대전 당시 생환에 성공했던 조종사들을 만나 어떻게 그것이 가능했는지를 물었다. 그는 인터뷰 내용을 분석하는 과정에서 놀라운 사실을 발견했다. 그들 대부분이 언급하는 것은 다름 아닌 '창의성'이었다. 전혀 예측할 수가 없는 장소와 시기에 비행기가 추락하는 매우 불확실한 상황에서는 자신의 다양한 경험을 기반으로 '창의적인 문제해결 방안'을 찾아내는 능력이 필요하다는 것이다. 그래서 그가 최종적으로 개발한 것은 생존의 필수 도구로서 창의성을 증진하는 훈련 프로그램이었다.

위의 두 사례를 통해 남과 다른 독특하고 창의적인 생각을 하는 사람들이 더 생존 가능성이 크다는 것을 알 수 있다. 그러나 특정한 개인이 집단이나 조직에서 남과 다르게 행동하면 위험이 따른다. 왜냐하면 집단 규범이나 조직 문화와는 부합하지 않는 사고와 행동을 하는 것이기에 사회적으로 고립될 가능성이 크기 때문이다. 이처럼 창의성 또는 창의적인 사고와 행동은 역설적인 면이 있다. 그럼에도 인간의 창의성은 진화 과정에서 순기능을 해왔기에 창의적 특성을 가진 사람들은 항상 존재해왔고, 그들의 인간 사회의 발전과 기술적 진보에의 기여는 온전히 다 기술하기 어려울 정도이다.

오래전부터 인간은 동물과는 달리 독특하고 다양한 문화적 특성들을 발달시켜왔고, 인간 문화의 진화 과정에 대한 이해에서 창의성이 그 출발점이라는 것은 의문의 여지가 없다(Fogarty et al., 2015). 인류가 지구의 지배자가 된 것은 지능의 승리라기보다는 상상력과 창의성의 승리라고 보아야 할 것이다. '필요는 발명의 어머니'라는 속담이 유효하다면, 문화의 진화나 축적은 대응하기 어렵고 변화가 심한 환경에서 더 가속화되고, 안정되고 쉬운 환경에서는 느리게 진행될 것이다. 고인류학적 연구들에서도 환경 측면에서 안정적이었던 전기 및 중기 구석기 시대에는 상대적으로 문화 변화가 느렸고 인간이 사용하는 기술도 지역적인 격차가 거의 없었다. 즉, 260만 년 전 초기 인류의 석기는 매우 단순하였을 뿐 아니라, 이러한 석기가 백만 년 이상 거의 변화 없이 지속되었다. 이러한 정체 상태는 고인류학에서 아직 풀리지 않은 수수께끼이지만, 환경의 변동성에 대한 민감성이 낮아서일 수도 있고, 상대적으로 환경 변화가 별로 크지 않았던 전기 구석기 시대의 특성 자체 때문에 나타난 결과로도 추측된다. 왜냐하면 약 2만 년 전의 후기 구석기 시대에는 환경의 변화가 극심하였고, 정교한 예술과 기술의 발전이 넘쳐났기 때문이다.

21세기에 들어와 그 어느 때보다도 많은 변화가 일어나고 있고, 또 앞으로 더 많은 급진적인 변화가 계속될 것이다. 인공지능, 빅데이터, 사물인터넷, 로봇 등으로 대변되는 제4차 산업혁명의 시대에 직면한 현실은 후기 구석기 시대처럼 새로운 환경 변화가 급속하게 나타나는 시기로 접어들고 있다고 볼 수 있다. 하루가 다르게 발전하는 기술 혁신과 더불어, 전 세계적인 기후 위기와 같은 암울한 미래 예측은 지금이 문명의 대전환기가 아닌가 생각되게 한다. 이러한 급격한 변화의 시기에 생존하기 위한 가장 주요한 핵심 역량으로 '창의성'이 주목 받지 않을 수 없는 시대가 되고 있다.

보다 혁신적이고 역동적인 조직과 사회를 만들어 가는 데 창의성은 가장 기본이 되는 역량으로 그 중요성이 점차 커지고 있다. IBM은 2009~2010년에 전 세계 60개국의 33개 산업 분야의 1,541명의 기업 및 공조직의 최고경영자(CEO)들을 대상으로 인터뷰를 실시하였다. 이 조사에서 전 세계 리더들은 글로벌 환경에서 가속화되는 복잡성(complexity)이 자신들이 직면한 가장 큰 도전이지만 이런 복잡성에 효과적으로 대처할 준비가 되어 있지 않다고 인식하였으며, 이런 복잡성을 돌파해나갈 단 하나의 가장 중요한 리더십 역량으로 '창의성'을 지목하였다. 즉, 그들은 모두 창의성이 사업 성공의 가장 중요한 요소라고 한목소리로 강조한 것이다(IBM, 2010).

많은 나라에서 기존의 산업 경제 체제에서 지식 경제 체제로의 전환을 시도하면서 이러한 변화에 교육 체계도 효과적으로 대응해야 한다는 문제의식으로 시작된 2009년 ATC21S 프로젝트[4]에서도 21세기 교육의 목표 및 평가의 기준으로 새롭게 주목해야 할 열 가지 스킬 중 첫 번째로 '창의성과 혁신'을 꼽았다(Binkley et al., 2012).

또한 2016년 세계경제포럼(World Economic Forum)의 보고서에서도 제4차 산업혁명에서 성공하기 위해 가장 필요로 하는 스킬 목록에서 창의성은 최상단에 올라왔다(WEF, 2016).

이처럼 경제, 경영, 교육 등 대부분 영역에서 창의성이 강조되고 있다. 한편, 한국은 2021년 7월 유엔 무역개발협의회(UNCTAD)에 의해 서른두 번째로 선진국 그룹에 포함되었다. 1964년 협의회 설립 이후 개발도상국에서 선진국 그룹으로 지위가 변경된 첫 사례이다. 한국은 민주화와 산업화를 단기간에 이루어낸 현대사에서 유례를 찾기 어려운 나라이다. 또한 세계 242개 국가 중 GDP 순위 10위권, 제조업 경쟁력은 5위권이며, 세계에서 단 일곱 개 국가만 있다는 '30-50클럽'(GDP 3만 달러 이상, 인구 5천만 명 이상 국가)의 가입국이다. 이에 '추격 국가에서 선도 국가'로 도약하자는 논의, 즉 '선진국' 담론이 시작되면서, 과거의 '모방'이 아니라 '창조'의 단계로 질적 전환의 필요성이 강조되고 있다.

이러한 맥락에서 이 책에서는 창의성과 관련된 다양한 논의를 소개함으로써, 21세기의 성장과 발전의 주요 원동력이라고 할 수 있는 창의성의 관점에서 한 사회와 그 구성원들의 경쟁력을 살펴보는 계기가 될 것이다. 이제부터 창의성의 정의와 유형에 대해서 살펴보자.

---

4 'Assessment and Teaching of Twenty-First Century Skills'라고 명명된 이 프로젝트는 빅 테크 기업인 시스코, 인텔, 마이크로소프트가 후원하였다. 첫해에는 호주, 핀란드, 포르투갈, 싱가포르, 영국이 참여하였으며, 2010년에는 미국도 참여하였다.

2. 창의성의 정의

창의성에 대해 정의를 내리는 것이 그리 간단하지 않은 이유는 지능처럼 창의성도 매우 복합적인 구성개념(construct)이기 때문이다 (Sternberg, 1985). 초창기 연구자들이 관점에 따라 창의성에 대한 서로 다른 정의들을 제시하면서, 창의성에 대한 합의된 일반적 정의가 가능할지 의문시되기도 하였다. 이런 측면을 반영하여, Mumford와 Gustafson(1988)은 창의성을 개인 특성과 환경 특성의 복잡한 상호작용의 산물이라고 보면서 창의성을 하나의 '증후군(syndrome)'으로 묘사하기도 하였다.

1) 공유된 정의

표준 정의　한국의『표준국어대사전』에는 창의성이 '새로운 것을 생각해내는 특성'으로 정의되어 있다.[5] 그런데, 지금까지 서구 학자들에게 수용되는 창의성의 표준 정의(standard definition)는 개인(혹은 집단)이 '새로운(novel)/독창적인(original)' 그리고 '적절한(appropriate)/유용한(useful)' 무엇인가를 생성하는 것이다.

여기서 '무엇'은 아이디어, 문제해결 방안, 새로운 기회 발견, 구체적

5　영어의 creativity는 한국어로 '창의성', '창의력', '창조성' 등으로 번역된다.『표준국어대사전』에 창의력은 '새로운 것을 생각해내는 능력'으로, 창조성은 '창조하는 성질 또는 특성'으로 나온다. 김명철과 민경환(2012)은 creativity를 창의성(創意性)이 아니라 창조성(創造性)으로 표현하는 것이 적절하다고 하였는데, 전자는 확산적 사고처럼 새로운 아이디어의 생성에 그치는 측면의 표현이지만, 창조성은 새로운 것을 만들어내는 특성으로 이해할 수 있고, 아이디어의 생성만이 아니라 창조성의 기본 준거인 산물이 창조되기까지의 다양한 인지적, 행동적, 사회적 특징을 포괄할 수 있다고 하였다. 그러나 '창조'는 천지창조와 같은 신적, 종교적 의미를 담고 있는 경우가 많고, '창의'라는 표현이 더 자연스러워 이 책에서는 '창의성'을 사용한다. 다만 창의력 또는 창조력은 창의성을 '능력' 개념으로만 제한하는 문제가 있다.

인 산출물 등 다양할 수 있다. 이러한 창의성의 표준 정의에 나타난 두 기준은 새로움(독창성)과 유용성(적절성)이다(Runco & Jaeger, 2012).

새로움(독창성)은 이전에 없던 새로운 것(양식, 접근 등)이거나 다른 사람들과는 확연히 구별되는 독특성이 있거나, 기존의 문제해결의 표준적인 방법, 규칙, 절차에서 벗어난 해결안을 제시하는 것과 같은 것이다. 또는 대학생들에게 외계 생명체를 상상해 그려보라고 했을 때 지구상에서 흔히 볼 수 있는 두 눈이나 사지 같은 전형적 특성들이 없는 아주 특이한 생명체를 그렸을 때와 같은 것이다.

유용성(적절성)은 새로움보다는 다소 덜 명확한 편이며, 뒤에 논의하겠지만, 논란이 있는 기준이다. 아인슈타인의 상대성이론이나 구글의 검색 기능처럼 과학이나 비즈니스 영역에서는 유용성 기준이 상대적으로 명료한 편이지만, 주관주의(subjectivism)가 강한 인문학이나 예술 영역에서는 다소 모호하고, 논쟁이 있으며, 합의를 이루는 데 오랜 시간이 걸릴 수 있다. 예를 들어, 미술 작품의 경우, 미적인 판단은 창작자가 스스로 할 수도 있고, 관람자의 시각에서 할 수도 있고, 시간이 지남에 따라서 달라지기도 한다. 다만, 적어도 창작자와 수용자(관람자)에 의해 창의적인 것으로 간주되면 유용성 기준에 부합하는 것이라 할 수 있다.

이러한 표준 정의는 인간의 사고 및 행동과 관련된 모든 영역에서 적용 가능한 포괄적인 정의이며, 학자와 분야에 따라 창의성 정의에 대해 미세한 표현의 차이는 있을 수 있지만,[6] 두 기준을 포함하는 점에서는 동일하다.

---

6 예를 들면 다음과 같다. "창의성은 새롭고(독창적이고, 기대치 않았던) 적절한(유용한, 과제 제약에 대해 적응적인) 결과물을 만들어내는 능력이다"(Sternberg & Lubart, 1999). "창의적 산물은 새로워야 하고, 외적인 준거에서 가치가 있는 것이어야 한다"(Gruber and Wallace, 1999). "새롭고 사회적으로 가치 있는 산물의 생산이다"(Zhou & Shalley, 2003). "개인 또는 사회 집단에게 가치가 있는 새로운 산물, 아이디어, 문제해결이다"(Hennessey & Amabile, 2010).

두 기준 중 어느 하나라도 없으면 창의적이라고 불릴 수 없다. 매우 독창적이지만, 유용하지 않거나 적절치 않으면(또는 가치가 없으면) 그냥 몽상가의 아이디어이거나 이상한 행동일 뿐이다. 유용하지만 새로운 면이 없으면 당연히 창의적이지 않다. 따라서 독창성과 적절성(유용성)을 수치로 측정할 수 있다면 '창의성 = 독창성 × 적절성'으로 표현될 수 있는데, 이는 두 가지 요소 중 어느 하나가 '0'이면, 창의성은 없다는 의미이다.

새로움과 유용성이 독립적인 기준이라면(실제로는 부적 상관을 보이는 경우가 많음), 다음과 같은 질문이 생긴다. 예를 들어, A 산물이 새로움 기준에서 7점, 유용성 기준에서 3점인데, B 산물은 반대로 3점과 7점일 경우, 둘을 곱하면 창의성 점수가 21로 동일하지만(합해도 10으로 동일), 과연 두 산물이 동일한 창의성을 가진 것으로 판단할 수 있을까? 두 기준이 독립적이기에 둘을 단순히 곱하거나 더하여 단일 차원으로 계산하는 절차는 논리적으로 부적절해 보인다. 따라서 특정 산물에 대한 창의성 평가는 두 기준에 대해 개별적으로 이루어져야 할 것이다. 그렇다면 새로움과 유용성의 두 기준을 각자 개별적으로 사용하여 이차원 공간에서 창의성을 평가할 수 있을 것이다.

확장된 정의　이러한 표준 정의를 큰 틀에서는 동의하지만[7] 기준을 추가해야 한다고 주장하는 연구자들도 있다. Sternberg(1999)는 창의성의 정의에서 새로움과 유용성(적절성)의 두 기준에 더하여 아이디어나 산물의 '질적 수준'이 높아야 한다는 기준을 추가하였다. 사전에 전혀 기대되지 않은 것이어서 보는 사람에게 '놀라움(surprise)' 또는 '아하(Aha)'의 순간이 동반되는 것이어야 한다는 견해도 있다(Boden, 1990).

---

[7]　창의성을 새로움과 유용성의 두 기준으로 느슨하게 정의함으로써 이 분야의 과학적 연구가 온갖 종류의 서로 다른 접근법들에 개방되어 매우 지저분해졌다고 과격하게 비판하는 사람도 있다(Kaufmann, 2003).

실제로 혁신적이고 창의적인 해결책들은 뜻밖의 반직관적인 형태로 나타나기에 놀라운 경우가 많다. Simonton(2012)도 미국 특허청에서 특허를 받을 가치가 있는지를 결정하는 세 가지 기준을 적용하여[8] 표준 정의의 두 가지에 '놀라움'을 추가할 것을 제안하기도 하였다. 그리고 세 기준 중 어느 하나라도 0이 되면 창의성은 없는 것으로 판정하였다.

한편, 비즈니스 영역에서는 유용성(적절성) 차원을 가치(value)와 실현 가능성(feasibility)의 두 가지로 구분하기도 한다(Litchfield et al., 2015). 실현 가능성의 중요성을 잘 보여주는 것으로 〈참고 1-1〉의 플레이 펌프 사례가 있다.

참고 1-1 창의적일 수 없었던 아이디어: 플레이 펌프의 사례

플레이 펌프(play pump)는 아이들이 회전목마 같은 놀이기구를 돌리면서 놀면, 그것을 동력으로 활용하여 지하수를 물탱크까지 끌어올리는 장치였다. 2005년 처음 제안된 이 간단한 식수 공급 아이디어는 물 부족이 심각한 아프리카에 유용할 것으로 보였고, 수천만 달러의 기부금으로 1,500대가 넘는 플레이 펌프가 설치되었다. 당시 '창의적인 아이디어가 세상을 구할 수 있다'라는 모토의 대표적 사례로도 꼽혔다. 그러나 플레이 펌프는 식수 부족 문제를 해결하는 데 실패했으며, 대부분 가동이 중단되거나 폐기되었다.

플레이 펌프의 실패에는 여러 가지 이유가 있겠지만, 그중 하나는 식수 공급 효과가 있으려면 아이들이 밤낮없이 놀이기구를 돌려야 한다는 것이다. 조사에 의하면 마을 주민 2,500명에게 15리터의 물을 공급하기

---

8 미국 특허청 기준에 의하면, 발명은 새롭고(new), 유용하고(useful), 뻔하지 않은 (nonobvious) 것이어야 한다. 첫 두 가지는 표준 정의의 두 기준에 해당하지만, 마지막 차원은 Boden(1990)이 제안한 놀라움(surprise)과 같은 의미이다. Simonton(2012)은 '뻔하지 않음'이라는 표현이 다소 어색하기에 '놀라움'이라는 용어로 대신하였다.

위해서는 플레이펌프가 27시간 동안 쉬지 않고 회전해야 했다.

플레이 펌프 사례는 아이디어의 독창성에만 주목할 뿐 그것의 적절성을 제대로 분석하고 평가하지 못할 때 발생할 수 있는 문제를 보여준다. 플레이 펌프에 대한 발상은 매우 그럴듯했다. 하지만 그 누구도 이 아이디어가 과연 실현될 수 있을지를 깊이 있게 생각해보지 않았던 것이다.

창의적 산물을 만들기 위해서는 확산적 사고를 통해 얻은 독창적인 아이디어 중에서 무엇이 가장 좋은지, 과연 실행 가능한지를 검토하고 분석하는 과정이 필요한데, 이러한 많은 아이디어 중에서 최적의 결과를 얻기 위해 평가하고 선택하는 과정을 수렴적(convergent) 사고 과정이라 한다. 이 과정은 최종의 창의적 '산물'을 만들 때 핵심적이라고 할 수 있다.

두 차원 중 유용성 기준에 대해 의문을 제기하는 학자도 있다. Weisberg(2015)는 연구자들의 창의성 개념 정의가 일상적인 언어적 정의와는 차이가 있다고 하면서, 사전에 나오는 창의성 정의에는 새로움(독창성)의 표현은 담겨 있지만, 유용성이나 가치에 대한 언급은 없다고 지적하였다(앞서 보았듯이, 한국어 정의에서도 그러하다). 따라서 그녀는 유용성 기준은 창의성 정의에 포함될 수 없다고 하였다. 무엇보다 시간이 지남에 따라 맥락이 변화되면 창의적 산물의 가치 판단도 변화될 수 있기 때문이다. 생존 당시에는 가치를 인정받지 못하다가 사후에서야 제대로 평가를 받은 반 고흐(V. van Gogh)의 경우가 대표적이다. 그래서 Weisberg(2015)는 유용성 또는 가치 기준을 배제하고, 창의적 산물을 '당사자에게 새롭고(독창적이고) 의도적으로 만들어진 것'으로 정의하였다.

이 정의는 유용성(가치) 기준이 빠지고 의도성(intentionality)이 포함된 측면에서 다른 정의들과 구분되며, '의도적인 새로움(intentional novelty)'이 강조된다. 정신적 장애가 있는 사람들의 뒤죽박죽된 말이나 원숭이가 타자기를 눌러 쓴 글은 유용성이 없을 뿐만 아니라 의도성도 없다는 점에서 창의적인 것이 되지 못한다.

Brandt(2021)도 예술 분야에서는 창의성의 두 번째 차원인 '유용성(가치)', 즉 공식적인 가치 판단 요소를 제외해야 한다는 주장을 폈다. 가치 판단의 주관성으로 공식적으로 평가의 합의를 이루기 어렵고, 누가 판단하느냐에 따라 평가가 달라지고 편향될 수 있으며, 평가의 합의를 이루는 데 오랜 시간이 걸릴 뿐만 아니라 시간이 지남에 따라 판단 기준도 변하기 때문이다. Simonton(2009)은 유용성이나 가치 차원에서 물리학이나 화학과 같은 자연과학 분야는 경험적으로 직접 검증이 되기에 평가자들 간의 합의가 잘 이루어지는 분야이지만, 사회학이나 심리학은 상대적으로 합의 수준이 아주 높지는 않으며, 예술 분야는 가장 합의를 이루기 어려운 분야라고 하였다.

2) 경험적 연구

요인분석 연구　앞서 특허청의 기준을 적용한 Simonton(2012)의 제안이나 Weisberg(2015)의 새로운 정의는 경험적 자료 분석 없이, 창의성 정의와 관련된 기존 논의에 대한 의미 분석에 근거한 것이다. 그러나 일군의 연구자들은 사람들이 실제로 특정한 아이디어나 산물을 평가할 때, 어떤 기준으로 평가하는지를 경험적으로 조사하였다. 일반적으로 지능이나 창의성과 같은 추상적인 심리학적 구성개념은 일종의 잠재(latent) 변인으로서 키나 몸무게처럼 직접 관찰되는 것이 아니다. 특정 개념을 평가한다고 알려진 도구들이 타당한지의 판단은 실제 자료를 수집하여 분석하는 구성타당화(construct validation) 과정을 거쳐야 하는데, 이 과정에서 자주 사용되는 방법은 요인분석(factor analysis)이다. 창의성의 정의에 어떤 차원들이 포함되어야 하는지에 대한 판단에서도 이 요인분석 방법이 널리 사용되었다. 요인분석을 적용한 연구에서는 참가자들에게 특정한 산물(아이디어나 물건 등)에 대해 여러 특성 형용사들(참신하다, 유용하다, 우아하다, 조화롭다, 예쁘다 등)을 사용하여 평정(예: 5점 척도)하도록 하고, 평정치들이 어떤 요인들로 구성되는지 살펴봄으로써 창의성을 구성하는 차원을 확인할 수 있다.

대표적인 요인분석 연구로 Besemer와 O'Quin(1999)은 미국 대학생들을 대상으로 네 개의 산물에 대해 여러 특성 형용사들이 포함된 창의적 산물 의미 척도(CPSS, 4장 참조)를 가지고 평정하도록 하였다. 그들의 평정을 요인분석한 결과, 새로움(novelty), 실용성(resolution), 정교성/종합(elaboration & synthesis)이라는 독립적인 세 차원이 나타났다. 첫 두 차원은 표준 정의의 두 기준에 해당하며, 마지막 차원인 정교성/종합은 '우아하다'거나 '잘 다듬어졌다'와 같이 양식 차원으로 산물의 미적인 평가를 나타냈다.

한편, Dean 등(2006)은 여러 연구자가 제시한 창의적 산물의 평가 차원들을 개관하여 유형 분류를 시도하였고, 이를 통해 새로운 설문지를 개발하고자 하였다. 그들의 요인분석에서는 최종적으로 네 가지 차원이 도출되었는데, 새로움, 유관성(relevance, '유용성 및 가치'에 해당)의 두 차원과 더불어, 실행가능성(workability)과 구체성(specificity)의 두 차원이 더 나타났다.

즉 요인분석 연구에서는 대체로 표준 정의의 두 가지 기준은 모두 나타나는 것으로 보이며, 연구마다 한두 가지의 기준이 추가된다.

상대적 중요성 표준 정의와 관련된 또 다른 쟁점은 두 기준(차원)이 창의성에 대해 동일한 비중을 갖는지 아니면 어느 한 기준이 더 큰 비중을 갖는지에 대한 것이다. 여러 연구에서 창의성 평가에 새로움과 유용성(가치)이 설명하는 변량(variance)이 얼마나 되는지 조사하였다. 만약 어느 한 기준의 변량이 작다면 간명성(parsimony) 원칙에 따라 창의성의 기준으로 포함되기 어려울 것이다.

Diedrich 등(2015)은 새로움과 유용성의 지각이 전반적인 창의성의 평가에 어떻게 영향을 미치는지를 연구하였다. 그들은 1,500명의 참가자가 확산적 사고 검사의 두 과제[9]를 수행하면서 생성한 아이디어들을 수집하였고, 열여덟 명의 평가자가 독립적으로 각 아이디어를 새로움(독창성)과 유용성의 정도 및 창의성 수준에 대해 평가하였다. 새로움과 유용성 기준을 동시에 회귀분석에 투입한 결과, 전반적으로 창의성 점수의 예측에서 독창성이 유용성보다 거의 네 배(표준화된 회귀계수가 각각 .73, .18)에 이를 정도로 더 크게 영향을 미쳤다(즉, 더 큰 설명 변량을 가졌다). 그런데 여기서 주목할 점은 유용성은 독창성의 수준이 일정 수준 이상인 경우에만 창의성에 영향을 미쳤다는 것이다. 독창성이 높은 아이디어에서 유용성이 높을수록 더 창의적인 것으로 평가된 것이다. 반면에 별로 새롭지 않은(독창성이 낮은) 아이디어는 유용성이 높아도 창의적이라고 평가되지 않은 것이다. 따라서 그들은 새로움(독창성)이 창의성의 우선적인 평가 기준이라면, 유용성은 부차적인 기준으로 볼 수 있다고 하였다.

이후 Acar 등(2017)은 두 기준에서 더 확장하여 네 기준을 적용하여 연구하였는데, 여기서도 새로움(독창성) 기준의 우위성이 나타났다. 그들은 참가자들에게 일련의 산물들을 보여주고 전반적인 창의성의 정도와 더불어 '새로운', '적절한', '놀라운', '매력적인'이라는 네 기준에 대해 판단하도록 하였다(즉 두 기준에 더하여 놀라움과 미학을 추가하였다). 각 산물의 전반적인 창의성 평정이 네 기준(새로움, 가치, 놀라움, 미학)에 의해 설명되는 정도를 회귀분석을 통해 살펴보았다. 여기에서도 창의성 평정 변량의 반 이상이 새로움 기준에 의해 설명되었다. 두 번째로

---

9 4장에서 소개한 '대안 용도(alternative uses)' 과제와 '그림 완성(picture completion)' 과제를 사용하였고, 새로움과 유용성 간에는 높은 부적 상관(−.48, −.55)을 보였다.

설명력이 높은 기준은 10% 이하였지만 놀라움 차원이었고, 상대적으로 유용성(적절성, 가치) 차원의 설명력은 크지 않았다. 이전에 이미 창의적인 것으로 평가를 받은 선별된 '창의적' 아이디어들에 대한 평가에서도 유사한 결과가 나타났다.

이런 연구 결과들에 근거할 때, 두 기준 중에서 새로움(독창성) 기준이 더 우선적이라고 할 수 있으며, 간명성 원칙에 의하면 '새로움'이라는 단일 차원으로 창의성을 정의하거나 평가할 수도 있을 것이다. 그리고 이것은 유용성(가치) 차원을 배제하는 Weisberg(2015)의 정의('의도적인 새로움')를 지지하는 것으로 볼 수 있다(Pichot et al., 2022).

그러나 이에 대해 Simonton(2018)은 다음 두 가지 이유로 부정적이다. 첫째, 심각한 정신적 장애가 있는 사람의 무의미한 작품도 적어도 당사자는 의도적으로 만들었기에 창의적인 것으로 간주해야 하는 오류가 발생한다. 둘째, 플레밍(A. Fleming)이 실수로 페니실린을 발명한 것처럼 과학자가 의도적으로 한 것이 아니라 실수로 발생한 우연한 발견(serendipity)은 창의적이지 않은 것으로 보게 되는 오류도 생긴다.

따라서 앞으로 이 이슈에 대해서는 더 연구가 필요하며, 현재로서는 창의성의 정의나 평가에서 새로움(독창성) 기준이 우선적이지만, 그것만으로 필요충분조건은 되지 못하므로, 여전히 유용성(가치) 기준이 추가되어야 한다고 보는 것이 적절하겠다.[10]

---

10 앞서 창의성 평가에서 유용성보다는 새로움이 더 중요한 것으로 나타났지만, Lloyd-Cox 등(2022)은 맥락(실세계와의 연관성 여부)과 평가자의 개인 특성(개방성, 지력, 위험 감수)에 따라 달라짐을 보여주었다. 121명의 피험자가 실세계와 연관성이 없는 대안 용도 과제(벽돌의 원래 용도 이외의 다른 용도를 최대한 많이 제시하는 것)에서의 아이디어와, 연관성이 있는 도시계획 프로젝트(예: 경기 침체가 예상되는 도시에 활력을 불어넣는 방법)에서 나온 아이디어에 대해 창의성, 새로움, 유용성 평정을 한 자료를 분석한 결과, 대안 용도 과제 아이디어에서는 새로움이 창의성 평가에 더 크게 영향을 미쳤으나, 도시계획 프로젝트 아이디어에서는 유용성의 영향이 새로움의 영향만큼이나 크게 나타났다. 또한, 개방성(openness)과 지력(intellect)이 높은 피험자

3. 창의성 연구의 접근법

1) 4Ps 접근

그동안 창의성은 수많은 연구자에 의해 다양한 관점, 접근, 방법으로 연구가 되어 왔다. 창의적 인물의 특성을 분석하거나 창의적 과정에 초점을 두는 연구자들이 있는가 하면, 창의적 노력의 결과물이 갖는 특성을 연구하기도 한다. 이와 관련하여, 오래전에 Rhodes(1961)는 창의성의 4Ps 개념을 제안하였다. 당시 그는 창의성에 대한 40여 개 이상의 정의를 수집하여 내용을 분석하였고, 그 결과 창의성 관련 이론은 크게 네 가지로 구분되는 가닥이 있다고 하였다. 이를 창의성의 4Ps 접근이라고 한다.

구체적으로 창의성 연구는 누가 창의적인지에 대한 개인(Person) 연구, 어떻게 창의적인 사고를 하는지에 대한 과정(Process) 연구, 무엇이 창의적인지에 대한 산물(Product) 연구, 어떤 곳에서 창의적인지에 대한 환경(Press) 연구로 구분될 수 있다. 이후 4Ps 접근은 창의성 연구를 개관할 때 가장 자주 사용되는 분석 틀이 되었다. 4Ps를 반영하여 Plucker 등(2004, p. 90)은 창의성을 "개인이나 집단이 사회적 맥락 내에서 정의되는 새롭고 유용한 (인식 가능한) 산물을 만들어내는 적성, 과정, 및 환경 간의 상호작용"이라고 정의하였다.

개인(Person) 범주의 연구는 주로 성격을 포함한 창의적 인물들의 개인적 특성들에 관한 것이다. 이 범주에는 창의성과 내적 동기 간의 관계에 관한 연구도 포함한다. 이 책에서는 5, 7, 8, 9장에서 주로 다루었다. 과정(Process) 범주의 연구는 개인 내에서 벌어지는 창의적 사고 과

들은 대안 용도 과제 아이디어에 대해서는 새로움을, 도시계획 프로젝트 아이디어에서는 유용성을 더 강조하였다.

정(확산적 사고, 연합적 사고, 통찰 등)에 초점을 둔다. 이 책에서는 6장에서 다루었다. 산물(Product) 범주의 연구는 창의적 과정의 결과물(시, 회화, 작곡, 디자인, 학술논문 등)에 초점을 둔다. 이것들은 객관적으로 존재하는 것이기에 비교적 체계적 측정이 가능하다. 가장 간단하게는 산물의 수를 세어서 특정 인물의 생산성을 가늠할 수 있고, 연주 횟수나 논문 인용지수 등을 통해 명성이나 창의성을 계량화할 수도 있다.[11] 이 책에서는 2, 4, 12장에서 주로 다루었다. 마지막으로 환경(Press)은 창의적 인물이나 사고 과정에 영향을 미치는 외적 압력으로서 가족, 팀, 조직, 사회, 문화 또는 시대정신 등의 제반 환경이 미치는 영향을 다루는 범주이다. 이 책에서는 11, 12, 13장에서 관련 내용을 소개하였다.

　　한편, Simonton(1988)은 자신의 아이디어를 다른 사람들에게 설득하는 힘의 역할을 강조하기 위해 다섯 번째 P로 설득(Persuasion)을 추가하였다. 그는 생산성이나 명성을 창의성 개념과 연관을 지으면서, 창의성은 일종의 설득이라고 보았다. 즉, 재능 있고 창의적인 인물들은 많은 의미 있는 결과들(논문이나 작품 등)을 세상에 내놓으면서 다른 사람들을 설득한다고 보았다. 다작일수록 설득의 성공 가능성은 커지며, 명성과 인기를 얻을 확률도 높아진다. 사실 어떤 분야에서든지 자신의 성과를 인정받기 위해서는 타인을 설득할 수 있는 역량이 필수적일 것이다. 특히 창의적인 리더로 인정받는 애플의 스티브 잡스는 설득 능력에서 두드러진 인물이다. 그는 TV 광고 메시지나 신제품 발표 등에서뿐만 아니라, 구성원들과의 소통에서도 남다른 설득력이 있는 것으로 널리 알려져 있다(박민영, 2016).

11　산물에 대한 연구는 주로 명성이 있는 인물들을 대상으로 이루어지는 한계가 있다. 이들을 대상으로 한 연구가 명성이 낮은 일반 집단의 창의성에까지 일반화될 수 있는지 의문이 제기될 수 있다.

2) 5As 접근

반세기가 넘게 널리 적용되었던 4Ps 접근에 대해 Gläveanu(2013)는 두 가지 문제점을 지적하였다. 첫째, 네 범주가 독립적으로 존재할 뿐, 범주 간의 관계에 대해서는 상대적으로 주의를 기울이지 않게 된다. 둘째, 4Ps 틀에 환경(Press) 요소가 있지만, 그간의 창의성 연구는 맥락(사회문화적 영향)이 충분히 고려되지 않은 탈맥락 상태에서 개인, 과정, 산물이 원자적으로 연구가 이루어졌다.

더 나아가 그는 기존 4Ps 관점에 기반한 창의성 관련 용어들이 개인 중심적, 인지주의적 경향이 강할 뿐만 아니라 정태적이며 여러 관련 요소 간의 연계성이 부족하다고 보면서, 분산된 인지(distributed cognition)나 체화된 마음(embodied mind) 개념과 같이 상호작용적이고 맥락을 고려하며 역동적인 면을 반영하는 창의성에 대한 5As 접근을 새롭게 제시하였다. 여기서 다섯 개의 A는 배우(Actor), 연기(Action), 인공물(Artifact), 관객(Audience), 그리고 유도성(Affordance)이다(〈표 1−1〉).

첫째, 배우는 이전의 개인(Person)에 해당하는데, 자신을 둘러싼 사회적 맥락의 영향을 받는 사회적 존재로 본다. 이전에는 맥락의 고려 없이 개인의 내적 속성 자체에만 초점을 두었다면, 새로운 접근에서는 개인의 특성이나 행위를 사회나 맥락과의 관계 속에서 보는 점이 다르다.

둘째, 연기는 이전의 과정(Process)에 해당하는데, 주로 인지적 과정(기제)에만 초점을 둔 이전과는 달리, 창의성의 심리적(내적) 차원과 행동적(외적) 차원 간의 상호 조정되는 측면들이 강조된다. 예를 들어, 일련의 목표 지향적인(goal−directed) 활동에서 나타나는 것처럼, 내적으로 아이디어를 생성하는 측면과 그것을 실제로 외적으로 실행하는 측면을 연결하는 것이다.

셋째, 새로운 접근에서 인공물은 결과물 자체에 대한 논의에만 국한되었던 이전의 산물(Product)과는 달리, 그것이 창조된 문화적 맥락에

표 1-1 4Ps 관점과 5As 접근 간의 비교(Gläveanu, 2013, p. 71)

전통적 4Ps 관점			5As 접근
개인의 내적 특성에만 초점	Person →	Actor	사회적 맥락과 관계 속에서의 개인의 특성에 초점
주로 인지적 기제에 초점	Process →	Action	심리적 및 행동적으로 드러나는 것들 간의 상호 조정에 초점
산물의 세부 특성과 그것에 대한 합의 여부에 초점	Product →	Artifact	산물이 생성되고 평가되는 문화적 맥락에 초점
창의성에 영향을 미치는 외생 변인인 '사회'에 초점	Press → →	Audience Affordance	창조자와 사회적, 물리적 세계 간의 상호의존성에 초점

대한 보다 심층적인 논의가 함께 이루어진다. 평가자들은 인공물이 만들어진 맥락 속에서 누가 왜 만들었는지를 고려하면서 평가를 한다.

마지막으로 이전의 환경(Press)에 해당하는 것은 두 가지로 나뉘는데, 하나는 관객이고 다른 하나는 유도성이다. 전자가 사회적 환경이라면 후자는 물리적 환경이라고 볼 수 있다. 관객은 창의적 결과물에 대해 반응하는 사람들로, 주위의 동료들과 일반 대중을 모두 포함하는데, 배우가 만들어낸 인공물과 관련된 사회적 세계(후원자, 협력자, 비평가, 독자, 심사자 등)와의 역동적인 상호작용이 나타난다. 유도성은 연기가 가능하도록 지원하는 모든 물리적 환경을 나타내며, 배우의 연기를 촉진하거나 방해하는 등의 영향을 미칠 수 있다.

Gläveanu(2013)가 5As 접근을 제시한 첫 번째 목표는 범주 간의 상호관계를 분명히 하는 데 있으며, 두 번째 목표는 창의성이 발현되는 사회문화적 맥락을 중시하는 생태학적 관점에 기반하여 창의성에 대한 보다 포괄적이고 일관된 접근을 취하는 것이다. 5As 접근이 기존 4Ps 틀보다 최근의 심리학적 연구들을 반영한다는 점에서 더 진일보한 것이지만, 앞으로 창의성 연구자들에게 어떻게 수용되고 활용될지의 판단은 좀 더 시간이 필요하다.

4Ps와 5As 접근이 시사하는 것처럼, 창의성은 다측면, 다요소의 역동적 현상으로 이해되어야 한다.[12]

4. 창의성의 유형

창의성이 매우 복잡한 현상이기에 정의도 어렵고, 여러 관점이 제기되고 있음을 앞선 논의에서 볼 수 있는데, 여기에 더하여 창의성을 여러 형태로 분류해볼 수 있다. 창의성은 그 복잡성만큼이나 형태도 여러 연구자에 의해 다양하게 분류되어왔다. 주요 분류 기준으로 창의적 산물의 가치에 기반한 것과, 창의적 과정 자체에 근거한 것이 있다. 창의적 산물의 가치에 근거한 분류부터 살펴보자.

1) 창의적 산물의 가치에 근거한 분류

창의성 정의의 두 기준 중 새로움은 어떻게 보느냐에 따라 역사적 창의성(H-creativity)과 심리적(개인적) 창의성(P-creativity)의 두 가지로 나뉠 수 있다. 역사적 창의성은 에디슨(T. Edison)의 전구 발명과 같이 최초로 무엇인가를 만들어낸 것으로, 사회적으로 인정받는 창의성이다. 반면, 심리적(개인적) 창의성은 창의성을 넓게 정의하는 것으로, 적어

---

12 더 나아가 Lubart(2017)은 창의성의 모든 주제를 아우르는 7Cs 접근을 제안하였다. 창조자 개인의 특성에 초점을 두는 창조자(Creators), 창의적 과정에 초점을 두는 창조 과정(Creating), 여러 사람의 공동 노력으로 이루어지는 창의성에 초점을 둔 협동(Collaborations), 창의성의 환경 조건을 다루는 맥락(Contexts), 창의적 작업의 본질에 주목하는 창조물(Creations), 창의적 산출물의 수용 또는 활용을 다루는 소비(Consumption), 마지막으로 창의성의 증진과 개발에 대한 교육과정(Curricula)이 그것들이다.

도 개인에게는 어떤 생각이나 아이디어가 새로운 것이면 이미 존재하는지와 관계없이 창의적인 것으로 보는 것이다. 예를 들어, 열 살 된 아동이 자기 나름의 독창적인 방법으로 이차 방정식의 근을 구하는 방법을 찾고자 하거나 찾았을 경우, 이차 방정식 근의 공식은 이미 알려져 있으므로 역사적 창의성은 될 수 없지만, 아동의 행동은 심리적 창의성에 해당한다. 역사적 창의성은 Big-C, 심리적 창의성은 little-c로 불린다. Big-C는 사회 전반에 영향을 미칠 만큼 새롭고 중요한 업적에 국한되지만, little-c는 자신만의 독창적인 방법을 찾아내서 문제를 푸는 고등학생과 같이 매우 포괄적으로 정의된다. 귀농하여 자신만의 집을 짓고 살면서 정원을 남다르게 꾸미거나, 주변의 재료들을 활용하여 새로운 요리를 만드는 사람들이 있다. 이들은 모두 나름 일상적 창의성인 little-c를 실행하는 것이다.

연구 방법론에서도 큰 차이가 있는데(2장 참조), Big-C는 전기 등을 활용한 사례분석이나 역사측정법으로 주로 연구되는 반면, little-c는 심리측정법이나 실험법으로 주로 연구된다.

4C 모형   Kaufman과 Beghetto(2009)는 Big-C와 little-c 구분을 확장하여 4C 모형을 제안하였다(〈표 1-2〉). 앞서 언급했듯이, Big-C는 아인슈타인이나 스티브 잡스와 같이 기존의 틀과 경계를 허물고 인류에 지대한 공헌을 한 전설적 창의성을 말한다. 통상 해당 인물에 대한 전기(biography)가 나오며, 노벨상 수상처럼 해당 영역에서 동료들의 인정을 받으며, 백과사전이나 역사서에 기록될 가능성이 크다. pro-c는 역사적인 공헌을 한 정도는 아니지만, 특정 분야를 섭렵한 전문가들의 창의적 행위를 나타낸다. 기발한 콘텐츠를 만들어내는 유튜버, 최근 인기를 끌기 시작한 웹툰 작가, 새로운 마케팅 아이디어로 성과를 내는 직장인과 같이, 그들의 행위가 국제적으로 인정을 받는 수준은 아니며, 해당 영역에서의 기존 관행이나 방식에 크게 영향을 미쳐 아주 새로운

방향이나 흐름을 제시하는 정도도 아니다. little-c는 전문성은 없지만, 일상적인 생활에서 직면하는 문제를 해결하기 위한 아이디어, 행동, 산물을 만들어내는 것처럼, 보통 사람들의 일상적인 창의적 행위를 말한다. 새로운 음식 레시피를 만들거나, 수업에서 과제를 창의적으로 만들어서 제출하거나, 아버지가 보채고 우는 아이를 달래는 기막힌 방법을 생각해내는 것 등이다. 마지막으로 mini-c는 자기 자신에게만 새롭고 의미 있는 아이디어를 생각하는 것처럼, 개인의 학습 과정에 내재된 창의성으로, 특정 개인의 경험, 행위, 사건에 대해 새롭고 의미 있는 해석하는 것이다.

4C를 예시를 통해 다시 설명해보면, 어떤 사람이 목욕하면서 늘 노래를 부르는 것이 mini-c라면, 자기 노래를 녹화해서 유튜브에 올리고 다른 사람들이 듣고 즐기도록 하는 것은 little-c에 해당하며, 노래가 아이튠즈에서 히트하여 사람들이 돈을 주고 다운을 받으면 pro-c 수준에 이른 것이며, 그 사람이 작곡가 전당이나 로큰롤 전당에 올라가는 수준이 되면 Big-C라고 볼 수 있다.

Big-C와 pro-c가 발현되기 위해선 먼저 little-c와 mini-c가 전제되어야 한다는 점에서 볼 때 4C 모형은 창의성의 발달 궤적(developmental trajectory)을 나타낸다고 볼 수 있으며, 교육학자들은 Big-C와 pro-c의 실현을 위해 학교 교육 과정에서 little-c와 mini-c가 배양되어야 한다고 강조한다.

점진적 창의성과 급진적 창의성　　경영학 분야에서는 Gilson과 Madjar(2011)의 점진적(incremental) 창의성과 급진적(radical) 창의성의 분류가 널리 알려져 있다. 전자는 기존의 틀 안에서 부가적인 아이디어를 창출하는 것으로 기존의 관행이나 제품을 약간 개선하는 아이디어를 제안하는 경우이다. 반면, 후자는 기존의 틀을 깨는 파격적인 아이디어를 창출하는 것으로 기존의 관행이나 제품과는 근본적으로 다른

표 1-2 4C 모형(Kaufman & Beghetto, 2009)

	mini-c	little-c	pro-c	Big-C
정의	개인의 학습 과정에 내재된 창의성	일상적인 삶의 모든 측면에서의 창의적 생각과 행동	특정 조직, 지역, 영역에서의 전문가(경험자)의 창의적 행위	예외적인 사람들의 걸출한 창의성
특성	변형적 학습으로, 경험, 행위, 통찰에 대한 의미적 해석을 통한 이해 수준의 변화	일상적 문제해결이나 취미활동 등 비전문적 창의성	역사적인 기여는 아니지만, 해당 분야의 전문적 수준의 창의성	기존의 틀과 경계를 허물고 인류에 지대한 공헌을 한 전설적 창의성
영향의 범위	자기 자신 내부	자신과 주변 사람	조직, 시장, 업계, 해당 영역	문화, 사회, 세계
사회문화적 의미와 영향	거의 없음	주변 사람들에게 약간 있음	해당 영역에서는 상당히 있음	인류에 큰 의미와 영향력을 가짐

아이디어를 창출하는 것을 의미한다.

2) 창의적 과정에 근거한 분류

보든의 CET 이론　창의적 과정에 기반한 창의성 분류의 예로서, CET 이론은 컴퓨터 과학 분야에서 창의성을 연구해온 Boden(1990)이 창의성을 세 가지 유형으로 분류한 것이다.

앞서 소개하였듯이, 그녀는 창의성을 새롭고 유용할 뿐만 아니라 '놀라운' 아이디어나 산물의 생성으로 정의하였다. 이목을 끄는 시적 은유나 이미지, 소설에서의 예상치 않은 반전, 예술에서의 새로운 양식의 적용, 이중 나선이나 벤젠 고리 구조와 같은 과학적 발견은 모두 경이로움과 충격을 준다. 이런 예상치 않은 놀라움(surprise)은 창의성의 본질적 요소이며, 다음의 세 가지 창의성은 서로 구분되는 심리적 과정을 통해 다른 형태의 놀라움을 유발한다.

① 조합적(Combinational) 창의성: 이것은 '말'과 '뿔'을 합쳐서 유니콘이라는 상상의 동물을 생각해내듯이, 이전의 친숙한 아이디어들의 조합을 통해 새로운 아이디어를 만들어내는 것이다. 또한, 원자가 마치 작은 태양계처럼 작용하는 것으로 보는 유추나, 셰익스피어처럼 서로 먼 두 개념이나 이미지 간의 연결을 짓는 '은유'를 만들어내는 경우도 이에 해당한다. 일상적인 창의성에서 널리 사용되는 방식이며, 기존 창의성 연구에서 가장 많이 연구된 유형이다. 이 유형의 전제는 조합할 원재료(아이디어)가 머릿속에 이미 저장되어 있어야 한다는 것이다.

② 탐구적(Exploratory) 창의성: 두 번째와 세 번째 유형의 창의성은 개념 공간(conceptual space)으로 설명될 수 있다. 개념 공간은 구조화된 사고방식으로, 분야별로 이미 확립된 이론, 지식, 논리체계, 양식, 창작법 등을 의미한다. 탐구적 창의성은 개념 공간 내에서의 탐색으로, 호기심으로 이전 아이디어들의 조합만으로는 생각나지 않을 새로운 것을 탐구하고 실험하는 것이다. 기존 기술 기반의 신제품과 신공정을 개발하는 엔지니어나 미지의 현상을 친숙한 기존 자연법칙의 틀 내에서 설명하고자 하는 대학 실험실의 연구자들은 모두 탐구적 창의성을 발휘하고자 하는 것이다. 전문적인 고전 음악가들은 기존 악곡들을 재해석하고 재생산하는 것을 창의적인 것으로 인정한다. 대표적 인물이 바흐(J. S. Bach)이다. 그는 새로운 기법 없이 그간 축적된 대위법, 반음계, 기존의 바로크 작곡 기법들을 최대한으로 활용하여, 음악의 아버지라고 불릴 만큼 아주 훌륭한 곡들을 창작하였다. 보든은 역사적 창의성의 결과물들은 대부분 이 유형에 해당한다고 보았다.

③ 변형적(Transformative) 창의성: 이것은 기존의 개념 공간을 변형하는 것으로, 기존 아이디어들은 틀린 것일 수도 있다고 생각하고, 그럴 경우에 나타날 수 있는 다양한 가능성을 탐색하는 것이다. 그래서 전혀 생각하지 않았던 것이 실현되는 놀라움을 체험하게 된다. 이것은 기존

의 게임 규칙을 바꾸면서 시작되는데, 새로운 아이디어를 방해하는 규칙 중의 하나 또는 일부를 제거하거나 그것이 유효하지 않으면 어떻게 될지를 생각해보는 방식이다. 탐구적 창의성이 지도에서 미지의 대륙을 탐색하는 것이라면, 변형적 창의성은 지도 자체를 새로 만드는 것이다. 따라서 단순히 새롭거나 이상한 것으로 보이는 정도가 아니라 매우 드물고, 불가능해 보이고, 급진적이다. 상대성 이론을 제시한 아인슈타인(A. Einstein), 지오데식 돔을 고안한 풀러(R. B. Fuller)[13], 기존 회화가 한계에 다다랐을 때 '예술이란 무엇인가'라는 근본적 물음을 던진 뒤샹(M. Duchamp) 같은 인물들이 변형적 창의성의 대표적인 예로 볼 수 있다. 조합적, 탐구적 창의성을 '1 수준의 창의성'이라면, 변형적 창의성은 '2 수준의 창의성'이다. 1 수준의 창의성은 문제를 창의적으로 해결하고자 하지만, 2 수준의 창의성에서는 아직 우리의 감각으로는 탐지되지 않기에 '상상력'이나 '문제를 새롭게 정의하고 발견하는 능력'이 중요하다.

변형적 창의성의 또 다른 사례를 살펴보자. 1985년 해리 크로토, 리처드 스몰리, 로버트 컬이 강력한 레이저빔을 사용해 탄소로 구성된 흑연을 1만 ℃에서 기화시킴으로써 새로운 탄소 분자를 만들어냈다. 그런데 새롭게 만든 탄소 분자가 어떻게 안정된 구조를 갖는지 알 수 없었다. 그때 가설로 등장한 것이 바로 안이 비어 있는 축구공 구조였고, 그들은 풀러의 돔에 착안해 새로운 탄소 분자도 축구공과 같은 구조를 가짐을 발견하였고, 이 탄소 분자를 풀러의 이름을 따 풀러렌이라고 명명하였다. 이러한 발견의 핵심은 당시 상식과는 반대로 새로운 탄소 동소

---

13 미국의 건축가이자 수학자인 풀러는 정다면체의 면들을 분할하면서 면적을 줄이는 방법으로 내부에 기둥이 하나도 없으면서도 견고한 공 모양의 지오데식 돔(geodesic dome) 건축물을 만드는 방법을 발명했다. 거대한 돔으로 도시 자체를 덮어씌워 내부에 인공환경을 정비하는 미래도시의 모습을 제시하기도 하였다.

체의 구조가 '내부가 비어 있는 구'일 수 있다는 대담한 가설을 생각해 낸 점에 있다.[14]

보든은 창의적 사고 과정에서 세 가지 유형 모두가 다양하게 사용된다고 보았다. 예를 들어, 탐구적 창의성에서 출발하여 불가능하다는 생각에 도전하면서 변형적 창의성에 이를 수 있으며, 변형적 창의성을 추구하는 과정에서 유추나 은유를 사용하는 것처럼 조합적 창의성이 발휘될 수 있다.

디트리히의 분류 Dietrich(2004)는 뇌 과학의 관점에서 창의성을 상응하는 서로 다른 뇌 활동에 근거하여 네 가지로 구분하였다. 〈표 1-3〉에서 보듯이, 네 가지 창의성은 인지(cognitive)-정서(emotional) 차원과 숙고(deliberate)-즉흥(spontaneous) 차원의 조합에 의해 만들어진다. 여기서 숙고와 즉흥 차원은 Kahneman(2011)의 시스템 1 사고와 시스템 2 사고에 비유될 수 있다. '즉흥'은 큰 노력 없이 자동적, 무의식적으로 이루어지는 사고로 시스템 1 사고에 해당하고, '숙고'는 의식적이고 노력이 들어가는 논리적, 합리적, 통제된 사고로서 시스템 2 사고에 해당한다.

먼저, 숙고-인지 창의성은 특정 분야에서 지속적인 의도적 노력의 결과로 나타나는 창의성으로, 전구를 발명한 에디슨의 경우이다. 에디슨은 전구를 발명하는 과정에서 많은 실패를 경험하면서, "나는 결코 실패한 것이 아니라, 작동하지 않는 수천 가지 방식을 발견한 것일 뿐이다"라는 유명한 말을 남겼다. 숙고-인지 창의성이 발현되기 위해서는 많은 지식의 습득과 오랜 기간의 인지적 노력이 필요하다.

두 번째인 숙고-정서 창의성은 오랫동안 씨름하던 문제에서 해결책

---

14 풀러렌을 찾아낸 세 명의 과학자는 1996년 노벨화학상을 공동 수상했다. 풀러렌의 발견은 이후 탄소 나노튜브 및 그래핀의 발전으로 이어졌다.

표 1-3 **디트리히의 분류(Dietrich, 2004)**

	인지적	정서적
숙고적	에디슨의 전구	치료 과정에서의 '아하' 순간
즉흥적	뉴턴과 사과	시인, 음악가, 화가

을 찾기 위해 노력하던 중 갑자기 번쩍이듯이 문제해결의 단서나 통찰이 떠오르는 것과 같은 일종의 '아하' 현상이다. 또한 이것은 심리치료 과정에서 자기 자신에 대한 갑작스런 깨달음이나 통찰을 얻는 것과 같은 것이다. 숙고-인지 창의성이 특정 주제에 대한 의식적 주의집중이 요구되는 반면, 숙고-정서 창의성은 느낌이나 정서와 관련이 있다.

세 번째 즉흥-인지 창의성은, 뉴턴의 사과처럼, 문제해결을 위해 노력하다가 잠시 문제에서 벗어나 있는 동안('부화기') 갑자기 문제의 창의적 해결안이 떠오르는 경우이다. 낮잠을 자던 중에 벤젠 분자 구조에 대한 실마리를 얻은 케쿨레(F. Kekulé)의 사례도 이에 해당한다. 이것은 기존의 틀에서 벗어나야 해결안을 찾을 수 있는 경우로, 문제로부터 잠시 벗어남으로써 무의식적으로 그 문제에 대한 새로운 해결안이 자발적으로 떠오르는 것이다. 이 창의성이 발현되기 위해서는 무의식적 과정을 통해 새로운 연합을 이루어낼 수 있도록 문제와 무관한 다른 일을 하거나 휴식을 취하는 것과 같은 활동이 필요하다. 그리고 문제와 관련된 기존 지식이 필요하다는 측면에서 '인지적'이다.

마지막으로 즉흥-정서 창의성은 기본 정서를 처리하는 편도체의 작용에 의한 것으로, 전전두엽에 의한 의식적 활동이 휴식을 취할 때, 사전에 문제나 자극이 없이도 자발적으로 갑자기 아이디어가 떠오르는 경우이다. 시인이 산책 중에 자기도 모르게 갑자기 시상이 떠오르는 것과 같은 것이다. 사전 지식이 필요하지 않다는 면에서 '정서적'이다. 이런 창의성은 콜리지(S. Coleridge)의 시 「쿠빌라이 칸(Kublai Khan)」과 같이 유명한 시인, 화가, 음악가들의 창작 사례에 대한 자기 보고에서 자주 볼 수 있으며, 앞의 세 창의성과는 달리 특별한 노력이나 처방이 요구되지 않는다.

언즈워스의 분류　비즈니스와 조직 현장에서 문제의 유형과 아이디어 생성의 촉발 요인에 따라 네 가지 창의성을 구분한 Unsworth(2001)의 모형을 소개한다. 이 분류에서 그녀는 그간의 연구들이 창의성을 '상황에 적절하고 유용한 새로운 아이디어의 생성'이라고 간결하게 정의하고 있다고 하면서, 이러한 정의는 아이디어 유형이나, 아이디어 생성 원인, 또는 아이디어 생성 과정의 첫 시발점 등에 대해서는 충분한 주의를 기울이지 않는 단순화의 문제점이 있으며, 그것이 창의성의 프로세스나 관련 요인들에 대한 세부적인 분석을 저해한다고 지적하였다.

그녀는 '왜(why) 사람들이 창의적 활동에 몰입하게 되는가'라는 질문과 '문제의 최초 상태는 어떤(what) 형태였는가'라는 질문에 근거하여 창의성을 네 유형으로 구분하였다. 구체적으로, 첫 번째 질문은 아이디어 생성의 촉발 요인과 관련된 것으로, 인간의 행동은 스스로 선택하고 결정한 행동(개인 내부)과 외부의 요구에 대하여 반응하는 행동(외부 요구)으로 구분될 수 있다. 전자는 자기 스스로 선택하므로 자율적이고, 후자는 상황의 요구에 따르므로 타율적이다. 두 번째 질문은 문제 유형과 관련된 것으로, 문제는 두 가지 유형으로 구분할 수 있다. 창의적 활동을 시작하기 전에 문제가 전혀 유형화되어 있지 않은 개방적 문제와 문제가 어느 정도 유형화되어 있는 폐쇄적 문제이다. 전자는 문제가 없는 상태에서 이전의 사람들이 인식하지 못한 문제나 기회를 발견 또는 발명(창작)하는 경우이고, 후자는 문제는 명확하게 주어져 있고 그 문제를 해결하는 새로운 방법을 생각해내는 경우이다.

이러한 두 가지 차원에 근거하여 〈표 1-4〉와 같은 네 유형의 창의성이 구분된다. 네 유형의 창의성에 대해 좀 더 구체적으로 살펴보면 다음과 같다.

첫째, 반응적 창의성(Reactive Creativity)은 해결이 쉽지는 않지만, 문제가 분명하게 정의되어 있고, 그 문제를 해결해야 하는 외부적 요구가 있는 경우에 발휘되는 창의성이다. 예를 들어, 기업에서 이전에 경험해보지 못한 특정한 문제에 직면하였을 때, 개인이나 팀이 창의적인 해결방안을 제시하는 경우이다. 일반적으로 기업에 고용된 엔지니어나 전문가들은 조직 내에서 발생하는 까다로운 문제들에 대해 창의성을 발휘하는 것이 자신의 역할이라고 인식한다. 또한, 창의성 연구자들이 실험실에서 검사를 통해 피험자의 창의력을 평가하는 것도 주어진 문제에 대해 창의적인 응답이나 해결안을 요구하기에 반응적 창의성이라고 할 것이다.

둘째, 기대된 창의성(Expected Creativity)은 기대나 요구에 응하여 창의성을 발휘한 경우이지만, 문제가 명확하지 않다는 점에서 반응적 창의성과는 다르다. 광고회사 구성원들은 업무 특성상 항상 창의성을 발휘해야 하지만, 늘 문제가 분명하게 정의되어 있지는 않다. 지속적인 개선을 위해 구성원들이 아이디어를 제안하는 전사적 품질관리(TQM) 활동에서, 회사는 개선 아이디어를 내기를 바라지만, 어떤 개선 아이디어가 제안될지는 알 수 없다. 또 다른 예로, 심리학자가 창의성 연구를 위해 미술학도에게 정물화를 그리도록 하거나 학생들에게 시를 짓도록 하는 경우이다. 이러한 예들은 문제는 개방적이지만 창의적 활동에 관여하도록 하는 것은 외부의 요구이다. 반응적 및 기대된 창의성은 창의성의 발휘가 자신의 업무 범위에 들어있다는 의미에서 역할 내(in-role) 행동이다. 반면 다음의 두 창의성은 역할 외(extra-role) 행동이다.

셋째, 기여적 창의성(Contributory Creativity)은 분명하게 정의된 문제

표 1-4 **언즈워스의 창의성 유형 분류(Unsworth, 2001)**

		촉발요인	
		내부	외부
문제유형	개방적 문제 (문제발견)	능동적 창의성	기대된 창의성
	폐쇄적 문제 (문제해결)	기여적 창의성	반응적 창의성

에 대해 자발적으로 도움을 주는 행위이다. 예를 들어, 구성원 대상 익명의 설문 조사에서 특정 문제를 해결하기 위한 아이디어를 적극적으로 서술하는 경우이다. 익명으로 진행되기에 아이디어를 적지 않아도 되지만 자발적으로 그렇게 하는 것이다. 자신이 직접 관여되어 있지 않은 문제를 해결하는 데 도움을 주기 위해 창의적 아이디어를 제안하고 몰입하는 것이 이에 해당한다.

마지막으로 능동적 창의성(Proactive Creativity)이다. 요구하지 않았지만, 구성원이 공정 프로세스를 개선할 수 있는 새로운 아이디어를 자발적으로 제안하는 경우나 새로운 제품 아이디어를 스스로 제안하는 경우이다. 이 경우 문제는 개방적이며, 창의적인 아이디어를 내도록 하는 요인은 개인 내부에 있다. 3M의 프라이(A. Fry)가 포스트잇을 발명한 경우가 여기에 해당한다.

한편, 기업가정신(entrepreneurship)으로 창업에 성공한 경우, 분명하게 드러난 시장(고객)의 요구를 충족시키는 것이라면 기대된 창의성에 가깝지만, 새로운 시장을 창출하는 것이라면 능동적 창의성에 해당할 것이다.

대다수 기업은 이미 구성원들의 창의적 잠재력을 어떤 형태로든 활용해왔다(특히 반응적 창의성). 다만, 최근에는 다른 어떤 유형의 창의성보다 능동적 창의성이 더욱 요구된다는 점에서 차이가 있다. 즉, 구성원들이 누구의 요구 없이도 자발적으로 자신의 창의적 상상력을 십분 발휘하여 기대하지 않은 새로운 아이디어로 새로운 사업 기회나 성장 동력을 찾아내는 것이다. 이러한 능동적 창의성은 다른 유형의 창의성보다 훨씬 더 높은 기대 이상의 성과를 가져다줄 수 있다(Robinson & Stern, 1997).

Unsworth와 Luksyte(2015)는 네 가지 창의성 유형이 고정된 것이라기보다, 과정(process)으로서의 창의성 관점에서 조직 내에서 어떤 유형의 창의성이 전개될지는 다양한 요인들이 영향을 미칠 것으로 보았다. 예를 들어, 상사가 '웹사이트를 수정하면 좋을 것 같아'라고 했을 때, 이것을 부하가 어떻게 받아들이고 해석하느냐에 따라 창의성 유형이 다르게 나타날 수 있다. 만약 부하가 그것을 구체적인 지시로 본다면 반응적 창의성이 나타나겠지만, 학습 지향성이 강한 부하라면 상사의 바람에 부응하여 다양한 대안들을 고려하면서 기여적 창의성을 발휘할 수도 있을 것이다.

카르봅스키와 얀콥스카의 분류　이들은 학교 교육 현장에서 유용할 수 있는 분류로, 창의성을 네 가지 형태로 구분하는 방법을 제안하였다. 그들이 유형 분류에 사용한 요인들은 주로 확산적 사고와 상상력을 나타내는 인지적 측면의 창의력(creative ability)과 두 성격 특성인 개방성(openness)과 독립성(independence)이었다. 〈표 1-5〉에서 보듯이, 세 요소의 조합에 의해 네 가지 창의성이 도출된다.

첫째, 복합적(complex) 창의성은 세 가지 요인 모두에서 높은 수준을 보이는 것이다. 이 창의성이 높은 사람들은 고학력의 자율적이고 애정 어린 부모를 둔 외동이거나 첫째일 가능성이 크다. 대체로 외향적이고 대인관계 유능성과 창의적 자기효능감이 높고, 자기 정체성에서 창의성이 중요한 가치로 여겨진다. 외적 보상보다는 내적으로 동기화되는

표 1-5 카르봅스키와 얀콥스카의 분류(Karwowski & Jankowska, 2016)

	복합적 창의성	반항적 창의성	복종적 창의성	자기실현적 창의성
창의력	고	고	고	저
개방성	고	저	고	고
독립성	고	고	저	고

경향이 더 강하며, 필요한 상황에서는 건설적인 반항의 모습을 보이기도 한다.

둘째, 반항적(rebellious) 창의성은 개방성은 낮지만, 나머지 두 가지는 높은 경우이다. 이 창의성이 높은 사람들은 성장 과정에서 부모로부터 애정을 별로 받지 못하거나 거부를 당했을 가능성이 있고, 학교 분위기에 대해서도 혐오스럽게 인식할 가능성이 있다. 대체로 남학생일 가능성이 크고, 교우 관계가 좋지 않고, 대인관계의 유능성도 낮은 편이다. 갈등 상황에 잘 직면하지 못하고 가급적 회피하려고 한다. 이들의 창의적 잠재력이 충분히 활성화되기 위해서는 내적 및 외적 동기를 높이는 것과 더불어 창의적 효능감도 높여줄 필요가 있다.

셋째, 복종적(subordinate) 창의성은 독립성은 낮지만, 나머지 두 가지는 높은 경우이다. 이 창의성이 높은 사람들은 부모의 사회경제적 지위가 다소 낮고, 부모(특히 어머니)가 자율적이기보다는 보호적으로 양육을 했을 가능성이 크다. 이 유형은 새로운 문제를 발견하고 해결할 잠재력을 가지고 있지만, 그러한 상황에 위험(risk) 요소가 포함된 경우에는 부담을 느낀다. 따라서 급진적 혁신(혁명적 변화)보다는 개선을 추구하는 정도에 만족하게 된다. 학교생활에 잘 적응하며 교실 분위기에 대해 긍정적이다. 교사의 리더십을 높게 평가하며, 높은 성실성으로 학업 성적도 우수하다. 지배성은 낮고, 평화와 관계를 중시하기에 갈등 상황에서 협력과 타협을 추구한다. 내적 동기가 높고 창의적 잠재력이 있지만, 기존 환경에 적응하는데 만족할 뿐, 희생이 따르더라도 그것을 최대한 발휘하고자 하지는 않는다. 그러나 유능한 리더와 함께 집단에서 일하면 창의적인 성취를 이루는 데 상당히 기여할 수 있다.

마지막으로, 자기실현적(self-actualizing) 창의성은 창의력은 낮지만, 나머지 두 가지는 높은 경우이다. 이 창의성이 높은 사람들은 가족 환경에서 아버지가 별로 요구하지 않는 스타일이었을 가능성이 크다. 창의적 활동보다는 발달된 사회적 기술로서 타인과의 관계를 중시한다. 항상 창의성으로 연결되지는 않지만, 활동 자체로부터 오는 즐거움을 추구하는 경향이 있기에 내적 동기가 약간 높은 편이다. 창의적 자기 효능감이 높지 않고 창의성을 가치 있게 여기지도 않기에, 이들의 창의성을 높이기 위해서는 관련 활동에서의 적극적인 격려가 필요하다. 창의적 활동에의 몰입에 유리한 특성들(개방성, 내적 동기, 사회적 기술 등)을 가지고 있으므로, 창의성 증진 프로그램들이 이들에게 효과적일 수 있다.

이러한 창의성의 유형의 측정 도구로, 카르봅스키 연구팀은 창의성 유형 설문지(TCQ: Types of Creativity Questionnaire)를 개발하였으며, 어린 아동들을 위한 것으로 가정, 유치원, 학교 현장에서의 행동에 대한 진술문로 구성된 창의성 유형 관찰 척도(Types of Creativity Observation Scale)도 개발 중이다. 이 유형 구분은 학교 현장에서 유용하게 사용될 잠재력을 가지나, 경험적인 검증 작업이 더 이루어져야 한다.

5. 창의성 신화

비교신화학자인 캠벨(J. J. Campbell)은 '꿈이 개인의 신화라면 신화는 집단의 꿈'이라고 하였다. 영웅 신화나 실리콘밸리의 창업 신화처럼, 신화는 어떤 의미에서 우리를 정의하고 고무하는 것으로 이를 통해 가치 있는 무엇인가를 창조해내는 것과 같은 유용성을 가질 수 있다.

그러나 일반적으로 신화(myth)는 거짓이나 잘못된 믿음을 말하는 것으로, 비합리적인 것이며 과학적 근거가 없는 것이다. 일반인들이 갖는 창의성에 대해 신화적 믿음은 창의성 발현의 장애 요소로 작용한다.

오늘날 창의성은 '일상적 사고 과정을 거쳐 나타나는 비범한 결과(Sternberg & Lubart, 1996)'로 보기에, '누구나 다 창의적일 수 있다'고 할 것이다(6장 참조). 그러나 과학적인 연구 결과들이 일반인들의 생각에 충분히 스며들지 못하여 창의성에 대한 신화적인 믿음이 여전히 남아 있다. 이런 측면은 교육 현장이나 직장에서 창의성이 발현되도록 하는 데 걸림돌이 된다.

예를 들어, 창의성은 예술이나 과학 영역만이 아니라, 인간관계나 심지어 범죄행위와 같이 거의 모든 인간의 사고와 행동에 적용될 수 있지만, 창의성을 단순히 예술과 동의어로만 생각한다거나, 창의성 신이 내린 재능을 갖고 태어난 사람들에게만 드물게 나타나는 현상이라고 생각하거나, 창의성은 아동기에 가장 높게 나타나지만 학교 교육을 받으면서 감소한다고 믿는 경우이다. 더불어, 우리가 뇌의 10%도 사용하지 못한다는 생각도 잘못된 믿음이다(〈참고 1-2〉).

참고 1-2 버커스의 10가지 창의성 신화

여러 창의성 연구자들이 '창의성 신화'라고 불릴 수 있는 잘못된 믿음들을 제시해왔다(장재윤, 박지영, 2007; Burkus, 2014; Sawyer, 2012). 특히

Burkus(2014)는 『창조성, 신화를 다시 쓰다』에서 다음과 같은 창의성에 관한 열 가지 신화를 소개하였다.

첫째는 유레카(Eureka) 신화로, 유명한 뉴턴의 사과 비유처럼, 창의성을 새로운 아이디어가 순간적인 통찰로 나타나는 것으로 보는 것이다. 그러나 에디슨이 99%의 땀과 노력을 강조한 것처럼, 창의성은 통찰과 같은 순간적인 불꽃과 더불어 문제와의 끈질긴 노력의 결과로 나타나는 것이다.

둘째, 별종(Breed) 신화로, 창의성을 특별한 사람들에게만 나타나는 현상으로 인식하는 것이다. 더불어 창의성을 개인의 유전자나 성격에 내재된 특성이라는 믿음이다. 이제는 '인간은 누구나 창의적일 수 있다'고 보는데, 이런 변화는 '창의성의 민주화'라고 할 수 있다(2장 참조).

셋째, 독창성(Originality) 신화인데, 흔히 창의적 아이디어는 그것을 생각해낸 사람만의 전유물로 간주되는 경향이 있다. 지적 재산권이 강조되는 영역은 더욱 그러할 것이다. 그러나 아무리 독창적인 아이디어라도 그것은 이미 존재한 것이거나 누군가 먼저 제안한 것의 새로운 조합일 가능성이 매우 크다('하늘 아래 새로운 것은 없다').

넷째, 전문가(Expert) 신화로, 창의적 아이디어를 도출하기 위해서는 깊은 전문성을 갖추거나 전문가들로 구성된 팀에 의존해야 한다는 믿음이다. 이후의 장들에서 보듯이 전문성과 창의성 간의 관계는 선형적이기보다는 곡선적인 관계를 보이는 경향이 더 강하다.

다섯째, 인센티브(Incentive) 신화로, 인센티브를 통하여 조직 구성원들의 창의성을 자극하거나 향상시킬 수 있다는 믿음이다. 오래전 장재윤과 박지영(2007)도 이를 신화로 제시한 바 있다. 그러나 최근의 여러 현장 연구들은 이것이 더는 신화가 아닐 수 있음을 보여준다(Gerhart & Fang, 2015). 즉 조직에서 구성원들의 창의성을 자극하는 데 유무형의 인센티브는 긍정적 효과를 가질 수도 있다는 것이다(8장 참조). 이처럼 사실이라고 믿었던 것이 신화가 되기도 하지만, 신화가 사실로 바뀔 수도 있는 것이다.

여섯째, 고독한 창조자(Lone Creator) 신화로, 창의성의 발현은 소수의 천재들이 다수의 반대와 비판에 직면하여 외롭게 자기 생각을 지켜나감으로써 가능하다는 믿음이다. 반대자의 저항을 외롭게 극복해 나가는 측면은 신화에 해당한다고 볼 수는 없으나, 11장에서 보듯이, 창의적인 결과물은 여러 사람의 공동의 노력일 때가 점점 더 많아지고 있다.

일곱째, 브레인스토밍(Brainstorming) 신화로서, 브레인스토밍이 창의적 아이디어 발상의 최고의 방법일 수 있다는 믿음이다. 브레인스토밍의 생산성이나 창의성에 미치는 효과는 제한적이라는 연구 결과는 이미 오래 전부터 있었다(14장 참조).

여덟째, 결속력(Cohesive) 신화로, 창의적인 팀이라면 구성원들 간의 응집력이 매우 높을 것으로 생각한다. 팀이 창의적이려면 다양한 경험과 시각을 가진 구성원들로 구성될 필요가 있는데, 이는 팀 내 갈등이 일어날 가능성을 높인다. 따라서 응집력이 높기 보다는 창의적 마찰이 가능한 팀이 되어야 한다.

아홉째, 제약(Constraints) 신화로, 가용 자원이 부족한 것처럼 제약이 있는 경우에는 창의성이 발현되기 어렵다고 생각하는 것이다. 그러나 11장에서 보듯이, 점점 더 많은 연구 결과들이 일정한 제약을 두는 것이 조직 구성원들의 창의적 잠재력을 자극하는 긍정적 효과를 가질 수 있음을 보여준다.

마지막은 쥐덫(Mousetrap) 신화라고 불리는 것으로, 사람들은 창의적 아이디어나 산물을 만들어내면 세상이 그것의 진가를 바로 인식할 것으로 생각한다. 그러나 현실에서는 그렇지 않은 경우가 많이 있다(3장 참조).

Benedek 등(2021)은 창의성 신화가 얼마나 널리 퍼져 있는지 확인하고 그러한 잘못된 믿음과 관련 있는 요소들을 찾고자 하였다. 그들은 세 개 대륙에 걸친 오스트리아, 조지아, 독일, 폴란드, 미국, 중국의 18세 이상 성인 1,261명을 대상으로 온라인 조사를 하였다. 이들의 조사 내용은 그들이 개발한 창의성 신화(myths) 및 사실(facts) 관련 30개의 문항에 대해 동의 정도를 묻는 것이었다. 문항들은 창의성에 대한 정의, 창의적 과정, 창의적인 사람의 특성, 창의성 수행에 영향을 미치는 자극 요소 등에 대한 진술문인데, 그간의 창의성 관련 경험적 연구들에 기반하여 15개는 정확한(correct) '사실' 진술문이지만, 나머지 15개는 근거가 없는 것으로 밝혀진 창의성 '신화'에 해당하는 진술문으로 구성되었다.[15]

장재윤 등(2023)은 후속 연구로 이들의 30개 설문 문항을 한국의 성인 668명을 대상으로도 실시하였다. 두 연구의 데이터를 통합하여 30개 문항에 대한 응답 양상을 살펴보았다(〈표 1-6〉, 〈표 1-7〉).

〈표 1-6〉에서 신화 문항의 경우, 동의율이 낮아야 창의성에 대한 정확한 이해를 한 것인데, '혼자 생각할 때보다 여러 사람이 함께 브레인스토밍을 하면 더 많은 아이디어가 나온다', '아이들이 어른들보다 더 창의적이다', '자신의 행위에 완전한 자유(자율)가 주어질 때 사람들은 가장 창의적이다'와 같은 문항은 70% 이상의 동의율을 보였다. 창의성과 관련하여 일반인들이 가장 잘못 이해하고 있는 믿음들이다. 반면, '개인의 창의력은 정해져 있으며, 그것은 쉽게 바뀌지 않는다'와 '창의성은 혼자 하는 활동인 경향이 있다'와 같은 문항에 대한 동의율은 30% 이하로 낮아서 비교적 정확하게 인식하는 것으로 나타났다.

---

15 Benedek 등(2021)의 논문에 각 진술문 관련 경험적 연구들이 소개되어 있다. 이들의 연구에서 국가는 3% 정도 변량만을 설명하였으므로, 국가 간 차이는 무시해도 될 수준이었다. 연령과 성별에서는 유의미한 차이가 없었으나, 교육 수준은 신화와 유의미한 부적 관계를 보였다. 또한, 지식의 출처로서 서적, 강의, 저널과 같은 권위 있는 출처보다는 TV, 소셜 미디어, 친구와 같은 손쉽고 인기 있는 출처에 의존할수록 신화를 더 믿는 경향을 보였다. 또한, 신화에 동의할수록 성격 5요인의 신경증, 성실성이 높은 경향이 있으며, 권위주의 성향과 초자연적 현상에 대한 믿음 수준도 높은 경향이 있었다. 더불어 창의적 자기 정체성과 인지 욕구도 낮은 경향을 보였다.

표 1-6 **창의성 신화 문항 동의 정도**

정의	창의성은 측정될 수 없다.	63.22%
	창의성은 본질적으로 예술과 같은 것이다.	48.63%
	창의적인 아이디어는 당연히 좋은 것이다.	56.01%
	대다수의 사람들은 '아이들의 추상적인 그림'과 '추상 미술'을 구분하지 못할 것이다.	63.45%
과정	창의적 결과물은 갑작스럽게 나타난 영감의 결과인 경우가 많다.	59.15%
	창의적인 사고는 주로 우뇌에서 나온다.	53.71%
	창의성은 혼자 하는 활동인 경향이 있다.	29.63%
사람	창의성은 보기 드문 선천적 재능이다.	34.29%
	개인의 창의력은 정해져 있으며, 그것은 쉽게 바뀌지 않는다.	24.55%
	아이들이 어른들보다 더 창의적이다.	71.46%
	남다른 창의성을 보인 사람에게는 대개 정신건강상의 장애가 있다.	31.65%
자극	알코올이나 마리화나가 창의적인 아이디어를 얻는 데 도움이 된다.	35.77%
	학교에 오래 다니는 것은 아이들의 창의성에 부정적인 영향을 미친다.	44.61%
	혼자 생각할 때보다 여러 사람이 함께 브레인스토밍을 하면 더 많은 아이디어가 나온다.	80.46%
	자신의 행위에 완전한 자유(자율)가 주어질 때 사람들은 가장 창의적이다.	71.64%

〈표 1-7〉에서 사실 문항의 경우, '여러 방식으로도 문제해결이 안 되는 경우, 잠시 휴식을 취한 후 다시 시작해보는 것이 도움이 된다'는 90% 이상, '창의적인 사람들은 대개 새로운 경험에 대해 더 개방적이다', '긍정적인 기분은 창의적인 아이디어를 얻는 데 도움이 된다', '일반적으로 창의적인 아이디어는 기억 속 정보가 새로운 방식들로 결합되어서 나오는 것이다'는 80% 이상의 동의율을 보여 상당히 정확하게 이해하는 것으로 볼 수 있다. '직장에서 창의적인 성과에 대해 보상을 해주면 창의성이 향상된다'도 70% 이상의 동의율을 보였다. 반면, '첫

표 1-7 창의성 사실 문항 동의 정도

정의	창의적인 것으로 간주되기 위해서는 새로울 뿐만 아니라 유용하거나 적절해야 한다.	58.19%
	교사는 창의성의 중요성은 인정하지만, 창의적 특성을 가진 학생을 높게 평가하지는 않는다.	58.53%
	창의적인지 아닌지에 대한 판단은 당시의 시대정신과 사회적 규범에 달려 있다.	78.41%
	창의성은 수학적 사고의 중요한 한 부분이다.	64.98%
과정	일반적으로 창의적인 아이디어는 기억 속 정보가 새로운 방식들로 결합되어서 나오는 것이다.	82.30%
	첫 번째로 떠오른 아이디어는 최상의 아이디어가 아닌 경우가 많다.	46.79%
	뇌에서의 알파 활동(10헤르츠)은 창의적인 사고에 있어 중요한 역할을 한다.	61.07%
사람	창의적인 사람들은 대개 새로운 경험에 대해 더 개방적이다.	86.99%
	창의적인 사람들은 대개 지능이 더 높다.	56.61%
	대개 어느 한 영역에서 남다른 창의적인 결과를 만들어내기 위해서는 (예: 성공적인 소설을 출판하기 위해서는) 적어도 10년 동안의 의도적인 연습과 노력이 필요하다.	42.33%
	일반적으로 남자와 여자는 창의성에 있어 차이가 없다.	62.31%
	남성이 창의적 특성을 보이면 잠재적 이성 파트너에게 매력도가 올라간다.	69.34%
자극	여러 방식으로도 문제해결이 안 되는 경우, 잠시 휴식을 취한 후 다시 시작해보는 것이 도움이 된다.	95.59%
	긍정적인 기분은 창의적인 아이디어를 얻는 데 도움이 된다.	84.55%
	직장에서 창의적 성과에 대해 보상을 해주면 창의성이 향상된다.	77.14%

번째로 떠오른 아이디어는 최상의 아이디어가 아닌 경우가 많다'와 '대개 어느 한 영역에서 남다른 창의적인 결과를 만들어내기 위해서는(예: 성공적인 소설을 출판하기 위해서는) 적어도 10년 동안의 의도적인 연습과 노력이 필요하다'의 경우는 50% 이하의 동의율을 보여 상대적으로 낮은 수준을 보였다. 앞으로 보겠지만, 이 책의 이어지는 장들에서는 〈표 1-6〉과 〈표 1-7〉에 나오는 신화와 사실 문항과 관련된 연구 결과

를 구체적으로 다루었다.

Benedek 등(2021)은 창의성 신화가 형성 및 유지되는 두 가지 이유를 들었다. 첫째, 가용성 휴리스틱(availability heuristic)의 영향이다. 창의성을 이해할 때 일부 천재들의 유명한 일화와 같이 쉽게 떠오르는 극적인 사건이나 사례들의 영향을 많이 받는다는 것이다. 창의적인 인물에게 갑자기 떠오른 영감의 순간이나 광기 어린 분투와 같이 사람들의 기억 속에 쉽게 각인되는 극적인 측면들이 사람들의 주의를 끌고 기억되며 신속하게 인출되는 것이다. 둘째, 복잡한 과학적 연구의 결과를 잘못 해석하거나 지나치게 일반화하거나 단순화하기 때문에 발생할 수 있다. 예를 들어, 인간의 뇌는 전체의 10% 정도만 사용된다거나, 창의성이 우뇌에서 나온다는 생각(10장 참조) 등과 같이 과학적 근거가 부족함에도 복잡한 내용 중 기억하기 쉬운 일부 단편적 정보에만 근거하면서 신화가 형성되는 것이다. 더불어, 기저율(base rate)이나 맥락 정보를 무시한 채 과잉 일반화되거나 왜곡된 정보에 의존하여 나타날 수 있다.

창의성을 잘못 이해하는 것은 창의성 발휘에 걸림돌이 될 수 있다. 심각한 것은 '알고 있다고 생각하지만, 잘못 이해하고 있는 것이 많다'는 점이다. 일반인들이 가지고 있는 과학적인 근거가 부족한 '창의성 신화'가 창의성을 단순히 신비로운 현상으로만 보게 한다(Benedek et al., 2021). 창의성을 우연적인 것으로 보거나 아이들의 사고와 행동으로 보게 되면, 창의적 성취에 이르기 위한 고된 작업의 진정한 가치를 제대로 인식하지 못하게 한다. 또한, 창의성의 발현을 외적 요소에 의존하게 한다. 예를 들어, 창의적 아이디어 발상에서 갑자기 떠오르는 영감을 중요하게 여기면, 지속적인 노력으로 문제와 다투기보다는 '유레카'와 같은 경험을 위해 단순히 기다리는 것과 같은 무의미한 행동을 조장할 수 있다.

이 책은 창의성에 대한 최근까지의 연구들, 특히 심리학적 관점에서 이루어진 주요 연구들을 고찰하였다. 대부분의 연구 주제들이 그러하듯이 창의성도 지금까지 연구된 것보다 연구되어야 할 것들이 더 많지만, 그럼에도 지금까지 이루어진 창의성에 대한 주요 이론, 논점, 다양한 연구 결과를 기술하였으므로, 창의성에 대한 균형 잡힌 시각을 가질 수 있을 것으로 기대한다.

2장
창의성 역사 및 연구방법

"시인은 기교로 노래하는 것이 아니라 신의 힘으로 노래한다."

- 플라톤

오늘날 창의성은 우리 삶과 우리 사회에 그 어떤 때보다 필요하고 중요한 잠재력이라는 데에는 이견이 없을 것이다. 그러나 인간은 오래전부터 언제나 창의적인 존재였다. 스탠리 큐브릭 감독의 〈2001: 스페이스 오디세이〉에서처럼 석기 시대에도 누군가는 돌을 갈아 날카로운 사냥 도구로 사용할 아이디어를 내었고, 누군가는 동굴 생활을 하면서 자신의 생활이나 정서를 놀라운 기교로 벽화에 표현하였다. 그리고 이집트의 피라미드, 페루의 마추픽추, 요르단의 페트라, 터키의 넴루트산 석상들을 보면 현대인들도 경이로움에 입을 다물지 못하게 된다.

그러나 인류 역사를 되돌아보면, 이러한 창의적 산물에 대한 찬사나 그것을 가능하게 한 창의성에 대한 명시적인 요구는 놀랍게도 비교적 최근에서야 나온 것이다. 우리 조상들은 아주 오랫동안 '창의성'이라는 관념 없이도 찬란한 문명을 이루며 살아왔다. 중세까지 인간에게 창의적 사고나 행위를 기대하지도 않았을 뿐 아니라 심지어 그것을 이상하거나 위험한 것으로 취급하였다. 그런 면에서 창의성은 전적으로 '근대적' 가치이자(Weiner, 2000), '서구'에서 나온 개념이다(13장 참조).

만물이 모두 변화 상태에 있듯이, 창의성이나 창의적 인물에 대한 관념도 오랜 기간을 거치면서 변화되어왔다. 이런 변화 과정을 이해할 때 과거의 일들을 현재의 가치나 개념에 비추어 해석하는 '현재주의(presentism)'의 위험에 빠지지 않도록 유의해야 한다. 예를 들어, 오늘날의 시각에서 보면, 서구 중세 사회는 폐쇄적이며 전통을 중시할 뿐 변화가 없던 시기여서 창의성이 꽃피기 어려웠을 것으로 보인다. 그러나 중세 도시나 박물관에서 볼 수 있는 당시의 대성당, 성화, 장신구들은 모두 당시 사람들의 창의적 산물이다.[1] 따라서 과거의 해석에서 시대착오적인 현재주의는 창의성을 역사적으로 조명할 때 주의해야 한다.

창의성에 대한 학문적 관심은 18세기(또는 관점에 따라 19세기)에 시작되었고, 과학적인 연구는 길포드의 영향으로 20세기 중반에 와서야 가능하였다(Runco & Albert, 2010). 창의성에 대한 사람들의 생각은 대체로 르네상스, 계몽주의, 그리고 낭만주의 시기를 거쳐서, 1장에서 보았듯이, 신자유주의적 자본주의의 사회에서 최고의 조명을 받고 있다.

한편, 글러베누와 코프먼은 이러한 흐름을 창의성의 점진적인 '개인화(individualization)' 또는 '민주화(democratization)'의 역사라고 보았다. 즉, 오직 '신(神)'만이 창조를 한다고 믿던 고대의 신념 체계에서, 걸출한 '천재(genius)'를 우러러보던 시기를 지나, '누구나(everyone)' 다 창의적 잠재력을 가진다는 오늘날의 일반적 믿음으로 진화해온 것이다. 역사학자들이 과거 시점으로 시대의 현장에 들어가듯이, 창의성에 대한 관념의 역사를 간략히 살펴보면 다음과 같다(Gläveanu & Kaufman, 2019).[2]

---

1 다만, 중세에는 창의적인 결과물을 만들어낸 장본인이 두드러지게 드러나지는 않는데, 창조자(creator)에 주목하기 시작한 것은 근대 이후의 일이다(Hanchett Hanson, 2015).
2 여기서 다루는 역사는 주로 서구 중심의 역사이다. 창의성 개념에 대한 동서양 간의 차

1. 창의성 역사

1) 창의성의 기원

영어 단어인 creativity의 기원은 라틴어 동사인 *creare*로서, 이것은 '뭔가를 만들어낸다'는 의미이다.[3] 그런데 수세기에 걸쳐 creation이라는 것은 신(神)이나 자연의 생성력과 관련된 것이었을 뿐, 인간의 창조나 창의성에는 적용되지 않았다. 인간의 경우에는 오늘날의 art와 유사한 *ars*와 *artis*가 인간이 기술적 또는 예술적으로 무엇을 만드는 것과 관련된 용어였다. 그래서 고대 기록에는 create가 항상 과거 수동태('was created')로 기술되어 있다. 고대로부터 중세까지 창의적인 행위는 신의 영감의 산물이라고 믿었던 것이다. 서양철학의 기원이라고 할 수 있는 플라톤에 따르면, 시인의 창의적 영감은 자신의 이성에 의한 것이 아닌 신적인 힘에 사로잡힐 때, 다르게 표현하면, 어떤 성스러운 광기에 빠질 때 나타난다.[4]

창의성을 신에서 인간으로 돌리게 된 계기는 르네상스이다. 창의성은 신성한 것으로 인간과는 관계가 없다는 생각은 르네상스 시기에 와서야 변화되기 시작했고, 신이 아닌 천재에 주목하는 관점의 전환은 계몽주의와 낭만주의 시기에 완성되었다. 또한 오늘날과 같은 현재 시제나 진행형 동사로 사용된 것은 15세기부터이며, 인간과 연계

이는 13장에서 자세히 다루었다.

3 인도유럽어계의 *ker* 또는 *kere* (to grow)에서 라틴어의 *creatio* 또는 *creatus* (to make grow)를 거쳐 '뭔가 새로운 것이 생기게 하는 것'이라는 의미에 이르렀다(Weiner, 2000).

4 옛날부터 창의성에 관한 탐구가 서양철학의 주류에서 배제된 것도 이런 신적인 존재에 의한 신비나 우연의 요소가 작용한다고 보았기 때문이다. 따라서 창의성은 미학이나 심리학의 연구 영역으로 제한되었다(김상환, 2016). 심리학 영역에서도 오랫동안 창의성에 부여된 신비주의적 측면들로 인해 과학적 연구 대상으로는 적합하지 않다는 생각을 가졌다. 과학 영역에서 자주 나타난 우연한 발견(serendipity) 현상도 이러한 신비주의적 믿음을 강화하였다.

하여 'creativity'라는 단어가 처음 기록된 것은 1875년 워드(A. Ward)의 책 *History of Dramatic English Literature*에서 셰익스피어의 '시적 창의성 (poetic creativity)'이라고 언급한 것이라고 하니, 150년 전에야 처음 나타난 것이다. 창의성에 관한 관점에 급진적 변화가 나타나고 인간과 관련된 단어로 처음 사용되었지만, 창의성이 제대로 자리 잡는 데에는 오랜 기간이 필요했다. 처음에는 creativity라는 단어가 별다른 주목을 받지 못했고, 표준 사전에 들어가는 데에는 50여 년이 더 걸렸다. 결국, 제2차 세계대전과 같은 사회적 대변혁을 거쳐 1950년대에서야 창의성이라는 단어가 널리 회자되기 시작하였다.

1950년 길포드가 미국심리학회(APA) 회장 취임사에서 창의성에 관한 심리학적 연구를 강조한 것이 창의성 연구의 변혁을 가져온 계기가 되었다. 이후 창의성에 관한 과학적인 탐구가 본격화되면서 창의성에 대한 개인주의적 접근과 사회적 접근의 균형이 잡히기 시작했다.

요약하면, 창의성 개념은 다음과 같은 세 가지 시기를 거쳤다고 할 수 있다(Kampylis & Valtanen, 2010). 첫째는 고대부터 르네상스까지의 형이상학적 시기(metaphysical era)로, 신의 영감을 받은 일부 천재들이 무에서(nothing) 무엇인가를 창조하는 것으로 믿던 시대이다. 둘째는 르네상스부터 20세기 중반까지의 귀족적 시기(aristocratic era)이다. 이 시기에는 일부 카리스마 있는 천재들이 무엇인가로부터(something) 창조를 하는 것으로 생각하던 시대이다. 셋째는 20세기 중반(1950년)부터 지금까지의 민주적 시기(democratic era)로, 누구나 어떤 것에서든지 (anything) 무엇인가를 창조할 수 있다고 믿는 시대이다.[5]

---

[5] Gläveanu(2010)도 창의성에 대한 관점이 역사적 배경과 문화적 맥락에 따라 다음과 같은 세 가지 패러다임으로 전개되었다고 보았다. 첫째는 1950년대 전까지 외로운 천재 관점이 지배하는 He-패러다임의 시기이며, 1960년대 이후는 천재가 아닌 일반인들의 인지적 과정 및 성격에 초점을 두던 I-패러다임의 시기이며, 1980년대 이후는 창의

2) 고대와 중세

창의성은 오래전부터 다소 신비주의적 색채를 띠어왔다. 고대부터 창의적 현상들에 대해 신적 존재의 개입(divine intervention)으로 설명하는 경우가 많았다. 창의성의 최초 행위는 신의 현시(顯示)라고 보았으며, 이것은 신이 무(無)에서 어떻게 하늘과 땅을 창조하였는지를 설명한 『구약성서』에 잘 드러난다. 창조의 첫 번째 행위에 대한 서사는 창조자(Creator)에 대한 외경심을 불러일으키며, 서구 사상에 지대한 영향을 끼쳤다. 인간이 신의 이미지로 만들어졌기에 인간은 계명을 따름으로써 신의 창조에 참여할 수 있었다. 결국, 인간의 창의성은 신의 지시를 엄격하게 따름으로써 파생되는 것으로 인식되었다.

위대한 창의적 산물들을 만들어낸 초기 그리스인들도 인간의 창의성에 대해서는 침묵하였다. 더구나 서양에서는 창조의 주체가 신에 의해 선택될 뿐만 아니라 신의 권위에 도전하는 행위로 그려진다. 이는 신의 세계에서 불을 훔쳐 인간에게 전해준(다른 해석으로는 예술과 과학의 기본 개념을 인간에게 가르쳐준) 프로메테우스가 위대한 창조자의 표상이기도 하지만, 그의 창조는 축복을 받기는커녕, 쇠사슬에 묶여 독수리에게 간을 쪼이는 고통을 겪는 것과 같은 가혹한 처벌을 받게 된다. 프로메테우스의 이러한 운명은 신과 우주의 질서를 넘어서는 창의적인 행위는 위험한 것임을 경고하는 것이다. 그리고 이것은 위대한 창조자일수록 불행한 운명의 주인공이 되거나 사회로부터 이탈한 광인이 되기 쉽다는 믿음으로 이어졌다.

그리스의 비극들도 같은 메시지를 강조하며, 신(들)의 질서를 위협하는 행위에 대해 경고한다. 대신 신은 인간에게 영감을 불어 넣어 줄 수

적 협력과 공동 창의성이 중시되며 창의성의 발현되는 맥락과 환경에 더 초점을 두는 We-패러다임의 시기이다.

있다. 창의적인 사람은 신이 영감을 불어 넣어주는 빈 그릇으로 보는 것이다. 호메로스는 자신의 시를 신에게 귀인(歸因)하였고, 플라톤도 그리스 신화에 나오는 영감을 불어 넣어주는 예술과 학문의 여신인 뮤즈에 대해 얘기하였다. 예술가나 창작가들은 신의 지혜에 좀 더 가까운 사람이며, 당시 서사시인들은 영감을 강하게 받은 광기의 상태에서 시를 썼고, 그때 영감의 원천은 뮤즈라고 믿었다. 그래서 창작의 주체인 인간은 철저하게 무시되었다. 기원전 작품으로 미켈란젤로의 조각보다 더 뛰어나다는 루브르 박물관의 니케(승리의 여신)의 조각상은 작자 미상이다.

고대에는 창의성이 존중의 대상이 되면서도 위험한 것이라는 이중적 가치를 내포하고 있었다. 이런 고대의 유산이 서유럽의 중세 시기에도 이어지면서, 창의성은 신만이 가진 권능이며, 무(無)로부터의 창조(creatio ex nihilo)는 전적으로 신의 행위를 가리키는 것이며, 인간은 제대로 창조할 수 없다는 생각이 계속되었다. 중세 교회가 조각, 회화, 금속세공, 건축 등에서의 위대한 창의적 산물에 대한 후견자 역할을 하였다는 점은 역설적이지만, 그것은 대부분 신을 찬미하는 목적으로 이루어졌다.

3) 르네상스, 계몽주의, 낭만주의

중세 시대를 지나 14~16세기의 르네상스 시기에 들어와 처음으로 창의성의 근원이 신에서 인간(정확하게는, '남성')으로 이동했다. 이 시기에는 인쇄술의 발명으로 새로운 지식을 획득하고 새로운 아이디어를 전파하는 전례가 없는 수단을 갖게 되었다. 또한, 이 시기는 발명과 탐구('신세계의 발견')의 시대로서, 자본주의가 태동하는 계기가 되는 상업이 발달하면서 청교도적인 직업윤리가 강조되고, 종교개혁을 통해 자주적인 생각과 독창성이 강조되었다. 더불어 인간과 신의 경계가 모호하게 되고, 인간 창조자가 인정되기 시작했고, 자신이 만들어낸 창의적 산물에 대해 보상을 받게 되면서 창의적 산물의 생산이 촉진되었다. 당시 피렌체의 레오나르도 다빈치와 같은 창의적 인물들이 여러 방면에 걸쳐 박학다식한 모습을 보여주면서, 천재에 대한 관념이 이 시기에 생겨났다.

이성의 계몽을 통한 인간 생활의 진보와 개선을 추구한 17세기 이후의 계몽주의(enlightenment) 시대에는 창의성에 대한 관점이 더욱 급격하게 변화되었다. 인간 이성에 대한 믿음과 세상을 변화시키는 능력에 대한 믿음이 강해지면서, 창의성이 더욱 인간의 영역임이 강조되는 기반이 만들어졌다. 과학적 진보에 대한 믿음이 널리 공유되었고, 산업혁명을 불러일으키는 자극제가 되었다. 종교개혁으로 부의 창출과 축적이 미덕으로 여겨지면서 개인주의가 널리 퍼졌다. 성서의 권위나 창조에 대한 관점은 근본적으로 변화되었고, 인간의 문제해결이 창의성을 표현하는 전형적인 방식이 되었다. 오늘날에는 이런 생각이 당연한 것으로 받아들여지지만, 당시에는 이런 생각이 여전히 급진적인 것이었다.

한편 이성, 질서, 진보에 대한 지나친 찬사는 당시 사람들을 불만족하게도 만들었다. 이러한 불만족으로 인해 창의성에 대한 오늘날의 개념에 가장 깊은 영향을 미친 낭만주의(romanticism)가 18세기 후반에 탄생하였다. 계몽주의에서는 이성, 합리성이 강조되지만, 이와 대조되게 낭만주의는 꿈, 환상이나 상상의 세계, 무질서, 감상적인 정서(심리적 고통이나 감수성)에 더 주목하였다. 진지한 창의적 활동(적어도 예술 영역)에는 광기나 정신적 고통이 필수 요건이라는 믿음이 낭만주의자들로부터 생겨났다. 천재에 대한 계몽주의의 관점은 고전(古典)에 친숙하고, 상상력은 적절하게 조절되며, 교육을 잘 받은 지성인이었지만, 낭만주의자들은 지성보다는 상상력에 더 무게를 두었고, 과거로부터 단절된 자신만의 독특한 정체성을 갖는 인물이 되고자 하였다. 그리고 자신만의 고유한 독립성과 정체성을 가질 때 광기(madness)를 드러내는 것을 주저하지 않았다(Runco, 2014). 7장에서 다루겠지만, 천재 또는 창의적인 사람을 '정신병리'를 가진 존재로 보는 시각은 이 시기에 나타났다. 낭만주의가 최고조에 이를 때에는 광기는 필연적인 것으로 생각하였고, 이러한 고정관념이 오늘날에도 남아 있다.

낭만주의는 사회 질서의 해체와 산업혁명에 기인한 소외에 대한 반동, 물질주의와 실증주의에 대한 반대 운동이었다. 개인의 주관적이고 감성적인 표현이 강조되고, 지성보다는 민감한 감수성을 중시한 것이다. 19세기에 널리 유행했던 골상학에서는 인간의 언어, 계산, 양심, 자존감 같은 다양한 특성들을 담당하는 뇌 부위들이 있다고 보았지만, 창의성을 담당하는 기관이 있다고 보지는 않았다. 즉, 당시 낭만주의적 관점에서는 창의성이 단순히 뇌에서 비롯되는 것은 아니라고 보았다.

4) 현대적 관점

오늘날에는 천재나 창의적인 인물에 대한 다소 과장되거나 미화된 이미지는 이전보다는 덜 하고, 대중문화가 발달하면서 창의적 산물에 대한 접근이 상대적으로 쉬워졌다. 세계화의 가속화로 문화 간 경계가 계속 허물어지면서 다양한 문화권의 사람들과의 접촉이 쉬워지고 다문화주의 등으로 다름에 대한 인식 및 포용 수준이 높아졌다. 그래서 창의성의 표현도 여러 문화적 요소들의 융합인 경우가 많아졌다.

이제는 광범위한 네트워크를 통해 다양한 사람들이 참여함으로써 창의성이 발현될 수많은 기회가 존재한다. 디지털 세상에서는 누구나 유튜브 등의 다양한 매체와 채널을 통해 창의성을 표현할 수 있다. 보통 사람들도 페이스북 게시물에 재미난 댓글을 남기거나, 인스타그램에 개성 넘치는 사진을 올리는 것과 같은 일상적인 창의성(little-c나 mini-c에 가까운 창의성)을 발휘할 기회가 더 많아지고 있다. 이제 창의성은 신의 부름이나 선택을 받아야 가능한 것이 아니라, 언제든지 누구에게나 어디서든지 나올 수 있는 것으로 인식되며, 교육을 통해 육성될 수도 있는 것으로 본다.

또한, 창의적인 일은 고도의 협력이 필요한 것으로 여겨지며, 창의성의 발휘로 막대한 경제적인 이득을 얻는 경우가 많아지면서, 비즈니스 영역에서 창의성의 인기가 더욱 높아지고 있다. 역사상 그 어떤 시기보다 '창의성의 개인화 또는 민주화'가 이루어져 있는 것이다.

5) 창의성 개인화 및 민주화의 과정

앞서 살펴보았듯이, 1950년대 이후로 창의성은 '인간'의 목표, 인지, 정서, 환경 간의 역동적 상호작용으로 나타나는 복잡한 현상으로 이해되고 있지만, 몇 세기 전만 해도 이런 생각은 존재하지 않았다. 다만 프랑스 혁명으로 인권이 강조되는 사회 대변혁이 일어나면서 점차 창의성의 '개인화'가 가능하게 되고, 최근에는 특허권 보호와 같은 제도 등으로 개인에게 창의력을 발휘할 강력한 유인을 제공하는 사회 체계를 갖추게 되었다. 이런 창의적 잠재력의 '민주화'를 이룬 변화의 과정에서 주목할 만한 몇 가지 이슈를 살펴보자.

천재와 광기　신만이 창조하는 것이 아니라 인간도 가능하다면, 소수의 몇 명만 가능한 것인지, 아니면 누구나 가능한 것인지와 관련된 '천재(genius)' 논쟁이 있었다. '창의성'이라는 용어가 나오기 전에는 여러 세기 동안 '천재'가 창의성을 대변하는 용어로 사용되었다. 사실 길포드의 1950년 연설 이전인 19세기 말에서 20세기 초까지 주로 천재나 지능에 관심이 있었을 뿐, 창의성에 관심을 가지는 학자는 별로 없었다. 천재에 관한 과학적인 연구가 19세기 골턴(F. Galton)에 의해 시작된 것에서 알 수 있듯이, 천재의 '개인화'도 19세기 중반 이후에나 본격적으로 이루어졌다고 볼 수 있다.

genius의 어원은 라틴어인 *genio*인데, 이는 사람이 아니라 가족과 재산을 보호하는 '수호신(guardian spirit)'이었다. 사람들은 수호신으로 genius를 숭배하였는데, 황제의 수호신은 포럼에서 우상으로 만들어졌고 숭배되었다.[6] 즉, 초기에는 genius가 특정한 사람을 가리키는 것이 아니라, 사람(들)이나 가족과 연결된 것이었다. 그러다가 17세기 *genio*와 *ingenium*(타고난 재능) 간의 언어적 근접성으로 '인간화'가 점차 이루어졌다.

19세기 골턴의 연구로, 천재는 유전(nature)에 의한 것으로 인식되고, 환경(nurture)의 영향은 최소화되었다. 모든 것을 측정하고 계량화하는 데 뛰어났던 그는 1869년에 출간된 『유전되는 천재(*Hereditary Genius*)』에서 '천재는 타고나는 것이지 만들어지지 않는다'라는 자신의 주장에 대한 나름의 과학적 근거를 제시하여 당시 식자층의 호평을 받았다.[7]

역사적으로 볼 때, '천재'의 개인화는 천재와 광기가 서로 연합되면서 더욱 강화되었다. 아주 오래전 그리스 시대부터 이 둘 간의 연합이 있었다고 볼 수 있지만, 18세기 후반 이후의 낭만주의 시대에 위대한 예술가, 음악가, 작가들의 창의적 성취를 설명하는 데 있어 종종 정신병리가 두드러지게 개입되었다. 당시의 시대의 일부 시인과 예술가들은 알 수 없는 힘에 의해 광기에 휩싸이는 것으로 알려지면서, 낭만주의자들은 개인의 천재성을 정신병리와 연결 지었다. 7장에서 자세히

---

6 도시, 마을, 장터와 같은 장소에도 저마다의 수호신(*genius loci*)이 있어, 그 장소에 활기를 불어넣는다고 믿었다.

7 당시 모든 학자들이 이 생각에 동의한 것은 아니었다. 잘 알려지진 않았으나, 동시대인이었던 스위스 식물학자 알퐁스 드 캉돌(A. de Candolle)은 자신의 저서에서 천재가 유전된다는 골턴의 주장을 비판하면서, 1873년 출간한 자신의 책에서 유전이 아닌 환경이 천재를 결정한다는 견해를 설득력 있게 제시하였다(Simonton, 2018). 골턴과 캉돌의 논쟁은 이후 천성 대 양육 논쟁으로 이어진다. 그러나 당시 사람들은 캉돌의 관점보다는 골턴의 주장에 더 매료되었던 것 같다.

다루겠지만, 천재나 창의적 인물의 경우는 조울 증상과 기분 장애의 가능성이 일반인보다 더 크다는 주장들이 여전히 있지만, '광기의 천재(mad genius)'는 일종의 고정관념(stereotype)에 더 가깝다.

사회적·정치적 영향　1950년대 냉전 시대로 들어가면서 체제 경쟁의 한 방법으로 창의성이 강조되고 창의력 개발을 위한 교육과정에 많은 투자를 하면서, 개인화가 더 가속화되었다. 냉전 시대 미국과 소련 간의 우주 탐사 경쟁으로 미국 내 학교 교육에서 천재성과 창의성이 강조되는 사회적 분위기가 형성된 것이었다.

이러한 국제정치적 배경에서 길포드는 정부, 교육, 산업 분야에서 개인이나 사회의 창의적 잠재력을 자극하고, 개발하고, 육성하는 방안들을 찾는 것이 매우 중요하다고 강조하였다. 이후 창의성이 소수 엘리트가 아닌 누구에게나 가능한 것으로 생각되고, 개인의 일상적 창의성(little-c)과 창의적 잠재력에 관한 연구가 촉진되었다. 1916년에도 확산적 사고력으로 창의성을 측정하려는 시도가 있었지만, 1950~1960년대의 심리측정(psychometrics)의 발전으로 창의성에 대한 보다 정교한 측정 도구의 개발이 이루어졌다. 더 나아가 창의성은 정신질환보다는 긍정적인 성격과 정신건강과 더 연합되어 있다는 증거들이 나오기 시작하였다. 창의성은 개인의 특성으로 찬양될 뿐만 아니라, 심지어 누구나 자신의 창의적 잠재력을 충분히 발휘해야 한다는 의무감을 느끼는 수준에 이르렀다.

'새로움'에 대한 기대　1950년부터 창의성은 독창성(새로움)과 가치(적절성)의 두 차원으로 정의되기 시작하였다. 그런데 이 두 가지 중 독창성이 더 관심의 대상이었고, 이것은 적어도 서구사회 구성원들의 생각과 부합하는 것이다(13장 참조).[8]

8　물론 '새로움'의 강조는 창의성의 영역에 따라 다를 수 있는데, 자기표현이나 기존과의

새로움과 관련된 논쟁을 촉발한 질문은 '새로운 뭔가를 창조하는 것이 가능하기는 한가'이다. 앞서 보았듯이, 고대부터 중세까지는 무(無)에서 세계를 창조한 신(들)만이 독창성의 근원이며, 인간 활동은 단지 신이 창조한 것의 재생산일 뿐이라는 생각이 지배적이었다. 플라톤은 인간이 영원한 이데아를 모방한 자연을 모방하기에 예술은 '복사한 것을 다시 복사한 것'이라고 하였다. 아리스토텔레스도 예술과 공예는 본질적으로 모방이라고 하였다. 『구약성서』의 「전도서(Ecclesiastes)」 1장 9절의 "하늘 아래 새로운 것은 없다"는 말처럼, 새로운 것을 만들어내려 노력하는 것은 단지 인간의 허무함만 드러낼 뿐이라고도 보았다.

그러나 낭만주의 시대로 들어와서는 인간의 상상할 수 있는 능력, 무엇보다 창의적 상상력의 가능성을 찬미하였다. 자기표현은 작가의 상상력과 감성에 의해 가능하며, 예술적 창의성의 본질적인 것으로 간주되었다. 이후 모더니즘이 태동하면서 자기표현에 초점을 두던 것이 '새로움'으로 바뀌었다. 인상주의 화가들은 당시 아카데미의 오랜 전통에서 벗어나 자신의 작업의 새롭고 독창적인 면에 더 관심을 가졌다. 특히 인본주의 심리학자인 매슬로(A. Maslow)의 '자기실현' 개념은 이러한 관심을 잘 대변하는데, 자기실현된 삶의 두드러진 특성은 다른 사람들의 생각이나 관점으로부터 자유롭고 독립적인 사고를 하는 것이다. 고대의 새로운 것을 만드는 것이 불가능하다는 생각에서 이제는 그것이

차별이 강조되는 예술 영역은 '독창성'을 더 강조하기에 전반적으로 확산적인 사고, 무질서, 예측 불가능성이 높다. 반면, 과학 영역은 수렴적 사고, 효과적 문제해결, 실용적인 결과, 기능성을 지향하는 경향이 강하다. 그래서 앞서 언급한 계몽주의와 낭만주의 간의 역사적 논쟁은 과학 창의성과 예술 창의성을 이해하는 데 중요하다. 즉, 창의성에 포함된 두 과정인 확산적 사고와 수렴적 사고는 서로 다른 역사를 반영한다고 볼 수 있다. 확산적 사고는 낭만주의에서처럼 본질적으로 자기표현과 자발성을 드러내는 데 지향된 것이라면, 통찰이나 문제해결과 더 연관이 있는 수렴적 사고는 질서 있고 논리가 중요시되는 접근을 취하므로 계몽주의와 좀 더 가깝다고 볼 수 있다.

우리 시대의 가장 초석이 되는 중요한 것이라는 생각으로 바뀐 것이다.

오늘날에는 창의성의 가치가 더욱 강조되면서 생산과 소비에 대한 자본주의적 관심으로 이어졌다. 최근 경제 성장과 기술 진보의 필요성 때문에 창의성에 더 관심을 가지는 것이다. 1장에서 비즈니스와 경영 관련 분야에서 창의성 연구가 급증하고 있음을 보았다. 다만, 이 영역에서는 '과정' 중심의 little-c나 mini-c 수준의 창의성에는 상대적으로 관심이 적다. 혁신적 제품이나 서비스를 만들어내는 창의성은 Big-C 나 pro-c 수준의 창의성이기 때문이다. 또한, 이 영역에서의 시장 지향성으로 창의적 제품이나 서비스의 '새로움' 차원과 더불어, '팔리겠는가?'와 같은 유용성 차원에 더 관심이 많다. 너무 독창적이면 시대를 앞서 나갈 위험이 있고, 실행가능성이 낮아질 수 있기 때문이다. 대신 조금씩 개선하는 정도의 진보가 단기적으로는 더 이득이 될 수 있다. 따라서 전반적으로 독창성보다는 '가치'나 '유용성'에 더 주의를 기울이는 경향이 있는 것이다.

6) 1950년 이후 창의성 연구의 흐름

앞서 언급했듯이, 창의성 연구는 길포드의 취임사 이전과 이후로 나눌 수 있다고 할 정도로 1950년 이후 창의성 연구가 촉발되었다. Sawyer(2012)는 1950년대 이후 2000년대 초반까지의 창의성 연구가 크게 세 가지 흐름으로 구분된다고 보았다. 1950~1960년대까지는 '특출한 창조자들'의 성격 특성에 관한 연구에 초점을 두었다면, 1970~1980년대에는 인지심리학의 폭발적 성장으로, 주요 관심이 창의적 행동을 할 때의 사고 과정에 초점을 두는 인지적 접근으로 이동하였다. 1980~1990년대에는 내적 과정에 관심이 있는 심리학의 한계를 보완하기 위하여 환경, 맥락, 사회문화적 측면에 주목하였다. 이 시기는 창의성과 연관된 사회문화적 맥락과 사회 체계에 초점을 두는 다학문적 특성을 갖는다. 따라서 심리학자와 더불어, 사회학자, 인류학자, 역사학자 등에 의한 연구들이 많이 이루어졌다.

창의성에 대한 정신분석학적 접근(20세기 초)　1950년 이후의 창의성 연구의 흐름을 이해하기 위해서는 먼저 20세기 초반의 지배적 관점이라 할 수 있는 정신분석학적 관점에 대해 언급할 필요가 있다. 창의성은 의식적인 현실과 무의식적인 추동 사이의 긴장으로부터 발생한다는 가정에 근거하여, 프로이트(S. Freud)는 작가와 미술가들은 그들의 무의식적인 욕망을 대중적으로 받아들여지는 방식으로 표현함으로써 창의적인 작품을 만들어낸다고 주장하였다(Winner, 1982). 그는 천재 중의 천재라고 할 레오나르도 다빈치의 사례를 통해 자신의 주장을 뒷받침하고자 하였다(7장 참조). 그는 이 사례에서 오이디푸스 콤플렉스, 퇴행, 승화라는 방어기제 등의 정신분석학적 개념으로 다빈치의 창의성의 근원을 설명하였다.

이러한 심리역동적 접근이 창의성의 이해에 새로운 통찰을 제공하였을지라도 이 접근은 과학적 심리학의 중심이 되지는 못하였다. 더구나 20세기 초반의 과학적 심리학파들(구조주의, 기능주의, 행동주의)의 관점도 창의성 연구에 실질적인 도움이 되지 못하였고, 그로 인해 당시 유력한 심리학자들 사이에 창의성은 주요 연구 주제가 되지 못했다. 또한, 심리역동적 접근이나 창의성의 초기 연구들은 대부분 뛰어난 창조자들에 관한 사례 연구가 대부분이었다. 이러한 방법론은 이론적 구성개념을 측정하기 어렵다는 점과 연구 대상의 선택 편향(selection bias)[9]나 해석의 문제 때문에 비판을 받는다. 따라서 이러한 이론적, 방법론적 한계로 인해 창의성 연구는 다음의 심리측정적 접근이 나타나기 전

9　연구 표본 선정 시에 나타날 수 있는 편향으로, 표본이 전체를 대표할 수 있도록 무작위적으로나 체계적으로 표집(sampling)이 되지 않고, 연구자가 (자신의 주장을 지지하는 방향으로) 임의로 선택할 때 나타날 가능성이 크다.

까지는 심리학의 주류로 편입되지 못하였다.

창의성에 대한 심리측정적 접근(1950년 이후)　　앞서 보았듯이, 역사적으로 창의성 연구는 천재에 관한 연구에서 비롯되었다. 그러나 천재는 흔하지 않아 찾기 어려우며, 심리학 실험의 대상이 되기도 어렵다. Guilford(1950)는 이런 비범한 천재들이 소수라는 점이 창의성 연구를 제약하는 요소라고 하면서, 대안으로 검사를 사용한 심리측정적 접근을 통해 보통 사람들을 대상으로 창의성을 연구할 것을 제안하였다. 또한, 창의성을 '확산적 사고력(DT: divergent thinking)'으로 정의한 Guilford(1956)의 제안도 받아들여 당시 심리학계에서는 '확산적 사고' 과제나 검사가 창의성을 측정하는 주요 도구가 되었다.

특히 1957년 소련이 세계 최초의 인공위성 스푸트니크호를 발사하면서, 이에 크게 자극을 받은 미국은 영재교육에 관심을 기울이게 되었고, 창의적 잠재력이 높은 인재를 찾기 위해 창의력 검사에 관한 관심이 증대된 것도 변화의 촉매제가 되었다.

Guilford(1956)의 지능의 구조(structure of intellect) 모형에 기초하여, Torrance(1974)는 창의성 검사의 대표라 할 수 있는 토런스 창의적 사고 검사(TTCT)를 개발하였다(4장 참조). 이 검사는 현재까지 가장 널리 사용되는 창의력 검사이다.

창의적 잠재력의 평가를 가능하게 한 이러한 심리측정적 접근은 긍정적이면서도 동시에 부정적인 영향을 미쳤다. 긍정적인 측면에서는 창의성 검사들은 간단하고 쉽게 실시되며 객관적으로 채점할 수 있는 평가도구를 제공하면서 수많은 연구를 촉발시켰다. 천재를 대상으로 한 제한된 사례 연구가 아닌 평범한 사람들로도 연구가 가능해진 것이다.

4장에서도 논의하겠지만, 부정적인 측면은 다음과 같다. 먼저 간단한 지필검사로 과연 개인의 창의성을 측정할 수 있는지에 대한 논쟁이 대두되었다. 둘째, 확산적 사고력(유창성, 유연성, 독창성) 점수가 창의성의 개념을 제대로 포착하지 못한다는 비판이 있다. 마지막으로, 일부 연구자들은 평범한 사람들의 표본에서 나온 결과가 비범한 창의성을 보이는 사람들에게도 일반화될 수 있다는 가정을 거부하였다. 따라서 비범한 창의성이 평범한 일상적 창의성과 동일한 현상인지, 두 수준 모두에서 창의성이라는 단어를 사용해야 하는지에 대한 논쟁이 있다.

다음에 소개되듯이, 심리학에서 인지 혁명(cognitive revolution)이 시작된 이래로, 일부 심리학자들(주로 인지심리학자들)은 창의성 자체보다는 지각, 기억, 의사결정 같은 보다 다루기 쉬운 구성개념들에 초점을 맞춤으로써 이러한 논쟁들에서 벗어났다.

창의성에 대한 실용주의적 접근(1950년대 이후)　창의성은 일반 대중의 관심사이기도 하지만, 실제적으로도 필요한 인간 역량이다. 따라서 1950년대 이후의 실용주의적 접근은 창의성 자체에 관한 과학적 연구는 상대적으로 소홀하였지만, 창의성 개발에 대한 일반인들의 관심과 요구를 충족시켜주었기에 대중적으로는 상당히 인기를 끌었다.

14장에서 다룰 이 접근의 대표적 인물들을 소개하면 다음과 같다. 먼저 광고회사 CEO였던 오즈번(A. Osborn)은 창의적인 문제해결을 위한 아이디어를 효율적으로 생성하는 방법으로 브레인스토밍(brainstorming) 기법을 제안하였다. 이에 대응하는 것으로, 1960년대 소련의 알츠슐러(G. Altshuller)는 특허 심사를 하면서 발명에는 공통의 법칙과 패턴이 있음을 파악하고 트리즈(TRIZ)라는 창의적 문제해결 기법을 제시하였다(미소 냉전 시기에 이 기법은 서구에는 알려지지 않았다).

드보노(E. de Bono)는 창의적 사고의 핵심은 기존과는 다른 시각과 개념으로 사고하는 '수평적 사고(lateral thinking)'에 있다고 보았다. '수평적 사고'에 대한 그의 교육은 당시 상업적으로 크게 성공하였고, 지금도 창의성 교육에 자주 활용된다.

Gordon(1961)도 창의적인 사고를 자극하기 위해 여러 유형의 유추

(analogy)를 활용하는 결부법(synectics)이라 불리는 독특한 방법을 제안하였다. Adams(1974)와 von Oech(1983) 등은 사람들이 창조적인 사고에 방해가 되는 일련의 잘못된 신념들을 가지고 있다고 하였다. 예를 들어, 어떤 사람들은 단지 하나의 '정답'만이 존재하며 모호성은 가능한 한 회피해야 한다고 믿는다. 그들은 이러한 정신적 장애물들을 밝혀내고 제거함으로써 창의적일 수 있다고 강조하였다.

위에서 열거한 인물들의 주장이나 관점은 당시(그리고 지금도) 대중적 인기를 끌었으며, 실제로 유용하기도 하였다. 다만, 이러한 접근들은 이론적인 기초가 부족하였고, 자신의 주장이나 관점을 타당화하기 위한 경험적 연구의 시도도 부족하였다.

창의성에 대한 성격심리학적 접근(1960년대 이후)   성격심리학적 접근은 창의적인 인물에 대한 정신분석학적 접근에서 벗어나는 계기를 마련하였다. 미국 캘리포니아대학교 버클리 캠퍼스의 성격 평가 연구소(IPAR)의 심리학자들이 중심이었는데, 그들은 당시 예술가, 작가, 과학자, 건축가, 경제학자, 공학자, 수학자 등 다양한 분야의 사람들을 대상으로 연구를 하였다. 이들은 창의적인 사람들은 독립적인 자아를 가진 정신적으로 매우 건강한 사람들이라는 것을 밝혔다. 즉, 당시에 지배적이었던 프로이트의 시각과는 달리 창의적인 사람들은 정신병리나 불안, 신경증 등의 증상들과는 전혀 관련이 없다는 결론을 내렸다. 이후 창의성과 정신병리 간의 연관성에 대한 논쟁이 지금까지 이어져오고 있으나, 오늘날은 둘 간의 관계가 신화에 더 가깝다고 본다. 7장에서 창의적인 인물의 성격 특성에 관해 자세히 소개하였다.

창의성에 대한 인지심리학적 접근(1970년대 이후)   인지심리학자들은 심리역동적 접근과는 달리 창의적 아이디어의 본질이 무의식에 있지 않고, 일상적인 사고 양식과 유사하게 의식적이고 합리적인 사고 과정의 결과라고 보았다. 즉, 창의적인 아이디어의 근원이 무의식에 있다는 신비주의적 또는 정신역동적 접근에서 벗어나 인간의 일상적인 사고 과정에서 찾으려 한 것이다. 다만, 이런 접근이 창의성 연구의 또 다른 장애가 되기도 하였는데, 창의적 사고를 단순히 일반적인 사고과정의 특별한 사례로만 간주하면서 별도의 연구가 필요 없다고 보는 경향 때문이다. 이러한 시각은 인지심리학자들 사이에 팽배한데, 인지적 과정을 연구하는 것이 이미 창의성의 기초를 연구하는 것이며, 창의성에 관한 연구는 이미 진행되어온 연구들의 단순한 확장에 불과하다는 것이다.

그럼에도 1990년대 텍사스 A&M 대학의 심리학자들이 제안한 '창의적 인지 접근(creative cognition approach)'은 창의적 사고의 바탕이 되는 정신적 표상과 과정을 이해하고자 하였다(Finke et al., 1992). 6장에서 살펴보겠지만, 창의적 인지 접근의 연구자들은 창의적 사고를 생성과 탐색의 두 단계로 구분하는 제네플로어(Geneplore) 모형이나, 이전 지식이 아이디어 생성에 미치는 영향, 개념 간의 조합 과정 등에 대한 다양한 실험 연구들을 수행하였다.

또 다른 인지심리학적 접근인 컴퓨터 시뮬레이션은 컴퓨터로 창의적 사고의 결과물을 만들어내는 것을 목표로 하였다. 예를 들어, Langley 등(1987)은 기본적인 과학적 법칙들을 재발견하는 프로그램을 개발하였다. 베이컨(BACON)이라는 프로그램은 원자료를 제공하면 그 바탕에 깔린 원리를 방정식으로 계산해내었다. 예를 들어 기체의 압력 변화와 이에 따른 부피 변화를 입력하면 보일의 법칙과 같은 방정식을 찾아냈다.[10] 이런 프로그램들은 귀납과 일반화 과정을 통해 많은 과학적 법

---

10 방정식 발견은 기계학습의 영역으로, 다양하게 수집된 측정 자료들에서 방정식으로 표현되는 수리 법칙들을 자동적으로 발견하는 방법을 개발하는 것이다. 베이컨은 방정식 발견 시스템을 처음 개척한 것으로 이후의 연구를 촉발하였다. 그것은 일련의 자료 주도적인(data-driven) 휴리스틱들을 사용하여 자료에서 규칙성을 발견하고 그

칙들을 재발견할 수 있었다. 이 계산모형은 자료나 개념적 공간을 탐색하고 투입된 변인 간의 숨겨진 관계를 발견하기 위해 휴리스틱 방법을 사용한다. 그러나 이러한 접근은 과학자의 창조 과정과 알고리즘에 의한 과학적 발견 간에는 근본적인 차이가 있다는 점에서 한계를 갖는다. 베이컨과 같은 프로그램이나 알고리즘은 특정한 형태의 문제나 자료에 제한되지만, 인간은 문제 자체를 탐색 및 선택할 수 있고, 무엇보다 자신의 창의적 과정에 대해 스스로 반성적으로 사고할 수 있다. 최근 인공지능(AI)이 엄청난 기대와 주목을 받으면서 이와 관련된 논의가 다시 활발히 이루어지고 있다.

창의성에 대한 사회심리학적 접근(1980년대 이후)　오래전부터 서구의 심리학자들은 창의성을 외적인 사회적 요인보다는 개인 내적인 요인에 귀인하는 경향이 있었다.[11] 따라서 창의성 연구는 창의적인 개인의 생애 발달, 성격 특성, 인지적 과정에 주로 초점을 두었다. Montuori와 Purser(1995)는 창의성 연구의 개인 중심적인 서구 접근은 창의적 과정의 사회문화적 측면을 탐구하는 것을 막아왔다고 하였다.

　창의성의 사회심리학적 연구는 Simonton(1975)의 기원적 연구에서 시작하여, 1980년대에 Amabile(1983), Csikszentmihalyi(1988), Harrington(1990) 등에 의해 본격적으로 시작되었다. 사회심리학적 접근이 나타나면서 개인을 둘러싼 근접 맥락이 창의적 행동에 미치는 영향 및 역사적 추세나 사회문화적 흐름이 창의성의 표현에 어떤 영향을 미치는지 다루어지기 시작하였다.

　것에 근거하여 가설을 만들어낸다.

11　동양 사회에서는 상황 또는 맥락적 요소에 가중치를 더 두는 경향이 있다. 예를 들어, 사회적 이슈가 되는 사건에 대해 서구인들은 사건 발생의 원인을 당사자의 특성에 귀인하는 경향이 있는 반면, 동양인들은 상황적 요인에 귀인하는 경향이 더 강하다(Morris & Peng, 1994; Nisbett, 2003).

8장에서 자세히 다루겠지만, 사회심리학적 접근은 '동기'에 미치는 맥락 요소에 주목하였다. Amabile(1983; 1996)은 '창의성의 내적 동기 원리'를 제안하면서, 창의성이 발현되기 위해서는 내적 동기(intrinsic motivation), 즉 일에 대한 순수한 열정이 필수적이라고 역설하였다. 그리고 내적 동기에 영향을 미치는 보상(reward), 경쟁(competition), 평가(evaluation), 시간 압박(time pressure)과 같은 상황이나 맥락이 내적 동기 및 창의성에 미치는 영향에 주목하였다(장재윤, 구자숙, 1998; Deci & Ryan, 1985).

1장에서 창의성 연구가 비즈니스나 경영의 영역에서 급격하게 증가하고 있다고 하였는데, 그것의 시작은 1990년대 이후 조직 구성원의 창의성에 영향을 미치는 조직 분위기나 문화의 영향에 관한 연구들이었다. 또한, Simonton(1984; 1994)은 사회나 국가 수준에서 나타나는 집합적 창의성과 환경 특성들(정치적 분화, 전쟁, 역할 모델의 가용성, 자원의 가용성 등)이 서로 연관성이 있다는 것을 역사측정법으로 검증하였다. 더불어, 어떤 곳에서 창의성이 꽃을 피우는가와 같은 질문에 대한 답으로서, 창의적 도시에 관한 연구가 2000년대에 들어와 플로리다 등을 중심으로 왕성히 이루어지고 있다(Florida, 2002). 또한, 13장에서 살펴보듯이, 창의성에 대한 비교문화적 연구들(Lubart, 2010)과 문화적 다양성(또는 다문화 경험)과 창의성 간의 관계에 관한 연구(장재윤, 2018)들도 주목을 받고 있다.

창의성에 대한 통합적 접근(1990년대 이후)   지금까지 살펴본 단일 학문적 접근으로는 부분으로 전체를 보기에, 현상에 대한 완전한 설명에 이르기 어렵다. 따라서 창의성 이론가들은 통합적(confluence) 접근을 제시하기 시작했다. 즉, 창의성에 관한 최근의 연구들은 창의성이 발현되기 위해서는 복합적인 요소들이 수렴되어야 한다고 주장한다(3장 참조). 대표적인 요소이론으로, Amabile(1996)은 창의성을 과업 동기, 영역 관련 지식과 기술, 창의성 관련 프로세스의 세 요소의 접점이라고 기술하였다. 또 다른 통합적 접근은 Sternberg와 Lubart(1996)의 투자이론(investment theory)으로, 창의성은 지적 능력(분석력, 창의지능, 실용지능), 지식, 사고 스타일(입법부적 사고 스타일), 성격, 동기(내적 동기), 환경이라는 상호 관련된 여섯 자원의 결합으로 가능하다고 보았다.

마지막으로, Csikszentmihalyi(1990)의 체계이론(system theory)은 "창의성이 무엇인가(what)"라는 질문보다는 "창의성이 어디에(where) 존재하는가"라는 질문을 제기한다. 이 이론은 개인(person), 장(field), 영역(domain)의 상호작용을 진화론적인 관점에서 설명하고 있다.

새로운 접근의 출현(1990년대 이후)   1990년대 심리학 연구에서는 이전에 주목을 받지 못하던 새로운 접근들이 나타났고, 지금은 심리학 연구의 주요 흐름을 이루고 있다. 먼저, 인간이 생각하고, 판단 및 결정하고, 문제를 해결하는 인지적 과정에서 정서(affect)의 역할에 주목하면서 정서 연구가 폭증하였다(9장 참조). 이런 흐름에 따라 가장 고차원의 인간 사고 및 행동이라고 할 수 있는 창의성에 대한 정서의 영향에 관한 연구도 다양하게 이루어지고 있다. 또한, 비즈니스 영역에서의 창의성 연구가 급증하면서 이전과는 다른 시각에서의 연구가 나오고 있다. 예를 들어, 이전에는 창의성을 예측하는 유력한 개인차 변인이나 환경 요인들을 찾는 데 주로 집중하였다면, 창의성이 발현되고 난 후에 개인이나 조직에서 어떤 결과나 변화가 나타나는지를 연구하는 것과 같이 전혀 다른 관점에서의 연구가 이루어지고 있다.

더불어 1990년대부터 신경심리학적 연구도 폭증하기 시작하였고, 지금은 인간 행동을 설명하는 연구로서 뇌 과학에 기반을 두지 않으면 연구비를 수주하기 어려운 상황에 이르렀다. 이런 추세는 심리학이 '연성 과학(soft science)'에서 점점 더 '경성 과학(hard science)'으로 변모되는 양상이라고도 할 수 있을 것이다. 신경심리학자들 중에 창의성에 주목하는 연구자는 상대적으로 많지 않지만, 창의성의 이해에 새로운 접근이 생긴 것만은 분명하다(10장 참조).

2. 창의성 연구방법

창의성에 관한 심리학적 연구는 전기(傳記) 및 사례 연구와 같은 질적 연구방법과 심리학에서 가장 널리 사용되는 실험법과 같은 양적 연구방법들이 적용될 수 있다. 또한, 창의성 연구에서 볼 수 있는 독특한 연구방법으로 역사측정법(historiometry)이 있다. 내적 동기 및 창의성의 사회심리학적 연구의 대표자인 애머빌(T. Amabile)이 실험법에 주로 의존하였고, 다윈의 진화론 구성과정을 면밀하게 분석한 그루버(H. Gruber)가 치밀한 사례 연구를 수행하였다면, 사이먼턴(D. Simonton)은 역사적 기록들을 계량적으로 분석하는 역사측정법으로 창의성 관련 다양한 현상들을 분석한 점에서 차이가 있다.

1) 연구방법 분류

한편, Mayer(1999)는 창의성 연구의 주요한 연구방법들을 심리측정적(psychometric), 실험적(experimental), 전기적(biographical), 생물학적(biological), 계산적(computational), 맥락적(contextual) 방법의 여섯 가지로 구분하였다.

심리측정적 방법은 창의성을 측정 가능한 심리적 특성으로 보며, 창의성 검사나 설문지 등을 사용하여 개인의 창의성을 평가한다. 주로 확산적 사고 검사와 같은 창의성 평가 도구들에 관한 연구가 주를 이룬다.

실험적 방법은 창의성을 인지적, 정서적, 동기적 과정으로 보고, 통제된 상황에서 참가자들에게 특정한 문제를 해결하도록 하고, 반응을 관찰하고 측정한다. 피험자들을 무작위 할당하는 방식으로 실험집단과 통제집단을 구분하는 것이 가장 큰 특징이다. 다만, 무작위 할당이 어려운 경우에는 유사(quasi) 실험법이 적용되기도 한다.

전기적 방법에는 창의적 인물들에 관한 사례 연구와 역사측정법이 있다. 사례 연구의 대표적인 예로는 Gardner(1993)가 다중지능의 각 지능을 대표하는 일곱 명의 창의적 인물을 분석한 경우와 Gruber(1981)가 다윈의 진화론이 완성되는 과정을 분석한 경우를 들 수 있다. 두 사례의 차이로, 전자가 창의적 인물의 성격과 경력의 전체 과정을 심층적으로 분석하는 개별사례기술적(idiographic) 접근이라면, 후자는 백과사전 등에 나오는 인물들이 창의적 성취를 이룬 시기나 빈도 등을 계량적으로 분석하여 일반적 법칙을 찾는 데 초점을 두는 법칙정립적(nomothetic) 접근이라고 볼 수 있다.[12]

생물학적 방법은 창의적인 문제해결 과정 동안의 신경학적, 생리학적 특성을 조사하며, 뇌 활동의 EEG나 PET 결과를 기술한다. 10장에서 보듯이, 신경과학(뇌과학)의 발달로 창의성 연구에서도 이 방법의 사용이 점차 늘고 있다.

계산적 방법에서는 창의적 문제해결 과정이 컴퓨터 프로그램일 수 있다고 보는 것으로, 점점 더 많은 연구자가 인공지능(AI)의 원리를 적용하고 있는 최근 흐름으로 볼 때 향후 더 발전될 여지가 큰 접근이다.

마지막으로 맥락적 방법은 창의성에 미치는 사회적, 문화적, 진화적

---

[12] 개별사례기술적 접근은 한 개인의 주관적이고 독특한 경험에 주목하며, 수치 자료보다는 한 개인에 고유하고 심층적인 질적 자료를 수집하는 방법이다. 반면, 법칙정립적 접근은 보편적인 법칙이나 결론을 얻기 위해 수치 자료와 통계를 활용하는 방법으로, 많은 수의 사람들로부터 양적 자료를 수집하여 전체 모집단에 일반화할 수 있는 보편적인 법칙이나 설명을 도출하는 것을 목표로 한다.

영향을 탐구하는 것으로 인류학, 사회학, 생물학 등의 다양한 학문 분야들이 취하는 접근이라고 할 수 있다.

한편, Gardner(1993)는 창의성에 관한 연구가 심리학자들에 의해 주도되어온 것은 사실이지만, 창의성 현상의 복잡성으로 볼 때 심리학 관련 분야의 연구만으로 완전한 이해에 이르기는 한계가 있다고 보았다. 그는 다음과 같은 네 가지 분석 수준에서 창의성이 탐구되어야 한다고 하였다. 첫째, 아개인성(The Subpersonal) 수준으로, 창의적인 인물의 유전 구조가 독특한지, 신경 체계의 구조나 기능에서 차이가 나는 부분이 있는지 등의 유전적, 신경생물학적 특성을 조사하는 것이 필요하다. 최근의 방대한 신경심리학적 연구들로 이 주제에 대한 의미 있는 연구 결과가 점차 나올 것으로 기대된다.

둘째, 개인성(The Personal) 수준인데, 지금까지 심리학에서 이루어진 대부분 연구가 이 수준에 해당한다. 앞으로도 창의적인 인물의 사고과정과 인지적 특성, 성격, 정서와 동기적 측면, 대인적 관계 등에 초점을 맞춘 연구들이 계속 나올 것이다.

셋째, 비개인성(The Impersonal) 수준으로, 창의성은 특정한 영역(분야)과 시기에 통용되는 인식과 실천의 수준에서 고찰될 수 있다. 이것은 개인에 초점을 두기보다는 시대정신이나 장소 정신과 같은 맥락, 상황, 환경이 강조되는 접근이다. 아인슈타인의 창의성은 당시의 물리학에 비추어 이해될 수밖에 없고, 인간의 상호작용에 대한 간디의 처방은 점령자와 원주민 간의 종속 관계에 비추어 이해될 수밖에 없다. 이것은 지식 그 자체의 본질을 포착하려는 시도이므로, 인식론적 특성을 가진다.

넷째, 다개인성(The Multipersonal) 수준으로, 창의적 인물이나 작품에는 언제나 이것의 질적 수준이나 타당성을 평가하는 다른 사람들과 제도가 존재한다. 이런 사람들 또는 제도를 Csikszentmihalyi(1988)는 장(field)이라고 하였다(3장 참조). 사회학적 관점에서, 장에 속하는 사람들

(비평가, 편집인, 백과사전 필자 등)이 어떻게 최초의 평가를 내리는지, 시간이 흐름에 따라 평가가 어떻게 변화하는지 등을 연구할 수 있다.

2) 연구방법의 동향

Long(2014)은 다섯 개의 저명한 창의성 관련 저널들[13]에 2003년부터 2012년까지 출간된 창의성에 대한 612개의 경험적 연구들의 연구방법을 조사하였고, 그것을 인접 분야라고 볼 수 있는 '영재교육(gifted education)'과 비교하였다. 연구방법론(methodology)은 양적 방법(심리측정, 역사측정, 실험, 메타분석[14] 등), 질적 방법(사례 연구, 근거이론, 관찰, 인터뷰의 내용분석 및 텍스트분석, 현상학적 접근 등), 혼합 방법의 세 가지로 구분하였고, 연구방법(method)은 양적 연구방법론의 경우에만 자료 수집 시점에 따른 구분인 횡단적 또는 종단적 방법, 창의성의 평가 방법, 자료 분석 기법의 세 범주로 구분하였다. 특히 세 번째인 자료 분석 기법은 다시 세 가지로 더 구분되었는데, ① t-검증, 변량분석(ANOVA)과 같은 평균 비교 기법, ② 상관이나 회귀를 사용하는 상관 기법, ③ 측정 도구의 특성 조사였다.

주요 발견으로, 첫째, 10년 동안의 창의성 연구의 대부분은 양적 연

---

13 ① *Creativity Research Journal* ② *Journal of Creative Behavior* ③ *Gifted Child Quarterly* ④ *Thinking Skills and Creativity* ⑤ *Psychology of Aesthetics, Creativity, and the Arts* 이다.

14 메타분석(meta-analysis)은 어떤 두 변인 간의 관계를 한 번의 연구로 밝혀내는 것이 아니라, 기존에 두 변인 간의 관계를 다룬 축적된 연구 결과들을 종합하는 통계 분석 기법이다. 메타분석의 절차는 대개 다음과 같다. 먼저, 학술 DB에서 관심 변인들을 다룬 경험적 연구들을 키워드를 사용하여 탐색하고 조건에 맞는 연구들을 선정한다. 그리고 각 연구에서 측정한 두 변인의 측정 신뢰도와 표본 크기(sample size) 등을 반영하여 둘 간의 전체적인 교정된 평균 상관관계를 계산한다. 마지막으로, 연구마다 두 변인 간 관계의 이질성이 큰 경우에는 관계의 강도를 조절하는 다양한 조절 변인들을 찾는 작업이 이루어진다. 이 책에서는 창의성과 연관된 다양한 변인들과의 관계를 연구들에 대한 메타분석 결과들을 많이 소개하였다.

구였으며(83%), 질적 연구(13%), 혼합 연구(5%) 순이었다.[15] 양적 연구 중 심리측정 방법이 62%, 실험 방법은 31%, 역사측정 방법은 6%, 메타분석은 2%였다. 또한, 양적 연구의 2%만이 종단적 자료수집 연구였고, 창의성 평가 방법의 대부분은 확산적 사고 검사였다. 다만, 확산적 사고 검사가 창의성을 평가하는 유일한 방법이 아니기에 새로운 창의적 과제나 설문지들이 활용되고 있으며, 특히 해당 영역 전문가들의 합의적(consensual) 방법이 주요 대안으로 나타났다. 자료 분석 방법 측면에서는 상관 기법이 31%, 평균 비교 기법이 27%, 측정 도구 특성 조사가 12%였으며, 두 가지 이상의 자료 분석 기법이 적용된 연구는 30%였다. 사례 연구(45%)는 가장 빈번하게 사용된 질적 방법론이었다. 마지막으로, 창의성 분야와 영재교육 분야 모두 양적 연구가 지배적이었지만, 창의성 분야에서는 질적 연구가 상대적으로 적고, 혼합 방법 연구가 약간 더 많았다. Long(2014)은 이처럼 양적 연구방법이 여전히 압도적으로 많고, 심리측정과 실험 방법에 많이 의존하며, 횡단적 연구가 주를 이루는 상황은 창의성에 대한 심층적 이해를 제한할 수도 있다고 지적하였다.

양적 연구만으로는 쉽게 찾아낼 수 없는 심리적, 사회적 현상들이 있을 수 있다. 예를 들어, Reynolds 등(2008)은 암과 같은 만성 질환을 앓고 있는 여성들이 취미로 예술작업을 할 때의 개인적 경험들을 연구하였다. 이 연구의 초점은 예술 작품을 만드는 과정에서의 의미, 영감, 그리고 주관적인 경험에 있었는데, 이것은 보편적으로 정의된 심리학적 개념이나 설문 조사로는 쉽게 이해될 수 없는 것들이다. 따라서 고도의 내적 경험을 포함하는 창의성의 과정 연구에서도 양적 및 질적 방법론

---

15 혼합 연구의 경우에도 주로 설문 조사에 더 무게를 두고 인터뷰 방법 등을 추가하는 방식이어서 양적 방법에 더 치우친 경향을 보였고, Long(2014)은 이런 경향이 질적 방법론을 부차적인 방법으로 전락시키는 부정적 영향이 있다고 지적하였다.

이 균형을 잘 잡을 때 더 큰 발전이 이루어질 것이다.

또한, 창의성의 역사에서 살펴보았듯이, 시기별로 서로 다른 연구방법들이 사용되는 경향도 나타났다. 즉 창의성 연구의 여러 접근이 주장하는 바는 각 접근이 주로 사용한 연구방법과도 일정 부분 연관성이 있다는 것이다. 예를 들어, 초기 창의성 연구는 역사적인 인물들의 전기 등을 질적으로 분석하는 사례 연구나 이를 계량화하는 역사측정법들이 주로 사용되었다면, 1970~1980년대의 인지심리학에서는 심리학의 대표적 연구방법인 실험법에 대부분 의존하고 있다. 더불어 전자는 역사적 창의성(Big-C)을 연구하는 경향이 강했다면, 후자는 개인적 창의성(little-c)에 초점을 두고 있다는 점도 연구방법의 차이와 관련성이 있다.

3. 역사측정법

창의성 연구에 적용되는 연구 방법 중 가장 독특한 것이 역사측정법이다. 이 방법을 이용하는 역사측정학은 "역사적 인물들에 대한 양적 자료를 사용하여 인간 행동에 대한 법칙정립적인 가설들을 검증하는 과학적인 분야"로 정의된다(Simonton, 1990, p. 30). 이 정의에서 중심적인 세 가지 개념은 다음과 같다.

첫째, 역사적 인물(historical individual)인데, 이들은 최고의 성취로써 역사에 흔적을 남긴 사람들이다. 예를 들어, 백과사전에 나오는 인물, 노벨상을 받은 사람, 올림픽 메달을 받은 사람, 세계 체스 경기에서 우승한 사람들이다. 또한, 이런 인물들 간에도 차이가 날 수 있으며, 이를 간격 또는 서열척도로 계량화할 수 있다. 예를 들어, 유명한 작곡가들은 지금까지 널리 연주되는 오페라의 수에서 차이가 날 수 있다. 더 나아가, 한 개인의 작품도 계량화할 수 있다. 예를 들어, 셰익스피어가 남긴 154개의 소네트는 인용되는 정도나 선집에 포함되는 빈도에서 차이가 날 수 있고, 이를 각 작품의 '미적 성공'이나 '명성(eminence)'에 대한 객관적 지표로 사용할 수 있다(Simonton, 1999).[16]

둘째, 계량적 분석(quantitative analysis)이다. 이것은 심리측정처럼 명명, 서열, 간격, 비율척도로서 객관적인 측정이 가능하다는 점과 상관 자료로 가능한 모든 통계적 분석이 적용될 수 있음을 의미한다. 이것은 다음의 세 번째와 자연스럽게 연결된다.

셋째, 개별사례기술적 접근과는 달리 법칙정립적 가설(nomothetic hypotheses)을 검증하는 것이다. 역사측정은 인간 행동의 일반적인 법칙이나 규칙을 밝히고자 하며, 이를 위해 역사상 특정 사회나 지역을 대상으로 한 대규모 표본이 요구된다.

1) 역사

골턴은 최초의 영향력 있는 역사측정 연구를 수행한 행동과학자로 알려져 있다.[17] 앞서 언급했듯이, 골턴은 천재는 타고난다는 주장을 위하여, 유명한 창조자, 리더, 운동선수 등의 가계 분석을 위해 전기 자료들을 광범위하게 수집하였고, 이를 통계적으로 분석하였다. 당시에는 그의 연구가 경험적이고 양적인 접근을 했다는 점이 부각되었을 뿐, 역사측정법이 주목을 받지는 못했다.

---

16 셰익스피어의 37개 연극 중에서 인용되고, 공연되고, 출판되고, 영화로 만들어진 빈도를 파악한 결과, 〈햄릿〉이 가장 성공적인 연극으로 나타났다(Simonton, 1999).

17 Simonton(1990)에 의하면, 역사측정법을 최초로 적용한 사람은 1835년 사회 현상에 통계와 확률이론을 적용한 케틀레(A. Quételet)라고 한다. 그는 인간 특성의 분포에 관한 기술에서 정규곡선을 적용하고자 하였고, 영국과 프랑스의 극작가들을 대상으로 경력 단계에 따라 창의적 생산성이 어떻게 달라지는지 관심을 가졌다. 아쉽게도 그의 역사측정 연구는 다른 주제를 다룬 저작들에 묻혀 버렸다.

1909년 우즈(F. A. Woods)가 《사이언스》에 낸 논문 "A new name for a new science"에서, 역사측정법에 대한 정의를 제시하였고, 1911년의 또 다른 논문 "Historiometry as an exact science"에서, 천재의 심리학적 연구에 역사측정법이 특히 가치가 있다고 주장하였다.

이후 Cox(1926)의 연구가 가장 주목할 만하다. 지도교수였던 터먼(L. Terman)이 지능이 높은 수천 명의 아동을 추적하는 종단 연구를 수행한 것과 달리, 이 연구는 회고적인 연구였다.[18] 즉, 영재들에 대한 자료를 수집하고 성인기까지 추적하여 세계적인 성취를 이루는지를 보는 것이 아니라, 그녀는 나폴레옹, 루터, 뉴턴, 데카르트, 볼테르, 미켈란젤로, 베토벤 등과 같은 인물들의 표본을 조사하여 이들이 아동기에 지적인 조숙함을 보였는지를 분석한 것이다. 그녀는 전기를 분석하여 어릴 때의 지적 성취를 시기별로 가늠하였고, 신체 연령 대비 정신 연령의 비율(×100)로 지능(IQ)을 정의하여 위인들의 지능을 신뢰할 만한 수준으로 추정할 수 있었다. Simonton(2020)은 그녀의 연구가 역사측정법의 대표적 사례일 뿐 아니라, 이후의 연구는 그녀만큼 방법론적으로 정교하지 못했다고 하면서 역사측정 연구의 초기 정점이라고 하였다.

역사측정법은 다시 한동안 주목을 받지 못하다가, 1970년대 이후 다시 부활의 시기를 맞고 있다. 천재, 창의성, 리더십과 관련된 역사측정적 발견들을 요약한 사이먼턴의 저서 *Genius, creativity, and leadership: Historiometric inquiries*(1984)가 대표적이며, 그는 1990년에도 역사측정법에서의 방법론적 이슈들을 다룬 책 *Psychology, science, and history:*

---

18 콕스(C. Cox)의 301명의 천재에 관한 연구는 스탠퍼드대학교의 터먼이 1925년부터 1959년까지 출간한 5권의 책 중에서 1926년의 두 번째 책으로 발간되었으며 그녀의 단독 저서이다. 또한, 100명의 천재에 대해서는 IQ 점수와 더불어 추동(drive)이나 끈기(persistence)와 같은 67개의 특성 측정치도 얻었다. 따라서 지적 능력과 더불어 성격 특성이 어떻게 기여하는지 분석할 수 있었다.

*An introduction to historiometry*를 출간하였다. 그의 연구는 1999년에 *Psychological Methods*와, 2003년에 *Annual Review of Psychology*에도 소개되었다. 한국에서는 김명철과 민경환(2013)이 한국 현대 소설과 회화 분야의 창조자들을 대상으로 역사측정법 연구를 수행한 바 있다.

2) 방법론적 세부 특성

역사측정은 상관 자료 분석에 의존한다는 점에서 실험법과는 다르며, 심리측정과 더 유사한 편이다. 그러나 역사측정과 심리측정 간에도 표집(sampling) 절차, 변인 정의, 연구 설계, 그리고 방법론적 세부 특성에서 다르다.

첫째, 표집 이슈이다. 심리학의 대표적 연구방법인 실험법에서 피험자들은 대개 익명이며 대체 가능한 참가자들(주로 수강에 대한 의무로 실험에 참여하는 대학생들)로서, 그들의 개인적 특성에는 관심이 없는 경우가 대부분이다. 반면, 역사측정 연구에서는 유의한 표본(significant samples)이라고 불리는 인물들에 주목한다. 이들은 특정 영역에서 명성을 얻은 사람들이기에 다른 사람들로 대체될 수 없다. 세계적 수준의 창조자뿐만 아니라, 리더, 운동선수, 배우, 가수, 연주자들이다. 그리고 역사서, 백과사전, 인명사전(*Who's Who* 등), 자서전, 전기 등에서 이들에 대한 정보를 얻을 수 있다. 그래서 역사측정 연구는 대개는 이미 생애를 마친 사망한 사람들을 분석한다는 측면에서 심리학적 부검(剖檢) 연구라고도 불린다.

둘째, 피험자 선정도 이슈이다. 노벨 수상자와 같이 잘 정의된 집단이 있는 경우는 대개 별다른 문제가 없다. 그런데 일부 피험자는 필요한 전기 자료가 부족하여 제거되는 경우가 있다(콕스의 연구에서 그런 경우가 있었다). 여러 분야에서 뛰어난 사람이나 과학 분야에서 물리학인지 화학인지 구분이 명확하지 않은 것처럼 영역을 지정하기 어려운 경우도 있다. 이럴 때는 통상 단순히 표적 영역에서 가장 명성이 높은 사람들을 표집하는 것이다. 콕스가 그렇게 하였는데, 그녀는 Cattell(1903)의 리스트[19]에서 가장 명성이 있는 역사적 인물들을 추출하였다. 또한, '명성'의 정도는 각 인물이 백과사전이나 인물사전에서 다루어진 분량으로 판정된다.

셋째, 변인 정의와 관련된 이슈이다. 한 개인의 성취 수준은 ① 백과사전과 같은 참고 서적들에 할당된 분량으로서의 명성, ② 노벨상과 같이 공식적인 인정과 수상, ③ 매우 영향력 있는 산출물(논문의 영향력 지수 등) 또는 전 생애 동안의 전체 생산성(작품의 수나 연구논문의 수 등)(〈참고 2-1〉), ④ 게임이나 운동선수의 평가에서 사용되는 객관적인 채점 체계, ⑤ 대통령, 수상, 교황이나 대주교, 회사 CEO와 같은 높은 지위의 달성, ⑥ 학자나 전문가들의 설문조사나 지명에 근거한 주관적인 평가 등으로 측정될 수 있다.

역사측정법에서는 분석 단위를 특정한 성취로 함으로써 더 세부적인 분석을 하는 경우가 많다. 예를 들어, 특정 영화에 대한 비평적 평가의 수, 세계의 주요 오페라하우스에서 오페라가 공연된 빈도나 특정 음악이 콘서트홀에서 공연된 빈도, 음악 연구자들의 순위 평정, 특정한 장군에 대해 전쟁에서의 승패 정도 등이다. 또한, 창의적 성취가 연령에 따라 어떻게 변화되는가를 분석할 때는 인물의 전 경력 기간에서 일정 기간의 구분된 시기별로 창의적 성취들을 모두 합산하게 된다.

넷째, 전문성(expert) 획득 지표로서, 개인이 해당 영역에서 공식적인 교육이나 훈련을 시작한 이후 특정한 역량 또는 전문적 수준에 이르는

---

19 당시 영국, 프랑스, 독일, 미국에서 나온 여섯 개의 전기사전과 백과사전에 소개된 인물들 중 가장 많은 분량을 차지하는 순으로 1,000명을 선정한 것이다. 가장 명성이 높은 인물로 나타난 열 명은 나폴레옹, 셰익스피어, 마호메트, 볼테르, 베이컨, 아리스토텔레스, 괴테, 카이사르, 루터, 플라톤이었다.

시기를 연령으로 측정하는 경우가 있다. 예를 들어, 고전적인 작곡가들의 전문성 획득은 그들이 음악 공부를 처음 시작한 이후 처음으로 주목할 만한 작품을 내기까지의 연수로 평가된다. 또한, 감독한 영화의 수, 작곡한 교향곡의 수, 승리한 전투의 수와 같이 특정 영역 내에서의 산물이나 성취의 수에 따라 전문성의 획득을 측정하기도 한다. 이러한 지표들은 기본적으로 '시간'에 기초하고 있다.

전문성 획득 과정과 관련하여 역사적 인물들의 성취나 명성을 이전의 여러 유형의 경험의 정도(수나 강도)로 예측할 수 있다. 예를 들어, 예술가나 과학자가 이룬 명성을 성장기 동안의 역할 모델(role model)의 수 또는 스승이나 멘토의 수나 명성으로 예측을 하거나, 군 경력 동안 전쟁 수행 경험의 양으로 장군이 전쟁에서 승리할 확률을 예측하거나, 미국 대통령의 성공이 이전의 경험(주지사로서의 행정 경험, 의회에서의 입법 경험, 장군으로서의 군대 경험)에 달린 정도를 평가하는 경우들이다.

참고 2-1 명성, 양과 질

역사측정에서는 창의적 성취와 명성을 계량화하는 경우가 많다. 과학 영역에서도 창의성은 논문의 수, 즉 생산성으로 가늠하는 것이 일반적이며, 연구 논문들이 많을수록 주목할 만한 성과들이 많을 것이며, 명성도 높아지게 된다. 논문의 양과 질 간의 관계는 SCI(Science Citation Index)를 이용한 연구들이 분명히 보여준다. 명성이나 창의적 성취를 계량화할 때 논문 인용 지수(citation index)를 활용하는 경우가 많다(Simonton, 1988). SCI는 출간된 논문이 인용되는 빈도를 제시하고 있는데, 인용되는 빈도가 높다는 것은 해당 연구 논문이 해당 분야에서 인정을 받고 있다는 것을 나타내며, 노벨상도 이 지표를 활용한다.

또한 인용 빈도의 가장 유력한 예측 변인은 전체 연구 산출량이다. 즉 특정 학자의 연구 논문의 수가 많을수록 인용 빈도가 높다는 것이다. 전체 생산성과 인용 빈도 간의 상관계수는 .47 ~ .76에 이른다(Simonton, 1988). 특정 학자의 최고 논문의 인용 빈도는 전체 생산량(논문 수)과 정적인 관계를 보인다. 물리학의 경우, 세 개의 대표 논문의 인용 빈도는 전체 논문의 수와 .72의 상관을 보였다(Cole & Cole, 1967). 이처럼 과학 논문의 양과 질은 상당히 높은 관련성을 갖는데, 이는 다른 분야에서도 보편적인 현상으로 받아들여진다. 그래서 출간된 논문의 수가 늘어날수록 명성은 올라간다.

그러나 계량서지(bibliometric) 분석에 인용 지수를 활용하는 것의 문제점도 있다. 예를 들어, 이론이나 경험적 논문보다 방법론 논문이 더 많이 인용된다. 또한 생물학이 수학보다 논문 출간이 쉽고 인용이 더 많이 되는 경향이 있다. 인용률(citation rates)은 연구자가 동료나 학생들에게 얼마나 영향력을 행사할 수 있느냐에 달려 있기도 하다.[20] 그래서 영향력 있는 연구자의 사후 인용률이 급격하게 낮아지기도 한다. 권위 있는 대학이나 연구소에서 나온 논문은 더 많이 인용되는 경향도 있다. 그럼에도 인용 빈도는 과학적 가치의 최상의 객관적, 양적 지표 중 하나이다.

최근에는 단순히 논문 수로만 평가하기에는 발표한 논문의 질이 고려되지 않는다는 한계에 대응하여 논문의 발표량과 인용횟수를 이용해 측정할 수 있는 새로운 지표인 H-지수가 널리 사용되고 있다. H-지수는 학술지에 나온 전체 논문 중 많이 인용된 순으로 정렬한 후, 피인용수가 논문 수와 같아지거나 피인용수가 논문 수보다 작아지기 시작하는 숫자가 자신의 H-지수가 된다. H-지수를 이용하면 적은 수의 논문으로 피인용을 많이 받은 연구자와 많은 논문을 발표했지만 피인용수가 적은 연구자의 구별이 가능하게 된다. 그러므로 피인용을 많이 받은 한두 개의 논

---

20 대표적인 창의성 연구자인 스턴버그는 2018년 미국 심리과학회(APS)의 대표 저널인 *Perspectives on Psychological Science*의 편집장에서 여러 문제로 사임하게 되었는데, 자기 인용(self-citation)을 지나치게 요구한다는 것도 이유 중의 하나였다.

문 또는 피인용은 거의 없이 논문만 많이 낸 연구자가 과도하게 높게 평가되는 것을 막아서 더 객관적인 평가를 가능하게 한다.

다작보다는 오랜 학습과 수련 과정을 중시하는 동양 문화에서는 어떠할까? 조선 최고 사상가로 평가되는 정약용은 둘째 형인 정약전이 자신보다 더 뛰어나다고 늘 얘기하였다.[21] 정약용은 자신의 책을 제대로 평가할 수 있는 사람은 정약전밖에 없다고 했을 정도이다. 이준익 감독의 〈자산어보〉로 널리 알려지긴 하였지만, 정약전은 여전히 정약용보다는 명성에서 뒤진다. 양적인 측면에서도 정약용은 500여 권의 저서를 남겨 최고의 명성을 얻고 있지만, 정약전은 서너 권 정도만 남겼을 뿐이다. 정약전의 『자산어보』의 경우, 지금은 그 가치를 인정받지만, 저술 당시엔 정약전이 '사학죄인'이었고, 양반이 비린내 나는 물고기를 만지고 해부한다는 것도 손가락질 받을 일이었다.

역사측정법에 의한 연구에서는 Big-C 창의성을 명성을 계량화하는 방법으로 정의하는 경우가 많은데, 생산성이나 명성이 과연 창의성인가의 의문은 여전히 남는다.

3) 역사측정 연구 사례

지금까지 역사측정 연구방법의 특성을 소개하였는데, 전체적인 이해를 위하여 Feist 등(2022)의 연구를 살펴보자. 그들은 창의성과 정신병리 간의 관계를 다룬 Ludwig(1995) 연구에서 나타난 몇 가지 문제점을 극복하는 재현(replication) 연구를 수행하였다.

피험자　창의적 인물 후보들(과학자, 예술가, 운동선수[22] 등)을 인물

21　KBS, 「형을 '디스'한 정약용? 시대를 앞서 간 두 천재 이야기」(https://news.kbs.co.kr/news/view.do?ncd=5165137) 참조.

22　루드비히는 명성이 있는 창의적 인물과 명성은 있지만 창의적이지는 않은 인물을 비교하지는 않았는데, 예술가와 과학자 집단과 더불어 명성 있는 운동선수를 포함하여

사전, 백과사전, 'best-of' 리스트 등의 여러 출처에서 추출하였다. 그 결과 중복을 제외하여 1만 7,689명의 인물이 최초 리스트에 포함되었다.

출처는 '의문시됨(1)', '다소 주관적(2)', '매우 믿을 만함(3)'의 3점 척도로 신뢰성(trustworthiness)이 평가되었다. 3점은 노벨상과 같은 국제적인 상처럼 해당 영역의 전문가들이 전문적으로 판정한 경우이다. 2점은 물리학 잡지에서 선도적인 물리학자들이 투표한 것처럼 영역 전문가들이 주관적으로 평가한 경우이다. 1점은 아마추어들이 만들었거나 명확하지 않은 방법에 근거한 것[23]이다.

다음으로 후보별로 후보가 속한 영역에서 모든 리스트의 신뢰성 점수를 합하여 명성 지표(eminence index)를 계산하였다. 이후 루드비히 표본과의 중복을 피하고자 1950년 이후에 사망하였거나 아직 생존해 있다면 1980년 이전에 태어난 인물로 제한하였다. 각 영역별로 명성 지표가 높은 순서로 45명 정도가 선별되어 전체 대상은 766명으로 축소되었다. 여러 영역에 중복되는 인물은 가장 높은 등수로 나온 영역에 할당하였다.

다음으로 해당 인물의 전기(biography)가 있는지를 검토하였다. 전기는 해당 인물의 생애 전반을 다룬 것이어야 하고 개인적 삶에 대한 정보를 담고 있어야 했다. 자서전, 친척이 작성한 전기, 서간 등은 제외되었다. 그 결과 최종적으로 199명의 전기가 분석되었는데, 예술가는 104명, 과학자는 68명, 운동선수는 27명이었다. 해당 인물의 전기는 가능하면 전자 버전으로 구하였고, 그것이 없으면 하드 카피를 구매하여 바인딩을 제거하고 디지털 스캔을 하였다.

병리 구분　연구팀은 정신병리에 대한 평정을 하기 전에 정신질환에 대한 세부 진단을 결정할 때 루드비히의 최초 변인 리스트를 얻어서

비교함으로써 창의성만의 효과를 보고자 하였다.

23 'The Top Tens'에서 발표한 세계에서 가장 위대한 수학자 리스트 등이 있다. (https://www.thetoptens.com/ 참조)

그의 방식을 따랐다.[24] 다만 그의 연구에서 고려치 않았던 아스퍼거 증후군(고기능 자폐증)이나 공감각과 같은 범주들을 새로 추가하였다. 최종적으로 DSM-5[25]에 등재된 진단범주에 따라 열아홉 개 범주[26]를 구성하였다.

단락 선별　전기 내용에서 열아홉 개의 범주와 관련된 175개의 관련 키워드를 자동으로 찾을 수 있는 언어 분석(linguistic analysis) 프로그램을 만들었다. 처음에는 루드비히 연구에서 사용된 단어들에 기초하였고, 이후 DSM-5를 참조하여 확장하였다. 두 명의 훈련된 대학원생이 대상 인물의 정신질환을 평가할 수 있도록 전기에서 키워드와 관련된 단락(paragraph)만을 포함하도록 텍스트를 더 줄였다.

병리 평정　마지막 단계로, 평정자가 각 전기의 선별된 단락에서 여러 정신병리들을 확인하였다. 그들은 사전에 루드비히의 훈련 자료를 사용하여 정신병리 코딩에서 .80 이상의 평정자 간 신뢰도를 보일 경우에만 참여하였다. 생애 동안 열아홉 개 정신질환 범주 중 아무런 증상이 없으면 0, 충분한 정보는 없지만 의심되는 증거가 일부 있는 경우 1(가능성 있음), DSM-5 기준에 맞거나 생애 동안 전문가에 의해 진단이 내려진 경우 2(생애 동안 발생)로 평정되었다.

결과　국가 수준의 대규모 표본을 조사한 Kessler 등(2005)은 생애 동안 기분, 불안, 성격 또는 정신병 장애 등을 겪게 되는 비율이

24　루드비히는 당사자뿐만 아니라 직계 가족 구성원들의 정신건강 상태를 코딩하였지만, 여기서는 당사자만을 코딩하였다.

25　정신질환 진단 및 통계 편람의 다섯 번째 개정판(2013)으로 미국정신의학협회(APA)에서 발행한 분류 및 진단 절차이다.

26　적응 장애, 강박 장애, 알코올 의존 또는 중독, 성도착증, 불안 장애, 모든 종류의 성격 장애, 자폐 스펙트럼 장애, 외상 후 스트레스 장애, 품행 장애, 조현병/정신병적 장애, 우울/우울 장애, 수면 장애, 약물 남용/의존, 신체 장애, 섭식 장애, 자살/자살 시도, 도박 장애, 공감각, 도벽증

46.4%라고 하였고, Lev-Ran 등(2013)은 그 비율이 33.7%라고 보고하였다. 이 연구의 표본에서는 예술가와 과학자가 49.7%였고, 운동선수는 48.1%였다. 예술가만 보면, 2의 평정을 받은 비율은 59.2%였고, 과학자는 35.3%였다. 따라서 예술가가 생애 동안 적어도 하나 이상의 정신병리를 보일 확률이 더 높았다. 1의 평정을 받은 경우까지 포함하면, 창의성(예술가와 과학자) 집단은 73.7%, 운동선수 집단은 59.3%로 둘 간의 유의미한 차이는 없었다. 생애 동안 1의 평정에 해당한 경우는 예술가가 83%, 과학자는 59%, 운동선수는 59%로 예술가 집단에서 특히 높았다. 또한, 52%의 예술가와 24%의 과학자는 아동기에 부모 중 한 명을 잃는 경험을 하였다. 전체적으로 예술가들은 생애 동안 과학자나 운동선수보다 2.7배 이상 정신질환의 확률이 높았다.

전반적인 연구 결과는 루드비히의 연구와는 다른 표본을 사용하였음에도 그의 결과와 일치하는 것으로 나타났다. 예술가들은 모집단뿐만 아니라, 동일한 수준의 명성을 가진 과학자나 운동선수보다 정신병리의 가능성이 더 컸다. 창의성이 아니고 단순히 유명하기에 정신병리를 초래할 가능성을 확인하였으나, 그렇지 않은 것으로 나타났다. 다만, 유명한 운동선수들은 모집단보다 불안 장애를 더 많이 갖는 것으로 나타났다. 불안이 명성을 초래하는지 아니면 유명해지면 불안하게 되는지와 같은 불안과 명성 간의 인과관계는 명확하지 않다.

4) 역사측정 연구의 한계점

일반적인 역사측정 연구는 다음과 같은 한계점이 있다. 첫째, 전기 작가나 출판사는 특별히 흥미를 끌 만한 인물의 전기를 출간하려는 경향이 있다. 그런 측면에서 정신병리를 보인 인물이 정신적으로 건강한 인물보다 더 전기가 많을 것이며, Feist 등(2022)의 연구에서도 과학자보다 예술가의 전기가 더 많았다.

이처럼 역사적 기록으로 남는 것들의 편향 문제는 역사측정 연구에서의 근본적인 문제점이다. 예를 들어, 갈릴레오, 케플러, 뉴턴 등에 대해서는 전기가 남아있어 그들의 개인사적인 특성에 대해 파악할 수 있지만, 영국의 과학자 캐번디시(H. Cavendish)는 매우 걸출한 인물로서 당시 매우 중요한 발견[27]과 발명을 하였음에도 거의 100년 이상 알려지지 않았다. 이후, 맥스웰(J. C. Maxwell)이 그의 미발표 논문 등의 유고를 정리하면서 선구적인 연구들을 수행하였음이 밝혀졌고 명성을 얻게 되었다. 이때는 주요한 업적들이 벌써 다른 사람들에게 공이 돌아간 뒤였다. 이런 경우처럼 명성 지표가 창의적 재능이나 성취를 제대로 나타내지 못하는 경우가 있다. 그리고 전기에 의존하는 연구 자체가 갖는 또 다른 한계로, 창의적 성취와 전기의 발간 간에는 시차가 있기에 최근의 표본이 덜 표집되는 경향도 있다.

Gould(1981)도 『인간에 대한 오해』에서 Cox(1926)의 방법에는 심각한 오류가 있음을 지적한 바 있다. 그녀가 측정한 역사적인 인물의 지능은 단순히 가용한 자료나 기록의 양이나 질을 반영할 뿐이라는 것이다. 예를 들어, 그녀의 연구에서 폴란드 출신의 코페르니쿠스와 스페인의 세르반테스의 지능지수(IQ)는 개인적 기록이나 자료가 부족하여 평균적으로 160이 넘었던 다른 인물들에 비해 턱없이 낮은 105 정도로 추정되었다. 심지어 유년 시절에 대해 거의 알려진 것이 없었던 셰익스피어는 100 이하였다.

둘째, 역사적(전기적) 자료를 심리학적 연구에 활용할 때에는 항상 해석의 문제가 따른다. 분야마다 전기에 기술하는 내용이나 방식이 다

---

27 캐번디시는 1766년 수소를 최초로 발견하였고, 옴의 법칙을 옴보다 45년 앞선 1781년에 발견했으며, 1785년에 발표된 쿨롱의 법칙을 1772~1773년 사이에 발견했다. 그가 측정한 지구의 무게는 오늘날 측정치와의 오차율이 1%도 되지 않는다. 영국 케임브리지대학에 그의 이름을 딴 캐번디시 연구소가 있다.

소 다르기 때문이다. 어떤 분야는 명성을 얻기 위해 과장된 얘기를 하는데,[28] 래퍼나 록스타와 같은 뮤지션들은 정신병리가 있다는 소문이 오히려 이득이 되기도 한다(그런 소문이 돌면서 앨범 판매도 증가하는 경향이 있다). 반면, 새로운 지식을 발견하려는 과학자들은 그런 방식으로 유명해지지는 않는다. 그래서 전기에 질환이나 약물사용 등을 과장할 아무런 이유가 없는 것이다.

또한 전기를 통해 정신병리를 분석할 때, 정신장애마다 전기에서 쉽게 평정할 수 있는 것도 있지만, 다소 모호하거나 잘 드러나지 않는 것도 있다. 또한, 전기에 잘 기술되는 장애도 있지만, 그렇지 않은 장애도 있다. 약물이나 알코올 중독, 폭력, 자살, 우울 같은 장애들은 행동적으로 잘 표현되지만, 외상 후 스트레스 장애, 수면 장애, 약한 정도의 불안 장애와 같이 내면적이고 사적인 장애들은 잘 드러나지 않을 수 있다.

셋째, 방법의 본질적 특성상, 역사측정 연구는 상관 분석에 기반한다. 따라서 실험 연구에서처럼 확실한 인과관계를 보장하는 조건별 피험자의 무작위 할당이 거의 불가능하다. 대신 통계적으로 통제가 이루어져야 하는데, 대개는 다중회귀분석을 통해서이다. 즉, 통계적 조정을 위하여 한 개 이상의 통제변인을 포함시켜야 하는 것이다. 통제변인에는 출생 연도, 수명, 성별, 국적, 전문 영역 등이 있다. 예를 들어, 과학자가 첫 번째 주요한 기여를 하는 나이, 생애 최고의 기여를 하는 나이, 그리고 마지막 기여를 하는 나이를 조사하고, 세 시기의 평균 나이가 과학 영역마다 다른지를 비교 연구를 할 때 영역마다 평균 수명이 일정하지 않다는 사실에 의해 오염될 수 있다. 수학자는 다른 분야의 과학

---

28 유명해지고 나면, 창의적인 인물이나 그 가족들은 탁월한 재능을 암시하는 어린 시절의 기억을 찾는데 열심이기 마련이다. 그리고 필요하면 어린 시절의 특정한 사건이 갖는 의미나 가치를 분명히 드러내기 위해 기억을 윤색하여, 강연이나 자서전, 전기에 남기기도 한다.

자들보다 특히 더 조기 사망하는 경향이 있다. 그래서 수명이 통제되어야 한다. 이처럼 연구 주제가 무엇이냐에 따라 통제해야 할 변인들이 무엇일지를 신중하게 고려해야 한다.

마지막으로 역사측정 연구에서의 전제는 명성(eminence)은 평판(reputation)의 함수이고, 평판은 백과사전 같은 것에서 정확하게 포착될 수 있다는 것이다. 그런데 시대에 따라 평판이 변화될 수 있다. 즉, 서로 다른 시기의 백과사전 간의 비교에서 어떤 인물은 평판이 증가하지만, 다른 인물은 감소할 수도 있을 것이다. 물론 변화가 거의 없는 인물도 있을 것이다. Runco 등(2010)은 이런 변화가 신뢰할 만하게 평가되거나 예측될 수 있는지를 조사하였다. 그들은 이전의 전기 연구들에서 추출된 1,004명의 인물들에 대해 1911년과 2000년의 브리태니커 백과사전에 개인별 할당된 공간을 비교하였다. 회귀분석 결과에 의하면, 글의 길이에 유의미한 변화가 있었다. 예를 들어, 영국의 시인이자 화가인 블레이크(W. Blake)나 네덜란드 화가인 렘브란트는 두 판 사이에 명성이 유의하게 변화하였다. 이 연구를 확대하여, Runco 등(2015)은 서로 다른 네 시기의 브리태니커 백과사전을 조사하여, 평판이 안정적이기보다는 그것이 증가하거나 감소할 것이라는 가설을 재검증하고자 하였다. 변량분석과 공변량분석을 통하여 안정성보다는 변화가 나타남을 다시금 밝혔다. 변화는 문화적 변동(cultural shift)을 반영하는 것일 수 있으며, 이런 문화적 변동은 한 개인의 성취가 당시의 시대정신과 부합하는지에 따라 평가가 달라져 나타난 것으로 추측된다.

5) 역사측정법의 전망

지금까지 살펴보았듯이, 역사측정법은 전기, 자서전, 문서, 서한뿐만 아니라 인터뷰, 영상, 기고문 등 객관적 자료가 남아있는 창의적 인물들(또는 리더들)을 대상으로 자료를 내용분석하고 변인을 계량화한 후, 통계적으로 가설을 검증하는 방법이다. 1835년에 최초로 사용된 역사측정법은 과학적 연구방법으로서 심리측정과 유사한 점이 있지만, 여타의 행동과학의 방법들과 차별화되는 고유한 장점이 있기에 창의성의 이해에 가장 기여한 연구방법이라고 할 수 있다(Simonton, 2018). 특히 역사적 창의성(Big-C)에 대한 '법칙정립적' 가설을 검증하고자 할 때 가장 적합한 방법으로, 다른 어떤 방법들도 동일한 수준의 논리적 엄격성과 계량적 정확성을 갖지 못한다. 더구나, 상관 자료를 분석할 수 있는 고급 통계가 계속 정교해지고 있으므로 인과 추론의 가능성이 더 커지고 있는데, 역사측정의 방법도 그 혜택을 보고 있다.

Simonton(2018)은 무엇보다 역사측정의 주요 정보원인 창의적 인물들에 대한 자료의 질이 점점 더 좋아지고 있다는 점에 주목하고 있다. 세대가 지나가면서 새로운 창의적 인물과 성과물에 대한 정보는 점점 이전의 역사적 인물의 정보보다 풍부하고 정확할 것이므로 역사측정에서 측정되는 변인들에 대한 신뢰도는 더 높아질 것이다. 또한, 인터넷의 출현으로 가용 정보가 더 많아졌을 뿐 아니라 역사측정 연구를 위하여 인터넷 데이터베이스에서 바로 자료를 다운받을 수 있는 것처럼 접근 가능성도 커졌다.

역사측정법의 전도사라고 불릴 만한 Simonton(2018)이 언급했듯이 (〈참고 2-2〉), 역사측정법의 전망은 수 세기 전 천문학자들의 상황으로부터 어느 정도 가늠될 수 있다. 초기의 천문학적 측정은 그리 정확하지 않아서 조잡한 행성 이론밖에 되지 못했다. 그러나 관찰이 점차 정확해지면서 천문학자들이 수집한 기록 자료들이 더 정교한 이론들을 개발하는 데 활용되었다. 아마도 창의성에 관한 역사측정 연구도 이와 유사하게 앞으로 자료가 계속 축적되면서 더 정교한 이론 개발이 가능해질 것이며 창의성의 이해와 관련된 과학적 진보의 기반을 제공해줄 것이다.

참고 2-2 **역사측정법의 개척자, 사이먼턴**

사이먼턴(D. K. Simonton)은 하버드 대학교에서 사회심리학으로 박사학위를 받은 캘리포니아대학교 데이비스 캠퍼스의 심리학과 석좌교수이다. 그의 엄청난 연구 성과들과 더불어 산악자전거를 타고 동굴 탐험을 즐기는 그의 스타일로 보면 남다른 에너지, 열정, 호기심을 가진 인물로 보인다. 그는 많은 수상 경력을 갖고 있지만, 천재 연구로 골턴상(1996년)을 받기도 했다. 또한, 골턴과 유사하게 수(數) 중독자로 그의 논문에는 수식이 가득한 경우가 많다. 다만, 영국의 명문가 출신으로 비사교적이고 인종 차별적 견해를 가졌던 골턴과 달리, 노동자 출신의 부친을 둔 사이먼턴은 인종에 대한 편견도 없고 대인관계도 좋은 심리학자이다. 그는 대학에서 문명사를 공부했으나, 뛰어난 수학적 재능을 가진 터라 계량적 분석에 큰 흥미를 가졌다. 사이먼턴이 1960년대 박사논문을 작성할 당시 지도교수는 '역사가 엄격한 보편법칙에 따라 전개된다고 착각하면 역사를 이해하기가 여간 힘들지 않을 것'이라고 강하게 지적하였지만, 그는 지도교수의 말이 틀렸다는 것을 입증하는 데 거의 50년 이상을 소비하였다(Weiner, 2016). 그의 박사학위 논문의 일부를 12장에서 소개할 것이다. 지도교수의 권위에 도전하는 그의 이런 면모 자체가 창의적인 태도이며, 그가 평생을 창의적 천재 연구에 몰입할 수밖에 없는 숙명을 타고난 것으로도 보인다. 우리가 사랑에 대해 그렇게 많은 관심을 갖지만, 사랑에 관한 심리학적 연구가 많지 않은 것처럼, 1960년대 창의성이나 천재에 대한 관심과 흥미는 많았지만, 학술적으로는 그리 인기 있는 주제가 아니었음에도 그는 홀로 이 분야를 개척하였고, 특히 역사측정법이라는 독특하고 매혹적인 연구방법으로 많은 창의적인 연구를 수행하였다.

3장
창의성 이론

"창의적 아이디어는 스스로 문화를 통하여 진화한다고 할 수 있다."
― 리안 가보라, 스콧 배리 코프먼(2010)

이번 장에서는 창의성에 대한 여러 유력한 학자들의 이론이나 모형
들을 소개하고자 한다. 창의성이 발현되기 위해 필요한 요소들을 제시
하는 요소이론(3요소론과 투자이론)으로 시작으로, 영역 일반성–특수
성 논쟁, 창의성에 대한 진화론적 시각인 BVSR 모형과 그것의 연장선
에 있는 칙센트미하이(M. Csikszentmihalyi)의 체계이론, 스턴버그(R. J.
Sternberg)의 추진 모형과 삼각형 이론, 그리고 최근에 제안된 CASE 모
형을 소개하였다. 여기서 소개하는 이론과 모형들은 이후의 장들에서
자주 언급되면서 그 내용을 이해하는 데 도움이 될 것이다.

1. 요소이론

2장에서 1950년 이후의 창의성 연구를 개관할 때 통합적 접근으
로 언급된 것이 지금부터 다룰 요소이론(componential theories)이다. 창

의성에 대한 성격, 인지, 심리측정적 접근과 같은 단일 접근(unitary approach)과는 달리, 요소이론은 창의성이라는 현상의 복잡성을 반영하여 창의성이 발현되는데 필요하다고 생각되는 다양한 요소들(components)을 다룬다는 점에서 통합적이다. 요소이론의 대표적인 두 이론인 Amabile(1983)의 3요소론과 Sternberg와 Lubart(1995)의 투자이론을 살펴보았다.

1) 3요소론

누구나 다 창의적일 수 있다고 한다면, 창의성이 발현되는데 필요한 요소는 무엇일까? 이에 대해 하버드 경영대학의 사회심리학자 Amabile(1996)은 일반적으로 창의성이 발현되기 위해 필요한 세 요소를 제시하였다. 그것은 〈그림 3-1〉에서 보듯이, 첫째는 전문성과 경험이라고 불릴 수 있는 영역 관련 지식과 기술(domain-relevant knowledge & skills)이며, 둘째는 창의적 사고 스타일이나 관련 성격 등을 나타내는 창의성 관련 과정(creativity-relevant processes)이며, 셋째는 내적 동기(intrinsic motivation)이다. 3요소론은 창의성이 발현되기 위한 요건을 적절하면서도 간결하게 제시했다는 장점이 있다. 이제 3요소 각각에 대해서 살펴보자.

영역 관련 지식과 기술　　영역 관련 지식과 기술(또는 전문성과 경험)은 물리학, 전자공학, 제품 디자인 등과 같이 특정 영역에서의 지식, 전문성, 기술, 재능 등이다. 이것은 창의적인 성취가 이루어지는 전 과정에서 사용될 수 있는 원재료이다. 양자 물리학에 대한 기초지식 없이 현대물리학에서 창의적 업적을 남기기는 어려운 것처럼, 자신이 활동하는 분야에 대한 일정 수준의 지식과 경험 없이 창의적인 성과를 낸다는 것은 어불성설일 것이다.

기존 '지식'의 습득이 중요함을 보여주는 사례로 인도의 천재 수학자

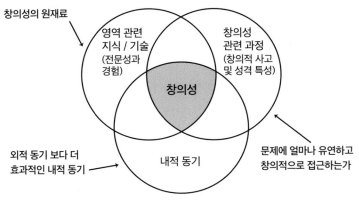

그림 3-1 창의성의 3요소

라마누잔(S. Ramanujan)이 있다. 그는 어릴 때부터 수학에 뛰어난 재능을 보였지만, 독특한 성격과 가정 형편상 학교 공부를 지속할 수 없었기에 집에서 스스로 수학의 원리들을 깨우치고 만들어나갔다. 기존 수학 체계에 대해서는 거의 무지한 상태에서 자신이 만들어낸 수학적 원리를 노트에 기록한 것이다. 그것을 알아본 영국 수학자의 도움으로 영국에서 계속 연구할 기회가 주어졌지만, 안타깝게도 그는 32세의 나이에 요절하였다. 수학적 천재성에도 불구하고 기존 지식 체계를 너무 늦게 습득하여 Big-C의 창의성을 보여줄 많은 기회를 놓친 것이다.

지식의 깊이와 폭은 모두 창의적 성취의 가능성과 연관이 있다. 지식의 깊이가 깊을수록 특정 영역에서 이미 해결된 문제가 무엇이며 어떻게 해결되었는지 알 수 있으며, 아직 미해결된 또는 알려지지 않은 새로운 문제를 추구할 수 있기에 문제발견(problem-finding)이나 해당 영역에서의 새로운 문제구성(problem construction)의 가능성이 커진다. 또한, 지식의 폭이 넓으면, 여러 영역에서의 개념과 범주들을 이해하고 있기에 보다 유연한 지식구조를 가지며 이들 간의 새롭고 유용한 조합으로 창의적 아이디어가 나올 가능성이 크다.

그러면 영역 관련 지식과 기술이 어느 정도 습득되어야 할까? 이와 관련하여, Hayes(1989)는 76명의 유명 작곡가들을 대상으로 음악공부를 시작한 시점부터 걸작(슈완의 레코드 목록[1]에 등재된 음반이 최소 5장 이상인 곡)을 남긴 시점까지의 기간을 분석한 결과, 평균적으로 10년이었다. 그들이 자신의 걸작(대표작)을 만드는 데 약 1년이 걸렸다고 볼 때, 그 나머지 기간은 음악 체계, 작곡법 등의 기존 지식을 습득하는 준비기라고 볼 수 있다. Hayes(1989)는 화가 131명의 전기(傳記)도 조사하였는데, 음악가와 결과가 비슷하였다. 여러 표준 미술사에 최소한 하나의 작품이라도 실린 화가들의 경우 개략적으로 10년의 준비기를 가진 것이다(5장에서 더 자세히 다룰 것이다).

창의적인 인물은 대개 앞선 거인의 어깨 위에 서서 예외적인 창의적 업적을 이루어낸다. 입체파의 피카소도 처음에는 사실주의에서 시작하였고, 살바도르 달리의 초현실주의도 15세기 히에로니무스 보스[2]의 그림들에서 영향을 받은 것으로 알려져 있다. 과학 영역에서도, 다윈의 진화론도 라마르크의 용불용설이나 맬서스의 인구론과 같은 이전의 여러 학자의 관점들을 기반으로 하였으며, 아인슈타인의 특수상대성이론도 막스 플랑크의 양자역학의 영향을 받았다.

그런데, 기존의 지식과 경험은 양날의 검과 같다. 창의성이 발현되기 위해서 기본적으로 필요하긴 하지만 한편으로는 창의성을 저해할 수도 있는 것이다. 전자는 '토대(foundation)' 관점으로, 후자는 '긴장(tension) 관점'으로 불린다.

---

1 1949년 슈완(W. Schwann)이 처음 만든 레코드 목록으로, 제1판에는 바흐부터 시작하여 674개의 오래 연주된 레코드들이 포함되어 있다. 1970년대 후반까지 15만 개의 레코드 앨범이 슈완 카탈로그에 등재되었다.
2 환상적이고도 독특한 화풍이 특징인 네덜란드 출신 화가로, 인간의 타락과 지옥의 장면을 소름 끼치게 표현하였기에 악마의 화가로 불렸다.

긴장 관점은 기존 지식과 기술에서 벗어나야 한다는 것으로, 기존 전통이나 관습이 제시하는 잘 다져진 길을 가지 않는 것이다. '확산적 사고' 검사들에서처럼, 벽돌과 같은 특정 물품의 기존 용도와는 다른 용도를 생각하거나, 불가능해 보이는 일들이 발생하면 어떤 일들이 일어날지를 생각해보는 것과 같이 기존 지식이나 관념에서 벗어나는 것이다.

지식, 기술, 경험 등은 일정한 교육 과정을 통해 습득된다. Simonton (1976)은 공식 교육과 창의성 간의 곡선적 관계를 발견하였다. 구체적으로 1450년과 1850년 사이에 태어난 창의적 인물들 300명 이상(베토벤, 다빈치, 갈릴레오 등)의 교육 수준을 조사하였을 때, 교육 수준과 창의적 성취의 명성 간에는 역 U자 관계가 나타난 것이다. 예를 들어, 갈릴레오는 그의 부친의 강요로 의학을 전공하고자 피사(Pisa) 대학에 들어갔으나, 수학에 더 매료되어 4년 뒤 학위 없이 자퇴하였다. 닐스 보어, 칼 융, 샤르트르, 마사 그레이엄, 레너드 번스타인 등의 20세기 인물들에 대한 연구(Simonton, 1984)에서도 유사한 역 U자의 결과를 얻었다. 정점은 현대 대학 교육프로그램의 절반 정도 수준이었다. 따라서 창의성의 수준은 대학의 고등교육을 마치거나 오랜 기간 교육을 받는 것과는 관련이 없었다. 다만, 예술이나 인문학 분야와는 달리 과학자들의 경우에는 좀 더 긴 교육(대학원 수준)이 필요한 것으로 나타났다.

더 현대적인 사례는 ICT 분야의 발전과 관련된 인물들에서 쉽게 찾을 수 있다. 마이크로소프트의 빌 게이츠와 폴 앨런, 델 컴퓨터의 마이클 델, 오라클의 래리 엘리슨, 애플의 스티브 잡스, 구글의 래리 페이지, 트위터의 에반 윌리엄스, 닌텐도의 야마우치 히로시, 그리고 페이스북의 마크 저커버그는 모두 대학 중퇴자들이다. 월트 디즈니, 비달 사순, 라이트 형제 등은 심지어 고등학교 중퇴자들이다. 가장 위대한 미국의 건축가로 인정받는 프랭크 로이드 라이트도 고등학교를 졸업하지 못하였고, 일본 오사카 출신의 세계적인 건축가인 안도 다다오는 단 한 번도 엘리트 교육을 받지 못하고 대학에도 다니지 않았지만, 독학으로 건축을 공부하여 도쿄대 교수직까지 맡았다. 또한, 고등학교 졸업장도 없이 엄청난 창의성을 보인 많은 뮤지션이나 작곡가들이 있다. 1990년대 한국 가요계 판도를 바꾼 서태지도 고등학교 중퇴생이다.

Simonton(2017)이 창의성을 역사적 창의성(Big-C)과 개인적 창의성(little-c)으로 구분하였을 때에도 공식 교육은 창의성과 단순한 선형적 관계를 보이지 않았으며, 어떤 경우에는 부적인 관계를 보이는 결과도 나타났다.

과학사가 Kuhn(1970)이 제시한 패러다임(paradigm)의 개념을 생각해 보자. 패러다임은 특정한 시대 과학자들의 사고를 지배하는 하나의 규범이나 규칙처럼 작용한다. 그래서 특정 패러다임에서 설명되지 않는 변칙(anomaly)들은 무시되고 그것에 대해서는 질문 자체를 회피하게 된다. 특정한 시대의 어떤 물리학자가 당시의 패러다임에 깊이 매몰돼 있으면 그 틀에서 벗어나기 상당히 어려울 것이다. 물리 세계에 대한 뉴턴의 시각에 빠져 있으면 다른 시각, 즉 상대성이론을 생각해내는 것은 매우 어렵다. 기존 지식이 새로운 관점에서 사물을 보는 것을 저해하기 때문이다. 일찍이 니체는 "확신(conviction)이 거짓말보다 진리에 더 큰 적"이라고 하였다.

창의성 관련 과정　기존 지식의 부정적 영향에서 벗어나려면 두 번째 요소인 창의성 관련 과정(creativity-relevant processes)이 필요하다. 여기에는 '확산적' 사고나 '수평적' 사고와 같이 고정된 틀에서 벗어나는 유연한 사고와 더불어 독립성, 위험 감수, 모호성에 대한 인내, 문제에 계속 매달리는 끈기 등 여러 성격 특성들이 포함된다.

기존 방식으로 문제가 해결되지 않을 때 전혀 다른 시각으로 문제에 접근함으로써 다양한 아이디어를 얻을 수 있다. 〈그림 3-2〉에서는 어떤 관점에서 보느냐에 따라 다른 것을 보게 되는 사례이다. 이 그림은 주세페 아르침볼도의 작품이다. 그림을 보면 바구니 위로 다양한 야채와 과일이 담겨 있다. 그런데 그림을 거꾸로 보면 사람 얼굴이 보인다. 이처럼 어떻게 보느냐에 따라 동일한 감각 정보도 전혀 다른 의미로 인식되는 '형태 전환(Gestalt shift)'이 발생하는 것이다.

『역발상의 법칙』의 저자인 Sutton(2001)은 이러한 틀에서 벗어나기 위해 늘 해오던 것을 새로운 관점에서 보는 뷔자데(vu jàdé)의 사고를 하라고 강조한다. 이것은 체험한 적이 없지만 마치 이전에 체험해본 것 같이 느껴지는 기시감(既視感)을 의미하는 데자뷔(déjà vu)를 뒤집어 만든 용어로, 이미 오랫동안 경험한 것을 마치 처음 보고 경험하는 것처럼 생각하고 행동하라는 의미이다.

피카소의 아버지는 어린 피카소에게 비둘기의 발을 그려오라고 하였다. 피카소가 새의 발을 그려 가면 다시 그려오라면서 계속 돌려보냈다. 이것은 피카소가 친숙한 사물을 대충 보지 않고 처음 보는 것처럼 자세히 관찰하도록 훈련시키기 위해서였다(Root-Bernstein & Root-Bernstein, 1999).

내적 동기　　3요소론의 세 번째 요소는 자신이 하는 활동이나 과업에 대한 내적 동기(intrinsic motivation)이다. 일반적으로 인간의 동기는 다양하지만, 크게 두 가지로 나누면 내적 동기와 외적 동기(extrinsic motivation)로 구분된다. 내적 동기는 어떤 활동이나 일을 하는 이유가 그 자체로부터 즐거움이나 기쁨, 또는 성취감을 느끼기 때문인 경우이다. 반면, 특정한 활동이나 일을 하는 것이 돈을 벌기 위해서나 타인의 인정을 받기 위한 것이라면 그것은 외적 동기에 의한 것이다. 즉 '내적'이란 것은 활동의 원인이 활동 자체에 있다는 것이고, '외적'이란 것은 활동의 원인이 활동 자체와는 관련 없는 다른 것에 있다는 의미이다.

그림 3-2 주세페 아르침볼도, 〈정원사〉
(알라 폰초네 시립 박물관, 이탈리아)

공부가 재미있고 즐겁고 새로운 것을 배우는 희열 때문에 한다면 당신은 내적 동기로 공부를 하는 것이지만, 부모님의 칭찬을 받기 위해서나 장학금이 절실히 필요하여 공부한다면 당신은 외적으로 동기화된 것이다.[3]

2장에서 언급했듯이, Amabile(1996)은 3요소론에서 가장 핵심적인 것이 내적 동기라고 하면서, 사람들은 외적 동기부여 요소들이 아닌, 일이 활동 자체로부터의 흥미, 즐거움, 만족, 도전으로 동기화되었을 때 가장 창의적이라는 '창의성의 내적 동기 원리'를 제안하였다. 또한, 이 원리는 개인이 내적 동기를 느낄 수 있는 사회적 맥락과 환경을 매우 강조한다는 점에서 대표적인 창의성에 대한 사회심리학적 관점이라고 할 수 있다.

3 어떤 활동을 할 때의 즐거움, 또는 활동을 완수했을 때 느끼는 기쁨과 성취감, 희열 등이 내적 보상(intrinsic reward)이라면, 어떤 활동을 했을 때 그것에 대한 대가로 받게 되는 돈이나 칭찬은 외적 보상(extrinsic reward)에 해당한다.

Deci와 Ryan(1985)은 인간은 기본적으로 자신이 유능하다고 느끼고 싶고, 모든 것을 자기 스스로 결정하고자 하는 기본적인 욕구가 있다고 하였다. 창의성의 에너지 또는 원동력이라고 볼 수 있는 내적 동기는 자기결정(self-determination) 및 유능감(competence)의 두 요소로부터 영향을 받는다. 자기결정, 즉 스스로 선택한 것일수록 내적 동기가 높으며, 자신이 유능하다는 느낌을 줄수록 내적 동기가 강화된다. 반면, 내가 원해서가 아니라 부모와 같은 타인의 요구에 따라 하거나 경제적인 이익을 얻기 위해 하는 활동이나 일은 자기 스스로 결정한 행동으로 인식되지 않기에 내적 동기가 높을 수 없고, 창의적인 결과가 이어지기 어렵다. 내적 동기는 일에 대한 열정과 끈기이다. 창의적 성취에 이르는 과정에서 경험하는 실패에도 불구하고 끈기 있게 이어가는 힘과 에너지는 내적 동기에서 나오는 경우가 많다. 경제적 이익은 창의적인 성취를 이룬 후에 부산물로 주어지는 것일 뿐, 적어도 특정한 과제 또는 일에 내적으로 몰입하는 동안에는 외적 보상에 대해서는 생각하지 않아야 한다. 외적 보상과 창의성 간의 관계는 8장에서 자세히 다룰 것이다.

2) 투자이론

Sternberg와 Lubart(1995)가 제안한 투자이론(Investment Theory)은 개인 창의성을 설명하는 매우 포괄적인 이론이다. 이 이론에서는 창의적인 사람을 유능한 주식투자가에 비유하였다. 즉, 창의적인 사람은 아이디어의 세계에서 일반인이 주목하지 않는(또는 일상적인 기대와는 다른) 아이디어를 생성하는 것처럼 저점에서 사고('buying' low), 그것의 가치를 설득하려고 노력하다가 해당 분야에서 다수의 호응이나 관심을 얻기 시작하면 또 다른 새로운 아이디어를 찾는 것과 같이 고점에서 파는('selling' high) 행동을 보인다. 창의성을 정의하는 두 기준 중의 하나인

'새로움' 측면에서 보면, 모네의 기법이 지금은 전혀 새롭고 독창적인 것이 아니듯이, 어떤 아이디어를 다수의 사람이 창의적이라고 생각하게 되면, 그것은 더는 새로운 것이 아니다.

또한, 이 이론에서는 창의적 인물의 '다수에 대한 거부(defy the crowd)'를 강조하는데, 여기서 거부(defiance)라는 것은 다수(crowd)의 신념에 대한 도전 및 그들의 요구나 압박에 대한 저항을 의미한다(이것은 뒤에 나오는 창의성의 삼각형 이론에서 더 자세히 다룰 것이다).

이 이론에서는 창의성이 발현되는데 필요한 여섯 가지 자원을 제시하였다. 앞서 제시한 창의성의 3요소는 투자이론의 여섯 자원에 모두 포함되어 있다. 그래서 투자이론은 창의성이 발현되기 위한 요소들을 포괄적으로 담고 있긴 하지만, '좋은 이론은 단순할수록 좋다'는 경제성 원리에서 보면 3요소론이 더 우위에 있다고 할 수 있다. 투자이론에서 제안하는 여섯 가지 자원은 다음과 같다.

첫째, 인지 능력(지능)이다. 이것은 전통적인 단일 지능의 개념이 아니라 '성공적' 지능의 삼원 이론(triarchic theory)에 기반한 것으로 (Sternberg, 1985), 분석 지능, 창의 지능, 실용 지능의 세 가지를 포함한다. 분석 지능은 주로 비판적 사고로 아이디어의 질(quality)을 평가하는 것이며, 창의 지능은 문제의 재정의와 통찰을 통해 새롭고 유용한 아이디어를 생성해내는 것이다. 실용 지능은 아이디어의 가치를 타인들에게 설득하는 것이다. 요약하면 투자이론에서는 인지 능력에서 창의적 지능뿐만 아니라 분석적, 실용적 지능도 필요하다고 본다.

둘째, 기존 지식이다. Anderson(1983)은 지식을 선언적(declarative) 및 절차적(procedural) 지식의 두 가지로 구분하였는데, 전자는 사실과 명제의 형태로 표현되는 내용 지식으로 주로 암기와 이해를 통해 학습되는 것이며, 후자는 자전거를 타거나 피아노를 연주하는 것 같은 과정 지식으로, 주로 연습을 통해 숙달되는 것이다.

셋째, 사고 양식(thinking style)이다. 이것은 인지 능력의 사용과 관련된 개인차이다. 스턴버그는 인간의 사고 양식을 삼권분립에 비유하여 입법부적(legislative) 사고, 사법부적(judicial) 사고, 행정부적(executive) 사고의 세 가지로 구분하였다. 타인의 사고를 실행하는 행정부적 사고나 타인의 사고를 판단하는 사법부적 사고와 달리, 아이디어를 생성하는 데 더 지향된 입법부적 사고를 하는 사람들이 창의적인 사고 양식을 가진 것으로 볼 수 있다.

넷째, 성격 요소로서, 모호한 상황을 잘 이겨낼 수 있는 모호성에 대한 인내(tolerance for ambiguity)[4], 여러 장애를 이겨내는 의지와 끈기, 현재 상태에 만족하지 않고 더 나은 상태로 나아가고자 하는 성장 욕구, 분별력을 가지고 과감하게 도전하는 위험 감수(risk-taking)와 자기 효능감(self-efficacy), 다른 사람들에게 영향을 받지 않고 자기 생각을 지켜나가는 독립성 등이 필요하다.

다섯째, 동기 요소로서, 내적 동기와 더불어 성취동기나 자아실현 동기 등이 필요하다. 간단히 표현하면 자신이 하는 일에 대한 열정으로, 자신이 하는 일로부터 즐거움과 성취감을 느낄 수 있어야 한다는 것이다. 투자이론에서는 3요소론에서 강조된 내적 동기와 더불어 성취 동기와 자기실현 동기도 언급하고 있지만, 여전히 가장 중요한 것은 내적 동기이다.

마지막으로 창의성이 발현될 수 있는 환경(environment)인데, 창의적 행동을 격려하고 지지해주는 환경이 갖추어져야 한다는 것이다. 여섯 가지 요소 중 다섯 가지는 개인 내적인 특성들이지만, 맥락이나 상황과

---

4 Sternberg(1988)는 최초 아이디어가 창의적 산물로 이어지는 과정에는 높은 불확실성과 모호성이 있기에 모호성에 대한 인내가 창의적인 성과를 내는 데 필수적인 역량이라고 하였다. 그러나 Merrotsy(2013)는 모호성에 대한 인내가 창의적인 사람들의 특성이라는 데 이의를 제기하면서, 관련 경험적 연구가 아직 부족하다고 지적하였다.

관련된 것은 이것이 유일하다.

투자이론은 여섯 가지 자원을 제시한 것과 더불어, 다음과 같은 몇 가지 주장을 덧붙인다. 먼저, 여섯 가지 자원 중에 어떤 것은 역치 (threshold)가 있다. 즉, 일정 수준에 도달하지 못하면 창의성이 발현되기 어렵다. 예를 들어, 기존 지식이 전혀 없으면 나머지 다섯 가지가 아무리 잘 갖추어져 있어도 창의적인 성취를 이룰 수 없다. 둘째, 자원 간에는 부분적인 보상 관계가 있을 수도 있다. 예를 들어, 상당히 열악한 '환경'에 처해도, 내적 동기나 성취 욕구가 높으면 어느 정도 환경 요소를 보상(열악한 환경의 극복)할 수 있다. 셋째, 자원 간의 상호작용도 가능하다. 대표적인 예로 분석 지능이나 창의 지능 등의 인지적 능력이 높으면서 내적 동기도 높으면 극적인 상승효과가 나타날 수 있다.

이상과 같이 살펴보았는데, 앞서 언급했듯이, 이 이론은 창의성의 발현을 위한 요소들이 망라되어 있다. 그래서 투자이론은 상당히 포괄적이긴 하지만 경제적이지는 못한 이론이다.

2. 영역 일반성과 영역 특수성

특정 영역에서 비범하게 창의적이었던 사람이 만약 다른 영역에서 활동하였어도 창의적이었을까? 상대성이론을 만들어낸 아인슈타인의 창의적 사고 과정이 〈게르니카〉를 완성한 피카소와 그것과 동일한 것일까? 이 질문에 대한 대답은 그리 간단치 않으며, '예'라고 답하면 영역 일반성(domain generality)을, '아니요'라고 답한다면 영역 특수성 (domain specificity)을 지지하는 것이다. 1998년 베어와 플러커 간의 논쟁(Baer, 1998; Plucker, 1998)처럼, 창의성 연구자들 사이에 '영역 일반성 대 영역 특수성'의 논쟁이 있다. 이 논쟁은 20세기 초중반의 지능의

'g 요인' 대 's 요인'의 논쟁[5](Kell & Lang, 2018)과 유사하다.

실제 현장에서 일반성과 특수성의 논쟁이 중요한 이유를 들어보자 (강병직, 2012). 미술 교육의 필요성을 주장하는 사람들의 강력한 논거는 영역 일반적 창의성 개념에 의한 것이다. 즉, 미술 교육을 통해 창의성을 함양하면 다른 영역에도 응용될 수 있으므로, 창의성 교육에 꼭 필요한 교과라고 보는 것이다. 그런데 영역 특수성이 받아들여진다면 미술 창의성은 미술 내에서만 통용되며, 미술을 벗어난 다른 영역에서 통용되지 못함을 의미하므로, 미술 교육의 이런 주장은 힘을 잃게 되는 것이다.

1) 영역 일반성

'르네상스인'의 대명사로 불리는 레오나르도 다빈치와 더불어, 정치인이자 과학자, 발명가이기도 했던 벤저민 프랭클린, 철학자이자 다방면의 저서를 남기면서 노벨 문학상을 받은 버트런드 러셀, 두 분야에서 노벨상을 받은 마리 퀴리(물리, 화학)와 라이너스 폴링(화학, 평화) 등은 여러 분야에서 두각을 나타낸 인물들로, 창의성이 여러 영역에 걸쳐 발휘될 수 있다는 영역 일반성을 시사해주는 사례들이다.

동양에는 당시 세계 최고의 문명국이었던 중국 송(宋)나라의 심괄(沈括)이 있다. 그는 나침반을 발명한 것으로 알려져 있을 뿐만 아니라, 수

---

5 영국 심리학자 스피어먼(C. Spearman)의 지능의 2요인 이론에서 처음으로 'g 요인'과 's 요인'이 구분되었다. 지능의 일반 요인(g 요인)은 모든 인지적 과제의 수행에 관여하는 일반적인 지적 능력으로, 지능검사의 하위 검사의 점수들이나 여러 다양한 과제들의 수행에서 높은 상관이 나오는 결과에 근거한다. 반면 특수 지능(s 요인)은 특정한 형태의 과제를 수행하는데 요구되는 능력을 의미하며, 과제나 활동마다 요구되는 지능이 다를 수 있다고 본다. g 요인과 s 요인 간의 논쟁은 학업 성취나 직무 수행을 예측할 때 g 요인만으로 충분하다고 보는 관점과, 특정한 과제나 직무마다 g 요인만으로 설명되지 않는 부분은 s 요인으로 설명되어야 한다는 관점 간의 대립이다. 지금까지 이 논쟁의 승자는 g 요인이었지만, s 요인의 중요성을 주장하는 학자들도 여전히 있다.

학자, 천문학자, 동식물학자, 약리학자, 고고학자, 외교가, 발명가, 시인 등 모두 언급하기 어려울 정도로 다방면의 업적을 남겼다. 한국의 세종대왕은 훈민정음의 창제뿐만 아니라 정치, 의례, 군사, 경제, 과학, 천문, 의학, 복지, 농사, 출판, 음악, 문학 등의 분야에 두루 통달하였다. 정약용, 김정희, 그리고 석주명도 '르네상스인'으로 널리 알려져 있다.

두 영역에서 Big-C 수준은 아니더라도, pro-c 수준에 도달한 사람들은 비교적 쉽게 찾을 수 있다. 예를 들어, 괴테는 시인, 극작가일 뿐 아니라, 바이마르 공국의 재상으로서 활동한 정치가이며, 광학 연구의 결정인 색채론을 발표한 과학자였다(그는 자신의 과학적 업적을 가장 자랑스러워했다). 안톤 체호프는 유명한 작가이자 의사였으며, 『이상한 나라의 앨리스』의 작가인 루이스 캐럴은 사진가이기도 했고, 수학자 아서 클라크는 『2001: 스페이스 오디세이』의 작가이자, 통신 위성을 생각해 낸 과학적 사고의 소유자였다. 사진작가 브레송은 글을 쓰는 작가이자 드로잉과 채색을 하는 화가였다. 미국의 흑인 배우이자 가수였던 폴 로브슨은 한때 전미 최우수 프로 풋볼 선수였으며 변호사로도 활동했고 말년에는 민권운동가였다. 세계적 록 밴드 퀸의 기타리스트인 브라이언 메이는 천체물리학 박사학위 소지자이다.

이탈리아의 작곡가이자 지휘자인 주세페 시노폴리는 정신과 의사이자 고고학자였다. 정신분석학에 정통했던 그는 베르디가 작곡한 음 하나하나가 가진 심리학적 의미를 분석하였는데, 메스를 가하듯 치밀한 그의 분석은 극적인 긴장감을 고조시켰고, 평론가들에겐 독창적인 해석이라는 평가를 받았다. 또한 그는 첼로연주자였던 장한나가 하버드 대학에서 철학을 공부하도록 영향을 미쳤다(한기홍, 2013).

영역 일반성을 지지하는 Runco(1993)는 일반적인 창의적 사고 검사들은 다양한 영역에서의 창의적 행동이나 결과를 예측한다고 주장하였다. 즉, 다음 장에서 자세히 소개할 대표적 창의력 검사인 TTCT는 영역 일반성에 기초한다고 볼 수 있다(TTCT는 창의성을 확산적 사고능력이라고 본다). 마치 지능이 높은 사람은 어떤 과제에서도 높은 수행 능력을 보일 것이라는 일반 지능론(g 요인)처럼, 한 분야에서 창의적인 사람은 다른 분야들에서도 창의적일 것이며, 여러 영역에 걸쳐 창의적 산출에 중요한 예측변수가 되는 능력은 확산적 사고라고 보는 것이다(이순묵, 한기순, 2004). Plucker와 Beghetto(2004)도 창의적 문제해결과 관련된 인지적 과정은 본질적으로 일반적인 것으로서, 단지 특정 영역의 지식(내용)에 응용되는 것일 뿐이라고 보았다.

Root-Bernstein 부부(1999)가 제시하는 열세 가지 도구는 모든 영역에 공통으로 동원될 수 있는 것이라고 보는 점에서 영역 일반성을 관점을 지지한다고 볼 수 있다. 예를 들어, 화가이자 소설가인 윈덤 루이스(W. Lewis)는 그림의 관점에서 생각하는 습관, 특히 정밀하게 '관찰'하는 습관은 작가로서 글을 쓰는 데 도움이 된다고 하였다. 또한, 이미지를 '형상화'하는 것과 같은 시각적 사고능력은 예술과 과학 영역 모두에서 중요하며, 이는 어느 한 영역에서의 활동이 다른 영역의 활동에 도움을 준다는 것의 방증이다.

2) 영역 특수성

1990년대 이후 제기된 영역 특수적 창의성 개념은 한 분야에서의 창의성이 다른 분야에는 적용되기 어렵다고 보았다. 영역 특수성을 주장하는 학자들은 대부분의 창의적인 인물들은 여러 영역에 걸쳐 Big-C에 도달할 만큼 오래 살지 못한다고 본다. 또한, 두 영역 이상에서 명성을 얻는 것은 한 영역에서 유명해지면 다른 영역에서도 유명해질 가능성이 커지는 후광 효과(halo effect) 때문이라고 지적한다.

앞서 예시한 Big-C 또는 pro-c 수준의 창의성과 달리, 영역 특수성을 주장하는 Baer(2015)는 'little-c'의 측면에서 영역 일반성과 특수성을 연구하였다. 초등학생부터 대학생에 이르기까지 여러 다양한 과제들 (시 쓰기, 수학 방정식 만들기, 콜라주 만들기 등)을 주고 창의적인 산물을 만들어보라고 했을 때, 과제별 결과물의 창의성 간에는 상관이 낮았다. 특히, IQ의 영향을 통제하면 상관이 거의 없었는데, 이는 영역 특수성을 지지하는 결과이다. Baer(1993)는 영역 간, 영역 내에서의 다양한 과제들에 대한 창의성 점수를 비교한 결과, 영역 간 상관이 낮게 나타난 것에 주목하면서 창의성의 영역 특수성을 주장하였다.

또한, 특수성 지지자들은 '영역 일반성'이 지지되는 경우는 창의성을 확산적 사고라는 가정에 기반하는 TTCT와 같은 창의성 평가 도구를 사용한 연구들에서만 나타난다는 점을 지적하였다. 즉, 그것은 영역 일반성을 지지하는 객관적인 증거가 아니라, 일반성을 가정하고 만들어진 검사의 특성에 기인한 것일 뿐이라는 것이다.

영역 특수성 지지자들은 기존의 창의성 이론들이 거대 이론(grand theory)의 관점에서 모든 창의적 현상을 포괄적으로 설명하려고 시도하기에 영역 일반성이 득세하는 경향이 있지만 이를 지지하는 경험적 증거는 부족하다는 점을 지적한다. 또한, 단일한 거대 이론보다는 여러 개의 작은 이론을 만드는 것이 더 적절하다는 경험적 증거들이 많다 (Baer, 1998). Mumford 등(1998)도 창의적 문제해결에서 분야에 대한 전문성이 중요한 역할을 한다는 점을 강조하면서 창의성의 특수성을 지지하였다. 다중지능 이론을 주장한 가드너(H. Gardner)도 창의성은 전적으로 영역 특수적이라고 보았다.

또, Barbot과 Eff(2019)는 최적 적합성 관점(optimal fit view)을 제시하였다. 이 관점에서는 어떤 사람의 창의성 관련 자원들의 독특한 조합 (즉, 프로파일)이 그 사람의 특정 창의적 영역에서의 창의적 잠재력을 구성한다고 본다. 즉, 자신이 가진 자원과 영역(예: 글쓰기, 물리학)에서 필요한 자원(예: 확산적 사고, 개방성) 간의 적합성의 정도에 따라 해당 영역에서의 창의성 수준이 결정된다는 것이다.[6] 예외적인(exceptional) 창의성은 특정 영역에서 수행에 요구되는 자원들의 완전한 '최적' 조합을 이루어야 가능할 것인데, 한 개인이 여러 영역에 걸쳐 높은 창의성을 보이기 어려운 것은 필요한 자원들을 여러 영역에 걸쳐 최적으로 가지기가 사실상 불가능하기 때문이다.

정리하면, 영역 일반성과 특수성은 모두 르네상스인들의 존재를 인정하지만, 일반성 지지자들은 이들이 동일한 창의적 과정을 사용한다고 보지만, 특수성 지지자들은 이들이 영역에 따라 다른 창의적 과정을 사용한다고 보는 점에서 다르다.

3) 절충적 관점

두 입장 간의 논쟁을 중재하는 관점도 있다. 첫째, 4Ps 틀로 볼 때 어느 P에 초점을 두고 연구하느냐에 따라 달라질 수 있다는 것이다. 창의적 산물(Product)에 초점을 두면 창의성은 영역 특수적인 것으로 보이고, 창의적 사람(Person)에 초점을 두면 창의성은 영역 일반적인 것처럼 보인다는 것이다(Silvia et al., 2009).

둘째, 발달 단계와 관련된 것으로서, 나이(발달) 효과가 고려되어야 한다는 관점이다. Plucker와 Beghetto(2004)의 나이 경험 가설 또는 특화-분화(specialization-differentiation) 가설에 의하면, 창의성은 나이가 어릴수록 다양한 영역에서 창의적일 가능성이 크나, 나이가 들수록 특정한 영역으로 제한된다. 즉, 아주 어릴 때는 뚜렷한 흥미나 몰입이 부

---

6 Merseal 등(2023)이 세계적으로 유명한 시각 예술가들과 과학자들을 대상으로 한 연구
   (Big-C 연구)에서 특별한 목표가 없는 상황에서 의미적으로 거리가 먼 단어 연상을 생
   성해내는 '자유연상(free association) 능력'이 과학자들보다 화가들에게서 더 높게 나타
   났다.

족하기에 피상적인 창의성이 관찰되다가, 나이와 경험이 늘어나면서 영역 일반적인 창의성으로 나타나며, 청소년기부터 흥미와 경험이 특화되면 창의성은 점차 영역 특수적인 성격으로 되어간다는 것이다.

한편, Sternberg(1989)는 두 논쟁에서 간과되고 있는 것이 영역 (domain)의 개념 자체로서, 영역의 범위가 모호하다고 지적하였다. 예를 들어, 문학은 영역인가? 독문학과 영문학은 같은 영역인가 다른 영역인가? 영문학 중 현대 영문학은? 심리학이 경제학과 구분되는 영역이라면, 심리학 내 인지심리학과 사회심리학과는 같은 영역일까?

'영역'의 정의와 관련하여, 영역 특수성을 주장하는 Baer(1998)는 영역을 일반적 주제 영역(general thematic areas), 영역(domain), 소영역 (micro-domain)으로 구분한 바 있다. 이러한 영역의 위계성을 바탕으로 Baer와 Kaufman(2005)은 다음에 소개하는 영역 일반성과 특수성을 절충한 창의성의 놀이공원 이론 모형을 제안하였다. 이 접근은 지능에서의 'g 요인'과 's 요인'의 논쟁을 위계 모형(Carroll, 1993)[7]을 설정하여 해결하려는 시도와 유사한 측면이 있다.

4) 놀이공원 이론 모형

이 모형은 창의성을 놀이공원에 비유한다. 우리가 놀이공원에 가려면, 우선 시간과 돈이 있어야 하며, 어떤 놀이공원으로 갈지 결정해야 하고, 그곳에 가서는 무엇을 할지도 결정해야 한다. 어느 놀이공원에 갈지 결정한 후, 최종적으로 어떤 어트랙션을 이용할지 결정하는 것 같이, 창의성은 영역 일반성에서 더 구체적인 수준인 영역 특수성으로 나

---

[7] 앞서 언급한 지능의 'g 요인'과 's 요인' 간의 논쟁은 Carroll(1993)의 3층(three stratum)의 위계 모형으로 어느 정도 일단락되었다. 이 모형의 3층에는 'g 요인'이, 2층에는 결정 지능(crystallized intelligence, gc)과 유동 지능(fluid intelligence, gf)을 포함한 여러 요인들이, 맨 아래 1층에는 다양한 's 요인'들이 있는 구조이다.

아간다. 즉, 상위의 결정에서 점차 하위의 결정으로 이어지는 것이다.

놀이공원 이론 모형(APT: Amusement Park Theoretical Model)은 창의성이 발현되기 위해서는 이와 유사한 결정이 이루어진다고 보는데, 〈표 3-1〉에서 볼 수 있듯이, 네 가지 수준을 거친다.

첫째, 초기 필수요소(Initial Requirement)이다. 놀이공원을 가기 위해 시간, 돈, 여유, 동기 등이 필요한 것처럼, 창의성이 드러나기 위해서는 영역 일반적으로 지능(intelligence), 동기(motivation), 적절한 환경(environment) 등이 필요하다. 이 요소들은 모든 영역에서 창의적 수행을 하는 데 필요한 것이다. 물론, 영역에 따라 각 요소의 요구 수준은 다를 수 있다.

둘째, 일반 주제 분야(General Thematic Area)이다. 놀이공원의 테마가 다양하듯이, 창의성의 분야도 다양하다. 이와 관련된 분류 사례들을 살펴보면, 우선 고전적으로 아홉 개의 학예(學藝) 영역을 대표하는 그리스 신화의 아홉 뮤즈가 있다. 또한, 직업 흥미 유형을 여섯 가지로 구분한 홀랜드의 RIASEC 모형(현실형, 탐구형, 예술형, 사회형, 진취형, 사무형)도 있다. 가드너의 다중지능(언어지능, 논리수학지능, 시공간지능, 음악지능, 신체운동지능, 대인지능, 개인 내 지능)이론도 여러 영역에 걸쳐 창의성이 발현될 수 있다고 보았다.

Kaufman과 Baer(2004)는 인간이 수행하는 창의성의 9개 영역을 요인분석하여, 글쓰기와 연관성이 높은 '공감과 소통의 창의성(Creativity in Empathy/Communication)', 미술, 음악, 연극과 같은 예술 영역의 '실행적 창의성(Hands on Creativity)', '수학과 과학의 창의성(Math/Science Creativity)'의 세 분야(area)로 구분하였다. 4장에서 보듯이, Carson 등(2005)도 창의적 성취 설문지(CAQ)를 개발하면서 창의성이 발현될 수 있는 10개 영역을 구분한 바 있으며, Kaufman(2012)도 창의성 영역 척도(K-DOCS)를 개발하면서 창의성의 5개 영역을 구분하였다.

표 3-1 놀이공원 이론 모형

수준	놀이공원 예시	놀이공원 모형 예시
초기 필수요소	놀이공원까지의 교통편, 입장권, 돈	지능, 창조의 동기(내적/외적), 창의성 발현이 가능한 환경
일반 주제 분야	어떤 유형의 놀이공원? 동물원, 워터파크, 놀이기구공원, 캐릭터 테마파크	일상적, 학술적, 과학적, 예술적 창의성
세부 영역	실제로 특정 놀이공원을 결정	과학의 경우, 물리학, 화학, 생물학, 심리학 등
미세 영역	실제 놀이공원 내에서 어디로 갈 것인가?	심리학 내에서 임상, 인지, 사회, 발달, 신경과학, 교육, 조직심리

셋째, 세부 영역(Specific Domains)이다. 이것은 언어 분야에서 시와 논술을 구분하듯이, 일반 테마 분야에서 좀 더 좁게 정의된 영역이다. 이 수준에서부터 지식이 중요한 역할을 하는데, 예를 들어, 과학 분야에서 생물학과 물리학의 지식은 전혀 다르며, 구체적인 영역별로 습득해야 할 지식이 달라진다(⟨참고 3-1⟩).

마지막은 미세 영역(Micro Domains)으로, 심리학 영역에서 임상심리와 조직심리가 구분되고, 미술에서 회화, 조각 등과 같이 보다 하위 영역으로 분화되는 것과 같다.

참고 3-1 사이먼턴의 학문 분야의 위계 연구

Simonton(2004, 2009)은 학문 분야는 위계적 배열을 이루고 있다는 실증주의 사회학자인 콩트(A. Comte)의 제안에 따라,[8] 그것을 실제 측정하는

8 콩트는 인류의 발전이 명백한 단계를 거치며 과학적 지식도 비슷한 발전단계를 가진다는 과학의 위계론을 제안하였다. 그는 특정 학문이 다른 학문보다 더 우월하다고 주장하는 것이 아니라, 인간의 전체적인 지적 역사에서 여러 학문 분야 간의 관계를 파악하고자 하였다. 그는 각 분야의 경험적 발견들이 추상적이고, 단순하고, 다른 분야의 발

방법을 제시하여 경험적 타당성을 보여주었다. Simonton(2004)은 다음과 같은 일곱 가지 학문의 지위(status)의 지표들(indicators)을 만들어 물리학, 화학, 생물학, 심리학, 사회학을 평가하였다.

첫째는 인용 집중도(citation concentration)로, 특정한 연구논문에 인용이 집중되는 정도를 나타낸다. 하나의 논문에 인용이 집중되면, 분야 내 합의 정도가 매우 높다는 의미이며, 어떤 기여가 최고의 지위에 오를 수 있는지에 대한 과학자들 간에 동의 정도가 높다는 것을 나타낸다. 반면, 여러 논문이 비슷하게 인용되는 경향이 있다면, 합의 정도는 낮은 것이다. 상위 위계 분야의 과학자들일수록 동일한 논문을 인용하는 경향이 더 강하고 집중도가 높다.

둘째는 조기 영향 비율(early impact rate)로서, 35세 이하 과학자의 연구가 해당 분야의 평균 인용 정도보다 더 많이 인용되는 비율이다. 젊은 연구자들의 뛰어난 성과를 보다 빨리 인식하고 통합하는 분야는 해당 분야에서의 유의미한 기여가 무엇인지에 대한 보다 명확한 합의를 이루고 있다는 점에서, 위계상 높은 위치에 있을 것으로 볼 수 있다.

셋째는 동료 평가의 합의 정도(peer evaluation consensus)인데, 이는 특정 분야의 연구자를 평가할 때 연구자들 간 합의가 이루어지는 정도를 나타낸다. 예를 들어, 분야마다 60명의 연구자를 선택하고 동료들이 이들을

견들과 독립적인 정도가 다르다고 보았다. 즉, 과학은 분야마다 발전 정도가 다르며, 위계는 위로 올라갈수록 복잡성과 특수성은 증가하고 일반성, 보편성, 단순성은 감소한다는 법칙을 제안하였다. 그리고 자연과학 중 가장 먼저 발달한 천문학이 모든 자연과학 중 가장 일반적이고 단순하여 제일 아래에 위치하고, 다음으로 물리학, 화학, 생리학(생물학)의 순이며, 다른 과학들이 발전해야 나타날 수 있는 가장 복잡한 사회학은 위계에서 가장 꼭대기에 위치한다고 보았다. 심리학은 19세기 초까지는 태동하지 않았기에 언급되지 않았지만, 심리학이 생리학에서 나왔으므로 그 다음에 위치할 것이다. 19세기 말 심리학이 철학에서 떨어져 나오면서, 분트(W. Wundt)는 신생 분야를 '생리심리학'이라고 명명한 바 있다. 또한, 콩트는 자연의 법칙을 연구할 때 인간이 활용할 수 있는 가장 강력한 도구로서 여러 학문의 근저에는 수학이 있다고 하였다.

평가하였을 때, 합의 정도는 평가 수치의 표준편차로 측정될 수 있다. 높은 위계의 학문일수록 표준편차가 작을 것인데, 이는 누가 최고의 성과를 내는지에 대해 합의를 잘 이룬다는 것을 의미한다. 이상의 세 가지 지표는 특정 분야의 과학자들이 해당 영역에서의 기여가 무엇인지에 대해 동의하는 정도를 나타낸다.

넷째는 진부화율(obsolescence rate)이다. 오래된 논문들에 대한 인용 빈도 비용을 측정한 것으로, 영역 특화된 전문성이 쓸모없는 것이 되는 정도를 가늠한다. 예를 들어, 1년 동안 병가를 내어 경력 단절이 일어난 경우, 물리학자는 17% 정도의 생산성의 감소가 있으나, 심리학자의 경우에는 약 10% 정도의 감소가 있다. 물리학이 자신의 경력을 회복하는 데 더 노력이 요구되는 것이다. 진부화율이 높을수록 높은 위계에 위치한다.

다섯째는 그래프 우위(graph prominence) 지표로, 전문 학술지에 게재된 논문에서 그래프가 사용되는 정도를 평가한 것이다. 이것은 '경성 과학(hard science)' 분야일수록 통계치의 표 제시보다는 자료의 시각적 표상을 더 선호한다는 사실을 반영한 것이다.

여섯째는 자문 비율(consultation rate)인데, 이것은 자신의 생각이나 수행에 대해 불확실성을 느낄 때, 유사한 타인과의 비교에 더 관여한다는 페스팅거(L. Festinger)의 사회비교이론(social comparison theory)에 근거한 것이다. 자문 비율은 논문의 감사 글(acknowledgment)에 언급된 동료의 수로 알 수 있는데, 이는 논문 제출 전에 동료들로부터 조언을 듣고자 하는 정도를 반영하는 것이며, 이 수치가 높으면 자신의 연구에 대한 불확실성이 크다는 것을 나타낸다.

마지막은 이론-법칙 비율(theories-to-laws ratio)로서, 각 분야의 개론 교재에 언급된 '이론'과 '법칙'의 수를 세어서 그 비율을 계산한 것이다. 비율 점수가 높을수록 '연성 과학(soft science)'이다. 즉, 높은 위계에 있는 정밀한 과학(exact science)은 많은 확증된 법칙들로서 이론 대비 법칙이 많지만, 낮은 위계 분야는 아직은·확실하지 않은 이론들이 더 많다. 모호한 추측보다는 정확한 법칙과 사실의 비율이 높을수록 해당 분야의 지위가 높다. 마지막 두 지표는 높은 점수를 보일수록 낮은 위계를 나타낸다. 일곱 개 지표는 상관이 매우 높았고, 주성분 분석에서도 단일 요인으로 나타났다.

Simonton(2004)은 위의 일곱 가지 지표를 1차 지표라고 보았고, 더 나아가 2차 지표로서 다음의 다섯 가지를 추가하였다. 2차 지표들은 모든 학문 분야에 다 적용되기 어려운 부분이 있어, 1차 지표들의 결과를 한 번 더 타당화하는 데 사용되었다.

첫째는 강의 비유창성(lecture disfluency)이다. 특정 분야의 학부 개론 강의에서 '어…', '음…'과 같이 말을 중간에 끊는 경우의 빈도이다. 분당 그런 단어의 빈도가 높을수록, 강의 유창성이 낮으며, 해당 분야가 덜 형식적이고, 덜 구조화되고, 덜 사실적이다.

둘째는 인용 즉시성(citation immediacy)으로, 출간된 논문의 참고문헌에 최근 논문이 포함된 정도이다. 즉, 고전 연구보다는 현대 연구를 더 인용하는 정도이다.

셋째는 예상 빈도(anticipation frequency)이다. Hagstrom(1974)은 다양한 분야의 과학자 1,718명에게 '자신의 연구'를 다른 과학자들도 똑같이 생각했을지를 물었는데, 자신의 연구 경력 동안 적어도 한 번 이상 이런 경험을 한 사람의 비율을 계산하였다. 예상 빈도가 클수록, 특정 분야에서 무엇이 중요하고 중요하지 않은 것인지에 대해 높은 합의를 이루는 것으로 볼 수 있다.

넷째는 노벨상 수상 당시의 나이로, 각 학문 분야마다 평균 나이를 계산할 수 있다. 1차 지표에서의 조기 영향 비율 지표와 같은 의미라고 볼 수 있다.

마지막은 분야의 엄격성 평정(rated disciplinary hardness)으로, Smith 등

(2000)이 심리학자들에게 여러 학문 분야에 대해 10점 척도상에 '경성(hard)-연성(soft)' 정도를 평정하게 한 것에 기반하였다. 이 측정치에서는 1차 지표인 그래프 우위 지표와 .97의 상관을 가졌는데, 이는 학문 분야의 상대적 지위에 대한 직관적인 주관적 평정이 객관적인 평가치와 매우 일치함을 보여주는 것이다.

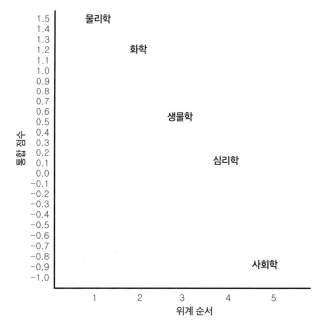

* 수평축은 콩트의 위계 순서, 수직축은 일곱 개의 1차 지표들을 합한 통합 점수임
그림 3-3 **콩트의 학문 위계에 대한 경험적 분석 결과**

1, 2차 지표들 중 1차 지표들을 종합하여 통합 점수(composite score)를 만들 수 있고, 이에 근거하여 과학 분야들이 비교적 객관적으로 위계상에 배열될 수 있다. 〈그림 3-3〉은 물리학, 화학, 생물학, 심리학, 사회학의 배열을 보여준다(Simonton, 2004). 정밀한 과학 혹은 경성 과학의 대표인 물리학이 가장 점수가 높다. 또한, 물리학과 화학이 생물학보다 더 높은 점수를 보이고, 심리학은 사회학보다는 생물학에 좀 더 가깝다.

3. 진화론적 관점: BVSR 모형

1) 캠벨의 제안

Campbell(1960)은 인간이 창의적 아이디어를 생성하는 과정을 '진화의 과정'으로 설명할 수 있다고 보고 맹목적 변이와 선택적 보유(BVSR: Blind Variation and Selective Retention) 모형을 제안하였다.[9] 이 모형은 다윈의 자연선택에 의한 진화 관점에 기반하고 있다. 진화론에 의하면, 종은 변이와 같은 요인들이 한 세대에서 다음 세대로 무질서하게 나타나면서 진화하는데, 변이는 맹목적으로 일어나지만(blind variation), 그 중 일부(특정한 특성)가 유기체의 생존과 번식에 긍정적 영향을 미치면 자연에 의해 선택되고 세대 간에 전달이 된다(selective retention).

자연선택에 기반한 진화론에 의하면, 풍부하고 다양한 변이를 만들어내는 기제가 존재한다. 다윈과 월리스[10]는 그 기제를 구체적으로 논의하지 않았지만,[11] 오늘날 유전자의 재조합이나 돌연변이에 의한 새

---

9   캠벨이 제안한 BVSR 모형은 문화 진화에 기저하는 근본 원리를 설명하는 것이다. 생물 유기체뿐만 아니라 일반적으로 진화 체계에서의 변화를 기술하는 보편적 다윈주의 (universal Darwinism)의 원리이다. 따라서 생물학적 진화뿐만 아니라, 심리학, 언어학, 경제학, 문학, 어학, 컴퓨터, 물리학, 창의성 등 다양한 영역에서의 진화를 설명한다. 과학적 발견에도 적용된다. BVSR의 원리를 지식의 진화에 적용하여, 캠벨은 진화적 인식론(evolutionary epistemology) 영역의 기초를 놓았다. 이것은 포퍼(K. Popper)의 과학철학을 일반화한 것으로 볼 수도 있다. 다양한 추측들이 제안되는 과정은 맹목적 변이(blind variation)에 해당하고, 그런 추측들이 경험적으로 반증될 수 있기에 반박 또는 지지되는 선택적 제거와 보유(selective elimination/retention)의 과정을 거치면서 새로운 이론이 발전하는 것이다. 캠벨은 BVSR의 동일한 논리가 모든 지식 생성 과정의 기초가 된다고 하였고, 따라서 BVSR 기제는 창의성도 설명할 수 있다.

10 월리스(A. R. Wallace)는 다윈과 같은 시기에 자연선택에 의한 진화론을 연구하였다. 다윈이 자신의 진화론의 체계가 완벽해지기 전에는 발표하기를 꺼리고 있을 때(더불어 당시 진화론은 매우 위험한 생각이기도 했음), 그의 논문을 받고는 서둘러 그와 함께 진화론에 관한 논문을 공동 발표하였다. '자연선택' 개념을 두 사람 중 누가 먼저 생각해내었는지는 아직 논쟁 중이다.

11 다윈과 월리스의 최초 논문에서는 진화가 일어나기 위한 조건으로 네 가지를 들었다

로운 유전자 공급이라는 두 가지 기제가 널리 알려져 있다. 다윈의 진화론에서 가장 주목할 부분은 선택(selection) 과정보다는 변이(variation) 과정이다. 유전적 재조합과 돌연변이의 기제들은 유기체의 번식 적합성에 대해서는 무지한 상태로 작동한다. 즉, 어떤 유전자 변이가 미래 생존 가능성을 높여줄지는 알 수 없으며, 특정한 유전자형에 대한 번식 적합성의 평가는 환경에 의해 이루어진다. 이런 관점은 변이는 더 나은 적응을 향해 나간다는 목적론적인(teleological) 방향성을 가정하는 라마르크[12]의 진화론과는 다르다.[13]

또한, 캠벨은 창의적 과정도 맹목적 변이와 선택적 보유의 두 단계를 거쳐 작동한다고 보았다. 즉, 문제에 대한 반응으로서 맹목적으로 또는 우연히 아이디어가 생성되고, 그것이 현재의 요구를 충족시키는지 검증을 받는데, 유효하게 기능하면 추후 유사한 상황에서 사용하기 위해 그것을 보유한다. BVSR 모형에서 변이의 과정은 새로움(novelty)에, 선택의 과정은 유용성(usefulness)에 기여하는 것이다. 더불어 그는 '맹목적'이라는 표현을 포함하여 '비목적론적' 특성이 창의적 과정에 적용된

(최재천, 2012). 첫째, 한 종에 속하는 개체들이라도 각자 다른 형태, 생리, 행동을 보이는 것에서 알 수 있듯이, 자연계의 생물 개체 간에는 변이(variation)가 존재한다. 둘째, 자식이 부모를 닮듯이, 어떤 변이는 자손에게 유전된다. 셋째, 맬서스의 인구론에 영향을 받은 것으로, 환경에서의 가용 자원은 무한하지 않기에, 개체들은 경쟁할 수밖에 없다. 넷째, 주어진 환경에 잘 적응하도록 도와주는 형질을 지닌 개체들만이 생존하여 번식할 가능성이 더 크다(자연선택).

12 다윈에 앞서 최초의 진화론을 제시한 프랑스의 생물학자로, 기린의 목처럼 자주 사용하는 기관은 발전하고 안 쓰는 기관은 퇴화한다는 용불용설을 제안하였고, 생물이 살아있는 동안 환경에 적응한 결과로 획득한 형질(획득 형질)이 다음 세대에 유전되어 진화가 일어난다고 주장하였다. 획득 형질은 유전되지 않음이 밝혀져 현대 진화 이론에서는 받아들여지지 않았으나, 최근 후생유전학이 대두되면서 재조명받고 있다.

13 진화론의 영향을 받은 사회학자 허버트 스펜서(H. Spencer)의 사회진화론도 사회가 일정한 방향으로 진보·발전한다고 보았다는 점에서 목적론적이다. 진화는 옳거나 좋은 방향으로만 변화되는 것을 나타내는 개념이 아니다. 진화는 진보와 퇴보를 모두 포함하는 불규칙적 변화이며, 아무리 기형적인 형태로 보일지라도 그것이 생존에 유리하면 다음 세대에 전이되는 것이 진화다.

다는 점을 강조하였다. 맹목성의 원리는 공군 레이더병이 비행기나 미사일이 어디에서 나타날지 아무런 사전 기대나 예상 없이 레이더를 탐색하는 것에 비유될 수 있다.

2) 사이먼턴의 확장

캠벨의 이론을 확장한 Simonton(1999a)도 창의성은 맹목적인 아이디어의 변형들이 많이 생성되고 그중 일부가 더 정교하게 개발되어 최종 산물에 이르는 과정을 거친다고 보았다. 창조자는 어떤 아이디어 변형이 최종 목표에 이르는 데 활용될지 확실히 알 수 없기에 본질적으로 시행착오의 과정에 의존해야 한다. 맹목성의 한 가지 결과로서, 이런 시행착오 과정은 실제 사용되는 것보다 더 많은 아이디어를 만들어내며, 최종 산물을 향해 선형적 또는 단조적으로 이동하지 않는다. 뚜렷한 목표 없이 시작하였다가 잘못되면 다시 원점으로 돌아가면서 창의성은 점진적인 개선이 아닌 '비단조성'을 보인다.

Simonton(2007)은 피카소가 〈게르니카〉를 완성하기 전까지 남긴 스케치들에서 자신의 BVSR 이론 및 비단조성에 대한 지지 증거를 찾고자 하였다. 그는 스케치들에 '잘못된 실패'나 '거친 실험적 시도들'이 넘쳐났고 그것이 맹목적 변이를 보여주는 분명한 증거라고 하였다. 그리고 그것의 대부분은 완성된 그림에 포함되지는 않았지만, 작품 완성 과정에서 최종 판단에 중요한 역할을 하였을 것으로 보았다.

또한, 뉴욕의 화가 지망생들을 대상으로 한 Getzels와 Csikszentmihalyi(1976)의 실험에서, 창의적인 그림을 그린 학생은 더 비단조적인 방식을 사용하는 경향이 있다(6장 참조). 예를 들어, 정물화를 그릴 때, 다양한 가능성을 광범위하게 탐색하는 경향이 있었고, 그림의 구도를 조기에 결정하지 않았다. 반면, 상대적으로 창의적이지 않은 학생은 처음부터 잘 정의된 아이디어로 시작하며, 그것을 최종 산물로 점진적으로 정교하게 만들어 가는 경향이 두드러졌다(6장의 '문제발견' 참조).

따라서 Simonton(2012)은 창조적 천재의 사고나 행동 특성으로 과잉성(superfluity)과 역추적성(backtracking)을 들었다. 맹목적 변이의 일종으로 '과잉성'은 쓸모없는 것일 수도 있는 다양한 아이디어들을 생성하는 것이자, 자신의 감으로 여러 가지 아이디어들을 쏟아내는 것을 의미한다. 맹목성의 정도가 클수록 과잉성도 커진다(즉, 변이의 수가 늘어난다). 이는 전문가들은 자신의 전문성에 기반하여 처음부터 목표 지향적인 점진적 개선을 이루면서 차근차근 최종 목표에 도달할 것이라는 일반적인 관념과는 대비된다.

'역추적성'은 맹목적으로 잘못된 방향으로 갔다가 막다른 골목에 이른 경우 다시 원점으로 돌아와 전체적으로 재점검하는 것을 말한다. 창의적 천재들의 성공 확률은 보통 사람들보다 결코 더 높지 않다. 실패를 많이 하지만, 자신이 왜 실패했는지 정확하게 되짚을 수 있다. 그들은 자신이 어디서 어떻게 실패했는지 정확히 기억해내며, 막힌 곳의 위치를 정확히 파악하는 능력이 뛰어난 것이다. Simonton(2007)은 피카소의 〈게르니카〉 제작 과정에서의 연속적인 스케치들을 보면 비단조성과 역추적성이 분명히 드러난다고 하였다.[14]

3) 맹목성에 대한 비평적 검토

BVSR 모형은 캠벨의 제안 이후 사이먼턴을 비롯한 여러 창의성 연구자들에 의해 정교화되었다. 그중에서 맹목성(blindness)에 관하여 많

---

[14] 피카소의 〈게르니카〉 스케치를 최초로 심층적으로 분석한 심리학자는 Arnheim(1962)이다. 그는 예술 작업은 시초부터 직선적으로 바로 전개될 수는 없으며, 불규칙한 도약들과 함께 전체에서 부분 또는 부분에서 다시 전체로 오가며 최종 결과물로 전진해 나간다고 하였다. 그러나 그는 창작자는 이런 행동들을 맹목적으로 하는 것이 아니라, 매우 의식적이며 의도와 목적을 가지고 하는 행위라고 하였다(6장 참조).

은 논의가 이루어졌다.

특정 유전자형이 자손에게서 반드시 더 큰 번식 적합성을 보장하지는 않는 것처럼, 어떤 아이디어가 창의적인 것으로 인정될지를 사전에 알기는 어렵다. BVSR 모형에 의하면 창조자들은 어떤 아이디어나 조합이 사회에 의해 선택받을지 모르는 상태, 즉 자신의 미래 산출물의 가치에 대해 가시성(sightedness)이 없는 상태로 창조에 임하게 된다.

그런데 맹목적으로 생성되는 변이의 무한한 숫자를 생각하면 이 기제는 유용한 창조물을 만들어내는 데 너무 오래 걸릴 것으로 보인다. 이와 관련하여, 20세기 초 프랑스 수학자 에밀 보렐(É. Borel)은 '무한 원숭이 정리(infinite monkey theorem)'[15]를 제시하였다. 원숭이에게 무한한 시간을 주면 언젠가는 셰익스피어에 준하는 작품을 만들 수도 있겠지만, 원숭이의 생은 그것을 기다려줄 만큼 길지 않기에 맹목적인 발상에 큰 기대를 하기는 어렵다.

다만, 창조자는 맹목적인 아이디어나 조합을 최대한 많이 산출하여 선택의 가능성을 높일 수는 있다. Simonton(1999a)은 새로운 아이디어가 발현될 가능성은 가용한 인지적 요소들의 수와 문제 상황에 관련되는 요소들의 폭(breadth)에 따라 달라진다고 보았다. 특히 지식의 깊이(depth)보다는 폭이 기대하지 않은 연결을 만들어내는 능력에 중요하다고 하였다. 인지적 요소들의 수와 폭은 생성되는 아이디어들의 변이 정도에 영향을 주며, 변이 정도가 클수록 최종 선택된 아이디어가 새로울(독창적일) 가능성도 크다. 또한, 새롭고 다양한 변이를 위해서는 확산적 과정(divergent process)이 강조되며, 확산적 사고의 주요 지표들인 유

---

15 무한성에 기초한 정리로, 무수히 많은 원숭이가 무한히 많은 타자기를 가지고 무한한 시간 동안 타자를 치면 원숭이 중 하나는 언젠가 셰익스피어 작품을 그대로 쳐낼 가능성이 있다는 정리이다.

창성(fluency)과 유연성(flexibility)이 중요해진다.[16]

만약 이처럼 창의적 과정에서의 변이가 맹목적이라면 창의성은 인간의 의식적인 노력이 아닌 순전히 무작위로 발생하는 것일까? 미지의 광대한 영역에서 모든 가능성을 다 시험하기는 어려우므로, 오늘날 대부분의 창의성 연구자들은 창조자의 의식적인 노력으로 가능성의 범위를 축소하며, 심지어 무의식적 작용이 일어나는 것으로 보이는 부화(incubation) 단계에서도 어느 정도 앞서 형성된 개념 구조나 기존 연상망의 영향을 받는다고 본다(6장 참조).

따라서 생물의 진화와는 달리 BVSR 모형에서 변이는 반드시 '무작위적'일 필요는 없다. Perkins(1981)도 새로운 아이디어 조합(combination)은 아이디어의 생성, 선택, 보유와 같은 진화의 과정을 거치지만, 아이디어 생성이 완전히 맹목적이거나 무작위적인 과정이기보다는[17] 여러 가능한 조합들에 대한 탐색과 같은 창조자의 의식적인 목표 지향적(mindfully directed) 활동이라고 보았다. 즉, 창의적인 사람은 독창적인 전개 패턴(patterns of deployment)이나 자신만의 사고 책략들(personal maneuvers of thought)을 가지고 있다는 것이다.

진화에 의한 변화는 환경 조건에 따라 모집단에서 유전적 돌연변이가 맹목적으로 나타나면서 가능하지만(그리고, BVSR 모형에서도 변이가

---

16 1819년 오스트리아의 음악 편집인이자 작곡가였던 디아벨리(A. Diabelli)는 오스트리아의 51명의 저명한 음악가들에게 그가 만들어낸 한 왈츠 주제를 주고서는 각자 변주곡을 만들어보도록 하였다(그는 이를 모아 하나의 거대한 변주곡을 완성하려는 계획을 세웠는데, 실제로 1824년에 두 권의 형식으로 출판되었다). 즉 모두에게 똑같은 창의적 과제를 주고 해결하게 함으로써 자연스럽게 현장 실험을 하게 된 것이다. 요청을 받은 사람 중에는 베토벤도 있었다. 작곡가들은 모두 하나의 변주곡만을 제출하였지만, 베토벤은 디아벨리에게 33개나 보냈다. 베토벤의 〈디아벨리 변주곡〉은 다른 어떤 것보다 확산적 사고가 드러난 대표적 사례이다(Brandt, 2022).

17 맹목적 변이가 우연이나 무작위적 과정으로 나타난다고 하여도, 특정 유전적 조합이 다른 조합보다 더 가능성이 클 수도 있는 것처럼, 변이가 모든 가능한 대안들이 동일한 확률을 갖는다는 의미의 완벽한 무작위성을 요구하지는 않는다.

맹목적이라고 하지만), 창의성은 어느 정도 목적(purpose)에 의해 추동된다고 볼 수 있다. 즉, 많은 사람이 창의적이고자 하는 목적을 가지고 노력하며, 일부는 성공적으로 그 목적을 이룬다. 또한, 창의적 성향이나 태도를 지닌 사람들이 창의성을 드러낼 가능성이 더 크다. 그들은 어떤 것이 창의적인 기여에 이를 것인지를 예측하는 데는 능숙하지 않지만, 창의적 기여의 가능성이 큰 것들을 생성해내는 측면에서는 다른 사람들보다 더 능숙할 수 있다(Simonton, 1999a).

더불어, Simonton(1999a)은 창의성이 발휘되는 영역에 따라 맹목성과 가시성에서 차이가 있다고 보았다. 그는 맹목성에 더 비중을 두고 산물을 만드는 영역과 가시성의 최대화를 추구하는 영역 간의 맹목성-가시성의 연속성을 가정할 수 있다는 것이다. 전자의 영역에서는 새로움이 더 강조되지만, 후자의 영역에서는 적절성이 더 강조된다. 예를 들어, 예술 영역에서는 전혀 예상할 수 없는 의외의 것들 간의 조합에 큰 가치를 둔다. 반면, 과학 영역은 상대적으로 변이의 맹목성보다는 가시성이 더 중시되는 영역으로, 기존 체계와 지식의 기반 위에서 새로움의 타당성을 엄밀히 평가하는 영역이다. 따라서 과학 영역에서의 창조자는 자신의 미래 산출의 가치(적절성)를 정확히 평가하고 특정한 목적에 부합하는 변이를 산출하려 노력할 것이다(Simonton, 2011).

4. 체계이론

Csikszentmihalyi(1988)가 제안한 체계이론(systems theory)은 '창의성이 무엇(what)인가'라는 물음이 아닌 '창의성은 어디에(where) 존재하는가'에 대한 물음을 던진다. 또한, 이 이론은 '역사적 창의성(Big-C)'과 관련이 있으며, 앞의 BVSR 모형처럼 진화론적인 관점을 취하고 있다. 특히 그는 창의성을 완전히 이해하기 위해서는 '사람'이 모든 것의 중심이라고 보는 프톨레마이오스적인 관점을 버리고, 사람은 상호 영향을 주는 체계 내의 한 부분일 뿐이라는 코페르니쿠스적인 관점을 가져야 한다고 주장하였다.

1) 창의성은 어디에 있는가

체계이론의 내용에 들어가기 전에 먼저 사례를 하나 살펴보자. 〈그림 3-4〉는 보티첼리(S. Botticelli)가 그린 〈비너스의 탄생〉이다. 불후의 명작인 이 작품은 당시에는 제대로 인정받지 못하고 무시되었다. 이 작품은 라파엘 양식의 관점에서는 상당히 파격적인 그림이었기에 당시 화단의 주류를 이루고 있던 평가자들이나 원로 화가들은 적절치 않은 작품이라고 평가하였다. 그 후 수백 년이 지나 19세기에 들어와 영국의 문예 비평가들에 의해 재평가되었다. 너무나 잘 알려져 있듯이, 빈센트 반 고흐의 작품 역시 생존 당시에는 단 한 점의 작품만이 팔렸을 뿐이다. 인상주의파인 마네, 모네, 르누아르 등은 당시 아카데미의 끊임없는 비평과 힘든 싸움을 계속하였으며, 전시 공간을 얻기도 어려웠다.

문학 분야에서도 포르투갈의 대표적 시인인 페르난도 페소아[18]는 그의 시를 제대로 이해한 사람이 거의 없어 평생을 인정받지 못했으나, 사후 그의 방대한 시가 『시집(詩集)』으로 발간되면서 널리 알려졌다. 영국 시인 에밀리 디킨슨도 사후에서야 제대로 된 평가를 받았다. 음악 영역에서는 바흐가 대표적인데, 사후 약 75년이 지나서야 창의적 천재로 인정되었다.[19]

---

18 그는 72개 이상의 필명을 사용한 것으로도 유명하다. 그가 남기고 간 미완성 원고와 아직 출판되지 못한 글, 개요만 있는 글들이 많이 남아있어 지금도 이를 정리하는 작업이 진행 중이다.

19 창의적인 인물로 당대에 알려졌음에도 특정 작품은 오랜 시간이 지난 후에야 명성을

그림 3-4 산드로 보티첼리, 〈비너스의 탄생〉
(우피치 미술관, 이탈리아)

　　과학 영역에서도 예외는 아닌데, 대표적인 예가 멘델이다. 그는 오스트리아의 사제로 지내면서 수도원 정원에서 완두의 교배 실험을 하던 중 1865년에 유전 법칙을 밝혔다. 멘델 역시 당시의 학계에서 인정받지 못하였고, 20세기로 넘어오면서 주목을 받은 것으로 알려져 있다 (다윈이 진화론의 체계를 완성하고 있을 때, 당시 멘델의 유전 법칙을 알게 되었다면, 진화론이 더 일찍 완성되었을 것으로 보기도 한다).

얻기도 한다. 베토벤의 〈대푸가(Grosse Fuge)〉가 그러하다. 그는 〈대푸가〉를 〈현악 4중주 Op. 130〉의 마지막 악장으로 쓰고자 당시 거의 청력을 상실한 상태에서 작곡하였으나, 초연에서부터 부정적인 평가를 받았고, 추후 출판사의 요구로 삭제할 수밖에 없었다. 그의 사후 100년 동안 〈대푸가〉는 베토벤의 명성에도 불구하고 이해하기 어려운 실패작으로 간주되어 거의 연주되지 않았다. 그런데 20세기에 들어와 스트라빈스키가 〈대푸가〉를 '음악에서의 가장 완벽한 기적'이라고 묘사하면서 변화가 일어났고, 이제는 대부분의 현악 4중주의 표준이 되었다. 베토벤 스스로는 〈대푸가〉가 자신의 가장 중요하고 창의적인 작품이 될 것으로 생각했지만, 공식적으로 그 가치를 인정받는 데에는 100년이나 걸렸다.

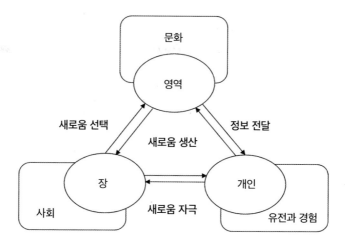

그림 3-5 체계 모형(Csikszentmihalyi, 1988)

이러한 사례들은 창의적이라는 것의 판단에서 절대적인 기준이 없을 수 있음을 시사하며, 창의적이라는 것이 과연 무엇인가에 대한 의문을 갖게 한다. 과연 '창의적'이라는 것을 누가 판단하고 결정하는가? 이러한 물음에 대하여 체계이론은 다음과 같은 체계의 3요소를 통해 창의성을 평가할 수 있다고 제안한다(〈그림 3-5〉).

2) 체계의 3요소

체계이론에 따르면, 창의성에 대한 정의나 평가는 개인(person), 장(field), 그리고 영역(domain)의 세 요소 간의 상호작용과 시간의 흐름에 따라 이루어진다.

개인(person)은 자신의 독특한 성격, 동기, 및 인지 과정을 거쳐 영역의 기존 지식, 절차, 양식과는 다른 새로운 아이디어를 만들어낸다. 영역을 통제하거나 영향을 미치는 사람들로 구성된 장(field)은 개인의 새로운 아이디어를 평가하고 선택하는 문지기 역할을 한다. '장'의 평가를 통해 새로운 아이디어나 접근이 수용될지 아니면 거부될지가 결정되는데, 만약 수용되면, 새로운 아이디어는 '영역'에 전달되고 영역의 한 요소가 된다. 문화적으로 정의된 상징체계인 영역(domain)은 특정 분야(예: 미술, 과학, 음악 등)에서의 양식 규정(규칙), 접근 방법, 패러다임 같은 것들을 의미하며 다음 세대로 전달된다. 이러한 진화적이고 순환적인 과정에서 어떤 새로운 아이디어나 접근법은 창의적인 것으로 판정되어 인정받을 수도 있지만, 장의 평가를 통과하지 못하면 사장되거나 아주 오랜 기간이 지난 후에서야 인정을 받기도 하는 것이다(최인수, 2011). 새로운 시도가 당대의 시대정신이나 장의 평가를 엄격히 평가받는다는 점에서, 체계이론은 창의성 정의의 두 기준 중 하나인 적절성을 새로움 못지않게 강조한다.

아주 극단적인 예로서, 코페르니쿠스가 지동설을 처음 발표한 시기(1543년)와 갈릴레오가 지동설로 유폐된 시기(1616년) 사이에 생존한 이탈리아의 천문학자 지오다노 브루노(G. Bruno)가 있다. 도미니크 수도사였던 그는 무신론적 범신론으로 자전설(지동설)을 널리 주장하며 다닌, 자유롭고 창의적인 사고의 소유자였다. 당시의 성직자나 지식인들을 강하게 비판하기도 했던 그의 견해와 주장은 당연히 받아들여지지 않았다. 그는 결국, 교황청에 의해 이단자로 입에 재갈을 물린 채 화형에 처해졌다.[20]

〈그림 3-5〉의 순환 과정은 BVSR 모형과 같은 진화 과정의 발현이

---

20 로마 교황청 감옥에서의 종교 재판에서 그는 자신의 이론을 무조건 철회하라는 요구에 맞서 자신의 생각을 굽히지 않았다. 회개를 모르는 이단자로 몰린 브루노는 "말뚝에 묶여 있는 나보다 나를 화형 시키려는 당신들의 두려움이 더 클 것"이라는 말을 남기고 재갈을 문 채 불에 타 죽었다. 자신의 과학적 진실이 언젠가는 받아들여질 것이라고 믿고 신념을 포기한 갈릴레오와는 달리, 브루노는 신념을 포기하지 않는 자유인의 모범을 보이며 사상의 자유를 상징하는 존재로 남았다. 또한, 그는 '자유로운 사고'의 순교자로 인정받는다(김홍식, 2007).

다. 〈비너스의 탄생〉 사례로서 다시 설명해보자. 먼저 보티첼리(person)가 기존 양식과는 다른 새로운 양식의 그림을 그린 것은 '변이(variation, 아이디어 생성)'이다. 보티첼리가 생존했던 당시 미술계를 주름잡던 집단('장')²¹이 그림을 평가한다. 당시 지배적이었던 라파엘 방식이 아니었기에 '장'은 그 그림을 선택(selection)하지 않는다. 그러다가 또 다른 변이(variation)가 일어나고(새로운 양식의 그림이 제시되고) 그것을 '장'이 새로운 접근으로 선택하면 '영역'에 전달되어 새로운 양식이 탄생하고 미술학도들에게 하나의 규칙과 관행들로 전수된다. 이런 순환 과정에서 보티첼리의 작품이 수백 년이 지나서야 인정을 받은 것처럼, '장'이 바뀜으로써 새로운 접근에 대한 재평가가 이루어지는 것이다.

장의 보수성   오늘날 과학 분야에서는 유명한 저널의 편집자들(editors)이 '장(場)'으로서 문지기 역할을 하겠지만, 특정 시기의 명성이 높은 연구자도 '장'에 영향을 미칠 수 있다. Azoulay 등(2019)은 「과학은 장례식 한 번에 한 걸음씩 진보하는가(Does science advance one funeral at a time?)」²²라는 논문에서, 분야를 대표하는 거물급 생명과학자가 죽고 나면, 그동안 주목받지 못했던 주제들이 나오게 되면서 연구 주제 자체가 극적으로 바뀌어 새로운 주제의 연구들이 활성화되는 것을 보여주었다. 구체적으로 그들은 저명한(eminent) 생명과학자의 조기 사망이 해당 분야의 활력(vitality)에 어떤 영향을 미치는지 조사하였는데, 스타 과학자의 사망 후 그의 공동연구자들의 논문은 감소하는 반면, 비공동연구자들의 논문은 극적으로 증가하는 흐름을 보였다. 한때 소외되어 있던 이들은 스타가 살아있는 동안에는 그의 리더십에 도전하기 어려

---

21 당시의 비평가, 미술학교 교수, 화랑 주인이나 중개인, 경진대회 심사자 등일 것이다.
22 이 표현은 물리학자 막스 플랑크가 남긴 말에서 인용한 것이다. 그는 성경에서 유대인 사울(Saul)이 나중에 사도 바울(Paul)이 된 것은 회개하고 예수님의 계시로 새 사람이 되었지만, 현실에서 이런 일이 일어나기는 어렵다고 하였다.

웠지만, '사망'과 같은 극적인 사건이 발생하면서 기존과는 다른 관점에서 나온 그들의 논문이 월등히 높은 비율로 인용이 되기 시작하면서 해당 분야의 지식의 전선이 새로운 방향으로 진화할 기회를 갖는 것이다. 이것은 학문의 세계는 구조적으로 혁신을 반기지 않는다는 것을 의미하며, 대다수 연구자는 익숙한 주제에 안정적인 방법론을 활용한 기존의 연구 흐름을 따르는 것이 유리하도록 설계되어 있음을 시사한다(박강수, 2021).

더불어, 이것은 학문 분야에서의 '장'의 강력한 영향을 보여주는 사례라 할 것이다. Planck(1950, p. 33)는 "과학에서의 새로운 진리는 그것에 반대하는 사람을 설득하여 깨달음을 얻게 함으로써 승리하는 것이 아니라, 반대자들이 결국은 다 죽고 그것에 친숙한 새로운 세대가 성장해야 승리한다"고 하였다. '플랑크 가설(Planck hypothesis)'이라고도 불리는 이것은 젊은 과학자가 나이 든 과학자보다 새로운 아이디어에 대해 개방적이고 유연한 사고를 하기에 과학의 변화는 기존 과학자들의 생각이 바뀌어서 나타나는 것이 아니라 후속 세대의 과학자들이 다른 관점을 가지기 때문에 가능하다는 것이다.[23]

정리하면, 창의성은 사회적인 구성(social construction)이며, 새로운 변화를 가져오는 개인(person), 새로움을 수용할지 거부할지 결정하는 일군의 문지기들(field), 그리고 해당 분야의 규범, 방식, 관점 등의 문화적 복합체인 영역(domain)이라는 세 가지 서로 다른 원천들의 합류에 의해 구성되는 체계이다. 또한, 체계이론은 창의성이 시간의 흐름에 따라 세

---

[23] Azoulay 등(2019)의 연구는 이를 지지하지만, 젊은 과학자들이 새로운 아이디어를 더 빨리 받아들인다는 생각이 반드시 지지되는 것은 아니다. 예를 들어, 다윈이 『종의 기원』을 출간한 후 그의 진화론을 누가 먼저 수용하였는지에서 나이는 별 영향이 없었고(Hull et al., 1978), 지질학자들 사이에서 판 구조론(plate tectonics)을 언제 수용하였는지를 조사한 연구(Messeri, 1988)에 의하면 나이 든 학자들이 젊은 학자들보다 더 먼저 수용하는 경향을 보였다.

하위 체계 간의 정반합의 변증법적 상호작용의 결과로 발생한다고 보는 점에서 역동적인 모형이라 할 수 있다(Csikszentmihalyi, 1999).

3) 체계이론에 대한 평가

체계이론을 둘러싼 두 가지 논점을 소개한다. 첫째, 체계이론에서의 핵심 쟁점은 '누가 창의성을 평가하느냐'에 있다. 〈비너스의 탄생〉 사례는 평가자('장')가 누구냐에 따라 창의성 여부가 변화될 수 있음을 극적으로 보여준다. 여기서 쟁점은 실제로 창의적 결과물에 대한 평가가 시기에 따라 극적으로 달라지는 경우가 얼마나 많은가이다.

Simonton(1998)은 '제대로 평가받지 못한 천재의 신화'를 깨는 연구 결과를 제시하였다. 그는 1607년부터 1938년까지 55명에 의해 작곡된 오페라 496편을 대상으로, 작품이 소개되었을 때의 평가와 오늘날 상영되는 횟수를 비교하였는데, 대체로 초연되었을 때 좋은 평가를 받고 꾸준히 공연된 오페라가 오늘날에도 가장 널리 공연됨을 보여주었다. 따라서 이 연구는 창의적 결과물로서 개인의 창의성을 평가하는 방법의 신뢰도(측정값의 안정성)가 높을 수 있음을 시사한다(이것은 2장의 역사측정법의 문제점으로 지적되었던 인물 평판의 시대별 안정성이 높지 않다는 결과와는 배치된다). 또한, Gardner(1993)가 분석한 일곱 명의 창의적 인물들이 제시한 새로운 이론, 사조, 행동은 대부분 처음 나온 후 10년 내 널리 인정받았다.[24]

---

24 1858년 다윈과 월리스의 진화론이 7월 1일 처음 런던의 린네 학회(Linnean Society)에 소개되었을 때, 학회 회장을 비롯한 누구도 진화론의 혁명적 가치를 인지하지 못하였다. 그러나 이후 다윈이 『종의 기원』을 출간했을 때는 초판은 순식간에 완판되었고, 당시로는 조물주를 부정하는 불온사상을 담은 책이었음에도 종교적 탄압을 받지는 않았다. 오히려 영국 성공회는 진화를 진보의 개념으로 받아들였다. 더 나은 형질이 자연스럽게 선택되는 것이 진화의 기제라면 자연선택의 궁극적인 결과로 신의 선택을 받은 완벽한 좋인 인간이 진화한 것은 너무나 당연하므로. 다윈의 이론은 신에 의한

당대에 인정받지 못한 사례들은 이후 정밀한 조사를 통해 사실이 아닌 것으로 드러나는 경우도 자주 있다. 예를 들어, 멘델의 경우 당시의 동료들로부터 인정을 받았다는 주장이 있다(Sawyer, 2012). 또한, 프랑스의 인상주의 화가들도 초기에는 아카데미에서 인정을 받지 못하였으나, 얼마 지나지 않아 자신들만의 갤러리나 후원자들을 갖게 되었으며, 그중 일부는 당시 미국의 부자들로부터 상당한 인기를 끌어서 부유한 삶을 살았다. 극히 일부 사례를 제외하고는 창의적인 작품들은 당대에도 인정받았으며, 그 가치가 지금까지도 계속 유지되는 것이 일반적이다(Simonton, 1998). 따라서 창의성에 대한 평가가 시기에 따라 극적으로 달라지는 경우는 다소 드문 경우라고 할 수 있다.

둘째, '개인', '장', '영역'의 세 요소에 더하여, 네 번째 요소로 '테크놀로지'를 추가하는 것이 필요하다는 논의가 있었다(Gangadharbatla, 2010). 빌 게이츠는 인간이 만든 가장 강력한 테크놀로지 중의 하나로 퍼스널 컴퓨터(PC)를 들면서, 그것은 소통의 도구이자 창의성의 도구라고 하였다. 지금은 일상화된 유무선 통신 인프라와 디지털 테크놀로지가 중간자 없이 창조자와 대중이 직접 연결되도록 해주었다. Henriksen과 Hoelting(2016)은 유튜브와 같은 인터넷 플랫폼이 창의성에 대한 전통적인 장의 평가를 건너뛰어 자신의 창의성을 공개적으로 드러낼 기회를 제공한다고 보았다. 물론 스터전의 법칙(Sturgeon's Law)처럼[25] 미디어나

인간 창조를 뒷받침한다고 잘못 해석한 것이다(최재천, 2012). 피카소의 입체주의는 6년 만에 뉴욕의 아모리 쇼(Armory Show)에서 전시되었고, 아인슈타인의 일반상대성 이론은 더 짧은 기간에 적도 부근에서 일식 관찰을 통해 증명되었다. 간디의 비폭력주의도 전보(telegraph)가 인도 전역과 전 세계에 소식을 전할 수 있었기에 정치적으로 매우 효과가 있었다(Gardner, 1993).

25 미국 공상과학 소설가인 시어도어 스터전이 공상과학 소설은 대부분 수준이 낮다고 조롱하는 비평에 대해 모든 창작 분야에서 대다수 작품(90%)은 수준이 낮으며 공상과학 소설만이 그런 것은 아니라고 대응한 것에서 만들어진 표현이다. 창의성 영역에서도 동일하게 일부만이 제대로 인정받는다. 스터전의 법칙에 의하면, 영화, 문학작품,

플랫폼에 올라오는 작품들이 모두 질적 수준이 높은 것은 아니지만, 일부는 많은 대중으로부터 창의성을 인정받고 유명해진다.

테크놀로지를 체계이론의 제4의 요소로 보지 않고, 테크놀로지의 발달로 기존 장의 역할을 대신하는 '대중'이라는 새로운 문지기가 등장한 것으로 본다면 이는 장의 다변화라고 할 수도 있다. 소셜 미디어를 활용하여 팔로워를 많이 만드는 것과 같은 새로운 방식은 바로 테크놀로지의 발달에 의한 것이며, 이는 과거와는 전혀 다른 형태의 장이 나타난 것이다. 영화나 음악 산업에서 과거에는 젊은 작가가 장의 소수 인물에게 접근하기가 매우 어려웠지만, 지금은 유튜브나 인스타그램 같은 수단을 활용할 수 있게 되면서 전통적인 장의 영향에서 벗어날 수 있게 되었다.

이와 관련된 극적인 사례로 신비로운 사진작가 비비안 마이어(V. Maier)를 들 수 있다.[26] 그녀는 아마추어 사진작가로 평생 살았지만, 그의 작품은 사후 콜렉터에 의해 SNS에 공개되면서 일반 대중으로부터 엄청난 반응을 불러일으켰다. 말레이시아 출신의 가수 유나(Yuna)도 마이스페이스라는 SNS에 올린 자작곡이 유명세를 타서 일약 세계적 싱어송라이터가 되었다. 최근 패션 디자이너로 세계적 명성을 얻고 있는 박소희('미스 소희')도 코로나19로 졸업 작품 전시의 기회가 사라져 버리자, 자신의 작품을 인스타그램에 올리면서 패션에 관심 있는 사람들에

신제품 등의 90%는 인정을 받지 못하고 사라질 것이다.

26 '사진 분야의 빈센트 반 고흐'로도 불리는 그녀는 자신의 본명도 잘 알려주지 않으며, 여러 직업을 전전하며 평생 결혼하지 않고 궁핍한 삶을 살았다. 큰 키에 마른 체형으로 자기주장이 강하고 무뚝뚝한 성격이었지만, 지적인 면모를 보였다. 2008년 시카고 거리를 걷다가 빙판에 미끄러져 뇌진탕을 입고 병세가 악화되면서, 2009년 무연고자로 임대아파트에서 쓸쓸하게 세상을 떠났다. 말년에 경제적인 어려움으로 사진을 경매로 팔았는데, 그것들 중 일부를 헐값에 산 존 말루프라는 사진 수집가가 그것을 자신의 블로그에 올리면서 세계적으로 유명해졌다. 〈비비안 마이어를 찾아서〉라는 다큐멘터리 영화는 2015년 아카데미 다큐멘터리상에 노미네이트되기도 하였다.

게 즉각적으로 큰 반향을 불러일으키고, 곧 유수의 패션 매거진을 장식하며 눈 깜짝할 사이에 세계적인 주목을 받았다.

전통적인 장이 아닌 일반 대중에 의해 창의성이 평가되는 경우가 늘고 있다. 가장 극적인 예가 슈가맨(Sugar Man)으로 알려진 포크 가수 식스토 로드리게즈(S. Rodriguez)이다. 그는 미국 디트로이트의 평범한 근로자로 두 장의 앨범을 남긴 채 사라졌지만, 남아공에서는 전국적인 인기를 얻었다(그를 주인공으로 한 영화 〈서칭 포 슈가맨〉은 2013년 아카데미 다큐멘터리상을 받았다). 또한, 21세기에 들어와 급부상하는 영역인 게임 소프트웨어 영역도 창의성이 절대적으로 필요한 거대 산업으로(이미 음악이나 잡지 산업을 훨씬 넘어섰고, 영화 산업과 어깨를 나란히 할 정도로 성장하였다), 신제품이 나오면 일반 대중에 의하여 즉각적으로 평가가 이루어진다.

5. 스턴버그의 두 모형

스턴버그는 앞서 소개한 투자이론을 제안하였을 뿐만 아니라, 다양한 창의성 관련 이론과 모형을 제안한 심리학자이다. 비교적 최근에 제안된 그의 두 가지 모형인 추진 모형과 삼각형 이론을 소개하였다.

1) 창의적 기여에 대한 추진 모형

Sternberg(1999)의 추진 모형(Propulsions Model)에서는 특정 영역에서 창의적 기여(creative contributions)를 할 수 있는 여덟 가지 방식을 제안하였다. 여덟 가지 중 첫 네 가지는 기존 패러다임의 틀 내에서 이루어진 새로운 성취를 나타내는 것으로, 기존의 '영역(D)'을 인정하는 것이라고 볼 수 있다(paradigm accepting). 다음의 세 가지는 현재의 패러다임

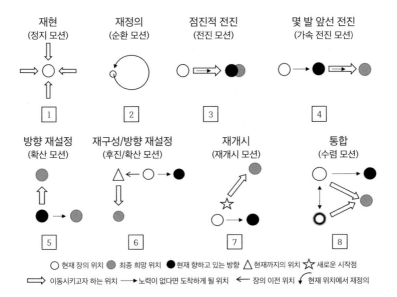

그림 3-6 추진 모형(Sternberg et al., 2001)

을 거부하거나 대체하는 공통점이 있다(paradigm rejecting). 마지막은 기존 패러다임을 통합하는 창의적 성취로서, 기본 패러다임을 뛰어넘는 창의성이 발현된 것이다(paradigm synthesizing). 〈그림 3-6〉을 참조하면서 하나씩 살펴보자.

첫째는 재현(Replication)이다. 기존 제품의 품질을 개선하거나 대량 생산하는 것과 같이 기존의 것을 변화 없이 그대로 따르는 것이다(정지된 상태에서 자전거를 타는 것에 비유될 수 있다). 이것은 창의적인 행위라고 보기 어려운 면도 있으나, 과학 분야에서 재현은 점점 더 중요한 이슈가 되고 있다. 최근 심리학 분야에서 재현 가능성에 대한 대규모 경험적 연구를 수행하였다(Open Science Collaboration, 2015). 세 개의 최고 등급 학술지에 게재된 100개의 연구(97개 연구가 유의미한 효과 보임)를 재현하였을 때, 97개의 연구 중 36%만이 유의미한 결과를 얻었다. 재현 연구에서의 평균 효과 크기는 원연구의 반에 불과하였다. 세 개의 학술지 중《성격 및 사회심리학 저널(*Journal of Personality and Social Psychology*)》이 23%로 특히 재현율이 낮았다(인지심리학에서는 약 50% 정도의 재현율을 보임).[27] 더 심각한 문제로, Schafmeister(2021)는 위의 재현 연구 결과가 발표된 후 최초 연구의 인용 패턴이 변화하는지를 조사하였는데, 발표 이후에도 인용 패턴에서의 수정이나 조정은 거의 나타나지 않았다.

일군의 연구자들이《네이처》와《사이언스》에 게재된 21개의 사회 및 행동과학 논문들을 재현하였을 때에도 약 62%만이 최초 결과를 재현할 수 있었다(Camerer et al., 2018). 이런 상황에서, 재현 연구도 1종 오류[28]를 줄이는 것과 같은 분명한 기여가 있으며, 과학 영역의 발전에 필수적인 과정이라고 할 수 있다(김빛나 등, 2017).

또한, 21세기에 들어와 유튜브가 우리 생활의 일부분이 되면서, 특정 가수의 노래나 댄스를 변형(커버)하여 자기 나름의 노래나 춤으로 재현한 창작물이 넘쳐나고 있다. 비록 해당 분야에의 새로운 기여는 제한적이지만, 창의적인 재현이라고 불릴만하다.

둘째는 재정의(Redefinition)이다. 이 경우에는 내용의 변화는 없지만, 관점(perspective)의 변화는 있다. 아스피린은 통증 완화 목적으로 개발되었지만, 이제는 심장마비 예방용으로 더 자주 사용된다. 3M의 혁신적인 발명품인 포스트잇의 경우, 아서 프라이가 다른 실험실에서 최초 만들어낸 접착력이 약한 물질을 그냥 버리지 않고 새로운 용도로 사용할 가능성을 발견하여 만들어진 혁신 제품이다. 사람의 움직임을 트래

---

27 점화(priming) 기법을 많이 사용하는 사회심리학에서 특히 재현 성공률이 낮은 경향이 있다.

28 영가설이 참임에도 이를 기각하는 오류이다. 예를 들어, 실험 집단과 통제 집단 간에 유의미한 차이가 없음(영가설)에도, 차이가 있는 것으로 결론짓는 것이다

킹하기 위해 센서와 균형 보드를 사용하는 닌텐도의 Wii 피트는 게임을 하면서 자연스럽게 에어로빅이나 요가에서와 같은 신체적 움직임이 일어나도록 한다. 피트니스를 재정의하여, 헬스장에서 가지 않고도 즐겁게 운동할 수 있게 된 것이다.

셋째, 점진적 전진(Forward Incrementation)이다. 이것은 가장 자연스러운 방향으로의 점진적 변화를 나타내는데, 자전거를 타고 정상 속도로 앞으로 나아가는 것에 비유될 수 있다. 대부분의 창의적 아이디어나 창의적 기여는 여기에 해당할 것이다. 기존 시리얼에서 새로운 재료를 넣은 신제품을 만들거나, 새로운 성분의 세제를 신제품으로 내놓는 경우이다. 인터넷의 잠재력을 활용한 온라인 서점 아마존이나, 비디오 대여사업에서 한발 더 나아가 스트리밍 서비스를 활용한 넷플릭스 같은 경우도 이에 해당한다고 볼 수 있다. 역사적 사례로, 다윈은 라마르크와 같은 앞선 연구자들의 성과에 자신의 통찰을 더하여 자연선택이론을 창안하였다.

넷째, 몇 발 앞선 전진(Advanced forward incrementation)이다. 이것은 가장 자연스러운 방향으로 이동하되 시대를 앞서 나가는 것이다(자전거를 타고 매우 빠른 속도로 달리는 것과 같다). 다만, 앞선 사례들에서 보았듯이, 너무 빨라서 당대 사람들이 이해하지 못하거나 반대하여 실패하는 경우가 많다. 레오나르도 다빈치의 비행 기계에 대한 아이디어는 오늘날 널리 적용되는 것임에도 당시로는 너무 앞선 것이었기에 만들어낼 수 없었다. 제록스사가 최초로 퍼스널 컴퓨터를 만든 경우도 마찬가지였다.

1913년 스트라빈스키의 발레곡 〈봄의 제전〉 초연 당시 청중들 사이에서는 고함과 야유가 터져 나왔고 평론가들조차도 스트라빈스키가 음악을 모독하고 있다는 혹평을 하였다. 당시로서는 너무 시대를 앞서 나간 것이다. 이와 반대로, 미국의 뮤지컬 작곡가인 스티븐 손드하임(S. Sondheim)이 1979년에 선보인 〈스위니 토드(Sweeney Todd)〉는 상당히 파격적인 형식의 작품이었지만, 토니상 8개 부문을 수상하는 등 바로 인정을 받았다.

다섯째는 방향 재설정(Redirection)으로, 자전거로 평소 다니던 길을 가다가 갑자기 방향을 바꾸어 다른 방향으로 나아가는 것과 같다. 1950년대 장난감 제작사인 '마텔'은 도매상이나 상점에 판매하던 방식에서 벗어나, 소비자에게 직접 광고하는 방식을 처음으로 적용하여 성공하였다.[29] 반면, 미국 최대 비디오 대여사업을 하던 '블록버스터'는 방향을 재설정하지 못하여 넷플릭스의 도전으로 파산하였다.

여섯째는 재구성(Reconstruction)으로, 과거의 관점으로 현재를 상상해보는 것이다. 과거 시점으로 돌아가 현재의 방향과는 다르게 나아가도록 하는 복고 예술 운동 같은 것이 예가 될 수 있다. 또한, 1920년대 미국에서는 중국의 전통 게임인 마작이 들어와 여성들 사이에 여가 활동으로 크게 유행한 적이 있다. 일부 게임 디자이너들은 의도적으로 낮은 해상도의 형편없는 그래픽으로 수십 년 전의 '레트로(retro)' 느낌을 주려고 시도한다. 재래식 시계 제조업자들은 한동안 배터리 방식의 전자시계에 고전했지만, 기계식 시계에 현대적 디자인을 적용함으로써 부활하였다.

일곱째는 재개시(Re-initiation)이다. 이것은 방향의 완전한 전환으로 일종의 패러다임 변화라고 볼 수 있다. 기존의 틀에서 벗어나 전혀 새로운 출발점에서 시작하는 것이다. 1917년 마르셀 뒤샹이 남성용 변기를 '샘(fountain)'이라는 제목으로 전시한 경우나, 연주자가 아무런 연주도 하지 않고 제목의 시간만큼 앉아 있다가 퇴장하는 작품, 〈4분 33초〉

---

29 당시 마텔은 파산 위기에서 광고의 컨셉을 재설정하여 미키 마우스 클럽(The Mickey Mouse Club)이라는 TV쇼에 스폰서로 투자함으로써, 광고의 대상이 부모였던 이전 방식에서 벗어나 TV쇼의 관객인 어린이들에게 제품을 직접 노출하여 놀라운 성공을 거두었고, 이후 장난감 회사들은 모두 그 방식을 따르게 되었다.

를 작곡한 미국의 전위 작곡가 존 케이지의 예가 이에 해당할 것이다.

또한, 질량보존의 법칙이나 새로운 원소의 개념을 정립하면서 화학을 독립적인 학문 분야로 탄생시킨 라부아지에, 변형생성문법 이론으로 언어학의 혁명적 변화를 가져온 촘스키, 그리고 현대물리학의 혁명으로 불리는 특수 및 일반 상대성 이론을 제안한 아인슈타인 등이 재개시의 예가 될 수 있다.

마지막은 통합(Integration)으로, 두 개의 서로 다른 영역이나 아이디어를 통합하는 것이다. 예를 들어, 노벨경제학상을 받은 허버트 사이먼[30]과 대니얼 카너먼은 경제학, 경영학, 심리학을 융합하여 행동경제학이라는 영역을 새롭게 열었다. 또한, 조지 루카스의 〈스타워즈〉는 동양 철학과 공상과학 소설이 융화되어 탄생하였다. 특히, 〈스타워즈: 새로운 희망〉에 등장하는 오비완 케노비는 일본의 거장 구로사와 아키라 감독의 1958년 영화 〈숨은 요새의 세 악인(隠し砦の三悪人)〉의 등장인물인 마카베를 오마주한 것으로 잘 알려져 있다. 일부는 〈스타워즈〉가 최고의 서부영화라고 불리는 존 웨인의 고전 영화 〈수색자〉의 플롯을 외계로 옮긴 것으로 해석하기도 한다. 21세기 최고의 제품 중 하나인 애플의 아이폰도 이전의 모바일폰과 아이팟을 결합한 결과물이다.

원칙적으로 이 모형에서 제시하는 여덟 가지 창의적 기여 중 재현을 제외하고는 특정한 기여가 다른 기여보다 창의성이 더 높다고 할 수는 없다. 또한, 창의적 기여의 유형은 시간이 지남에 따라 달라질 수도 있다. 예를 들어, 바흐의 업적은 당대에는 '점진적 전진' 기여로 여겨졌으나, 오늘날에는 바로크 음악을 '재정의'하는 데 기여한 것으로 평가된다(Sawyer et al., 2003).

---

30 정치학 박사학위를 받은 후, 심리학, 경영학, 컴퓨터 과학, 인지 과학, 경제학 등 다양한 분야에 막대한 영향을 준 학자로 평가받고 있다. 특히, 인지 과학과 행동경제학의 기초를 놓았다. 제한된 상황에서의 의사결정 모형으로, 1978년 노벨경제학상을 받았다.

대학의 교수나 기업의 경영자는 각자의 개인적 특성이나 맥락에 따라, 자신의 제자나 구성원이 방향 재설정이나 재개시와 같은 기존 패러다임에 도전하는 아이디어를 내도록 강조할 수도 있고, 그보다는 점진적 전진과 같은 '개선' 중심의 아이디어를 요구할 수도 있다.

2) 창의성의 삼각형 이론

Sternberg(2018)는 앞서 소개한 투자이론을 확장하여 창의성의 삼각형 이론(Triangular theory of creativity)을 제안하였다.[31] 이 이론은 투자이론에서 언급되었던 '다수에 대한 거부(defy the crowd)' 개념을 확장하였는데, 최적의 창의성은 다수의 관습적인 믿음을 거부하는 것으로부터만 나오는 것이 아니라, 자기 자신의 믿음에 대한 거부와, 당대의 사람들의 믿음에 내재된 무의식적인 '장' 기반의 전제나 가정인 '시대정신'에 대한 거부에서도 나온다는 점에 주목하였다. 〈표 3-2〉에서 보듯이, 세 유형의 거부(defiance)는 다음과 같다.

표 3-2 **세 유형의 거부**

다수에 대한 거부	자신이 관여된 영역에서의 기존 믿음, 가치, 관행을 거부하기
자기 자신 거부	자기 자신의 이전 믿음, 가치, 관행을 거부하고 그것들을 넘어서기
시대정신 거부	특정 영역에서 무의식적으로 받아들여진 가정, 전제, 패러다임을 거부하기

다수에 대한 거부　다수에 대한 거부의 경우는 갈릴레오나 코페르니쿠스를 생각해보면 쉽게 이해할 수 있다. 다수를 거부하기란 쉽지 않

31　스턴버그는 여러 삼각형 이론들을 제안하였다. 사랑(love)과 증오(hate)에 대한 삼각형 이론들을 제안하였으며, 지능의 삼원 이론도 제안한 바 있다. 창의성의 삼각형 이론도 그것들과 유사한 구조를 갖는데, 세 차원의 조합으로 여러 유형이 만들어지는 방식이다.

다. 왜냐하면, 일반적으로 다수는 자신들의 기존 믿음이 흔들리고 도전받는 것을 원치 않으며 그러한 도전을 억압하려는 경향이 있기 때문이다. 시대를 막론하고 기존 질서를 헤치는 아이디어는 잘 받아들여지기어렵다. 사람들은 누구나 자신의 아이디어나 작업 결과물이 다수로부터 인정받기를 원한다. 그러나 기존 믿음과 가치에 도전하는 아이디어는 그런 인정과 명성을 얻기 어렵기에, 다수에 부합하는 방식을 취하는 것이 단기적 명성을 얻기에는 더 손쉬운 접근이다.

자기 자신 거부　자신의 믿음이나 신념을 거부하는 것도 큰 도전이다. 사람들은 누구나 자기 생각에 대한 강한 믿음이 있어서 있기에 새로운 아이디어 생성에서 자기 자신이 최악의 방해꾼이 될 수 있다는 것을 인식하지 못한다.

어떤 이들은 자신의 첫 번째 창의적 기여를 넘어서지 못거나, 첫 기여 이후 새로운 기여에 이르는 데까지 긴 시간이 걸리기도 한다. 학자들도 창의적 아이디어를 제시한 이후에는 평생 그 성취를 넘어서지 못하는 경우가 많다. 19세기 초 문학 비평가인 윌리엄 해즐릿(W. Hazlitt)은 '하나의 아이디어에만 사로잡힌 인물(one-idea people)'의 문제를 제기한 바 있다. 가장 잘 알려진 예로, 작곡가 엥겔베르트 훔퍼딩크(E. Humperdinck)를 들 수 있다. 그는 〈헨젤과 그레텔〉 이후 특별한 작품을 내지 못하였다. 그는 자기 자신을 거부하지 못한 것이다.

반대로 계속해서 자신을 거부한 인물의 예로는 누벨바그(La Nouvelle Vague)의 아이콘인 장 뤽 고다르(J. L. Godard)를 들 수 있다. 그는 기존의 영화제작 방식에 반기를 든 것도 모자라서 자기 자신의 영화조차 계속 혁신시켰다. 그의 모든 작품은 스타일이 다 달라서 '고다르 스타일이란 스타일이 없는 것'이라는 평가를 받기도 한다. 그는 기성의 방식을 거부한 영화 혁명가로 불리기도 하지만, 스스로를 철저하게 거부한 인물이기도 하다.

매우 명성 있는 인물들이 자신의 창의성을 계속 유지하는 가장 좋은 방법은 새로운 분야에 계속 도전하는 것이다(Simonton, 2010). 자신의 창의성을 매번 재설정하여 새롭게 시작할 수 있기 때문이다. 그러나 늙어가면서 새로운 분야에 도전하는 것은 매우 부담스러운 일이다. 결국, 자신의 기존의 사고방식 또는 세상을 보는 관점에 매우 매몰되어 창의적 아이디어를 생각해내기 어렵게 된다.

전문가들은 특히 이런 매몰(entrenchment)에 취약할 수 있다. Frensch 와 Sternberg(1989)의 연구에 의하면, 컴퓨터와 게임을 할 때, 게임의 표면구조에서 변화가 있는 경우에는 초심자들의 수행이 더 많이 저하되지만, 심층구조에서의 변화(게임의 본질에서의 근본적인 변화)가 있는 경우에는 전문가들의 수행이 더 저하되었다. 전문가들은 과거 경험을 통해 수천 개의 경기 패턴을 부호화하지만, 초심자는 극히 일부만을 부호화하기 때문이다. 따라서 게임 규칙에서의 주요한 변화는 초심자보다는 전문가들에게 더 큰 부담이 된다. 전문성의 축적이 유연성을 상실케 한다는 생각은 아직 논쟁이 되고 있지만, 전문가들이 특정한 방식으로 사물들을 보는 데 익숙해 있다는 것은 사실이다. Simonton(1999b)에 의하면, 경력이 축적되어 가면서 과거의 패턴에서 벗어나는 것은 점점 더 어려워진다. 누구나 나이가 들수록 새로운 기술에 적응하는 것이 어려워지는 것은 이전에 해오던 방식에 너무 익숙해져 있기 때문이다. 이것은 유동 지능(fluid intelligence)[32]의 퇴화로 볼 수도 있지만, 시도하려는 의지의 부족이 더 큰 원인일 수 있다.

이런 매몰 효과로 인해 사람들은 그동안 늘 생각하고 행동해왔던 방식이 가장 최상의 방식이라고 확신하면서 스스로를 기만하게 되는 것

---

[32] 유동 지능은 주로 유전적 요인에 의해 결정되는 능력으로, 나이가 들수록 감퇴한다. 기억력이나 추론 능력 등이다.

이다. 따라서 생애 동안 창의성을 유지하기 위해선 자기 자신을 거부하는 것이 필요하다.

새로운 분야에 도전하는 것이 반드시 좋은 결과로 이어지는 것은 아니다. 노벨물리학상 수상자인 쇼클리(W. Shockley)[33]는 새로운 분야에 이동하여 인종에 대한 비과학적인 시각인 우생학을 신봉하였으며, 노벨화학상과 평화상을 수상한 폴링(L. Pauling)[34]은 비타민C를 심장질환에 대한 기적의 약으로 보는 것과 같은 심각한 우를 범하였다. 앞선 3요소론에서 언급되었듯이, 완전히 새로운 영역에서 창의적인 도전을 시작할 때는 해당 영역의 기존 지식 기반을 탄탄히 다지는 것이 중요하다.

시대정신 거부　　창의성의 가장 큰 장애물은 자신을 포함한 모두가 의식하지 못하는 암묵적인 문화적 전제나 가정들인 '시대정신(Zeitgeist)'이다. 기존 규범이나 관행에 저항하는 창의적인 인물조차도 의식되지 않는 암묵적 신념, 전제, 가정들을 거부하기는 어렵다. 예를 들어, 19세기 빅토리아 시대의 사람들에게 성(性)의 억압은 아주 자연스럽고 당연한 것으로 여겨졌을 것이다. 그러나 프로이트는 이것을 당연한 것이 아닌 역사적 또는 문화적 변칙(anomaly)이라고 보고, 독창적인 정신분석이론을 구성하였다. Gardner(2011)는 기존의 관습을 전면적으로 거부하는 창의적 기여는 상대적으로 경력 초기에 나타날 확률이 높다고 하였다. 나이가 들면 시대정신이 더 스며들기 때문에 급진적인 생각을 하기 어렵기 때문이다.

33　미국의 물리학자로, 트랜지스터를 발명하여 반도체의 발전에 크게 기여하였고, 1956년 노벨물리학상을 받았다. 지금의 실리콘 밸리의 기초를 놓았다. '고독한 천재'라고 불린 그는 말년에 인종과 지능의 관계에 관심을 가지면서 우생학의 신봉자가 되었다.

34　미국의 물리화학자로, 1954년에 노벨화학상을, 1962년에 노벨평화상을 수상하였는데, 단독으로 2회 수상한 유일한 인물이다. 말년에 비타민C 고용량(megadose) 요법을 제안하여 큰 반향을 불러일으켰지만, 부작용이 증명되면서 지금은 WHO 등에서 추천하지 않는 방식이다.

Kuhn(1970)이 지적하듯이, 시대정신이 내재하는 패러다임에 빠지면 그 패러다임의 기본 가정에 대한 검증 필요성은 전혀 인식하지 못한다. 시대정신 또는 현재의 패러다임과 일치하지 않는 '혁명적' 창의성은 특정 패러다임 내에서의 '정상적' 창의성과 태생적으로 다르다. 시대정신을 거부하는 창의성을 보인 과학자, 예술가, 작가들은 과학(또는 예술, 문학)이 무엇이며 무엇일 수 있는지에 대한 무의식적인 전제나 가정에 대해 의문을 제기하고 도전한다. 그래서 유럽의 고전 화가들에게 인상파는 전혀 예술 같아 보이지 않았을 것이다.

시대정신을 거부하는 창의적 기여에는 여러 형태가 있다. 앞서 추진 모형에서 어떤 분야의 진행을 전혀 다른 방향으로 돌리는 방향 재설정(Redirection)이나 특정 분야를 새롭게 시작하는 재개시(re-initiation)가 이에 해당한다. 기존의 시대정신을 거부할 수 있는 창조자는 매우 드물다. 대다수 연구자는 이전 이론을 반박하고 새로운 이론을 제시하면서 점진적으로 한 발짝씩 진보할 뿐, 해당 분야를 근본적으로 재정의하거나 다시 시작하는 것과 같은 시대정신을 거부하지는 않는다.

Guilford(1967)는 여러 하위 지능들이 위계를 이루고 있다는 시각이 지배적이었던 당시의 다수 생각을 거부하고 지능의 다양한 구성요소들은 서로 상관없이 독립적이라고 주장하는 지능 구조 모형을 제안하였다(사반세기가 지난 후 위계적 모형이 결국 받아들여졌다, Carroll, 1993). 그러나 그는 자신의 이론을 만들고 검증하는 데 요인분석과 같은 심리측정 방법을 사용하였다는 점에서 시대정신을 거부한 것은 아니었다.

Sternberg(2018)는 다수를 거부하는 것과 시대정신을 거부하는 것은 질적으로 다르다고 보았다. 아인슈타인의 상대성이론은 뉴턴의 이론과는 질적으로 다르며, 피카소의 큐비즘도 이전의 미술과는 질적으로 달랐다. 쇤베르크의 무조음악(atonal music)은 이전의 조성음악과는 질적으로 다르다.

또한, 지금까지 다룬 세 가지 거부는 완전히 독립적이지는 않다. 세 가지 거부 간 상관의 정도는 각자가 처한 상황이나 환경에 달려 있다. 예를 들어, 다수나 시대정신을 거부하지 않고 단지 자신의 이전의 이론이 잘 못되었다고 인정하고 새로운 이론을 제시하는 경우도 있고, 제록스사의 PARC 연구소나 구글의 X 랩 같은 경우는 시대정신을 거부하는 연구들을 수행하면서도 타인(동료)들로부터 저항을 받기보다는 지지를 받았다.

Sternberg(2018)는 〈표 3-3〉에서 보듯이, 세 가지 종류의 거부를 조합하여 일곱 가지 창의적 사고의 발현을 구분하기도 하였다.

표 3-3 거부의 종류에 따른 창의성 유형 분류

창의성 유형	거부의 종류		
	다수	자기 자신	시대정신
드문(Sparse) 창의성	o		
가벼운(Minor) 창의성		o	
고립된(Isolated) 창의성			o
주요한(Major) 창의성	o	o	
드문 주요한 창의성	o		o
조용한(Quiet) 창의성		o	o
완성된(Consummate) 창의성	o	o	o

6. 그림자 창의성: CASE 모형

앞서 언급한 비비안 마이어는 전 생애 동안 시카고와 뉴욕의 화려함과 빈곤함이 뒤섞인 일상에 대한 사진을 30만 장 넘게 남겼지만, 아무에게도 사진을 공개하지 않은 비밀스러운 사진작가였다. 그녀의 사진은 단 한 장의 사진도 팔리지 않았고, 전시회를 가진 적도 없었다. 왜 어떤 형태의 창의성은 늘 그림자에 가려져 있는 것일까?

CASE 모형(Kaufman & Glăveanu, 2022)은 실제 현실 세계에서 창의적인 것으로 인정받기 위해선 새롭고 유용(적절)하기만 해서는 부족하다고 제안한다. 즉 새로움과 유용성 모두 일정 수준 이상이지만, 창의적인 것으로 인정되지 않은 '그림자 창의성(shadow creativity)'이 존재한다는 것이다. 창의성이 인정받지 못하는 이유는 자본(C), 인식(A), 스파크(S), 예외성(E)의 네 가지 중 어느 하나 이상이 결여되어 있기 때문이다.

1) 그림자 창의성의 네 가지 요소

자본　　자본(capital)은 창조자와 청중(audience) 간의 관계로서, 특정 영역의 사회적, 문화적 '장(場)'에 창조자가 통합되는 정도를 결정한다. 창조자는 새롭고 유용한 산물을 만들어낼 뿐 아니라, 적절한 자본을 가져야 한다. 자본에는 전통적인 사회적 관계망인 사회적 자본(social capital)과 더불어 상징적, 시간적 형태의 자본인 문화적 자본(cultural capital)과 시대정신 자본(Zeitgeist capital)이 필요하다.

먼저, 사회적 자본은 사회적 관계망으로서, '인맥'과 유사하다. 상류계급은 어려서부터 사립학교 등을 통해 유력한 사람들과의 네트워크를 형성하며, 이런 관계망을 활용하여 두각을 나타내기 쉽다. 이것은 앞의 체계이론에서 제시하는 '장' 개념과 연결될 수 있는 자본 유형이다. 창의적인 것으로 인정받기 위해서는 특정 영역에서의 기여뿐만 아니라 문지기에 해당하는 '장'의 지지를 얻어야 한다.

둘째, 문화적 자본은 사회학자 부르디외가 『구별 짓기(*Distinction: A Social Critique of the Judgment of Taste*)』(1979)에서 경제적, 사회적 자본과 더불어 제안한 것이다. 이것은 주로 '취향'의 형태로 나타나는데, 계급 간 '구별 짓기'에서 매우 중요한 도구 또는 지표 역할을 한다고 하였다. 그는 사회에서 한 개인(또는 특정 집단)의 문화적 취향(good taste)은 무엇에 의해 어떻게 구성되는지, 그것이 사회구조에 어떤 영향을 미치는 지를 분석하였으며, 한 개인이 어떠한 문화적 취향을 갖고 어떤 종류의 문화를 소비하는지가 그의 사회적 위치 및 계급과 연관된다고 주장하였다. 예를 들어, 그는 교육 수준이 높은 사람들처럼 사회 내에서 높은 수준의 문화적 자본을 가진 사람들이 문화적 취향에 영향을 미칠 수 있으며, 이러한 문화적 취향(문화적 자본)에서 멀리 떨어져 있을수록 신분과 계급이 낮다고 보았다.[35]

셋째, 창의성을 인정받으려면 시대정신 자본도 필요한데, 특정 창의성 영역과 문지기 역할을 하는 장(field)은 시간이 지남에 따라 계속 변화하기에, 시간의 흐름에 따라서 영역을 대표하는 현재 및 미래 세대의 문지기들에게 호소력이 있는 산물들을 만들어내야 한다(12장 참조).

따라서 창의성은 사회적, 문화적, 시대정신 자본의 어느 하나라도 결여되면 그림자 창의성에 머물 수 있다. 위의 비비안 마이어의 사례는 창의적인 산물을 만들어내었음에도 사회적 및 문화적 자본이 결여되어 제대로 인정받지 못한 사례라고 볼 수 있다(그녀는 사회적, 문화적 자본을 얻고자 노력하지 않았다). 이런 그림자 창의성은 비비안 마이어처럼 이후에 운 좋게 인정을 받는 경우도 있지만, 대부분은 아무도 모르게 흔적 없이 사라진다.

인식　　인식(awareness)은 자신의 작업이 '창의적'이라는 자기 인식을 가리킨다. 다시 말해, 창조자가 가지는 자신의 작업이 창의적이거나 창

35　그는 문화가 어떻게 계급과 지위의 차이들을 유지하고 재생산하기 위해 작동하는지를 보여주었다. 또한, 그는 창의적 성취와 같은 문화적 산물의 고유한 가치를 부정하는 급진적 입장을 취하였다. 그는 시, 교향곡, 과학 이론의 가치는 관련된 사람들의 경제적 또는 권력 관계의 내부 투쟁에 의해 결정된다고 하였다. 예를 들어, 피카소 그림의 가치는 그림 자체에 있다기보다는 그것과 연관된 미술계의 인물들, 즉 체계이론의 장(field)에 해당하는 다른 예술가, 비평가, 수집가에 의해 결정된다는 것이다(Nakamura & Csikszentmihalyi, 2003).

의적일 수 있다는 믿음 또는 창의성을 추구하려는 명시적 의도이다. 인간이 창의적이고자 하는 의도나 창의성에 대한 인식 없이도 창의적인 행위를 할 수 있지만, 그런 경우는 드물 것이고, 그보다는 창의성에 대한 이해의 부족이나 잘못된 믿음에 의해 자신의 창의적 행위를 분명히 인식하지 못할 수는 있다. 예를 들어, 1장의 창의성 신화에서 보았듯이, '예술 편향(art bias)'이나 '천재 편향(genius bias)'처럼, 창의성은 예술에만 관련성이 있다고 생각하거나, 아무나 창의적인 결과를 내는 것이 아니라는 신념을 가진 사람은 자신의 행위를 창의적인 것으로 인식할 가능성이 크지 않다.[36] 또한, 1장에서 소개한, 창의적 능력과 개방성을 갖추고 있으나, 독립성이 낮은 '복종적(subordinate) 창의성'을 보이는 학생들도 이에 해당한다. 이들은 기존 권위에 도전하고자 하는 의도나 필요를 거의 느끼지 못하며, 단지 교사의 인정만을 받으면 그만인 것이다.

이런 상황은 메타 인지나 메타 창의성이 낮은 경우에도 나타난다. 어떤 사람들은 자신의 고유한 창의적 능력을 잘 인식하지 못한다. 능력이 떨어지는 사람들은 자신의 작업이나 능력을 정확하게 평가하지 못한다는 더닝 크루거 효과(Kruger & Dunning, 1999)[37] 측면에서 그런 사람들

---

36 1장에서 예술 편향에 해당하는 신화 문항은 '창의성은 본질적으로 예술과 같은 것이다'였는데, 동의율은 49%였고, 천재 편향에 해당하는 신화 문항은 '창의성은 보기 드문 선천적 재능이다'로 동의율은 34%였다. 천재 편향의 동의율이 상대적으로 낮은 것은 창의성의 민주화 또는 개인화를 보여주는 것이라고 볼 수 있다.

37 더닝 크루거 효과(Dunning‒Kruger effect)는 메타 인지 능력이 낮은 경우에 나타나는 인지 편향으로, 특정 과제에서 능력이 낮은 사람이 자신이 능력을 과대평가하는 현상을 가리킨다. 자신의 능력(기술)의 부족뿐만 아니라 그런 부족을 인식하지 못하는 이중 부담(double burden)이 있는 상태이다. Kruger와 Dunning(1999)이 코넬대학교 학부생들을 상대로 독해력, 자동차 운전, 체스, 테니스 등 여러 분야의 능력을 대상으로 실험한 결과는 다음과 같다. 능력이 없는 사람은 자신의 능력을 과대평가하고, 다른 사람의 능력을 제대로 알아보지 못하며, 자신의 능력 부족으로 생긴 곤경을 잘 깨닫지 못하고, 훈련을 통해 능력이 매우 향상되고 난 후에야 이전의 능력 부족을 인식하고 인정하는 경향을 보인다. 반대로 고능력자가 자신의 능력을 과소평가하는 경향도 있는데, 그들은 능력이 없는 사람의 착오는 자신에 대한 오해에서 기인한 반면, 능력

은 창조자가 될 가능성이 작다고 할 수 있다. 유사하게, 지능이 낮은 사람들은 자신의 (그리 높은 수준이 아닌) 창의적 작업을 과대평가하는 경향이 있다(Karwowski et al., 2020).

추후 더 높은 수준의 창의성으로 진보할 가능성과 연관된 mini-c와 little-c의 가치를 생각하면 아무리 사소한 창의성이라도 창조자는 그것을 창의적인 것으로 인식할 수 있어야 한다. 특히 창의적 자기 효능감(creative self-efficacy)이 창의적 수행으로 이어진다는 연구 결과(Tierney & Farmer, 2011)는 창의적 성과에 대한 자기 인식의 중요성을 시사한다. 또한, 낮은 창의적 메타 인지를 가진 사람들은 창의적인 것으로 인정되는 범위를 제대로 인식하지 못할 수 있다. 이와 관련하여 Ward와 Wickes(2009)는 학생들을 대상으로 자기 자신의 창의성과 타인들의 창의성에 대한 사람들의 암묵적 신념을 조사하였는데, 사람들은 타인의 창의성을 '개인주의'나 '인기'와 연합시키지만, 자신의 창의성은 '어색함(awkwardness)'이나 '충동성(impulsivity)'과 더 연합시키는 경향을 보였다.

요약하면, 창의성에 대한 잘못된 신념을 가졌거나, 낮은 수준의 창의적 메타 인지를 가진 사람들은 자신이 창의적일 때조차 그것을 인식하지 못하며, 지속적인 창의적 진보를 이루어내지 못한 상태로 남을 가능성이 크다.

스파크 특정 분야에서 최초로 아이디어를 낸 사람은 진정한 창조자이지만, 대다수 창조자는 그 뒤를 이어서 창의적인 결과물들을 만들어낸다. 즉 시기적으로 '최초'가 아니더라도 충분히 창의적일 수 있다.

오늘날의 인터넷 문화에서는 집합적이고 익명인 창의성이 널리 권장되고 있다. 10대들은 기존 음악, 이미지, 텍스트, 비디오에 기반하여 끊임없이 새로운 콘텐츠를 만들어낸다. 이는 이미 잘 알려진 아이디어를

이 있는 사람의 착오는 다른 사람에 대한 오해에서 기인한다고 보았다.

특정 상황이나 새로운 맥락에 적용하는 것이며, 이러한 리믹스(remix) 문화는 추진 모형의 '재현'보다 좀 더 나아간 형태라고 볼 수 있다.

팬 아트(fan art)[38]의 경우 최초 아이디어만큼의 스파크는 없지만, 독창적일 수는 있다. 많은 창작물의 팬들은 단순히 수동적인 소비자들이 아니라 적극적으로 자신을 드러내고자 한다. 테크놀로지와 인터넷이 발달하면서, 장(문지기)의 힘이 약해졌기에 팬들은 그 어느 때보다 쉽게 자신의 작업 결과를 세상에 드러내고 공유할 수 있게 되었다. 팬 픽션[39]의 작가들은 자신의 작업을 읽고 논평하는 사람들과 더 쉽게 소통할 수 있게 되었다. 팬 아트는 추진 이론에서의 창의적 기여 중 '재현'이나 '방향 재설정'으로 볼 수 있을 것이다. 심지어 팬 아트 중 일부는 기존 것에 새로운 차원을 추가하는 것과 같은 '점진적 전진'의 형태일 때도 있다.

더불어 게임, 뷰티, 먹방, 여행 등의 다양한 소재와 주제로 유튜브와 같은 온라인·모바일 플랫폼에 동영상을 업로드하는 '크리에이터'들도 늘고 있다.

요약하자면, 특정 분야의 최초 창조물은 눈에 띄는 스파크를 내지만, 기술이 발전한 오늘날에는 후속 창조물들도 창의적인 것으로 충분히 인정받을 수 있다.

예외성　마지막은 예외성(exceptionality)이다. 대단한 발견이나 대가의 작품은 놀랄만한 예외적 특성을 보인다. 즉, 창의적인 것으로 인식되려면 남다르게 두드러진 것이 필요하다.

그러나 1장에서 보았듯이, mini-c나 little-c는 예외성은 별로 없지만,

38　원작이나 좋아하는 대상(스타, 운동선수, 만화나 소설 속 주인공 등)을 기초로 팬들이 만들어낸 아트워크(artwork: 스케치, 삽화, 도판, 수공예품 등)로서, 2차 창작에 해당한다.

39　또 다른 2차 창작물로, 만화, 소설, 영화, 드라마 등 장르를 구분하지 않고 대중적으로 인기를 끄는 작품을 대상으로 팬들이 자신의 아이디어로 재창작한 작품.

모든 학습의 과정에서 나타날 수 있으며 창의성 발달에 기초가 된다. 또한, 우리는 미술 관람이라는 일상적 행위를 통해 새로운 심적 연상과 은유들을 얻는다. 어떤 이는 이를 현재 추진 중인 프로젝트에 응용할 수도 있고, pro-c 수준의 창의성 발현에 활용할 수도 있을 것이다.

'메이커 운동'이라는 문화 운동은 사람들이 소비에서 벗어나 저마다 가치 있는 무엇인가를 상상하고 만들어 공유하는 활동을 말하는데, 이 운동은 곧 일반인들의 창의적 행동과 활동을 권장하는 것이다. 즉, 대량생산과 소비에만 익숙한 현대인들에게 자연스럽게 기초적인 도구와 재료로 직접 손으로 뭔가를 만들어보면서 창의성을 되찾도록 도와주는 것이다(유만선, 2023). 더구나 유튜브와 같은 온라인 세상에는 일상적인 창의적 활동들로 넘쳐난다. 일반인(아마추어)들의 DIY(Do-It-Yourself) 운동도 예외성이 부족할 수 있지만, DIY의 본질은 즉흥성에 있고 이 활동에도 창의성이 발휘될 잠재력이 충분히 있다. Ceh 등(2023)은 일상적 창의적 활동의 유형을 탐색하기 위하여 유튜브의 DIY 비디오를 분석하였다. 텍스트 분석 방법인 토픽 모델링[40]을 적용하여 2019년부터 2021년 사이에 미국, 영국, 호주에서 제작된 5,618개의 비디오 사본(transcript)을 분석한 결과, 기존 창의성 영역(domain) 범주 분류(4장 참조)보다 훨씬 더 많은 35개의 범주(토픽)가 추출되었다(장식, 정원, 실내 디자인, 의상, 얼굴 마스크, 액세서리, 양초 등). 이는 일상적인 창의적 활동의 영역이 매우 다양하고 넓다는 것을 보여준다.

습관적인 형태의 창의성도 무시할 수 없다. 일반적으로 습관은 창의성과는 반대되는 것으로 생각한다. 사실 우리의 일상적 삶과 활동은 기본적으로 습관에 기초한다. 자동차 운전이나 세수와 같이 습관화된 행

---

40 토픽 모델링(topic modeling)은 자연어(natural language) 처리의 한 분야로 텍스트로 된 빅데이터에서 숨겨진 의미 구조(주제)를 찾아내기 위하여 사용되는 텍스트 마이닝 기법이다. 여기서 추출된 추상적인 주제를 '토픽'이라고 한다.

위를 자동화하면 더 도전적인 일에 주의를 기울일 수 있게 된다. 창의성에 대한 엘리트주의적 관점 때문에 일상적인 행동이나 습관을 창의성과 반대되는 것으로 보는 배타적 시각을 가질 수 있다. 창의성에 대한 포용적인 시각을 가짐으로써 그림자 창의성에서 벗어날 수 있을 것이다. 요약하면, 창의성을 판단할 때 예외성에 지나치게 주목하게 되면 아마추어들의 일시적 활동이나 습관적 행위들의 창의적 가치를 제대로 인식하지 못하게 된다.

2) 모형에 대한 평가

이 모형은 사람들이 자신을 더 창의적으로 인식할 수 있도록 하고, 창의성 평가의 역치를 낮추는 데 유용하다. 그리고 왜 수많은 창의적 표현들이 인정받지 못하는지, 어떻게 하면 창조자들이 자신의 숨겨진 창의성을 그림자 상태에서 세상의 이목을 받도록 만들 수 있을지를 이해하는데 활용할 수 있다. 이 모형은 때로는 창의적 결과물들이 자신이나 타인에게 창의적인 것으로 '보이지 않기' 때문에 그 가치가 간과된다고 본다. 따라서 누구에게나 다 창의성이 발현될 수 있다는 창의적 잠재력의 회복 모형으로도 볼 수 있다.

이 모형은 그림자 창의성에서 벗어나기 위해 주목해야 할 요소들을 분명하게 보여준다. 어떤 요소가 부족한지 알면 창조자는 그것에 대해 대응할 수 있다. 예를 들어, 사회적 자본이 부족한 창조자는 장(field)에 속하는 협력자나 멘토를 찾을 수 있을 것이다. 스파크가 부족한 창조자는 자신의 작품에서 가장 독창적인 요소를 찾아 정교화시킴으로써 다른 사람들에게 더 영감을 주는 창조를 할 수 있다. 예외성이 없는 경우에는 자신의 전문성을 더 배양하고, 자신의 일상과 루틴을 조사하여 자신의 일상적 경험과 능력에서 특별한 것이 무엇인지를 발견할 수 있다.

이 모형은 창의성의 정의와 범위에 대해 좀 더 관대해지자고 주장한다. 따라서 2장에서 언급되었듯이, 창의성이 특별한 사람들(천재, 엘리트, 특권층)에게만 가능한 것으로 간주되던 편향에서 벗어나 누구에게나 가능하고 필요한 것으로 인식하려는 일종의 창의성의 민주화(democratization) 운동으로 볼 수 있다.[41]

---

41 코로나19 팬데믹으로 인한 제한(lockdown) 조치가 창의성에 미친 영향을 조사한 연구가 있다. Mercier 등(2021)은 1,266명의 프랑스 성인들을 대상으로 조치 이전과 조치 동안에 전문적인 창의성(pro-c)과 일상적 창의성(little-c)을 자기 보고형 설문지로 측정하였다. 분석 결과, 전문적 창의성에서는 두 시점 간에 큰 차이가 없었지만, 일상적 창의성에서는 조치 동안에 유의미한 증가가 나타났다. 특히 조치 전에 낮은 일상적 창의성을 보였던 사람들이 팬데믹 상황에서 더 두드러지게 little-c가 증가하는 양상을 보였다.

4장

창의성 평가

"어떤 작품을 보면 그 작품이 창의적인지 아닌지 알 수 있지만, 막상 무엇이 창의적인지를 말하라면 잘 모르겠다."

– 파블로 피카소

　사람들의 창의력을 제대로 평가할 수 있을까? 1장의 신화 문항 '창의성은 측정될 수 없다'에 응답자의 63%가 동의한 것에서 볼 수 있듯이, 일반인들은 인간의 창의성을 제대로 가늠하기는 어렵다는 믿음을 갖는 경향이 있다. 그러나 연구자들은 지금까지 창의성을 신뢰도 높고 타당하게 측정하려는 노력을 게을리 하지 않았다.

　이번 장에서는 지금까지 고안된 주요한 창의성(또는 창의력)을 측정, 평가하는 방법들을 소개한다. 1950년 길포드가 창의성 연구를 역설한 이후 '창의성은 확산적 사고(DT: divergent thinking)'라는 그의 관점에 따라 확산적 사고력을 측정하는 도구가 개발된 이후 창의성의 4Ps에 해당하는 다양한 형태의 창의성 관련 측정 도구들이 만들어졌으며, 지금도 새로운 관점에서의 도구들이 제안되고 있다.

　Hocevar(1981)는 창의성 측정에 사용되는 도구와 방법을 열 가지 유형으로 구분하였다. 그것들은 ① 확산적 사고 검사, ② 태도와 흥미 검사, ③ 성격 검사, ④ 전기 검사(biographical inventories), ⑤ 교사

지명, ⑥ 동료 지명, ⑦ 상사 지명, ⑧ 산물에 대한 판정(judgments of products), ⑨ 명성(eminence) 측정, ⑩ 자기 보고형 창의적 활동과 성취이다. ①~④는 모두 검사 형태라고 할 수 있으며, ⑤~⑦은 캘리포니아대학교 성격평가연구소에 널리 사용한 '지명(nomination)'에 의한 방법이며, ⑨는 2장에서 다룬 역사측정법에서 자주 사용하는 것이다.

창의성에 대한 평가에서 위와 같은 다양한 방법 간에 수렴 타당도가 그리 높지 않다는 다소 암울한 측면과 더불어, Mayer(1999)는 창의성에 대한 접근법들은 ① 창의성과 관련된 산물, 과정, 사람 중 어디에 초점을 두는지, ② 개인적 창의성인지 아니면 사회적 창의성인지, ③ 창의성이 일상적으로 나타나는 것인지 아니면 예외적으로 드문 것인지, ④ 창의성이 영역 일반적인지 아니면 영역 특수적인지, ⑤ 창의성이 양적인지 질적인지와 같이 적어도 다섯 가지 점에서 서로 다르다고 보았다. 이런 혼란한 상황에 대해 Kaufmann(2003, p. 235)은 창의성 연구 분야는 과학적 '재난' 영역으로 선포되어야 한다고 쓴소리를 하기도 하였다.

1. 창의성 평가 역사 및 분류

1) 창의성 평가 역사

인간의 지적 잠재력에 대한 체계적인 측정은 18세기 중반 이후 골턴으로부터 시작되었다. 그것은 주로 지능에 초점을 둔 측정이었는데, 앞서 언급했듯이, 골턴은 이러한 지적 능력이 유전되는 것이라고 보았고, 이후 우생학자들의 편향된 주장의 근거가 되기도 하였다. 이후, 프랑스의 교육학자이자 심리학자인 비네(A. Binet)가 근대적 형태의 지능 검사를 개발하였고, 이어 미국 스탠퍼드대학교의 심리학자 터먼(L.

Terman)이 스탠퍼드-비네 검사를 개발하고 널리 보급하면서 큰 인기를 끌었다.[1]

한편, 길포드는 지능 연구가 창의성 연구에도 확장될 수 있다고 보고 1950년 APA 회장 취임 연설에서, 당시의 지능 연구만큼의 '창의성'에 대한 심리학적 연구의 필요성을 강조하였다.[2] 그 연설에서 창의성 연구가 어려운 이유 몇 가지가 제시되었다. 먼저 Big-C와 같은 창의성은 발생 빈도가 매우 낮으며 우연히 발생하는 경우가 많다는 점과 하등 동물의 경우 창의적인 행동이나 통찰의 순간을 관찰하고 측정하기 매우 어렵기에 비교심리학적 연구를 할 수 없다는 점을 언급하였다. 더불어, 창의성이 지능 개념과 중복되는 부분이 많으며, 지능에 견줄만한 타당한 창의성 평가 도구가 없다는 점도 지적하였다. 그래서 심리측정 전문가였던 길포드는 '확산적 사고'를 측정하는 여러 방법을 고안하였다. 이후 토런스가 자신의 이름을 딴 토런스 창의적 사고 검사(TTCT)를 개발하였는데, 이것은 지금까지도 확산적 사고를 측정하는 대표적인 창의성 평가 도구로 활용되고 있다. 최근 창의성을 확산적 사고로만 보는 관점이 퇴색하면서, '창의성 = 확산적 사고'라는 패러다임에 근거하지 않는 다양한 창의성 평가방법들이 제시되고 있다.

2) 창의성 평가 방법 분류

창의성 측정 또는 평가 방법은 몇 가지 방식으로 분류해볼 수 있다. 가장 널리 분류하는 방식은 1장에서 소개한 Rhodes(1961)의 4Ps 기준에

---

[1] 터먼은 자신이 개발한 지능검사를 가지고 높은 지능의 아동들을 종단적으로 연구하는 '천재에 대한 유전적 연구'로 불리는 대규모 프로젝트를 진행하였다. 그도 우생학적 관점을 가졌다.

[2] 이후 그는 창의성을 측정하는 방법들을 고안하였는데, 20세기 초에 이미 지능을 측정하는 방법들이 널리 보급되었다는 점에서 보면 창의성의 측정은 상당히 늦게 시작된 것이라고 볼 수 있다.

맞추어 사람(Person), 산물(Product), 과정(Process), 환경(Press)을 평가하는 것으로 분류할 수 있다.

Batey(2012)는 다수준 모형을 제시하였는데, 이 모형에서는 수준(level), 측정 방법(measurement approach), 단면(facet)의 세 차원으로 도구들을 분류하였다. 수준은 개인, 팀(집단), 조직, 및 문화의 네 수준으로, 측정 방법은 객관적 측정, 자기 평정, 타인 평정의 세 가지로, 단면은 창의성의 4Ps에 해당하는 사람, 산물, 과정, 환경의 네 가지로 구분하였다. 창의성과 관련된 대부분의 평가 도구들은 이 모형에 의해 분류될 수 있는데, 예를 들어, 확산적 사고 검사에서 유창성을 평가하는 경우는 '개인'(수준), '특성'(단면), '객관적'(측정 방법)의 셀에 해당한다. 반면, 합의적 평가 기법(CAT)은 '개인'(수준), '산물'(단면), '타인 평정'(측정 방법)의 셀에 해당할 것이다.

Barbot 등(2019)도 지금까지의 창의적 잠재력을 평가하는 주요 도구들은 크게 세 가지로 분류할 수 있다고 하였다. 그것은 ① 인지적 검사로 볼 수 있는 확산적 사고 과제, ② 창의적 산물(creative product)을 만들도록 요구하고 그것을 전문가가 평가하는 방식인 산물 기반의 평가, ③ 주로 성향, 태도, 흥미, 행동 특성에 대해 묻는 자기 보고(self-report) 방식이다.

최근 Weiss 등(2021)은 Batey(2012)와는 다른 방식으로 창의성 측정치들을 분류하였는데, 그들은 두드러진 과제 속성(salient task attributes)에 기반하여 창의성 측정을 다섯 가지로 범주화하는 분류 틀을 제시하였다. 첫째는 자기 보고형, 타인 보고형, 능력 검사로 구분되는 측정 접근(measurement approach)이다. 둘째는 확산적 사고, 창의적 흥미와 태도, 창의적 성취와 같이 측정하려는 구성개념(construct)에 따라 구분하는 것이다. 셋째는 설문 자료, 전기에 기반한 창의적 성취의 수와 같은 수집된 자료 유형(data type)에 기반하여 구분하는 것이다. 네 번째는 척

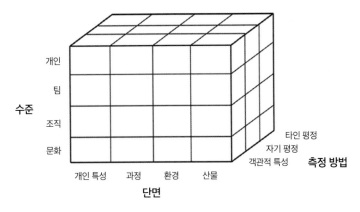

그림 4-1 **창의성 측정의 분류를 위한 다수준 모형(Batey, 2012)**

도 점수의 평균, 평정자 간 일치도, 통찰과제에서의 정확한 답변 비율 등과 같이 채점 방법(scoring method)으로 구분하는 것이다. 마지막으로, 거짓 반응이나 내성법의 한계, 자료 분포, 검사-재검사 신뢰도 등과 같은 심리측정 문제점(psychometric problems)에 기반하여 구분될 수도 있다. 그들은 자신의 논문에 다양한 창의성 평가 도구들을 '측정 접근'에 따라 분류하여 간결하게 표로 제시하고 있다.[3]

한편, 창의성 평가 도구의 용도는 다음과 같이 크게 세 가지로 볼 수 있다. 첫째, 학교나 조직에서의 선발 용도로 사용될 수 있다. 학교에서 조기 교육을 위해 영재 학생들을 선발하기 위해서나, 기업에서 혁신 역량을 제고하기 위해 창의적 잠재력을 가진 지원자들을 선발하기 위한 목적으로 사용될 수 있다. 최근 스타트업이나 벤처 기업뿐만 아니라 일

---

3 자기 보고형의 경우, 창의적 흥미와 태도(Creative Interests and Attitudes), 창의적 성격 (Creative Personality), 및 창의적 성취/활동(Creative Achievements/Activities)의 세 속성을 측정하는 척도들로 구분하였다. 타인 보고형의 경우, 창의적 태도와 특성(Creative Attitudes and Characteristics), 확산적 사고(Divergent thinking), 기록물 자료(Archival data)의 세 속성을 측정하는 척도들로 구분하였다. 모든 표에는 각 도구의 도구명, 저자, 그리고 예시 문항이 제시되어 있어 참조할 만하다.

반 기업에서도 창의적인 인재를 선발하려는 목적으로 다양한 창의력 검사들을 활용하려는 시도들이 늘고 있다. 둘째, 학교에서 상담이나 학생 지도 용도로 사용되는 경우이다. 예를 들어, 학생들의 진로 지도를 위하여 다른 검사들과 함께 창의력 검사가 동원되기도 한다. 또한, 영재는 높은 지능뿐만 아니라 창의성과 과제에 대한 집착력이 있는 아동을 말하는데, 영재 판정 및 영재의 상담 지도 목적으로 창의력 검사가 활용될 수 있다. 셋째, 연구 목적으로 창의성 측정 도구들이 사용되는 경우이다. 창의성 관련 연구를 위해서는 어떤 방식과 형태로든 참가자(피험자)들의 창의성을 측정해야 할 것이다. 예측변인이나, 준거변인으로 창의성이 평가될 수도 있고, 조절변인으로 창의성이 측정되는 경우도 있을 것이다. 연구자들은 연구 목적에 맞게 기존 도구를 활용하거나 필요에 따라서는 검사를 개발하기도 한다. 연구 용도로 사용되는 경우에는 앞서 선발용이나 상담지도용보다는 간편하게 창의성이 측정되는 경향이 있다.

2. 확산적 사고 검사

길포드의 영향으로 창의적 사고는 자극이나 문제에 대해 가능한 한 많은 반응이나 다양한 해결안을 생각해내는 능력인 확산적 사고(DT: divergent thinking)로 정의되었다. 물론 창의적 과정에서는 확산적 사고와 수렴적 사고가 모두 필요하다. 수렴적 사고(CT: convergent thinking)는 특정 문제에 대한 정확한 답이나 최상의 해결안을 찾는 능력이다. 길포드는 두 가지 사고 과정 모두 중요하다고 보았으나, 1950년대 이후 창의성은 확산적 사고와 동의어가 되었고, 창의성 평가는 곧 확산적 사고를 평가하는 것을 의미하는 것으로 받아들여졌다.

다음부터 확산적 사고를 측정하는 대표적인 검사인 TTCT를 중심으로 확산적 사고 검사의 형태, 채점 이슈, 타당도 등을 살펴보았다. 또한, 외적 타당도를 높이기 위한 영역 특수성의 반영한 검사 및 최근의 알고리즘 적용과 관련된 쟁점을 다루었고, 스턴버그가 개발한 새로운 확산적 사고 검사를 소개하였다.

1) 토런스 창의적 사고 검사

토런스 창의적 사고 검사(TTCT: Torrance Test of Creative Thinking)는 가장 널리 알려진 창의성 평가 도구로, '창의성 = 확산적 사고'라는 Guilford(1967)의 가정에 근거하고 있다. 따라서 TTCT의 개발에 가장 영향을 미친 길포드의 이론을 먼저 살펴볼 필요가 있다. 그는 요인분석 방법을 통하여 지능 구조(SOI: Structure of Intellect) 모형을 제시하면서, 120개의 지적 능력 중 하나가 확산적 사고라고 보았다.[4] 그의 지능 구조 이론은 비판을 받기도 하지만,[5] 당시 그가 개발한 검사들은 지금도 널리 사용되고 있다는 점에서 그의 기여는 매우 크다. 그는 확산적 사고를 측정하는 과제들('사람이 잠을 자지 않는다면 어떤 일이 벌어질까?' 등)도 개발하였는데 대부분 다음에 소개하는 TTCT에서 채용하고 있다.

---

[4] 그는 인간의 지적 조작(operations)을 나타내는 다섯 가지(인지, 기억, 평가, 확산적 생산, 수렴적 생산), 조작을 위한 정보의 영역들을 나타내는 내용(contents) 측면의 네 가지(형상, 상징, 의미, 행동), 그리고 특정한 내용에 대해 특정한 조작을 통하여 나온 산물(products)의 여섯 가지(단일, 군집, 관계, 시스템, 변형, 시사)의 조합(5 × 4 × 6)으로 120개의 지적 능력이 구분 가능하다고 보았다. 이후 내용에서의 형상(figural)을 시각과 청각으로 다시 구분하여 다섯 가지를 설정하면서 150개가 되었다가, 조작에서의 기억을 다시 두 가지로 나누면서 180개로 늘었다.

[5] 길포드의 지능 구조 모형은 일반적으로 받아들여지는 'g 요인' 관점을 거부하고 너무 세분화되어 있는데, 이는 그가 요인분석에서 요인 간 상관을 고려하지 않는 직교 회전(orthogonal rotation)을 했기 때문이라는 비판이 있다. 또한, 요인들이 너무 좁고 세부적으로 정의되어 교육이나 상담 현장에서의 예측에 별 가치를 갖지 못하기에 유용성이 높지 않다고 본다.

또한, 길포드의 영향으로 1960년대 TTCT 이외에도 여러 확산적 사고검사들이 개발되었다. 예를 들어, Wallach와 Kogan(1965)은 확산적 사고를 측정하기 위하여 길포드가 개발한 검사들을 대부분 응용하였다. 다만, 그들은 아동의 창의력을 평가하는데 주로 초점을 두었으며, 창의성 검사는 시간제한을 두지 않고 게임을 하는 것과 같은 분위기에서 실시되어야 한다고 강조한 측면에서 길포드 및 TTCT와는 다른 입장을 보였다.

검사 구성　　TTCT는 일곱 개의 하위검사가 있는 언어(Verbal) 검사와 세 개 하위검사가 있는 도형(Figural) 검사로 구성된다.[6] 이 검사는 아동용에서부터 청소년용에 이르기까지 다양한 연령층에 대해 검사가 가능하지만, 주로 아동들을 대상으로 많이 이루어진다. TTCT는 하위검사별로 채점 절차와 규준(norm)이 마련되어 있고 표준 T 점수로 변환되는 표준화된 검사이다. 일반적인 채점 기준은 길포드가 제시한 확산적 사고의 네 가지 요소인 유창성(fluency), 유연성(flexibility), 독창성(originality), 정교성(elaboration)이며, 이후 살펴보겠지만, 언어검사와 도형검사 간 채점 기준에서 일부 차이가 있다.

먼저, 언어검사의 경우 첫 세 검사는 질문하기(Asking), 원인 추측하기(Guessing Causes), 결과 추측하기(Guessing Consequences)이다(이를 합쳐서 '질문과 추측하기'라고 한다).

TTCT의 예시 문제인 〈그림 4-2〉에서 '질문하기'는 "그림을 보고 생각할 수 있는 모든 질문들을 기록"하도록 한다. 즉, 어떤 일이 일어나고 있는지 아는데 필요한 질문을 모두 적어보라는 것이다. '원인 추측하기'는 "왜 그 사람이 그런 행동을 하는지 원인을 기록"하도록 하며,

---

6　창의성 발현을 위해서는 확산적 사고력 이외의 다른 능력들도 필요하다는 인식에 근거하여, TTCT에는 '추상 능력'과 '모호성에 대한 인내력'을 측정하는 지표와 성격 특성을 측정하는 문항들이 이후에 추가되었다.

그림 4-2 **질문과 추측하기 문항 예**

'결과 추측하기'는 "그림에 제시된 상황 이후에는 어떤 일이 벌어질지 기록"하도록 한다. 세 가지 검사 모두에서 가능한 한 많이 적도록 지시한다.

넷째 검사는 '제품개선(product improvement)'으로, 장난감 동물을 주고 아이들에게 더 재미있는 것으로 만드는 방법을 가능한 한 많이 생각해내도록 하는 것이다. 즉, 어떤 미완성된(또는 기존) 제품을 주고 이것을 좀 더 개선해서 재미있고 유익한 것으로 만들기 위해 가능한 방법들을 생각하는 것이다.

다섯째 검사는 '특이/대안 용도(unusual/alternative uses)'인데, 사물의 본래 용도 이외의 가능한 용도들을 많이 생각해내도록 하는 것이다. 예를 들어, 연필의 원래 용도(글을 쓰는 것) 이외에 가능한 다른 용도를 최대한 많이 제시하도록 하는 것이다. 흔히 AUT로 불리는 이 하위검사는 길포드가 최초 고안한 방법으로, 연구 목적으로 창의성(정확하게는 확산적 사고)을 평가할 때 가장 많이 사용하는 방법이기도 하다. 이 책에서 소개하는 대부분의 실험 연구들에서도 이 검사로 창의성을 측정하고 있다.

여섯째 검사는 '특이 질문(unusual questions)'인데, 이것은 특정한 사물에 대해 가능한 많은 질문을 하게 하는데, 질문은 다양한 대답이 나올 수 있어야 하고 사람들의 관심과 호기심을 불러일으키는 것이어야 한다. 예를 들어, 상자나 보자기에 어떤 물건이 감추어져 있을 때 그 물건이 무엇인지를 밝혀내기 위해서 가능한 여러 질문을 하되, 청중들의 관심과 호기심을 불러일으키는 질문을 하도록 한다.

마지막 언어검사는 '가정하기/결과(just suppose/consequences)'이다. 이것은 거의 발생할 확률이 없는 사건이 실제로 일어났을 때, 나타날 수 있는 현상들에 대해 상상해 보도록 한다. 예를 들어, '밤에도 해가 떠올라 밤도 낮처럼 밝게 된다'면 이 세상에 어떤 변화가 생길 것 같은지 가능한 한 많이 적어보라고 한다. 또 다른 예로, '비가 내릴 때 모든 빗방울이 공중에서 즉각 고체가 되어 움직이지 않는다'면 어떤 일들이 벌어질지 나열하도록 한다. 급격한 기술 진보와 비연속성(discontinuity)이 두드러진 오늘날에는 거의 불가능할 것으로 보였던 것도 점차 현실이 되어 가고 있기에 이 검사가 요구하는 사고는 특히 의미 있는 것으로 보인다. 아마도 1장에서 다룬 급진적 창의성(Gilson & Madjar, 2011)이나 변형적 창의성(Boden, 1990)이 발현되려면 필요한 사고일 것이다.

다음으로 TTCT의 도형검사를 살펴보자. 모두 10분 정도의 시간이 주어지며, 아무도 그렇게 하지 않을 것 같은 독특한 것을 생각해내라고 한다. 첫째, '그림 구성(picture construction)' 검사가 있는데, 이는 특정 형태의 기본 도형(예: 삼각형)을 주고 그것을 중심으로 의미 있는 그림으로 구성하는 것이다. 즉 제시된 도형들이 포함된 어떤 그림이나 물건을 완성해서 제목을 붙이는 것이다.

둘째, '그림 완성(picture completion)' 검사는 이미 주어진 일련의 미완성 도형들에다 새로운 선을 추가하여 그림을 보다 독창적으로 완성하고 제목을 붙이는 것이다. 처음의 아이디어에 새로운 아이디어들을 계속 더하거나 다듬어서 그림의 내용이 최대한 완전하고 재미있는 이야기가 되도록 해야 한다.

셋째, '선과 원 더하기 검사(repeated figures of lines and circles)'는 직선이나 원이 여러 개 제시된 종이에 이미 주어진 도형(직선, 원)이 중심이 되는 그림을 반복적으로 그리는 것이다. 예를 들어, 쌍을 이루고 있는 두 개의 직선 세트에 원하는 대로 선들을 더 그려 넣어 어떤 물건이나 그림을 만드는 것이다. 각각에 대하여 이름이나 제목을 적어야 한다.

채점   TTCT의 채점을 위해서는 특별한 훈련을 받아야 한다. 언어 검사의 경우에는 세 차원에서 채점되는데, 산출한 반응의 수(질문과 관련 없는 반응은 제외)에 근거한 유창성(fluency), 반응들을 범주로 분류할 경우의 범주의 수에 해당하는 유연성(flexibility), 그리고 다른 사람들과는 다른 반응을 제시하는 정도인 독창성(originality)이다. 〈그림 4-2〉의 예시 문제에서 유창성은 세 질문 각각에 대한 피검자의 전체 반응(응답) 수를 나타낸다. 유연성은 얼마나 이질적인 반응들이 포함되어 있는지의 지표로서, 의미상 서로 달라 여러 범주로 반응들이 분류될 때(즉, 범주의 수가 많을 때) 유연성 점수가 높다. 반응 수가 많아도 유사한 반응들이 많으면 유창성 점수는 높지만, 유연성 점수는 낮다. 독창성은 일반적으로 잘 나오지 않는 반응들이 많으면 높은 점수를 받는다. 따라서 많은 반응을 하긴 했지만, 일반적으로 다른 사람들이 흔히 하는 반응들만 있다면 독창성 점수가 높을 수 없다.

도형검사는 유창성 및 독창성과 더불어 정교성(elaboration), 조기 종결에 대한 저항(resistance to premature closure), 그리고 제목의 추상성(abstractness of titles)의 다섯 차원에서 채점이 이루어진다(유연성은 1984년 3판부터 제외되었다).

TTCT 검사의 두 가지 이슈   TTCT는 세계적으로 가장 널리 사용되는 대표적인 창의력 검사이기에 다양한 연구들이 이루어졌다. 또한, TTCT를 포함한 확산적 사고 검사들은 반복적으로 측정해도 일관된 결과가 나온다는 점에서 신뢰도가 높다. 그리고 TTCT로 대표되는 확산적 사고 검사로 측정된 창의성은 지능과는 구별될 수 있다는 결과들도 고무적이다. 그러나 TTCT 및 일반적인 확산적 사고 검사와 관련하여 다음과 같은 여러 측면에서 이슈가 제기되고 논쟁이 되기도 한다.

첫째, TTCT에서 언어검사와 도형검사 간의 상관은 아주 낮게 나타난다($r = .06$). 두 하위검사 모두가 창의적 사고를 측정하는 것이기에 이는 심각한 문제일 수 있다. 지난 수십 년 동안 토런스와 그의 동료들은 유치원에서 성인에 이르기까지 그리고 여러 문화권에서 사용할 수 있는 창의력 검사를 개발하고자 하였다. 토런스는 창의력(창의적 사고)은 매우 복합적인 현상이며, 사람이 창의적일 수 있는 방법에는 여러 가지가 있다는 전제에서 출발하였다. 그래서 그는 창의적 사고 과정에서 '모델'이 될 만한 사고 과정을 요구하는 과제들을 찾아서 검사에 포함하려고 하였다. 따라서 앞서 소개한 하위검사들은 상이한 창의적 사고 과정을 나타내며, 각 하위검사는 창의성을 전체적으로 평가하는데 독특한 기여를 할 수 있기를 기대하였다. 구체적으로, 그는 예비검사를 통해 얻은 자료의 요인분석 결과를 토대로 최종검사에 어떤 과제 활동들을 포함할지 결정하였다. 요인분석의 결과는 '언어' 과제와 '도형' 과제에서 아주 다르게 나와서 '언어검사'와 '도형검사'로 구분한 것이다. 그는 언어 과제와 도형 과제가 다른 요인으로 나온 것은 서로 다른 '사고 양식'을 사용하기 때문이기에(전자는 언어적, 후자는 시각적) 그리 놀라운 일이 아니라고 보았다. 따라서 TTCT의 언어검사와 도형검사는 성질이 비슷한 동형 검사라고 볼 수 없다. 사실 이들은 서로 다른 영역에서의 창의력을 측정하는, 비교적 독립적인 검사라 할 수 있다. 그렇다면, 창의성 연구에서 연구자가 언어검사 중의 하나(예: 대안 용도 검사)를 사용하여 창의성을 측정하느냐, 아니면 도형검사 중의 하나를 사용하느냐에 따라 다른 결과가 나올 수 있음을 의미한다. 이것은 창의성이 구성 타당도 측면에서 매우 심각한 문제일 수 있다.

둘째, TTCT로 대표되는 확산적 사고력 검사들의 경우, '창의적으로 답하라'는 지시를 줄 때 높은 점수를 받는 경향을 보인다. 이렇게 간단한 조작인 '지시'만으로 창의성 점수가 변화된다는 것은 과연 검사결과가 신뢰할 만한 것인지, 그리고 그것이 안정적인 특성을 측정하는 것인지 의구심이 들게 한다. 이는 지시 방식에 대한 길포드와 토런스의 논쟁으로 이어진다. 그들은 검사 지시문과 관련하여 다른 주장을 하였는데, 길포드는 자연스러운 상황에서의 반응에 초점을 두어야 한다고 보고, '창의적으로 반응하라'는 지시를 주지 않아야 한다는 입장이었다. 이것이 실제 상황과 비슷한 환경이며, 이러한 환경에서 자발적인 창의성을 측정해야 한다는 것이다. 반면, 토런스는 '최대한 창의적으로 반응하라'는 지시를 주어야 한다는 입장이었다. 피검자들이 검사에서 무엇을 기대하는지 분명하게 알게 한 후, 그들이 얼마나 또는 어디까지 할 수 있는지를 보는 것이다.[7] 대체로 실험실 연구 등에서는 '가능한 한 창의적이어야 한다'는 지시를 주는 경우가 많지만, 이런 방식에 대해 연구자들 간에 분명한 합의가 있지는 않다.

2) 확산적 사고 검사의 채점 관련 이슈

TTCT의 두 하위검사에 모두 적용되는 채점 기준은 유창성, 독창성, 유연성이며, 다른 DT검사들도 대부분 동일한 세 기준으로 채점이 된

---

7 이는 인사 심리학에서 분명한 지시가 없는 상황에서의 전형적 수행(typical performance)과 명확한 지시하에서의 가능한 최대 수행(maximal performance)을 보는 것의 차이로 볼 수 있다. 전자가 외적 타당도에 초점을 두는 것이라면, 후자는 내적 타당도와 더 관련성이 있다고 볼 수 있다.

다.[8] 초기에는 세 가지 기준을 모두 합하여 최종 점수를 산출하는 지표 합산(index summation) 방식을 적용하였다. 그런데 Silvia(2015, p. 604)가 "DT 과제는 본질적으로 유창성 검사"라고 한 것처럼, 이런 채점 방식의 고질적인 문제는 유창성 점수가 높으면 다른 점수들도 모두 높아지는 유창성 오염(fluency confound) 또는 유창성 지배성이다. 그 결과로 유창성, 독창성, 유연성 점수 간 매우 높은 상관을 보이면서 세 기준 간 변별이 되지 않는다. 따라서 세 기준을 모두 다 사용할 필요가 있을지에 대한 문제 제기가 있다.

Acar 등(2022)은 확산적 사고(DT)의 여러 채점 기준 간 변별 타당도(discriminant validity)가 있는지를 조사하기 위하여 2009년에서 2019년까지의 242개 연구들을 종합하여 메타분석을 하였다. 전반적으로 유창성은 독창성($r = .62$)보다는 유연성($r = .79$)과 더 높은 상관을 보였다. 이는 유창성이 유연성과 특히 더 변별 타당도가 낮음을 보여준다. 세 가지 상관계수 쌍 중에서 유연성–독창성 쌍이 가장 낮은 상관을 보였다($r = .56$).

DT 검사에서 단 하나의 평가 기준만을 사용해야 한다면, 아무래도 '독창성'일 것이다. 왜냐하면, 창의성의 정의에 포함된 두 가지 기준 중에 우선적인 기준이 독창성(새로움)이기 때문이다. 그래서 유창성의 오염을 줄이고 독창성을 제대로 측정하기 위한 여러 가지 대안적인 채점 방식이 제안되어왔고, 지금도 진행형이다.

먼저, 비례 채점법(proportional scoring)이 있다. 독창성 점수와 유창성 점수의 백분율, 즉 생성된 아이디어 대비 얼마나 독창적인 것이 많은지를 평가하는 방법이다(Runco et al., 1987).[9] 이 방법은 유창성의 영향을

---

[8] TTCT 만큼이나 유명한 DT 검사를 개발한 Wallach와 Kogan(1965)은 유창성과 독특성 (uniqueness)의 두 가지 기준으로 평가하였다.

[9] 독창성을 유창성으로 나눈 값과 더불어 유연성을 유창성으로 나눈 값도 사용할 수 있다.

최소화하는 장점을 가지지만, 유창성 50점과 독창성 25점을 보인 사람이 유창성 4점과 독창성 2점을 보인 사람과 동일한 비율 점수를 갖게 되는 것처럼, 비율 점수는 신뢰하기 어려우며 원점수를 잘 대표하지 못하는 것으로 나타났다.

또한, 생성된 전체 아이디어 집합 중에서 가장 독창적인 두 개 또는 세 개의 아이디어를 확인한 후, 그 아이디어들의 평균 독창성을 채점하는 방식도 있다(Silvia, 2011). 또는 첫 두세 개의 반응만을 선택하여 독창성을 평가하는 방식도 있다(이것은 6장에서 보듯이 독창적인 아이디어는 뒤에 나오는 경향이 있다는 사실에 근거할 때 적절하지 않을 수도 있다). Benedek 등(2013)은 신뢰도를 고려하여 3~6개의 정도의 반응에 대해 채점하는 것이 유창성 오염을 줄이는 데 효과적이라고 하였다.

Runco 등(1987)은 여러 채점 체계를 비교한 결과, '드문' 아이디어에 대해 가중치를 주는 방식인 가중 유창성 점수(weighted fluency score) 체계가 우월함을 보여주었다.

또한, 유창성의 영향을 감소시키기 위해 검사에서 반응 수를 제한하는 방법도 제안되었다. 즉, 참가자들에게 가장 독창적이라고 생각하는 최상의 아이디어 하나만을 제시하거나 최상이라고 생각하는 세 개의 아이디어를 제시하도록 지시하는 것으로 그것으로만 채점하는 방식이다('max/top scoring' 접근). 이 방법을 반대하는 연구자들은 이것이 확산적 사고의 본질에 맞지 않을 뿐만 아니라 참가자의 주관적인 판단이 들어가기에 적절치 않다고 보았다(Acar & Runco, 2019).

한편, 채점에 시간이 많이 소요되는 단점을 극복하기 위해, 피검자의 검사에 대한 반응 전체를 보면서 하나의 단일 점수로 간단히 평가하는 속사(snapshot) 방식이 제안되기도 하였다(Silvia et al., 2009).

3) 확산적 사고 검사의 타당도

TTCT가 창의성을 측정하는 대표적인 검사로 가장 잘 알려져 있기에, 과연 TTCT 또는 확산적 사고(DT) 검사가 미래의 창의적 수행을 얼마나 잘 예측하는지의 '예측 타당도' 문제는 오랜 관심사였다.

먼저, Kim(2008)[10]의 연구에서는 27개 연구(4만 7,197명)의 자료를 종합하여 메타분석한 결과, DT 점수와 창의적 성취(creative achievement) 간에는 .22의 상관계수를 보였다. 조절 효과로서, DT 검사 유형, 창의적 성취 영역, 두 변수 간 시차에 따라 둘 간의 상관계수가 달라졌다.[11] 예를 들어, TTCT가 다른 DT 검사들보다 창의적 성취를 더 잘 예측하였고, 성취 영역 중 음악은 IQ로 가장 잘 예측되었지만 미술, 과학, 문학, 사회적 기술과 같은 영역들은 DT 점수로 가장 잘 예측되었다. 또한, 미술은 과학보다 DT 검사의 예측력이 더 컸다. 이러한 결과들은 미술과 문학은 음악과 과학보다 확산적 사고와 더 관련이 있음을 나타낸다. 기간(time periods)의 경우, DT 검사 점수와 창의적 성취 간의 관계는 11~15년의 기간에서 가장 높은 상관관계를 보였는데, 이것은 5장에서 자세히 다룰 '10년 법칙'과도 일관된 것으로 보인다.

Runco 등(2010)은 토런스가 1958년에 TTCT 검사를 실시한 아동들에 대해 50년이 지난 2008년에 그들의 개인적 성취와 공적으로 인정되는 성취를 추적 조사하였다. 분석 결과, TTCT 점수와 '개인적 성취(personal achievement)'[12] 간에는 중간 정도(.30)의 상관을 보이나, '공식

---

10 이 연구는 IQ 검사와 DT 검사가 창의적 성취를 얼마나 예측하는지 비교하는 메타분석 연구이다. IQ와 창의적 성취 간의 17개의 연구(5,544명)를 메타분석하였을 때, 둘 간에는 .17의 상관을 보였다. 이는 DT와 창의적 성취 간의 상관보다 매우 낮은 것이다.

11 IQ와 창의적 성취 간의 관계도 IQ 검사 유형, 창의적 성취 유형, 예측 기간에 따라 달라지는 결과를 보였다.

12 이것은 '창의적 삶의 양식(Creative Style of Life)' 설문지에서 일상적인 창의적 행동에 대한 질문을 통해 측정되었다. 예를 들어, 새로운 취미에 깊이 빠지거나, 식품협동조

적으로 인정되는 성취(publicly recognized achievement)'와는 유의한 상관을 보이지 않았다. 다만, 지능과 창의성 간의 상호작용은 공식적으로 인정되는 창의성만을 유의하게 예측하였다. 유창성, 유연성, 독창성, 정교성의 합산 점수는 개인적 창의성과 곡선적 관계도 보였는데, 이는 개인적 창의성에는 최적 수준의 확산적 사고가 있음을 시사한다.

청소년기에서 성인기에 이르는 과정에서의 창의성 발달에 대한 40년의 종단 연구에서 Cramond 등(2005)은 TTCT가 창의적 성취의 변량을 23% 설명한다는 것을 보여주었다. 그리고 TTCT로 측정된 창의적 잠재력에서 창의적 성취로의 발달이 상대적으로 40년에 걸쳐 안정적임도 보여주었다. Clapham 등(2005)의 연구에서도 공대생 중에 기계 부품과 관련된 확산적 사고의 하위검사에서 높은 점수를 보인 학생은 이후 직장에서도 창의적인 활동을 계속하며, 15년 후 특허 출원을 더 많이 한다고 보고하였다. 다만, 이 연구에서 전반적인 확산적 사고 검사 점수는 유의미한 관계를 보이지 않았다.

Said-Metwaly 등(2022)은 확산적 사고(DT)와 창의적 성취 간의 관계에 대한 메타분석을 다시 실시하였다. 이들은 Kim(2008)의 메타분석 이후 출간된 연구들을 새로 추가하고 방법론적으로 더 엄격한 방식으로 메타분석을 하였다. 1만 4,901명을 포함하는 70개 연구에서의 총 266개의 효과 크기가 분석되었는데, DT는 약하지만 창의적 성취와 연관이 있는 것으로 나타났고(효과 크기 = .18), 둘 간의 공유된 변량은 3%였다. 성별, 교육 수준, 연구가 이루어진 국가, 측정 도구들, DT와 창의적 성취 간의 측정 시차는 모두 유의미한 조절 효과를 보이지 않았다. 다만, DT 과제 양식, 창의적 성취의 영역, 지적 재능에서는 조절효

합 같은 집단을 조직하거나, 집을 설계하거나, 새로운 교육과정을 시작하거나, 놀라운 종교적 체험을 하는 것 등이다.

과가 나타났다. 즉, DT와 창의적 성취 간의 연관성은 DT의 언어 과제일 때, 공연(performance) 영역[13]에서의 창의적 성취일 때, 지적 재능[14]이 있는 피험자들일 때 좀 더 강하게 나타났다. 또한, 상호작용 효과도 있었는데, 둘 간의 관계는 공연(연주, 연기) 영역에서 재능이 있는 사람들에게서 가장 높게 나타났다.

이러한 메타분석 결과들을 보면, 공적으로 인정되는 창의적 성취와는 큰 관계가 없다는 점에서 다소 실망스러울 수 있다. Zeng 등(2011)은 TTCT로 측정되는 '확산적 사고'는 성공적인 창의적 성취에 필요한 능력 중 하나일 뿐이며, 이 검사가 '실제 세계의 창의성'에 대한 타당한(실용적 가치를 지닌) 측정 도구는 아니라는 데 의견이 일치되고 있다고 주장하였다. 확산적 사고력 검사에서 높은 점수를 받는다고 하여 이후 해당 분야에서 창의적인 인물로 인정받을 것이라고 기대하기는 어렵다는 것이다. 또한, TTCT와 같은 확산적 사고를 주로 측정하는 창의성 검사들은 창의성의 정의에 포함된 두 차원 중 새로움 차원은 잘 포용하고 있으나, 가치나 유용성 차원에서는 취약하다고 볼 수 있다. 그리고 이 두 기준 중의 어느 하나라도 빠진 평가도구라면 창의성의 구성 타당도를 제대로 확보하였다고 보기 어렵다(Zeng et al., 2011). 따라서 Runco 와 Acar(2012)는 확산적 사고는 '창의적 성취'의 예측에 사용되기보다는 '창의적 잠재력(creative potential)'의 지표로 활용될 수 있다고 보았다.

4) 영역 특수적 확산적 사고 검사

TTCT를 포함한 확산적 사고 검사는 기본적으로 '영역 일반성'의 가

---

13 뒤에서 다룰 코프먼의 창의성 영역 척도(K-DOCS)의 연기, 무용, 춤, 연주 등의 공연(performance) 영역을 말한다(Kaufman, 2012).
14 내적 동기나 경험에 대한 개방성과 같은 보다 능동적 특성과도 연관된 재능을 의미하며, 이것이 있는 집단과 없는 집단의 이분 범주 변인이었다.

정에 기반하고 있다. 그런데 일반적인 창의적 사고 과정은 영역 일반적일 수 있더라도 실제 세계에서의 창의성은 영역 특수적인 전문성 개발이 필요하다. 이런 맥락에서 Zeng 등(2011)은 영역 특수성을 고려해야한다고 주장하였다. TTCT와 같은 범용의 표준검사보다 특정한 관심영역에서의 과제나 문제를 포함하는 창의성 검사가 해당 영역에서의개인의 창의적 잠재력을 평가하는 데 더 안면 타당도가 높을 뿐만 아니라, 예측 타당도가 더 높을 것이다.

영역 특수적 DT 검사의 예로, Charyton(2014)이 개발한 창의 공학디자인 평가(CEDA: Creative Engineering Design Assessment)를 들 수 있다. 이것은 공학 분야의 확산적 사고력을 측정하기 위해 개발된 검사로, 특히 STEM(Science, Technology, Engineering, Mathematics) 분야에서의 창의성을 평가하기 위해 고안되었다.

한편, 확산적 사고(DT) 검사의 외적 타당도(external validity)를 높이기위한 노력의 일환으로, 실생활 확산적 사고 검사(Real-world DT Tests)를 개발하려는 시도가 있었다(Okuda et al., 1991). 〈표 4-1〉에서 보듯이, 실생활에서의 문제발견이나 문제해결 관련 과제로 검사를 구성하는 것인데, 자연스러운 상황에서의 창의적 행동을 예측하는 것이므로, 표준적인 DT 검사보다 예측타당도가 더 높게 나오는 결과를 얻었다.

한편, Mumford 등(1998)은 기존 DT 관련 연구들이 창의적 수행이요구되는 실제 직무 상황에서 확산적 사고의 주요 차원에 집중하지 못하였다고 지적하면서, 영역 특수적인 채점법을 제안하였다. 이것은 영역마다 더 중요하게 요구되는 수행 차원이 있을 수 있으며, 그런 차원에서의 확산적 사고가 더 가능할수록 해당 영역에서 더 수준 높은 결과물로 이어질 것이라는 생각에 기반한 것이다. 그들은 미군 장교들을 대상으로 '리더십'을 하나의 수행 영역으로 보고, 리더의 확산적 사고가조직의 목표 달성에 크게 기여할 것이라고 보았다. 다만, 리더십 영역

표 4-1 **실생활 확산적 사고 검사의 문항 예**

구분	문항
실생활의 문제 해결 과제	"철수는 교실에서 옆자리에 앉아 있는 친구다. 그는 얘기하는 것을 무척 좋아해서 당신이 뭔가를 해야 할 때 종종 방해가 된다. 가끔 잡담하는 동안 선생님께 꾸지람을 듣기도 하고, 철수의 방해로 해야 할 일을 제때 못 하기도 한다. 당신은 어떻게 하겠는가? 이런 상황에서 할 수 있는 것을 가능한 한 많이 제시해보라."
실생활의 문제 발견 과제	"이제 학교에서 중요하다고 생각되는 여러 문제를 생각해보자. 학교, 교사, 규정, 같은 반 친구 등과 관련하여 여러 문제들을 적어보라. 시간을 충분히 가지면서, 가능한 한 많은 문제를 생각해보라."

에서 확산적 사고를 측정할 때 기존 DT 검사와 같이 유창성, 유연성, 독창성 차원을 사용하지 않고, 리더십의 특성을 반영하여 아이디어의 질, 독창성, 시간 프레임, 원칙 여부, 현실성, 복잡성, 긍정적 및 부정적 영향 등과 같은 일곱 개의 다른 차원을 적용하였다. 구체적으로 리더(장교)들에게 DT 검사인 '가정하기/결과(consequences) 과제'를 주고 가능한 많은 반응을 하도록 하였으며, 그것을 일곱 개의 채점 차원에서 박사과정생들이 합의적 방식으로 평정하였다. 또한, 해당 영역에서의 창의적 성취에 대한 준거 측정은 ① 전형적으로 직면할 수 있는 잘 정의되지 않은 문제 상황들의 해결 방안들을 기술한 것에 대한 독창성과 질 평가, ② 중요사건법(CIT) 방식으로 조직에서의 주요 문제해결 경험을 기술한 것에 대한 창의적 성취 수준 평가, ③ 경력상의 성공의 지표인 현재 계급, ④ 특별 승진, 교육 기회, 수상 등과 같이 조직에서 우수한 성취로 얻게 되는 것들을 경험한 횟수를 측정하였다.

확산적 사고의 일곱 개 채점 차원과 실제적인 창의적 성취 준거 간의 관련성을 분석한 결과, '리더십' 영역에서는 일곱 개 차원 중 '원칙 여부' 차원(조직 맥락과 제약을 고려하여 특정 아이디어의 장단점을 판단하는 원리 기반의 의사결정)이 창의적 성취를 유의하게 예측하였다. 또한, '시간 프레임' 차원(생성된 아이디어의 즉각적인 효과와 더불어 중장기적으로 조직에 미칠 영향을 검토하는 것)도 일부 창의적 성취를 예측하였다. 따라서 그들은 특정 영역에서 중요하게 고려해야 할 차원들을 찾고, 그 차원들에서 아이디어를 채점하는 것이 실세계의 창의적 수행을 예측하는데 특히 타당할 수 있음을 보여주었다.

5) 알고리즘의 적용

빅데이터, 기계학습, 자연어처리 등이 널리 활용되기 시작하면서 확산적 사고 검사에 대한 반응들의 '독창성' 채점을 자동화하는 방안에 관한 연구도 증가하고 있다. Beketayev와 Runco(2016)는 DT 평가에 자동화된 의미론 기반의 알고리즘(SBA)을 적용하였다. '의미적 거리(semantic distance)'는 개념 간의 (비)유사성의 추정치로서, DT 검사에서의 독창성은 비유사성에 기반하여 채점되기에 이것을 적용할 수 있다.[15] 그들의 연구에서는 250명의 성인이 컴퓨터나 모바일 장치에서 DT 과제(특이 용도 과제)를 받고 아이디어를 입력하면 거의 즉각적으로 규준과 의미망(semantic networks)과 비교되어 채점되었다. 또한, 사람이 하는 전통적 방식의 채점도 이루어졌는데, SBA 방식과 전통적 방식을 비교하였을 때 유연성(flexibility) 점수에서 두 방식 간의 상관계수가 .74로 매우 높게 나타났다(독창성은 .36). 그들의 연구는 DT 채점에 알고리즘을 적용할 수 있다는 것을 보여준 사례로, 즉각적인 채점이 가능하다는 장점과 더불어 의미망 구조라는 개념 구조가 타당한 방식임을 보여주었다.

창의성 연구에서 의미적 거리를 계산하는 널리 알려진 방법은 잠재

---

15 원거리 연상이라는 측면에서, 개념들이 서로 떨어져 있는 정도인 개념적 비유사성으로 의미적 거리를 계량화하여 창의적 사고의 독창성(새로움)을 포착할 수 있는 것이다.

의미 분석(LSA: Latent Semantic Analysis)에 의한 것이다. 이것은 어떤 다차원의 의미 공간에서 두 단어 간의 의미적 유사성을 특정 맥락(예: 글의 문장)에서 특정 단어의 동시 발생 확률로 계량화한다. 예를 들어, 빨강 개념과 이웃 개념 간의 LSA 기반 동시 확률은 R에서 가용한 패키지를 이용하여 빨강과 불 간 .85, 빨강과 노랑 간 .26과 같이 계산될 수 있다. 그러면 두 단어 쌍 간의 의미적 거리는 1로부터 LSA 유사성 점수를 빼서 산출된다.[16]

그간 여러 창의성 연구에서 의미적 거리의 LSA 기반 측정치를 사용하였다. 예를 들어, Prabhakaran 등(2014)이 일련의 명사를 제시하고 이와 연관된 동사를 생성하도록 하는 과제에서 LSA로 측정된 의미적 거리가 먼 반응을 생각해낸 피험자들은 TTCT나 창의적 성취에서도 더 높은 수행을 보였다. 또한, Heinen과 Johnson(2018)도 동일한 동사 생성 과제에서 LSA 의미적 거리를 조사하였다. 이때 ① 독창적이고 적절한 '창의적' 반응을 생성하는 단서가 주어진 조건, ② 적절하지만 독창적이지는 않은 '전형적 반응'을 생성하는 단서가 주어진 조건, ③ 독창적이지만 적절하지 않은 '무작위적 반응'을 생성하는 단서가 주어진 조건을 비교하였다. 각 조건의 반응들을 LSA 기반 의미적 거리를 계산하였을 때, 첫 번째인 창의성 조건에서 반응들의 의미적 거리가 증가하였고, 적절성에 의해 제약되면서도 독창성(새로움) 차원에서 높았다. 이 연구는 의미적 거리의 자동화된 측정이 주관적인 창의성 평정의 약점

---

16 의미적 거리를 표상하는 다른 계산적 접근은 의미망에서의 경로 길이(path lengths)를 고려하는 것이다(Kenett, 2019). 이것은 수학의 그래프 이론에 기반한 망 과학(network science)의 방법론을 창의성 연구에 적용한 것이다. 망 과학은 망과 같은 복잡한 체계를 연구하기 위한 계량적 방법으로 적합하다. 망은 노드(nodes, 의미 기억과 같은 체계의 기본 단위)와 연결(links, 의미적 유사성과 같은 노드들 간의 관계)로 구성된다. 대체로 창의적인 사람들의 의미적 기억 구조는 서로 더 연결되어 있고, 유연하며, 의미망 구조에서 활성화 확산이 더 효율적으로 이루어지는 경향이 있다.

을 극복하면서 새롭고 적절한 창의적 반응을 평가할 수 있음을 보여주었다.[17]

한편, Beaty 등(2022)은 대안 용도 과제(AUT)에서 의미적 거리에 기반한 '독창성' 평가를 위해 사용할 열세 개의 가장 신뢰할 만한 사물을 제시하였다(벽돌, 벨트, 양초, 시계, 빗, 칼, 램프, 연필, 지갑, 양말, 빗자루, 양동이, 베개). 그리고 다음과 같은 고려 사항을 제시하였다. ① 열세 개의 물건 중 일부를 사용하되 시간이 허락하는 한 많이 사용한다. ② 다른 사물을 사용할 경우 복합 명사(예: 기타 줄)는 가급적 피한다. ③ '창의적이어야 한다'는 지시를 준다. ④ 독창성이 유창성에 의해 영향을 받지 않는 채점 체계를 적용한다.

또한, Dumas 등(2021)은 텍스트 마이닝 모형을 이용하여 DT 검사(특이 용도 검사)에서 독창성 점수를 채점하는 방안의 신뢰도와 타당도를 조사하였다. 주관성이 개입될 수 있음에도 불구하고, 사람이 평정한 독창성 점수가 가장 높은 신뢰도를 보였지만, 확산적 사고를 측정할 때 텍스트 마이닝 방법도 사람이 평가한 점수에 매우 근접하는 결과를 보여주었다. 대체로 알고리즘을 이용한 채점 자동화는 자연어 처리(NLP) 분야에서 개발된 단어 벡터 모형에 기반하고 있다.

최근 Forthmann과 Doebler(2022)은 DT 과제 채점에의 알고리즘 적용이 주로 기계학습에서의 비지도학습 방식을 적용해왔다고 보면서, 폴 파울루스(P. Paulus) 등[18]이 1970년에 이미 시도한 확산적 사고 검사(TTCT)의 반응의 채점 자동화에 대한 아이디어를 지도학습(supervised

---

17 Olsona 등(2021)은 의미적 거리에 기반하여 간단히 확산적 사고를 측정하는 확산적 연상 과제(DAT: Divergent Association Task)를 고안하였다. 이것은 피험자들에게 최대한 의미(용도)상 서로 다른 10개의 명사를 생성하도록 하고, 생성된 명사들 간의 의미적 거리를 계산하는 방식이다.

18 그들은 평균 단어 길이, 단어 수 등의 텍스트 마이닝 변인들을 사용하여 TTCT의 자동화된 채점을 위한 예측 모형을 만들었다.

learning) 모형에 최초로 적용하였다. 그들은 파울루스 등의 방식을 적용한 간단한 텍스트 마이닝 통계치들로도 DT 과제에 대한 응답의 창의성을 잘 예측할 수 있음을 인상적으로 보여주었다.

지금까지 소개한 알고리즘은 모두 확산적 사고의 언어검사에 한정된 것이었다. Cropley와 Marrone(2022)은 아래에 소개된 도형검사인 TCT-DP의 반응을 이미지 분류를 위한 기계학습의 한 방법인 합성곱신경망(CNN: convolutional neural network)을 적용하여 창의성을 자동으로 채점할 뿐 아니라 인간이 평가한 수준(7등급) 분류와 거의 일치하는 결과를 산출함을 보여주었다.

현재 대부분의 영역에서 적용되는 기계학습 기반의 인공지능(AI)이 그러하듯이, 이러한 알고리즘은 인간의 판단이나 수행을 능가하기보다는 인간이 반복적이고 비효율적인 일에서 벗어날 수 있도록 해주는 것에 가장 큰 효용이 있다.[19] 또한, 이러한 창의성 채점 AI의 적용은 창의성 평가에서의 시간 및 비용 절약과 더불어 대규모로 평가 시행이 가능하다는 점에서 기존의 한계를 극복하도록 해준다.

게임 기반 평가　　최근 디지털 게임 기반의 창의성 평가(Game-based assessment, 주로 '확산적 사고' 평가) 방법이 늘고 있다. Rafner 등(2022)의 관련 연구 개관에서, 게임 기반의 창의성 평가를 사용하는 주요한 세 가지 동기는 자료 풍부성(data richness), 참여자 몰입(player motivation), 대규모 평가(scalable assessment)로 나타났다. '스텔스 평가(stealth assessment)'라는 특징을 갖는 게임 기반의 창의성 평가가 제대로 이루어지기 위해서는 생태학적 및 구성 타당도[20]가 확립되어야 한다.

19　기계학습을 응용하는 모든 알고리즘이 그러하듯이, 훈련 자료(training data)의 질이 알고리즘의 정확한 판단이나 수행의 가장 중요한 요소이다.
20　생태학적 타당도(ecological validity)는 실험에서 수집된 자료가 실세계의 행동을 반영하는 정도 및 연구 결과가 실제 상황에 일반화될 수 있는 정도를 나타낸다. 구성 타당

이를 위해 명확한 목표, 즉각적 피드백, 도전과 기술의 균형으로 참가자들이 게임이 몰입하는 '플로우(flow)' 상태가 지속되어야 하며(플로우 조건에 대해서는 8장 참조), 여러 과제가 수준(모드)별로 연속적으로 포함되어 있어야 창의성의 여러 요소를 제대로 평가할 수 있다. 게임 기반 창의성 평가가 기존의 확산적 사고 평가와 수렴 타당도를 보이는지를 살펴본 결과, 그리 높지 않은 타당도 계수를 보였다. 사실 확산적 사고를 평가하는 기존 도구들 간에도 수렴 타당도가 높지 않다는 점을 고려하면(Runco et al., 2016), 이것은 그리 놀랄 일은 아니지만, 앞으로 이 장에서 다루는 다양한 창의성 평가방법들과의 관계를 살펴볼 필요가 있을 것이다. 마지막으로 이 연구에서는 아직은 초기 단계인 게임 기반 창의성 평가의 개발 연구가 주로 이공계 저널이나 학회에 발표되고 있지만, 앞으로는 사회과학(심리학, 교육학)과 공학 간의 협력이 매우 중요함을 강조하였다.

6) 스턴버그의 창의성 검사

창의성에 대한 대표적인 연구자인 스턴버그는 창의성과 관련된 다양한 이론 개발과 더불어, 오랜 기간 창의성을 평가하는 방법들을 고안해왔다. 21세기에 들어와 진행된 그의 대규모 프로젝트인 레인보우 프로젝트(Sternberg & the Rainbow Project Collaborators, 2006)와 칼레이도스코프 프로젝트(Sternberg, et al., 2010)는 새로운 창의성 평가 방법들을 실험적으로 개발하였다는 점에서 주목할 만하다. 그의 두 프로젝트에서 고안한 창의성 평가방법은 다음과 같다.

도(construct validity)는 특정한 도구나 방법이 측정하고자 하는 구성개념이나 현상을 제대로 포착해내는 정도를 나타낸다. 구성 타당도를 보여주는 한 방법은 수렴 타당도를 확인하는 것인데, 새로운 도구의 측정값이 기존의 확립된 도구의 측정값과 높은 상관을 보이는 경우 수렴 타당도가 있다고 한다.

레인보우 프로젝트　레인보우 측정치는 스턴버그의 지능의 삼원 이론(Stenberg, 1985)에 해당하는 분석적(Analytic), 창의적(Creative), 실용적(Practical) 지능을 측정하기 위해 개발된 측정도구의 패키지로, 중다선택 검사와 여러 유형의 수행(performance) 검사들로 구성되어 있다. 원래 이 프로젝트는 대학 신입생 선발 과정을 개선하기 위해 고안된 것으로, 미국수학능력시험인 SAT의 보완 도구로 제안되었으며, 다른 표준화된 능력 검사의 보완재로도 활용이 가능하다. 레인보우 프로젝트에서 창의성 검사는 다음과 같은 세 가지 유형이 있다.

첫째, 다소 모호한 여섯 개의 만화를 보여주고, 그중에서 세 개를 선택하여 제목이나 자막을 붙이도록 한다. 그것을 훈련된 평정자 두 명이 5점 척도로 평정한다.

둘째, '다섯 번째 기회', '2983', '가장자리를 넘어', '문어의 운동화', '후방으로 이동 중', '시간이 없어'와 같은 여러 제목 중 하나(또는 두 개)를 선택하여 15분 동안 이야기를 만들도록 하는 것이다. 그 후 평정자 팀이 독창성(originality), 복잡성(complexity), 정서적 유발성(emotional evocativeness), 및 묘사성(descriptiveness)에 대해 평정한다.

셋째, 그림을 선택하여 이야기 만들기 과제로서 하나의 공통된 테마를 가진 11~13개 이미지가 들어있는 다섯 장의 종이를 주고 두 개를 선택하여, 이미지를 조합하여 이야기를 만들도록 하는 것이다(사용된 이미지의 개수에는 제한이 없음). 그 결과물을 평정자 팀이 앞에서와 같은 차원들에 대해 평정한다.

레인보우 프로젝트 검사들에 대한 연구 결과, 대학의 GPA를 예측할 때 SAT의 예측력에 더하여 레인보우 검사가 상당한 추가적인 설명력을 가지는 것으로 나타났다(Sternberg, 2009). 또한, SAT와 같은 전통적인 능력 검사에 비해 민족/인종집단 간이나 성별 차이를 상당량 감소시켰다(Hedlund et al., 2006). 이러한 결과를 토대로 스턴버그는 미국 대학 입시에서 창의성 검사를 활용할 것을 적극적으로 제안하였다.

칼레이도스코프 프로젝트　　칼레이도스코프(Kaleidoscope) 프로젝트에서도 창의적인 사고를 측정하기 위해 다양한 과제들을 활용하며, 개인의 창의적인 산물에 대해서는 합의적 평가 기법(CAT)을 통해 평가한다. 몇 가지 과제 예시를 들면 다음과 같다.

① 역사적 사건을 뒤집어서 생각하기(예: 6 · 25 전쟁이 일어나지 않았다면 지금 어떻게 되었을까?)
② 8.5 × 11 인치 종이를 사용하여 무엇이든 만들어 보시오. 당신이 살게 될 집의 청사진을 그려도 좋으며, 옷을 디자인하거나 연극 세트를 만들어도 좋다.
③ 특이한 주제로 그림을 그리기(예: 곤충의 시점에서 바라본 지구의 모습은?)
④ 평범한 물건에 대한 창의적인 광고를 고안하기(예: 소매 장식용 단추를 홍보하기 위한 새로운 광고를 고안해 보시오)
⑤ 특이한 과학 문제 해결하기(예: 1개월 이내에 달에 갔다 온 사람이 있다고 할 때 어떻게 그를 알아볼 수 있을까?)

7) TCT-DP

독일에서 개발된 도형 검사로, Jellen과 Urban(1986)의 창의적 사고-그림 그리기(TCT-DP: Test for Creative Thinking - Drawing Production)가 있다. 이 검사는 큰 사각형 틀 내에 의도적으로 만든 불규칙적이고 불완전한 그림 조각이나 요소들(반원, 직각의 선, 점 등)을 제시하여 자신이 원하는 모양, 형태, 이야기로 그림을 최종적으로 완성하도록 하는 것인데, 검사 반응의 채점에서 확산적 사고의 양적 측면뿐 아니라, 형태(Gestalt)적 관점을 적용하여 내용, 구성, 정교성과 같은 질적 측면도 고려하며, 모험 감수, 경계 벗어나기, 탈관습성, 감동, 유머 등과 같은 특성도 평가한다. 구체적으로 채점은 열네 가지 기준으로 이루어지는데, 개별 기준의 점수보다는 전체 점수(0~72점)가 더 중요하다(전체 점수 기준으로 7등급으로 구분함).

TCT-DP의 강점은 다양한 연령층에 폭넓게 적용될 수 있다는 점, 창의적 잠재력을 비교적 간단하고 경제적으로 평가할 수 있어 선별(screening) 도구도 유용하다는 점, 그리고 그림 그리기 형태이기에 문화적 편향이 없는 점이다. 마지막 장점인 문화 공정성(culture-fair)으로, TCT-DP는 한국을 비롯한 여러 나라에게 사용되고 있다(Urban, 2005).

3. 원격연상검사

원격연상검사(RAT: Remote Associate Test)는 일찍이 창의성의 연합적(associative) 또는 조합적(combinational) 특성을 간파하고 있던 Mednick(1962)이 개발한 검사로, 머릿속의 연상 망(associative network)에서 서로 의미적 거리가 먼 것들 간의 새로운 연결을 구성하는 능력을 측정한다. 그는 창의적인 사람들은 여러 멀리 떨어져 있는 요소(사물, 개념, 이미지, 사실 등) 간의 연합을 형성하는 능력이 더 뛰어나다고 보았다. 서로 멀리 떨어진 요소 간의 조합은 창의적인 아이디어나 해결안으로 이어진다.

1) 검사 형태

검사 문항의 형태는 〈그림 4-3〉처럼 세 단어를 제시하고 이들과 관계있는 네 번째 단어를 생성하도록 하는 방식이다. 아래 영어 문항 예에서 쉽게 'ice'라는 답을 생각해낼 것이다. 그다음 한국어의 예로 제시

RAT 문항				
영어 문항:	cream	skate	water	_____
한국어 문항:	자리	저승	코털	_____
	기관	소방관	불량	_____
	도전	연령	지주	_____
	소리	칭찬	술	_____

그림 4-3 RAT 문항 예

된 세 단어와 연관된 네 번째 단어는 무엇일까? 자리, 저승, 코털은 '사
자'일 것이다. 그다음 세 문제는?(답은 이 장의 마지막에 제시되어 있다)

가정　이 검사의 논리에 대해 좀 더 살펴보자. 그는 창의적인 반
응에서의 개인 차이는 심적 연합의 조직화와 관련이 있다고 보고, '연
상 위계'로 측정될 수 있다고 하였다. '테이블'에 대한 연상을 한다고
가정하자. 〈그림 4-4〉에서 보듯이, 두 가지 연상 위계가 있을 수 있
다. 여기서 연상 위계는 어떤 특정 개념에 대해 연상되는 단어들을 연
상 강도의 순으로 배열하면 나타나는 것이다. 가파른 연상 위계(steep
associative hierarchy)를 가진 사람의 경우에는 매우 높은 연상 강도를 가
진 한두 개의 고정관념적 연상을 쉽게 찾아내지만, 그 이외의 연상에
는 상당한 어려움에 직면하며, 연상 강도가 낮은 단어를 인출할 확률
은 매우 낮아진다. '테이블'이라는 개념에 대해, '책상'과 같은 매우 우
세한 연상 반응은 쉽게 나타날 것이지만, 그것 이상의 연상을 하는 데
에는 어려움이 있는 것이다. 반면, 평평한(flat) 연합 위계를 가진 사람
은 여러 연상 간의 차이가 크지 않다. 따라서 '테이블'이라는 개념에 대
해, '다리'나 '음식'과 같은 보다 원격의 연상 반응을 인출할 가능성이
더 커진다. Mednick(1962)에 따르면, 창의적인 사람들은 평평한 연상

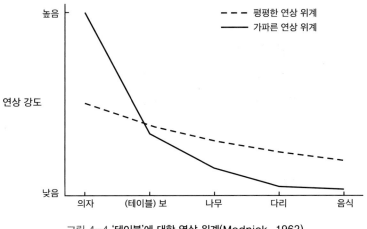

그림 4-4 '테이블'에 대한 연상 위계(Mednick, 1962)

위계를 보이지만, 덜 창의적인 사람들은 상대적으로 가파른 연상 위계를 보인다.

일반적으로 의미적으로 거리가 먼 아이디어 간의 조합 능력은 다른 사람들이 창의적이라고 평가하는 아이디어들을 만들어내는 데 기여한다. Hass(2017)는 확산적 사고 검사의 자극(prompts)과 참가자의 반응 간의 의미적 거리(semantic distance)를 계산하기 위하여 잠재 의미 분석(latent semantic analysis)을 사용하였다. 그리고 일군의 판단자들이 그 반응들을 창의성 척도로 평정하였는데, 반응의 의미적 거리는 창의성 평정과 유의한 관계가 있었다.

2) 관련 연구

RAT와 관련된 선행 연구들은 크게 세 가지 측면에 초점을 둔다. 먼저, RAT의 문항 제작과 관련된 연구로, 언어 자극을 기반으로 하는 검사 특성상 언어가 다른 국가들에서는 각자 고유한 언어로 RAT가 개발되어야 할 것이다.

두 번째는 RAT를 수행하는 동안의 인지적 과정에 관한 연구이다. 이는 목표단어를 도출하는 과정이 의식적으로 이루어지는지 혹은 무의식적으로 이루어지는지에 대한 연구와 세 개의 자극단어 모두를 고려하여 목표단어를 도출하는지 혹은 세 개 중 일부 자극단어만 고려하여 목표단어를 도출하는지에 관련된 연구들이다.

세 번째는 피검사자의 전반적인 수행 수준에 초점을 두고 이것에 영향을 미치는 변인들에 관한 연구이다. 예를 들어, 정서 변화에 따른 검사 수행 결과 혹은 다문화 경험 정도에 따른 검사 수행의 차이 등 다양한 변인들과의 관계를 다룬 연구들이다.

앞서 언급한 것처럼, RAT는 세 개의 자극단어를 통해 공통으로 연상되는 한 개의 목표단어(target word)를 찾는 과제이다. 이때 자극단어와 목표단어 사이의 연합 유형은 의미적 연상, 합성어, 유의어 등으로 다양할 수 있다(Mednick, 1962). 앞의 예에서 '사자자리', '저승사자', '사자의 코털'로 이루어지는 연합에서 앞의 두 연합 유형은 '사자자리'와 '저승사자'로 합성어 연상이지만, '사자의 코털'의 경우엔 의미적 연상을 통한 연합이다. Dailey(1978)는 이러한 원격 연상 검사의 구성 방식에서 자극단어와 목표단어 사이의 연합 유형을 다르게 구성하는 것은 결국 다른 정신 능력이나 다른 심리적 과정을 포함하는 것이라고 하였다. 세 개의 자극단어와 목표단어 사이의 연합 유형에서 두 가지는 의미적 연합이지만, 나머지 하나는 합성어에 의한 연합이라면 대체로 의미적 연합 구성이 우세하다. 반면, 두 가지가 유의어에 의한 연합이지만, 나머지 한 가지가 의미적 연합이라면 이 경우에는 유의어 연합 구성이 우세하다. 따라서 데일리는 각 문항의 연합 유형을 다르게 구성하는 것은 검사의 타당도를 낮추게 된다고 보았다. 그래서 Bowden과 Jung-Beeman(2003)은 자극단어와 목표단어 사이의 연합 유형을 일관적으로 통일시키기 위하여 합성어로만 이루어진 검사(CRA: Compound Remote

Associate)를 개발한 바 있으며, 현재 합성어 기반 연상 검사가 가장 널리 사용되고 있다(Wu et al., 2020).

검사에 대한 평가   RAT는 자극단어들의 조합이 잘못된 인출 과정으로 유도한다는 점, 피검자들이 정답을 도출한 과정을 구체적으로 설명하지 못한다는 점, 그리고 과제 수행 시 피검자들이 '아하' 경험(the Aha! experience)을 한다는 점을 제시하면서 '통찰(insight)'과제로 널리 사용된다(Chein & Weisberg, 2014).

다른 창의성 검사들은 모두 개방형 반응들을 다루기에 채점에 많은 시간과 노력을 요구하지만, RAT에는 정답이 있어 채점이 간단하고 사용하기 쉬운 장점이 있다. 또한, 연구 목적으로도 많이 사용되고 있는데, 특히 뇌과학자들이 창의성을 연구할 때에는 신속한 측정이 요구되는데, 이러한 상황에 가장 적합한 검사이다.

다만, RAT의 심각한 한계점 중의 하나는 언어능력, 작업기억, 및 지능과 매우 높은 상관을 보인다는 점인데, 그래서 확산적 사고가 아닌 수렴적 사고를 측정하는 것으로 보는 것이 타당하다(Lee et al., 2014). 정답이 있다는 측면에서 확산적 사고 과제와 달리 수렴적 사고 과제라고도 불린다. 보다 근본적으로, RAT가 단 하나의 정답을 요구하기에 창의적 사고를 측정하는 것으로 보기 어렵다는 주장도 있다(Ochse, 1990).

그러나 RAT는 창의적 사고를 직접 측정하는 데 목적이 있는 것이 아니라, 창의적으로 사고할 수 있는 역량을 측정하는 것이라고 보는 것이 더 적절할 것이다. 〈그림 4-4〉에서 보았듯이, RAT에서 정답에 이르기 위해서는 확산적으로 사고해야 한다는 점에서 그러하다.[21] Weisberg(2006)도 이에 동의하면서, 마라톤 주자가 될 잠재력을 가진

---

21 한편, Ochse(1990)는 RAT가 세 단어가 공유하는 단어를 찾는 것이지 직접 원격 연상을 요구하는 것은 아니라는 점에서 사르노프 메드닉(S. A. Mednick)의 이론을 제대로 반영하지 못하였다고 지적하였다.

사람을 찾고자 한다면 달리는 속도보다는 폐활량을 측정해야 한다는 비유를 들었다.

RAT 검사도 TTCT처럼 실제 창의적 성취나 창의적 산물 평정과 약한 상관만을 보여줄 뿐이다. 따라서 이 검사도 창의성의 전 과정을 모두 포괄하는(즉, 창의성과 연관된 모든 인지적 능력을 포괄하는) 검사는 아닌 것이다.

4. 통찰 검사

RAT가 통찰 연구에서 사용되는 검사라고 하였는데, 일군의 인지심리학자들은 창의성 평가에서 확산적 사고보다 좀 더 진지한 사고와 정신적인 도약을 요구하는 검사 문항을 고안하고자 하였다. 특히, 형태 (Gestalt) 심리학자들은 통찰력을 측정하기 위하여, 〈그림 4-5〉나 〈그림 4-6〉과 같은 문제들을 활용하였다.

〈그림 4-5〉의 경우, 성냥갑, 양초, 압정을 이용해 불이 붙은 초를 벽에 고정해서 방을 밝혀야 하는 과제이다. 이때 촛농이 바닥에 떨어지지 않도록 해야 한다. 이것은 창의성 또는 통찰을 평가할 때 가장 자주 사용되는 방법이다.

〈그림 4-6〉의 두 줄 잇기 문제는 천장에 달린 두 개의 줄을 이어야 하는 문제인데, 한 줄을 잡고서 다른 줄을 잡기에는 너무 멀리 떨어져 있는 상황이다. 이런 상황에서 어떻게 할 수 있을까?(그림에 제시된 도구를 활용할 수 있다) 해법은 이 장 마지막에 제시되어 있다.

그 밖에 악성 종양 문제(악성 종양 환자를 살리는 딜레마 문제[22]), 삼각

---

22 악성 종양이 있는 환자를 치료하려면 방사선으로 악성 종양을 파괴해야 하지만, 강한

그림 4-5 **양초 문제**

그림 4-6 **두 줄 잇기 문제**

형 점 잇기 퍼즐(연필을 종이에서 떼지 않고 네 개의 선으로 아홉 개의 점을 모두 잇기) 등의 다양한 통찰 과제들이 있다. 통찰 검사는 대개 정답이 있는데, 기존 사고의 틀에 고착되면 문제를 해결하기 매우 어렵지만, 정답을 알고 나면 대개 '아하' 경험을 하게 된다.

방사선은 건강한 세포조직도 파괴하는 딜레마 상황이다. 해법은 이 장의 마지막에서 볼 수 있다.

5. 성향 검사

앞서 소개한 TTCT, RAT, 그리고 통찰 검사는 모두 인지적 검사라고 볼 수 있다. 이제 소개할 검사는 성격 특성(성향)을 측정하는 검사들로서, 창의성과 관련이 있는 성격, 태도, 흥미, 행동 특성 등을 측정한다. 검사를 받는 당사자의 자기 보고(self-report)나 당사자를 잘 아는 주위 사람들(부모, 교사, 상사 등)로부터의 타인 보고를 통하여 창의적 특성이나 행동을 평가하는 방식이다.

1) 창의적 성격 척도

성향 검사로 가장 널리 알려진 것이 창의적 성격 척도(CPS: Creative Personality Scale)인데, 이는 Gough(1979)가 개발한 300개의 문항 구성된 형용사 체크리스트 척도(ACL: Adjective Check List)에서 창의적 성격과 관련된 30개 문항을 별도로 구성한 것이다. 창의적 성향과 정적으로 연관된 문항(18개)과 부적으로 연관된 문항(11개)이다(〈표 4-2〉). 자기 보고형 뿐만 아니라 부모, 교사, 상사와 같이 잘 아는 주변인들이 평정하는 방식으로도 사용될 수 있다.

미국 성격평가연구소(Institue of Personality Assessment and Research)에서 개발된 이 척도는 창의적인 사람들이 일반인과 차이가 나는 성격 특성들을 추출해낸 것이다. 그런데, 창의적인 사람들의 특성에 대한 일반인들의 암묵적 생각은 문화마다 다를 수 있다는 점에서 미국에서 개발된 이 척도가 다른 문화권에도 적용될지는 의문이다(13장에서 다시 다룰 것이다).

Luescher 등(2019)은 CPS의 타당도를 1,773명의 스위스, 한국, 중국 학생들을 대상으로 조사하였다. 그 결과 이 척도에 다음과 같은 네 가지 잠재적 편향이 나타날 수 있다고 하였다. 첫 두 가지는 문화와 관계

표 4-2 **창의적 성격 척도**

구분	문항
창의성과 정적으로 연합된 형용사	"유능한(capable)" "영리한(clever)" "확신에 찬(confident)" "자화자찬의(egotistical)" "유머가 있는(humorous)" "개인주의적(individualistic)" "격식을 차리지 않는(informal)" "통찰력 있는(insightful)" "지적인(intelligent)" "관심이 다양한(interests wide)" "발명적(inventive)" "독창적(original)" "심사숙고하는(reflective)" "재치있는(resourceful)" "자신감 있는(self-confident)" "매력적인(sexy)" "젠체하는(snobbish)" "관습적이지 않은(unconventional)"
창의성과 부적으로 연합된 형용사	"가식적인(artificial)" "조심스러운(cautious)" "진부한/관습적인(commonplace/conventional)" "보수적인(conservative)" "불만족한(dissatisfied)" "정직한(honest)" "관심분야가 협소한(interests narrow)" "예의바른(mannerly)" "참된(sincere)" "순종적(submissive)" "의심하는(suspicious)"

없는 일반적인 편향으로, 창의성에 정적인 형용사의 수가 부적인 형용사보다 더 많은 것에 기인한다. 첫 번째 편향은 표시를 많이 할수록 더 창의적인 것으로 나타나는 문제이다(CPS 점수와 표시한 전체 문항 수 간의 상관 = .60). 두 번째 편향은 척도 점수가 부적 문항은 별로 영향이 없고(CPS 점수와 부적 문항 표시 수 간 상관 = −.24), 정적 문항들 수에 주로 영향을 받는다는 것이었다(.88). 즉, CPS 척도는 주로 정적 문항에 의해 좌우된다.

나머지 두 가지 문화적 편향은 CPS의 암묵적 버전(iCPS)을 사용하여[23] 요인분석 방법으로 분석되었다. 첫째, 요인분석에 의하면, 탐색적

---

[23] iCPS는 피험자들에게 '다음 형용사 중에 어떤 것이 자신을 가장 잘 묘사하는지를 표시하라'고 하지 않고, '다음 형용사 중에 창의적인 사람을 가장 잘 묘사하는 것이 무엇인지를 표시하라'고 한다. 따라서 iCPS는 응답하는 대상이 변경되면서 창의성의 암묵적 지식을 평가하는 데 사용되며, 각 문화마다 표시한 형용사의 빈도 분석과 순위 상관을 통해 문화 간 차이를 연구하는 데 유용하다. 또한, iCPS 형용사 문항의 요인분석을 통해 문화 간에 동일한 요인구조를 갖는지를 확인할 수 있다.

유형(exploratory-type), 사회적 책임 유형(socially responsible-type), 지적 유형(intellectual-type)과 같이 세 군집의 창의성 유형이 나타났다. 한국과 중국에서는 사회적 책임 유형이 지배적이었지만, 스위스에서는 탐색적 유형이 더 많았다. 둘째, iCPS 연구 결과는 세 문화권에서 응답 양식(response style)의 차이에서 오는 편향(사회적으로 바람직하게 반응하려는 편향)도 있음을 보여주었다. 즉, 한국과 중국은 스위스보다 CPS와 iCPS 간의 차이가 더 크게 났는데, 이는 한국과 중국 학생들은 '겸손'의 태도로서 자기 자신을 창의적으로 보는 정도가 스위스보다 약하다는 것을 시사한다.

한편, 최인수 등(2013)은 한국, 중국, 일본에서 CPS의 외적 타당도를 확인하고 CPS를 구성하는 두 요소인 창의적(정적), 비창의적(부적) 성향에 관한 한국인·중국인·일본인의 암묵적 이론을 고찰하여 다음과 같은 결과를 얻었다. 첫째, CPS를 한국, 중국, 일본에서 그대로 사용하는 것은 적합하지 않다. 둘째, CPS를 사용하여 창의적, 비창의적 성향에 관한 한국인, 중국인, 일본인의 암묵적 이론을 살펴본 결과, 창의적 성향에 해당하는 '자화자찬', '개인주의적', '심사숙고하는', '매력적인', '젠체하는(속물적)' 형용사는 한국인, 중국인, 일본인들에게는 비창의적 성향으로 인식되었다. 한편 한·중·일 삼국의 암묵적 이론에서도 차이가 나타났다. 한국인은 지적인 성향을 비창의적 성향으로 인식하는 반면, 중국인은 창의적 성향으로 지각하였다. '유머가 있는', '격식을 차리지 않는'의 두 가지 특성은 일본에서만 창의적 성향으로 인식되었다. 저자들은 이러한 결과에 근거하여 미국에서 개발된 CPS를 동아시아에서 그대로 사용하기 어려우며, 유사한 유교 문화권으로 인식되었던 한국, 중국, 일본에서도 창의적 특성에 관한 암묵적 지식이 서로 다를 수 있다고 하였다.

2) GIFT

GIFT(Group Inventory for Finding Creative Talent)는 교육 현장에서 창의적 잠재력의 조기 발견 목적으로 개발한 검사로(Rimm & Davis, 1976), 교사나 부모가 학생의 창의적 특성(주로 성격)을 평가하는 데 사용된다. GIFT는 초등학생용으로, 창의적인 인물들이 가지는 일반적 성격을 측정한다. 측정 차원들은 자신감, 독립성, 에너지, 모험심, 호기심, 유머, 예술에 관한 관심, 복잡성 선호, 흥미의 다양성 등이다. Davis와 Rimm(1982)이 중고등학생용으로 개발한 GIFFI(Group Inventory for Finding Interests)도 있다.

한편, Davis, Rimm 및 Siegle(2011)은 창의적인 학생(인물)의 특성으로 혼돈 속에서 구조를 발견하는, 생각과 인식이 틀을 벗어나는, 비판적으로 사고하는, 결과를 예견하는, 좋은 결정을 하는, 복잡한 이슈를 이해하는 능력, 독립성, 모험 감수, 유머, 호기심, 심사숙고, 지각력, 모호성과 무질서에 대한 인내, 즉흥성, 예술성, 개방적 마인드, 모험 즐기기와 같은 요소들을 제시하였다.

3) 룬코의 아이디어 발상 행동 척도

RIBS(Runco Ideational Behavior Scale)는 아이디어 생성(발상) 행동에 초점을 두는 자기 보고형 척도로, 최근에 가장 빈번하게 사용되는 척도 중의 하나이다. 이 척도는 Guilford(1967)의 지능 구조 모델과 Mednick(1962)의 연합 이론에 근거하고 있다(Runco et al., 2000–2001). '나는 너무 많은 아이디어들이 계속 떠올라 종종 밤에 잠을 잘 자지 못한다', '아이디어를 생각해내는 능력 측면에서 나는 스스로를 높게 평가한다'와 같은 진술문에 대해 5점 척도로 동의 정도를 표시하는 방식이다. Runco 등(2000–2001)은 최초 100개의 문항을 개발한 후 최종적으로 단일 요인으로 구성된 23개의 자기 보고 문항으로 확정하였다. 이후

Runco 등(2014)은 74개 문항의 수정 척도와 19개 문항의 단축형으로 개정하였다. 대학생들을 대상으로 한 두 표본에서 신뢰도는 .91과 .92로 높게 나왔다.[24]

4) 배런 웰시 미술 척도

배런 웰시 미술 척도(Barron-Welsh Art Scale)는 일반적으로 창의적인 사람들은 단순한 것, 질서정연한 것보다는 복잡한 것, 무질서한 것을 더 선호하는 특징이 있다는 점에 착안한 것이다. '복잡성에 대한 선호'라는 성격 특성을 측정하는 것이기 때문에 성향검사의 유형에 포함될 수 있다.

구체적으로, 86개의 그림 또는 이미지 쌍들을 하나씩 제시하면서 '좋아함' 또는 '좋아하지 않음'의 두 선택지 중의 하나를 선택하도록 하거나, 단순한 그림과 복잡하고 무질서한 그림을 대비시키고 어느 것을 더 선호하는지를 선택하도록 하는 방식이다. 채점은 복잡한 것을 선호하는 것으로 선택한 개수로 이루어진다.

Welsh 등(1987)에 의하면, 이 척도에서 높은 점수를 받는 사람은 무의식적이고 원시적인 1차 과정적 사고가 강한 것으로 본다.[25] 1차 과정적 사고에서 얻은 독특한 아이디어는 이후 실제 현실에 적용될 잠재력을 가지는데, 창의적인 사람은 논리적 현실을 희생하지 않으면서도 1차

---

24 Sen(2022)은 RIBS의 전반적인 신뢰도를 추정하기 위하여 77개 연구에서의 86개의 크론바흐 알파(Cronbach's alpha) 추정치에 대한 신뢰도 일반화 메타분석을 실시하였다. 평균적 추정치는 .90이었다. 교육 수준(대졸 이상 대 대졸 미만)과 검사 버전(19개 문항 대 23개 문항)이 신뢰도 추정치에 큰 영향을 미쳤는데, 대졸 미만과 23개 문항 버전이 더 높은 수준을 보였다.

25 6장에서 살펴보겠지만, 정신분석학자인 크리스(E. Kris)는 전의식적인 1차 과정적 사고와 의식적이고 논리적인 2차 과정적 사고를 구분하였다. 1차 과정적 사고는 어린 아이의 사고처럼 현실의 제약을 받지 않는 무한한 상상의 사고이지만, 2차 과정적 사고는 성인의 사고처럼 논리, 사전 계획, 목표 지향, 형태에의 집착 등이 특징이다.

과정적 사고 기능에 접근하는 특성을 갖는다는 것이다. 웰시 등은 이 척도가 창의적인 재능을 측정하는 데에는 의심의 여지가 없다고 보았으며, 지능, 성별, 연령의 영향을 받지 않는다고 하였다. 그러나 이 검사는 창의력 검사의 아주 특별한 형태로, 이 척도가 측정하는 성격 특성이나 스타일이 정확하게 무엇인지에 대한 연구가 부족하다.

5) 한국에서 개발한 척도

하주현(2000)은 창의적 특성의 인지적, 정의적 8요인(인내와 끈기, 자기 확신, 유머감, 호기심, 상상, 개방성, 모험심, 독립성)을 포함하는 30문항의 창의적 인성 척도를 개발하였다. 이는 모든 연령대를 대상으로 하는 척도이며, 요인 구조가 비교적 균형을 이루고 있다. 최인수와 이종구(2004)는 초등학생용 창의성 검사를 개발하였다. 이것은 인지, 동기, 행동 및 태도 등을 통합적으로 측정하는 3개 범주, 12개 요인, 36개 문항으로 구성된 검사이다.

유경재 등(2011)은 초중고생들의 발달적 특성을 고려한 초등학생용 및 중고등학생용의 6개 요인, 27개 문항으로 구성된 KEDI 창의적 인성검사(Creative Personality Scale)를 개발하였다. 하주현 등(2012)의 KEDI 교사용 창의적 인성 평정 체크리스트도 있다. 강정하 등(2017)은 과학에 관심 있는 중학생의 창의적 특성을 측정하는 자기 보고형 척도로, 세 개의 상위요인(실재, 개인, 사회) 및 아홉 개의 하위요인으로 구성된 79개 문항의 과학적 창의성 척도(K 창의성 척도로 명명)를 개발하였다.

6) 종합 검사

지금까지 소개한 주요한 창의성 평가 방법들을 종합적으로 측정하는 창의력 검사집으로 Williams(1980)의 CAP(Creativity Assessment Packet)가 있다. 6~18세까지의 규준(norm) 점수가 있는 이 검사는 확산적 사고력

뿐만 아니라 성격 특성과 전기적 자료(biographical data)도 고려하는 종합적인 창의력 검사이다. 즉, 인지 검사와 더불어, 교사나 부모에 의한 행동 평가와 자기 평가 등을 모두 포함하고 있다. CAP는 확산적 사고 검사(독창성, 유창성, 유연성, 정교성의 네 가지 평가), 확산적 감정 검사 및 윌리엄스 척도의 세 검사가 합산되어 최종 점수가 산출된다. 확산적 감정 검사(divergent feeling test)는 상상력(imagination), 모험(risk-taking), 호기심(curiosity), 복잡성(complexity)의 네 가지 요인을 측정한다.[26] 윌리엄스 척도는 앞선 두 검사 요소들에 대하여 검사 대상자의 교사나 부모가 평정하는 검사이다.

6. 암묵적 측정

기존 성격 연구들은 주로 성격의 외현적 측정에만 의존해왔기 때문에 암묵적 성격을 고려하지 못하는 한계가 있다. 즉 자기 보고 방식의 내성적(introspective) 접근으로 측정될 수 없는 성격 단면이 반영되지 못하는 개념적, 실증적 한계를 가진다(LeBreton et al., 2020). 20세기 초부터 투사법 검사와 같은 암묵적 측정 방식이 사용된 적은 있으나, 신뢰도와 타당도 측면에서 공격을 받으면서 정신의학이나 임상심리의 일부 영역에서 사용되고 있다.

외현적-암묵적 성격 측면은 성격 시스템의 상호 보완적인 특성으로, 두 측면의 측정치 간 상관관계가 그리 높지 않다는 점에서(James & LeBreton, 2012; Schoen et al., 2018) 위의 한계점에 각별한 주의를 기울일 필요가 있다.

---

26 '윌리엄스 창의성 적성 검사(Williams creativity aptitude test)'라고도 불린다.

1) 조건추론검사

전통적으로 암묵적 검사는 로르샤흐 잉크반점검사나 주제통각검사(TAT: Thematic Apperception Test)와 같은 투사법 검사나 암묵적 연합검사(IAT)와 같은 간접적 측정을 통해 이뤄졌다. James(1998)가 새롭게 고안한 조건추론검사(CRT: Conditional Reasoning Test)도 응답자가 현재 검사가 무엇을 측정하는지 모르며 자기 보고를 요구하지 않으므로 암묵적인 간접적 측정 도구로 볼 수 있다. 그러나 TAT와 같은 다른 암묵적 성격검사와는 달리, 강제선택형의 귀납적 추론문제들로 구성되어 있어 상당히 객관적으로 암묵적 성격을 평가할 수 있다(LeBreton et al., 2020).

CRT에서 조건추론은 인간이 자동적으로 자신을 둘러싼 정보를 프레임하고 자신의 행위를 암묵적으로 합리화하고 방어하는 하나의 방식이다. 여기서 '조건'이라는 단어가 붙은 이유는 귀납적 추론문제에 대한 답은 응답자의 성격에 조건적(conditional), 즉 응답자의 성격에 의해 달라지기 때문이다(James, 1998).

조건추론 이론(James, 1998)에 따르면, 사람들은 근본적으로 자신의 암묵적 동기에 따라 행동하며, 자신의 행동을 합리적이고 논리적이며 적절하다고 여기도록 동기화되므로 자신의 행동을 타당한 것으로 정당화하고자 한다. 이 과정에서 사람들은 자신의 내적인 욕구, 동기, 또는 욕망과 일치하는 '정당화 기제(JM: Justification Mechanism),' 즉 합리화를 위한 논리적인 근간을 발달시켜 실제로는 편향되었지만 마치 합리적이고 논리적인 듯 보이는 추론을 한다(James & LeBreton, 2012). 어떤 상황에서 발생한 행동(또는 선택)을 합리화하는 과정에서, 특정 동기가 강한 사람들은 그 동기와 연관된 유형의 정당화 기제가 무의식적으로 활성화되어 자신의 행동(선택)을 방어적으로 합리화하게 된다.

예를 들어, 공격성이 높은 사람(또는 공격하려는 동기가 높은 사람)은 교사로 부터 받은 피드백을 '비판적' 또는 '공격적'이라고 해석하여 강하게 반응하는 자신의 행동을 '옳은 것' 또는 정당한 것으로 간주할 것이다. 이 경우, 그 사람에게는 적대적 귀인 편향(hostile attribution bias)[27]이라는 정당화 기제가 암묵적으로 작동한 것으로 볼 수 있다.

조건추론 이론에 따르면, 정당화 기제의 활성화는 무의식 수준에서 일어나기 때문에 기존의 자기 보고형 검사로는 측정할 수 없으며, 조건추론검사에서 여러 선택지 중에서 응답자가 생각하는 가장 논리적인 '옳은 답'을 찾는 과정에서 정당화 기제가 반영되는 문항을 선택하는 행동을 통해 측정이 가능하다(전소현 등, 2017; LeBreton et al., 2020).[28]

2) CRT-CP

Schoen 등(2018)은 창의적 성격을 측정하는 조건추론검사(CRT-Creative Personality)를 개발하였다. 그들은 창의적인 성격을 "창의적인 활동에 관여하는 동기(p.1655)"로 정의하고, 창의적인 성격에도 암묵적인 측면이 있다고 보았다. 사회 규범과 맞지 않는 새로운 시도를 하려는 사람은 자신의 행동이 논리적이고 분별 있는 것으로 보고자 할 것이며, 이런 방어적 전략으로 정당화가 발달하게 된다는 것이다. 그리고 창의적인 성격이 암묵적인 수준에서 점차 발달하면서, 창의적 성취를 이루려는 노력하는 자신의 행동을 창의적인 것으로 합리화하기보다는

---

27 적대적 귀인 편향은 사람들의 행동에는 남을 해치려는 의도가 내포되어 있다고 암묵적으로 생각하는 것이다. 그러므로 적대적 귀인 편향이 심한 사람들은 타인의 친절한 행동을 보고도 자신에게 해를 입히려는 의도를 숨기고 있다고 생각한다. 특히 공격성이 높은 사람들은 이러한 정당화 기제를 통해 자신의 공격 행동을 외부의 신체적, 언어적 공격으로부터 자신을 보호하기 위한 방어 행동으로 여기게 된다(James, 1998).

28 현재까지 개발된 조건추론검사에서 측정하는 성격들은 성취동기(Relative Motive Strength), 공격성(Aggression), 팀 지향성(Team Orientation), 우울(Depression), 중독 경향(Addiction Proneness), 정직성(Integrity), 독성 리더십(Toxic Leadership), 창의적 성격(Creative Personality) 등이다.

응당 해야 할 '정당한(right)' 것이라고 합리화하게 된다고 하였다.

이 검사에서는 조건추론의 이론적 틀에 따라 창의적 성격을 가진 사람들의 다섯 가지 정당화 기제를 제시하였다(〈표 4-3〉 참조). 창의적인 사람들은 다섯 가지 정당화 기제를 통해 사회 규범이나 관습을 벗어난 자신에 대한 다른 사람들의 비난이나 저항으로부터 방어할 수 있으며,

표 4-3 **창의적 성격에 대한 다섯 가지 정당화 기제**

영향 편향 (impact bias)	소소한 문제를 큰 장애로 여기면서 자기 스스로 변화가 필요함을 정당화한다. 그래서 현재 상태가 시급하게 변화되어야 하는 것으로 느끼고, 새로운 생각, 과정, 해결책을 만들어내고 시행하는 것을 정당화한다. 다른 사람의 아이디어를 사용하여 수정하고 자신의 것으로 제시하기도 한다.
배타성 편향 (exclusivity bias)	새로운 기여를 하는 것과 특이한 방법으로 일하는 것을 추구한다. 자신의 노력에 대한 즉각적인 인정이나 보상이 필요하지 않고, 새로운 활동에 참여하는 것 자체를 즐긴다. 또한, 자신의 새로운 작업은 언젠가 혁신적인 공헌으로 인정받을 것이라고 여기며 자신의 행동을 방어한다.
새로움 선호 편향 (novelty appreciation bias)	새로운 아이디어, 생각, 산물 등을 지나치게 긍정적인 시각으로 보고, 변화에 의한 새로움을 과장하기에 변화를 위한 도전과 난관도 대단하게 여기지 않는다. 새로운 아이디어는 충분히 고려되고 적절히 적용되어야 한다고 믿으며, 기존의 해결책이나 방식은 흥미롭지 않거나 유효하지 않다고 여긴다. 변화를 위한 자원은 고려하지 않은 채, 변화가 없으면 실패가 뒤따를 것으로 생각한다.
끈기의 효능에 대한 편향 (efficacy of tenacity bias)	새로운 문제를 해결하는 도중에 발생하는 장애물과 실패는 끈기와 헌신으로 이겨낼 수 있다고 가정한다. 현재 문제를 해결할 때 자신의 자기조절과 의지의 힘을 과대평가하고, 이 편향으로 어려운 문제를 해결하는 데 소비한 장구한 시간을 정당화한다.
사회 규범의 가변성 (malleability of social norms)	규범과 규칙은 고정되었다기보다는 필요나 사회적 기대가 바뀜에 따라 역동적이고 변화될 수 있는 것으로 본다. 새로운 아이디어 도입을 위해서는 현재의 사회 규범과 과정도 무시해야 할 필요가 있다고 본다. 이를 통해 규범이나 표준을 무시하거나 벗어나는 것을 정당화한다. 그리고 사회적으로 수용되지 않은 제안을 해서 반박을 받거나 집단의 응집력을 해치는 것에 대한 두려움이 없다. 목적이 긍정적이면 수단을 정당화할 수 있는 것으로 생각하기도 한다.

출처 : Schoen 등(2018)에서 일부 수정

〈CRT-CP 예시 문제〉

"배를 흔들지 말라"는 표현은 뭔가를 바꾸려고 함으로써 다른 사람들을 화나게 하지 말라는 것을 뜻한다. "배를 흔들지 말라"라는 말의 가장 큰 약점은 무엇인가?

A. 사람들은 다른 사람들을 화나게 할 수도 있을 것이라는 우려 때문에 핵심적이고 중요한 변화를 제안하지 않을 수도 있다. (창의적 선택지)
B. 어느 정도의 요동에 대해 대부분의 사람들은 안정감을 느낀다. (비논리적 선택지)
C. 모든 사람들이 변화에 대해서 화가 나는 것은 아니다. (논리적 선택지)
D. 대부분의 배들은 커서 한 사람이 배를 흔들 순 없다. (비논리적 선택지)

그림 4-7 CRT-CP 문항의 예

자신의 끊임없는 노력이 소진되는 것을 막고, 현 상태를 과소평가하거나 만족스럽지 않다고 보고, 다른 사람들은 불필요하다고 여기는 변화를 일으킬 수 있게 되는 것이다.

CRT-CP의 예시 문항은 〈표 4-3〉에 제시되어 있다. 일반적으로 CRT 문항은 두 개의 논리적 선택지와 두 개의 비논리적 선택지로 구성되며, 논리적인 두 개는 다시 정당화 기제를 반영하는 선택지와 그렇지 않은 선택지로 구성된다(〈그림 4-7〉). 피검자가 정당화 기제를 반영하는 선택지를 택한 경우, 추론 과정에서 특정 정당화 기제를 사용한 것으로 보기에 점수를 부여한다. CRT-CP는 총 30개의 문항으로 각 정당화 기제마다 여섯 문항으로 구성되어 있다.

Schoen 등(2018)은 CRT-CP가 외현적 창의적 성격 검사, 창의성 과제(RAT, 양초 문제 등), 창업가적 활동 등과 정적인 관계를 보여주면서 수렴 타당도를 확인하였다.

McAleer 등(2020)은 그림 과제로 측정된 창의적 수행에 영향을 미치는 암묵적 창의성과 외현적 창의성 간의 상호작용 효과를 탐색하였다. 암묵적 창의성(CRT-CP)과 외현적 창의성을 측정하여 분석한 결과, 자기 보고형(외현적) 창의성이 높고 암묵적 창의성이 높은 경우, 창의적인 성과가 가장 높았고, 외현적인 창의성과 암묵적인 창의성이 모두 낮은 경우, 창의적인 성과가 가장 낮았다. McAleer 등(2020)의 결과는 성격의 암묵적 측면과 외현적 측면이 상호작용하여 행동을 예측한다는 성격의 상호작용 모형(Bing et al., 2007)을 지지함으로써 외현적 측정과 암묵적 측정은 이론적으로는 구분되지만, 기능적으로는 서로 얽혀있음을 시사하였다.

Moon 등(2020)은 CRT-CP를 한국어로 번안하고, CRT-CP와 암묵적인 창의적 태도를 측정하는 IAT 간의 관련성을 탐색하였고, CRT-CP가 외현적 창의적 성격을 통제한 후에도 창의적 성취를 예측하는지를 확인함으로써 CRT-CP의 증분타당도를 보여주었다. 이처럼 CRT-CP는 비교적 짧은 역사에도 불구하고, 다양한 창의성 측정치에 대해 창의적 성격의 외현적 측정과는 구분되는 독특한 설명력을 제공한다는 실증적 증거가 보고되고 있다.

또한, 문혜진 등(2021)은 CRT-CP의 기존 다섯 가지 편향에 더하여 새로운 정당화 기제로서 '내적 동기 편향'를 제안하고 타당화 연구를 수행하였다. 그들은 내적 동기 편향에 대한 조작적 정의를 바탕으로 조건추론 문항(7개 문항)을 개발하였고, 총 240명의 대학생 및 대학원생을 대상으로 자료를 수집하여 새롭게 개발된 'CRT-내적 동기 편향 척도'의 신뢰도를 확인하고, 외현적 및 암묵적 창의적 성격(CRT-CP)과 외현적 내적 동기와의 수렴 타당도와 성실성과의 변별 타당도를 확인하였다. 더불어, 창의적 성취에 대한 CRT-내적 동기 편향과 여섯 가지 정당화 기제가 모두 반영된 확장형 CRT-CP의 증분타당도를 검증하였다.

7. 산물 검사

산물 검사는 현재 가장 주목을 받는 창의성 평가방법 중의 하나로, 창의성 발현의 결과인 창의적 산물(product)에 대한 직접적인 평가를 통하여 창의력의 정도를 판단하는 것이다.

1) 창의적 산물 의미 척도

창의적 산물 의미 척도(CPSS: Creative Product Semantic Scale)는 산물 검사 범주에 속하는 고전적인 검사로서, Besemer와 Treffinger(1981)가 창의적 산물을 평가하기 위해 개발한 양극 형용사 체크리스트이다. 1장의 창의성 정의 부분에서 언급되었듯이, 이 척도는 새로움(novelty), 실용성(resolution), 정교성/종합(elaboration & synthesis)의 세 차원으로 구성되어 있다. 새로 개발된 제품이나 산물에 대해 해당 분야의 전문가가 이 척도(80개 문항)를 가지고 평가할 수 있다(〈그림 4-8〉).

김영록과 이순묵(2004)은 위의 3요인 구조모형에 기초하여, 한국에서 사용될 수 있는 창의적 산물 평가도구를 개발하였고, 기존의 연구들과는 다른 보다 독특한 평가대상을 사용하여 산물의 창의성을 평가할 때 사용하는 3요인 구조의 일반화 가능성을 검토하였다. 이후 이순묵 등(2007)은 산물 창의성 평가에서 영역 효과(domain effect)를 다특질다방법(MTMM)을 통하여 분리해내는 결과를 제시하면서 평가 결과를 '영역'을 고려하여 해석할 잠재력이 있음을 제안하였다.

2) 합의적 평가 기법

1964년 미국 대법원 판사 포터 스튜어트는 루이 말 감독의 영화 〈연인들〉의 외설 시비와 관련된 재판에서, "포르노를 정의할 수는 없지만, 보면 안다"라고 언급한 것으로 유명하다. 합의적 평가 기법(CAT:

차원	하위차원	문항		
새로움	독창성 (Original)	남용된 뻔한 평범한 흔한 인습적인	-1—2—3—4—5—6—7- -1—2—3—4—5—6—7- -1—2—3—4—5—6—7- -1—2—3—4—5—6—7- -1—2—3—4—5—6—7-	신선한 참신한 비범한 독특한 독창적인
	...	...	...	...
실용성	논리성 (Logical)	비논리적인 타당하지 않은 관련 없는 부적합한 부적절한	-1—2—3—4—5—6—7- -1—2—3—4—5—6—7- -1—2—3—4—5—6—7- -1—2—3—4—5—6—7- -1—2—3—4—5—6—7-	논리적인 타당한 관련 있는 적합한 적절한
	...	...	...	...
정교성/종합	완성도 (Well crafted)	서투른 망친 대충 만든 대충대충 한 허술한	-1—2—3—4—5—6—7- -1—2—3—4—5—6—7- -1—2—3—4—5—6—7- -1—2—3—4—5—6—7- -1—2—3—4—5—6—7-	숙련된 잘 만든 공들여 만든 꼼꼼한 빈틈없는
	...	...	...	...

그림 4-8 CPSS 문항의 예

Consensual Assessment Technique)은 Amabile(1982)이 제안한 방법으로, 스튜어트의 언급처럼 특정 분야의 전문가들은 해당 분야의 창작물을 보면 창의성을 바로 알 수 있다는 관점으로 최근에 널리 인정을 받고 있다.[29]

TTCT로 대변되는 일반적인 창의력 검사들은 '창의력은 확산적 사고력'이라는 가정에 근거하고 있으며, 영역 일반성의 관점에 근거한다. 반면, CAT는 영역의 전문가들이 해당 영역의 창의적 산물을 평가하는

[29] 사실, CAT 방식은 칙센트미하이의 박사 논문에서 처음 사용된 기법이다. 즉 미대 대학원생들이 그린 정물화를 미대 교수들이 기교(기술), 독창성, 전반적 미적 가치 등에 대해 평가하였다. CAT를 일반 학생들에게 처음 실시한 이가 Amabile(1982)이다.

것이기에 기본적으로 영역 특수성이 반영된다고 볼 수 있다. 창의성을 확산적 사고로만 보는 시각에서 벗어나, 창의성은 여러 요인들과 여러 단계를 거쳐 실현되는 복잡한 현상이라는 시각에서 볼 때, CAT는 창의성 평가의 유력하고도 현실적인 대안으로 인정을 받고 있다.

앞서 소개한 도구들이 심리측정 기반의 검사 형태라면, 이 방법은 검사라기보다는 창의성을 평가하는 일종의 절차라고 할 수도 있다. 그리고 이 방법의 절차는 매우 단순하고 직접적인데, 실제로 참가자들에게 특정 영역에서 창의적인 활동을 하도록 하고 그 산물을 전문가가 평가하는 것이다. 예를 들어, 콜라주를 만들게 하거나, 시를 지어 보라고 하거나, 디자인을 해보라고 하거나, 광고 문구를 제작해보라고 하거나, 과학 문제를 제시하고 풀도록 하는 것이다. 이후 완성한 결과물(산물)의 창의성을 전문가들이 합의적으로 판단하는 것이다. CAT의 논리는 다음 두 가지이다. ① 특정 영역의 전문가들 사이에는 무엇이 창의적인지가 암묵지로 공유되어 있다.[30] ② 창의성은 영역 전문가들 간의 합의를 통해 평가되어야 한다.

CAT의 평가 절차는 다음과 같다. 첫째, 특정 영역의 과제에 대한 결

---

30 Gabora 등(2012)은 영역 전문가(또는 준전문가)들 사이에 창의적 양식(style)이 영역 내(內) 및 간(間)에 인식될 수 있다는 가설을 검증하였다. 미술 전공생들에게 두 종류의 그림을 보여주었다. 하나는 다섯 명의 유명한 화가의 작품이고 다른 하나는 동료 학생의 작품이었다. 두 종류 모두에서 그들은 작품의 창작자들이 누구인지를 우연 수준 이상으로 맞추었다. 유사한 연구에서 창작과 학생들은 특정 문장이 다섯 명의 유명한 작가 중 누가 쓴 것인지, 어떤 문장이 학과 동료가 쓴 것인지를 우연 수준 이상으로 맞추었다. 창작과 학생들이 미술 작품을 만들었을 때, 그것을 동료 중 누가 만들었을지를 우연 수준 이상으로 맞추었다. 서로의 그림에 대해 친숙한 미술 학생들은 그림이 아닌 다른 예술 작품을 동료 중 누가 만들었을지도 우연 수준 이상으로 맞추었다. 이러한 결과들은 창의적 양식은 영역 내에서뿐만 아니라 영역 간에도 어느 정도 인식이 된다는 가설을 지지한다. 또한, 이것은 개인의 창의적 산물이 스스로 독특하게 구조화하고 조직한 세상에 대한 자기만의 근원적인 내적 모형의 표현이기 때문이라고 연구자들은 제안하였다.

과물들을 수집한다. 둘째, 각 전문가가 독립적으로 1(전혀 창의적이지 않음)~6(매우 창의적임)점 척도를 사용하여 결과물들을 하나씩 평정한다. 이때 절대적 기준을 적용하지 않고 상대적인 비교를 하도록 한다. 셋째, 각자 모두 평정하고 난 후, 전문가들의 평정의 합의(consensus) 정도를 계산한 후, 만족스러운 합의(일치)가 이루어지면, 산물들을 높은 점수부터 낮은 점수순으로 배열한다. 그리고 이러한 과정을 통해 매우 창의적인 것으로 판정된 산물을 만든 사람은 '창의적인 사람'이라고 보는 것이다.

이 방법은 미술, 건축, 문학, 경영 등과 같이 영역 특수적으로 창의성을 평가할 수 있고, 다양한 연령층에 걸쳐 활용될 수 있다는 장점이 있다. 실제로 작품, 즉 결과물을 놓고 전문가들이 창의성을 판단한다는 측면에서 단순하면서도 상당히 합리적이고 설득력이 있는 것이다.

실제 CAT의 신뢰도와 타당도가 매우 높다는 연구 결과들이 있다. 우선, 동일 영역의 전문가들은 각자 독립적으로 평가하여도 대개는 그들 간의 일치도(평정자간 일치도)는 매우 높게 나타난다. 심지어 다른 문화권의 평정자(전문가)들 간에도 일치도가 높게 나타난다. 반면, 초심자들 평정의 평정자간 신뢰도는 낮게 나타나는데, 이는 전문가들의 평가는 초보자들의 평가와는 다르다는 것을 보여준다. 따라서 CAT에서는 초심자를 평정자로 사용하는 것은 적절치 않다(Kaufman et al., 2008). 다만, 준전문가는 전문가와 어느 정도 상관을 보이며, 전문가의 대안으로 활용할 수는 있다.

8. 생애 동안의 창의적 성취 평가

다음에는 개인이 살아오면서 또는 생활하는 동안 여러 다방면의 영역들에서 창의적인 활동과 성취를 얼마나 경험하거나 이루었는지를 묻는 방식의 대표적 창의성 평가도구들을 소개한다.

1) 창의적 행동 척도

Hocevar(1980)가 개발한 창의적 행동 척도(CBI: Creative Behavior Inventory)는 과거 청년기와 성인기 동안에 창의적 활동들을 나타내는 28개의 객관적 행동들을 얼마나 하였는지에 응답하는 자기 보고형 척도이다. 문항의 예로서, '만화를 만들었다', '단편 소설을 쓴 적이 있다(학교 과제물인 경우는 제외)', '의상을 디자인하고 만들었다' 등이다. 각 행동들에 대해 4점 척도로 응답한다(1: 전혀 해보지 않았다, 2: 한두 번 해봤다, 3: 3~5번 정도 해봤다, 4: 5번 이상 해봤다). 모든 문항에 합산 점수로 최종 점수가 산출된다. 신뢰도 계수(α)는 .90으로 높게 나타났다. 이후 Dollinger(2003)에 의해 문항이 일부 개정되었다.

2) 창의적 성취 설문지

현재 생애 동안의 창의적 성취를 측정하는 척도로 현재 가장 널리 사용되는 것이 Carson 등(2005)이 개발한 창의적 성취 설문지(CAQ: Creative Achievement Questionnaire)이다. 이것은 한 개인의 삶에서 다양한 영역에서의 창의적 성취를 이룬 정도를 측정하는 자기 보고형 측정도구이다(〈표 4-4〉). 최근 창의성 연구에서 사용 빈도가 늘어나고 있는 도구로서, 객관적이며 경험적으로 타당하며, 검사 실시와 채점이 용이하도록 설계된 척도이다.

CAQ는 다음과 같은 다섯 가지 가정에 기반하고 있다(Carson et al.,

2005). 첫째, 창의적 성취는 영역 특수적인 방식으로 가장 잘 평가될 수 있다. 한 영역에서의 창의적 성취가 반드시 다른 영역에서의 성공을 의미하지 않는다. 물론 많은 사람이 한 영역 이상에서 주목할 만한 성취를 이룰 수도 있기에 CAQ는 구체적인 성취 영역을 확인할 뿐 아니라, 여러 영역에 걸친 종합적 창의적 성취 지표도 계산한다. 둘째, 창의적 성취는 해당 영역에의 노출 및 필요한 지식과 기술의 습득 정도를 나타낸다. 그래서 CAQ 점수는 창의적 성취 영역에서의 훈련/연습의 지표로도 사용된다. 셋째, 특정한 성취에 관한 판단은 영역에서의 전문가들의 인정과 평가가 가장 타당하고 실제적이기에 CAQ 문항에는 해당 분야의 전문가에 의한 공식적인 인정을 받은 정도도 포함하고 있다('해당 영역의 전국적인 간행물에서 비평을 받은 경험' 등). 넷째, 성취의 공식적인 인정에서도 범위가 다를 수 있는데, 전국 단위의 수상이 지역 단위의 수상보다 더 큰 가중치가 주어져야 할 것이다. CAQ는 이런 측면을 반영하고 있다. 마지막으로, 매우 높은 수준의 성취를 이루는 사람은 많지 않다. 그래서 CAQ는 매우 적은 수의 사람들만이 달성하는 성취 수준에 대해서는 더 높은 가중치를 준다.

CAQ에서 평가하는 성취 영역은 시각 예술(Visual Arts: 그림, 조각), 음악(Music), 춤(Dance), 건축 디자인(Architectural Design), 창의적 글쓰기(Creative Writing), 과학 발견(Scientific Discovery), 유머(Humor), 극과 영화(Theater and Film), 발명(Inventions), 요리(Culinary Arts)의 열 개 범주로 나뉜다.[31] Carson 등(2005)의 타당도 연구에서, 이 척도의 검사–재검사 신뢰도와 내적 합치도가 높은 것으로 나타났다.[32] 또한, CAQ

---

[31] 세 파트로 구성된 CAQ에서 파트 1에는 열 개 영역에 더하여 개인 스포츠, 팀 스포츠, 사업적 벤처라는 세 개의 영역이 추가되어 있으나, 이 세 영역은 파트 2에서 세부적으로 측정되지는 않는다.

[32] 최근 Yörük와 Sen(2022)은 CAQ의 신뢰도 계수에서의 변산성에 대한 메타분석 연구

표 4-4 CAQ 문항 예시(시각 예술 영역의 예)

A. 시각 예술(그림, 조각)

   0. 나는 이 분야에서의 훈련 경험이나 재능을 인정 받은 경우가 없다.

   1. 나는 이 분야의 수업/교육을 받았다.

   2. 사람들이 이 분야에서의 내 재능에 대해 언급한 적이 있다.

   3. 나는 미술전에서 상을 한 번 이상을 받은 적이 있다.

   4. 나는 갤러리에서 내 작품을 전시한 적이 있다.

   5. 나는 내 작품의 일부를 판매한 적이 있다.

   6. 지역 간행물에서 내 작업에 대해 비평을 해왔다.

   7. 전국적인 간행물에서 내 작품에 대해 비평을 해왔다.

로 창의적 산물에 대한 평정값을 유의하게 예측하는 예측 타당도가 확인되었으며, 다른 창의적 잠재력 측정 도구(확산적 사고나 창의적 성격 특성)들과의 수렴 타당도도 높고, CAQ는 지능(IQ)와는 구별되는 것을 측정한다는 변별 타당도도 분명하게 나타났다. 마지막으로, CAQ의 열 개 영역에 대한 요인분석에서 '표현(Expressive)', '과학(Scientific)', '수행(Performance)'의 상위 3요인이 도출되었고, 2요인으로 줄일 경우, '예술' 요인과 '과학' 요인으로 구분되었다.

3) 창의적 행동의 전기적 검사

Batey가 개발한 창의적 행동의 전기적 검사(BICB: Biographical Inventory of Creative Behaviors)는 매우 다양한 영역에서의 일상적 창의성을 평가하는 34개 문항으로 구성된 척도이다(Silvia et al., 2012). 이 검사는 지난 12개월 동안 제시된 다양한 행동(활동)을 적극적으로 한 적이 있는지를 묻는 방식이다. 특정 활동을 한 적이 있는지를 묻는 측면에서 CAQ와 비슷한 면이 있지만, 몇 가지 측면에서 차이가 있다. 우

를 하였다. 전체 CAQ 점수에 대한 평균 알파값은 .765로 추정되었다. 그런데 신뢰도 측정값(알파 계수)에서의 유의한 이질성(heterogeneity)이 있음이 나타났고, 이것을 표본(sample)에 따라 신뢰도가 달라지는 CAQ의 한 속성이라고 보았다.

선, 이 검사가 포괄하는 영역이 CAQ보다 훨씬 더 넓다. 미술, 공예, 창의적 글쓰기와 같은 일상적 창의성의 영역뿐만 아니라, 리더십, 코칭, 멘토링과 같은 사회적 창의성도 포함하고 있다. 그래서 일상적인 창의적인 행위를 넓게 포함하는 특징이 있다. 또한, 응답은 강제선택형으로 '예'와 '아니요'의 두 선택지 중에 하나에 표시하도록 한다.

4) 코프먼의 창의성 영역 척도

Kaufman(2012)은 자신의 이름을 딴 창의성 영역 척도(K-DOCS: Kaufman Domains of Creativity Scale)를 개발하였다. 그도 창의성 연구에서의 영역 특수적 접근을 취하면서, 영역을 어떻게 구분할지 결정하는 것에서 시작하였다. 자기 보고 설문지에 사용한 이전 연구들을 개관하고 대학생 2,318명의 응답 자료를 요인분석하여 최종적으로 다섯 범주 영역을 도출하였다. 최종적으로 '자기/일상(Self/Everyday)', '학술(Scholarly)', '수행(Performance)', '기계/과학(Mechanical/Scientific)', '예술(Artistic)'의 다섯 영역에 해당하는 50개 문항으로 구성된 척도를 개발하였다. '자기/일상' 영역의 문항의 예로 '돈이 없을 때 뭔가 재미있는 일을 찾는다'가 있다. 또한, 이 척도는 문항에 대해 '덜 창의적이다'부터 '훨씬 더 창의적이다'까지 동료들과 비교하여 자신의 창의성을 평가하도록 하는 특징이 있다.

그의 연구에서 내적 일치도의 신뢰도 계수는 높은 수준으로 나타났고, 다섯 개의 창의성 영역과 성격 5요인 간의 상관관계도 이전 연구들과 일관되는 결과를 보여 수렴 타당도도 확인되었다.

5) 창의적 활동과 성취 설문지

가장 최근에 개발된 것으로, Diedrich 등(2018)은 실세계의 창의성에서의 개인차를 폭넓게 측정하는 척도로서 창의적 활동과 성취 설문지(ICAA: Inventory of Creative Activities and Achievements)를 개발하였다. 이것은 지난 10년 동안 일상적인 창의적 활동의 참여 빈도와 여덟 개의 창의성 영역에서의 창의적 성취 수준을 각자 독립적으로 평가한다. 여덟 개 영역은 '문학(Literature)', '음악(Music)', '미술과 공예(Arts & Crafts)', '요리(Creative Cooking)', '운동(Sports)', '시각 예술(Visual Arts)', '공연 예술(Performing Arts)', '과학과 공학(Science/Engineering)'이다.

그들은 일곱 개의 일반인 표본과 두 개의 전문가 표본을 분석하여 ICAA의 적절한 내적 일치도 신뢰도(문학의 경우 낮은 수준), 수렴 타당도(CAQ 및 경험에 대한 개방성과 높은 상관을 보임), 변별 타당도(우호성, 성실성 등과는 상관이 별로 없음)에 대한 증거를 제시하였다. 그들은 이 척도를 개발하면서 구체적인 창의적 활동과 성취의 실제 현황도 보여 주었는데, 제시된 영역별로 창의적 활동에 참여한 빈도가 전반적으로 낮게 나타났다.

또한, 창의적 활동의 평가는 little-c에 적합하고, 창의적 성취의 평가는 pro-c에 더 적합한 것으로 나타났다. ICAA는 기존 척도에 기반한 것이되, 훨씬 더 폭넓게 창의성의 영역과 수준을 평가하는 척도로서 가치가 있다.

9. 기록 자료 및 전문가 지명 방법

실존 인물을 대상으로 과제나 척도를 제시하여 응답하도록 하는 방식 이외에, 이미 존재하는 기록 자료(archival data)를 활용하거나 영역의 전문가들로부터의 지명을 통해 창의성을 평가할 수도 있다. 이미 예상할 수도 있겠지만, 역사측정법에서는 주로 이 방법을 사용한다. 예를 들어, 2장에서 보았듯이, Cattell(1903)은 백과사전에 차지하는 공간(분량)의 크기로서 명성(eminence)을 측정하여 1,000명을 명성 순서로 나열하였다.

Mumford와 Gustafson(1988)은 창의성 연구를 위해 기록 자료로 창의성 준거(criterion)를 얻는 경우, 다음과 같은 세 가지 접근이 있다고 하였다. 첫째는 출간 논문 수나 특허를 받은 수와 같이 분명하게 드러나는 명시적 산출(overt production) 준거이다. 이것은 질적 수준과 가치를 공적으로 인정받은 혁신적인 산물을 생성한 빈도로 창의성을 가늠하는 것이다. 둘째는 전문적 인정(professional recognition) 준거이다. 이것은 특정 직업 분야에서 일정한 가치를 가진 것으로 인정되는 새로운 아이디어나 산물을 만들어낸 이에게 주어진 상(賞)으로 창의성을 평가하는 것이다. 예를 들어 노벨상이나 아카데미상과 같은 것이다. 셋째는 사회적 인정(social recognition) 준거이다. 동료나 관리자처럼 특정 분야에 대해 잘 아는 타인들의 판단이 특정 영역에서의 한 개인의 새로운 기여의 가치를 평가하는 것이다. 이것의 예로, 앞서 소개한 성격심리학자 MacKinnon(1962)은 성격과 창의성 간의 관계를 연구하기 위해 창의적인 인물을 지명(nomination) 방법으로 선정하였다. 즉, 특정한 영역의 전문가들에게 그 분야에서 매우 창의적인 사람을 지명해 달라고 하거나, 교사에게 매우 창의적인 학생을 지명해 달라는 방식이다.[33] 동일 분야의 동료들로부터 지명을 받거나 학급에서 교사의 추천을 받는 것은 창의성에 대한 신뢰로운 지표일 수 있다. 이상의 세 가지 범주는 서로 다르지만, 새롭고 사회적으로 가치가 있는 산물을 만들어내었다는 점에서는 모두 일치한다.

Simonton(2013)은 공식적 평가를 통해 창의적 산물의 문화적 가치,

---

[33] 지명의 경우에도 관찰한 학생들의 특성을 평가하는 데 도움이 되는 척도도 있다(예: GIFT). 여기서는 그런 척도를 사용하지 않고 단순 지명하는 경우만을 의미한다.

즉 특정 '장(場)'이나 공동체가 특정 산물을 창의적인 것으로 인정하는 정도를 가늠할 수 있다고 하였다. 그는 문화적 가치를 평가하는 세 가지 기준을 제시하였다. 첫째는 파급효과(impact)로, 이것은 특정 아이디어나 산물이 '장'에서 인정을 받고 장을 변경시키는 정도를 나타낸다. 애플의 아이폰은 이동통신 분야에 혁명을 가져왔으며, 이는 영향의 정도가 매우 큰 사례에 해당한다. 두 번째는 특정 산물이 시간의 검증을 받으면서 오랜 기간 계속되는 지속성(longevity)이다. 셰익스피어의 연극은 400년 이상이 지난 지금도 공연이 되고 있다. 마지막은 영향력(influence)인데, 이것은 특정한 독창적 산물을 인용하고 참조한 정도 또는 그것에 기반하여 만들어낸 후속 결과물의 수를 나타낸다. 예를 들어, 매년 다윈의 진화론에 기반한 수백 편의 논문이 나오고 있다.

10. 조직 현장에서의 창의성 평가

최근 연구가 급증하고 있는 경영 및 조직 현장의 창의성 연구들에서도 창의성을 평가하기 위한 방법들이 동원된다. 조직 현장에서의 창의성 연구는 창의성과 연관된 변인들의 영향을 살펴보는 데 초점을 두는 경우가 많으며, 통상 분석 수준에 따라 개인, 팀, 조직 수준으로 구분된다. 각 수준별 대표적인 척도들을 살펴보자.

1) 개인 수준

개인 수준에서의 창의성은 Zhang과 Bartol(2010)이 개발한 창의적 과정 몰입(CPE: creative process engagement)이 널리 사용된다. 이 척도는 조직에서 창의적인 결과물에 이를 수 있는 구체적인 행동들을 문항으로 포함하고 있기에 일기법(diary) 조사에서 자주 사용된다(To et al., 2012).

표 4-5 창의적 과정 몰입 단축형 척도

1. 과제(문제)의 본질을 파악하기 위해 상당한 시간을 사용했다.
2. 과제(문제)를 다양한 관점에서 생각해보았다.
3. 다양한 종류의 정보를 탐색하였다.
4. 타 분야에서 사용된 방법이나 아이디어를 우리 과제/문제에 응용하는 방안을 모색했다.
5. 새로운 아이디어를 생각해낼 때 다양한 원천의 정보를 고려하였다.
6. 기존의 방식에서 벗어나 가능성 있는 새로운 대안을 생각해내려고 하였다.
7. 새로운 아이디어를 만들어내는데 도움이 될 정보들을 찾기 위해 상당한 시간을 보냈다.

장재윤과 문혜진(2014)은 CPE의 전체 열한 개 문항 중에서 일곱 개 문항을 선별하여 일기법으로 측정하였는데(〈표 4-5〉), 10일간의 신뢰도 계수(Cronbach's alpha) 평균은 .88(.80~.94)로 나타났다.

또한, Tierney와 Farmer(2002)가 창의성과 자기 효능감을 결합하여 창의적 자기 효능감(creative self-efficacy)이라는 개념을 제시하면서 만든 세 문항 척도가 있다(예: '나는 문제를 창의적으로 해결하는 나의 능력에 대해 자신감이 있다'). 일반적인 자기 효능감과는 달리, 창의적 자기 효능감은 창의성을 요구하는 영역에서 창의적 수행을 이루어낼 수 있다는 개인적 신념을 의미한다. 단일 차원의 세 문항에서 더 나아가, Karwowski(2011)는 창의적 자아 효능감(6개 문항)과 창의적 자기 정체성(5개 문항)의 두 차원으로 구성된 창의적 자아 척도도 제시하였다. 하유경과 조한익(2016)은 창의적 사고(9개 문항)와 창의적 수행(11개 문항)의 두 요인으로 구성된 20개 문항의 대학생용 창의적 자기 효능감 척도를 개발하였다.

일반적인 역할 정체성을 조직 창의성 맥락에 적용한 자기 개념으로 '창의적 역할 정체성(creative role-identity)'도 있다(Farmer et al., 2003). 이것이 높은 사람은 새롭고 유용한 아이디어의 생성을 자기 정의의 중요한 한 부분으로 본다. 척도 문항의 예로 '창의적인 종업원이 되는 것은 나의 정체성에서 중요한 부분이다'가 있다.

창의적 자기 효능감이나 창의적 역할 정체성 개념에서 주목할 점은 이것을 고정된 특성으로 보지 않고 변화될 수 있다고 보는 것이다. 조직은 구성원들의 창의적 자기 효능감이나 역할 정체성을 높여 긍정적인 조직 성과를 얻고자 한다. 따라서 이를 제고하기 위한 개입 방법을 고안하기 위해서는 종단적으로 개인 내 변화를 다루는 연구가 필요하다.

마지막으로 조직 구성원의 창의성을 상사가 평정하는 경우에 널리 사용되는 척도로, Zhou와 George(2001)가 개발한 13개 문항의 창의성 척도가 있다. 문항의 예로, '목표를 달성하기 위하여 새로운 방법을 제안한다', '성과를 개선하기 위하여 새롭고 유용한 아이디어를 생각해낸다', '기회가 주어지면 업무에서 창의성을 발휘한다' 등이 있다. 제시한 문항에 대해 해당 구성원을 잘 묘사하는 지 5점 척도에 응답하도록 한다.

2) 팀 수준

팀 수준의 혁신 풍토를 측정한 Anderson과 West(1996)의 TCI(Team Climate Inventory)가 있다. 이 척도는 전체 조직이 아닌 팀 분위기 및 과정에 초점을 맞춘 것으로, 비전(vision), 참여 보장(participative safety), 과제 지향(task orientation), 혁신 지원(support for innovation), 상호작용 빈도(interaction frequency)의 다섯 차원으로 구성되어 있다. 68개 문항의 최초 척도에 이어 38개 문항의 단축형이 개발되었다(이후 다양한 형태의 단축형이 사용되고 있다). TCI 측정 결과를 팀에 피드백함으로써 팀 혁신을 증진할 수 있는 팀 개발 도구로 자주 이용된다.

Kiratli 등(2016)도 공급망관리(SCM) 맥락에서의 경쟁력을 높이기 위한 창의성의 필요성을 강조하면서, 9개 문항의 팀 창의성 분위기(team creativity climate) 척도를 개발하였다. 문항의 예로, '우리 팀에서는 거부의 두려움 없이 자기 생각을 개방적으로 공유한다', '우리 팀에서는 늘 새로운 방식을 시도하도록 서로 격려한다' 등이다.

3) 조직 수준

조직 수준에서의 창의적 분위기를 측정하는 최초의 도구로 CCQ(Creative Climate Questionnaire)가 있다(Ekvall, 1996). 이것은 창의성과 혁신을 저해하거나 자극하는 조직의 조건을 50개 문항으로 측정한다. 또 다른 창의적 분위기를 측정하는 대표적인 도구는 KEYS이다(Amabile et al., 1996). 이것은 창의성과 관련 있는 여덟 가지 조직 특성과 조직의 실제 성과를 2가지 준거로 측정하는 도구이다. 조직 구성원들이 조직 내에서 창의성을 효과적으로 발휘하기 위한 업무 환경 요소를 찾고자 한 Amabile(1988)은 미국 창의적 리더십 센터(CCL)와 공동으로 연구개발 조직 내 120여 명의 과학자와 공학자들을 대상으로 중요사건법(CIT)을 적용한 인터뷰를 통해 창의적이었던 프로젝트 성공 사례들을 수집하고 분석하였다. 그 결과, 조직의 창의성에 영향을 미치는 세 가지 환경 요소는 혁신을 이루려는 조직의 동기화(organizational motivation), 조직의 자원(resource), 조직의 경영 관행(management practices)으로 구분되었고,[34] 이를 기초로 KEYS가 개발되었다. 장재윤과 박영석(2000)은 한국 기업들을 대상으로 수집된 자료를 통해 KEYS 척도의 타당화 연구 결과를 제시하였다.

Mathisen과 Einarsen(2004)은 CCQ, KEYS, 및 TCI의 세 도구의 신뢰도와 타당도를 검증하였고, 그 결과 CCQ만이 충분한 신뢰도와 타당도를 보이지 못하였다고 하였다.

---

[34] 첫 번째는 조직의 창의성과 혁신에 대한 근본적인 지향성 및 지지를 나타내며, 두 번째는 독창적인 새로운 작업에 할당된 시간과 재정적 지원 등 창의적 업무수행을 위해 가용한 조직 내 모든 자원을 나타내며, 세 번째는 업무수행에서의 자율성, 도전적이고 흥미로운 업무특성, 명확한 전략적 목표, 그리고 다양성이 높은 팀 구성 등 여러 경영상의 실제를 나타낸다.

11. 국가와 지역사회의 창의성 지표

앞서 조직 현장에서의 창의성 평가 척도들을 개인, 팀, 조직 수준에서 살펴보았다. 이제 마지막으로 국가나 지역사회 수준에서의 창의성 지수나 지표들을 간단히 살펴보자. 이 경우에는 창의성과 혁신을 거의 동의어로 취급하여 같이 평가되는 경우가 많다.

창의성 및 혁신 지수를 주로 국가 단위나 도시/지역 단위로 비교하고 순위를 정하는 경우가 많다. 여러 분야에서 만들어진 국제적인 창의성과 혁신 지수들이 있지만 모두 장단점을 지니고 있다. 국가나 지역사회 수준에서의 창의성과 혁신에 관심을 갖고 이를 진단하고자 하는 이유는 경제적인 목적과 개인과 사회의 복지 증진 목적으로 나눌 수 있다 (Hoelscher & Schubert, 2015). 첫째, 창의성과 혁신은 경제적 성장의 전제조건이다(Florida, 2005). 지식경제에서는 단순히 기존 제품이나 서비스의 대량생산이나 판매로는 성공하기 어렵고, 제품 및 서비스에서의 지속적인 개선과 혁신을 통해서만 높은 부가 가치가 생길 수 있다. 따라서 생존의 필수 역량으로 강조되는 창의성과 혁신의 수준을 가늠할 수 있는 지표가 필요한 것이다. 둘째, Cropley(1999)에 의하면, 창의성은 정신건강의 한 요소이며, 삶에 대한 긍정적인 적응을 촉진하는 것이다. 전통적인 사회에서는 빈번한 혁신을 달갑지 않은 것으로 보기도 했지만, 현대 사회에서는 혁신이 개인, 지역사회, 그리고 전체사회가 직면하는 복지와 안녕과 관련된 도전적인 문제들을 해결하는 데 크게 도움이 되는 것으로 인식된다.

많은 국가 기관과 조직에서 국가의 전반적인 창의적 역량을 측정하고자 노력을 기울여 왔다. 먼저, EIS(European Innovation Scoreboard)는 EU 국가들의 혁신 성과를 평가하고 비교하기 위해 EU 집행위원회 (European Commission)의 주도로 개발된 도구이다. 2001년부터 매년 여러 버전의 EIS가 출판되고 있는데, 2021년 버전은 12개 차원(기업의 연구개발 투자 등)의 32개의 지표로 구성되어 있다. 대부분 나라에서 지역 수준의 개별적인 정보들도 이용가능하다.

한편, 국가는 창의성과 혁신을 평가하기에는 너무 넓은 범주이기에, 지역 중심의 다양한 지표들이 있는데, Florida(2002)가 창의적 계급(creative class)에 관한 연구의 일환으로 개발한 창의성 지표(Creativity Index)는 미국 내 268개 지역(geographic regions)에 대한 창의적 잠재성을 측정하고자 개발되었다. 측정 측면에서 엄격하지 않다는 지적을 받기도 하지만(Saltelli & Villalba, 2009), 미국에서 경제 개발을 논의할 때에는 자주 활용된다. 이것은 미국 내 여러 지역과 도시들에서의 인재(Talent), 기술(Technology), 그리고 관용(Tolerance)[35]의 분포에 대한 설명을 포함하고 있다.[36] 그는 의미 있는 새로운 형태를 창조하는 일에 몰입하는 창의적 계급이 경제 성장에 결정적인 요소이며, 그들은 특정한 지역에 같이 군집을 이루면서, 창의적 삶의 방식이 가능한 환경과 맥락을 형성한다고 보았다. 이 지표는 창의적 계급에는 창의성을 표현할 수 있는 자극적이고 관용적인 문화적 맥락이 필요하며, 이러한 맥락이 있는 지역에 인재와 기술이 모일 것이라는 명확한 이론적 근거를 제공하

[35] 시민의식과 민주주의의 핵심 조건인 관용은 다양한 방식으로 정의될 수 있지만, 차이의 가치를 인정하는 것과 같이 외집단에 대한 일반화된 긍정적 태도, 편견의 부재, 그리고 자신이 승인하지 않거나 좋지 않게 생각하는 것들에 대한 인내를 의미한다 (Verkuyten, 2010). 관용이라는 것은 단순히 편견의 부재만을 의미하지 않고 자신과 다른 사람들의 방식이나 관행에 대한 인내 및 시기하지 않음을 나타내는 개념으로, 무엇 또는 누군가를 싫어할 때 나타나는 차별(discrimination)과는 반대되는 것이다.

[36] 리처드 플로리다는 샌프란시스코를 세 가지 T(기술·인재·관용)를 갖춘 대표적 지역 중의 하나로 꼽았다. 실리콘밸리에 세워진 세계적 IT 기업의 3분의 1 이상이 외국 출신들에 의해 구성되었는데, 다양한 이질적 문화를 기꺼이 수용하는 관용의 정신이 이에 기여하였다고 볼 수 있다. 즉, 관용은 다양성에 대한 개방성 및 포용성으로 정의된다. 이에 대한 지표가 될 수 있는 것이 용광로 지수(외국인 인구 비율), 게이 지수(동성애자 인구 비율), 보헤미안 지수(예술가 인구 비율) 등이다.

였다. 이 지표로서 서로 다른 지역과 도시 간의 비교가 가능해지면서 오늘날의 도시 설계가에게 많은 영향을 미쳤다. Florida 등(2015)은 3T 모형을 근간으로 하여 국가 수준의 창의성도 평가하였는데, 139개 국가 수준의 글로벌 창의성 지표(GCI: Global Creativity Index)를 측정하였다. GCI는 연구개발 투자, 특허 출원, 창의적 계급, 교육 수준, 소수집단 등이 포함된 포괄적인 국가 창의성 측정치이다.[37]

또 다른 창의성과 혁신에 대한 국가 간 비교 지표는 유엔 산하 세계 지식재산기구(WIPO)가 경제 발전의 중요 요소인 혁신역량을 측정해 매년 발표하는 글로벌 혁신 지수(GII: Global Innovation Index)이다.[38] 또한, 싱가포르의 ASAT 글로벌 창의성 지수(Global Creativity Index), 호주의 혁신 역량(Innovative Capacity) 등의 비교 평가 도구들이 있다. 어반 인스티튜트(Urban Institute)는 미국 내 주요 대도시 지역의 예술과 문화에 대한 비교 가능한 정량적 자료를 제공한다(Jackson et al., 2006).

12. 향후 연구 방향

지금까지 살펴보았듯이, 창의력을 평가하는 방법은 매우 다양하다. 그러나 소개한 도구들 이외의 다른 형태의 창의력 평가 도구도 있으며,

---

[37] Liu 등(2018)은 국가 수준의 신앙심(religiosity)과 GCI 간의 관계를 조사하였는데, 신앙심과 창의성 간에는 부적인 관계가 있었다.

[38] 2021년 한국은 이 지수에서 역대 최고인 5위를 차지하여, 아시아 국가 중에서는 처음으로 1위에 올랐다. 한국은 미래에 대한 투자를 평가하는 혁신 투입(input)의 세부지표인 인적자본·연구(Human capital/research)에서는 3년 연속 1위였다. 전체 지표 중 아홉 개 세부지표에서 세계 1위를 차지했는데, GDP 대비 특허 출원, GDP 대비 PCT 출원, GDP 대비 특허 패밀리(2개국 이상 출원), GDP 대비 디자인 출원(이상 지식재산 관련) 등이다. (www.globalinnovationindex.org/ 참조)

21세기에 들어와 계속 새로운 도구들이 개발되고 있다. 다만, 창의성이란 개념 자체가 워낙 복잡하고 광범위하여 어떤 하나의 도구나 방법으로 완전하게 평가할 수 없기에 보다 안전한 접근은 두 개 이상의 도구나 검사를 묶음(battery)으로 사용하는 것이다(Plucker, 2022). 또한, 실생활에서는 하나의 창의성 평가 결과에 너무 많은 의미를 부여하지 않는 것이 건전한 자세이다.

지능에 대해 150년 넘도록 연구해왔지만 아직도 지능에 대한 정의 및 측정 방법에 대해 논쟁이 지속되는 것과 같이, 그보다 연구의 역사가 짧은 창의성에 대한 평가도 그동안 많은 진보를 이루었다고 볼 수 있지만, 가야 할 길이 훨씬 더 많이 남아 있다고 보아야 한다. Plucker(2022)도 21세기에 들어와 창의성의 중요성이 더욱 강조되고 있음에도 창의성 평가에서의 그간의 문제점들은 여전히 큰 개선이 없다는 지적을 하였다. 그는 이전부터 계속된 창의성 평가 영역에서의 두 가지 문제점을 지적하였다. 첫째는 창의성 또는 창의적 잠재력의 평가에서 확산적 사고(DT) 검사(과제)에 지나치게 의존하고 있는 점이다. 둘째는 가장 유력한 창의성 평가 방법인 DT 검사의 예측 타당도의 증거가 여전히 부족하다고 여겨지는 점이다. 더구나, DT 검사 이외의 다른 창의성 검사들의 예측 타당도에 관한 연구는 거의 이루어지지 않은 실정이다.

플러커가 지적한 문제의 극복뿐만 아니라, 앞으로 창의성 평가 영역이 지향해야 할 몇 가지 방향을 제시하면서 이번 장을 마무리하겠다. 첫째, 교육이나 조직 현장의 구체적인 맥락(context)을 반영하고 영역 특수적인(domain-specific) 측정 방식이 더 많이 개발되어야 한다. 초기에는 영역 일반성이 창의성 연구의 지배적 관점이었다면, 21세기에 들어와서는 영역 특수성이 더욱 강조되고 있으며, 창의성 평가에서도 맥락과 영역을 점차 더 고려하기 시작하였다. 영역 특수성을 주장하는 Baer(1998)는 영역 특수적 창의적 이론의 개발 및 이와 관련된 평가 도구의 개발을 오래전부터 강조하였다. 3장에서 소개한 '놀이공원 이론 모형'은 창의 과정의 초기 단계에는 영역 일반적으로 시작하지만, 특정 영역에 적용하는 이후 단계들에서는 점차 영역 특수적인 것으로 이동한다고 하면서 영역 일반성과 특수성을 모두 포용하는 접근을 취하였다(Baer & Kaufman, 2005). 이와 유사하게, 창의성 평가와 관련하여 발달적 접근을 취하면, 어린 학생 시절에는 영역 일반성에 기초한 평가가 적절하지만, 고학년이나 성인이 되면 특정한 영역이나 과제에서 창의성을 발휘할 기회가 확대되므로 영역 특수성으로 평가가 이루어져야 한다고 볼 수 있다(Plucker, 2022).

둘째, 아직 초기 단계인 창의성의 암묵적(implicit) 평가에 대한 관심이 지금보다 더 확대되어야 할 것이다. 13장에서 보겠지만, 원래 창의성의 암묵적 이론에 관한 연구는 문화간 차이를 드러내는 데 많이 적용되었다. 그러나 평가 맥락에서 조건추론검사(CRT)와 같은 암묵적 측정법은 대부분의 외현적 측정법이 갖는 사회적 바람직성 반응과 같은 약점으로부터 자유로울 뿐만 아니라, 무의식적인 과정을 포착하는 장점이 있기에 앞으로 더 많은 연구가 필요하다. 더불어, 외현적 측정치와 암묵적 측정치 간의 다양한 상호작용 형태가 준거 변인을 예측하는 양상에 관해서도 관심을 기울일 필요가 있다(Uhlmann et al., 2012).

셋째, DT 검사의 채점에서 언급되었듯이, 창의성 검사의 채점에 알고리즘을 적용하는 시도가 계속되고 있다. 창의성 평가의 채점에서 기계학습의 원리를 적용하는 것은 상당한 잠재력이 있는 것으로 볼 수 있다. 일반적으로 지능검사나 다른 능력 검사들과 달리 정답이 없는 특성을 가진 창의성 검사는 채점의 부담이 매우 커서 현장에서 대량으로 사용하기가 어려웠다. 따라서 채점 부담을 거의 없애주는 AI 기반의 창의성 평가 도구는 학교 현장이나 조직 현장에서 창의성 평가를 주요한 도구로 활용할 확률을 매우 높여줄 것이다. 앞으로 이 방향에서의 발전은 창의성 연구 및 창의성 평가에서의 새로운 혁신이 될 것이다.

* 정답 또는 해법

1. RAT 문제: 소화, 정신, 고래

2. 양초 문제: 성냥갑을 비우고, 그것의 한쪽 면을 벽에 압정으로 고정시킨다. 그리고 양초를 성냥갑 위에 놓으면 된다. 성냥갑의 기능이 성냥을 담는 것에만 고착되어 있으면 해결책을 생각해내기 어렵다.

3. 두 줄 잇기 문제: 책상 위의 물체를 활용한다. 물체를 한쪽 줄 끝에 매단 후, 그것으로 줄을 좌우 운동을 시킨다. 그리고 다른 줄을 잡고, 가까이 온 줄을 잡는 것이다.

4. 악성 종양 문제: 해결책은 낮은 강도의 방사선을 여러 방향으로 쏘면서 종양 부위에 집중하도록 하는 것이다.

2부 미시적 관점의 창의성

5장
창의성과 생애발달

"화가가 다루는 인상이나 상상의 원천은 다양하다. 오늘날의 화가들에게 가장 널리 알려진 원천은 어릴 때의 기억이다. 관객뿐만 아니라 당사자도 모를 수 있지만, 수많은 현대적 작품의 핵심을 형성하는 이미지들은 아동기의 격정과 환희를 나타낸다. 화가는 그것을 되찾아서 지금의 경험과 통합하려고 하는 것이다."

– 미하이 칙센트미하이(1988)

이 장에서는 예외적 창의적 인물들의 발달적 특성에 대해 살펴보고자 한다. 먼저, 인간 발달에 관한 천성 대 양육(nature vs. nurture) 논쟁과 관련하여 창의성에 대한 유전의 증거를 살펴보았다. 이후 어린 시절 가족 환경과 관련된 요인으로 출생 순위, 부모 상실, 놀이의 영향과 교육과 스승의 영향, 대인 관계 등의 주요 경험을 다루었고, 영역 특수적 관점에서의 창의성 발달을 분석하였다. 그리고 Big-C 차원에서의 연령과 창의적 성취 간의 관계 및 '10년 법칙'의 진위에 대한 논쟁을 개관하였다. 마지막으로 확산적 사고의 발달과정 및 창의성 슬럼프 현상, 노년기의 창의성을 고찰하였다. 이 장에서는 주로 역사적 창의성을 보여준 창의적 천재들의 전기나 자서전을 분석하는 연구들을 통해 이들의 공통적인 특성을 모색할 것이다.

1. 창의성과 유전

지능이나 성격이 타고나는 천성인지 아니면 양육과 교육 같은 환경 요소의 영향을 받는지가 오랜 논쟁거리였듯이, 창의성에서의 개인차를 설명하는 요인으로 유전의 영향 역시 오래된 관심사이다.[1] 이에 대한 논의는 19세기 골턴[2]에서 시작된다. 영국 빅토리아시대의 뛰어난 심리측정학자였던 그는 자신의 책『유전되는 천재』에서 창의성을 포함한 지적 능력은 유전된다는 강력한 주장을 하였다. 이는 이후 우생학(eugenics)의 근거가 되었다.

1) 쌍둥이 연구

지적 능력에 대한 천성 대 양육의 상대적 효과를 확인하기 위해 골턴이 최초로 쌍둥이 연구[3]를 시작한 이후로, 다양한 연구들이 수행되었다. 창의성의 유전율(heritability)을 알아보기 위해 Barron(1972)은 이탈리아와 미국의 100쌍 이상의 쌍둥이를 대상으로 다양한 창의성 검사로 측정된 다섯 가지 특성 중 적응적 유연성(adaptive flexibility)과 시각 자극

---

[1] 지능과 유전자 간의 관계도 관심거리일 터인데, 쌍둥이 연구들에 의하면, 연령, 사회경제적 지위(SES), 맥락 요인들에 따라 큰 차이가 있기는 하나, 지능의 약 50%의 변량은 유전으로 설명된다(Barbot & Eff, 2019). 인간의 '행복'도 약 50%는 유전 요인의 영향을 받는다고 한다(Lyubomirsky, 2007).

[2] 다윈의 사촌인 골턴은 통계학자, 심리학자, 사회학자, 인류학자, 우생학자, 탐험가, 지질학자, 및 발명가라고도 불릴 수 있을 정도로 다방면의 지식을 보유하였는데, 지금 기준으로 IQ 200이 넘었을 것으로 추정된다. 매우 비사교적인 성격으로 사람을 만나기보다는 숫자 다루기를 더 좋아하였고, 셀 수 있는 것은 모두 계량화되어야 한다는 생각이 강한 인물이었다.

[3] 쌍둥이 연구를 위해서는 동수의 일란성 쌍둥이(전체 쌍둥이의 약 3분의 1)와 이란성 쌍둥이를 구하여야 한다. 물론 쌍둥이는 발달기 동안 같은 환경(가족)에 노출되기에, 임의로 선정한 두 사람 간의 유사성보다는 더 높을 것이다. 다만, 일란성이 이란성보다 특정한 특성에서 더 유사하게 나타날 경우, 유전이 영향이 있다고 볼 수 있다. 반면 일란성과 이란성 간에 차이가 없다면 해당 특성의 유전 가능성은 거의 없는 것이다.

에 대한 미적 판단(aesthetic judgment)의 두 특성이 유의한 유전율을 보인다고 하였다. 그러나 확산적 사고의 두 특성인 유창성과 독창성에서는 유전의 증거가 나타나지 않았다.

Nichols(1978)는 쌍둥이 연구들에 대한 메타분석을 하였다. 모든 상관관계를 평균하였을 때, 일란성 쌍둥이의 확산적 사고 점수의 상관(.61)은 이란성 쌍둥이의 상관(.50)보다 더 높았지만 유의한 차이는 아니었고, 지능, 기억, 언어 유창성보다는 낮은 수준이었다.

한편, Reznikoff 등(1973)은 코네티컷 쌍둥이 등기소(Connecticut Twin Registry)에서 찾은 117쌍의 일란성 및 이란성 쌍둥이를 대상으로 원격연상검사(RAT)를 포함한 열한 개의 창의성 검사를 실시하였으나, 창의성의 유전을 지지하는 설득력 있는 증거를 찾지 못하였다. 열한 개의 검사 중, RAT에서만 일란성이 이란성보다 더 유사하였다. 일란과 이란의 쌍둥이는 모두 일반 모집단에서의 임의적 쌍보다 모든 측정치에서 더 유사한 점수를 보였지만, 두 유형의 쌍둥이에서는 유의미한 차이가 없었기에, 쌍둥이 간의 유사성은 환경의 영향으로 설명하는 것이 적절할 것이다. 이러한 연구들로 보면 창의성의 유전적 기초가 있다는 생각은 경험적으로 충분히 지지되지 않는다(Sawyer, 2012).

그러나 최근의 연구에서는 유전의 증거가 나타난다. Piffer와 Hur(2014)는 338명의 성인 쌍둥이들을 대상으로 4장에서 소개한 창의적 성취 검사(CAQ)를 실시하였다. 이 검사는 '예술'과 '과학'의 두 하위척도별 점수와 전체 점수를 산출할 수 있는데, 세 척도 모두에서 일관되게 일란성 쌍둥이 간의 상관은 이란성 간의 상관보다 상당히 더 높았다. 이는 창의적 성취에 있어 유전의 영향을 시사한다. 세 척도에서의 유전율의 추정치는 43%에서 67%에 이르렀다. 그리고 공유된 환경 요인의 영향은 미미하였는데, 이러한 결과는 앞서 소개된 쌍둥이 연구 결과들과는 일치하지 않는다. 이러한 상반되는 결과가 나온 것은 쌍둥이의 나이와 창의성 측정 도구의 차이 때문일 수 있다.

여러 연구에서 예술과 과학 영역에서 지능과 성격이 창의적 성취에 미치는 서로 다른 영향을 제시하였다. 그런데 지능과 성격은 유전과 환경 요인 모두의 영향을 받는 것으로 알려져 있다. de Manzano와 Ullén(2018)은 성격, 지능, 창의적 성취 간의 관계에 미치는 유전과 환경의 상대적인 영향이 예술과 과학 영역에서 다른지 조사하였다. 스웨덴의 1,300쌍 이상의 쌍둥이 집단으로부터 지능, 성격 5요인, 창의적 성취(CAQ)를 측정하였다. 세 변인 간의 관계를 분석한 결과는 다음과 같다. 첫째, '지능'과 '경험 개방성'이 예술과 과학 영역 모두에서 창의적 성취에 유의한 영향을 미쳤다. 다만, 지능과 창의적 성취 간의 관계는 예술 영역보다 과학 영역에서 두 배 이상 더 높은 관련성을 보였고, 경험 개방성과 창의성 성취 간의 관계는 과학 영역보다 예술 영역에서 두 배 더 높은 연관성을 보였다. 둘째, 세 변인 모두 보통에서 높은 수준의 유전율을 보였다. 또한, 두 영역에서 개방성과 창의적 성취 간의 상당한 유전적 중복을 보였다. 그러나 지능과 연관된 유전자는 예술적 성취보다는 과학 영역의 성취에서 더 큰 역할을 하였다. 즉, 지능에 미치는 유전의 영향은 과학 영역의 창의적 성취에도 대부분 관련된 것이다. 이러한 결과는 영역 특수성 관점을 지지하는 것으로 볼 수 있다.[4]

창의성에서의 개인차가 유전에 의한 것인지 아니면 환경(양육)에 의

---

4 연구자들은 영역 특수성의 이유를 다음과 같이 세 가지로 제시하고 있다. 첫째, 창의적 작업은 서로 다른 인지적 전략을 가진 다양한 인지적 과정을 거쳐 달성될 수 있다. 둘째, 분야마다 각기 다른 형태의 정보 처리 요구가 있다. 셋째, 유전적 구성과 생애 경험은 인지 능력, 성격, 흥미에 영향을 미치며, 그 결과로 특정 (인지적) 활동에 관여하고 즐기고 더 뛰어날 확률에도 영향을 미친다. 또한, 연구자들은 과학과 예술 영역에서의 이런 차이를 창의성의 이중 경로(dual pathway) 모형(Nijstad et al., 2010; 8장 참조)과 연계하여 설명하였는데, 전자는 인지적 끈기(cognitive persistence), 수렴적 사고, 뇌의 중앙집행망(CEN)과 연관성이 높고 후자는 인지적 유연성(cognitive flexibility), 확산적 사고, 뇌의 기본망(DMN)과 연관성이 높은 것으로 보았다.

한 것인지에 대한 초기 연구들에서는 유전율의 증거를 거의 찾지 못하였으나, 최근의 연구들에서는 그러한 증거를 조금씩 찾기 시작하였다. 이러한 변화는 영역 일반성과 특수성의 관점 차이와 창의성 관련 측정치에서의 차이 때문일 수 있다. 과거 연구는 영역 일반성의 관점에 근거하는 경향이 있었으나, 최근에는 영역 특수성 관점에서 유전의 영향을 고찰하고자 한다. 또한, 초기 연구들에서는 창의성을 주로 '확산적 사고'로 측정하였지만, 2010년대 이후의 연구들에서는 '창의적 성취'를 측정하였다. 창의적 성취에는 확산적 사고 이외의 다양한 요소들이 함께 관여될 것이다. 이러한 다양한 요소들도 유전의 영향을 받는다면, 확산적 사고와 더불어 이런 요소들이 총체적으로 창의적 성취에 기여하였을 수 있다.

2) 친족 연구

7장에서 보겠지만, 베토벤, 헤밍웨이, 처칠과 같이 조증과 우울증이 교대로 나타나는 양극성 장애를 보인 사람들은 창의성이 요구되는 직업을 갖는 경향이 있다(Kyaga et al., 2011). 그런데 흥미로운 점은 이런 정신의학적 장애를 보이는 사람들의 '친척'도 창의적인 경향이 있다는 것이다. 이것은 유전적으로 공유하는 부분이 있음을 시사한다.

대를 이어 창의적인 직업을 갖는 가계를 생각해보자. 예를 들어, 작가 집안에는 작가뿐만 아니라, 배우나 감독 등의 다른 예술 영역에 종사하는 사람들이 있을 가능성이 크다. 이것이 단순히 양육 환경의 효과이거나 친족 등용(nepotism)의 영향이라고 볼 수도 있지만, 타고난 기질이나 재능일 수 있으며 그렇다면 유전적 구성에 그 뿌리가 있을 것이다.

그러나 다른 한편으로는 유전자가 어떻게 표현되는 지가 더 중요할 수 있으며, 그런 측면에서 환경도 중요한 역할을 할 것이다. 예를 들어, 미술 영역의 창의성을 보이는 사람들은 자신의 삶에서 신체적 또는 심리적 학대, 무시, 거절 등의 심한 트라우마를 경험한 비율이 상대적으로 높고, 그것이 뇌의 기능 변화와 관련이 되어(즉 창의성에 관련된 복잡한 신경망에 영향을 주어) 유전자의 표현에 영향을 미칠 수도 있다.

Roeling 등(2017)은 창의성의 유전율을 연구하기 위해, 네덜란드 쌍둥이 등기소 자료를 분석하여 창의적인 직업이 DNA에 뿌리를 두고 있는지를 조사하였다. 연구 대상은 성인 쌍둥이들과 그들의 형제자매의 대규모 표본이었다. 대상자들의 직업을 조사하여 춤, 영화, 음악, 연극, 시각 예술, 글쓰기의 범주에 들어가면 '예술(artistic)' 직업으로 분류하고, 이를 창의적 직업으로 보았다. 분석 결과는 다음과 같다. 첫째, 쌍둥이의 예술 직업을 가지는 빈도를 조사하였을 때, 일란성 쌍둥이가 창의적인 직업을 가지는 것의 상관이 .68이었고, 이란성 쌍둥이는 .40이었다. 일란성과 이란성 간에 뚜렷한 차이가 난다는 점은 유전자가 창의적 직업을 가질지에 영향을 미침을 나타낸다. 둘째, 비쌍둥이 형제자매 자료를 사용하여 결과를 조정하였을 때 최종적으로 창의적 직업을 가지는 것의 유전율은 .70으로 추정되었다. 즉, 창의적 직업 선택에서의 70%는 유전의 영향으로 볼 수 있다는 것이다.

동일한 네덜란드 쌍둥이 자료를 사용한 Vinkhuyzen 등(2009)의 연구에서는 문학, 학술논문, 저술 등의 '창의적 글쓰기' 영역의 경우 .83의 높은 유전율을, 회화나 연기와 같은 넓은 범주의 '예술' 영역은 약간 낮은 .56의 유전율을 보였다.

한편 Kandler 등(2016)은 창의성에 영향을 미치는 유전 및 환경 요인들의 효과를 조사하기 위하여 독일의 쌍둥이 표본을 대상으로 중다특성-중다방법(multitrait-multimethod)으로 분석을 하였다. 여기서 중다특성은 생물학적 요인, 성격 특성, 지능과 같은 창의성의 세 가지 예측변인이었고, 중다방법은 자기 보고 창의성, 동료 보고 창의성, 검사 수행 기반 창의성(농담하기, 종이 탑 만들기)의 세 가지였다. 확인적 요인

분석에 의하여 세 가지 방법은 두 유형의 구별되는 창의성으로 나뉘어졌다. 즉, 자신을 얼마나 창의적이라고 평가하는지 또는 동료들로부터 얼마나 창의적이라고 평가받는지의 '지각된 창의성'과 실제 창의성 검사로 측정된 '객관적 창의성'에서의 유전율을 분석하였다.[5] 분석 결과, 전자는 .62의 꽤 높은 유전율을, 후자는 .26의 유전율을 보였다. 후자의 창의성 유전율은 개방성, 외향성과 더불어 지능의 유전적 요소에 의해 설명되었지만, 전자의 경우는 개방성과 외향성만으로 설명되었다. 이런 결과는 '창의적이라는 주관적 감각'과 '객관적인 창의적 능력'이 별개로 구분될 수 있음을 시사한다.

이러한 유전율에 관한 연구들에서 두 가지 제한점을 지적할 수 있다. 첫째, 칸들러 등의 연구에서 자기 또는 동료 보고형 창의성의 유전율은 .62로 높았고, Roeling 등(2017)의 .70의 유전율도 자기 보고형 측정치에서의 결과이다. 만약 객관적인 창의적 능력을 측정하여 유전율을 계산하였다면, 이보다는 더 낮은 수준을 보일 가능성이 있다. 유전이 창의적 직업에의 종사 여부에 미치는 실제적인 영향은 객관적인 창의적 능력에 의한 것만이 아니라, 다른 개인적 특성(예술가의 인생을 사는데 필요한 결단력 등)에 의한 것일 수도 있다. 둘째, 뢸링 등의 연구에서 창의적 직업을 가진다는 것 자체가 높은 창의성을 의미하는 것은 아니다. 창의적 직업에 종사하는 사람들 사이에 창의성의 정도에서 큰 편차가 있으며, 소수에게서만 Big-C의 창의성이 발현될 것으로 기대할 수 있다.

---

5 전자는 전형적(typical) 수행 측면을 반영하고, 후자는 최대(maximum) 수행 측면을 반영한다.

3) 창의성 유전자의 존재 여부

이상의 결과에 기반하여, 과연 창의성 유전자가 있는지에 대해 질문한다면, '없다'가 더 진실에 가깝다고 볼 수 있다. 물론 최근에 창의성 유전자로 간주될 잠재력이 있는 유전자들이 나오고 있다.[6] 그러나 단 하나의 창의성 유전자는 없다. 복잡한 표현형(phenotype)으로서의 창의성은 여러 영역마다 다양한 형태로 나타나고 복합적인 특성과 능력들로 구성되어 있고, 뇌의 여러 기능과 신경망 속에 내재되어 있다(Barbot & Eff, 2019). 그래서 관련된 요소들은 적어도 부분적으로 유전적 기초를 가질 수 있다. 10장에서 보겠지만, 창의성을 좌뇌나 우뇌와 같은 뇌의 특정 부위에 한정할 수 없고, 뇌 전체의 역동적인 상호작용으로 보는 것이 오늘날의 관점인 것처럼, 남다른 창의성을 오로지 단 하나의 유전자에서 찾으려 하거나 유전 요인들에서만 찾으려는 시도는 아무런 유의한 결과를 얻지 못하며, 이는 지능과 같은 다른 복잡한 표현형에도 동일하게 적용된다.

2000년대에 들어와 유전자와 창의성 간의 관계를 다루는 연구들은 확산적 사고와 같은 인지적 요소뿐만 아니라 동기와 성격과 같은 비인지적 요소들을 포함하는 다양한 유전적 기초 또는 요인들을 조사하는 다변량 접근을 취하고 있다.

4) 진화론적 관점

인간의 진화 및 사회 발전에 대한 창의성의 기여는 비단 오늘날의 얘기만은 아니다. 창의성은 역동적으로 그리고 호혜적으로 진화적 압력

---

6 예를 들어, DT의 유전적 기초에 대한 일련의 연구들에서 DRD2 유전자(도파민 수용기)와 TPH 유전자(세로토닌 합성자)의 개입을 보여주었다(Reuter et al., 2006). 그리고 DRD4와 COMT가 아동과 성인들 모두에서 개방성의 두 하위요인인 개방성/지력(Openness/Intellect)을 예측하는 유전자들이었다(DeYoung et al., 2011).

에 의해 조성되어 왔다(Barbot & Eff, 2019).

첫째, 역동적(dynamic) 관점에서, 선택(selection)의 두 가지 진화적 힘이 수백만 년 동안 두 가지 형태의 인간 창의성을 조성해왔다고 추정된다(Feist, 2007). 첫째, 자연선택의 압력은 기술 진보와 같은 '응용(applied)' 창의성을 조성하였을 것인데, 왜냐하면, 그것은 생존 문제의 해결에 직접 영향을 미치기 때문이다. 둘째, 번식 가능성과 연관된 성적 선택 압력은 음악이나 미술 같은 보다 '장식적(ornate), 미적(aesthetic)' 창의성이 발휘되도록 하였을 것인데, 왜냐하면, 그것은 암묵적으로 파트너에게 매력적으로 보일 수 있는 유전적, 신체적, 정신적 적합성의 신호로 작용하기 때문이다(Miller, 2001).

둘째, 호혜적(reciprocal) 관점에서, 불, 전기, 원격 통신과 같은 Big-C의 혁신들과 창의적 산물은 인간 진화의 방향을 바꿀 수 있고, 궁극적으로 게놈(genome)에도 영향을 미칠 것이다. 이러한 문화적 산물과 유전의 진화 간의 호혜적 영향은 생물학적 제약들이 특정한 문화를 형성하게 하며, 형성된 문화에서의 새로운 혁신은 다시 유전적 진화를 초래하여 생물학적 세부 특성을 바꾸는 순환적 관련성을 나타낸다. 수천 년 동안 인간의 셀 수 없는 창작물과 발명품들로 누적된 문화 환경은 자연선택을 일으키는 힘이 되어 진화의 경로를 바꾸게 된다. 따라서 인간의 Big-C 혁신들은 물리적 및 사회문화적 환경에 영향을 미칠 뿐 아니라, 자연선택의 진화 기제를 통하여 다음 세대의 유전 구성에도 영향을 미칠 수 있는 것이다. 유전자와 문화의 이러한 상호작용을 유전자와 문화의 공진화(coevolution) 또는 이중 유전(dual-inheritance)이라고 한다.

2. 아동, 청소년기: 가족의 영향

1장에서 다룬 창의성 4Ps 중의 하나가 환경(Press)인 것처럼, 창의성의 발달심리학에서는 창의적 인물들의 가족 배경이나 성장 환경이 우선적인 탐구 대상이 된다. 이 분야의 초기 연구들은 가족 크기, 형제자매 수와 연령 차이, 출생 순서 등과 같은 가족 구조(structure)에 주목하였다. 예를 들어, 대가족 구조에서는 보다 권위주의적인 부모가 나타날 가능성이 있고, 출생 순위에 있어 중간인 사람이 더 반항적이어서 잠재적으로 더 창의적일 수 있다(Sulloway, 1996). 반면 Albert와 Runco(1989)는 형제자매 수나 가족 구조보다는 가족 과정(process)이라고 할 수 있는 자율성(autonomy)이 창의성에 더 영향을 미칠 수 있다고 하였다. 그러나 가족 구조가 가족 과정에도 영향을 미칠 수 있기에 먼저 가족 구조에 대해 살펴보았다.

1) 출생 순위

1874년 골턴이 처음 추측한 이후, 창의적인 인물과 연관된 흥미로운 이슈 중의 하나는 출생 순위에 있어 '맏이(firstborn)'가 많다는 점이다(예: 뉴턴, 아인슈타인). 이후 연구자들 사이에는 상반된 두 관점이 대두하였다. 즉, 맏이 중에 역사적 인물이 많다는 사실에 근거하여 맏이가 더 창의적이라는 관점(Altus, 1965)과 맏이는 대개 보수적, 관습적, 순응적이기에 덜 창의적이라는 관점(Sulloway, 1996)이다. 또한, 위대한 과학자는 맏이인 경우가 많고 위대한 예술가는 동생들인 경우가 많다는 주장도 있다(Bliss, 1970; Feist, 1993; Roe, 1953). 심지어 출생 순서는 아무런 유의한 차이를 가져오지 않는다는 결과도 있다(Baer et al., 2005).

'형만 한 아우 없다'는 표현에 어울리게, 출생 순위에서 대개 맏이가 둘째나 셋째보다 평균적으로 지능지수(IQ)와 학업성적이 더 높은 수준을 보인다. 이에 대한 심리학적 설명 중의 하나는 융합(confluence) 모델로서, 아이의 지능지수는 아이가 태어났을 때 아이를 둘러싼 환경, 즉 가족의 평균 지능지수에 달렸다고 본다(Zajonc, 1983). 예를 들어, 맏이가 태어나면 그는 부모의 평균 지능지수만큼의 환경에 놓이게 된다. 아버지의 지능지수가 100, 어머니는 120일 때 첫째 아이는 평균 110의 환경에서 성장한다. 3년 뒤 태어난 둘째 아이는 부(100), 모(120), 및 형(잠정적으로 50)의 평균인 90(270/3)의 환경에서 성장하는데, 이는 첫째보다 낮은 수준이다. 융합 모델의 진위에 대해서는 논란이 있으며, 융합 모델로 창의적인 인물에는 상대적으로 맏이가 많다는 것을 완전히 설명하지는 못할 것이다.

반면, Sulloway(1996)는 후생자(동생)는 좀 더 혁신적 아이디어에 대해 개방적이고, 반항적이고, 창의적이고, 모험 선호적이며, 관심사가 다양할 수 있음을 보여주었다. 창의성과 밀접한 연관성이 있는 성격 특성인 경험에 대한 개방성은 두 가지 하위요소로 나뉘는데, 하나는 '지력(intellect)'이고 다른 하나는 '개방성 또는 비동조성(nonconformist)'이다. 전자는 후자보다 지능 및 교육 수준과 더 강하게 연관되어 있다. 앞서 언급했듯이, 맏이가 지능과 학업 성취가 더 높은 경향이 있으므로, 그들은 '지력' 요소를 통하여 창의성을 드러낼 가능성이 높다. 반면, 동생은 '개방성이나 비동조성'을 통하여 창의성을 드러낼 가능성이 높다.

그래서 동생들은 맏이보다 급진적 변화의 시기에 새로운 관점을 받아들일 가능성이 더 크다. 예를 들어, 종교 개혁 시기에 맏이는 가톨릭 정통을 고수하려 하지만, 동생들은 개혁에 동조하는 반항적 행동을 보이는 경향이 강했는데, 동생들이 맏이보다 아홉 배나 더 많이 순교하였다. 반면, 헨리 8세가 로마 교황에게서 벗어나 영국국교회를 세웠을 때 맏이가 동생들보다 정통 로마가톨릭교를 버리기를 거부하며 다섯 배나 더 많이 순교하였다(Sulloway, 1996).

과학 영역에서 세계관의 급진적 변화에 대한 과학자들의 반응에서도 유사한 차이가 나타난다. 예를 들어, 코페르니쿠스는 지구가 태양 주위를 돈다는 지동설로 당시 로마 교회에 도전하였는데, 16세기 이 논쟁의 첫 반세기 동안 동생들은 맏이보다 다섯 배 더 이단적 관점을 받아들였다(코페르니쿠스도 네 형제 중 막내였다). 다윈이 살던 시기에도 맏이보다 동생이 진화론을 지지할 가능성이 거의 열 배나 더 높았다(다윈과 월리스도 모두 맏이가 아니었다).

이처럼 Sulloway(1996)는 맏이보다 동생들이 새로운(또는 급진적) 관점을 받아들일 가능성이 최대 열 배 이상 높다는 것을 다양한 자료를 통하여 보여주면서, 이에 대한 해석으로 진화론적 관점에 기반한 형제자매 틈새 분화(sibling niche differentiation) 모형을 제안하였다. 그는 진화론의 관점에서 갈라파고스 군도의 여러 섬에 흩어진 핀치새들의 부리 크기와 형태에서 변이가 생긴 것처럼, 부모 투자(parental investment)에 대한 형제자매 간 경쟁은 각자 생존과 번식을 위해 필요한 자원을 얻고자 서로 다르게 행동하도록 만든다고 보았다(Sulloway, 2010).[7] 또한, 가족 내 환경을 대표하는 출생 순위가 부모의 한정된 자원을 더 많이 얻을 수 있는 전략 선택 및 성격 형성에 영향을 미치는데, 불리한 위치에 있는 동생은 나름의 차별화 전략으로 혁신적 아이디어나 새로운 분야에 열광한다는 것이다.[8] 맏이는 부모의 대리인으로서 부모와 같

---

7 Hertler(2017)는 설로웨이의 형제자매들 간의 분화가 적응적 다각화(adaptive diversification)에 기인한 것이라는 설명과 달리, 부모 입장에서는 자손의 생존 가능성을 높이기 위해 적응적 방산(adaptive radiation)으로 자손의 다양성을 높이는 것이 가계 소멸(lineage extinction)의 위험을 줄이는 효과적인 예방책일 수 있다고 보았다. 그래서 그는 가계 소멸의 위험을 줄이기 위해, '계란을 한 바구니에 담지 말라'는 말처럼 부모가 자손들을 다양화하는 적응적 방산이 우선적이며, 이후 형제자매들의 적응적 다각화로 인해 기존의 특성 차이가 더 강화되는 것이라고 주장하였다.

8 형제자매가 많은 경우, 동생들은 전문화(specialization)를 통해 경쟁을 줄일 수 있다. 즉, 전문화로 인해 부모는 아이들을 능력 측면에서 비교할 수 없게 된다. 일반적으로

은 책임감이 발달하게 되고 성인의 규범을 성실하게 따르는 경향이 있지만, 동생은 이와는 다른 접근을 취함으로써 구분되고자 한다. 즉, 출생 순서 효과는 자원이 한정된 상황에서 불리한 위치에 있는 개인이 맹목적 변이와 다각화를 선택한다는 원리를 보여주는 사례인 것이다(김명철, 민경환, 2013).

Baer 등(2005)은 출생 순서 효과에 대한 일관되지 않은 결과를 다루면서, 맏이와 동생들 간의 나이 및 성별 차이, 형제자매의 수가 두 변인 간 관계에 대한 조절 효과를 가질 것이라고 보았다. 즉, 맏이와 동생들 간의 나이 차가 적을수록 또는 맏이와 동생들 간의 성차가 있는 경우 맏이가 더 높은 수준의 창의성을 보일 것이라고 보았다. 그리고 형제자매의 수가 많을수록 이런 조절 효과가 더 커질 것으로 보았다. 그 이유는 다음과 같다. 첫째, 동생(들)과의 나이 차이가 크면 맏이의 창의성이 상대적으로 낮을 것이라고 보는 이유는 다음과 같다. 부모를 대리하는 역할을 맡으려는 맏이의 노력은 성인 행동의 조기 획득과 성숙으로 이어지고, 성인으로서의 성실성, 책임감, 지적 발달, 포부나 성취동기 등이 발달한다. 반면, 그로 인해 창의성에 중요한 인지 및 정서 발달과 연합된 아동기의 중요한 놀이 경험은 오히려 방해를 받을 수 있다. 다만, 동생과 나이 차이가 나지 않으면 이런 부모를 대리하는 역할이 축소되기에 위에서 언급한 부정적인 효과가 나타나지 않을 수 있다. 둘째, 맏이의 성(性)이 동생(들)과 다를 때 맏이는 태도, 흥미, 능력에서 심리적 양성성(psychological androgyny)이 발달할 수 있다. 일반적으로 심리적 양성성을 가진 아이들은 창의성이 높다.[9] 마지막으로, 맏이의 부모 대리 역할은 형제자매의 수와도 관련이 있다. 어린 형제자매의 수가 많

이러한 전문화는 후순위 출생자에게 더 유리하다.

9 이에 대해 충분한 경험적 증거가 부족하다는 주장도 있다(Liu & Damian, 2022).

은 경우 맏이의 부모 대리 역할이 미치는 부정적 영향은 더 클 것이다. 반면 형제자매 중 반대 성이 많을수록 맏이의 양성성 수준은 더 높아져 창의성 증진 효과를 기대할 수도 있다. 359명의 학부생을 대상으로 한 Baer 등(2005)의 연구는 대체로 이상의 가설들을 지지하는 결과를 얻었다. 즉, 형제자매가 많은 맏이는 형제와의 나이 차가 적거나 반대 성의 형제를 가진 경우 더 창의적이었다.

최근 Alabbasi 등(2021)이 출생 순위와 확산적 사고(DT) 간의 관계에 관한 메타분석 연구를 수행하였다. 그들은 출생 순위(외동, 맏이, 중간, 막내)와 창의성 간의 관계를 다룬 27개 연구(k=222, N=4,690)에 대한 다수준(multilevel) 분석을 하였다. 이전 연구들에서 어떤 연구는 맏이와 동생을 비교하였고, 다른 연구에서는 서로 다른 출생 순위를 비교하였기에, 그들은 ① 맏이 대 동생, ② 외동 대 형제자매가 있는 아이, ③ 중간 순위 대 막내와 같이 세 집단을 비교하였다. 분석 결과에 의하면, 맏이가 동생(들)보다 확산적 사고(DT) 점수에서 유의하게 더 높았다. 또한, 성별과 과업 양식(task modality) 간의 상호작용이 유의하였는데, 맏이 남자가 후순위 남자보다 '그림(Figural) DT'에서 높은 수준을 보이지만, '언어(Verbal) DT'에서는 유의한 차이가 없었다. 여자의 경우에는 차이가 없었다. 외동과 맏이 간의 차이는 없었고, 중간 순위와 막내 간의 유의한 차이도 없었다.

Li 등(2021)은 중국의 가족 기업 소유주의 출생 순서(나이에 따른 형제자매 간의 상대적 순위)가 연구개발(R&D) 투자에 미치는 영향을 조사하였는데, 후순위 출생자들일수록 더 모험 감수자(risk-taker)일 것이고 더 연구개발 투자를 많이 할 것이라는 가설을 검증하였다. 그들은 가설을 지지하는 결과를 얻었으며, 더 나아가 소유자가 CEO를 겸하는 경우는 둘 간의 관계가 더 강해지는 결과도 얻었다.

2) 부모 상실

가족 구조와 관련하여 두 번째로 주목할 것은 일찍 부모를 여의는 현상이다. Eisenstadt(1978)는 조실부모(早失父母)로 인한 고아 경험과 창의성 및 리더십 간의 관계를 조사하기 위해 역사적 인물 699명[10]을 분석하였는데, 약 25%에서 부모 중 한 명이 10대가 되기 전 사망하였다. 또한, 15세 이전에 35%, 20세 이전에 45%가 아버지나 어머니를 여의었다. 그리고 전반적으로 모친보다는 부친 사망의 비율이 더 높았다. 이 명단에는 단테, 바흐, 다윈, 미켈란젤로, 도스토옙스키, 마크 트웨인, 버지니아 울프, 콜리지, 뉴턴, 오슨 웰스 등이 포함되어 있다.[11] 평균적으로 일반 모집단에서 약 8% 정도가 16세가 되기 전에 부모 중 한 명을 잃는 것에 비해, 유명한 과학자는 26%(Roe, 1952), 유명한 영국 시인과 작가는 55%(Brown, 1968)나 되었다. 더불어 창의적인 직업이라고 단언하기 어렵지만, 미국 대통령의 34%, 영국 총리의 35%가 그런 상실을 겪었다(Albert, 1980).[12] 과연 조실부모가 탁월한 성취에 이르게 하는 것인가?

---

[10] 대부분 미국과 유럽인들로, 영국 국적이 28%로 가장 많았고, 미국과 프랑스를 합치면 58%였다. 그리고 직업으로는 시인 포함 작가가 251명(36%)으로 가장 많았고, 정치인 177명(25%), 철학자 108명(15%), 과학자 95명(14%), 예술가 57명, 작곡가 23명의 순이었다(일부는 둘 이상의 직업으로 분류됨). 이 표본에는 문학 관련 인사와 정치 지도자들의 비중이 상대적으로 높다. 발생률을 비교하기 위해 일반 모집단, 청소년 범죄자, 정신과 환자 자료도 조사되었다.

[11] 정치인으로는 시몬 볼리바르, 나폴레옹 1세, 로베스피에르, 비스마르크, 우드로 윌슨, 린든 존슨, 리처드 닉슨, 헨리 키신저, 에바 페론, 히틀러, 하인리히 힘러, 스탈린 등이 포함되어 있다.

[12] 김명철과 민경환(2013)은 1910~1980년에 세 개 이상의 작품을 낸 한국의 소설 및 회화 영역의 작가들을 대상으로 연구하였다. 소설가들(118명)에서는 17세 이전 부모 여읨과 창의적 명성 간에 아무런 관련성이 없는 것으로 나타나지 않았지만, 회화 영역의 작가들(73명)에서는 서구 연구와 반대로 부모 여읨이 없을수록 명성이 더 높은 부적인 관련성을 보였다. 다만, 외상적 경험은 소설 및 회화 영역 모두에서 명성 지표와 유의한 정적인 관계를 보였다.

열 살이 되기 전에 부모 중 한 명이 사망하는 경우는 흔치 않은 트라우마일 것이다. 그래서 불리한 여건과 환경으로 정상적인 발달과 성장에 지장이 초래되는 것이 일반적이겠지만, 반대로 부모(특히 부친)의 조기 사망으로 인해 아이가 조숙(precocity)해질 수도 있다. 역경에서 벗어나려는 의지와 더불어 다양한 방안들을 강구하는 과정에서 역량도 개발되는 것이다. Albert(1980)는 아동기의 조기 부모 상실이 탁월한 창의성 또는 반사회적 일탈이라는 두 가지 결과 중 어느 쪽에 더 가까울지는 아동의 특별한 재능이나 적성과 같은 잠재력과 그런 잠재력이 발달하도록 돕는 성인의 관심이라는 두 가지 요소에 달려 있다고 하였다. 전자의 경우, 특정 영역에서 남다른 재능이 있는 경우에 역경이나 고난을 창조의 행위로 전환할 수 있다(〈참고 5-1〉). 후자의 경우, 회복 탄력성과 관련이 있는데, 성장 과정에서 힘든 역경과 고난 속에서도 아동의 곁에서 지켜주는 든든한 진정한 후원자가 단 한 명이라도 있을 때 반사회적 일탈의 나쁜 길로 들어서지 않게 된다(김주환, 2011; Werner, 1995).

Therivel(1998)도 창의성과 역경 간의 연관성을 설명하는 GAM 이론을 제안하였다. 여기서 G(genetic endowment)는 유전적 소질, A(assitances)는 청년기의 후원, M(misfortunes)은 청년기의 불행을 나타낸다. 그는 성인기에 나타나는 창의성의 주요한 결정요인을 '도전받은 성격(challenged personality)'이라고 하였고, 도전받은 성격은 ① 조실부모나 신체적 병과 같은 주요한 불행(M)과 ② 재정적 여유가 있다거나 부모나 교사와 같은 가까운 사람의 도움과 같은 후원(A)의 두 가지로 형성된다고 하였다. 이후 그는 유전적 소질(G)을 추가하였으나 이에 대해서는 자세히 논의하지 않았다. 그의 이론은 주로 사례 분석(예: 모차르트와 살리에리 분석)에 근거하고 있어 충분한 경험적 검증을 받지는 못하였다.

참고 5-1 역경과 창조

멕시코에서 혁명의 열기가 뜨겁던 시기에 태어난 화가 프리다 칼로(F. Kahlo)는 삶의 역경으로부터 창의성을 이끌어낸 대표적 사례로 볼 수 있다. 그녀는 여섯 살 때의 소아마비, 열여덟 살 때 살아있는 것이 기적이라고 할 만한 교통사고와 후유증, 남편 디에고 리베라의 외도로 인한 정신적 고통 등 수많은 역경과 고난을 겪었지만, 그녀는 그것을 예술의 창조적 표현 행위를 통하여 승화하였다. 그녀의 계속되는 깊은 고통은 창의적 작업을 위한 영감이 되었고, 예술 활동을 통하여 깊은 내면적 성장을 경험하였다. 그래서 칼로의 자화상과 같은 작품은 인간이 극단적으로 경험하는 고통이나 외로움을 진정으로 드러내기에 우리에게 깊은 정서적 감흥과 감동을 준다.

베토벤이 청력을 완전히 상실한 말년에 〈합창 교향곡〉을 완성하고 초연에서 직접 지휘한 것처럼, 역경으로부터 탄생한 예술 작품은 많은 창의적 인물들의 삶에서 나타나는 보편적인 주제이다. 이것은 창의적 예술가들에게 신체적 또는 정신적 병, 어린 시절의 부모 상실, 학대, 사회적 단절이나 버림받음 등의 삶의 역경이나 고난은 창의성 발현의 기회로 전환될 수 있다는 것을 보여준다.

예술 작품들은 대개 인간의 고통에서 의미를 발견하려는 시도들이라고 할 수 있다. 예술가들은 칼로처럼 개인적 삶에서의 슬픔과 고난뿐만 아니라 피카소가 히틀러의 만행을 고발하기 위해 〈게르니카〉를 완성한 것처럼 사회적인 비극에서 의미를 찾고자 한다.

니체가 "우리를 죽게 만드는 것이 아니라면 우리를 더욱 강하게 만든다"고 한 것처럼, 삶을 통해서 직면하는 역경은 결코 부정적인 의미만을 갖는 것이 아니다. 감당하기 어려운 엄청난 역경의 경험은 자신의 강점을 분명하게 드러나도록 하는 도전일 수 있다. 그리고 시련의 시기가 지나면 삶의 진정한 번영에 이르는 법을 깨닫게 된다(Kaufman & Gregoire, 2015).

조실부모가 창의성에 미치는 영향에 대한 또 다른 설명은 프로이트의 이론에서 찾을 수 있다. 프로이트에 의하면, 남아는 4~6세경에 아버지를 연적(戀敵)으로 여기고 어머니를 이성으로 사랑하게 되는 오이디푸스 콤플렉스(Oedipus complex)를 경험하게 된다. 이것을 원만하게 극복하면 아버지의 행동, 느낌, 사고를 그대로 모방하고 수용하는 아버지와의 동일시(identification) 단계로 넘어간다. 그런데 10세 이전에 아버지를 여의게 되면 동일시의 대상이 없어지게 된다. 아이에게 아버지란 일반적으로 사회의 가치나 규범, 사고 양식 등을 대표하는 존재이며, 아버지와의 동일시는 사회화(socialization)의 첫 단계이다. 동일시 및 사회화의 통로인 부친의 상실로 기존 가치, 사고, 규범 등을 충분히 수용하고 내면화할 기회를 갖지 못하기에 성인이 되어서도 사회 규범이나 가치에서 상대적으로 자유롭고 그러한 제약에서 벗어날 가능성이 더 크다고 볼 수 있다.

3) 놀이의 중요성

창의성은 아주 어린 나이에 발달하기 시작하는데, 만 2세가 넘어가면서 아이들은 다양한 놀이를 하면서 의미 있는 학습 경험과 통찰을 얻는다. 상상 놀이(imaginative play)나 가상 놀이(pretend play)와 같은 여러 형태의 놀이에 적극적으로 몰입하면서 창의성의 발달이 시작되는 것이다. 놀이는 학습 과정에 필수적인 선천적이고 보편적인 사회적 행동으로, 놀이 과정에서 개인적으로 새롭고 의미 있는 해석을 하면서 창의성이 훈련되고 증대된다(Hui et al., 2019). 지금까지 여러 연구에서 놀이가 상상력, 문제해결, 확산적 사고력과 연관된 사고 기술에 미치는 긍정적 효과를 보여주었다(Hoffmann & Russ, 2012). 개인적 경험에 의미를 부여하고 독창적인 해석을 하는 과정을 통해 mini-c 및 little-c가 실현되는 것이다. 프로이트도 자신만의 세계를 창조하고 자신이 즐기는 새로

운 방식으로 세상을 재구성한다는 측면에서 아동의 가상 놀이와 창의성 간의 유사성을 관찰하였다.[13]

중고등학생들은 자신의 창의성에 대해 교사로부터 일관된 긍정적 피드백을 받으면 자신만의 고유한 창의성에 대한 강한 믿음을 형성하게 된다(Beghetto, 2006). 즉, 청소년에게는 효과적인 피드백이 창의성의 증진 및 창의성 과제에 대한 자신감을 높이는 데 긍정적인 효과를 가진다. Beghetto와 Kaufman(2007)은 골디락스 원리(Goldilocks principle)처럼 과하지도 않고 너무 박하지도 않는 최적 수준의 격려를 담은 피드백이 아동과 청소년뿐만 아니라 전문가와 고령자의 창의성 발달에도 적용된다고 하였다.

4) 가족 환경과 부모의 영향

창의성 발달에 지적, 문화적 자극의 제공자로서 부모 역할도 중요한 것으로 보인다. 다윈이나 모차르트와 같은 좋은 가족 환경도 있지만, 그렇지 않은 경우가 더 많은 것 같다. Goertzel과 Goertzel(1962)이 400명의 역사적 인물들을 대상으로 조사한 결과, 75%가 어린 시절 이혼, 별거 등에 의한 결손 가정, 과도하게 집착하거나 거부하는 부모, 소원하거나 아니면 통제를 많이 하는 지배적인 부모 등과 같은 불우한 환경에서 자란 것으로 나타났다. 50%는 경제적으로 부침이 심했으며, 25%는 신체적인 핸디캡이 있었다.[14] 후속 연구(Goertzel et al., 1978)는 20세기

---

13 아동의 가상 놀이는 성인의 예술 활동과 동일한 내적 자원을 활용한다고 보는 시각이다. 프로이트는 아동과 예술가 모두 채워지지 않은 소망을 이루고자 하는 욕구와 충동으로 환상의 세계를 만들어낸다고 보았다. 이런 생각은 아동기가 영감을 얻는 최고의 연령대이며 가장 창의적인 시기라고 보는 관점으로 이어졌다. 이후의 구조화된 공식 교육이 시작되면서 아동의 신성한 창의적 능력이 점차 사라진다고 보는 낭만주의적 관점이 여전히 존재한다.

14 이들은 아동기 때 영재로 분류되었던 20세기의 저명인사 400명의 정서적, 지적 환경

400명의 저명한 인사들을 대상으로 하였는데, 이들 중 85%가 심각한 문제 가정의 출신이었다. 특히, 소설가와 극작가는 89%, 시인은 83%, 화가는 70%, 과학자는 56%가 그러한 가정 출신이었다. 조실부모의 경우처럼 어려운 성장 환경은 일부 사람들에게는 더욱 인지적으로 유연하게 그리고 정서적으로 단련시키는 효과를 갖는 것으로 보인다.

창의적 인물들이 다 그런 것은 아니지만, 지적이고 문화적인 자극을 제공해주는 부모의 역할이 두드러진 경우도 있다. 20세기 후반의 현대적 인물들을 대상으로 심층 인터뷰를 수행한 Csikszentmihalyi(1997)는 아동의 창의적 흥미 발달에 있어 부모가 중요한 역할을 한다고 하였다. 예를 들어, 높은 기대를 보이고, 어린 시절에도 어른처럼 대우하거나, 항상 정직한 모습을 보이며, 다양한 영역에 관심을 가지면서, 고유한 인격과 품성을 갖추도록 하는 것이다. 조금 다른 측면이지만, 스티브 잡스의 아버지는 그에게 사람들이 캐비닛과 울타리의 뒷면을 볼 수는 없지만 그래도 꼼꼼하게 만들어야 한다고 강조하였다(Isaacson, 2011). 잡스는 디테일에 강박적일 정도로 집착하였는데, 이는 그의 아버지의 영향일 수 있다.

5) 대인 관계

창의적 인물들의 성장기 동안의 대인 관계와 관련하여, 앞서 언급한 Csikszentmihalyi(1997)는 각 분야에서 창의적 업적을 남긴 100여 명의 인물을 선별하여 인터뷰하였는데, 그들은 대부분 10대에 별 인기가 없었고, 머리는 좋으나 세상 물정을 모르는 숙맥같이(nerdy) 보였으며, 그리 독립적이지 않고 외로운 모습을 보였다고 하였다. 다만, 또래들보다

을 조사하였는데, 이들 중 5분의 3 이상이 아동기나 청소년기에 따분한 교육과정, 자신을 이해하지 못하는 교사, 무시하거나 조롱하는 친구들로 인하여 학교생활 적응에 상당한 어려움을 경험했던 것으로 나타났다.

호기심이 많고, 관심사나 초점이 특이하였다.

유사하게, Gardner(1993)가 다소 위험을 무릅쓰고 일반화를 한 제안 중의 하나는 그가 연구한 일곱 명의 다중지능 분야별 거장들은 모두 동료로 인정할 만한 친구를 필요로 하지 않았다는 점이다. 그들은 남들을 그저 자기 일을 하는데 이용했을 뿐이고, 그렇게 하려고 유쾌한 모습을 보이고 마음을 잡아끌고 적어도 겉으로는 의리 있는 모습을 보였지만, 소용이 다했다고 생각되면 조용히 혹은 극적인 방법으로 동료들과 관계를 끊었다.[15] 그는 위대한 창조자 주변에서 벌어지는 이런 불행한 모습은 결코 아름다운 광경은 아니지만, 고독한 작업에 몰두하고 있건 인류 전체의 복지를 위해 노력하고 있건 이런 파괴적인 일은 언제나 벌어졌다고 하였다.

그러나 성장기의 대인 관계에 대한 칙센트미하이의 언급은 회고적인 내용의 분석에 근거하였고, 가드너의 성인기 분석은 모두 다소 제한된 인물의 자료에만 근거한 제한점이 있다. 따라서 창의적 인물의 대인 관계에 대해서는 더 많은 연구와 이론적 설명이 필요하다.

6) 교육과정

1장의 창의성 신화 문항 중에 '학교에 오래 다니는 것은 아이들의 창의성에 부정적인 영향을 미친다'가 있었다. 동의율은 거의 반(45%)에 이르렀다. 또한, 3장의 창의성의 3요소론에서 교육과 창의성 간에는 역 U자의 관계를 가진다고 하였다.

둘 간의 관계는 영역에 따라 다른 것으로 본다. 예술 영역에서는 정

---

15 20세기 초의 두 거장 아인슈타인과 피카소를 분석한 Miller(2001)도 두 사람은 일찍부터 창의적 노력의 과정에는 외로움이 따른다는 것을 알았다고 하였다. 또한, 두 사람 모두 목적을 위해 사람들을 이용하는 습관이 있다거나 감정적인 고립 상태를 좋아함을 굳이 감추려고 하지 않았다고 한다.

규 교육과 이후의 창의적 성취 간에는 별 관련성이 없지만, 상대적으로 과학 영역에서는 일정한 관련성이 있다고 보는 것이다. 예술 영역과는 달리, 과학 분야의 창의적 인물들은 어린 시절부터 교과 과정에서 남다른 능력을 보여준 경우가 많다. 프로이트는 재학 기간 중 늘 최고의 성적을 보여주었으며, 아인슈타인도 일부 과목은 낙제 수준이었지만, 수학이나 물리학과 같이 자신이 관심을 가진 영역에서는 매우 뛰어났다. 빌 게이츠와 같이 대학 재학 중 창업하여 성공하는 비즈니스 리더들을 볼 때, 비즈니스 영역에서도 학교 교육과 창의성 간에는 유의한 관계가 없는 것으로 보인다.

스승의 영향　　과학 영역의 창의적 인물들에게는 어릴 때부터 호기심을 갖게 되는 데 있어 역할 모델이 있는 경우가 많으며, 생애 초기에 열정을 불어 넣어주고 모범이 되어 특정한 진로를 택하도록 방향을 잡아준 스승이나 멘토(mentor)가 있었다. 뉴턴이 "거인의 어깨에 올라서서 더 넓은 세상을 바라보라"라고 한 것처럼, 좋은 스승을 만나는 것은 창의적 성취에 이르는 과정의 중요한 한 요소일 수 있다.[16] 예를 들어, 다윈의 부친은 그가 의사나 성직자가 되기를 바랐으나, 케임브리지대의 식물학자, 지질학자, 성직자였던 존 스티븐스 헨슬로(J. S. Henslow)가 다윈에게 비글호 항해를 권유하였다. 다만, 항상 예외는 있다. 아인

---

[16] 과학의 발전은 소수의 엘리트 과학자들의 기여보다는 과학자 공동체의 다수 구성원들의 기여에 달려 있다는 오르테가(Ortega) 가설이 있다. 이 가설에 의하면 평균적 또는 평범한 과학자들이 과학의 진보에 상당히 기여하며, 혁신적 연구는 별로 알려지지 않은 많은 연구의 기반 위에서 가능하다는 것이다. 그러나 Cole과 Cole(1972)은 물리학 분야의 과학 인용에 대한 분석에서 이 가설과는 반대되는 결과를 얻었다. 즉, 과학적 진보는 상대적으로 소수의 위대한 과학자들의 업적으로 이루어진다는 결과를 얻었다. 또한 매우 창의적인 연구로 과학의 진보에 크게 기여한 논문들이 인용한 논문들도 대부분 비슷한 수준의 창의적 성과를 보인 논문들이었다. 즉, 거인은 수많은 난쟁이의 어깨 위에 올라타는 것이 아니라, 몇몇 거인들의 어깨 위에 올라선다는 뉴턴 가설이 지지된 것이다.

슈타인은 누구의 영향이라기보다는 어린 시절부터 스스로 사물에 대한 상당한 '호기심'과 그것을 구체적으로 충족시키기 위한 '결단력'을 끈기 있게 보여주었다. 셰익스피어나 베토벤도 직접적인 멘토가 없었다.

과학사에서는 위대한 과학자들이 걸출한 스승을 둔 사례를 쉽게 찾을 수 있다. 과학 분야에는 '사회적 유전'이라 할 만큼 사제 간에 수상자들이 많다. 그들은 제자들에게 암묵적으로 많은 영향을 미쳤다. 노벨상 수상자 중에 이미 노벨상을 받은 스승을 멘토로 둔 경우는 멘토가 멘티(mentee)에게 창의성을 전수할 수 있음을 보여준다(Clynes et al., 2019).

Zuckerman(1977)은 당시 72명의 미국 노벨상 수상자들(과학자들)을 대상으로 그들의 성공 비결을 발견하고자 인터뷰하고 관찰하였다. 놀랍게도 그녀가 발견한 노벨상 수상의 가장 강력한 예측 변인은 당사자의 사회경제적 배경, 논문 인용 횟수, 출간한 저서 수, 박사학위를 받은 학교 등이 아닌 '스승이 누구였나'였다. 58%의 노벨상 수상자들이 이전에 노벨상을 받은 스승에게 배우고 멘토링을 받은 것이다. 스승(멘토)이 어떻게 일하는지 가까이서 관찰함으로써 제자(멘티)는 해당 분야의 패러다임과 스크립트 같은 해당 영역의 주요 기술과 더불어 경직된 사고에서 벗어나도록 하는 휴리스틱이나 작업 스타일과 같은 창의적 사고에 대한 통찰을 얻는다.

실제로 스승의 주장, 학풍, 사조, 신념 등에 감화를 받았다고 언급하는 경우가 자주 발견된다. 1953년 노벨 생리의학상을 받은 한스 크렙스(H. Krebs)는 《네이처》에 기고한 글에서 지도교수로부터 받은 영향에 대해 다음과 같이 말했다.

"내가 어떻게 (노벨상 수상을 위해) 스톡홀름에 오게 되었는지 자문한다면, 그 행운은 나의 연구 경력의 중요한 시기에 탁월한 스승을 두었기에 가능했다는 점에 추호의 의심도 없다…."(Krebs, 1967)

또한, 이렇게 말했다.

"바르부르크[17] 교수는 올바른 질문을 해주었으며, 설정한 문제를 해결하기 위해 필요한 새로운 도구를 고안했으며, 엄격하게 자기를 비판했으며, 사실의 검증에 고심했으며, 결과와 아이디어를 간결하고 확실하게 표현하는 구체적인 사례를 보여주었다."

스승은 연구하는 방법과 생각하는 방식에 영향을 준다. 이는 애머빌의 창의성 3요소 중 창의성 관련 과정에 해당할 것이다. 결국, 스승이 제자에게 전해주는 것은 지식이라기보다는 마음가짐과 사고의 습관이다. 그래서 제자는 연구 활동이 무거운 짐이 되기보다는 자연스러운 즐거운 습관이 된다.

유기화학의 창시자로 불리는 독일의 화학자 리비히(J. F. von Liebig)는 자신의 과학적 업적 못지않게 실험실을 잘 운영하고 훌륭한 제자를 많이 길러낸 기여로도 널리 알려져 있다. 당시 수백 명의 화학자가 그의 실험실을 거쳐 가면서 실험실 계보(系譜)에는 30명 이상의 노벨상 수상자가 있다. 특히 1905년 노벨 화학상을 받은 아돌프 폰 바이어(A. von Baeyer)[18]와 더불어, 에밀 피셔(E. Fischer), 그리고 위에서 언급한 바르부르크와 크렙스 등이 4대에 걸쳐 수상하였다.[19]

또한, 1938년 노벨 물리학상을 받은 페르미의 제자 중 네 명이 노벨상을 받았다. 1904년 물리학상을 받은 존 레일리의 제자 조셉 톰슨은

---

17 오토 바르부르크(O. Warburg)는 1931년 노벨 생리의학상을 받았다. 그의 실험실 학생들 중 크렙스를 포함하여 세 명이 노벨상을 받았다.
18 바이어는 케쿨레의 제자이며, 케쿨레는 리비히의 제자이다.
19 사제 간에 5대에 걸쳐 수상한 경우도 있다. 빌헬름 오스트발트(1909, 화학, 독일)-발터 네른스트(1920, 화학, 독일)-로버트 밀리컨(1923, 물리, 미국)-칼 앤더슨(1936, 물리, 미국)-도널드 글레이저(1960, 물리, 미국)다.

1906년 물리학상을 받았고 그의 제자 여덟 명도 받았다. 그중에 1908년 화학상을 받은 러더퍼드[20]가 있는데, 그의 제자 중에는 1922년 물리학상을 받은 닐스 보어를 포함한 열한 명이 노벨상을 받았다. 닐스 보어의 제자도 여러 명 노벨상을 받았는데, 그중 한 명이 1931년 물리학상을 받았으며 불확정성원리로 유명한 하이젠베르크이다.[21]

최근 Wang과 Shibayama(2022)는 양자 간의 멘토십(mentorship)이 창의성 발달에 미치는 영향을 조사하였다. 구체적으로, 멘토의 창의성이 멘티의 창의성에 미치는 효과 및 이 효과가 자율성(autonomy)과 탐구(exploration)의 멘토링 스타일에 의해 조절되는지를 조사하였다. 생명과학 분야의 143명의 대학교수와 685명의 박사과정생 대상 설문 조사와 서지측정 자료에 근거하여, 멘토 창의성이 멘티 창의성에 미치는 영향은 멘티의 박사 과정 동안에는 유의하지 않았지만, 멘티가 교수가 된 후에는 유의한 정적 효과가 나타났다. 이는 멘토십의 효과가 시간이 걸리며, 이후 오래 지속될 수 있음을 시사한다. 더불어, 멘토 창의성의 멘티 창의성에 미치는 효과는 멘티가 박사 과정 동안 높은 수준의 자율성과 탐구가 담보된 경우에만 유의하였다. 이는 창의성의 효과적인 전이에 있어 자율성과 탐구의 중요성을 시사한다. 이러한 결과는 Zuckerman(1978)의 연구와도 일치하는데, 노벨상 수상자들이 스승으로부터 배운 가장 중요한 것은 첨단 지식이나 기법이라기보다는 연구 수행의 표준(standard), 과학적 태도, 일하는 방식에 대한 것이었다.

다만, 스승의 영향과 관련하여 두 가지 대안적 해석이 있을 수 있다. 첫째, 마태 효과(Mathew effect)처럼, 위대한 스승의 후광으로 해당 분

[20] 톰슨과 러더퍼드가 연구소장을 지냈던 케임브리지대학의 캐번디시연구소는 원자물리학 연구의 세계적인 중심지로 자리를 잡아, 다수의 노벨상 수상자들을 배출하였다.

[21] 《중앙Sunday》「노벨 과학상은 '사회적 유전'…사제간 5대 걸쳐 수상한 경우도」, 2011년 10월 1일(https://www.joongang.co.kr/article/6319236#home/) 참조.

야에서 더 인정을 받고 두각을 나타낼 수 있는 이점이 있을 것이다. 예를 들어, Trapido(2015)의 계량서지학 분석에 의하면, 독창적인 연구 논문을 쓴 경우 저자의 스승이 이전에 독창적 연구로 인정과 명성을 얻은 경우에는 해당 논문이 더 많이 인용되었지만, 저자의 스승이 그런 정체성이나 명성을 갖지 못한 경우 독창적 논문은 오히려 부정적인 평가를 받을 가능성이 높았다. 둘째, 스승의 효과는 사실 멘티들은 멘토가 노벨상을 받기 이전에 이미 그들의 제자가 되고자 했다는 점에서 멘토 선택에서의 멘티의 역량을 의미하는 것일 수도 있다.

3. 창의성 발달에서의 영역 특수성

3장에서 영역 일반성과 영역 특수성 사이의 논쟁에 관련하여, 학문 분야별 위계 구조에 대한 분석 결과(Simonton, 2004a)를 제시하였다(〈참조 3-1〉). Simonton(2009)은 더 나아가 APT 모형처럼 학문 분야의 위계에서 아래로 내려가면서 창의적 인물들의 가족 배경 및 환경이 다를 수 있으며, 이것이 발달 과정에 영향을 미칠 것이라고 보았다.

1) 영역 특수적 환경 차이

사회경제적 지위(SES) 측면에서, 예술 영역과 달리 과학 영역의 창의적 인물들은 더 안정되고 관습적인 가정에서 성장하였을 가능성이 더 크다. 또한, 그들의 부모는 전문적인 직업을 가진 고등교육을 받은 사람들일 확률이 더 높다(Simonton, 2004a). Berry(1981)는 물리, 화학, 문학의 노벨상을 받은 사람들을 분석하여 다음과 같은 결과를 얻었다. 첫째, 물리학 수상자들의 28%는 학술 분야에 종사하는 아버지를 두었고, 화학의 경우에는 17%, 문학의 경우에는 6%에 그쳤다. 둘째, 물리학자들 중 2%만이 어릴 때 아버지를 잃었지만, 화학자의 경우에는 11%, 작가들의 경우에는 17%로 더 높은 비율을 보였다. 물리학자와 작가의 비교는 특히 놀라운데, 노벨 문학상 수상자의 30%는 부모 중 한 명을 잃거나, 부모로부터 버림을 받거나, 부친이 파산 또는 빈곤 상태를 경험하였지만, 물리학자들은 대부분 두드러지게 평탄한 가정환경에서 안정된 삶을 살았다. 최근 수학의 노벨상이라 불리는 필즈상을 수상한 허준이 교수도 부모가 모두 교수 출신으로 비교적 안정된 가정환경에서 성장하였다.

Schaefer와 Anastasi(1968)는 과학 및 예술 분야에서 재능을 가진 창의적인 10대들의 가정환경을 비교하였는데, 전자는 부모가 관습적인 흥미와 취미를 가진 안정된 가정 출신이 많았지만, 후자는 정상에서 많이 벗어나 독특하고 불안정하고 비관습적인 가정 출신이 더 많았다. 즉, 외국 출생이거나, 경제적 이동성이 높거나, 미국과 해외 모두로의 폭넓은 여행을 하는 것처럼 두드러지게 다양성을 보였다. 두 집단은 안정적이고 동질적인 사회문화적 환경과 불안정하고 이질적인 사회문화적 환경의 뚜렷한 대비를 보였다.

가정환경에서의 차이뿐만 아니라 교육 수준에서도 차이가 있다(Simonton, 1986). 명성 있는 인물들의 공식 교육의 정도에서 과학자가 가장 높고, 예술 계통 종사자는 낮은 수준을 보이며, 그중 시인이 가장 낮았다. 또한, 유명 과학자들은 유명 예술가들보다 더 적은 수의 역할 모델과 멘토를 가지는 경향이 있으며(Simonton, 1984), 심리학자는 예술가보다는 과학자에 더 가까웠다(Simonton, 1992).

또한, 과학 내 하위 분야 간 비교 연구에서, 64명의 유명 과학자 중 이혼한 사람은 사회과학자가 41%이지만, 생물학자는 15%, 물리학자는 단 5%에 그쳤다(Roe, 1953). 이러한 결과는 청소년기의 긴장된 가족 관계는 성인기에도 전이될 수 있음을 보여준다.

앞서 다룬 출생 순위(birth order)의 효과와 관련하여, 맏이가 더 유명한 과학자가 될 가능성이 크다는 결과들이 많지만(Roe, 1953), 문학 영역에서의 창의적 인물들은 후순위 출생자일 확률이 높게 나타났다(Bliss, 1970). 고전 음악의 작곡가들은 맏이일 가능성이 더 컸다(Schubert et al., 1977). 이런 다소 혼란스러운 결과는 논리적, 객관적, 관습적, 공식적인 영역에서의 창조자들은 첫째일 경향성이 있고, 보다 직관적, 주관적, 개인주의적, 정서적인 영역에서의 창조자들은 후순위 출생자일 경향이 있다고 보면 이해가 된다. 음(音)의 수학자들이라고 볼 수 있는 고전 음악 작곡가들은 시인이나 소설가와 같은 창의적인 작가 집단보다는 과학자 집단으로 분류될 수 있다.

Sulloway(1996)에 의하면, 이런 영역 간 대비는 영역 내에서도 나타날 수 있다. Kuhn(1970)은 과학사에서 정상 과학과 혁명적 과학이 주기적으로 변동한다고 하였는데, 혁명적 과학자들은 동생일 가능성이 더 크다는 설로웨이의 경험적 증거에 근거한다면, 과학계에서 첫째와 동생의 상대적 빈도도 시점에 따라 변화될 수 있음을 시사한다.[22]

과학 분야의 노벨상이 첫째보다는 동생에게 더 수여되는 상황이 실제로 있었다. Clark와 Rice(1982)는 197명의 노벨상(물리, 화학, 의학, 경제, 문학, 평화) 수상자들의 전기를 조사하였는데, 가족 크기가 통제되었을 때 명성 있는 과학자들은 명성 있는 비과학자들보다 출생 순위가 더 빠른 것으로 나타났지만, 20세기의 후반기로 갈수록 수상자들은 출

---

22 후순위 출생자는 혁명의 초기 단계에 매우 적극적이지만, 혁명이 점차 다수에게 받아들여지면서부터는 첫째가 그것을 이어받게 된다. 권위에 반항하는 사람과 새로운 권위를 확립하는 사람이 다른 것이다. 하나의 패러다임이 잘 확립되어 있을 때는 첫째가 유리하지만, 후순위 출생자들은 패러다임이 붕괴되고 새로운 패러다임으로 대체될 때 전면에 나타난다. 그리고 반란과 봉기가 현상 유지의 상태로 전환될 때 첫째가 다시 나타나는 것으로 볼 수 있다.

생 순위가 늦은 경향성이 나타났다.[23]

설로웨이는 후순위 출생자들의 반항적 경향성을 강화 또는 완화하는 조절 요인들로, 앞서 언급된, 두드러진 부모자식 갈등, 조실부모, 형제자매 간 나이 차 등에 주목하였다. 그런데 이런 요인들은 학문 위계상 낮은 영역들과 연합된 것들로, 어떤 면에서 '혁명적' 과학자들은 덜 논리적, 객관적, 관습적, 공식적 양식으로 퇴행(regression)하는 것으로 볼 수 있다. 이런 퇴행은 쿤의 관점에서 보면 패러다임을 거부하는 변칙들(anomalies)이 축적된 결과로서, 특정 패러다임 내 변칙들이 축적되면 해당 과학은 위기 단계로 들어가면서 분야 내 합의와 체계성이 약해진다. 그래서 해당 과학은 학문 위계상 (일시적으로) 퇴보할 수 있다. 패러다임이 충분히 자리 잡은 상황의 '정상' 과학자들과 달리, 패러다임 위기 시기의 '혁명적' 과학자들의 퇴행은 해당 분야를 위계에서 낮추는 방향으로 작동하는 것이다. 그런데 물리학에서 뉴턴의 역학과 맥스웰의 전기역학이 상대성 이론과 양자 역학으로 구제된 것처럼, 일반적으로 이런 위기는 새로운 패러다임이 나오면서 해결되고 해당 분야의 위계도 이전 지위를 다시 회복한다.

2) 학문 위계에 따른 차이

앞서 보았듯이, 특정 분야의 사람들은 그 분야의 학문 위계상 위치와 일관되는 기질적 특성과 발달적 경험을 가진다는 것을 알 수 있고, 이것은 학문 분야의 위계는 어느 정도 심리학적인 기반을 가진다는 증거로 볼 수 있다. 그렇다면 기질적 특성 및 발달적 경험에서의 개인차가 특정 분야나 영역에서의 창의적 성취를 예측할 수도 있을 것이다.

---

23 연구자들은 이러한 결과에 대해 첫째는 동생들보다 더 좋은 교육을 받고, 과학을 전공할 가능성이 더 클 것이지만, 가족 크기(자녀 수)의 감소가 자원 투자의 균등화로 이어져 출생 순위 효과가 감소하였기 때문으로 보았다.

Simonton(2009)은 이와 관련하여 다음과 같은 흥미로운 세 가지 가설을 제시하였다.

첫째, 특정 분야에서 영향력이 큰 학자는 해당 분야의 가장 중심에 있으며, 그 분야 연구자들의 가장 전형적인 기질적 특성과 발달적 경험을 할 것이라는 가설이다(domain-typical creator hypothesis). 예를 들어, 노벨 화학상을 받은 학자는 화학 분야 연구자들의 특성 분포에서 가장 중심에 있는 전형적인 모습을 가질 것이라고 보는 것이다. 그러나 다양한 성취 영역에서 명성이 있는 314명의 인물에 대해 가족 및 교육 요인을 포함한 다양한 발달적 변인들을 조사한 Simonton(1986)의 연구에서, 명성이 높은 인물이라고 해서 그 분야에서 더 전형적인 모습을 보이지는 않은 것으로 나타나 이 가설은 지지되지 않았다.

둘째, 특정 분야에서 영향력이 큰 학자는 그 분야보다 위계상 더 높은 분야의 기질적 특성이나 발달적 경험을 가질 것이라는 가설이다 (domain-progressive creator hypothesis). 예를 들어, 영향력 있는 심리학자는 기질적 특성이나 발달적 경험에서 학문 위계상 더 높은 생물학자의 전형적인 모습과 더 가까울 것으로 보는 것이다(즉 생물학에 가까운 진화심리학, 행동유전학, 또는 인지신경과학에 흥미를 가질 것이다). 전반적으로 이 가설에 의하면, 경성 과학(hard science)의 지향성을 가진 사람은 연성 과학(soft science)의 지향성을 가진 사람보다 연성 과학에서 더 뛰어날 것이다. 그래서 위계상 최상위에 있는 물리학에 대한 선망[24]이 나타나는 것은 일견 자연스러운 것이다.

셋째, 특정 분야의 영향력 있는 연구자는 그 분야보다 위계상 낮은

---

[24] 물리학에서 달성한 기본 개념들의 수학적 엄밀함에 대해 다른 분야의 학자들이 가지는 질투를 의미한다. 이 표현은 종종 문학, 철학 등의 인문학이나 경제, 심리, 경영 등의 사회과학과 같은 연성 학문 분야에서 수학으로 자신의 기본 개념들을 표현하려는 시도를 비판하는 데에도 사용된다.

분야의 전형적인 기질적 특성과 발달적 경험의 형태를 보일 수도 있다 (domain-regressive creator hypothesis). 예를 들어, 예외적인 창의성을 보인 사람은 논리적, 객관적, 관습적, 형식적인 것에서 직관적, 주관적, 개인주의적, 정서적인 것으로 퇴행하기도 한다. 새로운 패러다임이 형성되는 시기의 혁명적 과학자들이 이런 경우라고 볼 수 있다. 노벨상 수상자들의 자신의 창의적 과정들에 대한 내성적 보고에서도 이런 사례를 찾을 수 있다. 예를 들어, 막스 플랑크는 "새로운 아이디어는 연역에 의해 생성되는 것이 아니라 예술적인 창의적 상상력에 의해 생성되기에 창의적 과학자는 선명한 직관적 상상력을 가져야 한다"고 하였다(Planck, 1950, p. 109). 물리학자나 수학자도 독창적인 아이디어를 얻기 위해서는 종종 화가나 시인처럼 생각하는 것이다. 매우 창의적인 과학자는 동료들보다 창의적인 예술가와 기질적으로 더 유사한 특성들을 가진다(Feist, 1998). 즉, 매우 생산성이 높은 과학자는 자신을 더 독창적, 충동적, 주관적이며, 덜 관습적, 형식적이라고 묘사하는데, 이런 특징은 예술 영역의 창의적 성취와 밀접히 관련되는 것이다. 명성 있는 과학자들의 취미활동에 관한 경험적 연구도 이 가설을 간접적으로 지지한다(Root-Bernstein et al., 1995).[25] 매우 영향력 있는 과학자들은 그림, 사진, 조각, 공예, 시작, 노래하기 등과 같은 취미를 가진다는 것이다. 그들은 과학 이외의 활동에 관여할 뿐 아니라, 그런 활동이 자신의 연구와 잘 통합되어 있다. Simonton(2012)이 갈릴레오의 자료를 광범위하게 조사한 결과, 그가 미술, 문학, 음악에 매우 심취해 있었음을 발견하였다. 특히 천문학자로서 갈릴레오의 성공은 다소 '맹목적인' 시각 예술에 대한 취미와 공부에서 나온 것이다. 그가 당시 관찰한 것들은 프

---

25 노벨상 수상자가 조형 예술가나 표현 예술가로 활동할 확률은 일반인의 30배에 이른다.

톨레마이오스의 천문학과 아리스토텔레스식의 우주론과 맞지 않았다. 그런데 명암의 대비 효과를 사용하여 미술 작품을 만드는 키아로스쿠로(chiaroscuro) 소묘[26]를 적용하여 당시 사람들이 놓쳤던 것을 정확하게 해석하게 되었다. 이런 융합적 창의성을 반영하여, 미국 MIT는 기존의 STEM 중심의 교육에서, 예술(Art)을 추가한 STEAM 교육을 강화하고 있다(유무수, 2022).

이상 살펴본 것처럼, Simonton(2009)은 아직 확정할 수는 없지만, 기존의 축적된 증거들은 세 번째 가설을 가장 지지한다고 보았다. 즉, 특정 분야에서 주요 인물들은 분야의 위계상 더 낮은 분야의 전형으로 보이는 창조자들과 더 유사하다는 것이다.

지금까지 3장에서 소개한 학문 분야별 위계에 근거하여, 영역 특수적 창의성도 과학과 같은 논리적, 객관적, 공식적, 관습적인 것에서 예술과 같은 직관적, 주관적, 정서적, 개인적인 것에 걸쳐 다양하다고 보았다. 그리고 사이먼턴은 전자가 높은 위계에, 후자가 낮은 위계에 위치하는 것으로 전제하였다. 그러나 이것은 하나의 관점일 뿐, 사실 이에 반하는 주장도 있을 것이다. 즉, 예술이 더 상위에 있고, 물리학은 하위에 위치한다고 볼 수도 있다. 피카소가 〈아비뇽의 아가씨들〉과 같은 20세기 미술의 신기원을 이룬 배경에는 폴 세잔의 원시예술의 직접적인 영향 이외에 당시의 과학(엑스레이, 지각심리), 수학(기하학), 테크놀로지(사진술, 영화촬영술)의 발전도 있다는 점을 고려한다면(Miller, 2001), 주관적, 정서적 예술 영역도 객관적, 논리적 과학 영역의 발전에 기초하고 있다고 볼 수 있다.

따라서 과학과 예술 간의 위계를 따지기보다는 호혜성이 더 강조된다. 아인슈타인의 상대성이론에는 수학보다 미학적 개념들이 핵심적

---

26 회화에서 한 가지 색상의 명도 대비로 입체감을 나타내는 명암법을 말한다.

역할을 했다. 또, 소설가 에밀 졸라는 수학자나 과학자처럼 사고하면서 예술적 창작물을 만들어내었다.

4. 가드너의 창의적 인물 생애 연구

Gardner(1993)는 자신의 다중지능 이론에 근거하여, 1885~1935년에 이르는 반세기 동안의 서구(정확하게는 서구 영향권)의 동시대인들이라 볼 수 있는 예외적인 창의적 인물 일곱 명의 생애를 심층 분석하였다. 이들은 가드너의 다중지능 이론에서 각 지능을 대표하는 사람들이다. 프로이트는 개인 내 지능, 아인슈타인은 수리 지능, 피카소는 시각, 공간 지능, 스트라빈스키는 음악 지능, 엘리엇은 언어 지능, 그레이엄은 신체운동 지능, 간디는 대인 간 지능의 대표자이다. 이들은 대부분 19세기 중후반에 출생하였으며, 프로이트가 1856년, 그레이엄이 가장 늦은 1894년에 태어났다. 이 시기를 택한 이유는 대상 인물들의 기여에 대한 검증이 충분히 이루어졌을 뿐만 아니라, 그들에 대한 자료가 비교적 탈신비화되어 충분히 남아 있기 때문이다. 이 연구는 Big-C 창의성을 보인 역사적 인물들에 대한 대표적인 개별사례기술적(idiographic) 연구라고 할 수 있다.

개별 사례별 특이성이 있을 것이나, 일곱 명을 전체적으로 보면서 가드너는 다음과 같은 몇 가지 공통점을 제시하였다. 먼저, 일곱 명의 공통점 중의 하나는 어른의 원숙함과 더불어 아이다운 천진성이 공존하는 특징을 보였다. 특히 주목할 점은 어린 아이의 시각으로 세상을 바라본다는 점인데, 아인슈타인이 어린 시절 나침반이 항상 일정한 방향을 가리키는 수수께끼에 매료되었고 광선에 올라타는 상상의 사고 실험을 한 점 등에서 알 수 있다(〈참고 5-2〉).

둘째, 가족의 경제적 수준은 부유하지도 궁핍하지도 않은, 어느 정도 여유 있는 수준이었다. 거주하는 곳도 대도시가 아니었으나 창의성 관련 실제적 경험과 실습을 할 수 있는 환경이 제공되었다. 가족 분위기는 특별히 따뜻하지는 않았으나 아이들의 요구는 거의 받아들여졌다. 특별한 강점이나 관심을 드러낼 때, 대체로 가족의 지지와 격려가 있었다. 그들은 비교적 어린 나이부터 재능을 보이는데(예를 들어, 피카소는 어릴 적부터 '신동' 소리를 들었다), 가족의 교육 수준은 높지 않아도 배움과 성취에 대한 기대가 큰 편이었다. 이것은 19세기 말 20세기 초 '근면, 검소, 성실'의 가치를 중시하는 청교도적 부르주아 분위기라고 할 수 있다. 한 가지 주목할 점은 가족의 도덕적인 분위기이다. 그들은 도덕적 가치를 배웠으며 그것을 준수하도록 기대되었다. 이런 분위기로 엄격한 양심의 소유자로 성장하는데, Csikszentmihalyi(1997)가 현존하는 100여 명의 창의적 인물들을 대상으로 인터뷰한 연구에서도 공통적으로 나타난 특성 중의 하나가 어릴 때의 '정직성'이었다.

셋째, 청년기에 자신의 분야에 대한 이해 수준이 일정 수준에 이르면서 그 분야의 중심지로 이동하였다. 자신과 비슷한 관심사를 가진 다른 젊은이들과 빠르게 어울리면서 서로 간에 자극을 주면서 탐사, 토론, 모임 결성 등의 여러 가지 일들을 도모한다. 이후 자신만의 관심 또는 문제 영역을 찾게 되고, 이때부터는 동료들과 고립되어 홀로 자신만의 작업에 몰두하게 된다. 이 시기는 긴장이 고조되는 시기인데, 자신이 해당 분야의 도약을 이룰 문턱에 왔음을 감지하지만, 더불어 높은 불확실성도 경험하게 된다. 이때 인지적 및 정서적 지지를 해주는 조력자가 있었다. 즉, 창의적 인물들은 가장 중요한 도약의 시기에 아주 친밀한 동료(들)의 지원과 도움을 받는데, 그것은 획기적인 도약의 본질을 제대로 이해하고 유용한 조언을 해주는 인지적 지원뿐만 아니라, 무조건적인 지지와 격려와 같은 깊은 정서적인 지원이었다.

넷째, 일곱 명의 창의적 인물들은 모두 유사한 경력의 과정을 보였다. 처음 10년 동안은 해당 분야의 지식 습득 및 기예를 익히는 기간이고, 두 번째 10년은 가장 인상적이고 혁신적인 이론이나 작품을 창조하는 기간이며, 세 번째 10년은 또 다른 절정의 작품, 그러니까 앞선 시기의 혁신에 기반을 둔 작품이자 그런 혁신을 더 명확하고 포괄적으로 해당 분야 전체에 연결시킨 작품을 창조하는 기간이었다.

또한, 이들은 자신의 성취에 안주하거나 그 상황에 쉽게 적응하는 사람이 아니다. 성인기에 어느 정도 자신의 창의적 성취가 인정을 받고 난 다음에는 악마에게 자신의 영혼을 파는 것과 같은 파우스트적 거래(Faustian bargain)를 스스로 하기도 하였다. 악마 메피스토펠레스와 돌이킬 수 없는 계약을 맺은 파우스트처럼, 창의적인 인물들의 삶은 마치 악마에게 편안하고 여유 있는 삶을 다 내주고 대신 창의적 성취를 얻어낸 것과 같다는 것이다. 특히 마조히즘(masochism)과 같이 정상적인 인간관계를 희생하거나 원만한 삶을 포기하고서라도 자기 일에 매진하려고 하였다(앞의 '대인 관계' 부분을 참조). 예를 들어, 프로이트, 엘리엇, 간디 같은 인물은 금욕적인 삶을 다짐하였고, 아인슈타인이나 그레이엄은 사람들과의 관계를 끊고 스스로 고립을 자초하였다.[27]

반대로 다른 사람들을 채찍질하여 작품의 완성을 추구하려는 모습도 보였다. 창의적인 인물의 긍정적 성격 특성에는 근면성이나 집중력과 더불어 자신감이 있는데, 이것은 다른 한편으로는 이기주의, 자기중심주의, 또는 나르시시즘(narcissism)으로 변형될 수 있다. 모두 자기도취라고 할 만큼 지나치게 자기 일에 몰두하는 편이어서 남을 희생하고서

---

[27] 자기중심적이었던 그레이엄은 작품 활동을 계속하는 특권을 누리기 위해 세속적인 즐거움과 친밀한 인간관계에 대한 희망을 모두 무용의 제단에 바쳐야 했다(Gardner, 1993). 그녀가 무용에 관여하는 것은 단순히 직업적으로 일하는 것이 아니라 성전(聖戰)에 참여하는 것과 같았다.

라도 자신의 목적을 완수하려는 경향이 있다는 것이다. 아인슈타인이나 엘리엇은 혼자 있기를 원하는 경향이 있었다면, 프로이트, 간디, 스트라빈스키, 그레이엄은 대인 관계에 어려움이 있었고, 피카소는 다른 사람들을 괴롭히면서 쾌감을 얻는 가학적인 성향을 보였다.

참고 5-2 아인슈타인

아인슈타인의 부모는 중산층의 세속적인 유대인이었다. 그의 부친은 침대 영업사원이었다가 나중에 전기화학 공장을 운영하여 어느 정도 성공하였다. 주부였던 모친과 함께 두 살 아래의 여동생이 있었다. 아인슈타인은 유년 시절에 경험한 두 가지 신기한 일이 이후 크게 영향을 미쳤다고 하였다. 하나는 다섯 살에 나침반을 처음 본 것인데, 보이지 않는 힘이 바늘을 움직이게 할 수 있는 것을 신기하게 여겼다. 이때부터 그는 평생 '보이지 않는 힘'에 매료된 것 같다. 두 번째는 열두 살에 기하학책을 오랜 시간 탐독한 경험이었다. 빛의 속도로 달리는 관찰자에게는 어떻게 세상이 보일까? 사람이 빛보다 빨리 다닐 수 있을까? 긴 축을 따라서 떨어지는 상자 안의 사람이 가지고 있는 물체가 주머니에서 빠져나오면 어떻게 될까? 그는 이와 같은 여러 질문에 대해서 계속 고민하였다. 아인슈타인이 비교적 젊은 나이에 상대성 이론을 발표할 수 있었던 것은 어린 시절부터 품고 있었던 질문의 답을 찾고자 했기 때문이다. 어릴 때는 여러 가지 질문을 많이 하지만 어른이 되면 하지 않게 되는 것이 일반적인데, 어른이 되어서도 어린 시절의 질문을 유지하여서 상대성 이론을 발견하였다고 스스로 얘기하였다.

아인슈타인은 발달이 늦은, 흙 속의 진주와 같았다. 프로이트가 '인간'에 관심이 있었다면, 아인슈타인은 '물체'에 관심이 많았다. 삼촌 제이콥이 많은 전기 응용제품을 만들어주어서 아인슈타인의 호기심을 자극했고, 어려서부터 퍼즐을 좋아했다. 아인슈타인은 12살에 종교에 빠져, 찬

송가를 작곡하거나 학교로 가는 길에 성가를 부르기도 하였다. 그러나 종교적 신념에 반하는 과학 서적들을 읽으면서 종교는 멀리하게 되었고, 기존 종교적 권위에 도전하는 과학이 깊은 인상을 남겼다. 아인슈타인은 독일의 김나지움(고등학교)에 잘 적응하지 못하였는데, 독창성이나 창의성이 전혀 허용되지 않는 당시 프러시아식 교육시스템에 전혀 적응하지 못했다. 심지어 어떤 선생은 그에게 '너는 아무짝에도 쓸모없을 것'이라고 말하기도 하였다. 그래서 아인슈타인은 공식적인 학교 교육에 대해 비판적이었다.

"사실 현대 교수법이 '탐구하려는 신성한 호기심'을 완전히 말살하지 않은 것은 기적에 가깝다. 이 연약한 조그만 식물에게는 자극을 주는 것 이외에도 일반적으로 자유가 필요하다. 그것이 없다면 호기심은 실패 없이도 망가지게 된다. 보고 찾는 즐거움이 강압과 의무감으로 증진될 수 있다고 생각하는 것은 매우 심각한 실수이다."(Schlipp, 1951, p. 17; Simonton, 2017에서 재인용).

당시 아인슈타인에게 긍정적인 영향을 미친 사람은 젊은 의대생 막스 탈무드(M. Talmud)였고, 그는 고등수학과 철학을 소개하는 비공식적인 튜터가 되어 주었다. 특히 아인슈타인이 열여섯 살이었을 때 탈무드는 그에게 베른슈타인(A. Bernstein)이 만든 아동용 과학 시리즈 *Popular Books on Natural Science*를 소개해 주었는데, 이것이 큰 전환점이 되었다. 이 책에서 저자는 전기를 따라 전신 선 내부를 여행하는 상상을 하였다. 그때 아인슈타인은 이후 10년 동안 자신의 사고를 지배할 다음과 같은 질문을 스스로 하였다. "만약 빛을 따라 달린다면 빛은 어떻게 보일까?"

아버지의 거듭되는 사업 실패로 아인슈타인의 학업에 지장이 초래되었다. 1894년 그의 부친은 친척과 동업하기 위해 밀라노로 이사하였고,

아인슈타인은 뮌헨의 기숙학교에 남아 교육을 마치기로 되어있었다. 열여섯 살 때 군복무를 마쳐야 할 암울한 전망과 외롭고 버려진 듯한 느낌에 아인슈타인은 6개월 후 기숙학교를 벗어나 부모에게 돌아가 버렸다. 그의 부모는 그가 퇴학생이자 병역 기피자가 될 수 있다고 심각하게 우려하였다. 그런데 다행히 아인슈타인은 입학시험에 합격하면 고등학교 졸업장 없이도 바로 취리히의 스위스 연방 공대에 지원할 기회를 얻었다. 그의 입학시험 성적은 수학과 물리학에서는 매우 뛰어났지만, 불어, 화학, 생물학에서는 낙제였다. 그런데 그의 월등히 높은 수학 점수 때문에, 공식 학교 교육을 먼저 마치는 조건으로 입학이 허가되었다. 그래서 그는 스위스 아라우의 특수 고등학교를 졸업하면서 스위스 연방 공대에 진학할 수 있었다.

아인슈타인은 집중력이 매우 뛰어났다. 그는 방해받지 않고 몇 날 며칠을 같은 문제에 집중했다. 그는 보통 주머니에 공책을 가지고 다녔고, 떠오르는 생각을 기록했다. 집중력은 천재들에게서 나타나는 광범위한 공통점이다. 그는 복잡해 보이는 자연을 가장 근본적인 원리로 압축하는 것에 매력을 느꼈다.

아인슈타인은 문제와 관련된 상황을 시각화하는 능력, 즉 사고 실험을 통한 문제해결 능력에서 특히 뛰어났다. 또한, 아인슈타인은 마음속의 세계를 창조하는 상상과 몽상을 즐겼다. 아인슈타인의 지적 재능에서 상상력이 가장 돋보였으며, 그러한 강력한 상상력은 논리적 사고와 결합하여 위대한 결과를 창조할 수 있었다. 과학역사가인 Miller(2001)도 아인슈타인은 시각적 심상과 사고 실험을 결합해서 거의 예술적인 개념을 통한 놀라운 결과를 만들어낸 인물이라고 하였다.

상대성 원리의 이해와 그 가치를 인식하는 것도 중요하지만, 아인슈타인이 어떻게 그런 이론을 생각해 낼 수 있었는가를 살펴보는 것도 중요할 것이다. 요약하면 어린 시절의 호기심과 상상력을 계속 잃지 않고 꾸준히 연구에 매달렸다는 점이 아인슈타인의 예외적인 창의성의 비결일 것이다.

5. 연령과 창의적 성취

지금부터는 Big-C 수준에서 나이와 창의적 성취 간의 관계를 살펴볼 것이다. 이것은 창조자들의 '경력 궤도(career trajectory)'를 살펴보는 방법으로 가능하다. 경력 궤도의 분석은 창의적인 인물들의 생애에 걸쳐 연령대별 생산성이나 최고 걸작을 내는 시기에 초점을 두고 그래프로 도시하는 것이다.

1) 경력 궤도와 창의성의 정점

초기의 경력 궤도 연구는 Lehman(1953)과 Dennis(1954) 등에 의해 이루어졌는데, 그들의 주요한 발견 중의 하나는 역사적 창의성을 발휘한 인물들은 대체로 40대에 가장 뛰어나다고 일컬어지는 업적을 산출하거나 가장 높은 생산성(productivity)을 보인다는 것이다. 이후 Simonton(1997)도 Big-C 수준의 창의성과 연령 간의 관계는 역 J자형의 형태를 보인다고 하였다.[28] 즉 창의적 인물들은 생산성 측면에서 20대부터 산출물을 만들기 시작하여, 40대에 정점에 도달한 후 조금씩 감퇴한다는 것이다.[29]

---

[28] Ng과 Feldman(2013)은 연령과 혁신 관련 행동(창의성) 간 관계의 메타분석 연구에서 둘 간의 유의한 관계를 보여주지 못하였다. 이것은 Big-C 수준의 연구와 pro-c 수준의 연구 간의 차이를 드러내는 것일 수도 있다.

[29] 2011~2020년의 10년 간 '과학' 분야 노벨상 수상자 79명에 대한 분석(이성민, 2021a)에서, 노벨상 수상에 기여한 핵심 연구의 시작 시점이 20대에서 70대(평균 38세)까지 다양하였다. 물리학상을 받은 배리 배리시(B. C. Barish)는 핵심 연구를 71세에 시

Simonton(1988)은 역사측정 연구를 통해 생애 동안 명성을 얻는데 기여하는 세 가지 중요한 요소로 다작(多作), 조숙(早熟), 장수(長壽)를 들었다.

첫째, 다작의 경우, 자신의 최고의 걸작을 내는 시기는 자신이 가장 많은 작품을 만들어내는 시기, 즉 생산성이 최고조에 달하는 시기에 탄생하는 경향이 강하였다.

둘째, 조숙 효과와 관련하여, 위대한 작곡가들의 경우, 음악 준비 교육을 조기에 받을수록 더 빨리 최초의 걸작(히트 작품)을 만들어낼 뿐 아니라, 자신의 최초 걸작을 만들어내기 전까지 음악 준비 및 작곡 준비(연습)의 시기[30]가 더 짧은 경향이 있었다(Simonton, 1991). 반면, 덜 창의적인 작곡가들은 최초 걸작을 내놓기까지 음악 준비 및 작곡 연습에 더 많은 시간이 걸린다. 그들은 더 오래 걸릴 뿐만 아니라, 더 늦게 시작하였기에 작곡 연습이 더 길어지고 최초 걸작이 나오는 것도 더 늦어지는 것이다. 또한, 조기에 관련 교육을 시작할수록 연도별 생산성이나 생애 동안의 생산성도 더 높게 된다. 이것은 과학 분야에서도 동일하게 나타난다(Simonton, 2004b). 조숙하여 조그만 성공이라도 일찍 만들어내면 마태 효과를 갖게 되면서 명성을 얻을 가능성은 더 커진다.[31]

작하였다고 한다. 핵심 연구 완성은 평균적으로 50대 중반으로 나타났다. 624명의 전체 수상자들을 대상으로 분석하였을 때 수상자의 수상 당시의 평균 연령을 시기별로 분석하면(이성민, 2021b), 최근으로 올수록 전 분야의 수상자 연령이 고령화되는 추세가 분명하게 나타났다. 평균 수명이 늘어나는 일반적인 추세와 더불어 점차 연구가 복잡해지면서 창의적인 성과를 얻는데 더 많은 시간이 걸리는 점이 반영된 것일 수 있다. 공동 수상자가 늘어나는 것도 같은 이유일 것이다.

30 음악을 처음 시작한 시점(t_1)과 이후 초기 작품을 낸 시점(t_2), 그리고 그의 첫 히트작을 낸 시점(t_3)를 구분할 때, t_1과 t_2까지의 시간을 음악 준비 기간으로, t_2에서 t_3까지의 시간을 작곡 준비 기간으로 볼 수 있다.

31 마태 효과는 『신약성경』 「마태복음」 25장 29절에 나오는 "무릇 있는 자는 받아 넉넉하게 되되 없는 자는 그 있는 것도 빼앗기리라"에 근거하여, 사회학자 머튼(R. K. Merton)이 사실상 동일한 연구 성과를 놓고도 저명한 과학자가 무명의 과학자보다 더

또한, 이것은 타고난 재능에서의 개인차가 반영된 것일 수도 있다. 재능은 더 일찍 시작하도록 하고 수련 기간에 더 신속하게 전문성을 획득하도록 가속 효과를 가질 수 있는 것이다.

한편 Dietrich와 Srinivasan(2007)은 1901~2003년 사이에 물리학, 화학, 생리의학 부문의 노벨상을 받은 사람들에게 '노벨상을 받게 해준 획기적 아이디어를 처음 떠올린 때가 언제인지' 묻는 설문 조사를 하였는데, 전형적 나이는 20대에서 30대 초 사이였다. 그들은 이것을 30대 쯤의 뇌 전두엽의 성숙 시기와 연관지었다. 전두엽의 성숙은 긴 경로의 수초화의 진행이라고 볼 수 있는데, 최대 수초화는 28세 정도에 도달하며, 이후 나이가 들어가면서 감소하고 손실되기 시작한다.

셋째, 장수(또는 경력 기간)가 명성(eminence)을 얻는데 중요한 요인이다. 한국의 소설 및 회화 작가들을 대상으로 한 김명철과 민경환(2013)의 연구에서도 명성에 미치는 '장수'의 유의한 효과가 나타났다. 이것은 전문적 주변성(professional marginality) 효과 때문일 수도 있다. 여기서 주변성(marginality)은 특정 집단의 구성원들이 중심이 아닌 바깥에서 안을 들여다보면서 내부 구성원들과는 다른 독창적 시각을 갖는 것을 의미한다. 전문적 주변성도 연구자가 다른 분야의 지식과 경험을 가짐으로써 자신의 분야를 새로운 관점에서 보게 되는 것을 의미한다. 많은 유명한 창의적 인물들은 일찍 한 분야를 공부한 후, 다른 분야로 이동하였다. 지질학에서 얻은 아이디어로 생물학적 진화에 대한 이론을 세운 다윈, 일찍 생물학을 공부하여 그것의 주요 개념을 인지 발달 연구에 적용한 피아제, 생리학의 주요 개념을 정신분석 이론에 적용한 프로

많이 보상받는 것과 같이 이미 많이 가진 자가 점점 더 많이 가지는 현실을 묘사한 개념이다(Merton, 1968). 일종의 빈익빈 부익부 현상이다. 창의적 분야에서 어느 정도 성취를 이루면 주목을 받게 되고 더 많은 창의적 성취를 기대하게 되면서 일종의 피그말리온 효과(Pygmalion effect)도 생긴다.

이트처럼, 전문적 주변성은 상당한 이점이 있다(Runco, 2014).

문제는 시간이다. 역사에서 일찍 제위에 오른 황제나 군주, 이른 나이에 미국 대통령이 된 사람은 단명하는 경향이 있다. McCann(2001)은 유명한 인물들(1,026명)의 23개 다양한 표본**32**으로 이 가설을 검증하였는데, 호주 총리 표본을 제외하고는 22개의 표본에서 지지하는 결과를 얻었다. 이처럼 조기에 경력 정점에 도달하는 사람들도 짧은 생애를 가지는 경향이 있는데, 이를 조숙–장수(precocity–longevity) 가설이라고 한다. 이 가설이 맞다면, 사이먼턴이 명성에 기여한다고 제시한 조숙과 장수 요인은 서로 양립하기는 어려워 보인다.

한편, Galenson(2006)은 유명한 프랑스와 미국 화가들의 경력을 조사하여, 경력 궤적에서의 상당한 개인차를 발견하였다. 폴 세잔과 같은 사람들은 나이가 들어감에 따라 눈에 띄게 개선과 변화가 나타나면서 생애 후기에 가장 뛰어난 작품을 만들었지만, 피카소와 같은 사람들은 경력 초기에 자신의 최고의 작품(〈아비뇽의 처녀들〉 등)을 만들었으나 이후 작품의 질은 점차 저하되었다.**33** 이 연구에서는 이러한 경력 궤적에서의 차이를 '발견자(finders)/개념적 혁신가(conceptual innovators)'와 '추구자(seekers)/실험적 혁신가(experimental innovators)'의 두 창의적 유형으로 구분하였다.

첫째, '발견자'는 오랜 노력으로 탁월한 업적이 50대 즈음 늦게 나타나는 나이 든 거장(Old Master)으로서, 폴 세잔과 더불어, 로버트 프로스트, 버지니아 울프, 다윈 등이 이에 속한다. 이들은 자신의 작품을 미

---

32 여러 분야의 노벨상 수상자, 오스카 연기상 수상자, 미국 대통령, 프랑스 대통령, 캐나다 총리, 영국 총리, 호주 총리, 뉴질랜드 총리, 영국 국왕(남성), 교황, 미국 대법원 판사, 미국 부통령, 캐나다 노바스코샤주 총리, 미국 국가를 부른 가수, 저명한 미국 심리학자 등이었다.

33 흥미롭게도 피카소의 경력 초기에 나타난 입체주의에 가장 영향을 미친 작가가 폴 세잔이다.

리 계획하는 경우가 별로 없고, 아이디어의 정교화에 초점을 두는 경향이 있으며, 시행착오를 통해 진보를 이루며 전통과 기교를 중요시한다. 그리고 자신의 작업 결과에 대해 쉽게 만족하지 않는다. 그들은 세잔과 같이 생애 후기에 경력 정점에 이르는 경우가 대부분이며, 아이콘이 되는 하나의 걸작이 아닌 그간 만들어온 작품 전반에 대해 높은 평가를 받는다.

둘째, '추구자'는 20대에 혜성처럼 나타나는 젊은 천재(Young Genius)로 대표되는데, 피카소와 더불어, 모차르트, 아인슈타인, 엘리엇, 허먼 멜빌 등이 이에 속한다. 이들은 최종 산물을 강조하고 해당 영역의 규칙을 급진적으로 바꾸면서 독창성을 드러낸다. 그들은 대개 자신의 작업을 사전에 계획하고 구체적인 목표를 설정하며, 그것을 성취한 시점을 알고 있다. 그들은 이론적으로는 어떤 나이에도 개념적인 혁신을 이루어낼 수 있지만, 피카소와 같이 최고의 작품을 상대적으로 조기에 만들어내며 몇 개의 걸작들로 바로 유명해지는 경향이 있다.

최근 Weinberg와 Galenson(2019)은 경제학이라는 단일 분야에 초점을 두고 후속 연구를 수행하였는데, 그들은 31명의 노벨 경제학상 수상자들을 분석하여 선행 연구와 유사한 결과를 보여주었다. 가장 영향력 있는(인용이 많이 되는) 논문을 쓴 시기가 실험적 혁신가의 경우 25~29세였지만, 개념적 혁신가의 경우 50대 중반으로 나타났다.

영역 특수성　경력 궤도 연구에서 영역마다 경력 정점이 달랐다. 문학, 음악, 미술 등의 예술 분야는 대체로 40세 전후가 정점이었다.[34] 과학이나 수학 분야에서는 20~30대가 가장 많았고, 역사나 철학 분야에서는 50~60대가 가장 많았다. 같은 문학이어도 시인은 소설가보다

---

[34]　김명철과 민경환(2013)이 1910~1980년의 한국 작가들을 분석하였을 때, 회화 영역 창조자들의 경력 정점 평균 연령은 41.54세(SD = 12.73)로 서구 연구와 비슷하였으나, 소설 영역의 경력 정점은 예상과 달리 34.69세(SD = 7.95)로 나타났다.

경력 정점이 더 빠르게 도래하며, 소설가는 학술 분야의 저술가보다 정점이 더 빠른 것과 같이 하위영역 간에도 차이가 존재한다(Simonton, 1991).

Simonton(1997)은 이러한 영역 간의 차이를 각 영역에서 나타나는 창조 행위의 맹목성과 가시성의 차이로 해석하였다(3장의 BVSR 모형 참조). 그는 오로지 새로움만을 강조하여 창조자가 극도의 '맹목성(blindness)' 하에서 산물을 만드는 영역에서 시작하여 오로지 적절성만을 강조하여 창조자의 '가시성(sightedness)'이 최대가 되는 영역에 이르기까지 영역들은 연속선 상의 어딘가에 위치할 수 있다고 하였다. 변이의 맹목성(blindness)이 두드러지는 영역의 창조자는 새로운 아이디어 및 연합의 생성에 중점을 두기에 더 이른 나이에 경력 정점에 다다르고 더 빠르게 소진될 것이라고 본다(김명철, 민경환, 2013). 반면, 변이의 가시성이 두드러지는 영역에서는 새로움의 산출보다는 적절성(유용성)이 더 중요하기 때문에 창조자가 유효한 산물을 남기기까지 지식과 기술의 습득(교육)에 더 긴 시간이 필요하므로, 더 나이가 들어 창조적 업적을 남길 수 있다는 것이다. 맹목성이 두드러진 영역에서는 '문제발견(problem finding)'이 더 중요하고, 적절성이 더 중요한 영역에서는 '문제해결(problem solving)'에 더 무게를 둔다고도 할 수 있다.

2) 10년 법칙

3장에서 보았듯이, 남다른 창의적 성취를 이루기 위해서는 평균 10년 정도의 훈련이나 교육이 필요하다는 10년 법칙(ten-year rule)은 잘 알려져 있다.[35] 체스 고수, 음악가, 화가, 시인들 모두 시대는 달라도 발달

---

[35] 영국의 저널리스트인 글래드웰(M. Gladwell)이 2008년 『아웃라이어(*Outlier*)』에 이 내용을 소개하면서, 1만 시간의 법칙으로 널리 알려지게 되었다. 1장의 사실 문항인 '대개 어느 한 영역에서 남다른 창의적인 결과를 만들어내기 위해서는 적어도 10년 동안

패턴은 모두 10년 법칙과 유사한 결과를 보였고, 이는 오랜 기간의 영역 특화된 전문성의 획득이 중요함을 시사한다. 여기서 10년의 훈련은 공식 교육뿐만 아니라 개인 교수, 코칭, 멘토링, 역할 모델, 광범위한 독서와 같은 독학도 포함된다. 이런 훈련의 극단적인 예로, 조선 중기 인물인 김득신은 1억 1만 3천 번을 읽은 「백이열전」을 포함하여, 만 번 이상 읽은 글이 36편에 이를 정도로 엽기적인 노력가였다(정민, 2004).

일찍부터 남다른 재능을 보인 모차르트는 전문 작곡가였던 아버지로부터 4세 때부터 음악수업을 받았다. 6세경에 최초의 곡이 나왔지만 별로 주목받지 못하였고, 그가 피아노 협주곡을 처음 세상에 내놓은 것은 11세 때이지만, 당시 작곡된 네 편의 협주곡은 다른 작곡가들의 소나타 악장을 편곡하여 재구성한 것에 지나지 않았다. 1773년 첫 주요 작품, 〈환호하라, 기뻐하라(Exsultate, Jubilate)〉를 발표하였지만, 그의 최초 걸작은 1777년 〈피아노 협주곡 9번〉으로 그가 음악의 길로 들어선 지 약 15년이 지나 그의 나이 20세가 넘었을 때였다.

또한, 추구자(Seeker)의 대표적 인물인 피카소도 화가였던 아버지의 후견 아래 7세경에 그림을 그리기 시작했고 주목할 만한 작품은 15세경에 나왔다. 따라서 피카소의 주장과는 달리 그도 모든 다른 아이들이 거쳐야 하는 훈련 과정을 비슷하게 경험한 것이다.

비틀스의 사례도 살펴보자, 존 레넌은 1957년 17세 때 첫 기타 연습을 시작하였고, 이후 멤버가 구성되면서 팀으로 연주 생활을 시작하였다. 1962년까지는 거의 90%가 커버 버전의 연주였고, 초반의 곡들은 거의 주목을 받지 못하였다. 주목할 부분으로, 1960년부터 독일 함부르크의 여러 클럽에서 다른 사람들의 히트곡을 하루 여덟 시간씩 오

의 의도적인 연습과 노력이 필요하다'에 대한 동의율은 42%에 그쳤다. 10년 법칙과 창의성 간의 관계는 사실 문항으로 제시되었으나, 아직 논쟁의 여지는 있다.

랫동안 연주한 것으로 알려져 있는데, 이것이 '신중한 연습(deliberate practice)'의 역할을 한 것으로 볼 수 있다. 그러다가 1963년에 빌보드 차트 1위에 네 곡을 올리면서 전 세계적인 인기를 누리게 되었다. 이후 80% 이상 자신들의 곡을 제작, 연주하였고, 1965~1967년 시기에 가장 혁신적인 작품을 내놓았다. 비틀스에게도 10년 법칙은 적용된다.

비즈니스 영역의 창의적 인재로 애플의 스티브 잡스나 테슬라의 일론 머스크도 어릴 때 처음 컴퓨터 관련 영역에 관심을 기울이고 대략 10년 정도 지난 후 두드러진 사업적 성공을 거두었다. 이처럼 어떤 분야의 성공에는 오랜 기간의 연습, 훈련, 노력이 선행된다. 한국의 조용필, 김연아, 방탄소년단(BTS) 등도 무명 시절 동안 오랜 '신중한 연습'의 시기를 가졌다.

신중한 연습　　3장에서 창의성의 3요소론을 설명할 때 영역 관련 지식/기술을 습득하는 데 평균 10년 정도 걸린다고 하였고, 그것을 지지하는 Hayes(1989) 연구를 소개하였다. 짐작하겠지만, 단순히 10년의 기간이 지나는 것만으로 최고가 될 수 없을 것이다.

'최고 수행(peak performance)'이라는 주제를 연구하는 심리학자 에릭손(K. A. Ericsson)은 전문가들(experts)에 대한 전문가이다. Ericsson 등(1993)은 40명의 독일 바이올린 연주자들을 대상으로 '괜찮은 정도의' 연주자와 '최고의' 연주자를 구분해주는 것이 무엇인지 찾고자 하였다. 연주자들에게 연주 연습이나 기타 활동에 대해 시간을 어떻게 쓰고 있는지 자세하게 기록하도록 하였을 때, 최고의 연주자들은 다른 연주자들보다 혼자 연습하는 시간이 유의하게 더 많았다. 평균적으로 최고의 바이올린 연주자들은 20세가 되기까지 '신중한 연습'이라고 불리는 것에 평균 1만 시간을 보냈다. 피아노 연주자들을 대상으로 한 연구에서도 유사한 결과가 나왔다.

이들의 연구에 의하면, 어떤 영역에서든지 올림픽 출전 선수나 바이올린 거장과 같이 세계적인 인물이 되기 위해서는 '신중한 연습'이라고 불리는 과정에 몰입해야 한다. 신중한 연습은 익숙한 안락 지대(comfort zone)에서 벗어나 현재 능력을 넘어서는 활동들을 시도하는 것에서 시작된다. 이미 숙달한 기술을 반복하는 것은 편안할지는 모르나, 더 나아지는 데는 도움이 되지 않는다. 최고의 피겨 스케이팅 선수는 평범한 선수와는 달리 아직 완전하지 않은 점프와 스핀 연습을 완전히 숙달할 때까지 반복하지만, 평범한 선수는 이미 익숙한 루틴을 강화하는 데 더 시간을 쓴다. 열악한 환경의 피겨 불모지에서 피겨 스케이팅 100년 역사상 여자 싱글 부문에서 최초로 '올포디움'을 달성한 김연아도 다른 피겨 선수들보다 두 배의 훈련 시간을 지켜왔다. 브라이언 오서 코치는 김연아의 천재성을 하늘에서 내려준 축복이라고 생각하는 사람이 있다면, 연습 과정을 사흘만 지켜보라고 말하고 싶다며, 그녀는 난도 높은 새로운 한 동작을 익히기 위해 1만 번을 연습했다고 한다. 훌륭한 무용수가 되기 위해서는 고문과 같은 10년의 훈련이 필요하다고 강조한 마사 그레이엄은 "(러시아 출신의 안무가이자 무용수인) 니진스키도 단 한 번의 탁월한 도약을 위해 수천 번이나 도약 연습을 했다"고 강조하였다.

신중한 연습에는 조력자도 필요하다. 즉, 명확하게 설정된 목표와 그것을 달성할 계획을 만들 스승의 도움이 필요하다. 스승은 현재 어느 시점에 있고 어디에 문제가 있는지 찾아내면서 중간중간 유용한 피드백을 즉각적으로 주면서 조금씩 점진적으로 진보하도록 돕는다. 요약하면, 신중한 연습은 목표를 설정하고, 복잡한 과제를 여러 개의 덩어리(chunks)로 나누고, 가능한 시나리오들에 대한 고도로 복잡하고 정교한 표상을 개발하고, 자신의 안락 지대에서 벗어나도록 끊임없이 피드백을 받는 것이다. 그래서 신중한 연습이 어떤 분야에서든지 최고 수준의 수행을 이루는 열쇠라고 할 수 있다.

Ericsson과 Pool(2016)은 최고의 성취를 이루는 데 있어 인지 또는 신체 능력에서의 타고난 재능과 같은 유전의 영향은 크지 않다고 하였다. 심지어 지능도 전문가의 수행과 직접적인 연관은 없다고 본다. 초보자들의 경우에는 지능이 해당 영역에서 필요한 기본 지식이나 기술을 습득하는 데 영향을 미칠 수 있지만, 일정한 수준에 도달하면 아무런 영향이 없다는 것이다. 심지어 엘리트 체스 선수들의 경우에는 지능이 부정적인 영향을 미칠 수도 있다고 하였다. 즉, 높은 지능은 처음 기본기를 익히는 데 도움이 되지만, 일정 수준이 되면 지능은 더는 중요하지 않고, 최고의 경지에 이르는 데엔 신중한 연습만이 필요하다고 보았다.

논쟁　에릭손의 신중한 연습 연구는 다른 심리학자들에 의해 검토되었다. Macnamara 등(2014)은 어느 영역에서든지 신중한 연습이 높은 수행의 유일한 설명 변인이 아니며, 지능과 같은 다른 요인들도 작용할 수 있다고 하였다. 이것은 신중한 연습과 같은 노력으로 선천적 재능[36]을 따라잡을 수 없다는 주장이다. 그들은 음악, 스포츠, 게임, 교육, 전문직업 영역에서 신중한 연습에 의한 노력과 선천적 재능의 관계를 조사한 88개 연구를 메타분석하였다. 분석 결과, 게임, 음악, 스포츠에서는 신중한 연습이 어느 정도 설명력(순서대로 26%, 21%, 18%)이 있었으나, 교육 영역(4%)에서는 낮은 설명력을 보였고, 전문직업 영역(1% 미만)의 경우에는 유의한 설명력을 갖지 못하였다. 교육이나 전문직업 영역에서의 낮은 설명력을 보이는 이유 중의 하나는 이 영역에서는 신중한 연습이 잘 정의되어 있지 않다는 점이다.

이후 Macnamara 등(2016)은 신중한 연습에 대한 수천 개의 연구를 다시 메타분석하였는데, 신중한 연습이 어느 정도 운동선수의 수준과 차이를 결정하기는 하지만, 그것이 전체를 다 설명하지는 않는다는 것

36　창의성의 영역마다 요구되는 선천적 재능은 다를 것이다. 예를 들어, 음악에서 절대음감, 미술에서 사상 기억(eidetic memory), 시에서 정서적 감수성 등을 타고나는 경우이다.

을 발견하였다. 그들은 다른 어떤 요인들이 중요한지는 확실치 않지만, 남보다 더 빨리 근육량을 늘리는 것과 같은 신체적 특성이나 자신감과 같은 심리적 요인들이 영향을 미칠 수 있는데, 이런 것들은 태어날 때부터 결정되는 것이라고 보았다(〈참고 5-3〉).

에릭손의 주장에 반대하는 연구자들은 기본적으로 연습의 중요성은 인정하지만, 그렇더라도 그것만으로 누구나 최고의 경지에 이를 수는 없다고 본다. 무조건 연습만이 중요하다고 하기보다는 어느 정도 타고난 재능을 가진 분야에 오랜 시간 투자하는 것이 더 낫다는 것이다. 이것은 선천적 재능이 없으면 아무리 노력해도 대가가 될 수 있는 확률은 그리 높지 않다는 결론으로 이어진다. Simonton(1991)의 고전 작곡가 연구에서 대부분의 창조자들은 필요한 전문성을 획득하는 데 평균보다 더 적은 시간이 걸렸는데, 이는 그들의 남다른 재능이 영역 특수적 지식이나 기술을 더 빨리 습득하고 숙달할 수 있도록 해주기 때문이었다(Hambrick et al., 2017).

Ericsson(2016)은 맥나마라 등의 연구가 부정확하다고 지적하면서, 신중한 연습에 대한 정의가 명확하게 이루어지지 않았을 뿐만 아니라 그 범위를 너무 넓게 정의하여 여러 종류의 연습을 모두 포함하였기에 잘못된 결론에 이르렀다고 하였다. 또한, 그는 어느 분야에서든지 스승이 개선을 위해 제시한 피드백을 반영한 연습이 이루어지지 않는다면 그것은 신중한 연습이 아니며, 그런 연습은 별 개선 효과가 없다고 하였다.

또 다른 반론은 특정 영역에서 세계적인 전문가가 되는 데 10년이 걸린다는 '10년 법칙'은 법칙이라고 보기 어렵다는 지적이다. 연주자들의 신중한 연습 효과에 대한 Ericsson 등(1993)의 최초 논문에서 변량(variance) 통계치가 제시되지 않았으며, Simonton(1991)이 120명의 고전 작곡가를 분석하였을 때 첫 번째 주요 작품들이 나오는 데 약 10년 정도의 연습이 필요하지만, 표준편차는 무려 30년 정도로 매우 컸다. 이렇게 변산성이 큼에도 법칙이라고 하기는 어려운 것이다.

앞으로 논쟁은 계속되겠지만, 한 가지 확실한 것은 최고의 전문가가 되기 위해서는 만족 지연과 같은 현실의 즉각적인 즐거움을 포기할 수 있는 '인내', '동기', '목표 의식' 등이 있어야 한다는 것이다. 왜냐하면, 신중한 연습은 결코 즐겁거나 쉬운 일이 아니며, 이를 위해 다른 많은 것을 포기할 수 있어야 하기 때문이다.

참고 5-3 타고난 재능

앞서 '천성과 양육' 논쟁과 같이, 재능과 신중한 연습의 상대적 중요성에 대한 논쟁이 있다. '재능'을 중시하는 관점에서는 탁월한 수준의 수행과 전문성에 이르기 위해서는 재능이 필요하며 연습만으로 최고의 수준에 이르지 못한다고 본다. 타고난 재능을 가진 인재만이 연습을 통해 탁월한 성과를 낼 수 있다는 것이다.

타고난 재능의 극적인 예로 서번트 증후군(savant syndrome)을 들 수 있다(Winner, 1982). 이 현상은 심각한 정신적 문제를 가지고 있으면서도, '기억'과 연관된 능력을 매우 높은 수준으로 보여주는 아주 드문 경우이다.[37] 또한, 자폐 스펙트럼 장애나 뇌 손상과 같은 신경발달상의 장애를 가지는데, 반 이상이 자폐증이다. 대부분 아동기에 나타나지만, 간혹 성인기에 나타나기도 한다. 이들은 전반적으로는 정상인보다 지적 능력이 떨어질 수 있으나, 특정 영역에서 비범한 능력을 보인다. 거의 불가능해 보이는 산수 계산을 해내거나, 아주 오래된 달력의 날짜를 맞추거나, 외국어 신동이거나, 음악이나 미술 분야에서 남다른 재능을 보이는 사람들

---

[37] 100만 명 중 1명 정도로 나타나는 것으로 알려져 있으며, 6 대 1 정도로 여성보다는 남성에게서 빈발한다. 자폐증 환자 중 0.5%~10%가 서번트이다.

이다.

　이들은 아주 어린 나이에 외적 보상도 없이 어떤 활동을 강박적으로 연습하려고 한다. 타고난 재능을 가진 자폐 서번트(autistic savant)의 유명한 사례가 나디아(Nadia Chomyn)이다. 그녀는 어릴 때 이미 심각한 자폐증으로 진단을 받았고, 그림에 탁월한 재능을 보였다. 〈그림 5-1〉은 나디아가 다섯 살에 그린 그림이다. 또래 아이들과는 질적으로 다른 그림을 그렸으며, 다빈치의 그림과 유사한 수준이었다.

그림 5-1 **나디아의 초기 그림(Ramachandran, 2004)**
(ㄱ) 서번트였던 나디아가 5세 때 그린 말 그림

(ㄱ)　　　　　(ㄴ)　　　　　(ㄷ)

(ㄴ) 레오나르도 다빈치가 그린 말
(ㄷ) 평범한 8세 아이가 그린 말

　Hermelin(2001)이 소개한 대표적인 서번트 세 명을 소개하면 다음과 같다(Robinson, 2010에서 재인용). 언어 서번트에 해당하는 크리스토퍼는 15개국어 이상을 할 수 있었다. 14세 때 지각 공간 관련 지능지수 57, 언어 지능지수는 100 이하였다. 학교는 중간에 자퇴하였고, 정원사로 생활하였다. 자폐 증상을 보여, 타인과 눈을 잘 맞추지 못하고, 언어를 배우는 것 이외에는 아무것도 관심을 기울이지 않았지만, 언어를 배울 때는 열정적이었다.

　음악 서번트인 노엘의 지능지수는 57이었고, 말하기 능력이 거의 없었다. 학습 장애로 학교를 그만두고, 자폐증 환자들과 같이 생활하였다. 정식 음악교육을 받지 않았으며 집에도 악기가 없었고, 학교에서 접한 피아노가 유일하였다. 그러나 집에서 라디오로 들은 음악을 모두 외운 후 학교에서 피아노로 연주하였다. 복잡한 화성으로 이루어진 그리그의 64소절 피아노곡 〈멜로디〉(작품번호 47의 3번)를 처음 들은 지 12분 만에 거의 완벽하게 연주하였을 뿐 아니라, 다시 듣지 않고도 24시간 후에 다시 완벽하게 연주하였다. 그 곡을 들은 적이 없는 전문 피아니스트보다 월등하게 더 정확하였다.

미술 서번트인 리처드의 언어 지능지수는 47, 비언어 지능지수는 55였다. 어릴 때부터 심한 신체장애와 근시를 가졌지만, 4세 때부터 미술에 재능을 보였다. 여러 해 동안 여러 나라에서 전시회를 가졌다.

Winner(1996)는 『영재 아이들(Gifted Children)』에서 영재의 기준을 세 가지로 제시하였다. 첫째는 자신의 영역에서 조기 재능을 보여 또래보다 훨씬 뛰어난 성취를 보인다. 둘째, 고집스럽게 자신의 길을 가며, 어른의 도움을 받기보다는 스스로 학습한다. 셋째, 완벽해지고 싶은 강박적 열정을 보인다. 이런 영재들은 남다른 재능을 타고난 것으로 특별히 스승이나 외부적인 자극 없이 내적인 열정과 에너지로 비범한 성취를 보인다. 따라서 영재나 서번트의 사례들을 보면 재능의 중요성을 상기시킨다.

반면, '연습'을 중시하는 에릭슨은 최고 수준의 성취를 이룬 음악가들은 가장 많이 연습한 음악가들이며, 누구든지 오랜 기간의 신중한 연습을 통해 높은 수준의 성취를 이룰 수 있다고 본다. 그러나 이 연구는 상관 연구로서 인과 관계를 명확히 보여주는 것은 아니다. 그리고 연습을 매우 많이 하지만 실패하는 고연습 실패자(high-practice failure)들도 있을 수 있다. 무엇보다 피카소나 모차르트의 성취를 연습으로만 설명하기는 어려워 보인다.

3) 신중한 연습과 창의성

신중한 연습이 창의성과는 어떤 연관성이 있을까? 물리학자나 화가가 오랜 기간 몇 시간 자지 않고 적절한 지도를 받으면서 자신의 작업에 몰입한다면 모두 아인슈타인이나 피카소와 같은 대가가 될 수 있을까? 신중한 연습이 전문가 수준의 결과물을 얻는 데는 기여하지만, 과연 Big-C와 같은 창의적인 결과로 이어지는 데에도 필수적일까?

'그렇지 않다'고 보는 Kaufman(2016)은 신중한 연습의 원리가 체스, 스포츠, 연주와 같이 해당 분야의 규칙들이 잘 확립되어 있고 세대 간 전수가 잘 이루어지는 고도로 발달된 분야에 적용이 잘 될 뿐, 창의성이 요구되는 영역이나 직무에는 잘 맞지 않는다고 하였다. 그가 이런 주장을 하는 근거는 다음과 같다.

첫째, 계속 반복되는 상황에서 일관되게 재현되는 행동이 중요한 영역에서는 신중한 연습이 의미가 있다. 운동선수는 대개 자세, 속도, 강도 등에서의 개선이 목표일 뿐 새로움이 궁극적 목표는 아니다. 러시아 피겨선수 트루소바는 베이징 동계올림픽 프리스케이팅에서 올림픽 여자 선수 최초로 쿼드러플 점프를 다섯 차례나 시도해 한 번도 넘어지지 않았다. 여기서 놀라움은 있지만, 새로움은 없다. 그러나 인간 성취의 모든 영역이 다 일관되게 재현되는 행동에 의존하지는 않는다. 멋진 슬램 덩크를 보여주는 코비 브라이언트나 홀인원을 하는 타이거 우즈는 대중의 찬사를 받지만, 과학자는 똑같은 논문을 계속 반복해서 낼 수 없고, 작가는 동일 유형의 소설을 계속 출간해서는 성공할 수 없는 것이다. 예술가나 과학자는 이전의 것을 넘어서는 독창성에 대한 압박을 계속 받는다.

둘째, 창의성이 신중한 연습이라면 우리는 창의적인 것으로 인정받기 위한 공식을 있는 그대로 연습하면 될 것이다. 그러나 3장의 BVSR 모형에서 보았듯이, 창의성은 종종 맹목적(blind)이어서, 새로운 아이디어나 제품이 실제로 좋은 평가를 받을지는 사전에 알기 어려운 불확실성이 있다. 또한, 전문성(expertise)이 일관성과 신뢰성을 특징으로 한다면, 창의적 과정은 수없이 많은 시행착오를 특징으로 한다. 창의성이 단순히 신중한 연습의 함수라면, 연습이 늘어날수록 창의성도 증가해야 할 것이다. 그러나 창조자들의 경력 궤적을 보면 그렇지 않다. 최고의 걸작을 내는 정점은 전문성이 최고조에 이르는 경력 말기가 아닌 40대 즈음이라는 것을 앞서 보았다. 또한, 걸작을 만들어낸 이후에도 별 인기 없는 산물을 만든 사례는 많다. 예를 들어, 셰익스피어는 38세경에 〈햄릿〉과 같은 대표작들을 만들었지만, 이후에 만든 〈트로일러스와 크레시다〉 같은 작품들은 별 인기를 얻지 못했다.

더불어, 신중한 연습에서는 피드백이 중요하지만, 창조자들은 이런 유용한 피드백을 받기 어렵다. 대부분의 창의적인 영역에서는 오랜 기간 즉각적인 피드백 없이 혼자서 새로운 소설을 쓰거나 수학 증명을 해내려고 노력한다. 더구나 어떤 독창적인 시도나 결과에 대한 비평가들의 생각도 서로 달라서 어디에 초점을 두어야 할지 난감하게 된다. 예술적, 과학적 산물의 평가 기준은 끊임없이 변하며, 한때는 '혁명적인' 것이 미래 세대에게는 완전히 쓸모없는 것으로 간주되기도 한다.

셋째, 타고난 재능은 유전자와 관련된 것이다. Ericsson 등(1993)은 신중한 연습을 강조하며, 타고난 재능을 크게 인정하지 않았지만, 현대 행동유전학은 '연습하려는 의지'와 같은 사실상 거의 모든 심리학적 특성은 유전의 영향을 받는다는 것을 보여준다. 물론 유전이 우리의 행동을 전적으로 결정하는 것은 아니지만, 앞서 유전율 연구에서 보았듯이, 유전이 창의적 행동을 포함한 인간 행동에 어느 정도 영향을 미친다는 것은 분명하다. 더구나 3장에서 다룬 투자이론에서 창의성 발현에 필요한 요소들(다양한 지능 요소, 경험에 대한 개방성, 내적 동기, 비동조와 독립성, 위험 감수 등)은 모두 유전의 영향을 받는 개인차 요소들이다.

또한, 가족 배경, 아동기와 청년기 동안의 역할 모델(스승)의 가용성 등과 같은 많은 환경 요인들이 창의성에 상당히 영향을 미친다는 것을 지금까지 보았다.

넷째, 매우 창의적인 사람들은 폭넓은 분야에 흥미와 관심이 있다. 신중한 연습이 특정 분야에서의 고도화된 전문적 훈련에 초점을 두지만, 창의적인 전문가일수록 여러 분야에 흥미가 있고 다재다능한 모습을 보이는 경향이 있다. Simonton(2000)은 표준 고전 레퍼토리에 기여한 59명이 작곡한 911개의 오페라를 조사하였다. 만약 창의성이 신중한 연습의 결과라면, 오페라 작곡가가 취할 수 있는 최상의 접근은 특정한 오페라 장르 내에 전문화되는 것이다. 그러나 결과는 반대로 나왔다. 가장 성공적인 오페라 작곡가의 작곡은 여러 장르의 혼합인 경향이 있었다. 그의 연구는 과잉훈련(overtraining)은 지나친 전문화로 유연성이 저하되며, 그보다는 교차훈련(cross-training)을 통해 새로운 연합의 기회를 갖는 것이 창의성에 기여함을 보여준다. 창의성을 위한 교차훈련의 중요성은 과학에서도 발견된다. 앞서 고도로 창의적인 과학자들은 다양한 예술적 취미를 가지는 경향이 있음을 보았다. 다윈이 진화론의 체계를 형성한 과정을 연구한 그루버도 역사상 대부분의 창의적인 과학자들은 하나의 연구 질문을 완고하게 추구하기보다는 느슨하게 서로 연관된 주제나 과제를 추구하는 '기획 망(networks of enterprise)'의 형태를 보였다고 하였다.

다섯째, 3장에서 살펴보았듯이, 지식과 창의성 간의 관계는 역 U자 형태의 곡선을 보이는 것처럼 너무 높은 수준의 전문성은 창의성에 해가 될 수 있다(양날의 검). 신중한 연습 관점에서는 수행은 연습의 선형 함수라고 본다. 인간 성취의 고도로 발달된 분야, 즉 규칙이 잘 정의된 영역에서는 이것이 사실일 수 있으나, 창의성의 경우에는 그렇지 않다. 앞서 다루었듯이, 창의적인 인물들은 자신의 삶에서 학교 교육은 별 영향을 주지 못하였다고 얘기하는 경우가 많다(Csikszentmihalyi, 1997).

창의성이 단순히 신중한 연습으로 가능하다면, 전문성이 부족한 외부인(outsider)들은 창의적이기 어려울 것이다. 그러나 매우 혁신적인 사람들은 해당 분야의 문외한인 경우도 많다. 역사상 이민자를 포함한 주변부 인물들이 창의성을 발휘한 경우가 많은데, 이것은 외부인임에도 '불구하고' 창의성이 발현된 것이 아니라, 외부인으로서의 경험 '때문에' 창의성을 실현한 것이다. 12장에서 보겠지만, 다문화 경험(multicultural experience)이 창의적 사고를 증진한다는 경험적 연구들이 많이 있다(장재윤, 2018 참조).

마지막으로, 신중한 연습은 특정 영역의 기존 규칙들을 학습하기 위하여 문제해결에 초점을 둔다. 그러나 창의적인 사람은 문제해결에만 능한 것이 아니라, 문제발견에도 뛰어나다. 갈릴레오는 많은 시행착오 끝에 밤에 하늘을 관찰하기 위한 새로운 도구를 만들어 천문학에서의 새로운 혁명을 일으킬 수 있었다. 그의 발견은 단순히 기존 방식을 신중하게 연습한 것도 아니며, 기존 지식체계에 기반하지도 않았다.

지금까지 신중한 연습과 창의성 간의 연관성에 대해 논의하면서, 창의적 성취에 있어 신중한 연습만으로는 가능하지 않을 수 있음을 보여주었다. 여기서 한 가지 짚고 넘어갈 것은 운동선수뿐만 아니라 일부 예술가는 자신의 잠재력을 최고로 발휘하기 위하여 자신만의 고유의 행동과 절차를 반복하는 '루틴' 또는 '리추얼'을 가졌다는 점이다. 톨스토이는 60년간 꾸준히 일기를 썼고 헤밍웨이는 무슨 일이 있어도 하루에 단어 500개 분량의 글을 꼬박꼬박 썼다. 무라카미 하루키는 전업 소설가가 된 후부터 일정한 분량의 글을 쓰는 것과 더불어 하루도 빠지지 않고 매일 달리기를 하는 러너이다. 매일 같은 일상의 반복이 창의성 개념과는 맞지 않으며 루틴의 지속으로 창의적 성취가 가능하다는 것이 다소 역설적으로 들리지만, 그것은 창작 과정에서의 집중력을 높여 주며, 지루하게 반복된 루틴이 축적되면서 창의적 성취가 이루어진다는 것을 나타낸다.

6. 확산적 사고의 발달

앞서 Big-C 수준의 창의적 성취가 연령에 따라 어떤 변화 양상을 보이는지 살펴보았다. 지금부터는 '확산적 사고' 검사로 측정되는 창의성의 발달에 대해 살펴보겠다. 창의성이 태어나면서부터 나이가 들어감에 따라 증가하는지 아니면 변함없이 유지되는 것인지 아니면 점차 감퇴하는 지도 관심거리이다. 이에 대해서는 감소모델과 증가모델의 두가지 상반된 관점이 있다.

1) 감소모델

감소모델은 아동기가 가장 창의적인 시기라고 주장하는데, 우리가 쉽게 관찰할 수 있듯이 어린아이는 매우 놀랍고, 독창적이며, 기발한 아이디어를 많이 생각해낸다. 그래서 성인이 새로운 아이디어를 내려고 할 때, 간혹 '아이의 세계로 돌아가자'와 같은 구호를 외친다. 어린 아동의 생각은 논리, 법칙, 규범, 기존 가치, 고정관념의 영향을 거의 받지 않기 때문이다. 감소모델은 무한한 상상의 잠재력이 있는 아동기가 가장 창의력이 높은 시기이고, 이후 공식적인 학교 교육을 받고 사회의 규범과 가치가 내면화되면서 창의력은 점차 감소한다고 본다. 1장의 창의성 신화 문항에 '아이들이 어른들보다 더 창의적이다'가 있었다. 이 문항의 동의율은 70%가 넘었다.[38]

아동과 청소년기의 창의성 발달이 연속적 선형 형태인지 아니면 단절된 비선형 형태인지는 흥미로운 관심사이다. 일련의 창의성 연구들은 후자에 더 가깝다는 것을 보여주는데, 갑작스러운 창의성의 슬럼프(또는 점프)가 있다는 것이다. 가장 초기의 발견이자 널리 알려진 것으로, Torrance(1968)는 100명의 아동(남자 45명, 여자 55명)을 대상으로 TTCT를 종단적으로 실시하였을 때 창의성 발달에서 슬럼프가 있음을 발견하였다. 아동의 창의적 사고에서의 첫 번째 슬럼프는 아이가 공식 학교 교육을 시작하는 만 5세 정도에서 나타났다(토런스는 이것이 질서와 규칙을 지켜야 하는 유치원과 같은 단체 생활에 들어가면서 시작한다고 보았다). 이후 9~10세에 나타나는 소위 '4학년 위기(fourth-grade slump)'라고 불리는 또 다른 갑작스러운 슬럼프가 발견되었다. 학령기 청소년들의 확산적 사고 발달에 관심이 많았던 1970년대에 이러한 일시적 슬럼프 현상은 학계와 교육 현장 모두에서 상당한 주목을 받았다.

이후 다른 연구자들도 아동기와 청소년기의 창의성 발달의 슬럼프를 보고하였다. 예를 들어, He와 Wong(2015)은 45명의 남학생과 55명의 여학생을 대상으로 여러 해 동안 확산적 사고 검사를 실시한 결과, 3학년과 4학년 사이에 2분의 1 표준편차 정도의 평균적인 점수(유창성, 유연성, 독창성, 정교성) 하락이 있었다. 그들은 학교 전환기에서 학교생활에 대한 부정적 인식이나 평가가 창의성의 슬럼프에 기여하는 주요 요

---

38 또 다른 신화 문항으로, '대다수 사람들은 '아이들의 추상적인 그림'과 '추상 미술'을 구분하지 못할 것이다'에 대한 동의율은 63%에 이르렀다. 그러나 연구에 의하면 일반인들은 둘을 잘 구분하는 것으로 보인다. Hawley-Dolan과 Winner(2011)는 실험 연구에서 참가자들에게 미술 전공학생의 추상표현주의 그림과 아이 또는 동물이 그린 그림을 쌍으로 보여주면서 어느 것이 더 좋은지 물었다. 첫 번째 쌍들에서는 이름이 없이 제시되었고, 두 번째 쌍들에서는 '화가', '아동'이라는 이름이 붙었다. 그런데 이름을 제대로 붙이거나 바꾸어 붙였다. 참가자들은 화가들의 그림을 더 좋은 것으로 판단하였고, 이름을 바꾸어 붙인 경우에도 그러하였다(즉, 미대생의 그림을 아동이 그린 것으로 이름 붙여도 그것을 좋아하였다). 참가자들은 아동(동물)의 그림보다 추상표현주의 그림에 대해 작가의 의도를 더 잘 제시하였다.

인이라고 하였다. 후속 연구들은 창의성 슬럼프의 발생이 공식 교육 입문(5~7세), 4학년 진학(9~10세), 초등에서 중등교육으로 전환(11~12세)과 관련이 있는 것으로 보았다. 물론 창의성 슬럼프의 경험에서 개인차도 있다(Barbot et al., 2016). 한국 연구의 예를 들면, 김해성과 한기순(2014)이 초등학교 1~6학년 1,279명을 대상으로 창의성 발달을 TTCT 검사를 사용하여 분석한 결과, 성별에 따라 급격한 감소의 시기가 달랐지만,[39] 창의성 총점을 기준으로 2학년과 5학년 때에 급격한 감소 현상을 보였다. 이러한 창의성 저하는 생물학적 원인에 의한 것이 아니라 사회적 원인에 의한 것일 수 있다.

최근 Said-Metwaly 등(2021)은 4학년 슬럼프에 대한 논쟁의 해결을 위하여 1학년에서 12학년까지의 확산적 사고(DT) 발달에 관한 이전 연구들을 모아서 메타분석을 실시하였다. 41개 연구(4만 918명의 피험자)의 2,139개의 표준화된 평균들을 세 수준에서 메타분석하였을 때, 일부 비연속적인 부분이 있는 것을 제외하고는 학년이 올라가면서 전반적으로 DT가 향상되는 경향이 나타났다. 구체적으로 일반적인 4학년 슬럼프의 증거는 없었고, 오히려 7학년 슬럼프가 나타났다. 조절변인 분석에 의하면, 4학년 슬럼프는 DT 과제, 과제 내용 영역, 지능, 국가에 따라 다르게 나타났다. 7학년 슬럼프의 존재도 DT 과제, 과제 내용 영역, 성(性)에 따라 달랐다. 따라서 그들은 4학년 슬럼프 현상은 매우 복잡하며, DT 개발을 위한 연령 기반의 교육 방안을 구상할 때 이러한 점을 고려해야 한다고 하였다.

---

[39] 확산적 사고에서 남학생은 4학년 시기에 가장 높은 점수를 보였고, 2학년과 5학년, 6학년 때 점수가 완만하게 하강하는 기울어진 S자 형태에 가까운 발달 곡선을 나타냈고, 여학생은 4학년, 6학년 시기에 점수가 높고 2학년, 5학년에서 점수 하강이 나타나는 W자 형태에 가까운 모습을 보였다.

2) 증가모델

증가모델은 나이와 함께 인지 발달이 이루어지면서 자연스럽게 지능과 창의성도 증가할 것이라고 보는 합리적인 관점이다. '아이가 어른보다 더 창의적'이라는 문항을 신화라고 보는 것처럼, 지금은 증가모델이 사실에 더 가까운 것으로 본다(Kleibeuker, et al., 2013). 다만, 창의성뿐만 아니라 지능도 답은 간단하지 않았다. 지능을 유동 지능(fluid intelligence)과 결정 지능(crystallized intelligence)[40]으로 구분할 때, 유동 지능은 청년기를 지나면서 점차 감퇴하지만, 결정 지능은 계속 증가한다. 따라서 지능의 경우에는 감소와 증가가 모두 있다고 볼 수 있다. 앞서 살펴보았듯이 역사적 인물들의 창의적 성취의 경우 영역에 따라 나이와 함께 감소하기도 증가할 수도 있다.

청년기, 중년기, 노년기의 사람들을 대상으로 횡단적으로 조사한 연구에서는 창의성이 청년기와 중년기에 정점을 보이다가 노년기에 쇠퇴가 나타나는 일반적인 발달 추세를 보인다.

Jaquish와 Ripple(1981)은 18~84세의 218명의 표본을 대상으로 확산적 사고 검사를 실시하여 유창성, 유연성, 독창성 점수를 얻었는데, 연령은 창의성과 유의한 관계를 보이지 않았다. 다만, 성인 초기(18~25세),

---

40 Cattell(1963)에 의하면, 유동 지능(FI)은 교육 여부와는 상관없는 일반적 능력으로서, 15세까지 매우 급격히 발달하다가 그 이후에는 서서히 감소한다. 또한, 유동 지능은 주로 생리적, 유전적 요인에 의해 결정되는데, 다른 능력들에 영향을 주는 일종의 일반요인(general factor)으로서 기능한다. 대체로, 유동 지능은 '생소한 과제'를 해결할 때 필요한 능력들이다. 반면 결정 지능(CI)은 학습이나 경험으로 형성되며, 특정한 영역에서의 특기와 관련된 능력이다. 결정 지능은 주로 학업 성취도 검사로 측정된다. 유동 지능에는 기억력(memory span), 수리추론(arithmetic reasoning), 도형추론(matries), 사고속도(intellectual speed) 등이 있고, 결정 지능에는 미적 판단(aesthetic judgment), 객관적 지식(factual knowledge), 상식(information), 이해력(comprehension), 어휘력(verbal ability), 사회적 기술(social skill) 등이 있다. 전자는 주로 추론과 기억에 기초한 능력이고, 후자는 주로 지식과 유창성에 기초한 능력이라고 보기도 한다.

성인기(26~39세), 중장년기(40~60세) 간에는 유의한 차이가 없었으나, 노년기(61~84세)에는 유창성이 유의하게 낮았다.

Palmiero(2015)는 20대에서 70대에 이르는 여섯 연령 집단 150명의 창의성의 차이를 조사하였다. 확산적 사고를 측정하는 대안 용도 과제와 특정 범주에 속하는 물건을 생각해내는 창의적 정신 합성 과제[41]의 두 과제에서 창의성 발달은 40세 이전에 정점에 이르고, 40~70세까지는 어느 정도 유지되다가 이후 쇠퇴하는 것으로 나타났다. 이런 결과들은 창의성은 중년을 지난 70세까지도 유지될 수 있음을 보여주며, 나이가 들어가면서 창의성이 감소한다는 주장에 의문을 제기한다.

Shimonaka와 Nakazato(2007)는 25~84세에 이르는 412명을 대상으로 S-A 창의성 검사[42]를 사용하여 유창성, 유연성, 독창성, 정교성 점수를 얻었는데, 교육 수준을 통제하였을 때 유의한 연령 차이가 나타나지 않았다. 발달 과정에서의 절정(peak)과 쇠퇴(decline)를 가정하는 모델은 코호트(cohort) 효과와 교육 기간 효과와 같은 특정한 혼입 변인들을 통제하지 못한다는 비판을 받고 있다.

한편, McCrae 등(1987)은 17세에서 101세에 이르는 825명의 남자 표본을 대상으로 여섯 개의 확산적 사고 검사들[43]을 실시하였다. 모든 유

---

[41] 이 과제에서는 특정 범주에 속하는 물건을 만들기 위하여 세 가지 시각 요소들을 사용한다. 예를 들어, '스포츠 용품'이라는 범주의 물건을 만들기 위해 사각형 블록, 양추(兩錐), 뿔 모양의 세 가지 시각 자극이 주어진다. 세 요소를 모두 사용하여 새로운 물건을 생각해내며, 최종적으로 종이에 그려낸 물건에 대해 간단한 제목이나 이름을 붙인다. 채점은 독창성과 실용성에 대해 두 명의 독립적인 심사자에 의한 합의적 평가 기법(CAT)으로 이루어졌다.

[42] 길포드가 검사 초안을 기획하고 일본인들에게 표준화한 검사로, TTCT의 특이 용도, 제품개선, 가정하기와 유사한 세 질문을 사용하여 '언어적(verbal)' 확산적 사고를 평가한다.

[43] ① 동의어를 얘기하는 연상적 유창성, ② 지정된 철자들로 시작하는 문장을 작성하도록 하는 표현적 유창성, ③ 특정 부류(범주)의 물건을 얘기하도록 하는 아이디어 발상적 유창성, ④ 지정된 철자를 포함하는 단어를 쓰도록 하는 단어 유창성, 그리고 특이

창성 점수에서 40세 전까지는 증가하다가 그 이후 감소하는 곡선적 관계와 더불어, 전반적으로는 유의하게 감소하는 패턴을 보여주었다. 이들 중 1959년부터 1972년까지 6년 간격으로 278명(최초 33~74세)을 반복 검사한 종단 자료 분석에서도 유사한 결과를 보였고, 연구가 이루어지는 동안 가장 젊은 연령 집단(33~38세)은 모든 유창성 점수에서 유의한 개선이 나타났지만, 가장 나이가 든 집단(69~74세)은 점차 쇠퇴하였다. 전반적으로 나이와 함께 확산적 사고는 감소한다는 이전의 횡단적 연구 결과와 크게 다르지는 않다. 흥미로운 점은 아이디어 발상에서의 유창성은 모든 연령 집단에서 증가한 것인데, 이것은 모든 연령 집단이 확산적으로 사고할 잠재력을 가지며, 창의성이 훈련을 통해 증진될 수 있음을 시사하기도 한다.

7. 노년기

앞서 경력 궤도 연구에서 일부 영역을 제외하고는 노년기로 갈수록 창의성은 감소한다고 하였다. 나이가 들어서도 창의성을 계속 유지할 수 있을까? 걸출한 창의적 인물들도 고령임에도 작업을 계속하며, 심지어 대표작들을 만들어낸 사례들은 많다. 미켈란젤로(Michelangelo)는 88세로 사망하기 4일 전까지 〈론다니니 피에타(Rondanini Pieta)〉 작업을 계속하였고, 베르디(G. Verdi)는 〈아베 마리아(Ave Maria)〉를 85세에 작곡하였고, 마사 그레이엄(M. Graham)은 75세까지 공연하였고 180번째 안무 작업을 95세에 하였다. 미국 여류화가인 '할머니 모지스(Grandma

한 상황에서 나타날 수 있는 일들을 상상하도록 하는 결과(Consequences) 과제에서 ⑤ 원격(Remote)과 ⑥ 명백(Obvious)의 두 차원에서 유창성이 채점되었다.

Moses)'[44]는 70대 중반에 그림을 시작하여 80세에 그녀의 첫 미술 전시회를 가졌으며, 101살까지 살았던 그녀는 100세 때에도 25점이나 작품을 남겼다. 미국 건축가인 프랭크 로이드 라이트(F. L. Wright)[45]는 91세까지 살면서 80대까지 왕성하게 창의적으로 활동하였는데, 그의 대표작 중의 하나인 뉴욕의 구겐하임 미술관은 그가 사망한 해에 완성되었다. KFC를 창업한 커널 샌더스(Colonel Sanders)는 65세에 프랜차이즈업에 도전하여 성공하였다. 누벨바그의 주요 인물인 프랑스 영화감독 아녜스 바르다(A. Varda)는 70대의 고령에도 이전의 극영화에서 벗어나 다큐멘터리로 전환하였고 디지털 매체를 적극적으로 받아들여 혁신적인 디지털 다큐멘터리 제작 흐름에 동참하였다. 그래서 80대에도 현역으로 작품 활동을 하면서 존경을 받았다.

Simonton(1989)은 유명한 창조자는 생애 후반에도 계속 창조할 수 있다고 하였다. 그는 172명의 유명한 고전음악 작곡가들의 마지막 작품을 조사하였는데, 마지막 작품은 덜 독창적이긴 하지만, 대중적으로 더 인기가 있었으며 미적으로 두드러졌다고 하였다(이를 스완송 효과라고 한다). 그러나 Meredith와 Kozbelt(2014)는 사이먼턴의 연구를 재현하지 못하였고, 후반기의 작품은 대체로 조그만 개선에 그칠 뿐이라고 주장하였다.

노년기의 창의성 감퇴를 보여주는 연구들은 앞서 보았듯이 대개 TTCT와 같은 표준화된 확산적 사고 검사를 사용하는 심리측정 접근에 근거한다. 나이가 들어감에 따라 창의적 사고가 쇠퇴하는 것은 '확

---

44 78세에 본격적으로 그림을 그리기 시작하여 성공한 미국의 민속 예술가로, 본명은 안나 메리 로버트슨 모지스이지만, '할머니 모지스'라는 애칭으로 더 알려져 있다.

45 미국 건축이 유럽의 아류에서 벗어나 미국만의 독특한 자연환경을 반영한 독자적인 '대초원 양식(prairie style)'을 완성하였고, 피츠버그 인근의 낙수장(Fallingwater)의 설계로 유명하다. 일본 건축과 예술품에도 관심이 많았고, 한국의 온돌 난방을 서구에 널리 알렸다.

산적 사고' 기술과 같은 '일반적인' 맥락에서 나타날 수 있지만, 일상적 문제해결 기술과 같은 보다 '구체적인' 맥락에서는 발견되지 않는다 (Artistico et al., 2003; Blanchard-Fields et al., 2007). 일반적인 확산적 사고 검사로 측정된 창의성에서의 쇠퇴는 단순히 쇠퇴라기보다는 창의적 과정에서 구체적인 영역으로의 질적인 변화로 볼 수도 있다는 것이다. 노년기의 성인은 자신의 삶을 되돌아보거나 일상적 문제들을 계획하는 것과 같이 삶의 실제에서 더 깊이가 있는 것이다. 새로움과 혁신을 추구하는 것은 젊은 시절의 창의적 사고와 관련되지만, Gardner(1993)의 창의적 인물 연구에서 분명히 드러나듯이, 삶의 후반기의 창의적 사고는 통합적 또는 수렴적 능력에 더 가깝다.

그럼에도 창의성의 생애발달 모델은 창의성이 표현된 형태와 그것이 평가되는 방식이 생애 단계별로 다르다고 본다(Lindauer, 2003). 표준화된 창의성 검사에서의 점수는 검사 환경에 좀 더 친숙한 아동과 청소년에게 유리한 경향이 있다. 그래서 검사를 받는 상황에 익숙하지 않은 노인에게 표준화된 검사가 불리할 수 있다. 나이 든 화가나 건축가들의 창의성의 질적인 변화를 조사하는 연구들에서 그들은 나이가 들어가면서 계속 발달의 과정을 거치는 것을 발견하였다. Lindauer(2003)는 노년기의 화가들과 그들의 후기 작품들을 조사하여 노년기에도 상상력이나 문제해결과 같은 창의성과 연관된 고등 정신 능력은 계속되기에 창의적 성취가 지속될 수 있다고 하였다. 또한, 나이 들어서도 미술 작업에 계속 몰입하면서 신체적, 감각적, 정신적, 대인적 역량이 증진될 수 있다고 하였다. 또한, Binnewies 등(2008)은 합의적 평가 기법(CAT)으로 젊은 간호사와 나이 든 간호사가 직무에서 생성한 창의적 아이디어들의 질을 평가하였는데, 나이는 아무런 영향이 없었다. 이는 실무에서의 전문성과 영역 특수적 지식이 확산적 사고의 유창성에서의 손실을 보완할 수 있음을 시사한다.

노년기의 성인들은 일상생활에서 업무 또는 대인 문제를 해결할 때 사전 계획이나 인지적 평가처럼 문제에 초점을 맞춘 전략을 사용하기 때문에 초기 성인들보다 일상적 창의성에서 더 낫다(Blanchard-Fields et al., 2007). Artistico 등(2003)은 평균 25세인 초기 성인 50명과 평균 70세인 50명의 노인을 대상으로 지각된 자기 효능감과 일상생활에서의 문제해결 수행을 조사하였다. 그들은 두 집단이 각자 흔히 직면하는 대표적인 문제(초기 성인 문제 대 노인 문제[46])와 두 집단 모두 공통으로 직면하는 문제를 확인하였다. 현실과는 관련성이 없는 추상적 문제해결 과제(예: 하노이 탑 문제)도 수행하였다. 초기 성인들은 자기 효능감 지각, 초기 성인 문제, 추상적 문제해결에서 더 높은 수준을 보였지만, 노인들은 노인 문제에서 초기 성인보다 자기 효능감 지각과 문제해결 수행이 더 높은 수준을 보였다. 즉, 자기 효능감 지각 및 수행은 대상자들이 다루는 문제의 생태학적 유형에 따라 달라졌다.

노년기에는 예술과 레저 활동에 적극적으로 참여하는 것이 창의적 사고를 증진하고 성공적 노화를 가능케 한다(Cohen, 2000). Meléndez 등(2016)은 노인 창의성의 지표로서 확산적 사고(언어 및 도형) 검사 점수를 예측하는 인지적 저장소(교육 수준과 직업 유형, 자극을 주는 여가 활동 참여, 표준화된 지능 검사의 어휘 점수)[47] 및 성격 변인(경험에 대한 개방성 및 신경증)의 효과를 조사하였다. 135명의 피험자들(55~84세)이 참여하였고, 개인별로 인터뷰도 이루어졌다. 적합도를 고려하여 측정 모형에서 신경증을 제거하였을 때, 인지적 저장소와 개방성이 두 확산적 사고력을 유의하게 예측하였다. 중국 노인들을 대상으로 한 Zhang과 Niu(2013)의 연구에서도 교육 수준과 일반적 건강 상태와 같은 안정

---

46 노인 문제의 예로 '가족들이 자주 방문하지 않는 것'이 있다.
47 구조방정식 모형에서, 인지적 저장소의 세 하위요소들을 단일 요인으로 보고, 인지적 저장소라는 잠재변인을 설정하였다.

적 요소와 일상적 활동과 노화에 대한 긍정적 태도와 같은 가변적 요소 모두가 노인 창의성을 예측하였다.

창의성은 노년기까지 특정한 나이 제약 없이 개발될 수 있다. 노인들도 세계 창의력 올림피아드(Odyssey of the Mind)와 같은 창의적 및 협동적 문제해결 프로그램에서는 지적 몰입, 사회적 몰입, 개인적 성장을 도모할 수 있다(Parisi et al., 2007). 이 프로그램 참가자들은 인지 처리 속도, 연역 추리, 확산적 사고에서 유의한 개선이 있었다(Stine-Morrow et al., 2008). 유사하게 그림 그리기, 시 쓰기, 장신구 만들기, 합창하기 등과 같은 창의적 및 문화적 활동에 참여하는 고령자들은 건강 지표에서 높은 점수를 보였고, 우울 수준이 낮았고, 사회적 활동이 많았다(Cohen et al., 2006). Hui(2013)는 노인들이 사는 공동체 집단에서 공연 예술을 관람하고 시각 예술에 참여하는 것과 같은 창의적, 문화적 활동은 창의성 지각과 삶의 질을 증진할 수 있음을 보여주었다. 노년기의 창의적 활동에의 적극적 참여는 자신의 삶을 되돌아보고 새로운 해석이 가능하도록 하면서 개인적 창의성을 더욱 강화하고, 성공적인 노화를 증진한다. 또한, 노년기 창의성이 일반인에게는 지속적인 자기표현의 기능을 하며, 창의적 인물에게는 사회에 계속 기여하는 기능을 한다.

Nakamura와 Csikszentmihalyi(2003)는 과학자나 예술가가 생애 후기에도 창의성을 유지하는 세 가지 경로를 제시하였다. 첫째, 지금까지 관여한 영역에 계속 몰입하는 것이다. 해당 영역의 궁극적인 목표를 설정하고 끊임없이 달성하고자 노력하는 과정에서 소명을 다한다거나 공동체에 기여한다는 의미감을 느낄 수 있다. 둘째, 새로운 관심 영역으로 자신의 초점을 변경하는 것이다. 예를 들어 인생 후반기에 작업 분야나 경력에 변화를 주는 것이다. 순수 분야의 과학자가 실세계의 문제해결에 자신의 전문성을 활용하거나, 물리학자가 사회과학에 관심을 두고 몰입하는 경우이다. 셋째, 자신의 관심을 확장하는 것으로, 특정 영역의 좁은 질문에 한정되지 않고 보다 근원적인 탐구나 근본적인 질문에 답을 얻고자 하는 것이다. 학문의 경계를 허물고 인간과 사회를 이해하는 융합적 접근을 시도하는 것도 이에 해당할 것이다.

8. 창의성의 생애 발달 연구의 문제점

Hui 등(2019)의 제안을 참조하여, 다음과 같은 창의성의 생애발달 연구의 몇 가지 문제점을 언급하며 이 장을 마치겠다. 첫째, 창의성의 발달적 추세에 대한 횡단적 및 종단적 연구의 대부분은 확산적 사고 검사를 사용하는 심리측정 접근에 근거하고 있다는 점이다. 창의성의 다차원의 역동적이고 미묘한 측면들을 포착하는 데 있어 창의성 검사가 갖는 한계점들을 인식할 필요가 있다. '창의성 = 확산적 사고'라는 등식에 회의적 시각이 점증하고 있는 상황에서 창의성을 주로 확산적 사고를 측정하는 표준화된 창의성 검사만으로 대표할 수 있는지를 묻는 근본적인 문제 제기이다.

둘째, 일반적으로 연령과 창의성 간의 관계에 관한 연구들은 아동에서 성인 초기로 가면서 증가하다가 중년 이후로는 감소하기 시작하는 곡선적 관계 모형 또는 정점 및 감퇴(peak and decline) 모형이 일반적인데, 이 모형이 점차 도전을 받고 있고 전 성인기 동안 창의성은 상대적으로 안정적인 모습을 보인다는 새로운 경험적 증거들이 나오고 있다 (Palmiero, 2015; Shimonaka & Nakazato, 2007). 한편, 창의성의 연속적인 발달에서 비연속적으로 드러나는 아동과 청소년기의 슬럼프는 주목할 만하다. 이에 관한 후속 연구들에서 현황 및 원인에 대한 분석을 통하여 창의성 증진 방안들에 대한 시사점을 얻을 수 있을 것이다.

마지막으로, 창의성의 성장과 쇠퇴에 관한 문헌들에서 개인차의 이슈는 충분히 다루어지지 않았다. 개인차가 생애 동안 나이가 듦에 따라 창의성의 증감에 어떤 영향을 미치는지는 아직 충분히 조사되지 않았지만 흥미롭고 중요한 주제이다.

6장
창의성과 인지적 과정

"문제가 문제는 아니다. 문제는 문제에 대해 당신이 생각하는 방식이다."
- 파울 바츨라빅 등(1974)

창의적 사고의 본질과 관련하여 18세기 낭만주의 시대 이후로 지녀온 믿음은 '창의적인 아이디어의 원천은 무의식'이라는 것이다. 오늘날 이 믿음은 거의 근거가 없는 것이 되었고, '창의적인 아이디어는 의식적, 일상적, 합리적 사고 과정의 결과'라는 인지심리학적 관점이 더 우세하다. 그러나 여전히 무의식의 망령이 완전히 사라지지 않고 창의성 주변을 떠돌고 있다. 본 장에서는 창의적 사고에 대한 신화를 벗겨내고 보다 본질에 접근하려고 노력한 인지심리학자들의 그간의 주요 연구 흐름을 살펴보았다. 또한, 일반인들에게 특히 흥미가 있는 지능과 창의성 간의 관계에 관한 다양한 연구들을 소개하였다. 마지막으로 논쟁의 여지가 있는 주제인 인공지능(AI)이 창의성을 발휘할 수 있는지에 대한 논의도 다루었다.

1. 무의식과 영감

영국 출신의 4인조 록밴드 비틀스는 대중성과 예술성이 공존할 수 있게 기존 음악계에 끊임없는 혁신을 가하고 새로운 길을 개척한 문화 예술적 선구자로 여겨진다. 이들의 명곡, 〈예스터데이(Yesterday)〉는 역사상 가장 많이 녹음되고, 3,000개 이상의 버전으로 편곡되었으며, 1999년 전문가와 시청자가 참가하는 BBC 라디오2 투표에서 20세기 가장 훌륭한 곡으로 선정되기도 하였다. 그런데 이 노래는 폴 매카트니의 꿈속 멜로디가 발단이 되었다고 한다. 그는 예전에 한 번 들었던 멜로디 같아서 표절 시비 방지를 위해 어디서 들었는지 계속 확인하였다. 선율이 재즈 같아서, 1920년대 재즈밴드 연주자로 아들에게 음악적 영감을 주었던 아버지의 영향이 아닌지도 의심해보았다. 그리고 존 레넌과 주위의 가까운 친구들에게도 문의하였으나, 모두 이전에 경험하지 않은 새로운 리듬이라고 하였다(Gannett, 2018).

〈예스터데이〉 사례에서 볼 수 있듯이, 어떤 창의적인 통찰이나 아이디어가 의식적인 사고 과정이 아니라 꿈과 같은 무의식적 근원에서 출현한다는 믿음은 오래전부터 있었다. 어떤 아이디어가 어디서 비롯되었는지는 모르지만, 갑자기 의식에 떠오르는 '영감의 순간'이 있다. 이런 설명은 창의성의 영감 이론(inspiration theory of creativity)이라고 불린다.[1]

1) 무의식적 과정

창의적 사고에 있어 무의식의 영향을 보여주는 실제 사례들은 오래전부터 창의성 관련 서적들에서 널리 소개되었다. 과학에서의 대표적

---

[1] 1장의 신화 문항 '창의적 결과물은 갑작스럽게 나타난 영감의 결과인 경우가 많다'가 신화인 이유는 이러한 믿음의 과학적 기반이 약하기 때문이다. 그러나 이 문항에 대한 동의율은 59%에 이르렀다.

인 사례로 유기화학의 아버지로 불리는 케쿨레의 꿈 이야기가 있다.[2] 그는 여러 유기물을 탄소(C) 원자와 수소(H) 원자 등의 사슬 결합구조로 설명하는 이론 체계를 세워나갔는데, 유독 벤젠의 유기물 구조는 그러한 결합으로는 풀리지 않았다. 그러던 어느 날 난롯가에서 잠깐 잠이 들었는데 꿈속에서 뱀이 자기의 꼬리를 물고 있는 형상을 보게 되었다. 그는 벤젠 구조가 뱀이 꼬리를 물고 있는 것처럼 육각형 구조일 수 있다는 영감을 얻게 되면서, 벤젠 고리의 구조를 밝혀낼 수 있었다.

이런 사례를 보면, 번쩍이는 아이디어나 통찰이 꿈에서와 같은 무의식 세계에서 나오는 것이 아닐까 생각하게 한다. 문학과 예술 분야에는 수많은 사례가 있다. 예를 들어, 영시에 자주 등장하는 표현인 'It came to me'는 자신도 알지 못하는 어떤 곳에서 누군가의 힘으로 자기에게 무엇인가가 다가왔다는 의미이다. 자신의 노력이나 의지에 의한 것이 아니라, 자기도 모르게 어떤 생각이 갑자기 떠오른다는 것이다.

미술 영역에서는, 초현실주의 화가 막스 에른스트(M. Ernst)가 다음과 같이 말했다(Alexandrian, 1970).

"작품이 탄생하는 순간 작가는 그저 무심한 구경꾼일 뿐이다. 자신이 그림을 그리는 것이 아니라 누군가가 그림을 그리는 것을 보고 있는 것처럼 느껴진다."

자신이 그림을 그리지만, 실제로는 누군가 내 손을 빌려 그림을 그리고 있는 것처럼 느껴질 때가 있다는 것이다.

1910년 봄 스트라빈스키는 다음과 같은 꿈을 꾸었다(Gardner, 1993).

---

2 꿈에서의 다양한 발견 사례들은 배럿(D. Barrett)의 『꿈은 알고 있다(*The Committee of Sleep*)』(2001)에서 찾을 수 있다. 이 책에는 이순신의 거북선도 꿈에서 아이디어를 얻은 것으로 기술되어 있다.

이후 그는 3년 동안 이 환상적인 장면을 악보로 옮기는 작업에 매달렸다.

"이교도의 성스러운 제전이 펼쳐지는 장면이었다. 마을 원로들이 빙 둘러 앉아 지켜보는 가운데 봄의 신에게 희생 제물로 바쳐진 소녀가 춤을 추다 가 죽어갔다. 이것이 〈봄의 제전〉의 주제가 되었다."[3]

좀 더 현대적인 영감의 사례로, J. K. 롤링은 런던으로 가는 열차 안에서 『해리 포터』 시리즈에 대한 아이디어가 떠올랐다고 하였고, 모차르트에 비견되는 미국의 천재 작곡가 제이 그린버그(J. Greenberg)[4]도 자신의 음악이 어디서 오는지는 모르겠지만, 머릿속에서 오케스트라가 연주하듯 완벽하게 써진다고 하였다. 이처럼 자신도 알 수 없는 원천에서 아이디어가 나온다는 생각은 오래전 사례들에만 국한되지 않고, 오늘날의 창의적 천재들에게도 여전히 나타나고 있다.[5]

창의성 연구 초창기에는 창의적이었던 인물들의 전기(傳記)를 분석하는 방법을 적용하여 창의적인 통찰 또는 아이디어의 근원을 무의식

---

3 이 꿈 자체는 러시아 모더니스트 시인인 세르게이 고로데츠키의 시에서 영감을 얻은 것으로 알려져 있다.

4 2002년 줄리아드 음대에 입학하여, 피아노 독주곡부터 대규모의 교향곡에 이르기까지 이미 100여 곡을 작곡하는 등 그 천재성을 입증하여 음대 교수들이 모차르트 이후 최고의 음악 천재라고 격찬하였다.

5 나의 동의 없이 출처를 알 수 없는 누군가가 혹은 무엇인가가 나의 뇌 속에 직접 생각을 집어넣는 것 같은 망상(delusion)은 정신병(특히 조현병) 환자의 증상 중 하나로서, 사고 주입(thought insertion) 현상으로 알려져 있다. 고전적인 예로, 슈만(R. Schumann)은 자신이 작곡하는 것이 아니라 베토벤이나 멘델스존이 그들의 무덤에서 자신에게 받아쓰게 하는 것이라고 믿었다. 조현병을 앓았으며 영화 〈뷰티풀 마인드〉의 실제 주인공이었던 존 내시(J. F. Nash)는 '왜 우주의 외계인들이 세계를 구하기 위하여 그를 고용했다'고 생각하는지를 묻자, "수학 아이디어들이 내게 찾아오는 것과 똑같은 방식으로 초자연적인 존재들에 대한 생각이 내게 찾아왔어요. 그래서 그 생각들을 진지하게 받아들였습니다"라고 하였다.

에서 찾을 수 있다고 보았다. 자서전이나 전기에는 자신의 창의적인 발명이나 발견, 또는 자신의 작품과 연관된 새로운 아이디어가 떠오르게 된 과정을 기술한 부분에서 그것이 자기도 알 수 없는 무의식적인 장소에서 나온 것처럼 기술된 경우가 많았다.

2) 푸앵카레의 영향

앙리 푸앵카레(H. Poincaré)는 19세기 후반에서 20세기 초에 걸쳐 다방면으로 두각을 나타낸 인물로 '마지막 유니버셜리스트'로 불린다. 그의 저작 모음집 『과학의 기초(The Foundations of Science)』에 나오는 「수학적 창조(Mathematical Creation)」라는 챕터는 창의성을 연구하는 심리학자에게 좋은 자료가 되었다.[6] 창의적인 작업에서 무의식의 역할을 주장한 가장 대표적인 인물이 푸앵카레이며, 다음과 같은 언급에서 볼 수 있듯이 그는 무의식의 기여에 대해 강한 확신이 있었다.

"13일간 애쓴 끝에 내가 한때 푸크스 함수라고 불렀던 것과 같은 함수는 존재할 수 없음을 증명했다. 그 당시 나는 아무것도 알아낼 수가 없었다. 매일 책상 앞에 앉아 한두 시간 동안 자리를 지켰다. 무수한 조합들을 시도했지만, 아무런 결론도 얻지 못했다. 어느 날 밤, 평소와 달리 블랙커피를 마신 나는 잠을 못 이루고 있었다. 그때 아이디어들이 떼로 몰려왔다. 나는 그것들이 서로 부딪치며 착착 맞아떨어지는 것을 느꼈다. 말하자면, 하나의 안정된 조합이 이루어진 것이다. 다음 날 아침, 나는 초기하급수에서 도출되는 어떤 한 종류의 푸크스 함수만 존재할 수 있다는 것을 알아냈다. 나는 그저 결론만 쓰면 됐다. 그것은 몇 시간도 걸리지 않는 일이었다."

6 이 챕터는 "수학적 창조의 발생은 심리학자들이 대단히 흥미를 가져야 할 문제"라는 말로 시작된다.

"맨 처음 가장 놀라웠던 것은 이게 돌연한 계시의 모습으로 나타났다는 점이다. 물론 이는 길고도 무의식적인 사전 작업이 명시화된 것이지만 말이다. 수학적인 발견에서 무의식이 수행한 이런 역할이 나에게는 절대적인 것이었다…. 누가 어려운 문제와 씨름할 때, 첫 번째 공략에서는 아무것도 얻지 못하는 경우가 허다하다. 그러면 나는 잠깐이든 오래든 휴식을 취하고 나서 새로운 각오로 그 문제에 다시 매달린다. 지난번처럼 처음 30분 동안은 아무것도 떠오르지 않는다. 그러다 갑자기 결정적인 아이디어가 머릿속에 떠오른다. 이런 경우 의식적인 작업을 중단하고 취한 휴식이 마음에 힘과 생기를 다시 불어넣었기 때문에 오히려 (의식적인 작업이) 효과를 보게 된 것이라고 말할 수도 있으리라. 그러나 그보다는 휴식 기간에 무의식이 계속 작업한 결과, 내가 앞서 말했던 것과 같은 해결이 이루어졌다고 보는 게 더 타당할 듯싶다."

푸앵카레가 '무의식'을 강조한 이유는 다음과 같다. 첫째는 갑작스러움(suddenness)이다. 새로운 해법이 느닷없이 정신 속으로 뛰어 들어온다는 것이다. 이는 의식적 작업의 단계적이고 점진적인 과정과는 정반대이다. 해법이 갑작스럽게 나올 때는 수학에 관한 의식적인 사고를 하고 있지 않을 때였다. 둘째, 즉각적 확실성(immediate certainty)이다. 해법이 떠오를 때 그것은 의심이나 입증의 필요성도 못 느낄 정도로 정확한 것이라는 확신이 드는 것이다. 물론 차후 증명은 필요하지만, 첫 느낌부터가 자명해 보인다는 것이다. 셋째, 의식적인 체계적 공략이 실패한 직후에 해법이 나타났다는 점이다. 이 점은 특히 주목할 만하다. 어떤 경우에도 저절로 해법이 나타나지는 않았으며, 의식적으로 아이디어를 많이 생각하고 노력할수록 추후 갑작스러운 해법이 나타날 가능성이 크다는 것이다.

이러한 설명을 제시하면서 푸앵카레는 자신의 의식 밖에서 일어나는 사고 과정들이 자신의 창의적 사고에서 결정적인 역할을 했다고 판단하였으며, 자신의 창의적 성취를 기술하면서 여러 건의 '조명(illumination)' 사례를 보고하였다.[7] 그리고 자신의 경험을 '무의식적 처리'의 증거로 보면서, 무의식[8]에서는 장기기억 속의 정보들이 병렬 처리되면서 한 번에 다수의 사고 과정이 전개된다고 보았다. 그의 관점은 다음에 소개하는 월러스의 창의적 사고 모형에 큰 영향을 미쳤다.

3) 월러스의 창의적 사고 4단계

푸앵카레 이후 창의성의 발현과정에 무의식이 개입된다는 생각을 좀 더 체계적으로 분석한 이가 영국의 심리학자 그레이엄 월러스(G. Wallas)[9]이다. 그가 말년에 저술한 대표작『사고의 기술(The Art of Thought)』(1926)에 소개된 창의적 사고의 4단계는 오늘날 대부분의 창의성 개론서에 소개되고 있다. 네 단계는 준비기(preparation), 부화기(incubation), 조명기(illumination), 검증기(verification)이다.

준비기는 어떤 문제를 해결하기 위해서 현상 분석, 자료 수집, 다양한 해결 방안의 적용이 이루어지는 단계이다. 대개 이 단계에서 문제가 해결되지 않는 경우 창의성이 요구된다. 지속적인 노력에도 해결에 이르지 못하면 잠시 문제를 접어 두고 다른 일을 하거나 휴식을 취할 수

---

[7] 다만, 이러한 얘기들 대부분이 그의 조카의 진술에서 나왔으며, 어린 조카가 삼촌이 20대일 때 일어난 일에 대해 자세히 알고 있다는 것은 다소 믿기 어렵다는 견해도 있다.

[8] 푸앵카레가 언급하는 무의식은 프로이트적인 의미의 무의식이기보다는 단순히 '의식이 접근하지 못한다'는 중립적인 의미이다.

[9] 영국의 명문 런던정경대(LSE)를 공동 창립한 인물로도 알려진 월러스는『사고의 기술』을 저술할 때, 푸앵카레와 더불어 독일의 물리학자 헤르만 헬름홀츠(H. Helmholtz)의 영향도 많이 받았다고 한다. 헬름홀츠는 1891년의 강연에서 "사방팔방으로 … 행복한 아이디어들이 별 노력 없이 기대하지 않게 영감처럼 떠오른다. 적어도 나의 경우에는 내 마음이 피곤해져 있을 때나 작업 책상에 있을 때는 그것들이 전혀 떠오르지 않는다. 그것들은 햇살 밝은 날의 우거진 언덕을 천천히 오르는 동안 갑작스럽게 다가왔다"라고 말했다(Wallas, 1926).

있다. 잠시 문제에서 벗어나 낮잠과 산책과 같은 휴식기나 다른 활동을
하는 시기가 두 번째 단계인 부화기이다. 앞의 사례들에서 볼 수 있듯
이, 부화기에 갑자기 번쩍이듯이 창의적인 아이디어나 해결안이 머리
에 떠오르는 단계가 조명기이다. 마지막으로 조명기에 떠오른 새로운
아이디어와 통찰을 문제에 적용해서 해결하려고 시도하는 단계가 검증
기이다.

여기서 주목해야 할 단계는 부화기이다. 부화기가 창의적인 아이디
어 또는 통찰의 근원이 무의식에 있음을 가정하는 단계이기 때문이다.
부화기에는 의식적으로는 문제를 다루지 않지만, 무의식에서는 문제를
계속 다룬다는 것이다. 다음에서 보듯이, 정신분석이론이 이러한 무의
식의 작용에 관하여 설명하였다.

의식적 노력으로 해결되지 않은 문제가 부화기 동안 무의식의 세계
로 들어가면 어떤 작용이 일어날까? 정신분석학자인 Kris(1952)는 부
화기 동안 일어나는 작용을 다음과 같이 설명하였다. 우선 정신분석에
서는 인간의 사고를 일차 과정 사고(primary process thinking)와 이차 과
정 사고(secondary process thinking)로 구분하는데, 전자는 주로 어린아
이들의 사고라고 볼 수 있고, 이차 과정적 사고는 성인들의 사고라고
할 수 있다. 현실 원리(reality principle)를 따르는 성인들의 사고는 대체
로 합리적이고 논리정연하며 법칙과 질서가 있지만, 쾌락 원리(pleasure
principle)를 따르는 어린아이들의 사고는 무질서하지만 자유분방하고,
제약이 없으며, 무한한 상상이 가능한 세계이다.[10] 크리스는 전의식에

---

10 프로이트도 놀고 있는 아이와 백일몽을 꾸는 성인, 그리고 창조적인 예술가 사이에
    유사성이 있다는 사실에 강한 인상을 받았다. 그는 다음과 같이 썼다. "놀고 있는 아
    이는 자기만의 세계를 창조하거나 혹은 자신이 즐거울 수 있도록 주변에 존재하는 사
    물을 재배열한다는 점에서 모두 창의적인 작가와 비슷하다고 말할 수 있지 않을까?
    … 창의적인 작가와 놀고 있는 아이가 하는 일은 똑같다. 창의적인 작가는 환상의 세
    계를 창조하고 이것을 진지하게 받아들인다. 즉, 작가의 환상 세계에는 그의 감정이

서의 사고는 일차 과정적 사고라고 했다.[11] 성인들의 이차 과정 사고로는 도저히 문제를 해결하지 못하다가, 잠시 휴식을 취하거나 다른 문제를 다룰 때 전의식에서는 그 문제를 계속 다룬다. 그동안 일차 과정 사고로 접근함으로써 논리적이고 합리적인 사고로는 생각해낼 수 없었던 새로운 연합이 가능해지고 그것이 갑자기 의식에 떠오르면서 '아하' 하고 통찰을 얻을 수 있다는 것이다.

크리스는 간혹 성인들에게서 나타나는 이러한 일차 과정 사고를 '자아에 기여하는 퇴행(Regression in the Service of the Ego)'이라고 표현했다. 일반적으로 어른이 어린이로 돌아가는 퇴행은 바람직한 것이 아니지만, 일시적인 비합리적 사고로의 퇴행은 적응적이며 건강한 퇴행이다. 특히 부화기 동안 무의식의 세계에서 일차 과정 사고로 문제를 다루면서 새로운 관점, 사고, 느낌이 가능하게 된다. 간혹 신속하고 유연하게 일차 과정 사고로 전환할 수 있는 능력은 독창적인 아이디어를 산출하는 데 필수적이라는 관점에서 '적응적 퇴행' 개념이 창의성과 밀접한 관련이 있는 것이다. 창의적인 사람은 '이차 과정 사고'와 '일차 과정 사고' 간의 전환이 용이하다. 즉, 창의적인 사람은 일차 과정 사고에 의한 원시적인 아이디어 발상 및 원격 연상들과 이차 과정 사고에 의한 비판적(평가적) 사고 간을 자유롭게 이동하면서 두 사고를 통합하는 능력이 있다.[12] Koestler(1964)는 자신의 책 『창조의 행위(*The Act of Creation*)』에서

충전되어 있다. 물론 그는 환상의 세계와 현실을 날카롭게 구분한다."(Gardner, 1993 에서 인용)

11 크리스는 프로이트와 달리 창조에 기여하는 일차 과정 사고가 무의식이 아닌 전의식(subconscious)에서 일어난다고 보았다.

12 5장에서도 보았듯이, 아이들의 '가상 놀이(pretend play)'도 일차 과정 사고가 표현되는 곳이다. 이것은 피아제(J. Piaget)의 '보상적 놀이' 개념과 유사하다. 보상적 놀이에서 아이들은 불편한 경험에 대한 감정을 놀이에서 상징적으로 표현한다. 놀이에서 정서가 담긴 기억 및 이미지에 접근할 수 있고 정서가 담긴 내용에 대해 편안할 수 있는 아이일수록 보다 풍부한 기억 저장과 폭넓은 연상을 가질 것이다. 이런 내용을 상징

창의적 사고 과정에서의 합리적 요소와 비합리적 요소의 유연한 작용을 '스킨다이버(skin diver)'에 비유하였다. 스킨다이버는 물속 깊은 곳을 탐색하면서도 항상 숨 쉬는 튜브를 통해 수면 위와 연결되어 있다.

역사적으로 특출한 창의성을 보인 인물들도 창조의 과정이 항상 논리와 합리성의 과정은 아니라고 말한다. 특히 논리와 체계가 가장 중시되는 물리학이나 수학의 대가들조차도 창의적 성취의 비합리적이고 비논리적인 특성을 주장한다. 푸앵카레는 "논리는 발견이나 발명과는 아무런 관련이 없다"(Beveridge, 1957, p. 85)고 하였고, 아인슈타인은 "이러한 요소 법칙들의 발견에 이르는 논리적인 길은 없다. 단지 직관에 의한 방법만이 있다"고 적었다(Einstein, 1952, p. 10). 철저한 경험주의자인 칼 포퍼조차도 "모든 발견은 비합리적인 요소이나 창의적 직관을 포함한다"고 하였다(Popper, 1959, p. 8).

그러나 부화기 또는 무의식의 세계가 창의적인 아이디어의 근원이라는 주장은 주로 역사적인 창의성의 사례 분석에 근거하는 경우가 많고, 정교한 실험실 연구에서는 증명하기 어렵다. 무의식이라는 개념 자체가 경험적 연구의 대상이 되기 어려운 근본적인 문제가 있는 것이다. 칼 포퍼는 정신분석이론은 반증가능성(falsifiability)이 없기에 진정한 의미의 이론이라고 보기 어렵다고 지적하였다. 창의성 연구가 활발해지고 인지심리학이 발전하면서, 창의적인 아이디어의 근원이 무의식에 있다는 생각은 상당한 도전을 받았고, 1970년 이후 인지심리학자들은 이러한 정신분석학적 해석에서 탈피하고자 하였다.

적으로 표현하거나 어떤 논리적인 연계로서 이야기를 구성함으로써 적절히 통합할 수 있다. 그 과정에서 비논리적인 아이디어 연상과 인지적 통제 간의 전환을 자연스럽게 연습하게 되는데 이는 일차 과정 사고와 이차 과정 사고 모두를 학습하는 것이며, 둘 사이를 자유롭게 오갈 수 있게 되면서 창의적 잠재력이 제고된다고 할 수 있다.

4) 멍 때리기

멍 때리기(mind wandering)는 부화기처럼 당면한 과제에서 벗어나 전혀 관련 없는 생각을 하는 것, 즉 과업과 관련 없는 생각을 하는 것이다.[13] 예를 들어, 운전 경험이 많은 사람이 자동차를 운전하면서 이런저런 생각을 하는 경우이다. 신경과학 연구에서 '유레카'의 순간에 뇌에서 어떤 일이 일어나는지 살펴본 결과, 관자놀이 부근 전상측두회(anterior superior temporal gyrus)가 반복적으로 활성화되었는데, 이 부위는 '유레카 영역'으로 불린다(Bowden & Jung-Beeman, 2003). 이곳은 명확한 목표 없이 산책하거나 버스 창밖을 내다보는 것과 같이 자유롭게 '멍 때릴 때' 활동하는 뇌 영역이다. 그런 면에서 멍 때리기는 부화기와 유사한 측면이 있고, 이 시기에 상대적으로 제약이 없는 즉흥적인(spontaneous) 사고가 이루어지는 것이다.

멍 때리기 효과[14]에 관한 연구에 의하면, 사람들은 이 시기의 절반 정도만 의식적으로 자각하며, 인식하는 것보다 더 많은 시간을 부화기와 같은 상태에 머무르는 것으로 나타났다. 이것은 "미니 부화기"의 순간으로서 일시적으로 당면한 문제에서 벗어나게 하여 통찰력과 창의적인 사고를 가능하게 할 것으로 추측된다. 이를 지지하는 증거로서, 실제 멍 때리기의 경향이 높은 사람들이 창의성 검사에서 더 높은 점수를 보였다(Tierney, 2010).

---

13 다음은 '멍 때리기' 성향을 측정하는 MWQ(Mind Wandering Questionnaire) 척도 문항이다(Mrazek et al., 2013). '나는 단순하거나 반복적인 일에 계속 집중하기가 어렵다', '나는 책을 읽을 때 내용에 대해 생각하지 않아서 다시 읽어야 한다', '나는 뭔가를 할 때 그것에 완전히 주의를 기울이지 않고 한다', '나는 한 귀로 들으면서 동시에 다른 것을 생각하곤 한다', '나는 강의나 발표를 들을 때 멍 때린다'. 응답 척도는 1: 거의 하지 않음, 2: 드물게 함, 3: 가끔 함, 4: 약간 자주 함, 5: 매우 빈번하게 함, 6: 거의 항상 함.

14 샤워 효과(shower effect)라고도 불린다.

목적이 전혀 없는 생각이나 아예 아무 생각도 하지 않는 상태에서 불현듯 창의성이 발휘될 수도 있음을 시사하는 이런 결과들은 몰입(flow) 상태에서 창의적인 아이디어가 나온다고 주장하는 관점과는 상반되는 것으로 보인다(Csikszentmihalyi, 1990).

그런데 멍 때리기가 완전히 아무 생각 없는 상태인 것은 아니다. 멍 때리기 효과에 대한 설명 중 하나는 주의를 집중하는 선형적인 사고와 제약이 없는 맹목적인 연상적 사고가 균형을 이룰 때 창의적 아이디어가 생성될 가능성이 크다는 것이다(전자의 사고는 독창성, 후자의 사고는 유용성이 결여되는 경향이 있다).[15] 그런데 산책, 샤워, 설거지와 같은 활동은 사고에 '약간의 제약'을 주는 상황에서 '멍 때리기'가 가능하도록 하기에 이런 균형이 이루어진다고 볼 수 있다. Irving 등(2022)은 부화기(3분) 동안 지루한 과제(세탁물을 접는 장면 비디오 보기) 또는 약하게 몰입하는 과제(영화 〈해리가 샐리를 만났을 때〉의 장면 보기)를 하게 한 후, 대안 용도 과제(AUT)를 하였다. 분석 결과, 약하게 몰입하는 활동 동안의 멍 때리기가 더 창의적인 아이디어를 유도하였다. 지루한 과제 활동 동안 더 많은 아이디어나 의미적 거리가 먼 아이디어를 내는 경향이 있지만, 그 효과는 멍 때리기와는 무관하였다.[16] 따라서 멍 때리기 효과는 아무런 제약이 없는 지루한 상황에서 나타나기보다는 적정한 제약이 있는 활동에서 나타나는 것일 수 있다.

기본망　　최근 뇌 과학이 발달하면서, 창의적 아이디어의 원천이 무의식에 있다는 생각에 대한 간접적인 지지가 나타나고 있다. 10장에

15　10장에서 다시 논의되지만, 멍 때리기는 기본망(DMN)과 함께 중앙집행망(CEN)이 동반 활성화되는 경우가 많으며, 이는 서로 반대로 작용하는 두 네트워크가 협력하는 독특한 심적 상태에 있음을 의미한다.

16　적당히 몰입하는 활동은 생산적인 멍 때리기를 통해 아이디어가 나타나지만, 지루한 활동은 멍 때리기와는 관계없이 주의 집중할 시간을 가용하게 해주기에 새로운 아이디어를 생각하게 된다는 것이다.

서 살펴보겠지만, 쉬고 있는 상태에서 매우 활발해지지만 다양한 인지적 과제를 수행할 때는 덜 활발해지는 뇌의 신경망을 기본망(DMN: default mode network)이라고 한다.[17] 신경과학 연구에 의하면, 문제에 계속 매달려 있기보다는 그것을 잊어버리고 자신에게 편안한 회복 활동(면도, 다림질, 설거지, 산책, 조깅 등)을 하는 것이 이후의 문제해결에 더 도움이 되기도 한다. 즉, 휴식기에도 뇌에서는 기본망이 활성화되어 계속 무의식에서 문제에 대한 해결책을 찾게 되고 그것이 의식에 떠오르면 '아하' 경험처럼 창의적 아이디어를 얻게 된다는 것이다.

2. 무의식적 과정에 대한 반론

20세기 초 창의성의 근원이 무의식에 있다는 정신분석학적 시각에서 벗어나려는 노력은 1960년대 이후 심리학의 주류로 등장한 인지심리학자들에 의해 시작되었다. 이들은 창의적인 사고는 신비주의적인 무의식 과정이 아니고 의식적이고 합리적인 과정이라고 하였고, 영감이나 통찰은 무의식적 과정의 소산이 아니라 논리적 사고의 산물이라고 보았다. 영감이나 통찰도 그것이 매우 신속하게 발생하기에 자신이 알 수 없는 무의식의 장소에서 나온 것처럼 보일 뿐, 사실은 재빠른 의식적 사고의 작용 결과라고 보는 것이다.

대표적인 연구자로 Weisberg(1993)는 창의적인 사고는 일반인들의 일상적인 사고(ordinary thinking)와 다르지 않으며, 통찰이란 기억에 저장된 지식을 어떻게 활용하느냐와 같은 피험자의 습관적인 인지 과정

---

[17] 뇌는 체중의 2% 정도를 차지하지만, 신체가 사용하는 전체 에너지의 약 20%를 소비한다. 또한, 어려운 문제를 해결하기 위해 머리를 쓰는 시기에도 눈을 감고 휴식하는 동안에 비해 뇌의 에너지 소비가 5% 이상 증가하는 경우는 거의 없다(Raichle, 2015).

에 달려 있다고 하였다. 그녀는 왓슨과 크릭의 DNA 구조 발견, 피카소의 큐비즘, 왓슨의 증기기관 및 라이트 형제의 비행기 발명 등의 사례를 분석하면서, 그들의 창의적 발견 어디에도 무의식의 증거는 찾을 수는 없다고 하였다. 그것들은 연속적이고 단계적인 사고 과정을 거친, '일상적인 사고'의 산물일 뿐이라고 하였다.

앞서 소개한 〈예스터데이〉도 꿈속 선율은 단순한 코드 진행에 불과할 뿐, 그것을 다듬어 완성하는 데 2년간 작업이 이어졌기에 그것은 장기간의 산고를 거친 작품인 것이다. 더구나, 최초 선율도 〈조지아 온 마이 마인드(Georgia on My Mind)〉의 레이 찰스 버전 선율을 직접 발전시킨 것으로,[18] 코드 진행이 같고 베이스라인을 그대로 따른 것이다. 한때 폴 매카트니는 레이 찰스에 열광했었고, 비틀스는 활동 초기 독일 함부르크의 클럽에서 레이 찰스 노래를 많이 연주했다.

1) 〈게르니카〉와 『종의 기원』

형태심리학자인 Arnheim(1962)은 피카소의 대표작 〈게르니카〉(〈그림 6-1〉)[19]를 분석하면서, 무의식에서 나온 영감이나 통찰의 증거를 찾을 수 있을지가 궁금하였다. 당시 피카소는 구상을 위해 약 45점의 밑그림을 남겼는데, 몇 점을 제외하고는 그것들에 번호와 날짜를 부기하였다. 또한, 당시 사진작가였던 그의 연인[20]이 중간중간 찍은 사진들도 그림

---

18 레이 찰스 버전도 사실 미국 싱어송라이터 호기 카마이클의 원곡을 발전시킨 것이다.
19 게르니카는 스페인 북부 바스크 지방의 작은 마을로, 1937년 스페인 내전 중 프랑코를 지원하던 나치 독일이 이 마을을 폭격하여 수천 명의 시민이 사망하는 비극적 사건이 일어난 곳이다. 스페인 출신인 피카소는 게르니카의 참상을 고발하겠다는 생각으로, 349cm×776.6cm 크기의 대작을 거의 두 달 만에 완성했다. 매우 끔찍하고 잔인했던 스페인 내전은 이외에도 많은 작품과 소설의 소재나 배경이 되었다.
20 당시 피카소의 다섯 번째 연인이었던 사진작가 도라 마르(D. Marr)는 〈게르니카〉의 제작 과정을 사진과 함께 상세히 기록하였다.

그림 6-1 파블로 피카소, 〈게르니카〉
(국립 소피아 왕비 예술센터, 스페인)

의 변화 과정에 대한 정보를 담고 있었다. 아른하임은 피카소의 창작 과정을 분석하기 위해 그것들을 시간대별로 분석하였다. 만약 무의식의 작용이 있었다면, 〈게르니카〉를 완성해 나가는 과정에서 그림의 형태가 갑자기 변화하는 것과 같은 갑작스러운 통찰이나 영감의 흔적이 있을 것이다. 그 변화 시점이 작가가 꿈이나 산책 중에 영감이나 통찰을 얻은 시점일 것이다. 그러나 아른하임은 시작부터 최종 완성하기까지의 전 과정에서 통찰이나 영감의 흔적은 찾지 못했다. 오직 최종 완성된 그림 형태에 이르기까지 자잘한 변화나 개선의 흔적은 있어도 갑작스럽게 그림의 구도나 형태가 크게 변화하는 통찰의 흔적은 없었다. 밑그림을 면밀하게 살펴보면, 피카소가 드러내고자 했던 신념이나 비전을 그림에 구현하기 위해 상당히 의식적인 노력을 기울인 흔적들만 발견될 뿐이었다. 그는 예술가들의 창작 활동은 무의식의 통찰이나 영감에 의해서 결정되지 않으며, 작가 자신의 신념과 비전을 드러내기 위해 매우 의식적이고 목표지향적으로 행동한다는 결론에 이르렀다.

3장에서, Simonton(2007)도 〈게르니카〉를 분석하면서 그의 그림에는 BVSR 모형의 맹목적(blind) 변이와 '비단조성'의 증거가 여실히 담겨 있다고 주장하였다. 그는 창조의 과정은 다소 무질서한 아이디어와 반복되는 실패의 과정이며, 처음부터 창작자가 분명한 목표를 가지고 무엇인가를 시도하는 것이 아니라고 하였다. 그러나 Gabora(2011)는 Simonton(2007)의 분석에 대해 반론을 제기하면서, 〈게르니카〉의 연속되는 밑그림에서 유사성이 부족해 보이는 것, 즉 '비단조성'이 BVSR 과정의 증거가 아니라고 하였다. 왜냐하면, 앞서 생성된 밑그림은 다음 것의 판단에 영향을 미치면서, 피카소의 아이디어는 끊임없이 이어지는 생각들을 통해 계속 수정되어 전체 그림으로 통합되었다는 것이다. 따라서 밑그림(아이디어)이 맹목적으로 생성되고 그러한 아이디어들에서 한두 개가 선택된 것이라고 볼 수 없다고 주장하였다.

다윈이 오랜 기간 진화론의 체계를 만들어낸 과정을 분석한 Gruber(1981)의 연구[21]에서도 다윈의 일차 과정 사고와 같은 요소의 영향은 찾을 수 없고, 오로지 오랜 기간의 끈기 있게 노력한 결과로서 위대한 결과물이 나왔음을 보여준다. 그루버는 다윈의 전기와 그가 직접 기록한 미공개 노트 등을 분석하면서 진화론이라는 독창적인 이론을 완성한 과정을 추적하였다. 여기서도 갑작스러운 영감의 흔적은 찾을 수 없으며, 매우 체계적이고 논리적인 사고로 당시 가용한 이론이나 증

---

21 1950년대 중반 그루버는 포드재단의 지원으로 유럽을 방문하여 영국 케임브리지대학 도서관에서 처음으로 다윈의 미발간 노트와 비글호 여행에 대한 자료를 자세히 보게 된 것이 평생의 연구 작업으로 이어졌다. 그의 저서 *Darwin on Man*은 1974년에 처음 발간되었고, 1981년 개정되었다. 저널 *American Scientist*에서는 창의성의 본질에 대한 사례 연구이자 과학사의 주요한 기여라고 할 수 있는 그의 저서를 20세기 가장 중요한 과학서 중의 하나에 올렸다. 그루버의 유럽 방문에서 주목할 또 하나의 사건은 피아제의 스위스 실험실을 방문한 것이다. 당시 영어권에는 피아제 연구의 극히 일부만이 알려져 있었는데, 이후 정기적으로 피아제의 실험실을 방문하면서 1960년대 이후 그의 연구를 널리 알리는 데에도 기여하였다. 자연스럽게 그루버는 피아제 학파의 인물이 되었고, 1983년에는 제네바 대학의 교수가 되기도 하였다.

거를 하나씩 찾아가면서 완성한 결과라고 하였다. 다윈의 진화론은 그가 갈라파고스 군도를 방문하여 핀치새의 부리로부터 얻게 된 통찰의 결과로 자주 묘사되지만, 그가 갈라파고스에서 보낸 시간은 6주도 되지 않으며 거기서 작성한 갈라파고스 노트는 다윈의 전체 노트 내용 중 두 번째로 짧은 것이었다.

그루버는『종의 기원』이 발간되기까지 다윈의 의식 흐름은 천천히 여러 요소를 통합해 나가는 연속적인 과정이며, '유레카'의 순간이기보다는 많은 문제를 하나씩 해결해 나가는 체계적 사고임을 보여주었다. 즉, 오랜 시간에 걸친 치밀한 논리가 축적되어 가능해진 것이다. 5장에서 아인슈타인이 어릴 때 가졌던 질문을 성인이 되어서도 계속 해답을 찾으려고 노력한 것과 같이, 다윈도 어릴 적부터 특정한 문제에 대한 의문을 계속 가지면서 그 문제에 대한 해답을 찾으려고 오랫동안 의식적으로 노력한 결과로서 최종 도달한 것이 자연선택에 의한 진화론이며, 여기에는 다윈의 어떠한 무의식적 작용의 흔적도 없다.[22] 그루버는 Big-C의 성취를 이룬 인물들의 창의적 과정은 전 생애 동안의 점진적인 개선과 발달이라는 특징을 가지며, 개인의 구성적 학습(constructive learning) 경험과 유사하다고 보았다.

그루버는 다윈에 이어 피아제의 창의성에 관한 연구도 하였다. 그는 피아제의 삶도 다윈처럼 창의적 과정의 중심인 '기획 망(networks of

---

22 그루버의 분석에 의하면, 다윈의 이론 구성 과정은 귀납적이기보다는 연역적이었다. 그는 어릴 때 읽은 그의 할아버지의 책에서 이미 '진화' 개념을 접하였고, 비글호를 타고 세계를 여행(1831~1836)한 후 2년 만에 자신의 이론적 형식을 구축하였다. 그의 나이 26~29세 무렵이었다. 이후의 20년 동안은 자신의 이론을 뒷받침하는 자료를 계속 수집하고 따개비, 지렁이 등의 여러 생물을 이용하여 이론을 검증하였다. 또한, 당시의 여러 학자들의 주요 문헌을 대부분 섭렵하면서 자신의 이론을 계속 정교화시켰다. 이것은 다윈이 광범위한 조사, 관찰, 기록, 자료에 기반하여 귀납적으로 이론을 구축한 신중한 실증적 과학자였을 것이라는 이전의 믿음과는 다른 것이다(Sawyer et al., 2003).

enterprise)'의 패턴, 즉, 서로 다른 영역(분야)들에서 평행하는 주제나 프로젝트들이 서로 영향을 미치며 조화로운 짜임새를 구성해나가는 방식을 따른 것으로 보았다. 그루버는 기획 망 개념이 부분이 전체에 통합적으로 연결되는 것으로 보는 형태심리학의 핵심 관점과 일치하는 것으로 보았다. 따라서 창의적인 학자들의 작업 방식에서 나타나는 공통 원리가 있다. 그것은 기본적인 요소나 현상에 매우 주의를 기울임과 동시에 전체적인 시야와 전망을 계속 유지하면서, 거미줄처럼 서로 연결된 폭넓은 기획(enterprise)에 몰두하는 것이다.

2) 창의적 문제해결 과정

앞서 월러스의 창의적 사고의 4단계를 제시하였는데, 이후의 창의적 문제해결의 단계 모형들에서는 부화기와 같은 무의식의 단계를 상정하지 않는다. 오즈번이 만든 창의교육재단의 대표적인 창의적 문제해결(CPS: Creative Problem Solving) 모형에서도 아이디어들을 가능한 한 많이 생성하는 확산적 사고가 요구되는 아이디어 생성 단계와 그것들에 대한 평가에 근거하여 최종 아이디어를 결정하는 수렴적 사고가 요구되는 아이디어 평가 단계의 두 단계로 구분한다(Isaksen & Treffinger, 1991).[23] Mumford 등(1991)도 창의적 문제해결을 ① 문제 구성/발견(problem construction/finding), ② 정보 부호화(information encoding), ③ 개념(범주) 탐색/선택(concept search/selection), ④ 개념(범주) 조합(conceptual combination), ⑤ 아이디어 생성(idea generation), ⑥ 아이디어

---

[23] 오즈번의 최초 CPS 모형은 이후 시드 파네스(S. Parnes)와의 협력으로 개정된 오즈번 파네스 모형으로 널리 알려졌다. 지금은 제라드 푸치오(G. Puccio) 등이 학습자 모형(Learner's Model)으로 개정하였다. 여기서는 CPS의 4단계를 제안하는데, ① 명확히 하기(clarify), ② 아이디어 내기(ideate), ③ 개발하기(develop), ④ 실행하기(implement)이다.

평가(idea evaluation), ⑦ 실행계획(implementation planning), ⑧ 행위 모니터링(action monitoring)으로 구분하는 8단계 모형을 제안하였다. 이러한 모형들에서 명시적으로 무의식의 작용을 가정하지 않으며 그와 관련된 단계도 없다.

숙고적 경로 대 즉흥적 경로　지금까지의 논의에 근거하여 창의적 과정은 무의식이 개입되느냐의 여부에 따라 숙고적(deliberate) 경로와 즉흥적(spontaneous) 경로로 구분될 수 있다.[24] 숙고적 경로는 관련 정보들을 수집하여 문제를 발견하거나 구성하고, 그것을 해결하기 위한 시행착오 과정을 거치면서 여러 다양한 아이디어 중 특정한 아이디어를 적절한 것으로 평가하고 그것을 더 정교화하여 창의적인 결과에 이르는 과정이다. 반면 즉흥적 경로는 숙고적 경로와 공통부분도 있지만, 결정적인 차이는 창의적인 아이디어가 부화기를 거쳐 갑작스러운 통찰(insight)의 형태로 나온다는 것으로, 산책하거나 꿈속에서 아이디어가 부화되어 갑작스럽게 의식에 떠오르는 조명의 단계를 상정한다.

이 두 경로는 바흐 대 모차르트로 잘 대비된다. 바흐는 〈브란덴부르크 협주곡〉을 작곡할 때 수학적 구성, 기본 테마의 의도적 전위, 주도면밀하게 계획된 대위법을 사용하였다. 반면, 앞서 보았듯이, 모차르트는 작곡 과정에서 갑작스러운 통찰의 순간들이 많이 있었다.

창의적 사고는 일상적 사고와 차이가 없다는 인지심리학자들의 관점은 숙고적 경로를 지지한다. 그런데 합리적, 논리적 사고가 중요한 이 경로에서는 문제를 해결하기 위해 축적된 경험과 전문성이 큰 역할을 한다. 5장에서 창의적인 수행을 위해서는 신중한 연습(deliberate practice)이나 학습을 통한 전문성의 획득이 중요하다고 하였다. 스승의 도움을 통한 장기간의 연습을 의미하는 10년 법칙(또는 1만 시간의 법칙)

24　이 구분은 1장에서 디트리히의 창의성 유형 분류에서 언급되었다.

이 이러한 맥락에서 강조된다. 또한, 창의성은 과거로부터의 이탈이나 기존 틀에서 벗어나는 사고를 수반한다는 긴장(tension) 관점과는 달리, 인지심리학자들의 생각은 창의적 사고는 과거의 기반 위에 세워질 수 있으며, 새로운 아이디어는 이전 아이디어에 기초해 나타날 수 있다고 보는 토대(foundation) 관점에 좀 더 가깝다. 앞서 소개한 피카소의 〈게르니카〉도 그의 이전 작품인 〈미노타우로마키〉[25]에 기반한 것으로 알려져 있다.

3. 창의적 인지 접근

지금부터 창의성에 대한 인지심리학적 접근을 살펴보겠다. 이 접근에서는 창의성이 발현되는 과정에서 '무의식'을 가정하지 않는다는 점과 창의성은 일상적인 문제해결 과정과 별반 차이가 없다고 보는 점에서 영감 이론과는 다르다. 더 나아가 연구방법에서도 차이가 있었다. 인지심리학적 접근의 연구방법은 주로 대학생들을 대상으로 한 실험법이다. 그래서 앞서 주로 Big-C 수준의 역사적 창의성을 다룬 것과 대비되게 실험실에서 쉽게 관찰되고 연구될 수 있는 little-c의 개인적 창의성에 초점을 두게 된다. 인지심리학자들은 little-c와 관련된 심리적 과정들이 더 높은 수준(pro-c나 Big-C)의 창의적 성취를 이루어내는 과정과 다르지 않다고 본다. 이들은 창의성의 수준에 따른 창의적 과정에서의 차이는 없으며, 수준과 관계없이 모두 동일하게 수렴되는 결과를 보인다고 하였다.

---

25 '미노타우로마키'는 피카소가 미노타우로스(minotauros)와 투우(tauromachy)를 합성해 만든 말이다.

창의성에 대한 인지심리학적 접근은 미국 텍사스 A&M 대학 심리학과의 동료들이었던 Finke 등(1992)이 제안한 창의적 인지 접근(creative cognition approach)으로 대표된다. 그들은 창의성이 일상적인 사고나 인지 과정을 통해 나오는 것으로 보고, 창의적 사고에 기저하는 정신적 표상과 과정을 이해하고자 하였다. 특히 이전에 획득된 기존 지식에서 새롭고 가치 있는 아이디어를 생성해내는 데 있어 일상적인 심리적 과정이 어떻게 작용하는지 연구하였다.

1) 제네플로어 모형

창의적 인지 접근(Finke et al., 1992)에서는 창의적 사고의 두 단계로 생성(generative) 단계와 탐색(exploratory) 단계를 가정하는 '제네플로어 모형(Geneplore Model)'을 제안하였다. 창의성을 이렇게 두 단계로 분리함으로써, 복잡한 사고 과정을 구분하기가 쉬워지고, 각 단계를 효과적으로 활용하는 방법도 찾기 쉬워진다. 생성 단계에서 기존 정보를 회상하여 개념을 새롭게 조합하거나 유추를 만들어내는 것 같은 심적 과정을 활용하여 기대하지 않았던 통찰과 아이디어를 생성할 수 있다. 이후 탐색 단계에서 이러한 아이디어를 해석하고 실현 가능한지 검토하고 제한점을 파악하는 과정을 통해 탐색할 수 있다. 이 모형은 초기 아이디어에서 최종 실현되기까지 생성과 탐구의 두 단계를 계속 반복하는 것으로 본다.

발명의 경우를 예를 들면, 발명가는 다양한 사물들의 특징적 부분들을 정신적으로 통합하여 새로운 구조, 즉 '발명전 구조(preinventive structure)'로 불리는 정신적 표상을 생성하고, 이것이 새로운 발명에 어떻게 의미 있게 적용될 수 있을지 해석하면서 탐색한다. '발명전 구조'는 창의적 산물의 시초가 되는 것으로, 탐색 단계에서 계속 수정되고 새롭게 변형된다. 물론 최초 탐색에서 만족스러운 해결안에 이르면 최초의 '발명전 구조'가 바로 창의적 산물로 이어지지만, 그렇지 않으면 처음의 구조를 수정하면서 탐색 과정을 반복하게 된다.

이 모형의 초기 실험 연구로, Finke(1990)는 피험자들에게 〈그림 6-2〉의 원, 정육면체, 원통과 같은 기본 형태 요소들을 조합하면서 새롭고 실용적인 물건이나 도구를 창안하도록 하였다. 피험자들은 컴퓨터에 의해 무작위로 선택된 세 요소(예: 구, 정육면체, 링)를 가지고 머릿속으로 요소들을 결합하는 상상을 하였다. 이것이 발명전 구조를 만들어내는 생성 과정이다. 어떤 방식으로든 요소들을 조합할 수 있으며, 크기 역시 마음대로 변경할 수 있고, 일부 요소는 다른 요소의 내부에 넣을 수도 있다. 또한, 요소들은 금속, 플라스틱, 목재, 고무, 유리 등의 여러 재료로 만들어진 것으로 생각할 수 있다. 유일한 제한점은 요소의 기본 형태는 변형될 수 없으며(구부릴 수 있는 철사나 튜브는 예외), 세 요소를 모두 사용해야 한다는 것이었다. 피험자는 세 요소를 조합하여 다양한 범주(가구, 개인용품, 운동 기구, 과학용 장치, 가정용 도구, 연장, 무기, 장난감 등) 중 하나에 해당하는 실용적인 발명품을 상상으로 만들어야 하였다(범주도 컴퓨터에 의해 무작위로 결정됨). 평가자들은 독창성과 실용성이라는 두 차원으로 발명품들을 평가하였다. 각 차원에서 모두 높게 평가받은 발명품은 '창의적 발명(creative invention)'으로 분류되었다.

전체 시행의 절반 정도에서 학생들은 여러 종류의 발명을 생각해낼 수 있었고, 그중 3분의 1 정도가 창의적인 발명으로 분류되었다. 후속 인터뷰에서 학생들은 처음부터 특정 발명품을 생각해내려고 한 것이 아니라, 단지 요소들을 여러 방식으로 결합하였고(즉, 생성 단계에서 다양한 발명전 구조를 구상하였고), 그 결과로 나타난 구조나 형태에 대해 (탐색 단계에서) 가능한 다양한 해석을 모색하려고 노력했을 뿐이라고 하였다.

구	반구	정육면체	원뿔	원통
철사	튜브	평평한 정사각형	브라켓	직사각형 블록
고리	바퀴	십자	링	손잡이

그림 6-2 **창의적 발명 실험에 사용된 요소들(Finke, 1990)**

여기서 주목할 점은 요소 및 발명 범주를 무작위로 정하지 않고 원하는 것을 선택하도록 했을 때, 오히려 발명품의 창의성이 낮았다는 것이다. 이러한 결과는 선택에 대한 자유재량을 주면 자신들에게 이미 친숙한 설계를 하게 됨을 나타낸다. 더 나아가 이것은 기존 지식의 영향을 많이 받는다는 것을 시사한다. 따라서 요소와 범주가 무작위로 선택되는 것이 오히려 덜 관습적인 디자인을 생각하도록 도와주는 것이다.

2) 양날의 검: 기존 지식의 영향

3장의 창의성 3요소론에서 기존 지식은 양날의 검과 같이 창의성 발현의 원재료이기도 하지만, 창의적 사고를 제약하는 요소로도 작용한다고 하였다(긴장 관점). 창의적 인지 접근의 연구자들은 '이전 지식'이 새로운 아이디어 생성에 미치는 영향에 대해 다양한 실험을 하였다.

Ward(1994)는 다음과 같은 외계인 과제로 기존 지식이나 경험이 새로운 사고나 상상력에 어떤 영향을 미치는지를 조사하였다. 태양계 밖

그림 6-3 **외계 생명체 그림**(Ward, 1994)

20광년 떨어진 곳에 지구와 유사하게 생명체가 살 수 있는 조건을 갖춘 행성이 사상 처음으로 발견되었다고 가정하고, 대학생들에게 그 행성에 존재할 것 같은 생물(creature)의 모습을 상상으로 그려보라고 하였다. 〈그림 6-3〉은 대학생들이 그린 그림의 예이다.

 그런데 그림들을 보면 지구상에 이미 존재하는 동물의 모습을 약간 변형한 느낌이다(《스타워즈》의 영향일 수 있다). 외계 생명체를 상상하게 했을 때 대학생들은 대개 지구상에 존재하는 동물들이나 생명체의 전형적인 속성들(두 눈, 사지, 좌우 대칭 등)은 그대로 포함하는 경우가 많다. 이것이 기존 지식과 경험이 새로운 아이디어에 어떤 영향을 미치는지를 보여주는 것이다.

 〈그림 6-4〉에서 볼 수 있듯이, 초기 철도 객차는 당시의 마차를 그대로 모방한 것으로, 차장이 차 바깥에 앉아 있었고, 좌석들 사이의 중간 통로는 없었다. 기관사나 차장은 밖에서 운전하였으므로 운행 중 떨어져 목숨을 잃기도 하였다(Ward et al., 1995). 1830년대의 철도는 이동 수단과 관련된 놀라운 기술적 진보였지만, 객차 설계에 있어 마차라는 이전 지식과 경험에 매몰된 것이다.[26]

 새로운 아이디어 생성에 이전 지식과 경험이 영향을 미치는 이유는

그림 6-4 **초기 객차(Thrupp, 1877)**

간단하다. 아이디어를 생각해낼 때, 자신에게 친숙한 것을 회상하여 새로운 아이디어의 형태를 그것에 맞추는 경향이 있기 때문이다. 그 결과로 이전 지식의 많은 세부 특징이 새 아이디어에 그대로 나타나는 것이다. 이 현상은 구조화된 상상(structured imagination)이라고 불리며, 이것은 설계자, 과학자, 사업가, 예술가 등의 모든 창의적 직업에 종사하는 사람들의 사고를 지배하는 것이다. 즉, 구조화된 상상은 객차의 사례처럼 창의성을 제약하는 부정적 영향을 미칠 수 있다.

이처럼 문제에 대해서 개인이 이전부터 가진 고유한 시각은 새로운 것을 발견하는 사고를 방해하는 정신적 장벽으로 작용할 수 있다. 특히 이전 경험이나 구체적인 예시에 고착되어 사고 범위가 축소되면서 다양한 종류의 아이디어 생성이 제한된다.

최소 저항 경로　구조화된 상상으로 인해, 새로운 아이디어도 자세히 보면 기존 지식이나 이미 존재하는 것의 속성을 단순히 모방하

26　영국이 우측 운전석을 쓰게 된 이유도 마차에서 유래하였다는 설이 있다. 주로 오른손잡이인 마부가 채찍을 휘두르기 편하게 오른쪽에 앉았고, 마차의 방식을 차 제작에 그대로 반영한 것이다.

거나 모사하는 경우가 많다. 이것은 기존 생각에서 벗어나도록 피험자에게 지시를 주어도 발생하는 아주 강력한 인간의 사고 특성이다. Ward(1994)는 '구조화된 상상' 현상을 설명하기 위해 최소 저항 경로(path of least resistance) 모형을 제안하였다. 이 모형은 사람들이 특정 영역에서 새로운 아이디어를 생성할 때 해당 영역의 상당히 기본적이면서 구체적인 예시(exemplars)를 시작점으로 하며, 기억 속에 저장된 예시의 속성들이 새로운 아이디어 생성 과정에 투사된다고 본다. 예를 들어, 새로운 생명체를 상상할 때 우선 '개'나 '코끼리'와 같은 구체적이면서 기본적인 수준의 동물을 인출하고, 새 생명체에게 그 동물의 특정한 속성들을 동일하게 패턴화하는 것이다. '구체적인 예시'에 의해 제한된 사고는 일차원적 사고이기에 아이디어의 독창성도 높지 않다. 이는 개인이 문제나 상황에 대한 이전의 경험이나 틀에 박힌 사고를 고수하려 할 때 일어나는 고정관념과 유사하다.

여기서 기본 수준의 사례들은 해당 영역에서 상대적인 접근성(accessibility)이나 대표성(representativeness)이 높아서 인출의 저항이 낮은 것들이다. 즉, 머릿속에서 가장 쉽게 떠오르는 대표적인 범주 사례가 아이디어 발상의 시작점으로 사용될 가능성이 크다는 것이다.

이 모형을 검증한 실험으로, Ward 등(2002)은 학생들에게 동물, 과일, 도구의 세 개념 영역에서 각 영역의 사례를 가능한 한 많이 열거해 보라고 하였다. 학생들이 언급한 빈도에 근거하여 사례의 '대표성' 측정치가 계산되었다. 이 수치가 높을수록 더 접근성이 높고 대표적인 것으로 볼 수 있다. 그리고 외계 행성에 존재할 수 있을 각 범주의 새로운 예를 생성하는 창의성 과제도 수행하였다. 아이디어 생성 후 그러한 아이디어의 기초가 된 범주별 사례를 기술하게 하였다. 세 영역에서 사례의 언급 빈도를 세어서 각 사례의 '상상 빈도'가 계산되었다. 그 결과, 최소 저항 경로 모형의 예측과 일치되게, 거의 3분의 2의 참가자들이 새로운 아이디어를 생성할 때 기본 수준의 사례들을 사용하였고, 대표성 측정치와 상상 빈도 간에는 정적인 관계가 있었다. 즉, 대다수 학생은 잘 알려진 구체적인 사례들에 의존하였고, 그것들은 각 범주 내에서 가장 접근성이 높은 것들이었다.

추상적 접근　새로운 아이디어를 생성할 때 구체적 사례가 아닌 추상적인 접근을 하도록 유도하여 독창적인 산물을 만들어낼 수 있다. '30년 후의 미래 TV'에 대한 아이디어를 생성하는 경우를 생각해보자. 사람들은 대개 해당 개념 영역 내 현존하는 구체적 사례들을 선택하여 이들이 갖는 특징을 검토하고, 이를 바탕으로 새로운 아이디어를 생각한다. 즉, 미래 TV에 대한 아이디어를 도출할 때, 현존 미디어 기기 사례들(스마트 TV, 태블릿 PC 등)이 갖는 특징을 살피고, 이것이 어떻게 변형, 진화할 것인지를 검토하여 미래 TV에 대한 아이디어를 얻을 수 있다. 하지만 이러한 접근은 기존 TV의 특징과 크게 다르지 않으며 그다지 독창적일 수 없다는 한계를 갖는다. 반면 추상적 접근은 이와는 달리 '추상적 정보'를 사용하여 개념을 확장하는 것이다. 미래 TV에 대한 아이디어 도출에 있어, 미래 라이프 스타일 변화, 가족 구성 및 생활 환경의 변화, 지구환경 변화 등을 고려하는 것이다.

Ward 등(2004)은 서로 다른 조건에서 외계 행성의 생명체를 상상하도록 하였는데, 한 조건에서는 생명체의 추상적 속성(예: 생존에 필요한 영양공급의 필요성)을 고려하도록 하였고, 다른 두 조건에서는 구체적인 지구상의 동물을 생각하도록 하거나, 특별한 지시를 주지 않았다. 추상적 수준의 속성에 접근하도록 지시한 조건의 피험자들이 다른 두 조건보다 더 독창적이라고 평가되는 생명체들을 생각해내었다. 예를 들어, '쥐'라는 구체적인 사례에 기반한 새 생명체는 두 눈을 가질 것이지만, '감각 정보의 필요성'이라는 추상적인 원리에 기반하면 단순히 두 눈을 가지는 것과 같은 일반적 접근에서 벗어나 보다 독특한 형태의 생명체를 생각할 수 있는 것이다.

그러나 추상적인 접근이 더 독창적인 아이디어로 이어지지만, 적절성이나 실용성 측면에는 유리하지 않을 수도 있다. 예를 들어, 새로운 스포츠를 고안해보라고 했을 때, 잘 알려진 구체적인 스포츠에 의존한 피험자는 추상적인 접근을 한 피험자보다 더 적절한 것으로 평가된 아이디어를 제시하였다(Ward, 2008). 1장에서 보았듯이, 일반적으로 창의성의 두 핵심 요소인 독창성과 적절성(유용성)은 유의하게 부적 상관을 보인다. 따라서 둘 중 어느 것을 더 중요하게 고려해야 할지를 먼저 판단한 후, 새로운 아이디어 생성 시 구체적인 또는 추상적인 사례에 의존하도록 유도해야 할 것이다(추가 논의는 11장 참조).

이상의 실험 연구들이 새로운 아이디어 발상에 고려할 만한 시사점을 제공하지만, 한 가지 제한점은 피험자가 대부분 대학생이고, 특별한 기술이나 동기 없이 단순히 제한된 시간 내에 외계 행성에서의 새로운 생명체를 생각하는 것일 뿐이며, 실제 현장에서와 같은 고차원적인 창의성을 요구하는 것은 아니라는 것이다. 현실에서는 대개 더 높은 수준의 창의성(pro-c 또는 Big-C)이 요구된다. 또한, 복잡한 문제해결을 위해 전문가들의 긴 시간의 노력이 요구되며, 문제를 해결하려는 동기나 의지가 강한 것이 일반적이다.

이러한 제한점에 대응하여, Ward(1994)는 구조화된 상상과 최소 저항 경로 모형이 실제 공상과학 소설가들의 작업에도 나타나는지를 조사하였다. 그는 공상과학 소설의 생명체를 실제로 그림으로 묘사한 화가 웨인 바로우(W. Barlowe)의 *Guide to Extraterrestrials*(1979)에 나오는 외계인 그림을 조사하였다. 그 결과, 대학생들의 그림처럼 외계인의 대략 4분의 3 정도가 대칭적인 눈과 다리를 가지고 있었다. 이것은 구조화된 상상의 영향을 보여주는 것으로, pro-c 수준에서도 나타난다는 증거이다.

또한, 추상화(abstraction)가 pro-c 활동에도 유익하다는 증거로, Zeng

등(2011)은 학생들에게 새롭고 유용한 웹 서치 엔진의 메인 페이지를 창의적으로 디자인해보라고 하였는데, 추상화(예: 서치 엔진의 본질적인 특성에 대해 생각하도록 함)를 강조한 지시 조건의 학생들은 아무런 지시를 받지 않은 학생들보다 더 창의적으로 평가받은 아이디어를 제시하였다.

일상적으로 창의성이 요구되는 상황에서 '전례가 없는지'를 찾는 것과 같이 구체적인 사례에 의존하려는 경향이 매우 강하다. 기존의 구체적인 산물에 의존하는 접근은 독창성보다는 실용성에는 유리하다. 하지만 이전 지식의 구체적인 예시를 따르는 것은 혁신의 장애 요소가 된다.

범주 사례의 접근성　　지금까지의 논의에 의하면, 일반적으로 기존 지식 중 어떤 것은 다른 것보다 더 쉽게 인출이 되고 아이디어를 형성하는 데 큰 영향을 미친다는 것을 알 수 있다. 기본 수준에서의 정보는 더 쉽게 접근되며, 대표적인 범주 사례('개')는 덜 전형적인 사례('개미핥기')보다 더 잘 떠오른다. 따라서 접근성과 대표성의 두 가지 속성 모두는 창의적 아이디어 생성에 영향을 미친다.

그러나 접근성(accessibility)은 고정된 것이 아니라 변동이 되기도 한다. 즉, 사례의 접근성이 조작될 수 있다는 것이다. 예를 들어, Ward와 Wickes(2009)는 학생들에게 과일과 도구 범주에 속한 특정한 사례들을 제시하고 그것들의 즐거움 정도를 간단히 평정하도록 한 이후(이렇게 함으로써 의도적으로 접근성을 높인 후), 두 가지 창의적 아이디어 생성 과제를 수행하게 하였다. 외계 행성에 존재할 것 같은 과일과 지적 생명체가 사용할 것 같은 도구를 상상하고 그림으로 그리고 묘사하도록 하였다. 그 결과, 학생들은 앞의 평정 과제에서 제시되지 않았던 사례보다 제시되었던 사례에 더 기초하는 경향이 있었다. 이전에 점화된(priming) 항목들이 접근하기에 더 용이하고 아이디어 생성에서 더 큰 역할을 한 것이다.

범주 사례의 특정 유형의 접근성은 '상관된 속성(correlated attributes)'

같은 개념 구조를 활용하여 조작될 수도 있다. 범주화 연구에 의하면, 일군의 속성들은 자연스럽게 실세계에서 동시 발생한다. 예를 들어, 동물 범주에서 날개라는 속성은 모피보다는 깃털과 더 함께 떠오른다. '상관된 속성'이 창의적 사례 생성에 영향을 미치는지 보기 위하여 Ward(1994)는 학생들에게 외계 동물을 상상하고 그리도록 하였는데, 실험조건마다 생명체가 새의 깃털, 물고기의 비늘, 또는 동물의 털을 가지고 있다고 다르게 얘기해 주었다. 털 조건보다, 깃털 조건의 참가자들은 추가로 날개와 부리를 포함할 가능성이 유의하게 높았고, 비늘 조건에서는 지느러미와 아가미를 포함할 가능성이 컸다. 이후 무엇에 근거하였는지에 대한 자기 보고에서도 세 조건(깃털, 비늘, 털)마다 잘 알려진 새, 물고기, 포유동물의 특정한 사례에 기초하는 경향이 있음이 드러났다. 따라서 서로 다른 지시가 지구상 동물의 서로 다른 예의 인출에 이르게 하고, 그 예의 속성이 새로운 동물의 특성을 상상하는 데 영향을 미친 것이다.

고착과 예시의 동조 효과 어떤 프로젝트에서 창의적인 아이디어를 생각해내고 싶을 때, 다른 사람들이 어떻게 했는지를 참조하는 것이 도움이 될까? 고전적인 동조 효과(conformity effect)에 의하면, 다른 사람의 아이디어를 참조하는 것은 그 문제에 대한 자기 생각을 제약하는 고착(fixation)의 요소로 작용할 수 있다. 부지불식간에 이전 아이디어를 흉내 내거나 모방하게 되는 것이다.

Jansson과 Smith(1991)는 현장의 기계공학자들과 기계공학전공 대학원생들에게 차에 자전거를 실을 수 있는 랙, 넘어져도 쏟아지지 않는 커피 컵, 시각장애인이 요리할 때 양을 가늠할 수 있도록 도와주는 도구와 같은 여러 종류의 창의적 생성 과제를 수행하도록 하였다. 설계를 시작하기 전에 일부 참가자들에게는 이전에 시도한 설계의 예시들을 보여주었다. 예시에는 설계상의 결함도 포함되어 있었다(예: 컵이 넘어지면 내용물이 흘러나오는 빨대). 참가자들에게 그러한 결함에 대해 주의를 주면서, 예시를 그대로 따라 하지 않도록 지시하였지만, 많은 이들이 자신의 설계에 그런 결함들을 포함하였다. 더구나, 예시를 보지 않은 피험자들보다 더 좁은 범위의 설계를 만들었다. 즉, 독창적인 아이디어를 생각해내기보다는 사례와 동일한 기본 유형의 설계를 만들어내는 경향이 있었다. 이렇게 예시의 속성들을 모방하는 이런 현상을 '설계 고착(design fixation)'이라고 한다.

또한, 사례에 노출되는 것이 그와 관련된 지식에의 접근성을 높이는지 조사한 연구에서, Smith 등(1993)은 심리학 수강생들에게 외계 생명체의 모습과 새로운 장난감에 대한 아이디어를 상상하도록 하였다. 과제를 수행하기 전에 실험조건의 피험자들은 새로운 외계 생명체와 장난감에 대한 세 가지 예시를 보았고, 통제조건에서는 그러한 사례가 없었다. 세 가지 실험에서, 가능한 한 예시와는 다른 아이디어를 생각하도록 요청하였음에도 예시를 본 참가자들은 자신의 설계에서 예시의 속성들을 유의하게 더 많이 포함하였다. 예시의 속성을 복사하려는 이러한 '동조 효과'는 여러 영역에서 널리 나타난다.

동조 효과의 원천을 파악하려는 연구에서는 동조를 증가시키거나 감소시키는 상황에 주목하였다. Marsh 등(1996)의 연구는 제시된 예시의 수가 하나에서 아홉 개로 늘어나면서 더 강한 동조 효과가 나타나는 것을 발견하였다. 이것은 다중의 예시에 노출되면 피험자들은 그것들로부터 일종의 범주 또는 도식(schema)을 형성하게 됨을 보여준다.

동조가 가끔은 좋은 것이 될 수도 있는데, 이전 아이디어를 복사하는 것이 창의성을 증진할 수도 있다는 것이다. 동조 효과라는 용어는 관찰한 예시를 모방하는 경향을 나타내는 것일 뿐, 반드시 창의성 감소의 지표로 볼 필요는 없다는 것으로 George 등(2019)의 연구는 중요한 시사점을 준다. 그들은 Smith 등(1993)의 연구를 반복검증하였는데, 사례에 노출된 참가자가 생성한 장난감들은 통제조건의 장난감들보다 새로움에 대한 평정에서 더 높은 수준을 보였다. 또한, 사례 속성의 수가 새로움 평정과 정적 상관이 나타났다.

일부 연구들은 기존의 관념을 벗어난 '독특한' 사례는 창의성을 증진할 수 있음을 보여준다. 예를 들어, Berg(2014)는 아이디어 생성 과정에서 고려된 초기 내용이 생성된 아이디어의 새로움과 유용성을 제약하는 효과를 조사하였다. 과제 전에 '친숙한' 제품의 사례를 참가자들에게 제시하면 유용하지만 덜 새로운 아이디어를 생성하였고, '새로운' 제품의 사례를 제시(노출)하면 덜 유용하지만 새로운 아이디어를 생성하였다. 반면, 친숙하면서도 새로운 제품 사례가 포함된 통합적인 최초 표시(primal marks)[27]는 최적 균형을 이루면서 새롭고도 유용한 해결안을 만들어내었다. Yi 등(2015)은 참가자들에게 사례에 대한 노출이 있는 조건과 없는 조건에서 외계 생명체와 콜라주를 만들도록 했는데, 이전 연구와는 달리, 사전에 매우 창의적인 것으로 평가된 사례를 사용하였다. 그 결과, 그런 사례를 본 참가자들은 더 창의적인 산물을 생성하였다. 따라서 예시가 창의적 사고에 도움이 되기 위해서는 그 예시가 사람들의 기본 가정이나 심적인 틀에서 벗어난 것이어야 한다. Yuan 등(2022)의 연구에서는 두 단계로 대안 용도 과제(AUT)를 수행하였는데, 첫 단계에서 아이디어가 고갈된 후 두 번째 단계에서 예시가 주어졌다. 예시의 새로움(novelty) 수준이 높을수록 도출된 아이디어의 독창성 수준도 높게 나타났다. de Chantal 등(2023)의 확산적 사고 과제 연구에서도 가까운(평범한) 예시보다는 연상 거리가 먼(독특한) 예시에 노출된 경우 인지적 부담은 컸고 더 독창적인 아이디어를 생성하였다.

---

27 Berg(2014)가 도입한 개념인 최초 표시 개념은 아이디어를 생성하기 전에 최초로 경험하는 내용으로 이것은 이후의 새로움과 유용성의 궤적에서 앵커로 작용한다.

Okada와 Ishibashi(2016)는 기존 신념의 제약에서 벗어나는 것의 효과에 관심이 있었다. 그들은 '그림은 추상적이지 않고 사실적이어야 한다'는 일본에서의 통상적인 신념을 믿는 학부생들을 대상으로 3일 동안 실험이 이루어졌다. 첫째 날 학생들은 '오렌지'와 같은 자연에서 볼 수 있는 대상을 그렸다. 둘째 날, 모방 조건의 학생들은 두 개의 추상적인 그림을 보았고 그것을 모방하도록 요청받았다. 추상적 예시를 모방하는 것은 '그림은 사실적이어야 한다'는 암묵적 생각에서 벗어나도록 하기 위한 것이었다. 통제조건의 학생들에게는 그러한 예시를 보여주지 않았고, 대신 자신만의 새로운 그림을 두 개 그리도록 하였다. 셋째 날, 모든 참가자가 다시 자연물을 그리도록 하였고, 미술 전문가들이 그것을 평가하였다. 모방 집단의 셋째 날 그림은 통제 집단의 그것보다 더 창의적인 것으로 평가되었다. 즉, 추상적인 사례를 모방하는 것이 그림의 창의성을 높인 것이다. 추상적인 그림을 사례로 본 것이 일반적인 문화적 신념을 깨트리고, 그것을 모방하면서 이후에 그러한 제약에서 벗어나게 된 것이다. 일반적으로 문제해결에서의 '통찰'도 이러한 제약으로부터 자유로워지면서 나타난다. 여기서 흥미로운 점은 셋째 날 그림을 그릴 때, 모방 조건의 피험자들이 추상적인 그림을 단순히 모방만 한 것이 아니라는 점이다. 그보다는 예시들이 자신만의 독특한 스타일을 만들어내도록 유도한 것처럼 보이는데, 이것은 셋째 날의 그림이 예시의 그림과는 달랐다는 점에서 그러하다. 더 나아가, 추상적 예시를 심각하게 고려하는 것이 그것을 모방하도록 하는 것만큼이나 효과적이었다. 즉, 학생들이 추상적인 그림을 오랫동안 조사하고 화가의 의도를 생각해보도록 한 조건은 추상적 그림을 단순히 모방하도록 한 조건만큼 창의성 점수가 올라갔다. 그래서 실제로 모방 행동을 하지 않더라도 자기 신념에 도전하는 예시를 깊게 생각하는 것만으로도 효과가 있었다.

따라서 동조가 때로는 창의적인 행동일 수도 있는데, 다른 사람들의 예시를 모방하는 것이 창의성에 긍정적일지는 예시가 기존 가정을 거부하는 내용을 포함하고 있는지에 달려 있다. 기본 가정(basic assumptions)에 도전하는 예시를 모방하거나 예시를 자세하게 탐구하는 것은 창의성을 증진할 수 있으며, 자신만의 창의적인 스타일을 만드는 데 도움이 될 수 있다.

한편, Purcell과 Gero(1996)의 연구에서 건축 및 산업디자인 학생들에게는 예시를 모방하는 설계 고착 현상이 약하게 나타나며 자신에게 매우 친숙한 설계에서만 나타났지만, 기계공학 학생들은 친숙하지 않은 예시임에도 전형적인 기계공학의 설계원리가 포함되어 있어 고착을 보였다. 예시의 작동 원리에 대한 영역 특수적 지식이 없는 디자인 학생들은 대상에 대한 일반적이고 표면 수준의 지식에 의해 영향을 받지만, 기계공학자들은 그 대상과 관련된 영역 특수적인 지식(기계공학의 원리 등)에 의해 영향을 받는다. 따라서 예시의 효과는 기존 지식의 활성화 여부에 달려 있다.

설계 고착을 감소시키는 더 구체적인 요인들도 조사되었는데, 핵심은 추상화 및 최소 저항의 경로를 피하는 것에 있다. 예를 들어, Cardoso와 Badke-Schaub(2011)는 산업디자인 학생들에게 높은 선반 위의 책을 집을 수 있는 도구를 고안하도록 하였다. 실험 집단은 사진 또는 라인 드로잉으로 기존 도구의 예시를 보여주었다. 라인 드로잉을 본 집단은 통제 집단과 비슷한 수행을 보였지만, 사진을 본 집단은 덜 독창적인 아이디어를 만들었다. 사진을 본 집단은 대상의 구체적이고 자세하게 묘사된 표상으로부터 부적인 영향을 받지만, 라인 드로잉 집단은 그러한 표상의 추상성으로 제약이 덜 했을 것으로 보인다.

Cheng 등(2014)은 산업디자인 대학원생들에게 믹서나 헤어드라이어와 같은 제품의 모양을 재설계하기 위한 아이디어를 생각하도록 하였다. 과제 수행 전에 그들은 제품마다 예시로서 전체를 묘사하는 일상적인 사진이나 대상의 인식 가능한 부분을 별도로 묘사하는 사진을 보았다. 이후 전문가 평정에서 전체 사진을 본 조건이 부분 사진을 본 조건보다 덜 창의적인 것으로 나타났다. 연구자들은 부분 사진으로 제공된 정보는 완전하지 않기에 빈 곳을 메우기 위해 참가자들은 추가적인 처리를 해야 했고 특정 범주 사례의 최소 저항 경로로 쉽게 이동하지 않게 된 것으로 해석하였다.

pro-c 수준의 경력을 준비하는 학생들도 특정한 유형의 예시가 새로움을 억제하기보다는 증진할 수 있다. 예를 들어, Chan 등(2011)은 공학 및 제품 설계 분야의 대학원생들에게 인간의 움직임으로 에너지를 얻는 장치에 대한 아이디어를 생성하는 과제를 수행하도록 하였다. 연구자가 사전에 실제 미국 특허를 받은 장치들의 예시를 선정하였는데, 과제와 개념적으로 가깝거나 먼 영역에서, 그리고 학생들에게 친숙하거나 친숙하지 않은 것으로 하였다. 학생들에게 그러한 사례를 보여주었을 때, 먼 영역 예시와 친숙하지 않은 예시에 노출된 경우가 가깝거나 친숙한 예시를 본 경우보다 새로움에 대한 평정에서 더 높게 나타났다. 또한, 멀고 친숙하지 않은 예시를 본 조건은 예시를 보지 않은 통제 조건보다 새로움에서 더 높은 수준을 보였다.

한편, Chen(2020)은 사례나 예시에의 노출이 창의적 수행에 미치는 효과는 당사자의 인지적 사고 양식(style)에 따라서도 다를 수 있음을 보여주었다. 분석적(analytic) 사고 양식을 가진 사람들에게는 사례 제시가 창의적인 수행으로 긍정적 영향을 미쳤지만, 통합적인(holistic) 사고 양식을 가진 사람들에게는 창의적 수행을 저해하였다. 창의적 과제를 수행하기 전에 예시를 제공하면 새로운 아이디어를 생성하는데 사용될 관련 지식을 활성화하기에 도움이 되기도 하지만, 그러한 지식에만 한정되는 고착 효과가 나타날 수도 있는데, 이 연구는 그것이 통합적 사고 양식을 가진 사람들에게서 두드러지게 나타날 수 있음을 보여준다.

전문성 수준　전문가들의 경우 기존 지식이 새로운 상황에서의 사고와 판단에 어떤 영향을 미칠지에 대한 두 가지 상반된 시각이 있다. 첫 번째는 전문성이 증가하면 절차의 자동화로 사고의 유연성이 떨어진다는 것이다. 두 번째는 '10년 법칙'처럼 전문성의 수준이 높아질수록 사고의 유연성이 늘고 더 새로운 사고가 가능할 수 있다는 것이다 (Ericsson & Pool, 2016). Bilalić 등(2008)은 두 가지 시각을 체스 전문가들을 대상으로 한 실험 연구에서 다루었다. 갖춤새(Einstellung) 효과[28]를 적용한 일련의 실험을 통해 체스 경기자들은 친숙하면서도 최적이지는 않은 해결안을 가진 문제를 풀었다. 분석 결과, 전문가에게서도 갖춤새 효과가 유발되어 최적의 해결안 발견을 방해하였다. 이때, 평균 수행보다 약 3 표준편차 더 높은 '보통의(ordinary)' 전문가와 약 5 표준편차 더 높은 '최상위(super)' 전문가 간에 수행에서 차이가 나타났다. 이전 지식이 유발하는 사고의 비유연성(즉, 친숙한 해결안의 방해 효과)은 전문성의 수준이 높아질수록 감소하였다. 그래서 연구자들은 '전문가의 비유연성'은 사실이자 신화라고 하였다. 왜냐하면, '보통의' 전문가는 친숙한 해결안을 선택하는 유혹에 저항하기 어려운 비유연성을 보이지만, '최상위' 전문가는 자신의 수행을 더 잘 통제하면서 아주 사소하거나 관련 없어 보이는 것도 검토하면서 비유연성을 극복하였기 때문이다. 전문성의 수준에 따라 달라지지만, 토대 관점과 긴장 관점을 모두 지지하는 결과를 보여준 이 연구는 여전히 기존 지식과 경험의 영향은 두 가지 모두 가능하다는 역설을 보여준다.

28　특정한 방법으로 문제를 푼 경험이 있었던 사람은 그것이 더는 효과적이지 않음에도 계속 같은 방법으로 문제를 푸는 것과 같은 고착 효과를 말한다.

3) 부화기에 의한 고착 극복

지금까지 살펴본 것처럼, 창의적인 수행을 위해서는 기존 지식이나 오랜 경험의 영향인 '구조화된 상상'이나 '고착'에서 벗어날 수 있어야 할 것인데, 이에 대한 1세기 전의 해법은 문제와는 상관없는 단조로운 활동을 하는 부화기(incubation)를 가지는 것이다. 즉, 문제를 해결하기 위한 의식적인 노력에서 일시적으로 벗어나는 것이다.[29] 부화기 동안에 논리나 규칙은 무시되고 현실의 제약보다는 가능성에 더 초점을 둔다. 광범위한 탐색이 이루어지면서 앞서 고민하던 문제 요소와는 전혀 무관해 보이는 개념이 기억에 인출되고 연결되면서 갑작스럽게 영감이 떠오르게 된다.

부화 효과[30]의 유력한 관점은 일시적으로 문제에서 벗어나 다른 활동을 하게 되면 잘못된 초기 단서나 방해가 되는 정보들에서는 벗어나 새로운 관련 정보들의 접근성을 높인다고 보는 고착 망각(forgetting fixation) 이론이다(Smith & Blankenship, 1989). 이것은 문제에서 벗어나 주의를 다른 곳에 돌리거나 휴식을 취하면 작업기억의 관련 없는 요소들이 선택적으로 쇠퇴하고 장기기억에 실질적인 정보들이 축적되면서

---

29 1970년대 말 Olton(1979)은 부화 효과에 대한 대규모 실험 연구를 수행하여, 그것은 신화에 가까운 것이라고 이미 결론 내린 바 있다.

30 부화 효과에 대한 두 가지 고전적인 설명은 다음과 같다. 첫째, 앞서 소개한 푸앵카레의 무의식 가설(unconscious hypothesis)이다. 이 가설은 아이디어의 맹목적인 (재)조합이 일어나고 최적 아이디어가 선택되는 무의식적인 기제를 가정하는 측면에서 3장에서 소개한 BVSR 모형과 유사하다. 둘째, 피로 소산(fatigue-dissipation) 가설이다. 이 가설은 무의식을 가정하지 않는 관점으로, 휴식 시간을 가지면서 인지적 피로에서 회복하는 효과에 초점을 두었다. 따라서 두 가설은 부화기 동안에 하는 활동의 효과에 대해 서로 다른 예측을 한다(Sio & Ormerod, 2009). 피로 소산 가설에서는 부화기 동안 휴식하면서 피로를 줄이는 것이 긍정적 효과를 가진다고 보지만, 무의식적 가설에서는 문제에서 주의를 돌려 다른 정신적 활동을 하면서 무의식적인 과정이 발생한다고 보기에 부화기 동안 일정 수준의 다른 과제를 하는 것도 긍정적 효과를 가질 수 있다고 본다.

효과가 나타난다는 것이다.

이 이론에 대한 검증에서, Kohn과 Smith(2009)는 참가자들에게 원격 연상 검사(RAT)를 수행하도록 하였다. RAT를 수행하기 전에 일부 참가자들에게는 부정확한 답에 고착되도록 유도하였다. 참가자들은 15초 동안 RAT 문제를 풀고, 40초 동안의 디지털 모니터링 과제를 수행하거나(부화 조건), 1초 휴식 후 즉각적으로(비부화 조건) RAT 문제를 7초 동안 더 풀었다. 관심사는 첫 15초 동안 풀리지 않은 문제들을 마지막 7초 동안 푼 비율인데, 고착이 유도된 경우에만, 부화 조건의 피험자들이 비부화 조건보다 더 높은 수행을 보였다. 부화 효과는 사람들이 방해하는 정보를 잊는 데서 나타나며, 사람들이 처음부터 고착되지 않은 경우라면 부화 효과는 나타나지 않는다는 것을 보여준다.

그런데 고착 없이도 부화 효과가 나타날 수 있다는 점을 반영한 기회적 동화(opportunistic assimilation) 이론(Seifert et al., 1995)이 있다. 부화기 동안 관련 단서와의 우연한 만남이 통찰력 있는 해결안을 촉발한다는 이 이론은 집중적인 준비기(preparation)를 오랫동안 가진 후, 부화기 동안에 장기기억에 저장된 다양한 관련 정보들이 맹목적 또는 무작위적으로 탐색되면서, 결국 아이디어의 우연한 통찰이나 새로운 조합이 가능해진다고 주장한다. 즉, 부화 효과는 문제를 직접 다루지는 않지만 계속 관련 지식을 처리하면서 새로운 정보로서 원격 연상을 형성하여 새로운 조합이 가능해지면서 발생하는 것이다.

이 이론은 부화기 동안에 단순히 시간을 보내면서 아무것도 하지 않는 것보다 다른 활동에 관여하면서 새로운 정보와 활동에 접근하는 것이 부화 효과가 더 크다고 본다. 또한, 이 이론은 원래 문제와는 다른 과제를 할 때 새로운 정보나 단서에 접근이 가능해지면서 새로운 조망의 단서를 얻을 수 있는 기회적 동화가 발생하며, 이것이 원래 문제로 돌아갔을 때 접근 가능해야 진정한 부화 효과가 나타난다는 것이다.

Madjar 등(2019)은 기회적 동화 이론에 기반하여 두 가지 요인이 부화 효과와 창의적 수행에 영향을 미칠 것이라고 보았다. 하나는 과제(최초 과제와 개입 과제)를 변경할 재량권과 최초 과제 수행 중 언제 개입 과제를 할지의 시기 요인이고, 다른 하나는 개입 과제가 원래 과제와 동일한 영역의 지식을 요구하는지의 요인이다. 실험실 연구에 의하면, 과제를 변경하지 않는 집단과 최초 과제의 전반에 개입 과제를 하는 집단보다 최초 과제의 후반에 개입 과제를 한 집단이 창의적 수행에서 더 나았다. 또한, 동일 영역의 개입 과제를 한 집단이 다른 영역의 개입 과제를 한 집단보다 최초 과제에서 더 높은 창의성을 보였다. 최초 과제에의 주의 초점(attentional focus)이 이러한 관계를 매개하였다. 따라서 이들의 연구는 최초 창의성 문제를 다소 길게 작업한 후(즉, 준비기를 길게 가진 후) 동일 영역의 개입 과제를 중간에 할 때 부화 효과가 가장 크다는 것을 보여준다. 따라서 기회적 동화 이론은 준비기의 길이가 길수록 부화 효과가 클 수 있다는 준비된 마음(prepared-mind) 관점이라고 볼 수 있다.[31]

실험실에서 부화 효과를 실증하려는 시도는 그리 성공적이지 않은 측면도 있지만, 여러 연구에서 문제로부터 일시적으로 벗어나 주의를 다른 곳으로 돌리거나 휴식 시간을 가진 후 문제 해결의 단초를 얻고 실제적인 해결에 이를 수 있음을 보여준다(Segal, 2004). 따라서 전체적으로 볼 때, 부화는 고착의 극복에 도움이 될 것이다. 문제는 실험실 연구와 같은 매우 짧은 시간 동안 작용하는 지식의 활성화나 망각이 오랜 기간의 노력과 부화를 포함하는 실제 세계에도 적용될 수 있을지이다.

---

31 1854년 파스퇴르는 한 대학 강연에서 "준비된 마음에 기회가 온다"라는 유명한 말을 남겼다. 이것은 과학 영역에서의 '우연한 발견'에 대해 얘기할 때 자주 인용된다.

멍 때리기와 수면과의 관계   최근 부화 효과 연구는 앞서 소개한 멍 때리기와 수면(sleep) 연구와 연관하여 재조명을 받고 있다. 즉 멍 때리기와 수면 연구는 부화 효과 이면의 기제에 대한 새로운 시각을 제공한다(Li et al., 2022). 예를 들어, 멍 때리기는 '무의식적인 연합의 생성'이 증가하면서 창의적 문제해결에 이르는 것으로 보인다. 또한, 부화기의 아주 특별한 경우('장기적 부화 효과')라고 할 수 있는 수면은 '기억 표상의 재구성'과 '기억의 재활성화' 같은 다양한 기제를 통하여 문제해결을 증진하는 것으로 보인다.[32]

요약하면, 부화 효과에 기저하는 심리적 과정은 문제 표상의 변형(transformation of problem representation)과 원격 연합의 형성(formation of remote associations)의 두 가지 인지적 요소라고 볼 수 있다(Li et al., 2022). 또한, 이 두 요소는 서로 다른 뇌 기제에 따른 것이다. 앞으로의 연구는 실험실 연구의 한계를 극복하여 생태학적 타당도를 높이는 방향으로 진행되어야 할 것이며, 부화 효과를 설명하는 더 체계적인 이론 개발이 필요하다. 더불어, 비일관된 연구들을 통합하기 위하여 부화 효과의 촉진 요인이나 한계 조건들을 구체화할 필요가 있다.

4) 조합과 유추

창의성을 설명할 때 상당히 흥미로운 또 다른 과정은 조합과 유추이다. 전자는 이전에는 별도로 분리되어 있던 아이디어, 개념, 형태들이 심적으로 합쳐지는 것이며, 후자는 친숙한 영역에서의 체계화된 지식을 전혀 다른 새로운 영역에 응용하는 것이다.

조합   조합(combination)이 되는 요소는 단어, 개념, 시각 형태 등과

---

32   그러나 멍 때리기와 수면이 부화 효과 및 창의성에의 긍정적 효과를 보여주지 못한 연구들도 많다(Li et al., 2022 참조).

같은 단순한 요소들일 수도 있고, 추상적인 수준에서 과학적 구성개념, 음악 양식, 미술 장르 등일 수 있다. 조합은 두 개념이 단순히 연합되는 것만이 아니라, 두 개념이 합쳐지면서 새로운 출현적 속성(emergent features)이 나타난다는 특징이 있다. 즉 조합되는 요소 각자에는 없었거나 두드러지지 않았던 속성이 만들어지거나 분명하게 드러나는 것이다.

과학, 공학, 문학, 음악, 미술 등의 어떤 창의적 영역에서든지 '조합'은 창의성을 자극하는 요소이며, 역사적으로 창의적 성취에 대한 설명에서 가장 빈번히 언급되는 것이다. 예를 들어, 마르셀 뒤샹은 창작 초기부터 기성품(ready-made)을 활용하기 시작하면서 1913년에 〈자전거 바퀴〉를 출품하였다. 자전거 바퀴를 의자에 거꾸로 박은 이 작품은 일상적 물건을 예술 작품으로 바꾸려는 시도였다. 서로 아무 연관이 없는 사물들을 엉뚱하게 결합하여, 사물의 본래 용도를 제거하고는 새로운 예술적인 느낌을 만들어낸 것이다.

또 다른 사례는 '불신(unbelief)'과 '한센병(leprosy)'이라는 별 연관성이 없어 보이는 두 개념을 결합한 스티븐 도널드슨(S. Donaldson)의 유명 판타지 소설 *The Chronicles of Thomas Covenant, The Unbeliever*이다. 불신은 우리가 체험하는 물리적 현실 이외의 다른 세계의 가능성은 받아들이지 않는 것을 말한다. 소설 속 얘기는 현실에서는 한센병 환자인 커버넌트(Covenant)가 환상 세계에서 기적적으로 치료를 받고 악한을 물리치는 전설적인 영웅이 된다는 내용이다. 그는 오래전부터 '불신'에 대한 이야기를 쓰고 싶었으나 시작하지 못하다가 한센병 개념을 만나면서 급진전을 이루었다. 왜냐하면, 한센병 환자는 상처 나는 것에 매우 민감하고 위협으로 느끼기에 환상의 세계와 같은 것(심지어 환상 세계에서 영웅이 되는 것)은 전혀 생각하지 않기 때문이다. 이 두 가지 상반되어 보이는 개념이 조합되면서 오히려 판타지 시리즈 소설을 쓰기에는 더 좋은 배경과 소재가 된 것이다.

Rothenberg(1971)는 두 개의 상반되는 아이디어를 동시에 만족시키거나 통합하는 사고 과정이 다빈치의 그림이나 모차르트의 교향곡이나 아인슈타인의 과학적 추론과 같은 다양한 창의적 행위의 기초가 된다고 하였다. 그는 그러한 사고를 '야누스적 사고(Janusian thinking)'라고 명명하였다.

실험실 연구에서도 의미상 거리가 먼 특이한 개념 간 조합이 '출현적' 아이디어를 생성하는 데 효과가 있음을 보여준다. '하버드 출신의 목수'처럼 고정관념과는 부합하지 않는 특성들이 조합되거나, '과일인 가구'와 같이 논리적이지 않은 결합은 각 요소에는 나타나지 않는(포함되지 않는) 출현적 속성들을 만들어낸다. 이것이 가능한 것은 요소 개념 간의 모순이나 불일치를 설명하거나 조화를 이루려고 하는 과정에서 새로운 속성들을 상정하기 때문이다.

실험실 연구의 예로, Estes와 Ward(2002)는 대학생들에게 다양한 유형의 형용사-명사 조합을 해석하도록 하였다. 조합된 두 단어가 '건강한 질병'과 같이 서로 반대 의미일 때, 대학생들의 해석(예: 건강한 질병은 당사자를 일시적으로 무력화하여 더 큰 해가 될 활동을 막는 것)에서 출현적 속성이 포함될 가능성이 더 컸다.

Wilkenfeld와 Ward(2001)는 조합된 두 개념이 반드시 모순적이거나 상반된 의미여야 하는 것은 아님을 보여주었다. 그들은 조합되는 요소 간의 비유사성을 나타내는 의미적 거리(semantic distance)가 출현적 속성이 만들어지는 정도를 결정함을 보여주었다. 피험자들은 유사한 명사-명사 조합과 유사하지 않은 명사-명사 조합의 두 조건에서 해석을 제시하였는데, 예상대로 유사한 조합보다 유사하지 않은 조합에서 더 출현 속성이 많았다.

개념 조합은 하나의 일관된 개념으로 묶이지 않았던 대상들을 통합하는 과정에서도 나타난다. 특이한 조합이 창의적 잠재력이 크다는 생각과 일치되게, Howard-Jones 등(2005)은 벼룩, 노래, 칼과 같이 세 개의 무관련 단어들로 만들어낸 이야기가 마술, 속임수, 토끼와 같이 관련된 단어들로 만들어낸 경우보다 더 창의적인 것으로 평가됨을 보여주었다. 또한, 창의성을 자극하는 조합이 언어적인 양식에만 국한된 것은 아니다. 시각적으로 제시된 추상적 형태를 통합하는 과정에서도 출현적 아이디어가 생성될 수 있다. Sobel과 Rothenberg(1980)는 43명의 미대 학생들에게 서로 겹쳐져 있는 두 이미지를 본 조건과, 이웃해 있지만 분리된 두 이미지를 본 조건에서 세 개의 그림을 그리도록 하였다. 학생들은 전자의 조건에서 더 창의적인 은유들을 만들어내었다. Finke(1990)도 〈그림 6-2〉에서 무작위로 선택된 시각적 형태를 심적으로 조합한 사람들이 다양한 영역에서 발명과 발견을 위한 아이디어를 만들어낼 수 있음을 보여주었다.

앞서 언급되었던 Zeng 등(2011)의 연구에서, 컴퓨터 그래픽 전공 학생들에게 구글 맵과 같이 위치에 기반하거나 위키피디아와 같이 정보에 기반한 것들을 결합하여 매시업(mash-up) 웹 서비스[33]에 대한 아이디어를 만들어보라고 하였을 때, 동일 유형의 서비스를 결합하는 경우보다 여러 서비스 유형에 걸쳐 조합한 경우 더 창의적인 아이디어가 나왔다. 따라서 일반 대학생뿐만 아니라 pro-c 수준의 창의성을 추구하는 학생들에게서도 개념 조합의 결과는 유사하였다.

독창적인 개념을 생성하기 위해서는 서로 의미상 거리가 있는 개념들을 조합하는 것이 유리하다는 실험실 연구 결과들이 있지만, 원거리 조합과 그 산출물의 독창성과 적절성으로 평가되는 창의성 간 정적인 관계가 나타나지 않기도 한다. Mobley 등(1992)은 세 개의 범주에서 범

---

[33] 기존 웹에서 제공하고 있는 정보나 콘텐츠를 융합하여 전혀 새로운 소프트웨어나 데이터베이스 등을 만드는 서비스로, 융합 애플리케이션 서비스라고도 한다.

주별로 네 개의 예시가 주어졌고(예를 들어, 가구 범주에 책상, 걸상, 스툴, 카우치가 제시됨), 그것들의 집합을 설명할 수 있는 개념을 만들어내도록 하였다. 포함된 요소들이 유사하지 않을수록 더 독창적인 개념들을 생성하였지만, 질적 수준(적절성)은 더 낮았다. 독창적인 아이디어를 추구하는 것이 반드시 아이디어의 질(적절성)을 담보하는 것은 아니며 오히려 반대 효과가 나타날 수 있다는 결과이다. 따라서 창의성 정의의 두 핵심 요소인 독창성과 유용성(적절성)을 모두 만족하는 결과를 얻기가 쉽지 않음을 보여준다.

또한, 개념 조합의 최초 해석이 바로 창의적인 결과로 이어질 것으로 기대하기도 어렵다. Chan과 Schunn(2015)은 개념 조합을 확산적 과정(divergent process)으로 보고 원거리 조합을 창의적인 개념으로 전환하기 위해서는 반복적인 과정이 필요하다고 보았다. 그들은 골수기증자 늘리기나 전자제품 폐기물의 처리와 같은 현실 세계의 열두 가지 심각한 문제를 해결할 수 있는 아이디어를 마련하기 위한 대규모 웹 기반 혁신 플랫폼인 OpenIDEO에 제안된 방대한 아이디어들을 분석하였다.[34] 그들은 사람들이 제안한 해결 방안들에서 영감을 얻은 출처(sources)의 계보를 추적하면서 개념적 거리를 측정하였고, 직접 영향과 간접 영향을 구분하였다.[35] 출처 간의 개념적 거리가 해결 방안 아이디어의 창의성

[34] 이 연구에서는 1,190명의 기여자들이 12개 문제에 대해 제안한 2,341개의 개념과 4,557개의 영감이 분석 대상이 되었다.

[35] IDEO의 전문가들이 운영하는 이 플랫폼에서는 문제가 제시된 후 4주까지의 첫 단계에서 참여자들이 문제 공간을 정의하고 가능한 해결 방안들을 제시한다(영감 단계). 다음의 개념화 단계는 2주에서 6주 정도까지 진행되는데, 이 단계에서 진술된 문제에 대한 구체적인 해결 방안 아이디어들이 제안되었다. 개념화 단계에서 자신의 아이디어의 출처가 되었던 이전 개념이나 영감을 인용한다. 세 번째 단계에서 OpenIDEO의 설계자들과 영역 전문가들이 그간 나온 아이디어들을 창의적 잠재력에 근거하여 축약하고(여기까지가 창의적 기초 아이디어를 만드는 과정), 그 이후 더 정교하게 다듬는 과정을 거친다. 최종적으로 실행할 가치가 있는 후보 아이디어가 선정된다. 세 번째 단계의 최종 목표 개념(target concept)에 이르는 계보를 분석하면서, 목표 개념에

에 미치는 직접적인 효과는 없었지만, 간접 효과는 긍정적이었다. 원거리 개념 조합이 미치는 긍정적 효과는 모든 문제에서 출처 아이디어와 최종 목표 아이디어 간의 계보에서 지체(lag)가 있는 경우에 나타났다. 즉, 원거리 조합이 창의적인 결실을 얻는 데에는 시간이 걸린다는 것이다. 그들은 이것을 창의적인 결과는 확산적 및 수렴적 과정이 반복되는 단계를 통하여 도달하는 것으로 해석하였다. 독창성과 적절성(유용성)을 모두 갖는 창의적인 아이디어는 먼 거리의 개념들을 조합하면서 바로 나타날 것으로 기대하기보다는 그러한 조합에서 나온 확산적 아이디어들을 계속해서 수렴적으로 다듬어가는 과정에서 나오는 것으로 봐야 한다는 것이다. 이것은 앞서 언급한 창의적 인지 접근의 제네플로어 모형에서 아이디어 생성과 탐색의 순환이 강조된 것과 일치하는 것이다.

유추　창의성과 밀접히 관련된 또 다른 생성 과정은 유추(anaology)에 의한 추리이다. 이것은 출처 영역(source domain)이라고 불리는 친숙한 영역에서의 체계화된 지식을 목표 영역(target domain)이라고 불리는 새로운(덜 친숙한) 영역에 응용하는 것이다. 예를 들어, 셰익스피어의 〈로미오와 줄리엣〉을 1950년대의 뉴욕시 갱단들 간의 갈등 맥락에 적용한 〈웨스트사이드 스토리〉 같은 경우이다. 유추는 상응하는 대상(로미오와 토니, 줄리엣과 마리아), 관계(로미오는 줄리엣을 사랑하고, 토니는 마리아를 사랑함), 그리고 상위 관계(둘 간의 사랑과 두 집단 간의 갈등 사이의 충돌)를 찾기 위해 두 개의 영역을 서로 연결하는 것으로 볼 수 있다.

유추의 실제 사례로는, 러더퍼드가 태양계를 수소 원자의 구조에 대한 모형에 적용한 것이나, 케플러의 행성 운동에 대한 추론, 라이트 형

직접 영향을 준 영감은 직접적인 영향으로, 여러 단계를 거쳐 최종 목표 개념에 영향을 주는 중간의 영감은 간접적인 영향으로 보았다.

제의 비행 기계의 고안 등이 있다(더 많은 사례는 14장의 결부법에서 살펴볼 것이다).

좋은 유추는 친숙한 영역과 새로운 영역을 매우 깊은 수준에서 연결 짓는다는 점에 있다. 겉으로 보기에 핵과 전자는 태양과 위성을 닮지 않았지만, 태양 주위를 위성이 도는 것을 전자가 핵 주위를 도는 것에 응용하듯이, 중요한 것은 서로 간에 특정한 관계를 포함하는 특성을 찾아내는 것이다.

유추적 사고에 관한 실험실 연구에 따르면, '통찰' 문제를 해결하는 데 유추가 도움이 되지만, 대개 대학생이나 고등학생들은 즉각적으로 그렇게 하지는 못했다. 예를 들어, 학생들에게 4장에서 보았던 통찰 과제인 '방사선과 종양' 문제를 해결하도록 하였다. 학생들은 처음에는 해결책을 찾아내지 못하지만, 유추 문제에 대한 다른 해결책들을 읽은 후에 종양 문제를 제시하면 해결책을 제시할 가능성이 커졌다.

실험실에서의 비전문가들을 대상으로 하는 연구에서 벗어나, 유추가 실제 세계에서도 창의성에 유용한지를 보여주는 사례 연구들이 있다. 케플러가 자신의 사고 과정을 매우 자세하게 기술해 놓은 노트와 저작들을 분석한 Gentner 등(1997)의 사례 연구에 의하면, 그가 행성의 운동과 관련하여 다양한 유추를 사용했음을 알 수 있다. 다만 이들의 사례 연구에서 유추와 창의적 발견 간의 분명한 인과 관계를 확인할 수 없는 한계점은 있다.

'원거리' 유추와 창의성 간의 관계를 지지하지 않는 연구도 있다. 창의적인 인물들이 일상적으로 작업하는 과정을 가까이서 관찰하고 기록하는 방법으로 Dunbar(1997)는 분자생물학 실험실 집단의 다양한 추론 과정을 분석하였다. 오랜 기간의 관찰 결과 멀리 떨어진 영역 간의 유추(예: 태양계와 원자)는 드물고, 그보다는 가까운 개념적 영역(예: 여러 종류의 바이러스) 간 유추의 결과로 대부분의 창의적인 진전이 이루어졌다. 더 나아가, 원거리 유추는 무엇인가를 이해하기 위하여 사용되기보다는, 무엇인가를 설명하기 위한 소통의 목적으로 더 많이 사용되었다.

반면, Christensen과 Schunn(2007)은 던바와 같은 연구방법으로 창의적인 연구개발로 유명한 의료용 플라스틱 개발 회사의 특정 프로젝트에 참여한 설계 엔지니어들을 직접 관찰하였다. 그들은 원거리 유추는 근거리 유추만큼 자주 사용되며, 일부 원거리 유추가 단순히 소통의 목적으로 사용되는 것이 아니라 실제로 창의적 문제해결 과정에서 사용된다는 결과를 얻었다. 직접적 현장관찰에 근거한 이러한 연구들은 창의적 과제의 유형에 따라 다양한 유추 과정의 사용 양상이 달라질 수있고, 원거리 유추의 순기능도 조건에 따라 다를 수 있음을 시사한다.

4. 문제발견

일반적으로 창의적 사고가 요구되는 것은 문제해결(problem solving)의 상황에서 기존의 접근이 효과가 없을 때이다. 여기서 문제는 '주어진(given) 것'이다. 그런데 창의적 사고를 주어진 문제의 창의적 해결과는 다른 것으로 보는 학자들이 있다. 그들은 창의성 또는 창의적 사고를 '문제발견(problem finding)'이라고 주장한다. 주어진 문제를 창의적으로 해결하는 것도 중요하지만, 근본적이고 파급효과가 큰 창의성은 남들이 보지 못하는 새로운 문제를 찾아내는 것일 수 있다.[36]

Kuhn(1970)은 새로운 문제를 발견하기 위해서 '변칙'에 주의를 기울이라고 하였다. 유사한 수준의 지적 능력, 지식과 경험을 갖춘 과학

---

[36] 1장에서 소개한 창의성 유형 분류에서, 보든의 '변형적 창의성'이나, 언즈워스의 '능동적 창의성' 같은 것이 문제발견에 가깝다고 볼 수 있겠다.

자라도, 정상 과학(normal science)으로 설명되지 않는 자연의 비밀스러운 속삭임에 호기심을 갖고 주의를 기울이고 탐구하는 자가 문제발견의 진정한 창의성에 이를 수 있다. 찰스 다윈도 '법칙을 따르지 않는 예외가 중요하다'고 하면서, 예외적인 현상들을 그냥 지나치지 않았다. Eysenck(1995)도 자신의 저서 『천재(*Genius*)』에서, 우리가 문제를 해결할 수 있기 전에 먼저 문제를 인식할 필요가 있다고 하면서 이를 문제발견의 단계라고 하였다.

1) 게첼스와 칙센트미하이의 연구

Getzels와 Csikszentmihalyi(1976)는 1960년대부터 예술가들을 대상으로 다양한 연구를 수행하면서 창의성 또는 독창성이란 것은 문제해결이 아니라 문제발견에 있다는 주장을 하였다. 그들은 뉴욕의 화가 지망생 31명을 대상으로 실험을 하였는데, 그들에게 정물화를 그리도록 하였다. 화실 정면에 두 개의 탁자가 있으며, 왼쪽 탁자에는 정물화의 소재가 될 27개의 다양한 물건들(나팔, 포도송이, 벨벳모자, 고서적 등)이 있었다. 물건 중 일부를 선택해서 오른쪽 탁자로 가져와 적절히 배열한 후 정물화를 그리는 것이었는데, 개별적으로 약 한두 시간 정도 그림을 그렸다. 그들이 작업하는 동안 화실의 한 모퉁이에서 관찰자가 화가의 작업을 방해하지 않는 범위에서 그림 그리는 구체적인 행동들을 모두 기록하였다(당시에는 비디오카메라가 없었다). 그리고 화실의 적당한 위치에 카메라를 설치하고 6분 간격으로 사진을 찍어, 그림이 어떤 형태로 변하였는지를 나중에 확인할 수 있도록 하였다. 그림이 완성된 후 당시 권위 있는 화가들이 독창성과 같은 몇 가지 기준으로 평가하였다.

화가들의 행동기록과 사진 분석을 통해 독창적인 그림을 그린 화가 지망생들의 공통적인 특징들을 찾아내는 과정에서 연구자들의 공통된 결론은 독창성의 근원은 '문제발견' 행동에 있다는 것이었다. 그들이 말하는 화실에서의 문제발견 행동은 다음과 같다.

먼저 연구자들은 그림 그리는 전 과정을 크게 구상단계와 그림 그리는 단계로 구분했다. 구상단계는 화가 지망생이 왼쪽 탁자의 물건들에서 어떤 것을 선택하여 오른쪽 탁자에 어떻게 배치해서 무엇을 그릴 것인가를 생각하고 결정하는 단계를 말한다. 물건들이 어느 정도 배열되고 무엇을 그릴지를 결정한 다음 실제 그림을 구현하는 단계는 그림 그리는 단계라고 하였다. 이 두 단계에서 화가 지망생들이 나타낸 행동의 지표들을 다음과 같다.

첫째, 구상단계에서는 ① 왼쪽 탁자에 있는 27개의 물건에서 화가가 만진 물건의 개수, ② 최종 선택까지 물건을 탐색한 정도(물건을 집어 들고 여러 각도에서 본다든지 물건의 세부특징이 무엇인지 세밀하게 관찰하는 것과 같은 행동들), ③ 최종적으로 선택한 사물의 독특성(다른 화가 지망생들은 잘 선택하지 않은 것을 선택할수록 독특성 점수가 높음)의 지표를 만들었다. 이렇게 구상단계의 세 행동지표에서, 독창적인 그림을 그린 화가 지망생들은 조작한 사물의 수가 많았고, 물건에 대해 상당히 오랫동안 탐색하는 행동을 보였으며, 선택한 물건들이 다른 사람들은 잘 선택하지 않은 것들이었다.

둘째, 실제 그림 그리는 단계에서의 지표들은 다음과 같다. ① 문제구성의 개방성으로, 이것은 최종 그림과 동일한 형태의 구도가 언제 결정되었는가를 나타내는 것이다. 독창적인 그림을 그린 화가 지망생들은 최종 완성된 그림의 형태가 결정되는 데 평균 36분이 걸렸지만, 독창적이지 않은 그림을 그린 화가 지망생들은 10분에 그쳤다. 반면 그림을 실제로 그리는 데에는 각각 평균 50분(독창적 그림)과 65분(독창적이지 않은 그림)을 사용하였다. 따라서 독창적이지 않은 그림은 최종 그림의 구도가 조기에 결정되는 경향이 있지만, 독창적인 그림의 경우에는 최종 그림의 구도가 상당히 늦게 결정되었다. 독창적인 그림을 그린 화가 지망생들은 화폭에다 무엇을 담을 것인가를 계속 생각하고 다양하게 시도하는데, 이것이 문제를 찾아내거나 발견하려는 모습이다. ② 물건이나 도구에 대한 탐색 행동으로, 독창적인 그림을 그린 화가 지망생들은 가져온 사물들에 대해 그림을 그리는 도중에도 세밀하게 사물의 특징들을 관찰하며, 어떤 도구(예: 연필 등)를 사용할지 결정하기 위해 여러 후보 도구들을 시험해보는 행동을 보였다. ③ 그림의 변화 정도로서, 6분 간격으로 사진을 찍은 것을 살펴보면, 독창적인 그림은 초기 36분 동안 그림의 구도가 자주 변하지만, 독창적이지 않은 그림은 구도가 조기에 결정되기에 그림의 변화가 별로 없었다.

이처럼 연구자들은 독창적인 그림과 그렇지 않은 그림 간의 차이의 근원을 화가들이 실제 그림을 그리는 행동에서 찾았으며, 그들은 독창적인 그림을 그린 화가 지망생들의 공통적인 행동 특징들을 통칭하여 '문제발견 행동'이라고 하였다. 31명의 화가 지망생들은 모두 뉴욕의 유명한 미술학교에서 공부하는 학생들이었기에 기술이나 기교는 모두 비슷한 수준이었다. 그렇지만 최종 완성된 그림의 독창성에서는 상당히 차이가 나타났으며, 전반적인 문제발견 행동과 그림의 독창성 간에는 .61의 높은 상관관계가 나타났다. 따라서 '발견에 대한 관심(concern for discovery)'은 창의성의 중요한 요소임을 알 수 있다.

통상 학교에서 치르는 시험이나 대표적 창의성 검사인 확산적 사고 검사는 '잘 정의되어 있는' 문제에 대한 반응을 평가한다. 그러나 실제 세계에서 직면하는 문제는 잘 정의되어 있지 않으며(ill-defined), 문제에 대한 재정의나 새롭게 문제를 구성하는(formulating) 것이 필요하다. 이런 경우 기존에 없던 새로운 문제의 발견으로 이어질 수 있다.

Wertheimer(1945)는 『생산적 사고(*Productive thinking*)』에서 "생각의 기능은 실제 문제의 해결이 아니라, 더 심층적인 질문을 발견하고, 상상하고, 파고 들어가는 것"(p. 123)이라고 하였고, Einstein과 Infeld(1938)

는『물리학의 진화(*The evolution of physics*)』에서, "새로운 문제를 공식화하는 것은 문제를 해결하는 것보다 더 본질적이다. 기존 문제를 해결하는 것은 단순히 수학적인 기술만 있으면 가능한 일이다. 새로운 질문이나 가능성을 제기하는 것, 또는 이전 문제를 새로운 각도에서 바라보는 데에는 창의적인 상상력이 필요하고, 이것이야말로 진정한 과학의 진보를 이루는 길"(p. 92)이라고 하였다. 1905년 당시 아인슈타인은 대다수 물리학자들이 잘못된 문제를 해결하는 데 골몰하고 있다는 것을 깨닫고, 그보다는 공간과 시간의 본질에 대한 새로운 질문에 답할 수 있어야 한다고 보았다.

2) 문제발견 연구

문제발견과 창의적 성취 간의 관계에 대한 연구는 아직 초기 수준이라고 볼 수 있다. Abdulla 등(2020)은 1960년에서 2015년까지의 문제발견과 창의성 간의 관계를 다룬 40개의 논문(6,649명의 아동기부터 성인기의 남녀)[37]을 메타분석하였는데, 둘 간의 상관계수는 .22로 유의하였다.[38] 그런데 분석에 포함된 연구들은 대부분 little-c 수준의 연구였고, pro-c 수준 이상은 거의 없었다. 따라서 둘 간의 관계에 관한 연구는 pro-c 수준 이상의 연구들로 확대되어야 할 것이다.

이상훈과 오헌석(2015)은 한국의 자연과학과 인문학 분야 대학교수

---

37 문제발견은 '문제발견(Problem Discovery)', '문제 공식화(Problem Formulation)', '문제 파악(Problem Identification)', '문제 구성(Problem Construction)', '문제 제기(Problem Posing)' 등과 같이 다양하게 명명된 연구들이 포함되었고, 창의성은 ① 확산적 사고(DT) 점수, ② 창의적 문제해결 과제 수행, ③ 그림 그리기, 작곡하기, 실험 설계 등과 같은 실제 수행, ④ 창의적 성격, 적성, 행동, 스타일로 측정된 연구들이었다.

38 저자들은 평균 상관(.22)이 낮은 수준으로 보이지만, Kim(2005)의 창의성과 지능 간의 메타분석에서 둘 간의 상관이 .17로 나온 것과 Kim(2008)의 창의적 성취와 확산적 사고(DT) 간의 메타분석에서 상관이 .22로 나온 것을 보면, 낮은 수준은 아니라고 보았다.

열 명의 문제발견의 과정을 심층 인터뷰하고 테마분석(thematic analysis) 절차를 적용하여 분석하였다. 이들은 문제발견이 단순히 문제해결의 전단계가 아닌 창의적 과정의 주요 단계로 보면서, 기존의 little-c 수준의 실험실 연구의 한계를 벗어나고자 하였다. 그들은 대학교수들의 문제발견 과정의 세 가지 특징으로, 대학교수들이 발견하는 문제는 그들 개인의 삶과 경험을 반영하는 역사적 특성이 있으며, 하위문제발견은 상위문제발견이 선행됨으로써 가능한 위계적 특성이 있고, 문제해결은 새로운 문제발견으로 이어지는 순환적 특성을 보인다고 하였다.

학계의 문제발견　　오리건대학의 심리학자 Berkman(2020)은 학계 연구자들이 연구 주제 선택과 관련하여 '문제발견' 의식이 부족하다는 점을 지적하였다. 그는 아직 새롭게 발견해야 할 것이 많이 있는 미지의 영역으로 연구자들이 과감하게 나가기보다는 다른 연구자가 먼저 만들어 놓은 좁은 길만을 따라감으로써 큰 질문들(big questions)을 놓치는 우를 범한다고 하였다. 그는 이런 경향의 예로 Baumeister 등(1998)의 자아 고갈 이론(ego-depletion theory)을 들고 있다. 이 이론은 6천여 회 이상 인용되고 수십 개의 메타분석을 촉발하면서 주목을 받았지만, 결국 자아 고갈 효과가 재현(replication)되지 않음으로써 이제는 거의 폐기되었다. 그는 이것을 두고 현대 심리학의 비극이라고 지적하면서,[39] 기존 확립된 주제, 연구모형, 방법론을 그대로 따르는 것이 완전히 새로운 것을 시도하는 것보다 더 쉬울 수 있어도, 기회비용 측면에서는 더 중요한 것을 연구할 기회를 놓치게 되는 것이라고 하였다. 또한, 모

---

39 2015년까지만 해도 이미 140여 개의 출간 논문들에서 300여 개 이상의 자아 고갈 관련 실험이 이루어졌다. 자아 고갈 효과가 잘 나오지 않는다는 결과들이 일부 발표되었는데도 이런 소수 의견은 주목받지 못하여, 계속 후속 연구들이 이루어진 것이다. 자아 고갈 이론의 실패 사례는 연구자들이 좁은 주제에 너무 자원을 소비하여 정작 새로운 발견은 어렵게 된 경우로서, 연구자의 주제 선택에서의 오류 문제가 제기된다.

든 경험적 연구논문의 말미에는 "더 많은 연구가 필요하다"고 하면서 후속 연구들의 필요성을 언급하지만, 그로 인해 더 중요한 질문을 던지지 못한 제약이 초래될 수 있다.

새로운 문제를 발견하지 못하는 현재의 학문 세계가 종말을 맞고 있다는 지적도 계속 나오고 있다. Park 등(2023)은 《네이처》에 기고한 논문에서 새로운 발견이나 발명은 이전에 축적된 지식의 기반 위에서 진보해 나가는데, 최근 수십 년 동안 새로운 과학, 기술 지식은 기하급수적으로 증가하지만(그래서 새로운 진보와 혁신의 가능성이 크게 늘었지만), 주요한 영역들에서 파괴성(disruptiveness)의 정도는 점차 약해지고 있다고 하였다. 그들은 약 60년 동안의 4,500만 개의 논문과 390만 개의 특허에 대한 자료를 바탕으로 공고성-파괴성(Consolidating-Disruptive)의 정도를 나타내는 CD 지표를 분석하여 이러한 주장을 하였다.[40] 그들은 논문과 특허에서 과거와의 단절을 추구하는 혁신의 경향이 점차 감소하며, 이런 패턴은 분석한 모든 영역에서 보편적으로 분명하게 나타남을 보여주었다.[41]

과학 기자 존 호건(J. Horgan)도 이미 1996년 『과학의 종말(The End of Science)』에서 우주와 생명의 굵직한 비밀은 대부분 밝혀졌고, 진화론, 양자역학, 상대성이론급의 혁명적인 발견은 더 이상 없을 것이며, 앞으로

---

40 특정 논문 X를 인용하는 후행 연구가 논문 X에 있는 참고문헌을 비슷하게 인용하면, 논문 X는 해당 영역의 이전 지식을 더 공고하게 하는 것으로 볼 수 있다. 반대로 후행 연구가 논문 X를 인용하지만 논문 X에 있는 참고문헌을 거의 인용하지 않으면, 논문 X는 해당 영역의 기존 지식을 파괴하는 것으로 평가된다. 노벨상에 이르는 논문들은 대부분 높은 수준의 파괴성을 보이지만, 일반적인 개관 논문들은 해당 분야를 공고하게 하는 경향이 강하다. 공고성이 높은 논문은 점진적 창의성에, 파괴성이 높은 논문은 급진적 창의성에 해당한다. CD 지표의 값은 −1 ~ 1의 범위에 있는데, −1에 가까울수록 공고성을, 1에 가까울수록 파괴성을 나타낸다.

41 그들은 이런 경향의 주요 원인으로 이전 지식을 활용할 때 과학과 기술이 점차 깊이 있게 전문화되면서 협소화가 이루어지고 있고, 새로운 발견에는 너무 많은 시간과 노력이 들기에 이전 연구의 개선 정도에 머물게 되는 현실을 들었다.

과학은 점진적인 확장과 교정에 그칠 것이라면서, 발견 없는 시대에 진입하였다고 주장하였다. 종말의 근본적인 원인으로 학계는 구조적으로 혁신을 반기지 않으며,[42] 대학연구 시스템도 새로운 발견이나 혁명의 가능성을 저해하는 방식으로 운영되는 점이 지적된다(박강수, 2021).

비즈니스 영역에서의 문제발견　　어떤 기업의 영업직원 입사시험에 "열흘의 시간을 줄 테니 스님에게 빗을 팔아오라"는 문제가 나왔다. 한 개를 판 합격자는 우연히 머리가 가려워 긁고 있는 동자승을 발견하여 빗으로 긁어보라고 하자 동자승이 만족스러워하며 빗을 샀다고 하였다. 두 번째 합격자는 절에 가는 길에 바람이 세게 불어 신도들의 머리가 헝클어지는 것을 보고 주지스님에게 헝클어진 머리로 불공을 드리는 것은 예의가 아니니, 신도들을 위해 머리빗을 비치하도록 조언하여 열 개를 팔았다. 세 번째 합격자는 유명한 절의 주지스님을 만나 머리빗에 친필로 '공덕소(덕을 쌓는 빗)'라고 써서 신도들에게 선물할 것을 제안하였고 주지스님은 기뻐하며 100개의 빗을 구입하였다. 그런데 그것이 입소문을 타서 '덕을 쌓는 빗을 나누어 준다'는 소문에 더욱 많은 신도가 절을 찾았고, 주지스님은 900개를 더 사서 1,000개를 판매하였다.

이 사례는 비즈니스 영역의 문제발견 사례라고 할 수 있다. 문제를 액면 그대로 보지 않고 스님(고객)의 숨은 니즈를 새롭게 발견한 것이다. 스티브 잡스는 "소비자는 우리가 무언가를 보여주기 전에는 자신이 무엇을 원하는지 전혀 알지 못한다"고 하였다.

진정한 창의성은 남들이 보지 못하는 새로운 기회나 문제를 발견하는 것이다. 만약 어떤 기업의 경영상태가 좋지 않아 새로운 돌파구가 필요하다고 생각해보자. 이때 기존 제품의 품질 개선이나 경쟁 회사가

---

[42]　3장에서 소개한 Azoulay 등(2019)의 연구는 학문 세계에서 혁신이 구조적으로 나타나기 어려움을 경험적으로 보여주었다.

생각해내지 못한 새로운 기능을 제품에 추가함으로써 시장 점유율을 더욱 넓히는 경우는 주어진 문제를 창의적으로 해결한 것이라고 볼 수 있다. 그러나 경쟁업체에서는 전혀 생각하지 못했던 새로운 제품, 즉 인간의 기본적인 욕구나 소비자들의 변화된 기호를 충족시킬 수 있는 새로운 개념의 제품으로 시장을 개척하는 경우는 문제를 발견한 것이라고 볼 수 있다.

무지에 대한 이해 문제발견과 관련하여, 자신이 무엇을 모르는지 안다는 것, 곧 무지의 패턴을 안다는 것도 일종의 메타인지(meta cognition)로서, 무엇을 아는지 아는 것만큼 소중하다.

Hearst(1991)는 「심리학과 무(Psychology and nothing)」라는 논문에서 사람들은 눈에 보이는 실재하는 것만을 강조한다고 하면서, 무 자체만큼이나 무에 대해 아는 바가 거의 무에 가깝다고 지적하였다. 존재하지 않는 것, 생략되거나 삭제된 것, 발생하지 않은 것을 인식하고 이것들로부터 뭔가를 찾아내고 배우는 일은 생각보다 훨씬 어렵다. 인간은 어떤 일이 일어나는가에 대해서만 고려하고 생각하지만, 일어나지 않는 일에는 어떤 것이 있는가에 대해서는 거의 생각을 하지 않는다. 그러나 노벨 생리의학상을 받은 토머스 웰러(T. Weller)는 "산더미처럼 쌓인 미지의 것들이 과학적 진보의 자극제가 된다"고 하였다.

그래서 '부재(不在)' 자체는 매우 흥미롭고 주목해야 할 대상이다. Hearst(1991)는 교육 기관에서의 학습 과정에 어떤 정보나 사건의 부재, 미발생 등을 다루는 주제가 활성화되고 정규 교육에 통합된다면 무(無)는 다른 어떤 것보다 현상을 새롭게 인식하면서 문제를 제기하거나 발견하는데 유용한 도구가 될 것이라고 보았다.

무에 대한 우리의 무지로 인해 발생하는 가장 큰 문제점은 '실제 존재하지 않는 부재의 경우'와 '인식하지 못할 뿐 실제 존재하는 경우'를 구분하지 못한다는 것이다(Root-Bernstein & Root-Bernstein, 1999). '무슨 일이 일어났는가'뿐만 아니라 '무슨 일이 안 일어났는가'에 대해서도 늘 주의를 기울인다면 문제발견의 가능성이 높아질 것이다.

5. 지능과 창의성

창의성과 관련된 일반인들의 대표적인 관심사 중의 하나는 지능과 창의성 간의 관계일 것이다.[43] 흔히 '창의적(creative)'이라는 말과 가깝게 사용되는 말로 '똑똑하다'라는 표현이 있다. 어떤 사람이 똑똑하면 총명하고 사리에 밝아서 과제나 문제를 다른 사람보다 더 뛰어나게 수행한다는 것을 의미한다. 이러한 사람은 자신이 속한 분야의 지식을 빨리 학습하고, 분야에서 요구되는 것이 무엇인지 재빨리 파악하며, 자신의 재능을 발휘하는 데 뛰어나지만, 반드시 자신의 분야를 뛰어넘는 창의적인 성취를 이루는 것은 아니다. 반면, 창의적인 사람은 자신이 속한 분야의 전통이나 패러다임에 대해 불편해하고 그것을 넘어서려는 경향을 보이는 경우가 적지 않다(Gardner, 1993). '창의성은 지능을 재미있게 쓰는 것(Creativity is intelligence having fun)'이라는 말도 있다.

또한, 어떤 사람이 '재능이 있다'고 하면 특정 분야에서 타고난 능력이 있다는 것을 의미한다. 무엇이 재능을 결정하는가에 대해서는 논쟁이 있지만, 일반적으로 유전과 환경이 모두 영향을 미친다. 재능 중의 하나가 IQ 테스트로 측정되는 지능(intelligence)인데, 20세기 초까지 지능과 창의성은 밀접하게 관련된 개념으로 간주되었다.

---

43 1장의 사실 문항인 '창의적인 사람들은 대개 지능이 더 높다'에 대한 동의율은 57%에 그쳤다.

1) 역사적 창의성 사례

2장에서 살펴보았듯이, Cox(2016)가 역사적 위인 300여 명의 전기(傳記) 분석을 통하여 어릴 때의 지적 성취와 창의적 업적을 가지고 이들의 IQ를 역산하였을 때, 평균이 160이 넘는다고 주장했다. 문호 괴테의 IQ가 210으로 가장 높았고, 파스칼이 195, 뉴턴과 존 스튜어트 밀의 IQ가 190에 달했다. 또한, 1960년대 미국의 저명한 창의적 과학자 130명을 조사한 결과에서 이들의 평균 IQ는 126으로 나타났다(Eysenck, 1995). 이런 연구들은 창의성이 발휘되기 위해서는 높은 지능이 전제되어야 한다는 시각이다. 창의적으로 뛰어났던 인물들의 전기를 분석한 한 Walberg와 Zeiser(1997)도 이들의 가장 공통적인 심리적 특성은 다름 아닌 '높은 지능'이라고 하였다. 지능이 높을수록 두뇌에는 다양한 아이디어, 상징, 이미지, 소리, 문구, 추상적인 개념 등이 더 많이 있을 뿐만 아니라, 이들 간의 새로운 연합을 형성할 가능성이 더 커지는 것이다.

그러나 지능과 창의성은 질적으로 다른 개념이라고 보는 시각도 있다. 예외적으로 창의적인 인물인 아인슈타인과 다윈을 생각해보자. 아인슈타인의 경우 읽기 장애(발달적 난독증)와 셈 장애(발달적 난산증)를 갖고 있었으며,[44] 다윈도 영국의 배경 좋은 집안에서 태어나 천재로 불리는 가까운 친척들(예: 사촌인 골턴)이 많았지만, 정작 자신은 담임으로부터 지적 능력이 평균 이하라는 평가를 받았다. 다윈은 어른이 되어서도 자신의 두뇌 회전이 빠르지 않다고 하면서, 책을 읽을 때 그 의미를 완전히 이해하기 어려워 여러 번 반복해서 읽었다고 한다.

---

44 그는 어려서부터 외톨이로 자랐으며 2~3세까지 말을 하지 못했다. 7세까지도 같은 문장을 강박적으로 반복했으며, 일상적인 대화에서 어려움이 있어 한때 지진아로 간주되었다. 다만, 특별한 지적 능력이 요구되는 수학이나 물리학 같은 분야에 남다른 재능을 보이면서 몰입하였으며, 바이올린 연주에도 상당한 솜씨를 보였다. 또한, 아스퍼거 증후군으로 의심되는, 공감력이 현저히 떨어지는 과학자였다.

스탠퍼드대학의 터먼이 20세기 초 캘리포니아 지역의 학생들을 대상으로 자신이 만든 스탠퍼드-비네 지능검사를 대규모로 실시하여, 매우 높은 지능을 보인 천재 집단(IQ 140 이상인 1,528명)을 성인이 될 때까지 20년간 종단적으로 추적 연구를 하였는데, 높은 지능의 학생들은 이후 직업적으로는 성공하였지만, 주목할 만한 창의적인 성취를 이룬 학생은 거의 없었다. 반도체로 노벨 물리학상을 받은 윌리엄 쇼클리(W. Shockley)와 또 다른 물리학 수상자인 루이스 앨버레즈(L. Alvarez)도 검사를 받았으나, 터먼의 천재 집단에는 들지 못하였다.[45] Simonton(1999)은 터먼의 사례를 들면서, 창의적 천재는 지능으로만 판단할 수 없으며, 높은 지능검사 점수가 창의성을 보장하는 것은 결코 아니라고 하였다.[46]

이러한 관점에서는 지능은 주어진 문제를 논리적으로 잘 해결하는 능력 또는 기존 지식을 빠르고 효율적으로 학습하는 능력이지만,[47] 창

---

45 비교적 부유한 기술자 집안에서 태어난 쇼클리는 터먼이 1921년 IQ가 높은 학생들을 선별, 집중적으로 연구할 당시에 영재 학생이라고 소문이 났던 터라 검사를 받았지만, 그의 IQ는 120을 조금 넘는 수준이었기에 그의 집중 연구 대상에 포함되지 못했다. 이러한 쇼클리가 말년에 IQ에 따라 사람을 차별대우해야 한다는 극단적인 우생학의 신봉자가 된 것은 아이러니한 일이다.

46 노벨상 수상자들인 리처드 파인먼(R. Feynman)이나 제임스 왓슨(J. Watson) 등은 멘사(Mensa)에 지원하였으나 낙방하였다.

47 미국에서 평균 IQ 180 이상인 상위 0.01%의 영재(13세가 되기 전에 매우 뛰어난 수리, 언어추리 능력을 보인 학생)를 10년간 추적한 Lubinski 등(2001)의 연구에서, 대상이 된 학생들이 박사학위를 받는 비율은 보통 인구보다 50배가 넘었고, 이들은 20대 초반부터 두드러진 연구 업적을 내놓았다. 또한, Lubinski 등(2014)의 후속 연구에 의하면, 1970년대(1972~1974 및 1976~1978) 13세에 이미 수학 영재(수학적 추론 능력에서 상위 1%)로 인정된 1,037명의 남학생과 613명의 여학생은 40여 년 후 학계와 비즈니스 영역에서 평균 이상의 성취를 이룬 것으로 나타났다. 남녀 모두에서 4.1%는 미국 주요 연구 중심 대학에서 정년보장 교수가 되었고, 2.3%는 포춘 500 기업 또는 유명 브랜드 기업의 최고 경영진에 올랐으며, 2.4%는 주요 기업이나 로펌의 변호사였다. 그들은 85권의 책과 7,572편의 논문을 발간하였으며, 681개의 특허를 획득하였고, 3억 5,800만 달러의 정부 연구비를 받았다. 이처럼 남녀 모두 어린 나이에 높은 수학 재능을 보이면 이후 주요 직업 영역에서 창의적 기여를 하며, 리더 지위를 갖는 것으

의성은 새로운 문제를 찾아내고 해결하는 능력 및 기존과는 다른 새로운 지식을 탐구하려는 자세와 가깝다고 볼 수 있다. 따라서 지능과 창의성 간에 약간의 상관은 보일 수 있으나, 질적으로 다른 개념이기에 매우 밀접한 관계를 가질 것으로 가정할 수 없다고 본다.

2) 경험적 연구

지능과 창의성 간의 관계에 관한 경험적 연구들도 다소 혼재되어 있다. 151명의 아동을 대상으로 한 Wallach와 Kogan(1965)의 초기 연구에서 열 개의 창의성 측정치는 열 개의 지능 및 학업 성취도와 평균 .09의 상관만을 보였다. Kim(2005)은 창의성과 지능(IQ) 간 관계에 대한 21개 연구(45,880명)의 447개의 상관계수를 메타분석하였는데, 평균 상관계수는 .17로 낮은 수준을 보였다. 또한, IQ 120을 기준으로 둘 간의 관계가 달라진다는 역치 가설도 지지되지 않았다(역치 가설은 다음에 다룬다).

Silvia(2008a)는 Wallach와 Kogan(1965)의 자료를 잠재 변인(latent variable) 분석 방법으로 다시 분석하였는데, 독창성과 유창성 잠재 변인은 지능을 유의하게 예측하였지만, 관계의 크기는 .20 정도로 이전 연구와 크게 다르지 않았다. Silvia(2008b)의 후속 연구에서 226명의 대학생을 대상으로 두 개의 대안 용도 과제(AUT)로 측정된 확산적 사고(DT)와 세 가지 지능 측정치(유동 추리, 언어 유창성, 전략 생성) 간의 관계를 잠재 변인 분석 방법으로 조사하였을 때, 창의성(확산적 사고)과 지능의 하위 요소 간에는 약한 상관이 나타났지만, 세 측정치로 지능의 잠재 변인을 만들어 상관계수를 내었을 때는 .43으로 높게 나타났다.

로 나타났다. 그러나 성공은 남녀 간에 균형 있게 분포하지는 않았다. 여자는 평균적으로 1년에 8만 달러 정도의 수입을 보였지만(미국 정규직 여성들의 평균 연봉의 두 배 이상이지만), 남자보다는 6만 달러 정도 적었다.

Gerwig 등(2021)은 Kim(2005)의 메타분석 연구 이후 수행된 연구들을 추가로 수집하여 지능과 확산적 사고(DT) 간의 관계에 대한 메타분석을 다시 실시하였는데, 112개의 연구(3만 4,610명)에서 얻은 849개의 상관계수를 세 수준의 메타분석에 사용하였다. 분석 결과, 전반적으로 둘 간의 유의한 정적 상관이 나타났다($r = .25$). Kim(2005)의 연구보다 상관계수가 커졌으나, 둘 간의 효과 크기 차이는 유의하지 않았다. 조절 변인들에 대한 추가 분석에서, 지능과 확산적 사고 간의 관계는 '창의적이어야 한다'는 지시와 함께 '시험 같은(test-like)' 느낌의 평가가 이루어지고, DT의 독창성 점수가 적용된 경우에는 둘 간의 상관계수가 .31~.37까지 높아졌다. 지능 유형(유동 지능과 결정 지능)은 아무런 영향을 미치지 않았다. 또한, 표본 특성도 조절 효과를 보였는데, 피험자들의 나이가 많을수록 둘 간의 상관은 더 커지고, 표본에서 여성의 비율이 늘수록 둘 간의 상관은 작아지는 경향이 나타났다.

3) 창의성과 지능 간 관계에 대한 관점들

Sternberg와 O'Hara(1999)는 창의성과 지능 간의 관계에 다섯 가지 관점을 제시하였다. 첫째, 창의성을 지능의 한 요소로 보는 관점으로, 앞서 언급된 길포드의 지능구조 모형이 대표적이다. 둘째, 지능을 창의성의 한 요소로 보는 관점으로, 3장에서 설명한 스턴버그와 루바트의 투자이론이 대표적이다. 셋째는 두 변인이 독립적이지만, 겹치는 부분이 있다는 관점이다. IQ와 창의성 간의 상관은 가변적이지만, 대체로 약한 정도에서 중간 정도의 관계를 보여주는 연구들이 이 관점을 지지한다. 넷째, 동시에 나타나는 현상이라고 보는 관점으로, 창의성과 지능은 '단일한 현상'이자, 창의성은 지능의 표현이라고 본다. 앞서 살펴보았듯이, Perkins(1981)와 같은 인지심리학자들은 대체로 창의적 사고의 기제가 일반적인 문제해결의 그것과 다르지 않다고 주장한다. 마지막으로 완전히 분리된 변인이라고 보는 관점으로, 창의적 인재를 지능 검사에만 의존하여 선발하는 것은 심각한 문제가 있다는 주장의 근거 이다. 이 관점은 전통적인 IQ 검사가 창의적 성취를 이룰 잠재력이 있 는 아이들을 가려내지 못한다는 문제에 주목한다.

역치 가설　지능과 창의성 간의 관계에서 오랜 기간 주목을 받은 또 다른 관점 중의 하나는 역치(threshold) 가설이다. 분야에 따라 작은 편차가 있지만, IQ가 120을 넘으면 IQ와 창의성 사이에 단선적인 비 례가 없다는 것이다(대략 인구의 10% 정도가 IQ 120 이상이다). 이 이론 은 시카고 대학의 Getzel과 Jackson(1962)이 장기간의 종단 연구에서 IQ 120을 기준으로 둘 간의 관계가 다른 양상을 보인다는 발견에 기초한 것이다. 즉, IQ 120이 임계치로, 그 이하에서는 지능과 창의성 간에는 정적 상관관계가 나타나지만, 120을 넘어서면 지능과 창의성 간에는 아무런 관련이 없다는 것이다. Guilford(1967)도 창의성과 지능은 지능 이 높은 사람들 대비 낮은 사람들에게서 더 강하게 상관될 것이라고 제 안하였다.

Welter 등(2016)의 연구에서 초등학교 학생들이 학년 초와 말에 레이 븐 지능검사[48]와 창의적 사고 검사(그림 그리기)를 받았다. 학년과 성별 을 맞추어 IQ 120 이상의 학생들과 120 이하인 학생들을 비교하였을 때, 가장 높은 4학년 여학생들에게서만 역치 가설과 일치되는 결과가 나왔다. 이는 지능과 창의성 간의 관계는 학년이나 성별 같은 요인들의 영향을 받을 수 있음을 시사한다.

Jauk 등(2013)은 역치가 반드시 IQ 120이어야 하는지에 대한 의문을 가지고 역치를 경험적으로 탐지하고자 하였다. 297명의 성인을 대상으

---

[48] 전 세계적으로 가장 널리 사용되는 비언어 지능검사인 존 레이븐(J. Raven)의 SPM (Standard Progressive Matrices)이다.

로 한 그들의 연구에서 창의성을 창의적 잠재력(potential)과 창의적 성취(achievement)로 구분하였다. 첫째, 확산적 사고로 측정된 창의적 잠재력의 경우에는 지능과의 관계에서 일정한 역치가 있음을 발견하였지만, 역치의 기준은 준거에 따라 달랐다. 아이디어 유창성과 같이 단순한 양적 준거인 경우는 IQ 85 정도가 역치였고, 상위의 두 아이디어에 대한 독창성 평가를 준거로 한 경우에는 역치가 100 정도로 나타났고, 전체 아이디어의 독창성 평균을 준거로 한 경우에는 120의 역치로 나타났다.[49] 따라서 이 연구는 확산적 사고와 같은 일반적인 창의적 잠재력의 경우에는 역치가 존재할 수 있음을 보여주나, 120의 역치 기준으로는 일관된 결과가 나오지 않은 이유도 어느 정도 설명해준다. 그리고 이 연구에서의 또 다른 발견은 일정 역치 수준을 넘어서면 '경험에 대한 개방성'과 같은 성격 특성이 창의성에 대한 더 좋은 예측치가 된다는 것이었다. 둘째, 4장에서 소개한 창의적 활동과 성취 설문지(ICAA)로 측정된 창의적 성취의 경우에는 역치가 발견되지 않았다. 즉, 창의적 성취는 지적 능력이 높을수록 더 높아진다는 결과이다.

일정 수준의 지능을 넘어서면 다른 특성(개방성 등)이 중요해진다는 이 연구의 후속으로, Harris 등(2019)은 지능과 창의적 성취 간의 관계는 여러 중요한 특성들에 의해 조절될 것이라는 '조건적(conditional)' 역치 가설을 주장하였다. 즉, 둘 간의 관계는 '경험에 대한 개방성'과 같은 제한적 특성(qualifying characteristics)을 가진 사람들에게서 더 강하게 나타날 것이라고 보았다. 또한, 영역 특수성(domain specificity)을 고려하여, 경험에 대한 개방성을 과학 영역과 연관성이 높은 '지력(intellect)'과 예술과 연관성이 높은 '미적 개방성(aesthetic openness)'의 두 하위 요

---

49 유창성과 독창성을 분리하여 평가한 것은 4장에서 언급하였던 '유창성 오염'을 줄이기 위해서였다. 또한, 전체 아이디어의 독창성 평균을 준거로 한 것은 많은 아이디어를 생성하면서도 높은 수준의 독창성을 보이는 창의적 잠재력을 반영한 것이라고 할 수 있다.

소로 구분할 필요가 있다고 하였다.

1,276명의 미국 성인들을 대상으로 창의적 성취 설문지(CAQ)에 응답하도록 하였고, 유동 지능(fluid intelligence) 검사와 성격 검사도 실시하였다. 자료 분석 결과, 조건적 역치 가설을 완전히 지지하는 결과를 얻었다.[50] 〈그림 6-5〉에서 보듯이, 예술과 과학 영역 모두에서 경험에 대한 개방성이 높은 사람들의 경우 지능과 창의적 성취 간의 관계가 가장 강하게 나타났고, 예술 영역의 경우(왼쪽 그림)에는 지능의 일정한 역치 수준을 넘어서면 급격히 상승하는 곡선 관계를 보였다. 반면, 개방성이 낮은 사람들의 경우에는 지능과 창의적 성취 간에는 거의 관계가 없거나 약한 정적 관계를 보였을 뿐이다. 과학 영역(오른쪽 그림)에서 낮거나 평균적 개방성에서는 역치를 넘어서는 지능 상승은 창의적 성취에 별 효과가 없었다. 이는 역치 수준을 넘는 높은 지능 수준에서 지능과 창의적 성취 간의 관계는 개방성과 같은 특성에 달려 있다는 조건적 역치 가설을 지지한다. 반면, 낮은 지능 수준에서는 개방성과 같은 특성의 영향이 크지 않다. 요약하면, 경험에 대한 개방성의 수준에 따라 지능과 창의적 성취 간의 관계 양상이 뚜렷하게 달라지는 양상을 보인다.

또한, 〈그림 6-6〉은 개방성의 두 하위 요소의 영역 특수성을 보여주는데, '미적 개방성'을 요구하는 예술 영역과 '지력'을 요구하는 과학 영역에서의 창의적 성취는 해당하는 개방성의 하위 요소가 높을 때, 지능과 창의적 성취 간의 더 강한 관계를 보였다.

한편, 역치 가설을 지지하는 연구들에서는 근본적인 방법론적 결함이 있는데, IQ 120 이상의 집단에서는 자연히 변량(variance)이 줄기 때

---

50 Carson 등(2005)에서는 CAQ 점수와 지능 간의 .14의 상관계수를 보였는데, 이 연구에서도 동일한 계수가 나왔다.

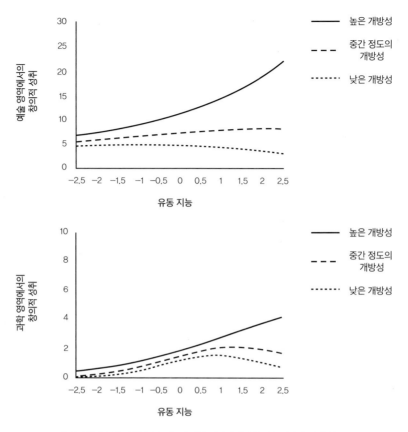

* 개방성 수준에 따른 유동 지능과 예술 영역에서의 창의적 성취의 관계(왼쪽)
유동 지능과 과학 영역에서의 창의적 성취의 관계(오른쪽)

** 높은 개방성 = 평균 + 1표준편차; 중간 개방성 = 평균; 낮은 개방성 = 평균 - 1표준편차.

그림 6-5 **유동 지능과 창의적 성취 간 관계에 대한 개방성의 조절효과(Harris et al., 2019)**

문에 유의한 관계를 발견하기가 어렵다는 점이다. Weiss 등(2020)은 이러한 측면에 주목하여 지능과 창의성 간의 관계는 전체 집단 평균에서 $z = 1.33$ 표준편차(IQ 120)를 넘어서는 구역부터 달라진다는 역치 가설은 잘못 해석된 것이라고 보았다. 이전의 일관되지 않는 불명확한 연구 결과들을 자세히 살펴보면 등분산의 가정이 충족되지 않는 이분산성

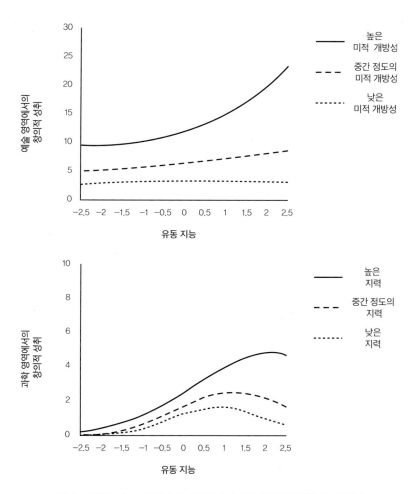

그림 6-6 유동 지능과 창의적 성취 간 관계에 대한 개방성 두 차원의 조절효과
(Harris et al., 2019)

(heteroscedasticity)이 나타나며, 이것은 적합한 자료 분석 절차를 사용하지 못한 것에 기인한다고 보았다. 그들은 지능을 연속 변인으로 다루면서 세 가지 모형을 적용하여 비교하였다. 즉, 두 연구(N1 = 456; N2 = 438)에서 지능과 창의성의 역치 관계를 ① 산포도 및 이분산성 분석, ② 역치를 기준으로 분리한 회귀 분석, ③ 로컬 구조방정식 모형(local structural equation models)의 세 모형으로 비교 분석하였으나, 세 가지 분석 모형 모두에서 창의성의 역치 가설을 지지하는 증거를 찾지 못하였다.

지능, 확산적 사고, 창의적 성취 간의 관계   4장에서도 소개하였듯이, Kim(2008)은 IQ 검사와 확산적 사고(DT)의 두 가지가 창의적 성취를 예측하는 정도에 대한 메타분석을 실시하였다. 그 결과, IQ와 창의적 성취 간의 상관관계는 .17로 나타났으며, 확산적 사고와 창의적 성취 간의 상관관계는 .22였다. 두 상관계수는 약하지만 유의한 차이가 있었는데, IQ보다 DT가 창의적 성취를 조금 더 잘 예측한다는 의미이다.

4) 다중지능 및 영역 특수성 관점

오랫동안 지능은 하나의 통합된 지적 능력으로서의 단일 지능 개념으로 이해되었으며, 그것을 대표하는 관점이 찰스 스피어먼의 'g(general) 요인'이다. 인간의 지능은 단일화된 요인으로 볼 수 있고, 그것으로 지능지수가 결정된다는 것이다. 위에서 소개한 연구들에서의 지능은 이러한 단일 지능 관점에 근거한 것이라고 볼 수 있다.

두 개념 간의 관계를 다루는 연구들은 각기 두 개념에 대한 나름의 다양한 측정치들을 사용해왔다. 그러나 오늘날에 이르기까지 지능이나 창의성의 적절한 측정 방법에 대해서는 거의 합의가 이루어지지 않고 있다. 특히 지금까지 보았듯이 지능을 단일 지능으로 개념화한 경우가 많지만, 오늘날의 지능 연구자들은 앞서 언급한 단일 지능 관점보다는 점차 다중지능 관점이 받아들여지고 있다. 즉 인간의 지능은 단순히 IQ 검사(주로, 언어, 수리, 공간지각능력 등을 측정하는 검사)로만 측정되는 것 이상이라고 보는 것이다. 이러한 관점을 대표하는 두 학자가 가드너와 스턴버그이다.

앞에서도 보았듯이, Gardner(1993)는 다중지능 이론을 제안한 심리학자로서, 그는 인간의 지능은 일곱 가지 지능으로 구별될 수 있다고 했다. 그런데 일곱 가지 지능 중 첫 두 개('언어 및 논리', '수학 지능') 정도만이 단일 지능에서의 IQ 검사에서 측정하는 것으로 학업 지능 (academic intelligence)에 가깝다. Sternberg(1985)도 인간의 지능은 세 가지 요소로 구성되어 있다고 보는 삼원 이론을 제안했는데, 3장의 투자이론에서 보았듯이, 요소 지능(분석 지능), 경험 지능(창의 지능), 그리고 맥락지능(실용지능)이 그것들이다. 이처럼 오늘날 지능에 대한 관점은 과거의 단일 지능 관점과는 매우 큰 시각 차이가 있다.

또한, 3장에서 보았듯이 창의성을 영역 일반성 관점이 아니라 영역 특수성의 관점에서 본다면 영역마다 특수한 창의력이 존재할 수 있다. 길포드가 제안한 확산적 사고는 영역 일반성 관점에 근거한 것으로, TTCT도 지능의 'g 요인'처럼 영역과 무관한 일반적 창의성(C_g)를 측정하는 것이다. 그러나 영역 특수성 관점에서는 창의성 특수 요인(C_s)이 존재할 수 있다고 본다.

따라서 다중지능 및 영역 특수성의 관점에서 보면 지능과 창의성 간의 관계는 이전에 논의되었던 것과는 전혀 다른 방향으로 나아갈 가능성이 크다.

시사점 IQ로 측정되는 능력이 수업을 잘 따라가고 주어진 문제를 잘 푸는 지적 능력이라면, 창의성은 새로운 문제를 만들고 이를 찾아내서 해결하는 능력에 가깝다. 따라서 IQ 검사는 개개인의 창의성을 충분히 측정하지 못한다. 특히 어린이를 대상으로 IQ 검사만 사용해서 아이들의 창의성을 가늠하려 한다면, 어떤 분야에서든지 약 70%의 창의적인 아이들을 제외하는 결과를 낳을 수 있다. 20세기라는 한 세기를 바꾼 천재들을 연구한 Gardner(1993)도 피카소를 제외하고는 20세 이전에 천재라고 불린 인물은 없다고 하였다. 영재 교육이 중요하지만, 더 중요한 것은 영재성이나 천재성이 곧 창의성이 아니며, 이 영재성(천재성)도 어릴 때부터 나타나서 평생 사라지지 않는 특성이 아니라, 끊임없이 변하고 발전하는 것이다. 동기부여와 훈련에 따라서 사람들은 어느 정도 영재성의 영역에 들어갈 수 있다.

더불어 창의적인 성취를 이루는 데에는 지능과 같은 인지능력 이외에 다른 요소의 영향이 더 크다고 볼 수 있다. 지능보다 오히려 경험에 대한 개방성이나 호기심 같은 성격 특성이나 내적 동기(intrinsic motivation)와 같은 다른 요소들이 더 중요할 수 있다(Amabile, 1996). 결론적으로 지능과 창의성 간의 관계는 아직 분명하진 않지만, 보통 사람들이 생각하듯이 창의성은 지능이 높은 사람들에게서만 가능할 것이라는 생각은 아직 명확한 근거가 없다.

6. AI와 창의성

1) 기계가 인간보다 더 창의적일 수 있을까

창의성의 정의가 새로움과 유용성이라면 그 두 가지만 만족한다면 기계도 창의적일 수 있지 않을까? 창의성은 인공지능(AI: artificial intelligence)이 모방하기 어려운 인간 고유의 능력으로 여겨져 왔지만, 컴퓨팅 능력 향상, 데이터 폭증, 정교한 알고리즘 개발 등에 근거한 최근 AI의 발전 양상을 보면, AI의 잠재력은 앞으로도 인간의 고유한 영역에도 관여할 것으로 보이며, 새롭고 유용한 것을 만들어내는 능력을 창의력이라고 본다면 인공지능은 이제 그 영역에 거의 다가서고 있다. AI가 음악, 그림, 디자인, 사진 등 여러 예술 영역에서 주목할 만한 작품을 만들어내는 시대가 되어서다. 잡지 표지 이미지는 이미 AI에 의하여 단 몇 초 만에 완성된다. 누구든 구현코자 하는 이미지를 문장으로 입력하면 1분도 안 돼 고품질의 그림을 손에 넣을 수 있게 된 것이다. 텍스트가 곧장 이미지로 전환되는 혁신은 AI 기반 이미지 생성 프로그램 '미드저니(Midjourney)', '달리(DALL-E)' '스테이블 디퓨전' 등 AI 기반 이미지 제작 플랫폼을 촉발했다.

창작과 예술 분야에서 컴퓨터가 생성한 출력물을 인간 전문가가 '창의적'이라고 평가한 경우는 어렵지 않게 찾을 수 있다. 딥러닝을 이용해 문장을 만드는 AI가 2013년에 발표되었으며, 2015년에는 사진을 반 고흐 화풍의 그림으로 바꿔주는 AI가 개발되었다. 렘브란트[51]의 화풍을 모방해 마이크로소프트 인공지능이 그린 자화상도 나왔다(《그림 6-7》). 문장으로 제시한 내용을 영상으로 만들어주는 AI와 음악을 만드는 AI는 2016년에 출현하였다. 2016년 구글의 인공지능 '딥드림(Deep dream)'이 만든 그림은 미국 샌프란시스코 갤러리에서 29점이나 팔렸다. 2022년 미국 콜로라도 주립 박람회 미술 대회에서는 인공지능 그림 생성 도구 '미드저니'로 만든 작품이 디지털 아트 부문 1등상을 받았다.

미국 뉴욕 현대미술관(MoMA)의 로비에는 미술관에 전시됐던 200년 간의 작품을 AI가 해석해 만든 작품이 8미터 높이 디스플레이에 전시되고 있다. 생성형 AI가 작곡한 대중가요가 인기를 얻고, AI가 쓴 시집과 챗GPT가 쓴 자기계발서가 서점에 진열되어 있다. 이에 대해 비판적인 사람들은 AI도 인간 설계자가 미리 짜 넣은 것만 할 수 있으며, 그런 한계로서 창의적일 수 없다고 본다. 그러나 사실 인간의 창의성도 이전의 누군가가 만들어 놓은 산물(들)을 가지고 새롭게 조합한(파생된) 것이라고 볼 때, 기계의 창의성과 질적으로 다를 바가 없다. 더 나아가 신제품 아이디어 생성에서는 챗GPT4가 미국 와튼스쿨 MBA 학생들보다 더 뛰어나다는 연구 결과도 있다(Girotra, et al., 2023). 소비자들에게 제품 구매 의도를 묻는 방식의 아이디어 질 평가에서 챗GPT가 더 우수했을 뿐

---

[51] 렘브란트는 초상화에 모델의 감정을 그대로 담아내는 솜씨로 널리 명성을 얻었다. 그가 상당한 수의 초상화를 남겼기에 알고리즘이 학습하기에 적절했다고 볼 수 있다.

그림 6-7 렘브란트 화풍의 그림(출처: The Next Rembrandt)

아니라, 아이디어 생성 속도 측면에서도 인간을 압도한 것이다.[52]

2005년 컴퓨터 과학자인 존 코자(J. Koza)[53]는 진화 과정을 모방하여 만든 유전적 알고리즘으로 발명 기계(invention machine)를 만들고, 자동차의 정속 주행 장치를 켜면 자동차의 속도를 일정하게 유지시켜 주는 새로운 종류의 제어장치를 개발하였는데, 이는 인간이 만들어낸 결과물에 결코 뒤지지 않는다(Wagner, 2019). 이 제어장치는 특허를 획득하였는데, 이것은 인간이 아닌 기계가 만들어낸 발명품에 주어진 최초의 특허였다. 이처럼 AI 기술이 발달하면서 인공 발명기술도 확산

---

[52] 예외적으로 훌륭한 최상의 아이디어가 얼마나 많은지도 비교했는데, 상위 10%에 해당하는 사업안 40개 중에서 35개가 챗GPT가 만든 것으로 나타났다. 구매 의도가 가장 높았던 콤팩트 프린터와 가장 독창적이라고 평가받은 기숙사용 요리사도 챗GPT의 아이디어였다.

[53] 존 코자는 2006년에 유전(genetic) 프로그래밍을 이용한 발명 기계를 발명해서 특허를 취득했다. 이 발명 기계는 100대의 컴퓨터를 연결해 만든 네트워크 컴퓨터 시스템이다.

되고 있다. 이미 많은 발명품이 컴퓨터 인공지능에 의해 세상에 등장하고 있다. 화학과 생물학 영역에서는 수년 전부터 원하는 물성을 가진 새로운 조성을 발명하는 일을 컴퓨터 인공지능이 맡고 있다(이준정, 2016). 컴퓨터가 인간이 상상하지 못한 설계를 해내는 이유는 숙련된 기술자들은 전문가적 시각을 벗어나지 못하지만, 소프트웨어는 편견 없이 모든 가능성을 고려하기 때문이다.[54] 최근에는 인공지능의 자율학습능력이 강화되면서 인공지능 발명기술이 프로그래머가 만들어준 알고리즘의 함수로만 남아 있지 않고 스스로 학습하여 적응계수를 최적화해간다.

거대 언어모델(LLM) 기반의 챗GPT가 작성한 논문이 표절 검사까지 통과하고, 논문 공동 저자로 등재된 것에 대해 학계에서 우려가 커지고 있다. 이에 대해 《네이처》와 《사이언스》에서는 분명하게 AI는 저자가 될 수 없음을 분명히 했다.

이처럼 AI 시대에도 기계가 모방할 수 없는 예술과 창작처럼 '사람만의 고유한 영역'이 존재할 것이라고 기대했던 예측이 붕괴되는 상황이다. 기계 상자 속의 토머스 에디슨 또는 갈릴레오로 불릴 수 있는 창의적 기계장치의 시대가 찾아온 것 같다. 이런 사실에 대해 천동설에서 지동설로 바뀔 때나 인류가 침팬지의 후손임을 깨닫게 되었을 때와 같은 불편한 기분을 느낄 수도 있다. 그리고 이는 좋든 싫든 간에 우리 인간이 창의성에 대한 독점적인 권리 같은 것은 없음을 시사한다.

---

54 3장의 BVSR 모형에서는 맹목적인 변이(blind variation)를 강조하고 있고, 과학에서 우연한 발견(serendipity)이 시사하는 것처럼 창의성에는 우연성(chance)이 작용한다. 그런 측면에서 현대의 인공지능은 방대한 데이터에서 기계적 우연성으로 무궁무진한 조합을 만들어 낼 수 있다. 그래서 인공지능의 창작은 데이터베이스에서 창작에 유효한 데이터를 가져와 기존 패턴에 새로운 패턴이 더해지고 둘 사이 적절한 균형이 이루면서 창의적 결과물에 이르는 것이다.

2) 강한 AI와 약한 AI

1950년 튜링이 "기계가 생각할 수 있는가?"라는 질문에 답하기 위해 제시한 것이 널리 알려진 튜링 테스트이다. 두 방에 사람과 컴퓨터를 각각 배치하고 평가자가 다른 방에서 터미널을 통해 대화한 후 사람과 컴퓨터를 구분할 수 없다면 그 컴퓨터는 사람과 대등한 지능을 가졌다고 볼 수 있다는 것이다. 튜링이 정의한 '기계의 생각'이란 튜링 테스트를 통과할 수 있는 능력, 즉 인간의 지능을 흉내 내는 능력이다. 튜링의 제안을 계기로 AI의 개념은 '인간처럼 생각할 수 있는 능력'과 '지능이 요구되는 일을 수행할 수 있는 능력'으로 나누어졌다. 후자와 달리 전자의 가장 두드러진 특성은 창의성과 감정이다(영화 〈그녀〉에 나오는 AI는 두드러지게 감정을 드러낸다). 지금까지 개발된 모든 AI에게는 인간과 같은 창의성이 없는 것으로 보았으나, AI의 창의성을 '창의성이 요구되는 일을 수행할 수 있는 능력'이라고 정의할 경우 앞의 사례들은 AI가 창의성을 가졌다고 볼 수도 있다.[55]

AI의 창작은 인간의 창작과는 다를까? "모방은 창조의 어머니"라는 말이 있듯이[56] 인간 역시 모방으로부터 창조를 배운다는 점에서 어느 정도 유사성은 있다. 컴퓨터 과학자이자 창의성 연구자인 보든도 컴퓨

---

55 Du Sautoy(2019)는 AI가 창작을 하는 상황에서 러브레이스 테스트(Lovelace Test)라는 새로운 인공지능 테스트를 제안하였다. 이 테스트를 통과하려면 알고리즘이 창의적인 무엇인가를 만들어내야 하며, 그것이 우연히 발생한 것이 아님을 보여주기 위해 재현이 되어야 한다. 그리고 프로그래머는 알고리즘이 결과물을 어떻게 만들었는지 설명할 수 없어야 한다. 에이다 러브레이스(A. Lovelace)는 튜링에게 영향을 준, 최초의 컴퓨터 프로그래머이다.

56 예를 들어, 피카소, 스티브 잡스, 그레이엄은 모두 모방과 도둑질에 능하다는 공통점이 있다. 그레이엄은 다음과 같이 말했다. "나는 도둑이다. 하지만 부끄럽지는 않다. 플라톤, 피카소, 베르트람, 로스 등 누구라도 최고의 인물들에게서 생각을 훔친다. 나는 도둑이고 이를 자랑스럽게 여긴다. … 나는 내가 훔친 것의 진가를 잘 알고 있고, 늘 소중하게 간직한다. 물론 나만의 재산이 아니라 내가 물려받고 물려줘야 할 유산으로 여긴다"(Gardner, 1993).

터는 인간의 창의성을 시뮬레이션할 수 있기에 창의적일 수 있다는 긍정적 답변을 내놓는다. AI가 자신만의 사상이나 열정을 작품에 담기는 어려우나 인간에게 감동을 느끼게 하는 표현 기법을 배움으로써 학습데이터가 주는 감동을 모사할 수 있다는 것이다. 그리고 이러한 AI 기술은 적어도 창의적인 인간 예술가들이 더욱 훌륭한 예술작품을 만드는데 활용될 수는 있을 것이다.

AI는 강한 AI와 약한 AI로 구분된다.[57] 약한(weak) AI는 인간이 도구와 같이 사용하여 인간을 보조하는 AI로, 인간이 제시한 특정 영역의 문제만을 해결하는 기술을 가지고 있는 것이다. 약한 AI는 기계학습(machine learning)과 같이 데이터의 패턴을 학습하는 방식이었다. 이후 기계학습의 한 모형인 딥러닝이라는 새로운 기술을 활용하여 오류율을 최소화하여 인간을 능가하는 수준에까지 이르게 되었다. 학습하고자 하는 것에서 일정한 패턴이 있으면 딥러닝은 스스로 그것을 학습한다. 인공지능 스피커나 구글 번역기 등은 모두 딥러닝으로 패턴을 학습시킨 것이라고 볼 수 있다. 이세돌 9단과 대국할 때만 해도 알파고는 인간의 기보를 학습했지만, 커제와의 대국을 앞두고서 알파고는 기보에 의지하지 않고 혼자 자율학습을 한 것으로 알려졌다. 대국을 거듭할수록 자신이 실수에서 무언가를 배울 수 있는 메타프로그램으로 변화

---

57 Du Sautoy(2015)는 약한 AI를 프로그래밍에 대한 하향식(top-down) 접근이라고 하면서, 강한 AI는 점점 더 많은 데이터와 상호작용하면서 컴퓨터가 스스로 계획을 세우는 것이 가능한 상향식(bottom-up) 접근이라고 보았다. 상향식 접근(프로그래밍)의 가장 주목해야 할 특성은 프로그래머조차 컴퓨터의 최종 코드가 어떻게 작동하는지 이해하지 못한다는 점이다. 오늘날 새로운 알고리즘은 데이터와 상호작용하면서 적응하고 변화할 수 있기에, 최초 프로그래머조차도 얼마간 시간이 지나면 자신이 만든 알고리즘의 의사결정 과정을 정확히 이해할 수 없게 된다. AI에 의해 세상이 종말을 맞는다는 디스토피아적 내용의 영화와 소설은 바로 이런 특성 때문이다. 그래서 기계가 스스로 학습할 수 있게된 것만큼 인간은 기계가 제대로 학습하는지 늘 관찰하고 확인해야 한다.

된 것이다. 구글 측은 바둑에서 거론되던 요소인 직관과 창의성을 알파고가 모두 갖추었다고 주장하였고, 커제 역시 알파고의 창의력을 인정했다. 3연속 패배 후 그는 알파고 바둑의 특징 중 하나로 창의력을 꼽으면서 앞으로 알파고를 바둑의 스승으로 삼겠다고 할 정도였다.

한편, 강한(strong) AI는 인간의 개입 없이 스스로 인지하고 판단하여 과업을 처리할 수 있는 것으로, 문제의 영역을 제한하지 않고 어떤 문제든지 해결하는 기술을 갖추고 있는 AI를 말한다.[58] 급격하게 늘고 있는 데이터의 홍수 속에서 알고리즘이 디지털 세계를 돌아다니면서 스스로 학습할 수 있게 된 것이다. 영화 〈아이로봇〉에서처럼, 인간을 완전히 모방한 AI가 인간을 지배할 것 같은 우려는 강한 AI 관점이다.

혹자는 혁신적 창의성을 발현하기 위해서는 이성뿐 아니라 감성의 도움도 필요하다며 AI는 감성을 갖추지 못하고 있기에 창의성을 발현하는 데 한계가 있을 수밖에 없다고 주장한다. 창의력보다 AI에게 더 어려운 것은 타인에 대한 공감 능력과 같은 감성적인 부분이라는 것이다. 그래서 전문가들은 차세대 인공지능이 갖춰야 할 조건 중 하나로 감성 지능을 꼽고 있다. 영화 〈그녀〉에서와 같이, 언젠가는 사람들이 친구나 가족보다 채팅 관련 기기들과 더 많은 대화를 나누게 될 수도 있을 것이다.

---

[58] 약한 AI의 창작물은 인간이 기계장치의 도움을 받아 창작 활동을 한 것이기에 특허와 같은 법적 보호를 받을 수 있지만, 강한 AI의 창작물은 그 창작 활동에 인간의 직접적인 개입이 없어서 현재의 지적 재산권(IP) 제도로는 보호되지 않는다. 영국 사진작가협회는 최근 영국 정부의 텍스트·데이터 마이닝 저작권 예외 조항에 큰 우려를 나타냈다(차주경, 2022). 이 조항은 인공지능을 가르치는 기계학습 프로그램이 글이나 그림, 사진의 저작권을 적용받지 않도록 허용한다. AI 창작물에 대한 지적 재산권에 대한 시급한 논의가 필요하다는 주장이 제기되고 있다.

3) AI와의 동반자 관계

AI에게 새롭고 가치 있는 산물을 생성할 능력이 있음은 앞에서의 사례에서 분명한 것 같다. KAIST 교수이자 뉴미디어 작가인 이진준에 따르면, 예술 영역의 AI 발전 단계는 '단순 도구 → 생산성을 높이는 조력자 → 전문 협업이 가능한 협력자 → 독립 예술가'로 정리할 수 있는데, 현재 '협력자' 단계까지 도달한 상태이다(정상혁, 2022). 예를 들어, 미술가 헤럴드 코헨은 자신이 설계한 회화 프로그램 아론(AARON)이 상당히 자율적으로(정확하게는 무작위로) 구도와 채색 관련 작업을 하기에 동반자라고 불렀다.

예술과 과학 영역에서의 창의적 작업 과정에 AI가 점차 사용되기 시작하면서 인간과 AI가 함께 하는 창의성을 나타내는 '공동 창의성(co-creativity)' 개념이 컴퓨터 과학 분야에서 연구되고 있다. Wingström 등(2022)은 이러한 맥락에서 창의성에 대한 재정의가 필요한지 조사하고자, AI를 활용하는 핀란드의 52명의 컴퓨터 과학자와 뉴미디어 예술가들을 대상으로 인터뷰를 수행하였다. 결과에 의하면, 두 집단은 모두 창의성을 정의하는 데 있어 기존의 요소들을 사용하였고, AI가 나름의 의식을 가지고 행동하지 못한다는 점에서 독립적으로 창의적일 수는 없다는 점에 대부분 동의하였다. 연구대상자들의 2분의 1 정도는 확산적 사고와 같은 측면에서 AI도 창의적일 수 있다고 하였지만, 3분의 1 정도는 인간의 프로그래밍에 의존하기에 독립성이 없고, 자체적인 의도나 동기가 없다는 점에서 AI가 창의적일 수 없다고 하였다.

또한, 창의적 과정에서 AI의 역할에 대해서는 과학과 예술 영역에서 달랐다. 과학자들은 창의성의 정의 두 가지 기준 중 유용성(가치)에 더 초점을 두기에 정확하고 신뢰할 만한 결과나 지식을 얻는 데 AI가 필요하다고 보았지만,[59] 예술가들은 그런 기준에는 덜 민감하기에 자유롭게 재미있고 놀랄만한 새로운 것을 탐색할 때 AI를 사용하였다. 또한,

과학자들과는 달리, 일부 예술가들은 AI와 함께 하는 자신의 작업을 '공동 창의적인(co-creative)' 것으로 보았다. 사실 젊은 미술 작가 중 창작 과정에 달리2(DALL-E2)와 미드저니(Midjourney) 등을 활용하는 경우는 점차 많아지며, 앞으로는 '기계의 도움을 받은 예술'이 점차 자연스러운 현상이 될 것이다.

미래에는 AI에게 거의 모든 일자리를 빼앗기게 될 거라는 불편한 전망과 함께, AI가 현재까지는 갖지 못한 서사적 기억, 사회 지능, 창의성, 감성 등을 보여줄 수 있어야 한다는 주장이 나온 지는 오래되었다(Miller, 2019). 컴퓨터에 의한 예술이나 과학적 창의성이 지속 가능한지에 대한 논의는 앞으로도 계속될 것이지만, AI 예술의 선구자인 독일의 예술가 마리오 클링게만(M. Klingemann)[60]은 인간은 이전 사람들이 이전에 해온 것들을 배우고 그것에 근거해서만 새로운 것을 만들어 낼 수 있지만, "기계는 무(無)에서부터 창조해낼 수 있다"는 점에서 진정한 창의성의 발현이라는 것이다(Miller, 2019). 클링게만 작품의 일부는 사람의 얼굴처럼 보이는 것을 만들어내는 알고리즘을 사용하는데,[61] 그것은 이전에 존재하지 않았던 사람의 얼굴을 만들어내며 기계의 상상

---

59 또한, 과학자들은 AI 로봇을 활용함으로써 인간보다 화학 실험을 8배 가까이나 빠르게 수행할 수 있기에(Burger et al., 2020), AI 로봇이 인간 연구자에게 좀 더 창의성으로 생각할 수 있는 여유 시간을 제공해준다고 보았다.

60 클링게만은 AI 예술의 주도적인 인물로서, MoMA, 뉴욕 메트로폴리탄 예술박물관, 그리고 파리 퐁피두센터 등과 같은 곳에서 작품을 전시하였다.

61 클링게만이 사용한 알고리즘은 생성적 적대 신경망(GANs: Generative Adversarial Networks)라고 불리는 AI의 파생물이다. AI의 목표 중 하나는 자기 주도로 창조할 수 있는 자율적인 기계를 개발하는 것인데, 이때 가장 필수적인 요소는 자신의 작품을 평가할 수 있는 능력이다. GANs가 바로 이것을 할 수 있다. 그것은 프로그램의 뇌가 두 개의 신경망으로 구성되어 있어, 하나는 기존의 양식을 파괴하면서 무에서 일련의 이미지들을 생성하고, 특정한 이미지들에 대해 훈련을 받은 다른 하나는 그것들을 수용하거나 거부하는 것과 같은 판별을 한다. 이런 방식으로 생성기는 학습하면서 점점 더 처음보다 나은 작품을 형성해 나간다. 이는 창의적 과정이 생성(generation)의 단계와 판단(evaluation)의 단계로 구분되는 것과 유사하다.

력의 어느 깊은 곳에서 나온 것처럼 보인다. 2019년 3월 6일, 클링게만의 작품 하나가 소더비 경매에 나왔다.[62]

오늘날 개발되는 인공 신경망(artificial neural network)은 자체적으로 규칙을 만들어내고 있다. 알파고가 인간이 한 번도 생각해보지 않았을 수를 두는 것처럼(이세돌과의 대국에서 37수), 기계가 시스템을 넘어서 인간 프로그래머에게는 기대되지 않았던 것을 행하는 시대가 되었다.

창의성이 인간에게만 고유한 것이라는 믿음이 강할수록 기계가 진정 창의적일 수 있는지, 나름의 반도체의 집합체가 예술가로 간주될 수 있는지의 의문은 계속될 것이다. 그러나 궁극적으로 인간은 단순히 생물학적 기계에 지나지 않으며, 우리는 우리가 생각하는 것만큼 그렇게 특별하지 않을 수 있다는 점과 '생각하고 꿈꾸는' 컴퓨터도 실리콘으로 구성된 생명체로 간주될 수 있다는 점을 받아들이면, 우리가 창의적일 수 있는 것처럼 컴퓨터도 창의적일 수 있다고 믿을 수 있다. 심지어 클링게만은 인간보다 컴퓨터가 더 창의적일 수 있다고 주장한다. 우리 인간의 뇌는 너무나 제한적이지만, 웹을 샅샅이 조사하여서 거의 모든 지식에 접근할 수 있는 기계의 창의성이 앞으로 얼마나 대단해질지 상상하기 쉽지 않다.

AI 창의성의 한계　비록 경매에서 높은 가격으로 낙찰되었더라도, 컴퓨터가 만들어내는 예술작품은 어쩌면 일반인들에게는 불편한 느낌으로 다가올지도 모른다. 이에 관한 경험적 연구로, Messingschlager와

62　이것이 AI 예술이 경매에 나온 첫 사례는 아니다. AI와 미술을 접목하려는 프랑스 파리 기반의 예술가 공동체인 오비어스(Obvious)에 의한 작품이 크리스티 경매에서 예상 가격보다 40배나 높은 43만 2,500달러에 팔렸다. AI 예술이 대중의 인정을 받은 것이다. 클링게만을 포함한 많은 AI 세계의 사람들은 이에 몹시 못마땅했는데, 오비어스는 그 분야에서 아웃사이더였기 때문이다. 그것은 2015년 이후로 가용했던 알고리즘의 단순한 응용에 의한 것이었고, 언제 초상화를 끝낼지 결정하거나 거장처럼 그것을 프레이밍하는 것과 같이 상당 부분 인간의 개입이 있었던 것이다.

Appel(2022)은 소설의 저자가 AI라는 알게 되었을 때 독자의 반응을 실험실에서 연구하였다. 피험자들이 인간 또는 AI가 창작한 소설이라고 알려준 뒤 해당 소설을 읽었을 때(실제로는 모두 인간이 작성한 것), AI가 창작한 소설이라고 알려준 조건에서 이미지 형성이나 정서적 반응이 인간이 창작한 소설 조건보다 더 낮은 수준을 보였다. 다만, 현대 소설과 공상과학 소설의 두 장르로 구분하였을 때, 공상과학 소설의 경우는 AI가 저자라는 것에 영향을 받지 않았다.

Shank 등(2022)도 AI가 작곡한 음악에 대한 부정적인 편향이 있을 것으로 보고 이를 검증하였다. 첫째 실험에서 피험자들에게 전자 음악과 고전 음악의 한 소절을 듣고 음악에 대한 선호도와 AI가 만들었을지를 추정해 보라고 하였을 때, 전자 음악을 더 AI가 만든 것으로 추정하였고, 그런 경우 선호가 저하되었다. 둘째 실험에서는 전자 음악의 저자(AI 또는 인간)를 분명하게 드러냈을 때는 선호에서 유의한 차이가 없었다. 마지막 실험에서 AI가 작곡한 것이라고 하면서 고전 음악을 들려주면, AI가 만든 것으로 기대한 음악이 인간이 만든 것처럼 느껴지게 되면서 낮은 선호도를 보이는 AI 편향이 두드러지게 나타났다. 이런 결과는 실제로 AI가 작곡한 것인 지의 여부와 관계없이, AI 음악에 대한 '기대 불일치 또는 도식 불일치(schema incongruence)'가 부정적 정서 반응과 낮은 선호도의 원인일 수 있음을 보여준다. 즉, 청자는 AI가 창작한 음악에 대한 기존 도식이 있는 상황에서 음악(전자 음악)이 그 도식에 맞으면 부정적인 편향이 나타나지 않지만, 음악(고전 음악)이 도식과 일치하지 않으면 부정적인 미적 판단에 이른다는 것이다. 이 연구는 예술 작품에 대한 미적 판단이 주어진 자극에만 의존하지 않고 맥락(창작자에 대한 정보 등)의 영향을 받는 주관적인 판단이며, 사람들은 AI를 편의와 실용적인 목적으로 수용하지만, AI의 미적인 창조에 대해서는 주저하는 부정적 편향이 있음을 보여준다.[63] 연구자들은 그 이유로 미적 취향은 매우 개인적이고, 자신의 정체성에 중요한 의미를 갖기 때문이라고 하였다.

따라서 사람들은 AI가 생성한 미술 작품을 정확하게 구별하지는 못하지만, 그것에 대한 부정적 편향을 가지는 것으로 보인다. Samo와 Highhouse(2023)는 기존 연구를 확장하여 인간의 미술과 기계의 미술을 구분해주는 미적 판단 요인들을 조사하였다. 그들은 인간이 그린 그림들과 더불어 달리(DALL-E)를 포함한 다섯 개의 알고리즘을 통해 '해변의 달빛'과 같은 텍스트 프롬프트를 사용하여 그림들을 생성하였다. 피험자들은 그림들을 보고 미적인 판단 및 평가를 하였다. 분석 결과, 사람들은 작품의 출처 파악에 있어 동전 던지기보다 조금 나은 60%의 정확도를 보이는 데 그쳤다. 또한, 인간의 작품을 더 선호하고 더 긍정적인 정서를 경험하는 것으로 나타났다. 두 유형의 미술 작품을 구분하는 미적 판단 요인들은 모두 긍정적 정서성과 연관된 것들이었다. 즉, 인지적 또는 의미적 요인이 아닌 정서적 요인이 두 작품 유형을 가장 잘 구분해주었다. 구체적으로 그림의 이미지와 자신이 연결된다는 느낌과 같은 자기 반영(self-reflection), 이미지에 대한 전반적인 긍정적 느낌과 같은 끌림(attraction), 휴식, 애수, 또는 마음의 평화를 나타내는 향수(nostalgia), 즐겁고 유머러스한 느낌을 나타내는 재미(amusement) 같은 요인들이었다. 이러한 결과는 미적 처리에서 가장 중심적인 요소가 '정서'임을 다시 보여주는 것이기도 하다.

Di Dio 등(2023)은 (모두 인간이 창작한) 추상화들에 대해 작가가 인간 또는 로봇(AI)이라고 알려줄 때 미적 판단(선호도 및 미적 평가)이 달라지는지를 조사하였다. 작가가 인간이라고 알려준 조건이 로봇 조건

---

63 이것은 인간이 로봇 등 인간이 아닌 존재를 볼 때 해당 존재와 인간의 유사성이 높을수록 호감도도 높아지지만, 일정 수준에 다다르면 오히려 불쾌감을 느낀다는 '불쾌한 골짜기(uncanny valley)' 효과로도 볼 수 있겠다.

및 통제 조건(알려주지 않음)보다 더 높은 선호도를 보였고, 로봇 조건은 통제 조건보다 더 낮은 수준의 미적 평가를 받았다. 이러한 결과도 일반인들이 미술 창작에서 AI의 사용에 대한 심리적 저항이 있음을 보여준다.

만약 어떤 농담을 듣고는 한참 웃었는데, 잠시 후 그 농담을 알고리즘이 만들었다는 것을 알게 되었다면 어떤 감정을 느끼게 될까?

4) AI 창의성의 미래

『창조력 코드』의 저자 Du Sautoy(2019)는 기계가 결코 침범하지 못할 인간 활동의 영역이 창의성이라고 하면서 그것이 인간다움에 의존하는 코드, 즉 인간 존재의 의미를 반영하는 것으로 보았다. 하버드대의 철학자 Kelly(2019)도 창의성은 인간만의 정의적 속성 중의 하나이며, 인간의 맥락에서만 존재한다고 하면서 AI는 예술가가 될 수 없다고 단언하였다.

1장에 소개한 CET 이론에서 AI는 인간의 조합적 또는 탐구적 창의성을 지원해주는 훌륭한 기계일 수는 있지만, 문제발견에 가까운 변형적 창의성은 결코 AI가 보여줄 수 없는 창의성일 것이다. 문제해결에는 뛰어나지만, 새로운 기회나 문제를 만들어내지는 못할 것이기 때문이다. 또한, 인간의 두뇌와 AI는 추구하는 목적이 다르다(Klein, 2021). AI가 문제 해결에 지향되어 있다면, 인간의 두뇌는 5억 년 이상 진화를 거치면서 유기체의 생존과 번식에 기여하도록 발달해왔다. 인간의 생존에 반드시 동반되는 것이 '정서'이다. 정서는 인간의 판단과 행동을 조정함으로써 인간의 뇌는 AI보다 훨씬 유연하게 기능할 수 있다. 또한, 우리가 만드는 예술 창작은 자아를 창조하는 과정에서의 부산물이라고 본다면, 기계가 창의성을 갖지 못하게 막는 근본적 장애물은 자아(self)가 없다는 점일 수도 있다.

그러나 지금까지 살펴본 바와 같이 창의성이 인간에게만 속하는 것으로 기계는 영원히 창의적일 수 없을 것이라는 주장은 '진보'를 다소 편협하게 보는 시각일 수 있다. 사실상 우리는 점차 기계와 긴밀히 융합되고 있고, 인간의 '삶'이라는 것이 무엇인지를 재정의하고 있다(현대인은 자신의 분신인 스마트폰으로 하루를 시작한다). 인간과 기계는 창작 활동에 있어서도 공생의 길을 걸을 것이다.

18세기 말 카트라이트(E. Cartwright)가 발명한 새로운 방직기는 육체노동이자 정신노동이었던 방직 일을 대신하게 되었다(Ashton, 2015). 이것은 초기 컴퓨터처럼 펀치 카드로 방직 무늬를 방직기에 입력하면 방직공보다 더 빠르고 정확하게 작업을 수행한 것이다. 당시 수력 덕분에 직물 산업의 규모가 팽창하면서 숙련된 두뇌를 가진 인력들이 이미 많이 늘어났던 시기라 이것은 그들에게 큰 위협이었고 기계파괴운동(Luddite Movement)을 촉발하였다. 그러나 이런 기술 혁신은 전혀 예상할 수 없는 결과로 이어졌는데, 지적 노동의 수요가 오히려 더 늘어난 것이다. 자동화로 인한 생산성 증대가 새로운 일자리인 기계 설계, 개발 및 유지 보수, 생산 계획 수립, 회계 관리 등 고도의 정신 작용이 필요한 일들이 새로 생겨난 것이다(그리고 '경영'이라는 직무도 이때 생겨났다). 그리고 1900년에는 거의 모든 유럽인이 문맹에서 벗어나게 되었다(1세기 전만 해도 대부분 문맹이었다). 결국 '자동화'라는 위협이 일자리를 뺏기보다는 더 많은 새로운 일자리를 만들어 내었고, 교육 수준의 향상이라는 예상치 않은 결과가 나타났던 것이다. AI가 인간의 일자리를 점차 잠식하고, 심지어 창조행위까지 하게 되는 시기가 오더라도 너무 두려워만 할 일은 아니다. 새로운 혁신이 야기하는 심각한 문제를 해결하는 방법은 더 이상 혁신을 하지 않는 것이 아니라 혁신을 더 늘리는 것이다.

미래에는 컴퓨터가 가진 백과사전적 지식과 빛처럼 빠른 처리 능력으로 처음에는 인간 창의성에 상응하는 수준에서 이후에는 인간을 능가하는 수준으로까지 컴퓨터는 상상력의 도약을 이루어내기 시작할 것이다. 그러한 도약은 새롭게 탐구할 과학, 예술 영역에 이르는 길을 제시할 것이며, 기후 문제와 같은 인류가 직면한 위기를 다루는 방법도 제안하면서 인간에게 무한한 가치를 제공할 수 있을 것으로 본다. 인간을 대체하는 것이 아니라. 컴퓨터는 인간과 기계가 서로 협력하면서 최고조의 창의성을 발휘할 수 있도록 하면서 인간을 더욱 고양시키고 사회를 발전시킬 것이다. 세계 최고의 예술성을 담고 있는 경주 석굴암(石窟庵)이나 일본 교토의 료안지(竜安寺)의 정원[64]과 같은 신비롭고 놀라운 창작이 과연 AI로도 가능할지 궁금해진다.

---

64 료안지에는 15세기 후반에 만들어진 것으로, 돌과 모래로 꾸민 가레산스이(枯山水)형 정원이 있다. '인간은 모든 것을 가질 수 없다'는 의미를 담은 이 정원은, 어떤 각도에서 봐도 15개의 돌 중 14개만 보여준다. 왜 그러한 배치와 풍경이 사람의 마음을 평화롭게 만드는지 정확한 이유는 알 수 없다.

7장
창의성, 정신병리, 성격

"지금 난 미쳐버릴 것 같아요. 더 이상 이 끔찍한 시기를 견디며 살아갈
수 없습니다. 이번에는 회복하지 못할 것 같아요. 환청이 들리고 일에
집중하지 못하겠습니다…. 이제껏 내 모든 행복은 당신이 준 것이고, 더
이상 당신의 삶을 망칠 수 없습니다."

- 버지니아 울프

2장에서 다루었듯이, 18세기 낭만주의 시대 이후부터 생겨난 창의성
과 관련된 오래된 믿음 중의 하나는 '창의성은 정신질환과 관련이 있다'
는 것이다. 정신질환과 관련된 가장 극단적인 행동인 자살로 생을 마감
한 예술가나 작가들이 많다(장영희, 2005). '의식의 흐름' 기법으로 유명
한 영국 작가 버지니아 울프는 1941년 남편에게 쪽지를 남겨놓고, 돌멩
이를 주워 외투 주머니에 가득 넣고 우즈 강으로 뛰어들어 스스로 삶을
마감했다. 헤밍웨이는 그림자처럼 다가오는 알츠하이머에 대한 공포와
우울증을 견디지 못하고 총으로 자살했다. 20세기 일본 근대문학을 대
표하는 작가 다자이 오사무는 자전적 이야기를 소설화한 문제작 『인간
실격(人間失格)』을 완성한 후 자살 기도를 네 차례 거듭하다가 내연녀와
함께 강에 투신하여 39세의 나이로 생을 마감하였다. 「봄은 고양이로다」
라는 시를 쓴 작가 이장희는 청산가리를 먹고 자살하려 했는데, 고통스
러워하는 그를 발견한 아버지가 숟가락으로 아들의 입을 벌리려 필사적
으로 노력했지만, 그는 악착같이 입을 다물고 죽음을 택했다고 한다.

이외에도 다소 논란의 여지가 있지만, 감성적이고 대중적인 선율로 러시아 고전 음악을 완성한 차이콥스키도 자살로 삶을 마감했고, 반 고흐도 1890년 봄 파리 근교의 오베르 쉬르 우아즈에 정착했으나 같은 해 7월 권총으로 자살한 것으로 알려져 있다.

자살에 이르지 않더라도 생애 동안 심각한 정신병리를 보인 인물들은 더 많다. 영화 〈뷰티풀 마인드〉의 천재 수학자 존 내시(J. Nash)나, 〈샤인〉에 나오는 피아니스트 데이비드 헬프갓(D. Helfgott)은 모두 실제 인물들로 조현병(schizophrenia)으로 정신적 고통을 경험하는 것으로 나온다. 조선 초기 기행으로 유명하였던 천재 김시습은 명민한 유학자이자 승려로서 유불선을 넘나든 사상가이자 자유로운 문장가였지만, 어려서 어머니를 여의고, 각지를 떠돌아다니며 은둔과 방황의 생을 보냈고, 소리 내어 우는 일이 많았다고 한다. 조선 정조 때 역상과 산술에서 신수라 할 만큼 독보적인 천문 과학자였던 김영(金泳)은 사람들과 어울리지 못하며 내내 우울증에 시달렸다(정민, 2004).

어려운 성장 배경을 가진 뭉크는 주로 사랑, 고통, 죽음, 불안 등을 주제로 내면세계를 시각화하였다. 그의 일생을 보면, 어린 나이에 어머니가 폐결핵으로, 그리고 사랑하던 누이도 10대에 모두 폐결핵으로 사망하게 되는 불운한 운명을 맞았다. 뭉크의 이런 불운한 환경 그리고 이후에 나타난 여러 조현병 증세 등이 실제 자신의 그림에 표현되어 있다. 고야는 중년에 신경쇠약과 우울증을 동반한 난청에 시달렸는데, 〈그림 7-1〉에서는 그의 고통이 잘 드러난다. 영국의 왕립의과대학 교수 Sandblom(1992)은 자신의 책 『창조성과 고통(Creativity and Disease)』에서 예술과 문학 분야에서의 창의적 인물들의 정신질환에 관하여 기술하면서, 예술가의 창의성은 자신의 정신적 고통 경험에서 나온다고 주장한다. 32회나 수술을 해야 했던 멕시코의 화가 프리다 칼로는 "나는 나 자신의 현실을 그린다"고 했다.

그림 7-1 프란시스코 고야, 〈자식을 삼키는 사투르누스〉
(프라도 미술관, 스페인)

1. 광기의 천재 관점

광기의 천재(Mad Genius) 관점은 18세기 말부터 시작된 낭만주의 시대에는 거의 정설로 받아들여질 정도로 공고했다. 그러나 이것이 이 시기에 처음 나타난 것은 아니고 2장에서 언급되었듯이 플라톤 이후 많은 철학자의 생각을 지배하던 것이었다. 아리스토텔레스는 "어떤 위대한 정신도 광기의 손길 없이는 존재한 적이 없다"고 하였다. 과연 이 관점이 사실에 가까운 것인지 고정관념이거나 근거 없는 일반화에 의한 신화에 가까운 것인지는 여전히 논쟁이 되고 있다.

미국 정신질환 분류 기준인 DSM-5에 의하면, 미국 성인 중 약 18.5%가 정신질환을 보유하고 있으며, 2.4%가 양극성 장애(조울증)나

조현병과 같은 심각한 질환을 보유한다.[1]

그렇다면, 창의적 인물의 경우에는 이 비율이 더 높은 것일까? 〈표 7-1〉에 분야별 역사적 창의성(Big-C)을 보인 천재 중 정신질환을 보유한 것으로 추정되는 인물들이 제시되어 있다. 이것은 정확한 정신의학적 진단에 의한 것이 아니라 해당 인물의 일화나 전기와 같은 기록물을 토대로 추정한 것이다.

여기서 문제는 일반 모집단에서 특정한 정신병리를 가진 사람의 비율과 창의적 인물 집단들에서의 정신병리 비율을 비교하여야 하는데, 이것이 생각보다 쉽지 않다는 점이다. 〈표 7-1〉에 열거된 인물들의 경우에는 모집단의 수치를 확보할 수 없을 뿐만 아니라, 창의적 인물의 모집단 수도 명확히 하기 어렵다. 또한 작가, 화가, 음악가, 과학자 집단에서 창의적이지 않은 사람들도 많으므로, 창의적 작업에 종사하는 사람들의 수와 그들 중 창의성이 두드러진 인물을 구분하는 것이 만만치 않다.

1) 프로이트의 해석

광기의 천재 관점은 프로이트가 이를 뒷받침하는 근거를 제시하면서 더욱 힘을 받았다(Winner, 1982). 프로이트는 빅토리아 시대의 유럽(특히 프로이트가 살았던 비엔나)에 만연된 신경증(히스테리) 환자들을 치료한 임상 경험을 토대로 인간의 성격 구조에 대한 포괄적인 이론을 구

---

[1] 한국에서 5년마다 실시하는 정신건강실태조사의 2021년 발표 자료에 의하면, 정신장애 1년 유병률은 8.5%였으며, 정신장애 평생 유병률은 27.8%로, 성인 4명 중 1명이 평생 한 번 이상 정신건강 문제를 경험하고 있는 것으로 나타났다(보건복지부, 2021). 2016년 조사에서, 조현병은 0.5%, 양극성 장애는 0.1%로 매우 낮은 기저율을 보였다. 우울장애 1년 유병률은 1.7%, 불안장애 1년 유병률은 3.1%, 알코올 사용장애 1년 유병률은 2.6%로 나타났다. 성인의 10.7%는 평생 한 번 이상 심각하게 자살을 생각하며, 2.5%는 자살을 계획하고, 1.7%는 자살을 시도하였다.

표 7-1 **분야별 창의적 천재들의 주요한 정신질환 분류**

	조현병	정동장애 (조증, 우울증, 조울증)	성격장애
문학/ 철학	보들레르, 횔덜린, 존슨, 칸트, 파운드, 스트린드베리, 스위프트	발자크, 베리먼*, 바이런, 콘래드, 크레인*, 퍼거슨, 프로스트, 괴테, 헤밍웨이*, 카프카, 런던*, 로웰, 밀, 모파상, 오닐, 플래스*, 포, 로세티, 루소, 실러, 쇼펜하우어, 섹스턴*, 셸리, 스마트, 타소, 울프*	엘리자베스 브라우닝, 로버트 브라우닝, 칼라일, 콩테, 에디, 엘리엇, 고골, 하이네, 헉슬리, 프루스트, 랭보, 스펜서, 테니슨, 졸라
미술	베일, 브렌델, 첼리니, 다빈치, 엘 그레코, 고야, 클로츠, 크뉘퍼, 뭉크, 무그, 나터러, 오스, 폴, 렘브란트, 셸, 웨인, 벨츠	크레벨*, 미켈란젤로, 모딜리아니*, 폴록*, 라파엘로, 로스코*, 반 고흐*	
음악	도니체티, 멘델스존, 림스키코르사코프	베를리오즈, 쇼팽, 엘가, 헨델, 말러, 라흐마니노프, 로시니, 슈만, 스크랴빈, 차이콥스키, 볼프, 우드	베토벤, 슈베르트, 바그너
과학	칸토어, 코페르니쿠스, 데카르트, 패러데이, 해밀턴, 라그랑주, 린네, 뉴턴, 파스칼, 스베덴보리, 바이어슈트라스	다윈, 디포리스트, 마이어, 캄머러*	앙페르, 프로이트, 헤비사이드, 멘델, 나이팅게일

출처: Prentky(1989).

* 정신병리의 유형은 해당 인물의 전기나 기록에 의하며 추측된 것임. 별표(*)는 자살을 나타냄

성하였다. 그는 인간의 성격은 원초아(id), 자아(ego), 초자아(superego)의 세 요소로 구성되어 있으며, 인간의 행동은 세 성격 요소들 간 갈등의 산물이라고 보았다. 원초아는 인간의 무의식적, 본능적 충동을 나타내는데, 대부분 성적인 충동이며, 원초아의 성적 충동은 유아에게서부터도 나타난다.[2] 초자아는 사회화 및 교육을 통하여 내면화된 도덕, 윤

---

2 당시 프로이트가 유럽의 정신의학회에 유아의 성적 충동에 대한 견해를 발표하자 주류

리, 사회적 규범 등을 말한다. 즉각적인 욕구 충족을 추구하는 원초아와 이를 억제하는 초자아는 서로 갈등 관계에 있으며, 둘 사이를 중재하는 역할을 하는 요소가 자아이다. 따라서 자아가 강한 사람은 초자아와 원초아 간의 갈등을 잘 조절하여 인간이 현실 생활에 잘 적응하도록 해준다. 그런데 자아가 약한 사람은 원초아의 무의식적(성적) 충동이 억제되지 않고 발산되지 않을까 하는 불안(anxiety)을 느낀다. 프로이트는 원초아의 무의식적인 욕구나 충동이 사회적으로 수용될 수 있는 형태로 표출되면 정신적으로 건강한 사람(자아가 강한 사람)이 되지만, 이러한 욕구가 억압되거나 적절한 방법으로 표출되지 않으면 신경증 환자가 된다고 보았다.

프로이트는 성적 욕구를 충족시키는 신체 부위가 어디냐에 따라서 유아에서 성인까지의 심리성적 발달 단계를 구강기, 항문기, 남근기, 잠복기, 성기기로 구분하였다. 생후 18개월 정도의 기간은 구강기로 어머니의 젖을 빨면서 성적인 쾌감을 느낀다고 보았고, 항문기(18개월부터 3세까지)에서는 대변의 배설과 보류에서 성적인 쾌감을 느끼며, 3세에서 5~6세까지의 남근기에서는 남아의 경우 자기의 성기를 관찰하고 접촉함으로써 쾌감을 느낀다고 보았다. 이후 잠복기에는 특정한 신체 부위가 없다가, 마지막 성기기(즉, 사춘기 이후)가 되면 일반 성인과 동일한 방식으로 성적 쾌감을 추구하게 된다. 프로이트는 각 심리성적 발달단계별로 어떤 경험을 하느냐, 즉, 생후 초기 6년 동안에 성적인 욕구 충족이 제대로 이루어졌느냐, 아니면 왜곡되고 차단되고 적절한 충족이 이루어지지 못하였느냐가 이후 그 사람의 성격 형성에 크게 영향을 미친다고 보았다.

학자들로부터 상당한 비판을 받았다. 이것은 이성과 금욕주의가 강조되던 당시 분위기에서는 자연스러운 것이었다.

창의성과 관련하여 주목할 발달 단계는 남근기이다. 프로이트는 남아의 경우 남근기에 오이디푸스 콤플렉스(Oedipus complex)를 경험한다고 하였다. 이것은 이 시기의 남아가 무의식적으로 어머니를 연인으로, 아버지를 연적으로 여기는 심리적 상태에 빠지는 것이다. 정상적인 아이들은 남근기 동안 경험하는 콤플렉스를 잘 극복하고, 아버지를 닮고자 하는 동일시(identification)가 나타난다. 이를 통해 아이는 아버지의 생각, 사고, 행동을 수용하고 닮아가면서 사회화의 첫 단계가 시작된다. 그런데 프로이트는 이 콤플렉스를 심하게 경험하되 그것을 원만하게 해결(극복)하지 못하는 경우에 주목하였고, 예술가나 작가들의 경우 자신의 작품에 이러한 콤플렉스의 잔재가 숨겨져 있다고 보았다. 그는 예술가는 어릴 때 해소되지 못한 무의식적인 오이디푸스적 소망(Oedipal wish)에 대처[3]하기 위한 수단으로 창작 활동을 한다고 보았다. 프로이트는 예술가들이 어릴 적에 콤플렉스를 극복하지 못하면 어른이 되어서도 오이디푸스적인 소망이 그들의 무의식 속에 잠재하다가, 창작 활동을 통해서 아주 교묘하게 위장된 형태로 드러날 수 있다고 보았다. 그래서 예술가들의 작품에는 남근기의 무의식적 소망이 위장된 형태로 담겨 있으므로 심층적인 분석을 하면 그러한 작품을 가능케 한 예술가의 무의식 세계에 도달할 수 있다고 하였다.

이러한 주장을 뒷받침하는 실제 사례들이 있다. 오이디푸스 콤플렉스라는 용어의 기원이 된 소포클레스의 〈오이디푸스 왕(Oedipus Rex)〉과, 셰익스피어의 〈햄릿(Hamlet)〉은 모두 아버지를 살해하고 어머니와 혼인하는 내용을 담고 있다. 다른 예로 도스토옙스키의 『카라마조프가의 형제들』에서도 부친 살해의 내용이 담겨 있다. 이 소설에서 아버지

---

3 아버지를 제거하고 어머니를 연인으로 삼고자 하는 오이디푸스적 소망이 의식에 떠오르는 것은 '근친상간'이라는 사회 통념상 받아들여지기 어려운 생각이기에, 이것이 의식에 떠오르지 않을까 불안에 휩싸이게 된다.

를 죽인 살해자를 뇌전증 환자로 묘사하고 있는데 실제로 도스토옙스키 자신이 뇌전증 환자였다. 그리고 자신의 아버지 역시 그가 어릴 때 누군가에 의해서 살해되었다. 정신분석학적 관점에서는 이런 사례들이 작가의 무의식에 잠재된 오이디푸스적 소망이 작품에 투사된 것이라고 본다.

방어기제　쾌락 원리(pleasure principle)만을 추구하는 원초아와 초자아 간의 갈등에 대해 자아(ego)가 제대로 조정 기능을 수행하지 못하면 불안을 경험한다. 이 불안은 자신을 방어하기 위한 어떤 수단이 필요하다는 경고 신호이다. 특히 '신경증적 불안'은 원초아의 충동을 자아가 통제할 수 없을 것이라는 두려움에서 초래되는 것이다. 이러한 불안으로부터 자신을 보호하기 위해 작동하는 것이 방어기제(defense mechanism)이다. 즉, 성인이 되어서도 근친상간과 같은 잠재된 오이디푸스적 소망을 경험하는 신경증적 불안에 대처하기 위해 방어기제가 작동한다. 가장 전형적인 방어기제는 '억압'이다. 무의식 속에 잠재된 원초아의 도저히 용납될 수 없는 충동과 욕구를 계속 억누르는 것이다. 또 다른 방어기제로는 '반동형성'이 있다. 이것은 자신의 무의식적인 충동을 정반대의 형태로 표현하는 것이다. 예를 들어, 자신의 은밀한 성적 욕구가 드러날까 두려운 목사가 과도한 열정으로 금욕을 강조하는 설교를 늘어놓는 경우나, 어머니에 대한 애절한 그리움이 반대로 여자에 대한 무자비한 폭력으로 나타나는 경우이다.[4]

4　반동형성은 자신의 욕망을 의식했을 때 생겨나는 불안에 직면하지 않기 위해 불안을 야기하는 욕망과 반대되는 의식적 태도나 행동을 강박적이거나 과장되게 하는 것이다. 예를 들어, 파티의 호스트가 싫어하는 손님을 더 많이 배려한다거나 혹은 강한 성욕을 의식한 여성이 외설적인 영화상영을 반대하는 선동가가 되는 경우이다. 또는 공격이나 증오 등의 파괴적 충동이 무의식 속에 강하게 억압되어 있을 경우 의식적으로는 오히려 과장된 친절과 예의를 갖추어 행동하는 경우도 이에 해당한다. 소심함이나 소극성은 강한 공격적 욕구에 대한 반동형성일 수 있는데, 지배적이고 공격적이고자 하는 소

프로이트는 예술가들의 창의성을 승화(sublimation)라는 방어기제로 설명한다. 독창적인 작품을 남기는 문학가나 예술가들의 경우 어렸을 때 오이디푸스 콤플렉스 극복에 문제가 있었지만, 성인이 되어 충족되지 못한 오이디푸스적 소망을 억압이나 반동형성과 같은 방어기제가 아닌 승화라는 방어기제로 극복한다는 것이다. 승화는 허용될 수 없는 충동이나 욕구를 사회적으로 허용되는 사고와 행위로 전환시키는 것이다. 예를 들어, 강한 무의식적 공격 충동을 가진 사람이 외과의사(예: 수술)나 법관(예: 사형 언도)이 됨으로써 공격 충동을 사회적으로 용인되는 형태로 충족시킬 수 있다. 프로이트는 오이디푸스적 소망이 작품에 상당히 위장된 형태로 표현되어 있는 사례로 레오나르도 다빈치에 주목했다.

레오나르도 다빈치의 사례　　프로이트는 다빈치의 그림에서 자신의 주장의 근거를 찾고자 했다(Winner, 1982). 천재 중의 천재라고 할 수 다빈치의 어린 시절을 보면, 불행하게도 다빈치는 5세 정도까지만(정확한 기간은 알 수 없지만) 생모와 살았다. 다빈치의 아버지는 당시 부유한 공증인이었지만, 생모는 시골 출신으로서 아버지와 정식으로 혼인한 사람이 아니었다. 정식 결혼을 하지 않은 생모의 처지에서 자기가 의지할 곳은 자식밖에 없기에 생모가 다빈치를 무척 아끼고 사랑했을 것이고, 남근기 시기의 다빈치는 오이디푸스 콤플렉스에 깊이 빠졌을 것이다. 그러나 그 시기에 생모가 다빈치 곁을 떠나게 되면서 다빈치는 콤플렉스를 원만하게 해결할 기회를 상실한다. 일반인이라면 이후 성인이 되었을 때 억압이나 반동형성과 같은 방어기제가 작동되겠지만,[5] 뒤

망의 위협을 받는 남자가 지나치게 소심하고 부끄러워하는 수동적인 행동을 보이는 경우이다.

5　오이디푸스 콤플렉스를 경험하는 시기에 어머니가 사라져 버린 아이의 경우 콤플렉스를 극복할 기회를 상실하기에 성인이 되어서도 여전히 오이디푸스적 소망이 잠재되어

어난 재능의 소유자인 다빈치는 승화로 해결했을 것으로 프로이트는 추측하였다.

프로이트는 이런 추측을 뒷받침해주는 증거로 〈성 안나와 함께한 성모 마리아와 아기 예수(Madonna and Child with St. Anne)〉를 제시하였다 (〈그림 7-2〉). 이 작품은 다빈치가 말년에 10년 넘게 매달렸지만 끝내 완성하지 못한 그림으로, 아기 예수, 성모 마리아, 마리아의 모친인 성 안나를 그린 작품이다. 그림에서 아이는 아기 예수, 그를 감싸고 있는 성모, 그리고 그 위에 지긋이 아이를 내려다보는 인물이 성 안나이다. 프로이트의 분석에 의하면, 조그만 아이가 사실은 다빈치 자신이고 두 여자 중 한 명은 생모이고 다른 한 여자는 양모(양모도 다빈치를 극진히 사랑했다)이며, 두 어머니에 대한 그리움과 사랑의 감정이 그림이 투영되어 있다는 것이다. 성경 속 성모 마리아와 그녀의 모친인 성 안나는 상당히 나이 차가 있지만, 그림에는 두 여자의 나이가 비슷해 보인다. 프로이트는 이것을 모를 리 없는 다빈치가 두 사람을 비슷한 연령대로 묘사한 것도 자신의 소망 충족을 위한 것이라고 보았다. 프로이트는 이러한 분석을 통하여 예술가들의 경우 현실에서는 도저히 충족될 수 없는 무의식적 소망, 충동, 욕구를 창작 활동을 통해서, 즉, 자신의 작품에 위장된 형태로 표현함으로써 창의적인 업적을 남기게 된다고 하였다.

프로이트 해석의 한계점　과학철학자 포퍼가 반증가능성(falsifiability)이 없다는 점에서 정신분석이론을 혹독하게 비판한 것처럼, 일반적으로 프로이트의 이론이 비판을 받는 가장 큰 이유는 실증적인 연구로 사실 여부를 판단할 수 없다는 점에 있다. 다빈치의 그림에 대한 분석 역시 그런 측면에서 문제가 있다.

있다. 그런데 연인으로서의 어머니에 대한 성적 욕구는 충족될 수 없기에 어머니라는 존재에 대한 강렬한 그리움이 반대로 여자만 보면 굉장히 폭력성을 드러내는 반동형성의 방어기제를 작동시킬 수 있는 것이다.

그림 7-2 레오나르도 다빈치, 〈성 안나와 함께한 성모 마리아와 아기 예수〉
(루브르 미술관, 프랑스)

　더불어 프로이트의 해석 자체에도 몇 가지 반론이 있다. 먼저, 성모
마리아와 아기 예수의 그림에 성 안나가 등장하는 것은 다빈치의 두 어
머니에 대한 무의식의 소망이 투영된 것이라기보다 당시의 유행이라는
것이다. 엄격하게 신성을 중시하던 중세 교회와 달리 르네상스 이후 예
수를 더욱 인간적으로 묘사하려는 풍조가 나타났고, 당시 목판화나 다
른 그림들에서도 예수의 모계 3대가 등장하는 삼각 구도의 작품들이 있
었다. 따라서 이 구도를 다빈치만의 독특한 것으로 보는 시각은 당시의
배경을 고려하지 않은 지나친 해석인 것이다. 또한, 프로이트는 생모가
다빈치에게 지극한 사랑을 베풀어서 다빈치가 깊이 오이디푸스 콤플렉
스에 빠졌을 것으로 보지만 이것 역시 추측일 뿐이며, 오히려 남편으로

부터 버림받고 이후 재혼한 생모는 오히려 다빈치에게 무관심했을 수도 있다.

무엇보다 좋은 이론은 미래에 나타날 현상을 예측할 수 있어야 하는데, 프로이트의 설명으로는 어린 시절 특별한 경험을 한 사람 중에 누가 창의적인 사람이 될지, 누구에게 억압이나 반동형성이 아닌 승화의 방어기제가 작동하게 될지가 명확하지 않다.

2) 후속 연구: 경험적 증거

프로이트는 창의성이 의식적인 현실과 무의식적인 추동 사이의 긴장으로부터 발생하며, 다양한 분야의 창의적인 인물들이 보이는 이상 성격, 우울, 정신분열, 자살 등과 같은 정신병리는 어린 시절의 원만하지 못한 경험 때문일 수 있으며, 승화를 통하여 극복할 수 있다는 점을 시사하였다.

예를 들어, 월트 디즈니(W. Disney)의 작품 세계는 겉보기에 동심과 긍정적 메시지로 가득 차 있고, 디즈니 자신도 밝고 긍정적인 인물로 보이지만, 그에게는 어두운 면이 있었다. 디즈니는 자신의 어두운 면을 승화하여 자신이 만든 세계에 자신의 이상적인 이미지(융의 '페르소나')를 표현하려고 했다고 볼 수 있다. 즉 디즈니는 자신이 불행한 유년 시절을 보냈던 '마셀린'이라는 동네를 디즈니랜드에 다시 조성한 것이다.

이러한 정신분석학적 해석이 어느 정도 설득력이 있을지 모르겠으나, 비교적 최근에 이루어진 다음의 연구들은 여전히 창의성과 정신질환 간에는 일정한 연관성이 있음을 보여준다.

첫째, Andreasen(1987)은 '창의적 작가' 집단(30명)과 이와 대조를 이루는 일반 통제집단(30명)을 대상으로 직계 가족 분석을 위한 심층 인터뷰를 수행하였다. 그 결과, '창의적 작가' 집단이 통제집단보다 정신질환 비율이 더 높았고, 양극성 장애 및 정서 장애의 경향성을 더 많이 보였다. 다만, 이 연구는 너무 작은 표본을 사용하였으며, 참가자(표본)들의 사적인 관계에 의존하였고, 결과를 과일반화한 측면이 있다.

둘째, Jamison(1993)은 창의적 예술가들의 전기, 일화, 주위 사람들의 전언들을 분석하였는데, 헤밍웨이, 포크너, 라흐마니노프, 키츠, 폴록 등의 예술가들에서 기분 장애, 특히 양극성 장애(manic-depressive illness)나 조증(mania)이 있었음을 보여주었다. 그리고 비창의적 집단에서도 경조증(輕躁症, hypomania)[6]을 보이는 시기에 창의성이 높아진다는 결과를 제시하였다.

셋째, 앞의 두 연구보다 더 방대한 연구를 한 정신의학자 Ludwig (1995)는 역사측정 방법을 적용하여 1960~1990년 《뉴욕타임스》 북 리뷰에 소개된 다양한 분야의 전기(傳記)의 주인공 1,005명을 조사하였다. 그 결과, 예술 분야(문학, 예술, 연극 등)에 종사한 사람들이 비예술 작업(과학, 비즈니스, 정치 등)에 종사한 사람들보다 정신질환 비율이 더 높음을 보여주었다. 그리고 일반적으로 창의적인 작업에 종사하는 사람들의 정신적 고통 중 알코올 중독과 우울증이 가장 많이 나타나는 정신병리 현상이지만, 분야마다 많이 나타나는 정신병리의 유형이 조금씩 다르다고 하였다. 예를 들어, 배우나 연주자는 약물 과다 복용이 많았고, 작곡가, 화가, 논픽션 작가에게는 알코올 중독과 함께 우울증이 많으며, 시인, 배우, 소설가, 연주자에게는 자살 시도가 많았다. 특히 시인들에게는 조현병과 같은 심각한 정신질환을 보인 사례가 많았다.

---

6 조증보다 정도가 약하며, 정신병적 증상도 없고 일상생활에 크게 문제없을 정도의 증상만 있는 경우로, 조증처럼 심각한 장애 수준에 이르지는 않는다. 이 상태에서는 활력이 넘치고, 말이 평소보다 빠르고, 농담이나 엉뚱한 말을 많이 한다. 사고의 비약을 보이기도 하고, 여러 관련 없는 외부 자극에 반응함으로써 주의가 산만해진다. 쇼핑이나 사업 투자에서의 충동적 행동을 보이기도 한다. 자신이 아주 뛰어나고 특별하고 선택받은 사람이라고 믿으며, 자신감으로 모험을 감수하려고도 한다. 이 증상이 있더라도 사업가나 정치가로 성공한 사람들이 있지만, 결국 우울증에 빠지는 경우가 많다.

반면에 정확성, 이성, 논리 등이 강조되는 과학과 비즈니스 분야 그리고 수필가, 비평가, 저널리스트와 같은 직업 영역에서는 상대적으로 정신적 병리가 덜하였다. 따라서 Ludwig(1998)는 논리적, 객관적, 공식적 형태의 표현을 요구하는 직업 분야의 사람들은 직관적, 주관적, 정서적 형태의 표현을 요구하는 직업 분야의 사람들보다 정서적으로 더 안정적인 경향이 있다고 주장하였다.

이러한 연구들은 모두 창의성과 정신질환 간의 연관성을 보여주지만, Kaufman(2016)은 앞의 세 연구가 모두 연구 설계상의 결함이 있으며, 그나마 루드비히의 연구가 주목할 만하다고 평가하였다. Schlesinger(2014)는 세 연구에 대해 매우 비판적 입장을 가졌다. 그녀는 창의성과 광기 간의 관계에 대한 문헌들은 잘못 수행되거나 오류가 많은 연구에 근거한 것이기에 과학이라기보다는 고정관념(stereotype)이라고 하였다. 특히, 전기에 근거한 연구방법에 대해 비판적이었는데, 그녀는 전기의 내용이 단순히 한담이나 소문 이상의 가치는 없는 것으로 보았다.

전기에 의존하는 위의 세 연구와는 다른 연구로, 스웨덴의 카롤린스카 연구소(Karolinska Institute)는 정신병리가 있는 사람들과 그들의 형제자매들에 관한 방대한 연구를 40년 넘게 수행하였다(Kyaga et al., 2011). 5장에서 유전과 환경의 영향에 대해 다루었듯이, 이 연구에서는 창의성과 정신병리 간의 관계가 환경 요인에 의한 것인지 유전적 요인에 의한 것인지 조사하였다. 그들은 1973년에서 2003년 사이의 조현병, 양극성 장애 또는 단극성 우울 장애로 입원 치료를 받은 사람들과 그런 진단을 받지 않은 친척들에서 창의적인 직업을 가지는 비율을 통제집단의 비율과 비교하였다. 그 결과, 양극성 장애가 있는 사람들[7]과 조현

---

7   이들이 양극성 장애의 조증 상태에 있을 때 빠른 확산적인 사고, 자존감 증가, 지칠 줄 모르는 에너지와 의욕을 보이면서 새로운 창의적인 것을 만들어내려고 한다.

병 또는 양극성 장애가 있는 사람들의 건강한 형제자매들은 창의적 직업을 가진 비율이 유의하게 높게 나타났다. 조현병이 있는 사람들은 통제집단 대비 창의적 직업의 하위 분야인 예술 직업에서는 더 높은 비율을 보였다. 반면, 단극성 우울 장애가 있는 사람들과 그들의 형제자매들 모두는 창의적 직업을 가진 비율에서 통제집단과 다르지 않았다. 종합하면, 양극성 장애가 있는 사람들과 그들의 친척들, 그리고 조현병 환자들의 친척들이 창의적 직업을 가진 비율이 확률적으로 더 높게 나타났다.[8]

실비아 플래스 효과　앞서 유명한 시인들에게서 정신질환(특히 조현병)이 더 많은 경향이 있다고 하였다. 여러 문화권에 걸쳐 시인들은 다른 픽션 또는 논픽션 작가들보다 일찍 사망하는 경향이 유의하게 높다. 평생 우울증에 시달린 시인 릴케는 "내 안에서 악마가 떠난다면, 내 안의 천사도 같이 이별을 고하리다"라고 하였고, 시인 토니 해리슨도 "이제, 어둠은 친숙한 친구다…. 나는 그게 내 창조의 공동 작업자가 아닐까 생각한다"라고 하였다. 시인 디킨슨은 그녀가 조증일 때 더 좋은 시가 나왔다(Johnson et al., 2012). 일반적으로 자살 충동을 느끼는 시인은 그렇지 않은 시인보다 언어 사용에서 '자신(self)'과 연관된 단어(I, my, me)를 더 많이 사용한다(Stirman & Pennebaker, 2001). 이는 시인들이 사회적 관계나 통합은 다소 결여되어 있고, 그보다는 자신 내부에 더 초점을 두는 경향성을 드러내는 것이다.

특히 Kaufman(2001)은 여성 시인들이 다른 유형의 작가들보다 더 정

8　Andreasen(1987)과 Kyaga 등(2011)의 연구에서 창의적 직업은 환자에게서뿐만 아니라 그들의 일차 친척들에게도 지나치게 많이 나타난다는 결과는 기저의 인지적 특성이 유전된다는 의미로 해석된다(Goldberg, 2018). 창의성과 정신질환의 관계가 실재한다면, 생물학적 기제로 공통의 유전 요인이 제안되어 왔는데, 그 가운데 하나는 조현병, 새로움 추구(novelty seeking), 창의성과 결부되어온 도파민 D_2 수용체(DRD_2) 유전자의 다형성과 관련이 있다.

신병리에 취약하다는 점을 발견하고 이런 경향을 '실비아 플래스 효과'라고 명명하였다.[9] 그는 첫 번째 연구에서 1,629명의 작가를 조사하여 여성 시인들이 다른 영역의 여성 작가들(픽션 작가, 논픽션 작가, 극작가)이나 모든 유형의 남성 작가들보다 더 정신질환(자살 시도, 입원, 일정 기간 우울증 호소 등)의 경향성이 높은 것을 발견하였다.[10] 이를 확장한 두 번째 연구에서 다양한 분야의 520명의 저명한 여성들을 분석하였는데, 여성 시인들은 여성 언론인, 정치인, 배우, 소설가, 시각 예술가들과 비교했을 때에도 정신병리의 경험이 유의하게 더 높았다.[11]

광기의 천재 연구의 한계　앞서 소개한 이 관점을 지지하는 연구들이 가지는 문제는 2장에서 소개한 역사측정학(historiometry) 연구 방법이 갖는 한계와 관련이 있다. 역사측정법은 현존하는 대상이나 인물의 특성을 직접 측정하는 것이 아니라, 과거에 존재했거나 현재 존재하더라도 직접 측정이 어려운 인물에 대한 자서전, 전기, 주변 사람들의 평가, 기록물 등을 분석하여 특성을 파악하는 것이다. 따라서 역사측정학적 방법을 사용하는 연구들은 다음과 같은 문제가 있을 수 있다. 첫째, 표본 선택(sample selection)에서 문제가 있다. 무작위적이거나 객관적 기준으로 선정하기보다는 연구자가 임의로 특정 기간과 지역의 인물들을 대상으로 하기에 다른 지역이나 시기의 인물들에게도 일반화될 수 있는지에 대한 의문이 있을 수 있다. 예를 들어, 유럽의 특정 시기에 창의

9　실비아 플래스(S. Plath)는 미국의 뛰어난 시인으로, 젊은 나이에 자살로 생을 마감하였다.
10　일반적으로, 청소년기부터 성인에 이르기까지 여성은 남성보다 우울증을 경험할 확률이 두 배라고 알려져 있다(Nolen-Hoeksema, 2001). 2021년 한국의 조사(보건복지부, 2021)에서도 우울장애의 1년 유병률은 여자가 2.4%로 1.1%인 남자보다 2.2배 높았다.
11　107명의 일반 성인을 대상으로 SCL90-R로 측정된 정신병리 정도와 창의성 간의 관계를 조사한 Martín-Brufau와 Corbalán(2016)의 연구에서는 전체 표본에서는 둘 간의 유의한 상관이 나타나지 않았으나, 남녀를 구분하였을 때, 남자에게서 창의성과 정신병리 간의 관계가 유의하게 나타났다.

적인 인물들에서 정신병리가 더 많이 나타났을 수도 있는데, 이것을 가지고 다른 지역과 시기에 일반화하기는 어려울 수 있는 것이다.

둘째, 역사측정에서는 인물의 전기를 가장 많이 활용하는데, 전기의 내용이 저자의 주관적 판단에 의한 것일 뿐만 아니라 전기 내용에 대한 연구자의 주관적인 해석 가능성도 크다. 또한, 전기의 내용이 동시대인들에 의해 직접적으로 기술된 것이 아니라 두세 단계를 거쳐 가십처럼 전해 오는 것들일 수 있다.

세 번째 약점이 가장 주목할 만한데, 정상적인 인물은 전기의 대상이 되기 어렵다는 것이다. 이들의 삶에는 그리 극적인 내용이 없기에 주목을 받지 못한다. 반면, 별나거나 이상하거나 정신질환이 있는 창의적 인물은 흥미로운 소재가 되기에 더 많은 전기나 기록이 남게 된다. 따라서 정신적으로 건강한 삶을 영위한 인물보다 상대적으로 불안정하고 병리적인 삶을 산 사람들에 대한 기록이 더 많이 남게 되고, 그로 인해 창의성이 정신병리와 관련이 있다는 생각이 더 강화되었을 수도 있는 것이다.

참고 7-1 창의성과 정신병리 간 관계의 프랙털 패턴

창의적인 사람들이 일반인보다 더 정신병리가 많은지의 논의를 넘어, 창의적인 인물들 간의 비교를 한 연구가 있다. Simonton(2014a)은 서구 문명에서 1766년부터 1906년까지 Big-C의 창의적 인물들 204명(42명의 과학자, 40명의 화가, 49명의 작가, 50명의 작곡가, 23명의 사상가)의 창의적 명성(eminence)의 수준을 1~100점으로, 그리고 정신병리를 0~3으로 평가 (정신병리가 0: 없음, 1: 약한, 2: 뚜렷한, 3: 심각한)하여 둘 간의 함수 관계를 분석하였다. 〈그림 7-3〉을 보면, 정적인 선형적 관계를 보인 화가나 작가와는 달리 나머지 세 직업군은 곡선적 관계를 보였는데, 창의적 명성의 정점이 과학자는 1.278, 작곡가는 1.996, 사상가는 2.621로 나타났다. 따라서 창의적 작가와 화가의 경우는 명성이 높을수록 정신질환의 가능

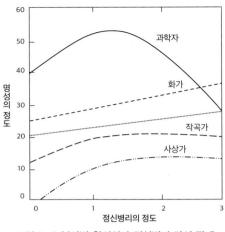

그림 7-3 **분야별 창의성과 정신병리 간의 관계**

성이 크지만, 과학자, 사상가, 작곡가는 창의적 업적과 정신질환 간의 관계에서 특정한 정점이 있고 그것보다 높으면 창의적 성취도가 낮을 수 있음을 보여준다.

특히 〈그림 7-3〉을 보면 과학자의 정점은 '약한(mild)' 정신병리(1)에 위치하며, '심각한(severe)' 정신병리(3)의 과학자는 정신병리가 '없는' 과학자보다 더 낮은 명성을 얻었다. 만약 이런 곡선 관계를 고려하지 않고 선형적 관계만 보았다면, 둘 간에는 부적인 관계가 있는 것으로 간주했을 것이다. 이처럼 영역(domain)별로 구분해서 보면 창의성과 정신병리 간의 관계는 상당히 다를 수 있으므로 영역 구분 없이 단일한 관계만을 추정하면 모호한 결과가 도출될 것이다. 따라서 Simonton(2019)은 둘 간의 관계를 직선적이지도 곡선적이지도 않으며, 이런 상황에서 선형성을 가정하는 상관계수로만 둘 간의 관계를 논의하는 것은 잘못된 결론에 이른다고 경고하였다.

한편, 사이먼턴은 3장에서 소개한 영역 일반성-특수성과 관련하여 학문 분야별 위계 구조에 대한 분석 결과를 제시하였는데, APT 이론처럼 학문 분야별 위계상 아래로 내려가면서 정신병리의 정도를 검토해볼 수 있다(Simonton, 2009). 특정 영역에서 전형적인 정신병리의 빈도와 크기는 해당 영역에서의 창의성의 특성(예: 논리적 대 감성적, 객관적 대 주관적)과 일치한다.

수준 1: 과학자들은 예술가들보다 생애 동안 정신병리의 비율이 낮다. Raskin(1936)이 19세기의 걸출한 과학자와 작가들을 비교했을 때, 과학자 중에는 18%가 심각한, 27%가 두드러진, 24%가 가벼운 정신병리를 보였고, 31%는 병리가 없었다. 반면, 작가 중에는 38%가 심각한, 19%가 두드러진, 29%가 가벼운 정신병리를 보였고, 15%만이 병리가 없었다. 사실 과학자들은 일반 모집단보다 더 낮은 정신병리의 비율을 보인다.

수준 2: 과학에서 자연과학자들은 사회과학자들보다 낮은 비율을 보이며, 예술에서 건축과 같은 형식(formal) 예술에서의 창조자들은 음악, 연극, 무용과 같은 공연(performing) 예술의 창조자들보다 낮은 비율을 보이며, 공연 예술의 창조자들은 문학, 시각 예술과 같은 표현(expressive) 예술의 창조자들보다 낮은 비율을 보인다.

수준 3: 문학과 같은 특정한 표현 예술 내에서 논픽션 작가들은 픽션 작가들보다 낮은 비율을 보이며, 픽션 작가들은 시인들보다 낮은 비율을 보인다.

수준 4: 특정한 예술 분야(회화, 건축, 사진 등)에서, 형식적(formal) 스타일로 창조하는 사람들은 상징적(symbolic) 스타일로 창조하는 사람들보다 낮은 비율을 보이며, 상징적 스타일의 창조자들은 정서적(emotive) 스타일의 창조자들보다 낮은 비율을 보인다. 그래서 여러 유형의 창의성에서, 매우 정서적인 스타일의 시인은 병리를 가질 확률이 가장 높다.

이처럼, 수준별로 보았을 때, 작은 구조가 전체 구조와 비슷한 형태로 끝없이 되풀이되는 구조인 프랙털(fractal) 패턴[12]을 보인다.

---

12 프랙털은 작은 구조가 전체 구조와 닮은 형태로 끝없이 되풀이되는 구조로서, 부분과

3) 창의성과 정신병리 간 관계의 조절 변인

창의성과 정신병리 간의 관계를 조절하는 변인들도 많이 연구되었다. 특히 창의성의 수준, 창의성의 영역(예술 대 과학), 정신병리의 정도, 정신병리의 영역의 네 가지 조절 변인이 조사되었다(Feist et al., 2022).

창의성의 수준　Big-C(또는 pro-c) 수준에서는 정신병리와 창의성 간에 유의한 관련성이 엿보이나, little-c 수준에서는 관련성이 없거나 매우 낮다. 예를 들어, 앞서 언급한 전문가 수준(pro-c) 창의적 예술가들과 과학자들에 대한 스웨덴의 대규모 전국 표본조사(Kyaga et al., 2011)는 창의적 직업을 가지는 것과 양극성 장애 또는 조현병 치료를 받는 형제나 부모를 두는 것 간에는 유의한 관련성이 있음을 보여주었다. 반면, Silvia와 Kimbrel(2010)은 학부생(little-c) 대상 연구에서, 불안과 우울은 창의적 사고의 3%만 설명하는 것으로 나타났다. Johnson 등(2012)도 양극성 장애와 창의성 간의 관계에 대한 문헌의 질적인 개관 연구에서, little-c보다 Big-C에서 둘 간에 더 강한 관계를 발견하였다.[13]

창의성의 영역　앞서 루드비히와 사이먼턴의 연구에서 보았듯이, 예술 영역에서 창의성과 정신병리 간의 관련성이 더 크게 나타난다. 생애 동안 정신병리가 나타나는 비율이 과학보다는 예술 영역, 특히 표현 예술 영역(작가, 화가, 시인 등)에서 뚜렷하게 높게 나타난다. 공연 예술 영역(연주자나 무용수 등)에서는 약간 정도의 정신병리가 나타나며, 형식 예술 영역(건축가 등)은 일반인과 차이가 없었다(Ludwig, 1998). 앞서

전체가 똑같은 모양을 하고 있다는 자기 유사성(self-similarity)에 기반한다.

13　2장에서 언급되었듯이, 두 수준의 창의성은 연구 방법론에서도 차이가 있는데, Big-C는 주로 역사측정법이나 전기 등을 활용한 사례분석에 주로 의존하는 반면, little-c는 심리측정법이나 실험법으로 연구가 이루어진다.

언급되었듯이, 루드비히는 형식적, 논리적, 객관적이고 정확성이 요구되는 영역보다는 표현적, 직관적, 주관적인 창의성 영역에서 창의성과 정신병리 간의 연관성이 더 높다고 하였다. 예술 형식에 대한 분석에서도 감성적이고 표현주의적 양식이 형식적이고 사실주의(realism)적 양식보다 더 정신병리의 가능성이 일관되게 높게 나타난다.

Taylor(2017)는 예술과 과학 간에 이런 차이가 나온 이유를 다음과 같이 설명하였다. 첫째, 예술 영역에서는 공식적인 교육이 덜 요구되고, 더 유연한 작업 일정이 허용되기에 기분 장애가 있는 사람들도 배제되지 않는다. 반면 과학 영역은 긴 교육 기간이 요구되고, 성실성과 논리가 더 중요시되는 영역이다. 둘째, 외상, 기분 장애, 죽음에 대한 두려움 등은 예술적 창의성이나 혁신의 동력으로 작용할 수 있지만, 과학적 창의성이나 비즈니스 영역에서는 그렇지 않다. 셋째, 두 영역은 정서적 표현성이 요구되는 정도와 내적 지향 대 외적 지향 간의 차이가 있다(Feist et al., 2022). 예술(특히 문학이나 미술처럼 표현적 예술) 영역에서는 특별한 개인적인 정서적 경험이나 외상 경험을 이해하고, 그런 내적 경험에 의미를 부여하거나 예술적 형태로 표현하려는 욕구나 동기가 생긴다. 굳이 외상 경험이 아니더라도 세상에 대한 자신의 인식을 표현하고자 하는 욕망이 강하다. 반면, 과학자들은 '그건 뭐지?' '왜?' '그것을 어떻게 설명하지?'와 같은 질문을 던지면서 내적이 아닌 외적 세계를 이해하고 거기서 의미와 깨달음을 얻고자 한다. 즉, 과학의 영역은 외적 세계를 이해하고 파헤치고자 하는 욕구가 더 강하다.

다만, 과학 영역에서 주목해야 할 두 가지 예외적인 사항이 있다. 첫째, 과학자들의 정신병리 비율이 일반인들보다 높지 않은 경향을 보이지만, 예외적인 경우도 있다. Ko와 Kim(2008)은 과학 영역의 76명의 천재를 조사하였는데, 정신병리와 창의성 간 관계를 조절하는 변인으로 기존 패러다임을 유지하였는지 혹은 거부하였는지와 같은 기여 유형을 구분하였다.[14] 정신병리가 없는 과학자는 패러다임을 거부하는 기여보다는 유지하는 기여를 할 때 전기나 백과사전의 명성 지표에 근거한 창의성이 더 높았다. 반면 정신병적 장애(psychotic disorder)가 있는 과학자는 패러다임 유지가 아닌 거부하는 기여를 할 때 창의성이 더 높았다. 즉, 정신병리를 보이는 과학자는 기존 패러다임을 거부하는 혁명가로서 명성을 얻을 가능성이 크지만, 정신병리를 보이지 않는 과학자는 기존 패러다임을 보존하는 기여를 통해 유명해질 가능성이 더 크다는 것이다. 더불어 이런 조절 변인 분석은 Ludwig(1995)의 표본과 비교했을 때 과학적 창의성에 대해 정신병리에 의한 설명 변량을 두 배 이상으로 늘렸다(18% 대 8%). 다만, 인과관계는 명확하지 않은데, 정신병리가 거부적 기여에 이르게 하는지 아니면 거부적 기여로 인한 집단 압력이나 스트레스로 정신병리가 발생하는지 알 수 없다.

둘째, 과학자들에게서 나타나는 또 다른 예외적인 것은 이들에게 고기능 자폐 스펙트럼 장애(high-functioning ASD)[15]가 많다는 것이다. STEM(Science, Technology, Engineering, Mathematics) 분야의 과학자들에게서 특히 이런 결과가 두드러진다(Wei et al., 2017).

정신병리의 정도　　예술을 포함한 어떤 분야든지, 정신병리가 심할수록 창의성의 수준이 높기는 어렵다. 대체로 창의적 행동은 상대적으로 평온하고 가벼운 역기능을 보이는 시기 동안에 가능하다. 요약하면,

---

14 패러다임 유지적 기여는 진보를 이루지만 영역의 방향을 변화시키지는 않는 것인 반면, 패러다임 거부적인 기여는 사실상 영역의 방향을 변화시키는 것이다.

15 지능 저하를 동반하는 일반적인 '저기능 자폐증'에 대응되는 의미로, 지능이 정상이며 관심 있는 분야에 대단한 열정과 집중력을 보이지만, 사회적 활동이나 소통에는 어려움을 갖는다. 여기서 '고기능'의 의미가 반드시 매우 높은 지능을 가졌다거나 천재임을 의미하는 것은 아니다. 다만, 고기능 자폐 스펙트럼 장애가 아스퍼거 증후군과 유사한 의미로 사용되고 있고, 아인슈타인, 뉴턴, 다윈 등이 그러한 증후군을 보인 인물로 추측되고 있다.

창의성과 정신병리 간의 비선형적 관계, 즉 가볍거나 적정 수준의 병리 기간에 창의적 성취가 가장 높은 역 U자 관계를 보일 수 있다(Feist, 2012; Simonton, 2017).[16] 예를 들어, 문학 영역에서 양극성 장애와 창의성 간 일정한 관계가 나타나지만, 순환증(cyclothymia)[17]처럼 보다 약한 형태의 병리를 보인 인물이 더 창의적인 성취를 이루었다. 또한, 창의성과 양극성 장애, 조현병, 정신병 경향성(schizotypy)[18] 간의 관계는 대개 곡선적이었다(Kinney & Richards, 2017).

정신병리의 영역 정신질환의 영역도 영향을 미칠 수 있는데, 다음에서 보듯이 기분 장애(mood disorder)와 정신병적 장애(psychotic disorder)가 창의적 성취와 연관될 가능성이 가장 컸다(Feist et al., 2022).

양극성 장애(bipolar disorder), 순환성 장애, 우울 장애 등의 하위 유형이 있는 기분 장애(mood disorder)가 창의성과 어떤 연관성을 갖는지 많이 연구되었다. Taylor(2017)는 창의성과 기분 장애 간의 관계에 관한 연구들이 일관된 결과들을 보여주지 못하는 이유 중의 하나가 연구 방법의 차이에 있다고 보았다. 그녀는 메타분석을 통해 다음과 같은 분석 결과를 얻었다. ① 기분 장애가 있는 표본이 없는 표본보다 유의하게 더 창의적이지는 않았다. 다만 문학(시, 소설)과 공연(연주, 연기) 영

---

16 Solomon(2001)이 쓴 『한낮의 우울(*The Noonday Demon: An Atlas of Depression*)』에는 다음과 같은 일화가 나온다. 조현병이 있는 동생을 가진 어떤 작가는 다음과 같이 말했다. "남동생과 나는 정신세계가 똑같아!"라고 하면서, "나도 그렇지만, 동생도 가상의 세계를 만들고 그 세계를 설명하기 위해 나름 애를 쓰지. 어떤 의미에서는 그 속에서 살고 있고. 차이점이라면 나는 그것을 진짜로 믿지는 않는 대신 글로 쓴다는 것이고, 내 동생은 진짜 믿는다는 거지"라고 하였다.

17 조증과 우울증이 번갈아 나타나는 양극성 장애보다 약한 진폭을 가진다(약간 종잡을 수 없는 느낌을 주는 사람). 즉 경조증과 경우울증이 교대로 번갈아 가면서 최소한 2년 이상 장기적이며 지속적으로 나타나는 만성적인 기분 장애이다.

18 조현병의 증상들이 약하게 나타나는 성격 유형이다(조현병 스펙트럼). 개인과 가족 구성원에게서 이후 조현병이 나타날 가능성의 유력한 예측 변인(또는, 조현병에의 취약성 요인)으로 간주된다.

역에서는 기분 장애가 있는 집단이 더 창의적이었고, 기분 장애 중 순환성 장애가 있는 집단이 더 창의적이었지만, 지속적 우울 장애가 있는 집단은 덜 창의적이었다. ② 영역과 무관하게 비창의성 표본보다 창의성 표본에서 기분 장애가 더 높았다(1 표준편차의 3분의 2 정도). ③ 일반 성인과 학생들을 대상으로 한 창의성 검사 점수와 기분 장애 간에는 약하지만 유의한 상관관계가 나타났다. 이러한 결과는 기분 장애의 유형, 연구방법, 그리고 앞서 언급되었듯이, 창의성의 수준이 어느 정도 조절 효과를 가지는 것으로 볼 수 있다.

양극성 장애와 창의성 간의 관계에서 한 가지 중요한 점은 창의적인 사고 및 행동이 나타나는 것은 '우울' 시기보다는 '조증'의 시기일 때가 더 많다는 것이다(반 고흐가 조증 상태일 때 그린 그림들은 더욱 아름답고 인상적이다!). 이는 조증 시기에 발생하는 아이디어의 신속성과 유창성을 고려하면 일견 이해가 된다. 또한, 많은 연구가 약한 경조증(hypomania)의 상태가 창의적 사고 및 성취와 가장 분명하게 상관된다는 것을 지지하였다(Schuldberg, 1990).

양극성 장애와 창의성의 관계보다 우울과 창의성 간의 관계는 비교적 명확하다. Paek 등(2016)은 우울과 창의성 간의 관계를 다룬 27개 연구(14,000명 이상의 표본과 103개의 효과 크기)의 메타분석을 통하여, 둘 간의 상관관계는 거의 없음을 보여주었다($r = .04$). 다만, Verhaeghen 등(2014)은 반추(rumination)가 창의성과 우울 간의 관계를 설명하는 핵심 매개변수라고 보았다. 그들은 자기 초점의 반추를 '되씹는(brooding) 유형'과 '반성적 숙고(reflective pondering) 유형'으로 구분하고,[19] 두 유형

---

19 자기(self)에 대한 만성적인 주의 기울이기는 '되씹는 유형'과 '반성적 숙고 유형'으로 구분된다. 전자는 반추적 자기 초점(ruminative self-focus)으로, 수동적으로 자신의 바람직하지 않은 측면을 곰곰이 생각하고 자신의 감정이 위협적이고 혼란스럽고 피할 수 없다고 생각하는 신경증적 경향성을 보인다. 그래서 문제로 인한 스트레스를 해소

은 창의성 및 우울(불쾌감)과 서로 다르게 연관될 것이라고 보았다. 대학생을 대상으로 한 조사에서 되씹는 유형은 우울(불쾌감)과 연관이 되었지만(되씹는 반추는 더 기분을 나쁘게 만들어 우울해짐), 반성적 숙고 유형은 창의성과 연관이 되었다. 따라서 어떻게 되돌아보는가(즉 자기기분에 초점을 두는가 아니면 보다 반성에 초점을 두는가)에 따라 더 깊은 우울 상태에 빠질 수도 있고 창의적 행동으로 이어질 수도 있는 것이다.[20] 그러나 이 연구는 학생들을 대상으로 한 little-c의 사례라는 한계가 있다.

정신병적 장애는 조현병, 정신병 경향성(schizotypy), 조현정동장애(schizoaffective disorder) 등으로 이 장애도 창의성과의 관계가 복잡하고 간단히 요약하기 어렵다. 존 내시와 같은 일화적 예외가 있기는 하지만, 완전한 조현병은 창의성과 아무런 관련이 없다(Rothenberg, 1990). 반면, 앞서 언급된 Kyaga 등(2011)의 연구에서 조현병과 양극성 장애가 있는 일차 친척을 가진 사람들이 창의적인 직업군에 더 많이 종사하는 결과가 나타났다. Eysenck(1995)도 비임상적 성격 특성과 정신증(psychoticism)[21]은 창의적인 사고 및 행동과 연합된다는 생각을 지지하는 증거를 제시하였다.

그러나 정신증도 너무 폭넓고 다양한 의미가 있는 구성개념이기에

하는 데 초점을 두기보다는 자신이 처한 문제나 곤경의 원인과 결과에 더 초점을 둔다. 반면, 후자는 반성적 자기 초점(reflective self-focus)으로, 부정적인 느낌들을 탐색하는 개방성을 보이며 그것들이 명확하고 통제 가능하다고 생각하며 불편한 느낌을 완화시키기 위한 방안을 적극적으로 숙고하는 특징이 있다.

20 이런 자기(self)의 내적 작용들에 대해 어느 정도 강박적으로 집중하는 것은 창의적인 행동으로 이어질 수 있다. 이것은 르네상스 이후의 서구 화가나 작가들이 끊임없이 자기표현(self-expression)에 몰입하는 전형적인 모습과 부합하는 것이기도 하다.

21 아이젱크 성격설문지의 정신증(psychoticism) 척도에서 정상보다 더 높은 점수를 보인 사람은 공격적이고, 차갑고, 자기중심적이고, 충동적이며, 인간미 없으며, 반사회적이며, 동정이나 공감을 잘 하지 않는 거친 특성을 보이는 경향이 있다. 정신증이 높다고 병리적으로 보지는 않지만, 이 척도의 극단이 정신병리와 연결될 수 있다.

창의적인 사고와 행동과 일관되게 연관되기 어렵다. 정신증보다 더 구체적이며, 임상적 의미가 있는 정신병 경향성(schizotypy)은 분명하게 창의성과 연관이 된다. 정신병 경향성은 특이한 경험, 마술 같은 생각, 기이한 행동, 인지적 해체(disorganization)와 같은 정신병(psychosis)의 아임상(亞臨床)적 증상들이 나타나는 성격장애이다. Big-C와 little-c의 표본에서 정신병 경향성은 창의적 사고와 관련성이 있는 것으로 나타난다(Baas et al., 2016).

특히 Baas 등(2016)은 비임상적 집단의 창의성과 정신병리에의 취약성(vulnerability) 간의 관계와 관련하여, 특정한 정신병리 경향성은 접근 및 회피의 동기 체계와 연관되고 접근 및 회피 동기는 창의성에 서로 다르게 영향을 주는 것으로 보았다. 즉, 접근(approach) 기반의 정신병리(예: 긍정적 정신병 경향성, 양극성 장애) 경향성은 창의성의 증가와 연관되지만,[22] 회피(avoidance) 기반의 정신병리(예: 부정적 정신병 경향성, 불안, 우울) 경향성은 창의성의 감소와 연관될 것으로 본 것이다. 이는 병리 유형의 조절 효과를 예측하는 것이다. 이를 검증하기 위한 메타분석에서, 그들은 조증이나 그보다 약한 경조증과 같은 양극 장애의 위험과 긍정적 정신병 경향성(positive schizotypy)은 '접근 기반'의 병리로서 창의성과 정적인 관련성을 가지며(r = .224), 인지적 해체와 고립 같은 조현병적 특성을 보이는 부정적 정신병 경향성(negative schizotypy)과 우울은 '회피 기반'의 병리로서 약하지만 부적으로 창의성과 연관되었다(r = -.064).

유사하게, Acar와 Sen(2013)의 메타분석에서도 창의성과 부정적 정신병 경향성 간에는 아주 약한 부적 관계가 나타났고(r = -.09), 창의성과

---

22 약한 수준의 정신질환(예: 경조증이나 순환 장애)이 아이디어 유창성 증가와 같은 장점을 제공하기 때문이다(Carson, 2011).

긍정적 정신병 경향성 간에는 약한 정적 관계가 나타났다($r = .14$). 이처럼 정신병리 또는 정신병리 경향성은 병리의 유형에 따라 창의성에 정적 또는 부적 연관성을 가짐을 알 수 있다.

4) 창의성과 정신병리 간 관계에 대한 통합적 시각

지금까지 창의성과 정신병리 간의 관계에 관한 연구들을 살펴보았는데, 이 둘 간의 관계는 생각보다 복잡하며, 둘 간의 관계에 대한 질문은 분명하게 답하기에 너무 광범위한 질문임을 알 수 있다. 연구마다 결과가 다를 뿐만 아니라, 둘 간의 관계에 영향을 미치는 많은 조절 변인들이 있기 때문이다. 다음부터는 창의성과 정신병리 간의 관계를 통합적으로 조망하는 세 가지 관점을 살펴보고자 한다.

잠재억제 감소　　잠재억제(latent inhibition)는 인간을 포함한 동물의 뇌가 경험을 통해 무의식적으로 현재 불필요하다고 생각되는 자극들을 무시하고 걸러내는 것이다. 인간의 주의 용량 한계로 인류는 오감으로부터 들어오는 모든 자극(감각 정보)에 주의를 기울일 수 없기에 불필요한 것은 여과하고 필요한 것에만 집중하도록 진화되었고, 이러한 잠재억제 기제는 유기체의 생존 능력을 높여주었다. Eysenck(1995)는 정신증과 창의성 간의 연관성은 부분적으로 정신증의 특징인 잠재억제의 감소에 기인한 것이라고 하였다. 정신증이 높은 사람은 잠재억제 감소로 외부 정보를 잘 여과하지 못하는 특징을 보인다. 이후의 연구는 잠재억제 감소로 외부 정보를 여과하지 못하여 주의 집중이 되지 않는 것(defocused attention)이 경험에 대한 개방성(Peterson & Carson, 2000) 및 창의적 성취(Carson et al., 2003)와 정적인 상관이 있음을 보여주었다.

Carson 등(2003)은 지능이 높은 청년들에 관한 연구들의 메타분석에서, 생애 동안 높은 창의적 성취를 이룬 사람들은 잠재억제 수준이 훨씬 낮다는 것을 보여주었다. 또한, 특정 영역에서 '저명한(eminent)' 창의적 성취를 이룬 집단은 일곱 배나 낮은 잠재억제 수준을 보였다. 이는 창의적인 사람들은 환경으로부터 입력되는 불필요한 정보들에 매우 개방적이며, 이를 통해 다른 사람들이 보지 못하는 새로운 가능성을 인식하는 것으로 볼 수 있다.

불필요한 자극을 차단하지 못하는 특성은 정신병(특히 조현병) 환자들에게도 나타난다. 조현병의 초기 단계에서 잠재억제가 사라지는 화학적 변화가 나타난다. 현재 상황과 무관한 자극들을 효과적으로 걸러내지 못하고 주의 집중을 할 수 없기에 조현병 환자들과는 10분 이상 대화하기가 어렵다. 따라서 창의적 인물과 조현병 환자 간에는 낮은 잠재억제 수준이라는 공통점이 있다.

취약성 공유 모델　　　Carson(2011)은 잠재억제 관점과 신경과학과 분자 유전학의 연구를 기반으로 창의성과 정신병리가 공유하는 특성에 대한 취약성 공유 모델(shared vulnerability model)을 제안하였다(〈그림 7-4〉). 이 모형은 창의성과 정신병리가 공유하는 세 가지 취약성으로, 잠재억제 감소(또는 인지적 탈억제, cognitive disinhibition)와 더불어 새로움 선호(preference for novelty)와 신경 과다연결성(neural hyperconnectivity)을 제시하였다. 새로운 것에 대해 남다른 주의를 기울이는 경향인 새로움 선호는 성격 5요인 중의 하나인 '경험에 대한 개방성'의 핵심 측면이다. 또한, 이것은 새로운 경험과 감각에 강하게 이끌리는 감각 추구 (sensation seeking) 성향[23]과도 연관된다. 신경 과다연결성[24]은 일반인들에게는 잘 연결되지 않는 뇌 영역들이 긴밀히 연결되는 것이다. 이것은 절대음감이나 공감각과도 연관이 있다.[25]

23　이것은 도박, 약물사용, 자살 생각 등과 연관이 깊다.
24　10장에서 보겠지만, 건강한 뇌에서의 신경 과다연결성은 많은 정보를 담고 있는 후방 연합피질들이 전전두엽의 통제를 벗어나는 때라고 볼 수 있다.
25　알렉산드르 루리야가 『모든 것을 기억하는 남자(*The Mind of A Mnemonist*)』에서 묘사한

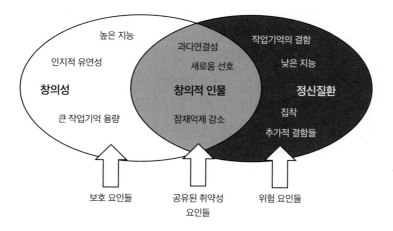

그림 7-4 **취약성 공유 모델(Carson, 2011)**

모형에서는 이 세 가지에 보호 요인들(protective factors)이 더해지면 창의적인 인물이 될 가능성이 크지만, 위험 요인들(risk factors)이 더해지면 정신질환으로 이어질 것이라고 본다. 〈그림 7-4〉에서 볼 수 있듯이, 보호 요인은 높은 지능, 인지적 유연성, 큰 작업기억 용량이다. 예를 들어, 높은 지능과 큰 작업기억 용량(동시에 많은 것을 머리에 떠올려 조작할 수 있는 능력)을 가진 사람이 낮은 수준의 잠재억제를 보이면, 의식에서 가용한 자극이나 정보의 범위와 깊이가 확대되기에 새로운 연합이나 조합에 의한 독창적인 아이디어를 만들어낼 확률이 높아진다. 반면 위험 요소는 작업기억의 결함, 낮은 지능, 집착(예: 기능적 고착) 등인데, 이것들이 공유된 취약성의 세 요소와 합쳐지면 정신질환으로 이어질 가능성이 크다.

광기-천재 역설　Simonton(2014b)은 창의성과 정신병리가 정적인

기억술사 솔로몬 셰르솁스키('S')는 무한한 기억력과 더불어 망각 불능의 저주를 받은 남자였는데, 그는 높은 공감각 성향을 보였다. 이것은 신경 과다연결성에서 비롯된 것일 수 있다.

관련성을 갖는지 아니면 부적인 관련성을 갖는지의 논쟁에서, 역설적이지만 두 가지 모두 다 옳다는 것을 보여주었다.

먼저, 그는 창의성과 정신병리 간의 상관은 다음 두 독립적인 명제로 표현될 수 있다고 하였다. 첫째, 전체적으로 창의적인 사람은 창의적이지 않은 사람들보다 정신건강이 더 좋다. 즉, 모든 사람을 '창의적인 집단'과 '비창의적인 집단'의 두 집단으로 나누었을 때, 전반적으로 전자가 후자보다 정신병리의 비율이 낮다면, 창의성은 정신건강과 정적 관련성을 가질 것이다. 둘째, 이제 '창의적인 집단'을 '걸출한 창의적 천재'와 '상대적으로 평범한 창의적인 인물'의 두 집단으로 나누면, 전자는 후자보다 정신질환의 위험이 더 크다. 즉, 전자에 속하는 사람은 드물지만, 전자가 후자보다 정신병리를 더 많이 경험한다면, 이 경우에는 창의성과 정신건강 간의 부적 관계를 보일 것이다. 그는 이 두 가지 명제 모두 사실일 수 있다고 보았고, 이를 '광기-천재 역설(Mad-Genius Paradox)'이라고 하였다. 그는 이 역설이 창의적 생산성의 분포가 로트카의 법칙[26]이라고 불리는 역자승 함수에 근접한다는 가정에서 논리적으로 도출될 수 있다고 하였다.

그는 두 가지 역설적인 명제를 검증하기 위해 유명한 '뉴욕 메트로폴리탄 오페라'에서 선정한 150개의 위대한 오페라 레퍼토리의 작곡가 72명을 분석하였다. 그중 단 두 명(바그너, 베르디)이 10개 이상의 오페라를 작곡하였고, 49명은 단 하나만 작곡하였다. 〈그림 7-5〉를 보면, 검은 막대는 창의적 생산성(작품 수)의 수준별 창작자의 비율을, 회색 막

---

26 계량서지학의 중요 법칙 중의 하나이다. 앨프리드 로트카(A. Lotka)는 「학술논문 생산성의 빈도분포」(1926)라는 논문에서 n개의 논문을 쓴 저자들의 수는 1편을 쓰는 저자들의 약 n^2분의 1이 된다고 하면서, 한 편의 논문을 생산하는 저자는 전체 저자의 약 60%를 차지한다고 하였다. 즉, 특정 주제 영역에서 다수의 논문을 출판하는 저자의 수는 아주 소수이지만, 이들의 논문 수는 그 분야의 출판물 중 상대적으로 높은 비율을 차지하며, 대다수 저자는 각자 한두 개의 논문만을 생산하는 현상을 설명한다.

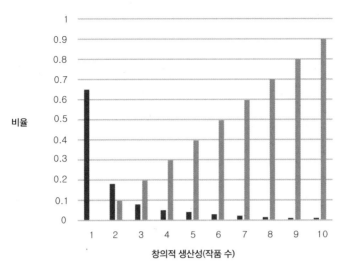

그림 7-5 광기-천재 역설(Simonton, 2014b, p.474)

대는 정신병리의 위험이 있는 사람의 비율을 나타낸다. 검은 막대를 보면, 한 작품만 낸 사람의 비율이 60%가 넘는다는 것을 알 수 있다.

X축에서 1에서 10으로 갈수록 더 걸출한 창의성을 나타낸다. 따라서 이 그림을 전체적으로 보면, 창의적인 인물 중에서 남다른 걸출한 창의적 천재들의 정신병리 가능성이 더 크다는 것을 알 수 있다. 10개의 작품은 만든 인물은 거의 90% 이상의 확률로 정신병리가 있을 것이지만, 작품 수가 줄어들수록 정신병리의 가능성은 가파르게 낮아지는 것을 알 수 있다.

Simonton(2014b)은 이러한 결과에 대해 두 가지 해석을 제시하였다. 첫째는 창의성의 개인적 선행요인(antecedents)과 관련된 설명이다. 즉, 취약성 공유 모형에서 '인지적 탈억제(잠재억제 감소)'로 가용한 자극이나 정보의 수가 늘어나면서 제약 없는 '상자 밖의 사고(think outside the box)'가 가능해지고 새로운 연합 및 창의적 산물의 생성 가능성이 더 커진다. 그런데 인지적 탈억제는 준임상적 성격 특성인 정신증

(psychoticism) 증가와 연합되면서 정신병리의 가능성도 커진다. 물론 높은 지능으로 메타인지적 제어가 가능하면 최대한 정신병리의 확률을 낮출 수 있으나(명제 1), '예외적인' 창의적 성취일수록 매우 높은 수준의 인지적 탈억제가 요구되므로, 지능의 제어 또는 완화 기능이 불안정해질 수 있고 그 결과로 정신병리 에피소드들이 나타날 확률이 더 높아진다(명제 2). 즉, 두 가지가 미묘한 균형을 잡는 과정에서 창의적 천재의 삶에는 불안정한 모습이 나타날 수 있을 것이다.

둘째는 창의성의 개인적 결과(consequences)로 정신병리가 나타날 수 있다는 설명이다. 일반적으로 창의적 산물을 만들어내는 과정은 매우 고통스럽고 스트레스가 많으므로, 이것이 정신건강을 해칠 수 있다. 특히 경력 기간 중 가장 창의적인 시기에는 더욱 그럴 가능성이 커진다. 창의성에 대한 합의가 잘 이루어지지 않는 영역에서는 새로운 산물이 무시 또는 거부되거나 심각한 비판에 직면하게 될 가능성이 크다. 그리고 새로운 산물을 만들어낼 때마다 인정이 아닌 무시, 거부, 비판의 상황에 계속 직면하면서 정신적으로 더 피폐해질 수 있는 것이다(명제 2).[27]

여기서 한 가지 주목할 부분은 표본(sample)에 관한 것인데, 역사측정법을 적용한 연구들은 창의적 인물의 분포에서 최상단의 창의적 천재들(예를 들어 반 고흐나 버지니아 울프)을 주로 대상으로 하지만, 현존 인물을 대상으로 심리측정이나 인터뷰 방법을 사용하는 연구자들은 창의적 인물의 전체 분포에서 상대적으로 하단에 있는 인물들을 대상으로 할 가능성이 크다. 왜냐하면, 예외적인 창의적 천재는 심리측정이나 인

---

27 또 다른 설명 중 결과에 초점을 두는 관점에 따르면, 창의적 산물로 명성을 얻게 되면 자기 의식이 고양되고 알코올 같은 약물 남용으로 불편한 심리 상태를 진정시키고자 한다. 앞서 보았듯이, 창의적인 인물(특히 문학 영역의 인물)에게서 가장 많이 나타나는 정신병리가 알코올 중독인 것은 이러한 이유이다.

터뷰에 응할 가능성이 작고, 더불어 그런 인물들의 수가 매우 제한적이기 때문이다.

5) 정신병리와 창의성의 인과관계

지금까지 창의성 연구에서 오래된 주제이자 논쟁거리인 창의성과 정신병리 간의 관계를 살펴보았다. 이 논쟁은 완전히 종결되었다기보다는 앞으로도 계속 진행될 여지가 있어 보인다. 마지막으로 정신병리와 창의성 간의 인과관계에 관한 두 가지 관점을 다음에 제시하였다.

우선 정신병리가 사람을 창의적으로 만든다는 관점이다. 정신병리가 있는 사람들이 진화과정에서 도태되지 않고 계속 존재하는 것은 병리적 행동이 창의적 행동으로 이어지면서 나타나는 이점이 있기 때문이라는 것이다. 이는 진화론의 '보상적 이점(compensatory advantage)' 관점으로 설명된다(Kinney & Richards, 2017). 보상적 이점의 예로, 아이가 부모 모두로부터 겸상적혈구 관련 유전자를 받으면 심각한 빈혈로 조기 사망의 위험에 처하게 된다. 그런데 하나의 유전자만 받으면 약한 정도의 빈혈이 나타날 뿐이며, 말라리아와 같은 다른 위협에 저항할 수 있어서 생존 확률이 더 높다. 이 관점을 정신병리와 창의성 간의 관계에 적용하면, 심각한 정신병리는 창의성뿐만 아니라 생존에도 어려움이 있을 수 있지만, 앞서 '정신병리의 정도'에 대한 설명에서 보았듯이, 약한 정도의 정신병리(예: 경조증이나 순환증)는 창의적 사고와 행동을 가능하게 하는 보상적 이점을 가지는 것이다. 그래서 이 관점을 지지하는 연구자는 창의성과 정신병리 간에는 역 U자 관계가 있다고 보았다.[28]

---

[28] 양극성 장애는 강력한 유전적 요소를 가지며, 그 장애가 있는 사람과 친척들은 한 세대에서 다음 세대로 전달될 일정한 유전 요인을 공유한다. 그래서 심각한 양극성 장애가 있는 사람의 친척은 아마도 창의적 직업을 가질 가능성이 큰 것이다.

이와는 반대로 창의적 행동이나 활동이 정신병리의 경향성을 증가시킬 수 있다는 관점도 있다. 이것은 앞서 사이먼턴의 광기—천재 역설에 대한 두 번째 설명과 같은 것이다. 특히 순수 예술이나 문학 영역의 사람들이 오랜 시간 무명 생활과 좌절을 거치면서, 정신적으로 힘들어지면서 더 우울해지는 병리가 나타날 수 있는 것이다. 이는 경제적인 측면에서 상황이 좀 더 나은 과학, 비즈니스, 기술 개발 분야에서는 정신질환과 창의성의 관계가 예술 분야보다 적게 발견된다는 것과도 관련이 있다.

어떤 분야에서든지, 그 분야에 대해 마니아적 흥미와 열정을 가지고 집중하게 되면, 평범하지 않은 행동이나 일상적 규범에 맞지 않는 행위를 하면서 일반인들의 눈에는 다소 광기가 있는 것으로 보일 수 있다. 우리가 일상 용어로 사용하는 마니아가 지나치면 조증이나 광기가 되는 것이다. 결국은 동일한 행위가 열정인지 아니면 광기인지는 보는 사람의 시각에 달린 것일 수도 있다.

2. 성격심리학적 관점

1) 성격평가연구소의 연구

창의적인 인물이 병리적 특성을 가진다는 관점을 반대로 바꾸어, 창의적인 사람은 지극히 정신적으로 건강한 사람이라는 연구들을 살펴보자. 창의성과 정신병리 간의 관계를 설명해주는 정신분석학적 관점은 20세기 중반까지는 유력하였지만, 이후 이러한 견해에 회의적인 시각이 나타나기 시작하였다. 1950년대 캘리포니아대학 버클리캠퍼스의 성격평가연구소(IPAR: Institute of Personality Assessment and Research)[29]의 연구자들은 예술가, 작가, 과학자, 건축가, 경제학자, 공학자, 수학자 등 당시 유명했던 다양한 분야의 사람들을 대상으로 창의성과 성격 간의 관계를 연구하였다. 프로이트가 신경증 환자들을 대상으로 자신의 이론을 정립했던 것과 달리 이들은 정상인을 대상으로 연구를 수행한 점에서 큰 차이가 있다. 그들의 연구의 결론을 요약하면, 창의적인 사람들은 정신병리나 이상 성격을 가진 사람들이 아닌 정신적으로 매우 건강한 사람들이라는 것이다. 프로이트의 생각과는 달리 창의적인 사람들은 불안, 신경증 등의 증상은 보이지 않고 매우 독립적이고 강한 자아를 가진 사람들이다. 당시 연구자들은 창의성이란 너무 복잡하고 다면적이어서 간단히 설명할 수는 없다고 보았지만, 중요한 발견은 창의적인 사람들은 강한 자아(strong ego), 독립심(independence), 자율성(autonomy), 지배성(dominance), 강한 의지력(strong will), 자신감(self-confident), 주장성(assertiveness) 등의 성격 특성을 가진다는 것이었다.

건축가[30]를 대상으로 한 MacKinnon(1962)의 대표적인 연구를 살펴보자. 그는 당시 미국에서 활동하는 건축가들을 대상으로 세 집단을 구성하였다.[31] 첫 번째 집단은 '창의적 집단'으로, 당시 명망 있는 원로 건축가들에게 건축가협회에 소속된 건축가로 매우 창의성이 돋보이는 인물을 지명해달라고 하여 선정된 50명이었다. 두 번째 집단은 창의적인 사람이라고 지목받지는 않았지만 그러한 사람들과 2년 이상 함께 일한 경험이 있는 집단이었다. 세 번째는 비교집단으로서 당시 건축가협회에 등록된 건축가들에서 무작위로 50여 명을 뽑아서 구성했다. 세 집단

---

29 이 연구소는 제2차 세계대전 당시 군대용 성격 및 능력 검사를 개발했던 도널드 매키넌(D. MacKinnon)이 1949년에 설립하였고, 창의적인 사람들의 성격 특성을 주로 연구하였다. 1992년 'Institute of Personality and Social Research'로 개명하였다.

30 건축 분야는 창의성의 두 영역인 예술적 및 과학적 창의성이 모두 필요한 분야이다.

31 당시 최고의 건축가들로 지명된 40명이 버클리로 초대되어 클럽 하우스에서 일주일간 같이 생활하면서 각종 검사를 받고 실험에 참여하였다. 그리고 연구자들은 자연스럽게 그들의 행동을 관찰하였다.

을 대상으로 미네소타 다면성격검사(MMPI)를 포함한 여러 성격검사를 실시하였고, 검사 결과를 분석하여 프로이트의 주장처럼 과연 창의적 집단의 구성원들에게서 불안, 이상 성격, 정신병리의 징후들이 나타나는지를 보았다.

창의적 집단의 공통 성격 특성으로 나타난 것은 '강한 자아'였다. 프로이트의 성격이론에서 자아(ego)는 현실 원리(reality principle)에 따라 원초아와 초자아 간의 갈등을 조정하는 역할을 하며, 자아가 강한 사람은 정신적으로 건강한 사람이다. 독립성과 자율성도 높은 특성을 보였다. 독립성은 다른 사람들의 영향을 받지 않고 자기 주관이 분명하다는 것이다. 또한, 복종하기보다는 타인들에게 영향력을 행사하려는 지배성과 더불어, 의지력, 자신감, 자기 주장 등이 높은 수준을 보였다. 이것은 프로이트가 창의적인 사람은 어린 시절의 경험으로 성인이 되어서도 내적 갈등이나 신경증적 불안 수준이 높을 수 있다고 본 것과는 일치하지 않는 결과이다.[32] 더구나 창의적인 집단은 어린 시절의 경험도 대체로 정상적이었다. 교육 수준이 높은 중산층 집안의 부모는 자식들에게 윤리 의식을 강조했으며, 자율성을 허용하고 아이들의 고유한 생각이나 표현을 격려하였다. 그리고 건축가 이외의 다른 직업군을 대상으로 한 연구들에서도 창의적인 사람들은 일관되게 정신적으로 건강한 사람들로, 자아가 강하고, 독립적이고 자신감이 있고 지배적인 특징을 보였다.[33]

창의적인 사람은 자신의 독립적인 판단에 자신감을 가지며 자율적인 특징이 있음을 보여주는 동조 실험 연구가 있다. 솔로몬 애시(S. Asch)

---

32 매키넌의 연구에서 내적인 심리적 갈등이나 불안 수준이 높았던 집단은 두 번째 집단이었다.
33 해당 분야에서 일정 수준의 창의적 성취를 이루었기에 긍정적 특성들이 나타난 것일 수도 있다는 반론이 있다.

는 미국에서 매카시즘 열풍이 불던 시기에 동조 실험을 고안하였는데, 인간이 혼자 있을 때의 판단과 타인들과 함께 있을 때의 판단이 어떻게 다른지, 그리고 타인들의 견해나 행동이 개인의 행동에 얼마나 영향을 주는지 연구하고자 하였다. 그가 고안한 동조 실험에서 다른 사람들의 판단과는 관계없이 자기 판단을 고수한 사람은 전체 피험자들 중 3분의 1도 되지 않았다. IPAR의 심리학자였던 Crutchfield(1955)는 동조 실험을 통해 창의적인 사람과 일반 성인을 비교하였는데, 전자가 상대적으로 훨씬 덜 동조한다는 결과를 얻었다.

이후 창의적인 사람들의 성격 특성을 찾는 연구들이 이어졌고, 복잡함의 선호, 미적 지향성, 위험 감수 등의 특성들이 높은 창의성 표본에서 두드러지게 나타남을 보여주었다. 캘리포니아대학 성격평가연구소의 방대한 연구들을 기반으로, Barron과 Harrington(1981)은 창의적인 인물의 특성에 대해 다음과 같이 요약하였다.

"창의적인 사람은 경험에서의 미적 특성을 높게 평가하는 것, 폭넓은 관심사, 복잡성에의 끌림, 높은 에너지, 판단의 독립성, 자율성, 직관, 자신감, 모순을 해결하고 자신의 자아 개념에서 겉보기에 반대되거나 갈등적인 특성을 화해시키는 능력, 그리고 자신이 창의적이라는 강한 느낌을 갖는다"(p. 453).

한편, Rothenberg(1990)는 창의적인 사람들의 사고와 광인의 사고 간에는 표면적인 유사성이 존재하지만, 창의성은 '논리를 초월하는(translogical)' 것이고, 정신병자의 사고는 비논리적(illogical)인 것이라고 하면서, 창의성과 정신병리 간의 연관성을 일축한다. 반 고흐가 병에 시달릴 때는 창의적이지 못했고, 심한 우울증으로 무가치감을 느끼는 상태에서 차이콥스키는 아무것도 하지 못했으며, 뉴턴이 정신질환을 보이는 시기에는 아무런 업적도 만들어내지 못했다는 사실은 창의적 과정이 건강하고, 의식적이며, 접근 동기로 가득 찬 과정이고 정신병리와는 무관하다는 주장을 뒷받침한다.[34]

1장의 창의성 신화 문항에는 '남다른 창의성을 보인 사람에게는 대개 정신건강상의 장애가 있다'가 있었다. 이것이 신화로 분류된 것은 오늘날의 연구 결과로 볼 때 창의성과 정신병리 간의 연관성은 신화에 가깝다는 의미이다. 1장에서 보았듯이, 이 문장에 대한 동의율은 30% 조금 넘었지만, 서구인들의 응답으로 한정하면 39%에 이른다(한국인 응답자들은 16%가 동의하였다). 여전히 상당한 수의 서구인들은 창의성과 정신병리 간 연관성이 있다는 믿음을 갖는 것 같다(장재윤 등, 2023).

2) 성격 5요인과 창의성

성격심리학은 심리학에서 부침을 겪은 분야이다. 1970~1980년대에 상황이나 환경의 영향으로 '행동의 일관성이 관찰되지 않는다'는 공격을 받은 이후, 사람의 특성을 나타내는 어휘 분석을 통해 인간의 성격이 보편적으로 5가지 요인으로 설명될 수 있다는 경험적 연구들이 축적되면서 5요인 모형(FFM: Five Factor Model)을 중심으로 성격심리학이 부활하였다. 또한, 인간 행동을 설명하기 위해 외부 환경의 영향과 더불어 유전자와 같은 내부 인자에 관한 연구들이 활성화되면서 그것의 결과물인 인간 성격에의 관심이 다시 확산되고 있다.

성격심리학에서의 또 다른 패러다임은 인간 행동을 설명하는 데 있

---

[34] 병리적 상태에서는 아무것도 할 수 없지만, 그 상태에서 벗어나면 열정적으로 창작 활동을 하는 경향이 있다. 차이콥스키는 우울에서 회복되면 열정적으로 창작하는 것으로 보아, 우울과 같은 상태가 이후 작품에 좋은 영향을 끼쳤다고 말할 수도 있을 것이다. 반면, 라흐마니노프는 심한 우울증을 겪은 후 작곡한 〈피아노 협주곡 2번〉은 오히려 지독한 우울이 무엇인지를 보여주는 작품이었다(윤무진, 2023).

어 개인 특성과 상황을 모두 고려하는 상호작용주의적(interactionist) 접근이다. 성격이나 특성(trait)은 특정한 상황에서 성격이나 특성과 일치하는 행동의 역치를 낮추는 기능을 한다. 다른 말로, 특정 행동이 나타날 가능성인 조건 확률을 높인다(Mischel & Shoda, 1999). 예를 들어, '호기심' 특성이 높은 수준인 사람은 낮은 사람보다 모호한 상황에서 더 탐색적인 행동의 가능성이 크다. 즉, 호기심이라는 특성을 가지면, 탐색적인 행동의 역치가 낮아지는 것이다.[35]

성격 5요인은 외향성(extraversion), 원만성(agreeableness), 성실성(conscientiousness), 신경증(neuroticism, 또는 정서적 안정성), 경험에 대한 개방성(openness to experience)이다. 〈그림 7-6〉에서처럼 요인별로 하위 요소들이 있으며, 하위 요소들의 구분은 연구자마다 다소 다르다. 또한, 5요인을 크게 '안정성(stability)' 요인과 '가소성(plasticity)'의 상위 요인('Huge Two')으로 구분하기도 하는데(DeYoung, 2006), 가소성은 5요인 중 경험에 대한 개방성과 외향성을 포함하는 상위 요인이며, 안정성은 나머지 성격 요인들을 포함하는 상위 요인이다. 다음부터 성격과 창의성 간의 관계에 관한 최근 연구들을 성격 5요인 중심으로 살펴보자.

경험에 대한 개방성　　경험에 대한 개방성은 창의성과 가장 관련성이 높은 성격 요인이다. 사실 이 요인을 측정하는 검사 문항들을 살펴보면, '창의적 성격'을 측정하는 검사 문항과 비슷하다. Christensen 등(2014)의 연구에서 창의성이 필요한 직무들의 구인 광고 문구들을 수집하여 분석한 결과, 개방성과 연관된 단어를 가장 많이 사용하였다. 그리고 개방성이 높은 조직 구성원은 상사로부터 더 창의성인 수행을 한다는 평가를 받았다(George & Zhou, 2001).

경험에 대한 개방성이 창의성과 연결되는 두 가지 경로가 있다. 첫

---

[35]　15장에서 소개되는 특성 활성화 이론도 이러한 관점에 기반하고 있다.

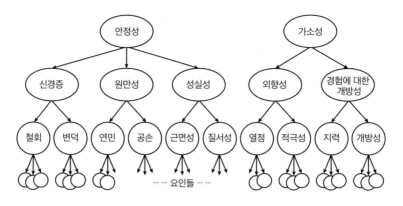

그림 7-6 **성격 5요인 구조(DeYoung, 2013)**

째, 개방성이 높을수록 항상 자극을 추구하기에 창의적 행동이나 활동에 대한 역치를 낮추어 새로운 문제나 기회를 탐구하는 행동이 증가한다. 둘째, 개방성이 높은 사람들은 시간이 지나면서 지식과 경험이 계속 축적되고, 이러한 풍부한 지식을 바탕으로 긴밀하게 연결된 의미적 기억 구조를 가지게 되어 확산적 사고를 통한 새로운 아이디어 생성의 가능성이 더 커진다.

개방적인 사람들은 고정관념이나 관습에 얽매이지 않고 유연하게 사고하며, 새로운 지식에 목말라 한다. 예를 들어, 조선 시대 대표적 자유주의자 허균은 성리학이 아니면 이단으로 취급받던 시기에 불교에 심취하였으며 천주교에 관심을 가졌다. 또한, 사신으로 북경에 갔을 때 귀한 골동품을 사가던 당시 유행과는 달리, 그는 새로운 세상을 이해하고자 조선에서 구할 수 없는 4,000여 권의 책을 구입해 귀국했다. 또한 개방적인 사람은 습관적으로 사물을 새롭게 다른 각도에서 보는 성향이 있으며, 자신과 견해를 달리하는 사람과도 잘 어울린다. 다른 사람들의 생각이나 입장에서 바라보는 것에 익숙하며, 그들의 욕구가 무엇인지를 잘 파악한다. 다른 사람들이 만들어 놓은 것을 단순 모방하기보다는 항상 자신의 아이디어를 추가하여 만들려는 노력을 보인다. 예를 들어, 덴마크 출신의 예술가 올라퍼 엘리아슨(O. Eliasson)은 다양한 장르의 예술 세계를 보여주는데, 이는 그가 재료, 방식 등에 대해 매우 개방적이기 때문이다. 또한, 그의 스튜디오에는 매우 다양한 직업군의 사람들이 참여하면서 서로 다른 관점들을 배울 수 있다. 그는 세상을 경험하고 이해하는 방식을 계속 바꿈으로써 이전과는 다른 작품들을 만들어내는 것이다.

Silvia 등(2009)은 경험에 대한 개방성은 확산적 사고, 창의적 성취, 일상적 창의성(everyday creativity), 창의적 자기 개념(creative self-concept) 등 다양한 창의성 지표들과 정적인 상관관계가 있음을 보여주었다.

〈그림 7-6〉에서 보듯이, 경험에 대한 개방성의 하위 요소는 크게 지능, 추론, 작업기억 등과 관련된 '지력(intellect)'과 심미적 취향, 상상력 등과 연관된 '개방성(openness)'의 두 하위 요소로 구분된다. 그리고 6장에서 언급되었듯이, 지력은 과학에서의 창의성과 더 관련이 있고, 개방성은 예술에서의 창의성과 더 밀접한 관련이 있다.

경험에 대한 개방성은 여섯 단면(facets)으로 구분되기도 한다. ① 사실보다는 환상을 즐기고 창의적 상상력을 가지는 상상 또는 환상(Fantasy) 단면, ② 자신의 느낌을 인식하고 표현하는데 능한 정서성 또는 느낌(Feelings) 단면, ③ 자연미나 인공미에 흥미가 있어 예술작품의 진가를 파악해내는 예술적 흥미 또는 미학(Aesthetics) 단면, ④ 일상적인 반복을 혐오하며 새로운 곳을 여행하고 경험하며 새로운 활동을 하기를 좋아하는 감각 추구의 모험성 또는 행위(Actions) 단면,[36] ⑤ 권위

---

[36] Zuckerman(1979)이 제안한 감각 추구(sensation-seeking) 성향도 창의성과 연관성이 있다. 감각 추구 성향은 권태에 대한 민감성(boredom susceptibility), 탈억제 추구(disinhibition seeking), 경험 추구(experience seeking), 전율 및 모험 추구(thrill and adventure seeking)의 네 하위 요소로 구성되어 있다.

에 도전하고 전통적 가치에 의문을 제기하는 경향인 (극단적으로는 기존 법과 규정에 대한 적대감을 가지는) 진보주의 또는 가치(Values) 단면, ⑥ 다양한 개념들에 대해 논쟁하는 것을 즐기며 지적인 토론에 몰입하고 퍼즐, 수수께끼, 브레인 티저를 즐기는 지적 흥미 또는 관념(Ideas) 단면 이다.

여섯 가지 단면과 관련된 Perrine과 Brodersen(2005)의 연구에서 여섯 단면 중 '가치'를 제외하고는 모두 예술적 창의성과 상관이 있었으며, 특히 '미학'이 가장 큰 상관을 보였다. '관념'과 '가치'는 과학적 창의성 과도 유의한 상관을 가졌다.

경험에 대한 개방성이 높은 사람들의 가장 주목할 특징은 다양한 관 점을 가진다는 것인데, 창의적인 인물들에게서 발견된 공통점 중의 하 나도 '다양한 관점'을 가진다는 것이다. 1901년부터 2005년까지 동시대 를 살았던 과학자 중에서 노벨상 수상자와 비수상자를 비교한 결과, 노 벨상 수상자들은 과학 분야 이외의 다양한 취미를 가졌고, 그 과정에서 한 가지 관점에 매몰되는 일이 적었다(Root-Bernstein et al., 2008).[37] 과학 분야와 직접 관련성이 없는 활동들을 통해 습득한 다양한 관점이 그들의 창의적인 연구 수행에도 기여하는 것으로 보인다.

성실성　　성실성과 창의성 간의 관계는 복잡한 양상을 띄지만, 대체 로는 부적인 관계를 보인다. 특히, 예술에서의 창의성은 성실성과 부적 관계가 더 두드러진다. 즉, 창의적인 예술가일수록 더 성실하지 않은 경향이 있다. 또한, 창의적인 작가들이 언론인들보다 덜 성실하였다. 반면, 과학자들은 비과학자들보다 더 성실한 편인데, 과학자들은 성실

---

37 구체적으로 노벨상 수상자들은 비수상자들보다 악기 연주, 작곡, 지휘 등의 음악 활 동을 취미로 하는 비율은 두 배, 스케치, 유화, 판화, 조각 등의 미술 활동을 취미로 하는 비율은 일곱 배, 아마추어 배우, 무용수, 마술 등의 공연 예술을 취미로 하는 비 율은 스물두 배가 많았다.

성에서 비과학자들보다 대략 2분의 1 표준편차 정도 더 높은 수준을 보였다(Feist, 2006). 하지만 창의적인 과학자는 덜 창의적인 과학자보다 성실성 수준이 더 낮은 모습을 보였다(Feist, 1998).

〈그림 7-6〉에서 보듯이, 성실성은 근면성(industriousness)과 질서성(orderliness)의 두 단면으로 나눌 수 있는데, 질서성은 창의성과 부적 상관이 있지만, 근면성은 정적 상관을 보이기도 한다. 특히, Huo 등(2020)은 과업에 몰입하지 않는 휴식 상태에서 활성화되는 신경망인 기본망과 창의성 간의 관계에 대해 성실성의 두 단면인 근면성과 질서성이 조절 효과를 갖는지 조사하였다. 분석 결과, 근면성만이 둘 간의 관계에 대한 유의한 조절 효과를 보였는데, 창의성은 근면성이 높은 집단에서만 기본망의 활성화와 연관되었다.

외향성, 신경증, 원만성　5요인 중 외향성과 신경증은 각각 긍정적 정서성과 부정적 정서성으로 볼 수 있다. 확산적 사고 검사 점수는 외향성과 일관되게 정적인 관련성을 보인다(Hornberg & Reiter-Palmon, 2017). 또한, 외향성은 예술 영역에서만 창의적 성취를 유의하게 예측하였지만(Kaufman et al., 2016), 대인 관계와 같은 일상적 활동과 기업 활동과 같은 다소 제한된 영역에서도 외향성은 창의적 행동을 예측하였다(예: Ivcevic & Mayer, 2009). 직장에서 외향성은 아이디어를 탐색하고 그것을 동료들에게 적극 제시하고 모험을 감수하는 것과 같은 창의적 행동과 연관성이 있었다(Batey et al., 2010; Sung & Choi, 2009). 또한, 두 메타분석 연구(Barrick et al., 2003; Larson et al., 2002)는 성격 특성과 직업 흥미 간의 유의한 관계를 보여주는데, 특히 높은 외향성(긍정적 정서성)은 건축가, 창업가, 패션 디자이너와 같은 매우 창의적인 직업에서 높게 나타나는 '기업가형(enterprising)' 직업 흥미와 연관되는 경향이 있었다.

그러나 Big-C 수준의 창의적 인물들은 내향적인 경향이 있다

(Simonton, 1999). 5장의 역사적 위인들의 '대인 관계'에서 보았듯이, 어린 시절 친구 관계가 활발하기보다는 혼자 있는 시간이 더 많은 것 같다. 창의성은 자유로운 사고의 흐름 속에서 맹목적인 변이(variation)가 일어나기에, 혼자서 낯선 바다를 오랫동안 항해하는 것처럼 개인적으로 숙고하는 시간이 필요하다. 물론 타인(특히 동료 창조자)들과 상호작용하면서 새로운 방향으로 사고하고, 예상치 않은 발견이 이루어지기도 하지만, 대부분의 창의적 천재들에게는 이런 사회적 접촉보다는 긴 시간 침잠하는 내적 사고가 더 중요할 수 있다.

신경증(정서적 안정성의 반대 개념)은 대체로 확산적 사고 검사 점수와 일관된 연관성을 보이지 않는다. 다만, 앞서 창의성과 정신병리 간의 관계에서 자세히 보았듯이 창의적 인물들 중에는 신경증의 경향성이 높으며, 신경증이 높은 사람은 자기표현(self-expression)이라는 특징을 갖는 예술 영역의 직업을 택할 가능성이 크다. 그러나 Feist(1998)의 메타분석에 의하면, 과학자 집단에서는 신경증은 과학적 창의성과는 부적인 관계를 보였다. 일반인들을 대상으로 한 지금까지의 연구에 의하면, 신경증이 창의적 활동이나 창의적 성취의 빈도를 유의하게 예측하지 못하였다(Ivcevic & Mayer, 2009; Kaufman et al., 2016).

마지막으로, 원만성과 창의성 간의 관계는 사회적 상호작용 상황에서 약한 관련성을 보일 뿐 대부분 유의미한 관계를 보이지 않는다. 다만, Shaw 등(2023)의 직장인 대상 연구에서 원만성을 자기 평가로 측정한 경우에는 창의성과 아무런 관련성이 없었으나, 동료 평가로 측정한 경우에는 유의한 부적 관련성이 나타났다.

요약 지금까지 성격 5요인과 창의성 간의 관계를 살펴보았는데, 경험에 대한 개방성을 제외한 나머지 요인들은 창의성과 일관되지 않은 결과를 보이거나, 일관되게 유의한 관련성을 보이지 않는다. 둘 간의 관계에 관한 향후 연구는 두 가지를 고려해야 한다. 먼저, 영역 특수성(domain-specificity)이다. 여러 연구에서 영역마다 성격 5요인과 창의성 간의 관계 양상이 달라지는 결과를 보여준다. 둘째는 4장에서 보았듯이, 창의성을 평가하는 방법이 매우 다양하므로(확산적 사고, 창의적 성취, 창의적 산물 평가 등), 창의성 평가방법의 조절 효과도 고려되어야 한다(Hornberg & Reiter-Palmon, 2017).

3. 창의적인 인물들의 성격 특성

지금부터는 성격 5요인 이외의 창의적 인물들의 주목할 만한 성격 특성들과 관련 연구 결과들을 살펴보았다.[38]

1) 창의적 자신감

창의적인 사람들은 자신이 창의적이라고 생각하며, 일상생활에서 늘 창의적인 활동을 하는 습관이 있다. 그리고 그러한 활동을 통해 자신의 창의력을 더 강화한다. 최근 창의적 자신감(creative confidence)에 대한 연구자들의 관심이 늘고 있는데, 이것은 창의적인 사고와 행위를 생성하는 자신의 능력에 대한 믿음을 말한다(Karwowski et al., 2019). 창의적 자신감은 '나는 새로운 아이디어를 잘 생각해낸다'와 같은 일반적인 믿음을 나타내는 창의적 자기 개념(creative self-concept)과 '나는 이 문제에 대한 창의적인 해결안을 만들어낼 수 있다'와 같이 과제 특수적인 믿음을 의미하는 창의적 자기효능감(creative self-efficacy)의 두 유형으로 구분될 수 있다.[39] 전자는 여러 영역에서의 자신의 창의력에 인지적, 정

---

38 *Creativity is forever*라는 유명한 창의성 입문서를 쓴 Davis(2004)는 광범위한 문헌 고찰을 통해 창의적인 사람들의 열여섯 가지 범주의 성격 특성을 추출한 바 있다.

39 자기 효능감도 일반화된 자기 효능감과 과제 특수적 자기 효능감으로 구분된다. 4장

서적 종합적 판단을 나타내며, 그래서 더 안정적이고 일반적이다. 반면 후자는 특정 과제에서 창의적인 수행을 할 수 있다는 자신감을 나타내며, 그래서 더 역동적이고 상황 특수적이다. 한편, Zandi 등(2022)은 창의적 자기 개념이 장기간 안정성이 있으면서도 상대적으로 변화 가능성도 있는 특성(trait) 변인임을 보여주었다.

Beghetto 등(2021)은 창의적 자신감과 창의적 행동 간의 관계를 조절하는 변인을 찾고자 하였다. 그들은 잠정적인 아이디어를 공유하거나 실수나 실패를 경험하면서 배우는 것과 같은 '지적인 위험 감수(IRT: intellectual risk taking)' 행동이 둘 간의 관계를 조절할 것으로 보았다. 먼저 그들은 창의적 자신감이 CAQ로 측정된 창의적 성취(r = .33)[40]와 ICAA로 측정된 창의적 활동에의 참여(r = .35)와 유의한 정적 관련성이 있음을 보여주었다. 그리고 IRT가 높을수록 창의적 자신감과 창의적 성취 간의 관계가 더 높은 수준으로 나타나는 유의한 조절 효과가 나타났다. 반면, IRT가 아주 낮은 수준일 때에는 둘 간에 아무런 관련성이 없었다.

2) 독립성과 비동조성

창의적인 사람은 쉽게 동조하지 않고 독립적으로 사고하고 판단한다. 다른 사람들과 구별되는 것을 두려워하지 않고, 불필요하다고 생각하는 규칙은 위반할 수 있으며, 외부의 의견이나 평가보다는 자신의 내적 기준으로 판단하고 평가한다. 애시의 동조 실험에서 보았듯이, 창의

에서 소개하였듯이, Tierney와 Farmer(2002)는 창의성과 자기 효능감을 결합한 창의적 자기 효능감(creative self-efficacy) 개념을 측정하는 3개 문항의 척도를 제시하였다.

40 CAQ로 측정된 창의적 성취는 예술과 과학의 두 가지로 별도로 채점될 수 있는데, 예술에서의 창의적 성취(r = .17)와 과학에서의 창의적 성취(r = .27) 간에 상관계수에 약간의 차이가 있었다.

적인 사람들은 다른 사람들의 판단에 크게 영향을 받지 않는다.

역사적 사례들을 보면, 창의적 인물들의 독립성을 분명하게 볼 수 있다. 종교재판을 통해 생애 마지막 20년을 가택에 연금되어 지낸 갈릴레오, 멘델주의 유전학을 거부한 리센코[41]가 맹위를 떨치던 시기에 반대 의견을 낸 죄로 1940년에 투옥되어 아사(餓死)한 구소련의 농학자 니콜라이 바빌로프, 그리고 기존의 인습, 전통, 권위를 파괴하고자 했던 모더니즘 예술가들처럼, 창의적 인물들은 강력한 동조와 순종의 압력 속에서도 비교적 자유롭게 자신의 입장을 견지하고 개진한다.

이러한 특성과 연관된 것으로 창의적인 사람들은 혼자만의 시간을 강박적으로 가지려고 한다. 경영의 구루(guru) 피터 드러커(P. Drucker)는 주위 사람들에게 시간을 허비하지 않고 항상 혼자 지낸 것이 자신의 업적을 이루는 데 도움이 되었다고 하였다. 창의적인 사람들은 다른 사람들과 차단된 개인적인 시간을 가짐으로써 새로운 아이디어를 탐색하고 그것의 실현 가능성을 철저하게 검토하고 실험한다.

한때 인지적 스타일 중 하나인 장 독립성(field-independence)과 창의

---

41 리센코는 구소련의 생물 육종학자로 멘델주의의 유전학을 부정하면서 소련이 서구와는 다른 방향의 유전학 연구로 이어지게 한 장본인으로, 정치나 이념이 과학 영역에 개입될 때 발생할 수 있는 부정적인 결과의 대표적 사례이다. 1898년 우크라이나 빈농의 아들로 태어난 그는 밀에 대한 춘화처리법을 통해 조기에 주목을 받는다. 그는 후천적으로 획득한 형질이 다음 세대로 유전된다는 라마르크의 용불용설을 받아들이면서 당시의 멘델 유전학을 거부하였다. 권력지향적이었던 리센코는 이를 통해 멘델주의자들을 탐탁지 않게 생각하던 스탈린의 비위를 맞추었다. 리센코의 주장이 후천적 인간 개조라는 당 이념과 잘 맞았기에 스탈린은 과학적 검증 없이 그의 손을 들어주게 된다. 농학 분야에 막강한 영향력을 가지게 된 리센코는 바빌로프를 위시한 반대파들을 숙청하고 '리센코주의'라는 검증되지 않은 비과학적 이론을 소련 농업에 적용하였고, 이는 그가 실각하는 1960년대 중반까지 계속된다. 이로 인해 서구사회가 1953년 왓슨과 크릭의 DNA 이중나선 발견과 함께 분자생물학이 크게 발전하는 동안, 소련은 유전과 육종 분야에서 오랜 기간 퇴보하였다. 최근 후생유전학이 부각되면서 리센코에 대한 재평가가 이루어지고는 있지만, 그의 사례는 권력과 결탁한 과학이 어떤 파국을 초래하는지 잘 보여준다.

성 간의 관계도 주목을 받았다. 장에 대한 독립성과 의존성은 특정 대상을 지각하거나 인식할 때 주위 배경의 영향을 받는 정도에서의 개인차를 나타낸다.[42] 장 독립적인 사람은 인지적 재구조화가 필요한 과제에서 뛰어나고, 장 의존적인 사람은 대인 간 관계가 포함된 과제에서 뛰어났다(Miller, 2007). 장 독립성과 창의적 수행 간에는 긍정적 관계가 있다는 연구 결과들이 많이 제시되었지만(Giancola et al., 2022a; Miller, 2007), Giancola 등(2022b)은 아직 이 둘 간의 관계에 대한 충분한 지지가 이루어지지는 않았다고 하였다.

3) 호기심

경험에 대한 개방성과 밀접하게 연관된 특성이 호기심이다. Campbell(1960)은 새로운 발견을 하는 학자와 그렇지 못한 학자의 차이가 호기심의 차이라고 하였다. 매우 창의적인 사람은 자신의 영역에서 새로운 것을 보게 되면, 그것 자체에 흥분을 느끼고 그것의 잠재력에 대해 탐색하고 몰입하는 경향이 있지만, 덜 창의적인 사람은 그것의 결점을 찾아내고 결함을 분석하는 데 더 주의를 기울이는 경향이 있다. 아인슈타인의 사례처럼 창의적인 사람은 호기심이 많다. 어린아이처럼 매사 경이롭게 생각하고 관심이 많다. 어릴 때 다락방을 뒤진 경험이나 기계를 분해하여 부품을 관찰한 경우나, 도서관이나 박물관에서 종일 보낸 경험 등이 모두 호기심을 가지고 하는 행동들의 예이다. 호기심은 폭넓은 관심과 취미 생활과 연결되고, 여러 가지 다양한 실험과 탐험을 가능케 한다.

Deci(1975)는 호기심이 인간의 행동을 유발하는 동기적 요소로서,

---

[42] 개인차를 나타내는 인지적 양식인 장 독립성과 장 의존성은 대부분 잠입도형검사(Embedded Figures Test)로 측정되는데, 채색된 복잡한 기하학적 도형 속에 흑백의 특정 모양을 찾아내는 형태이다.

의미 있는 관심사를 탐구하도록 하는 내적 동기의 기제라고 보았다. Loewenstein(1994)은 호기심이 유발되는 과정을 새로운 것을 추구하는 내적 동기와 알고 있는 정보와 알고자 하는 정보 간 부조화에 대한 반응이라고 주장했다. 이후 연구자들은 흥미를 가지고 새로운 진리와 지식을 발견하는 기쁨과 관련된 탐구(exploration) 차원[43]과 복잡한 문제를 해결 방안을 찾을 때 충분한 정보가 부족하다는 느낌과 관련된 결핍 차원의 두 가지로 호기심을 구분하였다(Kashdan, 2020). 두 차원 모두 새로운 지식과 정보를 얻고자 하지만, 흥미 차원은 새로운 지식을 찾아가는 즐거운 상태이고 결핍(deprivation) 차원은 정보의 불확실성으로 인한 불편감을 해소하고자 하는 상태라고 볼 수 있다.

Schutte와 Malouff(2020)는 호기심과 창의성 간의 관계에 관한 열 개 연구(2,692명)를 메타분석하여 둘 간에 유의한 관계($r = .41$)가 있음을 보여주었다. 특히, 호기심의 탐구 차원과 창의성 간의 관계($r = .48$)가 결핍 차원과 창의성 간의 관계($r = .20$)보다 더 컸다. 창의성 평가방법의 조절 효과도 나타났는데, 자기 보고된 창의성의 경우에는 호기심과 .52의 관계를 보였지만, 타인 평정된 창의성과는 .16으로 나타났다.

4) 미적 취향

창의적인 사람들은 자신이 실제로 특정 예술 분야에 재능이 있든 없든 간에 예술에의 관심과 어느 정도 심미안이 있다(Sternberg, 1985). 그래서 창의적인 사람들은 각종 전시와 공연을 즐겨 다니고 아름다운 석양이나 전망이 좋은 장소를 자주 찾는다. 또한, 창의성을 예술과 동일한 것으로 보는 경향성인 '예술 편향(art bias)'이 시각에서 보면, 예술 분

---

[43] 조직에서는 구성원들에게 탐구적 호기심이 허용되면 관리 리스크가 커지고 조직의 효율성이 저하될 수 있다는 잘못된 믿음이 있다(Gino, 2018).

야의 창의적 인물들의 성격 특성에 미적 취향이 포함된 것은 자연스러워 보인다.

미적 취향은 오늘날의 기업들에서 디자인을 중시하는 것과 연관되어 특히 주목된다. 스티브 잡스가 세계에서 가장 창의적인 기업가로 인정받았던 이유도 기업경영에 '디자인'의 중요성을 확립했다는 데 있다.

5) 유머

창의적인 사람은 유머 감각이 있다. 노벨상과 이그노벨상을 모두 받은 물리학자 가임(A. Geim)은 2010년 노벨상 수상 인터뷰에서 유머 감각이 없는 사람은 좋은 과학자이기 어렵다고 말했다. 사실 유머는 두 가지 관점에서 볼 수 있다(Ruch & Heintz, 2019). 첫 번째는 특성(trait)으로 보는 관점으로, 일상적인 유머 감각(sense of humor)처럼 이것은 '유쾌함'과 같은 개인의 '전형적(typical) 행동'을 나타내는 스타일로 표현될 수 있는 것이다. 다른 하나는 코미디언에게 요구되는 것과 같은 능력(ability)으로 보는 관점으로, 질과 양으로 측정될 수 있는 유머러스한 말을 만들어낼 수 있는 기술이나 역량을 나타내는 '최대의(maximal) 행동'으로 표현될 수 있다.

유머를 생성하거나 이해하기 위해 확산적 사고, 원격 연상 등의 창의적 사고와 동일한 기술을 사용한다는 점에서 창의성과 매우 긴밀하게 연관된다(《참고 7-2》). 또한, 정서와 동기 측면에서, 유머는 긍정적인 정서와 태도를 유발하기에 확산적 사고를 증진하고 접근(approach) 지향성을 높이며, 문제에 대해 어린아이처럼 새롭고 순진하게 접근하도록 한다. 유머 능력을 높이는 훈련 프로그램이 창의적 사고를 증진할 수 있다는 연구 결과도 있다(Chen et al., 2019).

Koestler(1964)는 유머의 본질적 특성은 과학과 예술을 포함하는 모든 창조 행위의 특성과 동일하다고 보았다. 그는 창의성의 본질은 '조합'에 있음을 보여주기 위하여 '이종연합(bisociation)'이라는 새로운 개념을 제안하였다(〈그림 7-7〉).

창의적 행위에 기저하는 패턴은 두 개의 일관되지만 불일치하는 참조 틀(frame)[44]인 M_1, M_2에서 특정 상황이나 아이디어('L')를 인식하는 것이다. 사건 L은 단일 맥락에서의 연합이 아니라 두 개의 서로 다른 맥락에서 이종으로 연합된다. 즉, 단일한 평면에만 의존하는 일상적(습관적) 사고 기술과 달리 이종연합은 두 평면에서 작동하는, 일시적으로 불안정한 평형 상태에서의, 창의적 행위라고 하였다.

유머는 기본적으로 듣는 이가 기대하는 말과 얘기하는 이가 실제로 하는 말 간의 차이가 클수록 강도가 커진다. 즉, 유머에서는 '불일치(또는 비예측성)'가 핵심으로, 〈친절한 금자씨〉에 나오는 유명한 대사인 "너나 잘하세요"와 같이 청자의 예측을 벗어나거나 청자가 다른 예측을 하도록 유도하는 것이다(구현정, 2018).[45] 즉 이전에 연결되지 않던 참조 틀을 연결하는 과정, 즉, 서로 파장이 다른 기준틀 M_1과 M_2가 동시에 진동(활성화)되다가 교차하는 과정에서 나타난다. 대표적인 예가 동음이의어를 활용한 말장난(pun) 유머가 있다.[46]

이종연합이론으로 창의성을 설명한 쾨슬러는 서로 다른 참조 틀(M_1, M_2)에 속하는 두 개념이 하나로 통합하는 과정에서 창의적 아이디어가

---

44 이후 연구자들은 이를 스키마(schema)라고 부르기도 한다.

45 최영건과 신현정(2015)은 '행복한 아동'보다는 '현명한 계란'이, '현명한 계란'보다는 '뜨거운 시인'이 더 유머러스한 표현이라고 보는 이유는 두 개념(스키마) 간의 불일치 정도가 더 크기 때문이라고 하였다.

46 예를 들어, A bicycle can't stand on its own, because it is two-tired.

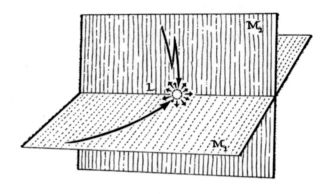

그림 7-7 **이종연합 도시(Koestler, 1964)**

발현된다고 보았고, 유머뿐만 아니라 예술이나 과학 영역에서도 창의성
의 이종연합의 원리가 적용된다고 하였다.

위대한 발견이나 발명, 창작 중 상당수는 놀이처럼 여러 가지 아이디
어들을 가지고 논 결과이며, 엉뚱한 가능성을 자유롭게 생각해보고 사
물이나 대상을 뒤집어 보는 등 놀이하는 것과 같은 즐거운 상황에서 이
루어졌다. 따라서 앞서 언급했듯이, 어린 시절로 일시적으로 퇴행하여
아무런 제약이 없는 놀이와 같은 상황에서 사고하는 것이 창의적인 아
이디어를 얻는 좋은 방법이다. 창의적인 사람은 자주 과거나 미래에 대
해 상상하며, 그러한 상상에서 자신이 주인공이 되는 생각을 많이 한
다. 또한, 현실적으로 불가능한 것에 대해 '만약… 어떤 일이 벌어질까'
와 같은 질문을 던지는 특성을 보인다(이것은 TTCT에 포함된 과제 중의
하나이다).
   예를 들어, '디지털의 아버지'라고 일컬어지는 창의적 천재인 클로드
섀넌(C. Shannon)[47]은 체스에 관심이 많아서, 아직 인공지능이라는 개

47 미국의 수학자이자 컴퓨터과학자로서, '디지털의 아버지'라고 일컬어진다. 최초로 0과

념이 생겨나기도 전인 1950년 체스를 두는 컴퓨터 알고리즘을 재미 삼아 만들기도 하였다. 1950년대 IBM에 근무하던 당시 그가 보인 모습은 다음과 같다(Gertner, 2012).

"그는 날씬하고 명민한 미남이었지만, 어딘가 다른 세상에 사는 사람같이 보였다. 제때 오는 법이 없고, 종일 체스를 두거나 악기를 연주하며, 툭하면 저글링을 하거나 포고스틱(스카이콩콩 같은 장난감)을 타고 복도를 내려가곤 하였다. 다른 사람이 자신에 대해서 또는 자신의 연구에 대해서 뭐라고 생각하건 전혀 신경을 쓰지 않았다. 그는 벨 연구소 소속 과학자였지만, 자신이 재미있다고 생각하는 일만을 하였다. 그는 수학자이자 과학자였지만, 예술가적 기질과 감수성이 남다른 면을 보였다."

6) 창의적인 인물들의 부정적 특성

앞서 살펴본 것들은 대체로 긍정적인 측면들이다. 창의적인 인물들의 부정적인 특성도 있다. 이들은 자기중심적이고, 자만하거나 잘난 척하며, 냉소적이기도 하고, 충동적이어서 변덕이 심하며, 어린아이처럼 무질서하고 철없이 보이기도 하고, 속물적이거나 신경질적이며, 지나치게 자기주장을 함으로써 다른 사람들을 무시하는 등 부정적인 모습도 보인다. 이들의 부정적인 특성은 자주 상사나 부모, 교사들을 불편하고 당혹하게 만드는 경우가 있다.

1의 2진법, 즉 비트(bit)를 통해 문자는 물론 소리나 이미지 등의 정보를 전달하는 방법을 고안하였다. 1948년 *Bell System Technical Journal*에 현대 커뮤니케이션 이론의 고전으로 통하는 『커뮤니케이션의 수학적 이론(*The Mathematical Theory of Communication*)』을 발표해 정보이론의 기초를 확립하였다. 이것은 구글 학술검색(Google Scholar) Top 100 기준(2014년)으로 아홉 번째로 많이 인용된 논문이다. 그의 이론은 전화·텔레비전·컴퓨터 네트워크 등 오늘날 광범위하게 이용되는 정보통신의 핵심 원리를 제공했을 뿐 아니라, 유전자 분석 등 다양한 분야의 토대가 되었다.

물론 이러한 부정적인 특성들은 동전의 양면처럼 앞에서 언급한 긍정적인 특성들의 또 다른 측면들이라고 볼 수 있다. 이러한 특성들은 창의적인 사람들이 사회나 조직에서 적응하는 데 어려움을 초래하는데, 이러한 특성이 건설적으로 작용하도록 전환하는 데에는 외부 환경 요소로서 부모, 교사, 상사, 또는 멘토의 역할이 매우 중요할 것이다.

7) 창의적인 인물들의 역설적 특성

일반적으로 창의적 인물의 성격은 자율성, 유연성, 복잡성에 대한 선호, 경험에 대한 개방성, 민감성(sensitivity), 장난기(playfulness), 모호성에 대한 인내, 위험 감수 또는 위험 인내, 내적 동기, 심리적 양성성(psychological androgyny), 자기 효능감, 폭넓은 관심, 호기심 등과 같은 여러 특성의 조합으로 기술될 수 있다고 하였다(Runco, 2007).

그러나 오늘날 이러한 특성들이 모두 경험적으로 지지되는 것은 아니며, 일부는 정반대의 특성이 강조되기도 한다. 예를 들어, Grant(2016)는 자신의 책 『오리지널스(*Originals*)』에서 혁신가들에 대한 잘못된 신화의 예로, 그들이 매우 모험을 감수하는 사람들이라고 생각하는 것을 들고 있다. 그랜트는 2015년 《패스트컴퍼니》가 선정한 '세계에서 가장 혁신적인 기업' 1위에 오른 '와비 파커(Warby Parker)'의 사례를 근거로 제시한다. 와비 파커는 대학생 넷이서 안경을 온라인으로 판매하겠다는 사업을 구상하면서 시작되었다. 사업 성공을 위해 대학을 중퇴하고 사업에 몰입했을 것으로 보이지만, 그들은 창업을 준비하면서도 인턴십을 계속했고 졸업 후에 일할 직장도 구해놓았다. 그랜트는 이 점이 오히려 성공비결이었다고 보면서, 모험 감수자가 되기보다는 모험을 줄이는 것이 더 중요하다고 보았다.[48] 와비 파커의 사례처럼,

---

[48] 그는 이 회사에 투자할 것을 권유받았지만, 그들이 그리 모험을 감수하려는 용기 있

조심스럽고 사전에 위험을 대비하는 것이 성공적인 창업자들에게는 더 일반적인 것이다. 하버드 대학을 중퇴한 것으로 널리 알려진 빌 게이츠의 경우도 당시 스타트업을 시작하기 위하여 갑자기 대학을 그만둔 것이 아니라, 와비 파커의 창업자들처럼, 자신의 모험을 조심스럽게 대비하는 균형감을 보였다. 대학교 2학년 때 새로운 소프트웨어 프로그램을 판매한 후 하버드를 떠나기 전까지 1년을 기다렸고, 바로 학교를 그만둔 것이 아니라 휴학을 했었다. 소프트웨어 사업을 하는 동안 부모로부터 재정 지원을 약속받기도 하였다. 조심스럽게 안전망이 있다는 것을 확인하기 전에는 무모하게 절벽 아래로 뛰어내리지 않은 것이다.

창의적 인물들의 복합적 특성　　창의적 인물들은 어떤 경우에는 다소 상반되는 의미의 특성이 공존하기도 한다. 예를 들어, 겸손하고 부끄러워하는 특성도 있지만, 한편으로는 자신감에 찬 특성도 보이는 것이다. 캘리포니아대학교의 성격평가연구소에서 창의적인 천재들의 성격 특성을 오랜 기간 연구한 Barron(1963, p. 224)은 다음과 같이 그들의 특성을 기술한 바 있다.

"그래서 창의적인 천재는 뭘 모르는 순진한 모습을 보이면서도 박학다식하며, 원시적 상징성과 엄격한 논리(logic) 모두에 똑같이 능숙할 수 있다. 그는 보통 사람들보다 더 원시적이면서도 더 교양이 있고, 더 파괴적이면서도 더 건설적이며, 때론 더 미쳐 보이지만 더 견고한 분별력을 보인다."

앞서 보았듯이, 창의적인 사람들의 공통적인 성격 특성을 찾으려는 노력이 상당히 오랫동안 이루어져 왔다. 그러나 창의성은 복합적인 특성을 가진 개념인지라 창의적인 인물을 어떤 한두 가지 특성으로 요약

는 태도(대학을 중퇴하여 사업에 집중하지 않음)를 보이지 않아서 투자하지 않았고, 나중에 그들의 성공을 보고서 후회하였다고 한다.

하기 어렵다. Csikszentmihalyi(1997)도 91명의 창의적인 인물들을 대상으로 4년간에 걸친 심층적인 인터뷰를 한 결과를 제시하였는데, 그들 간에 어떠한 공통적인 성격 특성도 찾기 어려울 정도로 매우 다양한 특성을 보였다고 한다. 91명에 포함된 씨티코프(Citi corp) CEO였던 존 리드도 미국 50대 기업의 최고경영자들 사이에는 성격, 스타일, 인간관계 등에서 아무런 공통점이 없다고 강조하였다.

배런과 마찬가지로 칙센트미하이는 창의적인 사람들의 두드러진 특성으로 '복합성(complexity)'에 주목하였다. 여기서 복합적인 성격이란 상반되는 특성을 모두 가진다는 의미이다. 이는 서로 대립적인 성격의 중간 수준이나 중립을 의미하는 것이 아니라, 상황에 따라 두 가지 특성이 아무 갈등도 없이 똑같은 강도로 나타날 수 있다는 것이다. 그는 91명의 창의적인 인물들을 분석한 결과에 근거하여 이러한 복잡성 또는 양면성을 다음 열 가지로 제시하고 있다(여기에서는 열 가지의 소개와 더불어 일부 후속 연구들을 추가하였다).

① 창의적인 사람은 에너지가 넘치지만, 한편으로는 조용하고 휴식을 즐긴다. 창의적인 사람은 활기차고 늘 의욕에 넘치는 모습을 보이며, 오랜 시간 자신의 일에 몰입한다. 이들이 넘치는 에너지와 활력을 보이는 것은 타고난 체력 때문이기보다는 자신의 일에 대한 내적 동기로 가능한 것이다. 한편 이들은 재충전을 위해 자주 휴식을 취하고 잠을 많이 잔다. 휴식의 방식과 시기는 각자 시행착오를 통해 터득한 자신만의 리듬에 의한 것이다. 예를 들어, 91명에 포함된 캐나다의 저널리스트인 로버트슨 데이비스는 점심 식사 후 항상 낮잠을 자는 습관이 있는데, 이것이 자신의 성공비결이라고 확신하고 있었다.

② 창의적인 사람은 명석하지만 동시에 순진하다. Gardner(1993)는 그가 연구한 창조가들의 공통점 중의 하나로 '아이 같은(childlike)' 특성을 들었다. 창의적인 사람은 지능지수가 높은 편이지만, 지능이 반드

시 그들의 창의력의 근원이라고 볼 수는 없다. 지능이 높은 사람은 기존의 규칙을 매우 신속하게 학습하기 때문에 그것에 대해 도전하고 개선하고자 하는 동기는 오히려 낮을 수도 있다. 괴테가 순진함이 천재의 가장 중요한 속성이라고 한 것처럼, 이런 경우에는 높은 지능보다는 사물이나 현상을 호기심을 가지고 순수하게 바라보는 자세가 필요하다. 5장에서 소개하였던 다중지능을 대표하는 일곱 명의 창의적 인물들도 어른의 원숙함과 더불어 아이다운 천진성이 공존하는 특징을 보였다.

③ 창의적인 사람은 장난스럽고 가벼워 보이기도 하지만, 동시에 자기조절에 능하다. 창의적인 사람은 장난기가 있고 무책임해 보이고 느긋한 태도를 보이기도 하지만, 한편으로는 새로운 아이디어를 실현하고 장애물을 넘어가기 위해서 각고의 노력과 인내력을 보인다.

창의적인 인물의 특징으로 꾸물거림(procrastination)의 습관을 언급하기도 한다.[49] 레오나르도 다빈치가 대표적인 인물인데, 그는 작품 제작에 대한 대가를 받고는 제대로 완성한 것이 별로 없었다. 마감일을 어기는 일은 다반사였고, 결국 미리 받은 돈을 돌려주기도 하였다. 그래서 다빈치의 작품은 대개가 미완성인데, 대표작인 〈모나리자〉도 죽는 순간까지 계속 덧칠을 했다. 이것을 다른 한편으로는 오랜 시간 끈질기게 정진하는 모습으로 볼 수도 있을 것이다.[50]

---

[49] Ferrari와 Tice(2000)에서 대학생들은 별 의미 없고 그저 재미로 시험(수학 과제)을 치르게 될 거라는 이야기를 들었을 때보다, 자신의 능력을 평가하는 의미 있는 시험을 치르게 될 거라는 이야기를 들었을 때 시험 준비(미리 연습하기)를 더 미루는 것으로 나타났다. 꾸물거림은 수동적인 것과 능동적인 것으로 구분하기도 한다(Chu & Choi, 2005).

[50] 다윈도 『종의 기원』을 완성하고도 오랜 기간 출간을 미루었는데, 이것을 다윈의 '지연' 습관 때문이라고 보기도 한다. 같은 시기에 진화론을 생각해낸 월리스의 편지를 받고서야 출간을 서둘렀다는 이야기가 있으나, 이는 근거가 없는 것으로 밝혀졌다. 그러나 출간을 미룬 이유에 대한 견해는 다양하다. 종교계의 반발 우려, 과학계 동료들의 반응, 자기 평판에 대한 걱정, 신앙심 깊은 배우자에 대한 배려, 그리고 심지어 그의 정신질환(불안 증세)이 언급되기도 한다. 그런데 주목할 것은 『종의 기원』뿐만 아니라

④ 창의적인 사람은 상상력이 풍부하지만, 현실에 대한 확고한 인식도 가지고 있다. 위대한 예술과 과학은 현실과는 다른 세계 속으로 넘어가는 상상력을 포함하고 있다. 그러나 이것은 곧 새로운 현실을 창조하는 것이며, 조만간 진실이 될 수 있는 현실이다. 따라서 창의적인 사람은 미래에 대한 상상력도 뛰어나지만, 현실 세계 및 그 변화에 대해서도 주목하고 이해하려고 노력한다.

⑤ 창의적인 사람은 내향적이기도 하고 외향적이기도 하다. 창의적인 사람은 시를 쓰거나, 연구실에서 실험을 하는 등 혼자 지내는 시간이 많다. 혼자 있는 것을 참을 수 없는 아이나 어른은 창의적인 성과를 내기가 어렵다. 동시에 창의적인 사람은 자신의 분야의 사람들과 지속적으로 만나서 서로 아이디어를 교환하거나 자신의 성취를 확인하는 등 적절한 사회적 교류 행동도 보인다. Gardner(1993)도 창의적 대가들의 공통점으로 적극적인 자기 홍보에도 능하다고 하였다.

⑥ 창의적인 사람은 겸손하면서도 동시에 자기 일에 대해 자부심이 높다. 매우 겸손하고 수줍어하는 모습은 자신의 업적이 자신보다 더 뛰어난 사람들의 앞선 업적에 근거한 것이라는 것을 깨닫게 되는 데서 오기도 하고, 지금까지의 자신의 과거 업적보다는 미래의 성과에 더 주의를 기울이기 때문에 자신의 과거 업적에 대해 그리 큰 자만심을 드러내지는 않는 것이다. 한편으로 그들의 자신이 하는 일에 대한 자부심과 성공에 대한 자신감 수준은 매우 높다.

⑦ Bem(1974)에 따르면, 창의적인 사람은 양성성(androgyny)을 드러내는 경우가 많은데, 양성성은 타고난 성(性)과는 관계없이 독립적이고 공격적인 남성성과 섬세하고 자애로운 여성성을 동시에 보이며, 감성

그의 다른 저서들 모두 기본적으로 매우 긴 시간(20~30년 정도) 동안 연구하며 결과물을 출간하는 데 오래 걸렸다는 점이다. 미룬 것이라기보다는 완벽주의적 성향 등으로 오랜 기간 철저히 준비하기 때문이라고 볼 수도 있다(최재천, 2012).

적인 동시에 엄격하고, 지배적인 동시에 복종적인 복합적인 성향을 드러내는 것이다.[51]

⑧ 창의적인 사람은 전통적, 보수적이면서 동시에 변화 지향적이고 개혁적이다. 창의성의 3요소에서 지식과 경험의 중요성을 강조하였듯이, 한 영역에서 창의적인 성과를 내기 위해서는 먼저 그 영역의 기존 규칙과 방법들에 대해 정통해야 한다. 따라서 창의적인 사람들은 기존 전통과 질서를 중요시하는 측면이 있다. 하지만 동시에 이들은 과거의 전통과 질서에 대해 도전하고 변화하려는 강한 욕구가 있다.

⑨ 창의적인 사람은 일에 대해서 열정이 있지만 동시에 객관적인 자세를 가진다. 창의적인 사람은 대단한 열정을 가진 사람들이다. 이런 열정이 없으면, 힘든 작업을 하면서 역경을 극복하지 못하고 금방 흥미를 잃게 된다. 그러나 지나친 열정이 비정상적인 집착으로 변질되어 그릇된 길로 빠지거나 객관적 사실을 무시하게 되는 경우가 있는데, 창의적인 사람들은 이를 철저히 경계한다.

⑩ 창의적인 사람은 일하는 과정에서 고통과 역경을 겪지만, 동시에 즐거움을 느낀다. 창의적인 사람은 다른 사람들이 가지 않은 길을 가기 때문에 실패의 확률이 매우 높다. 실패에 따르는 고통뿐만 아니라 오랜 기간 노력해온 작업에 대해 제대로 인정을 받지 못하는 경우 고독과 절망감을 느낀다. 창의적 성취를 이룬 후에도 계속 불안감을 느낄 수 있

---

[51] 최근 Liu와 Damian(2022)은 양성성-창의성 효과에 관한 연구가 소규모 표본 및 오래된 방법론에 근거하였기에 다시금 검증할 필요가 있다고 하면서, 둘 간의 관계를 대규모 표본(N = 672), 두 가지 창의성 측정, 그리고 고급 통계 분석으로 재조사하였다. 분석 결과, 자기 보고에 의한 창의성(코프먼의 창의성 영역 척도로 측정)에서는 양성성을 보인 사람은 더 창의적으로 나타났지만, 대안 용도 과제(AUT)로 측정된 행동적 창의성에서는 차이가 없었다. 이런 결과에 대해 연구자들은 양성성-창의성 효과는 창의성 유형에 따라 차이가 있거나, 성 역할 관념에 대한 사회적 변화로 인하여 이제는 유효하지 않은 것일 수 있다고 해석하였다.

는데, 자신의 독창성이 제대로 평가받지 못하고 심지어 조롱거리가 될 때 남는 것은 견디기 어려운 상실감과 공허감뿐일 것이다. 그러나 창의적인 사람들은 창조의 과정 자체를 즐기는 사람들이다. 그 과정에서 이들은 자신만의 기쁨과 희열을 느낀다. 이러한 자신의 창의적 활동 자체로부터 오는 내적 보상에서 최대의 만족을 느끼지 못하는 사람은 창의적인 성과를 낼 수 없을 것이다.

이러한 열 가지 특성들은 91명의 창의적 인물만을 탐구한 결과이기에 일반화의 제약이 있지만, 이러한 상반된 성향이 공존하는 복합성은 일반적인 사람들에게서는 찾아보기 어려운 특성이라는 점은 분명하다. 두 가지 중에 어느 한쪽이라도 부족하면 창의적인 결과를 도출하기 어려울 것이라고 칙센트미하이는 강조하였다.

8) 마무리

이번 장에서 창의성과 정신병리 간의 관계에 관한 다양한 연구들을 살펴보았고, 많은 조절 변인들에 따라 관계의 양상이나 강도가 달라지는 등 둘 간의 관계에 대한 명확한 결론을 얻기가 쉽지 않음을 느낄 수 있다. 그러나 지금은 둘 간에 유의한 관련성이 있다는 시각은 다소 신화에 가깝다는 의견이 더 지배적인 시각이다.

마지막으로 둘 간의 관계에 대하여 고려해야 할 또 다른 측면이 있다. 정신질환이나 병리가 무엇인가에 대한 보다 근본적인 질문이다 (Lewis, 2013). 미국정신의학회에서 발행하는 정신질환 진단 및 통계 편람(DSM)은 정신질환을 과학적으로 분류하려는 노력의 결과물이다. 이것이 매우 체계적이고 신뢰할 만한 것 같지만 오류나 결함이 전혀 없는 것이 아니다. 그런 오류나 결함의 원인 중의 하나는 진단이 생물학적인 객관적 검사(예: 신경생리적 지표들)에 의하기보다는 자기 보고나 자각 증상에 기반하여 이루어지는 경우가 많다는 점이다. 더구나 질환 간의 구분이 모호할 뿐 아니라 질환과 정상 간의 경계도 모호하여 둘 사이에 중첩되는 부분이 많다. 생물학자들은 아직 복잡한 정신 장애들을 여러 범주로 구분할 수 있는 유전적 또는 신경과학적 증거를 발견하지 못했다는 것이다(Adam, 2013). 예를 들어, 조현병과 우울증처럼 뚜렷이 구분되는 정신병리조차 주요 증상과 유전적 위험인자가 서로 겹치는 것으로 나타났다. 문제를 더 심각하게 하는 것은 DSM의 질환이 어느 정도 문화의 영향도 받는다는 점이다. 대표적인 예로, 과거에는 동성애가 질환으로 분류되었지만, 지금은 삭제되었다.[52]

2013년에 발표된 DSM-5는 거의 정상이라고 볼 수 있는 것도 정신질환으로 분류하여 '진단 인플레이션'이라는 지적을 받고 있다. DSM-5를 제작할 당시 신경과학의 엄청난 성장과 발전에 힘입어 각종 생물학적 지표들로 더 엄격한 과학적인 분류가 가능할 것으로 기대하였으나, 예상보다 뇌의 구조와 기능이 복잡하여 결국 실현되지 못하였다. 또한, 과거 정신질환을 질적으로 구분되는 범주들로 분류하는 범주적 접근법에서 벗어나 정신질환을 범주가 아닌 여러 차원의 연속선상에 있는 것으로 보는 차원적 접근법을 채택할 것으로 기대를 모았으나, 이것도 충족되지 않았다. 이러한 상황은 정신병리의 판단이 여전히 문화적, 사회적 영향을 받으며, 주관적일 수 있음을 시사한다.

특히 최근에는 '건강한 정신병 경향성(healthy schizotypy)' 또는 '정신증(psychoticism)'을 정상인의 사고 경향으로 보려는 시도가 있다. 즉 병리가 아니고 문화적으로 부적절하거나 기이하고 이상한 행동을 보이는 성격 특성으로 보는 것이다.[53] 그리고 이런 특성은 성격 5요인 중 경

---

52 극단적인 예로, 1850년에 흑인들이 노예 상인들로부터 벗어나려는 행동을 '드라페토마니아(drapetomania)'라는 정신질환이라고 보기도 하였다.

53 세계 여러 지역에서 전개되고 있는 '매드 프라이드(mad pride)' 운동도 광기를 정신질환이라는 의학적 관점에서 보는 통상적 시각에서 벗어나 광기를 일종의 문화적 자원

험에 대한 개방성에 포함될 수 있는 특성이다. 이런 시각에서 본다면, 앞서 정신병리와 창의성 간의 관계에 대한 논의가 다른 의미를 갖게 되고, 광기-천재 관점은 과거의 유산(신화)이며 더는 과학적으로 의미 있는 시각이 아닐 수 있다.

의 관점에서 봄으로써 광기에 대한 일반 사회의 존중 또는 인정을 바탕으로 다양한 문화적 상상력을 가능하게 하는 광기의 창조적 잠재력에 주목한다.

8장
창의성, 동기, 사회심리

"동기부여하기 위해 보상을 약속하는 것은 목마른 사람에게 소금물을 주는 것과 같다."

– 알피 콘

미지의 세계를 탐험하는 것과 같이 창의적 과정은 곳곳에 위험과 불확실성이 도사리고 있고 대부분 좌절, 고통, 저항, 실패가 뒤따르는 험난한 여정이다. 창의적 인물들이 남다른 성취를 이루어가는 힘든 과정에서 계속 내적인 에너지를 공급해주는 것은 무엇일까?

창의성의 '천재 관점(genius view)'은 이러한 질문에 별로 주의를 기울이지 않았다. 신이 내린 재능을 갖고 태어난 천재는 단순히 그러한 에너지를 갖고 태어난 것으로 간주한 것이다. 심리학자들이 창의성의 동기적 요소 및 그것에 영향을 미치는 상황 특성을 제대로 탐구하기 시작한 것은 1980년대에 와서이다. 또한, 이것은 창의성의 4Ps 중 환경(Press)에 지향된 것으로, 창의성의 사회심리학적 연구라고 할 수 있다.

창의성의 동기적 측면과 사회심리학적 연구를 개척한 대표적 심리학자는 테레사 애머빌이다. 3장에서 소개한 창의성 3요소론에서 Amabile(1996)이 '창의성의 내적 동기 원리'를 제시하였듯이, 그녀가 3요소 중 가장 강조한 것이 내적 동기(intrinsic motivation)이다. 이 장에서는 창의성의 가장 주요한 내적 에너지라고 할 수 있는 내적 동기 및 이것을 증감시킬 수 있는 사회적 맥락을 다루었는데, 특히 외적 보상이 내적 동기 및 창의성에 미치는 영향에 대한 논쟁과 관련 경험적 연구들을 소개하였다. 더불어 최근 주목을 받는 창의성의 동기적 요소로서 친사회적 동기(prosocial motivation)에 대해서도 살펴보았다. 창의적인 성취를 이루는 과정에서는 실패가 있게 마련이며, 이런 실패나 좌절의 상황에서 복원력을 갖기 위해서는 어떤 태도와 행동이 필요한지에 대한 연구를 다루었고, 최적의 내적 동기 상태라고 볼 수 있는 플로우(flow) 현상에 대해서도 살펴보았다. 마지막으로 창의성에 대한 사회 정체성 이론의 시각 및 창의성에서의 젠더 편향에 대해서도 논의하였다.

1. 창의성과 동기

1) 노력과 끈기

Cropley(2006)는 그간의 창의성 연구가 확산적 사고(divergent thinking)를 중심으로 이루어졌으며, 확산적 사고는 '노력 없는 창의성(effortless creativity)'이라고 보았다. 그는 자유분방한 확산적 사고를 통해 아무리 다양한 아이디어들이 생성되더라도 그것이 현실에 적용되지 않으면, 즉 유용성 또는 적절성 기준에 맞지 않으면 무용지물이 되며, 그런 창의성은 유사(quasi) 또는 사이비(pseudo) 창의성이라고 지적하였다. 그는 확산적 사고에 의한 아이디어 생성 이후 아이디어에 대한 평가 과정에서의 수렴적 사고(convergent thinking)와 더불어 앞으로의 창의성 연구는 '노력하는 창의성(effortful creativity)'에 집중해야 한다고 강조하였다.

대체로 창의적인 사람은 에너지 수준이 높다. 창의적인 사람들은 무엇이든지 자발적으로 행동하며, 자신이 하는 일에 높은 열정을 보인다. 흥미로운 일에 대해서는 밤새 몰입하는 모습을 보이며, 쉽게 포기하지 않는 끈기를 보인다.[1]

혁신 기업 3M의 대표적 상품인 포스트잇을 개발한 아서 프라이는 20여 년간의 연구 생활에서 자신이 가장 좋아하는 것은 늘 현재 진행하고 있는 연구라고 하였다. 이처럼 지속적인 탐구 과정을 거쳐 창의적 성과가 도출되므로, 단순히 반짝하는 아이디어 생성에만 초점을 두지 않고 이후의 오랜 숙성 과정을 견뎌내는 힘과 그런 힘에 영향을 미치는 상황 또는 환경에 대한 이해가 요구된다.

이러한 '노력하는 창의성'과 관련하여 창의성 성취에 이르는 과정에서의 동력 또는 에너지 역할을 하는 창조자의 내적 동기에 주목하게 한다.

2) 유능감과 자기결정감

1980년대부터 창의성 연구에서 창의성이 발현되는데 필요한 요소로서 인간의 동기적 측면에 대해서 주목하면서 이후 내적 동기 및 이에 영향을 미치는 맥락(환경 요소)에 관한 연구가 계속되고 있다.

매슬로의 욕구 위계 이론처럼 인간의 동기(또는 욕구)를 분류하는 방식은 다양하고 분류 방식에 따라 여러 가지 동기들이 나열될 수 있지만, 창의성 연구에서는 인간의 동기를 크게 내적 동기(intrinsic motivation)와 외적 동기(extrinsic motivation)의 두 가지로 구분해왔다. 이

---

1   Toyama 등(2023)은 창의성에서 끈기(persistence)의 중요성을 인식하는 사람이 더 창의적인지를 조사하였다 사전조사에서 일반인들은 창의성에는 '유연한 사고'가 '지속적 사고'보다 더 가치가 있다고 응답한 결과를 보였지만, 대안 용도 과제(AUT)를 사용한 세 번의 실험에서 끈기가 창의성에 가치가 있다고 생각하거나 그러한 교육을 받은 참가자들이 그렇지 않은 참가자들보다 창의성 과제에 대해 더 끈기 있게 작업하면서 더 높은 수준의 창의성을 보였다.

것은 인간이 어떤 활동(일)을 할 때 그것을 하도록 하는 동기적 힘이 어디에서 나오는지에 따라 구분한 것이다. 특정한 활동을 하게 하는 힘이나 유인이 활동 자체로부터 나오면 내적 동기이고, 활동 자체와는 독립적인 다른 외부에서 나오면 외적 동기이다. 예를 들어, 화가가 오로지 돈을 벌기 위해 그림을 그린다면 그것은 외적 동기에 의한 것이다. 반면에 그림 그리는 과정에서의 즐거움 또는 자신이 구현하고자 하는 비전이나 이념을 표현했을 때의 성취감이 주요 원인이면 그것은 내적 동기에 의한 것이다. 물론 인간의 활동이 이렇게 이분법적으로 모두 구분될 수 있는 것은 아니며, 내적 동기와 외적 동기가 모두 포함된 경우가 대부분일 것이다.

내적 동기에 의한 집단적인 자발적 활동의 대표적 사례로 세계 최대 온라인 백과사전 서비스 '위키피디아(Wikipedia)'를 들 수 있다. 마이크로소프트(MS)사는 사전편찬 전문가들을 대규모로 고용하여 만든 '디지털 백과사전 MSN 엔카르타'를 출시한 지 8년 만인 2009년 네티즌들의 자발적인 참여를 통해 만든 '위키피디아'에 밀려 사업을 접었다.[2]

Deci와 Ryan(1985)은 내적 동기의 두 가지 핵심 요소를 제시하였다. 그것은 어떤 활동에 대해 '내가 그것을 잘한다'는 유능감(competence)과 '내가 자율적으로 선택 또는 결정한 것'이라는 자기결정감(self-determination)이다. 따라서 내적 동기가 높은 활동은 유능감과 자기결

---

2   오늘날 집단지성을 활용하는 아이디어에 대한 크라우드소싱 플랫폼도 이와 유사한 것일 수 있으나, 채택된 아이디어에 대해 소정의 상금(또는 일정한 수익)을 제공한다는 점에서 내적 동기 및 외적 동기의 혼합이라고 해야 할 것이다. 대표적으로 쿼키(Quirky)는 소셜 상품 개발(social product development) 플랫폼이라는 독특한 방식의 사업 모델로 아이디어 상품을 제작, 판매하는 곳이다. 아이디어 제공자가 10달러를 내고 아이디어를 제안하면, 다른 회원들의 투표 과정(idea curation)을 거쳐 선별되며, 최종 확정된 아이디어는 내부 전문가들이 참여하여 최종 상품으로 만들어진다. 이 상품의 판매에 따른 수익 일부를 최초 제안자에게 돌려준다. 크리에이티브 전문가 플랫폼 '라우드소싱'에서도 다양한 범주의 아이디어 콘테스트가 진행된다.

정감을 느낄 수 있는 활동이다. 유능감의 경우, 특정한 활동을 하면서 나의 능력과 잠재력이 충분히 발휘되고 성장하고 있다는 느낌을 줄수록 내적 동기가 높아진다. 또한, 자기결정감의 경우, 특정 활동을 스스로 선택하는 것과 같은 내적 통제로 하는 것이냐 아니면 타인의 요구나 외적인 통제로 하는 것이냐에 따라 내적 동기 수준이 달라진다.

특정한 활동이나 일에 대한 보상(reward)도 내적 및 외적 보상으로 구분되는데, 내적 보상(intrinsic reward)은 즐거움, 도전감, 성취감, 성장감, 자기실현 등이며, 외적 보상(extrinsic reward)은 돈과 같은 물질적 유인이나 칭찬이나 상(賞)과 같이 타인의 인정 같은 것들이다.

2. 외적 보상의 내적 동기 감소 효과

Harlow 등(1950)이 원숭이가 음식이나 다른 외적 보상 없이도 재미로 퍼즐 풀기를 반복하는 것을 관찰한 이후로 심리학자들은 인간의 내적 동기에 관심을 갖게 되었다. 그런데 순전히 재미가 있거나 즐거워서 하는 행동에 대해 외적인 보상이나 인센티브가 주어지면 내적 동기가 감소한다는 사회심리학적 연구 결과가 1970년대에 나오면서 주목을 받았다. 우선 이런 현상을 잘 보여주는 다음의 우화를 보자.

노인의 집 뒷마당에는 넓은 공터가 있어 매일 아이들이 공놀이를 하였다. 노인은 조용한 분위기를 원했지만, 아이들의 공놀이로 방해를 받았다. 아이들은 그곳에서의 공놀이가 너무 재미있어 노인의 주의에는 아랑곳하지 않았다. 노인은 고민하다가 마침내 좋은 아이디어를 생각해내었다. 어느 날 노인은 공터로 나가 아이들에게 '오늘부터 여기서 공놀이를 하면 10센트를 주겠다'고 하면서 10센트씩 주었다. 아이들은 계속 공놀이를 하고

10센트를 받아갔다. 그러던 어느 날 노인은 5센트씩을 아이들에게 주면서 '돈이 모자라 오늘은 5센트밖에 주지 못하겠구나'라고 하였다. 아이들은 아쉬운 표정으로 물러났다. 다음 날 아이들이 다시 나타나 노인을 기다렸다. 얼마 후 노인이 나와 아이들에게 줄 돈이 없다고 하자, 아이들은 공놀이는 하지 않고 돌아가, 다시는 공터에 나타나지 않았다(Deci & Ryan, 1985, p. 48; 일부 수정 재인용).

내적 동기로 공놀이하던 아이들이 외적 보상이 주어지면서 공놀이에 대한 흥미가 극적으로 감소함을 보여주는 이 이야기는 데시와 레퍼 등의 초기 실험 연구들에서도 그대로 재현되었다.

1) 초기 실험 절차 및 결과

Deci(1971)의 연구에서는 대학생을 실험 및 통제 집단에 무작위로 할당하고, 3일에 걸쳐 세 번의 시행이 진행되었다. 그들이 수행할 과제는 당시 매우 인기 있었던 소마(SOMA)라는 퍼즐이었다. 첫 번째 시행에서는 실험집단과 통제집단 모두 절차상 차이 없이 가능한 한 많은 퍼즐을 풀도록 하였다. 두 번째 시행에서 실험집단에는 완성된 퍼즐 한 개당 1달러의 보상이 지급될 것임을 알리고 실제 제공되었다. 통제집단 피험자들은 보상 언급 없이 과제를 수행하였다. 마지막 세 번째 시행에서는 첫 번째 시행과 같이 보상에 대한 언급 없이 과제를 수행하였다. 이때 세 번째 시행 초반에 실험자는 실험 도중에 그럴듯한 이유를 대고 잠시 실험실을 떠나면서 곧(8분) 돌아오니 잠시 기다리라고 하였다. 실험실에 남겨진 피험자들에게는 퍼즐 풀이뿐만 아니라 가만히 앉아 생각하거나, 여기저기 돌아다니거나, 그곳에 비치된 《타임》이나 《플레이보이》 같은 잡지를 보는 활동들이 가능하였다. 이때 일방향 거울로 피험자들이 퍼즐 풀이에 보내는 시간을 측정하였다(자유 시간 측정). 그리고 실험 종료 후 퍼즐 과제에 대한 흥미 정도를 설문으로 측정하였다. 이 두 측정치가 과제에 대한 내적 동기를 반영하는 것으로 조작적으로 정의되었다. 결과에 의하면, 실험집단은 세 시행에서 과제에 보낸 평균 시간이 각각 248초, 314초, 198초였다. 반면 통제집단은 214초, 206초, 242초였다. 세 번째 시행에서 실험집단이 통제집단보다 퍼즐 과제에 보낸 시간이 적었으며, 낮은 과제 흥미도를 보였다. 또한, 실험집단은 첫 시행에서 과제에 보낸 시간보다 세 번째 시행에서 과제에 보낸 시간이 유의하게 적었다. 통제집단은 그러한 차이가 없었다. 데시는 이것을 외적 보상의 내적 동기 감소 효과라고 해석하였다. 이것은 특정 행동이 강화를 받으면 그 행동은 증가한다고 보는 당시 유력했던 행동주의 관점에서 보면 매우 급진적인 주장이었다.

초기에는 이러한 외적 보상의 부정적 효과가 다음과 같은 인과 소재 (locus of causality)에 대한 인식 변화로 설명되었다. 내적 동기는 활동 자체가 목적이기에 원인이 내부에 있다고 인식되는데, 이때 외적 보상이 주어지면 활동의 원인이 외부로 전환되고, 특정 활동과 외적 보상 간의 연결로 내적 동기는 상대적으로 감소한다. 그리고 이것이 반복되면 나중에는 외적 보상이 기대될 때만 그 활동을 하게 된다. 위의 우화에서 노인도 이런 변화를 기대한 것이다.

또한, 인과 소재가 내부로 인식되기 위해서는 스스로 선택하거나 결정한 것이어야 한다. Patall 등(2008)이 아동과 성인들을 대상으로 다양한 상황에서 선택(choice)이 내적 동기에 미치는 효과를 다룬 41개의 연구를 메타분석하였을 때, 선택의 기회를 제공하면 내적 동기와 더불어, 유능감, 노력 수준, 과업 수행이 높은 것으로 나타났다.

한편, Amabile(1996)은 외적 보상이 내적 동기를 낮추는 것은 외적 통제로 인식되는 인지적 기제를 통해서만 나타나는 것이 아닐 수 있다고 보았다. 왜냐하면, 어린 아동은 자신의 행동에 대해 체계적인 인지적 분석을 하지는 않기 때문이다. 그럼에도 아동에게서 외적 보상의 부적 효과가 더 크게 나타나는 것은 정서적 기제에 의한 것일 수 있다. 예를 들어, Amabile 등(1976)은 타인의 통제를 받으면서 과제를 수행한 피험자들이 과제에 대한 내적 동기가 낮았을 뿐만 아니라, 과제 수행 이후 측정된 만족도와 즐거움 수준이 모두 낮았다. 사람들은 사회적으로 통제되고 있다고 느끼면 그것을 '일(work)'로 보고 부정적으로 반응하게 된다. 그리고 '일'은 즐겁지 않고 강제로 하는 것이라는 학습된 고정관념이 있다. 따라서 과제 수행에 대한 보상도 외적인 통제로 지각되면서 과제 활동을 특정 목적(end)을 위한 수단(means)으로 보게 되고, '놀이(play)'가 아닌 '일'로 느껴지면서 과제 자체의 즐거움은 감소한다고 볼 수 있다. Freedman 등(1992)은 동일한 활동에 대해 제공되는 금전적 보상이 클수록 그 과제 활동을 지루하거나, 불쾌하거나, 부담되는 것이 틀림없다고 추론하면서 더 부정적으로 보게 됨을 실험 연구로 보여주었다.[3] 따라서 외적 보상의 내적 동기에 대한 부적 효과는 인지적 측면뿐만 아니라 정서적 측면도 작용한다고 볼 수 있다.

정교화 Deci와 Ryan(1985)은 실험실 연구에서 외적 보상이 주어지는 방식을 다음과 같이 구분하여 내적 동기 감소 효과가 나타나는 조건들을 보다 정교화하려 하였다. 첫째는 단순히 활동(또는 실험)에 참여하는 것에 대해 보상이 주어지는 과제 비연계 보상(task-noncontingent reward)인데, 이것은 보상에 의해 통제되는 느낌이 없어 내적 동기에 영향을 미치지 않는다. 둘째는 과제 활동(예: 그림 그리기)을 완수하거나 과제를 해결하면 주어지는 과제 연계 보상(task-contingent reward)

---

3 지루한 과제를 수행해야 하는 상황에서 이를 정당화할 수 있는 것이 주어지면(예: 금전적 유인이 주어지면) 그 과제 활동에 대해 더 부정적으로 평가하게 된다. 이것을 역유인 효과(reverse-incentive effect)라고 한다. 그런데 정당화가 클수록(예: 돈의 액수가 클수록), 정당화가 더 강해지면서 해당 과제 활동에 대한 평가는 더욱 부정적으로 변한다.

으로, 과제 수행이 보상에 도구적인 것으로 인식되면서 보상으로 통제되는 느낌이 강하게 든다. 그런데 과제 연계 보상과 함께 유능함에 대한 긍정적인 피드백이 함께 주어지면 내적 동기 감소 효과가 사라진다. 마지막으로, 구체적으로 설정된 수행 기준이나 질(質)에 근거하여 (예: 참가자 중 상위 50%에 드는 경우) 보상이 주어지는 수행 연계 보상(performance-contingent reward)[4]은 통제되는 느낌을 주어 자기결정감은 낮추나 유능감은 높일 수 있다. 따라서 보상이 수행 수준을 알려주는 정보적 기능을 한다면 보상 획득은 성공을 상징하기에 유능감이 증가하면서 내적 동기도 높아질 수도 있다. 그리고 이런 경우 자신이 전적으로 외적 보상 때문에 과제에 종사했다고 보지는 않을 것이다. 이처럼 내적 동기의 두 핵심 요소인 유능감과 자기결정감의 관점에서 살펴보면 외적 보상이 '통제적' 기능과 '정보적' 기능 중에 어느 것이 더 강하게 작용하느냐에 따라 내적 동기에 미치는 영향이 달라질 수 있다. 즉, 외적 보상이 외적인 통제로 지각되느냐 아니면 유능성에 대한 피드백으로 지각되느냐에 따라 영향의 방향이 달라질 수 있다.

2) 메타분석 연구 논쟁

1990년대 외적 보상이 내적 동기에 미치는 영향에 대한 메타분석 연구가 다수 진행되었다(장재윤, 구자숙, 1998 참조). 먼저, Cameron과 Pierce(1994)는 보상(강화)과 내적 동기 간 관계에 대한 메타분석을 통하여 일반적으로 받아들여지는 것만큼 보상이 내적 동기를 감소시키지 않는다고 하였다. 이들은 96개의 실험 연구들을 메타분석한 결과, 전반

---

4 조직 현장에서 과제 비연계된 보상은 수행수준이나 질과는 관계없이 단순히 회사에 출근하여 근무하는 것에 대해 보상이 주어지는 것과 같다. 과제 연계 보상은 생산량이나 판매량에 근거하여 보상하는 성과급제(piece-rate system)와 유사하며, 수행 연계 보상은 일정 수준 이상을 보인 소수의 구성원에게 특별 보너스를 주는 것과 비슷하다.

적으로 보상은 내적 동기를 감소시키지 않으며, 보상이 내적 동기를 감소시키는 부정적인 결과를 가져온 것은 돈이나 마시멜로 같은 '유형의 (tangible) 보상'을 참가자들이 '사전에 예견'하고 있었고, 수행의 질과 무관하게 '단순히 과제에 참여함'으로써 보상을 받은 제한된 경우뿐이라고 결론을 내렸다. 따라서 외적 보상의 부정적 효과가 나타나는 조건이 상당히 제한적이고 쉽게 예방이 되며, 보상을 적절히 사용하면 오히려 내적 동기와 수행을 증진시킬 수도 있다고 주장하였다.

유사한 시기에 Tang과 Hall(1995)도 외적 보상이 내적 동기에 미치는 부정적 효과와 동일한 현상인 과정당화 효과(Lepper et al., 1973)[5]가 나타나는 조건을 알아보기 위해 메타분석을 실시하였다. 50개의 실험 연구를 대상으로 메타분석한 결과, 두 가지 상황에서 과정당화 효과가 나타났고, 반대로 내적 동기가 증가하는 세 가지 상황도 있었다. 이들은 과정당화 효과가 나타날 것이라고 예언했던 상황에서 유의한 효과가 나타남으로써 자신의 예측이 지지되었다고 결론내렸다.

두 메타분석 연구는 서로 다른 관점에서 이루어졌으나, 분석 결과는 모두 유형의 보상은 내적 동기를 감소시키는 반면, 언어적 보상은 내적 동기를 증가시키거나 적어도 감소시키지는 않는 결과를 얻었다. 또한, 예측된 보상은 내적 동기를 감소시키는 반면, 예측되지 않은 보상은 내적 동기를 감소시키지 않았다. 보상 연계성에서도 과제 연계 보상은 내적 동기를 감소시키지만, 과제 비연계 보상과 수행 연계 보상은 내적 동기를 감소시키지 않았다.[6]

---

5 과정당화 효과는 과제 동기에 대한 분명한 인식 없이 재미로 하던 활동에 대해 외적 보상을 받게 되면 자신의 행동에 대한 정당화 요소가 많아져 더 두드러진 요소인 외적 보상에 행동의 원인을 돌리면서 이후 내적 동기의 영향은 절감되는 현상이다.
6 두 메타분석 연구 결과를 자세히 비교해보면, 각자가 서로 다른 결론을 내려놓고 그것을 지지하는 증거를 찾아 들어간 것으로 볼 수 있다(장재윤, 구자숙, 1998). 즉, 캐머런과 피어스는 내적 동기 감소 효과가 나타난 조건은 매우 제한적인 상황이므로 보상이

이후 외적 보상의 내적 동기 감소 효과를 최초로 제시하였던 Deci 등 (1999)은 외적 보상이 내적 동기에 미치는 효과를 다룬 더 많은 연구 (128개의 연구)를 다시 메타분석하였다.[7] 그 결과, 전반적으로 모든 형태의 보상에서 내적 동기의 감소 효과가 나타났으며, 앞서 반복되었 듯이 유형의 보상이 주어지고 그것이 기대되는 상황에서 두드러지게 감소 효과가 나타났다. 더불어 참여 연계(engagement-contingent) 보상, 완성 연계(completion-contingent)[8] 및 수행 연계 보상이 주어지면 자 유 선택(free choice)[9]으로 측정된 내적 동기가 유의하게 낮아졌다. 또 한, 유형의 보상 및 기대된 보상에서처럼, 참여 연계 보상과 완성 연계 보상은 자기 보고(self-report)로 측정된 흥미를 유의하게 저하시켰다. 다만, 무형의 보상(긍정적인 언어적 피드백)은 자유 선택 행동과 자기 보고된 흥미를 유의하게 높였다.

전반적으로 흥미가 있는 과제를 수행하는 것에 대해 유형의 보상을 주면 내적 동기가 감소하는 부정적 효과를 가지며, 이런 효과는 취학 전 아동부터 대학생에 이르기까지 다양한 연령층에서 나타난다. 유일 한 예외로, 수행 연계 보상은 자유 선택으로 측정된 내적 동기를 감소

내적 동기를 저해하지 않는다고 보았고, 이에 반해 탕과 홀은 과정당화 효과가 나타날 것이라고 예언되었던 상황에서 실제로 유의한 효과가 나타났으므로 이는 외적 보상이 내적 동기를 저해한다는 사실을 지지하는 결과라고 해석을 내린 것일 뿐이다.

7 Deci 등(1999)은 이전의 네 개의 메타분석 연구들(Cameron & Pierce, 1994; Rummel & Feinberg, 1988; Tang & Hall, 1995; Wiersma, 1992)을 개관하면서, 자신들의 연구가 이전 연구들과 방법, 분석, 결과 측면에서 다른 점들을 상세하게 보고하였다.

8 Deci 등(1999)에서는 목표 과제를 완성하는지에 따라 보상이 주어지는 과제 연계된 보 상(완성 연계된 보상)은 과제 활동에의 참여(engagement)에 달려 있지만, 그것의 완성 을 요구하지는 않는 참여 연계된 보상을 구분하고 있다. 이전 메타분석들에서는 이 두 가지를 매우 유사한 것으로 보고 구분하지는 않았었다.

9 내적 동기 연구에서는 '자유 선택'은 내적 동기를 자유시간 동안 특정 행동이나 활동을 하는 정도를 측정한 것이고, '자기 보고 흥미'는 실험 후 끝난 후 특정 행동에 대한 재 미나 흥미의 정도를 설문으로 측정한 것이다.

시켰으나 자기 보고된 흥미에는 영향을 미치지 않았다. 반면, 언어적 보상 또는 긍정적 피드백은 내적 동기에 유의한 긍정적 효과를 가졌다. 기대되지 않았거나 과업 행동에 연계되지 않는 유형의 보상은 내적 동기 저해 효과가 없었다. 앞서 언급한 수행 연계된 보상의 경우를 제외하고는 저해 효과는 모두 자기 보고 측정치들에서보다 자유 선택 측정치들에서 더 강하게 나타났다.

연구진은 메타분석 결과를 종합하여 다음과 같이 결론을 내렸다. 일부 제한적인 조건들이 있지만, 전반적으로 유형의 보상은 내적 동기에 상당히 부정적 효과를 가지는 경향이 있다. 흥미 있는 활동에서 좋은 수행의 지표로서 유형의 보상이 주어지는 경우도 내적 동기는 대체로 감소한다.

3) 현장 시사점

외적 보상이나 유인에 의한 내적 동기 감소 효과는 실제 교육 및 조직 현장에 현실적 시사점을 가진다. 예를 들어, 학생들의 독서를 권장하기 위해 책을 많이 읽은 학생에게 그에 대한 보상(상장 수여 등)을 주는 경우, 이러한 보상이 학생들의 독서에 대한 내적 동기를 감소시켜 보상이 없는 상황에서는 책을 읽지 않는 잘못된 습관을 길러 줄 수 있다.

'2021년 국민 독서실태' 조사에 의하면, 한국의 성인은 연간 평균 4.5 권을 읽었다. 지난 조사(2019년)보다 3권 줄었고, UN 연간 평균 독서량 조사(2015년)보다 5권 줄어(비교가 무색하게, 2015년 조사에서 미국은 79.2권, 프랑스는 70.8권, 일본은 73.2권이었다), OECD 국가 중 최하위권으로 나타났다(안상준, 2022). 이런 결과가 초래된 원인에 대해서는 다양한 견해가 있겠지만, 책 읽고 공부하는 것을 높은 시험 성적이라는 외적 보상을 얻기 위한 수단으로만 생각하는 인식이 책 읽는 내적 즐거움을 송두리째 없애버린 것이 아닐까 추측된다.

Warneken과 Tomasello(2008)의 연구는 외적 보상이 20개월 된 아동이 다른 사람에게 도움을 주는 친사회적 행동을 저해할 수 있음을 보여주었다. 아동이 처치 단계에서 물질적 보상을 받게 되면 그렇지 않은 아동보다 이후 검사 단계에서 추가적인 도움 주기 행동에 관여하지 않으려고 하였다. 과정당화 효과라고도 할 수 있는 이것은 아동의 최초 도움 주기 행동은 내적으로 동기화된 것이었지만, 외적 보상을 제공하는 것과 같은 사회화 관행들이 그것을 해칠 수 있음을 분명하게 보여준다.

비록 외적 보상은 사람들의 행동을 통제하는 효과가 있고, 그래서 많은 상황에서 그것을 활용하지만, 보상의 가장 주요한 부정적 효과는 사람들의 자기 조절(self-regulation) 또는 자기 통제 능력을 저해하는 경향이 있다는 점이다.

가족, 학교, 기업, 스포츠팀 등의 여러 사회 조직이 단기적인 시각으로 외적 보상을 행동 통제의 수단으로 사용하게 되면 중장기적으로는 상당한 부정적 효과가 나타날 수 있다. 더구나 Kohn(1993)이 주목하였듯이, 학교나 조직이 행동을 통제하기 위해 보상을 사용하는 선택을 하게 되면 보상과 더불어 더 많은 감시와 감독, 평가, 경쟁 등이 수반되며, 그것들은 모두 내적 동기를 감소시킬 수 있다.

여러 연구에서 학교, 기업, 스포츠 등의 현장에서 내적 동기의 구성요소인 자율성(자기결정성)과 유능성을 지지해주면 과제(일)에서의 끈기나 수행, 그리고 당사자 안녕 등의 측면에서 긍정적 효과가 나타났다(Deci et al., 2001). 많은 사회 단위나 조직에서 개인의 주체성 상실, 일로부터의 소외감, 업무에의 몰입감소(disengagement)와 같은 여러 문제에 직면하고 있는데, 이것은 곧 내적 동기의 감소와 관련이 있을 수 있다.

특정 수행 상황에서 외적 보상, 평가, 경쟁 유발과 같은 비교적 단순한 통제 수단보다는 과업에 자발적으로 몰입하면서 심리적 욕구(유능감, 자기결정감, 성장감 등) 충족을 최대화하는 방안들이 장기적으로 더 유익한 결과를 제공할 것이다. 물론, 연구에서 드러났듯이, 유형의 보상이 반드시 내적 동기를 저해하지는 않지만, 통제되고 있다는 느낌을 주는 수단에만 의존하는 전략은 내적 동기를 증진하기보다는 감소시키는 위험에 직면할 수 있다. 외적 보상은 자신의 행동에 대한 자기결정감(자율성)을 저해하지 않으면서 유능감에 정적인 피드백을 제공하여 내적 동기를 높이는 방향으로 작용하여야 한다.

다음의 연구는 내적 동기를 측정한 것은 아니지만, 보상이 의도치 않은 부작용을 초래하는 현장 실험 사례를 보여준다. Robinson 등(2021)은 미국 교육 현장에서 사용된 두 유형의 상징적 보상, 즉 사전에 '예상된 상(prospective award)'과 갑작스러운 '사후 상(retrospective award)'이 학생들의 출석 행동에 미치는 영향을 조사하였다. 예상과 달리, 예상된 상은 평균적으로 해당 달의 출석율에서 아무런 개선 효과가 없었고, 심지어 갑작스러운 사후 상은 다음 달의 출석률을 8% 정도 감소시켰다. 더불어 예상된 상(인센티브)이 제거되면(기간이 종료되어 더는 상을 주지 않게 되면) 일종의 밀어내기 효과(crowding-out effect)와 같이 기존의 출석 동기마저도 낮추면서 출석률에 유의한 부정적 영향이 나타났다. 학생들 대상 설문 조사를 통해, 상은 목표 행동('한 달 동안 완벽한 출석')이 사회적 규범도 아니고 제도적으로 기대되는 것도 아니라는 신호를 부주의하게 보내게 되면서 의도치 않은 부정적 효과를 유발하는 것으로 드러났다. 심지어 사후 상의 경우에도 그것을 받는 이에게 자신은 학교가 기대하는 것 이상으로 동료들보다 더 잘 출석하였으므로 앞으로 결석해도 되는 허가(license)를 받은 것 같은 느낌을 주는 것으로 나타났다.[10]

---

10 학업 성적이 낮은 학생들에게 이런 부정적 효과가 더 크게 나타났다.

3. 외적 보상과 창의성

외적 보상과 내적 동기 간 관계와 더불어 외적 보상과 창의성 간의
관계도 여전히 논쟁의 대상이 되고 있다. 다음 인용구는 외적 보상이
창의성에 미칠 수 있는 부정적 효과를 적절히 묘사한다.

노벨 문학상을 받은 T. S. 엘리엇에게 한 친구가 축하한다고 말하자 그는
매우 우울한 표정으로 다음과 같이 말했다. "나에게는 노벨상이 장례식행
티켓입니다. 지금까지 그 상을 받은 사람들은 모두 아무것도 할 수 없었
어요."(Amabile, 1983, p.13에서 재인용)[11]

노벨 물리학상을 받은 파인먼의 일화도 있다. 1965년 가을 스웨덴의
왕립학술원 관계자는 파인먼이 사는 미국 캘리포니아로 전화를 걸어
기쁜 마음으로 수상 소식을 전했다. 그는 상대방이 놀라움과 기쁨이 섞
인 탄성을 지를 것으로 기대했으나, 수화기를 통해 들려온 반응은 전혀
뜻밖이었다. "그 소식을 꼭 새벽에 알려야겠소?" 파인먼은 자신이 흥미
를 가진 물리학을 그저 즐겼을 뿐이었다. 그는 다양한 물리학 이론들과
난제들을 바라보며 '놀이'처럼 자유롭게 탐구하는 내적 동기가 충만한
학자였다.

---

11 상을 받은 후 실제로 아무런 작품을 내지 못한 대표적인 사례가 미국 소설 문학을 대
표하는 위대한 작품으로 평가받는 『앵무새 죽이기』를 쓴 하퍼 리(H. Lee)이다. 그녀
는 무명작가의 첫 작품이었음에도 출간되자마자 초판 발행 부수가 200만 부를 돌파하
는 기록을 세웠고, 출간 이듬해 퓰리처상을 받았다. 34세의 젊은 작가는 차기작을 준
비했지만, 압박감에 시달리며 은둔 생활을 하다가 89세의 나이로 세상을 떠날 때까지
결국 전작의 후속인 『파수꾼』 이외에는 아무런 소설도 출간하지 못했다. 초기에 창의
적 성과를 이룬 사람은 이후 별다른 성과를 내지 못하더라도 명성을 계속 유지할 수
있는데, Nicholls(1983)는 이를 창설자 효과(founder effect)라고 하였다.

프랑스의 실존주의 철학자 장폴 사르트르(J. P. Sartre)는 1964년 『구토』로 노벨 문학상 수상자로 결정되었으나 수상을 거부하였다. 그는 노벨상을 거부하였기에 작가 생명을 유지하고 계속 작품을 낼 수 있었다고 말했는데, 노벨상 수상은 스스로 권위에 포위되어 자신의 사상적 신념을 실천하는데 제약으로 작용할 것을 우려했던 것 같다. 인간의 선택과 자유 의지를 강조한 실존주의 철학자다운 면모이다.

미국 영화감독 우디 앨런(W. Allen)도 지금껏 세 차례 아카데미상을 받았고, 열일곱 번 후보에 올랐지만, 시상식에 단 한 번도 참석하지 않은 이유는 상이 자기 작품의 질을 떨어뜨릴 것을 우려했기 때문이라고 한다.

이런 사례들은 외적 보상이 창의적인 수행에 해로운 효과를 가질 수 있음을 시사한다. 보상이 내적 동기뿐 아니라 창의성에 미치는 영향도 찬반양론으로 갈려 한동안 논쟁거리가 되었다(Amabile, 1983; Winston & Baker, 1985; Gerhart & Fang, 2015). 먼저, 보상이 창의성을 저해한다는 주장과 관련된 초기 연구의 예로, Kruglanski 등(1971)은 이스라엘 고등학생들에게 다른 과제들과 함께 두 개의 창의성 과제를 수행하도록 하였는데, 보상집단의 학생에게는 텔아비브대학 심리학과를 방문할 기회가 주어질 것이라고 약속하였고, 비보상집단 학생에게는 그런 보상을 약속하지 않았다. 결과에 의하면, 두 집단 간 과제 흥미도에서 유의한 차이를 보였을 뿐 아니라, 창의성 과제에서도 보상집단이 비보상집단보다 유의하게 낮은 수행을 보였다.

반면, 행동주의적 입장의 연구들은 보상이 확산적 사고를 증진시킬 수 있음을 보여준다(Winston & Baker, 1985). 예를 들어, 레고블럭 놀이에서 취학 전 아동들이 기발한 형태를 만들 때마다 말로 칭찬해주면, 형태의 새로움(novelty)이 증가하였다(Goetz & Baer, 1973).

1) 보상의 창의성 저해 효과

Amabile(1983)은 '창의성의 내적 동기 원리'에서 내적으로 동기화된 상태는 창의성에 유익하나, 외적으로 동기화된 상태는 창의성을 저해한다고 주장하였다. 보상이 내적 동기에 미치는 인지적 효과와 유사하게, 그녀는 과제 활동에 대해 보상을 제공하면 환경 내 목표와 관련된 자극에만 주의를 기울이게 되고, 창의적 문제해결에 유용한 환경 내 특이한(nonobvious) 측면에는 주의를 두지 않는 주의 과정의 제약 효과를 언급하였다.

이러한 주의 과정에 미치는 효과와 관련된 연구로, Bahrick 등(1952)은 수행과 연계된 보상이 기대되는 조건 또는 기대되지 않은 조건에서 추적 과제(tracking task)를 수행하도록 하였는데, 보상기대 집단이 비보상기대 집단보다 시각장 주변에서 반짝이는 광점을 덜 정확하게 보고하였다. Johnson과 Thomson(1962)도 유사한 실험에서, 보상집단은 비보상집단보다 계열학습을 하는 동안 우연히 듣게 되는 무의미 철자를 유의하게 적게 기억하였다. 또한, McNamara와 Fisch(1964)는 피험자들에게 카드 중앙에 대문자로 적힌 단어들을 학습하도록 하였다. 이때, 카드 주변에는 네 개의 단어가 소문자로 적혀 있었고 이것들은 계열학습과는 관련이 없고 아무런 언급도 없었다. 이후 소문자의 단어들을 회상하도록 했을 때, 보상집단의 피험자들이 비보상집단보다 훨씬 적게 보고하였다.

이러한 연구 결과들은 외적 보상이 주어지는 과제를 수행하는 동안에는 목표와 관련된 자극에만 주의를 제한하는 경향이 있음을 분명히 보여준다. 그런데 이러한 '주의의 협소화(narrowing)'는 창의적 수행에 필수적인 자발성과 유연성을 감소시킬 수 있다. 인간의 주의용량이 한정된 상황에서 결국 동기가 어디에 주의를 기울일지를 결정하는 주의 통제(control of attention) 역할을 한다(Simon, 1967). 주의의 협소화 가설에 따르면, 현재 어떤 동기 상태에 있는지가 주의의 방향과 지속성을 결정하게 될 것인데, 외적으로 부과된 목표를 달성하기 위한 동기가 강할수록 목표 달성과 무관한 것으로 보이는 환경의 제 측면들에는 주의를 덜 기울이게 된다. 이것은 보상이 우연 학습(incidental learning) 또는 잠재적 학습에 방해가 된다는 연구 결과와도 일치한다.[12] 즉, 외적으로 동기화된 행동은 외적 목표(예를 들어, 보상 얻기, 마감일 맞추기, 타인의 인정받기, 전문가로부터 긍정적 평가받기 등)를 달성하는 방향으로만 협소하게 지향된다. 따라서 일시적으로 목표로부터 한 발짝 물러서 과제와 환경의 우연적이거나 특이한 측면에 주의를 기울이지 못하여 창의적 아이디어를 얻을 가능성은 작아진다(〈참고 8-1〉).

Amabile 등(1986)은 특정 활동으로 보상을 약속받는 것(contracted-for reward)도 창의성에 부정적인 영향을 미침을 보여주었다. 아동들을 대상으로 한 실험에서 보상집단에게는 나중에 실험과제를 수행하겠다고 약속하면 지금 즉석카메라로 사진을 찍을 수 있도록 해주겠다고 하였고, 비보상집단에게는 사진 찍기가 나중에 피험자들이 해야 할 과제라고만 하였다. 이후 수행한 실험과제에서의 창의성을 비교한 결과, 보상집단이 비보상집단보다 유의미하게 낮은 수준을 보였다. 특정 활동에 대해 보상을 약속하면 그 활동에 대한 창의성이 저하된다는 것이다. 이러한 효과는 다양한 과제(이야기 만들기, 콜라주 만들기, 퍼즐 풀기 등), 다양한 피험자들 집단(5~11세 아동과 대학생), 상이한 보상 유형(금전, 카메라 사용 허용 등)에서 모두 동일하게 나타났다. 특정 활동이 외적인

---

12 Amabile(1987)은 이러한 관점을 미로를 달리는 두 쥐에 비유하였다. 즉 보상과 같이 외적으로 동기화된 쥐는 단순히 목표에만 집중할 뿐 미로 자체에는 관심을 두지 않고 자신에게 친숙한 가장 분명한 경로를 통해 나아간다. 그러나 내적으로 동기화된 쥐는 미로 자체에 관심을 가지고 미로 여기저기를 둘러보고, 한 번도 가보지 않은 경로를 감히 탐색하기도 한다.

목표를 달성하기 위한 수단으로 지각되면 내적 동기가 감소하게 되고, 결국 창의성이 저해되는 것이다.

보상뿐만 아니라, '평가(evaluation)'를 받을 것이라는 기대나 사람들 간의 경쟁(competition) 상황은 모두 외적 보상처럼 창의성을 저해하였다(Amabile, 1979, 1982). 외적 보상, 평가, 경쟁은 모두 외부 환경의 통제적인 사건(controlling event)들로서, 이러한 요소들이 많을수록 사람들의 내적인 동기뿐만 아니라 창의성이 저해된다는 것이다.

참고 8-1 외적 보상이 창의성에 미치는 부정적 영향: 실험 연구

외적 보상이 창의성을 저해하는 효과를 보여주는 많은 실험실 연구 결과들이 있다. 대표적으로 보상이 문제해결 과정에서의 통찰에 미치는 효과를 다룬 연구로, Glucksberg(1962)는 피험자들에게 통찰 과제인 칼 던커(K. Duncker)의 양초 문제를 풀게 하였다. 실험 1에서 실험집단에게는 가장 빨리 해결하는 사람에게 20달러, 상위 25% 이내로 해결하는 사람에게 5달러를 준다고 약속하였고, 통제집단에게는 그런 약속을 하지 않았다. 그 결과, 실험집단이 통제집단보다 기능적 고착(functional fixedness)의 영향을 더 받아 유의하게 늦게(3.5분) 문제를 해결하였다. 실험 2에서는 압정 상자를 미리 비워 놓아 단순한 문제로 변경하였다. 이 경우에는 금전적 보상을 약속받은 실험집단도 빠르게 문제해결을 하였다. 실험 1의 양초 문제는 성냥 상자의 기능을 상자에서 받침대로 바꾸어야 하는 틀 깨기(set-breaking) 문제이다. 단순하고 반복적인 일에는 금전과 같은 외적인 동기가 효과가 있을 수 있지만, 틀 깨기와 같은 기존과는 다른 창의적인 사고가 필요한 일에는 방해가 될 수 있다.

Ariely 등(2009)은 20달러 보상은 미국보다 인도에서 훨씬 더 큰 가치를 갖기에 인도에서 글럭스버그의 실험을 반복 검증하였다. 인도 참가자들이 수행한 창의성 과제도 통찰 과제로, 주어진 시간 내에 아홉 개의 금속 조각인 쿼터 서클을 나무로 된 프레임 안에 맞추어 넣는 것이었다. 그런데 여덟 개 조각은 잘 맞추어지지만, 아홉 개를 다 맞추려면 조각들을 특정한 방식으로 쌓아야 했다. 참여자들은 세 집단에 무작위로 할당되었는데, 문제를 빨리 풀 경우, A집단은 하루 급여 정도인 4루피, B집단은 그 열 배인 40루피, C집단은 백 배인 400루피 상당의 보상을 약속받았다. 실험 결과, C집단의 창의적 문제해결 성과가 가장 낮았다. 이러한 결과는 앞서 '역유인 효과'처럼, 외적 보상은 통찰 과제와 같은 창의적 사고가 필요한 과제에서는 효과가 없으며, 보상이 클수록 오히려 부정적 효과가 더 커질 수 있음을 보여주며, 문화 간 차이도 없음을 나타낸다.

한편, McGraw와 McCullers(1979)는 글럭스버그의 연구를 루친스의 물병 문제[13]를 사용하여 반복검증하였다. 보상집단은 비보상집단보다 이전 문제해결에서 사용된 B-A-2C라는 마음의 틀을 깨는 데 더 어려움이 있었고 그래서 A-C라는 보다 단순한 공식으로 해결할 수 있는 문제를 해결하는 데 더 많은 시간이 걸렸다. 이러한 결과에 근거하여, 그들은 보상과 같은 외적 통제는 알고리즘(algorithmic) 과제에서의 수행을 증진하지만, 휴리스틱(heuristic) 과제에 대한 수행은 저해시킨다고 제안하였다.[14]

---

13 과거에 성공했던 문제 해결 경험이 마음 갖춤새(mental set) 또는 고착을 형성하여 이후의 문제해결을 방해하는 것을 보여주기 위해 미국 심리학자 에이브러햄 루친스(A. S. Luchins)가 자신의 실험에서 사용한 과제이다. 크기가 다른 세 개의 물통(A, B, C)이 있고, 물통에는 어떤 눈금도 없어 가득 채웠을 때의 총 용량만 알 수 있다. 이 세 개를 가지고 특정한 물의 양을 얻는데 사용할 수 있다. 주어진 문제들(다양한 물의 양)을 해결하면서 피험자는 일정한 규칙을 깨닫게 된다(즉, 원하는 양 = B-A-2C). 마지막 문제의 경우 규칙을 적용하면 풀 수는 있지만, A-C로 간단히 풀 수 있는 문제도 마음 갖춤새의 작용으로 기존 방식으로 풀게 된다. 이것은 우리의 기존 지식이나 경험(마음 갖춤새)이 하향적(top-down)으로 영향을 미쳐 창의적인 문제해결을 방해할 수 있음을 보여준다.

14 알고리즘 과제는 일정한 논리, 규칙, 과정을 거치면 정확한 답이나 특정 결과를 얻을 수 있다는 과제이지만, 휴리스틱 과제는 기존의 논리, 규칙, 접근 등으로는 풀리지 않으며, '감'이나 '직관' 등을 통해 어림으로 문제를 해결해야 하는 과제이다.

한편 Shapira(1976)의 연구에서 성공에 대한 보상을 기대하는 피험자들은 상대적으로 쉬운 과제를 선택하는 반면, 보상이 기대되지 않은 피험자들은 더 도전적인 과제를 선택하였다. 또한, Pittman 등(1982)은 사람들이 보상으로 동기화되면 이후 과제 수행에서 목표에 도달하기 위한 가장 쉽고 편리한 방법만을 택하게 됨을 실험 연구에서 보여주었다. Locke(1968)도 수행에 대해 성과급으로 보상하게 되면 피험자들이 보상이 많아질수록 점점 더 쉬운 과제를 선택하려는 경향이 생김에 주목하였다.

보상은 실험적, 모험적 행동을 제약한다. Condry(1977)는 광범위한 문헌 개관을 통해 사람들이 자신이 하는 일과 관련하여 무엇인가를 얻게 될 것이라고 기대할수록, 모험적인 일을 택하거나, 직감에 따라 행동하거나, 다양한 외부 자극에 대해 고려하려는 행동이 감소하게 되므로 '보상은 탐구의 적(enemy of exploration)'이라고 하였다. 즉, 보상이 주어지면 더 열심히 일하고 더 많은 활동을 하도록 하는 것 같지만, 보상이 주어지지 않은 피험자의 행동보다 질이 낮고, 오류가 많고, 고정관념적이고, 창의성이 낮다는 것이다. '주의의 협소화' 가설처럼, 노력의 대가로 무엇인가가 주어진다고 생각하게 되면 사람들의 시야가 좁아져, 장기적인 과제보다는 가시적인 단기적 성과에만 집중하게 된다. 보상이 예상되는 경우 사람들은 그 보상을 획득하기 위한 가장 빠르고 확실한(창의적이지는 않은) 경로를 찾도록 자극되기 때문이다. 더불어 6장에서 진정한 창의성은 문제발견(problem finding)에 있다고 하였는데, 문제발견을 위해서는 자유로운 탐색이 중요하지만, 외적 보상이 강조되는 맥락에서는 이것이 제한될 수 있다.

요약하면, 외적 보상이 두드러진 환경에서는 도전하기보다는 단순한 과제를 선호하고, 과제에 대한 흥미는 낮고, 목표 달성에만 좁게 주의를 기울이며, 모험 감수(risk-taking)의 확률이 낮고, 휴리스틱 과제를 수행하는 데 어려움을 겪고, 종국에는 창의적이지 않은 결과물이 나오게 된다.

2) 보상의 창의성 증진 효과

앞서 언급되었듯이, 전통적 행동주의 및 강화 원리에 의하면, 강화물로서 보상이 주어지는 행동은 증가한다. 그리고 확산적 사고에 보상이 반복적으로 연계되면, 그러한 사고의 일반화된 지향성이 발달할 수 있다.

Maltzman(1960)은 대학생들에게 일련의 단어들을 반복적으로 제시하고 각 자극단어에 대한 자유 연상어를 제시하도록 지시하였고, 새로운 단어 연상에 대해 매번 언어적 보상을 주면 이후 확산적 사고를 측정하는 대안 용도 과제(AUT)에서 독창성이 증가하였다. Winston과 Baker(1985)는 20개의 연구를 개관한 후 보상(강화)에 의한 창의성 훈련이 확산적 사고를 증진할 수 있다고 결론을 내렸다.

보상이 창의성을 증가시킨다는 더 정교한 주장은 아이젠버거와 동료들에 의해서도 제시되었다(Eisenberger & Armeli, 1997; Eisenberger et al., 1998; Eisenberger & Selbst, 1994). 그들의 근면성 학습 이론(learned industriousness theory)에 의하면, 반복적 보상 연계로 어떤 수행 차원이 보상을 받는지를 학습하면 이후 과제에서 해당 수행 차원에 대해 더 노력을 기울이게 된다. 즉 창의적 사고나 행동으로 보상을 받으면 이후 다른 과제에서도 창의성을 발휘하는 '일반화된 창의성(generalized creativity)'이 나타난다는 것이다.

보상의 크기도 창의성에 영향을 미친다. Eisenberger와 Selbst(1994)는 작은 보상은 확산적 사고를 증진하지만, 너무 큰 보상은 그런 효과가 나타나지 않을 수도 있음을 보여주었다. 그들은 보상이 창의성에 영향을 미치는 두 요인은 긍정적 측면인 근면성 학습과 부정적 측면인 보상의 주의 끌기 속성(attention-eliciting properties)이라고 보았고, 너무 크고 현저한 보상은 과제에 집중하는 것을 방해할 뿐 아니라 보상과 창의성 간의 연계성 지각도 훼손하면서 근면성 학습에 의한 일반화된 창의성 효과를 상쇄할 수 있다고 보았다. 실제로 그들의 실험 연구에 의하면, 확산적 사고에 대해 작은 보상을 지급하면 이후 확산적 사고가 증진되었다. 또한, 크고 현저한 보상이 주어지면 창의성이 감소하였지만, 큰 보상이라도 현저하지 않으면 창의성이 증진되었다.

Eisenberger와 Armeli(1997)는 큰 보상을 눈에 잘 띄게 제공하여도 창의성이 증진되는 조건을 연구하였다. 현저한 보상이 창의성을 저해하는 이유는 앞서 언급한 주의분산 효과(주의 끌기 속성) 때문인데, 창의적인 반응을 보여야만 보상이 주어진다는 것을 강하게 인식시킨다면 (즉, 과제로부터 주의를 분산시키지 않는다면), 이러한 방해가 나타나지 않을 것이다. 그들은 아동들에게 큰 보상을 받기 위해서는 매번 새롭고 독창적인 응답을 해야 함을 분명하게 지시하고 독창적인 반응을 생성하는 것에 주의를 집중시킴으로써 창의성이 증진되는 결과를 얻었다. 또한, 창의적 반응에 대해 보상을 받은 아동들은 보상이 주어지지 않을 때도 창의적인 활동을 선호하는 것으로 나타났는데, 이는 창의성에 대한 흥미가 증가하였음을 의미한다. 결론적으로 그들은 보상이 내적 과제 흥미와 창의성을 저해하는 효과는 매우 제한적이고 일부 조건에서만 나타나며, 확산적 사고와 보상 간의 명백한 연계성을 인지시킴으로써 창의성을 증진할 수 있다고 하였다.

후속 연구로, Eisenberger와 Rhoades(2001)은 보상이 창의성을 증진할 수 있는 일반적인 두 가지 방법을 제안하였다. 첫째, 창의적 행동에 대해 보상을 주면 창의적이고자 하는 외적 동기를 증가시켜 이후에도 창의적인 행동이 증가할 것이다. 둘째, 높은 수행에 대해 보상을 기대할 수 있으면 자기결정감 및 내적 과제 흥미가 증진되어 창의성이 제고될 것이다. 그들은 다섯 개의 연구를 통하여 두 가지 제안을 경험적으로 검증하였다. 첫 번째 제안과 관련하여, 연구 1과 연구 2에서 아동들을 대상으로 특정 과제 활동에서 반복적으로 창의적 수행에 대해 보상을 주면 이후의 과제들에서도 창의성이 증진되는 결과를 보였고, 연구 3에서는 대학생들에게 창의성 발현에 대해 보상을 약속하면 창의적 수행이 증진되었다. 두 번째 제안과 관련하여, 연구 4는 내적 직무 흥미의 매개 효과를 보여주었는데, 높은 성과를 내면 보상이 주어질 것이라는 기대는 직장인들의 내적 직무 흥미를 높이고 이는 창의적인 행동(이익 증가 및 비용 감소를 위한 창의적인 아이디어 제안)으로 이어짐을 보여주었다. 연구 5에서도, 높은 수행에 대해 보상이 주어질 것이라는 기대는 직장인들의 자기결정감을 높여서(내적 과제 흥미를 높여서) 창의적인 아이디어를 익명으로 제안하는 행동을 증가시키는 것으로 나타났다.

메타분석 연구　　　Byron과 Khazanchi(2012)는 보상과 창의성 간의 관계에 대한 다양한 가설들을 설정하고 메타분석을 통해 검증하였다. 그들은 기존 연구들에서 상반된 증거들이 나온 이유는 연구들 간에 보상 조건과 보상이 제공되는 맥락이 상이하기 때문이라고 보았다. 그래서 그들은 메타분석에서 보상과 창의성 간의 관계에 대한 다섯 가지 조절 변인으로, ① 보상 연계성(reward contingency)[15], ② 참가자들에게 과거 또는 현재의 창의적 수행에 대한 피드백이 제공되는 정도, ③ 맥락(보상)이 자기결정감이나 통제되는 느낌을 주는 정도, ④ 맥락이 과업에의 몰입을 증진하는 정도, ⑤ 수행 과제의 복잡성의 효과를 조사하였다. 그리고 이러한 조절 변인들이 연구마다 다른 결과를 가져오는 다섯 가지 기제(mechanism)로서 ① 준거 명료성, ② 유능성의 느낌, ③ 자기 결정 또는 통제의 느낌, ④ 과제와 연합된 긍정 정서, ⑤ 과제와 연합된 부정 정서를 제시하였다. 요약하면, 보상 및 그것이 주어지는 맥락이 창의성이 요구되고 가치 있게 여겨진다는 것을 분명하게 해줄수록, 과

15　보상 연계성은 창의성 연계 보상, 수행 연계 보상, 완성 연계 보상의 세 가지로 구분하였다.

제에 대한 유능감을 증가시켜줄수록, 과제와 긍정적인 정서가 연합되고 부정적인 정서와는 연합되지 않도록 할수록, 그리고 자기결정감(선택의 느낌)을 강하게 해줄수록, 보상은 창의적 수행을 증가시킨다는 것이다.

아동과 성인들을 대상으로 보상과 창의성 간의 관계를 다룬 60개의 실험 및 비실험 연구들을 메타분석하였을 때, 수행(performance)에 연계되거나 완성(completion)에 연계된 보상은 창의적 수행에 아주 약간 부정적 영향을 미치는 경향이 있었다. 그러나 창의성에 대해 보상이 분명하게 주어지는 창의성 연계 보상은 창의적 수행을 유의하게 증진하는 효과를 보였다. 또한, 창의성 연계 보상은 당사자에게 과제 관련 구체적이고 긍정적인 수행 피드백이 주어지고, 선택의 기회를 줄 때(덜 통제적일 때) 창의적 수행과 더욱 정적으로 관련이 되었다. 반면, 과업 몰입과 과업 복잡성의 조절 효과는 나타나지 않았다.

Cerasoli 등(2014)은 인센티브와 같은 외적 보상의 제공이 내적 동기를 저해하는지에 대한 논쟁과 아홉 개의 메타분석 연구를 개관하면서, 내적 및 외적 동기가 수행에 미치는 영향에 대한 40년 이상의 연구들을 메타분석하였다. 그들은 인센티브, 내적 동기, 수행 간의 상호 관계에서 별로 고려되지 않았던 두 조절 변인인 ① 수행의 질과 양이라는 수행 준거 유형과 ② 직접적 대 간접적 수행 현저성(salience)으로 구분되는 인센티브 연계성의 효과를 조사하였다. 먼저 수행의 양 준거는 단순하고 반복적이며, 완성에 초점을 두는 것이다. 반면, 수행의 질 준거는 과제에 깊이 몰입하고 자율적으로 일하며, 폭넓은 초점을 가지며, 개인적 자원을 많이 동원해야 달성이 가능한 것이다. 또한, 인센티브 연계성의 두 가지 측면으로, 직접적인 수행 현저성은 인센티브와 수행 간의 연결이 아주 분명하고, 근접해 있으며, 모호하지 않은 경우이다. 예를 들어, 영업 직원이 판매 건수에 따라 받는 수수료나 연말의 성과 연동

보너스와 같이 성공적인 완성이나 수행 수준에 따라 응당 받게 될 것이라고 기대하는 것이다. 반면, 간접적인 수행 현저성은 수행과 연결은 되지만 분명하지 않은 경우이다. 예를 들어, 기본급은 성과와는 별개이며 긴밀히 연계되는 것으로 인식되지 않는다.[16]

그들은 학교, 직장, 운동 분야의 183개 연구 표본을 사용하여 메타분석을 하였고, 주요 발견은 다음과 같다. 내적 동기는 수행의 강력한 예측 변인이었다(교정된 상관 = .21~.45). 그리고 내적 동기가 수행에 미치는 영향은 인센티브 제공 여부와 관계가 없었다. 인센티브의 현저성은 내적 동기와 수행 간의 관계를 조절하였다. 즉, 인센티브가 수행과 직접 연계될 때(직접적인 수행 현저성)에는 내적 동기와 수행 간 관계가 약화되지만, 인센티브가 수행에 간접적으로 연계될 때(간접적인 수행 현저성)에는 관계가 더 강화되었다. 내적 동기와 인센티브를 동시에 회귀 분석에 투입하였을 때, 내적 동기는 수행의 질의 고유한 변량을 많이 예측하였지만, 인센티브는 수행의 양에 대한 더 좋은 예측 변인이었다. 따라서 그들은 내적 동기와 외적 보상인 인센티브는 수행에 대해 상반되는 효과가 있는 것은 아니며, 동시에 고려될 수 있다고 보았다. 더불어, 창의적 수행이 수행의 질적 측면에 해당한다고 보면, 내적 동기가 중요함을 알 수 있지만, 인센티브가 반드시 부정적 영향을 미치는 것은 아닐 수 있다.

애머빌의 관점 변화　브랜다이스대학 심리학과 교수에서 하버드대학 경영학과 교수가 된 애머빌은 이전의 주장을 수정하여 외적 동기가 반드시 내적 동기와 창의성을 저해하지는 않을 수 있다는 견해를 제시하였다. 이것은 외적 보상을 단순히 제약(constraint)이나 외적인 통제

16　이것을 앞서 언급한 보상 연계성 유형과 비교하면, 직접적인 수행 현저성은 완성 연계 보상과 수행 연계 보상이라고 볼 수 있고, 간접적인 수행 현저성은 비연계된 보상 또는 단순한 참여 연계 보상이라고 볼 수 있다.

요소로만 보는 시각에서 벗어나, 유능감에 대한 정보를 제공하는 것으로 지각될 수도 있다는 관점에 근거하고 있다.

Amabile(1988)은 연구개발(R&D) 조직의 구성원들을 대상으로 한 현장 연구에서 외적 동기의 정적 효과를 발견하였는데, 창의적 아이디어에 대한 인정과 보상, 명확히 정의된 프로젝트 목표, 작업수행에 대한 건설적인 피드백 등은 창의성을 지지하는 외적 동기 요인으로 작용하였다(Amabile & Gryskiewicz, 1989). 반면에 조직 내 경쟁, 아이디어에 대한 부정적 평가, 보상에 대한 우려, 작업수행 방법의 제약 등은 창의성을 저해하는 외적 동기 요인이었다. Amabile(1993)은 이러한 결과들을 종합하여 내적 동기와 외적 동기 간의 가산성(additivity)을 고려한 '동기적 시너지(motivational synergy)' 개념을 제안하였다. 즉, 내적 동기의 초기 수준이 높은 상황에서 특정 유형의 외적 동기 요인은 내적 동기와 긍정적으로 결합할 수 있다는 것이다. 통제되고 있다는 느낌보다는 유능감을 확증해주고 흥미 있는 일을 지속할 수 있도록 해주는 보상은 시너지를 일으키는 외적 동기 요인인 것이다.

3) 조직 현장에서의 보상 효과

지금부터는 보상이 내적 동기 및 창의성에 미치는 영향을 기업이나 조직의 현장 관점에서 살펴보자. 외적 보상의 연계성(contingency)과 관련된 것으로 기업 현장에서는 일정한 노동에 대한 임금(보상)을 보장하는 계약과 규범이 존재한다(Staw, 1977). 또한, 기업 현장에서는 즉각적인 외적 보상이 없어도 '지연 만족'처럼 미래에 특정 보상을 받을 것이라는 분명한 기대가 있다.

Staw 등(1980)은 임금 지급(payment)에 대한 규범이 없는 실험실 상황에서는 외적 보상이 재미있는 과제에 대한 몰입이나 만족도를 감소시키지만, 실제 현장에서처럼 임금 지급에 대한 규범이 과업 수행과 연합되어 있을 때는 그러한 감소 효과는 나타나지 않는다고 하였다. 앞서 소개한 실험 연구들에서는 대부분 보상 지급 규범이 없는, 즉 일상적으로 보상이 기대되지 않는 경우들이어서 보상이 눈에 띄게 특출하였기에 보상에의 외적 귀인이 쉽게 일어날 수 있었다. 또한, Staw(1977)는 내적 동기와 외적 보상이 모두 낮은 조건(즉, 불충분 정당화 조건)과 내적 동기와 외적 보상이 모두 높은 조건(즉, 과정당화 조건)일 때만 내적 동기가 높아지거나 낮아진다고 보고, 나머지 조건에서는 모두 강화이론의 예측이 맞을 것이라고 하였다. 그런데 일반적으로 조직 현장에서의 과업은 높은 내적 동기를 유발할 만큼 재미있지 못하기에 외적 보상이 없이는 수행이 이루어지기 어렵다(즉 과정당화 조건을 찾기 어렵다).

또한, 애머빌의 변화된 관점처럼, 현장에서 외적 보상은 내적 동기 또는 수행에 부적인 영향을 미치기보다는 내적 동기와 함께 수행에 가산적 효과(additive effect)를 가질 수 있다. 수행 연계 보상은 조직 현장의 인센티브 제도와 유사한데, 통제된다는 느낌을 최소화하고 유능감을 높여주는 정보적 기능을 한다면 인센티브 제도는 효과적인 경영 방식이 될 수 있다.

한 가지 더 주목할 측면은 little-c와 pro-c의 구분이다. 앞서 소개한 실험 연구들은 대부분 little-c 수준의 창의성을 다루었다. 그러나 현장에서 pro-c 수준의 창의성을 보이는 전문가들을 대상으로 한 연구는 다른 결과를 보인다. 예를 들어, Eisenberg와 Thompson(2011)의 연구 피험자들은 경력이 최소 5년 이상인 베테랑 음악인들이었다. 그들은 '경쟁'이 연주자가 보고한 내적 동기와 스트레스뿐만 아니라 즉흥 연주(musical improvisation)의 질에 미치는 영향을 조사하였다. 경험 많은 아마추어 뮤지션들이 두 가지 조건(경쟁 대 무경쟁) 중의 하나에서 키보드로 즉흥 연주를 하였다. 합의적 평가 기법(CAT)으로 열 명의 전문가가 즉흥 연주의 창의성과 기술 수준을 평가한 결과, 무경쟁 조건보다 경쟁 조건에서 즉흥 연주가 더 창의적인 것으로 평가되었다. 또한, 무경쟁 조건보다 경쟁 조건의 연주자들은 더 스트레스를 받긴 했지만, 더 내적으로 동기화되었다. 따라서 경쟁이 노련한 창작자에게는 긍정적인 동기부여 맥락이 될 수 있지만, 비숙련자들에게는 걸림돌이 되는 것이다.

그런데 보상 또는 인센티브 제도의 효과를 다룬 조직 현장에서의 경험적 연구들은 창의적 수행보다는 일반적인 수행에 초점을 두었다. Jenkins(1986)는 금전적 보상이 수행에 미치는 영향을 평가한 28개의 연구를 조사하였는데, 57%인 16편의 연구에서 수행에 대한 긍정적 효과를 발견하였다. 그러나 긍정적 효과를 보인 수행 측정치는 더 많이 더 빨리 생산하는 것과 같은 양적인 것들이었다. 5개의 연구가 질적 측면의 수행을 측정하였는데, 어떤 연구에서도 인센티브 제도의 긍정적 효과를 보여주지 못하였다. 또한, Jenkins 등(1998)은 39개 연구에 포함된 47개의 금전적 인센티브와 수행의 질과 양 간의 관계를 메타분석하였을 때, 금전적 인센티브는 수행의 양과는 .34의 교정 상관을 보였지만, 수행의 질과는 유의한 관계(.08)가 없었다. 더구나 공공 조직에서 성과급이 수행에 미치는 영향을 초점을 둔 Weibel 등(2010)의 메타분석 연구는 반대로 인센티브의 부정적 효과가 나타났다.

최근 Kim 등(2022)은 앞선 두 연구의 메타분석에 포함된 연구들과 다른 출처의 연구들까지 포함하여 금전적 인센티브가 과업의 흥미 여부에 따라 과제 수행에 어떤 영향을 미치는지 보기 위해 메타분석을 실시하였다. 분석 결과, 인센티브와 수행 간의 관계는 흥미 여부와 관계없이 모두 높은 정적인 관련성이 나타났다. 다만, 흥미로운 과업에서 수행의 질(quality)이 측정된 경우에는 인센티브와 수행 간의 정적 관계가 약화되었다.

인센티브 제도가 조직 내 창의적 행동에 미치는 영향에 대한 일부 현장 연구들은 대체로 인센티브보다는 내적 동기가 더 중요함을 시사한다. 미국과 일본의 개선제안제도에 대한 조사에 의하면, 일본의 개선제안제도가 성공한 것은 내적 동기를 강조한 덕이었다. 1995년 미국과 일본에서 조사한 자료에 의하면, 제안이 채택되어 주어진 보상의 양에 있어서 미국은 평균 458달러였으나, 일본은 고작 4달러도 되지 않았다. 그러나 구성원당 평균 제안 수는 미국이 0.16건이었으나, 일본은 18.5건이었으며, 구성원 참여율은 미국이 10.7%, 일본은 무려 74.3%였다. 이러한 결과는 일본의 제안제도는 내적 동기를 자극하는 방식으로 설계되어 있으며,[17] 적은 금전적 보상으로 구성원들의 자발적인 참여를 통해 창의적인 제안을 유도하고 있음을 보여준다(Robinson & Stern, 1997, p.63 표 4.2).

반면, Eisenberger와 Cameron(1996)은 이전에 가용하지 않았던 보상이 수행에 연계되어 주어진다면 그 보상은 통제적이기보다는 오히려 선택의 자유가 늘어나는 것으로 인식될 수 있다고 하였다. 앞서 보았듯이, 선택이 많을수록 높은 자율성과 내적 동기에 이른다. 조직에서 성과에 연동하여 보상이 지급되는 성과급제의 경우, 통제적인 것으로 인식되기보다는 개인이 보상에 대한 일정한 통제력을 가지는 것으로 인식될 수 있고 내적 동기에도 긍정적 효과를 가질 수 있다. 또한, Patall 등(2008)의 메타분석에서 선택이 내적 동기에 미치는 긍정적 효과는 아동($d = .55$)이 성인($d = .25$)보다 두 배 이상 높았다. 이런 발견은 성인이 아동들보다 환경의 영향을 덜 받는다는 것을 나타낸다. Deci 등(1999, p. 656)도 대학생들은 아동들보다 보상의 정보적 측면과 통제적 측면을 인지적으로 더 잘 구분할 수 있으며, 보상을 자신의 행동에 대한 통제 요인보다는 효과적 수행에 대한 지표로 해석하는 경향이 더 높

---

17 연구에서는 이것을 내적 동기를 자극하는 것으로 해석하였지만, 그보다는 다음에 소개하는 친사회적 동기 또는 개인 목표보다는 집합적 목표 달성에 기여하려는 동기로 해석하는 것이 더 적절할 수 있다(11장 참조).

다고 하였다. 따라서 성과급제는 통제적이기보다는 더 자율성을 높이고 기회 요인으로 인식될 가능성이 크다.

통시적 관점　지금까지 조직 현장과 관련된 문헌 개관에 의하면, 외적 보상이 내적 동기 및 창의성에 미치는 효과에 대해 명확한 결론을 내리기 어렵다. 다만, 오늘날 첨단 기술 분야의 연구개발 조직에서는 혁신과 신제품 개발을 촉진하기 위해 능력 있고 전문기술을 가진 과학자나 기술자들에 대한 경쟁력 있는 보상이 강조되고 있다. 전문기술을 가진 인재를 필요로 하는 첨단 산업에서는 해당 전문가의 손실이 기업에 막대한 타격을 주기에 그들을 유지하기 위한 파격적인 보수 정책은 이미 업계의 규범이 되고 있다.

Gerhart와 Fang(2015)은 외적 보상, 특히 성과급제(pay for performance)가 내적 직무 동기에 미치는 영향에 대해 개관하면서, 이전 연구들에서 성과급제가 내적 동기 및 창의성에 해로운 효과가 있다는 주장은 현장 연구에서는 경험적 지지가 부족하다고 하였다. 실험실 연구에서도 명확하게 결론을 내리기 어려운 점과 더불어 실험실 연구 결과들이 현장에 일반화될 수 있는지의 외적 타당도 문제를 직접적으로 제기한 것이다. 그들은 최근의 현장 연구들에 기반하여 성과급제와 같은 외적 보상이 동기, 수행, 창의성에 잠재적으로 긍정적인 영향을 미칠 수도 있다고 하였다(이에 상반되는 견해는 〈참고 8-2〉를 보라).[18]

또한, 그들은 실험 연구에서 피험자들이 수동적으로 보상 지급 조건에 무작위로 할당되는 것과 달리 현장에서는 유인-선발-이탈(ASA: attraction-selection-attrition, Schneider, 1987) 모형[19]이 제안하듯이 개인

---

18 1장의 사실 문항인 '직장에서 창의적 성과에 대해 보상을 해주면 창의성이 향상된다'에 대한 동의율도 77%에 이르렀다.

19 특정 조직의 구성원들이 점점 동질적으로 변화되면서 조직마다 독특한 성격이나 문화를 갖게 되는 과정을 설명하는 모형으로, 특정한 특성을 보이는 조직에 이끌리는 사

이 능동적으로 자신이 원하는 직장이나 직무를 선택할 수 있는 점에 주목하였다. 자신의 선호와 맞지 않으면 다른 직장으로 이동하면서 점점 더 재직하는 조직의 보상 체계와 자신의 선호 간의 일치도가 커진다(Fang & Gerhart, 2012). 따라서 실험실의 피험자와 달리, 일반 직장인들은 이런 일치도가 높기에 성과급제가 내적 동기에 미치는 해로운 효과는 나타나지 않을 수 있다.

일반적으로 고성과자들은 고정급보다는 성과급을 더 선호하며(Cadsby et al., 2007), 성과와 보상의 연결이 약하면 이직하는 경향이 강하다(Lazear, 2000). 따라서 성과급을 운영하지 않는 조직은 고성과자들이 이탈하게 되고 저성과자들은 남게 될 것이다. Lazear(2000)는 특정 조직이 인센티브 제도를 도입한 이후 구성원 생산성이 44%나 증가함을 보여주었다. 그러나 인센티브 제도 도입 전과 후에 모두 재직했던 구성원들만 분석하였을 때는 평균 생산성이 22% 증가하여 전체 44%의 절반에 그쳤다. 나머지 반은 인센티브 제도 도입 후 저성과자들의 이직이 늘어난 것에 기인하였다. 더불어 인센티브 제도가 자리를 잡은 후에 고용된 구성원들의 생산성은 더 높았다. 인센티브 제도 도입 후 기존 구성원들의 생산성 증가를 '인센티브 효과'라고 한다면, 구성원 자체의 변화에 기인한 생산성의 향상은 '분류 효과(sorting effect)'라고 한다(Gerhart & Rynes, 2003). 위에서 외적 보상 및 인센티브 효과를 다룬 연구들은 대부분 '인센티브 효과'만 논의하였을 뿐, 분류 효과에 대해서는 다루지 못한 것이다.[20] 따라서 통시적 관점에서 보면, 성과급제와 같은 외적

람들이 그 조직에 지원하게 되며, 조직은 자신의 특성과 잘 맞는 지원자를 선발하게 되며, 재직자 중에서 조직의 특성과 잘 맞지 않는 사람은 이탈(이직)하게 되면서, 특정 조직은 점차 동질적인 사람들만 남게 되면서 조직의 성격, 특성, 문화가 더 분명해지는 것이다.

20 중장기적으로 분류 효과의 부정적 측면도 있다. 분류 과정이 이어지면 조직 내 고성과자들이 늘어나게 되고, 이러한 상황에서 성과급제가 지속되면 점점 더 수행의 기준

보상에 기반한 동기부여 방안이 반드시 내적 동기와 수행에 해로운 효과만 있는 것은 아닐 수 있다(Gerhart & Fang, 2015).

참고 8-2 자기 예언의 현실화

Pfeffer(1998)는 '임금'에 대한 여섯 가지 잘못된 믿음에 대해 지적하면서, 그것 중 하나는 사람들이 기본적으로 금전적 유인을 위해서 일한다는 믿음과 구성원들을 동기부여하는 가장 효과적인 방법이 개인 성과급제의 적용이라는 믿음이라고 하였다. 그는 이러한 잘못된 믿음의 일차적 책임을 인간 행동에 대한 경제학적 모델(대리인 이론, 거래비용이론 등)에 돌리고 있다. 경제학적 모델에서는 인간은 합리적으로 행동하며, 현재 가능한 모든 정보에 기초하여 개인의 이해를 최대화하려 한다고 가정한다. 사람들은 기대되는 금전적 보상에 기초하여 자신의 노력 수준을 결정하며, 임금이 수행에 근거하지 않는다면 그러한 일에는 충분한 주의와 에너지를 투여하지 않을 것이라고 본다. 또한, 대부분의 경제학적 모델들은 일을 힘들고 혐오스러운 것으로 묘사하고 있으며, 일하도록 유도하기 위해서는 보상과 처벌에 의존해야 한다는 것을 전제하고 있다.

이러한 경제학적 모델들에는 업무 태만이나 무임승차와 같은 용어들이 나오는데, Kohn(1993)은 이런 용어들에 내포된 의미로 인해 인간 행동에 대한 가정들은 자기 예언의 현실화(self-fulfilling prophecy)가 이루어진다고 하였다. 경영자가 직원들은 금전적 보상이 주어져야 일을 한다고 생각하여 수행(성과)과 연계된 보상을 계속 제공하다 보면 직원들은 보상이 주어질 때만 일하는 사람이 되어 버린다. 직원들이 먼저 외적 보상에 관심을 가진 것이 아니라, 경영자가 금전적 유인으로 사람을 통제하

이 높아지고 경쟁이 치열해지면서 평가 공정성 문제 제기, 팀워크 저하 등의 부작용이 나타날 수 있다.

려고 하면서 직원들은 보상에 더 주의를 집중하고 자신의 노력이나 수행에 대한 외적 보상에만 관심을 기울이는 행동을 보이게 된다. 그러면 경영자는 '역시 금전적 유인 없이는 아무도 일을 하지 않아'라면서 자기 생각을 확증하는데, 사실 이것은 자기 예언의 현실화 과정일 뿐이다.

신자유주의 경영 방식이 최고조에 다다른 오늘날의 기업 환경에서 이런 시각은 다소 낭만주의적 색채가 강하게 들릴 수 있다. 그러나 외적 동기 요인인 보상만으로 인간의 행동을 통제하려는 시도는 장기적으로 문제가 될 수 있다. 즉, 일시적인 성과 개선 효과를 가져올지는 모르지만, 단기적 성과에만 집착하게 만들면서 창의성이 요구되는 업무들에서 도전적 태도와 탐구 행동을 억제하여 pro-c 또는 Big-C 수준의 창의성을 저해할 수 있다. 또한, 엔론 사태나 리먼 브라더스 사태에서 보듯이, 천문학적인 보너스를 받음에도 더욱 탐욕적인 모습을 드러낸 CEO들처럼, 외적 보상으로 사람들을 동기화하려는 시도는 목마른 사람에게 소금물을 주는 것과 같은 행위일 수 있다.

4. 내적 동기와 창의성

1950년대 미국 벨 연구소(Bell Lab)는 이상적인 연구소의 모델이었다. 그곳에서 근무하던 창의적 천재 클로드 섀넌은 연구소에서 체스 게임을 만드는 것과 같이 늘 재미있는 일을 하던 수학자였다. 물론 재미로만 끝난 것이 아니라, 체스 게임을 기반으로 컴퓨터 초기 모델을 만든 것처럼 이후 혁신의 씨앗이 될 많은 업적을 남겼다. 그는 체스 두는 기계를 만드는 것이 "말도 안 되는 시간과 돈 낭비로 보일지도 모르지만, 과학의 역사는 단순한 호기심에서 가치 있는 결과가 도출됨을 보여주었다고 생각한다"라고 하였다(Gertner, 2012).

섀넌처럼 내적 동기가 충만한 창의적 인물에서 보듯이 창의성의 내적 동기 원리는 내적 동기와 창의성 간의 분명한 인과관계를 강조하였지만(Amabile et al., 1994), 논쟁의 대상이었던 보상과 내적 동기 및 창의성 간의 관계를 다룬 연구에 비해 내적 동기와 창의성 간의 관계를 직접 다룬 경험적 연구들은 많지 않다.

1) 경험적 연구

de Jesus 등(2013)이 26개의 독립적 표본을 포함하고 있는 15개의 논문을 메타분석하였을 때, 내적 동기와 산물 창의성 간에는 평균적으로 보통 수준(.30)의 유의한 관계를 보였다. 또한, 이러한 관계는 연구 설계와 같은 조절 변인의 영향을 받는 것으로 나타났는데, 인과관계를 분명히 알 수 있는 연구 설계에 의한 연구와 그렇지 않은 횡단적 연구를 비교하였을 때, 전자보다 후자가 유의하게 둘 간의 더 높은 상관관계가 나타났다.

또한, 일부 연구자들은 내적 동기와 창의성 간의 관계를 살핀 실증 연구들의 결과가 일관적이지 않다고 보았다(George, 2007; Shalley et al., 2004). 이에 대해 George(2007)는 내적 동기가 창의성의 기저를 이룬다고 단순히 가정하기보다는 연구자들이 이러한 이론적 가정을 좀 더 직접적이고, 깊이 있게 살펴볼 필요가 있다고 지적하였다.

Grant와 Berry(2011)는 내적 동기와 창의성 간의 관계에 관한 실증적 연구 사이의 비일관성을 설명하고자 하였는데, 그들은 주로 대학생을 대상으로 한 연구들에서는 내적 동기가 창의성과 정적인 관계를 보였지만, 직장인을 대상으로 한 연구들에서는 일관되지 않은 결과들이 나타난다고 하면서, 특히 현장 연구들에서 내적 동기가 객관적인 창의성의 평가보다는 자기 보고형 창의성과 더 일관되게 연관된다고 하였다.

또한, Ng와 Feldman(2012)도 메타분석 연구를 통해, 창의성 측정에서 자기 보고 방식이 아닌(non-self-report) 연구들(.28)보다 자기 평정 (self-rating)을 사용한 연구들(.41)에서 내적 직무 동기와 창의성의 상관 관계가 유의하게 더 높게 나타남을 보여주었다.

한국 연구들의 경우 내적 동기와 창의성 간 관계의 방향성은 대부 분이 일치하는 결과를 보이지만, 강도에 대해서는 차이를 보였다. 즉, 내적 동기와 창의성의 강한 상관을 보고하는 연구들(왕경수, 김현영, 2010; 우종옥, 강심원, 2001)이 있는 반면, 내적 동기와 창의성이 유의하 지 않거나(유경훈, 2006) 혹은 약한 관계(하대현, 2002)를 보인 연구들이 있다. 이처럼 내적 동기와 창의성 간의 관계를 실증적으로 검증한 연구 들에서 큰 차이는 연구 현장이나 평가 방식의 차이와 같은 연구 자체의 특성들에 귀인되는 경우가 많다.

홍세정과 장재윤(2015)은 메타분석을 통해 한국의 선행 연구들에서 보고된 내적 동기와 창의성 간의 관계를 통합적으로 분석하고, 그 관 계가 연구 현장(조직, 학교), 창의성 측정 방식(설문조사, 검사과제), 창의성 평가 주체(자기 보고, 타인 평정)에 따라 다르게 나타나는지 살 펴보았다. 총 39개의 표본을 메타분석하였을 때, 내적 동기와 창의성 사이에 강한 정적 상관이 나타났다. 또한, 조절 효과도 나타났는데, 창 의성이 과제나 검사보다 설문으로 측정되었을 때, 그리고 타인 평정보 다는 자기 보고로 측정되었을 때 내적 동기와 창의성 간의 상관이 더 높게 나타났다. 이러한 내적 동기와 자기 보고형 창의성 간의 높은 상 관은 동일 방법 편향(common method bias)[21] 때문으로 보인다.

한편, 내적 동기 및 외적 보상이 창의성에 미치는 영향에서의 조절 변인을 살펴본 연구도 있다. Malik 등(2015)은 외적 보상이 창의적 수

---

21 두 변인을 동일한 방법(예: 자기 보고)으로 측정하는 경우에 나타나는 공변량으로, 이 것은 두 변인 간의 진정한 관계를 흐리게 하는 요소이다.

행에 미치는 효과의 경계 조건을 찾고자 하였다. 181명의 구성원-상사 쌍 표본을 분석하였을 때, 창의적 자기 효능감과 외적 보상의 중요성이 높은 사람들에게서만 외적 보상이 창의적 수행을 증진하였다. 또한, 외적 보상은 내부 통제 소재(internal locus of control)를 가진 구성원의 창의적인 업무 수행에 대한 내적 동기에 긍정적 영향을 미쳤다. 이 연구는 외적 보상이 내적 동기에 긍정적 영향을 미칠 수 있고, 보상과 창의성 관계가 개인차 변인에 따라 달라질 수 있음을 보여준다. 후속 연구에서, Malik 등(2019)은 1장에서 소개한 Madjar 등(2011)의 점진적(incremental) 창의성과 급진적(radical) 창의성 분류를 적용하여 내적 동기와 외적 보상이 서로 다르게 영향을 미치는지를 조사하였다. 더불어 학습 및 수행 목표 지향성이 조절 효과를 갖는지 보았다. 220명의 구성원-상사 쌍 자료를 분석하였을 때, 내적 동기 및 외적 보상은 각각 급진적 및 점진적 창의성에 영향을 미쳤다. 다만, 내적 동기가 급진적 및 점진적 창의성에 미치는 영향은 학습 목표 지향성이 높은 구성원들에게서 더 정적이었다. 반면, 외적 보상이 점진적 창의성에 미치는 효과는 수행 목표 지향성이 높은 구성원들에게서 더 정적이었다.

2) 열정과 창의성

내적 동기와 유사한 개념으로 열정(passion)이 있다. 열정은 특정 활동에 대한 강한 정서적 갈망(desire), 헌신(dedication), 몰입(commitment)을 통합하는 구성개념이다(Cardon et al., 2013). 그래서 열정은 특정 활동에서의 내적 동기와 즐거움을 경험하는 것 이상을 의미한다. 열정은 보상 없는 선택의 가장 극단적인 상태로, 자신의 정체성에 중요한 활동과 연합된 고각성의 정서를 포함하며 심지어 목숨을 잃을 위험에 처해도 결과에 신경 쓰지 않는 에너지이다(Ashton, 2015).

청년들을 대상으로 한 면접이나 경험표집법 연구에 의하면, 가장 빈번하게 하는 열정적 활동들은 음악, 연극, 미술 등의 창의적인 활동들이었다(Moeller et al., 2017). 또한, 교사가 고등학생의 흥미 분야에 대한 열정을 평정한 값과 little-c 수준의 창의성에 대해 친구들이 평정한 값 간에는 유의한 상관이 있었다(Grohman et al., 2017). pro-c 수준에서 자신의 업무에 대한 열정과 리더가 평정한 창의성 간에도 유의한 상관이 나타났다(Liu, et al., 2011).

열정과 창의성 간의 관계는 불광불급(不狂不及), 즉 '미치지 않으면 미치지 못한다'라는 말로 잘 표현될 수 있다. 정민(2004)은 『미쳐야 미친다』에서 조선시대 지식인들의 열정과 광기를 소개하면서 '세상에 미치지 않고 이룰 수 있는 큰일은 없다'는 마니아들의 삶을 그리고 있다. 남이 도달하지 못할 경지에 도달하려면 미치지 않고는 안 된다는 것이다. 박제가는 「백화보서(百花譜序)」(1785)에서 꽃에 미친 김덕형에 대해 기술하면서 다음과 같이 말하고 있다.

사람이 벽(癖)이 없으면 쓸모없는 사람일 뿐이다. 대저 벽이란 글자는 질(疾)에서 나온 것이니, 병중에서도 편벽된 것이다. 하지만 독창적인 정신을 갖추고 전문의 기예를 익히는 것은 왕왕 벽(癖)이 있는 사람만이 능히 할 수 있다.

또한, 이 책에서는 벽과 비슷한 뜻으로 바보라는 뜻의 치(痴) 또는 치(癡)자로 마니아를 표현하기도 하는데, 모두 병들어 기댄다는 뜻의 녁(疒)자를 부수로 하는 글자들이다. 모두 무엇에 대한 기호(嗜好)가 지나쳐 억제할 수 없는 병적인 상태가 된 것을 뜻한다.

7장에서 보았듯이, 창의적 인물의 독특한 행동은 정신질환이 아니라 다만 한 분야에 몰입한 사람들, 즉, 내적 동기와 열정, 그리고 몰입의 표현으로 보는 것이 더 정확할 것이다.

5. 친사회적 동기와 창의성

창의성의 주요한 동기적 요소는 내적 동기라고 하였는데, 그랜트와 같은 조직심리학자들은 내적 동기와 더불어 친사회적 동기(prosocial motivation)도 창의적인 사고와 행동에 유의한 영향을 미칠 수 있다고 제안하였다. 친사회적 동기는 타인의 관점을 취하도록 하여 타인에게 유용한 발견에 주의를 기울이도록 한다. 그리고 타인(들)의 욕구를 고려하게 되면서 그들에게 새롭고 유용한 아이디어를 생성하고 적용하고자 한다. 따라서 친사회적으로 동기화된 구성원은 자신의 노력을 통해 동료, 상사, 고객에게 도움이 되는 유용한 아이디어를 만들어내려는 내적 추동을 보인다(Grant & Berry, 2011). 중국 대학생들을 대상으로 한 실험실 연구에서 Li와 Bai(2015)는 내적 동기와 친사회적 동기가 모두 높은 경우에 가장 높은 수준의 창의성이 나타남을 보여주었다.

Liu 등(2016)은 191개의 연구에 대한 메타분석을 통하여 창의성에 기저하는 동기적 기제로서 내적 동기, 창의적 자기 효능감, 친사회적 동기의 영향을 조사하였다. 분석 결과, 세 가지는 각기 창의성을 고유하게 설명하는 효과를 보였는데, 이것은 내적 동기와 창의적 자기 효능감뿐만 아니라 친사회적 동기가 창의성을 설명해준다는 것을 보여준 것이다. 내적 동기가 주로 '새로운' 아이디어의 생성에 기여한다면, 친사회적 동기는 아이디어나 발견의 '유용성' 차원에 좀 더 집중하도록 함으로써 창의성에 독특한 기여를 할 수 있기 때문이다.

친사회적 동기는 내적 동기와 창의성 간의 관계를 조절하는 요인으로도 작용한다. Grant와 Berry(2011)는 동기화된 정보처리(motivated information processing) 이론에 기반하여 내적 동기와 창의성 간의 관계는 타인에 초점을 두는 심리적 과정에 의해 증진될 수 있음을 보여주었다. 그들은 실험실과 현장 연구를 통하여 친사회적 동기는 내적 동기와 창의성 간의 연합을 강화하며, 조망 수용이 이러한 조절 효과를 매개하는 결과를 보여주었다. 즉, 내적 동기와 창의성 간의 관계는 친사회적 동기가 높은 사람들에게서 더 높게 나타난다는 것이다. 또한, 이것은 친사회적 동기에 의해 생성된 조망 수용[22]이 내적 동기와 상호작용하여 새롭고 유용한 아이디어의 생성을 더욱 촉진함을 의미한다. 조망 수용은 타인들에게 유용한 아이디어를 생각해낼 수 있게 해줄 뿐만 아니라, 많은 아이디어 중 가장 최상의 것이 무엇인지를 판단하는 데에도 도움이 된다.

앞서 보았듯이, 내적 동기와 더불어 친사회적 동기가 창의성에 중요한 동기적 요소라는 것을 알 수 있다. 동기화된 정보처리 이론에 따르면, 인간의 욕구나 동기는 환경의 수많은 자극과 정보에서 어떤 것에 주목하고 어떻게 처리할지에 영향을 미친다(Nijstad & De Dreu, 2012). 친사회적 동기는 타인들을 배려하고 그들을 이롭게 하려는 욕구이자 그러한 방향으로 노력을 기울이려는 지향성이다(Grant, 2008). 그것은 사람들이 자기 관점의 한계를 넘어서 타인(들)의 욕구나 관점을 민감하게 포착할 수 있도록 하여 그들에게 혜택이 되는 방향으로 자신의 자원과 능력을 최대한 사용하도록 한다. 친사회적 동기가 높은 사람 또는 구성원은 문제해결에 몰입하면서 많은 시간, 에너지, 자원을 소비할 뿐 아니라, '타인들의 필요는 발명의 어머니(necessity of others is the mother of invention)'라는 표현처럼, 타인 또는 조직의 안녕에 주의와 관심을 기울이면서 타인의 욕구나 필요에 부합하는 새롭고 유용한 아이디어를 생성하는 유연한 정보처리 및 사고를 통해 창의적인 해결안에 이를 수 있다(Grant & Berry, 2011).

---

22 조망 수용(perspective-taking)은 다른 사람의 관점에서 상황을 지각하거나 개념을 이해하는 행위이다. 조망 수용은 아동 발달에 매우 중요한 것으로 알려져 있다.

1) 호혜적 모형

Forgeard와 Mecklenburg(2013)는 창의성에서의 동기의 역할에 관한 연구가 과정 초점의 내적 동기와 결과 초점의 외적 동기에만 주목하였다고 보면서, 창의성에서 동기의 역할에 대한 이해 폭을 넓히고자 수혜자(beneficiary) 차원을 추가하여 호혜적 모형(reciprocal model)을 제안하였다.

〈표 8-1〉에서 보듯이, 창의성 관련 동기는 ① 동기의 위치에 따라 내적 동기와 외적 동기로 구분되는 차원과 ② 수혜자(beneficiary)에 따라 자기 지향(self-oriented)과 타인 지향(other-oriented)으로 구분되는 차원이 교차하여 내적 자기, 외적 자기, 내적 타인, 외적 타인의 네 가지 동기가 나타난다.

이러한 네 가지 동기를 구분하면 창의성에서의 사회적 영향은 양방향의 성질이 있음을 보여준다. 즉, 창조자의 동기 소재에 관한 전통적인 연구는 경쟁, 보상, 평가와 같은 사회적 상황이 창조자에게 미치는 영향을 다룬 것이라면, 창조자가 의도한 수혜자에 초점을 둔 최근 연구는 반대로 창조자들이 타인들에게 어떤 영향을 미치고자 하는지를 이해하려는 것이다.

첫째, 내적 자기의 동기는 창조자의 플로우 경험이나 창의적 활동에서 나오는 유능감이나 의미감과 같이 창의적 과정 자체로 얻을 수 있는 개인적 혜택에 초점을 둔다. 둘째, 외적 자기의 동기는 작업을 완성하여 얻게 되는 금전적 이득이나 타인들의 인정과 같이 창의적 작업의 결과인 외적 보상에 초점을 둔다. 셋째, 내적 타인의 동기는 타인들에게 역할 모델이 되거나 멘토(스승)의 기대를 충족하는 것과 같이 창의적 과정 자체로 타인이 얻게 될 혜택에 초점을 둔다. 마지막으로 외적 타인의 동기는 다른 사람들이 지식을 획득하도록 도와주거나 그들에게 영향을 미치는 문제를 해결하는 것과 같이 창의적 과정의 외적 결과물이 타인에게 주는 혜택에 초점을 둔다.

표 8-1 창의성 관련 동기의 두 차원

동기의 위치	수혜자	
	자기 지향	타인 지향
내적 동기: 학습 목표를 강조하는 '과정' 초점의 동기요인	**내적 자기(성장)** 예: 개인적 흥미, 플로우, 긍정 정서, 의미감, 유능감	**내적 타인(길잡이)** 예: 타인에게 역할모델 되기, 멘토 기대의 충족
외적 동기: 수행 목표를 강조하는 '결과' 초점의 동기요인	**외적 자기(이득)** 예: 보상, 인정, 칭찬 받기	**외적 타인(기부)** 예: 사회에 기여, 타인에게 도움 주기

　창의적인 작업에 몰입하는 네 가지 동기 중 내적 자기(성장)는 앞서 다룬 내적 동기에 해당하고, 외적 타인(기부)은 친사회적 동기에 해당하는 경우라고 볼 수 있으며, 이 두 가지가 창의성의 대표적인 두 동기이다. 그리고 이 모형에서 외적 자기(이득)는 앞서 소개한 외적 동기의 전형이라고 할 수 있다. 이 모형의 두 가지 독특한 점은 ① 외적 동기도 창의적 행위의 주요한 동인일 수 있다고 보면서 창조자는 내적 동기와 외적 동기 모두에 의해 동기화된다고 가정한 점과 ② 이 모형에서만 나타나는 독특한 창의성의 동기 요소로 내적 타인(길잡이)을 제시한 점이다.

　Forgeard와 Mecklenburg(2013)는 이러한 이차원 모형에 기초하여 창의적 과정에서 나타나는 사회적 상호작용, 그것의 동기와의 관계 및 창의적 사고 과정에 미치는 영향을 설명하기 위해 호혜적 모형을 예시적 그림으로 제시하여 설명하고 있다. 그들은 이 모형에서 창의적 과정은 타인이 창조자에 미치는 영향과 창조자가 타인에게 미치는 영향이 끊임없이 나타나고 지속적으로 변화되는 역동적이고 순환적인 과정임을 보여주고자 하였다.

2) 창조적 활동의 동기

한편 Forgeard(2022)는 친사회적 동기와 창의성 간의 관계 연구가 비즈니스 또는 일상생활 영역에서 주로 이루어진 한계가 있다고 보고, 예술과 과학 영역에서의 친사회적 동기의 역할을 조사하였다. 56명의 전문적 예술가와 과학자들을 대상으로 한 질적 연구(연구 1)에서 자신들의 창의적 작업에 대한 다양한 동기들이 열거되었다. 연구 2에서는 연구 1에서의 결과를 기반으로 972명의 예술 및 과학 분야의 대학원생들로부터 자료를 수집하여 요인 분석하였는데, 친사회적 동기, 정서적 동기(emotional motivation), 지적 동기(intellectual motivation)의 세 유형의 동기와 대중의 감각(sense of audience)이라는 하나의 과정으로 구분되었다.[23]

또한, Benedek 등(2020)은 사람들이 여유 시간에 창의적 활동을 하는 데 많은 시간을 소비하는 것과 관련하여 그런 활동을 하는 동기가 무엇인지를 조사하였다. 그들이 설문 조사에 포함한 일상적 창의성(everyday creativity)의 동기들은 '즐김(enjoyment)', '표현(expression)', '도전(challenge)', '대처(coping)', '친사회적(prosocial)', '사교적(social)', '물질적(material)', '인정(recognition)', '의무(duty)'였다. 두 개의 온라인 조사(750명)를 통하여 '즐김' 동기가 일상적 창의성의 가장 큰 동기 요인으로 나타났으며, 이것은 내적 동기 및 긍정적 정서와 창의성 간의 관계를 보여준 이전 연구와 일치한다. 이 연구에서 주목할 것은 창의성의 영역에 따라 두드러진 동기가 달라졌다는 점이다. 시각 예술, 문학, 음악 영역에서는 '표현'과 '대처' 동기가 높게 나타나지만, 공예와 요리 영역에서는 '친사회적' 및 '인정' 동기가 높게 나타났다.

---

23 '정서적 동기' 문항의 예로, "나는 내 감정을 표현하고 관리할 수 있어서 창의적 작업에 몰두한다"가 있고, 지적 동기 문항의 예로, "나는 놀라움과 새로운 것을 배우고자 창의적인 작업에 몰두한다"가 있고, '대중의 감각' 문항의 예로는, "창의적 작업을 할 때, 나는 내 작업에 대해 다른 사람들로부터 피드백을 받는다"가 있다.

6. 실패의 가치

일반적으로 창조의 과정에는 수많은 실패가 있다. "전구를 만들지 못하는 1,800가지 방법"이라는 에디슨의 유명한 말과, "성공하는 방법은 실패율을 두 배로 늘리는 것"이라고 한 IBM의 토머스 왓슨의 말이 이를 상징적으로 잘 보여주고 있다. 콜럼버스는 잘못된 가정으로 아메리카 대륙을 발견하게 되었다. 어니스트 헤밍웨이는 『무기여 잘 있거라』의 결말을 39번이나 고쳐 쓴 후에야 책으로 출간했으며, 앨프리드 히치콕은 영화 〈사이코〉의 샤워 장면을 78번이나 촬영한 끝에 그 충격적인 분위기를 생생하게 살릴 수 있었다. 반 고흐도 자신의 창작 과정이 똑같은 구도를 그리고 또 그리는 '반복'의 연속이라고 했으며, 베토벤은 교향곡을 쓰는 과정에서 악보를 계속 지우고 고쳐 종이에 구겨진 흔적을 선명히 남겼다.

봉준호 감독은 장편 데뷔작 〈플란다스의 개〉의 완성도에 대한 실망감과 부끄러움으로 시사회가 다 끝나기도 전에 극장을 뛰쳐나왔다고 한다. 당시 30대 초중반의 나이였던 그는 미래에 대한 심각한 고민으로 대인기피증과 우울증에 빠져 암흑의 시기를 보냈다고 하였다.

자신의 분야에서 혁명을 이룬 창조자들조차 별 의미가 없거나 주목받지 못한 일들을 한 경우가 매우 많다. 예를 들어, 행동주의 심리학의 창시자인 스키너(B. F. Skinner)나 침팬지도 창의적으로 문제를 해결할 수 있음을 보여준 쾰러(W. Köhler)와 같은 영향력 있는 심리학자들이 발표한 논문들의 44%는 발표 직후 5년 동안 단 한 번도 인용된 적이 없었다. 거의 절반에 가까운 논문들이 무시당하듯이 주목을 받지 못한 것이다. 유명 예술가들도 크게 다르지 않은데, 모차르트, 바흐, 베토벤을 포함한 열 명의 유명한 작곡가들의 작품들에서 지금까지 공연되거나 음반으로 출시된 것은 35%에 불과하다(Wagner, 2019).

따라서 창조의 과정에서 경험하는 불확실성, 위험에 의한 긴장, 두려움, 그리고 실패에 의한 좌절 등으로 정서적 어려움과 장애가 발생할 가능성이 크다(7장 참조). 그러나 창의적인 사람은 실패나 비난을 두려워하지 않으며, 실패에도 크게 좌절하지 않고 재빨리 회복되는 복원력(resilience)을 가진다. 실패로 인한 부정적 정서의 조절과 그것을 극복하는 복원력과 끈기의 원천은 '내적 동기'일 수 있다. Catmull과 Wallace(2014)는 다음과 같이 얘기했다.

"많은 사람들이 실패를 '필요악'이라고 한다. 그러나 실패는 전혀 악하지 않다. 실패는 새로운 일을 하는 과정에서 경험하게 되는 피할 수 없는 귀결이다. 실패 없이 독창적인 것을 만들 수 있는 사람은 없다. 실패를 받아들이는 것은 중요한 학습 경험임에도, 실패에 대한 감정이 실패의 가치를 제대로 이해하는 것의 장애 요소이다."

1) 실패가 아닌 실수

한 번의 실수도 없이 세상을 살아가는 사람은 없다. 실패는 결과가 아니라 과정이다. 실수를 실패로만 볼 것이 아니라, 새로운 기회나 가능성을 찾을 기회로 보는 시각이 필요하다. 역사적으로 실험실에서 실수로 새로운 발견을 하게 된 사례는 포스트잇, 드라이클리닝, 노벨의 화약, 찰스 굿이어의 고무, 듀퐁사의 나일론, 코카콜라, 감자칩 등 셀수 없이 많다.

역사적인 창의적 인물들은 예외적인 성공을 거두는 가운데에도 이례적인 실패를 맛보는 경우가 많다. 아무리 뛰어난 창조자라고 하여도 길을 잘못 들어설 수가 있으며, 이들은 본래부터 오류 따위는 범하지 않는 사람들이 아니라, 다만 그 실패를 딛고 재기하는 방식이 보통 사람들과는 다른 사람들이다(Gardner, 1993). 지오데식 돔을 창안한 미국의 건축가이자 발명가인 리처드 풀러는 "사람은 시행착오의 경험, 즉 실수를 통해서 모든 것을 배운다"고 하였다.

Wang 등(2019)은 대학 교수들의 경우에도 초기 실패가 향후 장기적 성공(10년 후 연구성과)의 밑거름이 될 수 있음을 보여주는 증거를 제시하였다. 그들은 젊은 시기에 미국 국립보건원(NIH)에 연구비를 신청하여 아깝게 탈락한 연구자와 간신히 선정된 연구자를 비교하였는데, 연구비를 받지 못한 초기 실패 경험은 두 가지 상반되는 영향을 미쳤다. 첫째, 초기 실패에도 불구하고 이들은 장기적으로는 더 높은 성과를 보였다. 즉, 논문 편수는 비슷하였지만 실패 경험 집단이 인용 지수도 높고 영향력 지수(IF)도 높은 연구 결과들을 많이 발표하면서 더 창의적인 연구자로 성공하였다. 둘째, 연구비를 받지 못한 집단의 약 12% 정도는 영원히 학계를 떠난 것으로 나타났다. 이것은 "날 죽이지 못하는 것은 나를 더 강하게 만든다"라는 격언을 지지하는 증거라고 할 것이다.

Simonton(1999)은 위대한 창조자들은 걸작이든 졸작이든 다량으로 만든다고 하였다. 그래서 그는 '비범한 영향을 미친 작업의 수'가 '전체 작업 수'에 정비례한다면, 아마도 엄청난 걸작을 만들어낸 창조자들은 무시되고 거절되는 경험을 가장 많이 한 사람들일 것이라고 하였다. 창의적 인물도 자신의 경력 동안 별 쓸모없는 결과를 내놓는 고난의 기간이 반드시 있다는 것이다.[24] 스터전의 법칙(Sturgeon's Law)을 개인에게 적용하면, 창의적 인물이 내놓은 창작물의 90%는 제대로 인정받지 못할 수도 있다.

창의적 천재가 성공만큼이나 실패도 많이 한다는 것은 창의적 과정은 상당한 정도로 맹목적(blind)이라는 BVSR 이론의 가정을 지지하는

---

[24] 시인 위스턴 휴 오든(W. H. Auden)도 "아마도 위대한 시인은 그렇지 않은 시인보다 나쁜 시를 더 많이 쓸 것이다."라고 말했다.

것으로도 볼 수 있다. 가장 위대한 창조자도 진리(truth)나 미(beauty)에 이르는 직접적이고 확실한 경로를 알지 못한다. 그들이 내놓은 아이디어라고 해서 동료나 대중들의 평가와 검증에서 살아남을 것이라고 보장되지 않는다. 따라서 Simonton(1999)은 창의적인 천재가 할 수 있는 최선은 가능한 한 많이 만들어내고 그중 적어도 일부는 시간의 검증에서 살아남을 것이라고 기대하는 것이라고 하였다. 그는 이것을 '질은 양의 확률 함수(Quality is a probabilistic function of quantity)'라고 비유적으로 표현하였다.

미래의 창의적 천재를 찾고자 한다면, 확산적 사고와 같은 인지 능력과 더불어 창의성의 필수 요소인 끈기(persistence)를 보아야 할 것이다. 그래서 실패에도 불구하고 '무엇인가를 실현하고자 하는 목표나 목적에의 끈기나 집요함'을 평가할 수 있는 도구가 필요하다. 실패나 장애물에 직면해서도 계속 과제에 집중할 수 있는 능력은 사이먼턴의 양과 질의 규칙과 매우 연관되어 있다. 존 가드너(J. Gardner)는『장편소설가 되기(*On Becoming a Novelist*)』(1983)에서 '진정한' 작가는 '그만두지 않는 자'라고 하였다. 불리한 여건에서도 남다른 Big-C의 창의적인 성취를 이룬 사람들은 창의적인 노력을 기울이는 과정에서 매번 포기해야 할 분명한 이유에 직면하면서도 그만두지 않는 끈기를 보였다.

그런데 실패라는 결과에 이르러도 어느 정도 자신을 보호할 수 있는 사회적 지위를 가진 사람들은 반복적인 실패에 대해서도 상대적으로 쉽게 버틸 수 있다. 하지만, 단 하나의 실수나 실패만으로도 자신의 창의적 노력을 더 지속할 수 없는 처지인 사람들이 계속 작업을 지속한다는 것은 매우 어려운 일이다. 더구나 특정한 사회나 문화에서 특정 범주의 사람들(예: 여성이나 소수집단)은 실패에 대한 용인을 받기가 더 어려운 상황에 있다. 3장의 BVSR 이론의 관점에서 보면 일부 집단에게 불리한 이러한 상황은 자연선택에 대응하는 문화적 선택 과정에서 시간이 지나면서 가용한 아이디어의 다양성을 감소시키는 결과를 초래한다. 따라서 많은 사람들이 다양한 관점과 목소리를 낼 수 있는 자유롭고 개방적이며, 포용하는 분위기가 필요하다.

매년 10월 13일, 핀란드에서는 실패를 기념하는 '실패의 날' 행사가 열리는데, 이것은 지난 1년간의 실수나 실패 사례를 공유하여, 그것을 반전의 기회로 삼으려는 목적을 가진다. 이날에는 학생, 교수, 창업자 등이 한자리에 모여 자신의 실패 경험을 공유하고 서로의 실패를 축하해 주는데, 핀란드 국민의 4분의 1이 지켜보는 국가적인 행사이다.

핀란드에서 이런 행사를 하게 된 배경은 다음과 같다. 한 때 휴대폰 세계 1등 기업이었던 노키아의 몰락 이후 핀란드 경제 상황이 어려울 때, 그들은 벤처 창업 같은 새로운 도전에서 돌파구를 찾고자 했다. 그 때 핀란드 알토대학교의 한 창업 동아리가 창업의 가장 큰 걸림돌인 실패에 대한 두려움을 없애는 것이 먼저라고 생각하고, 실패의 긍정적 의미를 홍보하기 시작하였다. 이를 계기로 핀란드 정부와 기업이 '실패의 날'을 만들고, 실리콘밸리의 벤처 투자자들과 기업가들이 가세하면서 범세계적 운동이 되었다. 이러한 운동이 계속 확산되면, 실패 경험도 큰 자산일 수 있다는 생각이 사회 전반에 뿌리내릴 수 있을 것이다.[25]

2) 더 나은 실패

창업으로 자수성가한 사람이나 성공한 운동선수들은 "일찍 실패하라, 자주 실패하라, 실패하면서 나아가라", "더 좋아지게 실패하라(fail

---

[25] 한국은 아직 실패를 용인하는 문화가 정착된 것으로 보기 어렵다. 역설적이지만, 이는 국가 연구개발(R&D) 사업에서 매년 과제 목표 달성도(성공률)이 거의 100%에 가깝게 나오는 것에서 알 수 있다. 연구자들이 실패 걱정 없이 심리적 안전감을 가지고 도전적이고 창의적인 연구를 추구하기보다는, 늘 목표 대비 달성 실적의 지표에 맞추어야 하기에 달성 가능한 쉬운 목표만을 지속하기 때문인 것이다.

better)", "실패를 통해 전진하라(fail up)"와 같은 슬로건을 강조한다. 이 것은 실패에 대한 긍정적 사고나 낙관주의를 드러내는 것이며, 실패를 많은 교훈을 담고 있는 매우 가치 있는 것으로 본다. 실패 경험에 대해 곰곰이 생각하는 과정을 통해 학습의 기회 및 개선 가능성을 모색할 수 있다.

인간은 성공을 추구하며, 성공은 무엇인가를 이루었다는 것이다. 성공은 또 다른 성공을 가져온다고들 한다. 이런 생각에 담긴 논리는 승리가 자기 효능감을 증진하며, 그러한 효능감이 계속 승리하도록 심리적 모멘텀을 제공한다는 것이다. 반대로, 실패가 또 다른 실패를 불러온다는 믿음도 널리 알려져 있다. 예를 들어, 이전에 기대한 결과를 얻지 못했던 운동선수가 심하게 긴장하여 현재 경기도 망치는 경우이다. 실수나 실패를 하면 마음속에 자기 의심이 깜박거리면서 어두운 그림자를 드리운다. 실패는 끔찍한 경험으로 자존감에 상처를 입히고 자신의 부적절한 행동이나 방식들을 모두 떠올리게 하며, 그로 인해 연이어 실패할 가능성을 높이는 것이다.

그래서 실패를 배움이나 학습의 기회로 전환하는 것이 필요하다. 여기서 주의해야 할 점이 있다. 실패를 긍정적인 것으로 재구성하는 것이 실패로부터 배우는 것을 방해할 수 있다는 것이다. Nelson 등(2018)의 연구에 의하면, 실패에 대한 정서적 반응은 인지적 반응보다 더 동기부여 효과가 컸다. 실험 참가자들은 모두 실험 과제에서 실패 경험에 노출되었다. 그들 중 반은 실패에 대해 "어떻게 느꼈는지"에 주목하는 방식으로 정서에 초점을 두는 '정서 조건'에 할당되었고, 나머지 반은 실패에 대해 "객관적인 사고"를 생각하도록 하는 '인지 조건'에 할당되었다.[26] 정서 조건의 피험자들은 이후 과제에서 노력과 시간을 더 기울이

---

[26] 구체적인 지시문은 다음과 같다. (정서 조건) "우리는 결과(성공 또는 실패)에 대한 당신의 정서적 반응에 관심이 있습니다. 그래서 결과가 나온 이후 우리는 당신이 경험한 정서적 반응(경험한 정서의 유형과 강도 등)에 대해 기술하도록 요구할 것입니다.

면서 자기 개선과 관련된 행동에 몰입했다. 반면 인지 조건의 피험자들은 객관적 사고가 강조되었음에도 실패로 인한 비난을 피할 수 있는 자기방어적인 논리를 생각해내는 경향을 보였다. 그들은 책임을 인정하지 않기에 수행 개선을 위한 노력도 소홀히 하여 쓴 약의 효과가 전혀 나타나지 않은 것이다. 실패로 인한 부정적 감정(쓴 약)이 자신의 단점을 파악하도록 하고 개선의 노력을 기울이도록 동기화하는 것이다. 따라서 부정적 감정을 회피하고 긍정적 감정으로 전환하기보다는 실패와 연관된 부정적 감정의 동기부여 효과를 활용하여 실패로부터 배우고 이후 성공의 가능성을 높여야 한다.

좋은 실패가 되기 위해서는 실패나 패배를 인정해야 한다. 실패로부터 배우고자 한다면 실패했다는 것을 분명하게 인지하고 수용해야 하는 것이다. 인간의 뇌는 본능적으로 불편한 정서로부터 자신을 보호하기 위하여 객관적 현실을 가급적 부정하려고 한다. 그래서 사람들은 자신의 성공은 내부로 귀인하고 실패는 상황적 요인이나 자신의 통제 밖의 외부 요소에 귀인하는 경향을 보인다. 이러한 자기 본위적 편향(self-serving bias)이 자기 비난을 피할 수 있도록 해주지만, 실패를 통해 제대로 배우려면 실패에 직면해야 한다. 만약 실패에 대한 책임을 받아들이지 않으면, 개선하거나 변화하기는 어렵다.

Lebeau 등(2018)은 실패 이후에 무슨 일이 일어나는지에 대한 실험 연구를 수행하였다. 그들은 실패를 경험하면 자존감에 상처를 입지만 실제 수행에는 아무런 영향이 없음을 보여주었다. 즉, 시점 1에서의 실패가 반드시 시점 2에서의 실패에 영향을 미치지 않는다는 것이다. 그

그러니 느낌에만 주의를 집중해 주십시오." (인지 조건) "우리는 결과에 대한 당신의 사고 반응에 관심이 있습니다. 그래서 결과가 나온 이후 우리는 과제와 결과에 대한 당신의 객관적인 생각(어떻게 하면 다른 결과가 나올 수 있을지, 성공 또는 실패의 원인 등)에 대해 기술하도록 요구할 것입니다. 그러니 그런 생각에만 집중해 주십시오."

들의 실험을 살펴보면, 골프 과제에 참여한 피험자들(42명)은 두 집단으로 나뉘어 24개의 퍼트를 하였다. 그런데 피험자들은 자신이 친 볼이 어떻게 되었는지 볼 수 없었다. 연구자들은 두 집단에게 점수 피드백을 다르게 주어 성공(성취) 또는 실패의 인식으로 유도하였다. 매 6회의 퍼트에서 한 조건에서는 긍정적 피드백을 제공하였고, 다른 조건에서는 부정적 피드백을 주었다. 부정적 피드백이 피험자의 자존감에 미치는 효과를 보기 위해 연구자들은 매 6회의 퍼트마다 어느 정도 목표를 달성할 수 있을 것으로 믿는지를 묻는 자기 보고 설문을 하였다. 마지막으로 다시 24회의 퍼팅을 하였다. 연구자들은 실패가 피험자들의 정서와 인지적 집행 기능에 미치는 효과에 관심을 가졌다. 그래서 별개의 두 컴퓨터 과제[27]를 사용하여 인지적 기능을 측정하고 감정 척도로 정서도 측정하였다. 결과에 의하면, 성공보다 실패는 사람들의 정서 상태와 자존감에 부정적 영향을 미쳤다. 그러나 피험자들의 이후 퍼팅 과제와 인지적 과제들에서 실패 피드백은 수행에 전혀 영향을 미치지 않았다. 따라서 실패가 또 다른 실패를 가져오는 것은 아닌 것이다. 사실, 실패에 직면한 피험자들은 인지적 과제에서 더 빠를 뿐만 아니라 정확하게 반응하였다. 이것은 실패는 더 많은 실패로 이어질 수 있다는 일반인들의 믿음과는 일치하지 않는 결과이다. 문제는 개인적 좌절이나 실패에 대한 정서적 반응에 어떻게 대처하느냐에 달려 있다. 실패 이후의 불쾌하고 비참한 기분은 피할 수 없지만, 다음 기회에 더 나은 성과로 이어지도록 하는 것은 바로 이 부정적인 정서 경험이다.[28] 전반적으

---

27 하나는 스트루프(Stroop) 과제(같은 색깔로 적힌 색깔 이름 또는 다른 색깔로 적힌 색깔 이름 말하기)였고, 다른 과제는 시간 제약하에서 숫자를 더하는 것과 같은 수학 과제였다.

28 이는 심리학의 오래된 이론인 사이버네틱 통제(cybernetic control) 이론과 관련이 있다. 이 이론에 의하면, 온도조절 장치처럼 우리의 행동은 피드백 사이클에 의해 조절이 된다고 주장한다.

로 이러한 발견은 실패가 미래 성공의 필요조건일 수 있다는 낙관적인 관점을 지지한다.

Nelson 등(2018)도 실패 후의 반응으로 자신의 인지에 초점을 두었는지 아니면 정서에 초점을 두었는지에 따라 이후의 과제에 보내는 시간과 노력이 달라진다고 하였다. 일상적인 삶에서 실패에 대한 사람들의 인지는 대개 변명이거나 정당화하는 것일 뿐이며, 일반인들이 생각하듯이 반성적(reflective)이고 자기 개선의 성질이 있는 것이 아니라고 하였다. 더구나 인지에 초점을 두면 이후의 과제에서 개선이 될 가능성까지 제약할 수 있지만, 정서에 초점을 두면 학습이 이루어지면서 이후 과제에서 더 많은 노력을 기울이게 한다고 주장하였다.[29] 실패 이후에 생긴 이런 정서 인식표(신체 표식, somatic marker)가 다음 결정에 대한 안내 역할을 한다는 것이다.[30] 이런 정서 인식표(신체 표식)가 없으면 다음 시도나 도전에서 개선의 가능성도 없다.

Hobson 등(2018)은 현재의 실패가 다음의 성공으로 이어지기 위해 다음과 같은 몇 가지를 강조하였다. 먼저, 실패를 인정하고 받아들여야 한다. 가끔 방어기제가 작동하여 실패가 사실은 없었다고 하면서 자신을 속일 수도 있다. 상황을 탓하기보다는 반드시 자신의 책임으로 받아들여야 한다. 둘째, 실패를 합리화하려고 하지 않고, 부정적 감정을 있

---

29 저자들은 부정적 정서가 갖는 효능과 관련된 정서적 학습(emotional learning) 모형에 근거하여 실패에 따른 부정적 정서에 초점을 두면 이후 그러한 실패나 실수를 개선하려는 동기가 유발된다고 보았다. 실패에 따른 부정적 정서의 태그(tag)가 뇌에 저장되고 이후 과제에서 그것이 활성화되면, 이전보다 더 나은 수행을 하도록 행동(예: 차분히 좀 더 끈기를 가지고 시도하도록 하는 것)이 인도된다는 것이다.

30 Damasio(1994)의 신체 표식 가설(somatic marker hypothesis)은 정서적 과정이 행동(특히 의사결정)을 인도한다고 제안한다. 신체 표식은 불안과 빠른 심장박동의 연합 또는 혐오와 메스꺼움 간의 연합과 같이 정서와 연합된 신체 내에서의 느낌이다. 신체 표식은 이후의 의사결정에 강하게 영향을 미치는데, 뇌의 복내측 전전두엽(vmPFC)과 편도체에서 처리되는 것으로 알려져 있다.

는 그대로 받아들인다.[31] 셋째, 부끄러움, 무기력, 지루함과 같은 저각성 정서들은 끈기를 갖고 개선하려는 동기를 저해한다. 대신, 분노, 저항, 질투와 같은 고각성 정서를 가져야 한다('질투는 나의 힘'). 이것들은 개선하려는 노력에 에너지를 제공한다. 실패는 피할 수 없는 것이며, 실패의 진정한 선물은 부정적 정서와 같은 상처를 주면서 성장하도록 한다는 데 있다.

7. 플로우와 창의성

내적 동기와 유사한 개념으로, Csikszentmihalyi(1990)가 제시한 "플로우(flow)"는 현재 하고 있는 활동과 상황에의 완전한 몰입과 집중의 상태를 말한다. 그는 의사, 암벽등반가, 운동선수, 작곡가, 작가 등의 다양한 직업인들을 대상으로 연구하였는데, 당시로는 혁신적인 연구방법이었던 경험표집법(ESM: experience sampling method)을 사용하였다. 이것은 여러 날에 걸쳐 하루 동안 무작위적으로(또는 일정한 간격으로) '삐삐'(요즘은 스마트폰)로 연구 참여자들에게 신호를 보내면, 하던 일을 잠시 멈추고, '지금을 무엇을 하는지', '현재 정서 상태가 어떤지' 등에

---

[31] 자기 자비(self-compassion)는 불교의 '자비(慈悲)' 사상을 서구에서 차용하여 심리학적 개념으로 만든 것이다. Neff(2003)는 자기 자비를 자기 친절(self-kindness), 보편적 인간성(common humanity), 마음챙김(mindfulness)의 세 가지 하위요소와 이와 대립하는 세 가지 쌍으로 구성된 복합적인 개념이라고 설명하였다. 이 중 마음챙김은 과잉 동일시(over-identification)와 대립하는 것으로, 현재 일어나고 있는 상황과 내면의 고통을 있는 그대로 자각하는 것을 의미한다. 이것은 걱정과 불안과 같은 부정적인 감정과 개인이 과잉 동일시되는 것을 막고 힘든 감정을 그대로 자각하고 인정하여 수용할 수 있도록 도와 부정적인 감정을 회피하지 않도록 한다. 마음챙김을 통해 형성된 균형 잡힌 시각이 개인이 다음 단계로 나아가는데 지혜로운 선택을 하게 할 가능성을 높이는 것이다.

대해 간단하게 응답하는 절차로 이루어지는 것으로, 특정 활동에서의 즉각적인 심리적 경험을 측정하기 위한 것이다.

플로우는 자신이 행하는 것에 완전히 몰두하는 단기적인 내적 동기의 최적 상태라고 할 수 있다. 즉 다른 어떤 일에도 관심이 없을 정도로 지금 하는 일에 푹 빠져 있는 상태로서, 마치 하늘을 자유롭게 날아가는 듯한 느낌이나 자연스럽게 물 흐르는 듯 편안한 느낌이 든다.

1) 플로우 경험의 조건

플로우를 경험하기 위해서는 과제(활동)의 난이도와 자신의 능력(기술) 간 균형이 이루어져야 한다. 전자보다 후자가 더 높은 수준이면 지루함(boredom)을, 반대로 후자가 전자보다 더 높은 수준이면 불안(anxiety)을 느끼게 된다(〈그림 8-1〉). 어느 분야에 몰입하여 노력하면 일정 수준의 도전을 극복하게 되고, 그러면 자신의 능력(기술)이 더 향상되면서 난이도를 더 높여 도전하는 순환 과정을 통해 플로우 경험 궤적이 우상향으로 진행하게 된다.

추가로 필요한 두 가지 조건이 있다. 첫째, 처음부터 끝까지 자신이 완성할 수 있는 도전적인 일로서 뚜렷한 목표가 있어야 하며, 최종 목표와 중간 목표(구간별 이정표)가 있어야 한다. 둘째, 플로우 상태가 유지되려면 자신의 행동에 대한 즉각적인 피드백이 주어져야 한다. 이는 각 이정표에 성공적으로 도착했는지의 판단에도 매우 필요한 것이다.

2) 플로우 상태의 특징

앞서 플로우 상태의 정의를 제시하였지만, 플로우 상태가 구체적으로 어떤 모습인지를 좀 더 구체적으로 살펴보면 다음과 같은 여섯 가지 특징으로 요약된다(Csikszentmihalyi, 1990). 첫째, 자신과 자신이 하는 활동(일) 간의 합일이 일어나며, 행동과 의식이 융합된다. 예를 들

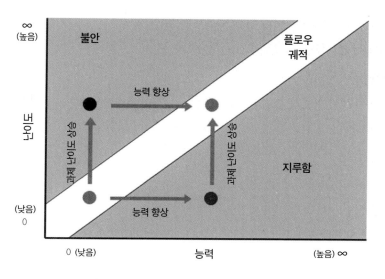

어, 암벽등반가가 암벽 등반을 하거나 외과 의사가 뇌 수술을 하는 경우 쉽게 플로우 상태에 빠질 수 있다. 그들은 자신의 활동에 완전히 몰입하여 생각과 행위 간에 온전한 일체를 이룬다. 둘째, 플로우 상태에서는 현재 활동에 깊이 집중하기에 일상의 걱정이나 문제들을 잊어버리게 되고 주위의 산만한 소음이나 자극은 전혀 지각되지 않는다. 셋째, 플로우 상태에 있으면, 자신의 행위와 현재 상황에 대해 강한 통제감을 경험하고, 현재 활동에 대한 강한 주인의식이 생기며, 실패에 대한 우려나 걱정도 거의 없다. 넷째, 플로우 상태에 있는 동안에는 자의식이 사라진다. 자의식을 경험하는 전형적인 경우는 거울을 통해 자신을 볼 때이다. 그러나 플로우 상태에서는 자기 자신에 대한 의식이 없다. 다만 플로우를 많이 경험할수록 자아가 강해지며, 정신건강과 웰빙 수준이 높아진다. 다섯째, 시간 경험의 왜곡이 생기는데, 플로우 상태에 있으면 시간 가는 줄 모르고, 나중에 시간이 금방 지난 듯 느끼게 된다. 여섯째, 플로우 상태에서의 활동은 다른 무엇인가의 수단이 아니라

활동 자체가 목적이며, 그 자체가 몰입의 원천이다. 그래서 플로우는 자체목적적 경험(autotelic experience)이라고 불린다.[32] 특정 활동에 깊이 몰입하여 플로우 상태에 빠지면, 그 자체로 내적인 즐거움을 얻게 된다. 그런 측면에서 플로우는 내적 동기의 최적 상태인 것이다.

칙센트미하이는 창의적인 사람들은 여러 면에서 서로 다를 수 있지만, 한 가지 일관된 공통점은 자신이 하는 일을 사랑하는 것이라고 하였다. 그들을 움직이는 힘은 돈이나 명예가 아니라 단지 좋아하는 일에서 플로우를 경험하는 것이며, 그래서 일에서 얻는 것보다 일 자체를 사랑한다는 것이다.

3) 플로우 연구의 네 가지 과제

창의적인 행위를 하는 사람들은 이러한 플로우의 감정 상태를 추구하는 경향이 있다. 칙센트미하이는 시각 예술 분야에서의 창의성을 연구하던 박사과정 시절 플로우 개념의 최초 아이디어를 갖게 되었다고 하였다. 그는 화가들의 창조 활동의 에너지가 명성이나 외적 보상이기보다는 예술 작업 활동 자체의 주관적인 경험이지 않을까 생각했던 것이다. 따라서, 애초부터 플로우 개념은 창의성과 깊은 관련이 있다.

그런데 지금까지의 대다수 플로우 연구는 암벽 등반하기와 같이 연

---

32 목적(目的)이란 개념은 고대 그리스어 *telos*에서 기원한 것이다. 이 개념을 처음으로 체계화한 사람은 아리스토텔레스로, 변화·운동의 네 가지 원인 중의 하나로 목적인(目的因)을 제시하였다. 그는 인간의 행위를 포함하여 자연에서 일어나는 모든 일에는 궁극적인 목적이 있다고 하였다. 이러한 목적론적 관점은 계몽주의 시대 이후 더 이상 받아들여지지 않는다. 그럼에도 일반적으로 사람들은 대개 자신의 행위나 활동의 목적을 생각하며, 이러한 목적론적인 시각은 현재에도 여전하다. 칙센트미하이는 다른 원대한 목적을 달성하기 위한 것이 아니라 행동이나 활동 자체가 목적인 경우를 '자체목적적(autotelic)'이라고 하였다. 내적 동기와 외적 동기를 구분하였듯이, 전자가 자체목적적이라면, 후자는 수단적 측면이 강하다. 자체목적적 활동은 뭔가를 얻기 위한 수단이 아니라 활동 자체가 목적이기 때문에 그 자체로 의미가 있고 즐기게 된다.

습을 통해 자동화될 수 있고, 수행이 쉽게 모니터링되고 통제될 수 있으며, 명확한 목표와 성공의 기준이 있는 조직화된 활동들에 초점을 두었다. 그간 플로우 개념이 특히 '운동 경기' 영역에 많이 적용된 것도 이와 무관하지 않다. 또한 플로우에 대한 실험 연구는 주로 비디오 게임이나 컴퓨터 게임이 사용되는데, 이는 과제 난이도 조작이 쉽고 연습에 따라 수행 수준이 달라지는 것을 쉽게 관찰할 수 있기 때문이다. 하지만, 창의적인 활동은 반복에 의한 자동화가 가능하지 않은 휴리스틱 과제의 특성을 가지며 매번 의식적인 인지적 노력으로 새로운 것을 만들어내야 한다는 점에서 운동 경기나 게임 같은 활동과는 질적으로 다르다. 또한, 플로우와 창의성 간의 관계에 관한 질적 연구가 많이 이루어졌으나, 인과관계를 명확하게 할 수 있는 실험 연구는 상대적으로 드물었다.

Cseh(2016)는 플로우 이론과 창의성 이론 간의 관계를 명확하게 이해하기 위해 앞으로 해결해야 할 네 가지 과제를 제시하였다.

첫째, 플로우에는 분명한 목표와 피드백이 요구된다. 운동선수, 악기 연주자, 비디오 게임을 하는 사람들에게는 이것들이 명백하게 존재할 수 있다. 최종 또는 중간 단계에서 성공(성취)의 객관적 기준이 명확하면 플로우를 느끼기 쉽다. 그러나 화가, 작가, 작곡가들의 경우에는 창의적 작업의 결과물에 대한 객관적 평가 기준이 존재하지 않는다. 평가(피드백) 자체가 주관적일 뿐만 아니라, 누가 평가하는가에 따라 달라질 수 있고, 제대로 평가되는 데에도 오랜 시간이 걸리고 기준이 변화될 수도 있다.

이에 대해 Csikszentmihalyi(1997)는 창조자들은 외부 전문가들로부터 평가를 듣고자 기다리기보다는 스스로 피드백을 줄 수 있을 정도로 장(場)의 판단 준거를 내면화함으로써 피드백의 모호성에 대처한다고 하였다. 그들은 오랜 기간의 직간접 경험과 학습을 통하여 비교적 직관적으로 어떤 요인들이 중요한지를 간파할 수 있다. 그래서 창조자들도 즉각적이고 명료한 자기 피드백(self-feedback)이 가능하기에 플로우를 쉽게 경험할 수 있다는 것이다.

그러나 Simonton(1988)은 대다수 예술가는 자신의 작품에서 어떤 것이 장(場) 또는 대중으로부터 인정이나 인기를 얻을지를 사전에 예측하지 못한다고 하였다. 또한, Simonton(2000)은 창의적 예술 분야에서 이런 예측의 전문성은 학습될 수 없는 것이라고 하였다. 첫 번째 성공의 원리가 두 번째 성공의 발판이 되는 분야들과는 달리, '새로움'이 창의성의 정의적 요소이기에 다음에는 이전의 성공과는 실질적으로 달라야 하기에 이전의 성공 원리나 요소가 이후에도 유효하다는 보장이 없기 때문이다. 더구나 예술 작업은 매우 복잡하고 가치 판단도 다양한 요인들에 달려 있어서 아무리 경험이 많아도 대중이 어떻게 반응할지를 예측하는데 포함되는 모든 요인(시각 예술의 경우, 색채, 구성, 스타일, 주제, 과거 동향, 개인적 선호, 정서적 톤 등)을 100% 정확하게 평가하는 것이 불가능하다.

따라서 창의성 영역에서 플로우 상태로 들어가는 데 명료한 목표와 모호하지 않은 피드백이라는 조건이 반드시 필요한 것인지에 의문이 들 수 있다. 모호성에 대한 인내는 창의적인 사람들의 공통적인 성격 특성이다. 창의적 과정에서 목표가 계속 변화되는 것은 필연적이며, 창의성의 기준도 주관적이므로, 창의적 인물은 불분명하고 모호한 측면에 계속 직면해야 한다. Csikszentmihalyi(1990)가 창의적 과정에서 플로우를 경험할 것 같은 성격 유형으로 제안한 것이 자체목적적 성격(autotelic personality)이다. 이 성격에서 중요한 요소 중의 하나가 모호성에 대한 인내이며, 이 성격을 가진 사람들은 모호성을 불편한 불확실성이 아닌 탐구와 발견의 기회로 보는 경향이 있다. 따라서 그는 창의적인 작업에 참여하는 사람들은 과정상의 명료한 목표와 분명한 피드백이 없어도 플로우를 경험할 수 있다고 하였다.

둘째, 플로우 상태에서 나타나는 의식적 노력이 없는 자동성 문제이다. 플로우 상태의 특징 중 하나가 의식적인 자기 반성(self-reflection)은 없는 점이다. 그러나 Delle Fave 등(2011)은 많은 사람이 플로우 상태에서 평소보다 더 자의식(self-consciousness)을 나타내는 것에 주목하면서, 이런 자기 모니터링(self-monitoring)이 어떤 아이디어나 행위가 자신뿐만 아니라 외부 세계와 어떻게 관련되는지의 분석과 연관된 '명료한 피드백' 요소로서 작용할 수 있다고 하였다. Perkins(1981)도 화가와 시인에게 창작 과정에서 일어나는 것들에 대해 실시간으로 말로 표현해 달라고 요구하는 실험을 한 적이 있다. 그들은 자신의 작업이 잘 되어 가는지(혹은 그렇지 않은지)에 대한 직관적인 느낌을 언급하고는 50~80%의 시간 동안 '이 색상은 전체를 통합하기에 좋아' 또는 '마지막이 진부해 보여서 싫어'와 같이 느낌의 이유를 분석적인 용어로 구체화하는 경향을 보였다. 이것은 자신의 작업이 성공적인지에 대한 직관적 느낌과 이에 대한 의식적인 분석이 섞여 있다는 것을 의미한다. 즉, 창의성이 발현되는 동안의 평가는 암묵적인 느낌과 명시적인 분석의 조합이라고 할 수 있다.

창의성 정의의 두 요소인 새로움과 유용성을 모두 갖추기 위해서는 창의적 과정에서 특이한 아이디어와 연합의 생성을 위한 직관적, 자발적, 무의식적 사고 과정(시스템 1 유형)과 아이디어의 실용성 및 적절성 분석을 위한 의도적, 의식적, 분석적인 사고 과정(시스템 2 유형)이 모두 필요하다.

그러나 플로우는 주로 시스템 1 유형의 사고만을 고려하는 것으로 보인다. 사실 플로우의 자동적 속성은 직관적이고 무의식적 체계가 작동하여 전개되는 고도로 훈련된 기술의 결과이다. Dietrich(2004)는 자의식의 상실이나 시간 왜곡과 같은 플로우 상태에서 경험하는 증상들이 뇌에서 일어나는 일시적인 전두엽 활동량 감소(hypofrontality)[33]의 결과라고 제안하였다. 즉 자의식이나 의식적 의사결정과 같은 집행 기능이 제약되는 것이다. 만약 창의성이 갑작스러운 통찰에 의한 유레카 순간으로 달성된다면, 플로우의 이러한 전두엽 활동량이 감소하는 신경 패턴은 충분히 이해가 된다. 플로우는 의도적(deliberate)이 아닌 즉흥적인(spontaneous) 창조의 순간에 더 많이 나타날 것으로 보는 것이다. 플로우 상태에서 여러 시간 그림을 그린 화가는 그림을 보면서, '이것을 내가 했단 말인가?'라고 생각하곤 한다. 조각가는 점토와 자신이 분리되지 않은 한 몸이 된 것처럼 느끼고, '다음에 무엇을 하지?'와 같은 생각 없이(무엇을 할지의 의식 없이) 활동 자체와 동일체가 된다.

반면 6장에서 보았듯이, 인지심리학자들이 주목하는 창의성은 매우 의도적이고 의식적인데, 이러한 창의적 행위는 시스템 2 유형의 사고 및 의식적인 시행착오 과정(trial-and-error processing)을 거친다. 예를 들어, 기업에 고용된 디자이너나 엔지니어들은 고객 요구에 맞추어 마감일까지 뭔가를 만들어내야 한다. 이러한 조건에서도 플로우를 경험할 수 있으며, 플로우는 직장에서 가장 잘 경험된다는 연구도 있다(LeFevre, 1988). 이런 상황에서의 플로우는 연습에 의한 무의식적 자동성에 의존하지 않는다. 오히려 의식적인 의사결정과 의도적인 통제와 선택 과정이 대부분이다.

앞으로는 플로우를 연구할 때, 고도의 경험과 훈련으로 자동화된 사고와 더불어 의식적인 노력이 동반되는 인지적 과정도 플로우 상태에서 나타나며, 두 가지 사고 과정(시스템 1과 2유형)이 어떻게 상호작용하여 창의적인 결과물로 이어지는지를 분석할 수 있어야 할 것이다.

셋째, 창의성, 플로우, 정서 간의 연결 문제이다. 플로우는 전반적으

---

33 전두엽 활동량 감소는 뇌의 전두엽(frontal lobe) 및 전전두피질(prefrontal cortex)에서 뇌 혈류(CBF: cerebral blood flow)가 감소된 상태를 나타낸다.

로 행복을 증진하는데, 단기적인 긍정적 정서 상태와 더불어 장기적인 삶의 만족과 웰빙을 가져온다. 따라서 플로우와 긍정 정서 간에는 분명한 관련성이 있다. 그러나 다음 9장에서 보겠지만, 정서와 창의성 간의 관계는 아직 분명하지 않고 논쟁이 되는 주제이다.

Baas 등(2008)의 메타분석에 의하면, 창의적 과정에서 나타나는 두 가지 사고 중 확산적 사고는 긍정적 정서가 도움이 되지만 수렴적 사고는 부정적 정서가 더 유리하다. 다만, Fredrickson(2001)의 확장 및 구축 이론(broaden and build theory)은 명확하게 긍정적 정서가 창의적 사고로 이어질 수 있음을 주장한다. 플로우와 정서 간의 관계에 관한 대부분의 연구는 플로우가 과제 이후의 긍정적 정서와 연관된다는 것을 보여주지만, 긍정과 부정의 이분법적인 정서 구분이 아닌 좀 더 다양한 차원의 정서 분류 차원들(활성화 수준, 불확실성 수준 등)과의 관련성을 탐구하는 연구들이 필요하다. 또한, 정서와 플로우 모두가 창의적 수행과 어떻게 연관되는지를 세부적으로 살펴보아야 할 것이다.

넷째, 플로우가 창의적 수행과 연관되는지, 연관된다면 어떻게 연관되는지의 문제이다. 플로우가 객관적인 수행의 증진을 가져온다는 연구 결과는 상관 분석에 근거한 경우가 많기에 아직 증거가 불충분하다. 특히 플로우가 창의성과 같은 인지적 과정에 미치는 영향에 대해 더 많은 연구가 필요하다. '명상'과 같은 변형된 의식 상태가 이후의 창의적 활동을 증진한다는 증거는 있지만(Horan, 2009; Müller et al., 2016), 아직 플로우와 수행 간의 관계에 대한 직접적 증거가 없고, 있다고 하더라도 영역(domain)마다 다를 수 있다. 플로우가 즉각적이고 직접적으로 창의적 수행에 영향을 주지는 않더라도 시간이 지남에 따라 동기 수준이 높아지는 것과 같은 간접적인 방식으로 (창의적) 수행에 영향을 줄 수도 있을 것이기에 종단적인 연구가 필요하다.

8. 창의성에 대한 젠더 편향

오스트리아 출신 물리학자 리제 마이트너(L. Meitner)는 핵분열을 발견했지만 정작 노벨상은 1944년 자신이 고용한 남성 연구원이 받았고, 1957년 중국계 미국인 여성물리학자 우젠슝(呉健雄)도 동료 남성들이 노벨물리학상을 받는 모습을 지켜봐야 했다. 왓슨과 크릭의 DNA 이중나선 구조 규명은 당시 생물물리학자였던 로절린드 프랭클린(《참고 8-3》)이 찍은 X선 회절 사진이 없었다면 불가능하였지만, 대중은 그녀의 기여에 대해 잘 모른다. 20세기에 노벨 과학상을 받은 여성의 수가 한 자리 숫자에 불과한 것처럼 과학사를 살펴보면 여성의 창의적이고 혁신적인 기여가 제대로 인정받지 못하고 불공정한 대우를 받은 사례는 많다(송성수, 2011).

Ross 등(2022)은 과학 분야 연구 논문에서 여성 저자의 수가 남성보다 현저하게 적은 이유 중의 하나는 여성의 기여가 덜 인정받기 때문일 수도 있음을 보여주었다. 연구팀에 대한 방대한 행정 서류들을 분석하였을 때, 일관되게 여성은 남성보다 유의하게 저자로 인정을 덜 받았다. 즉, 연구팀의 성과(논문이나 특허)에 대한 여성의 기여는 잘 알려지지 않거나 무시되면서 인정을 덜 받는 체계적인 편파가 나타났다. 그리고 성과 귀인에서 여성이 덜 지명되는 이러한 성차는 대부분의 과학 영역들에서, 그리고 거의 모든 경력 단계들에서 나타났다.

창의성의 필요성은 점증하지만, 창의성 연구에서 젠더 관련 논쟁은 아직 계속되고 있다. Baer과 Kaufman(2008)의 창의성의 젠더 차이에 대한 개관에 따르면, 창의적 과제 수행과 창의성 성취에서 남녀 차이에 대한 일관된 결과가 나오지 않는 등 과학적 근거가 부족하다. 예를 들어, 확산적 사고 과제를 사용한 21개 연구를 분석한 결과, 성차가 일관되게 발견되지 않았고, 여성 또는 여아의 점수가 더 높다는 연구들도 있었다. 창의성에 대한 주관적인 평정(자기 보고에 의한 창의성 평가)에서도 일부 영역에서 남성이 창의적이라고 평가하는 경향이 있지만(Kaufman, 2006),[34] 성차는 대부분 비일관적인 결과를 보였다. 따라서 창의적 성취에서의 남녀 간 차이는 각 성의 고유한 특성 차이에서 기인한 것이라고 보기 어렵다.

창의적 성격검사에서의 남녀 비교도 유사한 결과를 보였다. Costa 등(2001)은 26개 문화에 걸쳐 경험에 대한 개방성에서의 성차를 분석했는데,[35] 7장에서 언급한 경험에 대한 개방성의 여섯 단면 중 미학(aesthetics), 느낌(feelings), 행위(actions) 단면에서는 여성이 남성보다 더 높았지만, 관념(ideas)에서는 남성이 더 높았다. 이 연구에 대해 Baer과 Kaufman(2008)은 성격검사도 자기 보고에 의존하므로, 여기서 나타나는 차이 역시 젠더 고정관념의 결과일 수 있다고 하였다.

마지막으로 창의적 성취에서의 성차 연구들을 살펴보면, 아동기 표본을 대상으로 한 연구에서 남아와 여아 간에는 유의미한 차이가 발견되지 않았으나, 나이가 듦에 따라 성인 남성과 여성 간에 창의적 성취에서 어느 정도 차이가 나타났다(Piirto, 2004). 다만, 창의적 산물에서 성차가 있는 것으로 보이더라도, 분야에 따라 성차가 없기도 하고, 여성의 비율이 계속 증가하는 등 다양한 양상을 보였다(Kaufman et al., 2004).

지금까지 본 것처럼 성(性)과 창의성 평가 간의 관계는 명확하게 일관된 연구 결과를 보이지 않는다. 이러한 일관되지 않는 결과를 설명하기 위해서는 사회적 맥락, 개인적 특성, 또는 사용된 측정 도구 등 여러

---

34 코프먼은 이와 같은 주관적 평가에서의 젠더 차이는 실제 성차를 반영하는 것이 아니라, 일반 사람들의 마음속에 내재된 젠더 고정관념이 반영된 결과일 수 있다고 해석했다. 1장의 사실 문항인 '일반적으로 남자와 여자는 창의성에 있어 차이가 없다'에 대한 동의율은 62%에 머물렀다.

35 이들의 연구에서는 전반적으로 성격 5요인에서 개인차가 크게 나타날 뿐 성차는 크지 않다는 결과를 보였고, 예상과 달리 미국과 유럽의 문화에서 성차가 크게 나타났다.

요인을 고려해야 할 것이다.

Hora 등(2021)은 창의적 수행에서의 성차에 대한 메타분석을 하였다. 그들은 기존의 일관되지 않은 결과를 초래한 요인들을 찾기 위하여 Eagly와 Karau(2002)의 성 역할(gender role) 이론[36]과 Woodman 등(1993)의 창의성에 대한 상호작용주의관점(interactionist perspective)을 적용하였다. 259개 연구들을 전체적으로 분석하였을 때 약하지만 남성이 좀 더 높은 수준을 보이는 결과를 얻었다(교정된 평균 차이 = .13). 맥락과 관련된 조절 변인들을 조사한 결과, 일부 사회적 및 문화적 요인에 따라 결과가 달라지는 것으로 나타났는데, 참가자들의 국가 수준의 문화적 맥락[37]이 융화적(communal)일 때(성 평등 차원이나 인간 중심적 차원이 높을 때)는 성차가 감소하였지만, 주도적(agentic)일 때(권력 거리, 성과지향, 주장성, 제도적 집합주의 차원이 높을 때)는 성차가 더 커졌다. 또한, 성차는 시간이 지남에 따라 유의하게 감소하는 양상(-.36)을 보였으며, 예상과 달리 산업 내에서 남녀 성비는 성차에 영향을 미치지 않았다. 또한, 앞에서도 언급되었듯이, 창의성이 타인(상사, 동료, 또는

---

36 사회 역할 이론(social role theory)에 따르면, 성 고정관념은 사람들이 남자와 여자가 각자의 사회적 역할들을 수행하는 것을 관찰하고 체계적인 기질에서의 차이가 이러한 역할 구분의 원인이라고 추론하면서 형성된다(Eagly, 1987). 또한, 남자는 전통적으로 '삶에 필수적인 것의 공급자(provider)'의 역할을 하고 여성은 '가정을 지키고 돌보는 역할(homemaker, caregiver)'을 한다는 성별 노동 분업이 오랜 기간 남자는 주체적이며, 여성은 융화적으로 보는 고정관념의 형성에 기여하였다(Eagly & Wood, 2012). 주체성은 주장적, 독립적, 지배적, 자신감 있고 야망이 있는 특성과 연합되어 있고, 융화성은 돌보는, 조력하는, 친절한, 양육하는, 관계 중심적인 특성과 연합되어 있다.

37 문화와 리더십에 대한 국제적인 비교문화 연구인 GLOBE 연구(House et al., 2004)에서 적용된 문화 차원들 중 주체성(agency)과 융화성(communion)에 해당하는 차원들을 맥락적 조절변인으로 사용하였다. 주체성은 한 사회가 성과와 성취를 중시하는 정도로서, 성과 지향(performance orientation) 차원과 주장성(assertiveness) 차원이 포함되었고, 융화성은 사회적 관계를 중시하는 정도로서, 권력 거리(power distance), 성 평등(gender egalitarianism), 인간 지향성(humane orientation), 제도적 집합주의(institutional collectivism)및 내집단 집합주의(in-group collectivism)가 포함되었다.

전문가) 보고가 아닌 자기 보고에 의한 것일 때 남성이 더 유의하게 높게 나타났다(.22). 비즈니스 현장에서는 남성이 약간 높게 나타났으나(.13), 학교 현장(교실이나 실험실)에서는 뚜렷한 차이를 보이지 않았다.

참고 8-3 비운의 여성 과학자, 로절린드 프랭클린

왓슨(J. Watson)과 크릭(F. Crick)은 DNA 이중나선구조를 발견한 공로로 노벨상을 수상하였다. 그러나 이 발견의 결정적 단서가 되었던 X선 회절 사진을 찍은 로절린드 프랭클린(R. Franklin)은 잘 알려져 있지 않다.

그녀는 영국 킹스 칼리지 연구소에서 DNA 분자 구조를 연구하던 대표적인 학자였다. 그녀는 1950~1951년 미세한 DNA 가닥을 X선 카메라로 촬영하면서 마른 상태의 DNA 사진(A 타입)과 젖은 상태의 DNA 사진(B 타입)을 얻었다. 이때 B 타입의 사진은 나선 구조의 가능성을 보여 주었으나, A 타입의 X선 회절 사진은 매우 복잡한 형태를 띠었다. 아쉽게도 그녀는 X선 회절 사진이 나선 구조라고 생각하지는 않았다. 그러나 같은 실험실에서 연구하던 모리스 윌킨스는 X선 회절 사진이 DNA가 나선 구조임을 보여준다고 생각했다. 그는 내부 승인 없이 DNA X선 회절 사진을 케임브리지대학 캐번디시연구소에 있던 제임스 왓슨에게 보여주었는데, 이것이 이후 왓슨과 크릭이 DNA의 이중나선구조를 규명하는데 결정적 단서가 되었다.

당시 왓슨과 크릭은 여러 가설(단일, 이중, 삼중 나선 등)을 검토하고 있었다. 그들은 기본적으로 X선 회절 사진을 보고 나선 구조를 떠올릴 수 있는 기하학적 상상력을 지니고 있었고, 나선 구조일 때 어떤 회절 무늬가 나타날지 예측할 수 있는 베셀 함수 같은 수학식을 이해하고 있었다. 이런 상황에서 프랭클린의 X선 회절 사진을 보고는 이중나선(double helix) 구조임을 확신하게 된 것이다.

DNA 사진을 얻기 위해 X선 사진을 찍으면서 방사능에 너무 많이 노출된 결과로 프랭클린은 난소암을 앓았고, 인간 생명의 비밀을 풀 수 있는 열쇠를 만들어주고는 안타깝게 37세의 젊은 나이로 세상을 떠났다.

1) 성 역할 고정관념의 결과

일반적으로 창의성은 생각과 행동의 독립성과 독특성을 기반으로 기존 규범으로부터 이탈하는 방향으로 사고하고 행동하는 특성이다. 아인슈타인이나 피카소 같은 전형적인 인물들은 기존의 틀에서 벗어나 생각하고 외부 환경 자극에 대해 확산적으로 반응하는 특성을 잘 보여준다. 그런데 창의성에 대한 이러한 정의는 창의적 사고 과정의 '남성적' 해석을 나타내는 것으로 볼 수 있다(Proudfoot et al., 2015).

젠더 고정관념 대표적인 젠더 고정관념(gender stereotypes)으로, 여성은 관계 중심적, 직관적, 정서적으로 예민하며, 타인에 대해 '융화적(communal)'이지만, 남성은 과업 중심적, 분석적, 주장이 강하며, 독립적이고 '주도적(agentic)' 특성을 갖는다는 것이다. 이러한 신념은 여러 문화권에서 공유되고 있으며, 가족, 직장, 그리고 일반 사회에 폭넓게 펴져 있다(Eagly & Wood, 2011).

젠더는 사회적 상황에서 쉽게 주목되고 기억되는 두드러진 속성이므로, 인상형성을 위한 정보처리 과정에서의 유효한 휴리스틱이며, 고정관념적 사고의 강력한 단서로 작용한다.

Heilman(2012)은 젠더 고정관념은 특정 과업이나 역할에의 '적합성 부족 또는 역할 불일치'라는 인식을 유발하면서 불평등을 초래한다고 하였다.[38] 전통적으로 남성이 지배하는 영역 또는 성공을 위해서는 남

---

[38] 역할 일치 이론(role congruity theory)은 사회 역할 이론을 확장한 것으로, '융화적' 성 역할이 기대되는 여성이 '주체적' 역할이 요구되는 직장에서 일하는 것과 같이 서로 다른 역할들에서의 기대 불일치가 있으면 당사자에 대한 편견 유발 및 부정적 평가와 같은 결과가 초래된다고 본다(Eagly & Karau, 2002).

성적 특성이 요구되는 것으로 여겨지는 영역에서 일하는 여성들에게 특히 문제가 된다. 전형적인 남성 지배 영역에는 과학기술(STEM) 분야, 재무 분야, 그리고 고위 경영자 등이 포함된다.[39] 여성은 이러한 영역에 대해 자신의 젠더와 적합성이 부족하다고 생각하여 스스로 해당 영역에서 요구되는 역량을 제대로 갖추고 있지 못하며 성공적인 수행의 가능성도 적다고 인식하게 된다.

젠더 고정관념은 여성의 수행에 대해 편향된 평가를 하도록 영향을 미쳐 전통적으로 남성이 지배하는 직업에의 여성 진출이나 성공에 장애 요소로 작용한다(Heilman, 2012). 여성의 교육 수준 향상 및 사회 진출의 증가에도 불구하고 여성에 대한 고정관념적 신념은 여전하다 (Haines et al., 2016).

창의성 관련 고정관념　창의적 사고와 행동은 여성보다는 남성에게 더 전형적으로 나타나는 것으로 보는 주도적(agentic) 속성들과 연합되는 경향이 있다. 창의성과 남성에 대한 고정관념적 특성 간의 이러한 연결은 남자와 여자의 창의성이 평가되는 방식에 편향을 초래하여 젠더 불평등이 지속하는 데 영향을 미칠 수 있다.

여성이 이미 규정된 성 역할에 순응하여 융화적인 모습을 보인다면 창의적 수행이 요구되는 상황은 여성에게 불리하다. 또한, 여성이 주도적인 모습으로서 창의적 행동을 보인다면 이는 성 역할과 불일치하는 것으로 인식된다. 여러 연구에서 여성이 리더십과 같이 주체적인 행동을 보이면 상대적으로 덜 긍정적인 평가를 받는 경향을 보여주었다(Eagly & Wood, 2012). 어느 방식으로든지 여성은 제대로 행동하기 어렵게 되는 것이다. 여성들의 이러한 '이중 구속(double bind, Eagly &

39　이와 반대로 미용, 간호, 사회복지, 교육, 비서, 보육 분야와 같이 소위 핑크칼라 (pink-collared)라고 불리는 여성이 지배하는 영역도 있다.

Carli, 2007)'은 역사적으로 여성들의 창의적 사고와 행동과 같은 주체적 행위가 성공하기 어렵게 만들었다.

여성의 성 역할 고정관념의 내면화로 인해 여성의 창의성 관련 자신감과 동기가 제한되고, 여성의 창의적 능력이 창의적 수행으로 이어지지 못한다. 여러 연구가 유사한 창의적 능력이 있음에도 여성이 낮은 창의적 자기 효능감을 보이며(Hora et al., 2021), 창의성에 대한 자기 기대(self-expectations for creativity)가 낮음을 보여준다(Carmeli & Schaubroeck, 2007). 잘 변화하지 않고 오래 지속되는 이러한 고정관념은 자신의 행동을 조절하고 타인들의 성 관련 기대에도 부응하도록 만든다(Eagly & Wood, 2012). 그래서 여성의 성 역할과 기대의 내면화는 능력과는 관계없이 창의적 수행에 관여하려는 기대와 노력을 제약한다.

그런데 내면화 효과를 넘어서 일상적인 성 역할 고정관념은 창의적 행동과 같은 성과 불일치하는 역할을 수행하는 여성에 대한 편견을 초래한다. 이것은 다음과 같은 이유로 창의적 수행을 할 때 남성을 더 선호하는 성 불평등을 조장할 수 있다. 첫째, 리더십과 같은 다른 주체적 행동들과 유사하게, 내면화된 성 고정관념은 경영자나 평가자들이 여성의 창의성을 낮게 평가하도록 만들 수 있다(Badura et al., 2018). Lebuda와 Karwowski(2013)는 영역에 따라 동일한 창의적 수행이어도 저자가 남성인 경우와 여성인 경우에 다르게 평가함을 보여주었다. 즉 과학 영역의 저작에 대해 남성 저자 이름이 붙으면 여성 이름이 붙은 경우보다 더 창의적으로 평가되며, 시작이나 회화에서는 그런 차이가 나타나지 않음을 발견하였다. 성 역할 고정관념의 영향은 이에 그치지 않고, 여성의 창의성에 대한 낮은 기대로 경영자들은 여성에게 창의적 업무를 수행할 기회를 주지 않을 뿐만 아니라, 그런 기회가 있어도 남성보다 낮은 기대를 보이며 필요한 지지나 자원을 덜 제공할 수 있다. Luksyte 등(2018)은 혁신적 행동은 여성보다 남성과 더 연합된 것으로 지각되며, 그러한 행동을 하는 남성은 더 긍정적인 성과 평가를 받음을 보여주었다. 편견을 가진 편향된 인식은 자기 예언이 현실화되는 순환 과정을 거치면서 여성이 더욱 성공하기 어려운 조직 체계나 관행들이 단단히 뿌리 내리게 된다.

한편 Miller 등(2018)은 지난 50년간 2만여 명의 미국 아이들이 그린 '과학자' 그림을 분석한 78개 연구를 메타분석하였다. 1960년대 어린 이들이 그린 과학자 중에는 0.6%만이 여성이었던 반면, 근래로 오면서 여성 과학자가 훨씬 더 자주 등장하는 것을 확인하였다. 다만 이런 변화가 연령대가 높은 아이보다는 낮은 아이에서 더 강하게 나타났다. 이에 대해 Miller 등(2018)은 과학 분야에서의 젠더 고정관념은 미국에서 점차 감소하는 추세이지만, 아이들이 성장하면서 점차 과학과 남성 간의 연결을 학습하는 것으로 보인다고 설명하였다.

2) 창의성의 대인적 매력

1장에서 창의성의 사실 문항에는 '남성이 창의적 특성을 보이면 잠재적인 이성 파트너들에게 매력도가 올라간다'가 있었다. 이에 대한 동의율은 70%에 가까웠다. 실제로 전 세계적으로 창의성은 '성적으로 매력적인(sexy)' 바람직한 특성인 것으로 인식된다(Buss, 1989; Geher & Kaufman, 2013). 또한, 여러 창의성 영역에서 창의적인 사람은 그렇지 않은 사람보다 더 성적으로 매력적인 파트너를 두고 있다(Beaussart et al., 2012).

인간의 창의적, 지적 역량의 표현은 번식 성공과 직접적인 연관이 있다. Miller(2000)는 미(美)의 선호는 짝(mate)을 찾는 성적 선택의 과정에서 나온 것이라고 주장하였다. 일찍이 다윈은 대부분의 종에서 암컷이 짝을 선택하며 수컷이 암컷보다 더 치장하는 경향이 있음을 관찰하였다. 동물들은 적합성(fitness)의 시각적 지표들에 근거하여 파트너를 선택한다. 예를 들어, 공작새의 꼬리 장식은 건강한 공작새만이 그러한 꼬리를 가질 수 있기에 적합성의 효과적인 신호이다. 밀러는 예술도 같은 방식으로 작동한다고 주장하였다. 즉 그것은 구애를 위한 성적 선택에 초점을 둔 신호주기 체계라는 것이다. 밀러의 이론을 지지하면서, Kenrick 등(2010)은 파블로 피카소, 존 레넌, 파블로 네루다와 같이, 재능 있는 화가, 음악가, 작가는 자신의 창의적 결과물을 다른 사람들에게 자랑하며 명성과 부를 얻기도 하지만, 무엇보다 파트너의 이성적 관심을 통해 번식의 기회를 가질 수 있다고 하였다. 남성은 여성보다 더 자신의 창의성으로 공적인 관심을 끌 가능성이 크며, 여성은 자신의 짝으로 창의적인 남성을 선택할 가능성이 더 크다. 그래서 남성은 짝짓기 동기가 활성화되면 자신의 창의적 재능을 드러내려는 경향이 강해진다.

Guéguen 등(2014)의 연구에서는 도시 거리에서 젊은 청년이 기타, 스포츠 백, 또는 아무것도 들고 있지 않은 상태에서 300명의 젊은 여성에게 전화번호를 요청하였는데, 기타를 들고 있는 경우가 다른 두 경우보다 더 번호를 많이 받았다.

Kaufman 등(2016)은 창의성은 성적인 매력의 신호로 작용하지만, '과연 모든 창의적 행동이 동일하게 섹시할까?'라는 질문에 답하고자 하였다. 그들은 815명의 학부생 대상으로 배우자 선택(mate selection)에서의 창의성의 영향을 조사하여 다음과 같은 결과를 얻었다. 첫째, '장식/미적', '응용/공학기술', '일상/가정' 창의성과 같이 세 가지 형태의 창의성이 갖는 성적 매력을 평가하였을 때, 남녀 모두 장래의 배우자(성적 파트너)에게서 '응용/공학기술' 및 '일상/가정' 형태의 창의성보다는 '장식/미적' 형태의 창의성을 선호하였다. 둘째, 일반 인지능력, 성격, 확산적 사고, 자기 보고 창의성, 창의적 성취가 장래의 성적 파트너에서 서로 다른 형태의 창의성에 대한 선호에 미치는 영향을 조사하였을 때, 대체로 자기와 비슷한 사람을 배우자로 고르는 이른바 선택 결혼(동류 교배, assortative mating)**40**의 현상이 나타났다. 지적 흥미와 응용/공학기술 영역에서의 창의적 성취가 장래 파트너에게서의 '응용/공학기술' 형태의 창의성에 대한 선호와 가장 높게 연관되었다. 반면, 경험에 대한 개방성은 '장식/미적' 형태의 창의성에 대한 선호와 가장 높게 연관되었다. 이러한 결과는 여러 영역에서의 창의성이 성격, 흥미, 창의적 성취 등에서의 개인차에 따라 파트너에게 다른 성적 매력으로 작용한다는 것을 보여준다.

9. 창의성의 사회정체성 이론 관점

마지막으로 사회심리학의 대표적 이론 중의 하나인 사회정체성 이론의 창의성에 대한 관점을 살펴보면서 이 장을 마친다. 특정 문화에 속한 구성원이 그곳에서 제대로 기능하려면 사회 규범의 학습과 동조 행동을 보여야 한다. 반면 그 문화가 지속 가능하려면 구성원들이 개성(독특성)을 발휘하여 스스로 혁신하고 새로운 변화 가능성도 모색해야 한다. 그리고 그러한 혁신적 접근을 인내하고 포용할 수 있어야 할 것이다.

창의성은 대개 독창적인 사고와 행동을 보이는 개인에게서 나타나는 것으로 볼 수 있지만, 집단 수준에서 보면 자신이 특정한 개성을 보이는 한 집단의 구성원으로 자기 범주화하면서 발휘될 수도 있다.

그런 맥락에서 Haslam 등(2013)은 사회정체성 이론을 창의성에 접목하였다. 그들은 사회적 맥락이 '개인적 정체성(personal identity)'을 더 현

---

40 수컷과 암컷의 교배가 무작위가 아니고 특정한 종류의 수컷에 대하여 특정한 종류의 암컷이 교배되는 경향이 있는 유성생식을 의미한다. 자신과 유사한 사람에게 끌리는 정적(positive) 동류 교배와 반대인 부적(negative) 동류 교배로 구분된다.

저하게 하면 개인의 창의성은 특이한(idiosyncratic) 방향으로 드러나지만, '사회적 정체성(social identity)'이 현저하면 개인의 창의성은 집단의 목표를 지향하게 된다고 하였다. 개인적 정체성이 현저해지면, 아이디어가 집단 규범의 경계 밖으로 나갈 때 더 창의적인 것으로 인식된다. 반면, 사회적 정체성이 현저해지면 새로운 아이디어는 집단 규범의 경계 내에 있어야 창의적이라고 인식된다. 따라서 이 이론의 관점에서 보면, '창의성'은 단순히 다름의 문제가 아니고, 특정한 방식의 다름을 의미한다.

특정한 사회적 정체성이 현저할 때 창조자의 창의적 행동과 그에 대한 평가는 내집단(ingroup)의 가치, 선호, 규범의 영향을 더 크게 받을 것이다. 간단히 말해 창의성 평가에 대해서도 분명하게 내집단 편향(in-group favoritism)을 보이는 것이다. 예를 들어, '입체파'의 한 구성원이 되는 것과 같이 화가의 사회적 정체성이 현저해지면 그의 창의성은 내집단이 암묵적으로 가치 있게 여기는 방식('형태의 본질을 객관적으로 파악하고자 사물을 여러 시점에서 보고 입체적으로 표현하는 것')과 외집단과의 차이를 분명하게 하면서 내집단 규범을 더욱 확장하는 방향으로 지향된다. 평가자도 사회적 정체성이 현저해지면, 내집단이 암묵적으로 가치 있게 여기는 방식으로 기존 내집단 규범을 확장하는 개인적 창의성을 더 높게 평가한다. 즉 사람들은 외집단이 아닌 내집단의 구성원들이 드러내는 창의성을 더 높게 평가한다.

창조자와 평가자가 사회적 정체성을 공유할 때, 창조와 평가의 과정들은 정적으로 상호 강화한다. 즉, 자신의 영역에서 타인의 창의성을 평가할 때 사람들은 전형적으로 내집단 편향을 드러낸다. 창의적으로 지각되고 인정을 받으려면 창조자는 '우리 중의 한 사람'으로 인식되어야 할 뿐만 아니라 자신의 창의적 행위가 내집단 구성원들이 공유하는 창의성의 형태와 일치해야 한다. 왜냐하면, 그렇게 함으로써 창조자는 동료들과 정체성을 공유하고 그들과 같은 방향으로 가고 있다는 것을 분명하게 보여주기 때문이다. 물론 창의성이 내집단 규범에의 동조를 통해 드러난다고 할 때, 그러한 창의성을 외집단 구성원들은 전혀 인정하지 않을 것이다.

이처럼 사회정체성 이론의 창의성 관점에서는 이런 내집단 내 동조 및 수렴적 사고가 강조되는데, 이는 독창성과 특이성이 강조되는 기존 창의성 개념과는 일견 부합하지 않는 것으로 보인다. 스티브 잡스의 스탠퍼드대학 졸업식 연설[41]에서 '개인의 독특성'이 강조되었듯이, 어떻게 하면 창의적일 수 있는지에 대한 일반적인 조언은 기존 규범의 압력에 저항하고 주위 사람들의 사회적 영향에서 벗어나라는 것이다. 이에 반해 사회정체성 이론은 창의성을 지나치게 기존 틀이나 규범을 어기는 과정으로만 보면 '개인이 틀을 깨는 것'을 건설적이고 의미 있게 만드는 상위의 사회 체계(공동체)를 보지 못하게 하는 위험이 뒤따른다고 강조한다.

이것은 '개별성'과 '독특성'을 강조하는 잡스의 연설이 똑같은 모자와 가운을 입은 수천 명의 학생이 모인 졸업식에서 이루어진 아이러니에 비유될 수 있다. 잡스의 조언을 졸업생이 제대로 이해하였다면, 잡스의 도그마에 빠지지 않기에 그의 조언을 있는 그대로 받아들이지 않고 모두 식장을 떠나야 할 것이다. 그러나 아무도 식장을 떠나지 않고 열렬히 환호한 것처럼, 개별 창조자의 남다른 창의성이 세상을 변화시키고 찬양을 받기 위해서는 비슷한 생각과 행동을 하는 사람들의 든든한 지지가 뒤따라야 한다.

비트겐슈타인이 한때 혼자 노르웨이의 숲속에 들어가 사색하고 글을

---

41 그는 2011년 졸업식 축사에서, 도그마에 빠지지 말고 다른 사람들의 견해('소음')가 자신의 내면적 목소리를 잠재우지 않도록 하고, 그리고 가장 중요하게는 자신의 마음과 직관을 따르는 용기를 가지라고 강조하였다.

쓴 것처럼 창조의 행위가 완전한 고립 속에서 이루어진다 해도, 개인이 이루어내는 창조의 본질은 공동체가 다루고자 하는 당시의 주요 이슈에 대한 것일 뿐 아니라 자신이 속한 공동체의 규범과 관습에 의해 조성된 것이다. 창의적인 초현실주의 화가는 자기 그림에 초현실주의의 기본 규칙들을 반드시 따르는 것이다. 이런 시각에서 보면 창의성은 필연적으로 규범 지향적인 과정이다.

따라서 사회정체성 이론에서는 성공적인 창의성의 요체는 '새로운 창의적 산물'과 더불어 '새로운(변화된) 공동체(community)'의 창조에 있다고 본다(Adarves-Yorno et al., 2008). 이러한 공동체는 개별 창조자에 대한 집합적 인정(collective appreciation)의 기반이 되며, 창의성이 제시하는 사회적 변화를 주도해나가는 수단이 된다. 그런 공동체가 없어서 패트릭 매슈(P. Matthew)는 자연선택에 대한 자신의 초기 아이디어에 관한 관심을 불러일으킬 수 없었고,[42] 반 고흐가 동생 이외에는 자신의 그림을 사줄 사람을 찾기 어려웠다.

그런데 그런 창작물을 인정해주는 공동체가 형성되고 나면, 과학과 예술은 다시 이전과 다르게 점진적으로 변화한다. 그리고 사회 환경이 변화하면서 그 사회에 속한 개인의 독특성이나 집단의 개성도 영향을 받는다. 그간의 창의성 관점은 창조자가 기존 사회(문화)적 규범으로부터 어떻게 극적으로 분리되고 이탈하는지에 초점을 두었다면, 사회정체성 이론 관점에서는 창조자의 창의적 산물은 사회적 변화에 의한 것

---

42 패트릭 매슈는 『종의 기원』이 출간되기 28년 전인 1831년 이미 자연선택을 통한 진화론을 제안한 책을 출간하였다. 물려받은 영지에서 과수와 더불어 목재용 나무도 심어 목재업을 하던 그는 군함을 만드는 목재에 관한 책을 집필하였는데, 그 책 부록 곳곳에 자연선택을 통한 진화라는 흥미로운 통찰을 담은 것이다. 1860년에 우연히 잡지에서 『종의 기원』에 대한 서평을 읽고 난 후 자신이 이미 제안한 개념이라는 걸 알게 된 매슈는 관련 내용을 발췌해 잡지에 실었다. 이후 다윈은 개정판에서 매슈의 주장을 인정하면서도 당시 목재 관련 책까지 볼 수는 없었다고 기술하였다(강석기, 2015).

이며, 사회적 변화는 창조자의 개별성이 인정받을 수 있는 기초를 제공한다는 면에서 창조자 자체가 사회적 변화의 한 산물일 수 있다고 본다(창의성과 시대정신에 관한 12장 참조). 또한, 창의적 행위는 내집단 구성원들 간의 집합적인 정체성에 기반하여 가능하며, 창의적 행위에는 사회적(조직적) 힘이 매우 강력하게 작용한다는 것을 분명히 보여주는 것이다.

9장
창의성과 정서

"나는 추상주의 화가가 아니다. 나는 그저 인간의 기본적인 감정을 표현
하고 싶을 뿐이다."

– 마크 로스코

　인간이 동물 중 유일한 이성적 존재라는 믿음이 근대 계몽주의 시대
와 과학혁명기를 거치면서 팽배하였지만, 세계대전 등을 거치면서 이
성적이고 합리적인 인간 존재의 한계를 목도하게 된다. 이후 인간 존재
의 본질을 이성이 아닌 감성 또는 감정에서 찾아야 한다는 깨달음에 이
르면서 포스트모더니즘과 같은 새로운 사조를 낳았다.

　당사자는 의식하지 못할 수 있지만, 정서나 기분은 생각한 것보다 더
인간의 사고(의사결정이나 판단)나 행동에 많은 영향을 미친다. 이성과
감정은 서로 분리될 수 없는 동전의 양면과 같다. 느낌이나 직관은 합
리적 사고의 방해자이기보다는 오히려 합리적 사고의 기반이 된다. 안
토니오 다마지오(A. Damasio)의 『데카르트의 오류』(1994)에 소개된 엘리
엇의 극적인 사례는 이를 잘 보여준다. 그는 뇌종양으로 정서 관련 정
보를 다루는 안와전두엽 부위를 제거하는 뇌수술을 받게 되었다. 그는
수술 전과 후에 기억력, 계산력, 추리력 등의 지능에 아무런 변화가 없
었다. 다만, 엘리엇은 머릿속에서 수많은 이성적인 계산을 해낼 수 있

었지만, 점심시간에 어느 식당에 갈 것인가와 같은 지극히 단순한 일도 스스로 결정하지 못하였다. 직장에서도 일의 경중을 평가할 수 없어 어떤 일부터 처리해야 할지 갈피를 잡지 못했다. 급한 일은 제쳐두고 사소한 일에만 종일 매달릴 때가 많았던 엘리엇은 결국 직장도 잃고 새로운 사업에도 실패하였다.

그러나 인간의 심리적 작용의 주요한 한 축을 차지하는 정서에 관한 초기 연구는 주로 정상인보다는 임상 환자나 정서 장애 아동들을 대상으로 한 것들이 많았다. 7장의 정신병리와 창의성 간의 관계에서도 조울증과 같은 정서 장애에 대해 다루었다. 창의적인 인물들의 성격 관련 정서적 특성은 오래전부터 창의성 연구의 주요 관심 주제였지만, 인간이 일상적으로 경험하는 다양한 정서와 '창의적 사고' 간의 관계를 다룬 연구들은 비교적 최근에 시작되었다고 볼 수 있다. 이는 21세기에 들어와 심리학 전반의 '정서' 연구의 폭증과도 관련이 있다. 최근 들어서 정상인을 대상으로 한 정서 연구가 활발히 진행되고 있으며, 심리학 전반에 걸쳐 주요한 연구 주제가 되고 있다. 따라서 창의성과 정서 간의 관계에 관한 연구도 상당히 많은 진전이 있다.

정서나 기분이 창의성에 영향을 미칠 것으로 보이는 직간접의 경험 사례들이 많지만, 서로 모순되는 측면도 있다. 실제로 기분과 창의성 간의 관계에 관한 연구들이 많이 이루어지고 있지만 일관되게 수렴되는 결과가 나오는 것은 아니며, 아직 풀리지 않은 구석들이 많다. 창의성이 활성화된 긍정적 정서와 연관되어 있다고 하면, 신나는 음악을 듣고자 노력할 것이지만, 반대로 비활성화된 긍정 정서와 연관된다면, 직장에서는 구성원들의 창의적 사고를 위하여 긴장을 풀어주는 명상의 공간이나 조용한 휴게실들을 더 많이 제공해야 할 것이다. 한편 선행변인들(환경 변인이나 개인차 변인)이 창의적 수행에 미치는 영향에서 기분이나 정서는 매개 변인으로도 많이 연구되고 있다.

1. 인간 정서

정서는 인류가 지금까지 생존해 오면서 외부의 위협, 아끼는 사람이나 사물의 상실, 불공정한 상황 등과 같은 보편적이고 일상적으로 경험하는 것들에 대한 오랜 기간의 검증을 거친 반응(time-tested response)이라고 할 수 있다. 또한, 분노는 공격적인 행동을, 공포는 도망가는 행동을 촉발하는 것처럼, 정서는 즉각적 반응을 불러일으키면서 인지적 처리를 절약해주는 순기능을 가진다.

정서와 관련된 (영어) 용어의 정리를 해보면, 먼저 정서(emotion)와 기분(mood)의 구분이 필요하다. 이 두 가지는 모두 정서(affect)[1]의 하위 유형으로서, 정서는 비교적 짧은 지속 기간을 가지며, 특정한 자극(사람, 사물, 또는 사건)에 지향되어 있지만, 기분은 구체적인 자극과 연관되지 않고 상대적으로 오래 지속되는 편이다. 예를 들어, 학기 말에 열심히 공부한 과목에서 기대했던 학점이 나오지 않아 화가 난 경우는 분노라는 정서를 경험한 것이다. 반면, '화난 기분'은 특정한 무엇인가에 대해 화가 난 것이 아니라, 그냥 언짢은 상태가 한동안 지속되는 경우이다.

사람들은 하루 동안 다양한 기분과 정서를 경험한다. 오전에 불경기에 대한 뉴스를 들으면서 배우자가 직장이 잃을지도 모른다는 불안감을 느끼면서도, 저녁에 아이가 좋은 성적표를 받아오면 너무나 기쁠 것이다. 이전부터 가고 싶었던 여행지에서 즐거운 시간을 보낸 후, 저녁에 호텔에 도착하니 방의 청결 상태가 엉망이어서 언짢은 느낌이 들기도 할 것이다. 오늘날 조직의 경영자와 직장인들도 업무 수행 과정에서 다양한 감정과 기분을 느낀다. 직장에서의 과도한 정서 표현은 예외

---

1 여기서 '정서'는 맥락에 따라 affect 또는 emotion 모두를 지칭할 것이다.

적인 상황에서만 허용되므로 겉으로 표현되는 정서에는 제약이 있더라도, 마음속 체험 정서는 매우 다양할 것이다. 신규 고객을 확보하여 기쁨과 흥분의 정서를 느끼거나, 여러 번 지적해도 계속되는 부하의 일탈행위에 대해 화가 나기도 한다. 또는 경쟁사의 동향을 파악하면서 두려움이나 불안을 느끼기도 하고, 마감 시간에 맞추어 제품 출하를 한 후에는 안도감과 평온한 감정도 느낄 것이다. 이렇듯 일상생활에서 다양한 정서와 기분을 느끼게 되는데, 인간의 정서와 기분은 인간의 인지적 과정, 특히 창의적 사고나 문제해결에 영향을 미친다.

1) 정서의 분류

정서는 적자생존에 도움이 되는 적응 기제의 하나로 진화되었다. 예를 들어, 원시인에게 위협적인 포식자가 나타났을 때, '두려움'이라는 정서를 느끼지 못한다면 재빨리 도망가는 반응을 하지 못할 것이다. 다윈은 인간이 진화의 산물이듯 정서도 진화의 결과로, 다른 동물들에서도 관찰되는 보편적인 것이라고 했다.

심리학자 폴 에크먼(P. Ekman)은 얼굴 표정을 기준으로 행복, 두려움, 분노, 혐오, 슬픔, 놀람의 여섯 가지 정서를 '기본 정서'라고 했다. 유학에서는 인간의 본성이 사물에 접하면 표현되는 감정으로 기쁨, 분노, 슬픔, 두려움, 사랑, 혐오, 욕망(喜怒哀懼愛惡欲)의 '칠정(七情)'을 제시하였다. 에크먼의 기본 정서와 유학의 칠정에서 공통되는 것은 기쁨(행복), 슬픔, 두려움, 분노의 네 가지이다. 최해연과 최종안(2016)은 한국의 대학생과 직장인을 대상으로 다양한 정서 경험을 요인분석한 결과, '애정' '성취' '재미' '평안' '감동/감사'의 다섯 개 긍정 요인과 '슬픔/우울' '분노/혐오' '불안/걱정' '선망/질투' '수치/죄책' '권태/싫증' '괴로움'의 일곱 개의 부정 요인을 추출하였다.

기쁘고, 슬프고, 화나고, 두려운 등의 수많은 개별 정서들이 서로 어떻게 비슷하고 다른지를 판단하거나 정서들을 분류하기 위해서는 일정한 기준이나 차원이 있어야 한다. 오래전부터 정서를 분류하는 전통적인 방법으로는 얼굴에 드러난 정서 관련 표정(emotional facial expression)에 근거하거나 당사자의 주관적인 느낌 상태(subjective feeling states)에 근거하는 두 가지 접근이 있었다. 정서의 외면과 내면이라는 서로 다른 측면에 주목하는 이 두 가지 접근은 서로 다른 분류에 이를 수 있다.

널리 알려진 정서 분류 방식은 Russell(1980)의 원형 모형(circumplex model)이다. 〈그림 9-1〉에 제시된 것처럼, 이 모형에서는 정서를 두 가지 축에 기반하여 분류하는데, 하나는 쾌-불쾌(pleasant-unpleasant)의 유인가(valence) 차원이고 다른 하나는 각성 정도에 따른 활성화(activation) 차원이다. 이 두 가지 차원을 교차하여 사분면에 다양한 정서들을 구분하여 분류할 수 있는 것이다. 예를 들어, 두려운 정서는 불쾌 활성화 정서이고, 평온한 정서는 쾌 비활성화 정서이다. 이 모형은 모든 정서를 간결하게 두 가지 차원으로 분류하는 장점이 있지만, 모든 정서가 이 두 차원만으로 분류되는 것은 아니다.

Smith와 Ellsworth(1985)는 원형 모형보다 좀 더 다양한 정서 경험 차원들을 제안하였다. 그들은 유기체가 환경으로부터의 자극이나 사건을 평가(appraisal)하는 과정에 주목하고, 그 과정에서 경험하는 정서들은 여섯 차원에 따라 모두 다를 수 있다고 하였다. 각기 독립적인 여섯 차원은 ① 쾌-불쾌, ② 예상되는 노력(anticipated effort), ③ 확실성(certainty), ④ 주의 활동(attentional activity), ⑤ 자기-타인 책임/통제(self-other responsibility), ⑥ 상황 통제(situational control)이다.[2] 예를 들

---

2 예상되는 노력은 정서가 유발된 상황을 다루기 위해 자신이 (신체적, 정신적) 노력을
   기울여야 한다고 느끼는 정도를 나타낸다. 확실성은 그 상황에서 일어나는 일들을 잘
   이해하는 정도(그 상황에서 앞으로 벌어질 일들을 예측할 수 있는 정도)를 나타낸다.
   주의 활동은 해당 정서를 유발한 환경 자극에 계속 주의(관심)를 기울이게 하는(또는

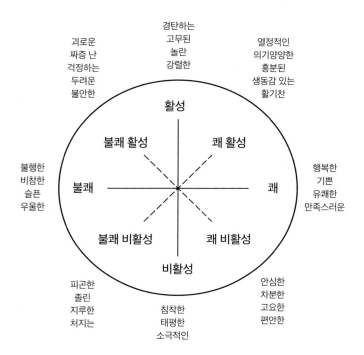

그림 9-1 **정서의 원형 모형(Russell, 1980)**

어, 두려움과 분노의 경우, 원형 모형에 의하면 모두 각성된 불쾌 정서이지만, 이 두 정서는 확실성 차원에서는 서로 반대이다. 분노는 확실한 정서이지만, 두려움은 불확실한 정서인 것이다.

2) 연구방법

정서와 창의성 간의 관계는 크게 세 가지 방법으로 연구된다. 첫째는 실험법으로, 피험자들이 특정한 기분 상태에 있도록 유도된다. 예

주의를 돌리게 하는) 정도를 나타낸다. 자기-타인 책임은 정서가 유발된 상황이 자신에게 귀인되는지 아니면 타인(들)에 귀인되는지를 나타낸다. 마지막으로, 상황적 통제는 정서가 유발된 상황이 환경(또는 운)에 통제되는 정도 대비 인간(자신 또는 타인)에 의해 통제되는 정도에 대한 귀인을 반영한다.

를 들어, 슬픈 영화나 공포 영화의 일부를 보여주거나, 피험자의 수행에 대해 사회적으로 칭찬하거나 비판하거나, 기대하지 않은 보상을 주어 기쁘게 하거나, 과거에 화가 났던 경험을 구체적으로 회상하도록 한다. 그리고 특정한 표준화된 창의성 검사(예: 특이 용도 과제)나 창의적 과제(예: 던커의 양초 문제)를 수행하도록 한다. 둘째는 횡단적 연구로서, 구체적인 기분 상태를 자기 보고형으로 측정하고 그것을 표준화된 창의적 과제에서의 점수나 자기 보고된 창의성 수준과 상관을 내는 방식이다. 셋째는 종단적 연구로서 대학생이나 직장인을 대상으로 경험표집법(ESM: experience sampling method)[3]이나 일기법(diary method)으로 하루 중 여러 시점이나 여러 날에 걸쳐 정서나 기분, 창의적 행동 등을 반복적으로 측정하고, 둘 간의 인과관계 및 그것들의 역동적인 변화 양상에서 의미 있는 패턴을 찾아낼 수 있다.

2. 정서의 유인가와 창의성 간의 관계

인간의 창의적 활동은 정서가 가득 찬 사건(affectively charged event)이다(Amabile et al., 2005). 잘 알려진 창의적인 인물들의 전기나 서신, 일기들을 보면 정서적 측면들이 많이 드러난다. 자살로 생을 마감한 실비아 플래스나 버지니아 울프와 같은 예술가들의 사례를 보면, 창의적 천재의 고단한 삶과 창의성의 한 요소로서 그들의 정서상의 역기능적 측면들을 확인할 수 있다. 그러나 창의적 인물들의 이러한 역기능적 정서

---

3 생태학적 순간 평가(EMA: ecological momentary assessment)라고도 불리는 것으로, 하루 중 무작위로 참가자에게 스마트폰으로 신호를 보내면 참가자는 하던 일을 잠시 멈추고 몇 가지 간단한 질문에 반응하는 실시간 조사이다. 신호가 온 시점에서의 순간적 정서를 측정하는 경우가 많고, 통상 2주 정도 진행하는 것이 적절하다.

성과는 다르게, 매우 정신적으로 건강한 모습을 보였던 사례들도 있다. 즉, 자신의 창의적 아이디어가 항상 편안하고 안락한 상태에서 생성된 다고 한 수학자 푸앵카레와 즐거운 기분 상태가 자신의 창의성에 가장 도움이 된다고 한 모차르트 등이 그 예이다. 이처럼 창의성과 정서와의 관계에 대해서는 상반되는 주장이나 체험들이 존재한다. 둘 간의 관계 에 대한 다양한 시각들을 살펴보자.

1) 긍정적 정서와 창의성

기분과 창의성 간의 초기 연구는 기분의 긍정 또는 부정을 나타내는 유인가(valence)에 주목하였다. 오래전부터 Isen(1999)은 정서와 창의성 간의 관계에 대한 많은 실험 연구들을 통해 긍정적인 기분(대부분 '행복 한' 정서)이 창의적인 수행을 촉진한다는 일관된 결과를 보여주었다. 정 상인을 대상으로 정서와 창의성 간의 관계를 다룬 이러한 실험 연구들 에서는 실험 조작(예: 피험자에게 선물 주기, 코미디 영화 보기, 특정 정서 를 유발하는 음악 듣기)을 통해 긍정적 기분 상태를 유도하였는데, 긍정 적 정서 상태가 인지적 유연성을 높여서 창의적 사고와 수행을 촉진하 였다(Isen, 1999). 예를 들어, 그는 던커의 양초 문제를 유쾌한 기분과 창의성과의 관계를 밝히는 데 사용했다. 실험 참가자들을 두 집단으로 나누어, 실험집단에는 코미디 영화를 5분간 보여 줘 기분이 좋아지도 록 했고, 중립집단에는 수학 다큐멘터리 영화를 보여 줘 기분이 좋지도 나쁘지도 않게 만들었다. 이후 모든 실험 참가자들에게 양초 문제를 풀 게 했다. 실험 결과, 코미디 영화를 본 집단의 75%가 해결책을 찾아낸 반면, 수학 영화를 본 집단은 20%만이 해결책을 찾았다. 즉, 기분이 유 쾌한 사람들이 통찰 과제에서의 수행이 더 좋았다.

일반적으로 긍정적 기분 상태의 사람들은 단어 연상에서 더 독특하 고 희귀한 반응을 보였으며, 원격 연상 검사(RAT) 및 통찰과제에서 더 우수한 수행을 보였다(Isen & Baron, 1991). 또한, '행복한 기분' 조건의 피험자가 '중립적' 및 '슬픈 기분' 조건의 피험자들보다 아이디어의 유창성(fluency)이 더 높고, 더 확산적인(divergent) 반응을 보였다. 또한, 실험적으로 유도된 긍정적 기분은 다양한 대안들을 탐색하여 최적의 원원 결과를 얻어야 하는 통합적 협상 과제와 같이 유연한 문제해결이 필요한 활동에서도 더 높은 수행을 보였다.

이론적 설명 긍정적 정서는 인지적 유연성을 증가시키는데, 이는 창의성을 자극하는 다양한 인지적 변이를 유도한다고 볼 수 있다. 구체적으로 Isen(1999)은 다양한 실험 연구들에 기초하여 긍정적 정서가 창의성에 기여하는 것은 긍정적 정서는 의식 속에서 가용한 인지적 요소들의 수를 증가시키고 주의(attention)의 범위를 넓혀 문제 상황과 관련 있는 인지적 요소들의 폭을 확대하기에 수와 폭의 측면에서 향상된 인지적 요소들이 새로운 연합(association)을 형성하게 될 가능성을 높여주는 인지적 기제가 작동한다고 보았다.

Lyubomirsky 등(2005)은 긍정적인 기분 상태에 있는 사람은 기존 지식 구조 내에서 더 풍부한 연합을 형성할 확률이 높고, 그래서 보다 더 유연하고 독창적일 가능성이 크다고 하였다. Fredrickson(2001)도 자신의 확장 및 구축 이론(broaden-and-build theory)에서, 인간의 생존 가능성을 높여주는 심리적 적응 기제로 진화되어 온 긍정적 정서는 가용한 인지 및 행동 레퍼토리를 확장하여, 유연성을 높여준다고 하였다. 긍정적 정서를 경험하면, 사람들은 주의의 폭이 확장되며, 새로운 연합을 위해 가용한 인지적 요소들의 수가 증가한다는 것이다. 그래서 이미 검증되었거나 자동화된 사고나 행동 스크립트를 버리고, 더 폭넓은 심적 표상으로서 새롭고 창의적인 사고와 행동을 추구하게 된다. 진화심리학적으로 보면, 이것은 더 큰 인지적 변이를 생성할 가능성을 높이고, 결국 창의성의 가능성을 증가시키는 정신 활동인 것이다. 또한, 이 이론에 의하면, 긍정적 정서는 새로운 아이디어나 기회를 탐색할 수 있는 준비성을 증가시킨다. 즉, 사람들은 즐거울 때 더 유연성이 커지고, 주의의 폭이 넓어져 특정 핵심적인 사실에만 집중하기보다는 주변의 눈에 잘 띄지 않는 특이한 단서나 사물들에도 주의를 기울이게 된다.

또한, Schwarz(2002)는 긍정 정서와 부정 정서가 개인의 인지에 미치는 효과를 설명하는 인지적 조율 모형(cognitive tuning model)을 제안하였다.**4** 이 모형에 의하면, 정서는 환경 상태에 대한 신호로 작용하여 인지적 처리와 창의성에 영향을 미친다. 긍정적 정서 상태에 있는 사람은 환경이 편안하고, 안전하며, 만족스러운 것으로 지각한다. 이런 경우 개인은 하향식(top-down)의 연역적인 인지적 접근을 취하고 정보처리를 위해 기존 지식을 활용한다. 그리고 주의 범위가 확장되면서 새로운 사물과 환경을 탐색하려는 동기가 생기고 그 결과 창의성의 가능성이 커진다. 그러나 부정적 정서 상태에 있는 사람은 환경이 위협적이고, 치열하고, 문제가 있는 것으로 지각한다. 그래서 상향식(bottom-up)의 귀납적인 인지적 접근을 취하여 조심스럽게 정보를 처리하며, 주의 범위가 좁혀진다. 그 결과 세부사항에 대한 과도한 주의로 인해 창의성은 제약을 받을 가능성이 크다.

한편, Hirt 등(1997)이 제안한 쾌락적 연계 이론(hedonic contingency theory)에 의하면, 긍정적 기분 상태의 사람은 즐거운 상태를 방해받지 않기 위해 정서 조절에 상당한 노력을 기울인다. 즉, 행복한 사람은 자

---

4 인지적 조율 과정은 정보로서의 정서 모형(feeling as information model)에 포함된다. 이 모형에서 정서는 현 상황이 양호한지 아니면 문제가 있는지의 신속하고도 경제적인 지표로서 이러한 조율 과정에서 중요한 역할을 한다. 목표 추구에 아무런 장애가 없고 잘 풀려나가면 기존 지식 구조와 루틴에 의존할 가능성이 크다. 더 나아가 새로운 해결 안을 탐색하려는 위험을 감수하려고도 할 것이다. 그러나 일이 제대로 진행되지 않으면, 일상적인 루틴에 의존하지 않고 무엇이 잘못되고 있고 어떻게 해야 할지를 판단하기 위해 직면한 상황의 세부사항들을 자세히 보게 된다.

신의 긍정적 기분 상태를 유지하고자 노력하며, 일반적으로 긍정적 기분을 헤칠 수 있는 상황이나 과제가 많기에 자신이 직면할 상황(과제)의 유인가 특성에 예민해진다(Wegener & Petty, 1994). 그래서 이 이론은 행복한 사람은 슬픈 사람보다 특정 상황이나 행위의 쾌락적 결과(hedonic consequence)를 더 조심스럽게 조사하고 긍정적 기분을 유지하거나 개선할 행위를 선택할 것이라고 본다.[5] 즉 긍정적 기분 상태에 있으면 다른 기분 상태에 있는 경우보다 그러한 상태를 더 유지하기를 원하기에 창의적 과제(확산적 사고 검사)를 수행하면서 의식적으로 가능한 한 더 재미있고 즐길 수 있는 창의적 아이디어를 많이 내게 된다고 보는 것이다.

현장 연구   현장 연구들에서도 자기 보고된 '행복' 수준은 매일의 창의적 행동 및 창의적 업무 행동과 연관이 있음을 보여주었다(Amabile et al., 2005; Conner & Silvia, 2015; To et al., 2012). 예를 들어, Amabile 등(2005)은 정서와 창의성 간의 관계에 관한 현장 연구를 수행하고자, 미국 주요 기업들의 연구개발(R&D) 조직 구성원들을 대상으로, 매일 이메일을 보내 그날 있었던 일에 대해 기록하도록 하였다. 기록한 내용을 분석하여 정서와 창의적 사고 관련 내용을 코딩하였다. 그리고 참가자들의 동료들에게 해당 참가자의 창의적 수행을 매달 평가해 달라고 요청하였다. 최종 분석 결과, 부정적 정서가 아닌 긍정적 기분 상태가 창의적 수행과 관련성 있는 것으로 나타났다. 그리고 긍정적 기분 상태가 창의성에 미치는 긍정적 효과는 2~3일 정도 유지되었다.

행복하고 즐거운 기분은 다른 어떤 기분들보다도 창의성의 가장 일관된 예측 변인이지만, 창의성을 설명하는 정도 또는 효과 측면에서는

---

5   Wegener와 Petty(1994)는 피험자들에게 후반 실험 세션에서 만나게 될 다양한 자극 중에 선택하도록 했을 때 행복한 피험자는 슬픈 피험자보다 가능한 선택지들이 쾌락적 측면에서 어떤지를 더 신중하게 조사한다는 것을 보여주었다.

다소 실망스럽다. 즉, 창의성의 3% 정도로서 크지 않았는데(Baas et al., 2008), 이는 창의적 사고나 행동을 제대로 설명할 때 정서 이외의 다른 요인들이 더 크게 작용함을 나타낸다.

한편, 직장인이나 학부생 대상 조사에 의하면, 여유 있고 편안한 기분 상태가 창의성에 유익할 것이라고 응답하는 경향이 있다. 그러나 평온함, 여유로움, 안도감 같은 비각성(비활성화)의 다소 회피 지향적인 긍정적 정서에 관한 연구는 상대적으로 많지 않다. 실험 연구에서 이런 기분들은 행복한 기분과 비교하였을 때 더 낮은 수준의 창의성을 보였다(Baas et al., 2011; Gasper & Middlewood, 2014; Gilet & Jallais, 2011).

현장 연구에서도 자기 보고된 기분과 창의성 간의 관계는 행복하고 고양된 기분에서보다 평온하고 이완된 기분에서 더 약하게 나타났다(Conner & Silvia, 2015). 더구나 자기 보고된 기분이 창의성과 상관을 보인 대다수 연구에서, 이완되고 평온한 기분은 창의성과 관계가 없거나(Baas et al., 2008; De Dreu et al., 2008; Madrid et al., 2014), 일부 연구에서는 오히려 부적인 연관성을 보였다(To et al., 2012). 이런 결과들로 볼 때, 이완되고 평온한 기분 상태는 창의성과는 유의한 관련성이 없으며, 여유롭고 이완된 기분에서 더 창의적인 아이디어가 나올 것으로 기대하는 일반인들의 믿음과는 다르다. 그렇다면 구글의 명상실(meditation chamber)은 적어도 창의성 측면에서는 효과가 없을 수 있다.

한편, 긍정적 기분은 창의성의 질적 수행이 아닌 양적 수행만을 촉진하는 것일 수 있다. Vosburg(1998)는 확산적 과제의 수행 측정치인 유창성, 유연성, 독창성, 유용성의 네 가지 기준을 요인 분석하여 두 개의 요인으로 묶었다. 즉, 유창성과 유연성은 양적 요인이었고, 독창성과 유용성은 질적 요인이었다. 그의 연구 결과, 확산적 사고 과제에 대해 긍정적 기분의 피험자는 양적 요인에서는 더 높은 수행을 보였지만, 질적 수행에서는 그러한 효과가 나타나지 않았다.

2) 부정적 정서와 창의성

서구인들의 경우 예외적인 창의성을 보인 인물들을 떠올려보라고 하면, 버지니아 울프나 반 고흐처럼 우울하고 슬픈 상태를 연상시키는 인물들을 떠올리는 경향이 있다. 또한, 노벨 화학상을 받은 맥스 퍼루츠 (M. Perutz)는 '뭔가를 놓쳤다는 분노'가 창의적 아이디어의 자극제였다고도 하였다. 2000년 광주비엔날레 대상을 받은 이란 출신의 화가 시린 네샤트(S. Neshat)는 배제(displacement)의 느낌을 얘기하면서, 그녀는 '자기 자신 안에 사는 국외자'가 되는 배제의 아이디어 또는 '버림받은 사람'이라는 배제의 아이디어가 자신의 작품의 주요 주제라고 하였다.[6] 또한, 그녀는 "화가는 사람들의 고통에 가깝게 다가감으로써 자신의 고통에 대처한다"고도 하였다.

일반적으로 사람들은 상황이 복잡할수록 결정하기 전에 더 철저하게 정보를 탐색하고 분석할 것이라고 본다. 그러나 이것은 당시의 정서나 기분에 따라 다른데, 고위험 상황에서 낙관적인 기분 상태의 의사결정자보다 부정적인 마음 상태에 있는 의사결정자가 더 몰입하고 집중하는 경향이 있다. 또한, 일반적으로 과학자나 연구자들은 기존 문헌이나 지식에서 아직 채워지지 않은 부분이나 설명이 부족한 부분에 대한 불만족 또는 서로 불일치하거나 비어 있는 부분에 대한 불편감이나 좌절감이 새로운 도전을 시작하는 자극제가 된다. 만약 그들이 현재 상태에 만족하고 행복해한다면 그러한 도전의 필요성을 인식하지 못하고 그럴 동기도 생기지 않을 것이다.

---

6 테이트 모던 미술관과의 인터뷰 영상(https://www.youtube.com/watch?v=M43QgkbO Ev8) 참조

참고 9-1 작곡가는 자신의 작품을 얼마나 정확히 평가할 수 있나?

이 질문에 명확하게 답하기는 어렵지만, Kozbelt(2007)가 베토벤이 남긴 자신의 작품에 대한 비판적인 진술들을 분석한 결과에 의하면, 베토벤은 비교적 정확하게 자신의 작품을 평가하고 있음을 알 수 있다.

베토벤이 남긴 편지나 대화에서는 자신의 경력에 관한 내용과 더불어 자신의 70개 작품에 대한 분명한 자기비판이 언급되어 있었다. 베토벤의 자기 작품에 대한 긍정 또는 부정의 평가는 작품의 미적 성공을 가늠하는 세 가지 인용 측정치와 유의하게 연관이 있었고, 정확한 평가의 확률은 나이가 들면서 두드러지게 더 높아졌다. 마찬가지로 몇 유사한 걸작들을 비교하는 그의 논평은 전문가의 평가 및 레코딩 횟수와 대개 일치하였다. 마지막으로, 일반인들의 감상 시간(레코딩 수 × 연주 시간)에 의한 작품 순위는 베토벤 자신의 장르 내 선호와도 매우 일치하였다.

이러한 결과는 베토벤이 매우 정확한 자기비판 감각을 갖고 있었음을 보여준다. 이러한 자기비판 감각은 곧 자기 내부의 부정적 정서에 대한 예민성에 근거한 것일 수 있다. 따라서 자기 작품에서의 부정적 정서 및 비판적 안목은 창의적 성취에 중요한 역량이라고 볼 수 있다. 적어도 베토벤의 경우, 지식과 경험이 축적되면서 타당한 자기비판도 가능하게 되면서 점차 더 위대한 창의적 성취가 가능하게 된 것으로 볼 수 있다.

따라서 일부 학자들은 부정적 정서가 창의성에 더 기여한다고 주장한다. 부정적 정서 중에 주로 많이 연구된 것은 '슬픔(sad)'과 '우울(depressed)' 기분이다. 이러한 시각의 초기 증거는 정서적 장애와 창의성 간 관계에 관한 임상적 연구들이다. 7장에서 보았듯이, 20세기에 생존한 1,005명의 뛰어난 인물들을 대상으로 한 Ludwig(1995)의 연구에서 우울과 창의적 성취 간에는 약하지만 유의한 상관관계가 있다는 결과를 얻었다. 더 나아가 매우 창의적인 인물과 그들의 친척에 대한

Jamison(1995)의 조사에 의하면, 일반 모집단보다 더 높은 수준의 정서적 장애(주로 양극성 장애나 우울)가 있었다. 광범위한 관련 문헌들을 개관한 Feist(1999)도 주로 예술 영역의 창의성에만 해당되기는 하지만 정서 관련 질환과 창의적 성취 간에는 신뢰할 만한 관계가 있다는 결론을 내렸다.

일반인들을 대상으로 부정적 정서가 창의적인 수행을 촉진한다는 결과를 보인 실험 연구들도 있다. 예를 들어, Kaufmann과 Vosburg(1997)는 통찰과제를 해결하는 데 있어, 유도된 긍정적 정서가 부적 효과를 미치는 반면, 부정적 정서는 정적 효과를 가짐을 보여주었다. 이들은 정서 상태에 따라 만족 전략이나 최대화 전략과 같이 정보처리의 특성이 달라진다는 점에 착안하여 부정적 기분이 창의적 수행을 촉진한다고 주장하였다. 기분이 좋은 피험자는 수행 만족에 대한 역치 수준이 낮아서, 충분한 노력을 기울이지 않고 적당한 수준의 수행에 만족하게 된다. 문제해결 상황에서 대안들을 충분히 탐색하지 않고 처음에 떠오르는 것을 대체로 수용해버리는 만족 전략을 사용하는 것이다. 반면, 우울한 피험자들은 현재의 불균형적인 기분 상태로 인해 수행의 역치 수준이 높아져서 쉽게 수행에 만족하지 않고 최선의 노력을 기울이고자 하는 경향을 보인다. 문제해결 상황에서 바로 대안을 채택하지 않고 가능한 모든 가능성을 고려한 후에 최종안을 선택하는 최대화 전략을 사용하기 때문에 통찰과제에서 우수한 수행을 보인다는 것이다.

창의적 문제해결을 위해서는 기존 접근의 전면적 기각이나 수정이 필요함에도 긍정적 기분 상태에서는 사고가 피상적인 수준에 머물고 적정 수준의 해결 방안에 만족해 버리는 경향이 나타난다. 반면, 부적 정서 상태에 있으면 자신의 생각과 행동이 만족스럽지 않아 더 시간을 내서 계속 작업을 하게 되고, 더 많이 생각하고 분석하고 심사숙고하는 경향이 있다. Runco(1994)도 일반적으로 창의적 사고가 요구되는 높은 수준의 문제해결은 합리적이면서도 유연하고 엄정한 사고 과정이 요구되며, 어느 정도의 '긴장'과 '불만족'이 중요한 필요조건이라고 하였다.

이론적 설명　정상인 집단에서 부정적 정서가 창의성을 촉진한다는 관점은 Martin 등(1993)이 제안한 '입력으로서의 기분 모형(mood-as-input model)'에서 살펴볼 수 있다. 정서 또는 기분이 갖는 동기적 영향은 상황에 대한 해석과 관련이 있다. 즉 사람들은 자신의 현재 기분을 현 상황에 대한 정보나 단서로 사용하는데, 긍정적 기분은 모든 것이 잘 되고 있다는 신호이며, 부정적 기분은 무엇인가 잘못되고 있다는 신호라고 본다. 부정적 기분은 현재 상황이 문제가 있다는 것을 신호하기에 문제를 해결하도록 동기화하거나 수행 기준에 맞추기 위하여 더 노력을 기울이도록 동기화한다. 즉, 부정적 기분 상태에서는 과제를 중요하고도 심각한 것으로 보고, 수행 기준을 맞추는 데 집중해야 하는 맥락으로 인식하게 되어 더 노력을 기울이는 것이다.

입력으로서의 기분 모형과 유사한 '정보로서의 정서 모형(feeling as information model)'도 기분을 주요한 정보의 원천으로 본다(Schwarz, 2012). 불쾌한 기분이나 불만족의 느낌은 해결되어야 할 문제가 여전히 있으며 계속 과제 수행을 지속해야 할 필요성을 신호한다. 심지어 직장에서 직무 불만족이나 예산 부족과 같은 심리적 고통은 창의적 사고를 위한 동기로 작용할 수도 있다(Anderson et al., 2004). 반면, 즐거운 기분은 성공적인 수행을 신호하므로, 노력을 줄일 수 있음을 가리키는데, 이것은 긍정적 기분이 창의성에 미치는 유익한 효과가 시간이 지남에 따라 점차 감소하는 이유를 설명해준다(Frost & Green, 1982).

사람들은 실험실이나 직장에서 긍정적인 정서를 경험하면 과제 수행을 멈추지만, 부정적 정서를 경험하면 계속 동기화되어 일하게 된다. George와 Zhou(2002)는 이 모델을 대규모 제조회사 구성원들의 창의성에 적용하여, 정서 상태에 대한 정보가 개인이 작업장에서의 창의적 활동에 들이는 노력과 끈기에 영향을 미칠 것으로 보았다. 즉, 창의적 수행에 대한 인정과 보상이 이루어지고 자신의 정서를 명료하게 인식할 수 있는 상황에서, 참가자들은 긍정적 정서의 경험을 창의적 목표를 달성했다는 표시로 해석하고 추가적인 노력을 기울이지 않는 반면, 부정적 정서의 경험은 창의적인 해결책을 찾기 위해 더 많이 노력해야 한다는 표시로 해석하였고 그 결과 더 높은 수준의 창의적 수행을 보였다.

조절 효과　두 모형의 핵심은 정서 또는 기분이 중요한 입력 정보로 작용하여 이후의 동기화에 영향을 미친다는 것이다. 자기 보고된 활성화된 부적 정서들과 창의성 간의 관계를 조사한 현장 연구들에서는 창의성과 정적 관계를 보인 연구들(De Dreu et al., 2008; To et al., 2012)도 있지만, 아무런 관계가 없는 것으로 나타난 연구들도 있다(Madrid et al., 2014; Silvia et al., 2014).

Friedman 등(2007)은 과제 프레이밍(framing)이 조절 효과를 가짐을 보여주었다. 긍정적 기분이 유도된 피험자들은 과제가 재미있는 것(fun)으로 프레이밍이 되었을 때 더 많은 아이디어를 생성하였고, 부정적 기분의 피험자들은 과제가 심각한 것(serious)으로 프레이밍이 되었을 때 더 많은 아이디어를 생성하였다. Baas 등(2008)의 메타분석 연구에서도 기분과 창의성의 연결은 과제 프레이밍에 의해 조절이 되었다. 즉, 긍정적 기분은 창의성 과제가 즐기는 것이며 내적으로 동기화되는 것으로 프레이밍될 때에는 더 높은 창의성으로 이어졌지만, 심각하고 수행 기준이 강조되는 것으로 프레이밍될 때에는 창의성이 저하되었다.

한편, Davis(2009)는 기분과 창의성 간의 관계를 다룬 연구들에 대한 메타분석에서 연구에서 사용된 과제 유형(task type)에 따라 다른 결과가 나타남을 보여주었다. 긍정 정서가 창의성에 미치는 효과는 주로 실험실에서의 '아이디어 발상(ideation) 과제'에서 나타났다. 긍정 정서가 인지적 유연성과 변이성을 높여서 긍정적 효과가 나타난 것이다. 그런데 아이디어 발상 과제가 아닌 '문제해결 과제'가 사용되었을 때에는 긍정 정서의 효과는 유의하게 감소하였다. 조직 현장에서의 문제해결을 위해서는 아이디어 발상만이 아니라 아이디어 평가와 동기적 측면도 중요하다. 또한, 현장에서 창의성은 새로움과 유용성의 두 기준이 모두 중요하다. 그런데 유용성 기준을 충족시키기 위해서는 끈기 있게 계속 최적의 해결안을 찾으려는 동기가 필요한데, 앞의 두 모형에 의하면 부정적 기분이 더 효과가 있다. 따라서 최종적인 창의적 성과를 이루는 과정에서 긍정적 정서와 더불어 부정적 정서도 유효할 수 있음을 시사한다.

3. 개별 정서와 창의성

1) 슬픔

의사결정에서 체계적 사고를 유도하기에는 즐거운 기분보다는 약한 강도의 '슬픔(sadness)'이 더 좋을 수 있다(Lerner et al., 2015). 다만, 너무 강한 슬픔은 끈기나 인내력을 낮춘다. 예를 들어, 슬픔의 정서에 있는 사람들은 3개월 후에 100달러를 받을 수 있음에도 참지 못하고 66달러 이하의 돈을 당장 받고 싶어 하였다. 또한, 슬프면 타인에 대해 더 관대해지는데, 슬픈 사람은 화난 사람보다 복지 기관에 더 많이 기부하였다. 또한, 슬플 때는 목표를 낮게 설정할 가능성이 크며, 슬픔으로 인해 스스로 기대를 낮게 가지면 자신의 잠재력을 충분히 실현하지 못하게 된다.

슬픈 기분과 창의성 간의 관계에 대한 메타분석에 의하면, 슬픔은 창의성과 유의한 관계가 없었다(Baas et al., 2008). 슬픈 기분이 유도되는 실험 연구들에서도 그러하고(예: De Dreu et al., 2008; Gasper &

Middlewood, 2014; Gilet & Jallais, 2011) 자기 보고된 슬픔이나 우울 기분의 수준과 일상적 창의성 간의 관계를 조사한 횡단적 연구들에서 그러하였다(Baas et al., 2016; Conner & Silvia, 2015; De Dreu et al., 2008; Madrid et al., 2014). 따라서, 슬프고 근심 있는 기분은 창의성과는 아무런 관련이 없는 것 같다.

2) 분노

활성화된 부적 정서이자 '접근' 지향적 정서인 분노(anger)를 느끼면 사람은 자기조절 기능을 상실하여 생각이 단순해지고 갑자기 자신감이 상승하여 성공 가능성이 더 낮은 것을 선택할 가능성이 커진다. 또한, 화난 사람은 고정관념(stereotype)에 의한 사고에 더 의존하고, 더 과감하고 적극적으로 행동하려는 경향이 생긴다. 이것은 진화 관점에서 '적응적'인 것인데, 사냥과 채집의 시대를 거친 우리는 누군가 자신의 고기를 훔친다면 신속하게 반격하는 행동을 해야 한다. 분노라는 정서의 이런 특성을 잘 활용하는 사례가 선거 운동이다. 유권자들이 분노를 더 많이 느끼도록 자극하여 투표율을 높이는 것이다.

최근 분노(화)가 창의성에 미치는 영향에 관한 연구가 많이 수행되었다. 실험 연구에서, 화를 유도한 조건이 슬픈 기분, 평온한 기분, 및 중립적 기분보다 더 높은 창의성 수준을 보였다(De Dreu et al., 2008; Gilet & Jallais, 2011). 전문가들을 대상으로 한 인터뷰 연구(Yang & Hung, 2015)에서도 적정 수준의 분노는 오류를 수정하고 새로운 아이디어를 자극하기에 창의적인 아이디어 생성에 유익하다는 결과를 얻었다.

Akinola와 Mendes(2008)는 타인들로부터 거부되는 경험을 통해 유도된 부정적 기분이 콜라주를 만드는 과제에서 예술적 창의성을 증진하는 효과가 있음을 보여주었다. 구체적으로, 그들은 부정적 정서 경험에의 취약성(vulnerability)과 상황 요인에 의한 강한 부정적 정서 경험이 예술적 창의성에 어떻게 영향을 미치는지를 조사하였다. 먼저 참가자들을 대상으로 정서적 취약성을 이전에 우울과 연관되었던 부신 스테로이드(adrenal steroid)의 기저 수준으로 평가하였다. 그리고 참가자들은 사회적 거부, 사회적 인정, 비사회적 상황의 세 조건에 무작위 할당되어 서로 다른 정서를 경험하였다. 이후 참가자들은 콜라주 작업을 완성하였고, 전문 예술가들로부터 평가를 받았다. 결과에 따르면, 사회적 거부는 더 높은 수준의 예술적 창의성과 연합되었다. 정서적 취약성과 조건 간의 상호작용도 유의하였는데, 부정적 정서를 경험하게 되는 상황은 정서적 취약성이 높은(낮은 기저 수준을 보인) 사람들에게 더 크게 영향을 미쳐 가장 창의적인 산물로 이어졌다.

아울러, 분노는 초기에는 창의성을 증진하는 것으로 보이지만, 그것의 자극 효과는 시간이 지나면서 급격하게 사라지는 것으로 나타나기도 하였다(Baas et al., 2011).

3) 불안/두려움

여러 연구에서 불안(anxiety)이나 두려움(fear)과 같은 활성화된 부적 정서이자 '회피' 지향적 특성을 가진 정서가 창의성에 미치는 영향을 조사하였다. 통상 외부 위협에 의한 불안이나 두려움이 나타나면, Staw 등(1981)이 제안한 위협 경직 효과(threat-rigidity effect)가 나타난다. 즉, 위협이나 위기상황에서의 불안이나 두려움 같은 고양된 부정적 정서 상태는 정보를 적절히 지각, 처리, 해석하는 능력을 감소시키며, 새로운 반응보다는 기존의 잘 습득된 지배적 반응들만이 나타날 가능성을 높인다.

자기 보고된 특성 및 상태[7] 불안과 창의성 간의 관계에 대한 메타분

---

7 심리학에서는 특성(trait)과 상태(state)를 구분한다. 전자는 개인의 성격을 드러내는 것

석에 의하면, 특성 및 상태 불안 모두는 낮은 수준의 창의성으로 이어졌다(Byron & Khazanchi, 2011). 이것은 유연하고 확산적으로 사고하는 능력이 요구되는 과제로 창의성을 평가할 때 더욱 그러하였다(Baas et al., 2008).[8] 이에 반해, Paek 등(2016)이 불안과 창의성 간의 관계에 관한 32개 연구를 메타분석하였을 때에는 평균 효과 크기가 거의 0에 가까웠다($r = .05$).

Strasbaugh와 Connelly(2022)는 직장에서의 불안과 분노는 부정적인 결과들로 이어진다는 이전 연구와 달리 두 부정적 정서와 창의적 행동 간의 관계는 복잡하다고 보았다. 정서와 창의성 간의 관계에 관한 실험 연구들에서는 정서 유도가 실험 과제와는 무관하게 유발되는 것이 일반적이다. 그러나 이들의 연구는 특정한 과제 맥락에서 그리고 서로 다른 유형의 창의성(아이디어의 질, 독창성, 유창성, 유연성 등)에서 두 정서의 영향을 살펴보고자 하였다. 그들은 과제 수행을 평가하여 낮은 수행을 보이면 보상을 받지 못할 수 있다고 하면서 가벼운 불안을 유도하거나, 과제 수행 수준이 너무 낮아 전면적으로 다시 해야 한다고 하여 가벼운 분노를 유발하는 경우처럼 두 정서가 과업 맥락에서 발생하는 것일 때(과업-불안/과업-분노)와 두 정서가 과업 맥락과는 관련성이 없는 요인으로 우연히 발생할 때(우연-불안/우연-분노), 상태 분노와 상태 불안이 아이디어 생성에 미치는 효과를 조사하였다.

으로, 사고, 정서, 행동을 통해 장기적으로 나타나는 한 개인의 특징이다. 후자는 개인이 짧은 기간 동안 경험하는 일시적인 특징으로, 시간이 지나거나 상황이 변화되면 원래 상태로 다시 돌아가는 것이다. 자신감을 예로 들어, '나는 자신감이 있는 사람'이라고 하면 특성에 가깝지만, '이번 면접에는 자신이 있어'라고 하면 상태를 나타내는 것이다.

8 이 연구 결과에서 한 가지 유의할 것은 특성 및 상태 불안을 측정할 때 불안한 느낌을 포착하는 문항들(예: '나는 초조하다') 뿐만 아니라 낮은 자존감을 측정하는 문항들(예: '나는 자신이 없다')도 포함되었다는 점이다. 자존감은 기분의 요소가 아니며, 그것 자체가 창의성의 중요한 예측변인일 수 있다.

결과에 의하면, 전반적으로 상태 불안 조건은 상태 분노 조건보다 아이디어의 질[9]에서 더 나은 결과를 보였다. 앞서 정서 분류에서 보았듯이, 불안은 '불확실성', '낮은 상황 통제'라는 특징을 가지므로, 분노보다 더 완전하고 현실적인 아이디어를 생성한 것으로 보인다. 물론 분노 상태가 분석적 사고와 심층적 정보처리를 하도록 동기화할 수도 있지만, 연구자들은 분노는 휴리스틱과 같은 덜 정교화된 사고 양식을 유도하기에 전반적인 아이디어의 질을 낮춘 것으로 보았다. 한편 아이디어 유창성 및 유연성 측면에서는 과업-분노 조건이 우연-불안 조건 및 과업-불안 조건보다 더 높았다. 분노는 '확실성', '높은 통제'의 정서로 목표 달성의 장애를 극복하고 과업을 잘 수행하려는 동기를 높이므로 과업 맥락에서 유발된 분노가 더 많고 다양한 범주의 아이디어 생성을 촉진한 것이다. 반면, 과업 맥락에서 유발된 불안(불확실성, 낮은 통제)은 그 반대의 효과를 보였다. 이것은 불안 수준이 높으면 창의적 수행이 감소함을 보여준 Byron 등(2010)의 연구와 일치한다.

일반적으로 행복이나 분노 정서와 연관된 향상 초점 상태는 각성 수준과 인지적 유연성이 높기에 창의성을 증진한다. 반면, 두려움이나 안도감과 연관된 예방 초점 상태가 창의성에 미치는 효과는 일관적이지 않다. Baas 등(2011)은 두려움(fear) 정서가 충족되지 않은 '예방 초점(prevention focus)' 상태를 신호하게 되고, 그래서 '향상 초점(promotion focus)' 상태에서 나타나는 수준만큼 많은 독창적 아이디어와 창의적 통찰을 생성하는 것을 보여주었다.[10] 이들은 네 개의 연구를 통하여 조

---

9   여기서 아이디어의 질은 제시한 자극에 대한 반응들이 완전하고, 논리적이며, 유용한 (적절한) 정도를 나타낸다.

10 Higgins(1997)가 제안한 조절 초점 이론(regulatory focus theory)의 용어로 인간의 목표 추구와 관련하여 향상 초점과 예방 초점의 두 가지 독립적인 자기 조절 방향을 상정하고 있다. 향상 초점은 개인이 얻을 수 있는 긍정적 결과에 조절의 초점을 두는 것이나, 예방 초점은 부정적 결과를 회피하는 데 조절의 초점을 두는 것이다.

절 종결(regulatory closure), 즉 목표 달성 여부에 따라 예방 초점 상태가 창의성에 미치는 영향이 달라진다고 보았다. 그들의 실험 조작은 다음과 같다. 향상 초점 조건에서는 긍정적 결과를 성공적으로 얻었던 상황에 대해 글을 작성하게 하거나(종결 조건), 긍정적 결과를 얻는 데 성공하지 못했던 상황에 대해 작성하게 하였다(무종결 조건). 예방 초점 조건에서는 부정적인 결과를 성공적으로 회피한 상황을 작성하게 하거나(종결 조건), 부정적 결과를 회피하는 데 성공하지 못했던 상황을 작성하게 하였다(무종결 조건). 네 번째 실험에서는 참가자들이 두려운, 화가 난, 행복한, 안도하는 느낌을 경험한 상황에 대해 자세하게 기술하도록 조작하였다. 분석 결과, 개인을 각성시키는 종결되지 않은 예방 목표(두려움)와 같은 예방 초점 상태는 종결되지 않은 향상 초점 상태(분노)와 종결된 향상 초점 상태(행복)와 유사한 수준으로 창의성을 증진하였으나, 종결된 예방 목표(안도감)는 낮은 창의성 수준에 이름을 보여주었다.

'두려움'이라는 활성화된 부적 정서를 느낄 경우, 미래 탐색적 활동이 저하되고 위험 감수의 가능성은 현저히 낮아진다. Chen 등(2016)은 실험 연구로 중국의 중학생들을 대상으로 두려움 정서가 과학 영역에서의 문제발견을 저해하는 영향이 있음을 보여주었다.[11] 한편, 앞의 정서 분류에서 두려움(공포)은 '불확실성'과 연관된 대표적 정서이고, 분노는 반대로 '확실성'을 나타내는 대표적 정서라고 하였는데, 두려움과 같은 불확실성 정서를 느끼면, 사람들은 더 체계적이고 자세한 정보처리를 하지만, 분노와 같은 확실성 정서는 '이미 정답이 있다'는 식의 강한 확신이 생겨 다소 엉성한 정보처리가 유도되는 경향이 있다.

---

[11] 문제발견은 피험자들에게 창의적으로 생각하면서 가능한 한 많이 '과학적 질문들'을 생성하도록 하여 측정되었고, 유창성, 유연성, 독창성 차원에서 평가가 되었다.

최고 경영자(CEO)의 두려움 정서가 조직 전반의 집합적 정서에도 영향을 미칠 수 있다. CEO가 외부 경쟁기업의 도전에 대해 너무 두려움에 휩싸이면 정서 전염으로 조직 전반의 소통과 조정 기능이 상실되어 변화에 빠르게 대응하지 못하게 된다. 한때 세계를 제패한 휴대폰 제조회사였던 노키아가 최정점에서 단 3년 만에 망한 이유가 당시 CEO와 주요 경영진이 느꼈던 애플(Apple)의 위협에 대한 심한 '두려움' 때문이었다는 분석이 있다(Vuori & Huy, 2016).

요약하면, 특성 및 상태 불안은 창의성의 감소와 연결될 가능성이 있으며, 분노의 기분은 특정한 사람과 조건에서는 창의성을 증진할 수도 있는 것 같다. 다만, 불안이나 두려움이 창의성에 미치는 영향에 관한 연구는 아직 일관된 결과가 나오지 않으므로, 앞으로 더 많은 연구가 필요하다.

4) 불신

Mayer와 Mussweiler(2011)는 불신(distrust)의 느낌과 창의성 간의 관계를 탐색하였다. 타인을 불신하면 정보를 공유하지 않으려고 하는데, 사회적 상황에서 이것은 창의성에 해가 된다. 그런데 불신의 느낌은 창의적 사고를 자극하는 효과도 가질 수 있다. 즉, 불신이 생기면 속이는 것으로 보이는 것에 대한 대응으로 다양한 대안들을 생각하게 된다는 것이다. 따라서 불신은 사회적 측면과 인지적 측면에서 창의성에 반대되는 효과를 가질 수 있다. 이러한 생각에 근거하여 연구 1에서는 어휘판단 과제에서 '불신'이라는 단어의 사용으로 식역하(잠재의식) 수준에서 유도된 불신이 창의성에 미치는 영향과 상황 특성(사적 상황 대 공적 상황)의 조절 효과를 조사하였다. 공적 상황에서는 자신의 아이디어가 실시간으로 옆 칸막이의 사람(실험 협조자)의 컴퓨터 스크린에 나타나 자신의 아이디어가 공유될 것임을 알려주었고, 사적 상황에서는 그런 언급 없이 생성된 아이디어가 서버에 저장될 것이라고만 하였다. 불신의 사회적 측면의 영향과 일치되게 식역하 수준의 불신을 점화하면 공적 상황 조건에서는 창의적 아이디어 생성에 해로운 효과를 보였지만, 불신의 인지적 측면의 영향과 일치되게 사적 상황에서는 불신이 창의적 생성에 긍정적 효과를 보였다. 연구 2에서는 연구 1과 유사한 방법으로 불신을 점화하여 사적 상황에서 불신이 창의적 아이디어 생성에 미치는 긍정적 효과를 재검증하였고, 둘 간의 관계를 인지적 유연성이 매개함을 보여주었다. 연구 3과 연구 4에서는 불신을 점화하면 전형적이지 않은 사례도 범주를 대표하는 것으로 지각하며, 원거리 연상을 더 잘 해내는 것을 보여주었는데(4장에서 언급한 평평한 연상 위계를 가지는 것으로 나타났는데), 이것은 불신의 결과로 인지적 유연성이 증가한 것으로 해석되었다. 종합하면, 불신이 창의성을 증진하는 효과를 가질 수 있음을 보여주며, 인지적 유연성이 그러한 효과의 기제로 작용함을 보여준다.

5) 지루함

부적 정서로서 지루함(boredom)이 창의성에 미치는 연구는 최근에야 이루어졌는데, Gasper와 Middlewood(2014)의 실험 연구에 의하면, 유도된 평온한 기분 및 두려운 기분과 비교하였을 때, 유도된 지루함이 이후의 창의성 과제에서 더 높은 수행 수준을 보였다. 아마도 창의성 과제를 수행하는 것이 지루한 피험자들에게 지루함에서 벗어나도록 해주는 효과를 가졌기 때문으로 보인다.

6) 동정/공감

공감(sympathy)을 유발하는 상황은 그 자체가 즐겁지는 않기에 공감은 부정적 정서로 간주된다. Yang과 Yang(2016)은 창의적 사고에서의 동정 또는 공감의 영향을 조사하였다. 학부생에게 고통을 받는 노인들의 슬라이드들을 보여주면서 동정(공감)을 느끼도록 유도하였다. 이후 아이디어 생성의 확산적 사고 과제와 노인들에게 친화적인 사무실 접수처를 설계해보도록 하였다. 통제 집단과 비교하였을 때, 공감 집단이 더 사고의 독창성을 보였고, 공감의 창의성에 대한 유익한 효과는 감정이입(empathy) 특성을 가진 사람들에게서 더 크게 나타나는 조절 효과도 나타났다. 더 나아가, 끈기(persistence)가 사무실 설계 과제에서 공감이 독창성에 미치는 긍정적 효과를 완전 매개하였다. 이러한 결과는 몇 가지 기제로 설명될 수 있다. 첫째, 부정적 정서는 특정한 맥락에서는 창의성을 증진할 수 있다는 기존 연구 결과와 일치한다(George & Zhou, 2002). 둘째, 공감은 다른 사람의 고통에 대한 반응이기에 친사회적(prosocial) 동기를 만들어내어 다른 사람들의 고통을 줄이는 해결책을 생성하게 된다. 8장에서 보았듯이, 친사회적인 동기는 이론적 및 경험적으로 창의성과 관련이 있는 것으로 알려져 있다(Forgeard & Mecklenburg, 2013; Grant & Berry, 2011).

4. 정서와 창의성 간의 관계에 대한 새로운 시각

앞서 살펴본 바와 같이, 정서와 창의성 간의 관계에서는 긍정 및 부정 정서의 상반된 관점이 있을 뿐만 아니라, 개별 정서들이 미치는 영향에서도 더 많은 연구가 필요하다는 것을 알 수 있다. 긍부정의 유인가 차원이나 개별 정서 단위에서 벗어나 정서와 창의성 간 관계를 전혀 다른 시각에서 조망하는 관점들도 많이 제시되고 있다.

1) 곡선적 관계

정서와 창의성 간의 곡선적 관계를 가정하는 관점이다. 오랫동안 정서와 창의성 간에는 선형적 관계가 있는 것으로 가정되었다. 그러나 둘 간의 관계가 U자형처럼 곡선적일 수도 있다. 예를 들어, 강렬한 부정적 또는 긍정적 정서는 창의성에 기여하지만, 중간 수준의 정서는 필요로 하는 인지적 자원을 충분히 자극하는 데에는 불충분할 수 있다. 이를 지지하는 신경심리학적 연구(Cahill et al., 2004)에 의하면, 강렬한 정서적 경험은 부호화(encoding)와 연합된 뇌 영역인 편도체의 자극을 통해 기억을 향상시켰다. 또한, 자전적 기억에 관한 연구에서도 긍정적이든 부정적이든 강렬한 정서 경험은 뚜렷한 기억으로 남게 되는데, 향상된 기억이 인지적 활동의 수와 폭 또는 변이성에 기여한다면 정서의 강도는 창의성과 정적인 관계를 가질 수 있다.

반대로 정서와 창의성 간에는 역 U자형의 관계를 보일 수도 있다(James et al., 2004). 이러한 가능성은, 저(低)에서 중(中) 수준으로 각성이 증가하면 인지적 자원이 증가하지만, 각성이 최적의 중 수준에서 벗어나면 정신적 효율성은 오히려 감소한다고 주장한 여키스 도슨 법칙(Yerkes-Dodson law)과 유사하다. 이러한 논리를 따라서 긍정적이든 부정적이든 강렬한 정서는 인지적으로 부담이 되고, 새로운 연합을 통해 아이디어를 생성하는 데 방해가 될 수 있다(Davis, 2009). Martindale(1999)의 창의성에 대한 신경망 모델도 유사한 주장을 하는데, 적절한 각성 상태에서는 아이디어를 얻기 위한 새로운 연합에 주의를 충분히 기울일 수 있는 반면, 강렬한 각성 상태에서는 주의가 각성을 유발하는 상황에 너무 초점이 맞추어져서 새로운 연합이 의식에 떠오르기가 어려워지는 것이다.

2) 정서적 양가성

정서적 양가성(ambivalence)이 창의성에 유익하다는 관점이다. 정서와 창의성 간의 관계에서 긍정 정서와 부정 정서를 동시에 경험하는 정서적 양가성이 개인에게 가용한 인지적 요소들의 수와 폭을 넓혀주기 때문에 창의성에 유익할 수 있다는 것이다.

정서적 양가성은 생각보다 자주 경험한다. 직장에서는 동일 사건에 대해 서로 갈등적인 두 정서를 느끼는 정서적 양가성을 경험한다. 예를 들어, 회사에서 주목하는 신제품 개발에 참여한다는 자부심과 더불어 생각만큼 진행이 되지 않아 초조함을 느낄 수 있다. 또는 성과를 인정받아 승진해서 기쁘기도 하지만 더는 현재 동료들과 함께 일할 수 없어 슬프고 아쉬울 수 있다. Larsen 등(2004)은 직장에서는 서로 갈등적일 수 있는 다중의 목표와 이해관계자를 만족시켜야 하는 경우가 많으므로 복잡한 정서를 경험할 수밖에 없다고 하였다. 그리고 사후 가정 사고(counterfactual thinking)[12]처럼 성공한 일에 대해 더 잘 할 수 있었다고 생각하거나, 실패한 일에 대해 더 큰 실패는 아니었다고 생각하는 것처럼 긍정과 부정의 정서가 늘 공존할 수 있는 것이다. 또한, 이것은 스톡데일 역설(Stockdale Paradox)[13]처럼 장기적으로 성공하는 사람이나 기업의 공통적 특징 중 하나는 문제 상황에 힘든 고난을 경험하면서도 자신에 대한 믿음을 잃지 않는 것과 같이 부정 정서와 긍정 정서가 공존하는 것이다(Collins, 2001).

창의성은 서로 떨어져 있는 요소들 사이에 새로운 연합을 만들어내

---

12 '~했으면, ~했을 텐데'처럼, 어떤 사건을 경험한 후에, 일어날 수도 있었던 가상의 대안적 사건을 생각하는 것을 말한다.

13 베트남 전쟁 당시 7년 이상 동료들과 포로로 잡혀 있었던 미 해군 장교 스톡데일은 근거 없는 낙관적 기대를 가진 동료들이 하나둘 죽어 나가는 과정에서 비참한 현실을 받아들이면서도 잘 될 것이라는 합리적(현실적) 낙관주의를 유지하여 홀로 생존하였다.

는 지적 과정이라고도 정의된다. 4장에서 살펴보았듯이, 원격 연상 검사(RAT)를 개발한 Mednick(1962)에 의하면 다양한 개념들은 서로 다른 정도의 연관성을 가지면서 망을 형성하는데, 창의적인 사람일수록 멀리 떨어져 있는 개념들 사이에 연결을 잘 형성하는 '연합적 사고(associative thinking)'에 능하다.

더 나아가, 7장에서 '유머'와 관련하여 언급되었던 Koestler(1964)는 단어나 개념의 단순한 연결을 의미하는 연합(association)이 아닌, 서로 다른 평면 혹은 서로 다른 매트릭스에 속한 두 개 생각이 하나의 모서리에서 만날 때 창의적 결과가 생성되는 것을 '이종연합(bisociation)'이라고 하였다(〈참고 7-2〉). 창의적 유머의 핵심도 상반되거나 어울리지 않는 요소 간의 연결을 찾아내는 데 있다. 이종연합은 서로 배타적이라고 간주 되는 두 영역 사이의 연합을 가리킨다. 예술이나 과학 영역에서 매우 창의적 아이디어는 이전에는 서로 무관하다고 생각하던 두 가지 생각이 하나로 통합되면서 탄생하는 이종연합의 산물이라고 볼 수 있다. 가령 뉴턴의 만유인력의 법칙이 발표되기 전의 17세기 사람들은 하늘의 달과 바다의 물(밀물과 썰물) 간의 연관성을 전혀 인식하지 못하였다. 갈릴레오조차도 이들 간의 인과관계를 밝히는 논문을 읽고는 일고의 가치도 없는 망상이라고 여겼다.

다양한 분야의 창의적 인물들과의 인터뷰를 통해 창의성을 연구한 Rothenberg(1996)는 창의적인 사람들이 영역에 상관없이 모두 독특한 사고 유형을 공유하고 있다는 사실을 발견했다. '야누스적 사고(Janusian thinking)'라고 불리는 이 사고 과정은 두 개 혹은 그 이상의 대립 쌍을 동시에 고려하고 이를 궁극적으로 통합된 존재로 발전시키는 것이었다. 지붕에서 떨어지는 사람이 동시에 운동과 정지의 상태에 있을 수 있다는 아인슈타인의 일반 상대성 이론, 서로 양립 불가능한 파동과 입자가 미시적 세계에서는 동시에 존재할 수 있다는 닐스 보어의 상보성

원리, 증기기관의 실린더를 동시에 뜨겁고 차게 유지하는 법을 발견한 와트의 증기기관 등은 이러한 야누스적인 사고가 발현된 예이다.

Blaney(1986)의 기분 일치 이론(mood congruency theory)에 따르면, 어떤 특정 기분 상태는 유사한 기분 동안에 부호화된 정보를 회상할 가능성을 높여준다. 따라서 단일한 정서를 경험하는 상황보다, 긍정 및 부정 정서를 동시에 경험하면 더 많은 수의 기억 노드(node)가 활성화되며, 이로 인해 인지적 변이가 증가하고 결국 새로운 연합에 의한 창의성의 가능성이 커질 것이다. 특히 우리의 기억 노드는 유사한 개념이나 경험들은 더 강하게 연결되는 신경망 형태이므로, 상호 이질적인 긍정 정서와 부정 정서를 동시에 경험하게 되면, 서로 유사하지 않은(서로 가까이 연결되어 있지 않은) 것들 간의 연합이 형성될 가능성이 커지며, 이는 특이하고 독창적인 연합의 확률을 높인다(Richards, 1994).

Fong(2006)은 두 실험을 통해 정서적 양가성을 경험하는 피험자들은 개념 간의 특이한 관계를 민감하게 인식하는 데 더 뛰어남을 보여주었다. 피험자들은 특이한 정서 경험으로 지각되는 정서적 양가성을 자신이 특이한 환경에 있다는 신호로 해석하며, 그로 인해 특이한 연합에 대한 민감도가 높아져 창의성 과제에서 더 높은 수행을 보인 것이다. 그들은 첫 번째 실험에서 대학생들에게 기쁨, 슬픔, 양가적 정서가 유발되었던 개인적 경험을 최대한 구체적이고 생생하게 기술하도록 하여 정서를 유도한 후(중립 조건에서는 어제 한 활동을 열거하도록 한 후), 원격 연상 검사(RAT)를 실시하였다. 분석 결과, 양가적 정서 조건이 다른 정서 조건보다 RAT 수행 결과가 더 좋았다. 두 번째 실험은 양가적 정서가 특이한 연합에의 민감성을 높이는 이유를 설명하고자 하였다. 그들은 정보 이론 관점에서 정서적 양가성을 경험하는 것 자체가 특이한 것으로 인식되기에, 이러한 정서 경험의 특이성이 자신이 특이한 환경(상황)에 있다는 신호 또는 해석으로 이어지고 이러한 신호가 새롭고 특이한 연합을 인식하고 처리할 가능성을 높일 것으로 보았다. 반면, 만약 정서적 양가성이 특이한 것으로 느껴지지 않으면, 정서적 양가성 경험이 같은 방식으로 해석되지 않을 것이며, 이후 연합을 만들어내는 창의성 과제에서 높은 수행을 보이지 않을 것이라고 보았다. 사전조사를 통해 일상생활에서 갈등적 정서가 흔히 있는 것이라는 것을 나타내는 속담('Love hurts', 'Sorrow is born of excessive joy')과 갈등적 정서는 드문 것이라는 것을 잘 나타내는 속담('Don't worry, be happy', 'If things don't get better, they will surely get worse')을 정하였다. 피험자들은 두 가지 속담 중 하나를 보게 되고, 일상적 삶에서 각 속담이 '맞다'는 글을 쓰거나 '틀리다'는 글을 쓰는 네 가지 조건 중의 하나에 할당되었다. 마지막으로 정서 유도를 위해서는 영화의 일부 클립(3분)을 사용하였다. 중립 조건의 영화는 아무런 정서를 유발하지 않는 단조로운 것이었고, 정서 양가성을 유도하는 영화 〈신부의 아버지〉는 결혼을 앞둔 신부의 기쁨과 슬픔을 동시에 보여주는 내용이었다. 분석 결과, 중립 조건에서는 아무런 효과가 나타나지 않았으나, 정서 양가성 조건에서는 상호작용 효과가 나타났는데, 정서 양가성이 RAT 수행에 미치는 영향을 정서 양가성의 전형성(흔함 또는 드묾)이 조절하였다. 즉, 정서적 양가성이 흔하지 않은 특이한 경험이라고 유도된 집단만이 정서적 양가성 경험이 창의성에 기여하는 것으로 나타났다.

미국 샌프란시스코에 있는 유명한 제품 디자인 혁신 기업 IDEO에는 자전거가 천장에 매달려 있다. 이러한 이상하고 특이한 작업환경이 새롭고 혁신적인 아이디어를 생각해내는 데 도움이 될 것이라고 보는 것이다. 구성원들이 스스로 특이한 환경에 있다고 지각하면, 새로운 연합을 이루어내도록 잠재된 창의성이 자극될 것이라고 기대하는 것이다.

George와 Zhou(2007)가 제안한 조직 내 정서의 이중 조율(dual-tuning) 관점은 정서의 양가성 개념에 근거한 것이다. 이 관점에 의하면,

조직 내 긍정 정서와 부정 정서 모두가 기능적이고 적응적일 수 있으며, 두 정서가 인지적 과정, 동기부여, 노력 수준에 미치는 영향을 이해하려면 두 정서를 별도로 고려하기보다는 동시에 고려하여 상호작용하는 양상을 검토해야 한다. 그들은 현장 연구에서 상사가 창의성에 대한 지지적인 분위기를 조성하는 상황에서 긍정적 기분과 부정적 기분이 모두 높은 수준일 때 창의성이 가장 높은 수준은 나타남을 보여주었다.

Conner와 Silvia(2015)는 13일간의 일기법으로 청년들에게 긍정적 및 부정적 정서 척도에 응답하도록 하였고, 그날 얼마나 창의적이었는지도 평정하도록 하였다. '창의적'은 새롭거나 독창적인 아이디어를 생각하거나 독창적인 방식으로 자신을 표현하거나 예술 활동에 몰입하는 것으로 정의되었다. 이전 연구들에서처럼, 긍정적인 정서를 보고한(특히 고각성의 긍정 정서를 보고한) 사람일수록 그날을 더 창의적이라고 평가하였을 뿐만 아니라, 고각성의 부정 정서(화, 냉담, 짜증)도 더 높은 창의성과 연관되었다.

To 등(2012)의 또 다른 경험표집법 연구에서 대학생들은 하루에 세 번 10일 동안 온라인 조사에 응답하였다. 응답 시점에서의 기분과 창의적 과정 몰입(CPE: creative process engagement)의 정도를 보고하였다. 고각성의 긍정 및 부정 정서 상태 모두는 해당 시점에서의 더 높은 창의적 몰입과 연합되었고, 저각성의 긍정 및 부정적 기분은 창의적인 몰입과 덜 연합되었다. 더 나아가, 특정 시점에서의 고각성의 부정적 기분은 다음 조사 시점에서의 더 높은 창의적 몰입으로 이어지는 지연 효과가 나타났다.

3) 정서 변동

부정적 기분이 긍정적 기분으로 전환되는 경우에도 창의성이 증진된다는 주장이 있다(Bledow et al., 2013). Bledow 등(2013)은 성격 시스템 상호작용(PSI: personality system interaction) 이론(Kuhl, 2000)에 기반하여, 부정 정서의 감소 및 긍정 정서의 증가를 나타내는 정서 변동(affective shift) 과정은 창의성과 연관이 있다는 창의성의 불사조 모형(phoenix model)을 제안하였다. 즉, 창의성은 긍정 및 부정 정서의 역동적 상호작용으로부터 영향을 받는데, 부정적 정서 사건들을 경험한 후 부정 정서는 감소하고 긍정 정서가 증가할 때 높은 창의성이 나타난다는 것이다. 그들은 102명의 정규직 직원들을 대상으로 경험표집법으로 자료를 수집하였는데, 한 주 동안 매일 아침 출근 직후 자신의 정서 상태(긍정 6개 문항, 부정 7개 문항)에 대한 짧은 온라인 조사에 응답하였고, 매일 퇴근 무렵에 다시 근무 중 경험한 정서와 더불어 창의성에 대한 문항(예: '오늘 나는 업무상 새롭고 실행 가능한 아이디어를 생각해내었다')에 응답하였다. 분석 결과, 아침에 부정적 정서가 높고 퇴근 무렵에 긍정적 정서가 높을 때(부정적 정서가 감소하고 긍정 정서가 증가할 때) 가장 높은 창의성을 보여 모형의 예측이 지지되었다. 80명의 학생을 대상으로 한 실험 연구에서도 정서 변동이 창의성에 긍정적 영향을 미치는 인과관계가 드러났다. 심리학과 학생들이 부정적 기분을 느낀 후 정적 기분으로 유도되었을 때 교육의 질을 개선하기 위한 아이디어 생성 과제에서 더 유연성과 독창성이 높았다.

Bledow 등(2013)의 후속 연구로서, Mackay와 Moneta(2016)는 방송 산업의 구성원들을 대상으로 프로젝트가 진행되는 동안의 정서 변동이 갖는 효과를 조사하였다. 그들은 불사조 모형에 근거하여 직장에서 정서의 역동적 과정이 어떻게 창의성에 이르게 하는지 구체적으로 탐색하고자 하였다. 창의적인 작업을 하는 방송국 직원 아홉 명을 대상으로 종단적인 연구가 진행되었다. 자료는 2일에서 12일간 열여덟 개의 창의적 프로젝트를 수행하는 동안 수집되었다. 참가자들은 프로젝트 동안 하루에 두 번씩 온라인 설문에 응답하였는데, 응답 시점에서의 프로젝트에의 창의적 기여 정도 및 긍정 및 부정 정서에 대한 것이었다. 응답 자료는 프로젝트 동안의 전반과 후반으로 나뉘어 전후반 각각 평균 점수로 합산되었다. 프로젝트가 종료된 후 직원과 관리자가 창의성에 대해 평정하였다. 회귀 분석에 의하면, 프로젝트 최종 산출물의 창의성에 대한 관리자 평정은 정서 변동과는 아무런 관련이 없었으며, 직원의 최종 산출물에 대한 창의적 기여의 평가도 긍정 및 부정 정서의 변화와는 관련이 없어 전반적으로 불사조 모형은 지지되지 않았다.

또한, Watts 등(2020)은 정서적 톤(유인가)과 각성(활성화)에서의 가벼운(mild) 변동[14]이 세 가지 창의적 과정에 미치는 영향을 연구하였다. 학부생들에게 정서 변동이 유도되도록 설계된 짧은 이야기를 읽게 하고, 복잡한 비즈니스 문제들에 대한 해결안을 생성하도록 하였다. 정서적 톤과 각성에서의 변경은 상호작용하여 아이디어 생성 및 실행 계획에 영향을 미쳤다. 가장 높은 창의적 수행은 안정적으로 긍정적 톤의 저각성(예: 이완된) 상태에 있던 참가자들과 부정적 톤의 고각성(예: 화난)으로 변동된 참가자들에게서 나타났다. 반면, 부정적 톤의 저각성(예: 슬픈) 상태 또는 긍정적 톤의 고각성(예: 행복한) 상태로 변동된 참가자들은 더 저조한 창의적 수행을 보이는 경향이 있었다. 이런 결과는 구성원의 창의성을 증진하기 위해 고각성의 긍정 정서 수준을 높여야 한다는 시각에 의문을 제기한다.

전반적으로 정서 변동에 대한 이상의 제한적인 연구 결과들은 정서 변동이 창의성에 미치는 효과를 충분히 지지하는 것으로 보기 어렵다. 정서의 변동 및 변산성과 창의성 간의 관계에 대한 더 많은 연구가 필요하다(〈참고 9-2〉).

---

14 일상적 삶에서의 정서 변동은 대개는 가벼운 변동이다. 그리고 앞서 언급되었지만, 각성이나 강도가 너무 높은 정서는 정상적인 논리적 사고를 저해할 수 있다.

참고 9-2 정서 변산성

정서의 시간에 따른 변화는 정서 변산성(variability)의 다양한 지표들을 검토하면서 고찰될 수 있다. Russell(2003)에 의하면, 일반적으로 일상생활에서의 정서 상태는 핵심 정서(core affect)라고 불리는 쾌-불쾌의 유인가 차원과 활성-비활성의 각성 차원이 혼합된 형태로 의식된다. 따라서 특정 시점에서 한 개인이 느끼는 정서는 이차원적 핵심 정서 공간에서의 위치를 나타낼 수 있다. 그리고 정서 경험은 쾌로부터 불쾌, 혹은 활성으로부터 비활성에 이르는 연속선을 따라 변화한다고 할 수 있다.

정서 변산성에 대한 초기 연구에서는 변산성을 단일 차원의 상태 수준에 대한 반복 측정치들의 표준편차로 정의하였다(Eid & Diener, 1999). 이것을 Russell(2003)이 제시한 이차원의 핵심 정서 공간에 적용해본다면, 정서 변산성은 유인가와 각성 차원에서의 변산성으로, 데카르트 좌표(X-Y축)에 표시되는 내적 정서들의 표준편차로서 계산될 수 있다(Kuppens et al., 2007). 즉, 개인 내적 정서 변산성이란 얼마나 긍정-부정 정서 차원에서 변화를 보이는지와 더불어 얼마나 활성화 차원에서 변화를 보이는지를 반영하는 것이라고 할 수 있다.

정서 변산성에 대한 더 정교한 접근도 있다. 한 개인이 느끼는 정서 변화는 핵심 정서 공간 내에서 시간이 지남에 따라 어떤 양상으로 나타나는지 핵심 정서 궤도(trajectory)로 표시될 수 있다. 또한, 우리가 '감정 기복이 심하다'고 하는 것은 정서 경험의 강도에서 변화가 크다는 것을 의미하는 것인지, 아니면 질적으로 다른 정서를 경험하면서 변화가 생기는 것을 의미하는 것인지, 아니면 둘 다 변화가 크다는 것을 의미하는지 구분할 필요가 있다.

이를 위해 정서 상태를 표시한 핵심 정서 공간의 좌표를 이용해 원점으로부터의 '거리'와 '각도'를 활용할 수 있다. 즉 원점으로부터의 거리는 시점마다 경험하는 정서의 강도(intensity)를 반영하고, 각도는 개인이 경험한 정서의 질적(quality) 변화를 반영한다. 쿠펜스 등은 변산성을 측정하기 위해서 〈그림 9-2〉와 같이 파동(pulse)으로 명명한 강도 변산성과 회전(spin)이라 불리는 질적 변산성의 두 측정치를 고안하였다.

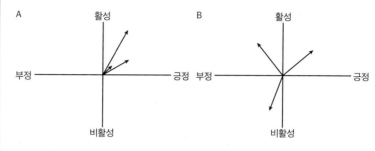

그림 9-2 **정서 변산성: 파동과 회전(Kuppens et al., 2007)**

〈그림 9-2〉는 파동과 회전을 설명하고자 좌표상에서의 정서 변화를 예시한 것이다. 먼저 A를 살펴보면, 원점으로부터의 거리는 제각각이지만 하나의 사분면 내에 몰려 있다. 이는 높은 파동과 낮은 회전을 나타낸다. 반면 B는 원점으로부터의 거리는 일정하지만, 각각 다른 사분면의 정서를 나타내고 있다. 따라서 B는 낮은 파동과 높은 회전을 나타낸다.

낮은 파동(강도 변산성)은 유사한 강도의 감정을 지속적으로 경험하는 것이다. 예를 들어, 어떤 사람은 얼굴에 은은한 미소가 떠오르는 잔잔한 행복감을 오랜 기간 유지한다. 중요한 경기에서 승리한 운동선수가 환희에 가득 찬 강렬한 행복감을 계속 느낄 수 있다. 반면, 높은 파동은 갑작스럽게 감정이 폭발하는 것 같이 시간의 흐름에 따라 경험하는 정서 강도에서 변화가 일어나는 경우이다. 파동은 정서 경험의 질적 측면과는 상관없이 정서 경험에서의 강도의 변화만을 나타낸다.

회전은 핵심 정서 좌표에서 질적으로 다른(서로 다른 사분면의) 정서들을 경험하는 정도를 나타낸다. 예를 들어, 아침에는 무력감(부정-비활성 정서)을 느끼다가 점심 무렵에는 활기찬 기분(긍정-활성 정서)을 느낄 수 있고, 동료와 언쟁을 해서 짜증(부정-활성 정서)이 날 수 있다. 높은 회전은 질적으로 다른 정서 변화를 경험하지만, 낮은 회전은 계속 동일한 정서 상태를 유지하는 경우이다(예: 항상 편안하거나 항상 긴장되어있는 경우). 따라서 회전은 정서의 강도와는 상관없이 정서의 질적 변화 정도를 반영하는 개념이다. 파동과 회전 개념을 통해서 정서 변동과 창의성 간의 관계를 새롭게 조명해볼 수 있을 것이다.

4) 창의성의 이중 경로 모형

정서와 창의성 간의 관계에 대한 또 다른 관점은 정서의 유인가(긍정–부정 또는 쾌–불쾌, hedonic tone) 차원뿐만 아니라 활성화(activation) 차원을 추가로 고려하여 더 정확하게 파악될 수 있다는 것이다.

기분과 창의성 간의 관계에 관한 25년 동안의 연구들을 메타분석한 Baas 등(2008)은 긍정적 정서가 전반적으로 창의성을 증진하지만 높은 수준의 활성화(예: 열정과 같은 고양된 정서)가 함께 동반되었을 때 증진 효과가 더 크다는 것을 발견하였다. 즉, 비활성화된 긍정적 정서(예: 편안한)는 창의성 증진 효과가 그리 크지 않았다.[15]

활성화(각성)는 목표 관련 활동에 계속 주의와 노력을 기울이도록 에너지를 동원하는 기본적인 동기 체계의 작동을 나타낸다(Baas et al.,

---

15 구체적으로 그들은 기분과 창의성 간의 관계를 나타내는 102개의 효과 크기를 통합하였다. 전반적인 효과 크기 분석 결과에 의하면, 긍정적 기분은 중립적 기분보다 더 창의성 수준을 높였지만($r = .15$), 긍정적 기분과 부정적 기분 간($r = .04$)과 부정적 기분과 중립적 기분 간($r = .03$)에는 유의한 차이가 없었다(저자들은 실험 연구와 상관 연구 간 비교가 가능하도록 Cohen의 d 지표 대신에 r로 효과 크기를 표시하였다). 또한, 부정적 정서가 창의적 과제에서 추가적인 노력이 요구된다는 신호로 해석되는 경우와 같이 몇 가지 예외가 있지만, 부정적 정서는 대체로 창의성과 분명한 연관성을 갖지 않았다. 더 나아가, 높은 활성화가 동반된 부적 정서는 창의성을 감소시킬 수 있음을 보여주었다.

2011). 또한, 활성화(각성)는 신경전달물질인 도파민과 노르에피네프린의 방출과 관련이 있으며, 이는 작업기억(working memory) 증대 및 장기기억에의 접근에 영향을 미친다.

정서의 유인가 차원과 활성화 차원을 구분하여, De Dreu 등(2008)은 창의성에 대한 이중 경로 모형(dual pathway to creativity model)을 제시하였다. 〈그림 9-3〉에 제시된 이 모형에 의하면, 창의성이 발현되기 위해서는, 앞서 언급했듯이 먼저 활성화된 정서가 필요하며, 이는 동기부여와 함께 작업기억 용량을 증가시킨다. 그런데 정서의 유인가 차원이 활성화된 정서나 기분이 창의성에 기여하는 방식을 결정한다. 즉, 유인가 차원에 따라 이중 경로를 가정하는데, 긍정적 기분(행복, 즐거움 등)은 인지적 유연성(flexibility)을, 부정적 정서는 끈기(persistence)를 유도하게 되며, 이 두 가지가 혼합되어 창의적 수행에 이르게 된다는 것이다.

활성화된 긍정 정서 상태에서는 문제해결 동안 새로운 가능성을 탐구하고 다양한 관점들을 고려하고 통합하고자 한다. 또한, 아이디어 생성 동안 서로 다른 개념 범주의 아이디어들을 탐색하는 인지적 유연성을 보인다. 예를 들어, 대학 교육을 개선하는 아이디어를 생성할 때 행복한 피험자들은 서로 다른 범주의 아이디어들(교수법 개선뿐만 아니라 교육 인프라나 관련 입법과 같은 다른 다양한 방안들)을 생성하는 경향을 보였다.

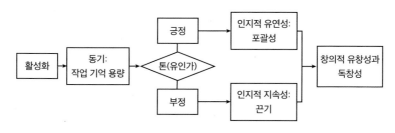

그림 9-3 이중 경로 모형(De Dreu et al., 2008)

반면에 활성화된 부정적 기분은 당면 과제에 대해 주의를 집중하고 계속 노력을 기울이도록 하는 인지적 '끈기'를 높인다. 활성화된 부적 기분은 현 상태가 충분하지 않고 문제가 있다는 신호를 보낸다(Schwarz & Clore, 1996). 즉, 부적 기분은 문제 상황을 개선하기 위해 체계적이고 분석적인 정보처리를 하게 하며, 여러 제약을 고려한 협소한(narrow) 처리는 주의 분산의 가능성을 줄여 과제에 더 주의를 집중하고 몰입하게 한다. 활성화된 부적 정서는 인지적 유연성의 감소로 이어질 수도 있지만, 아이디어 생성 동안 몇 가지 유력한 개념적 범주들을 보다 심층적으로 탐구할 수 있도록 함으로써 창의성의 증진에 기여할 수 있다. 예를 들어, 대학 교육 개선 아이디어 생성에서, 화가 나거나 두려운 기분조건의 피험자들은 몇 개 범주(교수법을 개선하는 방법들에만 초점) 내에서 깊이 있는 많은 아이디어를 생성하는 경향을 보였고, 다른 관점의 주제들은 무시하는 경향을 보였다. 따라서 폭넓게 정의된 문제에서는 긍정적 정서가, 제약이 많고 좁게 정의된 문제는 부정적 정서가 유리할 수 있다.

5) 접근-회피 지향성

앞서 이중 경로 모형은 활성화된 기분의 유인가에 따라 서로 다른 기제를 통하여 창의성에 기여하는 것으로 보았다. 그러나 일부 연구들은 슬픈, 두려운 조건이나 중립적 조건보다 화난 조건들의 피험자들이 개념적 범주 간의 유연한 이동을 더 많이 하는 것을 보여주었다(Baas et al., 2012). 더구나, 두려운 및 편안한 조건보다 지루한 조건에서 연합적인 사고에서 더 높은 수행을 보였다(Gasper & Middlewood, 2014).[16] 이

---

16 Gasper와 Middlewood(2014)는 정서 상태의 유인가(긍정, 부정), 지향성(접근, 회피), 각성(활성화) 수준의 세 가지 차원이 창의적 연합을 만들어내는 능력에 어떻게 영향을 미치는지 조사하였다. 세 연구를 통하여 피험자들은 고양된(긍정, 접근, 각성), 이완된(긍정, 회피, 비각성), 지루한(부정, 접근, 비각성), 괴로운(부정, 회피, 각성) 상

러한 연구들에 근거할 때, 개별적인 기분들이 창의성에 미치는 영향을 좀 더 완전히 이해하기 위해서는 지금까지 다룬 유인가와 활성화 차원과 더불어 또 다른 차원이 필요하다고 볼 수 있다.

창의성과 연관이 있는 세부 정서들은 여러 차원에 걸쳐 다양하게 분류될 수 있다. Baas 등(2011)은 유인가와 활성화 차원과 더불어 접근 대 회피 지향성(또는 향상 대 예방 초점)이라는 동기적 지향성 차원을 추가하였다. 욕망이나 보상과 연결된 접근 지향성(approach orientation) 또는 향상 초점(promotion-focus)에서는 추구하는 목표를 달성하거나 긍정적 결과를 얻는 방향으로 행동을 조절하는 데 초점을 둔다. 반면, 혐오, 처벌, 위협과 연결된 회피 지향성(avoidance orientation) 또는 예방 초점(prevention-focus)에서는 혐오하는 자극을 피하거나 실패와 같은 부정적 결과가 나오지 않도록 하는 방향으로 행동을 조절하는 데 초점을 둔다(Idson et al., 2000).

행복, 즐거움, 안도감은 모두 긍정적 기분 상태이지만, 행복과 즐거움은 접근 지향성에 해당하지만, 안도감은 회피 지향성과 연관된다. 동일하게 분노, 슬픔, 두려움은 모두 부정적인 기분이지만, 분노와 슬픔은 접근 지향성과 연관되고 두려움은 회피 지향성에 해당하는 정서이다.

앞서 활성화된 긍정 정서가 폭넓은 주의 및 유연성 증가와 관련되고, 활성화된 부적 정서는 인지적 끈기와 관련된다고 하였는데, 이것을 새로운 차원인 접근 지향성의 정서 상태와 회피 지향성의 정서 상태로 대치할 수 있다. 따라서 접근 지향성의 상태인 행복, 즐거움, 분노, 슬픔

태에서 연합적 사고에 대한 측정이 이루어졌다. 지향성 가설과 일치되게, 접근 지향적 상태(고양된, 지루한)가 회피 지향적 상태(괴로운, 이완된)보다 더 높은 수준의 연합적 사고 수행을 보여주었다. 이런 결과는 접근 상태는 감각 추구(sensation seeking)와 같이 새로운 경험을 하고자 하는 욕구를 증진시켜 나타난 것으로 해석이 된다. 따라서 비각성 정서 상태는 새로운 경험에 접근하느냐 아니면 회피하느냐에 따라 다른 결과가 나온다.

은 유연성 증가와 연관이 되지만, 회피 지향적 상태인 안도감, 불안, 두려움은 인지적 유연성에 의존하는 창의적 과제의 수행에서는 낮은 수행에 이르게 한다.

더 나아가 '행복'처럼 활성화된 긍정적 기분과 접근 지향성(향상 초점)이 연합될 때 창의성이 가장 높게 나타난다. '슬픔'과 같이 부정적이고 비활성화된 기분과 접근 지향성(향상 초점)이 연합된 경우는 창의성과 별 관련이 없었지만, '두려움'이나 '불안(걱정)'과 같은 활성화된 부정적 기분과 회피 지향성(예방 초점)이 연합된 경우는 낮은 창의성(특히 인지적 유연성으로 측정된 경우)을 보였다. 몇 가지 예외와 함께, 이러한 결과는 실험 연구와 상관 설계 모두에서 나타났고, 학생과 성인 모두에서 나타났으며, 창의성의 여러 차원(유창성, 유연성, 독창성, 통찰과제 등)에서 모두 나타났다.

한편 Emich와 Vincent(2020)는 팀 수준의 집합적 정서인 팀 정서(team affect)에 주목하여 팀 구성원들의 정서 다양성, 즉 구성원들의 질적으로 다른 정서 상태가 팀의 창의적 과정과 결과에 어떻게 영향을 미치는지를 조사하였다. 그들은 정서를 활성화 차원과 조절 초점(regulatory focus) 차원으로 분류하였는데, 대부분 구성원이 긍정과 부정의 정서와는 관계없이 활성화된 향상 초점의 정서(예: 기쁨, 분노)를 경험하면 팀이 아이디어 생성에 더 지향되어 새로운 아이디어가 많이 나오고 선정되는 결과가 나타남을 보여주었다. 반면, 활성화된 예방 초점의 정서(예: 공포, 긴장)를 경험하게 되면 아이디어 생성이 아닌 아이디어 선정에 더 지향되면서 최종 선택된 아이디어의 새로움이 감소하였다. 또한, 한 팀 내에 활성화된 향상 초점의 정서와 활성화된 예방 초점의 정서가 다양하게 공존할 때(이질적 정서 조건)에는 아이디어 생성보다는 아이디어 선정에 더 집중하게 되어 선정된 아이디어의 새로움은 감소하는 것으로 나타났다.

앞으로 더 많은 연구가 이루어져야 하겠지만, 유인가 및 활성화 차원과 더불어 동기적 차원(조절 초점 또는 동기 지향성)이 기분이 창의적 과정 및 수행에 미치는 효과를 설명하는데 상당히 중요할 것으로 보인다.

6) 개인차 변인의 조절 효과

정서 또는 기분과 창의성 간의 관계는 성격과 같은 개인차 변인에 따라 달라질 수 있다(Baas, 2019). 장재윤과 문혜진(2014)은 하루의 기분(긍정 또는 부정)에 따라 조직 구성원들의 창의적인 행동이 어떻게 달라지는지, 그리고 그러한 변화에서 성격특성(성실성과 경험에 대한 개방성)이 조절 효과를 가지는지를 조사하였다. 71명의 한국 대기업 종사자들을 대상으로 10일간 기분과 창의적 과정 몰입(CPE)을 반복 측정한 자료를 분석한 결과, 긍정적 기분은 창의 과정 몰입을 증가시키지만, 부정적 기분은 감소시키며, 기분과 창의 과정 몰입 간의 관계에 대한 성실성의 조절 효과가 있는 것으로 나타났다. 성실성 수준이 높을수록, 기분이 창의 과정 몰입에 미치는 영향은 크지 않았으며 비교적 안정적으로 높은 수준의 창의 과정 몰입 수준을 보였다. 경험에 대한 개방성은 유의한 조절 효과를 보이지 않았다.

Smith 등(2022)은 창의성이 요구되는 전문직업인 및 관련 전공생과 취미로 창의적 활동에 주기적으로(한 주에 20시간 이상) 참여하는 사람을 대상으로 2주 동안 매일 자신의 창의적 행동, 정서, 충만감(flourishing)에 대해 보고하는 일기법 연구를 수행하였다. 결과는 매우 활성화된 정서 상태와 높은 안녕감을 보인 날에 가장 창의적이었고, 부정적 정서 상태인 날에는 유의하게 덜 창의적이었다. 또한, 경험 개방성이 높은 사람은 일일 창의성(daily creativity) 및 일상적 창의성(everyday creativity)과 정서와의 관계가 더 강하게 나타났다. 그러나 전문적 창의성(professional creativity)과 정서 간의 관계에서는 개방성의 조절 효과가 나타나지 않았다. 또한, 전반적으로 성실성이 높고 신경증이 낮은 사람이 창의적 활동에 더 많이 관여하였다.

Leung 등(2014)은 조금 다른 관점에서 개인차 변인이 둘 간의 관계를 조절할 것이라고 보았다. 그들은 정서 조절의 수단적(instrumental) 설명에 근거하여, 창의성에 있어 특성 일치적 정서(trait-consistent emotions)의 수단적 가치를 정서와 창의성 간 관계에 대한 새로운 관점을 제시하는데 적용하였다.[17] 그들은 두려운 기분이 창의성에 미치는 효과를 신경증이 조절하는 결과를 보여주었는데, 신경증이 높은 사람들에게서만 두려운 기분이 창의성의 증진을 가져왔다. 행복(happy)과 대비되는 걱정(worry)과 같은 정서는 신경증이 높은 사람의 특성과 일치하는 경험이기에 창의성 과제에서의 수행을 촉진한 것이다. 그들은 세 연구에서 지지 증거를 제시하였는데, 첫째, 신경증이 높은 사람들은 창의성 과제를 수행할 것으로 예상이 될 때 행복한 사건이 아닌 걱정스러운 사건을 회상하는 것을 더 선호하였다(연구 1). 걱정스러운 사건을 회상하도록 유도되었을 때, 신경증이 높은 사람들은 인지적인 압박이 있는 과제에

---

17 마야 타미르의 정서 조절의 수단적 설명에 따르면, 자신의 특성과 일치하는 정서의 경험은 수행 목표의 달성을 촉진한다. 특성 일치적 정서가 수단으로서의 이득을 갖는다는 것은 인간이 정서 조절에 있어 항상 쾌락적 동기를 충족(또는 즐거움을 추구)하는 방향으로 지향되는 것은 아님을 나타낸다. 즉, 단순히 긍정적 정서만을 추구하는 것이 아니라, 수단적 동기(instrumental motive)를 충족하기 위해 원하는 결과를 얻는 것과 연관된 정서에 더 지향되어 있다는 것이다. 그래서 부정적 정서 경험이 목표 추구에 더 수단적이면, 사람들은 목표 달성을 위해 이런 부정적 정서 경험을 추구하도록 동기화된다. 예를 들어, 신경증이 높은 사람은 상당한 노력이 요구되는 과제에 참여하기 전에 '행복'보다는 '걱정'을 경험하는 활동을 더 선호한다. 걱정과 불안 같은 정서는 신경증이 높은 사람들에게는 특성 일치적 정서들이기 때문이다. 신경증은 부정적인 결과가 발생하는 것을 예방하려는 동기를 우선시하는 회피 지향성과 연관되어 있다. 따라서 이러한 성격특성과 정서 상태 간의 동시성은 원하는 결과를 얻는 방법에 대한 단서를 제공한다. 또한, 특성 일치적 정서 경험이나 정서 조절은 상당한 노력이 요구되는 고부담 인지적 과제일수록 높은 수행을 이루는데 더 큰 이득이 있다(Tamir, 2005).

서 더 창의적인 설계 아이디어들을 고안해냈고(연구 2), 벽돌의 더 다양한 특이 용도를 생각해냈다(연구 3). 연구 3에서는 내적 과업 동기와 즐거움이 특성 일치적 정서 조절과 창의적 수행 간의 관계를 매개하는 작용을 한다는 것을 보여주었다. 이런 결과는 정서와 창의성 간의 관계에 대한 개인차 변인의 조절 효과에 대한 새로운 접근을 제시한다.

To 등(2015)은 부정적 정서가 창의성을 증진 또는 감소시킬 수 있는 비일관적인 결과들에 주목하고, 둘 간의 관계를 조절하는 변인으로 목표 지향성(goal orientations)[18]에 주목하였다. 그들은 68명의 구성원으로부터 556회의 실시간 보고를 받는 경험표집법으로 수집된 자료를 분석한 결과, 특성으로서의 학습 목표 지향성이 강한 구성원과 자신들이 권한을 부여받았다고 지각하는 구성원에게서 부정적 정서는 창의 과정 몰입과 가장 정적으로 강하게 연관이 되었다. 즉, 학습 목표 지향성이 높은 사람이 목표를 추구할 수 있는 조건에 있을 때, 부적으로 활성화된 기분(분노, 두려움, 불안)은 창의성의 증진과 연관되었다.

또 다른 유력한 조절 변인은 창의성 과제와 사고 양식 간 일치이다(Chermahini & Hommel, 2010; De Dreu et al., 2008). 과제 수행에서 요구되는 사고가 유연한 사고이냐 아니면 체계적이고 끈기 있는 사고이냐에 따라 기분과 창의적 수행 간 관계가 달라질 수 있다. 유연한 사고가 요구되는 상황에서 두려운 기분은 창의성의 감소로 이어질 수 있지만, 창의성 과제가 수렴적 사고나 끈기 있는 사고가 필요한 경우에는 두려운 기분이 창의성을 증진할 수 있다. 같은 논리로, 성격특성인 '행

---

18 교육이나 직장에서 무엇인가를 성취해야 할 때, 두 가지 구분되는 목표를 지향할 수 있다(Dweck, 1986). 학습 목표 지향성은 당면한 과제 그 자체의 학습, 숙달을 통한 변화와 성장에 의미를 두는 것으로, 내적 동기와 유사한 측면이다. 반면 수행 목표 지향성은 과제 수행에서 드러난 능력과 결과에 초점을 둔다. 과제 수행의 결과가 곧 자신의 능력을 드러내는 것이므로, 다른 사람에게 유능하게 보이고(무능하게 보이지 않고) 호의적인 평가를 받는 것에 지향된다.

동 활성화 체계(BAS: behavioral activation systems)'에서 높은 수준을 보이는 사람[19]은 창의성 과제가 유연한 사고를 요구하는 경우에만 더 창의적이다(De Dreu et al., 2011). 예를 들어, BAS가 높은 사람은 대학 '교육'을 개선하는 것처럼 폭넓은 주제와 다양한 개념 범주에 유연하게 접근해야 하는 과제를 할 때에는 창의성과 정적으로 연관되었지만, 대학 '수업'을 개선하는 것처럼 좁은 주제에서는 그렇지 않았다.

5. 정서 연구의 과제

활성화되지 않은 긍정 정서(예: 평온한)는 창의성과는 별 관련이 없는 것으로 나타났으나, 이러한 결과는 평안하고 여유로운 기분 상태가 창의성에 유익할 것으로 생각하는 경영자나 창의적인 인물의 전형은 대체로 우울하다고 믿는 일반인들의 생각과는 일치하지 않는다. 활성화된 긍정 기분은 창의성에 유익한 효과를 가지나, 비활성화된 긍정 정서는 창의성에 별 영향을 미치지 못한다는 점은 구글과 같은 창의적이고 혁신적 기업들이 편하게 긴장을 줄이고 이완시키며 잠깐 졸 수도 있는 휴게실 같은 것에 많은 투자를 하는 것과 모순되는 것으로 보인

---

19 행동 활성화 및 억제 체계(behavioral activation and inhibition systems)는 영국심리학자인 제프리 앨런 그레이가 처음 제안하였다. 그는 인간의 두 개의 주요 동기 체계로서 행동 활성화 체계(BAS)와 행동 억제 체계(BIS)를 구분하였다(Gray, 1970). 전자(BAS)는 환경에 긍정적인 것이 있고 행위를 하면 그것을 얻을 수 있다는 신호를 받을 때 활성화되는 체계이다. BAS는 의미 있는 목표나 보상이 있음을 알고 그것을 얻거나 달성하기 위해 적극적인 행동을 보이는 것으로, 접근 동기 지향성과 유사하다. BIS는 어떤 행동을 하면 처벌이나 부정적 사건이 일어날 것이라는 단서를 인식하면 나타나는 체계이다. 이것은 불안, 긴장, 괴로움과 같은 부정적 정서와 연합된다. 그런데 행동 활성화가 더 강하게 나타나는지(민감한지), 아니면 행동 억제가 더 강하게 나타나는지(민감한지)에 있어 개인차가 있다.

다. 연구와 실제 간의 이런 차이와 모순을 어떻게 받아들여야 할까? 아마도 다른 기제가 작동하는 것으로 볼 수 있다. 기업에서의 명상실이나 휴게실 같은 것이 창의성을 자극하는 이유는 편안한 긍정 정서로의 변동을 유도하기 때문일 수도 있고, 아니면 구성원의 창의성을 가치 있게 여기는 기업 문화가 드러난 것이며 그것이 창의성에 긍정적으로 영향을 미쳤을 수도 있다. 또는, 휴게실은 즐거운 업무 환경을 만드는 데 기여할 수 있으며, 이것이 구성원들이 자신의 업무에 더 몰입하고 더 많은 시간을 직장에서 보내도록 할 가능성이 있고, 그럼으로써 부수 효과로 창의성이 증진될 수도 있다(Amabile, 1996).

더불어 스트레스와 창의성 간에는 곡선적 관계가 있어, 스트레스가 심해지면 창의성은 점진적으로 감소한다(Byron et al., 2010).[20] 이때 휴게실에서 몇 분간의 휴식은 스트레스 수준을 다시 최적 상태로 되돌릴 수 있을 것이다.

사람들은 휴게실에 방문하는 동안 문제로부터 잠시 벗어나 부화기를 가짐으로써 미해결 과제에 대한 창의적인 통찰을 얻을 수도 있다(Sio & Ormerod, 2009). 단순히 걷거나 명상을 하는 것만으로도 스트레스가 줄고 창의적인 통찰을 얻을 수 있는데(Baas et al., 2014; Oppezzo & Schwartz, 2014), 이것들은 휴게실보다 훨씬 적은 비용으로 창의성을 증진하는 효과적인 방법일 수 있다.

---

[20] 창의적 사고에서의 스트레스요인들의 역할에 대한 메타분석에서는 곡선적 관계가 나타났는데, 낮은 수준의 스트레스에서는 스트레스가 없는 경우보다 창의적 수행이 유의하게 증가하다가 매우 높은 수준에서는 다시 감소하였다(Byron et al., 2010). 스트레스의 종류에 따라서도 달랐다. 사회 평가적 스트레스에서는 역 U자 형태의 곡선적 관계가 나타났으며, '통제불가능성'이라는 스트레스요인은 실험실 과제(예: 확산적 사고)에서의 창의적 수행과 부적으로 연관되었다. 또한, 특성 불안이 높은 사람들의 경우에는 스트레스요인들이 창의성을 감소시켰고, 특성 불안이 낮은 사람들은 스트레스요인이 창의성을 오히려 증진시켰다.

창의성의 발현에서 정서의 역할이나 기능에 대해서는 그간 밝혀진 것보다 더 많은 질문이 제기되는 상황이다. 특히 실험실 연구와 더불어 현장에서의 연구가 더 많이 요구된다. 다음에 창의성과 정서 간의 관계에 대한 연구가 지향해야 할 방향을 제안하였다.

첫째, 행복하거나 즐거운 기분이 창의성을 증진하는 효과가 있지만, 창의성을 설명하는 변량은 단 3% 정도에 불과하다(Baas et al., 2008). 과업이 재미(fun)로 프레이밍되고 즐기는 것이 강조될 때 설명량은 조금 더 증가하였다. 그래서 창의성을 증진하기 위해 구성원들의 활성화된 긍정 기분을 높이는 것이 효과적일 수 있다. 다만, 앞서 Davis(2009)의 메타분석 연구에서 보듯이, 현장 관점에서 볼 때 조직에서 수행하는 과업들은 새로운 아이디어 발상만이 필요한 것이 아니라, 유용한 제품이나 서비스로 구현되어야 하기에 최종 창의적인 성과는 여러 요소가 복합적으로 작용하여 나타나는 것이다. 지금까지의 연구는 활성화된 긍정 기분 및 조건에 따라 일부 부정 정서가 유익한 것으로 나타나고 있지만, 조직에서 구성원이나 팀의 창의성이 발현되도록 하는 데 있어 정서나 기분의 역할에 대해서는 더 많은 연구가 필요할 것이며, 다양한 조절 변인들이 존재한다는 점을 고려할 때 이를 통합적으로 조망하는 메가 이론이 필요할 것이다.

둘째, 동료나 리더와 같이 다른 사람들이 드러내는 정서나 기분이 창의성에 미치는 영향이 연구되어야 한다(Madrid et al., 2016; Visser et al., 2013). 이것은 정서가 전염성이 있기 때문이다. 한 사무실의 사람들이 모두 감기에 걸릴 수 있듯이, 모두 동일한 정서에 전염되어 비슷한 기분 상태에 빠질 수 있다. 조직 구성원들은 상사의 기분에 늘 관심에 두기에, 상사의 정서는 더 전염성이 크다고 할 수 있다. Van Kleef 등(2010)의 초기 연구는 분노의 표현이 관찰자의 창의적 수행을 증진하는지 조사하였다. 초기 아이디어 생성 세션이 끝나고 나서 피험자들은 표정, 목소리 톤, 몸짓을 통해 화가 난 방식 또는 중립적인 방식으로 피드백을 들었다. 과업 관련 정보를 정교하게 처리하고 피드백의 시사점에 주의를 기울이도록 동기화된 피험자는 중립적 방식이 아닌 화난 방식으로 전달된 피드백을 받았을 때 이후 더 창의적인 아이디어를 생성하였다. 반면 과업 관련 정보를 처리하도록 동기화가 덜 된 피험자에게는 반대의 효과가 나타났다. Visser 등(2013)의 또 다른 연구에서도 리더가 슬픔보다는 행복의 기분을 드러내는 경우 부하의 창의적 수행이 증진되었고, 이 효과는 부하의 자기 보고된 행복에 의해 매개되었는데, 이것은 정서적 전염이 이루어진 것임을 보여준다. 정서 표현이 관찰자에게 미치는 효과에 관한 후속 연구들은 더 다양한 개별 정서들을 다루어야 할 것이며, 가능한 조절 및 매개 변인들을 탐색해야 할 것이다.

셋째, 기분과 창의성 간의 연결에 관한 실험 연구들에서는 확산적 사고나 통찰 과제 또는 원격 연상 검사를 주로 사용하였고(Baas et al., 2008), 문제해결 과제를 사용하여도 해결안 생성에만 초점이 있었다(Davis, 2009). 그러나 최종 산물에 이르는 창의적 과정은 이보다 더 포괄적이다. 문제 정의 또는 문제발견에서 시작하여 다양한 해결 대안들의 생성 및 최적 대안의 검토와 선정, 그리고 실행 등의 여러 단계를 포함한다(Basadur et al., 1982). 그런데 지금까지의 기분과 창의성 간의 관계에 관한 연구는 문제 정의 및 발견 그리고 아이디어의 평가나 선정에 대해서는 거의 다루지 않았다. 향후 연구에서는 아이디어 생성만이 아니라 창의적 과정의 여러 단계에서 긍정 및 부정 정서 또는 개별 정서들이 어떤 영향을 미치는지 연구할 필요가 있다.

넷째, 앞서 정서나 기분을 분류하는 기준이 유인가 차원뿐만 아니라 활성화 차원과 접근/회피의 동기적 지향성 차원에서도 가능함을 보았다. 이와 더불어, 이 장 초반에 언급되었듯이, Smith와 Ellsworth(1985)

는 정서의 인지적 평가에서 나타나는 다양한 차원들을 제시하였다. 그들은 피험자들에게 15개 각각의 정서와 연합된 과거 경험을 회상하도록 하였고, 8개 차원에 따라 그것들을 평정하도록 하였을 때, 유인가를 포함한 6개의 독립적 차원이 도출됨을 보여주었다. 이처럼, 개별 정서와 창의성 간의 관계를 보다 명료하게 설명하기 위해서는 세 가지 차원 이외의 다른 차원들의 가능성도 검토가 필요할 수 있다.

다섯째, 직장이나 실제 현장은 여러 정서가 역동적으로 변동하고 있다. 실험 연구들은 매우 통제된 조건에서 특정 정서를 유도하여 그것이 창의성에 미치는 효과를 보지만, 현실에서는 여러 복합적인 정서들이 요동치며 시간이 흐름에 따라 변동한다. Kaufmann과 Vosburg(2002)는 긍정적 정서는 초기에는 창의성 과제에 유리하지만, 부정적 정서와 통제 조건은 이후에서 더 나은 수행을 보임을 발견한 후, 창의성에서의 시간 효과를 다룰 필요성을 강조하였다. 이와 관련하여, 정서 변동을 다룬 Bledow 등(2013)의 연구는 초기 시도라고 볼 수 있으며, 이런 역동성을 고려하는 더 많은 종단적인 연구가 필요하다.

여섯째, 기존 연구에서 개선되어야 할 부분은 주로 실험 연구에 근거하고 있다는 것이다. 실험에서의 창의성 과제는 Big-C나 pro-c 수준이 아닌 little-c 수준이 경우가 많다. 따라서 little-c 수준의 창의성에서 나온 결과들이 더 높은 수준의 창의성에도 일반화될 수 있을지의 생태학적 타당도(ecological validity)[21] 문제가 있다. 다만, 최근의 ESM이나 일기법을 사용한 현장 연구들은 생태학적 타당도가 좀 더 높은 편이며,

---

21 실험이나 검사와 같은 통제된 상황에서의 행동(수행)이 실제 현장에서의 행동을 얼마나 예측하는지에 대한 타당도이다. 즉, 실험에서 나타나는 프로세스나 행동이 일상생활에서의 그것들을 얼마나 반영하는지의 심리적 리얼리즘 이슈로서, 통상 ① 실험(검사) 환경, ② 실험에서 사용하는 자극, ③ 피험자들의 행동 반응의 세 가지 측면에서 검토가 이루어진다.

실제 창의적인 작업이 일어나는 현장에서 정서의 영향을 조사할 수 있게 되었다. 앞으로 창의성이 요구되는 중장기적 프로젝트에서 참여자들의 정서 변동이나 팀 수준의 집합적 정서에 대해서도 조사할 수 있어야 할 것이다.

일곱째, 최근의 테크놀로지의 발전으로 창의적 과정에서 정서의 생리적 및 행동적 측정치들을 활용할 수 있게 되었다. 예를 들어, 생리적 각성을 나타내는 피부 전기(electrodermal) 활동을 측정할 수 있는 휴대용 센서를 이용함으로써 창의적 과정 동안에 일어나는 생리적 단서들을 풍부하게 얻을 수 있다. 또한, 세부 정서를 나타내는 표정을 구분할 수 있는 소프트웨어의 타당도가 높아지고 있으므로, 창의적 과정 동안의 정서 표현을 분석하는 데 사용될 수 있을 것이다. 이처럼 경험표집법이나 일기법과 더불어 다양한 연구방법을 동원함으로써 창의성과 정서 간의 관계뿐만 아니라 창의성 현상 일반에 대한 입체적 이해가 가능할 수 있을 것이다.

마지막으로, 지금까지 살펴본 여러 연구가 긍정적이고 활성화된 정서(예: 즐거움)를 경험할 때 더 창의성이 높아지는 경향이 있음을 보여주지만, Henderson 등(2023)은 역으로 창의성도 긍정적 정서를 돋울 수 있다고 보았다. 그들은 일상적 생활에서 창의성의 느낌이 이후의 긍정적 정서에 미치는 영향과 더불어 창의성의 경험이 자기 효능감을 증진하고 스트레스를 감소시키는지를 조사하였다. 참가자(104명)는 한 주 동안 매일 일곱 번 창의성, 의지력, 정서를 생태학적 순간적 평가 방법(ESM 방식)으로 응답하고, 밤에는 하루 동안의 스트레스, 낮 동안의 관여한 창의적 활동, 하루 동안의 창의성에 대한 전반적 지각을 보고하였다. 자료 분석 결과, 순간적 창의성 느낌은 이후 긍정-활성화된 정서로 이어졌지만, 긍정-비활성화된 정서로 이어지지는 않았으며, 긍정적 정서를 영향을 통제하고도 자기 효능감의 증가로 이어졌다. 일상적 스

트레스 요인들을 더 많이 경험할수록 창의적 활동에의 관여가 더 많았
는데, 이는 사람들이 스트레스를 관리하거나 그것에서 벗어나기 위해
창의적 활동을 활용하는 것일 수 있음을 시사하였다. 따라서 연구 결과
는 창의성이 긍정적 정서와 자기 효능감(지각된 자기 통제력)을 증가시
킴으로써 이후 더욱 접근 지향적 행동으로 유도할 수 있음을 보여준다.
즉, 창의적이라는 느낌이 도전적인 활동에 더 자신감을 갖고 접근하도
록 하는 것이다. 앞으로 창의성(창의적 사고와 행동)을 종속변인으로 보
지 않고, 선행변인으로서 이후의 정서, 인지, 행동에 미치는 영향에 초
점을 둔 연구들이 더 많이 나올 것으로 기대된다.

6. 능력으로서의 정서와 창의성

지금까지는 정서 경험 측면에서 창의성과의 연관성을 다루었지만, 정
서 지능이라는 개념이 시사하는 것처럼 정서를 '능력' 관점에서 볼 수 있
다(Ivcevic & Hoffmann, 2019). 정서 지능(emotional intelligence)은 정서 상
태의 원인과 결과를 정확하게 포착하고 비언어적 단서들로부터 정서를
인식하는 것과 같은 정서가 포함된 정보를 처리하는 능력과 사고와 문
제해결에 정서를 활용하고 특정한 목표를 위해 정서를 관리하는 능력을
말한다(Mayer et al., 2008). 즉, 정서 지능이 높은 사람은 자신의 정서 상
태를 인식하고 조절할 수 있으며, 상황의 요구에 맞추어 다른 사람들의
정서에 대해 공감하고 그들의 정서를 적절히 활용할 수 있다. 창의적 과
정에서도 이러한 정서 지능 또는 정서 능력이 필요할 것이다. 다음부터
'능력으로서의 정서'에 초점을 두어 창의성이 최종적으로 발현되기까지
정서 관련 제 측면들이 어떤 작용을 할 수 있는지를 개관하였다.

1) 정서 지능과 창의성

창의적 과정에서는 매우 폭넓은 정서들을 경험하게 된다. 창의성이 요구되는 영역에서 일하는 화가, 디자이너, 음악가, 작가, 과학자들은 모두 초기에 아이디어에 대한 영감을 얻었을 때는 기쁨이 넘치지만, 이후 그것의 모호함으로 인한 초조함이나 불안을 느낄 수 있으며, 최종 결과로 실현되기까지의 긴 작업 동안 고통, 좌절, 번민도 경험하게 된다(Bourgeois-Bougrine et al., 2014; Glăveanu et al., 2013). 창조자는 이런 다양한 정서들을 처리하고 관리할 수 있어야 할 것이다. 그래서 창의적 과정 동안 자신의 정서를 관리, 활용할 수 있는 능력에 관한 연구가 앞서 다룬 기분이나 정서가 창의적인 아이디어 생성에 미치는 영향에 관한 연구만큼이나 중요하다.

정서 지능과 같은 정서 능력이 창의성에 미치는 영향에 관한 연구는 어떤 정서가 창의성을 증진하거나 방해하는지를 묻는 것이 아니라, 창의성에 기여하는 방식으로 정서가 어떻게 사용되고 관리될 수 있는지에 대한 답을 찾고자 한다. 앞서 언급했듯이, 정서 상태에 관한 지금까지의 연구 결과는 정서 상태를 조작하는 것이 창의적 수행에서의 변량을 그리 많이 설명하지 못하는 것으로 나타났다(Baas et al., 2008). 따라서 그 대안으로 정서를 사용하고, 이해하고, 관리하는 능력의 역할에 관한 연구가 창의성과 관련성 측면에서 더 잠재력이 있다. 물론 정서 지능을 개념화하고 이를 측정하는 것도 여전히 만만치 않은 도전이다. 다음부터 정서 지능의 두 측면인 정서 활용과 정서 조절이 창의성과 갖는 관련성에 대해 살펴보겠다.

정서 활용　정서를 활용하는 것에는 경험한 정서에 근거하여 우선순위와 생각의 방향을 정하는 것이나, 자신의 정서 상태로부터 이득을 얻을 수 있는 과제를 선택하는 것이나, 당면 과제에 대해 생각하고 문제해결에 기여하는 정서를 생성하는 것 등이 포함된다(Mayer & Salovey,

1997). 예를 들어, 정서 지능이 높은 사람들은 창의성이 요구되는 상황에서 열정적인 기분을 유지하고 그런 기분을 유연한 사고로 이어지게 하여 창의성을 높인다(Parke et al., 2015). 앞서 소개한 '정보로서의 정서 모형'에서처럼, 사람들은 자신의 현재 기분 상태를 특정한 결과를 얻는 데 필요한 노력에 대한 단서로 사용할 수 있다(Martin et al., 1993; Schwarz, 2012).

Glăveanu 등(2013)이 수행한 창조자들과의 인터뷰에 의하면, 그들은 종종 자신의 느낌이 생각과 문제해결의 방향을 알려준다고 한다. 그들은 정서적 내용이 담긴 것들의 관찰에서 영감을 받으며, 그것을 자신의 창의적인 작업에 접목하거나 응용한다. 예를 들어, 작곡가, 화가, 작가 중에게 극적인 이야기를 만들어내기 위해 여러 곳에서 많은 사람을 만나며 오감을 통해 정서적으로 풍부한 관찰을 하며, 세상을 폭넓게 이해하는 과정에서 영감을 얻는 경우가 많다.

Cohen과 Andrade(2004)는 사람들이 과제 수행에 도움이 되는 기분을 생성하려고 의식적으로 노력하는 것과 같이 정서를 활용함을 보여주었다. 그들은 피험자들에게 비디오 클립을 보여주어 긍정 또는 부정 정서를 유도하였다. 다음으로, 피험자들에게 분석적이고 정밀한 사고가 요구되는 과제 또는 창의적 상상력이 요구되는 과제를 수행하게 될 것이라고 알려 주었다. 피험자들은 과제를 하기 전에 행복한 또는 슬픈 음악 중 하나를 선택할 수 있는 기회가 주어졌다. 즉, 그들은 자신의 기분을 긍정 또는 부정적으로 만들 수 있는 기회가 주어졌다. 사람들은 과제에 도움이 되는 기분 상태에 있게 해줄 음악을 선택하는 경향을 보였는데, 창의적 과제를 기대하는 사람들은 즐거운 음악을 선택하고, 분석적 과제를 기대하는 사람들은 슬픈 음악을 선택하는 경향을 보였다. 따라서 앞서 소개한 Tamir(2005)의 정서 조절의 수단적 설명에서처럼, 사람들은 어떤 기분이 어떤 과제에 더 유익할지 알고 있으며, 즐겁지 않은 정서 상태를 만들어내는 것을 의미함에도 불구하고 기꺼이 그런 기분을 생성하려고 하였다.

이와 유사하게 창의성을 증진하기 위해 정서를 활용하는 또 다른 방법은 자신의 영속적인 정서 관련 특성과 일치하는 정서를 생성하는 것이다. 이것은 앞서 소개한 Leung 등(2014)의 일련의 실험에서 보여준 것이다. 즉, 신경증이 높은 대학생들은 창의성 과제를 앞두고 '행복'이 아닌 '걱정'과 관련된 기억을 회상하여, 활성화된 부정적 기분을 만들어내고자 하였다. 더구나, 신경증이 높은 사람들이 '걱정'의 느낌이 유도되었을 때, 확산적 사고 과제(벽돌에 대한 특이 용도 과제)에서 더 잘 수행하였고, 항공기의 객실 설계에서 더 창의적인 디자인을 만들었다. 이러한 연구는 Klein(2007)이 제안한 사전 부검법(premortem method)[22]의 심리학적 원리를 이용한 것으로 볼 수 있다.

현장 연구로, Huy(2002)는 대규모의 조직 변화를 진행 중인 IT 서비스 기업에 대한 3년 동안의 연구를 통해 중간 관리자들이 혁신 프로젝트에 대해 스스로 몰입하도록 정서를 조절하고, 구성원들의 정서에 주의를 기울이면서 그들의 정서적 욕구를 지지하는데 정서를 활용하는 것을 발견하였다. 구체적으로 이 회사에서 추진한 10개 혁신 프로젝트 중 어떤 것은 성공적이어서 새로운 환경에 잘 적응이 되었지만, 어떤 것은 과거와 별 차이가 없이 변화가 일어나지 않았으며(inertia), 또 다른 것은 대혼란(chaos)만 초래하였다. 성공적인 경우는 중간 관리자들의 정서적 균형 잡기(emotional balancing)가 가능했기 때문이었다. 그들은 변화 주도자로서 변화의 에너지를 유지하기 위해 긍정의 고각성 정서를 계속 가지면서도 일반 구성원들의 정서는 긍정의 저각성 정서를

---

22 프로젝트를 수행할 때 사전에 실패와 같은 최악의 상황을 미리 생각하여 가능한 잠재적 위험 요소나 실패의 가능한 원인을 분석하는 것이다. 일종의 면역 효과를 노리는 것으로 볼 수도 있다.

갖도록 관리하였다. 전자는 자기 자신의 정서 관리이고, 후자는 변화의 영향을 받는 사람들의 정서 관리이다. 다시 말해, 혁신 프로젝트를 성공적으로 추진할 수 있는 정서적 에너지를 생성하기 위해 변화 주도자들은 계속 각성된 긍정 정서를 갖기 위해(부정의 저각성 정서는 줄이기 위해) 노력하고, 급진적 변화 과정 동안 기존 체계의 연속성을 유지하기 위해 변화의 영향을 받는 구성원들의 정서는 긍정의 저각성 정서가 유지되도록(부정의 고각성 정서는 감소되도록) 조심스럽게 관리되어야 했던 것이다.

정서를 활용하는 또 다른 사례로, 정서 지능이 높은 리더는 긍정적 정서를 구성원들과 공유하면서 독창적인 사고를 자극하고 도전적인 목표에 계속 매진하도록 한다(George, 2000).[23] 또한, 투자를 유치해야 하는 창업가들은 잠재적인 투자자들에게 자신의 아이디어에 대한 남다른 열정을 보여줌으로써 투자를 이끌어낼 수 있다(Cardon et al., 2009). 반면 부정적 정서도 창의적 사고를 유도하는 데 사용될 수 있다. '입력으로서의 기분 모형'에 기반하여, 직무 불만족(부정적 기분)은 구성원이 자신의 느낌을 명료하게 인식하고 창의성이 가치 있는 것으로 인정받는다고 지각할 때나(George & Zhou, 2002), 구성원이 동료들로부터 지지와 유용한 피드백을 받고 창의성에 대한 조직의 지지를 지각하며 조직에 대한 지속적 몰입 수준이 높을 때(Zhou & George, 2001) 창의성을 자극하는 효과를 가질 수 있는 것으로 나타났다.

정서 조절　7장에서 보았듯이, 프로이트는 금기시되는 무의식적 욕구와 같은 정서를 어떻게 조절하는지가 중요하며, 이런 상황에서 재능

---

23 George는 이것이 가능한 다섯 가지 핵심 요소를 제시하였다. ① 공동의 목표 개발 ② 각자 맡은 업무 활동의 중요성을 깨닫게 하는 것 ③ 열정, 자신감, 희망, 협력, 신뢰를 생성하고 유지하기 ④ 의사결정과 변화에 있어 유연성을 갖도록 하기 ⑤ 조직에 대한 의미 있는 정체성을 확립하기.

있는 인물은 승화의 방어기제를 통하여 창의성에 이를 수 있다고 하였다. 이 과정은 부적절한 충동과 정서를 사회적으로 바람직한 행동으로 유도함으로써 다스리는 것을 의미한다. 예를 들어, 매일의 공격적 추동을 외과 수술이나 예술 작품을 통해 표현하는 것이다. Kim 등(2013)의 실험 연구는 이런 기제에 대한 지지 증거를 제공하는데, 피험자가 정서의 직접적인 표현이 봉쇄될 때(예: 분노를 억압하도록 요구할 때), 통제집단보다 조각, 콜라주, 시, 만화 캡션 등의 작업에 더 창의적인 결과물을 만들었다. 따라서 정서 조절과 창의성은 연관성이 있다.

사람들은 상황이나 필요에 따라 자신의 정서를 조절할 수 있다. 브레인스토밍할 때 활성화된 긍정 정서를 유지하고, 무대 공포증처럼 바람직하지 않은 정서는 최소화하며, 난관에 봉착했을 때 스스로 자신감을 불어 넣을 수 있어야 한다. 정서 지능이 높은 사람은 역경이나 자신의 창의적 작업에 대한 부정적 피드백에 기인한 부정적 기분을 적절히 관리하고 창의성을 증진하는 데 활용할 수 있다(Forgeard, 2013). 또한, 구성원들에게 영감을 주기 위해 진행 중인 혁신 과제에 대해 열정과 자신감을 드러내는 것도 조직의 리더로서 필요한 정서 조절이다.

조절한다는 것은 쾌락적(hedonic) 또는 수단적(instrumental) 목표를 달성하기 위하여 정서나 정서적 반응을 변화시키거나 그것에 영향을 미치는 것을 말한다(Tamir, 2016). 창의성의 맥락에서 정서 조절은 본질상 도구적이다. 즉 창의적 사고를 촉진하거나 창의적인 산물을 완성하는 방향으로 나아가기 위해 정서를 변화시키는 것이다. 따라서 효과적으로 정서를 조절하기 위해 정서가 담긴 상황에서 가능한 여러 반응의 결과를 이해할 수 있어야 하고, 어떤 행위가 특정한 목표에 유용할지에 대한 지식과 어떤 행위가 특정한 상황에서 가장 유익할지를 평가할 수 있는 능력이 있어야 한다(Mayer et al., 2008).

여러 연구에서 창의성에 미치는 정서 조절의 중요성을 보여준다. 예를 들어, 초등학생의 학부모들이 보고한 성공적인 정서 조절 능력은 아동의 가상 놀이에서의 상상력과 확산적 사고 검사에서의 수행을 정적으로 예측하였다(Hoffmann & Russ, 2012). 즉 과제 수행에서 부정적인 피드백을 받아 수치심과 같은 부정적인 자의식 정서가 생기면 이후 창의적인 활동에 대한 동기가 상실된다(Beghetto, 2014). 이것은 아직 유연하고 다양한 정서 조절 전략들을 획득하지 못한 아동들에서 더 잘 나타날 수 있다.

앞서 살펴보았듯이, Bledow 등(2013)은 부정에서 긍정 기분으로의 전환이 창의성에 유익할 수 있음을 보여주었다. 즉, 창의성이 요구되는 업무를 하는 전문가들은 아침에 부정적이었던 기분이 오후에 긍정적으로 변화되었을 때 (그런 변화가 없었던 사람보다) 그날 하루가 보다 창의적이었다고 평가하였다. 이는 정서 조절 자체가 창의적 사고를 증진할 수 있음을 나타낸다.

최근 연구는 정서 조절이 창의성에 도움이 되는 기제를 어느 정도 보여준다. 다양한 지식 산업에 종사하는 초기 경력의 전문가들 연구에 의하면, 정서를 활용하고 조절할 수 있는 능력은 긍정적 정서 경험의 증가를 통하여 창의성에 기여하는 것으로 나타났다(Parke et al., 2015). 창의성에 유익한 방식으로 기분을 통제하고 활용하는 기술은 마음 챙김(mindfulness) 훈련[24]으로 획득될 수 있다고 알려져 있다. Ivcevic와 Brackett(2015)은 정서 조절이 창의성에 영향을 미치는 또 다른 경로를 확인하였는데, 고교생들의 경우에는 정서 조절 능력이 열정과 끈기를 증가시킴으로써 창의성에 긍정적 영향을 미쳤다. 그런데 이 효과는 중간 수준 이상의 경험에 대한 개방성을 보인 학생들에게서만 나타났다.

---

24 마음챙김은 명상의 일종으로, 불교의 전통적 수행방법인 위파사나를 심리학과 결합하여 만든 일종의 심리요법이라고 볼 수 있다. 최근 정신의학과 상담심리 분야에서 내담자들에게 적극 추천하는 스트레스 해소, 회복, 정신건강 증진 방법이다.

결론적으로 인간의 정서는 단순히 수동적으로 경험되는 것이 아니라 효과적으로 관리될 수 있는 것이며, 창의적 과정에서 항상 직면하는 실패에 따른 '좌절' 정서를 새로운 문제해결에 대한 의지와 동기로 전환하는 것처럼 정서를 바람직한 방향으로 활용할 수 있는 능력을 개발해야 한다.

2) 거부와 위험 감수에 따르는 부정적 정서 극복

스트라빈스키의 〈봄의 제전〉이 초연되었을 때만 해도 객석에서는 대혼란이 일어났다. 당시 세련된 취향의 파리 관객들에게 듣기 힘든 불협화음의 음악과 이교도 농민들이 처녀를 제물로 바친다는 야만적인 줄거리에 격분한 것이다. 이처럼 이전과는 다른 새로운 무엇인가를 시도하는 것은 항상 대중의 거부와 같은 위험이 뒤따를 수 있다. 천동설을 부정하고 지동설을 주장한 코페르니쿠스도 자신의 주장에 완전하지 않은 부분이 있다는 점에 대해 두려움을 가졌다.

일반적으로 새로운 아이디어는 완벽하지 않으며, 성공의 확신을 다른 사람들에게 설득하기도 쉽지 않은 불확실성이 내포되어 있다. 창의적 사고와 행동을 하면 모호성과 실패에 대한 두려움과 더불어 엉뚱한 사람으로 보이는 것에 대한 걱정, 비난이나 조소의 대상이 되지 않을까 하는 불안, 거절을 당할 때의 모멸감 등 매우 부정적인 정서들을 경험하게 된다. 이러한 부정적인 정서 상태에 압도되는 경험을 몇 번 하고 나면 다음부터는 새로운 아이디어를 생각하지 않게 될 것이다. Adams(2019)는 이것을 창의성의 정서적 방해(emotional block)라고 하였다.

앞서 3장의 창의성의 삼각형 이론에서, 창의성의 핵심은 거부(defiance)이며, 자기 자신, 대중, 또는 시대정신의 거부로 나눌 수 있다고 하였다(Sternberg, 2018). 이러한 거부의 본질적인 요소는 위험 감수(risk-taking)이다(Amabile & Pratt, 2016; Sternberg, 2018; Urban, 2003).

누구나 일반 대중과는 다른, 또는 대중의 기대와는 다른 선택을 하면 불확실성과 위험이 뒤따르며, 스트라빈스키나 코페르니쿠스의 사례처럼 불안, 긴장, 두려움과 같은 부정적 정서를 경험하게 된다. 그리고 이런 부정적 정서를 극복할 수 있는 내적 에너지를 가지지 못한 사람은 '거부' 및 위험 감수의 선택을 하기 어려울 것이다.

Nicholson 등(2005)[25]은 위험 감수(risk-taking)와 관련된 연구를 개관하여 위험 추구자(risk-seekers)와 위험 인내자(risk-bearers)를 구분하였다. 위험 추구자는 충동적이고 항상 새로운 자극을 추구하는 사람이지만, 위험 인내자는 위험을 두려워하더라도 자신의 목표를 위하여 기꺼이 위험을 참아내려는 사람이다(7장 참조). 위험 인내는 개인차 변인인 '모호성에 대한 인내'와 개념적으로 유사하다. 모호성을 인내하는 사람들은 새롭고, 복잡하고 불확실한 과제에 직면하였을 때 그런 상황을 피하지 않고 불편함을 받아들인다.

8장에서 언급했듯이, '평가' 상황에서는 불안, 긴장, 두려움과 같은 부정적 정서가 지배하게 되는데, 외부 평가자에 의해 관찰되고 평가된다고 생각하는 아동이나 성인은 평가가 없는 조건보다 콜라주를 만들거나 시를 짓는 과제에서의 창의성이 저하된다(Amabile, 1996). 유사하게, Pfeffer와 Sutton(2000)도 조직 내에서 지식과 실행 간의 격차(knowledge-doing gap)가 나타나는 이유가 자신의 지위에 대한 두려

---

25 위험 경향성(risk propensity)의 개념은 이론적, 경험적 연구의 주요 주제였으나, 정의와 측정 방법에 대해서는 합의가 이루어지지 않았다. 그래서 니콜슨 등은 여섯 영역(취미생활, 건강, 경력, 재무, 안전, 사회적 관계)에서의 위험 행동 빈도를 보고하는 방식으로 전반적인 위험 경향성을 측정하는 척도를 새로 개발하였다. 위험 경향성은 직무 유형과 비즈니스 영역에 따라 다양한 분포를 보이는 것으로 나타났다. 그리고 이 연구에 의하면, 위험 감수자(risk-takers)는 자극 추구자(stimulation seekers), 목표 성취자(goal achievers), 위험 적응자(risk adapters)의 세 가지 유형으로 구분될 수 있으며, 첫 유형만이 위험 추구자이며 나머지 두 유형은 위험 인내자로 볼 수 있다.

움 때문이라고 하였다. 이런 두려움은 새롭고 독창적인 아이디어의 공유 및 혁신의 실행을 방해한다. Edmondson(1999)이 팀이나 조직 내에서 구성원들이 사회적 위험을 느끼지 않는 심리적 안전감(psychological safety) 개념을 제안한 것도 창의적이고자 하는 구성원들의 결정이 쉽게 나타날 수 있는 상황과 맥락이 필요하다는 것을 강조하는 것이라고 볼 수 있다.

3) 창조자와 대중에의 영향

창의적인 작업에 몰입하거나 창의적 산물이 완성되면 창조자 자신에게 자부심과 같은 특정한 정서가 유발될 뿐 아니라, 대중에게도 미적 정서가 유발된다. 창의적 산물과 정서 간의 관계는 세 가지 측면에서 연구될 수 있다(Ivcevic & Hoffmann, 2019). 첫째는 창의적 성취가 창조자 자신의 정서에 미치는 영향에 대한 것이며, 둘째는 창의적 산물에 대한 표적 대중들에게서 나타나는 정서적 반응에 대한 것이며, 셋째, 정서 영역 자체에서의 창의성으로, 독창적이고 효과적인 정서 조절 전략을 동원하는 것과 같이 창의성 자체가 정서와 관련된 것이다.

첫 번째 주제로, 정서와 창의성은 서로 영향을 미칠 수 있는 양방향의 관계이다. 정서가 창의적 사고나 행동에 영향을 미치지만, 앞서 Henderson 등(2023)의 연구에서 본 것처럼, 창의적 행동은 창조자의 정서 상태에도 영향을 미칠 수 있다. 실험 및 일기법 연구에 의하면, 화가는 작업을 완성하였을 때 심리적 탈진과 함께 대단한 성취감을 느끼며, 과학자는 연구 결과를 발표할 때 불안과 더불어 자부심을 느낄 수 있다(Glăveanu et al., 2013). 또한, 확산적 사고 과제를 수행하면 긍정적 기분이 증가하고, 수렴적 사고를 하면 부정적 기분이 증가할 수 있다(Chermahini, & Hommel, 2012).

하루 중 창의적 활동에 소비한 시간이 그날의 활성화된 긍정 정서 수준과 연관이 있다는 것은 창의성이 삶의 행복, 안녕감, 충만감을 높여줄 수 있음을 의미한다. Conner 등(2018)은 성인 대상 13일 동안의 일기법 연구에서 창의적 행동에 소비한 시간이 이후 기분에 미치는 지연 효과를 발견하였다. 특정한 날의 창의적 행동에 소비한 시간은 다음 날의 활성화된 긍정 정서와 충만감(flourishing)의 증가와 연관되었다. 그러나 긍정 정서가 다음 날의 창의적 활동의 정도는 유의하게 예측하지 못하였다. Bujacz 등(2016)의 영어, 독일어, 이탈리아어, 폴란드어를 사용하는 네 집단(478명)을 대상으로 한 연구에 의하면, 창의적 과제를 수행하게 되면 아이디어와 의견을 자유롭게 표현하는 자율성의 느낌이 늘고 이를 통하여 긍정적 정서의 증진으로 이어졌다. 앞서 언급된 연구로, Amabile 등(2005)이 미국의 연구개발 조직의 구성원들에게 매일 저녁 직장에서 있었던 일에 대해 간단히 기록하도록 하여 그 내용을 분석하였을 때에도 긍정적 정서는 직장에서의 창의성을 높였을 뿐만 아니라, 창의성의 결과로서 긍정적 정서(기쁨, 자부심, 안도감 등)를 경험하게 되는 것으로 나타났다.

두 번째 주제로, 창의적 산물은 스탕달 증후군[26]처럼 종종 그것을 접한 대중에게도 정서적 효과가 있다. 이런 효과는 미적 정서(aesthetic emotions)의 영역에서 많이 연구되었다. 현대 미학 연구들은 예술에 대한 반응에서 주로 긍정적 정서를 강조하지만, Silvia(2009)는 혼란이나 놀라움과 같은 지식 정서, 분노, 역겨움, 경멸과 같은 적대적 정서, 자부심, 부끄러움, 무안함과 같은 자의식적 정서와 같은 일련의 미적 정서들이 예술에 의해 생성될 수 있다고 제안하였다.

한편, Tinio(2013)는 예술 창작과 감상에 대한 거울 모형(mirror model)

---

26 스탕달 증후군(Stendhal syndrome)은 유명 미술품을 감상하면서 순간적으로 가슴이 뛰거나 강렬한 흥분, 현기증, 위경련 등 각종 분열 증세를 느끼는 경우를 말한다. 사람에 따라서 나타나는 증상이 다양하지만, 주로 감수성이 예민한 사람들에게 나타난다.

에서 예술 작품을 보거나 감상하는 경험이 어떻게 예술 작업 과정의 단계들(초기화, 확장 및 다듬기, 마무리하기)을 반영하는지 기술하였다. 초기화 단계는 화가가 스케치 등으로 가능한 아이디어들을 생성하고 탐색하는 단계이다. 확장 및 다듬기 단계에서 화가는 수정과 제거를 통해 아이디어를 정교화하면서 작품이 진화해 나간다. 마무리 단계에서는 색채나 질감 등을 미세 조정하면서 최종 완성에 이른다. 그런데 관찰자의 감상은 창작자의 창의적 작업 과정의 역순으로 이루어진다. 즉, 첫 단계는 최종 작품의 겉으로 드러나는 세부 특성(색채, 질감, 명도 등의 시각적 요소)을 자동적으로 처리하면서 미적 경험이 시작된다. 두 번째 단계에서 관찰자는 자세나 얼굴 표정과 같이 창작자가 확장 및 다듬기 단계에서 자세하게 정교화한 전반적인 구성을 처리한다. 마지막 단계에서 관찰자는 창작 과정의 초기 단계에서 창작자가 구상한 초기 의도나 숨겨진 동기를 찾으며 개인적 관련성으로 의미를 발견하고, 미적 정서를 느끼고, 미적 판단을 하게 된다.

세 번째 주제는 '정서 창의성(emotional creativity)' 연구 영역으로 비교적 최근의 주제이다. 정서 창의성은 '새롭고 진실되며 효능이 있는 여러 다양한 정서들을 경험하고 표현하는 능력' 또는 '분노를 관리하는 창의적 방법과 같은 새롭고 적응적인 정서 반응의 생산' 등으로 정의되며, 정서 경험에서의 독창성 및 적절성과 연관된 인지 능력 및 성격 특성의 특정한 패턴이다(Averill, 1999; Kuška et al., 2020). 정서 창의성은 대개 정서 창의성 척도(ECI: Emotional Creativity Inventory, Averill, 1999)로 측정된다. 이 척도는 ① 자신과 타인의 정서를 이해하고 그것으로부터 학습하는 준비성(preparedness), ② 특이한 정서를 경험하는 능력을 나타내는 새로움(novelty), ③ 정직하면서도 노련하게 정서를 표현하는 기술과 연관된 효과성/정직성(effectiveness/authenticity)의 세 하위 척도로 구성되어 있다.[27]

Kuška 등(2020)은 여러 문화권의 정서 창의성 관련 연구들을 메타분석하였는데, 여성이 남성보다 유의하게 높은 정서 창의성을 보였으며, 세 하위 척도에서 동일한 결과가 나타났다. 열 개 국가를 비교하였을 때, 중국 표본이 모든 다른 나라(한국, 인도, 이란, 체코, 프랑스, 조지아, 러시아, 영국, 미국) 표본보다 정서 창의성이 유의하게 낮았다. 한국 표본도 인도, 이란, 러시아, 미국, 조지아보다 낮은 수준을 보였다. 저자들은 이런 결과를 정서에 대한 가치에서의 차이로 해석하였다. 일반적으로 중국을 포함한 동아시아 국가에서는 정서(감정)는 낮은 가치를 갖는다는 것이다. Eid와 Diener(2001)가 언급하였듯이 중국 문화에서 정서는 부적절하고 위험하며 심지어 병을 유발하는 것으로 인식되기에, 중국 표본은 거의 모든 정서를 일관되게 가장 낮은 수준으로 경험하였다. 유교 문화권의 동아시아에서는 대체로 정서의 억압과 같은 조절 전략이 매우 바람직하게 여겨지며, 적정하게 조절된 정서적 삶을 추구하는 경향이 있다.

---

27 문항의 예는 다음과 같다. 첫 번째 요인의 경우 "나는 나 자신의 감정을 더 잘 이해하기 위하여 타인들의 정서에 주의를 기울인다", "나는 나의 정서적 반응에 대해 곰곰이 생각하고 이해하려고 노력한다", 두 번째 요인의 경우 "나는 동시에 서로 다른 다양한 정서를 경험할 수 있다", "나는 복잡하고 아주 특이한 정서적 상황을 묘사하는 영화나 책을 선호한다", 세 번째 요인의 경우 "나의 정서는 거의 항상 나의 실제 생각과 감정이 있는 그대로 솔직하게 드러난 것이다", "나의 겉으로 나타나는 정서적 반응은 나의 내적 느낌을 정확하게 반영하는 것이다"를 들 수 있다.

10장
창의성, 뇌, 신경과학

"물리적 개념은 외부 세계에 의해 고유하게 결정되는 것이 아니라 – 아무리 그렇게 보일지라도 – 인간 정신의 자유로운 창조물이다."
– 알베르트 아인슈타인, 레오폴트 인펠트(1938)

이번 장에서는 뇌와 창의성 간의 관계에 대한 여러 관점을 살펴볼 것이며, 최근의 창의성의 신경과학적 연구 결과를 소개하고자 한다. 특히, 뇌의 어느 부위가 창의성을 담당하는가? 창의성의 뇌 기제는 무엇인가? 등의 질문에 대한 답을 모색하고자 한다.

1. 인간의 뇌

1) 골상학

오늘날의 뇌 과학 분야에서 합의된 정의로 한정할 경우, 창의성은 '뇌 속 신경망이 기존의 연결과는 다른 유형으로 재구성됨으로써 문제 해결이나 창조를 위한 새로운 아이디어 생성을 이루는 성향 또는 능력'으로 볼 수 있다. 그러나 이러한 정의를 내리기 전, 즉 20세기 초반까지 뇌의 작용에 대한 수많은 잘못된 믿음과 오해가 있었다.

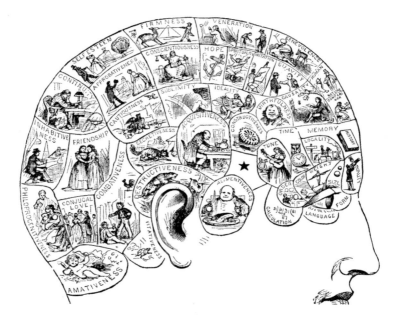

그림 10-1 **골상학 예시**
(출처: https://en.wikipedia.org/wiki/Phrenology)

대표적인 예가 19세기에 유행한 골상학(phrenology)이다. 골상학은 두개골의 형상을 보면서 인간의 성격, 심리적 특성, 운명 등을 추정하였다. 〈그림 10-1〉에서 보듯이, 당시에는 인간이 보유한 특성이나 기능이 뇌의 특정 부위와 관련이 있다고 믿었다. 예를 들어, 희망은 뇌의 측두엽에 위치하고, 우정은 두정엽에 위치한다고 보았다.

1955년 아인슈타인이 사망하였을 때, 화장(火葬)해달라는 그의 유언과는 달리, 프린스턴대학 병원의 병리학자 토머스 하비(T. Harvey)는 그의 뇌를 분리하여 '몰래' 포름알데히드에 담아 보관하였다. 그의 예외적인 천재성과 창의성의 실마리를 뇌 구조와 신경세포들에서 찾아보고자 했던 것이다. 사실 생존 당시에도 그의 두피에 전극을 부착하여 그가 상대성이론을 생각할 때 발생하는 뇌파를 조사하기도 했다.[1] 사회 영역에서의 예외적인 창의적 인물로 볼 수 있는 레닌도 사망 후 그의 뜻과는 달리 스탈린에 의해 시신이 미라로 만들어졌고, 2014년 소련의 과학자들에 의해 뇌가 적출되어 연구되기도 하였다.[2] 이런 시도들의 기저에는 인간의 지적 능력이나 특성에서의 개인차가 생물학적으로 결정될 것이라는 강한 믿음이 있다(Sawyer, 2012).[3]

인간의 뇌는 아직도 신비로운 탐구의 영역으로 남아 있다. 우리 지구가 속하는 은하계, 그리고 그 밖의 우주에 대해 아직 우리가 모르는 것이 너무나 많듯이, 인간의 뇌에 대해서도 우리가 아는 것보다는 아직 모르는 것이 더 많다. 최근 뇌 과학의 현격한 발전에도 불구하고 앞으로도 인간의 뇌는 무궁무진한 탐구의 영역이 될 것이다.

우리 인간의 뇌는 생명 유지 및 적응에 필요한 다양한 기능들을 수행하지만, 무엇보다 뇌의 가장 중요한 기능은 인간의 고등정신작용을 가능케 해준다는 것이다. 여기서 고등정신작용이란 인간의 이성적 판단, 추론, 문제해결 등의 복잡한 정신작용을 가리키며, 동물과 달리 인간에게만 가능한 정신작용들이다. 그리고 창의적 사고도 뇌의 고등정신작용의 결과라고 본다면, 뇌는 인간의 창의적 사고가 수행되는 곳이다.

1 아인슈타인의 경우 좌반구의 비정상성이 다소 보였는데, 이는 아인슈타인의 발달적 장애를 설명할 수도 있다. 그의 부모는 그가 말을 하지 않아 세 살 때 의사에게 데려갔었다. 언어와 관련된 좌반구 발달이 지연되는 것이 공간 추론과 연관된 우반구가 고도로 전문화되도록 했을 수 있다. 즉, 아인슈타인의 좌반구의 비정상적인 발달이 우반구가 시공간적 심상과 계산에 고도로 전문화되도록 했을 수 있다(Heilman, 2016).
2 두 인물의 공통적인 특징으로 비범하게 발달한 전두엽이나 뇌 부위 간의 고도의 연결성 등을 들 수 있다. 그러나 이런 특징은 (창의적이지 않은) 매우 지적인 일반인들에게서도 발견될 수 있는 것이다.
3 19세기 중반 이후 서구에서 골상학이 대두하면서 위인들의 뇌에 관심이 급증하였다. 아인슈타인과 레닌뿐만 아니라, 수학자 가우스(C. Gauss), 시인 바이런(G. Byron)과 휘트먼(W. Whitman) 등의 뇌가 사후에 해부되고 측정되었다.

2) 뇌 구조

오래전 한국에서도 열린 〈인체의 신비전〉은 군터 폰 하겐스(G. von Hagens)가 개발한 플라스티네이션(plastination)이라는 방법으로 인간 신체 내부를 생생하게 보여주었다. 특히, 인간의 뇌를 다양하게 절단된 형태로 자세히 보여주기도 하였다. 〈그림 10-2〉의 뇌 구조 단면도에는 뇌의 주요 부위들인 대뇌피질, 뇌량, 시상, 시상하부, 시교차, 뇌하수체, 뇌교, 연수, 중뇌, 소뇌 등이 표시되어 있다. 뇌는 여러 하부 구조들로 구성되어 있지만, 우리가 주목할 부분은 대뇌, 특히 대뇌피질(신피질)이다. 대뇌피질은 쭈글쭈글한 모양으로 뇌 전체를 감싸고 있다. 대뇌피질은 추론하거나 중요한 판단을 하거나 어려운 문제를 해결하는 것과 같은 인간의 고등정신작용을 담당하는 부분이다. 그래서 인간과 동물은 대뇌피질의 크기에서 확연하게 차이가 난다. 대뇌를 해부해서 신피질의 주름진 부분을 쫙 펴면 매우 큰 면적의 사각형이 된다. 보자기를 둘둘 말면 조그만 두 손에 모두 들어가지만, 펼치면 매우 큰 사각형이 되는 것과 같다.

뉴런과 시냅스　뇌에는 엄청나게 많은 신경세포(뉴런)가 있는데, 그 수를 실제로 세는 건 어렵기에 어림짐작으로 추산된다. 흔히 뇌 신경세포의 수는 대략 1,000억 개라고 하지만, 최근엔 860억 개라는 좀 더 정밀해 보이는 수치도 제시된 바 있다. 신경세포는 다른 체세포와는 형태가 다소 다르다. 신경세포에는 축삭돌기와 수상(가지)돌기 같은 가지들이 뻗어 나와 서로 연결되는데, 신경세포 하나에 무려 수천, 수만 가지가 나 있다고 한다. 신경세포들의 가지와 가지를 이어주며 신호를 주고받는 부위가 바로 연접(시냅스)이다. 사람의 뇌에는 무려 수십 조에서 100조 개의 시냅스가 존재하는 것으로 추산된다.

신경세포 내에서는 전기적 방식으로 정보가 전달되지만, 신경세포 간의 신호(정보) 전달은 시냅스에서 도파민, 에피네프린, 세로토닌 등

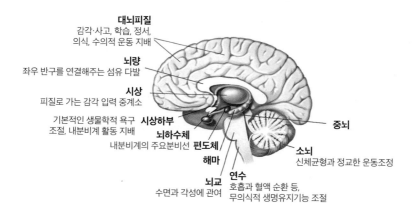

대뇌피질
감각·사고, 학습, 정서,
의식, 수의적 운동 지배

뇌량
좌우 반구를 연결해주는 섬유 다발

시상
피질로 가는 감각 입력 중계소

기본적인 생물학적 욕구
조절, 내분비계 활동 지배 **시상하부**

중뇌

뇌하수체
내분비계의 주요분비선 **편도체**

소뇌
신체균형과 정교한 운동조정

해마

뇌교
수면과 각성에 관여

연수
호흡과 혈액 순환 등,
무의식적 생명유지기능 조절

그림 10-2 **뇌 구조(Schacter et al., 2011)**

과 같은 신경전달물질(neurotransmitter)의 화학적 작용으로 이루어진다. 신호를 보내려는 신경세포에서 분비된 신경전달물질은 신호를 받아들이는 신경세포를 흥분시키거나 억제한다.

뇌량 상당히 복잡하고 신비한 인간의 뇌를 해부하여 위에서 아래로 내려다보면 좌뇌와 우뇌의 두 반구로 구분되어 있음을 알 수 있다. 두 개의 뇌가 좌우 대칭으로 되어 있는데, 좌뇌와 우뇌는 신경 섬유 다발인 뇌량(Corpus callosum)을 통해서 서로 연결된다. 1~2억 개의 축삭돌기(신경 섬유)들이 두 반구 간에 연결되어 있는데, 이것은 반구 내 다른 뇌 영역들과의 연결보다 훨씬 수가 많은 것이다. 좌뇌와 우뇌를 서로 연결하는 신경 다발을 교련(交連, commissures)이라고 하며, 가장 큰 교련인 뇌량이 좌뇌와 우뇌 간에 서로 정보가 전달되는 주요 통로가 된다. 즉, 뇌량이 있기에 좌뇌와 우뇌가 통합적으로 기능하고 우리는 이 둘이 서로 구분되어 있다는 느낌을 전혀 갖지 않게 된다.

3) 뇌 과학의 연구방법

과거 뇌 연구 방식은 뇌 손상 환자를 연구하거나, 두개골에 전극을 삽입하여 자극하는 방식이 주를 이루었다. 첫째, 신경심리학에서는 오래전부터 뇌 구조와 기능 간의 관계를 뇌의 각기 다른 부위의 손상이 행동에 미치는 효과로부터 추론해왔다. 특히 창의성과 관련된 뇌 부위에 관심을 가진 연구자들은 창의적인 직업에 종사하는 사람들의 뇌 손상 전과 후의 변화를 비교하는 연구들을 많이 수행하였다. 둘째, 신경 시스템 구조의 특정 부위에 양극성 전극을 삽입하여 전기로 자극하여 행동 변화를 관찰함으로써 직접 그 기능에 대한 데이터를 얻는 방식이다.

최근의 뇌 연구는 새로운 기술이 도입되면서 폭발적으로 성장하였다. 오늘날에는 뇌 활동을 다양하게 시각화하는 뇌 이미징(뉴로 이미징) 기법들인 EEG, PET, MRI, fMRI, MEG, NIRS 등을 활용하는 연구가 활발하다. 특히, 3D 영상기술의 발달로, 실험실 상황에서 정상 성인들이 확산적 사고 과제나 통찰 과제를 수행하는 동안 이들의 뇌 활동을 촬영하는 방법이 사용되고 있다.[4] 또는 전문 가수가 즉흥적으로 랩을 하거나 재즈 연주를 하는 동안 fMRI로 뇌 활동을 촬영하기도 한다. 실험실 상황에서 창작 활동을 하는 것의 어색함을 없애고 생태학적 타당도를 높이기 위해 최대한 현실 상황을 모사하고자 한다.

그러나 뇌와 관련하여 다음의 세 가지 측면이 여전히 뇌 연구 및 신경과학을 어렵게 만들기도 한다(Sawyer, 2012). 첫째, 모든 뉴런은 언제나 발화(firing)하고 있기에, 연구자들은 뉴런이 활성화 또는 비활성화 상태인지가 아니라 항상 '상대적인 활성화 수준'을 다루어야 한다. 둘째, 우리가 아무 생각 없이 '멍 때리고' 있어도 뇌의 모든 뉴런이 아주

---

4 통찰 과제의 경우 과제를 실시할 때 피험자가 해당 문제를 미리 풀어본 경험이 있는지 확인해야 한다. 정답을 기억해서 문제를 푸는 과정은 창의적이라 볼 수 없기 때문이다.

낮은 활성화 수준으로 발화하는 것이 아니다. 즉, 대부분의 뇌 부위는 언제나 활동적이다. 셋째, 어떤 유형의 인지적 과업을 수행하더라도 피질의 특정 부분들은 항상 뉴런의 활성화가 증가한다. 따라서 특정 부위를 적시하기가 쉽지 않다.

참고 10-1 **알파파와 창의성**

EEG는 뇌파(brain wave)를 측정하는 방법으로, EEG 신호는 피질 세포들의 전기적 활동을 기록한 전기 신호로서 다양한 주파수의 진동(oscillation)을 포함한다. EEG 신호는 주파수 분석을 통해 알파, 베타, 감마 등 몇 가지 범위의 주파수 대역으로 분리된다.

알파파(7.5~12.5Hz)는 편안하게 휴식하는 상태이거나 명상하는 상태에서 나타나는 뇌 활동이다. 베타파(12.5~30Hz)는 뭔가에 집중하며 깨어 있으나 각성이 아주 높지 않은 상태에서의 뇌 활동이다. 감마파(30~100Hz)는 적극적으로 무엇을 학습할 때나 강한 긴장이나 불안을 느낄 때의 뇌 활동과 관련이 있다. 세타파(3.5~7.5Hz)는 졸리거나 얕은 수면 상태에서 나타나며, 깊은 명상의 순간에도 나타난다. 어떤 통찰이나 창의적인 아이디어가 생성되는 순간에 세타파를 경험한다고도 알려져 있다. 델타파(1.5~3.5Hz)는 깊은 잠에 빠진 상태에서 나타난다.

한때 창의성(확산적 사고)이 알파파의 증가와 관련성이 있다고 알려졌다. 6장에서 보았듯이, Kris(1952)와 Mendelsohn(1976)은 창의성이 각기 '일차 과정적 사고'와 '분산된 주의(defocused attention)'와 관련된다고 보았는데, 일차 과정적 사고는 꿈이나 몽상과 같이 매우 비논리적이고 주관적이며 통제받지 않은 자유로운 의식적 활동을 의미한다. 크리스는 성인이 되어서도 유연하게 일차 및 이차 과정적 사고로 전환할 수 있는 능력이 독창적인 아이디어 산출에 중요하다고 보았다. 또한, Martindale(1999)에 의하면, 창의적인 사람은 한 가지 일에만 집중하기

보다는 동시에 여러 생각과 과제를 수행할 수 있는데 이러한 인지적 과정은 피질의 저각성(low arousal) 상태에서 더 잘 이루어진다고 주장하였다. 마틴데일의 가설은 알파파의 증가가 피질의 저각성 상태를 반영한다는 연구 결과에 의해 뒷받침되어, 창의성이 알파파의 증가와 관계된다고 알려지게 되었다.

1장의 창의성 사실 문항 중 하나인 '뇌에서의 알파 활동(10헤르츠)은 창의적인 사고에 있어 중요한 역할을 한다'는 Fink와 Benedek(2014)의 개관 논문에 근거하고 있다. 그들은 EEG의 알파파가 다양한 창의성 관련 과제 요구에 아주 민감하다는 분명한 증거가 있다고 하였다. 즉, 신경과학 연구에서 알파파는 창의성 관련 과제 요구 정도와 아이디어의 독창성의 함수로 달라지며, 창의성 수준과 정적으로 연관되며, 창의성 개입의 결과로 증가하는 것으로 일관되게 관찰되었다는 것이다. 그들은 창의적 아이디어 생성 과정에서 알파파가 증가한다는 것은 이것이 일종의 하향적(top-down) 활동으로 외부로부터의 상향적(bottom-up) 자극이 없는 특징을 가지는 매우 내부 지향적인 주의(attention)를 반영하는 것이라고 보았다. 또한, 그것은 관련 없는 의미 정보들을 효율적으로 (재)조합하는 것과 같은 내부에서 일어나는 특정한 기억 프로세스의 개입을 나타내는 것일 수 있다. 저자들은 창의적 아이디어 발상 동안 알파파가 증가한다는 것은 창의성에 관한 신경과학 연구에서 가장 일관된 연구 결과라고 하였다.

그러나 확산적 사고와 관련하여 알파파의 활동성이 증가하는 결과뿐 아니라 감소하는 결과도 나타나는 등 결과가 일관적이지 않은 측면도 있어 확산적 사고와 알파파의 활동성 간의 관계는 분명한 결론을 내릴 수 없다고 보기도 한다(조수현, 2015).

2. 뇌와 창의성의 연구 흐름

다음부터 창의성이라는 심리적 현상의 뇌 기제(brain mechanism)에 대한 주요 관점들을 시기별로 소개할 것이다. 우선 간략히 언급하면, 최초 관점은 1970년대에 널리 알려진 것으로, 창의성은 뇌의 우반구에 위치한다고 보는 시각이다. 둘째는 EEG와 같은 뇌 이미징 도구가 사용되기 시작하면서 인간의 고등정신작용의 주요 부위인 전전두엽에 관심이 집중되는 시기이다. 셋째는 신경과학의 발전과 fMRI 등의 방법이 널리 사용되면서, 특정 뇌 부위에 대한 관심에서 벗어나 신경세포들 간의 연결망(network)에 주의를 기울이기 시작하였다. 특히 주요 신경망 중에 휴식 상태에서 활성화되는 기본망(DMN: Default Mode Network)이 창의적 통찰과 깊은 연관성이 있다는 관점이 대두되었다. 자발적이며 스스로 생성된 인지적 처리와 관련된 DMN이 창의적 인지에 기여하는 중요 관계망 중의 하나로 부각되었던 것이다. 그러나 창의성이 이 DMN 상태에서만 나타나는 것은 아닐 것이며, 중앙집행망(CEN)에 의해서도 가능하다는 점에서 우반구가 창의성을 담당한다는 관점과 유사하게 지나친 단순화의 한계를 갖는다. 따라서 최근에는 창의성은 연결성(connectivity)의 증가와 관련된다는 관점이 대두되는데, 특히, CEN과 DMN의 두 신경망 간의 상호작용에 주목하고 있다.

요약하면, 창의성과 연관된 뇌 및 신경과학 연구는 개별적인 인지적 과정과 연합된 구별되는 뇌 부위가 있다고 가정하는 접근(예: 브로카 영역이 언어의 표현을 담당하는 부위라는 식)에서 뇌의 서로 다른 부위 및 신경세포 간의 관계망 또는 복잡한 인지적 과정을 촉진하는 이런 관계망의 협력 및 상호작용을 더 정교하게 이해하려는 방향으로 변화되었다.

3. 좌우 뇌의 기능 분화

1) 반구 간 비대칭성

뇌와 창의성 간의 관계는 20세기 중반 이후 좌뇌와 우뇌의 기능이 서로 다르다는 뇌 기능의 편재화(lateralization of brain function) 연구에서 처음으로 부각이 되었다.

앞서 뇌의 여러 부위가 각자 담당하는 기능이나 역할이 있다고 하였는데, 이러한 기능 분화의 대표적인 예로 언어('실어증')와 연관된 브로카 영역과 베르니케 영역[5]은 좌반구에만 존재한다.

더 나아가 캘리포니아공대의 실험심리학자였던 로저 스페리(R. W. Sperry)는 1959년부터 거의 10년 가까이 분리 뇌(split brain) 실험을 통하여 좌반구와 우반구의 기능적 비대칭성을 증명하여 1981년 노벨상을 받았다.

분리 뇌 실험   그는 뇌량이 절단된 뇌전증(간질) 환자들을 연구 대상으로 하여 좌우로 나누어진 인간의 뇌가 서로 기능이 상이하다는 결과를 보여주었다. 좌우 반구의 기능이 아무런 차이가 없는 것으로 생각하고 있던 당시에 이런 결과는 매우 놀라운 발견이었다. 당시 간질 발작을 줄이는 한 가지 방법이 뇌량을 외과적으로 절단하는 것이었다. 뇌량을 절단하면 어느 한쪽 뇌 부위에서 흥분이 일어나도 다른 반구로 전달되지 않기 때문에 발작이 상당히 감소하였다. 그가 사용한 연구방법과 결과 예시는 〈그림 10-3〉에서 볼 수 있다.

연구는 세 단계로 진행되었다. 먼저, 제일 왼쪽의 지시문을 보면, 피험자에게 전면 중간에 표시된 X를 응시하도록 한다. X에 집중하는 동

---

5 브로카 영역은 말하고 표현하는 것과 같은 언어의 '생성'과 연관된 부위이고, 베르니케 영역은 구어나 문어의 '이해'와 연관된 영역이다.

"X지점을 응시하세요."　　　"금방 무엇을 보았습니까?"　　　"방금 본 것을 왼손으로
　　　　　　　　　　　　"모르겠습니다. 말할 수 없습니다."　　　골라 보세요."

그림 10-3 스페리의 실험 상황 예시
(출처: https://www.slideshare.net/anna-rou/sperry-1968-split-brain-study)

안 왼쪽에 칫솔 그림이 순간적으로 제시되고 사라진다. 그리고 방금 무엇을 보았는지 피험자에게 묻는다. 중간 그림에서처럼, 뇌량이 절단된 피험자는 자신이 본 것을 답하지 못한다. 그 이유는 다음과 같다. 시신경 교차로 시각 정보는 반대편 뇌로 전달되는데, 즉 좌측 화면의 자극(칫솔)은 우반구로 전달되므로 뇌전증 환자는 자신이 본 것을 말로 표현하지 못한 것이다. 세 번째 그림에서처럼, 피험자에게 탁자 밑으로 왼손을 넣어 조금 전에 본 것을 집어 보라고 하면(칸막이 때문에 물건들이 보이지는 않음), 여러 물건 중에 칫솔을 정확하게 집어낸다. 환자는 본 것을 말로 표현하지 못했을 뿐, 무엇인지는 아는 것이다. 칫솔이라는 시각 정보가 우뇌로 전달되며, 우뇌는 언어적 능력이 없기에 말로 표현하지 못하지만, 왼손으로 만져서 본 것을 표시할 수는 있다. 만약 피험자가 일반인이었다면 왼쪽의 시각 자극이 우뇌에 전달되는 즉시 뇌량을 통해 좌뇌로도 전달되기에 이런 현상은 나타나지 않을 것이다.

　좀 더 간단한 실험으로, 눈을 가린 후 왼손에 어떤 물체를 놓으면, 손에 놓인 물체에 대한 감각 정보는 뇌의 우측에 전달되며(신체 왼쪽에서 오는 정보는 우반구로 전달됨), 뇌량을 통해 좌뇌로도 신속히 전달되어 그 물체가 무엇인지 말할 수 있다. 그러나 뇌량이 절단된 뇌전증 환자는 우뇌에 전달된 감각 정보가 좌뇌로 전달되지 못하여 손에 놓인 물체가 무엇인지 답을 제대로 하지 못한다. 이와 같은 정교한 실험들을 통해 스페리는 좌우의 뇌 기능이 상이하다는 연구 결과를 얻은 것이다.

좌우 뇌의 우세 기능 비교　　스페리의 놀라운 연구 이후, 좌우 뇌의 기능 분화에 대한 대중의 관심이 폭증하였다. 좌뇌는 주로 언어적 특성이 강하다면, 우뇌는 공간적 특성이 강하며, 좌뇌가 분석적인 사고를 한다면, 우뇌는 종합적인 사고를 한다는 것이다. 또한, 좌뇌는 추론적, 계획적, 수렴적, 직선적, 부분적, 객관적, 연속적, 개념적 및 구체적인 특징이 있다면, 우뇌는 직관적, 상상적, 확산적, 비직선적, 전체적, 주관적, 동시적, 시각적, 추상적, 무의식적 특성이 있다는 등의 이분법적인 시각이 강조되었다. 또한, 좌반구는 수학, 과학, 언어, 글쓰기, 논리 등과 주로 연관이 있으며, 우반구는 음악 및 미술 감상, 무용, 지각, 조각, 공상 등과 관련이 있다고 보는 등 스페리의 연구 이후로 좌우 뇌의 지배적인 기능 및 각각의 인지적 특성을 비교하는 다양한 제안들이 일반인들에게도 널리 알려졌다.

더 나아가, 좌반구는 우반구를 지배하고 억압하며, 우반구가 좌반구의 억압으로부터 자유롭게 되면 더욱 창의적인 사고가 가능하다고 보았으며, 교육 현장에서는 예술은 우반구에서 담당하기에 창의성 함양에 예술 교육의 필요성이 강조되었다.

과잉 단순화 문제　　스페리의 연구 이후 뇌의 기능 편재화에 관한 후속 연구들이 이어졌다. 그런데, 좌우반구의 기능적 비대칭성이 분명하게 구분되는지 검증한 연구들은 널리 알려진 것과 달리 두 반구가 두드러진 차이를 보이지 않는다는 결과를 보고하기 시작하였다.

Hines(1987)는 스페리 이후 1980년대까지 이루어진 좌우 반구 기능 편재화에 관한 연구들을 개관한 후, 두 반구의 정보처리 방식에 차이는 있지만, 두 반구의 기능 차이는 생각보다는 작고 분명하게 구분되지 않는다고 하였다. 따라서 그는 편재화의 단순한 이분법을 양뇌(兩腦) 신화라고 하였다.

여러 연구에서 비록 좌뇌가 우뇌보다 언어적 자극을 포함하는 과제를 더 잘 다루지만, 우뇌도 언어와 관련된 과제를 처리하며, 단지 좌뇌보다 속도가 늦고 덜 정확할 뿐이고, 이와 마찬가지로 좌뇌도 비언어적인 과제를 처리하지만, 우뇌보다 속도가 늦고 덜 정확하다는 것이다.

또한, 음악 능력도 다양한 개별 요소로 이루어져 있으며, 일부는 좌뇌가, 일부는 우뇌가 더 우월하다(Zdenek, 1983). 더욱이 악보(음표)를 읽는 것 같은 기본적인 능력은 좌반구에서 더 잘 수행된다. Wertheim과 Botez(1961)는 좌뇌가 절제된 바이올린 연주가가 악보를 읽고, 편곡하고, 음의 고저를 파악하는 능력을 상실하는 것을 관찰하였다. 따라서 좌우 뇌 모두 음악적 능력에 중요한 역할을 하며 어느 반구의 손상도 음악 능력의 저하를 초래할 수 있으며, 각 반구가 맡는 특정 음악 관련 능력은 다를 수 있다(Marin, 1982).

우반구와 창의성　양뇌 신화에서 가장 널리 알려진 것이 우반구가 창의적 사고의 중심이라는 믿음이다.[6] 만약 창의성이 우뇌와 연관되어 있다면 우뇌 손상은 창의성의 저하와 관련이 있을 것이다. 가드너는 음악가, 화가, 작가들의 뇌 손상이 창의성에 미치는 영향을 개관하면서, 우뇌 손상만이 창의적 행동의 저하를 초래하는 것은 아니라고 하였다. 예를 들어, 좌뇌 손상도 극작가의 문학적 창의성을 해칠 수 있으며, 좌뇌 절제에 따른 실어증에서 점차 회복되면 부분적으로 습작 능력도 되돌아왔다. 좌우 뇌의 손상이 드로잉이나 회화에 미치는 영향에 관

6　1장의 신화 문항 중에 '창의적인 사고는 주로 우뇌에서 나온다'가 있었는데, 동의율은 약 54%에 이르렀다. 즉, 과반수가 여전히 창의성이 우뇌에 있다는 믿음을 갖고 있는 것이다.

한 연구는 창의성이나 미술이 뇌의 어느 한 부분에 집중되어 있지 않음을 보여준다(Gardner, 1982; Gardner & Winner, 1981). 미술 교육을 받지 않은 사람이 좌우 뇌 모두 손상을 입으면 그림 그리기 능력이 감소된다(Hécaen, 1981).

좌뇌와 우뇌의 비대칭은 흥미로운 현상이고, 실제로 차이가 존재할 수 있으나, 그 차이는 매우 미미하다고 보아야 할 것이다. 뇌는 엄청나게 복잡한 기관이며, 경영, 예술, 과학 등의 영역에서 필요한 고등 인지 기능이 뇌의 특정 부위에 편재되어 있다고 생각하는 것은 매우 단순한 것이다. 양뇌 신화는 명확한 증거 제시 없이 인간의 심리적 특성이 뇌의 특정 영역에 위치한다고 주장한 1800년대의 골상학의 잔재물이라고도 볼 수 있다.

경영 및 교육 분야의 양뇌 신화　양뇌 신화는 1970~1980년대 경영과 교육 영역에도 널리 응용되었다. 예를 들어, Mintzberg(1976)는 우뇌와 좌뇌가 각각 전체적인(holistic) 사고와 논리적인(logical) 사고에 능하기에, 둘 중 어느 쪽이 더 잘 발달했느냐에 따라 그 사람이 담당할 직무를 결정할 수 있을 것으로 보았다.

창의성이 우뇌에 있다는 신화는 경영과 교육 분야에서 다소 무분별하게 적용되었다. Hermann(1981)은 고비용의 교육 프로그램인 "응용 창의성 워크샵(Applied Creativity Workshop)"을 고안하였으며, 우뇌의 특별한 훈련을 통해 창의성을 개발할 수 있다고 하였다. 또한, 그는 뇌의 어느 부분이 더 우세한가를 측정하기 위해 120개 문항으로 구성된 진단 도구인 HBDI(Hermann Brain Dominance Instrument)를 개발하였다. 그는 HBDI가 신뢰할 만하고 타당한 도구라고 하였으나, 그의 주장을 지지해줄 어떠한 증거도 출판되지 않았다. 그는 자신의 주장을 지지하는 증거로 EEG 뇌파를 제시하고 있지만(Gorovitz, 1982), 통상적인 과학적 연구 절차, 분석 방법, 결과, 참고문헌 등은 거의 제시되지 않았다.

Taggart 등(1985)은 경영 의사결정 스타일과 EEG로 측정된 뇌 우세 간에는 일정한 관련성이 있다고 주장한 바 있다. 이러한 주장도 좌뇌는 활동적이고 사실적이며 계획적이지만, 우뇌는 수용적이고 상상적이며 충동적이라는 양뇌 신화에 근거한다. 그러나 그들의 연구는 수많은 방법론적 결함들을 가지고 있다.

오늘날의 신경과학 관점에서 보면, 뇌의 단순한 기능 편재화와 뇌의 실제 기능 간 관계는 점성술과 현대 천문학의 관계에 비유될 정도이다. 다만, 좌뇌와 우뇌의 비대칭성 또는 좌뇌적 사고와 우뇌적 사고라는 표현은 우리 사회에서 창의성을 강조하는 표어 또는 그와 관련된 담론에서 창의성의 상징어로 활용되는 기능을 해왔다고 볼 수 있다. 예를 들어, 대개 학교 교육에서는 좌뇌적 기능과 사고를 많이 강조하지만, 우뇌적 사고라고 볼 수 있는 직관, 통찰, 감정 표현 등의 측면은 잘 다루지 않는다는 점을 지적하는데 양뇌 신화가 활용되어왔다.

2) 스페리 이후의 다양한 관점들

양뇌 신화는 일반 대중의 잘못된 이해를 지적하는 것이지만, 스페리 이후의 후속 연구들은 좌반구와 우반구의 차이에 대한 다양한 견해들을 제시하였다. 초기에 Bogen과 Bogen(1969)은 좌반구가 우반구의 기능을 억제하여 창의성을 억제한다는 억제 모델(inhibition model)을 제안하였다. 이후, 그들은 억제 모델을 버리고, 부화기(incubation) 동안에 우반구에서 아이디어가 생성되지만, 다른 창의성 단계들은 좌반구에서 발생하며, 가장 창의적인 순간에는 평소보다 더 활발한 반구 간 상호작용이 일어난다고 제안하였다(Bogen & Bogen, 1988). 또한, 뇌량이 한 반구의 전문화된 정보를 다른 반구로 전달하며, 이런 전달이 창의성을 요구하는 과제에서 중요하다고 제안하였다. 더불어, 대개 뇌량이 매개하는 이런 반구 간 소통은 완전하지 않으며, 이런 반구 간 소통의 불완전성 때문에 각 반구는 독립적인 네트워크를 형성하게 되고 이로 인하여 어느 정도 반구 전문화(specialization)도 일어난다고 하였다. 따라서 각 반구 내 네트워크는 서로 다른 형태의 정보를 저장하며 서로 다른 형태의 인지적 과정을 사용하는 것으로 추측된다.

뇌량 연결성의 감소가 반구 전문화를 증진시킨다는 주장에 이어, Heilman 등(2003)은 작가, 화가, 음악가 등의 창의적인 예술가들이 일반인보다 더 작은 뇌량을 가지는 특징을 제시하였는데, 이것은 좌우 각 반구가 전문화를 이루도록 함으로써 창의성에 기여할 수 있다고 하였다. Moore 등(2009)도 창의성이 MRI로 측정한 뇌량의 크기와 연관이 있는지 조사하기 위하여 21명의 오른손잡이를 대상으로 TTCT를 통해 시공간 창의성을 측정하였다. 시공간 TTCT 점수는 뇌량의 크기와 부적으로 상관이 있었고, 전반적인 좌반구 또는 우반구의 백질 크기(부피)와는 상관이 없었다. 이러한 결과는 뇌량 연결성의 감소가 반구 전문화를 초래하며, 창의성에서 통찰을 얻는 조명(illumination) 단계는 반구 간의 독립성이 순간적으로 억제되는, 즉 반구 간 소통이 갑자기 활발해지는 측면일 수 있음을 시사한다. 또한, 뇌량 크기가 작다는 것은 발달 과정에서 선별적인 가지치기가 이루어져 좌우 반구 간 기능적 연결이 더 효율적으로 이루어지는 것을 의미할 수 있다.

그러나 이상의 관점들도 실제를 너무 단순화한 것일 수 있다. 예를 들어, 음악 관련 훈련이 된 사람과 그렇지 않은 사람을 비교해보면, 반구 전문화가 독특하게 나타나는데, 훈련을 받지 않은 사람은 음악을 듣고 인식할 때 우반구를 사용하지만, 훈련된 사람은 두 반구 모두를 동등하게 사용한다(Bever & Chiarello, 1974). 일반인들의 경우 타이밍과 리듬 감지는 좌반구에서, 음고와 음색 인식은 우반구에서 이루어지지만, 전문 음악인들은 패턴이 바뀌어 좌반구의 역할이 더 커졌다(Zaidel, 2009). 또한, Zaidel(2010)은 예술가들에게는 뇌 손상 이후의 예술 관련 변화들이 없다는 점이 기능적 표상에서의 잉여성(redundancy)과 다중영역 처리 (multi-regional processing)의 가능성을 시사하는 것이라고 주장하였다.

예술가와 뇌 손상: 뇌 손상 환자 연구[7]　　신경학자 테오필 알라주아닌은 미술, 음악, 문학 영역의 세 예술가의 뇌 손상(brain lesion)의 결과를 기술하는 신경학 논문을 발표하였다(Alajouanine, 1948). 그들은 좌반구 손상과 다양한 수준의 실어증을 갖고 있었는데, 좌반구의 온전한 기능을 필요로 하는 작가와는 대비되게,[8] 음악가와 화가는 계속 작품활동을 하였다. 논문 출간 이후, 시각 예술가들의 다양한 신경학적 사례들이 보고되었는데, 뇌 손상의 원인과 손상의 부위들은 좌반구나 우반구 어느 한쪽의 경색이나 종양에서부터 다양한 진행성 치매(알츠하이머병, 피크병, 전두측두엽 치매)에 이르기까지 다양하였다.

이러한 사례 연구들에서는 손상 전과 후의 비교, 즉 작품에서의 변화가 주된 관심사였다. 각 반구에 손상을 입은 사람들의 그림을 비교한 연구(Gardner, 1975)에서, '집 사진을 보여주고 그대로 그려 보라'고 했을 때, 좌반구가 손상된 사람은 전체적으로 비교적 온전한 집 그림을 그렸지만, 세부적인 부분이 부족한 단순한 그림을 그렸다. 반면 우반구가 손상된 사람은 전체적으로는 매우 와해된 그림을 그렸지만, 세부적인 부분은 매우 자세하고 정확했다. 이러한 결과는 두 반구 모두 그림 그리기 활동에 관련되지만, 각자 질적으로 다르게 기여하는 것을 보여준다. 즉, 좌반구는 세부적인 것을 잡아내고(분석적 기술), 우반구는 전

7　대부분의 뇌 손상 환자들은 일반인이며, 창의적인 직업을 가진 사람들의 비율은 낮은 편이다. 창의적 직업을 가진 사람 중에서도 남다른 창의적 성취를 이룬 인물들은 더욱 찾기 어렵다.

8　언어에 주로 의존하는 작가들의 경우에는 좌반구 손상이 매우 치명적이어서 뇌 손상 후 다시는 글을 쓸 수 없는 경우가 대부분인데, 이는 언어 능력이 대부분 좌반구에 위치하기 때문이다. 한편, 우반구가 손상된 작가는 은유적 표현의 이해에 어려움을 겪을 수 있다.

체 이미지를 파악(전체적 인식)하는 데 주된 기능을 함을 시사한다.

그러나 전문적인 직업 예술가들로 국한된 표본(화가, 작곡가 15명)에서는 더 복잡한 결과가 관찰되었다. Zaidel(2005)에 따르면, 발병 원인이나 손상의 위치(좌우 반구)와는 관계없이 예술가들은 뇌 손상 후에도 계속 작품활동을 할 수 있었고, 그들 고유의 스타일도 남아 있었다. 즉, 손상 전 시기의 특정 장르에서의 자신의 고유한 스타일도 손상 후 변화되지 않는다.[9] 어떤 예술가들은 자신들의 전 경력 동안 다양한 장르를 실험하기도 하는데, 손상이 일어나기 바로 전의 장르가 손상 이후에 계속된다. 이런 증거들은 예술이 다중과정(multi-process)의 활동이며, 뇌의 여러 부위에 의존하며, 하나의 뇌 반구, 부위, 또는 경로가 있다기보다는 예술 관련 기능적 표상의 중복성이 있다는 것을 시사한다. 게다가, 전반적으로 예술가들은 모두 뇌 손상에 의한 결함에 대해 저항력이 있어 파킨슨병이나 치매 같은 뇌질환이 진행되고 있는 예술가들도 기술과 자신의 스타일 등을 고수할 수 있었다.[10] 이러한 결과들에 대한 가능한 설명 중 하나는 훈련이 기술을 더 고르게 뇌 전체에 분산시킨다는 가설이다. 즉, 시각 예술가들은 평생 자세한 관찰을 해오면서 훈련된 눈을 가지고 있고, 그런 오랜 연습이 특정 반구나 뇌 부위에 전문화되는 것을 넘어서 뇌 기능 표상의 잉여성(redundancy)에 기여하는 것 같다.

한편, 우반구의 경색을 겪은 예술가들의 작품에서 정서성과 표현성이 이전보다 더 두드러지는 경향을 볼 수 있는데, 좌반구 손상의 경우에는 이런 효과가 없었다. 유명한 사례로, 독일의 인상주의 화가 로비

---

9 장르는 추상예술, 초현실주의, 사실주의와 같이 운동 또는 학파를 말하며, 스타일은 장르 내에서의 개인적인 예술적 표현을 의미한다.

10 치매를 앓고 있어 신경변성의 손상이 나타나거나, 인지적 기능이 심각하게 저하된 경우에도 예술가들의 기술은 여전히 오랜 기간 보존되는 것 같다. 다만, 병이 깊어지면서 광범위하고 넓게 퍼진 신경 연결성이 상실되면 결국 작업을 중단하게 된다.

스 코린트(L. Corinth)는 1911년 우반구 경색이 발병하였지만 사망할 때까지 14년간 계속 그림을 그렸다. 이 시기에 손상 후 편측 무시(hemi-neglect) 현상[11]이 나타난 것뿐만 아니라, 이전보다 대담하고 강렬한(정서 표현이 강한) 스타일로 바뀌었다. 좌반구 손상에서는 그런 효과가 나타나지 않는데, 아직 밝혀지지 않았지만, 이것은 우반구와 예술의 정서성 간의 연결 가능성을 시사해준다.

음악의 경우에는 작곡, 연주, 악보 이해, 악기를 다루는 기교 등과 같은 구분되는 다양한 능력들이 있기에 매우 복잡하다. 이러한 다양한 능력이나 기술이 뇌의 여러 부위에 분산되어 있으므로, 뇌 손상은 전문적인 음악인과 비전문가에게 서로 다른 영향을 미칠 수 있다.[12]

한편 Chamberlain 등(2014)은 예술가의 뇌는 보통 사람의 뇌와 다를 수 있다는 연구 결과를 제시하였다. 예술 분야 학생(21명)과 비예술분야 학생(23명)의 뇌 사진을 분석한 결과, 예술가들이 뇌의 상층에 자리한 두정엽의 설전부(precuneus)에 더 두터운 회백질과 백질을 지닌 것이 관찰되었다. 그들은 그림을 잘 그리는 사람은 미세한 운동(fine motor movements)과 절차기억(procedural memory)을 통제하는 뇌 부위가 더 발달 되어있는 것 같다고 하였다. 또한, 창의성을 비롯한 예술적 재능의 어떤 부분이 선천적이고, 어떤 부분이 학습된 것인지는 구별하기 어렵

---

11 우뇌가 손상된 환자가 왼쪽에서 일어나는 사건을 자각하지 못하는 현상. 접시의 오른쪽에 담긴 음식만 먹고, 몸의 오른쪽에만 옷을 걸치고 왼쪽에서 말을 거는 사람을 무시한다. 화가들에게서의 흥미로운 결과로서, 아웃라인 드로잉에서는 편측 무시가 드러나지 않지만(양쪽 모두를 완전하게 그리지만), 드로잉에 색깔을 입힐 때는 나타난다. 즉, 드로잉의 왼쪽 반은 색깔이 없지만, 오른쪽은 있다(Blanke et al., 2003). 대부분 사례에서 편측 무시는 손상 후 첫 두 달 내에 사라진다.

12 테너 루치아노 파바로티는 머릿속으로 음악을 연습하는 것이 피아노 앞에서 실제 노래를 부르는 경우보다 더 많다고 하였다. 그는 악곡을 보고 사진처럼 머릿속에 집어넣어야 한다고 강조하였다. 음악가들은 연주를 하지 않고 악보를 읽으면서 어떤 소리가 나올지 상상하는 능력이 전문 음악가와 아마추어를 구분하는 기준이 된다고 한다(Root-Bernstein & Root-Bernstein, 1999).

다고도 하였다. 이들의 연구는 예술가들에게서 창의성이 발달되는 과정을 종단적으로 연구할 필요가 있음을 강조한다.

이제 연구자들은 특정한 영역의 창의적 활동을 특정 반구와 연합하는 것은 너무 단순한 관점이라고 본다. 각 창의성 영역에서의 활동들은 다양한 기술 요소들(동기, 영감, 지각, 평가 등)을 포함하며, 이는 뇌 전체에 분산되어 있다고 보아야 할 것이다. 또한, 그러한 기능들은 전문 지식이나 연습에 의한 기술이 점차 증가함에 따라 뇌 전체로 점차 분산되며, 이는 반구들의 기능들이 완전히 선천적이거나 유전에 의한 것이 아님을 시사하는 것이다.

3) 두 반구에 대한 세 가지 관점

이 장의 첫 질문인 '창의성은 뇌의 어디에 있는가', 다시 말해 뇌 기능과 창의성 간의 관계에 대해 다음의 세 가지 관점을 제시할 수 있다. 첫째, 우반구가 좌반구보다 더 창의적이라고 보는 관점, 둘째, 두 반구가 상호 보완적이라는 관점, 셋째, 두 반구가 서로 협력하여 시너지를 내면서 기능한다는 반구 간 협동 모형 관점이다.

우선, 첫 번째 관점인 창의성이 우반구에서 발현된다는 생각은 신화에 가까운 것임이 지금까지의 논의에서 명확해졌다. 그간의 연구들을 종합하면, 창의성의 뇌 반구 간 비대칭성에 대한 가설은 지지되지 않는 것으로 결론을 내릴 수 있다(Dietrich & Kanso, 2010).

최근의 연구자들은 창의적인 사람들이 두 반구 간 소통에 매우 뛰어나다고 본다(Hoppe, 1988). Whitman 등(2010)은 TTCT에서 높은 점수를 얻은 사람들이 과제 수행 과정에서 더 많은 반구 간 협력을 보인다는 결과를 보고하였다. 이는 창의적인 생각을 할 때 반구들이 함께 더 활발하게 활동한다는 생각을 지지한다.

창의성은 뇌의 한 부분에 국한된 특정한 현상이 아니다. 창의성은 작곡, 조각, 수학 등의 발현 영역에 따라 뇌의 서로 다른 부위가 관여하고 있고(이것은 창의성의 영역 특수성 관점과도 연관이 있다), 한 영역에서 요구되는 능력의 하위 요소들이 뇌 전체에 걸쳐서 분포되어 있고, 그러한 능력의 분포도 전문가와 비전문가에서 차이가 나듯이 연습의 정도에 따라 달라지는 것으로 나타난다. 따라서 연습에 의한 경험이 축적될수록 창의성은 뇌 전체로 퍼져나가는 것 같다.

Carlsson 등(2000)은 창의성 검사로 창의성이 높은 집단과 낮은 집단(각 12명)을 선정한 후 3일 동안 대안 용도 검사와 같은 전전두엽을 자극할 수 있는 과제들을 제시하고 혈류량(rCBF: regional cerebral blood flow)을 측정하였다. 연구자들은 확산적 사고 과제인 벽돌의 대안 용도 과제를 수행할 때, 창의성이 높은 집단은 양쪽 뇌가, 낮은 집단은 한쪽 뇌가 활성화될 것이라고 예상하였고, 이를 지지하는 결과를 얻었다. 낮은 창의성 집단이 대부분 좌뇌를 사용한 것에 비해, 높은 창의성 집단은 양쪽 반구의 전전두 부분을 모두 사용하였다. 이 연구는 덜 창의적인 사람의 우뇌가 약간 덜 활동적이라는 것을 시사하지만, 궁극적으로 높은 창의성이 양측 반구 모두의 활성화 패턴을 보인다는 것을 밝혔고, 두 반구의 상호 보완적 기능을 강조하는 결과로 볼 수 있다.

현대의 뇌과학자들에게 창의성을 담당하는 뇌의 특정 영역은 없다는 게 정설이며, 뇌의 특정 부위의 발달과 창의성 간의 관계를 규명할 수 없다고 본다(아인슈타인의 뇌도 특별하지 않았다). 그리고 두 번째와 세 번째의 관점 중 어느 것이 더 우세한 지는 아직 명확하지 않다.

다만, 창의적인 아이디어가 나오는 순간의 공통점을 발견할 수 있다. 그것은 이전에 없던 '새로운 연결'이다. 우리가 창의성을 발휘하는 순간, 흔히 섬광 같은 통찰의 순간인 '유레카 순간(Eureka moment)'에는 뇌의 여러 영역이 동시에 활성화될 뿐 아니라, 그 순간에는 평소에 신호를 잘 주고받지 않던 부위들이 서로 활발하게 신호를 주고받는 것으로 나타났다.[13] 결국, 창의성은 기존에 가지고 있는 것들의 생산적인 재배열이라고 할 수 있다. 뇌과학자들은 창의성을 높이기 위해서는 평소에 잘 안 쓰는(잘 연결되지 않는) 뇌 영역 간에 신호를 주고받을 수 있도록 해야 한다고 제안한다. 더 구체적으로는 다양한 분야의 정보를 습득하는 게 중요한데, 그 이유로 새로운 사람, 다른 분야의 전문가, 다른 장르의 예술가 등을 만나는 것이 도움이 될 것이다.

4. 뇌와 창의성에 대한 새로운 관점

1) 전전두엽

신피질이 인간의 고등정신작용에 관여한다고 하였는데, 더 구체적으로는 신피질의 전전두엽(PFC: prefrontal cortex)이 그러한 기능과 역할을 담당한다. 1848년 피니어스 게이지(P. Gage)가 철도 공사 현장에서 폭발 사고로 말미암아 전전두엽에 있는 안와전두엽에 쇠막대가 관통하는 사고를 입은 후, 그의 삶과 행동이 극적으로 변화되는 것을 보고 연구자들은 전전두엽의 기능과 역할에 관심을 기울이게 되었다.[14]

전전두엽은 감각 또는 운동 기관은 아니며, 다중의 피질 부위로부

---

13 뇌에서 멀리 떨어져 있는 영역들이 서로 연결된다는 측면에서 뇌과학자들은 인간의 뇌가 창의성을 발휘하기에는 적절한 디자인이 아니라고 본다. 우리 뇌가 생존에 유리한 방향으로 디자인되어왔다고 본다면, 창의성은 뇌가 인식하는 생존에 당장 도움이 되는 것은 아니라는 말이다.

14 20세기 초까지도 전두엽은 쓸모없는 것으로 여겨졌고, 전두엽과 나머지 뇌 부위 간의 연결을 제거함으로써 여러 뇌 이상에 의한 정신질환을 치료할 수 있다는 믿음이 있었다. 이에 근거하여 포르투갈의 신경학자 안토니우 모니스(A. Moniz)는 전두엽 절개술을 고안하였고, 1945년 노벨 생리의학상까지 받았다(역사상 가장 잘못된 시상으로 꼽힌다). 미국 의사인 월터 프리먼은 이 방법을 좀 더 개량하여 미국 전역에 수많은 환자를 대상으로 전두엽 절개술을 시술하였다. 1970년대 말에 와서야 이 시술이 금지되었다.

터 입력(input) 정보를 받고, 다른 피질 영역들과의 긴밀한 연결을 통하여 고등 집행 기능을 수행한다. 전전두피질은 상위인지를 담당하고, 인간의 고등정신작용과 복잡한 행동을 조율하는 집행 기능(executive function)에 관여하는 뇌 부위이다. 따라서 이 부위는 단순히 감각 또는 운동 피질과는 다른 연합 피질로서, 특정 자극에 기계적으로 반응하지 않기에 상대적으로 연구하기 어렵다. 또한, 뇌에서 가장 마지막으로 성숙하는 부분으로 30대 중반까지 발달한다.

한 가지 주목할 것은 전전두엽이 정서를 관장하는 변연계의 도파민 시스템(특히 편도체)과 직결된 영역이라는 점이다. 정서에 관여하는 피질하 구조들(대뇌피질 아래쪽에 있는 뇌 영역)은 전전두피질과 밀접하게 상호 연결되어 있다. 전전두피질은 자기 인식, 행동 계획, 불필요한 행동 억제, 문제해결을 위한 전략 수립, 의사결정 등 인간이 동물과 구별되는 능력에 관여한다.

전전두엽의 서로 다른 부위들은 상위인지의 복잡한 과정들에 서로 다르게 기여한다. 〈그림 10-4〉에서 보듯이, 전전두엽은 우선 크게 두 부위, 즉 배외측 전전두엽(dlPFC: dorsolateral prefrontal cortex)과 복외측 전전두엽(vlPFC: ventrolateral prefrontal cortex)으로 나뉠 수 있다. dlPFC는 주의집중이나 작업기억이 작동하는 데 중요한 역할을 하고 목표 지향적인 행동에도 관여한다. vlPFC는 사회적 상황에서 적절한 (부적) 정서 조절에 관여한다. 또 다른 전전두엽 부위가 복내측 전전두엽(vmPFC: ventromedial prefrontal cortex)인데, dlPFC가 다양한 정보를 통해 논리적인 판단을 한다면, vmPFC는 상대적으로 감정적인 정보에 의지한다(dlPFC와는 달리 vmPFC는 변연계와 가깝게 연결되어 있다). 감정은 비록 비논리적이지만 옳고 그름의 판단에 중요한 역할을 한다(감정을 느끼는 뇌 부위인 vmPFC에 손상을 입은 사람은 도덕적 문제에 대해 냉혹한 판단을 한다).

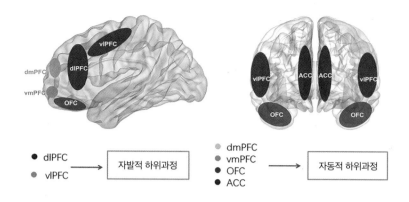

그림 10-4 **전전두엽**(Bi et al., 2022)

또한, vmPFC와 이웃한 안와전두엽(OFC: orbitofrontal cortex)은 전두엽의 밑부분, 즉 눈 뒤에 위치한 부위로, 편도체를 비롯해 변연계와 직접 연결되어 있어 욕구 또는 동기에 관련된 정보를 처리하는 데 관여하며, 감정 관련 정보들을 상황에 맞게 조절하여 적절한 사회적 행동을 수행하는 기능을 담당한다.

전대상엽(ACC: anterior cingulate cortex)도 인간을 포함한 포유류의 사회적 유대감 형성 및 사회적 상호작용을 가능케 하는 중요한 기능을 한다. 뒤에서 다루지만, 이 부위는 창의성과는 반대되는 의미를 담고 있는 동조나 순응과 밀접한 관련이 있다.

창의성과 뇌의 관계에서 대중들에게 널리 알려진 것은 전전두엽과 우뇌이다. 두 구조 모두 창의성이나 새로움(novelty)을 다루는 데 관여하는 밀접한 뇌 부위이지만, 그것들이 창의성의 유일한 무대는 당연히 아니다. 창의성은 매우 복잡한 현상이므로 이에 대한 뇌 기제는 생각보다 더 복잡하고 다양하다.

창의성은 인간의 가장 대표적인 고등 인지 과정으로, 새로운 아이디어 발상, 복잡한 문제의 해결이나 과학적 발견, 예술적 창조 등 매우 이

질적이면서도 다양한 능력을 포괄하는 매우 복합적인 개념이다. 또한, 지능 연구에서 다중지능(multiple intelligence) 관점이 제기되는 것과 같이, 창의성도 다중의 창의성 개념이 점차 더 설득력을 얻고 있다. 따라서 창의성 현상에 관한 연구도 이 모든 요소를 고려하는 것은 불가능하며, 설사 연구하더라도 명료한 연구 결과를 얻기 어려울 것이다. 오늘날의 신경과학에서도 창의성을 구성하는 개별 요소들을 나누어 접근하는 요소 과정 접근(component process approach)을 취한다(조수현, 2015).

창의성은 복잡한 현상이며, 이에 기여하는 요소들은 매우 다양하다. 그리고 이 요소 간의 상관이 그리 높지 않고 일부의 경우에는 상호 모순적이다. 예를 들어, 창의적 성취를 이루는 데에는 사고의 유연성이 필요할 뿐 아니라 집요하게 물고 늘어지는 끈기도 요구되며, 문제나 과제에 정신을 집중하기도 하지만 때로는 통찰을 얻기 위해 산책이나 멍때리는 것(mind wandering)과 같은 한가한 시간을 가질 필요도 있다. 따라서 창의성이 한 덩어리의 특성이라기보다는, 영역마다 다른 재능과 요소들이 필요한 다중 창의성 관점이 더 적절하다.

더불어 창의성의 영역 일반성이 아닌 특수성을 받아들인다면, 창의성에 이르는 다양한 경로들이 가능하다고 볼 수 있다. 심지어 동일 영역에서도 창의성에 이르는 경로는 다를 수 있다. 예를 들어, 수학 영역에서의 갈루아(É. Galois)의 삶과 창의성이 드러난 방식은 가우스(C. F. Gauss)의 그것과는 큰 대비를 이루고,[15] 음악 영역에서 모차르트와 베

---

15 갈루아는 군론(群論)으로 유명한 프랑스의 수학자이다. 어려서부터 수학에서의 천재성을 보였다. 그러나 그의 생애는 불운의 연속이었는데, 에콜 폴리테크니크에 들어가려 했으나, 수학 이외의 성적은 낙제 수준이었고 면접에서의 불손한 태도 때문에 입학하지 못하였다. 이후 프랑스 혁명기의 정치 활동에 참여하다가 권총 대결로 20대 초반에 요절한다. 그는 짧은 시기 동안 군론, 대수학, 다항식 등에서 중대한 발견을 하였는데, 그는 결투 전날 밤 자신의 수학적 통찰의 많은 부분을 정리한 논문을 친구에게 편지로 보냈고, 사후 10년이 지나서야 인정을 받게 된다. 반면 가우스는 어린 시

토벤도 대비가 된다. 갈루아와 모차르트는 비교적 짧고 이른 시기에 창의적 업적들을 남겼지만, 가우스와 베토벤은 오랜 시간 공을 들이는 과정을 통해 위대한 업적을 남겼다. 짧은 기간 이루어지는 경우와 긴 시간에 걸쳐 이루어지는 경우 간에는 질적으로 다른 인지적 과정이 개입될 것이다. 즉, 전혀 다른 방식의 창의적 과정을 거쳐 해당 영역에서 예외적인 업적을 남겼을 것이다. 이런 측면에서도 뇌에 단일한 창의성 중추가 있을 것이라고 가정하기는 어렵다.

패턴 재인 창조는 완전히 무에서 시작되는 것이 아니고 이미 존재하는 것들을 재조명하거나, 새롭게 조합하거나 거부하는 과정에서 이루어진다. 그리고 기존의 것들은 대부분이 이미 우리 뇌에 지식으로 표상되어 있고, 그것들 간의 관계망이 매우 긴밀하게 형성되어 있다. 우리는 처음 접하는 어떤 물체나 대상을 재빨리 알아차리는데, 이것을 패턴 재인(pattern recognition)이라고 한다. 이것은 인류 계보에서 언어가 발생하는 데 필수적인 전제이다. 예를 들어, 외국의 전통 시장에서 독특한 문양의 천을 처음 보고도 그것이 여성들이 입는 상의라는 것을 금방 알 수 있듯이, 패턴 재인은 앞서 뇌에 저장된 패턴들 가운데 하나와 공명해 그 패턴을 활성화한다.

Root-Bernstein과 Root-Bernstein(1999)은 패턴을 인식하는 것은 새로운 창조의 첫걸음이라고 하였다. 즉, 패턴 인식은 자연의 법칙과 수학의 구조를 발견하는 것뿐만 아니라 언어, 춤, 음악 등에서 운율과 같은 특정한 패턴을 발견하는 것이고, 그림의 경우 화가의 형식적 의도를 감지하는 일과 관련되어 있다고 하였다. 패턴 인식 후에는 새로운 조합으로 패턴을 형성하는 단계가 이어질 수 있다.

절부터 보여준 뛰어난 재능으로 성장 과정에서 많은 지원을 받았고, 생존 당시 이미 위대한 수학자로 이름을 날리며 학문적, 사회적 성취를 모두 누렸다.

뇌에서 '패턴'은 신경생물학적으로는 강하게 상호 연결된 신경세포들의 '관계망'이라고 할 수 있다. 관계망의 한 부분이 특정 자극으로 활성화되면 이 망의 나머지 부분들도 활성화된다. 우리에게 전혀 친숙하지 않은 것에 대해서는 기존에 형성된 끌개(attractor)[16] 관계망들 중 어느 것도 활성화되지 않을 것이다.

우리는 일상적으로 패턴 재인에 매우 능하지만, 뇌 손상 등으로 이것이 망가질 수 있다. 예로서, 물체의 용도를 재인하는 능력을 잃는 경우인 연합성 실인증(associative agnosia) 환자가 있다. 고대 이집트인들에게 스마트폰에 대한 심적 표상이 없는 것처럼, 이들은 이전에 경험한 적이 있는 것조차도 거의 재인하지 못한다. 이것의 원인은 대부분 좌반구가 영향을 받아서이다. 이러한 연합성 실인증과 관련된 과정들은 좌반구의 피질 내에서 상당히 넓게 나타나는데, 이는 심적 표상들이 넓게 분산되어 있다는 의미이자 경험 축적의 저장소로 기능하는 곳은 주로 좌반구라는 것을 보여준다.[17]

그런데 인간을 다른 영장류와 구별시켜주는 언어는 어떻게 좌반구에 정착하게 되었을까? 언어가 등장하면서 인간의 뇌에 새로운 별개의 신경 구조가 생겨난 것은 아니다. 언어와 좌반구 간의 연계를 설명하는 이론들은 다양하지만, 한 가지 가능한 설명은 측두평면, 전두판개, 삼각부 등의 뇌 부위가 우반구에서보다 좌반구에서 더 크다는 점에 주목한다. 대형 유인원도 이 부위가 좌반구에서 더 크다는 점을 고려할 때, 진화의 우연한 과정으로 해당 부위가 용도(패턴 재인 및 언어) 변경된 것

---

16 같은 부류의 비슷한 물체들 간 필수적 속성들을 표상하는 신경망을 일컫는다.

17 한편, 동일한 물체나 사람을 서로 다른 방향에서 보더라도 같은 것으로 지각하는 지각적 항상성을 잃게 되는 통각성 실인증(apperceptive agnosia)은 우반구 쪽의 손상에 기인되는 경우가 많다. 가족이나 주변 지인이 외형만 같은 다른 사람으로 바뀌었다고 지각하는 카프그라 증후군(친구에게 당신은 '내 친구와 쏙 빼닮았군요'라고 얘기하는 경우)도 우반구의 손상으로 나타난다.

이 아닌가 추측된다.

우리 뇌는 어휘의 피질 표상의 경우 뇌의 특정 부위에 모두 함께 집어넣지 않고, 뇌 전체에 분산시키는 설계로 이루어져 있다. 따라서 언어 또는 어휘 손상의 형태는 좌반구의 어느 언어 관련 부위에 손상이 있는지에 따라 다르다.

인간만이 언어를 가지므로, 두 반구의 분업, 즉, 패턴(범주) 지각은 좌반구로 연계되고, 고유함의 지각은 우반구로 연계되는 경향은 인간에게만 존재해야 한다. 그러나 이런 경향이 인간만이 아니라 다른 종들에게서도 나타난다. 즉, 언어의 도래 이전부터 존재하였던 뇌 구조라고 할 수 있다.

한편, 전전두피질의 한 부위인 외측전전두엽(lPFC)은 의도적인 목표 추구 과정에서 뇌 안에 저장된 정신적 표상들을 새로운 구성으로 조립하는 능력을 가진다. 이때 전전두엽에서 조작하는 정보들은 대부분 두정엽, 측두엽, 후두엽에 저장되어 있을 것이고, 전전두엽은 자신의 목표나 계획에 따라 이러한 후방 엽들에서 정보를 꺼내 사용한다고 볼 수 있다. 이런 과정을 통해 이전에 형성된 정신적 표상들로부터 새로운 정신적 표상을 형성하는 것이 가능해지는데, 이러한 생성성(generativity)은 많은 인간 활동과 기능에 필수적이다. 인간의 뇌가 다른 종의 뇌와 가장 두드러지게 구별되는 요소 중의 하나가 바로 전전두엽에 의한 생성성의 역량이다. 즉, 전전두엽은 과거의 기억 조각들로 미래의 기억을 조립하는 일에 중추적인 역할을 하는 뇌 구조로서, 이전 지식과 정보들을 새로운 구성으로 조합하는 능력은 새 발상과 새 개념을 생성하는 데 필수적이고, 새 발상이나 개념은 창의성에 필수적인 것이다(Goldberg, 2018). 여러 차례 언급되었지만, 창조는 무에서 새롭게 생기는 것이 아니며, 이미 있던 것들의 새로운 조합, 재해석, 변형 등을 통해 새로운 발상, 해법, 양식 등이 나타나는 것이다. 전전두엽이 이것을 가능하게 하도록 진두지휘하는 뇌 부위이다. 기존의 것들에 대한 심상을 떠올리는 데에는 전전두엽이 필요치 않지만, 그것들을 기반으로 새로운 것을 상상할 때에는 전전두엽이 필요하다.

2) 세 가지 주요 관계망

전전두엽이 복잡한 인지 과제들과 씨름하는 동안 다른 뇌 구조들과 어떻게 상호작용하는지를 이해하기 위해서는 뇌 구조들을 개별적으로 보기보다는 상호작용이 반영되는 관계망을 살펴야 한다. 인지신경과학의 중요한 발전 중의 하나는 뇌 부위별 기능에 관한 연구에서 상호작용하는 뇌 부위 간의 관계망에 관한 연구로 변화된 것이다. 오늘날의 뇌 연구에서는 중앙집행망(CEN: central-executive network), 기본망(DMN: default-mode network), 현저성망(SN: salience network)의 세 가지 관계망이 자주 연구되고 논의된다(〈그림 10-5〉).

첫째, 중앙집행망(CEN)은 작업기억에서 정보를 처리하고, 목표 지향적인 의사결정이나 문제해결과 같은 도전적 인지 과제들을 해결하기 위해 의식적으로 끈기 있게 노력할 때 작동하는 복잡한 배치의 뇌 부위들이다. 주로 배외측 전전두피질(dlPFC), 복외측 전전두피질(vlPFC), 후두정피질(PPC)이 주성분이다. 이 망에서는 전전두피질이 먼저 활성화되고 난 후 다른 성분들(두정엽이나 측두엽의 부위들)이 활성화된다. 특히 CEN은 반응 억제(response inhibition), 목표 유지(goal maintenance), 주의 통제(attention control), 정서 평가 및 조절과 같은 인지적 과정을 처리한다.

둘째, 1997년 우연히 발견된 기본망(DMN)은 피험자가 인지 과제에 몰입하고 있을 때는 일관되게 활동 수준이 감소하는 여러 뇌 부위들이다. 복내측 전전두피질(vmPFC) 및 안와전두피질(OFC), 후두정피질(PPC), 설전부(precuneus), 후대상피질(PCC) 등이다. 외부에서 어떤 과

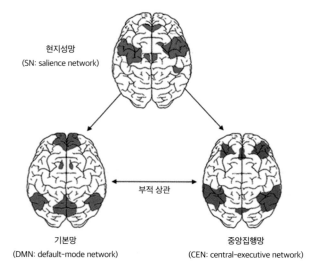

현지성망
(SN: salience network)

부적 상관

기본망
(DMN: default-mode network)

중앙집행망
(CEN: central-executive network)

그림 10-5 세 가지 주요 관계망(van der Linden et al., 2021)

제도 주어지지 않고 뇌 자체적으로 활성화되는 관계망이라고 볼 수 있다. 즉 아무런 작동이 일어나지 않고 꺼져 있는 것이 아니고, 자발적인 사고 과정으로서 개인 내부에서 유도된 과제들에 관여하고 있다고 볼 수 있다(원숭이, 고양이, 쥐에서도 확인되었다).

DMN은 외적으로 부과된 과제가 없는 상태로, 내적으로 선택된 인지 활동에 몰입한다. 즉, 백일몽(daydreaming)이나 멍한 정신 상태이다. DMN은 외적 목표가 없기에 얼핏 혼란스러워 보이기도 하지만, 과제의 부담에서 벗어난 이 기간에 뇌는 유기체 내부에서 생성된 우선 사항에 초점을 맞추어, 미래나 과거에 관해, 그리고 자신 및 자신과 타자의 관계에 관해 생각하게 된다. DMN의 가장 주목할 특징은 이 상태에서 중요한 문제의 해결 아이디어가 생성되기도 한다는 점이다. 그래서 한동안 DMN이 창의성의 주요한 신경적 기초로 인식되기도 하였다.

CEN과 DMN은 하나가 활발하면 다른 하나는 잠잠한 상태가 되는 서로 반대되는 상호 억제의 부적인 관계를 보인다. 이 두 관계망은 전전두피질과 후두정피질이 관련이 있는데, 이 두 영역은 이종양식 연합피질(heteromodal association cortex)[18]로, 대부분의 복잡한 인지에서 각자 서로 다른 관계망이 활성화되는 방식으로 협력한다. CEN에서는 전두엽의 배외측(dorsolateral)과 복외측(ventrolateral)이 활발한 반면, DMN에서는 전두엽의 안와(orbito) 및 복내측(ventrolateral)이 활발하다. CEN은 외부 세계에 관한 정보 쪽으로, DMN은 내적으로 생성된 입력 쪽으로 지향되어 있다. 주목할 점으로 CEN의 외측전전두피질은 좌반구에서보다 우반구에서 다소 더 크고, DMN의 안와전두피질 및 대상피질은 그 반대이다.

셋째, 지금까지 연구된 바에 의하면 SN은 CEN과 DMN 사이에 인터페이스를 제공한다. 전섬엽과 전대상피질로 이루어지고 두 관계망 사이에 스위칭이 일어날 때 활발해지는 것으로 보인다. 갑작스러운 자극의 출현과 같은 입력되는 감각 자극의 변화로 DMN에서 CEN으로 변화될 때 SN이 활성화된다. 스위칭의 과정에서 CEN의 활성화 및 DMN의 약화가 수반되는 것이다.[19] 최근 뇌의 기능적 연결성에 대한 연구(Beaty et al., 2015)에 의하면 확산적 사고를 하는 동안 DMN과

---

18 이종양식 연합피질은 다중의 감각 양식들에서 입력 정보를 받아들여 관리하는 연합 영역을 말한다. 일반적으로 뇌 전방의 전전두엽은 다중의 감각 및 운동 피질로부터 정보 입력을 받기에 다중양식 또는 이종양식이라고 불린다. 다중양식의 입력을 받기에 이 피질 영역은 더 복잡하고 통합된 인지적 활동을 담당한다. 예를 들어, '사과'를 생각할 때, 우리는 그것의 모습과 맛뿐만 아니라 냄새, 감촉, 무게, 심지어 소리까지도 상상할 수 있다. 또한, 연합영역이라는 개념은 뇌 피질의 위계적 조직화를 의미하는 것으로 1870년 영국의 신경과학자 존 잭슨(J. H. Jackson)이 처음 제안한 것이다. 연합 영역은 복잡한 인지적 처리를 하는 상위 구조로서, 인지신경과학의 주요 관심 영역이다.

19 Medaglia 등(2015)은 인간의 정상 발달은 뇌가 CEN과 DMN의 두 상태에서 보내는 시간의 양이 증가하고, 두 상태를 스위칭하는 유연성이 증가되는 것이라고 하였다. 그들은 이런 신경 발달적 변화가 아동기, 청소년기, 청년기로의 발달 과정이 진행되면서 나타나는 집행 기능의 발달에 대응되는 것이라고 보았다.

CEN 간의 연계가 나타나기 전에 DMN과 SN 간의 연계가 나타났다. 이는 시간의 흐름에 따라 아이디어 생성과 평가가 역동적으로 변화되는 것을 반영하는 것일 수 있다.

아이디어 생성과 아이디어 평가라는 창의적 과정의 이중 처리 관점에 근거할 때, DMN은 아이디어 생성과 관련되고, CEN은 아이디어 평가를 담당한다고 볼 수 있다(Ellamil et al., 2012). 또한, 행동 관련 유의한 자극을 탐지하고 DMN과 CEN 간의 역동적 전환을 촉진하는 SN은 DMN에서의 생성적 과정을 통해 나오는 후보 아이디어를 확인하고 그것을 상위 수준의 처리를 위해 CEN에 전달하는 역할을 하는 것으로 볼 수 있다.

3) 기능적 연결성

최근에는 창의적 과제 수행 동안에 세 가지 관계망이 각자 별개로 기능하기보다는 긴밀히 협응한다고 보는 관점이 제기되고 있다. fMRI 자료의 최근 분석 기법은 창의적 인지 과제(예: 확산적 사고)나 예술 작업(시작, 회화, 즉흥연주 등)을 수행하는 동안 여러 뇌 부위 간의 신경 활동의 협응 패턴, 즉 기능적 연결성을 조사할 수 있다.

Beaty 등(2016)의 창의적 인지와 관련된 역동적 모형은 DMN, CEN, SN 간의 상호 협응을 가정한다. 이 모형에서는 DMN은 기억 인출과 유연하고 즉흥적인 연합 기제를 통하여 아이디어의 생성에 기여하며, SN은 DMN에서 생성된 잠재적으로 유용한 후보 아이디어를 확인하고 그것을 상위 수준의 처리(평가나 정교화)를 위해 CEN에 전달하는 것으로 가정한다. Beaty 등(2015)은 fMRI를 사용하여 확산적 사고 과제 동안의 뇌 부위들 간의 역동적 상호작용을 조사하였는데, DMN과 CEN(dlPFC)의 몇 핵심 허브를 포함하는 분산된 네트워크를 보여주었다. 이는 확산적 사고 시에 DMN이 관여하는 것을 나타낸다. 그리고 과제를 시작할 때에는 DMN과 SN 부위 간의 협응(coupling)이 증가하다가 이후에는 DMN과 CEN 영역 간의 협응이 증가하는 것으로 나타났다.

그런데 Beaty 등(2016)의 초기 모형은 아이디어 생성과 평가의 연속적인 단계를 시사하지만, Beaty 등(2018)의 후속 연구는 이것이 동시 발생하며, CEN과 DMN의 두 관계망이 긴밀히 상호 조정한다는 것을 보여주었다. 즉, CEN이 DMN의 즉흥적 아이디어 발상에 대해 조심스럽게 제약을 가하고 상위 목표를 추구하는 방향으로 지속적으로 DMN과 생성적으로 상호작용한 것이다.

구체적으로, Beaty 등(2018)은 전체 뇌의 기능적 연결성의 패턴으로부터 인간 행동의 여러 측면을 예측하기 위해 개발된 방법인 커넥톰(connectome)[20] 기반의 예측 모형으로 창의적 사고력이 개인의 독특한 뇌 연결성 패턴에서 얼마나 예측될 수 있는지를 조사하고자 하였다. 즉, 창의적 사고력과 연관된 전뇌 네트워크(whole-brain network)인 '창의적인 커넥톰'을 찾고자 하였다. 163명의 참가자가 확산적 사고 과제를 수행하는 동안 얻은 fMRI 자료를 사용하여 높은 창의력과 연관된 뇌 네트워크를 확인하고자 기능적 뇌 이미징 분석 방법을 적용하였다.

분석 결과, 그들은 높은 창의적 사고력과 연관된 CEN, SN, DMN 세 체계 내의 전두 및 두정 영역들로 구성된 기능적 뇌 연결성의 패턴을 발견하였다. 즉, 전체 뇌의 기능적 연결성에 따라 창의성이 차이가 나며, 높은 창의성을 보이는 사람은 대규모의 뇌 네트워크를 동시에 사용하는 경향이 있음을 보여주었다. 즉, 창의적 과제 수행 동안 DMN, SN, CEN의 세 네트워크가 역동적으로 상호작용하는 것이다.

---

20 커넥톰이란 신경과학 연구 분야에서 신경계 내 존재하는 모든 신경세포가 서로 연결된 연결망에 대한 전체적 지도를 말한다.

또한, 그들은 네 개의 독립된 자료에 걸쳐 독창적인 아이디어를 생성하는 능력은 뇌 내부의 기능적 연결성의 강도로 예측될 수 있음을 보여주었다. 즉, 창의적 사고력은 독특한 뇌 연결성 프로파일로 나타낼 수 있다는 것이다. 확산적 사고 과제에서 독창적인 반응을 보인 참가자들은 DMN, SN, CEN 노드들로 구성된 네트워크 내에서 뇌 부위들을 가로지를 때 적은 수의 경로를 보이는 높은 전역적 효율성을 보였다. 이전에 과제 없이 휴식하는 상태의 fMRI에서 DMN과 CEN 간의 역상관을 보인 결과나 복잡한 인지적 과제를 수행하는 동안에는 DMN이 비활성화되는 결과 측면에서 볼 때, 이러한 대규모 시스템 간의 기능적 연결은 매우 주목할 만하다.

높은 창의성 네트워크는 DMN, SN, CEN 체계의 핵심 노드 간의 밀도가 높은 기능적 연결을 보여주었다. 이는 창의적인 뇌는 DMN과 CEN이 서로 반대로 작동함에도 대규모 회로들이 동시에 작동하는 경향이 훨씬 더 강하다는 것을 나타낸다. 구체적으로, 유의하게 상관된 기능적 연결의 수가 가장 많은 영역은 대규모 관계망인 DMN, CEN, SN의 허브와 일치하였다. 그리고 창의성이 높은 사람들이 보인 연결성 프로파일에 의하면, 창의성이 높을 사람일수록 세 관계망의 핵심 노드들을 구성하는 전체 부위 내의 전역적 효율성이 더 높다는 것을 보여준다. 따라서 휴식기와 인지적 과제 수행기 동안 반대로 작동하는 경향이 있는 뇌 시스템을 동시 활성화하는 능력은 영역 일반적인 인간의 창의적 정보처리 역량을 나타내는 것일 수 있다.

결국 Beaty 등(2019)은 창의적인 과업의 목표를 달성하기 위해 DMN은 아이디어 생성에 관여하고 CEN은 DMN의 처리를 인도하거나 제약하는 역할을 하며, DMN과 CEN이 상호작용하면서 나타나는 자생적 목표 지향적 인지 과정이 바로 창의적 사고 과정이라고 보았다.

최근 Beaty 등(2023)은 상대적으로 덜 연구된 과학 영역에서의 창의적 사고(예: 가설 생성)에 대한 신경인지적 기제를 조사하였다. STEM 전공 학부생들(47명)을 대상으로 가상의 시나리오에 대한 새로운 설명을 생각해내는 과학적 가설 생성 과제와 시나리오 내 특정 단어를 대체할 동의어를 생각해내는 단순 과제를 실시하였다. fMRI 촬영 자료로 다변량 패턴 분석을 하였을 때, DMN(대상피질), SN(우측 전방 섬엽), CEN(좌측 하전두회)의 허브를 모두 포함하는 전뇌 네트워크의 신경망 활성화가 가설 생성을 지원한다는 결과를 얻었다. 이 신경망 허브들을 근원 부위(seed region)로 사용하였을 때, 가설 생성 동안에 신경망 간 기능적 연결성이 증가하는 것을 발견하였다. 신경망 내 기능적 연결성은 감소하지만, CEN과 DMN 간의 강한 동반 활성화 및 SN과 DMN 간의 강한 동반 활성화가 나타난 것이다. 이것은 다른 창의성 영역에서처럼 과학 영역에서의 창의적 사고에서도 세 신경망(DMN, CEN, SN) 간의 협력이 증가함을 분명 보여준다. 또한, 이러한 결과는 과학 현상에 대한 독창적인 설명을 구성할 때 뇌에서는 즉흥적(생성적) 과정과 통제적(평가적) 과정 간의 상호 조정이 일어난다는 것을 보여주는 것이다.

4) 새로움-일상화 이론

앞서 두 반구의 비대칭과 연관된 신화인 우뇌와 창의성이 밀접한 관련이 있다는 생각은 근거가 희박하다고 하였다. 그러나 이러한 믿음이 완전히 사라진 것은 아니다. 최근의 신경과학, 특히 관계망에 근거한 연구들은 새로운 시각을 제시한다. 대표적인 것이 골드버그의 새로움-일상화(novelty-routinization) 이론이다.

1990년대부터 Goldberg 등(1994)은 좌반구는 일상적인(routine) 인지 전략과, 우반구는 새로운(novel) 인지 전략과 관련성이 크다고 제안하였다. 물론 창의성과 같은 복잡한 인지 과정을 하나의 특정한 뇌 구조(특정 반구나 하나의 뇌 부위)에 연계시키는 경우, 양뇌 신화처럼, 그것이 그 과정에 관여하는 유일한 구조라는 말은 아니다. 단지, 그 뇌 구조가 문제의 인지 과정에서 특히 중요한 역할을 한다는 정도로 이해하는 것이 더 적절하다.

창의성과 뇌의 관계에서, 뇌가 새로움을 어떻게 다루는지를 이해하면 창의성에 대한 뇌 기제에 대한 이해 수준을 높일 수 있다. 물론, 창의성을 새로움(또는 독창성)과 동일시할 수는 없지만, 새로움은 창의성의 정의에서 가장 중요한 요소라고 이미 1장에서 다룬 바 있고, 새로움을 추구하지 않고는 어떤 창의적 과정도 존재할 수 없음은 자명하다.

새로운 상황과 씨름하는 능력과 우반구 간에는 매우 직접적인 연계성이 있으며, 우반구가 창의 과정에 기여하는 것은 이 새로움에 대한 우반구의 친화성 때문이다. 19세기 프랑스의 브로카(P. Broca)와 독일의 베르니케(C. Wernicke)의 관찰을 통해 좌반구와 언어 간의 관계가 확립되었고, 또 앞서 살펴보았듯이, 인간의 인지에서 언어가 차지하는 비중이 너무나 크기에 좌반구가 우세 반구의 지위를 얻게 되고, 상대적으로 시공간 과정과 연계된 우반구는 종속 반구로 폄하되었다.

앞서 보았듯이, 언어의 좌반구와 시공간의 우반구라는 양뇌 신화는 완전히 틀린 것은 아니지만, 예외적인 것들이 너무나 많다. 언어의 어떤 측면은 좌우 반구 모두에 동등하게 표상되며, 운율과 같은 언어 요소는 우반구에 더 잘 표상된다. 또한, 언어와 좌반구의 연계가 반구 전문화의 기본적 특징이라면, 반구 전문화는 인간에게만 고유해야 할 것이다(적어도 엄밀한 의미에서는 인간만이 언어를 가지기 때문이다). 그런데 뇌가 두 반구로 나뉘는 것은 인간만이 아니라, 거의 모든 포유류 및 다른 종에까지 널리 퍼져 있는 특징이다. 또한, 두 반구 간의 기능적 차이도 인간에게만 나타나는 것이 아니라, 여러 포유류에서도 나타난다 (Goldberg, 2009). 따라서 논리적으로, 좌우 반구의 차이를 언어 대 비언어로 구분하는 것은 더는 적절하지 않다.

골드버그는 자신의 새로움-일상화 이론에서 두 반구 기능의 근본적인 차이는 인지적 새로움과 인지적 친숙함의 대비에 기반한다고 주장한다. 좌반구는 잘 형성된 인지적 패턴과 전략을 적용하여 정보를 처리하는 데 뛰어나지만, 우반구는 해당 유기체가 이전의 방식이 전혀 적용되지 않는 새로운 상황을 마주할 때 개입한다는 것이다. 오른손잡이의 경우[21] 알려지지 않은 새로운 정보를 처리하는 데에는 우반구가, 일상적으로 알려진 상황을 안정된 패턴 재인 장치들로 처리하는 데에는 좌반구가 관여하는 것과 같이, 두 대뇌반구는 다르게 관여한다고 본다.

구체적으로, 우반구는 '이질 양식 연합피질'을 선호하는 반면, 좌반구는 '특정 양식 연합피질(modality-specific association cortex)'을 선호하며, 둘 모두는 복잡한 정보처리에 관여한다. 좌반구의 특정 양식 연합피질은 시각, 청각과 같은 개인의 감각 체계에 도달하는 정보를 처리하는 것만 다룬다. 이런 종류의 피질은 인접한 피질 부위 간의 지역적 연결을 더 선호하고, 우리 주변의 세상을 분리된 표상들로 해체하며, 대상을 x, y, z 좌표에 투사된 삼차원 공간에서 생각한다. 반면, 우반구의 이질양식 연합피질은 거리가 먼 피질 간 연결을 선호하며, 감각 채널에서 오는 정보를 전체적으로 통합하거나 우리 주변 멀티미디어 세상의 종합적인 그림을 그려낸다.

Goldberg(2018)는 이러한 차이를 다음과 같은 연결성의 비유로 설명하였다. 좌반구는 특정 시내의 짧은 거리를 가로지르는 택시들의 무리 같고, 이는 시내에서의 연결로는 빽빽하나 도시 간의 연결로는 듬성듬성한 것과 같다. 우반구는 멀리 떨어진 긴 연결로에 더 의존하는데, 대륙 간의 먼 거리를 가로지르는 비행단과 같다. 좌반구에서의 활성화 패

---

[21] 양손잡이나 왼손잡이의 경우에는 두 반구가 기능과 구조 측면에서 덜 편재화되어 있다. 이들의 경우에는 좌반구가 새로움을 처리하고 우반구는 일상적 처리를 하는 경우들이 있다

턴은 특정한 신경 동네 안에 갇히게 된 결과로 보속증(perseveration)[22]에 가까울 것이고, 우반구에서의 활성화 패턴은 훨씬 더 넓은 피질 땅 안에서 방랑하는 쪽에 가깝다. 또한, 우반구는 좌반구보다 더 '작은 세상 망(small-world network)'의 규칙[23]을 충실하게 따르는 것으로 드러난다. 이러한 두 반구에서의 연결성의 차이는 인간에게만 고유한 것이 아니라 영장류에서도 발견된다.

신경발달적 측면에서 보면, 새로움-일상화 이론은 진화 과정을 거쳐 나타난 보편적인 뇌 조직의 원리로 볼 수 있다. 이 이론의 주장에 따르면, 습득하는 데 오랜 시간이 걸리는 전문적 기술의 경우, 초보자는 주로 우반구에 의존할 것이지만, 전문가들은 주로 좌반구에 의존할 것이다. 즉 덜 숙련된 기술은 주로 우반구에 의존한다는 것이다. 어떤 인지 과제가 새롭고 비숙련된 시기에는 우반구가 주로 통제하겠지만, 친숙해지고 숙련될수록 점차 좌반구의 통제 아래로 들어갈 것이다. 예를 들어, Bever와 Chiarello(1974)에 의하면, 비전문가들에게 음악을 처리하는 일은 우반구에서 더 우세하였지만, 훈련된 전문 음악가들의 경우에는 반대로 좌반구가 더 뛰어났다. 피험자들을 반복 측정한 한 연구(Marzi & Berlucchi, 1977)에서도 새로운 과제(이전에 보지 않은 낯선 얼굴 처리)와 친숙한 과제(잡지나 신문에서 보아온 유명인의 얼굴 처리)에서 새로운 얼굴은 우반구가, 친숙한 얼굴은 좌반구가 더 정확하게 처리하였

22 어떤 새로운 동작을 하려고 노력하는데도 불구하고 특정 행동에 부적응적으로 집착하면서 반복적으로 같은 동작을 하는 증상이다. 즉, 어느 자극의 부재나 중단에도 불구하고 단어, 구절, 몸짓 등의 특정 반응을 반복하는 것을 말한다. 언어나 동작에 모두 적용될 수 있으나 언어상의 보속증이 가장 많다. 신경전달물질인 도파민과 관련이 있다.
23 특정 지역 내 접점 집단화의 정도가 높은 동시에 (여섯 단계만 거치면 전 세계 누구에게나 연결되는 원리처럼) 멀리 떨어진 접점들이라도 비교적 소수의 단계를 거쳐 연결될 수 있어야 한다는 양립하기 어려운 두 성질을 가져야 한다. 신경망에서 뉴런들도 시냅스를 통해 연결되는데, 작은 세상 망은 지역적 처리와 전역적 통합이 최적의 균형을 이룬다는 장점을 가진다.

다. 이는 원래 얼굴 처리는 좌반구보다 우반구가 더 관여된다는 기존 관념과도 맞지 않는 결과이다. 즉 친숙함 또는 문제 숙달의 정도가 관건이다. 어떤 과제가 새로울 때는 주로 우반구가 지원하지만, 과제가 숙달되면서 점차 친숙해지면 좌반구가 더 강력해지는 것이다.

어떤 사람이 음악가가 되는 데에는 수년이 걸리고, 한 개인이 유명인의 지위를 얻는 데에는 수년이 걸리지만, fMRI를 사용하여 피험자들이 새로운 과제에 점차 익숙해지는 과정을 촬영한 연구들에서는, 피질 활성화 패턴에서 단지 몇 시간 또는 몇 분 안에 실시간으로 좌우 뇌의 전환을 보여준다. 언어 또는 비언어의 인지과제나, 지각과제, 운동과제 등 어떤 형태의 과제이든지 20~30분의 실험 시간 동안 과제의 새로움이 감소하고 피험자가 과제를 학습함에 따라 우반구에서의 활동은 감소하고 좌반구에서의 활동은 증가하는 양상이 나타난다(Martindale, 1999).

이것의 또 다른 의미는 인지 과정의 신경 기제가 정적인 것이 아니며, 따라서 단순히 고정된 관계망의 부위들로 이해할 수 없다는 점이다. 즉, 관계망은 경험으로 끊임없이 수정되며 두 반구의 상대적 역할도 학습하는 동안에 달라진다.

이와 관련된 생화학적 증거로, 신경전달물질인 노르에피네프린은 새로움의 추구에 관여하는 것으로 알려져 있다. 노르에피네프린 체계를 자극하면 동물의 탐색 행동이 증가한다. 이 경로는 좌반구보다는 우반구에 더 풍부하다. 반면 도파민 경로는 좌반구에 더 풍부하고(이런 비대칭성은 인간만이 아니라 모든 포유류에서 나타난다), 그것을 자극하면 동물의 틀에 박힌, 즉 고도로 숙련된 행동이 증가한다.[24]

가장 최근에 진화된 뇌 부위인 신피질 중 외측(배외측과 복외측) 전전

---

24 높은 도파민 수준은 정신적 집중 향상 및 유연성 감소와 관련 있는데, 도파민 수준을 높이면 피험자가 틀에 박힌 행동을 반복하게 된다.

두엽과 하두정 이종양식 연합피질이 복잡한 인지 과정에 결정적인 역할을 한다. 이 두 영역은 직접적인 경로들로 연결되어 함께 활성화되고 끊임없이 소통하며 서로 협력하여 외부 세계에서 발생하는 복잡한 문제들과 씨름하는 중앙집행망(CEN)이다. 양 반구에서 이 두 영역은 미세한 차이가 있다. 두 부위 모두 좌반구보다는 우반구에서 더 크고, 강하게 연결되어 있어서 더 협력해서 일할 수 있다.

마지막으로, 전전두엽과 후방 피질 부위 간의 연결은 대부분 방추세포로 알려진 세포에 의존한다. 이 세포는 진화상 최근에 발생하였고, 사회적 행동이 발달한 소수의 종(돌고래, 대형유인원, 코끼리 등)에서도 발견되지만, 인간에게서 가장 풍부하다. 이 세포는 사회적 인지를 포함한 복잡한 인지에서 매우 중요한 역할을 한다. 또한, 좌반구보다는 우반구에 더 풍부하다. 방추세포는 멀리 있는 피질 부위들이 매우 빠르게 소통하도록 해주는 매우 긴 축삭돌기를 갖추고 있어, 예견되지 않은 돌발적 상황에 잘 대처하게 한다. 따라서 우반구가 종속반구라는 이전의 생각과는 달리 새로운 인지적 난관들을 다루기 위한 장치들을 더 많이 갖추고 있다. 즉, 우반구는 유기체가 이전에 경험하지 않았고 또 이용할 수 있는 기존의 정보나 해답이 없는 새로운 상황을 다루는 데 아주 능하다고 할 수 있다.

참고 10-2 작은 세상 망

두 반구가 신경을 구성하는 방식의 차이를 이해하기 위해 작은 세상 망(small-world network)이라는 개념을 적용할 수 있다. 추상 수학 분야의 그래프 이론에서 발전한 이 개념은 지하철역을 접점으로 하는 교통망이나, 사람들을 접점으로 하는 사회관계망 등에 널리 적용되었다.

어느 관계망이 '작은 세상'의 성질을 가지려면(즉 효율성을 높이려면) 그것의 구조가 얼핏 양립하기 어려운 두 속성을 결합해야 한다. 즉, 클리크

성(cliquishness)이라고 불리는 지역적(local) 접점 군집화의 정도가 높아야 하는 동시에 가까운 이웃이 아닌 먼 접점들 사이도 비교적 소수의 단계를 거쳐 연결될 수 있어야 한다. 즉, 전형적인 작은 세상 망에는 수많은 연결로가 모여들어 허브를 이루는 접점들이 존재한다. 그리고 멀리 있는 접점이라도 최소 단계를 거쳐 연결된다(〈그림 10-6〉).

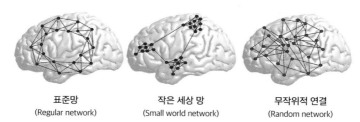

표준망
(Regular network)

작은 세상 망
(Small world network)

무작위적 연결
(Random network)

그림 10-6 **작은 세상 망(De Ridder et al., 2021)**

신경망에서는 뉴런들의 집단이나 개별 뉴런이 접점이며, 접점 사이의 연접이 단계에 해당한다. 작은 세상 속성이 갖는 장점 중의 하나는 관계 망 안에서 지역적(local) 처리와 전역적(global) 통합이 최적의 균형을 이룬다는 것이다. 그리고 이러한 속성은 관계망이 매우 복잡한 정보를 처리하도록 진화하면서 생기는 것으로 추측되며, 포유류의 뇌가 그렇게 진화한 것으로 보인다.

그래프 이론을 신경과학에 적용한 계기는 뇌 영상 및 복잡한 계산 방법의 발달이었다. 뇌가 어떻게 기능하는지 이해하려면 반드시 뇌의 여러 부분이 어떻게 연결되어 있는지를 알아야 하기에 뇌 안의 연결성을 연구할 목적으로 높은 해상도와 정확도를 가진 첨단 뇌 영상 방법이 개발되어 왔다. 그래서 뇌 안의 복잡다단한 연결성 패턴을 보여주는 엄청난 빅데이터가 만들어지면서 그래프 이론이 데이터에 숨겨진 원리와 규칙성을 드러낼 수단이 된 것이다.

피질 안의 많은 연결성 패턴은 실제로 작은 세상 망의 특성을 갖는 것으로 드러났다. 특히 우반구 안에서의 연결성이 좌반구 안에서의 연결성보다 더 충실하게 작은 세상 규칙을 따르는 것 같다. 반면, 좌반구는 상대적으로 지역적 동네가 더 큰 부분을 구성해서 동네 안에서의 연결로는 빽빽하나, 동네들 사이의 연결로는 상대적으로 듬성듬성하다. 두 반구에서의 이런 연결성 패턴의 차이는 두드러지며, 그것은 인간에게만 고유한 것은 아니고 영장류에서도 발견된다. 따라서 이런 차이는 진화 과정에서의 적응의 산물로 볼 수 있다.

한편, 창의성의 뇌 기제를 연구하고자 한 Anderson 등(2022)은 작은 세상 속성의 감소가 탁월한 창의성과 연관된다는 것을 보여주었다. 그들은 Big-C 수준의 창의성을 보인 시각 예술가(21명)와 과학자(21명) 집단[25]과 연령, 성별, IQ에서는 비슷하지만 창의적이지 않은 고학력 집단(24명) 간의 차이를 보고자 fMRI로 뇌 연결성을 조사하였다. 그 결과, 창의성 집단이 작은 세상 속성(small-worldness)이 줄어드는 '독특한 두뇌 연결성'을 지님을 발견하였다.

구체적으로 휴식 상태와 더불어 확산적 사고를 측정하는 대안 용도 검사와 수렴적 사고를 측정하는 원격연상검사(RAT)의 두 과제를 수행할 때 fMRI 스캔 자료를 얻었다. 전역적(global) 연결성 측정치는 작은 세계 속성(효율성 지표)과 군집화 계수(clustering coefficient), 그리고 특성 경로 길이(characteristic path length)였다. 지역적(local) 연결성 측정치는 여러 부위의 신경망 내에서의 지역적 효율성(local efficiency)과 군집화 계수였다. 분석 결과, 휴식 상태에서의 전역적 작은 세계 속성은 과학자 집단이 통제집단보다 더 낮았고, 시각 예술가 집단은 중간 수치를 보였다. 통제집단 대비, 과학자와 시각 예술가의 두 Big-C 집단은 휴식 상태에서 높은 수준의 지역 군집화 계수를 보였지만, 대안 용도 검사 조건에서는 낮

---

[25] 실험집단은 해당 영역의 전문가들이 지명한 사람들로, 10가지 창의력 영역에서의 성취도를 평가하는 '창의적 성취 설문지(CAQ)' 기준으로 볼 때 상위 2% 내에 들어가는 사람들이었다.

은 지역 군집화를 보였다. 수렴적 사고 검사(RAT) 수행 동안에는 유의한 차이가 없었다. 이러한 결과는 Big-C 창의성은 지역 군집화 및 효율성이 조건에 따라 분명하게 다르게 나타나는 점과 함께, 전역적 연결 네트워크가 '효율적' 구조보다는 '무작위적' 구조와 연합되어 있음을 시사한다. 즉, 높은 수준의 창의성은 먼 거리의 무작위적 연결을 더 많이 만드는 경향이 있다는 것으로, 이런 무작위적 연결은 효율적이지는 않을 수 있으나, 이전에 '가 보지 않은 새로운 길'로 가는 것에 비유될 수 있다.

앞으로 작은 세상 망 개념이 창의적 사고 과정의 단계별 특징을 기술하는 데 유용하게 적용될 잠재력이 있다.

5. 뇌와 창의적 과정

창의적 과정과 연관된 몇 가지 측면들에 대한 신경과학의 관점을 좀 더 살펴보자. 우선 창의적 성취에는 번쩍이는 영감의 과정과 더불어 오랜 기간의 노력과 끈기가 요구된다는 점에 대해 살펴본다.

1) 영감 대 노력: 고전두엽성과 저전두엽성

창의성이 오랜 기간의 노력과 땀의 결과인지, 아니면 갑작스러운 통찰이나 영감의 결과인지에 대한 오랜 논의가 있었다. 신경과학에서 볼 때, 땀은 일반적으로 지속적인 의식적, 목표 지향적 노력을 의미하기에, 이것은 뇌가 고전두엽 상태일 것을 요구한다. 고전두엽 상태는 배외측 전전두엽이 열심히 작업 중인 경우다. 뇌 안에 저장된 정신 표상들을 조작하는, 의도적인 목표 주도 과정을 통해 정신적 표상들을 새롭게 구성, 조립하는 CEN의 작업인 것이다.

저전두엽 상태 자체가 어떤 유용한 것을 낳지는 않지만, 일시적으로 저전두엽 상태도 창의 과정에 중요한 역할을 한다. 저전두엽 상태는 배외측 전전두엽이 활성화되지 않는 상태로, CEN이 활동을 그만두면 DMN이 대신 활발해지면서, 후방 피질에 있는 서로 다른 회로를 이용한다. CEN이 켜졌을 때 활성화되었던 뇌 후방의 PTO(측두엽, 두정엽, 후두엽) 회로들은 이제 각자 역할을 하고, 더는 전전두피질의 통제나 감독을 받지 않는다. 이 후방 부위들 안의 분산된 활성화를 인도하는 것은 온전히 후방 피질 안에 존재하는 부위들 내부의 연결성이지, 전전두피질이 부과한 목표나 계획이 아니다. 이 과정은 잠, 명상 또는 최면 상태와 유사한, '지향성이 없는 멍 때리기(undirected mental wandering)'로 볼 수 있다.

의도적인 노력을 기울였음에도 원하는 해결책에 이르지 못한 경우, 이후 멍 때리기가 이어지면서 창의성의 발현이 가능해진다. 6장에서 보았던 부화기 동안의 갑작스러운 창의적 통찰의 수많은 사례들이 이에 해당한다. 여기서 강조되어야 할 것은 멍 때리기가 어떤 효과를 가지려면 반드시 고전두엽성의 의도적 노력의 기간이 선행되어야 한다는 점이다. 그리고 고전두엽 상태와 저전두엽 상태의 결합 그리고 이 두 과정을 왔다 갔다 하는 것이 결국에는 창의적인 결과를 얻는 데 중요하다. 이때 도파민과 노르에피네프린 체계에 의한 광범위한 전두엽 각성 조절이 창의 과정에 필수적이다. 이런 조절 역량에서의 개인차(조절 범위가 넓은 정도)는 창의적 역량과 관련이 있다. 뇌파 연구에 의하면, 평균보다 높은 피질 기초 각성 수준과 낮은 각성 수준(알파파 활동 증가) 모두가 존재하는 때는 창의적 사고를 측정하는 대표적 방법인 확산적 사고 과제를 수행하는 동안이다(Kaufman et al., 2010).

고전두엽 상태에서 목표를 가지고 의식적인 노력을 기울이는 것이 이후 멍 때리기 동안의 방향을 제시함으로써 정신적 방랑을 위한 기점을 제공한다. 이것이 전전두엽의 영향을 벗어났지만 '지향성이 있는 멍 때리기(directed wandering)' 상태이다. 이 상태에서는 DMN이 우세해지면서, 후방의 연합피질들에서 일어난 자발적 활동으로, 이전에는 가능하지 않았던 새로운 경로들이 활성화되고 통합되면서 운이 좋으면 수수께끼의 해답이나 새로운 통찰을 찾는 계기가 될 수 있다.[26]

그런데, 지역적 동네들로 구성되어 동네 간의 상호작용이 적은 좌반구에서는 정신적 방랑도 동네 안에 갇힐 가능성이 크므로, 멀리 떨어져 있는 기점들과의 연결 가능성이 작은데 이는 원거리 연상이 어렵다는 것을 의미한다. 반면 앞서 언급되었듯이, 우반구는 좌반구보다 더 작은 세상 망의 규칙을 충실하게 따르므로, 정신적 방랑이 더 광대한 영토에 걸쳐 퍼질 가능성이 크고 관계망의 멀리 떨어진 기점 간의 연합의 확률이 높아진다. 멀리 떨어진 영역들에서의 요소들을 연결하는 것이 창의성에 중요하다는 점을 감안하면, 이것은 우반구에서 더 유리하다는 것을 의미한다.

2) 경험에 대한 개방성

7장에서 보았듯이, 창의성과 가장 관련성이 높은 성격 요인은 '경험에 대한 개방성'이었다. 메타분석 연구에서 예술가와 과학자의 창의적 성취를 가장 잘 예측하는 성격 요인이기도 하였다(Feist, 1998). 또한, 경험에 대한 개방성은 '지력(intellect)'과 '개방성(openness)'의 두 하위 요소로 구분된다고 하였다. Jung과 Meadows(2017)는 두 요소 중 지력은 지능과 유사하기에 창의성과 경험에 대한 개방성 간의 관계에 대한 신경과학 연구는 이 두 요소를 반드시 구분해서 연구해야 한다고 강조하였다.

---

26 6장에서 언급했듯이, 멍 때리기는 단순히 멍한 상태가 아니라, DMN과 함께 CEN이 동반 활성화되는 경우가 많으며, 이 두 네트워크가 동시 활성화된다는 점은 반대로 작용하는 두 네트워크가 서로 협력하는 심적 상태에 있음을 나타낸다.

뇌 이미징 연구는 직관, 상상, 호기심, 환상 등을 나타내는 개방성과 DMN 간의 연관성을 일관되게 보여주는데, 특히 DMN의 망 효율성(network efficiency)과 개방성 간의 연관성이 있었다(Jung & Meadows, 2017). 반면, 작업 기억과 관련이 있는 지력은 CEN과 연관성이 있다. 따라서 경험에 대한 개방성의 두 요소인 개방성과 지력은 신경과학적 기초가 전혀 다름을 시사한다.

DMN으로 실행에 따르는 위험이나 비용 부담 없이 인지적으로 가능한 행동을 가상으로 모사할 수 있는 능력, 즉 멍 때리며 자유롭게 상상하는 것과 같은 '개방성'은 지력보다 더 늦게 진화한 것일 수 있으며, 인간 창의성의 가장 최근의 발달일 수 있다.

3) 동조

창의적인 인물들의 특징 중의 하나는 다른 사람들의 명시적, 암묵적 영향력에 잘 동조하거나 순응하지 않고 저항한다는 점이다. 이에 대한 신경학적 기제는 대상피질(cingulate cortex)과 관련이 있다. 특히 '뇌 안의 걱정꾼'이라고 할 수 있는 전대상피질(ACC)은 유기체가 자체의 기대와 현실의 불일치에 직면할 때 활발해진다. 진화 과정에서 대상피질의 출현은 사회적 행동, 특히 양육의 출현과 연계된다(대상피질에 손상을 입으면 양육 기술을 잃어 부모 역할을 상실할 수 있다). 전대상피질은 개체의 행동을 집단의 행동과 일치시키는 기능을 한다. 한 실험(Klucharev et al., 2009)에서 일련의 여성 얼굴 사진을 보고 평정하도록 한 후, 피험자 집단의 다수 의견인 것으로 짐작되는 정보가 자신의 평점과는 괴리가 있다는 것을 알게 되면 전대상피질의 활성화가 나타남을 fMRI 등에서 알 수 있다. 자신의 평점을 집단의 다수 의견에 더 일치시키려고 할수록 활성화가 더 증가하였다. 이때 반복적 경두개자기자극(rTMS) 기법으로 전대상피질을 일시적으로 억제하면 다수 의견에 순응하려는 충동이 사라졌다(Klucharev et al., 2011). 전대상피질이 덜 활발하거나 형태적으로 작은 사람들이 독불장군이 될 가능성이 크고, 창의 과정에서의 반대에 더 잘 버티고 용기 있게 자기주장을 개진할 가능성이 더 클 것으로 보인다. 특히, 대상피질은 좌반구보다 우반구에서 더 작으며, 이는 새로움—일상화 이론이 제시하는 두 반구의 상대적 역할 차이와도 일관되는 것이다.

4) 공감각 능력

창의성의 유전성과 관련하여 주목을 받은 특성 중의 하나가 유전의 영향이 강하다고 보는 선천적인 '공감각 능력(synesthesia)'이다. 19세기 초 골턴이 처음 이 현상을 발견하였으나, 한동안 주목을 받지 못하였다. 공감각은 한 감각으로 느낀 것이 다른 감각의 반응을 유발해, 시각, 청각 등의 감각 사이의 경계가 희미해지는 경험을 의미한다. 소리를 들으면 색이 보인다거나[27] 맛을 느끼는 등 어떤 자극을 자극 유발체와는 다른 별개의 감각 및 개념 속성으로 지각하는 현상이다. 이 현상은 본인의 의지와 상관없이 저절로 일어나고, 감정이 실려 있으며, 지각한다는 사실을 인식한다. 뇌 스캔 결과에서도, 안대를 한 공감각 능력자들은 단어를 들을 때마다 뇌의 색채 중추가 활성화되는 것으로 나타났다. 공감각의 형태에 따라 500명에 한 명꼴로 나오기도 하고, 2만 명당 한 명꼴로 나오기도 하는 등 유병률(prevalence)도 명확하지 않다.

창의성과 관련하여 공감각이 주목받는 이유는 반 고흐, 칸딘스키, 푸앵카레, 파인먼 등과 더불어 작가 블라디미르 나보코프, 작곡가 올리비에 메시앙 등과 같이 역사적으로 창의적인 인물 중 상당수가 공감각

---

[27] 예를 들어, 음파가 귀를 자극할 때 소리를 들을 뿐 아니라 색상을 느끼는 수가 있다. 이것을 색청(色聽)이라고 하는데, 이때 음정이 변하면 색상도 변한다. 그 밖에 후각과 함께 색상을 느끼거나, 소리를 맛보거나, 글씨를 보고 냄새를 느낄 때도 있다.

능력을 보였다는 데 있다. 반 고흐는 피아노 음을 배우면서 각 음을 색채로 묘사하였고, 물리학자 파인먼은 수학 방정식이나 글자를 색채로 보았다.

공감각 능력은 일반인들보다 예술가, 소설가, 시인 등과 같이 창작 활동을 하는 사람에게서, 그리고 일반인 중 창의성이 높은 사람들에서 일곱 배 정도 더 많이 나타났다(Ramachandran & Hubbard, 2001). 또한, 호주에서 실시된 한 연구(Rich et al., 2005)에 의하면, 150명 이상의 문자-색깔 공감각을 가진 사람들 중 24%가 예술 분야에 종사하였는데, 이는 호주의 일반 인구 중에서 2%가, 그리고 50명의 비공감각 표본에서는 50명에 한 명꼴로 예술 분야에 종사하는 것에 비하면 매우 높은 비율이다. 따라서 이 특성이 창의적 과정의 비밀과 연관이 있을 것으로 추측하는 것은 자연스러운 것이다.

공감각 성향은 어렸을 때부터 나타난다. 이 신경학적 특성을 타고난 아이들은 사람들이 모두 자기처럼 세상을 경험하지 않는다는 사실을 알고 놀란다. 이들은 흔히 놀림의 대상이 되거나 말해도 믿어주는 사람이 별로 없기에, 자신의 남다른 지각 능력을 숨기는 경향이 있다. 그렇다고 해도 이것을 억누를 수는 없다.

Ramachandran과 Hubbard(2001)는 공감각 능력이 있는 사람들의 뇌에서 과도한 신경 연결들이 감각이 동시에 활성화되는 원인일 뿐만 아니라, 겉보기에 관련 없는 것 같은 개념이나 단어 간의 연결을 촉진함으로써 창의적인 은유와 기발한 언어 사용을 가능하게 하는 것으로 보았다. 다양한 뇌 영역들에서의 신경 연결이 증가하기 때문이라는 것인데, 이에 대한 경험적 증거는 아직 부족하다. 현재까지 공감각의 원인이나 목적 등이 명확히 밝혀지지 않고 있다. 그리고 왜 이런 능력이 진화되어왔는지도 앞으로 밝혀야 할 연구 주제이다.

한편, 작곡가들이 눈으로 듣고 귀로 본다거나, 무용가들이 마음속의 음악으로 춤 동작을 형상화하는 것처럼, 특정 영역의 전문가들은 다감 각적인(polysensual) 경향을 보이는 경우가 많다. 따라서 공감각을 선천 적인 것으로 보지만, 후천적으로 길러질 수도 있을 것이다. 실제로 Bor 등(2014)은 발달 단계에서 혼합된 지각 속성들에 반복적으로 노출되면 후천적으로도 생길 수 있다고 하였다. 공감각 능력이 없는 성인들이 특 정한 철자—색깔 연합을 강화하기 위해 설계된 과제로 집중 훈련을 받 았다. 훈련을 받은 후, 그들은 문자—색상 공감각에 대한 일정 수준의 행동적 및 생리적 지표들을 보였다. 더 주목할 것은 대부분의 참가자가 공감각 능력자들처럼 실험실 안과 밖 모두에서 무색의 철자에서 색상 을 경험하였다는 것이다.

창의적인 인물 중 공감각 능력자들이 많다는 것은 상관관계가 있다 는 것일 뿐이지 공감각 능력과 창의성 간의 분명한 인과 관계를 보여주 는 증거는 아니다. 이를 밝히기 위해서는 더 많은 연구가 필요하다.

6. 뇌와 창의성 연구의 미래

지금까지 뇌와 창의성 간의 관계에 관한 오랜 연구 성과들을 간략히 살펴보았다.[28] 신경과학 분야의 잠재력과 그간의 발전 양상을 고려하

---

28 하버드대학교에서 창의성 강의로 유명한 셸리 카슨은 그간의 창의성 관련 연구들을 종합하여 CREATES 브레인세트 모델을 제안하였다. 이것은 창의적인 사고와 관련 된 일곱 가지 뇌 활성화 패턴을 설명하는 모델이다. 첫째는 확산적 혹은 연상적 사고 를 나타내는 연결(C) 브레인세트, 수렴적 혹은 의도적 사고를 나타내는 이성(R) 브레 인세트, 심상에 의한 사고를 나타내는 상상(E) 브레인세트, 개방성과 인지적 유연성 을 나타내는 흡수(A) 브레인세트, 자기 표현과 연관된 변형(T) 브레인세트, 비판적 사 고를 대표하는 평가(E) 브레인세트, 즉흥성 혹은 유창성을 드러내는 흐름(S) 브레인세 트이다. 그녀는 일곱 가지 브레인세트를 진단할 수 있는 척도를 제시하고 있으며, 이 를 통해 창의성과 관련된 여러 상태들 중 자신이 선호하는 상태, 즉 정신 안락 지대

면, 앞으로 새로운 지식과 발견들이 수없이 많이 나올 것이지만, 지금까지의 논의를 다음과 같이 요약하고자 한다.

첫째, 창의성은 평범하고, 일상적인 두뇌 과정에 기반을 두고 있으며, 뇌의 구분되는 특정 영역에 위치하는 것이 아니다. 건강한 일반인 누구나 이러한 두뇌 과정을 사용할 수 있는 능력이 있으며, 이것은 일상적인 기능에서도 필요한 것이다.

둘째, 창의성이 우뇌에 위치한다는 믿음은 근거가 없다. 두뇌의 많은 영역이, 그리고 양쪽 반구가 창의적 과제를 수행하는 동안 유사하게 활성화된다. 다만, 새로움-일상화 이론이 주장하는 것처럼 좌우 반구 간 차이가 있을 수 있다. 최근의 신경과학적 연구에 의하면, 특정 뇌 부위보다는 뇌의 연결성이 창의성에 더 중요한 것으로 보인다.

셋째, 오늘날에는 특정 뇌 영역에 창의성이 위치하는 것이 아니라, 전체 뇌를 통틀어 뉴런들의 복잡한 네트워크에서 창의성이 생성될 수 있다는 관점이 우세하다. 고도로 연결된 뇌가 창의성의 전제 조건이라면, 다수의 다양한 뇌 부위 간의 빠르고 효율적으로 소통하는 능력이 중요하게 부각된다.

뇌의 연결성은 작은 세상 망의 속성과 긴 경로의 수초화와 연관이 있

(mental comfort zone)를 파악할 수 있다고 하였다. 또한, 그것은 개인의 고유한 '특성(trait)'이라기보다는 '상태(state)'이기에 노력 여하에 따라 브레인세트가 변화될 수 있다고 하였다. 즉, 뇌 활성화 상태를 수정하는 법을 배워서, 서서히 안락 지대를 빠져나가 다른 상태들을 탐구하고 활용할 수 있어야 한다고 조언하였다. 그녀의 브레인세트 모델은 다음과 같은 세 가지 연구 결과에 기반하고 있다. 첫째, 창의적 생산성이 높은 사람들은 다른 사람들이 어렵거나 불편하게 여기는 특정 뇌 상태에 들어갈 수 있다. 둘째, 창의적 생산성이 높은 사람들은 당면 과제에 맞추어 브레인세트를 전환할 줄 안다. 셋째, 타고나지 못했더라도 훈련하면 창의적인 브레인세트들에 들어가고 그들 사이를 유연하게 오갈 수 있다. 각각의 브레인세트들은 완전히 분리된 별개의 상태가 아니며, 브레인세트들 간에 뇌 활성화와 뇌 기능이 일정 부분 겹치기도 한다. Carson(2010)의 책은 초심자라도 쉽게 읽을 수 있으며, 그간의 창의성 연구의 핵심적인 내용이 일곱 가지 브레인세트로 체계적으로 구분, 요약되어 있어 추천한다.

다. 작은 세상 망의 속성을 가진다는 것은 해부학적으로 먼 회로들이 긴밀히 상호작용할 수 있는 정도에 영향을 미칠 것이다. 또한, 수초는 긴 축삭돌기 경로 둘레를 감싸는 지방질 조직으로 서로 멀리 떨어진 뇌 부위 간의 소통을 빠르게 하는 성질을 갖는다. 전두엽의 기능적인 성숙은 먼 거리의 부위 간 긴 경로의 수초화로 가능한 것으로 알려져 있다.

또한, 뇌의 연결성은 개인차 요인이라고 볼 수 있으며, 그것은 유전되는 것으로 보인다(창의성과 유전에 관해서는 5장 참조). 예를 들어, Smit 등(2008)은 573쌍의 쌍둥이와 이들의 형제자매의 휴먼 상태 뇌파에서 연결성 패턴을 조사하였다. 일란성 쌍둥이와 이란성 쌍둥이 모두를 조사한 후 쌍둥이가 아닌 형제자매들과 비교한 결과, 뇌의 작은 세상 망의 두 가지 특성인 뇌 안에서의 지역적 상호연결성 및 전역적 상호연결성의 정도 모두는 유전율이 높고, 유전의 통제를 받는 것으로 나타났다. 더불어 연결성의 특성이나 패턴이 예술, 과학, 비즈니스 등과 같은 이질적인 영역들에서의 창의성을 결정할 수도 있을 것이다.

그러나 결코 뇌의 연결성이 고정된 것이 아니다. 지난 100년간 뇌과학의 가장 대표적인 연구 성과 중 하나로 꼽히는 것이 '신경가소성(neuro-plasticity)'이다. 인간의 두뇌가 학습, 기억 등에 의해 신경세포 및 뉴런들이 좀 더 환경에 적합하게 적응해가는 변화를 이루어내는 능력이 있다는 것이다. 뇌가 가장 싫어하는 것은 자극이 없는 것으로, 신경망에 변화를 가져다주지 않기 때문이다. 신체 운동, 다양한 학습과 체험 과정, 사람과의 관계 형성 등 모든 것들이 새로운 신경망에 변화를 만들어낸다.

1) 뇌와 창의성 연구의 제한점

창의성이 인간이 이룩한 문화와 번영의 기초가 되는 가장 중요한 역량 중 하나임에도 창의성의 신경과학적 기반에 관한 연구 지원이 제대로 이루어지지 않고 있다(Dietrich, 2019). 이것은 창의성에 대한 신경과학 접근의 연구가 갖는 몇 가지 제한점 때문이다.

첫째, 창의성에 관한 신경과학적 연구에서 측정하는 창의성의 타당도(validity) 문제이다. 많은 연구가 길포드가 처음 제안한 검사인 대안 용도 과제(AUT)로 창의성을 측정한다. 그런데 이것이 창의성의 온전한 측정인지에 대한 타당도 문제가 제기될 수 있다. 어느 정도 타당도가 입증된 TTCT(이 검사는 AUT도 포함하고 있다)는 AUT 검사보다 창의성의 다양한 측면을 긴 시간 동안 포괄적으로 측정한다. 그런데 신경과학 연구에서는 뇌 스캐닝 목적으로 단 몇 분만 간단히 AUT를 수행하도록 하는 경우가 많다. 다소 생경한 실험실에서 매우 짧은 시간 동안 AUT로 창의적 사고를 측정하는데, 그것이 실세계의 창의성과 같은 것이라고 주장할 근거가 부족하다. 또한, 뇌 스캐닝을 통해 얻은 데이터가 실세계에서의 인간 창의성을 얼마나 반영하는지도 논쟁거리이다. 이런 생태학적 타당도의 부족을 보완하기 위하여 현실과 유사하게 모사하는 경우(실험실에서 실제 그림을 그리거나, 시를 짓거나, 즉흥연주를 하도록 하는 경우[29] 등)에도, 해당 영역의 전문가들은 그런 것을 창의적인 사고나 행동이라고 생각하지 않는다. 그리고 예술적 창의성이 단시간에 발현되는 것이 아님을 고려하면 여전히 한계를 갖는다.

둘째, 확산적 사고와 관련하여, 창의성 분야의 연구자들은 수렴적 사고로도 창의적일 수 있다고 인정한다. 확산적 및 수렴적 사고 모두가 창의적 사고에 이를 수 있다면, 확산적 사고 개념만으로 온전히 창의적 사고에 기저하는 과정을 확인할 수 없을 것이다. 무엇보다 확산적 사고를 창의적 사고를 대표하는 것으로 생각하고 사용하는 것은 잘못된 것이다.

---

29 전문적인 연주자로 하여금 단순한 멜로디를 즉흥 연주하도록 하고는 fMRI로 뇌 이미지를 촬영하는 방식이다.

셋째, 창의성처럼 확산적 사고 자체도 다양한 심리적 과정으로 구성되는 복합 구성개념이다. 이런 문제점을 널리 인식하고서도 확산적 사고를 분해하여 작업 기억, 인지 통제, 의미 기억, 지각 과정, 집행 주의 등과 같은 세부적인 인지적 과정들과 연결하려는 노력이 거의 없다. 그냥 AUT를 통해 확산적 사고라는 복합 구성개념을 계속 사용하고 있을 뿐이다. 따라서 명료하지 않은 복합 개념에 대해 뇌 이미지를 측정한들 그것이 무엇을 의미하는지 제대로 이해하기는 어려운 것이다.

또한, 창의성은 단순히 성격 특성과 같은 단일 속성이나 개념이 아닌, 매우 복잡하고 다양한 과정(경로)과 다측면(차원)의 복합 개념이라고 할 수 있다. 더 나아가 창의성의 영역 특수성의 주장을 받아들이면, 과학자, 음악가, 화가, 창업자, 디자이너 등이 창의성을 발휘하는 방식이 너무나 다를 수 있기에 창의성을 단일한 개념으로 받아들이기는 어렵다. 그러나 창의성의 신경과학에서는 이런 복합적인 창의성을 단순히 확산적 사고로서 정의하고 그것을 뇌 이미징으로 탐지 가능하다고 자신하는 것 같다. 즉, 신경과학 연구는 창의성을 신경 수준에서 탐지 가능한 현상이라고 보며, 인간의 '정상적인(normal)' 사고 과정에 창의적인 조각(bit)이 추가되어 특정 부위(place)나 망(network)에서 눈에 띄는 차이를 만들어낼 것이라고 암묵적으로 가정하고 있다. 그러나 창의성은 복합 개념이기에 뇌 전체에 분산되어 있으며, 뇌의 어느 부위에서도 나타날 수 있을 것이다. 사실상 뇌 과학자들에게 창의적 사고의 뇌기제에 대해 묻는 것은 곧 인간 사고의 뇌 기제에 대해 질문하는 것과 같은 꼴이다(Dietrich, 2019).

넷째, Big-C와 little-c의 구분에서처럼, 창의성의 신경과학 분야에서도 일반 학생들을 대상으로 창의성의 신경 기반을 조사한 연구 결과들이 과연 특출하게 창의적인 인물들에게도 일반화될 수 있을지에 대한 근본적인 문제 제기가 있다. 이 문제는 신경과학에서만의 문제는 아니고, 어떤 창의성 연구 주제인지에 관계없이 창의성 연구 전반에서 제기되는 문제이다.

마지막으로, 창의성은 맥락에 의해서도 크게 영향을 받지만, 신경과학 기반의 연구에서 그간 창의성의 사회심리학적 논점들은 상대적으로 잘 다루지 않았다. 이는 대부분의 연구들이 개인적으로 창의적인 문제해결 과제를 수행하는 실험실에서 연구되어왔기 때문이다. 앞으로는 특정한 사회적 맥락에서 2인 이상의 상호작용 과정에서 창의성이 발현되는(또는 억제되는) 신경 기반에 관해서도 관심을 가져야 할 것이다.

2) 심리학에서의 신경과학의 미래

"결국, 뇌가 마음을 만들어내기에, 마음을 이해하려면 뇌를 먼저 이해해야 한다." 이렇게 얘기하면 대부분 고개를 끄덕인다. 그러나 심리학의 다양한 연구 주제에서 뇌가 어떻게 관여되는지 명확하게 설명된 것은 아직 없는 것 같다. 지난 수십 년 동안, 뇌 이미징 기법의 발달로 이전보다 뇌에 대해 더 많은 것이 알려졌지만, 뇌의 작동을 완전히 이해할 수 있는 수준에 이르지는 못하고 있다. 그럼에도 심리학 분야에서 신경과학이 가장 인기 있는 분야가 되었고, '신경(neuro)'이라는 단어가 들어가는 논문이 기하급수적으로 늘었다. 특히 요즘에는 뇌 이미징 기술이 들어가지 않은 연구는 연구비 지원을 받기도 어렵다고 한다. 미국의 주요 대학의 심리학과도 '뇌 과학'이나 '신경과학'이라는 이름을 학과명에 넣는 것이 유행이다. Rose(2014)는 신경과학이 발전하면서 심리학은 점점 무용지물이 되고 있다고 하였다. 이제 신경과학은 심리학의 미래가 된 것으로 보인다.

그런데 자연과학과는 달리, 심리학에서의 한 가지 문제점은 비록 다루는 주제들은 너무나 많지만, 모두를 하나로 묶는 거대 통합 이론(GUT: grand unifying theory)이 없다는 것이다(Ludden, 2017). 신경과학이 갖는 매력 중의 하나는 심리학에 거대 통합 이론을 제시해줄 것이라는 기대감이다. 왜냐하면, 발달 신경심리, 임상 신경심리, 사회 신경심리 등과 같은 하위 분야들이 생겨나고는 있지만, 결국 신경과학은 모든 심리적 과정이 궁극적으로는 뇌의 과정으로 설명될 수 있는 전제에 기반하기 때문이다.

정말로 모든 심리적 과정이 궁극적으로 뇌 기능과 작동으로 환원될 수 있는 것인가? 이에 대해 Schwartz 등(2016)은 어떤 환원주의적 입장이냐에 달려 있다고 보았다. 구성적 환원주의(constitutive reductionism)의 입장은 뇌 활동이 모든 마음의 과정을 만들어낸다고 본다. 즉, 마음은 영혼과 같은 별개의 실체이기보다는 뇌의 산물이라는 것이다. 실험 심리학에서는 마음과 몸(mind-body) 문제와 관련하여 이런 입장이 적절하다고 받아들여진다.

그러나 '마음이 뇌의 산물'이라고 말하는 것과 '마음은 뇌 활동 그 이상도 이하도 아니다'라고 주장하는 것에는 큰 차이가 있다. 제거적 환원주의(eliminative reductionism)가 후자의 입장을 견지하는데, 이 입장을 지지하는 신경과학자들은 뇌에 대한 이해가 완전해지면 종국에는 모든 심리학 이론들은 불필요한 것이 될 것이라고 생각한다. 이들은 신념, 정서, 사고 등과 같은 마음의 작용이 존재한다는 생각은 별들이 지구 주위를 돈다는 천동설이 폐기된 것처럼, 신경과학이 더 발전하면 폐기될 것이라고 보는 것이다. 뇌 스캐너가 매우 정밀하여 실시간으로 뇌가 만들어내는 모든 생각을 읽어낼 수 있게 되면, 그것을 보는 심리학자는 무엇을 생각하는지를 당사자가 완전히 인식하기도 전에 바로 알아낼 것이다. 제거적 환원주의가 사실이라면, 인간 행동의 설명에 필요한 것은 오로지 뇌 상태에 대한 완전한 지식일 것이다.

물론 슈워츠 등은 제거적 환원주의에 대해 회의적 입장이다. 뇌가 마음을 만들어낸다는 것에는 동의하지만, 마음이 뇌로 환원될 수 있다고 보지는 않는다. 왜냐하면, 물리적 세계에서 널리 관찰되는 '출현 (emergence)'이라는 현상 때문이다. 출현의 좋은 사례로, 물은 수소와 산소의 화학적 결합이지만, 화학적으로 결합하기 전에는 결합 이후에 출현되는 것을 예측할 수 있는 두 원소에 내포된 성질이 전혀 없다. 물은 두 원소의 화학적 반응으로부터 새롭게 출현되는 것일 뿐이다. 세포도 살아있지 않은 화학물질들의 복잡한 상호작용의 결과물로 출현된 것일 뿐이다.

뇌와 마음의 관계도 그러할 것이다. 뇌를 구성하는 엄청난 수의 신경세포 중 어느 하나도 의식이 있는 것은 없다. 그러나 신경세포들이 만들어내는 방대한 네트워크 내에서의 화학적, 전기적 신호들의 복잡한 교환과 상호작용을 통하여 의식이 출현되는 것이다.

Schwartz 등(2016)은 사람들이 신경과학 용어로 표현된 주장에 대해서는 의심 없이 받아들이는 경향성에 대해 경고하였다. 실제로, '루모시티(Lumosity)'라는 회사는 신경과학에 기반하였다고 주장한 뇌 훈련 게임으로 7,000만 명 이상의 구독자들을 끌어들였지만, 2016년 미국 공정거래위원회가 잘못된 광고를 한 죄가 있음을 발견하고 무거운 벌금을 매겼다. 물론 신경과학자들은 이런 유혹에 빠지지 않으며, 뇌 스캔 연구는 뇌 상태와 정신 상태 간의 상관관계만을 보여주는 것임을 잘 알고 있다.

21세기 첫 10년 동안 신경과학은 심리학의 매력적인 분야가 되었다. 이전에도 이와 유사한 지위를 누린 20세기 초반의 정신분석과 중반의 급진적 행동주의 심리학이 모두 인간 마음의 궁극적인 이론이라고 주장하였다. 그러나 두 관점 모두 전성기를 누렸지만, 어느 것도 이 분야를 통합하지는 못하였다.

3부 맥락에서의 창의성

11장
조직 창의성

"KPMG에서 11 국가의 1,300명의 CEO를 대상으로 조사한 결과에 의하면, 84%의 CEO들은 구성원들이 자신의 업무에서 정기적으로 창의성을 발휘하기는 원하는 것으로 나타났다."

- KPMG 인터내셔널(2019)

오늘날의 직무는 점점 더 추상적이고 복잡하고 정신적인 노동을 요구하는 특성을 갖는다. 〈그림 11-1〉에서 볼 수 있듯이, 육체적 노동이 요구되는 과업은 계속 감소하고 있으며, 일정 수준의 숙련된 기술을 반복적으로 사용하는 과업의 수도 2000년대 들어와 눈에 띄게 줄고 있다. 반면 1990년대 이후 추상적 과업이 급격하게 늘어나고 있다. 추상적 과업에서는 항상 이전에 경험하지 않은 새로운 문제에 직면하게 되며, 이의 해결을 위해 계속 새로운 아이디어를 생각해내야 한다. 이러한 추상적 과업을 수행하는 근로자는 지식 근로자라고 불린다. 새천년에 들어오면서 기업이나 조직에서 창의성의 필요성이나 중요성이 강조되기 시작한 것도 이런 추상적 과업을 수행하는 지식 근로자들이 수가 늘어나는 추세가 반영된 것이다(Business Week, 2005).

전통적으로 창의성 연구의 주요한 두 영역은 예술(art)과 과학(science) 영역이었다. 그러나 1장에서 소개한 Mejia 등(2021)의 분석에서 보았듯이, 21세기로 넘어오면서 제3의 창의성 연구 영역인 비즈니

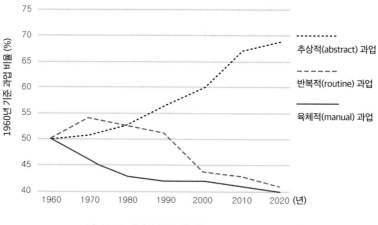

그림 11-1 **과업의 변화 추세(Griffin et al., 2012)**

스 및 조직 영역에서 혁신과 창의성에 대한 관심이 확대되고 있다. 예술과 과학 영역에서의 창의성 연구는 주로 '개인'에 초점을 두고 발달적, 인지적, 성격적 특성 등에 관심이 있었다면, 조직에서의 창의성 연구는 개인, 팀(집단), 조직이라는 다수준(multilevel) 맥락에서 창의성을 다룬다는 점에서 좀 더 복잡하고 폭넓은 관점을 가진다.

일반적으로 창의성 연구는 4Ps라는 네 가지 요소들을 중심으로 이루어졌는데, 창의적 산물은 창의적 사람에 의한 창의적 과정의 결과물이며, 이러한 과정은 상황이나 환경의 영향을 받는다고 할 수 있다. 전통적인 창의성 연구는 주로 창의적인 사람의 특성과 창의적 사고 과정에 주로 초점을 맞추어 왔다. 하지만 조직 창의성 분야에서는 개인의 창의적 잠재력보다는 환경 요소에 더 주목하여, 창의적 잠재력이 충분히 발휘되는 환경과 그것을 방해하고 억압하는 조건에 관한 연구가 주를 이룬다. 따라서 조직 창의성 연구는 10장에 소개한 창의성의 사회심리학적 연구의 자연스러운 확장이라고 볼 수 있다. 1970년대부터 사이먼턴이나 애머빌과 같은 연구자들이 개인의 인지적, 성격적 특성에서 벗어나 창의성에 영향을 미치는 상황적 요인들을 다루기 시작하였다. 그리고 자신이 하는 일에서의 내적 동기가 강조되면서 이러한 동기에 영향을 미치는 맥락 특성(외적 보상, 평가, 경쟁 등)에 주목하였다. 이 장에서는 기업 또는 조직 현장에서의 창의성에 관한 최근의 관심사를 반영하는 주요 연구들을 개관하였다.

1. 조직 창의성의 몇 가지 특성

앞선 여러 장에서 살펴본 창의성 연구와는 차별화되는 측면으로, 조직에서의 창의성에서 주목해야 할 몇 가지 측면들이 있다.

1) 혁신과 창의성

기업조직에서 창의성 연구가 주목을 받게 된 것은 창의성 현상 자체에 대한 관심이기보다는 21세기 이후 혁신(innovation)이 그 어느 때보다 강조되는 기업 환경의 영향 때문이다. 혁신의 중요성이 강조되는 만큼이나 혁신의 시초가 되는 창의성에 주목하지 않을 수 없게 된 것이다. 일반적으로 창의성과 혁신은 서로 구별 없이 사용되는 경향도 있지만(Scott & Bruce, 1994), 혁신은 창의성을 포함하는 상위 개념이며, 창의성을 혁신의 출발점으로 보는 시각이 일반적이다(Anderson et al., 2014). 다시 말해, 창의성이 새롭고 유용한 아이디어를 생성하는 것이라면, 혁신은 그러한 아이디어를 실행하여 가치를 실현하는 과정을 모두 포함하는 것이다.

기업이 지속적으로 변화하는 시장 상황에서 경쟁 우위를 가지려면 고객에게 가치를 줄 수 있는 새로운 제품과 서비스를 내놓아야 하고, 이를 위해 지속적인 혁신이 필요하다. 그러므로 내부적으로 계속 창의적 아이디어를 생성하고 그것을 과감하게 실행해야 한다. 다만, 혁신은 조직 내부에서 생성된 창의적 아이디어가 아니더라도 가능하다. 예를 들어, 크라우드소싱된 외부의 창의적 아이디어로서 시장에 신제품으로 내놓아 혁신을 이룰 수도 있다.

2) 창의성 경영

에디슨이 활동하던 19세기 말 발명의 황금기에 널리 퍼진 고정관념 중의 하나가 '외로운 발명 영웅(lone heroic inventor)'이다(Robinson & Stern, 1997).[1] 2장에서 보았듯이, 이는 창의성은 특별한 사람들에게서만 발현된다는 오래된 믿음 때문이기도 하다.

'외로운 발명 영웅'이라는 고정관념은 미국에서 기업의 특허 수가 개인의 특허 수를 넘어선 해인 1935년에 이미 종식되었다. 즉, '천재관(genius view)'을 갖고 특정 인물에게서 창의적인 성과를 기대하던 시대는 끝이 난 것이다(〈참고 11-1〉). 오늘날의 기업에서는 새로운 기술이나 제품의 개발 과정과 절차가 너무나 복잡할 뿐 아니라, 전문화가 더욱 확대되고 지식이 증폭됨에 따라 발명과 창의가 옛날과는 전혀 다른 방식으로 이루어진다.

기업에서의 창의적 성과는 한 개인의 아이디어나 노력이기보다는 다수의 노력에 의한 결과인 경우가 더 많다(Leonard-Barton & Swap, 1999). 기업이나 조직에서의 혁신은 개인보다는 팀 구성원들 간 협동(collaboration)의 결과로 이루어지는 경우가 대부분이다. 학계의 경우, Wuchty 등(2007)이 지난 50년 내 발간된 과학 분야 1,990만 개 논문과

---

1 미국에서 발명가들의 황금기라고 불리는 19세기 말에는 이것이 상당히 설득력이 있었다. 예를 들어, 1900년 전후 미 국방성은 당시 유명한 과학자였던 새뮤얼 랭글리 교수에게 5만 달러를 지원하며 비행기 개발을 의뢰하였다. 그러나 그는 17년간의 노력에도 불구하고 실패하였고, 무명의 라이트 형제가 성공한 것이다.

210만 개의 특허를 조사한 결과, 평균 팀 규모가 1.9명에서 3.5명으로 늘어나는 등 협업의 양과 정도가 매우 증가하였다. 더 나아가 동일 데이터베이스로 논문의 영향력 지수(impact factor)를 조사하였는데, 모든 분야에서 팀으로 진행된 논문이 더 많이 인용되는 것으로 나타났다. 이것은 협업 활동의 증가가 독창성이나 창의성의 증진으로 이어질 수 있음을 보여준다.[2] 문제는 기업 경영자들이 여전히 과거 황금기 시대의 성공 사례에서 생긴, 현실에 맞지 않는 잘못된 관념을 가지고 있다는 점이다. 즉 그러한 고정관념 때문에 기업은 일부 몇 사람(소위 '천재')에게 상당한 자원들을 투자하고 많은 권한을 준다.

Robinson과 Stern(1997)은 선입견 배제의 원리(no-preconceptions principle)를 제안하였다. 이 원리는 기업에서 과연 누가 창의적인 성과를 낼지, 그것이 무엇일지, 언제 그것이 발생할지, 어떻게 그것이 발생할지는 사전에 예측할 수 없으며, 기업이 그런 선입견을 가질수록 창의성은 더욱 제한받게 된다는 것이다. 그들이 이 원리를 제안한 배경은 구미와 일본의 다양한 기업들에서 찾아낸 매우 창의적인 성과 사례들을 분석한 결과에 있다. 기업에 엄청난 이득을 가져다준 창의적인 행위 대부분은 경영층에 의해 사전에 계획되지 않은 것으로, 창의적인 인물

---

2 Nemeth와 Goncalo(2005)는 서로 다른 대학 출신의 저자들이 협업하여 작성한 논문은 더 많이 인용됨을 보여주었다. 그러나 저자 수의 증가에 대한 우려도 있다(Lin & Lu, 2023). 여러 분야에서 참여하면서 어느 누구도 전체적인 이해가 부족하여 논문 결과에 대한 책임감이 저하될 수 있다. 또 여러 분야의 사람들이 다양한 자원을 동원하기에 재현 연구가 힘들어질 수도 있다. 마지막으로 대규모 연구팀이 늘어나면서 과학 영역의 혁신 가능성이 저하될 우려도 있다. 예를 들어 Wu 등(2019)이 사회과학과 자연과학을 모두 포함하는 논문들을 공고성-파괴성 지표(CD 지표, 6장 참조)로 분석했을 때, 소규모 팀이 대규모 팀보다 파괴성 지표가 더 높은 연구를 발표하는 것으로 나타났다. 심지어 동일한 연구자여도 대규모 팀에서보다 소규모 팀에서 연구할 때 파괴성 지표가 더 높은 경향을 보였다. 규모가 크고 위계적인 팀은 기존 아이디어를 공고화하는 경향이 있었다. 따라서 점진적 창의성보다 급진적 창의성을 추구한다면 소규모 팀이 유리할 수 있다.

로 생각되지 않은 이들에 의해 전혀 예측되지 않은 곳에서 발현된 것이다. 따라서 기업 창의성을 증진하기 위한 실제적인 방법은 소수의 천재를 찾아내는 데 있는 것이 아니라, 모든 구성원의 창의적 잠재력을 증진하는 창의성 경영에 있다고 강조하였다.

그래서 창의성 경영을 카지노 경영에 비유하기도 한다. 카지노에서는 누가 운이 좋아서 돈을 딸지는 예측할 수 없다. 그렇지만 많은 사람이 카지노에 와서 놀다 가면 카지노는 일정한 수익을 올릴 수가 있다. 그런 의미에서 기업의 '창의성 경영'은 경영자가 모든 조직 구성원들이 창의적 잠재력을 실현할 수 있다는 신념을 가지고, 창의적인 조직 분위기 또는 문화를 조성하는 것으로 간단히 정의할 수 있다.

일반적으로 창의성을 경영한다는 것은 역설적인 표현이다. 왜냐하면, 경영은 기본적으로 예외를 최소화하는 '통제(control)' 중심적이기에, 예외를 인정하고 자율을 강조하는 창의성과는 양립하기 어려운 것이다. 통제 중심의 기존 경영에서는 효율성은 늘 요구되는 것이었지만, 창의성은 거의 요구되지 않았다. 1980년대만 해도 기업에서의 창의성 연구는 그리 환영받는 연구 주제가 아니었던 것도 같은 이유에서이다 (Harrison et al., 2022). 통제를 의미하는 경영과 자율이 강조되는 창의성 간의 양립하기 어려운 측면으로 인해 조직 창의성에는 많은 역설이 있다(Miron-Spektor & Erez, 2017 참조).

참고 11-1 외로운 창조자?

창의적 성과가 여러 사람의 공동 노력의 결과인 경우가 늘고 있지만, 여전히 '외로운 창조자(lone creator)'의 고정관념이 남아 있는 것으로 보인다. 또한, 오늘날과 같은 지식 경제 시대에서는 자신의 창의적 잠재력 (creative potential)을 타인들에게 잘 드러내야 한다.

그런데 Proudfoot과 Fath(2021)는 이런 측면에서 사회적으로 독립적인('외로운') 사람이라는 인상을 주는 것이 도움이 될 수 있다는 결과를 보여주었다. 그들은 다섯 개의 실험을 통해 자신이 다른 사람들과 연결되어 있기(connected)보다는 분리되어 있다(separated)는 신호나 단서들이 창의적 잠재력에 대한 평가를 높이는 것을 보여주었다. 피험자(관찰자)들은 혼자서 활동에 몰입하는 '외로운' 표적 인물이 타인들과 함께 활동에 몰입하는 표적 인물보다 독창적 아이디어를 생성할 가능성이 유의하게 더 높다고 판단하는 경향이 나타난 것이다. 그런데 이런 효과는 '독창성' 판단에서만 독특하게 나타났을 뿐, '실용성'과 같은 다른 긍정적 속성들의 지각에서는 나타나지 않았다. 창의성 판단에서의 이런 효과는 여전히 창의적인 사고에서의 사회적 독립성(social independence)에 대한 편향이 있는 것으로 볼 수 있다. 즉, 창의적 잠재력에 대한 일반인들의 신념에는 사회적 연결성과 창의적 잠재력 간에는 부적인 관계가 있으며 여전히 외로운 창조자의 고정관념이 남아 있다는 것을 보여준다.[3]

3) 창의성 역설

인간은 자신이 속한 사회나 문화에서 제대로 기능하려면 타인의 행동을 관찰하면서 자신의 행동을 조율하는 사회적 학습과 동조를 보여야 한다. 더불어 사회나 문화가 발전하려면 인간은 창의성을 발휘하여 기존의 것들을 혁신해야 하며, 타인의 창의성을 인내하고 포용할 수 있어야 한다. 이러한 사회적 동조와 혁신과 독립성 간의 균형을 이루는 문제는 오래전부터 철학자나 사회과학자의 관심사이었을 뿐만 아니라 창의성의 핵심 주제이기도 하다.

인간은 가급적 현 상태를 유지하려는 기본 성향으로 인해, 독창적인

---

[3] 1장의 창의성 신화에 해당하는 '창의성은 혼자 하는 활동인 경향이 있다'에 대한 동의율은 30%에 그쳤다.

아이디어를 긍정적으로 보는 외현적 태도와는 달리 실제로는 안전한 아이디어를 더 선호한다. 이러한 현상을 '창의성 역설(creativity paradox)'이라고 한다(Staw, 1995; Sternberg, 2005). 창의성을 학교나 기업조직 등 여러 영역에 걸쳐 필수적인 역량으로 긍정적으로 인식하면서도, 창의적인 행동을 보이면 별종이나 이단자로 간주하고 거부하는 창의성에 대한 양가적(ambivalent) 모습을 보이는 것이다.

전통적인 위계적 구조를 가진 조직에서는 새로운 관점의 질문을 하거나 관습적이지 않은 행동을 하는 것처럼 구성원이 창의적인 특성이나 행동을 보일 경우, 조직의 효율성을 저해하거나 문제해결 및 목표 달성을 방해하는 요소로 지각하여, 창의성에 대한 부정적인 태도를 형성할 수 있다. 물론 신중한 위험 감수 및 혁신을 위한 행동은 긍정적인 창의적 행동으로 받아들여진다는 견해도 있지만(Dacey & Lennon, 1998), 실제 업무 현장에서 이러한 창의적인 행동에 대한 부정적인 분위기가 형성되면, 창의적인 행동이나 성격특성을 드러내는 것을 스스로 검열할 뿐만 아니라, 다른 구성원의 창의적인 행동도 바람직하지 않게 받아들일 것이다.[4]

---

4 학교 현장에서도 창의성 편향은 일상적으로 나타난다. Kettler 등(2018)은 창의성을 교육 목표로 중요하게 생각하는 교사가 창의적인 학생을 바람직하게 평가하지 않음을 보여준 20년 전의 연구(Westby & Dawson, 1995)가 창의성이 교육의 필수 요소로 더욱 강조되는 21세기에도 나타나는지를 확인하였다. 그들은 미국 초중등 교사들을 대상으로 창의성을 포함한 다양한 교육 목표들에 대한 순위를 매기도록 하고, 학생들이 보일 수 있는 다양한 성격특성들에 대한 바람직한 정도를 평가하도록 하였다. 자료를 분석한 결과, 창의성이 강조되는 환경에도 불구하고 여전히 교사들은 창의적 성격특성을 가진 학생을 덜 바람직하다고 평가하였을 뿐만 아니라, 교육 목표로 창의성이 가장 중요하다고 꼽은 교사들의 경우에도 다른 교육 목표를 중요하게 생각하는 교사들보다 창의적 특성을 더 바람직하게 평가하지는 않는 것을 재확인하였다. 서희영과 장재윤(2023)이 한국 직장인들을 대상으로 한 연구에서도 유사한 결과가 나타났다. 또한, 1장의 창의성 사실 문항인 '교사는 창의성의 중요성은 인정하지만, 창의적 특성을 가진 학생을 높게 평가하지는 않는다'에 대한 동의율은 59%로 나타났다.

집단 또는 팀의 역설도 있다. 조직은 점점 더 도전적인 문제의 창의적 해결을 위하여 팀에 의존하고 있다. Smith와 Berg(1986)는 집단이나 팀은 본유적으로 역설적이라고 하면서, '집단이 집단이기 위한 유일한 방법은 구성원들이 자신의 개별성을 표현하는 것'이라고 하는 개별성(individuality)의 역설을 언급하였다. Gibson과 Vermeulen(2003)도 '팀은 모든 이들이 서로 다르기에 팀이 된다'는 팀의 역설을 언급하였다. 개인과 집단 간의 이런 긴장은 동조 압력 및 구성원의 독특성(개별성) 욕구 간의 긴장에 관한 최근 연구에서도 나타났다(Nemeth & Gonacalo, 2011). 팀 다양성과 소수 영향력에 대한 연구들은 집단은 다양한 관점을 가진 구성원들이 자신의 독특한 지식을 표현할 수 있고 갈등을 인내할 수 있을 때 가장 창의적이라고 제안한다(〈참고 11-2〉).

참고 11-2 소수의 영향

팀 수준의 창의성과 관련된 주목할 만한 현상은 소수의 영향력(minority influence)이다. 1950~1960년대의 동조(conformity) 현상 연구는 다수가 소수에게 미치는 영향(majority influence)을 다루었지만, 1960년대 말부터 일군의 사회심리학자들은 소수의 영향력에도 주목하였다. 특히 Nemeth(1986)는 두 방향의 영향력 과정은 질적으로 다르다고 주장하였다. 그녀는 다수가 소수에게 영향을 행사할 때에는 집단에 수렴적 사고를 유도하지만, 소수가 다수에게 영향을 미치는 과정은 집단에 확산적 사고를 유도하기에 더 질적으로 우수한 결정과 창의적인 문제해결에 이르게 할 수 있다고 보았다.

네메스는 대학생들에게 집단 상황에서 복잡한 패턴 속의 단순한 도형이 기억되는지를 조사하는 과제를 수행하도록 하였다. 그리고 다수의 영향(네 명)과 소수의 영향(두 명)을 모사하기 위해 실험협조자들을 활용하였다. 네메스는 다수의 존재는 단순히 동조를 촉진하거나 다수의 판단을 별다른 생각 없이 따라가게 했지만, 소수의 존재는 기발하면서도 정확한 반응(예를 들면, 다른 복잡한 패턴들 속에 있는 단순한 도형을 정확히 구별하는 것)을 하도록 유도한다는 사실을 발견했다. 즉, 소수의 존재는 문제를 다양한 시각에서 재분석하도록 영향을 미치고, 그 과정에서 창의적이고 정확하게 일이 진행되도록 유도했다.

네메스는 다수와 소수의 영향력 과정이 주의나 문제해결에 미치는 효과로서, 다수는 당시의 지배적인 입장에만 주로 집중하도록 유도하지만, 소수는 소수의 영향력이 없었다면 고려되지 않았을 다른 대안들을 고려하고 주목하도록 유도한다고 하였다.

반대하는 소수의 견해를 접한 사람들은 더 많은 인지적 노력을 기울이게 된다. 즉 소수의 주장뿐 아니라 전체 상황을 재평가하게 되고, 상황의 제 측면들에 더 많은 주의를 기울이고, 더욱 확산적으로 사고하고, 새로운 해결안이나 대안을 탐지할 가능성이 더 커지면서 집단의 창의성을 높인다. 더구나 이러한 해결책이나 대안은 더욱 정확하거나 더 좋은 것일 수 있다. 반면에 반대하는 다수를 접한 사람들은 다수의 입장에 적절한(또는 관련된) 자극의 제 측면들에만 초점을 맞추고, 수렴적으로 사고하고, 새로운 것을 무시하고 제안된 해결책을 단순히 수용하는 경향이 있다. 따라서 반대 견해를 접할 때, 그것이 다수에서 나온 것인지 소수에서 나온 것인지에 따라 주의, 사고, 문제해결, 의사결정에 서로 다른 영향을 미친다.

동조 실험 상황에서처럼, 반대하는 다수에 노출되는 것이 소수에 노출되는 것보다 더 많은 스트레스를 유발한다. 그래서 이러한 스트레스에 의한 각성(arousal)은 주변적인 것보다는 중심적인 것에 더 많은 주의를 기울이도록 하므로, 다수에 의해 유도된 각성(스트레스)은 주의의 초점을 좁히고, 가장 우선적이고 지배적인 반응의 가능성을 높이고 대안적인 반응의 확률은 낮춘다. 반대하는 다수에 노출된 사람들의 높은 스트레스는 주의의 협소화로 제안된 입장에만 초점을 맞추게 되므로 다양한 관점에서의 탐색이 이루어지지 못하는 것이다. 반면, 소수에 노출된 사람들은 적절한 수준의 스트레스를 경험하므로 오히려 문제해결의 최적 조건이 될 수 있다.

집단에서 다양한 소수 의견이 존중되는 것의 순기능이 분명히 있다. 집단이 개인보다 우수한 것은 다수의 다양한 조망, 정보 및 지식에 있다. 그러나 집단의 과정 손실(process loss, Steiner, 1972) 때문에 집단 다양성의 장점들이 제한되는데, 이러한 과정 손실의 한 가지 근원은 소수 견해가 억압되는 획일성 추구의 사회적 압력이다. 비록 소수 의견이 집단 전체에 널리 받아들여지지 않더라도 획일성의 압력을 견디어내는 소수 의견의 존재 자체가 집단이 더 창의적이고 정확한 해결안에 이를 가능성을 증가시킨다.

일반적으로 집단 내에서 소수 의견을 개진하는 것은 집단으로부터의 사회적 비난과 갈등을 감수해야 하는 매우 모험적인 일이다. 그러한 모험을 감수할 때 집단 내 소수의 다양한 견해나 신념에 대한 관용과 수용성이 높은 분위기는 크게 도움이 된다. 따라서 집단 내 상호작용과정이 활성화되고 심리적 안전감이 높은 조건에서는 집단 내 이질성이 높을수록 집단사고(groupthink, Janis, 1972)가 감소하고, 더 다양한 아이디어들이 생성될 수 있다.

4) 유용성 편향

Miron-Spektor와 Erez(2017)는 창의성에는 정의에서부터 알 수 있듯이, 본유적으로 모순, 역설 또는 양립 불가능성(incompatibility)이 존재한다고 보았다. 창의성의 정의에는 새로움과 유용성이라는 두 차원이 포함되지만, 아이디어가 새로울수록 그것의 유용성, 실용성, 실현 가능성에 더 큰 불확실성이 존재한다. 창의성은 미래에 대한 불투명성으로 위험(risk)이 있다는 것이 문제다. 이는 독창성과 실행 가능성 간의 긴장으로 연결되며, 둘 간의 긴장과 역설은 오래전부터 인식되었다. Nijstad 등(2010)의 메타분석 연구에 의하면, 독창성과 실행 가능성 간의 상관은 −.42 정도의 상당히 높은 부적인 관계가 있었다.

더불어 기업에서는 새로움이나 독창성보다는 사업에서의 성공과 이윤 창출이 더 중요하기에 이런 경향이 더욱 강하다. 그래서 기업에서는 '유용성 명령(usefulness imperative)'이 적용된다. 전반적으로 유용한 아이디어를 새롭고 독창적인 아이디어보다 훨씬 더 긍정적으로 평가하는 경향이 있는 것이다. 마케팅 영역에서도 신제품을 '완전 신제품(RNPs: really new products)'과 '점진적 신제품(INPs: incrementally new products)'의 두 범주로 구분하는데, 불확실성의 지각으로 전자는 후자보다 고객들에게 덜 선호되는 것으로 나타난다(Hoeffler, 2003).

한편, 사람들이 혼자서 일할 때보다 함께 일할 때, 유용성(usefulness)에 더 초점을 두는 경향이 있는데, 이를 '실용성 효과(practicality effect)'라고 한다. 이는 독창적인 아이디어는 타인들의 이해와 수용을 얻기 어렵지만, 유용한 아이디어는 타인들과 소통하기 쉽고 타당성 검토도 쉽기 때문이다(Glăveanu et al., 2019).

2. 리더십과 창의성

1) 창의적 리더십 역설

오늘날의 창의적 리더는 기존의 구조와 절차를 유지, 관리하기보다는 새로운 구조를 주도적으로 만들어야 한다. 반면 구성원들은 자신의 리더가 일관되고 모호성과 위험을 감소시켜주기를 바란다. 1장에서 IBM의 조사에서처럼 많은 기업이 창의적 리더가 필수적이라고 주장하고 있지만, 대부분 기업에서는 독창적이기보다는 유용하고 실행 가능한 솔루션에만 주의를 기울이는 임원들이 승진하는 경향이 여전히 강하다. 이것이 창의적 리더십의 역설이다.

Simonton(1984)은 '리더십'과 '창의성' 모두 새로운 역사를 이루어내고 위대해질 수 있는 두 가지 특성 또는 경로로 보았다. 그리고 전통적으로 리더의 속성, 자질, 덕목에 '창의성'은 포함되지 않았던 것처럼, 오랫동안 리더십과 창의성은 동전의 양면처럼 서로를 포함하지 않는 것으로 여겨졌다.[5] 오랫동안 리더십 도식(schema)에는 '창의적'이라는 특성은 없었으며, 심지어 창의적 특성을 가진 사람은 리더의 지위에 오를 가능성이 낮은 것으로 인식되었다(Mueller et al., 2011). 그래서 창의적 행동을 하는 사람은 암묵적인 수준에서 리더로 인식되거나 인정되기 어려웠다(Mueller et al., 2011).

리더십과 창의성의 암묵적 이론[6]　　암묵적 리더십 이론들(ILTs: Implicit Leadership Theories)은 리더를 특징짓는 속성들을 구체화하는 인지 구조로서, 사회화 과정을 통해 발달한다(Lord et al., 1984). Lord 등(1984)은 전형성(리더 이미지와 매칭되는 정도)에서 차이가 나는 59개의 리더 속성과 더불어, 26개의 비리더(non-leader) 속성도 제시하였는데, 여기에 '창의적'이 포함되었다. 62개국을 대상으로 한 GLOBE 연구에서 여러 문화에 걸쳐 암묵적인 리더십 속성을 조사하였을 때, 여기서도 창의성은 리더의 특성으로 나타나지 않았다(House et al., 2004).

5　리더와 창조자에 관한 고전적 연구(Thorndike, 1950)에서, 91명의 역사적 인물의 48개 특성을 조사하였을 때 근면성, 외향성, 공격성, 지능의 네 차원이 도출되었다. 네 가지 차원 중 지능과 공격성은 리더와 창조자 모두에게 나타났고 역사적으로 불변하는 특성이었다(Simonton, 1991). 그럼에도 리더십과 창의성은 별개의 주제로 연구되었고, 심지어 상호 모순되는 것으로 인식되어왔다.

6　암묵적 이론은 특정한 구성개념이나 현상에 대해 일반 사람들이 갖는 생각이나 믿음의 집합이다.

리더 범주화 이론(leader categorization theory)에 따르면, 지각자(예: 부하)는 타깃 인물(예: 상사, CEO)의 특성을 리더십 프로토타입의 속성들과 비교하는데, 타깃 인물이 리더십 프로토타입과 일치하면 리더로 인식되면서 신뢰하고 존경하게 된다. 그런데 리더십 프로토타입에 '창의성'이 포함되지 않는다면(또는 비리더의 범주에 창의성이 포함된다면), 타깃 인물의 창의적 특성은 무시되거나 부정적인 평가를 유발할 것이다.

또한, 창의성의 암묵적 이론(ITCs: Implicit Theories of Creativity)에는 대체로 '지적인', '개방적인', '상상력이 있는', '호기심' 등과 같은 특성과, '충동적', '순종하지 않는', '매너 없음' 등의 부정적인 특성이 있다. 그런데 이러한 특성들은 리더십의 암묵적 이론과는 맞지 않는다. 전형적인 리더는 공동의 목표를 강조하면서 팀의 질서를 도모하고 결단력 있게 판단하고 지시하면서 불확실성을 줄이고자 한다. 반면, 독창적인 아이디어를 내는 창의적 인물은 팀에 모호성과 불확실성을 더 늘린다.[7]

Mueller 등(2011)은 창의적 아이디어에 내재된 불확실성은 리더는 불확실성을 줄이고 질서와 통제를 추구해야 한다는 전형적인 인식과는 대비되는 점에 주목하여, 개인의 창의성과 리더십 잠재력 간에는 부적인 관계가 있을 것으로 예측하였고, 실험 연구를 통해 실제로 부적 관계가 나타남을 보여주었다.

다만, 여러 성공 사례들로 상당한 신임을 받는 리더가 창의적인 아이디어를 제시하는 경우에는 모호성이나 불확실성이 그리 초래되지 않을 것이기에 두 개념 간의 양립이 불가능한 것은 아니다. 또한, 변화를 추

---

7 창의적인 조직은 흔히 의도적으로 창조자와 경영자의 역할을 분리하기 때문에, 창조자는 새로운 아이디어를 생성하는데 전문화되고 경영자는 그런 아이디어들이 실행되도록 지원하는 역할을 맡기도 한다. 또한, 조직 내 창조자가 창의적 성공에 근거하여 경영진으로 승진하면, 스스로 아이디어를 생성하기보다는 다른 사람들의 아이디어를 평가하는 데 더 많은 시간을 쓰게 된다.

구하는 변혁적 리더(transformational leader)도 두 개념의 양립이 가능하다.

무엇보다 Offermann과 Coats(2018)가 1994년과 2014년의 20년 간격으로 두 차례 리더에 대한 암묵적 개념(암묵적 리더십 이론)을 조사하였을 때, 1994년의 암묵적 리더십 이론의 다양한 요인들이 2014년에도 그대로 나타나고 있어 사회적 변화에도 불구하고 리더십에 대한 일반인들의 생각이 상당히 일관된 것으로 나타났다. 그런데 유일하게 새로운 요인으로 나타난 것이 '창의성' 요인이었다. 이런 결과에 근거할 때 오늘날의 조직 구성원들은 리더에게도 창의적 행동을 암묵적으로 기대하는 것으로 볼 수 있다. 창의성과 리더십이 양립 불가능한 것이 아니라, 오히려 리더에서 필요한 속성이 된 것이다.

오늘날 리더는 기존 구조(체계)를 유지하는 것과 더불어 새로운 것을 만들어내야 하기에 '구조화'와 창조' 간의 긴장을 관리해야 한다. 즉, 관리하고 통제하면서도 자율성을 주어야 하며, 통일성을 강조하면서도 개별성이 가능하도록 하는 것처럼 역설적으로 행동할 수 있어야 한다. 또한, 상반되는 리더십 스타일을 체화하여, 개방성과 다양성에 근거하여 새로운 아이디어를 적극적으로 찾고자 하는 '탐구(exploration)'와 구성원 행동에서의 변산을 최소화하여 최대의 효율성을 높이고자 하는 '활용(exploitation)'의 두 접근을 상황에 따라 적절하게 사용할 수 있어야 한다(Rosing et al., 2011).

2) 창의적 리더

창의성이 발현될 수 있는 조직과 팀을 만드는 창의적 리더는 어떤 리더일까? Puccio 등(2011)은 창의적 리더십을 '집단의 새로운 목표를 정의하고 그것을 지향해 나가도록 인도하기 위해 의도적으로 자신의 상상력에 집중하는 것'이라고 하였다. Basadur(2004)에 의하면, 창의적 리더는 사람들이 직면한 도전에 대응하고 해결해 나가는 과정에서 단순히 지시하는 역할이 아닌 퍼실리테이터가 된다. 즉, 창의적 리더는 사람들이 주인의식을 갖고 목표를 달성하도록 돕는다. 장재윤(2018)의 창의적 리더 모형에 의하면, 창의적인 리더는 자신의 창의적 잠재력을 충분히 개발, 발휘할 뿐 아니라 구성원들의 창의적 잠재력까지도 자극, 실현하여 조직과 팀에 기대 이상의 성과를 도출해내는 리더이다. 이런 측면에서 볼 때 리더는 구성원들에게는 중요한 환경요소가 된다.

네 가지 역할　장재윤(2018)은 다음과 같은 두 차원의 조합으로 구성된 창의적 리더(creative leader) 모형을 제안하였다. 첫 번째 차원은 창의성의 구성요소 차원으로 애머빌의 3요소 중 두 가지에 해당하는 내적 동기와 창의적 사고기술이다. 두 번째 차원은 적용 범위의 차원(Drazin et al., 1999)으로 개인과 관계라는 두 수준으로 구분된다. 따라서 〈그림 11-2〉와 같이 창의적 리더의 네 가지 역할이 도출된다.

첫째, 개인 수준에서 내적 동기에 의한 것은 '도전자(challenger)'의 역할이다. 즉, 창의적인 리더는 일에 대한 내적 동기와 열정으로 새로운 접근과 모험을 주도하는 도전자이다. 헬렌 켈러는 '맹인으로 태어난 것보다 더 불행한 것이 무엇이냐'는 물음에 대해 '시력이 있지만 비전이 없는 것이다'라고 대답하였다. 많은 창조적인 인물들의 공통점 중의 하나는 자신의 삶의 방향 설정에서 구체적인 좌표 역할을 한 비전과 목표가 있었다는 점이다. 또한, 내적 동기에 기반한 열정을 소유한 사람들은 끊임없이 새로운 탐험과 시도를 하는 모습을 보인다. Csikszentmihalyi(1996)는 창조적인 사람들은 여러 면에서 서로 다를 수 있지만, 한 가지 일관된 공통점은 '자신이 하는 일을 사랑하는 것'이라고 하였다. 드러커는 자신이 쓴 책 가운데 가장 좋은 책은 항상 다음에 나올 책이라고 하였다.

둘째, 개인 수준에서 창의적 사고에 의한 것은 '아이디어 생성자(idea generator)'의 역할이다. 창의적인 리더는 항시 기존과는 다른 관점의 사

	개인	관계
내적 동기	도전자 : 열정과 도전	후원자 : 임파워먼트
창의적 사고	아이디어 생성자 : 발상의 전환	촉매자 : 창의적 시너지

그림 11-2 창의적 리더의 네 가지 역할

고가 가능한 사람이다. 즉, 시대 변화의 흐름 속에서 새로운 트렌드를 읽고 그 속에서 새로운 기회와 가능성을 남보다 앞서 볼 수 있는 안목을 가지고 있다. 오늘날과 같은 급격한 변화의 시기에는 새로운 '문제 발견'이 무엇보다 중요하며, 이러한 새로운 문제와 기회의 발견은 사물이나 세계를 이전과는 다른 각도에서 볼 뿐만 아니라 새로운 아이디어 발상을 계속함으로써 가능해진다.

셋째, 관계 수준에서 내적 동기를 불러일으키는 '후원자(sponsor)'의 역할이다. 창의적인 리더는 자신뿐만 아니라 구성원들의 내적 동기 및 열정을 불어넣어 줄 수 있는 사람이다. 구성원들에게 명확한 비전과 미션을 제시 및 공유하여 그들의 목표와 행동이 한 방향(alignment)을 지향할 수 있도록 한다. 도전한다는 느낌을 주기 위해 구성원들 특성과 업무 특성을 파악하여 '사람-직무 적합(person-job fit)'을 이루고, 자신이 하는 일에 대한 의미감(meaningfulness), 유능감(competence), 자기결정감(self-determination), 영향감(impact)의 네 가지 요소로 구성된 심리적 임파워먼트가 가능하게 한다(Spreitzer, 1995).[8]

일반적으로 조직 구성원의 자율성은 전략적 자율성(strategic

---

8 그레첸 스프라이처는 내적 동기의 두 요소(유능감과 자기결정감)에 직장에서 필요한 일의 의미감과 영향감을 더하여 네 가지 심리적 임파워먼트 개념을 만들었다. 이는 $P = MC^2$으로 표현될 수 있다(P=progress, M=meaningfulness, C=competence, C=choice).

autonomy)보다는 운영적 자율성(operational autonomy)이 강조된다 (Bailyn, 1985). 즉, 구성원들에게 일의 목표를 설정할 수 있는 자유를 주기보다는, 비전과 목표는 분명하게 제시하되 그것의 달성 방법 및 절차에 대해서는 재량권을 주는 것이 더 일반적이다. 또한, 구성원들을 신뢰하고 그들에 대한 높은 기대를 보여주면서 피그말리온(Pygmalion) 효과를 얻는다. 더불어 구성원과의 개방적, 수평적 소통 스킬뿐만 아니라, 경영층을 효과적으로 설득하는 상향적 소통 능력도 갖춘다. 조직이나 팀 내 창의성을 자극할 때 리더의 유머 감각도 중요한 요소 중의 하나이다.

마지막으로 관계 수준에서 창의적 사고를 하도록 촉진하는 '촉매자(catalyst)'의 역할이다. 창의적인 리더는 구성원들의 창의적 사고를 자극하고 창의적 마찰이나 스파크(Leonard-Barton & Swap, 1999)가 일어나도록 촉진한다. 개인 수준의 아이디어 발상과는 달리 집단 수준의 아이디어 발상의 장점은 구성원들 간 상호 인지적 자극주기에 있기에 구성원들 간의 시너지가 최대로 일어나도록 하는 집단 아이디어 발상 기법들을 이해하고 활용할 수 있다. 또한 구성원들이 심리적 안전감(psychological safety, Edmondson, 1999)을 느낄 수 있는 분위기를 조성한다.[9] 일반적으로 팀 내에서 창의적인 아이디어를 제안하는 사람들은 소

---

9 에이미 에드먼드슨은 좋은 팀워크와 훌륭한 의료 서비스 사이에 상관관계가 있다는 가설을 입증하기 위해 여러 종합병원을 돌며 자료를 수집했다. 그런데 각종 질문에서 팀워크가 좋다고 나온 병동이 오히려 과실률이 높았다. 후속 설문과 인터뷰를 통해 진상을 파악해본 결과, 의외의 결론이 도출되었다. 팀워크가 좋은 병동이 더 실수를 많이 하는 것이 아니라, 그런 병동에서는 자신의 실수를 쉽게 털어놓을 수 있었던 것이다. 그녀는 병원 연구를 통하여 인간은 누구나 다른 사람들에게 똑똑하고 도움이 되는 사람으로 보이길 원하며, 이것이 대인 간 위험(interpersonal risk)으로 작용한다고 보았다. 그래서 사람들은 모르는 것도 무지해 보이기 싫어 질문하지 않고, 무능해 보이기 싫어 실수를 인정하지 않고, 방해하는 것처럼 보이지 않기 위해 반대 의견을 내지 않게 된다고 하였다. 결국 중요한 것은 팀워크가 아니라 실수를 인정할 수 있는 팀 분위기 또는 조직문화였다. 그녀는 이를 '심리적 안전감'이라고 정의했다.

수집단일 가능성이 높은데(Nemeth, 1986), 이들의 의견을 적극적으로 경청하고 제안한 아이디어에 대한 효과적인 피드백을 제공한다. 더불어 구성원들이 외부에서 다양한 자극을 접할 기회를 제공하며, 이를 통해 상시적으로 집단지성을 활용할 수 있게 한다.

세 가지 개념화 George(2007)는 창의성이 일상적으로 요구되지는 않는 직무에서 창의성을 조성하는 관리자의 행동은 창의성이 늘상 요구되는 직무에서는 오히려 창의성을 방해할 수도 있다고 하였다. 이것은 창의적 리더십 행동은 고정되어 있다기보다는 상황과 맥락에 따라 다를 수 있음을 강조하는 것이다.

Mainemelis 등(2015)은 창의적 리더십을 '창의적 결과물을 만들어내도록 타인들을 이끄는 것'이라는 일반적인 정의를 제시한 후, 맥락에 따라 창의적 리더십은 달라질 수 있다는 전제에 근거하여 기존 창의적 리더십 연구들에서 나타나는 창의적 리더의 세 가지 개념화를 제시하였다.

첫 번째 개념화는 조직 맥락에서 구성원들의 창의성을 자극하고 촉진하는 역할에 초점을 둔 것이다. 이 개념화는 종업원의 창의성에 영향을 미치는 맥락 변인을 조사하는 조직 창의성 연구의 한 흐름으로서 종업원의 창의성에 영향을 미치는 다양한 리더십 스타일을 다룬 사회심리학적 연구들에 근거한 것이다. 창의적 리더십 연구자의 대부분은 이 개념화에 기반하고 있으며, 리더가 어떻게 종업원의 창의성을 촉진하거나 방해하는지를 이해하는데 지향되어 있다. 그리고 이에 해당하는 대부분의 연구는 창의성이 반드시 요구되지는 않는 직무를 대상으로 이루어졌다. 이 개념화에서의 리더십 요체는 "촉진하기(Fostering)"라고 할 수 있다.

두 번째 창의적 리더십의 개념화는, 첫 번째 개념화처럼 구성원의 창의성을 자극하는 역할이 아닌, 스스로 기업이나 사업을 일군 창업가

(entrepreneur)처럼 창의적 사고와 행동의 일차적 출처가 창의적 리더 자신에 초점을 둔다. 이 개념화는 주로 사회학적 연구에 뿌리를 두고 있는데, 최고급 요리사에 대한 신제도주의의 사례 연구나 오케스트라 지휘자에 대한 심층 연구 등에서 나온 것이다. 이 개념화에서 창의적 리더십은 리더의 창의적 비전을 다른 사람들의 작업을 통해 실현하는 것을 의미하며, 리더십의 요체는 "연출하기(Directing)"라고 볼 수 있다.

세 번째 개념화는 일하는 맥락에서 리더 자신의 창의적 아이디어를 다른 전문가들의 다양한 창의적 아이디어들과 통합하는 역할에 초점을 둔 것이다. 이것은 일정 기간의 프로젝트 조직처럼 새로운 업무 형태에서의 창의성에 관한 연구와 더불어, 영화나 연극, TV 프로그램 제작처럼 전통적인 리더와 추종자의 구분 없이 전문가들이 창의적 프로젝트에서 매우 긴밀하게 상호작용하고 협력하는 맥락의 연구에서 나온 것이다. 또한, 공유된 리더십에 대한 연구들도 이 개념화에 해당한다. 여기서 창의적 리더십은 자신의 창의적 작업을 다른 전문가들의 이질적인 창의적 기여와 종합하는 역할이 강조되기에 "통합하기(Integrating)"라고 불린다. 여기서 종합하는 역할은 공유된 리더십처럼 복수의 리더에 의해서도 가능하다.

쉽게 예상할 수 있듯이, 창의적 리더에 대한 이러한 세 가지 개념화 모두에서 창의성은 누군가의 '창의적(creative) 기여'(예: 새로운 아이디어의 생성)와 또 다른 누군가의 '지원적(supportive) 기여'(예: 창의성을 위한 심리적, 사회적, 물질적 지원)에 의존한다. 다만, 세 개념화에서 리더와 구성원의 창의적 기여와 지원적 기여의 정도에 차이가 있다. 첫째, 촉진하는 맥락에서는 종업원이 일차적인 창조자의 역할을 하지만, 그것이 실제로 창의적 기여로 이어지기 위해서는 리더의 지원적 역할이 중요하다. 둘째, 연출하는 맥락에서는 리더가 일차적인 창조자의 역할을 하며, 구성원들의 지원적 역할이 중요하다. 마지막 세 번째인 통합하는 맥락에서는 리더와 구성원 모두의 창의적 시너지가 중요하다.

3. 조직 창의성의 촉진 및 저해 요소

경영컨설팅 회사인 KPMG(2019)에서 11개 국가의 1,300명의 CEO를 대상으로 조사한 결과에 의하면, 84%의 CEO들은 혁신 과정에서 오류나 실수가 수용될 수 있는 문화를 만들어 구성원들이 자신의 업무에서 정기적으로 창의성을 발휘하기를 원하였다. 그러나 조직 구성원들은 실제로 자신의 직무에서 창의적인 행동을 할까? Unsworth와 Clegg(2010)는 조직 구성원들이 어떤 경우에, 왜 창의적인 행위를 시도하는지를 조사하기 위하여 65명 영국 엔지니어와의 인터뷰를 통한 질적 연구를 수행하였다. 그들은 참가자 대부분이 자신의 업무에서 창의성은 의무사항이 아닌 것으로 인식하며, 단순히 역할 외 행동(extra role behavior)으로 간주함을 발견하였다. 그리고 조직 내에서 창의적인 행동을 할지의 판단은 기대이론(expectancy theory, Vroom, 1964)으로 설명된다고 하였다. 즉, 자신의 창의적 행위에 따라 특정 결과가 나타날 확률인 기대(expectancy)와, 특정 결과가 자신이 원하는 2차 결과(예: 인센티브, 승진 등의 보상)로 이어질 가능성을 의미하는 도구성(instrumentality)의 판단으로 창의적 행위의 여부가 결정된다는 것이다.[10] 또한, 이러한 결정 과정에서 평소의 업무 동기, 자율성의 느낌, 시간 여유 또는 압박, 업무에서 창의성이 요구되는 정도, 창의성을 지지하는 문화 등이 중요

---

[10] 이러한 결과는 8장에서 외적 보상이 창의성에 해로운 효과가 있을 수 있다는 사회심리학적 연구가 현장에서는 적용되기 어려움을 보여준다. 오히려 조직 내에서 창의적인 행동을 유도하는 데에는 보상은 매우 중요한 역할을 한다는 결과이다.

한 단서로 작용한다고 보았다. 이 연구는 기업 구성원들은 창의성이 자신의 직무에서 반드시 요구되는 특성이 아니라고 인식하며, 그들의 자발적인 창의적 행동이나 창의적 잠재력을 이끌어내기 위해서는 그들이 처한 맥락과 환경이 매우 중요함을 분명하게 보여주었다.

1) 조직 창의성의 촉진 요소

초기 조직 창의성의 연구는 구성원들의 창의성에 영향을 미치는 맥락이나 환경과 같은 선행요인들에 초점을 두었다(Anderson et al., 2014; Woodman et al., 1993). 다음부터 창의적인 조직 분위기를 형성하기 위해 고려해야 할 조직 내 창의성의 촉진 요소와 방해 요소에 대해 살펴보았다.

먼저, 조직 창의성의 촉진 요소들은 다양하게 검토될 수 있지만, 그간의 연구 문헌들을 종합해볼 때, 다음과 같은 요소들에 주목할 필요가 있다. 즉 도전과 자율을 부여하는 직무특성, 조직 비전 및 전략 공유, 모험 감수 및 실패에 대한 수용, 공정한 평가, 개방적 의사소통, 비공식적 활동 보장, 여유 자원(slack), 다양성(인적 다양성, 자극의 다양성) 제고 등이다.

직무특성: 도전과 자율　　조직 구성원들이 내적 동기를 높일 수 있어야 하는데, 다음 두 가지로 가능하다. 첫째, 직장에서 수행하는 업무나 과제가 도전감을 불러일으키면서 자신의 역량이 향상된다는 느낌을 받아야 한다. 이것은 사람-직무 적합(person-job fit), 즉 업무나 과제가 자신의 능력, 적성, 흥미 등과 일치할 때 가능하다. 8장에서 다룬 '플로우' 개념에 의하면, 자신의 능력(기술) 수준보다 약간 높은 과제 난이도를 갖는 것도 필요하다. 둘째, 구성원들이 단순히 상사의 지시나 통제에 따르기만 하는 것이 아니라, 자기 스스로 결정할 수 있는 권한과 책임을 주는 자율성이 보장되어야 한다. 그런데 앞서 언급했듯이, 여기서

자율성은 일반적으로 운영의 자율성을 의미한다. 다만, Jiang 등(2023)은 자율성 요구와 관련된 문화 차 연구를 수행하였다. 그들은 서구인들이 동양인들보다 직무 자율성을 더 많이 행사한다는 가정에 관한 연구 결과들이 혼재되어 있다고 지적하면서, 직무 자율성을 목표 자율성과 실행 자율성의 두 가지로 구분하였다(전자는 전략적 자율성에, 후자는 운영의 자율성에 해당한다). 금융사에서 일하는 중국 근로자들은 실행 자율성을 높게, 목표 자율성은 낮게 가지는 경향이 있었던 반면, 동일 업종의 영국 근로자들은 높은 목표 자율성과 낮은 실행 자율성을 갖는 경향을 보였다.

비전과 전략 설정 및 공유 회사가 추구하는 비전과 전략을 분명하게 설정하고 그것을 조직 구성원들과 공유해야 한다. 최고경영자는 회사의 분명한 비전과 전략을 종업원들에게 제시해주고 종업원들의 공감을 얻을 수 있어야 한다. Quinn(1985)의 '지침 내에서의 혼돈(Chaos within Guideline)'이라는 개념은 전략이나 비전을 분명하게 설정하고 공유하되, 그것을 완수해나가는 과정에서는 운영의 자율성을 준다는 의미를 담고 있다. Judge 등(1997)의 '목표 지향 공동체(Goal-Directed Community)'라는 표현은 생명공학 산업에서 상당히 혁신적인 성과를 내는 기업들에서 나타나는 공통적인 특징을 표현한 것이다. 이 또한 회사가 나아갈 방향과 목표를 분명히 제시하고 그런 목표를 완성하기 위해 조직 구성원들이 자율적으로 행동한다는 의미를 담고 있다.

실패 수용 문화 8장에서 보았듯이, 실패를 두려워하는 조직문화에서는 창의성이 꽃필 수가 없기에, 모험을 감행할 수 있고 실패를 해도 수용될 수 있는 문화가 있어야 한다. 실패에 대한 처벌은 남들이 가지 않은 곳을 탐구하고 실험하는 행동을 저해하며, 과거 방식에만 매달리고 분명한 답이 보이는 방식만 찾게 된다. 실패를 거치지 않고 창의적인 성과를 낸다는 것은 불가능한 일이다. 8장에서 살펴본 핀란드에서 시작된 '실패의 날'이나 선진 기업들에서 정기적으로 시행하는 '실패 축하 대회'는 실패를 두려워하지 말라는 메시지와 함께 "실패를 통한 학습(learning by failure)"을 강조하는 것이다. 여기서도 Edmondson(1999)이 제시한 심리적 안전감이 중요하다.

공정한 평가　기업조직에서의 인적 자원 관리의 핵심인 공정한 평가는 창의적인 조직 분위기를 만드는 데에도 중요하다. 공정한 평가가 이루어지지 않는 조건에서 구성원들이 창의적인 행동을 할 가능성은 매우 낮다. 평가의 공정성(분배, 절차, 상호작용 공정성)은 조직에 대한 신뢰와 직결된다. 조직에 대한 신뢰감이 형성되어야 구성원들이 조직에 헌신하고, 불필요한 잡음에 주의를 빼앗기지 않고 자기 일에 내적으로 동기화되어 몰입함으로써 창의적인 아이디어와 성과를 낼 가능성이 커진다.

개방적 의사소통　조직 내외 여러 관련 이해관계자나 전문가 집단들과 원활한 소통이 가능해야 한다. 3M의 포스트잇의 개발 사례는 이를 잘 보여준다. 3M의 연구개발 조직에는 각 랩에서 시도한 실험들을 정기적으로 공유하는 포럼을 갖는데, 아서 프라이가 이웃 랩에서 우연히 만들어낸 접착력이 약한 물질에 대해 알게 된 것이 포스트잇 개발의 계기가 되었다.

Allen(1984)은 일곱 개의 연구소를 대상으로 물리적 공간 배치가 연구원들 간의 상호작용 가능성에 미치는 효과를 연구하였다. 수개월에 걸쳐 512명의 응답자가 기술적, 과학적인 문제들에 관해 조직 내 어떤 동료들과 상호작용을 했는지 정기적으로 질문을 받았다. 두 사람 간의 상호작용의 가능성과 그들의 물리적 거리 사이의 관계는 강한 반비례의 관계였다(즉, 거리가 가까울수록 상호작용은 많아졌다). 그러나 무엇보다 놀라웠던 발견은 약 25미터에서 상호작용의 가능성은 거의 0에 근접한다는 것이었다. 비록 이 연구가 이메일과 같은 통신방법이 도입되기 전에 수행된 것이기는 하지만, '직접 대면'으로 불리는, 풍부한 다채 널의 의사소통을 촉진하는 물리적 근접성의 중요성은 아무리 강조해도 지나치지 않을 것이다.[11]

이러한 발견은 코닝사의 데커 빌딩(Decker Building) 설계에도 커다란 영향을 미쳤다. 이 건물은 모든 층에서 최적의 가시성을 확보하고, 층 간 소통이 가능하도록 의도적으로 경사로나 에스컬레이터 등을 설치하 였으며, 비공식적 모임이 가능한 개방형 구조로 설계되었다. 애플의 스 티브 잡스도 구성원들 간의 우연한 연결로 새로운 아이디어가 창출되 는 효과를 얻기 위해 화장실을 1층에만 두어 사람들이 오가면서 서로 얘기를 나눌 수 있도록 건물을 설계했다(이후 구성원들의 불만으로 개조 되었다). 더불어 그는 새 건물의 현관문과 주요 계단과 복도가 모두 격 납고 같은 안뜰로 이어지도록 하여 여러 부서의 구성원들의 우연적인 만남으로 아이디어가 나오기를 바랐다. 즉, 창의성이 발현되는데 유리 한 생태계가 있을 수 있으며, 그런 환경에서는 우연한 연결(serendipitous connection)의 가능성이 커진다. '지식은 물과 같이 최소의 저항을 받는 곳을 따라 흐른다'라는 창의성 생태계(creative ecology) 개념은 개인적 창 의성의 발현에서 기본적으로 공간적 맥락을 강조한다.[12]

비공식적 활동　조직 구성원들에게 비공식적으로 일할 수 있는 시 간이나 장소를 제공하는 것도 창의적인 분위기 조성에 유용할 수 있다.

11　1970년대 이루어진 이 연구는 의사소통이론에서 '앨런 곡선'으로 널리 알려져 있다. 이 곡선에 따르면 거리가 멀어질수록 엔지니어들 간의 소통 빈도는 기하급수적으로 떨어진다. 오늘날 인터넷과 통신 매체와 채널의 발전에도 불구하고, 그는 여전히 거 리가 멀어지면 소통 빈도도 줄어든다고 주장하였는데, 면대면(face to face)으로 자주 보지 않는 사람과는 전화 통화나 SNS 소통도 자주 하지 않는다고 하였다.

12　코로나19 대응에 활용된 mRNA 백신 개발에 대한 공로로 2023년 노벨 생리의학상은 커틸린 커리코와 드루 와이스먼에게 돌아갔다. 헝가리 출신의 생화학자와 미국의 의 학자 간의 창의적 융합 연구의 출발은 복사실에서의 우연한 만남과 소통이었다.

일본능률협회(JMA)에서 연구한 바에 의하면, 회사에서 처음부터 공식적으로 지원을 받아서 진행된 프로젝트의 성과 대비 구성원들의 비공식적인 아이디어에서 시작된 프로젝트의 성과가 월등하게 더 높게 나타났다(Robinson & Stern, 1997). 초기 아이디어가 공식화가 되면, 조직 내부에서 저항에 직면할 가능성이 크기에, 초기(13개월)에는 비공식적으로 진행하는 것이 이런 장애로부터의 피난처 역할을 한다. 또한, 개인이 비공식적으로 진행하는 것이 더 높은 수준의 내적 동기 및 몰입을 유발한다. 3M은 1923년 이후로 자신의 근무시간의 15%를 개인적인 연구과제 수행에 사용할 수 있는 15% 규칙을 실시하고 있다.[13] 2007년부터 구글은 이 제도를 확대하여 20% 규칙을 적용하였고, 지메일, 구글맵이나 차드 멍 탄의 명상 프로그램 개발도 이것을 활용하여 나온 것으로 알려져 있다.[14]

여유 자원　　조직 내 여유 자원(slack)이 너무 없으면 창의성이 꽃필 수가 없다. 여유 자원이 필요한 이유는 진화론으로부터 해답을 얻을 수 있다. 창의성을 경영하는 것은 자연의 진화 과정과 유사하다. 3장에서 보았듯이, 진화론적인 관점에서 볼 때 창의성 또는 창조의 원리는 '무작위성(randomness)'과 '잉여성(redundancy)'이라고 볼 수 있다. 무작위성은 진화가 어떤 방향으로 이루어질지 아무도 예측할 수 없다는 것을 나타낸다. 기업에서 창의성이 어디에서 나올지 알 수가 없다는 선입견 배제의 원리는 무작위성(즉, 예측 불가능성)과 같은 의미이다. 진화는 무계획적인 변화의 과정이고 예측할 수 없다는 특성을 가진다.

13　아서 프라이는 다음과 같이 말했다. "어떻게 일을 해야 하는지를 아는 사람들은 많지만, 무엇을 해야 하는지를 발견하는 사람은 그리 많지 않습니다. 적어도 15% 규칙은 무엇을 해야 하는지를 찾도록 도와줍니다."

14　이 제도로 담당 직무를 모두 수행하면서도 20%를 더 일하여 120% 일하게 된다는 불만도 있었다. 구글은 점차 거대 조직이 되면서 관리가 어려워져 이 제도를 중단한 상태이다.

잉여성이란 적응을 위해서는 현재 환경과는 부합하지 않는 요소들도 있어야 한다는 것으로, 여분의 자원이 있어야 환경이 변화되었을 때 그것에 적응하는데 필요한 자원으로 쓸 수가 있다. 새로운 환경에 적응하기 위해 조직에서 여유 자원이 있어야 하는 이유도 동일하다. 잉여성과 관련된 '백로의 날개' 사례를 보자(Robinson & Stern, 1997).

백로는 날기 위해서 날개를 사용할 뿐만 아니라, 잡으려는 물고기를 더 잘 보기 위해 태양을 가리는 데에도 사용한다. 그러면 백로의 날개는 어떻게 진화되었던 것일까? 원래 날개는 현재의 형태로 완전히 발달하기 전까지는 전혀 쓸모없는 것이었다. 초기의 날개는 너무 작아서 날기 위해 사용될 수 없었을 뿐 아니라, 태양을 가리는 용도로도 사용되지 못하였다. 다윈에 따르면, 원래 그것은 다른 목적으로 생겨난 것인데, 유력한 견해는 체온 유지였다. 그리고 이러한 보온의 필요성은 크기가 작은 공룡들(이후 조류로 진화)에게서 가장 컸다. 왜냐하면, 체적 대비 표면적의 비율이 가장 높아 체온 손실이 컸을 것이기 때문이다. 수백만 년 동안 깃털이 날개를 덮고 있었고, 깃털이 많은 종이 진화적 우위를 가지면서 날개는 점점 커졌을 것이다. 날개는 체온 유지라는 원래 목적 이상으로 커지면서 잉여성이 발생하였다. 이러한 과정에서 전혀 기대하지 않았던 새로운 용도가 생겨났다. 날개가 특정 크기에 이르자, 백로는 날 수 있게 되었고, 더 많은 물고기를 잡을 수 있도록 수면에 그림자를 드리울 수 있게 된 것이다.

기업의 세계에서도 현재 환경에 최적화되어 잉여성이 거의 없는 경우에는 환경 변화에 직면해서는 생존에 어려움을 겪을 수 있다.

다양성 제고 마지막은 조직 내 다양성의 제고로, 두 가지 측면의 다양성이 있다. 첫째는 인적 다양성이다. 경험이나 지식, 전문적 배경

등이 다양한 사람들로 구성되어 있을수록 창의적인 스파크가 일어날 가능성이 더 크다(장재윤, 2018). 아인슈타인도 "모든 사람이 똑같이 생각한다면, 아무도 생각하지 않은 것이다"라고 하였다. 둘째는 구성원들에게 새로운 자극을 계속 제공하는 자극의 다양성이다. 이를 위해서는 조직 내외에서 다양한 교육 기회를 주거나 조직 외부 전문가들과 소통할 기회를 주어야 한다. 회사 업무에서 잠시 벗어나 관심 분야에 대해 학습할 시간을 주는 안식년 제도나 세종대왕이 집현전 학사 중에 젊고 재능 있는 사람을 골라 특별 휴가를 주는 사가독서(賜暇讀書) 제도도 같은 효과를 가진다.

2) 조직 창의성의 저해 요소

조직 창의성을 저해하는 요소에 대해 간단히 살펴보자. 첫째, 조직 구성원들 사이에 경쟁이 너무 심하면 창의성이 저해된다. 경쟁이 너무 심하면 사람들의 시야가 상당히 좁아지기 때문이다. 지나친 성과주의 문화도 유사한 부정적인 결과를 유발할 수 있다. 둘째, 사내에 '정치적인 행위'가 만연되어 있어도 창의성이 저해된다. 셋째는 보수주의이다. 과거의 성공에 너무 안주해 있으면 새로운 시각을 가질 수가 없다.[15] 마지막으로 관료주의나 형식주의이다. 절차나 규정이 너무 엄격하게 시행되는 곳은 유연성이 없기에 창의성이 꽃필 수 없다. 이런 요소들이 창의성을 저해하는 조직 측면의 요소들이라고 볼 수 있다.

경영의 구루인 피터 드러커는 "문화는 아침 식사로 전략을 먹는다"

---

[15] 이것을 성공 함정(success trap)이라고도 부른다. 이것은 기업들이 자신들을 성공으로 이끌었던 과거 전략 및 문제해결 방법에 집착함으로써 발생하는 위험이다. 실제로, 성공 함정에 빠진 기업들은 시장의 변화를 읽지 못하거나 외면하는 경향이 있으며, 변화의 필요성을 인식하여도 새로운 접근을 찾기보다는 기존의 방식을 통해 문제를 해결하려는 경향을 보인다.

라는 말을 남긴 것으로 알려져 있다. 이것은 조직문화의 중요성을 드러내는 것으로, 새로운 전략을 구사하려고 할 때, 조직문화가 계속 발목을 잡을 수 있다는 뜻이다. 이는 창의성 경영에서 가장 주목해야 할 것이 창의적인 조직문화를 형성하는 것임을 강조한다.

4. 연구 주제의 확대

비즈니스 및 조직 영역에서의 창의성 연구가 증가하면서 다양한 관점들이 도입되고 연구 주제가 확대되고 있다. George(2007)는 당시 왕성하게 연구되던 조직 창의성 관련 연구들을 개관하면서, 연구 주제가 너무 단일 관점의 일상적 패턴을 보인다고 우려하였지만, 이후 창의성 연구에서의 주요한 관점 및 연구 주제는 더 다양해졌다.

첫째, 단순히 최종 결과(outcome)로서 창의성을 바라보는 관점에서 창의적 작업(creative work)의 과정을 조사하는 연구로 이동한 점이 두드러진다(Harrison et al., 2022). 여기서 창의적 작업은 '새롭고 유용한 무엇인가를 만들려는 의도를 가진 개인이나 집단에 의해 아이디어가 생성, 정교화, 평가, 저장, 폐기 또는 실행되어 하나의 산물이 되는 전체 과정'을 의미한다. 즉, 조직 현장에서의 초기 창의성 연구는 창의성을 산출물 혹은 아이디어의 측면에서 정의하는 경향이 강하였지만, 최근의 연구 흐름은 (성공적이던 그렇지 않던) 창의적 작업 과정에 더 무게를 두고 있다.

둘째, 조직 창의성 연구는 다수준의 연구라고 언급하였듯이, 대부분의 연구는 조직 내 창의적 개인에 대한 초점에서 벗어나 점점 창의적 작업에 참여하는 팀이나 조직처럼 집합체에 더 주목한다(Harrison et al., 2022).

셋째, 조직 창의성 연구의 변화 흐름 중에 가장 두드러진 것으로, 창의성을 종속변인으로 보던 관점에서 벗어나 독립변인으로 보는 연구가 늘고 있다는 점이다. 즉, '기업 구성원이 창의적일 수 있도록 하는 선행요인들이 무엇인가'라는 전통적 주제에서 벗어나, '기업조직에서의 창의성 발현 또는 구성원의 창의성 발휘가 이후 어떤 결과(consequences)를 가져오는가'의 물음으로 변화된 것이다. 또한, 조직 창의성의 선행요인을 찾는 연구들에서의 기본 가정은 창의성은 보편적으로 긍정적인 것으로 보지만, 창의성을 독립변인으로 보는 연구에서는 창의성이 초래하는 부정적인 결과들에도 주목하는 점에서 차이가 있다(15장 참조). 지금까지의 논의에 의하면, 조직 내 구성원들의 창의적 사고와 행동은 보편적으로 유익한 것, 즉 최종적으로는 혁신에 이르면서 기업(조직)의 성과를 제고할 것을 전제한다. 사실 이 전제가 완전히 검증되었다고 볼 수는 없다(Zhou et al., 2019). 최근의 연구는 조직에서의 창의성이 반드시 유익한 것이며 혁신이나 더 나은 성과로 이어지는 것은 아님을 보여준다. 그래서 창의적 아이디어의 생성 및 제안 이후에 실제로 조직에서 어떤 일들이 벌어지는지를 구체적으로 이해할 필요가 있다.

넷째, 아이디어 생성뿐만 아니라, 아이디어의 정교화와 평가, 그리고 이후 실행까지 포함하는 폭넓은 행동을 포괄한다는 점이다. 오늘날에는 창의적인(새롭고 유용한) 아이디어에 대해 적극 투자하려는 조직이나 개인들이 많다. 그리고 플랫폼 기반의 크라우드소싱 등의 방법으로 창의적인 아이디어를 이전보다는 훨씬 더 많이 그리고 비교적 손쉽게 얻을 수 있다(Zhao et al., 2022). 따라서 더 중요성이 커진 것은 다양한 아이디어들을 평가하고 가장 잠재력이 높은 것을 선택하는 것 또는 어떤 아이디어가 기대 이상의 가치를 창출할지를 사전에 예측하는 것이다.

5. 독립변인으로서의 창의성

이 절에서는 창의성을 독립변인으로 보고 창의적인 아이디어나 행동이 조직에 미치는 긍정적 및 부정적 영향이나 결과에 관한 연구들을 개관하였다.[16]

1) 긍정적 영향

먼저, 종업원의 창의성은 당연히 직무 수행(예: 연구개발 조직에서 기대 이상의 성과, 고객 만족이나 판매 성과, 제조 프로세스에서의 혁신 등)에 긍정적인 결과를 가져온다. 다만 창의적 과정 몰입(CPE, 4장 참조)과 직무 성과 간의 관계는 곡선적인 것으로 나타나기도 한다. 여기서 직무 성과는 종업원에게 요구된 업무나 책임을 제대로 수행하는 정도이다. 사람의 주의 자원 용량에는 한계가 있기에 자신이 원래 해야 할 의무나 책임을 다하면서도 추가로 창의적인 과정에 몰입하는 것과 같이 복수의 과업을 동시에 수행하기는 어려울 수 있다. 창의적이기 위해서는 제한된 자원을 자신의 원래 업무보다는 의도적으로 창의적인 활동에 더 할당해야 하며 이것이 지나치면 본연의 직무 수행은 저하될 수도 있는 것이다. 다만 업무 경험이 매우 많은 사람들은 이것을 더 잘 관리할 수 있어 창의적 과정에 몰입하면서도 자신의 직무 수행도 높은 수준으로 유지할 수 있는 것으로 나타났다(Zhang & Bartol, 2010).

더불어 창의성으로 인정을 받은 구성원은 자신의 정체성이나 명성을 유지하기 위해 창의성 관련하여 동료들의 도움 요청에 더 적극적인 행동을 보인다(Carnevale et al., 2021).

---

[16] 경영학 영역에서 독립변인으로서의 창의성 연구는 2010년 전까지 32편에 불과했지만, 이후부터 2021년까지는 258편으로 급증하였다(Lua et al., 2023).

9장에서 창의성이 정서에 미치는 영향에 대해서도 언급하였다. 조직 현장에서의 이런 연구들이 이제 시작되고 있다. Tavares(2016)는 구성원의 창의적 행동이 긍정적 정서를 느끼게 해준다는 것을 보여주었다. 연구 1에서 생산직 근로자를 대상으로 감독자가 평가한 직장에서의 창의성이 연령이나 기질적 낙관주의를 통제한 후에도 직장에서의 긍정적 정서를 유의미하게 예측하는 것으로 나타났다. 연구 2에서는 고등학교 교사를 대상으로 두 번의 설문조사를 통하여 구성원이 직장에서 창의적인 행동을 하면 일에 더 의미를 부여하게 되면서 긍정적인 정서로 이어진다는 것을 보여주었다.

창의적 상사나 동료와 같이, 조직 내 타인의 창의적 행동은 관찰학습의 모델이 되기에 종업원들의 창의성에 긍정적 영향을 미칠 수 있다. 창의적 행동을 보이는 상사는 역할 모델로 작용하기에 부하의 창의적 역할 정체성을 증진한다. 특히, 조직에서 창의성에 대한 강한 지지가 있다고 지각할 때 더욱 그러하다(Koseoglu et al., 2017). Madjar 등(2011)은 창의적 행동을 보이는 동료들도 종업원의 점진적 창의성에 기여하는 것으로 나타났다(급진적 창의성에는 영향을 미치지 않았다).

Zhou(2003)는 창의적인 동료의 존재가 구성원의 창의성에 미치는 영향은 리더 행동과 구성원의 성격에 따라 달라질 수 있음을 보여주었다. 리더가 구성원의 수행을 면밀하게 검토하는 스타일을 보이면 창의적 동료는 역할 모델이 되지 못하여 창의성이 저하되었다. 반면 리더가 구성원에게 직무에 도움이 되는 건설적인 피드백을 제공하는 스타일을 보이면, 창의적 동료는 구성원의 역할 모델이 되어 창의성이 증진되었다. 또한, 구성원의 창의적 자신감이 높을수록 증진 효과는 더 크게 나타났다.

Koseoglu 등(2023)은 '동료의 창의성 지각'을 하나의 자원으로 개념화하고, 세 연구를 통해 특정 동료가 창의적이라고 지각되면 그와의 관계의 근접성(closeness)이 변화되는지, 그리고 조직에서 다른 사람들에게 창의적으로 지각되면 시간이 지남에 따라 조직의 관계망에서 가중 수신 중심성(weighted indegree centrality)이 증가하는지를 조사하였다.[17] 더불어 성별과 국적 유사성이 조절 효과를 갖는지도 조사하였다. 전일제 종업원 대상 실험 연구, 9주에 걸친 종단 연구, 그리고 1년에 걸친 MBA 학생들의 종단 연구에서, 종업원들은 창의적이라고 지각하는 동료와 시간이 지남에 따라 근접한 관계를 형성하는 경향이 나타났으며, 이러한 효과는 동료가 다른 성과 다른 국적을 가지는 경우 더 강하였다. 또한, 동료를 창의적이라고 지각할수록 그 동료는 시간이 지남에 따라 관계망에서 더 중심적인 위치로 변화해 갈 가능성이 커졌는데, 이러한 효과는 국적에서 소수 집단에 속하는 사람들(예: 미국에서 비미국인)에게 더 분명하게 나타났다.

　Rouse(2020)은 직장에서 구성원들이 창의적인 과정을 함께하면 '우리' 인식이 강화되기에 긍정적인 사회적 관계로 이어짐을 보여주었다. Foulk 등(2022)도 아이디어를 공유하고 발전시키는 창의적 과정이 조직 구성원 간의 긍정적인 관계를 촉진하는 점에 주목하였다. 그들은 직장에서의 창의적 활동은 그 자체로 사회적 과정이기에, 창의적 과정에 대한 동료들의 기여를 인식하게 되면서 동료들과 더 친밀해지고 그들에게 무례한 행동을 덜 하게 됨을 보여주었다. 이는 조직에서 창의적 작업을 함께 하는 것이 구성원들 간 관계에 긍정적인 영향을 미칠 수 있음을 보여준다.

17　관계의 근접성은 관계에 투자한 시간과 관계의 정서적 강도 및 친밀도의 조합으로 정의되며, 가중 수신 중심성은 동료들에 의한 보고된 관계 연결의 전체 수와 강도를 의미한다.

2) 부정적 영향

창의적인 아이디어나 행동이 부정적(해로운) 영향을 미칠 수도 있다. 이것은 창의적 행동 이후 비윤리적 행동이 증가하는 경우이다(15장 참조). 창의적 기여를 하고 나면 종업원은 자신이 조직에서 가치 있는 존재이기에 규범을 어기는 일탈(deviance)이 허용되는 것으로 생각하는 경향이 나타난다. 물론 자신의 긍정적 이미지를 유지하려는 동기로 일탈이 감소하기도 한다. 그러나 직장에서 창의적인 행동을 보이지만 윤리적 정체성이 낮은 사람은 죄의식 없이 일탈할 가능성이 크고, 자기 정당화의 인지적 과정이 계속되면서 일탈 행동의 가능성이 커진다(Zheng et al., 2019).

Vincent와 Kouchaki(2016)는 네 개의 실험 및 현장 연구를 통해 창의적 역할을 한다는 자기 정체성은 심리적 특권의식을 가지게 하고 이는 비윤리적인 행동으로 이어지며, 창의성은 누구나 발휘할 수 있는 것이 아니라는 희소성 인식을 하게 되면 그러한 연관성이 더 강해지는 결과를 보여주었다.

Ng과 Yam(2019)도 창의성과 일탈 간의 관계를 연구하였다. 구성원의 창의성이 일탈로 이어지는 데에는 창의성 신용(creative credit)이 매개 효과를 내었다. 여기서 창의성 신용은 세 가지 심리적 동기로 구분되는데, 창의성에 기인한 규범 위반 동기(creative-driven norm breaking motive), 조직으로부터 보상과 자원을 더 기대하는 특권 동기(entitlement motive), 긍정적인 인상을 유지하려는 인상 보존 동기(image preservation motive)이다. 연구자들은 앞의 두 가지는 일탈과 정적으로, 마지막은 부적으로 연관된 것으로 예상하였으나, 규범 위반 동기만이 일탈과 유의한 관계를 보였다. 또한, 창의성에 대한 조직의 보상이 낮다고 인식할 때 창의성과 일탈 간의 관계가 더 강해지는 결과를 보였다.

Janssen과 Giebel(2013)의 연구에서는 구성원의 창의성이 유발하는 동료 간 갈등이 개인의 직무수행에 미치는 영향을 조사하였다. 창의적인 아이디어는 혁신을 위해 필요한 것이지만, 기존 관행과는 다른 것이기에 이를 반기지 않는 동료들에 의해 거부되거나 동료들과 갈등을 일으킬 수도 있다. 네덜란드 전자 회사의 전략 사업부 직원과 관리자를 대상으로 한 연구에서 창의적 아이디어에 대한 의견 대립과 갈등이 구성원 간 관계 갈등으로 이어지고, 관계 갈등이 직무 수행 능력을 떨어뜨린다는 것을 보여주었다. 또한, 동료에 대한 신뢰도가 낮을수록, 감독자에 의한 지지가 낮을수록 더 악화되었다.

유사한 연구로, Breidenthal 등(2020)은 첨단 제조 회사의 엔지니어와 관리자를 대상으로 세 번에 걸친 패널 조사 연구에서, 특정 팀원이 상대적으로 높은 창의성을 보일 때 사회적 비교 과정을 통해 다른 팀원들은 해당 팀원을 시기하게 되고, 이러한 부정적인 감정을 감소시키기 위해 해당 직원에 대해 거리를 두는 배척(ostracism) 행동을 하게 될 수 있음을 보여주었다. 또한, 상대적 창의성과 시기 및 배척 간의 관계는 리더-구성원 교환관계(LMX)와 동료와의 교환관계(CWX) 수준에 따라 달라졌는데, LMX가 높은 팀원일수록 더 대조적인 비교를 하게 되기에 상대적 창의성은 더 큰 시기와 배척으로 이어졌고, CWX가 높은 직원일수록 대조적인 비교를 하기보다는 해당 직원을 심리적으로 가깝다고 느껴서 상대적 창의성에 대한 시기와 배척이 완화되었다.

3) 조직 수준 연구

Haselhuhn 등(2022)은 포춘 500대 기업들이 분기별 수익 발표(earning call)에서 준비된 발표 및 이후의 질의응답 시간에 창의성(혁신)을 언급할 때(creativity speak) 투자자들이 어떤 반응(시장 반응)을 보이는지를 조사하였다. 또한, 그런 언급이 이후의 기업 재무 성과와는 어떤 관련이 있는지도 조사하였다. 오늘날 창의성과 혁신이 강조되고 있지만, 창의성에 대해 암묵적으로 부정적인 태도를 나타내는 창의성 편향(creativty bias) 연구들(Mueller et al., 2012; Staw, 1995)에 기반하여, 과연 기업들이 창의성을 강조할 때 투자자들은 어떤 태도를 보이는지 조사한 것이다. 투자자들은 기본적으로 불확실성을 싫어하기에 창의성 편향의 가능성이 더 클 수 있다. 따라서 회사 CEO가 창의성과 혁신을 더 많이 언급할수록 불확실성이 커지면서, 투자 수익 가능성에 대한 부정적인 평가와 더불어 실제 투자 수익은 감소할 것이라는 가설 1은 지지되었다. 여기서 회사가 투자자들에게 전달하는 내용뿐만 아니라 전달되는 방식, 즉 언어의 톤이 조절 효과를 가질 것으로 보았는데, 소통의 감성(sentiment)이 긍정적일수록 가설 1의 관계가 약화될 것이라는 가설 2도 지지되었다. 한편, 수익 발표에서 CEO나 회사 경영자가 창의성, 혁신 관련 언급이 많을수록 이후의 실제 기업 성과가 더 증가할 것이라는 가설 3도 지지되었다. 이것은 투자자들이 창의성과 혁신에 대한 언급에 대해 부정적으로 반응하는 창의성 편향이 합리적이지 않다는 것을 보여주는 증거이다. 다만, 이들의 연구에서 회사의 이전 성과가 수익 발표에서의 창의성(혁신) 언급과도 유의한 관계를 보였는데, 이것은 창의성(혁신) 언급이 성과의 선행 변인이자 결과 변인일 수도 있음을 보여준다. 또한, 이전 기업 성과가 창의성(혁신) 언급과 이후 성과 간의 관계를 조절하는지도 분석하였다. 성과가 좋은 기업에서 창의성(혁신)을 더 많이 언급할 수 있고, 성과가 상대적으로 좋지 않은 기업에서도 창의성(혁신)을 통해 다시금 도약하겠다고 할 수 있을 것이다. 그럴 때 투자자들이 어떻게 반응할지에 대한 예측에서, 투자자들이 손실을 만회하려고 할 것이기에 후자의 경우에 더 창의성 관련 불확실성에 대한 인내력이 높을 것으로 예상되었다. 분석 결과에 의하면, 이전 기업 성과가 좋을 때는 창의성(혁신) 언급과 이후 투자 수익(3일간의 주식 투자 수익) 간의 부적인 관계가 나타났고, 상대적으로 기업 성과가 좋지 않을 때는 둘 간의 유의한 관계가 나타나지 않았다. 따라서 탐색적이지만, 이전 기업 성과가 둘 간의 관계를 조절하는 결과를 보였다. 이들의 연구는 창의성에 반하는 편향이 개인 수준에서뿐만 아니라, 조직 수준에서도 나타날 수 있음을 보여주었다.

4) 창의성의 지속

8장에서 소개한 『앵무새 죽이기』의 저자 하퍼 리의 경우처럼, 창의성을 계속 유지하기는 어렵다. Deichmann과 Baer(2023)은 요리책 시장을 대상으로 첫 창의적 성과가 어떻게 유지될 수 있는지에 대한 실증 연구를 수행하였다. 독창적인 창작물(새로운 요리법을 보여주는 책)로 상을 받으면 후속작이 나올 확률은 낮아졌다(8장 참조). 이는 첫 번째 창작물로 상을 받은 후 두 번째 작품 역시 창의적으로 만들어야 한다는 부담과 자신의 창의적 정체성에 대한 위협 때문이다. 대체로 창조 산업에서는 초기 대성공을 이루고 난 후 계속 후속 히트작을 내놓고자 하나 대부분은 그렇게 하지 못하는 경우가 많다.

Audia와 Goncalo(2007)의 특허 관련 연구에서, 특허를 낼 때 과거 성공은 이후 더 많은 수의 새로운 아이디어를 생성하는 데에는 효과가 있지만, 생성된 아이디어가 이전의 접근이나 경로에서 벗어나는 정도를 낮추는 것으로 나타났다.

Berg(2022)도 경로 의존 이론(path dependence theory)[18]에 기반하여 중요 시점(critical juncture)으로 작용하는 최초 창의적 성공이 이후 어떻

---

[18] 경로 의존 이론(Sydow et al., 2009)은 시간의 흐름에서 중요 시점(critical junction) 이후 실행 가능한 선택지들이 줄어들면서 미래의 가능한 선택지가 특정 경로나 범위로 제한되는 상황을 설명하는 이론이다. 즉, 경로 의존은 특정 시점에서 우연히 선택된 경로가 자기 강화적 과정을 거치면서 계속 재생산되는 현상이다. 경로 의존적 과정이 지속될 수록 이전에 가용했던 선택지로 되돌아가는 비용은 더 늘어난다.

게 작용하는지를 조사하였다. 그는 창조 산업에서의 초기 성공(최초의 히트작) 시 상대적으로 창의적인(새롭고 다양한) 포트폴리오를 가진 경우[19] 이후 활용할 선택지가 많아 시장 변화에 적응하면서 후속 히트작을 낼 가능성이 커질 것으로 보았다. 1959년부터 2010년까지 미국 음악 시장의 6만 9,050명의 아티스트가 작곡한 300만 곡의 자료를 분석한 결과, 독창성과 다양성이 높은 창의적인 포트폴리오로 최초 히트작을 만든 아티스트는 후속 히트작을 내면서 계속 성공할 가능성도 더 컸다. 그러나 초기 성공의 가능성은 새로운 포트폴리오보다는 당시 유행에 따르는 전형적 포트폴리오를 가진 아티스트가 더 높았다. 초기 독창적이면서 다양한 포트폴리오를 가지고 최초 성공한 창작자들이 후속 성공작의 가능성도 크긴 하지만, 초기 히트작을 낼 확률은 당시 유행을 반영하는 전형적 포트폴리오를 가진 창작자가 더 유리한 것이다. 이것은 초기 성공과 이후의 지속적 성공 모두에 최적화된 포트폴리오는 가

---

19 새로움(독창성)과 다양성은 아티스트가 발표한 노래 간의 유사성 측정을 통해 평가되었다. 유사성 평정을 위해 음원 스트리밍 회사인 스포티파이가 추천 서비스를 위해 기계학습 알고리즘으로 계량화한 열한 가지 노래의 특성(예: danceability, tempo 등) 자료를 사용하였다. 우선, 새로움(novelty)은 특정 노래를 노래가 발표될 때의 히트작들과 비교하여 측정되었다. 즉, 해당 노래와 당시 히트한 노래들과의 쌍에 대한 열한 가지 특성에 대한 코사인 유사성을 계산하는 방식이었다. 이를 통해 각 노래가 발표되기 직전의 히트송들과 얼마나 다른지가 측정되었다. 다양성(variety)은 하나 이상의 노래를 발표한 해마다 아티스트의 포트폴리오에서 계산되었다. 예를 들어, 한 아티스트가 1970년에 12개 노래, 1972년에 13개 노래, 1975년에 11개 노래를 새로 발표했다면, 1970년 포트폴리오는 12개, 1972년 25개, 1975년 36개의 포트폴리오가 된다. 그리고 각 해에 대해 아티스트의 포트폴리오에 있는 노래 쌍 간의 코사인 유사성을 계산하였다. 다양성은 아티스트의 포트폴리오에서의 표준편차를 평균으로 나누는 변이 계수를 사용하여 측정되었다. 만약 한 아티스트가 특정 해의 포트폴리오에 50개 노래가 있다면, 1,225개의 코사인 유사성 값이 있을 것이며, 다양성은 이 1,225개 값의 표준편차를 평균으로 나눈 값이다. 아티스트의 노래 간 평균 유사성이 높을수록 다양성이 높기 위해서는 표준편차가 커야 한다. 예를 들어, 동일한 표준편차를 갖는 두 아티스트가 유사성 평균은 .50과 .90인 경우, .50의 아티스트는 더 높은 다양성 점수를 가질 것이다. 이것은 유사하지 않은 노래들을 가진 아티스트가 더 높은 다양성 점수를 가지는 것을 보여준다.

능하지 않다는 것을 의미한다. 새로움과 독창성은 초기 성공 가능성은 낮추지만, 후속 성공의 확률은 높이기 때문에 창작자는 도박과 같은 위험한 선택을 해야 한다.

초기 성공 및 이후의 성공을 모두 이루어낸 소수의 아티스트들은 초기부터 새롭고 다양한 포트폴리오를 가진 경향이 있었고, 초기 성공 이후에는 초기의 포트폴리오와 연관되면서도 시장에 친화적인 전형적인 작품을 내면서 계속 성공할 가능성이 커졌다. 성공의 계속 이루기 위해서는 초기 성공 이후 고객의 니즈와 시장 변화를 따라가면서 창의성은 다소 감소될 필요가 있지만, 이러한 변화가 효과적이려면 초기 성공 당시의 포트폴리오가 창의적이어야 했다.

일반적으로 조직에서 혁신이 일어나는 과정은 누군가가 창의적 아이디어를 생성하고 그것을 실행하여 창의적 결과를 얻는 것으로 종료된다. 이처럼 기존의 조직 창의성 연구에서는 경로 독립성을 가정하였을 뿐, 경로 의존성을 고려하지는 않았다. 즉, 창조 산업 관련 연구에서는 주로 새로운 경로의 창조에만 초점을 두었다. 이런 측면에서 버그의 연구는 이전 연구들이 가정한 것보다 시간의 흐름에 따른 창의성과 혁신의 순환이 더 역동적임을 보여준다. 일반적으로 창조자가 초기 작품으로 성공하더라도 이후 초기 성공과 유사한 결과물을 만들어내는 제약에 걸려 지속적인 성공에 이루지 못하는 사례가 많지만, 그렇지 않고 계속 히트작을 내는 창작자도 있다. 이런 서로 다른 결과에 대해, 그의 연구는 초기 성공작을 내기 전의 창작자의 포트폴리오 특성을 살펴보는 것이 중요함을 보여준다.

5) 조직 창의성 증진의 부작용

오늘날의 기업조직들에서는 창의성과 혁신이 그 어느 때보다 강조되고 있다. 조직 내에서 창의성과 혁신이 꽃을 피울 수 있는 조직 구조,

제도, 문화, 관행, 분위기 등을 만들어가고자 한다. 그러나 창의성의 부정적 영향에서 보았듯이, 오늘날의 기업에서 창의성(또는 창의적 정체성)이 강조되는 상황에서 실리콘밸리에서의 사기극이나 거대 회계 부정 사건들이 계속되는 데에는 이유가 있을 것이다. Baucus 등(2008)은 문헌 고찰을 통하여 창의성과 혁신을 증진하는 방식으로 조직 변화를 꾀할 경우, 조직 구성원의 윤리적 행동에 심각한 부정적인 영향을 줄 수 있다고 경고하였다. 그들은 그러한 변화에서 공통으로 나타나는 요소들을 네 범주로 분류하였다.

첫째, 창의성과 혁신을 강조하면 기존 운영 절차, 규정, 표준 등을 위반하게 된다. 즉 기존 관행을 타파하거나 새로운 사고 및 행동에 대해 보상하면 이런 양상은 더 확대될 것이다. 조직의 행위 규범(code of conduct)은 오랜 기간 구성원들에게 윤리적 판단의 기준이 되었음에도 기존 규칙이나 기준을 어기거나 심지어 윤리적 규준에 대해 느슨하고 유연한 생각을 하면 심각한 문제가 야기될 수 있다.

둘째, 권위에 도전하고 전통을 파괴하도록 한다. 이것은 창의성을 증진하기 위해 조직의 통제를 느슨하게 하거나, 상사나 선배의 의견을 무시하는 분위기가 만들어지면서 나타날 수 있다. 경영자는 이런 상황에서 구성원들의 권위나 전통에의 도전 행위에 합법적이지 않거나 비윤리적인 측면은 없는지 민감하게 살펴야 할 것이다.

셋째, 갈등을 조장하고, 경쟁 및 스트레스를 유발할 수 있다. 이것은 조직에서 창의성을 자극하기 위해 응집력보다는 개별성, 개방적 소통, 자유로운 논쟁, 고객과의 직접 접촉 등이 강조되면서 나타난다. 적정 수준의 갈등, 경쟁, 긴장을 유도하는 것은 어려운 일이다. 일상적 직장 내 행동은 대부분 반자동화된 관행으로 이루어지는 경우가 많은 상황에서 창의성이나 혁신이 나타나려면 새로운 교육과 계발 기회가 주어져야 한다. 그런 기회 없이 새로운 생각과 행동만을 요구하는 것은 심각한 스트레스 요인이다.

　마지막으로, 위험을 감수하도록 한다. 창의성을 촉진하기 위해 구성원들의 모험을 지지하거나 모호성을 이겨내도록 지원하면서 일시적으로 실패의 위험을 감수하도록 할 수는 있다. 그런데 위험 감수 분위기가 점차 회사의 생존을 위협하는 결과로 이어지는 경우들도 있다.

　이런 네 범주의 요인들은 조직 내 창의성과 혁신을 증진하기 위해 일반적으로 강조하고 실행하는 것들로 인해 구성원들 사이에 심각한 윤리적 문제들이 발생할 가능성이 증가할 수 있음을 보여준다. 이는 창의성 추구의 어두운 측면인 것이다.

6. 제약과 창의성

　제약은 창의성의 열쇠라고 보는 시각이 있다. 여러 영역에서 창작 과정에 일정한 제약을 두는데, 대표적으로 시는 엄격한 구조를 따라야 한다. 가장 자유로운 생각과 양식을 강조할 것 같은 시의 영역이 제약이 많은 경직된 구조를 갖는다는 것은 아이러니이다. 스트라빈스키는 말년에 출간한 『음악의 시학』에서 다음과 같이 쓰고 있다. "나의 행동반경을 좁힐수록, 그리고 내 주위에 장애물을 더 많이 쌓을수록, 나의 자유 역시 더욱 커지고 풍부해진다. 속박을 없애면 그만큼 내가 발휘할 힘도 줄어든다. 더 많은 제한을 부과할수록 우리는 영혼을 구속하는 사슬에서 더 자유로워진다"(Gardner, 1993).

　1장의 신화 문항으로 '자신의 행위에 완전한 자유(자율)가 주어질 때 사람들은 가장 창의적이다'에 대한 동의율은 72%에 이르렀다. 따라서 일반적으로 부과된 구조나 자원 부족 등의 제약(constraint)은 창의성을 방해할 것 같지만, 오히려 창의성을 증진할 수 있다는 역설적인 연구 결과들이 많다(〈참고 11-3〉). 예를 들어, Marguc 등(2011)은 형식에서의 제약이나 장애(obstacle)가 있으면 사람들은 나무를 보기보다 숲을 보는 것처럼 지엽적이기보다는 종합적으로 사고한다는 것을 보여주었다. 장애를 만나면 문제에서 한 걸음 물러나서 부분이 아닌 전체(Gestalt) 관점에서 '큰 그림(big picture)'을 보게 하여 관련 없어 보이는 것들이 개념적으로 통합될 수 있게 하는 것이다. 또한, 지각 범위나 개념 범위가 확대되면서 인지적 유연성과 새로운 연합의 가능성도 커졌다(RAT 검사에서 더 높은 수행을 보였다).[20]

조직에서의 제약은 창의성을 제한하는 외부에서 부여된 모든 요소(규칙, 규정, 마감일, 요구사항, 자원 부족 등)를 일컫는다. Acar 등(2019)은 조직 현장에서의 제약을 입력(input) 제약, 과정(process) 제약, 산출(output) 제약의 세 가지 군집으로 분류하였다. 첫째, 입력 제약은 창의적 활동에서 활용되는 장비, 시간, 인적 자본, 자금, 재료 등과 같은 자원이 가용하지 않음을 의미한다. 둘째, 과정 제약은 브레인스토밍 세션에서의 규칙처럼 창의적 과정에서 반드시 지키거나 거쳐야 할 단계들과 같은 제약을 말한다. 셋째, 산출 제약은 산출물이 갖추거나 포함해야 할 요소나 요건(제품 사양, 품질 수준, 고객 요구 등)에서의 제약처럼 창의적 과정의 최종 결과물을 정의하는 요인들을 말한다.

아카르 등의 메타분석에서는 다양한 제약 조건과 창의성 간에는 역 U자형 관계를 갖는 것으로 나타났다. 즉 너무 많거나 적은 제약보다는 적정한 수준의 제약은 창의성을 증진할 수 있다. 따라서 조직에서는 의도적으로 시간, 자금 등의 자원을 일정하게 제약함으로써 창의성을 증진할 수 있다(Onarheim, 2012).

---

20 다만, 연구자들은 이런 효과가 특성 또는 상태로서의 변덕성(volatility)이 낮은 사람에게서만 나타난다고 하였다.

일반적으로 제약은 장애, 검열, 독재 등의 부정적인 의미가 강하다. '구속한다'나 '함께 묶는다'라는 의미의 라틴어에서 유래한 '제약'은 '제한(limitation)'과 마찬가지로 구속하는 특성을 내포하고 있다. 반면에 창의성은 상자 밖으로 벗어나는 자유와 무한한 가능성의 이미지를 갖는다. 따라서 그간 제약은 창의성을 방해하는 환경적 요소로 여겨져 왔으나, 최근 연구들은 제약이 창의성을 증진한다는 결과를 보여주고 있다.

아카르 등의 메타분석에서는 다양한 제약 조건과 창의성 간에는 역 U자형 관계를 갖는 것으로 보는 것이 적절하다고 제안하였다. 그러나 Tromp와 Sternberg(2022)는 제약 조건과 창의성 간 관계를 단순히 곡선관계로 보는 것은 사람, 과업 및 상황에 따라 다른 유형의 제약이 발생하는 다면적인 상호작용을 포착하지 못한다고 하였다. 그들은 창의성에 대한 제약의 복잡한 역할을 포착할 수 있는 IConIC(Integrated Constraints in Creativity) 모델을 제안하였다(자세한 내용은 Tromp, 2023 참조).

먼저, 이 모델은 제약에는 '배제(exclusionary)'와 '초점(focusing)'이라는 두 가지 상호 보완적 기능이 있다고 보았다. 배제 기능은 'X를 포함하지 마시오', '그림에 빨간색을 사용하지 마시오'와 같이 부정적 진술로 구성된 것이다. 반면, 초점 기능은 'X를 포함하시오', '그림에 파란색 점을 포함하시오', '주어진 색상 범위 내에서 그리시오'와 같이 긍정적이고 직접적인 진술로 구성된다. 창의성과 제약 간 관계 연구의 대부분은 초점 제약에 주목하면서 제약이 있을 때 창의적 성과가 더 크게 나타남을 보여준다. 여기서 제약의 배제 및 초점 기능은 상호 보완적이며(파란색으로만 그림을 그리도록 하는 초점 제약은 다른 모든 색상을 배제하는 제약이기도 함), 함께 작용하여 창의적인 솔루션을 만들어낸다.

예를 들어, 인도처럼 무더운 기후에서 쉽게 상하는 음식을 저장하는 일은 냉장고(또는 더 넓게는 전기)가 없다는 제약에 직면한다. 인도에서 풍부한 것은 찰흙인데, 냉장 문제를 푸는 과제에서 찰흙이 초점 제약이 되어 찰흙으로 만들어진 저장 용기라는 창의적 해결안이 나올 수 있다. 동일하게 휴대폰을 충전할 전기가 부족한 경우에도 전기를 얻기 위해 자전거 페달을 돌려 발전하는 것과 같은 창의적 해결책이 나올 수 있다. 자원 부족이라는 배제적 제약 조건에 가용 자원 이용이라는 초점적 제약 조건이 결합하여 특정 문제를 해결한 것이다.

또한, 제약은 창의적 탐구를 위한 닻(anchor, 출발점)이나 참조점(referents)으로 기능하고 창의적 영감을 자극하는 계기가 된다. 새로운 제품을 생각해내야 할 때, 아무런 제약이 없는 경우보다 특정한 닻이 제공되면 그것에 집중하여 탐색을 더 세부적으로 할 수 있다. 특히 타깃과 의미적으로 거리가 먼 닻이 제시되면 독창적인 아이디어의 가능성이 높아진다. 즉, 닻을 놓은 제약(anchoring constraint)이라는 속성은 새로운(확률이 낮은) 것을 생성할 가능성을 높인다. 요리의 경우, '구운 복숭아 요리'나 '건초맛 아이스크림'과 같은 예상 밖의 조합에 의한 요리 혁신처럼, 전형적이지 않고, 더 세부적이고, 개인적으로 의미 있는 창의적 결과를 얻을 수 있다.

제약에 대한 태도도 중요하다. 폴란드 작곡가 크시슈토프 펜데레츠키(K. Penderecki)는 카페에서 음악 작업 중 지나가는 트램의 소음이 우연한 닻이 되어 〈트레노디(Threnody)〉를 작곡하게 되었고, 또 다른 물리적 제약이었던 작은 크기의 카페 테이블과 종이는 새롭고 간결한 표기 기호의 발명으로 이어졌다.

마지막으로, 제약이 최적의 창의적 결과를 도출하기 위해서는 '폭'에 대한 제약이 '깊이 확장'으로 보완되어야 한다. 트롬프와 스턴버그는 이를 원뿔 두 개를 붙인 모래시계 모양으로 묘사하는데, 위쪽 원뿔에서 제약은 사용 가능한 옵션을 좁히는 효과가 있지만, 아래쪽 원뿔에서 제약에 대한 평가와 분석 과정은 더 깊은 탐색의 가능성을 증가시킨다. 제약이 창의성을 촉진하는 효과는 탐색 공간의 폭을 제한하되, 가용한 공간을 심층적으로 탐구하는 데 있는 것이다. 결국, 제약이 오히려 창의성을 증진하는 역설은 자유도를 줄이는 대신 탐색의 깊이를 증대시키는 두 가지 관련 프로세스에서 비롯된다고 볼 수 있다.

7. 아이디어 평가, 선택, 예측

최근에는 창의적 아이디어에 대한 지각, 평가, 채택, 실행에 영향을 미치는 개인 특성 및 맥락 요인들을 찾고자 하는 연구가 증가하고 있다. 창의적인 아이디어를 생성하는 능력을 갖추어도, 그중에서 추후 성공적인 결과로 이어질 아이디어를 선별하는 것은 또 다른 문제이다.[21] 창의성에 기반한 혁신이 실현되기 위해서는 아이디어 생성 이후의 단계들에 주의를 기울여야 한다. 이런 방향으로의 연구를 Zhou 등(2019)은 창의성의 '수용 측면(receiving side)'의 연구라고 불렀다.[22] 예술가나 과학자는 혼자 새로운 아이디어를 생각해내고 그것을 실현할 수도 있

---

21 창의성의 단계 모델에 의하면, 창조자들은 문제 확인 및 아이디어 생성의 확산적 사고 단계에서 아이디어 평가 및 타당화의 수렴적 사고 단계로 시계열로 진전한다. 그러나 최근 연구는 이런 생각에 의문을 제기한다. 창조자들은 확산적 및 평가적 사고를 서로 정보를 제공하고 강화해주면서 창의성의 전체 과정 동안 반복한다는 것이다 (Harvey & Kou, 2013). 어떤 연구자는 디자인 분야에서 이런 모순적 과정이 거의 동시에 발생하며, 확산적 및 수렴적 사고 사이를 빈번하게 반복할 수 있는 능력이 창의성에 중요하다고 제안한다(Goldschmidt, 2016).

22 이 연구에서 창의성 수용(creativity receiving)은 창의적 표적(아이디어, 산물, 인물)에 대한 개인이나 집단의 반응을 통칭하며, 창의성의 지각(perception), 인정 (recognition), 판단(judgment), 평가(evaluation) 또는 창의적 아이디어, 산물, 활동이 미래에 의도한 효과를 가져오는지를 예측하는 창의성 예보(creativity forecasting)를 포함할 뿐 아니라 창의성 채택(adoption) 및 실행(implementation)까지 모두 포괄하는 개념이다.

지만, 조직에서의 새로운 아이디어는 유관 부서의 지원, 협력, 경영층의 후원 등과 같은 사회적 과정을 거쳐 실행이 된다. 즉, 아무리 창의적인 아이디어라도 타인들의 인정과 긍정적 평가가 이루어지지 않으면 조직에 아무런 가치가 없다. 따라서 조직 창의성 연구자들의 관심과 주의가 창조자(creator) 및 창의적 아이디어의 생성에서 창의적 산출물의 지각자(perceiver) 및 그것에 반응(또는 평가)으로 바뀐 것이다. 즉, 사람들이 창의적인 아이디어를 어떻게 평가하는지, 누가 아이디어의 독창성을 제대로 지각하는지, 언제 사람들이 창의성을 요구하고 거부하는지, 그리고 창의적 아이디어 평가에서의 편향을 극복하기 위해 어떻게 해야 하는지를 연구하기 시작한 것이다.

이 절에서는 아이디어 생성 이후의 단계들인 아이디어 평가(evaluation), 선택(selection), 예보(forecasting)에 관한 연구들을 살펴보았다. 창의적 성취를 이루기 위해서는 아이디어의 잠재력이 제대로 인식, 평가, 채택되어야 하며, 주요한 이해관계자들의 인정을 받아야 한다. 실세계에서는 창의적인 아이디어가 주목을 받지 못하고 상대적으로 관습적인 아이디어가 채택되는 경우가 많다. 이 주제는 오랫동안 주목을 받지 못했으나, 조직 창의성 연구가 활성화되면서 주목을 받고 있다.[23]

1) 아이디어 평가

일반 소비자들이 특정 제품에 대해 즉각적으로 폭발적인 반응을 보이거나, 4장의 합의적 평가 기법(CAT)처럼 전문가들이 특정 창작물에 대해 높은 의견 일치를 보이는 경우가 많다. 반면, 학술지에 투고

---

[23] 아이디어 개발 단계는 독창성이 높은 아이디어를 실행 가능한 형태로 변형시키는 과정으로, 독창성과 실현 가능성 간의 긴장을 줄이는 유력한 방법이다. 또한, 급진적인 아이디어에 대한 거부나 반대를 줄이는 방법이기도 하다. 이 단계에 관한 연구는 거의 없다.

된 논문에 대한 동료 심사 과정에서, '논문의 새로운 기여도' 항목에 대한 심사자들의 평가 간 일치도는 .20 정도로 낮은 것으로 알려져 있다. 따라서 혁신적 연구를 동료들이 제대로 평가하지 못할 가능성도 있다 (Simonton, 2016).

여기서 문제는 언제, 왜 창의적 아이디어의 진가를 제대로 알아보지 못하는가이다. 아이디어 평가 단계에서의 주요한 두 가지 오류는 매우 창의적인 아이디어가 전혀 주목을 받지 못하거나 주목을 받기는 하지만 부정적인 평가가 이루어지는 경우다.

다음부터 이러한 아이디어 평가에 영향을 미치는 개인차 변인(성격, 전문성)의 효과를 다룬 연구들을 소개하였다. 더불어 아이디어 평가 과정에서의 동기적 측면이나 편향에 관한 연구들도 살펴보았다. 여기서 중심 주제는 앞서 언급한 독창성과 실행 가능성 간의 긴장이다. 만약 독창적인 아이디어에 동반되는 불확실성이나 위험에 대해 개방적이거나 인내할 수 있다면, 긴장 수준은 별로 높지 않을 것이다.

성격과 전문성 성격과 전문성이 아이디어의 가치를 제대로 알아보는 정도에 영향을 미칠 수 있다. Silvia(2008)의 아이디어 식별력 연구에서 피험자들에게 아이디어 생성 후 가장 좋은 아이디어를 선택하게 하였을 때, 그들의 선택과 전문가들의 판단 간에는 일정한 관련성을 보였다. 더 나아가 경험에 대한 개방성이 높은 피험자들이 아이디어 생성에서 더 높았을 뿐 아니라 아이디어 평가에서도 더 좋은 수행을 보였다. 새로운 경험에 대해 개방적인 사람들이 창의적 아이디어를 좀 더 신중하게 검토하며 더 좋은 선택을 함을 나타낸다.[24] 그리고 경험에 대한 개방성과 더불어 조기에 종결하려고 하지 않은 특성(조기 수렴에의 저항

---

[24] 대체로 경험에 대한 개방성이 높으면 독창적인 아이디어에 대한 선호도 높게 나타날 것이며, 성실성이 높으면 유용성이나 실현 가능성이 큰 아이디어를 더 높게 평가할 것이다(Rietzschel et al., 2019).

력)을 보인 사람들이 더 정확한 평가를 하는 것 같다.

또한, 전문성의 경우, CAT에서 가정하듯이, 전문가들은 아이디어가 독창적인지, 적절하거나 실현 가능한지의 판단에서 영역 관련 지식과 기술을 갖추고 있기에 창의성을 가장 잘 평가할 수 있다. Kaufman 등(2008)이 전문 시인과 초심자들에게 창의성에 대한 개인적인 감에 근거하여 시를 평가하도록 하였을 때, 전문가들이 평균적으로 낮게 평가하였으며, 두 집단 간의 상관은 유의하였으나 그리 높지 않은 수준이었다. 무엇보다 전문가들의 평정자 간 신뢰도가 초심자들의 그것보다 훨씬 더 높았다. 후속 연구로, Kaufman 등(2013)이 경험이 많지만 전문가 수준에는 이르지 못한 준전문가들을 포함하여 다시 연구하였을 때, 전문가와 초심자는 선행 연구의 결과가 거의 동일하였다. 준전문가의 경우는 전문가 수준은 아니지만, 어느 정도 정확한 평가를 하였다. 전반적으로 볼 때, 적어도 적정 수준 이상의 영역 전문성을 가진 사람을 평가자로 사용해야 함을 알 수 있다.

Onarheim과 Christensen(2012)의 연구에서는 일회용 의료도구에 대한 많은 아이디어를 선별(screening)하는 과정에서 구성원들이 독립적으로 아이디어를 평가하였는데, 경험 많은 구성원과 그렇지 않은 구성원 간의 아이디어 평가에서의 상관은 꽤 높았지만, 경험이 많은 구성원들은 자신의 평가를 (잘못된 판단에 이를 수 있는) 시각적 복잡성(visual complexity)에 기반하는 경향성이 낮았다. 소수 경영진과의 평가 일치도 측면에서도 경험 많은 구성원들이 더 높았다. Moreau 등(2001)은 산출물의 혁신성의 정도에 따라 창의성 평가에서 다른 결과가 나타남을 보여주었는데, 전문성이 높을수록 연속적 혁신(점진적 혁신)의 산물을 더 잘 이해하고 그것의 가치를 높게 평가하면서 선호하는 경향을 보였고, 비연속적(급진적 혁신)의 경우에는 반대의 경향이 나타났다(전문가일수록 높게 평가하지 않았다). 다만, 전문가들에게 추가 정보를 알려주었을 때는 비연속적 혁신에 대한 이해 및 선호가 상승하였다.

조절 초점　9장에서 언급되었듯이, 사람들은 서로 다른 두 개의 자기 조절 체계를 가진다. 향상(promotion) 초점과 예방(prevention) 초점이다. 전자는 이득(gain)에 더 관심을 두고, 후자는 손실(loss)에 더 관심을 둔다. 전자는 기회를 놓치지 않으려는 위험 편향(risky bias)을, 후자는 보수 편향(conservative bias)을 보인다. 전자의 상태에서 더 높은 수준의 창의성을 보이는데, 아이디어 평가에서도 그러하다.

Herman과 Reiter-Palmon(2011)은 조절 초점(regulatory focus)이 아이디어 생성과 평가에 서로 다른 영향을 미친다는 것을 보여주었다. 연구 참여자들이 생성한 아이디어들을 외부 전문가와 참가자 스스로가 두 가지 기준으로 평가하였다. 하나는 독창성 기준이고, 다른 하나는 실행 가능성 기준이었다. 이전 연구들에서처럼, 아이디어 생성의 경우 향상 초점이 높을수록 아이디어의 독창성이 더 높았다. 아이디어 평가의 경우, 참가자들의 평가의 정확성(전문가들의 평가와의 차이값의 제곱)은 창의성 평가의 기준에 따라 달랐다. 향상 초점의 참가자들은 아이디어 독창성을 평가할 때 더 정확하였고, 예방 초점의 참가자들은 아이디어의 실행 가능성을 평가할 때 더 정확하였다.

Zhou 등(2017)도 향상 조절 초점이 높은 사람은 새로움과 창의성을 더 잘 인정하며, 새로움과 창의성의 인정은 혁신 지향적 조직문화에서 더 많이 나타난다고 하였다.

해석 수준　Mueller 등(2014)은 해석 수준 이론(construal level theory)에 기반하여,[25] 아이디어 평가를 연구하였다. 이 이론에 의하면 사람들

25　해석 수준 이론(Trope & Liberman, 2010)은 어떠한 현상이나 대상에 대해 사람들은 심리적인 거리감을 가지며, 해석 수준의 차이에 따라 행동이나 선택이 달라진다고 본다. 해석 수준은 상위와 하위수준의 해석으로 구분되는데, 상위(high) 수준은 추상적 의미와 본질적이고 목적적인 것에 주목하지만, 하위(low) 수준은 구체적인 방법과 표

은 대상이나 사건을 서로 다른 추상화 수준에서 표상할 수 있다고 본다. 그리고 해석 수준은 사람과 대상(사건) 간의 심리적 거리의 함수라고 하였다. 낮은 해석 수준은 구체적이고 세부적이며, '어떻게(how)'에 관심을 둔다. 반면, 높은 해석 수준은 추상적이고, 포괄적이며, '왜(why)'에 더 관심을 둔다. 표상에서의 이러한 차이는 인지와 행동에 영향을 미치는데 창의성도 예외가 아니다. 창의성의 경우에는 높은 수준의 해석이 도움이 된다. 추상적 마인드셋과 그와 연합된 폭넓은 주의 범위 때문이다. 연구진들은 낮은 해석 수준은 실용성을 강조하고 좁은 주의 범위 때문에 높은 해석 수준보다 아이디어 평가가 덜 효과적이라고 보았다. 이 연구에서 높은 해석 수준의 상태로 유도된 참가자들은 매우 창의적인 아이디어를 더 창의적으로 평가하였다. 이는 매우 창의적인 아이디어인 경우에만 나타난 결과이다. 창의적이지 않은 아이디어의 경우에는 그런 효과가 나타나지 않았기에, 높은 해석 수준이 단순히 아이디어를 더 창의적으로 평가하는 일반적인 경향성을 유도하는 것이 아니라, 창의적 아이디어의 정확한 평가(인정)를 가능케 하는 것이다.

목표 지향성　Sijbom 등(2015; 2016)은 관리자의 목표 지향성(goal orientation)이 창의성에 대한 반응에 미치는 영향을 조사하였다. 수행 접근(performance-approach) 목표를 가진 관리자는 종업원의 급진적인 창의적 아이디어를 반대하는 경향이 강하였지만, 숙달 접근(mastery-approach) 목표를 가진 관리자는 그러한 아이디어를 더 채택하는 경향이 있었다. 또한, 수행 목표를 가진 리더는 숙달 목표를 가진 리더보다

면적이고 수단적인 속성을 중심으로 대상을 인식한다. 예를 들어, 먹는 행동에 대해 어떤 사람은 단순히 씹고 삼키는 것이라고 보지만, 다른 사람은 그것을 영양분을 섭취하는 것으로 인식한다. 전자는 대상의 구체적 속성에 주목하는 낮은 해석 수준이며, 후자는 후자의 경우는 추상적으로 인식하는 높은 해석 수준이다. 더 나아가, 상위 해석 수준은 본질적이고 일관적이며 탈맥락적(decontextualized)인 반면, 하위 해석 수준은 표면적이고, 일관적이지 않고 맥락적이다.

부하의 창의적 아이디어에 대해 덜 수용적이었으며, 수행 접근 목표를 가진 관리자는 부하가 제안한 아이디어보다는 상사가 제안한 창의적 아이디어를 더 채택하는 경향성을 보였다.

2) 창의성에 반하는 편향

Blair와 Mumford(2007)는 프로젝트 펀딩 과제에서 아이디어를 평가하고 선택하도록 하였다. 참가자들은 사회적 규범과 일관되는 아이디어, 신속하게 의도한 효과를 낼 것 같은 아이디어, 사회에 전반적인 이득을 갖는 아이디어를 일반적으로 더 선호하였다. 더구나 매우 독창적이거나 위험한 아이디어를 거부하는 경향이 있었다. 즉, 위험하고 독창적인 아이디어에 대한 분명한 혐오가 있었다. 사회적 규범에 순응하고 빠른 결과를 산출하는 아이디어에 대한 선호는 시간 압력이 있을 때 더 강하게 나타났다.

더 나아가 일반적으로 사람들은 창의적 아이디어에 대해 외현적으로는 긍정적인 태도를 보이기는 하지만 암묵적으로는(또는 무의식적으로는) 부정적으로 생각하는 편향이 있을 수 있다. Mueller 등(2012)은 암묵적 연합 검사(IAT)[26]를 사용하여 사람들이 겉으로 보이는 태도와는 달리 창의성을 부정적으로 여기는 무의식적인 편향, 즉 창의성에 반하는 편향(BAC: Bias Against Creativity)이 있음을 보여주었다. 그들은 두 개의 실험 연구를 통해 불확실성을 줄이려는 동기가 강할 때 이런 편향이 더 활성화됨을 보여주었다. 그리고 그러한 편향은 피험자들이 창의적인

---

26 이것은 겉으로는 잘 파악되지 않는 인간의 태도를 간접적으로, 무의식적으로 측정하는 방법이다. 좋아하는 대상과 긍정적 단어 및 싫어하는 대상과 부정적인 단어는 더 강하게 연합되지만(빠르게 반응하지만), 싫어하는 대상과 긍정적 단어와 같이 일치하지 않는 경우는 반응이 느릴 것이라는 가정에 근거한다. 반응 속도(reaction time)에서의 차이로 태도를 측정하는 것이다.

아이디어를 인식하는 능력을 방해하였다.

후속 연구로, Lee 등(2017)은 정서 평가 모델(appraisal model of emotion)에 기반하여, 정서의 불확실성 평가 수준에 따라 창의성에 반하는 편향이 달라지는지 조사하였다. 불확실성을 높게 느끼는 두려움 (fear) 정서와 낮게 느끼는 분노(anger)와 행복(happy) 정서가 유도되었을 때, BAC가 다르게 나타났다. 즉, 저(低)불확실성의 분노/행복 정서 조건보다 고(高)불확실성의 두려움 정서 조건에서 아이디어의 창의성을 더 낮게 평정하는 BAC가 나타나는 결과를 보였다. 즉, 사람들이 불확실성을 경험하면 실패의 가능성과 연관되어 창의성에 대한 부정적 인식으로 이어진다.

일반적으로 우리는 실제 문제에 적용하려고 창의적인 아이디어를 추구한다. 그렇다면 어느 정도의 불확실성이나 위험은 필연적일 수도 있다. 다만, 아이디어를 평가하는 단계에서 개인의 성격이나 마음 상태에 따라 또는 상황이나 맥락(예: 시간 압박)에 따라 창의적인 아이디어를 인정하고 지지하는 정도는 달라질 수 있다.

3) 아이디어 선택

통상 많은 아이디어 중에 몇 가지가 선택되어 더 정교하게 다듬어지는 것이 일반적이다. 그 과정에서 다시 평가가 이루어지면서 최종적으로 하나가 결정되고, 그것의 실행 여부를 결정하게 된다. 사실 아이디어 평가보다는 선택이 더 어려운데, 선택 과정에서는 서로 양립하기 어려운 독창성과 실행 가능성의 두 기준 간의 긴장이 더 커지기 때문이다. 어떤 기준에 더 가중치를 두는지는 당시의 목표나 참여한 사람들의 동기에 달려 있다. 어떤 경우에든지, 독창성과 실행 가능성의 두 기준을 다 만족시키기는 어렵다.

Litchfield 등(2015)은 창의성 정의의 기준 중 하나인 새로움(독창성)을 더 정교하게 구분하였다. 그것은 새로움(newness, 특정한 영역이나 맥락에서 얼마나 새로운가), 빈도(frequency, 얼마나 흔하지 않게 일어나는 것인가), 거리(distance, 아이디어가 현재의 관행과 얼마나 다른가. 거리가 멀수록 급진적이고 가까우면 점진적이다) 차원에서이다. 예를 들어, 제지회사에서 계절마다 다르게 장식된 화장지를 시장에 출시하는 것은 완전히 새롭고 이전에 한 번도 언급된 적이 없긴 하나, 그리 급진적인 아이디어는 아니다. 반면, 완전히 새롭고, 흔하지 않고, 급진적인 아이디어일수록 불확실하고 위험이 따르기에 선택하기는 더 어려울 것이다.

실행 가능성의 경우는 그것이 실행될 수 있는지의 정도를 나타내지만, 그것과 함께 유용성 또는 가치 차원이 고려될 수 있다. 창의적 아이디어의 가치를 제대로 알아보지 못하는 경우들은 많다. 예를 들어, 『해리 포터』를 발간한 블룸즈버리 출판사는 그 책을 출판하는 것이 어려운 것은 아니지만(실행 가능성은 높지만), 그것의 출판이 큰 이득(성공)을 가져온다는 가치(유용성) 판단은 제대로 하지 못하였다.

매우 독창적인 아이디어는 미지의 영역으로 들어가는 것이기에 실행 가능성이 작다고 지각하는 경향이 있다. 그리고 급진적이어서 기존 관행들과는 거리가 멀다. 그래서 실제로 실행하는 것을 주저할 수 있다. 그리고 이것은 위험한(risky) 행동이기에, 위험 혐오를 유발하는 모든 요인은 매우 독창적인 아이디어를 지지하거나 선택할 가능성을 낮춘다.

또한, 아이디어 평가와 달리, 선택은 투자가 이루어지면서 이후 결과에 책임과 관여가 뒤따른다. 특정 아이디어를 선택하고 나면 시간과 자원이 투자되어야 하며, 실행하고, 아이디어 마케팅 활동도 필요하다. 잘못 선택하면 혁신 과정이 진행되면서 점점 더 비용이 많이 들게 된다. 최종 선택한 아이디어가 실패하면 미래 이익은커녕 당사자의 명성에 금이 갈 위험이 있다. 그래서 아이디어 선택 단계는 고부담(high stake) 상황이기에 여러 가지 편향들이 발생할 가능성이 더 커진다.

몇 연구가 개인 수준에서 아이디어 선택을 다루었다. Rietzschel 등 (2010)은 아이디어가 많을수록 최상의 아이디어를 선택하는 것이 어렵다는 점에 주목하여, 참가자들에게 명확한 선택 기준을 제공하는 것과 최종 선택 전에 사전 선별(prescreening)을 하는 것이 더 좋은 선택에 효과가 있는지 조사하였다. 15분 동안 브레인스토밍으로 심리학과의 교육 개선에 대한 아이디어를 생성한 후, 사전 선별(유/무)을 하고, 최종 아이디어를 선택한 후 설문에 응답하는 순서로 실험이 진행되었다. 연구 결과는 다음과 같다. 먼저 창의적인 아이디어의 생성이 자동적으로 창의적 아이디어의 선택으로 이어지지는 않았다. 둘째, 구체적인 선택 기준을 제시하면 창의적인 아이디어 선택에 도움이 될 수 있었다. 셋째, 참가자들은 독창성보다는 실행 가능하고 바람직한 아이디어를 선택하는 경향이 강하게 나타났고, 이것이 독창적인 아이디어의 선택에 장애 요소로 나타났다. 즉, 독창성과 실행 가능성은 양립하기 어려운 것으로 인식되었다(독창성에 대한 부정적 편향으로 볼 수 있다). 사전 선별은 아이디어 선택에 유의한 효과가 없었다. 그리고 기준 제시의 경우 기준에 따라 다른 효과가 나타났다. '창의적인' 아이디어를 선택하라고 한 경우 독창성은 높지만 효과성은 낮은 아이디어를 선택하는 경향이 있으며 결정에 대한 만족도도 낮았다.

Rietzschel 등(2014)은 브레인스토밍 과제 수행에서 문제 범위(폭넓은 대 협소한 주제)와 창의성 지시(아이디어 생성과 선택에서 창의성에 초점 대 아이디어의 자신과의 관련성에 초점)을 조작하였다. 문제 범위의 경우 협소한 문제에서 더 독창적인 아이디어가 생성되었지만, 아이디어 선택에는 별 영향이 없었다. 창의성 지시는 2010년 연구와 유사한 효과를 보였다. '창의성' 지시는 더 독창적인 아이디어를 생성하고 선택하도록 하였지만, 만족도는 낮았다.

Ritter 등(2012)은 창의적 과정에서 무의식적 사고 과정의 효과를 조

사하였는데, 부화기(incubation)와 유사한 무의식적 사고에 들어갈 기회
를 주는 경우 그런 기회가 주어지지 않은 경우보다 더 창의적인 아이디
어를 선택하는 경향이 나타났다. 무의식적 사고가 아이디어의 독창성
이나 실행 가능성의 암묵적 가정이 느슨해지도록 하기 때문이다. 통찰
연구는 암묵적 가정에서 벗어날 수 있으면 창의적 문제해결에 이를 수
있음을 보여주는데, 아이디어 선택의 경우에도 동일하게 효과가 있는
것 같다. 그래서 의식적인 숙고(deliberation)가 항상 창의적인 아이디어
선택에 가장 좋은 방법은 아닐 수 있다. 왜냐하면, 독창성과 실행 가능
성 가정에 너무 많이 매여있기 때문이다. Zhou 등(2017)도 숙고가 아닌
직관(intuition)으로 선택 결정을 하라고 하였을 때 더 독창적인 아이디
어를 선택하는 경향이 있음을 발견하였다.

요약하면, 아이디어 평가보다 선택에서 더 문제가 많은데, 그것은
주로 독창성을 희생하고 실행 가능성에 더 초점을 두는 경향이 있기 때
문이다. 창의적이거나 독창적인 아이디어를 선택하도록 지시받을 때
자신의 선택에 대해 덜 만족한다는 것은 사람들은 독창적인 아이디어
에 대한 부정적 편향이 있음을 분명하게 보여준다. 그리고 창의적인 아
이디어를 인정, 선택하더라도 실제로 그것을 지지하는 것은 아닐 수 있
다. 이러한 편향은 조직 맥락에서 더 심하게 나타날 것이며, 이는 급진
적 혁신에는 특히 문제가 될 것이다.

요약하면 사람들은 아이디어를 평가하고 선택할 때 독창성은 무시
하고 실행 가능한 아이디어에 더 초점을 두는데, 이는 독창성의 불확실
성, 위험, 실행 단계의 우려 사항들 때문이다.

4) 창의적 예보

아이디어 평가와 관련하여, 기업과 같은 현장에서는 특정 아이디
어가 얼마나 성공할지를 예보(forecasting)하는 것이 특히 중요하다.

Mumford 등(2006)은 이것이 창의적 아이디어 평가에서의 본질이라고 보았는데, 유망한 아이디어가 실행되었을 때의 성과가 어느 정도 예보되어야 실행 여부를 결정할 수 있기 때문이다.

Berg(2016)는 태양의 서커스단을 대상으로 한 창의적 예보(creative forecasting) 연구에서, 서커스 공연에 새롭게 적용해볼 만한 자세나 행위가 성공할 가능성에 대한 예측의 정확성에서 관리자(manager)와 창조자(creator)를 비교하였다. 양자 모두 새로운 행위의 성공 가능성을 과소평가하였지만, 관리자들이 더 그러한 경향을 보였고, 특히 매우 새로운 아이디어인 경우는 더 그러하였다. 또한, 창조자들의 더 정확한 창의적 예보는 타인의 아이디어에 대한 예보에서 나타났을 뿐, 자신의 아이디어에 대한 예보에서는 그렇지 않았다. 관리자들은 평가하고 의사결정을 해야 하는 역할에 초점을 두므로(주로 수렴적 사고에 의존하므로) 창조자들의 특성인 확산적 사고 과정이 억제되어서 예보의 정확성이 상대적으로 낮을 수 있다. 또한, 창조자들보다 관리자들에게는 실행 단계에서의 고려 사항들이 더 두드러지므로, 매우 독창적인 아이디어는 꺼리는 경향이 나타난다.

후속 연구로, Berg(2019)는 일련의 실험을 통하여 초기 아이디어의 창의적 잠재력을 얼마나 정확하게 예보하는지를 조사하였는데, 참가자들은 자신의 초기 아이디어를 잠재력 대비 저평가하는(낮은 순위로 평가하는) 경향이 나타났다. 그리고 두 번째로 좋다고 생각한 아이디어가 종국에는 최상의 아이디어로 나타나는 경향이 있었다. 이러한 결과는 사람들이 초기 아이디어의 잠재적 창의성을 예측할 때 가장 유망한 아이디어를 평가절하하고 간과하는 근시안(myopia)이 있다는 것을 나타낸다. 다만, 상위(추상적인) 해석 수준에서 예측하게 되면, 최상의 아이디어를 제대로 인식할 수 있게 되는 것으로 나타났다.

5) 집단에서의 아이디어 평가와 선택

아이디어 평가와 선택이 개인적으로 이루어지기도 하지만, 조직에서는 프로젝트팀, 투자심의위원회, 최고경영진(TMT) 회의 등과 같이 집단이나 팀 맥락에서 이루어지는 경우가 많다. 지금까지 개인 수준에서 고찰하였는데, 집단 상황에서는 아이디어 평가와 선택이 좀 더 잘 이루어질까? 집단 의사결정에 관한 방대한 연구들에 의하면, 의사결정에서 집단은 개인보다 더 나을 수도 있지만, 집단은 때로는 개인과 별 차이가 없거나, 집단사고(groupthink)처럼 집단 상황에서 편향이 더 심해져서 최악의 결정을 하는 경우도 있다.

집단의 의사결정은 우선 참여자의 개별적 선호에 달려 있다. 집단의 결정은 개별 구성원의 선호와 그것이 다수 결정으로 이어지는 의사결정 규칙과 과정의 결과인 것이다. 서로 다른 의사결정 규칙들이 있을 수 있지만, 대표적인 것이 '다수결 원칙'과 '진리 원칙'이다. 전자는 다수의 선택이 최종 결정으로 이어지는 것이며, 후자는 어떤 아이디어는 다른 아이디어보다 더 좋기에 한 명의 구성원이라도 더 좋은 것을 주장하면 그것이 선택되는 것이다.

어느 원칙에 따를지는 의사결정 과제의 특성에 달려 있다. 주관적 판단(판단 과제)에 주로 의존하는 과제에서는 다수결의 규칙을 따를 가능성이 크지만, 정답이 있는 과제(지적 과제, 수학 문제)에서는 진리 원칙을 따를 것이다. 그러나 창의적 아이디어의 평가, 선택, 미래 성공 예보는 상당한 어려운 판단 과제에 가깝기에 대개는 다수결의 규칙을 따르게 된다.

집단 역학 연구들에 의하면, 다수결의 원칙을 따르는 경우에는 의사결정과정에서 편향(bias)이 많이 발생한다. 예를 들어, 개인 수준에서 70%의 사람들이 특정 편향을 지니고 있다고 할 때, 여섯 명의 집단에서 집단이 편향을 가진 다수 구성원(네 명 이상)을 포함할 확률은 약

75%이다. 개인이라면 70% 확률이지만, 집단에서는 적어도 75%로 더 편향이 높게 나타나는 것이다. 따라서 집단에서는 개인이 아이디어를 선택할 때보다 창의성(독창성)에 반하는 편향(BAC)이 나타날 가능성이 더 클 수 있다.

집단 상황에서의 아이디어 선택 연구는 주로 브레인스토밍의 맥락에서 연구되었다. 브레인스토밍의 가정은 아이디어가 더 많이 나올수록 선택된 아이디어의 질이 높아진다는 것이다. Faure(2004)의 연구에서 브레인스토밍 집단과 명목집단이 브레인스토밍 과제를 수행한 후 아이디어를 선택하였다. 선택의 경우 집단의 전체 산출물에서 개인적으로 선택을 한 후 전체 집단은 기선택된 아이디어에서 최종 선택을 하였다. 이전 연구처럼 명목집단이 브레인스토밍 집단보다 더 많은 아이디어를 생성하였지만(14장 참조), 아이디어 선택에서는 두 집단 간 아무런 차이가 없었다. 명목집단에서 독창적인 아이디어의 수가 더 많음에도 더 독창적인 아이디어의 선택으로 이어지지는 않은 것이다. 이것은 Rietzschel 등(2010)의 개인 수준 연구 결과와 일치한다.

Rietzschel 등(2006)은 유사한 실험을 하였는데, 앞선 연구와 달리, 아이디어 선택 단계에서도 명목집단은 여전히 개인적으로 선택하게 하였다. 즉 아이디어 생성 단계와 같이 개인적으로 판단한 것이다. 명목집단 구성원이 개별적으로 선택한 아이디어들의 독창성과 실행 가능성을 평균 냈을 때, 브레인스토밍 집단의 그것과 아무런 차이가 없었다. 또한, 생성된 아이디어의 질 대비 선택된 아이디어의 질을 검증했을 때에도 유의한 차이가 없었다.

이상의 연구에서 브레인스토밍 맥락에서 집단이 개인보다 아이디어 선택에서 더 좋은 수행을 보이는 것은 아님을 알 수 있다.

일반 집단 상황에서의 연구로, Girotra 등(2010)은 아이디어 생성과 선택 과정에 두 종류의 집단 구조가 미치는 효과를 연구하였다. 여러 문제에 대한 아이디어를 생성한 후 선택하는 과정을 거쳤는데, ① 전체 과정을 모두 집단으로 하거나 ② 개인적으로 아이디어를 생성한 후 (그리고 자신이 가장 선호하는 아이디어를 선택한 후) 집단에서 다시 아이디어를 생성하여 아이디어를 평가하는 혼합 방식으로 하였다. 혼합 조건의 집단이 더 많은 아이디어를 생성하였을 뿐만 아니라, 고객에게 더 매력적인 것으로 평가된 아이디어들을 선택하였다.

　9장에서 보았듯이, 정서와 아이디어 생성 간의 관계는 광범위하게 연구되었지만, 대부분의 연구는 개인 수준의 연구였고 아이디어 선택 연구는 아니었다. Perry-Smith와 Coff(2011)는 집단 상황에서의 집합적 기분 상태(collective mood state)와 아이디어 생성과 선택 간의 관계를 조사하였는데, 더 많은 아이디어를 생성한 집단이 덜 새로운 아이디어를 선택하는 경향을 보였다. 더불어 집합적 정서가 긍정적이고 활성화된 것일 때(예: 즐겁고 행복한 경우) 더 많은 아이디어를 생성하였다. 그러나 아이디어 선택의 경우에는 복잡한 결과가 나타났다. 독창적 아이디어의 선택은 긍정적이고 비활성화된 집합적 정서(예: 차분한, 이완된, 졸린)에서 촉진되었지만, 실행 가능한 아이디어의 선택은 활성화된 정서(예: 행복한, 화난)에 의해 촉진되었다. 이러한 결과는 집단이 활성화된 정서(기분) 상태에 있을 때 더 건설적인 비판이 가능하기 때문에 나온 것으로 보인다.

　Criscuolo 등(2017)은 조직 내 연구개발 심사위원들의 아이디어 선택에 관한 현장 연구를 하였다. 그들은 낮거나 높지 않은 적정 수준의 독창성을 가진 아이디어를 선택하고 투자를 승인하는 경향을 보였다. 그러나 높은 업무 부담(work load)이 있는 경우에는(검토해야 할 제안서가 많을 경우) 적정 수준의 독창적 아이디어도 덜 승인하려고 하였고, 독창적이지 않은 아이디어를 선호하는 모습도 보였다. 다만, 다양한 분야의 전문가들로 심사위원이 구성된 경우에는 더 독창적인 아이디어를 선호하였다(이런 경우에는 집단을 활용해야 하는 이유가 될 수 있다).

　전반적으로, 집단이 창의적 아이디어 선택에서 개인보다 더 나은 것 같지는 않다. 집단이 개인보다 아이디어 평가나 선택에서의 편향에 취약한지는 아직은 명확하지 않다. 다만, 집단이 좀 더 효과적인 선택을 하도록 지원하는 방안이 있을 수 있다. 첫째는 앞서 개인 수준의 연구에서 나타난 개인 특성이나 동기의 개념을 집단에 적용하는 것이다. 예를 들어, 집단 정서나 분위기처럼 집단이 '향상 초점'을 가지도록 하거나 집단이 나무보다는 숲을 보도록 하는 것과 같이 높은 해석 수준을 가지도록 할 수 있을 것이다. 둘째는 개인 수준 연구에서처럼 선택 기준(criteria)으로 독창성을 분명하게 제시하면, 앞서 소수의 영향력에서 보았듯이, 독창성을 선호하는 소수 구성원이 집단에 좀 더 강하게 주장할 수 있을 것이다. 셋째, 더 연구되어야 하겠지만, 의사결정과정에서 개인 수준의 판단과 집단 수준의 판단을 모두 사용하는 것도 고려될 수 있다.

8. 조직 창의성 연구의 전망

　21세기에 들어와 창의성 연구의 전통적인 영역이었던 과학과 예술에 더하여 비즈니스 및 조직에서의 창의성 연구가 급증하면서 관점이나 접근 방법 등의 측면에서 다양성이 증가하여 지평을 넓힌 점은 매우 주목할 만하다. 창의적 결과에 이르게 하는 개인이나 환경 특성 등의 선행 요인들에 주로 초점을 둔 이전과는 달리 창의성을 독립변인으로 보고 창의성 이후의 과정에 주목하거나, 확산적 사고와 같은 아이디어 발상에만 초점을 두지 않고 창의적 아이디어의 평가나 선택과 같은 이후 과정에도 연구를 집중하는 측면은 특히 두드러진 점들이다.

과학이나 예술 영역과는 달리 비즈니스나 조직 창의성 연구에서만 나타나는 주제들도 있다. 예를 들어, 일반 조직에서 창의성을 조장하는 것이 과연 가능한지 여부이다. 전통적인 산업에서의 경영은 표준화에 기반한 효율성과 예외를 최소화하는 통제 중심으로 이루어져 왔다. 기존 규범으로부터의 이탈과 예외적 측면을 중시하거나 추구하는 창의성이 과연 기존 조직 구조나 과정에서 가능할지에 대한 의문인 것이다. 앞서 보았듯이, 이런 의문은 여러 형태의 창의성 역설로 나타난다(Miron-Spektor & Erez, 2017). 이러한 역설의 핵심은 조직에서 창의적 아이디어나 행동을 환영한다고 표명하지만, 실제적으로는 그것에 대한 암묵적인 부정적 반응이 작동하는 점이다. 무엇보다 Unsworth와 Clegg(2010)의 연구에서 보듯이, 일반적인 조직에서 구성원들은 창의적 행동을 역할 외 행동으로 인식하는 경향이 여전히 강하다. 이에 대응하여 탐구(exploration)에 주력하는 조직과 활용(exploitation)에 집중하는 조직을 분리하는 양손 조직(ambidextrous organization) 형태를 강구하지만 (Raisch & Birkinshaw, 2008), 이는 양립하기 어려운, 두 마리를 토끼를 잡으려는 시도일 수 있다.

또한, 기업 조직의 목표인 이익 창출 측면에서 창의성의 두 가지 정의적 요소 중 유용성 또는 실현 가능성이 더 우선시되는 점도 예술이나 과학과는 두드러지게 다른 측면이다. 이러한 '유용성 명령'이 강하게 작용하는 비즈니스 영역에서는 상대적으로 Big-C 수준의 창의성이 다른 영역보다 덜 발현될 가능성도 없지 않다.

이처럼 비즈니스나 조직 현장에서의 창의성은 이전 영역들과는 차별화되는 요소들이 있기에 연구 주제나 방법도 다양해지는 것일 수 있다. 앞으로 조직 창의성 연구가 더욱 주목하거나 집중해야 할 몇 가지 측면들은 다음과 같다.

첫째, 오랫동안 창의성 연구에서는 아이디어 발상을 위한 확산적 사고에 주로 초점을 두어왔다. 그러나 비교적 잠재력 있는 아이디어가 풍부하고 유용성과 실용성이 강조되는 비즈니스 맥락에서는 아이디어 중에서 가치 있는 것을 제대로 선별하고 투자하는 것도 매우 중요하다. 따라서 아이디어 발상의 확산적 사고만큼이나 아이디어 평가 및 선택과 연관된 수렴적 사고에 관한 연구도 필요하다. 따라서 앞으로의 연구는 확산적 사고의 생산성뿐만 아니라, 확산적 사고에 이은 수렴적 사고의 과정에도 주의를 기울이고, 이 두 가지 사고가 연쇄적으로 반복되는 '창의적 작업(creative work)'의 전 과정을 종단적으로 조사하는 연구가 이루어져야 할 것이다(Harrison et al., 2022).

둘째, 창의성이 독립변인으로서 이후에 초래하는 결과에 관한 연구는 이제 막 시작되었다고 할 수 있으며, 앞으로 더 늘어날 것이다. 특히 조직 내 창의적인 구성원이 창의적인 아이디어로 인정을 받으면서 창의적 정체성을 가지는 것의 개인, 동료, 팀, 조직에 미치는 긍정적 또는 부정적 영향에 관한 종단 연구가 필요하다. 더불어 팀이나 조직이 창의적인 성취를 이룬 후의 변화 과정을 다루는 종단 연구도 필요할 것이다. 더불어 지금은 다소 단발적으로 연구가 이루어지고 있지만, 연구가 축적되면서 이러한 영향이나 변화 과정을 체계적으로 설명할 수 있는 다양한 이론적 관점과 모형 개발을 위한 노력이 요망된다.

셋째, 조직 창의성은 개인 수준의 연구만큼이나 팀이나 조직 수준의 연구도 많이 이루어진다. 즉, 창의성 연구는 다수준에서 이루어진다는 점이다. 앞으로는 서로 다른 수준 간의 영향을 보여주는 교차 수준(cross-level)의 연구가 더 활발해져야 할 것이다. 더불어 비즈니스 및 조직 영역에서의 창의성 현상을 영역 특수적 관점에서 고찰함으로써 예술과 과학 영역에서의 창의성과는 어떻게 다른지에 주목하는 것도 흥미로운 연구 주제가 될 것이다.

조직 창의성 영역이 부상하면서, 그동안 다채로운 연구들이 이루어져 왔다. 심리학자뿐만 아니라 다양한 분야의 연구자들이 참여하면서 앞으로도 어떤 창의적인 아이디어로서 연구가 이루어지고 발표될지 궁금해진다. 아마 복합적이고 다단계로 이루어진 현상인 창의성을 이해하는 데 있어 이런 다양한 관점과 접근법이 적용되는 것은 매우 고무적인 일이며, 창의성의 신화를 하나씩 벗기고 진정한 모습에 점차 다가가는 결과로 이어질 것이다.

12장
시대정신과 창의성

"위대함을 두려워 말라. 누군가는 위대하게 태어나고, 누구는 위대함을
성취하고, 그리고 다른 이는 위대함을 부여받는다."**1**

– 윌리엄 셰익스피어

1903년 라이트 형제의 비행기 발명은 그들의 독특한 아이디어와 오
랜 기간의 노력 덕분이기도 하지만, 당시의 시대적 배경이나 분위기 덕
분에 가능했다고 볼 수도 있다. 20세기로 전환되던 당시, 자전거가 인
기를 끌었고 열기구 같은 새로운 이동 수단들이 대중에게 널리 알려져
있었다. 독일의 오토 릴리엔탈(O. Lilienthal)이 글라이더로 하늘을 날기
도 하였다. 새로운 수송 수단이 필요하였고 여러 사람이 하늘을 날고자
시도하던 시기였기에 라이트 형제가 아니었더라도, 초기 형태나 방식
은 조금 달랐을지언정 누군가는 비행기를 발명했을 것이다.

진화론도 이와 유사하다. 다윈이 진화론을 완성해나갈 무렵 월리스
도 독립적으로 유사한 진화론을 구성하였고, 결국 그들은 공동으로 논
문을 발표하였다.**2** 심지어 『종의 기원』이 출간되기 28년 전인 1831년에

---

1 첫 번째는 왕족이나 귀족일 것이며, 두 번째는 새로운 역사를 쓴 위대한 천재일 것이
 다. 그런데 세 번째는 특정한 시기와 장소에 있었던 사람이다(Simonton, 2011).
2 다윈과 동시대를 살았던 사회진화론의 주창자 허버트 스펜서(H. Spencer)는 자연선택

이미 패트릭 매슈가 자연선택에 의한 진화라는 아이디어를 자신의 목재 관련 책에서 제시한 바 있다.[3]

둘 이상의 과학자가 같은 발견을 독립적으로 한 경우는 많다. 뉴턴과 라이프니츠의 미적분, 마이어, 헬름홀츠, 줄의 에너지 보존 법칙, 예르생과 기타자토 시바사부로의 페스트균 발견, 인도의 찬드라세카르와 소련의 레프 란다우의 블랙홀 등이 있다. 두 명 이상의 발명가가 같은 발명을 한 경우도 많다. 배비지, 헬름홀츠, 아나그노스타키스가 비슷한 시기에 검안경(ophthalmoscope)을, 프랑스의 다게르와 영국의 탤벗이 사진촬영술을, 영국의 스완과 에디슨이 백열전구의 탄소 필라멘트를 발명한 것 등이 예가 된다.[4] 오래전 Ogburn과 Thomas(1922)는 동시대인들이 독립적으로 같은 발견이나 발명을 한 148개의 사례를 제시한 바 있고, 이후 Lamb과 Easton(1984)이 사례를 더 추가하였다.

이런 현상과 사례는 시대정신론의 가장 강력한 형태인 사회문화적 결정론(sociocultural determinism)의 주요 증거로 여겨져 왔다. 우연으로 보일 수도 있지만, 이런 수많은 사례는 시대정신의 영향을 어느 정도 보여주며, 시대정신은 특정한 발견이나 발명의 충분조건은 아니더라도 필요조건일 수 있다.

조선 역사상 가장 빼어난 여류 시인이자 시대를 앞서간 허난설헌의

에 의한 진화의 원리는 인간 사회나 사회 계층에도 적용된다는 '사회진화론'을 제시하였다. 그는 '적자생존(survival of the fittest)' 개념을 제안하면서 개인 간의 무한 경쟁을 통해 가장 적합한 사람들만이 살아남아 점진적으로 사회가 개선되고 발전한다고 보았다. 그런데 자연에는 동종 간 생존경쟁이란 존재하지 않으며, 늑대가 토끼를 잡아먹듯이 이종 간의 생존경쟁만이 있을 뿐이다. 따라서 스펜서의 사회진화론은 동료끼리의 약육강식 및 적자생존이라는 개념으로 다윈의 자연선택설을 왜곡하였다.

3 8장에서 언급했듯이, 매튜는 자신의 초기 아이디어를 지지해주는 동료나 공동체가 없었기에 당시 주류로부터 전혀 인정받지 못한 것이다(Haslam et al., 2013).

4 이 사례들에서 특히 극적인 것은 발견이나 발명이 거의 동시에 이루어진 경우이다. 알렉산더 벨(A. Bell)과 엘리샤 그레이(E. Gray)는 전화기 발명품으로 같은 날 미국 특허국에 나타났다. 발전기의 경우에는 무려 아홉 명의 발명가가 특허 경쟁을 벌이기도 하였다.

경우를 보자. 당시 개방적이고 자유로운 가풍의 허씨 가문은 아들딸 구분하지 않고 학문을 가르쳤고, 16세기 후반 당시 사회적 흐름은 신사임당이나 황진이처럼 여성도 시와 글을 쓰는 분위기였다(신정일, 2020). 그러나 유교 이념이 지배하던 조선 시대에 여성이 계속 창의성을 발휘하기는 매우 어려웠다. 친영제가 실시되면서 결혼 후 시댁에 살게 된 허난설헌은 갈등의 골이 깊었던 시어머니와의 관계, 똑똑한 아내에 대한 콤플렉스를 보인 남편과의 소원함, 두 아이의 사망 등 비극적 상황으로 한과 원망을 가득 안은 채 27세에 요절하였다.[5] 당시 그녀는 삼한(三恨)을 노래하였는데, 첫째가 '조선에서 태어난 것'이고, 둘째가 '여성으로 태어난 것'이며, 셋째는 '남편과 금슬이 좋지 못한 것'이라고 하였다.

창의성의 완전한 이해를 위해서는 역사적, 문화적 맥락도 고려되어야 한다. 그것은 르네상스가 가능했던 시대적 배경을 고찰하는 것처럼, 당시의 시대적 상황 또는 시대정신(Zeitgeist)의 영향이다. 이런 시대정신의 영향을 강조하는 사회문화적 결정론은 개인에 초점을 두는 심리학적 접근과는 달리 개별 창조자를 단순히 사회문화적 힘의 부수적인 현상일 뿐이라고 본다(〈참고 12-1〉).[6]

참고 12-1 권력의 집중 및 분산이 창의성에 미치는 영향

인간 문명 발달의 역사적 과정을 볼 때, 사회문화적 힘(시대정신)은 누가, 무엇을, 어떻게 표현할지, 그것이 어떤 기능을 할지를 결정하는 데 매우 큰 영향을 미칠 수 있다. Therivel(1995)은 역사적 시기와 문화에 따라 창

---

5 그녀는 죽기 전에 자기 작품을 다 불태워버렸다고 한다. 허균이 누이가 자신에게 보내 준 글과 자신의 기억에 근거하여 『난설헌집』을 펴냈다

6 Simonton(2019)은 사회문화적 결정론을 반박한 최초의 심리학자가 윌리엄 제임스(W. James)라고 했다. 제임스는 개별 천재들이 주체적으로 문명사에 독특하고 지속적인 영향을 미쳤다고 주장하였다.

의성이 어떻게 발달하는지 이해하기 위한 민속심리학적 접근을 취하였다. 그는 특정 사회의 장기적인 권력 분포가 개인과 사회 수준 모두에서 창의성에 크게 영향을 미친다고 주장하였다. 그는 '고립자(insulars)'와 '방문자(visitors)'의 두 개념을 제안하면서, 통일된 권력이 오랜 기간 지배하는 사회에서는 '고립자'라고 불리는 개인 및 문화적 특성이 발달하는 반면, 권력이 다원화되고 서로 투쟁하는 사회에서는 '방문자'라고 불리는 개인 및 문화적 특성이 발달한다고 하였다.

그는 이 두 개념이 창의성의 수준과 긴밀하게 연관되는 것으로 보았다. 예를 들어, 여러 세기 동안 중국이나 아랍은 '방문자'의 특성을 가져 창의성이 번창하였지만, 현재는 권력의 단일성으로 인해 '고립자'가 되었으며 그로 인해 창의성이 저하되었다고 지적하였다. 또한, 서구 문명은 중세시대의 오랜 권력 다툼으로 '고립자'의 상태에서 '방문자'의 상태로 변화되었다고 보았다.

1. 시대정신의 영향

교토대 박사과정생이었던 우에다 요시스케는 1961년 카오스 이론 (chaos theory)과 관련하여 중요한 발견을 하였으나, 당시 지도교수가 너무 급진적이라는 이유로 논문 출간을 제지하였고, 이 발견은 9년간 세상에 드러나지 않았다. 수학적으로 매우 뛰어난 업적임에도 그의 연구는 과학자 집단에서 복잡계 이론을 받아들일 준비가 되어서야 제대로 인정이 되었다. 이것은 시대를 앞서간 프랑스의 작곡가 에릭 사티(E. Satie)가 "나는 늙은 이 시대를 살기에는 너무 젊게 태어났다"고 한 말처럼, 위인은 시대를 타고 나야 함을 보여준다.

또한, '예견된 발견'이라는 표현도 시대정신의 영향을 보여주는 것이다. Boring(1971)은 새로운 발견은 시대가 그것에 대해 준비가 되기 전까지는 거의 이루어지지 않으며, 준비되기 시작하고 나서야 예고된 것이라고 인식하게 된다고 하였다. 이것이 Albert(1988)가 시대를 앞서가는 천재는 없다고 한 이유이다. 매우 독창적인 아이디어가 창의적 천재의 머리에 떠올라도, 그것이 시대정신의 한 부분으로 진가를 드러내지 못한다면 아무도 알아보지 못하고 인정도 받지 못한다. 3장의 체계이론 관점에서 보면, '영역(domain)'이 시대정신을 나타낸다고 할 수 있다 (Runco, 2014).

시대정신은 특정한 시기와 장소에서 창의성의 양과 질에 영향을 미치는 정치적, 경제적, 사회문화적 상황을 말하며, 시대정신은 창의성을 촉진할 수도, 억제할 수도 있다. 시대정신은 특정한 시기의 특정한 영역에서 중요하게 여겨지는 문화적 가치나 관습(conventions)에서 분명하게 드러난다. 그것은 창의적 사고나 통찰에 필요한 지식 기반을 제공하는 면에서는 긍정적이지만, 개인에게 특정한 방식으로 사고하고 행동하도록 하는 압력으로 작용한다는 면에서는 부정적이다.

종교도 많은 사람의 생각에 영향을 미치는 일종의 시대정신처럼 작용할 수 있다. 과거 많은 종교적 지도자들(예수, 간디 등)이 혁신적 이단자였다. 그러나 종교가 항상 창의성에 유익한 것은 아니다. Dacey 등(1998)은 그리스인들이 로마인들보다 더 혁신적이라고 보았는데, 왜냐하면 로마인들은 그리스인들 이후의 사람들이지만 기독교라는 종교적 속박과 사고 제약의 영향을 받았기 때문이라고 하였다. 또한, 시대정신의 영향은 가시적인 형태 없이 암묵적으로 나타나기에 물고기에게 물이 보이지 않는 것처럼 대개 당사자들은 인식하지 못한다.

Simonton(2020)은 시대정신을 내적 및 외적 형태의 두 가지로 구분하였다. 외적(external) 시대정신은 특정 시기와 장소에서의 창의성의 양과 질에 영향을 미칠 수 있는 외부 상황으로, 정치적 사건이나 경제적 조건 등이 예가 된다. 반면 내적(internal) 시대정신은 외부의 영향 없이 특정 창의적 성취 분야에서의 내적 조건들이 미치는 영향을 다룬다. 예를 들어, 특정 분야의 역할 모델의 존재, 과학에서의 패러다임 및 예술에서의 사조나 양식(style)의 영향 등이다.

3장에서 보았듯이, little-c와 같은 일상적 창의성에서는 창의성이 영역 일반적일 수 있지만, Big-C 수준의 창의성에서는 영역 특수적일 가능성이 더 크다. T. S. 엘리엇이 〈게르니카〉를, 피카소가 「황무지」를 창작할 것 같지는 않다. 시대정신도 영역 특수적일 가능성이 크다. 뉴턴의 고전 물리학이 지배하던 시기의 시대정신은 조각가의 창의성보다는 물리학자의 창의성에 더 큰 영향을 미쳤을 것이며, 공산권 국가에서 사회주의 리얼리즘이 지배하던 시기의 시대정신은 수학자보다는 예술가에게 더 큰 영향을 미쳤을 것이다.

2. 내적 시대정신

특정 분야(영역) 내에서의 시대정신이 미치는 영향을 역할 모델 가용성과 과학 및 예술 영역에서의 변화를 중심으로 살펴보자.

1) 역할 모델

문화인류학자인 Kroeber(1944)는 자신의 '형상 이론(configuration theory)'에서, '황금기'처럼 창의적 천재는 시기 및 장소와 무관하게 무작위적으로 분포하는 것이 아니라 특정 시기와 장소에 군집으로 나타나는 경향이 있다고 하였다.[7] 이러한 군집이 생겨나고 점차 사라지는

---

[7] 앨프리드 크로버는 문명의 흥망을 창의적 천재들의 출현과 쇠퇴로 설명하고자 하였다.

데에는 오랜 시간이 걸린다. 일부 창시자나 선구자로부터 시작되어 후속 세대에서 최고 절정에 이른 후, 아류의 후계자들이 나타나면서 쇠락하는 것이다. 예를 들어, 그리스 철학의 황금기는 초기의 주요 철학자들에서 시작되어 소크라테스, 플라톤, 아리스토텔레스를 거치면서 정점에 이른 후 점차 쇠퇴하였다.

창의적 성취가 집중되는 문명의 황금기는 '역할 모델'의 영향을 받는 것과 같은 사회적 과정으로 나타난다. 소크라테스가 플라톤에게, 플라톤이 아리스토텔레스에게 영향을 주었듯이, 특정 세대의 창조자들은 이전 세대의 작업에 근거한다. 어떤 창조자라도 앞선 인물의 영향 없이 완전히 무에서 나타나는 경우는 드물다. 따라서 창의성의 발달은 창조자의 아동기나 청소년기의 역할 모델의 가용성(availability)에 달려 있다. 역할 모델의 존재는 모든 시기, 장소 및 창의성 영역에서 내적 시대정신이 창의성에 영향을 미치는 대표적인 방식이다. 또한, 아인슈타인의 창의성은 선배 건축가들보다는 선배 물리학자들에 의해 더 자극받은 것처럼 영역 특수적인 역할 모델이 존재할 때 가장 효과적이다. 뉴턴이 거인의 어깨 위에 서서 다른 사람들보다 더 멀리 보았다고 할 때, 그에게 거인은 케플러나 갈릴레오 같은 인물일 것이다.

황금기가 정점에 이르면 이후 세대는 점진적으로 하락하는 경향을 보이는데, 크로버는 이러한 하락이 '패턴 고갈(pattern exhaustion)'[8]로 나타난다고 하였다. 즉, 가능한 모든 시도 끝에 새로운 변이(variations)가 고갈되어 창의성이 점차 하락하는 것이다.

그는 여러 세계 문명(서구, 이슬람, 인도, 중국, 일본 문명)에서 과학, 철학, 문학, 음악, 회화, 조각, 건축 등의 영역에서 창의적인 업적을 남긴 인물들의 목록을 만들었다. 그리고 이들을 연대기 순으로 특정 영역과 문명에 배열하였을 때 특정한 문화적 형상(cultural configuration)이 나타났다.

8   고고학에서는 도자기 같은 공예품의 발굴 과정에서 새로운 변이가 아닌 특정 양식의 반복만이 나타나는 현상을 말한다.

모방은 쇠퇴의 또 다른 요인이다. 절정기를 이룬 세대 이후에는 점차 창작자들이 자기만의 고유한 양식을 만들어내는 모험을 하기보다는 황금기의 대가들을 모방하려는 유혹에 빠지기 쉽다. 모방의 극적인 사례가 제2차 세계대전 말의 네덜란드 화가 한 판 메이헤런(H. van Meegeren)이다. 그는 네덜란드 고전 화가풍의 그림을 그렸으나 인정을 받지 못하자,[9] 거의 20년 동안 17세기 네덜란드의 거장 베르메르(J. Vermeer)의 위작을 만들었다. 그의 그림은 당시 미술 전문가들도 진품이라고 인증했을 정도였다.

2) 과학 창의성: 패러다임

과학사가 Kuhn(1970)은 『과학 혁명의 구조』에서 과학적 발견에 대한 내부주의 이론(internalist theory)을 제시하고 있다. 17~18세기는 뉴턴이 집대성한 물리학의 패러다임에 의해 지배되었다. 특정 패러다임에 속한 과학자는 패러다임의 설명 폭과 깊이를 더하기 위한 퍼즐을 푸는 것과 같은 정상 과학(normal science)에 몰입한다.[10] 그러나 시간이 지남에

---

9 위조 작품 제작의 가장 큰 동기는 자기 작품을 알아주지 않는 미술계를 향한 복수심인 경우가 많다.

10 토머스 쿤은 정상 과학을 '퍼즐 풀기(puzzle-solving)'로 묘사하였다. 정상 과학에서 퍼즐을 푼다는 것은 완전히 미지의 영역으로 들어가는 것이 아니라 퍼즐 자체와 해결 방법에 친숙한 곳으로 들어가는 것이다. 퍼즐을 풀 수 있을지는 자신의 능력에 달렸지만, 퍼즐을 풀 확률은 높을 것으로 기대한다. 특정 패러다임의 기능은 과학자들에게 해결할 퍼즐 및 해결을 위한 도구를 제공하는 것이다. 반면, 과학 혁명은 기존의 과학적 신념 또는 관행에서의 급진적 변화를 포함하며 정상 과학의 성과들이 보존되지 않기에 누적적인 특성을 보이지 않는다. 과학에서 위기는 '변칙'이라고 불리는 유난히 성가신 퍼즐을 해결하면서 기존 패러다임에 대한 회의와 의심이 들 때 나타나며, 이런 위기가 발생하고 새로운 경쟁 패러다임이 등장하면서 과학 혁명이 뒤따른다. 쿤은 기존 패러다임의 과학은 새로운 패러다임의 과학과 비교될 수 없다고 주장하였는데 이것이 공약불가능성(incommensurability) 개념이다. 즉, 움직이는 지구에 대한 프톨레마이오스 관점과 코페르니쿠스 관점의 차이처럼 상이한 패러다임에서 과학 이론들을 평가하기 위한 공통의 기준이나 척도가 없다는 것이다. 또한, 이 개념은 과학 발전의 전통적 관점인 후행의 과학은 선행 과학의 이론과 지식에 기반한다는 관

따라 패러다임과 부합하지 않는 결과들인 변칙들(anomalies)이 축적되기 시작한다. 이러한 변칙들은 기존 패러다임으로는 설명되지 않으면서 패러다임에 대한 불신이 점차 쌓이게 된다. 예를 들어, 수성 궤도에서의 변칙은 뉴턴의 패러다임으로는 도저히 설명되지 않았다. 변칙들이 상당히 축적되면서 해당 영역은 '위기' 상태에 빠지고, 여러 경쟁 패러다임들이 경합하다가 결국 아인슈타인의 상대성 이론과 같은 '혁명적' 과학자들에 의한 새 패러다임이 형성되고, 이후 그것은 정상 과학이 된다. 과학 혁명은 정상 과학의 오류를 일정하게 개선하는 것과 같은 진화적 변화가 아니라 완전히 새로운 틀로의 게슈탈트적 전환의 형태를 보인다. 또한, 과학에서의 패러다임 전환은 패러다임 자체에 의해 이루어지는 것이지 전쟁과 같은 외부적인 요인의 영향을 받는 것은 아니다.

정상 과학자들은 혁명적 과학자들과 심리학적으로도 구별될 수 있다. 7장에서 보았듯이, 후자는 후생자일 가능성이 크고, 정신 질환의 비율이나 강도가 더 높을 수 있다. 그래서 패러다임으로 정의되는 과학에서의 시대정신은 해당 영역에 크게 영향을 미칠 뿐 아니라, 관련된 인물들의 심리적 특성과도 연관성이 있다.

3) 예술 창의성: 양식 변화

과학 영역의 패러다임 전환처럼, Martindale(1990)은 예술 영역, 특히 문학에서의 양식(style) 변화에 관심을 가졌다. 낭만주의 시인은 신고전주의 시인과는 완전히 다른 시를 쓴다. 이러한 변화를 설명하기 위하여 마틴데일은 다음과 같은 진화적 관점을 제안하였다.

예술 영역의 창조자들은 항상 기존과는 다른 새로운 작품으로 '각성

점이나 후행의 이론들은 선행 이론들보다 진리에 더 가깝게 근접한 것이라는 관점을 거부한다. 이런 그의 초기 아이디어는 이후 다소 완화되고 수정되었다.

잠재력(arousal potential)'[11]을 일정 수준 유지하고자 한다. 새로운 양식이 나오면 처음에는 선호도가 낮더라도 시간이 지나면서 각성 잠재력이 점차 높아지면서 한동안 일차 과정 사고로의 퇴행 없이 선호도가 유지된다. 그러나 정점을 지나면서 습관화(habituation)로 각성 잠재력이 감소하면 창작자들은 주의를 끌기 위해 점차 일차 과정 사고에 의존하게 된다. 즉, 각성 잠재력이 감소하기 시작하면 점점 근본으로 돌아가고자 하며, 자유 연상이나 백일몽 같은 무의식적이고 미분화되고 맹목적인 원초적 아이디어를 추구하는 일차 과정 사고(primary process thinking)에 의존하여 특이한 조합을 만들어내고자 한다. 그런데, 몇 세대가 지나면 이러한 인지적 퇴행도 한계에 다다르고 결국 기존 양식의 타파에 이른다(원초적 내용이 한 발짝씩의 언덕 오르기라면 양식 변화는 긴 점프에 비유될 수 있다). 즉 크로버의 '패턴 고갈' 개념과 유사한 과정으로, 특정 양식이 고갈되면 이를 극복하는 방법이 새로운 양식의 도입인 것이다. 이러한 과정이 계속 순환되는 것이 예술에서의 양식 변화 과정이다.

마틴데일은 자신의 관점을 지지하는 경험적 연구들을 수행하였다.[12] 그의 중심적인 주제는 다음과 같다. 첫째, 예술가들은 항상 자신이 작업이 더 새롭고 놀랄만한 것이 되도록 노력한다. 둘째, 그들은 더 원초적 내용(primordial content)을 무작위적으로 적용하거나 새로운 양식(style)을 창안함으로써 자신의 작업을 더 놀라운 것이 되도록 한다. 셋째, 새로

---

11 Berlyne(1971)은 경험 미학 분야의 영향력 있는 이론인 각성 잠재력 이론을 제시하였다. 그 이론에 의하면, 특정 자극에 대한 선호(preference)와 각성 잠재력 간의 관계는 분트 곡선(종 모양의 곡선)으로 묘사될 수 있다. 즉 중간 정도의 각성 잠재력을 가진 자극이 가장 선호되는데, 중간 수준까지는 각성 잠재력이 늘어나면서 선호도가 증가하지만, 중간 수준을 넘어서면 선호도가 감소하고 불쾌 수준이 증가한다.

12 그는 시, 그림, 작곡, 소설 등의 통시적 변화와 관련된 여러 질문과 가설을 설정하여 인간 피험자와 컴퓨터 시뮬레이션으로 검증하였는데, 이는 예술에 대한 과학적 분석의 주목할 만한 사례이다. 그럼에도 그의 연구는 주로 심리학 저널에 발표되어서 인문학자들에게는 잘 알려져 있지 않다.

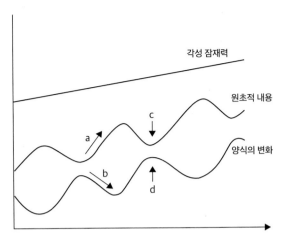

그림 12-1 **시간의 흐름에 따른 양식의 변화**(Martindale, 1990 수정)

운 양식은 시간이 지남에 따라 정기적으로 발생하는데, 이는 이전 양식
에서 제시된 내용이 무작위성 측면에서 고갈될 때이다. 넷째, 전 역사에
걸쳐 모든 예술 형식에서의 양식 변화(stylistic change)는 이런 방식으로
설명될 수 있다. 가장 주목할 만한 것으로, 마틴데일은 컴퓨터를 이용한
내용 분석을 통하여 특정한 문학 전통의 역사에서 '원초적 내용(일차 과
정 이미지)'와 '양식 변화'는 서로 반대 방향으로 움직이는 경향이 있다는
것을 보여주었다(〈그림 12-1〉). 즉 일차 과정 사고나 원초적 이미지가
늘어나면(〈그림 12-1〉의 a) 양식 변화는 없지만(〈그림 12-1〉의 b), 새로
운 양식이 도입되면(〈그림 12-1〉의 c) 일차 과정 사고나 원초적 이미지
는 감소하는 것이다(〈그림 12-1〉의 d). 또한, 과학에서의 패러다임 전환
처럼, 마틴데일도 이런 양식 변화는 특정 예술 형태 내에서 일어나는 것
일 뿐 외부 사건의 영향을 받는 것은 아니라고 하였다. 그는 미적 양식
의 추세(trend)는 극단적으로 정규적(주기적)인 방식으로 나타나므로 예
술의 뮤즈는 시계태엽처럼 작동하는 것(Clockwork Muse)이라고 하였다.

참고 12-2 마틴데일의 태엽장치 뮤즈 이론

음악, 미술, 시, 건축 등에서의 양식 변화를 연구한 콜린 마틴데일(C. Martindale)은 예술 영역의 변화를 정치적, 종교적, 사회적 힘의 결과로 설명하려는 전통적 이론을 거부하였다. 그는 사회적 힘들은 예술 변화의 원인이 아니라 왜곡하는 것이라고 보았는데, 어떤 예술 영역이든지 변화 추세(trend)를 형성하는 것은 새로움(novelty)에 대한 압력이라고 하였다. 즉, '규칙은 반드시 깨져야 한다'는 규칙처럼 새로움에 대한 욕구가 끊임없이 압력으로 작용하여 예술을 새로운 방향으로 몰고 간다는 것이다.

마틴데일은 프랑스 시, 미국 단편 소설, 그리스 고전문학, 일본 판화, 이탈리아 오페라, 고딕 대성당 등의 다양한 예술 형태에 대한 방대한 자료를 조사하여, 일정 수준의 각성 잠재력을 유지하기 위해 예술가들은 원초적 내용(primordial content) 추구 및 새로운 양식의 추구라는 상호 보완적인 두 과정에 의존한다고 제안하였다.

그는 실험적 시뮬레이션을 사용하여, 새로운 반응을 만들어내는 심리적 요인을 탐색하고, 새로움에 대한 욕구로부터 나오는 양식 변화를 추적하였다. 그는 다양한 예술 분야에서 발견되는 단순하고 고전적인 것에서 복잡하고 특이한 것으로의 이동을 자세하게 보여주었고, 예술 영역에서 점점 더 예측 불가능성에 의존하는 양상을 도표로 보여주었다.

모든 양식 변화는 새로운 미적 목표를 이루려는 창작자들의 심리생물학적인 과정의 결과라는 것이다. 창작자는 '습관화'로 별로 놀랄 것 없는 자극에 대한 선호도 감소에 대응하여 주의를 끌 수 있는 각성 잠재력이 높은 작품을 계속 만들어야 한다(르네상스 후기의 예술 사조인 '매너리즘'도 이런 반응의 한 가지 예가 될 수 있을 것이다). 자유 연상이나 백일몽 같은 원초적인(primordial) 일차 과정 사고를 통하여 특정 예술 양식 내에서 더 특이한 아이디어 조합을 만들어 내거나 아니면 새로운 양식을 개발하여 각성 잠재력이 높게 계속 유지하고자 하는 것이다(사진 기술의 발달로 완벽한 사실주의에 도달하게 되었을 때 화가들은 새롭고 이국적인 오브제를 찾아 그리려고 노력하거나, 완전히 새로운 양식을 찾고자 하였다).

또한, 창작자들이 동료들과 서로 경쟁하는 과정을 통해 각성 잠재력은 계속 높아지는 결과가 나타난다. 또한, 그 과정에서 '원초적 내용'과 '양식의 변화'는 반대로 진동하면서 둘 모두 점진적으로 상승한다(〈그림 12-1〉 참조). 각성 잠재력을 높이기 위해 두 가지가 모두 필요한 것이 아니라 둘 중 하나만 필요하다. 각성 잠재력은 중간 수준이 가장 선호도가 높은 것처럼 너무 지나친 새로움은 역효과가 나기 때문이다(공동체에 적기에 적정한 각성 잠재력을 가진 새로움을 만들어내는 예술가가 가장 성공한다). 2008년 마틴데일은 세상을 떠났지만, 그의 이론은 매우 포괄적이며 엄격한 계량적 방법론에 기초하고 있어 주목할 만하다.

3. 외적 시대정신

특정 시기의 창의성에 미치는 정치적, 경제적, 사회문화적 맥락과 같은 외적 시대정신의 영향은 사이먼턴의 기원적인 연구에서 분명히 알 수 있다. 그의 박사학위 논문인 이 연구는 역사측정법을 사용한 대표적 연구의 하나로 꼽힌다.

1) 사이먼턴의 연구

심리학자들은 창의성을 개인 수준의 현상으로 파악하는 경향이 있지만, 창의성은 역사적, 사회적 시각에서 더 잘 이해될 수도 있다. 심리학자들에게 정치적, 경제적, 사회문화적 변인은 다소 관심 밖인데, 왜냐하면 한 국가나 사회의 정치적 분화나 사회문화적 특성과 같은 외적 변인들은 실험실 또는 현장 실험에서는 조작적으로 정의되기 어렵기 때문이다. 또한, 모든 현상을 미시적 수준으로 분석하려는 심리학자들의 환원주의적 경향으로 자칫 현상을 지배하는 거시적 측면을 간과하는 우를 범할 수 있다.

심리학자로서 거시적 관점에서 외부 환경이 창의성에 미치는 영향을 분석한 대표적인 학자가 Simonton(1975)이다. 그는 앞서 언급된 황금기 (예: 기원전 450년의 아테네, 기원후 1500년의 피렌체)처럼 창의적 천재가 특정 시기와 장소에 군집을 이루면서 나타나는 점에 주목하여, 세대 간 시계열 분석을 통하여 창의적 천재들의 구체적인 군집화를 확인하였다. 그리고 역사측정법을 통해 개인의 창의성이 자신이 속한 국가나 사회의 정치, 경제, 문화적 변인들에 의해 영향을 받는지를 분석하였다.

그는 황금기와 같은 특정 시기의 창의적 군집(creative cluster)을 설명하는 변인을 세대 간 시계열(generational time-series) 분석을 통해 확인하고자 하였다. 그는 서구 역사를 20년 단위의 세대(generation)를 기준으로 127개의 연속적인 세대로 구분하였다.[13] 그리고 서구의 위대한 창조자들을 전성기인 40세를 기준으로 해당 세대에 할당하여, 세대 간 시계열 자료를 만들었다. 다음으로, 특정 세대에서 창의적 업적(즉 창조자)이 많이 나타나도록 하는 정치, 사회, 문화적 거시 변인들이 무엇인지를 찾고자 하였다.

또한, 그는 창조자의 성장 과정을 세 단계로 나누었다. 첫 번째 단계는 10~30세까지의 발달기(development period)로, 이 시기에 가시적인

---

[13] 1년 단위처럼 보다 짧은 시간 단위를 사용하여 특정 기간의 창의적 산물의 수를 셀 수도 있다. 짧은 시간 단위를 사용함으로써 외부 시대정신이 미치는 영향을 보다 구체적으로 파악할 수 있다. 외적인 조건이 해를 넘기면서 빠르게 변동한다면 20년과 같은 긴 간격의 단위로는 주요 결과들이 간과될 것이다. 전쟁의 영향이 좋은 예이다. 20년 단위로 하면 전쟁은 창조자의 수에 별 영향을 미치지 않는 것으로 나타날 수도 있지만, 연 단위로 측정하면 부정적 파급효과가 두드러지게 드러난다. 전쟁 이후 평화가 찾아오면 창조자들은 잃어버린 시간을 보상하려고 왕성한 창조적 활동에 몰입한다.

창의적 산물을 만들어내지는 않지만 다양한 경험으로 창의적 잠재력을 습득하는 시기이다. 두 번째 단계는 30~50세까지의 생산기(productive period)로, 이 시기는 창의적 걸작을 만들어내는 시기이다. 마지막 단계는 50세 이후의 통합기(consolidative period)로, 이 시기는 이미 얻은 명예에 만족하고 자신의 일생을 마무리하는 단계이다. 생산기가 가장 왕성하게 창의적 성취를 이루는 단계로, 그 중간인 40세를 기준으로 세대에 배정하였고, 발달기는 생산기의 한 세대 이전에 해당한다.

그리고 그는 다음과 같은 가설들을 설정하였다. 첫째, 생산기 동안의 창의성은 발달기 동안에 얼마나 많은 본보기가 될 만한 창의적 역할 모델이 가용했는지의 함수이다. 즉, 특정 세대에서 창의성이 발달하는 정도는 앞선 두 세대의 창의적 인물들(역할 모델)의 수 및 그들에 대한 동일시(identification) 정도에 달려 있다는 것이다.[14] 역할 모델에 대한 동일시는 모델이 가진 특성과 기술을 습득하도록 동기화한다. 둘째, 생산기 동안의 창의성은 개인의 발달기 동안에 경험하는 사회문화적 다양성의 함수이다. 그러한 다양성은 더 풍요로운 환경에서 성장할 수 있게 하며, 다양한 관점과 흥미를 갖는 발달 과정으로 이어질 수 있다.

사이먼턴은 사회문화적 다양성에 대한 구체적인 조작적 정의를 위해 두 가지 개념을 만들었다. 그것은 정치적 분화(political fragmentation)와 제국의 불안정성(imperial instability)이다. 그는 두 번째 가설과 관련하여 다음과 같은 두 가지 세부 가설을 설정하였다. 첫째, 생산기의 창의성은 개인의 발달기 동안의 제국 또는 사회의 정치적 분화의 정적인 함수이다. 정치적 분화는 특정한 문명, 제국, 사회 내 독립(자주)적인 국가의 수로 정의되었다(예: 르네상스 시대의 이탈리아는 정치적 분화 수준이 높았다). 정치적 분화를 사회문화적 다양성의 지표로 보는 이유는 정

---

14 역할 모델이 되는 창의적 인물은 생산기 또는 통합기에 있는 사람들이다.

치적 단일화나 통일에 대한 저항 정도가 다양성의 지표라고 볼 수 있기 때문이었다. 즉, 특정 국가나 민족이 고유의 언어, 관습, 역사, 전통, 정서, 또는 민족적 특성을 가졌다고 생각할수록 독립적 주권을 가지고자 할 것이며 특정 문명이나 제국에서 이런 자주적인 국가나 민족이 많을수록 정치적 분화 수준이 높은 것이다. 둘째, 생산기의 창의성은 개인의 발달기 동안 제국의 불안정의 정적인 함수이다. 정치적 분화의 한계점은 이것이 역사적인 흐름에서 매우 느리게 변한다는 것이다. 로마 제국 시대처럼 정치적 통일은 한두 세대에서만 나타나는 것이 아니라 긴 시간에 걸쳐 이어진다. 이런 경우 정치적 분화는 변산(變散)이 없게 된다. 그래서 내부 불안정(civil instability)을 대안 지표로 설정하였다. 내부 불안정은 특정 시기에 나타나는 쿠데타, 반란, 봉기, 정치적 암살 등의 빈도를 나타낸다. 거대 제국에서도 민족주의나 이념 등의 갈등과 대립은 내부 혼란의 형태로 표출된다. 즉, 정치적 통일이 극대화된 시기에도 내부 불안정이 어느 정도 나타나며, 이런 상황은 상당한 문화적 다양성이 정치적으로 잠재되어 있음을 나타낸다. 그래서 정치적 분화가 거의 없는 시기에는 내부 불안정이 다양성의 지표로서 중요하다. 두 번째 세부가설에서 제국의 불안정성(imperial instability)은 내부 불안정을 정치적 분화로 나눈 값이다.

그의 연구 표본은 여러 권위 있는 역사서와 인명사전에 등재된 서구 문명의 약 5,000명의 창의적 인물(일부는 익명의 작품)들로, 기원전 700년에서 기원후 1839년까지, 즉 고대 그리스 로마부터 비잔틴과 중세를 거쳐 근대 유럽 문명까지 걸쳐 있었다. 앞서 언급했듯이, 그들은 연속적인 127개 세대 중 하나에 할당되었다. 분석 수준은 개인이 아닌 동시대의 군집이기 때문에, 실제 사례 수는 127세대였고 세대 간 시계열 분석 방법이 적용되었다. 종속 변인은 특정 세대에 군집된 '집합적 창의성(창의적 성취)'에 대한 가중 측정과 비가중 측정의 두 가지였다.

비가중 측정은 단순히 각 세대에서 창조적 인물의 수를 센 것이지만, 가중 측정은 여러 기록 자료에서 인용된 빈도에 따라 인물마다 차별적 점수를 부여하고 합한 것으로 창조적 인물의 질적 측면도 반영된 것이었다. 그리고 창의성이 발휘되는 15개의 영역을 요인분석한 결과, 크게 두 요인이 나타났다. 하나는 과학, 철학, 문학, 작곡 등으로 구성된 추론적(discursive) 창의성이며, 다른 하나는 회화, 조각, 건축 등으로 구성된 표상적(presentational) 창의성이었다.

시계열 분석 결과에 의하면, 특정 세대(g)의 가중 및 비가중 집합적 창의성에 한 세대(g-1) 및 두 세대(g-2) 앞선 창의적 역할 모델의 수가 유의한 영향을 미치는 것으로 나타났다. 즉, 역할 모델의 가용성은 창의적 발달과 성취에 긍정적인 영향을 미쳤다. 또한, 앞선 세대(g-1)의 정치적 분화도 다음 세대(g)의 창의적 성취에 긍정적인 영향을 미쳤다. 다만, 제국의 불안정성은 추론적 창의성에 대해서만 다음 세대의 창의성에 긍정적인 영향을 미치는 것으로 나타났다.

사회문화적 다양성의 지표인 두 변인(정치적 분화, 제국의 불안정성)의 효과는 해당 g 세대보다는 g-1 세대(발달기)의 영향이 가장 크게 나타난 점으로 볼 때, 외적 시대정신의 효과는 창의적 인물의 발달기에 유의하게 영향을 준다고 볼 수 있다. 다만, 가설들은 개인 수준의 분석에 맞추어 진술되더라도 이 연구의 분석 수준은 개인이 아닌 집합적 세대 단위이다. 집합적 수준에서 검증된 결과가 개인 수준에서도 나타나는지 그리고 심리학적 기제는 무엇인지를 이해하기 위해 개인 수준의 연구도 필요하다.

이 연구는 다양한 문화의 공존이 인류 문화 전체의 번영을 가져올 수 있다는 다닐렙스키의 법칙과 연결된다.[15] 인류가 가장 위대한 창의

---

15 니콜라이 다닐렙스키(N. Y. Danilevskii)는 러시아의 생태학자이자 사상가로, 러시아

적 도약을 이룬 때는 분열의 시기였다. 각 민족이 독립국을 이룰 때 창의적 잠재력을 최대한 발휘할 가능성이 크다는 것이다. 비유적으로 표현하면, 세상이 아이디어 실험실이라면 배양접시가 많을수록 유리하다 (Weiner, 2016).

2) 외국 문화 유입의 영향

더 나아가 한 국가나 사회의 문화적 다양성은 외국 사상이나 문명이 유입되는 것으로도 가능하다(Simonton, 1997). 사이먼턴은 일본의 창의적 인물들을 대상으로 역사측정법을 적용하여 외국 사상이나 외국인의 유입이 특정 국가의 창의적 성취에 어떤 영향을 주는지, 외국 문화에 대한 개방성이 내부의 창의적 성취에 영향을 미치는 데 어느 정도 시간이 걸리는지, 즉 외국 문화의 영향이 즉각적인지 아니면 한두 세대를 기다려야 하는지에 대한 답을 찾고자 하였다.

먼저 그는 일본의 여러 인명사전과 백과사전에 근거하여 기원후 580년부터 1939년 사이에 활동했던 14가지 영역에서의 1,803명의 창의적 인물 목록을 만들었다.[16] 앞선 세대 간 시계열 연구와 동일하게 20년 단위

와 슬라브족은 서구와는 다른 고유한 문화유산을 발전시키는 데 전력을 기울여야 한다고 주장했다. 그에 따르면, 문화의 출발점은 민족과 민족정신에 있으며, 사과나무에서 배를 얻을 수는 없는 것처럼, 한 민족의 문화는 다른 민족의 문화에 이식될 수 없고, 이식되어도 창의적 결실을 이루지 못한다고 보았다. 그는 서구주의자들이 유럽 문화가 가장 진보한 것이고 다른 민족들이 그 뒤를 따른다는 단선적인 문화 진화론을 비판하면서, 문화 상대주의의 단초를 마련하였다. 또한, 그의 대표적 저서인 『러시아와 유럽』(1869)에서 문화를 하나의 역사적 유기체로 파악하며 세계의 문화를 10개의 유형으로 분류했는데 이러한 문화 유형 분류는 40년 뒤 출간된 슈펭글러의 『서구의 몰락』에 영향을 미쳤다. 그러나 슈펭글러는 다닐렙스키를 전혀 언급하지 않았다.

16 섬나라인 일본은 상대적으로 외국의 침입이나 지배를 거의 받지 않아서 문화적 동질성을 유지해 왔으며, 긴 역사에서 외국 문물에 대한 개방성에서 상당한 변산이 있어서 연구 대상으로 적절하였다(Simonton, 1997).

로 구분된 68개의 세대가 분석 단위가 되었다. 그리고 40세를 기준으로 인물들을 해당 세대에 배정하였다. 그리고 다음과 같은 세 가지 외부 문화 요인을 집합적 창의성의 예측 변인으로 설정하였다.

첫째, 외부 영향(outside influence)으로, 내국인으로서 외국인 밑에서 공부하였거나, 공부하기 위해 외국으로 나가거나, 외국인의 사상이나 스타일을 모방하고 새롭게 응용한 사람들이 이에 해당한다. 이것이 외부 문화의 유입을 나타내는 가장 대표적 지표이다. 둘째, 해외여행(travel abroad)으로, 내국인으로서 인접 국가인 중국이나 한국 또는 메이지 유신 이후 미국과 유럽 지역을 방문한 사람들을 나타낸다. 셋째, 특출한 이민자(eminent immigrants)로, 일본에 살면서 뛰어난 업적을 남긴 외국인이다. 예를 들어, 외국에서 온 불교 승려나 기독교 선교사 또는 미술 분야에서 업적을 남긴 외국인 등이다.

다음으로 세 가지에 해당하는 인물들을 해당 세대에 배정하여 수를 세었다. 특정 세대에 해당하는 전체 창조자 수(T)와 세 가지에 해당하는(즉, 외국 문화의 영향을 반영하는) 창조자 수(O)의 비율(O/T)이 최종 측정치였다. 이 측정치의 68개 세대 평균은 .085였으며, 범위는 0∼.50 사이였다. 즉, 특정 세대에는 외국 문화의 영향을 받은 창조자가 전혀 없으며, 또 다른 세대에는 창조자들의 절반이 외국 문화의 영향을 받았다는 것이다.

이 자료를 시계열 분석한 결과, 대부분의 창의성 영역에서 특정 세대(g)의 창조자(또는 창의적 업적)의 수는 두 세대 앞선(g-2) 외국 문화의 도입과 정적인 관계를 보였다. 즉, 외국 사상이나 문물의 유입이 한 나라의 창의적 성취에 긍정적 영향을 미치는 데는 두 세대를 기다려야 한다는 결과이다. 왜 g-2일까? 사이먼턴은 g-2 세대에서의 외국 영향이 g 세대의 창의성에 영향을 미치기 위해서는 g-1 세대에서 어느 정도 동화가 되어야 하고 새로운 사상이나 사조가 전국적인 명성을 얻는 데

에도 어느 정도 시간이 걸리기 때문이라고 보았다.[17]

따라서 사이먼턴이 가졌던 질문에 대한 답은 다음과 같다. 외부(외국) 문화의 유입은 그 나라의 창의적 성취에 긍정적인 영향을 미치며, 특히 두 세대 이후에 영향이 두드러지게 나타난다(〈참고 12-3〉).

한국은 1980년대 후반부터 조기 해외 유학 붐이 일기 시작하였고, 유학 국가는 미국, 영국, 일본 등 서구 선진국뿐만 아니라 중국, 러시아, 중앙아시아 국가들에 이르기까지 다양하였다. 또한, 1989년에 전면적인 해외여행 자유화가 이루어졌다. 사이먼턴의 연구에 근거할 때, 1980년대 한국 사회의 문화적 다양성 증가가 오늘날(2020년대) '한류의 세계화'와 같은 창의적 성취의 밑거름이 된 것일 수도 있겠다.

참고 12-3 다문화 경험과 창의성

다문화 경험(multicultural experience)[18]이 창의적 사고를 증진한다는 것은 여러 실험 및 현장 연구들에서 지지되었다(Leung et al., 2008). Godart 등 (2015)은 기업 리더들의 해외에서의 근무 경험의 세 차원(폭, 깊이, 및 문화적 거리)이 해당 기업의 창의적 혁신(외부 고객 관점에서 새롭고 유용한 제품과 서비스를 만들어내는 것)을 유의하게 예측한다는 것을 보여주었다. 구체적으로, 세계 최고의 패션 회사들의 11년간(21개 시즌)의 패션 컬렉션을 조사한 결과, 크리에이티브 디렉터의 해외에서의 전문적 경험이 해당 회

---

17 또 다른 흥미로운 지연 효과는 한 사회에서의 소요나 폭동의 양극화 효과이다. 특정 지역에서 정치적 반란이나 국가적 전복 이후 한 세대가 지나면 극단적 유물론자 대 관념론자나 극단적 경험주의자 대 이성주의자처럼 사상가나 철학자들이 두드러지게 상반된 입장을 제시하는 경향이 나타난다(Simonton, 2011).

18 다문화 경험에 대한 조작적 정의는 연구마다 다소 다르지만, 대체로 외국에서 생활한 기간, 외국 문화와 상호작용한 범위(가족의 이민사, 2개 언어 사용, 다른 나라나 민족 배경을 가진 사람과의 상호작용 정도), 그리고 실험실 실험에서 외국 문화와 관련된 자극에 노출된 정도 등으로 이루어진다.

사의 컬렉션의 창의적 혁신 정도를 유의하게 예측하였다. 이러한 결과는 창의성과 혁신에서 기업 리더들의 해외에서의 전문적 경험이 촉매제 역할을 할 수 있음을 시사한다.

예술과 과학 분야에서도 유사한 결과가 나타났는데, Hellmanzik(2013)가 지난 20년간 214명의 뛰어난 현대 시각 예술가들의 작품의 가치(경매가)가 유학을 포함한 외국 여행에 의해 증가되었는지를 조사하였을 때, 외국 여행이 있던 해에 만들어진 예술작품이 평균 7% 정도 더 높은 가치로 평가되었음을 보여주었다. 또한, Franzoni 등(2014)은 네 개 분야와 16개 국가를 대상으로 조사한 결과, 내국인(domestic) 과학자보다 해외에서 이주한(migration) 과학자가 인용지수(IF)가 높은 학술 논문을 유의하게 더 많이 산출한다는 결과를 얻었다.

또한, Tadmor 등(2012)의 연구에서는 해외에 거주한 사람 중에 자신의 문화와 방문한 문화 모두에 동일시하는 이중문화인(biculturals)은 특정한 하나의 문화에만 동일시하는 단일문화인보다 확산적 사고 검사에서 더 높은 수준을 보였고, 업무 상황에서도 더 혁신적이었다. 그리고 승진이나 명성과 같은 전문가로서의 경력 측면에서도 더 성공적이었다. 또한, 이러한 이중문화 경험과 창의성, 혁신, 및 경력 성공 간의 관계는 다양한 관점을 고려하고 결합하는 것과 같은 정보처리 역량을 나타내는 통합적 복잡성(integrative complexity)에 의해 매개됨을 보여주었다.

Maddux 등(2014)이 10개월간의 국제 MBA 과정에 참여한 다양한 문화적 배경의 참여자들을 대상으로 한 연구에서도 일반적인 다문화 환경에 놓여 있을 때 개인이 취하는 심리적 접근이 이후의 경력 성공을 예측한다는 결과를 얻었다. 즉, 학생들이 새로운 문화에 적응하고 학습하는 정도를 나타내는 '다문화적 몰입'이 높을수록 수료 이후 취업 시장에서 성공할 가능성이 유의하게 높았으며, 둘 간의 관계를 통합적 복잡성 변인이 매개하였다.

다문화 경험과 창의성 간의 관계는 통합적 복잡성(인지적 복잡성)과 같은 매개 변인뿐만 아니라 더 깊은 정보처리나 더 큰 조망 수용과 같은 다른 매개 변인들이 있을 수 있다(Tadmor et al., 2012). 즉, 다문화 경험의 효과는 일정 부분 다른 문화들에 대한 정보를 학습하고 통합하는 것이 더 깊은 정보처리 및 복잡한 사고를 자극하기 때문에 발생하는 것이다. 또한, 이 과정에서 개인의 경험에 대한 개방성과 같은 성격특성이 조절 효과를 가지는데, 개방성이 높은 사람들에게서 둘 간의 관계가 더 강하게 나타난다(장재윤, 2018).

3) 시대정신인가, 창의적 천재인가

지금까지 살펴봤듯이, 시대정신이 부각되면 창의적 인물, 특히 창의적 천재의 중요성은 최소화된다. 그래서 창의성을 당사자의 심리적 현상으로 보지 않고, 사회문화적 현상으로 고려하게 된다(〈참고 12-4〉). 예를 들어, 미적분 스캔들의 당사자[19]인 뉴턴과 라이프니츠의 경우, 두 사람이 같은 생각을 한 것은 당시에 독립적이었던 적분과 미분이 통합될 수 있다는 아이디어가 이미 널리 퍼져 있었기 때문이다. 개인은 단순히 그것을 공식화하는 역할만 남는다.

그러나 개인 창조자의 역할이 전혀 없는 것은 아니며, 다음과 같은 세 가지 이유로 여전히 창의적 인물의 역할은 중요하다(Simonton, 2011).

첫째, 두 사람이 같은 시간과 장소에서 태어날 수 있지만(동일한 시대정신과 공간정신), 한 사람은 널리 인정받는 창의적 천재가 되지만, 다른 사람은 무명으로 남는 것처럼, 여전히 상당한 개인차가 있다. 반대로, 비슷한 창의적 성취를 이룬 두 사람이 다른 시기와 장소에서 태어

---

[19] 미적분에 대한 논문의 출판 연도(1684년)만 따지면 라이프니츠가 앞서지만, 뉴턴은 『프린키피아』(1687)에서 미적분을 활용하여 물리 현상을 설명하고 있음을 볼 때, 라이프니츠보다 앞서 미적분을 발명했음을 짐작할 수 있다.

날 수도 있다. 멘델의 유전법칙이 널리 알려지기 전에 거의 동일한 법칙을 발견한 것으로 인정받는 네 명의 과학자가 있다. 1822년 오스트리아의 조그만 마을(지금은 체코)에서 태어난 멘델(G. Mendel), 1848년 네덜란드 하를럼에서 태어난 휘호 더프리스(H. de Vries), 1864년 독일 뮌헨에서 태어난 카를 코렌스(C. Correns), 그리고 1871년 오스트리아 빈에서 태어난 체르마크(E. von Tschermak-Seysenegg)는 모두 다른 시기와 장소에서 살았지만, 유사한 유전법칙을 제시하였다.[20]

둘째, 동시대인이고 같은 나라의 출신이며 동등한 창의력이 있는 경우에도 각자 다른 영역에서 창의적 성취를 이룰 수 있다. 어떤 이가 노벨 물리학상을 받으면, 다른 이는 문학상을 받을 수 있다. 특정 시기와 지역에서 태어난 수십 명의 창의적인 인물들은 각자 다른 영역에서 뛰어난 기여를 할 수 있다.

셋째, 창의성의 수준과 유형은 시대정신보다는 창조자 개인의 여러 특성에 의해 결정된다. 가장 분명한 영향은 유전과 성장 환경이다. 5장에서 보았듯이, 심지어 한 가정에서 태어나더라도 출생 순서에 따라 달라질 수 있다. 가족뿐만 아니라 교육수준 및 환경, 멘토나 역할 모델, 친구나 동료, 업무 환경 등과 같은 다양한 요인들이 영향을 미친다. 발달 경험과 연관된 이런 수많은 요인으로 창조자들은 각기 다른 특성을 갖게 되고, 시대정신에 순응하는 존재 이상의 개별성을 갖게 된다.

---

20 멘델의 법칙은 유전을 설명하는 놀라운 법칙이지만, 멘델이 이를 세상에 발표한 이래 35년 동안이나 아무도 주목하지 않았다. 여기에는 몇 가지 이유가 있었다. 우선 멘델이 학계의 주류에서 벗어난 아웃사이더였다는 점이다. 게다가 멘델이 사용한 통계적 처리에 의한 연구방법은 당시 생물학자들에게는 매우 생소하고 어색했다. 하지만 이 위대한 발견이 영원히 묻혀있을 수는 없었다. 1900년 세 명의 유럽 생물학자들이 멘델의 법칙을 독립적으로 재발견한 것이었다. 서로 모르는 사이였던 네덜란드의 더프리스, 독일의 코렌스, 오스트리아의 체르마크가 서로 다른 종류의 식물 잡종 연구를 하다가 멘델과 같은 법칙을 발견한 것이었다.

따라서 단순히 정확히 그 장소와 그 시기에 존재하는 것만의 문제는 아니다. 이보다는 '특정한 사람'이 정확히 '특정한 장소와 시기'에 있는 것이 관건일 수 있다(〈참고 12-4〉, 〈참고 12-5〉). 이것은 개인과 사회(또는 시대정신)의 상호작용 관점으로, 특정한 재능을 가진 사람이 특정한 시대정신의 요구에 적합(fit)할 때 창의적 성취를 이룰 가능성이 더 클 것으로 볼 수 있다. 그리고 시대정신이 변화되면, 다른 재능이나 특성을 가진 인물이 더 유리한 위치에 있게 될 것이다. 또한, 다음에서 보듯이, 창조자는 어떤 역사적, 사회적, 제도적 틀 내에서 작업하지만, 단순한 수동적 수용자가 아니라, 자신만의 세계를 주도적으로 선택하고 만들어가면서 새로운 역사를 만들어가는 면에서 창조적이다.

참고 12-4 창의성 폭증과 유아사 현상

Eldredge와 Gould(1972)는 생물학적 진화는 점진적이고 완만한 과정이기보다는 상대적 정체기와 정체기 사이의 폭발적 변화기를 가진다는 단속평형(punctuated equilibrium) 이론을 제안하였다. 즉, 종의 진화가 오랜 시간 동안 큰 진화적 변동이 없는 상태를 유지하다가 거대한 환경 변화에 의하여 짧은 시간 동안 진화가 이루어진다는 것이다. 이 이론은 문화적 진화에도 적용된다고 보는데, 예를 들어, 기원전의 고대 그리스의 미노스 문명과 미케네 문명의 문화적 폭발 이후 그리스의 암흑기와, 로마 아우구스투스 황제의 황금기 이후 중세 암흑기가 오래 지속된 것과 같은 것이다.[21]

또 다른 예로, 약 2만 년 전(Pfeiffer, 1982) 또는 대략 5만 년 전(Klein & Edgar, 2002)에 발생한 창의적 능력에서의 갑작스러운 출현인 창의성 폭증(creativity explosion)의 시기가 있었다는 주장이 있다. 이 시기가 최초 창

---

[21] 이 이론의 관점은 Kuhn(1970)의 정상 과학의 시기와 과학혁명의 시기 간의 구분과도 일관된다. 또한, 이 이론은 조직의 변화에도 적용되었는데, 급진적인 조직 변화가 있고 난 후에는 상대적으로 긴 기간의 안정기가 뒤따른다(Gersick, 1991).

의성 폭증기라고 보는 이유는 유럽에서 발견된 수많은 동굴 벽화가 만들어진 것이 시기라고 보기 때문이다. 이 주장을 하는 고고학자들은 특정 시기에 어떤 유전적 진보가 뇌 회로의 변화를 초래하였다고 본다. 그들은 예술 활동의 뛰어난 성과를 창의성이라고 할 때, 이들은 동굴 속 그림의 시작과 빠른 전파를 가능하게 한 뇌에서의 생물학적 변화가 갑자기 시작되어 유럽 이외 지역으로 퍼졌을 것이라는 가설을 제안하였다.

그러나 다수의 고고학자는 폭증 이론을 받아들이지 않으며, 창의성이나 예술은 인간종과 함께 점진적인 진보로서 진화되었다고 믿는다. 남아프리카에서 7만 7,000년 전의 상징적 패턴으로 장식된 물건과 같이 아프리카와 서남아시아에서의 최근의 발견들에 의하면, 창의적 결과물은 유럽에만 한정된 것이 아니며, 더 오래전부터 점진적인 진화가 있었다고 보는 것이다.

한편, 일본의 물리학자이자 과학사학자인 유아사 미쓰모토(湯浅光朝)의 이름을 딴 유아사 현상(Yuasa phenomenon)은 근대에 들어와 과학 활동의 세계 중심(전 세계 과학적 성취의 25% 이상을 만들어내는 곳)은 80~100년 주기로 다른 나라로 이동한다는 것을 나타낸다. 그의 1963년 박사학위 논문인 「과학에서 창의적 활동의 중심지 이동」에 의하면, 1500년부터 1900년대 중반까지 이탈리아(1504~1610), 영국(1660~1750), 프랑스(1760~1840), 독일(1875~1920), 그리고 미국(1920~현재)으로 이동한 것으로 나타났다(그리고 점차 중국이 부상하고 있다).

시대정신이 개인에게 일방적인 영향을 미치는 것은 아님을 다음 세 가지 측면에서 알 수 있다(Runco, 2014; Simonton, 2020).

첫째, 개인의 창의적 성취가 시대정신을 급격하게 변화시킬 수도 있다. 예를 들어, 갈릴레오가 목성을 발견할 무렵 이미 여러 명이 망원경을 발명하여 사용하고 있었다. 망원경이 지구가 우주의 중심이 아닐 수 있음을 보여주면서 시대정신의 급격한 변화가 초래되었다. 천문학에의 관심이 크게 늘었고 인간은 우주에서 어떤 존재인지에 대한 많은 토론을 이끌었다. 이후 현미경의 발명도 유사한 변화를 초래하였다. 이처럼 망원경이나 현미경과 같은 도구들은 개인의 창의적 결과물이기도 하지만, 시대정신을 변화시키고 또 다른 창의성을 자극하는 원인 요소이기도 하다. 물론 새로운 도구는 저항에 부딪히기도 한다. 마네의 대표작 중의 하나인 〈풀밭 위의 식사〉는 출품 당시 권위 있는 미술전인 파리 살롱에서 혹평을 받았다. 그 이유의 하나는 마네가 전통적인 양식(style)과 맞지 않게 붓 대신에 팔레트 나이프를 사용한 데 있었다.

새로운 도구가 도입되어 예술 양식이 변화한 최근의 사례는 나노 예술(nano art)의 출현이다. 이것은 과학기술과 밀접히 연관된 새로운 미술 영역으로, 실험실에서 전자현미경으로나 관찰이 가능한 나노미터 크기의 자연 구조나 합성 구조의 세부 특징들을 예술적인 이미지로 묘사하는 것이다. 이처럼 새로운 도구는 극적인 변화를 촉발하는 방아쇠 효과(trigger effect)를 가질 수 있다. 6장에서 보았듯이, 인공지능(AI)과 더불어 사물인터넷(IoT), 빅데이터, 메타버스 등 새로운 기술과 도구의 등장 주기가 더 빨라지고 있다. 이것들은 새로운 차원의 잠재적 아이디어들이 생성되는 엄청난 기회의 원천이기도 하지만, 급격한 시대정신의 변화도 초래하는 것이다.

둘째, '아하' 하고 갑자기 깨달음을 얻는 것과 같이, 사회 내에서도 발명이나 발견이 갑작스럽게 나타나는 경우가 있다. 과학 영역에는 의도적으로 이루어진 것이 아닌 우연한 발견(serendipity)의 사례가 많다. 예를 들어, 1889년 독일의 생리학자 민코프스키(O. Minkowski)와 의사 폰 메링(J. von Mering)은 소화되는 동안 췌장의 역할을 알기 위하여 건강한 개로부터 췌장을 제거하였다. 개의 췌장이 제거된 며칠 후, 파리 떼들이 몰려들어 개의 오줌을 먹는 것을 보았다. 이에 오줌을 분석한 결과 그것에 당이 들어 있는 것을 발견하게 되었다. 이런 우연한 발견으로 그들은 최초로 췌장과 당뇨병 간의 관계를 확립하게 된다. 그래서 시대정신과는 무관하게 창의적인 산물의 예측이 어려울 수 있다.[22]

돌연변이처럼 이전 조건과 직접 연결되지 않은 무엇인가가 나타나는 출현적 생성(emergenesis) 현상이 있다. 이것은 이전의 것들을 기반으로 하여 그 위에 축적해 나가는 선형적 발전이 아닌 비선형적 발견 또는 발명이다. 출현적 생성은 창의적인 결과가 이전 기여들의 단순 합 이상이라는 것을 보여준다. 다만, Runco(2014)는 이런 비선형적 출현적 생성은 아직 역사적으로 알려지지 않은 부분이 생략되거나 편향되어 있어 그렇게 보이는 것이라고 평가절하하였다. 따라서 완전하고 편향되지 않은 역사적 정보와 사실을 갖게 되면 출현적 창의성을 제대로 설명할 수 있을 것으로 본다.

셋째, 외부 환경의 영향인 시대정신의 경우도 전쟁이나 재난과 같은 예측 불가능한 요소의 작용이 있을 수 있다. 전쟁은 혁신의 주요한 자극제이다. 창의성이 드러난 역사적 사례들을 분석해보면, 전쟁이 개입된 경우가 많다. 예를 들어, 14~15세기에 캐넌포가 사용되면서 방어적 건축물이 발달하게 되었고,[23] 천문학을 위한 도구가 지도 제작의 기본 도구로 사용되었다. 등자(stirrup)[24]가 발명되고 이를 통해 중세 말기에 기습부대(shock troop)[25]가 나오면서 유럽의 사회 및 경제적 구조가 변화

---

22 위의 발견은 우연한 것으로 보이기도 하지만, 췌장과 당뇨병 간의 명확한 관계를 밝히려는 당시 과학자들의 맥락에서 이루어진 것이라고 보면, 단순히 우연에 의한 것이라고만 보기 어렵기도 하다. 이것은 일종의 방아쇠 효과에 의한 것일 수 있다.

23 중세 성채 건축이 육면체 위주였다가 대포의 등장 이후 방어 중심의 오각형으로 바뀌었다.

24 말을 탈 때 발을 디딜 수 있도록 만든 안장에 달린 발 받침대로, 중세시대 기사 계급이 성장하는 데 기여하였다. 기사가 전투 중에 말 위에서 계속 있을 수 있도록 해주었다고 알려져 있다.

25 중세에는 군대 관련 새로운 기술의 도입이 별로 없었다. 다만, 등자 정도가 새로운 기

되었다. 오늘날에도 여전히 군대의 연구개발 예산은 천문학적 수준이며, 그 성과는 군대 밖의 영역에서의 발전에도 상당히 기여한다. 예측이 어려운 대재난도 창의성에 영향을 미칠 수 있다. 화재에 의한 도시 파괴 이후 새로운 창의적 건축물이 등장하는 것이다.

4. 사회문화적 맥락과 창의성

창의성은 매우 복잡한 현상으로, 이에 대한 설명도 여러 관점에서 고찰될 수 있다. 간단하게는 천성 대 양육 논쟁과 유사하게, 시대를 불문하고 특출한 창의적인 인물이 부각될 수도 있고, 시대정신과 같은 거시적 변인들의 영향이 강조될 수도 있다.

어떤 인물이 독창적인 아이디어를 제안함으로써, 패러다임의 변화와 같은 역사적인 변화가 이루어지기도 하지만, 그 아이디어도 시대정신이나 특정한 맥락을 반영한 것일 수 있다. 즉, 당시의 사회적, 문화적, 역사적 맥락 속에서 새로운 아이디어가 나왔을 뿐만 아니라, 그것이 실제적인 영향력을 갖기 위해서도 '유리한' 사회적, 문화적 맥락이 요구된다. 또한, 창조자의 창의적 작품이나 결과에는 당시의 인간 조건이 반영되어 있다고 보아야 할 것이다.

심리학자들은 개인의 내적 특성으로 창의성을 설명하려는 미시적 접근을 택하는 경향이 강하지만, 사회학자나 인류학자들은 개인 특성보다는 창의성이 발생한 맥락이나 문화를 고려함으로써 창의성을 설명하고자 한다. 시대정신을 강조하는 사회문화 결정론도 일종의 환원주의

술로 볼 수 있는데, 이는 기습부대의 발달로 이어졌다. 공격 시의 선봉대 역할을 하는 기습부대는 빠른 이동성을 갖추어 적의 허점이나 취약한 후방 지역을 공격할 목적으로 구성되었다.

(reductionism)로서, 창의성을 비롯한 인간의 모든 행동은 사회적, 문화적 변인들에 의해 결정된다고 보며, 그래서 개인의 사고나 행동은 이미 확립된 규범이나 역할 등의 외부 요인들로 환원된다. 그런 측면에서 천재는 시대정신의 단순히 부수 현상이거나 볼모일 뿐, 원인이 되는 주체가 아니라고 보는 것이다. 그러나 사회문화 결정론이 모든 것을 다 설명하는 것은 아니다. 특정 시기와 장소의 창조자들이 모두 클론(clone)처럼 복제된 인물이 되는 것은 아니고, 타고난 유전 요소와 성장 과정에서의 각자 독특한 경험으로 각자 개성을 가진 창조자가 된다.

창의성에 대한 완전한 이해와 설명은 심리학의 미시적 접근과 더불어 사회문화적 맥락을 통합적으로 고려할 때 가능해질 것이다. 즉, 창의성을 완전하게 이해하기 위해서는 개인 특성들이 역사적, 문화적 힘과 상호작용하는 맥락 속에서 연구되어야 한다는 것이다.

참고 12-5 공간정신: 장소의 창의성

경제적으로 풍요로우면 창의성이 꽃필 수 있다. 잉여 자원이 있고, 여유 시간이 있으며, 정복보다는 발견에 대해 더 관심을 가지는 사회 계층이 있으면 창의성의 진작이 일어난다. 또한, 예술가들이 내적 동기를 가지고 작업을 하기 위해 자신의 작품에 대해 보상을 충분히 받을 수 있는 곳으로 이동한다. 단순히 돈만이 아니다. 공간정신(Ortgeist) 효과도 있다. 음악 활동의 중심지인 도시 출신의 작곡가는 그렇지 않은 작곡가보다 더 독창적이고 놀라운 주제로 창작하는 경향이 있다. Florida(2002)는 창의적인 사람들은 자신의 일이 있는 곳에 단순히 군집하는 것이 아니라고 하였다. 그들은 창의성의 중심지에 군집하며, 그들이 살고 싶은 곳에 군집한다. 그는 의미 있는 새로운 형태를 창조하는 일에 몰입하는 창의적 계급(creative class)이 경제적 성장에 결정적인 요소이며, 그들은 특정한 지역에 같이 군집을 이루며 지내면서 창의적 맥락을 형성한다고 보았다.

고대 아테네와 로마에서부터 메디치가의 베네치아, 엘리자베스 시기의 영국, 그리고 뉴욕의 그리니치 빌리지와 샌프란시스코 연안 지역에 이르기까지 창의성은 특정한 위치에서 나타난다. 그는 3T(Technology, Talent, Tolerance)를 강조했다. 여기서 관용(tolerance)은 비전통적이고 창의적인 것에 대한 사회적 낙인(stigma)이 없다는 것으로, 경제적 용어로 '비용이 들지 않는 것'을 의미한다. 비전통적이고 혁명적인 성향의 창의적 인물은 관용적인 사회와 시대정신을 선호하고 요구한다.[26]

시인 정지용이 "통영과 한산도 일대의 풍경, 자연미를 나는 문필로 묘사할 능력이 없다"고 한 통영은 한국 대표 예향(藝鄕)으로 손꼽힌다. 통영은 김춘수, 박경리, 김상옥, 유치환, 윤이상, 전혁림 등 유달리 문인과 예술인들을 많이 배출한 도시이다. 통영 출신은 아니지만, 이중섭도 작품 40여 점을 통영에서 그렸다.

창의성을 지속 가능한 발전의 전략적인 요소로 인정한 도시들 간의 협력을 강화하는 것을 목표로 하는 '유네스코 창의 도시 네트워크'가 있다. 도시가 가진 문화적 자산과 창의력에 기초한 문화산업을 육성하고 도시 간 협력을 통해 경제적·사회적·문화적 발전을 장려함으로써 문화 다양성을 증진하고, 나아가 지속 가능한 발전을 촉진시키기 위해 2004년 시작된 것이다. 문학, 공예와 민속예술, 음악, 디자인, 미디어아트, 음식, 영화의 일곱 개 창의 분야로 나누어 선정되며, 한국에는 통영을 포함한 열한 개 도시가 선정되어 있다.[27]

---

[26] 리처드 플로리다는 샌프란시스코를 3T를 갖춘 대표적 지역으로 꼽았다. 실리콘밸리에 세워진 세계적 IT 기업의 3분의 1 이상이 외국 출신들에 의해 구성되었는데, 다양한 문화를 기꺼이 수용하는 관용의 정신이 이에 기여했다. 즉, 관용은 다양성에 대한 개방성 및 포용성으로 정의된다. 관용의 지표가 될 수 있는 것이 용광로 지수(외국인 인구 비율), 게이 지수(동성애자 인구 비율), 보헤미안 지수(예술가 인구 비율) 등이다.

[27] 한국의 창의도시 목록과 위치는 창의도시 홈페이지(http://map.unesco.or.kr/ creativecities/) 참조.

13장
창의성의 문화 간 차이[1]

> "옛것을 본받기만 하면 옛날의 자취에 얽매이는 병통에 빠지게 되고, 새 것을 만들어내기만 하면 항상 지켜야 하는 떳떳한 도리에 어긋나지 않을까 하는 걱정을 안게 된다. 진실로 옛것을 본받으면서도 이의 부족한 점을 고칠 줄 알고, 새것을 만들어내면서도 전아(典雅)한 도리에 어긋나지 않게 해야 한다."[2]
>
> – 박지원

세계에서 가장 오래된 문화라고 할 수 있는 중국 문화에는 전 세계에 널리 영향을 미친 다양한 사상과 수많은 발명품이 있다. 4대 발명품이라 일컬어지는 제지술, 목판 인쇄술, 나침반, 화약과 더불어 도자기, 지진계, 비단, 지폐, 등자 등이다. 기원전에 만들어진 진시황의 무덤에서 발견된 녹슬지 않은 칼의 크로마이징 기술이나 병마용의 무기에서 보이는 표준화 기술 등은 서구보다 거의 2천 년이나 앞선 것들이었다. 중국 송(宋)나라 때인 1000년경 지구상에서 가장 번영하고 역동적인 사회는 동아시아였고, 중국은 어느 나라도 따라가기 어려운 최고의 문명국이었다. 3장에서 언급된 중국 역사상 최고의 과학자 심괄(沈括)도 송나라의 인물로『몽계필담(夢溪筆談)』에서 천문학, 수학, 물리학, 생물학, 문학, 역사학 등 다방면의 학문적 성과를 일괄하고 있다.

---

1 이 장의 내용은《한국심리학회지: 사회 및 성격》에 발표된 장재윤과 조긍호(2023)의 논문을 기반으로 하여 관련 연구나 사례를 추가하였다.
2 박지원이 제자인 박제가의 문집인『초정집(楚亭集)』에 붙인 서문이다.

반면, 당시 유럽은 중세의 암흑기에서 벗어나지 못하고 있었으며, 북아메리카는 원주민인 '인디언'들의 땅이었다. 또한, 이탈리아 출신의 콜럼버스가 세 척의 배와 90명의 선원으로 1492년 시작된 항해에서 신대륙에 도달하였다고 하나, 명나라의 정화(鄭和)는 그보다 거의 백 년 앞선 1405년에 처음 항해를 시작한 후, 마지막 7차(1433년) 대항해에서는 가장 큰 배의 길이가 거의 135미터에 이르는 배 300척과, 선원 2만 7,750명으로 구성된 대선단으로 2년 동안 자바, 수마트라, 인도, 스리랑카, 아라비아, 동아프리카를 항해하였다.

오늘날 상황은 정확히 뒤바뀌어 북아메리카가 가장 역동적이고 번영하는 사회가 되었고, 한때 전 세계에서 가장 앞선 문명을 보여주며 중심적 위치에 있던 중국은 서구 사회에 그 자리를 넘겨준 지 오래되었다.

창의와 혁신의 경우도 명(明)나라 이전에는 중국이 세계 챔피언이었지만 이후 그 지위를 회복하지 못하고 있다. 널리 알려져 있듯이 송나라의 3대 발명품인 화약, 나침반, 인쇄술이 이슬람을 통해 서양 사회에 전파되면서 근대사회로의 이행을 자극했다. 화약은 중세 기사계급의 몰락을 초래했고, 나침반은 신대륙 발견을 가능케 했으며, 인쇄술은 시민계급의 발흥을 도왔다. 그래서 명나라 말기인 17세기 중반 중국에 나타난 서양인들은 이미 중국의 그것과는 비교도 되지 않는 강력한 화약무기를 들고 있었다. 비록 일본은 탈아입구(脫亞入歐)의 메이지 유신으로 빠르게 근대화되었지만, 그것은 서구를 모방한 것이었다. 최근 중국의 혁신적 성과가 축적되고 있고 시진핑이 중화민족의 부흥을 의미하는 '중국몽(中國夢)'의 실현을 선언하지만, 급진적인 창의와 혁신은 여전히 중국과 같은 아시아 국가들에서보다는 미국을 비롯한 서구 사회가 더 앞서 나가는 것으로 보인다.

천 년 동안 완전히 뒤바뀐 동서양 간의 지위는 니덤 수수께끼(Needham Puzzle)로 불린다. 이는 '왜 중국에서는 산업혁명이 일어나지 않았을까?'라는 질문을 대중적 의제로 처음 제기한 영국의 생화학자이자 역사학자인 조지프 니덤(J. Needham)의 이름에서 나온 것이다. 니덤이 던진 질문에 대한 대답은 다양하다. 명나라 중기 이후 중국에서 윤리적 당파주의(particularism)가 널리 퍼져 지식인들이 기술보다는 윤리적 이슈들에 더 주의를 기울이게 되었다는 시각, 17세기 명나라 말기의 치명적인 전염병이 사람들 간의 '동조'를 촉진하였다는 주장(1630년대부터 1640년대까지 전염병으로 인구가 대폭 감소하였다), 합리주의에서 유교(儒敎)의 주관주의(subjectivism)로 변화되면서 분석적 사고에 뿌리를 두는 과학적 사고와 방법의 개발이 어렵게 되었다는 견해, 그리고 근대화 시기에 중국이 외부 세계에 대해 문을 닫아버리는 방어적 자세를 보이면서 교육 다양성과 아이디어의 유동성이 부족하게 되었다는 생각 등 다양한 관점들이 있다(Augier et al., 2016; Liou et al., 2016).

무엇보다 위에서 언급한 대단한 과학적 혁신과 발명들을 이루어냈음에도 동양 사회에서는 '사회 혁신'이 거의 나타나지 않았다. 이것은 동양 사회에서는 공자 이후로 사회의 조화와 질서가 매우 강조되었기 때문일 수 있다. 일찍이 베버(M. Weber)는 유교와 청교도 정신을 비교하면서 양자 모두 자기 통제와 절제를 중시하며 부의 축적을 반대하지 않는 두 가지 특성을 수단 삼아 최종 목표를 추구하지만, 유교의 목표는 '교양 있는 사회적 신분'에 있고 청교도의 목표는 '신의 도구'가 되는 것이라는 점에서 큰 차이가 있다고 하였다. 더 나아가, 유교 이념은 형이상학적 관심보다는 차안(此岸)의 현실 세계를 최상으로 여기기에 도덕적 이상과 현실 사이의 내적 긴장과 투쟁이 부족하게 되는 결과를 초래하였고, 이것이 자본주의가 발달할 수 있는 토대를 만들지 못하고 중국이 정체된 사회로 남게 된 원인이라는 것이다. 이런 분석은 다분히 서양의 관점에서 동양을 조망하는 오리엔탈리즘을 드러내는 것이다(나성, 2016).

창의성 개념 자체가 서구의 근대적 산물이기에 동서양 간의 차이를 제대로 비교하는 것이 가능할지에 대한 의문을 가질 수도 있지만, 다음부터 창의성이라는 추상적 개념에 대한 동서양 문화 간 사고의 차이를 살펴보았다.[3] 여기서 동양 문화권은 주로 중국, 대만, 일본, 한국 등이 포함된 동아시아 지역을 의미하고, 서양 문화권에는 영국, 프랑스, 독일 등의 서유럽과 이들과 같은 뿌리라고 할 수 있는 미국, 캐나다, 호주 등을 포함한다.[4]

Simonton과 Ting(2010)은 동양(East)과 서양(West)이 주로 비교되는 이유를 다음 두 가지로 제시하였다. 첫째, 극동과 서유럽은 유라시아의 양극단에 위치하여 서로 지리적으로 멀리 떨어져 있고, 오랫동안 서로 영향을 주지 않고 별개로 발전되어왔다(활발한 무역과 교환은 비교적 근대에 와서 시작되었다). 그래서 두 문화 간에는 더 큰 차이가 나타날 수

---

[3] 2장에서 보았듯이, 서구 중심의 개념이라고 할 창의성을 신이 아닌 인간의 자질로 보기 시작한 것이 15세기 경이었고, 'creativity'라는 표현이 처음 기록된 것은 19세기 말이었다. 실로 창의성은 근대적 개념인 것이다. 이 용어가 일본에서 創意性(そういせい), 創造性(そうぞうせい)으로 번역되었고, 이것이 한국어와 중국어에도 반영되었다. 중국에서는 창의성을 創造力(chuàngzàolì), 創造性(chuàngzàoxìng)으로 표현한다.

[4] Leung과 Cohen(2011)은 위엄(dignity), 체면(face), 명예(honor)라는 세 유형의 문화를 구분한 바 있다. 미국 주류 문화가 속하는 위엄 문화에서 개인은 태어나면서 고유한 내적 가치를 가지며, 개인적인 성취로서 자신을 정의하기에 자기 가치를 높이기 위해 타인들과 차별화되는 자신만의 창의적 아이디어를 표현하도록 동기화된다. 이에 반해 유교의 영향을 강하게 받은 동아시아(한국, 중국, 일본)의 체면 문화에서는 동조, 겸손, 수용이 강조된다. '벼는 익을수록 고개를 숙인다'나 '모난 돌이 정 맞는다'와 같은 속담이 시사하듯이, 이 문화에서는 체면을 유지하기 위해 사회적 조화라는 강력한 원리를 따르도록 사회화된다. 또한, 이 문화는 집권화된 강한 통치체제가 있는 비교적 동질적이고 안정된 환경에서 나온 것이다. 반면, 인도나 파키스탄과 같은 남아시아 국가가 속하는 명예 문화는 분권화된 통치제제가 있는 이질적이고 불안정한 환경에서 나온 것이다. 전통적으로 남아시아 문화는 각자의 세계관을 가진 불교, 기독교, 힌두교, 유대교, 이슬람교, 자이나교 등이 논쟁하던 곳이었다. 이런 환경에서 명예를 얻기 위해서는 다른 사람들의 아이디어를 단순히 수용하기보다는 각자 고유한 자기 생각을 생성하고 방어하도록 사회화된다. 이러한 세 문화의 구분에서 주목해야 할 것은 동서양의 비교에서 동양이나 아시아에 속하는 국가나 문화를 동질적으로 보지 않고, 동아시아와 남아시아로 구분되어야 한다는 점이다(Lu, 2023).

있다. 둘째, 지구상의 다른 지역 대비, 동서양의 문화권은 적어도 3천 년
이 넘게 각자 독립적으로, 다소 시기별 차이는 있지만, 막대한 부를 축적
하면서 뛰어난 창의적 문화와 성취의 이룬 나라들로 구성되어 있다.

이 장에서는 동양과 서양 간의 창의성에 대한 명시적 이론 및 암묵
적 이론과 관련된 경험적 연구들을 개관하고, 비교문화 심리학에서 가
장 주목하는 개인주의-집합주의 문화 차원에서 창의성에 관한 시각을
비교해 본 다음, 이어서 동서양 간의 창의성 수준에서의 실질적 차이가
있는지와 창의적 성취에 미치는 문화 차원들의 영향에 대해 살펴보았
다. 마지막으로 창의성과 혁신에 대해 동아시아의 미래 전망을 논의하
였다. 다만, 창의성 개념에 관한 동서양 문화 간을 비교하는 경험적 연
구가 아직 많지 않으므로, 이 장에서 논의된 내용은 후속 연구들에 계
속 검증되어야 할 것이다(Damian & Tou, 2017).[5]

1. 창의성에 대한 명시적 이론

창의성에 대한 명시적(explicit) 이론은 심리학자나 사회과학자들이
창의성과 관련하여 이론적으로 도출된 가설을 경험적으로 검증하면서
구성된 것이다. 앞선 장들에서 보았듯이, 서구에서의 창의성에 대한 명
시적 이론들은 심리측정 접근, 성격 및 발달심리학 접근, 인지심리학
접근, 사회심리학 접근 등의 다양한 관점에서 제안되었다.

---

[5] 2011~2012년 사이에 조직심리 및 조직행동 분야의 두 유명 저널인 *Journal of Applied Psychology*와 *Academy of Management Journal*에 게재된 창의성 관련 논문들을 조사한 결과, 45%가 미국, 25%가 다른 서구 국가들이었다. 중국만이 비서구 국가로서 어느 정도 비중(20%)을 차지하였지만, 이들 중 거의 반은 서구(또는 미국의) 이론적 관점을 취하였으며, 문화의 영향에 대해서는 거의 다루지 않았다(Leung & Wang, 2015).

초기에는 범문화적 보편성(universality)의 가정에 근거하여, 서구에서 개발된 명시적 이론들이 동양 문화의 맥락에서도 적용될 것으로 보았다. 그러나 1980년대 창의성의 사회심리학적 접근이 나타나면서, 서구 중심의 개념이나 도구를 맹목적으로 적용하는 것이 동양의 창의성을 제대로 이해하는 데 방해가 될 수 있음을 인식하기 시작하였다. 그래서 서구와는 다른 동양 문화의 맥락에서 창의성 개념의 역사적, 토착적 뿌리를 찾고 이를 북미나 서구의 관점과 비교하려는 노력이 시작되었다.

동서양 간의 비교에 초점을 둔 이 장에서는 동양의 주요 사상인 유교, 도교 등에 근거한 창의성의 명시적 이론을 고찰하였다. Niu와 Sternberg(2006)는 중국 고전들을 개관한 후, 창의성과 유사한 개념이 적어도 2300년 동안 중국에 존재했다고 보았는데, 이는 유학의 주요 경전인 『역경(易經)』에 도(道), 천(天), 태일(太一), 태극(太極), 음양(陰陽) 등 서로 다른 용어들로 표현되어 있다는 것이다.

서구 사회의 창의성 개념에 고유한 '전통 거부 및 새로움(novelty) 추구', '자기실현 지향이나 개인적 성취의 인정', '미래에의 집중'과 같은 요소들은 동양(중국)의 이상인 '과거 전통의 존중'이나 '자연과의 조화 및 유지' 등과는 잘 맞지 않는다. 따라서 서구적 관점에서의 창의성은 동아시아의 지배 이념으로 보면 터무니없거나 부조리한 것으로 보일 수 있다. 다음부터 동양, 특히 중국의 창의성과 연관된 주요 사상을 살펴보았다.

1) 자연과 전통

전통을 존중하고 유지하는 것은 중국 역사에서 가장 중심적인 이상 중의 하나이다. 전통에 대한 공경은 공자의 유교 사상에서 잘 드러난다. 공자의 『논어(論語)』 「술이(述而)」 1장에서는 공자가 말하기를, "고전을 전승하여 서술하고, 새로 지어내지 않으며, 옛것을 믿고 좋아하면서

적이 나를 옛 현인 노팽에 견주어 보노라"라고 하였다. 이는 고전을 믿고 따르며, 전달은 하지만 창조하지는 않는다는 것을 의미한다. 또한, 「위정(爲政)」11장에서는 "옛것을 익힌 다음 이를 바탕으로 하여 새것을 알게 된다면, 가히 다른 사람을 가르치는 스승이 될 수 있다"고 하였는데, 타인을 가르치기 위해서 가장 중요한 자격 중의 하나는 과거를 되돌아보아 새로운 것을 찾아내는 것임을 강조한다. 이렇게 유교의 관점에서, 창의적 과정의 중요한 요소는 과거에 관한 지속적 학습이라 할 수 있다. 동아시아의 이런 관점은 19세기까지도 계속된 것으로, 조선 후기 실학자 박지원도 "옛것을 본받아 새로운 것을 만들어 낸다"는 법고창신(法古創新)을 강조하였다.[6]

반면, 근대 서구 문화에서 창의성은 독창성, 관습 파괴, 발명, 자기실현, 개인적 성취 등과 연관되기에 새로움과 독특성이 중요하다. 이러한 서구 모형은 과거 및 자연과의 조화를 중요시하는 중국인들의 생각과는 다른 것이다(Rudowicz, 2004). 이런 문화 간 차이는 사람들이 자연에 대해 어떤 생각을 가지고 살아왔는가의 자연관과 관련이 있다. 동양인들은 자연에 순응하려는 조화로운 자연관을 견지해왔다면, 서양인들은 자연과 맞서 싸워 정복하려는 자연관을 가졌다. 동양인의 순응적 자연관의 원천은 자연에 대한 원초적인 외경심이며, 이러한 자연관을 잘 보여주는 것이 경천사상(敬天思想)이다. 인간은 자연과 더불어 살아야 하며, 개발이나 정복의 대상이 아니라 자연과 친화적 관계를 맺어야 한다는 것이다. 이러한 동양인들의 자연관은 과거와의 단절이 아닌 연속

---

6 법고창신은 특히 동양에서 창작의 중요한 방법론이 되었다. 박지원은 한문, 특히 고문을 문장의 모범으로써 본받을 가치가 있는 것으로 생각하였으나, 고문에 대한 단순한 모방인 '방고(倣古)'를 가장 경계하였다. 따라서 법고창신은 옛것을 본받으면서도 변통할 줄 알고 새로이 창제하면서도 법을 지킬 줄 아는 자세이다(한국문학평론가협회, 『문학비평용어사전』, 2006).

성을 유지하려는 창의성 관점과 연결된다.

중국어에는 정확히 영어의 'creativity'에 해당하는 단어가 없었다.[7] 동아시아 문화에서는 전통을 창의성의 반대 개념으로 생각하지 않으며, 서구와는 달리 중국의 전통적인 가르침에는 새로움이나 발명과 같은 것은 다르게 개념화된다. 즉, 중국 사상사를 통틀어, 창의성은 자연을 발견하거나 도(道)를 따르는 것으로 인식될 뿐, 새롭게 창조할 것은 없다. 중국 사상과 철학의 시각에서 볼 때 창의성은 자연을 탁월하게 모방하는 것으로 볼 수 있다(Rudowicz, 2004).[8]

서구 문명에서는 자연(사물)의 속성을 파헤치고 그것에 따라 사물을 범주로 분류하고 규칙을 만들어 자연에서 계속 새로운 진리를 찾고자 한다. 반면, 중국 철학은 '자연과 사람이 공존하는 길'을 의미하는 도(道)를 추구했다. 도교(道敎)의『도덕경(道德經)』에서는 본질적으로 도는 '무위(無爲)'로 이루어져 있으며, 삼라만상의 끊임없는 순환과 회귀는 도의 기본적인 운행원리라고 보고 있다. 또한, 만물의 형성과 변화는 원래 스스로 그러한 것이며, 거기에는 예정된 목적조차 없다는 것이다. 그래서 뭔가 새로운 것을 창조하려는 사람들은 자기 착각 속에 사는 것이며, 인간 활동의 가장 우선이 되는 목표는 인간보다 훨씬 더 위대한 힘과의 조화를 달성하는 것이라고 본다.

도교와 불교의 가르침에 의하면, 창의성이나 발명은 자연의 힘에 대한 영감적 모방(inspired imitation)일 뿐이다. 창의성은 타인들에게 자신이 진정 도를 따르고 있음을 보여주기 위해서뿐만 아니라, 어떤 행동이

7 　베이징대 철학과 석좌교수로 중국과 서양 철학을 비교해 온 로저 에임스(R. Ames)는『중용(中庸)』에서의 '성(誠)'의 개념을 창조성으로 번역하고, 서구 관점의 창의성이 아닌 동양의 세계관에서의 의미를 제시하였다(이장희, 2016).

8 　이것은 르네상스 시기의 유럽인들도 자연을 잘 모방하는 사람을 천재라고 여기던 것과 유사하다. 당시 그들은 자연의 섭리를 따르고 진실을 발견하는 것으로 충분할 뿐, 새로운 것을 발명해 낼 필요는 없다고 생각하였다.

도와 일관되는지 알아내는 데 필요한 것이다. 조각, 도자기, 회화와 같
은 새로운 창작은 하늘(天), 자연, 조상, 그리고 고대 사상들의 영원한
도를 존중하기 위한 것이었다. 동양에서의 창의성과 관련된 이러한 동
기나 목적은 르네상스 이후 서구 창조 개념의 근간인 '이전에 없던 새
로운 무엇인가를 만들어내려는' 동기나 의지와는 매우 다른 것이다. 예
를 들어, 춘추 시대 말기 노(魯)나라의 명장(名匠)인 노반(魯般)은 '중국
의 레오나르도 다빈치'로 불릴 만큼 뛰어난 목수이자 발명가였다.[9] 전
설에 의하면, 궁궐 건축을 준비하면서 산으로 벌목하러 다니던 길에 그
는 야생 풀에 손이 스치면서 상처가 났다. 이를 이상하게 여긴 그는 그
것을 세밀하게 관찰하였고 풀의 양쪽에 날카로운 이가 있는 것을 보고
는 이를 모방하여 파인 모서리가 있는 날을 생각해내었다. 이것이 오늘
날 널리 사용되는 톱의 전신이다.

그런데 전통에 의해 엄격하게 제약을 받은 중국 사회에서 창의적 시,
문학, 회화, 음악 등의 창의적 성취가 어떻게 융성할 수 있었을지 의문
이 남는다. 이에 대한 대답으로, 적어도 중국을 포함한 동양에서는 창
의성이 아무런 생각이 없는 습관이나 버릇과는 반대되지만, 전통에 반
하는 것으로는 인식하지 않는다는 점이다. 전통적 중국 사상에서 창의
성은 재해석, 수정, 응용, 쇄신 등의 의미를 가지며, 기존 문화를 유지
하고 발전을 이루기 위한 지적인 방법이다. 중국에서는 창의성을 전통
의 단절이 아니라 전통의 계승 또는 전통으로의 회귀로 보는 것이다.
기존 전통과 규범은 변화될 수 없는 것으로 인식되지만, 창의성은 기존
문화적 신념, 규범, 관습, 사회 구조 내에서 자유롭게 발생할 수 있다.

---

9 레오나르도 다빈치보다 2천 년이나 앞선 인물이니, 다빈치를 '이탈리아의 노반'이라고
   불러야 할 것이다. 또한, 앞서 언급한 심괄도 '동양의 르네상스인' 또는 '중국의 다빈치'
   로 불리는데, 그도 15세기 말에 활동한 다빈치보다 앞선 인물이므로 다빈치를 '서양의
   심괄'이라고 해야 할 것이다.

그래서 새로운 아이디어가 도입되어도 연속성과 안정성은 그대로 유지된다.

김상환(2016)은 서양에서 창의성은 '비판'을 동반하는 개념이라면서, 비판은 기존의 전통이나 권위에 대한 부정으로 이어지는 분석과 환원의 작업이라고 주장하였다. 반면, 동아시아에서의 창의성은 온고(溫故)와 함께 가는 개념이어서, 온고를 통해 구성원 간의 공유된 역사적 기억을 현재 속에 수축시켜 미래로 향한 선별의 기준과 이행의 동력을 얻는다는 것이다. 이렇게 그는 서구에서는 개인이 강조되는 비판적 창의성이 강조된다면, 동양에서는 화이부동(和而不同)[10]의 유연성에 기초한 온고적 창의성의 특성을 갖는다고 보았다.

이 문제와 관련하여, Trompenaars와 Hampden-Turner(1998)는 동서양의 문화를 내부 지향 문화와 외부 지향 문화로 구분하면서 유사한 관점을 제시하고 있다. 그들은 문화권에 따라 자연과 인간과의 관계를 바라보는 시각이 다르다고 하였는데, 북미와 서유럽 중심의 서구는 인간이 자연을 통제하는 것이 바람직하며 통제의 근원을 자기 자신에게 있다고 보는 내부 지향 문화를 가지며, 아시아 지역은 인간은 자연의 일부이기에 외부 환경을 통제하기보다는 조화를 추구하는 것이 바람직하며 통제의 근원은 외부에 있다고 보는 외부 지향 문화라고 하였다.

이러한 배경에서, 중국에서는 창의적인 산물을 만들어낸 사람에 대한 인정이 두드러지게 나타나지 않는 이유를 알게 된다. 한자의 창조자

---

10 군자(君子)는 다른 사람의 의견을 포용하고 사이좋게 지내기는 하지만, 자신의 원칙에 어긋나는 것까지 동의하면서 무리를 짓지는 않는다는 의미이다. 줏대 없이 남의 의견에 따라 움직이는 '부화뇌동(附和雷同)'을 경계하는 말이다. 반대 의미의 사자성어로 '동이불화(同而不和)'가 있다. 소인(小人)은 이해관계만 맞으면 자신의 원칙이나 생각을 굽혀서까지 남의 의견에 동조하고 무리를 짓지만 서로 진심으로 화합하지는 못한다는 뜻이다.

로 일컬어지는 창힐(蒼頡)[11]이 글자를 만들 때, "자연의 가장 내밀한 비밀이 드러났다"고 표현하였을 뿐이다. '자기(self)' 또는 '주체(agency)'를 드러내지 않는 이런 경향성은 인쇄술과 같은 대단한 발명들의 창작자가 분명하지 않은 사실에서도 드러난다. 이것은 전통 중국 사회에서 창작물의 독창성을 강조하고 지키기 위한 사회문화적 제도인 특허나 저작권이라는 법적 규정과 체계를 만들지 않은 이유일 것이다. 예술 영역의 창의적인 성취들에 대해서도 특정한 개인이 지목되지 않으며, 단지 공동의 노력으로 인식할 뿐이었다.[12] 물론 창조자를 알 수 없다고 하여 작품의 가치가 평가절하되지는 않는다.

2) 창의성에 내재된 윤리

『역경』에 의하면, 음양(陰陽)은 만물의 궁극적인 기원이자 생성 변화의 원리이다. 음과 양의 끊임없는 변화와 상호작용을 통해 도(道)를 이룬다. 유교에서 도는 선한 것이기에 창조된 우주는 본유적으로 선하며, 그래서 이 우주에 태어난 인간도 본유적으로 선하다. 그래서 창의적 활동은 항상 선(善)을 포용하고 있으며, 창의적 성취에서 새로움보다는 선이 더 강조된다. 유교 경전에서, 새로운 것을 만들어내는 행위도 선이 부족하다면 창의성의 사례라고 보지 않으며, 선은 집합적 실체나 전체 사회에의 기여를 지향한다. 따라서 유교에서는 창의적인 사람은 인간으로서 자신의 욕구를 충족시킬 뿐만 아니라 타인과 전체 사회의 이익, 즉 공익에 헌신해야 한다고 가르치고 있다(Niu & Sternberg, 2006).

---

11 중국 고대에 최초로 문자를 수집 · 정리하고 창조한 인물로서, 그에 관한 많은 신화와 전설이 있다.
12 2장에서 언급했듯이, 서구에서도 중세에는 창의적인 결과물을 만든 장본인이 두드러지게 드러나지는 않으며 창조자(creator)에 주목하기 시작한 것은 근대 이후의 일이다 (Hanchett Hanson, 2015). 다만, 창조자에 대해 주목하지 않는 이런 현상의 이유와 배경은 동서양 간에 상이하다.

노반이 목재로 된 연(鳶)을 발명한 다음 묵자(墨子)에게 보여주었을 때, 묵자는 "네가 만든 것이 사람들에게 이로울 때만 기발하고 독창적이며, 그렇지 않으면 너는 어리석은 사람일 뿐"이라고 하였다.[13]

중국의 연구자나 교육자들은 창의성을 도덕이나 윤리와 연결하는 경향이 있다. 이런 경향은 서구의 창의성 개념에서는 나타나지 않는다. 중국 문화에서 나타나는 창의성과 도덕성 간의 긴밀한 연결은 모든 선한 특성들은 함께 나타나며, 시나 음악을 공부하면 사람들의 마음에 도덕적 선을 함양할 수 있다는 중국인들의 믿음에 근거한 것이다. 그래서 중국에서 미술 교육은 기교를 가르치는 것과 더불어 도덕 교육의 한 방법으로도 활용된다. 또한, 서구에서는 발명을 개인적 성취나 일종의 자기실현과 관련된 것으로 보지만, 중국에서 발명은 '사람들에게 봉사하는 의미'를 담고 있다. 현대의 중국인들도 창의성의 발휘로 다른 사람들을 이롭게 하는 결과가 있어야만 자부심을 느낄 것이라는 믿음이 강하다.

따라서 중국 전통에서 현자(賢者)는 지혜와 도덕성을 모두 갖춘 사람으로 인식된다. Gao(2001)는 1990년대 중국에서 '혁신' 교육을 계획하고 시행할 때, 자연스레 도덕 교육도 함께 구성되는 점에 주목하였다.

3) 천지창조 대 천지개벽

창의성의 정의에서 가장 중요한 차원인 새로움(독창성)의 경우, 고대 중국인들은 '처음으로 만들다'의 의미로 작(作)을 사용하였다. 왕충(王充)은 『논형(論衡)』에서, "성인은 작(作)하고, 현자는 술(述)한다"고 하면서 '작'과 '술'의 주체를 구분하였다. 창힐이 문자를 만들었듯이, '작'은 일반인이 아니라 성인과 같은 특별한 사람이 수행하는 것으로 보았다.

---

13 『묵자』 「노문편(魯問篇)」 참조.

그런데 성인은 무(無)에서 작하는 것이 아니라 상(象), 법(法), 문(文)을 관(觀)하여 읽어냄으로써 작하는 것이다. 또한, 서양과는 달리 천지창조가 아니라 천지개벽(天地開闢)이라는 표현을 사용하는데, 이는 무에서의 창조가 아니라 이미 존재하는 것이 제 모습을 드러내는 것을 의미한다. 세계는 외적 요인의 개입 없이 상반되는 특성이 주기적으로 교체되면서 지속되며, 우주 만물은 그러한 끊임없는 순환의 과정에서 평형과 조화를 추구한다. 이러한 교체 과정은 『역경』의 "한 번 음하고 한 번 양하는 것이 세계의 길이다. 그 길을 이어가는 것이 선(善)이고 그 길을 이루는 것이 성(性)이다"라는 것에서 잘 드러난다(신정근, 2016).

Niu(2015)는 유교와 도교 철학에 관한 연구와 더불어 창의성에 대한 중국인들의 관점에 대한 문헌 조사를 통하여 맥락 창의성(contextual creativity) 또는 공동 창의성(co-creativity)이라고 불리는 새로운 개념을 사용할 것을 제안하였다. 맥락 창의성은 신의 창조라는 성경에 근거한 무(無)로부터의 창조(creatio ex nihilo)가 강조되는 서구의 개념과 대비되는 것으로, 맥락이나 상황에서의 창조(creatio in situ)에 초점을 둔 것이다. 그녀는 맥락 또는 공동 창의성의 몇 가지 독특한 특성을 서구의 창의성 개념과 비교하여 제시하였는데 다음 두 가지가 주목할 만하다. 첫째, 맥락에서의 창조와 무로부터의 창조는 모두 '세상의 창조'라는 의미를 공유하지만, 창조자로서의 신의 존재가 전제되는 서구와 달리, 맥락 창의성은 세상의 창조와 인간 문명에서 인간이 차지하는 중요한 역할을 인식하며 모든 인간은 창의적일 수 있는 잠재력이 있음을 강조한다. 둘째, 창의성의 서구 관념은 창조자의 힘에 있지만, 맥락 창의성은 창의적 과정을 창조자와 환경 간 상호작용의 결과로 귀속한다. 그래서 중국에서 창의성은 항상 맥락적이고 상호작용적이다.

4) 새로움 대 유용성

창의성을 새로움과 유용성(적절성)의 두 차원에서 정의할 때, 동서양 모두 두 차원이 창의적 산물의 평가에서 중요하다고 하지만, 중국 문화는 유용성(적절성)에, 미국 문화는 새로움에 더 강조점을 두었다(Niu & Kaufman, 2013). 이는 문화가 새로움과 유용성에 주어지는 상대적인 가중치에 영향을 어느 정도 미친다는 것이다. 서구의 개인주의적 사회 규범은 어떤 산출물의 창의성 정도를 판단하거나 평가할 때 유용성보다는 독창성을 더 우선시하는 반면, 동양의 집합주의적 사회 규범은 독창성보다는 유용성을 더 우선시하는 것 같다(Erez & Nouri, 2010; Morris & Leung, 2010).

일반적으로, 동양의 창의성 관념에서는 일반 다수에 반대하거나 저항하는 측면이 두드러지지 않기에 창의성 개념의 가장 중요한 정의적 속성인 새로움(독창성)이 동양의 사고 틀에서는 서구만큼 강조되지 않는다. 맥락 창의성 개념을 제안한 Niu(2015)도 동양의 창의성 관념에는 서구에서처럼 새로움도 중요하지만, 변화하는 상황에 부합하는 것으로 정의되는 적절성이나 유용성이 더 중요하다고 하였다. 이것은 앞서 언급된 동양 사회에서의 창의성에 내재된 윤리성의 자연스러운 귀결일 수도 있다. 즉 새로운 것은 당연히 타인을 이롭게 하고 봉사하는 것이어야 한다는 강조가 '유용성(실용성)'에 더 초점을 두도록 하는 것이다.

Li(1997)는 예술 작품의 산출에서 수평적 및 수직적 전통을 구분하면서, 서구와 가까운 수평적 문화에서는 기존 예술의 목표, 상징, 방법을 주기적으로 이탈하거나 거부하는 급진적 변화를 추구하는 경향을 보인다고 하였다. 대표적인 예가 미의 개념을 새롭게 정의한 프랑스의 혁명적인 미술가 뒤샹이다. 그가 1917년 남성용 변기를 작품화한 〈샘〉을 전시하며 새로운 '개념 미술'을 창안한 이후, 미술은 기존 전통과는 완전히 다른 것이 되어버렸다. 또한 우크라이나 태생의 말레비치(K. S.

Malevich)가 정사각형의 캔버스 위에 검정색 사각형을 하나 그린 〈검은 사각형(Black Square)〉으로 새로운 예술의 탄생을 선언한 것은 모두 기존 질서를 무시, 파괴하는 행위의 사례이다. 또 다른 예로, 1960년대 뉴욕을 중심으로 유럽과 미국 각지로 번진 플럭서스(Fluxus) 운동은 기존의 예술과 문화 및 그것을 만들어 낸 모든 제도와 경향을 부정하는 반(反)예술적, 반(反)문화적 전위운동이었다.[14]

반면, 동양 문화의 특징인 수직적 전통에서는 예술 작업의 내용이나 기법에 제약이 있고, 산물의 미적 가치를 더 강조한다. 예를 들어, 전통적인 서구의 시작법에서는 시적 기교, 운율, 어휘 사용에서의 혁신이 강조되지만, 전통적인 동양 시작법에서는 형식이나 심지어 주제에 관하여 엄격한 규칙이 적용된다. 전통적 한시(漢詩)는 오언절구 · 칠언율시 등과 같은 형식과 평측(平仄), 압운(押韻)의 규칙을 반드시 지켜야 한다.

이처럼 두 문화권에서 창의성의 강조점이 다르다. 근대 서구에서는 표준에서 벗어난 새로움과 독창성이 강조되면서 기존 패러다임의 급진적 배척에 초점을 둔다. 반면, 표준이나 전통에의 동조 및 유교적 미학이 중요한 동양에서는 개인의 고유한 가치나 신념을 드러내기 위해서는 기존 아이디어의 더 깊은 본질을 찾는 것이 강조된다. 예를 들어, 중국의 전통 수묵화에서는 과거의 이념이 새로운 상황에 맞도록 수정되며, 그리려는 대상의 진수를 포착하려는 화가의 진정성 있는 태도가 중시된다(〈참고 13-1〉). 과거의 전통에서 탈피하여 독특성을 담보하려고 하기보다는, 화가는 오래된 것과 새로운 것 모두에 적용될 수 있는 자신의 진정성이 있는 접근을 계속 개발하고자 하는 것이다(Averill et al., 2001).

---

14 백남준은 이 운동에서 독보적 위치를 차지하며, 오노 요코도 이 운동의 주요 인물이다.

Kharkhurin(2014)은 창의성 정의의 두 차원인 새로움과 유용성에 동양의 사상과 관념이 반영된 두 가지 기준, 즉 자연의 근본적인 진리를 나타내는 '미학(aesthetics)'과 개인의 내적 자아를 표현하며 세상에 대한 자신의 고유한 가치와 믿음과 관련되는 '진실성(authenticity)'을 추가하였다.

① 그는 '미학'과 관련하여, 창의적 산물의 미적 가치를 규정하는 네 가지 속성을 제시하였다. 첫째, 절대적이고 궁극적 진리의 반영이다. 창의적 작품은 단순한 모방이나 재현이 아니라, 자연 현상의 진리를 반영하여야 한다. 창의적 산물의 미는 단순히 실물이 유발하는 반응을 최대한 모사하는 것으로는 가능하지 않다. 저녁노을에 대한 추상 미술 작품은 노을을 보는 사람들이 보편적으로 느끼는 기분을 반영하는 것이다. 지오데식 돔을 디자인한 미국 건축가 버크민스터 풀러는 다음과 같은 말을 남겼다. "나는 문제를 해결할 때 절대 아름다움에 대해 생각하지 않는다. 나는 문제해결 방법만을 생각한다. 그러나 내가 일을 마쳤을 때 그 해결책이 아름답지 않으면 그것이 잘못된 것임을 안다."

둘째, 완전한 질서, 조화, 균형이다. Arnheim(1992)은 유기체의 근본적인 목표는 현상적 장(phenomenal field)에서 긴장을 최소화하고 균형을 달성하는 것이라고 보았다. 그래서 자신의 영역에서 중요한 문제를 발견하는 데 미적 민감성을 가져야 한다. 창의적 인재는 완전한 질서와 균형을 찾으려는 내적 욕망을 가지고 가장 효율적인 방식으로 해결안을 만들어 내어 현상적 현실의 본질과 정수를 전달한다.

셋째, 단순성이다. 여기서 단순성은 고도의 긴장과 복잡성을 가능한 가장 단순한 형태로 포괄하는 능력을 말한다. 예를 들어, 다윈은 자연의 진화를 생성(generation), 선택(selection), 보존(preservation)이라는 세 단어로 간결하게 요약하였으며, 아인슈타인도 복잡한 상대성 이론을 $E = mc^2$ 이라는 간단한 수식으로 제시하였다.

넷째, 긴장과 내부 모순 모두를 표현하는 복잡성과 관련된 것이다. Vygotsky(1971)의 미적 반응(aesthetical reaction) 이론에 의하면, 미적 반응은 창의적 산물이 복잡해질수록 증가한다. 여러 가능한 해석들이 플롯을 더 복잡하게 만들고, 호기심과 추측을 불러일으키며, 주의를 분산시키는 것이다. 그럼으로써 더 많은 심리적 에너지의 소비가 일어나면서 미적 반응이 증가하게 된다. 즉, 에너지 소비가 많을수록 예술 작품이 만들어 내는 효과는 더 강해진다. 창의적 작품의 갈등적 측면 간의 모순은 심리적 에너지의 폭발을 유발하면서 카타르시스를 경험하게 하며, 결국 미적 반응을 강화한다. 그럼에도 복잡성과 내부 모순이 무질서로 이어지지는 않아야 하며, 구조화된 전체에 내재하는 것이어야 한다.

② 창의성의 '진실성(authenticity)' 기준은 자기 수양과 관련이 있다. 예를 들어, 컴퓨터가 생성하는 프랙털(fractal) 이미지는 매우 독특하고, 유용하며, 질서와 복잡성으로 미적 반응을 유발하지만, 컴퓨터는 생명이 없기에 진실성이 없다. 진실성은 자신의 내적 자기를 표현하고, 개인의 고유한 가치와 신념을 세상과 연관시키는 능력을 말한다. 공자는 『논어』에서 "마음의 바닥부터 닦고 그려라"라고 하였고, 『명심보감』에서 "맑은 거울이라야 잘 비친다(明鏡察形)"라고 하였다.[15] 유교의 미학에 따르면 창의성은 개인의 고유한 가치와 신념을 반영하기 위하여 기존 사고에 새로운 본질을 불어넣는 과정이다. 즉, 전통에서 벗어나 독창적 현상을 찾기보다는

---

15 공자는 "(그림 그릴 때) 채색을 하는 일은 (그림을 그릴) 흰 바탕을 마련한 후에 해야 한다"(『논어』 「팔일」 8)고 말했다. 또한, "거울을 밝게 닦아야 자기 얼굴을 제대로 살필 수 있고, 지나간 일을 통해서라야 현재를 잘 알 수 있다"(『명심보감』 「성심편 상」)고 말했다. 이는 '모든 일에는 순서가 있는데, 반드시 근본이 되는 도덕적 가치관 곧 인간으로서의 자질을 완비한 다음에라야 어떤 일을 하든지 그 하는 일이 제대로 이루어질 수 있으며, 기존의 생각과 전통을 제대로 알아야 이를 기반으로 하여 새로운 창조를 할 수 있다'는 말이다. 이 회사후소론(繪事後素論), 명경찰수론(明鏡察形論)은 거뤄(葛路)의 『중국회화이론사』(강관식 역, 돌베개, 2010)에 공자의 회화론으로 소개되어 있다.

과거와 현재 모두에 적용될 수 있는 자신의 진실한 접근을 취한다.

그는 창의성의 네 가지 기준을 제시하면서, 서구 중심의 다소 제한된 정의로 인해 창의성을 평가하는 대다수 검사나 기법들은 독창성을 강조하는 방향으로 서구의 창의성 관점에 편향되어 있으며, 비서구 문화권에 고유한 창의적 원리들은 무시되는 경향이 있다고 지적하였다.

2. 창의성에 대한 암묵적 이론

창의성의 명시적 이론과는 달리 암묵적(implicit) 이론은 일반인들의 마음속에 깊이 내면화된 믿음이나 개념을 의미한다. 일반적으로 암묵적 이론에 관한 탐구를 통해 특정 심리학적 구성개념에 대한 공유된 문화적 관점, 즉 그 개념에 대해 특정 사회가 어떤 의미를 부여하는지를 알 수 있다. 더불어 일반인들은 이런 암묵적 이론을 자신이나 타인의 행동에 관한 판단이나 평가의 기준으로 삼는다. 또한, 암묵적 이론은 연구자들이 구성한 명시적 이론들에서 간과된 부분은 없는지 확인하는 데에도 유용하다.

따라서 암묵적 이론에 관한 연구들은 특정한 사회 구성원들의 마음속에 있는 신념 체계를 적절한 연구방법으로 드러내는 것을 목표로 한다(Sternberg, 1985). 창의성의 암묵적 이론을 파악하는 주요 연구방법은 창의적인 사람(학생, 화가, 과학자, 직장인 등)이 어떤 특성을 가지는지 자유롭게 기술해보라고 하거나, 특정한 인물에 대해 창의성 관련 특성 형용사 목록을 주고 평정하도록 하거나, 창의적인 인물을 지명해보도록 하거나, 가상의 인물을 글이나 영상으로 제시하고 창의적인 특성을 보이는지를 평가하도록 하는 등의 방법이다(김민희, 2010).

창의성의 암묵적 이론에 관한 연구는 1980년대부터 시작되었다

(Sternberg, 1985). 대부분의 연구는 창의성의 개념화나 창의적인 인물의 특성에 초점을 두었다.

1) 서구에서의 연구

문화마다 창의성 또는 창의적인 인물의 특성에 대해 갖는 공유된 믿음이 다를 수 있다. 서구인들(주로 미국인)을 대상으로 한 연구들에서 창의적인 인물을 묘사할 때 나타나는 암묵적 특성을 동기, 인지, 성격으로 나누어보면 다음과 같다. 먼저, 동기적 특성은 '적극적', '에너지가 넘치는', '의욕적', '열정적', '자신감', '결연한', '자기 생각이 분명한', '탐구적', '충동적', '호기심', '모험적', '야망' 등이 자주 언급된다. 인지적 특성으로는 '개념(또는 사물) 간의 새로운 연결을 만들어내는 능력', '외부 환경을 이해하고 해석하는 능력', '추상적 개념들을 파악하는 능력', '개념이나 이론을 새로운 시각으로 보는 능력', '항상 생각하며 아이디어를 중요시함', '높은 지능 수준', '열린 마음', '현명함', '지적인', '논리적인 실험', '상상력', '발명적', '의문 갖기', '문제해결 기술' 등이다 (Runco & Bahleda, 1986; Sternberg, 1985). 마지막으로 창의적 인물의 암묵적인 성격 특성은 '자유로운 사고', '동조하지 않음', '정통에서 벗어난', '기존 가정과 규범에 대한 의문 제기', '예술 음미', '미적 취향', '유머 감각' 등이었다(Sternberg, 1985).

좀 더 구체적으로, 교사와 학부모를 대상으로 창의적인 학생의 특성을 조사한 Runco 등(1993)의 연구를 살펴보자. 그들은 조사 대상을 ① 교사이면서 부모인 집단, ② 교사가 아닌 부모, ③ 부모가 아닌 교사, ④ 교사도 부모도 아닌 집단으로 구분하였다. 네 집단 모두에서 50% 이상이 창의적인 아동의 특성으로 지목한 특성 형용사는 '적극적', '모험적', '기민한', '야망 있는', '예술적', '유능한', '호기심', '꿈이 있는', '에너지가 넘치는', '열정적', '상상력'이었다. 미국의 교사와 부모는 창의적인 학생은 대부분 바람직하다고 볼 수 있는 특성을 갖는 것으로 인식하였다. 이런 결과는 인도 학생들을 대상으로 한 Singh(1987)의 연구에서 창의적인 아동이 바람직하지 않은 특성도 가진다는 결과와는 다르다.[16]

서구를 대표한 미국인 표본 이외의 유럽인들을 대상으로 한 연구에서도 미국 연구와 유사하였다. 예를 들어, 핀란드 교사들의 창의성에 대한 암묵적인 관점을 조사하였을 때, '이전 지식의 새로운 활용', '새로운 해결안의 발견', '유머', '상상력', '근면함', '사회적 상황에서 유연하게 행동하기' 등과 같은 요인들을 중요하게 생각하였다(Saarilahti et al., 2012). 또한, 폴란드, 루마니아, 세르비아를 포함하는 동유럽 국가들의 연구에서도 서유럽이나 미국인들이 가진 창의성의 암묵적 개념과 크게 다르지 않았다(Niu, 2019). 따라서 전반적으로 미국, 서유럽, 동유럽 간의 창의성의 암묵적 이론에서의 문화 차이는 미미하였다.

2) 동아시아 국가 연구

동아시아인들의 창의성에 대한 암묵적인 생각을 조사한 연구들은 1990년대에 중국, 홍콩, 한국, 일본, 대만을 대상으로 다양하게 이루어졌으며, 서구와 유사한 특성들이 많이 나타났지만, 주목할 만한 차이점들도 있었다.

Rudowicz와 Hui(1997)의 연구에서, '창의성이 무엇인가'라는 질문에

---

16 룬코의 연구에서 또한 주목할 점으로, 교사 집단은 '쾌활한', '까다롭지 않고 둥글둥글한', '감성적', '친화력'과 같이 사회적 또는 태도적 성질의 특성을 주로 언급하지만, 부모 집단은 '진취적', '충동적', '근면한', '진보적', '재치와 기지가 있는', '자신감'과 같은 지적 특성 또는 성격 요소를 주로 지목하였다. 교사 집단은 '충동적', '자신감'의 특성은 창의적 아동의 주요 특성으로 보지 않았는데, 이것은 11장에서 소개한 교사들의 창의성에 대한 역설적 태도와 상반된다. 이것은 교사가 비교적 자유분방함이 허용되는 초등학교 교사인지 아니면 사회화 과정을 거치면서 순응의 규범이 강조되는 중고등학교 교사인지에 따라 창의적인 학생에 대한 태도가 달라질 수 있기 때문이다.

대해 홍콩의 중국인들은 '새로운 것(something new)' 또는 '이전에 존재하지 않은 것(non-existing before)'으로 창의성을 묘사하였다. 또한, 창의성을 사고, 지혜, 직관, 독립성(비동조성), 권력, 에너지, 인간 잠재력 등과 연합된 것으로 인식하였다. 전반적으로 이 연구에서 나타난 창의성의 암묵적 특성들은 대부분 서구와 중복되었을 뿐, 앞서 소개한 중국의 주요 사상에서 도출된 창의성의 명시적 개념(유교나 도교의 전통적인 가르침)이 두드러지게 드러나지는 않았다.

중국인들의 창의성에 대한 암묵적 이론 연구에서 도출된 특성들을 탐색적인 요인분석을 해보아도, 서구 개념과 유사하게 인지, 동기, 성격 특성으로 구분되는 요인들이 도출되었다(Rudowicz & Yue, 2000). 이렇게 서구와 중국의 암묵적인 창의성 개념 및 창의적 인물의 특성에서 상당한 일치를 보인다.

다만, 차이가 나는 부분으로, 중국에서만 나타나는 특성과 서구에서만 나타나는 특성이 있다. 첫째, 서구에서는 나타나지 않는 두드러진 특성이 있는데, 앞서 명시적 이론에서 언급한 창의성 개념에 내재된 윤리적 기준이다(Yue & Rudowicz, 2002). Rudowicz(2004)가 중국 출신의 홍콩 학생들과 창의성에 대해 인터뷰를 했을 때, '사회의 개선 및 발전에의 의미 있는 기여', '이타성', '타인들의 인정을 받는 것', '정직성', '책임감', '자기 수양'과 같은 윤리적 측면들이 나타났다. 중국인들은 창의적인 특성보다는 사회적 공헌도가 높은 사람을 창의적인 인물로 생각하는 경향이 있다. 즉, 중국 문화권에서는 창의적 인물은 창의적 내적 특성보다는 사회적, 정치적, 경제적 공헌 등에 의해 창의적이라고 평가받을 가능성이 크다는 것이다. 실제로 Yue(2003)가 중국인들이 창의적인 사람이라고 꼽은 인물들의 창의적 특성과 사회공헌도를 비교하였을 때, 중국인들은 창의적 특성이 높은 사람보다는 정치인이나 기업인과 같은 사회적인 공헌도가 높은 사람을 창의적인 인물로 꼽는 경향이 있었다. 전반적으로 서구의 암묵적 이론에서 드러난 창의적 인물의 특성은 대부분 '개인적' 특성에만 초점을 두는 경향이 강하지만, 중국인들은 집단에의 기여를 강조한다는 측면에서 집합주의적(collectivistic) 지향성을 드러내는 것으로 볼 수 있다.

둘째, 서구에서는 분명하게 나타나지만, 중국의 암묵적 개념에는 빠진 것들도 있다. 첫째, '미적 취향(aesthetic taste)'과 같은 미에 대한 인식과 관련된 특성이 중국인들의 암묵적 개념에는 나타나지 않는다. 미적 또는 예술적 감각의 경우, 중등학교 교사의 7.1%만이 창의적 인물의 특성으로 인식하였다. '예술적 특성'을 특별히 창의성을 나타내는 것으로 인식하지 않는 것이다. 둘째, '유머 감각'은 서구의 명시적 및 암묵적 창의성 개념에서는 매번 보고되지만, 중국에서는 창의성과는 별 관련이 없는 것으로 인식된다. 서구와 달리, 홍콩의 교사들은 이상적인 학생에게 요구되는 특성 순위에서 유머는 중요하게 여기지 않았다.

Chan과 Chan(1999)은 홍콩의 204명의 초중등 교사들에게 창의적인 학생과 그렇지 않은 학생의 특성을 열거해 보도록 하였는데, 교사들은 창의적 학생들이 앞서 언급한 집합주의적(이타주의적) 지향성을 갖는 것으로 보지 않았다. 이 연구 결과 중 미국 연구와 두드러지게 차이가 나는 것은 중국이나 홍콩 교사들은 창의적인 학생의 특성으로 지능과 같은 지적인 능력을 더 자주 언급하였다는 점이다. 이는 창의성과 지능 간의 암묵적인 개념 중복이 미국의 경우(Sternberg, 1985)보다 더 많다는 것을 시사한다. 또한, 이는 교사들의 학업 성적에 대한 강조가 반영된 것으로도 보인다.

Lim과 Plucker(2001)에 따르면, 한국인들의 창의성에 대한 암묵적 이론은 네 요인(성격과 일반적 창의성, 인내, 독립성과 일탈, 인지와 동기)으로 구성되며, 이는 서구인들과 유사하다고 할 수 있으나, 두 가지 점에서 서양과 달랐다. 첫째, 한국인들은 사회적 책임에 가치를 두기에 창의성을 일탈(deviance)과 같은 부정적 특성과도 연합하는 경향을 보였다. 즉 창의성 개념에 포함된 '비동조'가 '반항'이라는 부정적인 의미로 비추어진다는 것이다. 이것은 중국인에게도 나타나기에 유교 문화의 영향으로 볼 수 있다. 둘째, 중국이나 홍콩과 유사하게 창의성에는 인지적 특성이 중요한 요인으로 고려되는 것으로 나타났다.

명시적 이론에 대한 고찰에서, 창의성 정의의 두 차원 중 서구인들은 새로움(독창성)을, 동아시아인들은 유용성(적절성)을 더 중요하게 간주한다고 하였다. Paletz와 Peng(2008)은 중국인, 일본인, 미국인들의 창의성의 개념에 대한 새로움과 적절성의 상대적인 중요성을 직접 경험적으로 조사하였다. 여러 산물에 대해 평정하도록 했을 때, 세 나라 모두에서 새로움 차원이 중요한 것으로 나타났다. 그러나 명시적 이론의 예상과는 달리, 창의성 평가에서 미국인과 일본인들이 중국인들보다 적절성을 더 중요하며 창의적 산물에서도 더 바람직한 특성으로 간주하였다. Morris와 Leung(2010)은 이런 결과가 나온 이유로, 중국의 급속한 경제 성장에 따라 중국인들이 변화에 대한 선호도가 높아졌기 때문이라고 해석했다. 하지만 이 연구는 미국 참가자의 32%가 아시아계였다는 점 등의 방법론적 한계가 있다. 향후 더 엄격한 방법론에 의한 후속연구가 필요하다.

Loewenstein과 Mueller(2016)는 문화적 합의(cultural consensus)라는 새로운 방법을 사용하여 창의성에 대한 일반인들의 암묵적 이론들에 대한 비교 문화 연구를 수행하였다. 그들의 방법은 두 단계를 거쳤는데, 첫 단계에서 중국과 미국의 참가자들에게 창의적인 아이디어를 나타내는 것으로 생각되는 '산물'이나 '과정'에 대해 왜 그런지를 설명하도록 하였고, 그 설명을 내용 분석하여 26개의 창의성 단서들(cues)을 추출하였다. 두 번째 단계에서 단서들을 사용하여 설문지를 만들어 또 다른 참가자들에게 응답하도록 하였고, 창의적인 아이디어에 대한 암묵적 이론에 합의가 있는지를 평가하였다. 미국인들은 창의적 산물이나 과정을 기술할 때 창의성 단서 중에서 비교적 협소한 범위의 새로움(novelty)과 관련된 속성들(예: 돌파구, 놀라움, 잠재력)을 주로 사용하는 경향을 보였지만, 중국인들은 새로움 속성 외에도, '실행 가능성', '사용 편의성', '대량 판매 시장용'과 같은 속성들도 창의적인 산물이나 과정을 기술하는 데 사용하였다. 이런 결과는 개인주의의 가치와 부합되는 '새로움' 단서에만 주로 주목하는 미국인들과 달리 중국인들은 새로움 단서뿐만 아니라 실행 가능성, 고객 관점의 사용 편의성, 시장에서의 매력 정도 등의 실용적 측면(적절성이나 유용성)도 강조하는 것으로 볼 수 있다. 따라서 명시적 이론에서처럼 암묵적 연구방법에서도 문화마다 창의성이 다르게 평가되는 것이다.

Adair와 Xiong(2018)의 연구에서도 창의성을 개념화할 때 중국 학부생은 유용성을, 캐나다 학부생은 새로움을 더 선호하는 경향이 있음을 보였다. 특이한 점은 개인주의-집합주의나 권력 거리의 문화 차원이 아닌 불확실성 회피(uncertainty avoidance)의 문화 차원이 이런 문화 간 차이를 설명하는 것으로 나타났다.

이를 뒷받침하는 결과로서, 1장에서 소개한 창의성의 사실(fact) 문항에서, '창의적인 것으로 간주되기 위해서는 새로울 뿐만 아니라 유용하거나 적절해야 한다'의 경우, 서구인(41%)보다 한국인(80%) 및 중국인(70%)의 동의 비율이 거의 두 배 이상 높았다(장재윤 등, 2023).

또한, Paletz 등(2011)은 형식 논리와 외적인 '산물'에 더 초점을 두는 서구 대학생들의 창의성 개념과는 달리, 동아시아 대학생들은 직관, 경험, 명상 등을 중시하는 동양 사상에 근거하여 내적 본질의 표현을 더 중시할 것이라는 Lubart(1999)의 제안을 경험적으로 검증하고자 하였다. 첫 번째 연구에서는 창의성을 반성(reflection)을 통하여 내적으로 표현되는 것으로 보는지, 아니면 상호작용(interaction)과 산물(products)을 통하여 외적으로 표현되는 것으로 보는지의 차이에 주목하였다. 코카서스 미국인, 아시아계 미국인, 일본인(모두 대학생)에게 창의적 인물이나 집단에서 연상되는 특성이나 활동을 단어나 구로 얘기해 보라고 하였다. 그 내용을 협력, 사회적 상호작용, 스포츠와 같이 타인을 포함하는 것은 '외적'으로, 설계와 같이 혼자 생각하거나 수행할 수 있는 것은 '내적'으로 분류하였을 때, 아시아계 미국인과 일본인은 외적인 것에 대한 더 높은 선호를, 미국인은 내적인 것에 대한 더 높은 선호를 보였다. 이것은 동아시아인들이 미국인들보다 '사회적 관계'(더 나아가 '사회적 기여')를 더 강조한다는 것을 보여주는 증거이다.

두 번째 연구에서, 창의성이 요구되는 직업에 대한 인식도 문화 간에 차이를 보였다. 내적 특성을 가지는 '예술가', '철학자', '매우 영적인 사람'과 외적 특성을 가지는 '과학자', '발명가', '팀 리더'의 여섯 가지 직업인을 둘씩 짝지어 제시하고, 둘 중에 어느 것이 더 창의적인지를 선택하도록 하였다. 아시아 학생들은 창의성을 외적인 '발명가'와 '과학자'와 같은 직업인과 더 연합하지만, 미국 학생들은 내적인 '철학자'와 같은 직업인과 더 연합하는 경향이 있었다. 따라서 루바트가 동양은 상대적으로 더 내적인 영역에 몰입할 것이라고 본 명시적 이론은 지지되지 않았다.

3) 영역 특수성에서의 암묵적 이론

앞선 연구들은 특정한 창의성 영역에 초점을 두지는 않았다. 그래서 참가자들이 창의적인 인물을 떠올릴 때 화가나 과학자와 같이 어떤 직업의 인물을 생각하였는지는 알 수 없다.

문화에 따라 인간 활동의 어떤 영역에서 창의성이 더 드러나는지에 대한 인식에서 차이가 날 수 있다. 미국인들에게는 창의적인 인물을 생각하도록 하면 과학보다는 예술 영역의 인물이 떠오를 가능성이 더 큰

'예술 편향(art bias)'이 있다(Kaufman & Baer, 2004).[17] 영국 학부생들은 고전 음악, 미술, 철학 등에서의 문화적 기여를 한 사람들을 창의적인 인물로 생각한다(Smith & Wright, 2000). Paletz 등(2011)의 연구에서처럼, 미국과 대비되게 중국인들은 미적 또는 예술적 성취보다는 정치적, 사회적 성취를 창의적인 성과로 보는 경향이 있다.

앞서 언급된 Yue와 Rudowicz(2002)는 489명의 중국(베이징과 광저우), 홍콩, 대만의 대학생들에게 역사상 그리고 오늘날 가장 창의적인 중국인이 누구인지에 대해 질문하였는데, 네 지역 모두 과거 및 현대의 정치인을 창의적인 인물로 가장 많이 지목하였다. 다음은 과학자와 발명가로, 세 직업이 전체의 90%가 넘었다. 반면 화가, 작가, 작곡가 등의 예술가는 거의 언급하지 않았다. 그런 사람들을 지목한 이유의 절반 이상은 창의성과 직접 관련이 없었다. 전반적으로 중국인들은 창의적 인물의 사고의 혁신성이나 문화에 대한 기여보다는 사회에 미친 영향, 지위나 명성, 사회에의 기여 등을 더 많이 고려하는 것 같다. 이것은 창의성에 대한 실용주의적 관점이 매우 강한 것으로 볼 수 있다. 이런 생각의 뿌리는 중국의 신화에 등장하는 한(漢)민족의 시조인 황제(黃帝)에서 찾을 수 있다. 그는 전설적인 지도자이자 사물의 법칙에도 통달하여 천문, 달력, 도량형, 음률, 문자에 대한 규칙을 정한 위대한 발명가이기도 하였다.

최인수와 윤지윤(2013)은 한국, 중국, 일본 등 동아시아 삼국은 비슷한 문화를 공유하고 있을 것이라는 서구인들의 관점에서 벗어나 세 나라의 창의적 인물에 대한 암묵적 지식을 비교 분석하였다. 흥미로운 결과 중의 하나로 각 나라에서 창의적인 인물로 언급된 인물들을 직업

---

17 그러나 1장에서 소개한 창의성 신화 문항에서, '창의성은 본질적으로 예술과 같은 것이다'에 대한 응답에서 서구인들(36%)보다는 한국인들(65%)이 동의 비율에서 유의하게 더 높은 것으로 나타났다(장재윤 등, 2023).

군으로 분류하였을 때, 나라별로 직업군이 상당히 달랐다. 한국에서 가장 많이 나타난 직업군은 '과학자(35%)'였지만, 중국에서는 '정치인 (32.8%)', 일본에서는 미국과 유사하게 '예술가(27%)'였다.

영역마다 창의적 수행과 연합된 특성, 자질, 기술이 상당히 다르다고 보는 영역 특수성의 관점(Baer, 2010)에 의하면, 문학, 미술, 과학, 컴퓨터 공학 등에서 창의성과 창의적인 사람에 대한 암묵적 이론도 다를 수 있다. 참가자들에게 영역을 명시하지 않고 창의적인 인물에 대해 묘사하는 방식의 영역 일반적 접근은 전문분야를 정하지 않고 전문가의 특성을 얘기하라고 하는 것과 같다.

Tang 등(2015)은 창의성은 영역 특수적이기에 창의적 인물의 특성도 영역마다 다를 것으로 보고, 컴퓨터 공학 전공의 미국 및 중국 학생들의 창의성의 암묵적 이론을 비교하였다. 308명의 중국인 컴퓨터 공학자들을 대상으로 한 사전 조사에서 만들어진 창의적인 컴퓨터 과학자를 묘사하는 특성 형용사 목록을 사용하여,[18] 중국(1,069명)과 미국 (971명)의 컴퓨터 공학자와 심리학 전공자에게 각 형용사가 창의적인 컴퓨터 과학자들을 얼마나 잘 묘사하는지를 평정하도록 하였다. 그 결과, 미국인과 중국인 모두 '똑똑하고 효과적(smart/effective)',[19] '외향성 (outgoing)', '독창적 사고(thinking originally)', '거만하거나 괴짜 같고 비사교적임(unsociable)'의 네 가지가 주요 특성으로 나타났다. 다만, 상대적인 중요성에서 약간의 문화 간 차이가 나타났다. 미국인들은 '똑똑하

---

18 중국인들에게서 컴퓨터 공학 분야의 사람만을 대상으로 하여 형용사들을 추출한 것이 이 연구의 가장 큰 약점이다. 향후 연구에서는 다양한 국가의 표본들로부터 여러 분야를 포괄할 수 있는 특성 형용사를 추출하여 사용해야 할 것이다.

19 '효과적임'이 포함된 것은 컴퓨터 공학 분야에서는 개인적으로 일하기보다는 제한된 시간과 자원으로 팀 프로젝트를 수행하는 경우가 많기 때문이다(Tang et al., 2015). 이것은 해당 영역에서의 실제 경험을 가진 사람들의 시각으로 암묵적 이론을 구성해야 함을 시사한다.

고 효과적'과 '외향성'을 중국인들보다 더 중요하다고 하였지만, 중국인들은 '독창적 사고'를 미국인들보다 더 중요하다고 평정하였다. 연구진은 이런 문화 차는 컴퓨터 공학 영역에서 중국이 미국에 뒤떨어져 있어 이를 따라잡고자 하는 강한 바람을 반영하는 것일 수 있다고 해석하였다. 연구진은 적어도 컴퓨터 공학 영역에서 두 문화의 사람들은 유사한 암묵적 이론을 가지고 있다고 결론지으면서, 암묵적 이론에서 문화적 영향은 명시적 이론들이 제안하는 것보다 더 복잡한 것 같다고 하였다. 그러나 영역 특수성을 고려하면 동서양 문화 간 차이가 어느 정도 감소하는 것으로 볼 수도 있다.

예술과 과학처럼 영역별로 창의성 및 창의적 인물에 대한 암묵적 이론이 다를 수 있을 뿐만 아니라, 동일한 과학 영역 내에서도 경성(hard) 자연과학과 연성(soft) 사회과학이 서로 다를 수 있을 것이다. 그러나 아직 이 수준까지 고려한 창의성의 암묵적 이론 연구는 이루어지지 않고 있다.

4) 논평

지금까지 유교나 도교와 같은 철학적 뿌리에 기반한 동양 사회에서의 창의성에 관한 명시적 이론을 서구와 대비하면서 살펴보았고, 동서양 간의 창의성에 대한 암묵적 이론에 관한 경험적 연구들을 살펴보았다.[20] 창의성에 대한 명시적 이론에서의 동서양 간의 차이를 정리하면서 그에 해당하는 암묵적 이론에 관한 연구 결과들을 검토해보았다.

첫째, 창의성의 명시적 이론에서 전통과 과거와의 단절을 의미하는 혁명적(revolutionary) 창의성이 부각 되는 서구와는 달리, 동양 사회

---

[20] 지금까지 유교, 도교, 불교 간의 이념 및 사상에서의 큰 차이에도 불구하고, 동양적 관점으로 통칭한 것은 창의성에 대한 명시적 이론을 서양의 관점과 대비시키기 위한 목적에서였다. 따라서 그 과정에서 지나친 일반화가 이루어진 측면이 있을 것이다.

에서는 과거와 현재 간의 연결이 더 강조되기에, 창의성은 진화적인 (evolutionary) 특성을 갖는다(Marshak, 1993). 즉 급진적인 변화나 완전한 재개념화보다는 단지 자연을 따르고 기존 패턴을 재배열하려고 하며, 기존 지식과 전통에 대해 적정한 개선이나 깊이를 더하고자 한다. 또한, 분석하고 발명하는 것보다는 자연에서 '발견' 또는 '찾아내는 것'에 더 가깝다. 자신의 작품이나 산출물이 혁신적이고 독특하기보다는 '전통'을 정확히 대변하려고 노력하는 경향이 있는 것이다(Sawyer, 2012). 따라서 1장에서 소개한 점진적 창의성과 급진적 창의성의 구분(Gilson & Madjar, 2011)으로 볼 때, 서양은 급진적 창의성, 동양은 점진적 창의성(incremental creativity)에 더 가깝다고 할 것이다.

다만, 창의성에 대한 암묵적 이론 연구에서는 보편적인 특성들이 더 많이 나타났다. 동양인(특히 중국인)들도 서구와 비슷하게 '이전에 없던 새로운 것'이 강조된다는 측면과 더불어, 유연하게 사고하고, 새로운 연합을 만들고, 질문하는 능력과 같은 인지적 측면, 자신감, 독립성, 주장성과 같은 성격 측면, 야망, 에너지, 열정과 같은 동기적 측면에서 두 문화 간의 보편성을 보였다. 이것은 창의적인 아동과 성인 모두에서 언급되는 것들이며, 동양과 서양 모두 교사와 관리자와 같은 여러 평가자에게서 나타난 것들이다(Kaufman & Sternberg, 2006). 경험에의 개방성도 문화적 보편성을 보이는 대표적인 개인차 변인이다(Heine & Buchtel, 2009). 다만, 창의적 특성으로 보더라도 일부 특성(충동성, 주장성, 비동조성 등)은 동양 문화에서 더 부정적으로 인식되기도 한다.

또한, 미적(예술적) 취향과 유머 감각은 동양 사회에서의 암묵적 창의성에는 잘 나타나지 않았다. 그래서 창의적인 인물로 예술가는 거의 지명되지 않았다. 또한, 중국에서는 창의성과 지능과 같은 인지적 능력을 더 강하게 연합하는 경향도 보였다. 이것은 동양 문화에서는 창의성과 인지 능력(지능)을 잘 구분하지 못할 수 있다는 것을 의미한다.

둘째, 동양 사회에서는 창의성 개념에 윤리적 가치가 내포되어 있다. 즉, 동양의 이념은 윤리적 가치를 창의적 행동의 중요한 준거로 보고, 선(善)을 창의성의 정의적 속성으로 간주한다(Niu & Sternberg, 2006). 15장에서 살펴보겠지만, 일반적으로 창의성에 대한 선의 편향(benevolence bias), 즉 창의성은 기본적으로 유익한 것이라는 편향이 서양에서도 있지만, 서구에서는 창의성 자체는 가치 중립적일 수 있다는 명시적인 이론을 가진다(Runco, 2010).

암묵적 이론에서도 이 점이 드러났는데, 창의성 또는 창의적 인물에 대한 동양의 암묵적 이론에는 '이타성', '사회에의 기여' 등의 윤리적 가치가 나타났다. 이런 관점은 예술은 사회성, 윤리성과 같은 어느 것에도 구속되지 않고 그 자체로 존재해야 한다는 서구의 예술지상주의(L'art pour l'art)와는 대비되는 관점이다.[21]

셋째, 서구에서는 창의성의 정의 중에서 새로움(novelty) 차원이 우선적이지만, 동양에서는 창의적 활동 자체에 몰입하여 진정성을 드러내는 것에 더 강조를 두며, 그 결과로 창의적인 산물의 새로움보다는 맥락 내에서 적절성과 유용성을 찾는 것이 더 중요하다. 이와 관련된 암묵적 이론 연구에서도 서구에서는 창의적 산물의 새로움 차원이 강조되고 이를 기준으로 평가가 이루어지는 경향이 강하지만, 동양에서는 새로움과 더불어 유용성이나 적절성 차원도 중요한 기준으로 나타났다. 이는 동양(특히 중국) 사회에서는 창의성에 대한 실용주의적(utilitarian) 관점이 좀 더 강하다는 것을 시사한다.

넷째, 서구의 창의성 개념의 뿌리는 『구약성서』의 천지창조에서 시작되었다면, 동양에서는 창의적 과정을 창의적 인물과 그가 사는 맥락 간

---

21 19세기의 예술지상주의는 예술의 유일한 목적은 예술 자체 및 미(美)에 있으며, 도덕적, 사회적 가치나 기타 모든 효용성을 배제해야 한다고 주장하면서, '무용(無用)한 것만이 아름답고, 유용(有用)한 것은 모두 추악하다'고 하였다.

의 협력적 상호작용으로 보며, 그래서 무에서의 창조가 아닌 맥락 속에서의 창의성이 강조된다. 이러한 측면을 다루는 암묵적 이론의 동서양 비교 연구는 거의 이루어지지 않았다.

전반적으로, 명시적 이론에서의 동서양 간의 차이 및 서구와 동아시아에서의 창의성에 대한 암묵적 개념에서 일부 나타나는 차이는 창의성 개념에 대한 보편성을 추구하는 접근과 더불어 문화마다 고유한 측면들에 관한 연구가 필요하다는 사실을 보여주고 있다.

마지막으로, 지금까지 서구와 아시아 간의 창의성에 대한 명시적 이론 및 암묵적 이론에서의 차이를 살펴보았는데, 동서양 간의 주요한 차이는 〈표 13-1〉과 같이 변화 형태, 전통에 대한 태도, 창의성의 목적, 그리고 창의성 평가 기준이라는 네 가지 측면에서 대비되는 것으로 요약될 수 있겠다. 그런데 네 가지 측면을 관통하는 차이는 결국 '연속성-불연속성' 차원이라고 할 수 있다. 서구에서는 기존 전통의 파괴, 천지창조, 독창성이 강조되는 불연속성의 창의성이 두드러진다면, 동양은 전통을 계승하는 천지개벽 및 타인들을 이롭게 하는 선한 의도와 유용성이 강조되는 연속성의 창의성이 두드러진 것이다.

표 13-1 **서구와 동아시아 간 창의성에 대한 관점 차이**

	서구	동아시아
변화의 형태	급진적, 혁명적	점진적, 진화적
전통에 대한 태도	전통의 거부(자연의 정복)	전통의 존중(자연과의 조화)
목적	개인의 자기실현	사회에의 기여(내재된 윤리성)
평가 기준	독창성(새로움)	유용성(적절성)

3. 개인주의 대 집합주의

1970년대부터 시작된 비교문화 심리학에서는 동양과 서양의 문화 간 차이를 주로 개인주의 대 집합주의(individualism-collectivism)의 차원에서 논의가 이루어지고 있다. 다음부터는 창의성 또는 창의적 행동과 관련된 동서양 간의 차이를 이 문화 차원의 관점에서 살펴보고자 한다.

1) 독립적 자아와 상호의존적 자아

개인주의와 집합주의 문화 차원에서 중심적인 자아관은 독립적 자아와 상호의존적 자아의 대비이다(Markus & Kitayama, 1991). 집합주의 문화권의 사람들은 자신이 속한 집단으로 자기를 정의하며, 개인과 집단 사이에 명확한 구분이 없고 집단 내 소속감과 조화를 추구한다. 반면, 개인주의 문화권의 사람들은 자기를 표현할 때 사회 맥락과는 분리되어 개인 내적인 속성으로 정의하는 경향이 강하다. 두 문화 간의 이러한 차이는 개인적인 목표가 자신이 속한 어떤 '집합'의 목표에 종속되는 정도에서 가장 두드러진다.

이런 차이를 동서양 간의 인성론의 차이로 보면, 서양의 인성론이 '자율(自律)'로 집약된다면, 동아시아의 인성론은 '인화(人和)'로 압축된다. 서양에서 사회적 질서는 원자화된 개인 사이의 계약에 근거하는 반면, 동아시아에서의 그것은 전체 내에서의 차등화된 예의에 기초한다 (김상환, 2016; 조긍호, 2017). 특히 농업을 주로 하는 동아시아 사회에서의 최고 덕목은 화이부동(和而不同)으로, 위계를 이루는 가운데 조화를 성취하는 능력이 강조된다.

공자는 『논어』의 「자로(子路)」에서 "군자는 화이부동(和而不同)하고 소인은 동이불화(同而不和)한다"고 하였다.[22] 즉, 공자는 군자가 추구해야 할 덕목으로 화이부동을 강조하면서, 다른 사람과 생각을 같이하지는 않아도 이들과 화목할 수 있는 군자의 세계를, 겉으로는 같은 생각을 하는 것처럼 보이나 화목하지 못하는 소인의 세계와 대비시켰다. 또한, 공자의 인(仁)은 화이부동의 이념에 상응하는 도덕적 창의성의 의미를 담고 있다.

앞서 명시적 이론에서 언급하였듯이, 서구의 개인주의 문화에서는 '표준이나 전통'으로부터 벗어난 사고를 창의성의 주요 특성으로 간주하는 반면, 집합주의 문화에서 창의적 행동은 사회문화적 규범과 전통을 지키고 이어나가는 것이다. 또한, 서구 관점의 창의성은 독창적이고 새로운 시도를 하려는 개인의 고유한 특성이나 개별성이 강조되지만, 동양에서의 창의성은 전체 집합과의 관계 속에서 사회적 및 도덕적 가치가 중시된다.

또한, 조긍호(2021)는 개인주의 사회에서는 "내가 무엇을 할 수 있는가?"의 학습, 즉 자기의 능력 확인 및 독특성 추구[23]가 사회화 (socialization) 과정의 주요 초점이기에 개인적 정체감(personal identity)의 형성이 일차적인 과제이지만, 집단주의 사회에서는 "내가 누구인가?"의 학습, 즉 집단 내에서의 자신의 위치 확인 및 내집단과의 동일성 추구가 사회화 과정의 주요 목표가 되기에 사회적 정체감(social identity)의

---

22 이는 이상적 인격체인 군자(君子)는 생각이나 이익을 달리하는 사람도 포용하고 그들과 화합을 이루지만, 이러한 상태에 이르지 못한 소인(小人)은 생각과 이익을 같이하는 사람과만 친애할 뿐 여러 사람과 화합할 줄 모른다는 뜻으로, 사람들 사이의 관계의 화합이나 사회적인 조화를 중시하는 유학 사상의 인간관을 잘 드러내고 있는 구절이다. 또한, 공자는 "군자는 많은 사람과 두루 화합하고 이익과 생각을 같이하는 몇몇 사람과만 편당을 짓지 않지만, 소인은 생각이나 이익을 같이하는 몇몇 사람과만 편당을 지을 뿐 여러 사람과 두루 화합하지는 못한다"(『논어』「위정」14)고 하면서 같은 생각을 거듭 제시하고 있다.

23 서구의 개인주의 사회에서 나타나는 자기 독특성의 추구 및 확인으로 개인주의자들은 긍정적 자기관을 갖기 위해 자기의 능력과 성향의 독특성을 사실 이상으로 과장하여 지각하는 "허구적 독특성 지각(false uniqueness perception)"의 경향을 강하게 보이기도 한다(조긍호, 2021).

형성이 일차적인 과제라고 보았다.

이런 측면은 양육 과정에서의 차이에서도 드러난다. Moreli 등(1992)은 부모와 아기가 적어도 2세가 될 때까지는 같이 잠을 자는 일명 '동침 (co-sleeping) 문화'에 대해 연구하였다. 이런 관습을 가진 동아시아 문화에서는 미국 부모들이 신생아를 아기용 침대 혹은 아기를 방에서 혼자 재우는 것에 대해 놀라워하며 아동 학대와 다름없다고 비난한다. 하지만 개인주의 문화의 미국에서는 잠을 따로 자는 것이 아이들의 독립심을 길러줄 수 있다고 정당화한다. 상대적으로 집합주의 문화에 속하는 일본 부모들은 아기들이 살아가는 데 필요한 공동체 구성원들과의 상호의존적 관계를 맺어줄 필요가 있다고 여기며, 동침은 이러한 과정에서 필수적인 것이라고 생각한다.

동아시아 국가들의 집합주의 및 상호의존적 자아와 서구인들의 개인주의 및 독립적 자아라는 문화적 가치와 신념은 자녀 양육과 같은 사회화 관행들에도 반영된다(Rudowicz, 2004). 아동 양육 관행들은 이러한 가치와 인간관을 반영하기에 창의성의 발달에도 영향을 미칠 것이다. 중국의 아동 양육 관행에서 복종, 협력, 상호의존, 사회적 의무 수용, 내집단을 위한 희생은 강조되지만, 독립성, 자기의존, 주장성, 독창성은 덜 강조된다. 개인의 자유를 제약하는 아동 양육 관행은 전통으로부터의 이탈을 허용하지 않고, 동조와 집단 조화를 강조하기에 (서구 관점의) 창의성을 해칠 수 있다.

서구에서는 '충동성'이 창의적 인물의 특성 중의 하나로 나타나지만 (물론 서구의 교사들도 충동성을 긍정적으로 보지는 않지만), 중국의 사회화 관행의 두드러진 특징 중 하나는 충동 통제(impulse control)이다. 부모는 아동기부터 표정, 느낌, 생각, 행동에 대한 자기 통제를 하도록 양육하며, 독립적이고 주장적이고 모험적인 행동은 대부분 제약된다. 충동 통제의 기능 중 하나는 권위나 전통에 대한 존경심을 갖도록 하는 것이다. 반면, 서구의 사회화 관행은 아동이 자신의 능력에 대한 자신감을 키우고, 자신만의 관점을 가지고 의견을 표현하면서 자신의 독특성을 발휘하도록 한다.

5장에서 보았듯이, 1970년대 가상 놀이(pretend play)에 더 몰입하는 아동이 확산적 사고 점수가 더 높다는 연구들이 나오면서 초기 아동기의 가상 놀이가 창의성의 전조라는 인식이 있었다. Haight(1999)는 중국과 미국에서 양육자와 아동이 함께하는 가상 놀이에서 양육자의 참여 정도에 초점을 두고 관찰하였는데, 양국 모두 '사회적' 성질을 갖는다는 보편성이 있지만, 가상 놀이의 양식이 각 문화에서 강조하는 창의성 유형과 부합한다고 보고하였다. 즉, 중국 문화는 구조와 문화적 틀에 가치를 두지만, 미국 문화는 개인의 독창성과 확산적 사고에 더 가치를 두었다. 이런 대비와 일관되게, 중국의 양육자들은 대인 상호작용에서 올바른 행동을 훈육하는 방식으로 가상 놀이를 시작하지만, 미국의 양육자는 대인 상호작용에서 즉흥적인 타협으로 놀이를 시작한다. 이런 결과는 아동이 어린 시기에 문화적으로 가치 있고 적합한 방식으로 사회화되면서 그것이 창의적 행동에도 영향을 줄 수 있음을 시사한다.

중국 문화에서 사회화의 또 다른 한 측면은 상호의존성과 더불어 효심(孝心)을 강조하는 것이다(Rudowicz, 2004). 즉 아동이 가족에게 실망이나 수치심을 초래할 수 있는 것은 최대한 피하도록 하며, 내집단에 더 순응하고 의무감을 갖도록 한다. 말 잘 듣고 효성이 깊은 아이로 키우기 위하여 권위적인 부모는 아이들이 성인이 될 때까지 엄격한 훈육을 통해 가르친다. 반면, 미국 아이들은 자신을 타인과 차별화하고 조기에 부모로부터 독립해야 한다. 그 과정에서 자신을 고유한 생각과 감정을 가진 독특한 개인으로 지각한다. 서구의 부모는 아이들이 어릴 때부터 스스로 문제를 해결하도록 하지만, 중국 부모는 아이들이 제대로 행동할 수 있도록 세심한 지도를 해준다. 또한, 중국의 교육은 개성을 개발하기보다는 모델로 삼을 만한 특정 인물을 따르는 것을 더 추구한다.

2) 동기 지향성의 차이

창의적인 노력과 연관된 동기 지향성에서도 문화 간 차이가 있다. 3장에서 내적 동기(intrinsic motivation)는 창의성의 필수 3요소 중의 하나라고 하였다. 서구 문화는 내적 동기에 상당한 가치를 두는 반면, 동양 문화는 외적 동기의 한 형태라고 할 수 있는 부모를 기쁘게 하는 데 좀 더 가치를 두는 경향이 있다(Ng, 2001). 8장에서 보았듯이, 서구에서의 내적 동기 이론 또는 인지평가이론(cognitive evaluation theory)에서는 외적 보상으로 내적 동기가 감소(이어서 창의성이 감소)하는 해로운 효과를 주장하는데(Amabile, 1996), 이것은 인간의 행복과 발전의 원천이 독특한 개체로서의 자율성과 독립성의 추구에 있다고 보는 서구의 근대적 인간관으로(Eisenberger & Cameron, 1996), 사회적 통제와 제약으로부터의 자유, 선택 권리, 자기표현, 자기실현 등을 강조하는 낭만주의적 풍토에 근거한다. 따라서 외적 보상이나 유인(incentive)이 강조되는 조건이나 환경에서 자신의 행동이 더 통제되는 것으로 느껴지면서 내적 동기와 자기결정감이 저하될 수 있다(장재윤, 구자숙, 1998).

그런데 외적 보상이 동기에 미치는 영향이 문화마다 다를 수 있다. 집합주의적 유교 문화에서는 개인의 독립성보다는 타인과의 관계 및 조화가 중요시되기에 자기결정감에 부여하는 가치가 서구인들에 비해 크지 않을 수 있다. 이것을 지지하는 연구로 Iyenger와 Lepper(1999)는 미국인에 비해 동양권의 사람들은 자신이 선택한 과제가 아니라 부모와 같은 중요한 타인이 선택한 과제에 대해 내적 동기가 저하되지 않음을 보여주었다.

긍정적인 자기상을 추구할 때 개인주의와 집합주의는 서로 다른 지향점을 가진다. 전자는 독립성, 독특성, 수월성을, 후자는 상호의존성, 연계성, 조화성이 강조된다(조긍호, 2021). 이에 따라 자기 향상의 방법도 전자는 자기 고양과 더불어 장점을 확충하는 데 더 집중하지만, 후자는 자기 비판과 더불어 단점을 개선하는 데 더 집중하게 된다. 조긍호는 이런 차이가 통제의 양상과 장단점에 대한 인식에서 연유한다고 보았다.

먼저, 서구에서는 환경 세계를 개인의 욕구에 합치되도록 변화시킬 수 있는 능력이 통제의 핵심이라고 보는 일차 통제(primary control)의 외부지향성이 강하지만, 집합주의적 가치가 강한 동양에서는 외적 제약의 작용 가능성을 인정하고 동료나 집단에 의존하고 연합을 형성하여 자기를 외부 세계에 합치되도록 만들고 현실과 타협하려는 이차 통제(secondary control)인 내부지향성이 강하다. 실제로 미국 및 일본 대학생들에게 환경을 스스로 통제했던 경험과 환경에 맞추어 스스로 적응하였던 경험을 기술하게 하였을 때, 미국 학생들은 전자를 일본의 학생들은 후자의 경험을 더 보고하는 경향을 보였다(Morling et al., 2002).[24]

둘째, 서구인들의 문화적 명제는 독립성과 자율성이기에 자신의 단점은 가급적 감추고 장점과 독특성을 드러내려는 자기 고양 동기가 강

---

[24] '지는 것이 이기는 것'이라는 격언처럼 양보는 일차적 목표의 일시 중지나 포기를 뜻하는 이차적 통제로서, Azuma(1984)는 일본에서는 일차적 통제인 자기주장보다 더 가치 있는 것으로 여겨진다고 하였다. 양보는 성숙함을 나타내는 것으로, 추후 연장자나 동료들로부터 신뢰를 얻어 더 중요한 결정에서 영향력을 가질 수 있다는 것이다. 그러나 통제 관련 문화적 상대성 가설과 달리, 범문화적으로 인간은 이차 통제보다는 일차 통제가 인간의 기본적 욕구로서 더 우세하다는 보편성을 주장하는 입장도 있다(Heckhausen & Schulz, 1995). 최근에는 일차 통제의 개념을 확장하여 동아시아인들은 서구인들처럼 일차적 통제의 경향이 강하지만, 맥락에 따라 여러 가지 미묘한 방식으로 상황이나 타인에 간접적, 대리적, 집단적, 또는 장기적 접근 방식으로 영향을 행사한다고 본다(Park et al., 2018).

하다. 반면, 집합주의 사회의 문화적 명제는 조화와 연계성의 확립이기에, 자신의 강점보다는 약점을 확인하고 수정해나가면서 집단의 조화를 도모하고자 한다. 또한, 동양인들은 자신의 성공을 능력보다는 운과 같은 외부요인에 귀인하는 겸양 편향(modesty bias)이 더 강하게 나타난다. 각 사회의 문화적 명제를 충족시킬 수 있을수록 자존감은 증가하는데, 동서양 간의 자존감 증진 방식이 다른 것이다.

Heine 등(2001)은 캐나다 학생들과 일본 학생들을 대상으로 수렴적 창의성을 측정하는 원격 연상 검사(RAT)를 실시하여, 타인과의 비교에 의한 것임을 알려주면서 성공 또는 실패로 수행에 대한 피드백을 조작하였다. 이후 다시 기다리는 동안 자유시간이 주어졌다. 이때 처음 수행했던 RAT 과제와 유사한 활동을 할 기회가 다른 대안적인 활동들과 함께 주어졌으며, 처음 과제(RAT)와 유사한 활동에 보내는 시간을 내적 동기의 측정치로 간주하였다. 두 피드백 조건에 따라 캐나다 학생과 일본 학생 간에 다른 결과를 보였다. 실패라는 피드백을 받은 캐나다 학생들은 성공이라는 피드백을 받은 학생들보다 그 활동에 훨씬 적은 시간을 보냈지만, 일본 학생들에게서는 반대의 결과를 보였다. 이러한 결과는 서구인들이 자기 고양(self-enhancing) 동기가 강한 것과 대비되게, 일본인들은 상대적으로 자기 개선(self-improving) 동기가 강함을 보여준다. 따라서 일본인들에게 실패는 고쳐야 할 부분을 명확히 드러내는 효과를 가지며, 성공한 활동보다는 실패한 활동을 자존감에 더 중요한 것으로 보고 개선의 계기로 삼고자 한다.

긍정적인 자기상을 유지하려는 동기는 모든 인간 사회에서 볼 수 있는 보편적인 욕구일 것이지만, 한국을 비롯한 중국, 일본 등의 동아시아 국가들은 '체면', 즉 '남들이 나를 어떻게 볼까?'와 같이 사회적 이미지를 관리하는 데 매우 큰 가치를 둔다. 중국에서는 우리의 체면에 해당하는 '멘쯔(面子)'를 목숨처럼 중요시한다. 일본은 '수치심' 문화가 발달하였다. Heine 등(2001)의 실험에서 나타난 일본 학생들의 자기 개선 지향 행동도 이것 때문일 것이다. 다르면서도 비슷한 삼국의 이런 특성 들은 모두 타인을 의식하는 집단주의적 문화와 명분이나 위신을 중시 하는 유교 사상의 영향을 받은 것이다. 반면, 서양인들은 상대적으로 남의 눈을 크게 의식하지 않는다. 대신 유일신과 자신과의 관계를 더 중요하게 보고 신 앞에서 떳떳한 삶을 사는 것에 더 무게를 두기에 '죄 의식' 문화가 발달한 것으로 보기도 한다.

동서양 간의 차이는 행동의 판단 기준이 '자신에게 있는가', 아니면 '타인에게 있는가'로 구분할 수 있다. 그리고 서구의 '동기' 연구자들은 체면, 멘쯔, 수치심 등을 모두 외적 동기에 의한 것으로 보고, 이는 개 인의 순수한 표현을 방해하기에 창의성을 저해하는 요소라고 생각한다.

3) 분석과 종합, 논리와 직관

Nisbett(2003)은 서양은 사고와 판단이 분석적(analytic)이며, 동양은 종합적(holistic)이라고 주장하였다. 동서양인의 특징적인 사고유형은 종 합적 사고와 분석적 사고로 구분될 수 있다는 것인데, 예를 들어, '대나 무', '판다', '고래'가 그려진 사진을 보여주고 서로 관련 있는 두 개를 묶 어보라고 하면, 판다와 대나무를 묶은 사람은 종합적 사고형, 판다와 고래를 묶은 사람은 분석적 사고형으로 볼 수 있다. 동양인들은 사물이 나 관계를 종합적인 관점에서 바라보기에 '판다는 대나무를 먹는다'라 는 생각으로 둘을 연결하는 경향이 있다. 반면, 서양인들은 개별적 특 성을 중시하므로 개별 특성이 포유류로 일치하는 '판다'와 '고래'를 묶는 경우가 많다. 동양인은 모든 것이 상호 연결되어 있으므로 종합적으로 보는 데 익숙해 개별성에 대한 인식은 상대적으로 부족하다. 반면, 서 양인은 전체에서 개별 사물들을 떼어내 분석하기에 개별성은 잘 파악 하지만, 전체를 보는 능력은 상대적으로 낮을 수 있다.

또한, '직관'과 '논리'라는 지식 습득의 두 형태의 구분은 동양인과 서양인들의 창의성에 대한 개념화에서의 차이를 드러내는 데 유용하다. Wonder과 Blake(1992)는 창의적 사고 과정에는 논리와 직관이 모두 필요하지만, 동양의 창의성에 대한 사고와 접근은 '직관적'인 반면, 서양의 접근은 '논리적'이라고 제안하였다. 동양에서는 전체적 관점에서 직관적으로 패턴을 인식해내는 능력이 강조되지만, 서구의 사상은 논리에 더 무게를 두며, 법칙을 찾아내는 '방법' 측면에 주의를 많이 기울이면서 법칙에 따라 모든 것들이 서로 논리적으로 부합하기를 요구한다는 것이다.

4) 중용

종합적 판단과 사고를 지향하는 것의 자연스러운 귀결은 중용적 태도이다. 서구의 논리적 사고에서는 분석, 분화, 분리와 더불어 종합과 통합이 강조된다. 예를 들어, 헤겔의 변증법적 사고에서는 모순 요소인 정(thesis)과 반(antithesis)이 연이어 작용하면서 합(synthesis)에 이른다. 반면, 동아시아에서는 중용(中庸)이 강조된다. 이는 서로 극단으로 대립하는 판단과 결정의 과정에서 중간의 도(道)를 택하는 유교 교리로서, '중'은 양극(兩極)의 합일점이고, '용'은 영원한 상용성(常用性), 즉 지나치거나 모자람이 없는 상태이다.[25] 따라서 중용의 자세는 대립하는 두 가지가 공존하는 것이며, 분화되거나 종합되기보다는 조화롭게 계속 유지되는 것이다. 동양인들은 모순에 대한 선호가 서양보다 높은 편인데, 이는 모순되는 주장을 타협을 통해 수용하기 때문이다(Nisbett, 2003). 그런데 일면 긍정적 의미를 담고 있는 중용의 사고가 창의적 수행에는 불리할 수 있다.

---

25 한국학중앙연구원, 『한국민족문화대백과사전』, '중용사상'.

6장에서 Rothenberg(1971)가 야누스적 사고(Janusian thinking)가 창의적 사고의 핵심이라고 강조한 것처럼, '값싸고 창의적인' 제품을 만드는 것이나 오늘날의 경영에서 경쟁과 협력을 동시에 추구하는 것과 같이 양립하기 어려운 모순적 요소들을 인식하고 연결하고 포용하는 역설 프레임(paradoxical frame)은 창의적인 통찰 및 수행에 유리하다(Miron-Spektor et al., 2011). 그런데 Leung 등(2018)은 서구인보다 중국인과 싱가포르인의 중용 접근(middle ground approach) 및 사고 양식은 역설에서 나오는 갈등이나 긴장의 느낌을 줄여주기에 역설 문제의 해결에 있어 양립하기 어려운 요소들 간을 연계하거나 포용하는 과정, 기존 관념이나 틀에서 벗어나는 사고, 높은 수준의 인지적 복잡성 등을 자극하지 못해 창의적인 해결책에 이를 가능성이 상대적으로 낮아질 것으로 보았다. 그들은 다음과 같은 다섯 연구를 수행하였다.

먼저 연구 1에서 '값싸면서 창의적'이라는 역설 프레임을 점화하였을 때 새로운 초콜릿을 디자인하는 과제에서 창의성이 증진되는 효과를 보였다. 연구 2와 연구 3에서 역설적으로 사고하고 갈등을 경험하는 것에 따른 창의성 증진 효과는 중용의 태도를 덜 보인 사람들에서 나타났다(개인 차원). 또한, 중용의 접근을 거의 취하지 않은 이스라엘인들에게서 창의성 증진이 나타났지만, 중용의 태도를 많이 취하는 싱가포르인들에게서는 나타나지 않았다(문화 차원). 연구 4에서도 역설 프레임, 갈등 경험, 창의성의 관계에서 중용의 태도가 조절 효과를 가짐을 보여주었다. 연구 5에서 중용의 태도를 가진 사람들은 역설에 대처하기 위해 모순적 요소 간 차이를 구분하면서 모순적 입장들의 정교한 처리 및 모순의 합일을 이루어내는 통합적인 복합 사고(integrative complex thinking)를 하는 경우에만 창의적인 수행으로 이어졌다. 즉, 통합적 복합 사고로서 모순의 분화와 통합 과정을 거치면 창의성이 증진되지만, 중용의 사고로서 모순의 조화만을 추구하면 창의성 발휘에 어려움이 있다는 것이다. 왜냐하면, 중용의 사고와 접근[26]을 취하는 사람들은 갈등을 세부적으로 분석하지 않아 통합적 해결책에 다다르지 못하기에 역설 프레임의 창의적 이득을 얻지 못하기 때문이다.

이 연구는 창의성을 증진하기 위해서는 역설 경험이 중요하다는 통찰을 줄 뿐 아니라, 중용의 태도가 창의적 사고를 촉진하는 데 부정적인 영향을 미칠 수 있음을 보여주며, 오늘날의 복잡하고 모호한 환경과 상황에서는 유리한 특성은 아닐 수 있음을 시사한다.

5) 문화 규범에의 동조

동서양 간의 창의성에서의 차이를 논의할 때 항상 언급되는 것이 개인주의 문화와 집합주의 문화 간에 서로 다르게 내면화된 동조(conformity) 경향성에서의 차이이다.

일군의 학자들은 창의성에서의 동서양 간의 차이를 개인적 특성보다는 문화적 규범(norm)에서의 차이에서 찾고자 하였다. 사람들은 자신의 문화 규범을 인식하고 있으며, 자기 생각과 행동에 암묵적으로 영향을 미친다고 보는 것이다. 그래서 창의성 검사를 혼자 수행할 때에는 문화적 규범이 두드러지지 않기에 미국인과 중국인 간에 차이가 나타나지 않지만, 동일 과제를 집단 맥락에서 수행할 때나 집단에서 아이디어를 선택할 때는 자신이 속한 문화 규범에 대한 선호가 두드러져서 사람들은 자신의 판단이나 행동을 문화 규범과 일치하는 방향으로 할 것이다.

---

26 이 연구에서는 중용의 사고나 접근을 역설 내 상반되는 두 요소나 입장을 인정하고(그래서 상반되는 측면들의 부분들을 그대로 유지하고) 적정 수준의 중간 입장을 취하는 것으로 정의하였다. 그리고 이것은 타협이나 절충(compromise)과는 다르다고 하였다. 이 연구에서는 중용의 사고를 분석-종합(Analysis-Holism) 척도(Choi et al., 2007) 문항을 사용하여 측정하였다. 문항의 예시는 다음과 같다. "극단으로 가기보다는 중간 입장이 더 바람직하다", "내 의견과 타인의 의견이 상충할 때 옳고 그름을 따지기보다는 적정하게 중간점을 찾는 것이 더 중요하다".

그래서 미국인들은 독창적인 아이디어를 생성하거나 선택하게 되고, 중국인들은 실용적인 아이디어를 생성하거나 선택하게 된다.

Bechtoldt 등(2010)은 이러한 규범에 의한 설명을 지지하는 결과를 보여주었다. 네덜란드와 한국의 학생팀에게 대학 교육을 개선하기 위한 아이디어를 브레인스토밍으로 생성하도록 하면서 '최선을 다하라'고 요청하였을 때, 네덜란드 학생들은 더 '독창적인' 아이디어를 생성하지만, 한국 학생팀은 더 '유용한' 아이디어를 생성하였다. '최선을 다하라'라는 지시가 해당 문화의 규범에 부응하려는 동기를 유발한 것이다. 또한, 두 문화 집단은 독창성 대 유용성 목표로 분명하게 점화되었을 때, 자신들의 수행 스타일을 변경할 수 있었다. 즉, 네덜란드 학생집단에서도 유용성이 창의성의 지배적 규범이라고 제시(실험적으로 유도)했을 때, 팀 창의성 과제에서 '최선을 다하라'라는 지시는 아이디어의 독창성이 아닌 유용성을 증가시켰다. 이러한 결과는 문화 규범이나 규범 기대가 변화될 수도 있음을 분명하게 보여준다.

Liou와 Lan(2018)은 혼자서 새로운 디자인 아이디어를 생성하라고 한 경우, 미국과 대만의 학생들은 독창적 아이디어를 유사하게 생성하였으나, 개별 구성원이 낸 아이디어를 팀으로 토론하고 후속 개발을 위한 아이디어를 몇 개 선택하도록 한 경우에는 미국 팀은 대만 팀보다더 독창적인 아이디어들을 선정하는 경향이 나타남을 보여주었다. 더불어, 대만 팀에서 버린 아이디어들은 미국 팀에서 버린 아이디어들보다 더 독창적이었다.

이런 문화적 규범의 영향은 이중문화적 정체성 통합(BII: Bicultural Identity Integration) 개념[27]을 적용한 Mok과 Morris(2010)의 연구에서도

---

[27] 이민자나 주재원처럼 두 문화에 접하고 있는 사람이 두 개의 문화적 정체성이 서로 대립하는 것으로 보지 않고 양립 가능한 것으로 지각하는 정도를 나타내는 개념이다 (Benet-Martínez & Haritatos, 2005).

지지되었다. BII가 높은 아시아인들은 아시아 문화와 미국 문화가 양립 가능한 것으로 보지만, BII가 낮은 사람들은 두 문화가 갈등적인 것으로 간주한다. 그들은 BII 수준에서 차이가 있는 아시아계 미국인들을 대상으로 각 처리 스타일을 활성화하기 위하여 '아시아' 또는 '미국'의 상징물들로 점화하였다. BII가 높은 아시아인은 미국 문화 단서가 제시될 때 그것에 쉽게 동화하여 미국식 판단을 하지만, BII가 낮으면 미국 단서가 주어져도 아시아적 판단을 하는 것과 같은 대비적 반응을 보인다. 연구에서는 창의성에도 이런 효과가 나타나는지 보고자 하였는데, 아시아계 미국인 대상의 두 실험에서 미국 문화 단서는 BII가 높은 경우 확산적 사고 과제에서 아이디어의 독창성을 증가시켰으나(동화적 반응), BII가 낮은 경우에는 감소하였다(대비적 반응).[28] 즉, BII가 높으면 '미국' 규범에 맞게 독창적인 아이디어를 더 생성했다. 이것은 미국과 아시아가 서로 다른 문화적 규범을 가질 수 있고, 해당 문화 규범이 활성화되면 그에 부합하는 방향으로 사고하고 행동한다는 것을 다시 한 번 보여준다.

창의적 수행에서 문화 간 차이를 '규범'으로 설명하는 이런 접근은 규범 위반에 대한 민감성에서의 문화 간 차이를 보인 신경과학의 발견으로도 지지된다. 문화 신경과학 연구자들인 Mu 등(2015)은 규범 위반에 대한 고양된 신경 반응(ERP: event-related potentials)은 창의성과는 부적인 관계가 있음을 보여주었다. 구체적으로 이들은 새로운 사회 규범 위반 과제[29] 수행 동안의 EEG 측정을 통해 사회 규범의 위반이 신

---

28 BII가 낮으면 대비 효과가 관찰되는데, 두 문화를 제대로 통합하지 못하고 갈등적인 것으로 보기 때문일 것이다.

29 참가자들(중국 및 미국)은 34개의 행동(예: 춤추기) 각각에 대해 세 가지 상황 또는 장면('미술관'-매우 부적절, '지하철역'-약간 부적절, '탱고 연습실'-적절)에서의 적절성을 판단하였다.

경생물학적 수준에서 탐지될 수 있는지, 그리고 규범 위반의 탐지에 기저하는 신경 기제가 무엇이고 문화마다 그것이 어떻게 다른지를 조사하였다. 50명의 중국 및 미국 참가자들로부터 얻은 EEG 기록은 사회규범 위반 탐지의 문화 보편적인 신경 표식(marker)인 중추 및 두정 부위에 걸친 일관된 약 400밀리초(N400)의 ERP 부적 굴절(deflection)을 보여주었다. 그러나 전두 및 측두 부위에서의 N400은 중국인들에게서만 관찰되었는데, 이는 특정한 문화에서 나타나는 규범 위반 탐지의 신경 기질을 보여주는 것이다. 또한, 전두엽의 N400은 높은 자기 통제나 낮은 창의성을 보이는 국가들에서 발견되는 사회 규범의 강도와 관련된 여러 태도 및 행동 측정치들을 예측하였다. 이 연구의 결과는 사회규범 위반 탐지에서의 신경생물학적 기초를 보여주는 것이자, 문화 간차이를 분명하게 드러내는 것이다.

6) 결과 중시 대 과정 중시

서구 문화의 창의성에 대한 개념에서는 독창성(originality)과 최종 산물(final products)이 강조되지만, 동양 문화는 상대적으로 기교(skill)와 과정(process)이 강조된다. 동양에서는 절차탁마[30]라는 표현이 상징하듯

---

30 절차탁마(切磋琢磨)는 본래 중국 고대의 시집인 『시경(詩經)』의 「위풍(衛風)」 기욱편(淇奧篇)에 나오는 말이다. 오랜 기간 갈고 다듬어 하나의 작품을 만들어내거나 학문과 인격을 형성하는 것을 의미한다. 즉, 일정한 수준에 이르러서도 이에 자족하지 않고 끊임없이 정진하는 것을 나타낸다. 여기서 '절(切)'은 뼈와 뿔을 잘라내는 일을 말하고, '차(磋)'는 이렇게 잘라낸 뼈와 뿔을 갈고 다듬는 일을 말하며, '탁(琢)'은 옥과 보석의 원석을 쪼아내는 일을 말하고, '마(磨)'는 이렇게 쪼아낸 옥과 보석의 원석을 갈고 다듬는 일을 말한다. 이는 공예품을 만들 때 원재료를 오랜 시간을 갈고 다듬어서 완성된 작품을 만들 듯이, 사람의 인격이나 학문을 닦을 때도 오랜 시간의 쉬지 않는 노력이 있어야 한다는 사실을 비유적으로 이르는 말로 쓰인다. 이는 『논어』「학이」 15에서 공자와 제자인 자공(子貢)의 대화를 통해 학문과 인격의 수양을 위한 끊임없는 노력을 강조하는 성어(成語)로 자주 인용되고 있다. 『대학(大學)』에서는 학문하는 자세와 스스로 인격을 닦는 일을 말하는 것의 비유로 쓰여 이러한 사실을 거듭 강조하고 있다.

이 창조 과정에서의 지속적인 몰입을 강조하며, 과거 전통의 단절이나 파괴가 아닌 전통적 관념의 재해석에 더 무게를 둔다. 동양에서는 위대한 창조자일수록 기존 전통과 자신의 선조들과 스승의 영향을 강조하며, 자신의 창의성은 단지 그들로부터 파생된 것이라고 본다. 이런 문화차이가 생애 동안 창의성이 전개되고 발현되는 양상에 영향을 미칠까?

이 질문에 답하기 위해 Kozbelt와 Durmysheva(2007)는 14세기부터 19세기까지 일본에서 융성한 회화의 한 양식인 우키요에(浮世絵)를 조사하였다(그림 내용은 대부분 풍속화이고, 목판화였기에 대량 생산이 가능하여 일반 서민들도 손쉽게 살 수 있었다[31]). 그들은 36개의 미술 서적에서 44명의 우키요에 화가들이 만든 2천여 개의 판화들을 찾았다. 각 화가에 대해 경력상의 최고 정점(가장 중요하게 취급되거나 많이 인용되고 수록되는 산물을 생산한 나이)과 인용 빈도에 의한 명성(eminence) 평정 값을 추정하였다. 분석 결과, 이전 서구 표본에서의 결과와 대체로 일치하였다. 예를 들어, 화가들의 경력 정점은, 편차가 있지만, 평균적으로 40세였으며, 예외는 있지만, 대체로 가장 작품을 많이 낸 다작 화가들이 가장 유명한 판화를 만들어내었다. 다만, 우키요에 화가들의 경우 경력 정점의 나이와 명성 간의 정적 관련성이 서구 화가들보다 더 높게 나타났다. 그리고 더 주목할 점으로, 대체로 프랑스 화가들보다 정점이 더 늦게 나타났다. 나이가 든 화가들이 더 유명한 판화를 만들어낸 것이다. 예를 들어, 우키요에 화가들 중 가장 높은 평가를 받는 가쓰시카 호쿠사이(葛飾北斎)의 대표작인 〈후가쿠(후지산) 36경(富嶽三十六景)〉은 그가 70대일 때 만들었다(〈그림 13-1〉은 36경 중에서도 가장 널리 알려진 〈가나가와의 거대한 파도〉이다). 호쿠사이와 쌍벽을 이루는 우키요에 화

---

31 우키요에는 당시 유럽인들에게 애호되었고, 모네나 고흐를 비롯한 인상주의 화가들에게 크게 영향을 주었다.

그림 13-1 **가쓰시카 호쿠사이, 〈가나가와의 거대한 파도〉**
(기메 국립 아시아 박물관, 프랑스. 판화이기에 다른 곳에서도 소장.)

가인 우타카와 히로시게(歌川広重)는 25년간의 작품 활동 기간 중 사망 직전인 60대에 그의 대표작인 〈명소에도백경(名所江戸百景)〉을 완성하였다.

　동양에서의 전통의 존중은 단순히 그것을 맹종하는 것을 의미하지는 않는다. 우키요에에 대한 수요가 많았던 당시, 우키요에 화가들도 서구 화가들처럼 항상 새로운 것을 만들어야 하는 압박과 경쟁에 시달렸다. 그러나 이러한 새로움에 대한 압력은 전통의 철저한 단절이나 거부로 이어지기보다는 이전 형식의 점진적 정제나 개선을 자극하였을 뿐이었다. 물론 수수께끼 화가로 유명한 도슈사이 샤라쿠(東洲斎写楽)[32]와 같

---

[32]　그는 1794년 5월에 갑자기 데뷔하여 단 10개월 동안 독창적인 142점을 남기고 홀연히 흔적도 없이 자취를 감춘 인물이다. 그의 작품은 오랫동안 주목을 받지 못했으나, 독일 학자 율리우스 쿠르트가 *SHARAKU*(1910)에서 그를 "벨라스케스나 렘브란트와 어깨를 나란히 하는 초상화가"라고 절찬하여 유럽인들로부터 호평을 받았고, 이로써 일

이 혁신적인 모습을 보인 화가도 있지만, 전반적으로 우키요에 화가들은 전통을 더욱 계승, 발전시키고자 고뇌하고 불철주야 노력하면서 최고의 경지에 이르기 위한 과정을 무엇보다 중요시하였다. 이문열의 소설 『금시조(金翅鳥)』(1981)에서도 결과보다는 과정을 중시하는 동양에서의 창의성 개념이 잘 드러난다. 다음은 주인공 고죽이 어느 하나 완벽하지 못하다고 본 자신의 서예 작품을 모두 불태우는 금시조의 마지막 대목이다.

어떤 사람에게는 고죽 일생의 예술이 타고 있었다. 어떤 사람에게는 그 처절한 진실이 타오르고 있었고, 또 어떤 사람들에게는 고죽의 삶 자체가 타는 듯도 보였다. … 그러나 그때 고죽은 보았다. 그 불길 속에서 홀연히 솟아오르는 한 마리의 거대한 금시조를, 찬란한 금빛 날개와 그 힘찬 비상을.

앞서 언급되었듯이, 서구인들은 창의적 산물이 이전에 없던 경이롭고 획기적인 것이 되기를 바라지만, 중국인들은 창의적 산물이 사회 규범과의 조화나 전통과 일치하는 성질을 구현하기를 더 기대한다(Yue, 2004). 전통적인 유교적 교육 방법은 새로운 지식을 위에 있는(upward) 권위자에게서 배우고, 뒤로 돌아(backward) 전통에서 찾고자 한다. 따라서 동양의 창의성 개념은 역동적이고 점진적인 창의적 과정을 나타내는 Lubart(1999)가 '연속적 재구성(successive reconfigurations)'이라고 부른 것과 같다.

본에서도 재조명되었다. 그의 출생 및 사망 시기도 알려지지 않았고, 사제관계나 화파도 분명하지 않다. 그의 그림은 당시 전통과는 상당히 달랐으며, 자극적이고 유일무이한 것이었기 더 주목을 받았다. 그는 주로 인기 있는 가부키 배우들의 상반신을 독특한 형태로 그렸는데, 커다란 코나 튀어나온 턱 등 배우가 꺼리는 특징을 개성 있게 묘사하였다. 샤라쿠의 정체와 관련하여 여러 인물이 후보로 거론되었는데, 김홍도나 신윤복이라는 설도 있었다. 그의 정체에 대해서는 영화나 소설에서 다뤄지기도 했다.

동양에서는 창의성을 수월성(excellence)으로 보며, 목적을 가진 학습과 연습을 통해 달성될 수 있다고 본다. 따라서 창의성에 대한 동양의 관점은 내적 경험과 엄격한 훈련을 통하여 기술이나 기교를 완벽하게 숙달하는 것을 더 강조한다. 이는 창의성을 인간이 생애 동안 계속 개발할 수 있는 것으로 보는 생각, 즉, 창의성이 점진적으로 향상된다고 보는 학습 목표 지향성 또는 성장 마인드셋(growth mindset)이라고 할 수 있다. 성은현(2006)은 서양의 창의성이 생각나는 것을 바로 자유롭게 이야기하고 남과 다른 새로운 아이디어를 추구하고 즐기는 특성을 갖는다면, 동양의 창의성은 다양한 생각이나 많은 이야기를 하기보다 깊이 있게 생각한 후에 아이디어를 제안하고, 진지하게 숙고하는 과정을 거친 후 점진적으로 진일보하고 아이디어를 정교화시키면서 은근히 발휘되는 것으로 보았다.

조긍호는 『자기발전론의 동·서 비교: 새로운 심리학의 가능성 탐색 IV』(2021)에서 서구인과 동아시아인 간의 차이를 책머리 글(p. xi)에 다음과 같이 명징하게 요약하고 있다.

서구인들은 모든 개인은 성격이나 능력 등 제반 특성을 완비하여 갖추고 있는 실체(實體)라고 생각하여, 개인이 환경 세계를 자기에게 맞도록 변화시키는 환경통제력(環境統制力)을 갖추고 있다고 여기며, 이러한 통제력은 스스로가 갖추고 있는 장점을 찾아 늘려나감으로써 증진된다고 받아들인다. 곧 장점확충(長點擴充)이 자기향상의 가장 중요한 통로라는 것이다. 이에 비해 동아시아인들은 인간을 소인(小人)으로 태어나 군자의 상태로 변모될 수 있는 가변체(可變體)라고 인식하여, 끝없이 변화하는 과정 속의 존재로 받아들인다. 그러므로 동아시아 사회에서는 가족과 같은 다른 사람이나 사회의 요구와 기대에 맞추어 자신을 변화시키는 자기통제력(自己統制力)을 증진시키는 수양(修養)이 바람직한 삶의 자세라 여기며, 이러한 자기통제력은 스스로의 단점을 찾아 고쳐나가는 자기개선(自己改善)의 자세를 유발하여 자기발전의 원동력으로 작용하게 된다고 본다.

4. Big-C 수준의 동서양 창의성의 비교

지금부터는 역사적 관점에서 'Big-C 수준'의 창의적 성취에 영향을 미치는 변인들에서의 동양과 서양 간의 차이를 살펴볼 것이다(12장에서 소개한 사이먼턴의 연구를 다시 보라). Simonton과 Ting(2010)은 관련 연구들을 개관하여 동양과 서양 문화에서의 Big-C 수준의 창의적 성취와 관련된 변인들에 대한 역사측정적(historiometric) 연구 결과를 제시하였다. 개관된 연구들은 창의적 성취를 개인 수준과 집합 수준으로 나눌 수 있었고, 두 수준 모두에서 동서양 간에 수렴되는 부분과 수렴되지 않는 부분이 있었다.

먼저, 집합 수준에서의 연구 질문은 '동양과 서양에서 창의성과 연관된 거시적인 사회적 요인들이 무엇인가'이다. 두 문화 모두의 공통적 요인으로, 특정 시기와 장소에 많은 창의적인 인물들이 존재하는 '황금기'처럼(11장 참조), 역할 모델로 삼을 만한 매우 창의적인 인물들의 가용성(role model availability)은 동서양 모두에서 집합적 창의성 수준에 정적인 영향을 미쳤다. 어느 시대나 본받을 만한 모델의 존재는 추종자들에게 새로운 생각의 영감을 불어 넣어주면서 영향을 미친다. 그러나 두 문화 모두에서 정치적 불안(political instability)은 과학 분야의 창의성에 부정적인 영향을 미쳤다.

반면, 집합 수준에서 두 문화 간에 차이가 나는 부분도 있다. 제국으로 통일되지 못하고 수많은 독립 국가가 존재하는 것과 같은 정치적 분화(political fragmentation)와 반란, 폭동, 혁명 등의 시민 혼란(civil disturbances)은 서구 문화에서는 한 세대 이후의 창의성 증가와 정적으로 연관되었으나, 동양 문화에서는 그렇지 않았다. 동양 문화에서는 정치적 분화 상태가 되면 정치적 통합과 이념적 통일을 강하게 추구하는 경향이 나타나는 경우가 많았다. 이러한 결과는 동양에서는 기존 질서와 표준에서의 이탈이나 다양성에서 나올 수 있는 창의적 잠재력을 서구만큼 충분히 활용하지 못할 가능성을 어느 정도 시사한다. 또한, Simonton과 Ting(2010)도 서구의 개인주의, 경험주의, 자기표현 등의 이념이 창의성에 미치는 긍정적 영향과 달리, 유교나 도교와 같은 동양의 이념은 창의성에 별 영향을 주지 못한 것 같다고 하였다.

개인 수준에서의 주요 연구 질문은 '인구통계적 특성, 성격, 능력에서의 어떤 개인차가 동양과 서양 사람들의 개인적 창의성과 관련이 있는가?'였다. 다양한 문헌 고찰에서, '조숙함(precocity)'은 동서양 문화 모두에서 창의성과 관련이 있는 것으로 나타났다(Simonton & Ting, 2010). 즉, 누구든지 더 이른 나이에 창의적인 기여를 할수록 최종적으로 더 성공적인 사람이 될 가능성이 컸다. 두 문화에서 공통적인 또 다른 요소는 '생산성(productivity)'이었다. 더 많이 만들어낼수록 창의적 성취의 수준이 더 높아졌다. 또한, 창의적인 사람일수록 한 영역 이상에서 창의적인 경향을 보이는 '다재다능(versatility)'도 문화적으로 보편적인 것으로 보였다.

문화 보편적인 결과와 달리 차이가 나는 부분으로, 동양 문화에서는 공식적인 교육 수준은 다재다능, 생산성, 창의적 성취와 정적으로 관련이 있었지만, 서구 문화에서는 그렇지 않았다. 서구 문화에서는 교육과 창의성 간에는 역 U자 형태를 보였다(Simonton, 1984). 특히 과학 영역과 달리 예술 영역에서는 교육 수준이 너무 높으면 창의성에 부정적인 영향을 미쳤다. 7장에서 살펴본 정신병리와 창의성 간의 관계에서도 차이가 났는데, 서구 문화에서는 둘 간에 정적인 상관이 있는 것으로 보이나, 동양 문화에서는 그렇지 않았다. 이런 결과는 1장에서 소개한 창의성 신화 문항에서, '남다른 창의성을 보인 사람에게는 대개 정신건강 상의 장애가 있다'의 경우 서구인들(39%)이 한국인들(16%)보다 더 높은 동의 비율을 보인 결과와도 연관되는 것으로 보인다.

요약하면, 역사측정법에 의한 연구는 동양과 서양 문화에서 창의성이 작동하는 방식이 집합 수준과 개인 수준 모두에서 공통성이 많이 있다는 것을 보여주지만, 몇 가지 차이도 드러낸다. 집합 수준에서 일반적으로 동서양 모두에서 문화적 다양성은 창의성과 연관이 있다는 점에서 볼 때, 동양 문화에서의 정치적 분화는 문화적 다양성과는 연결되지 않는 것으로 보인다. 즉, 유럽과는 달리 중국에서는 정치적 분화의 증가가 반드시 문화적 다양성의 증가를 의미하지는 않을 수 있다는 것이다.

개인 수준에서도 두 문화 간의 실제적인 차이보다는 창의성이 동양과 서양 문화에서 정의되는 방식의 차이에 더 주목하게 된다. 앞서 살펴보았듯이, 동양 문화가 서양 문화와 달리 독창성보다는 유용성을 더 강조한다면, 교육을 더 많이 받고 정신 병리가 덜한 것이 창의성에 유리할 것이다. 반대로 서양 문화에서처럼 유용성보다 독창성이 더 강조된다면, 기존의 방식과 관행을 학습하는 과정이 길면 길수록 불리해질 것이다. 또한, 기존과는 다른 무엇인가를 생각한다는 것은 규범에서 벗어나는 것이기에 타인들로부터 소외될 위험과 더불어 정신건강 상의 위험도 더 커질 것이다. 동양 문화에서는 이에 대한 강조가 상대적으로 약하기에 교육의 부정적 영향이나 정신병리의 가능성은 낮은 것으로 볼 수 있다.

5. 동서양 간 창의력 수준의 차이

지금까지 논의한 동서양 간의 문화 차이는 실제로 창의력의 수준에서도 차이가 나는지의 질문으로 이어진다. 표준화된 창의성 검사에서 서구 문화의 사람들이 동아시아 문화의 사람들보다 더 높은 점수를 보이는 것 같지만(Niu et al., 2007[33]), 4장에서 보았듯이, 대부분의 창의성 검사가 서구에서 만들어진 것이어서 창의성 평가에서의 측정의 등가성(measurement equivalence) 문제[34]와 검사의 문화적 공정성(culture fairness) 부족으로 결과를 제대로 해석하기 어려운 점이 있다. 따라서 동서양 간의 창의성 수준 비교 연구는 주로 서구의 창의성 개념에 기반하여 서구에서 개발된 검사 도구로서 비교가 이루어진다는 한계를 고려하면서 연구 결과들을 검토해야 한다.

창의성 검사점수의 문화 간 차이를 다룬 연구들에서는 여러 창의성 검사에서 아시아 국가들의 창의성 점수가 미국이나 유럽 국가들만큼 높지 않은 것으로 나타났다(이재윤, 김명언, 2015). 예를 들어, 초기 연구로 Jaquish와 Ripple(1984-1985)은 다양한 연령대의 미국인들과 중국인들을 대상으로 글쓰기 과제를 실시하였다. 독창성, 유창성, 유연성의 세 차원 모두 미국인들이 전 연령대에서 중국인보다 높았다. Jellen

---

33 이 연구는 홍콩(39명)과 미국(38명)의 대학생 대상으로 연역추리와 창의성(창의적 글쓰기, 통찰 과제) 간의 관계를 조사하였는데, 미국 대학생들이 '창의적 사고'가 요구되는 창의적 글쓰기와 통찰 과제에서 모두 유의하게 더 높은 수준을 보였다. 연역추리에서는 문화 간 차이가 나타나지 않은 점에 근거하여 연구자들은 창의성(창의적 사고)이 문화 의존적일 가능성이 크다고 보았다. 그러나 모두 언어검사형태였고, 표본의 수가 작아서 결과를 일반화하기 어렵다.

34 측정의 등가성은 어떤 구성개념이 여러 하위 집단들에 걸쳐 동일하게 측정되는지를 나타내는 측정의 통계적 속성이다. 예를 들어, 어떤 특성을 측정하는 설문 문항이 서로 다른 문화권을 대표하는 응답자들 간에 개념적으로 유사하게 해석되는지 확인하기 위해 측정의 등가성을 조사해 보아야 한다. 측정의 등가성이 담보되지 않으면, 여러 집단을 대상으로 한 측정 데이터 간의 의미 있는 비교와 해석을 할 수 없다.

과 Urban(1989)이 11개 국가의 아동을 대상으로 TCT–DP(Drawing Production) 검사를 실시한 결과, 미국, 영국, 독일 아동의 점수가 중국, 인도, 인도네시아 아동보다 더 높았다. Zha 등(2006)은 미국인과 중국인을 대상으로 확산적 사고 검사가 포함된 CAP(Creativity Assessment Packet) 검사를 시행하였는데, 미국인의 평균 점수(175.54)가 중국인의 점수(149.83)보다 높았다. Niu와 Sternberg(2002)도 확산적 사고 검사에서 미국인의 점수가 인도, 일본, 홍콩, 싱가포르 사람보다 높다는 것을 확인하였다.[35] 유사하게, 성은현과 한윤영(2011)이 미국 대학생과 한국의 대학생에게 '자신의 창의성을 얼마나 발휘하고 있다고 생각하는지'를 6점 척도로 측정했을 때, 미국 대학생들(3.91)이 한국 대학생(3.35)보다 더 높았다.

동서양 간의 창의성 수준의 비교 연구 결과에서 유사한 점도 있고 차이가 나는 점도 있다. 유사한 점으로, 확산적 사고의 나이에 따른 발달 패턴이 비슷하며, 성차도 두 문화 모두에서 나타나지 않았다. 차이가 나는 점으로는 확산적 사고의 평가 준거(유창성, 유연성, 독창성)에서 언어 및 그림 검사에서의 수행 차이가 동서양 간에 나타났다. 예를 들어, TTCT의 도형 검사를 미국인과 일본인들에게 실시하였을 때, 평가 차원들에 따라 두 문화권의 점수가 서로 달랐다(Saeki et al., 2001).

하지만 Niu와 Sternberg(2003)의 연구에서는 TTCT 형태의 검사에서 중국인 학생들에게 창의적일 수 있는 방법과 '창의적이어야 한다(Be creative)'는 명확한 지시를 제공하는 경우, 미국인 학생과 유사한 수준으로 창의성이 증진되었다. 즉, 중국 학생들의 창의성은 창의성에 대한 명시적 지시가 있어야 나타나며, 그런 지시가 없을 때 창의성 수준은

---

[35] 아시아인은 자기 목소리를 덜 내는 경향이 있기에 언어적 아이디어 유창성 검사에서 서구인보다 낮은 점수가 나오기도 한다.

저하되었다.

앞서 언급했듯이, 창의성을 평가하는 도구(대표적으로 확산적 사고 검사)는 주로 서구, 특히 미국에서 개발된 것이다. 창의성 검사는 특정 문화에서 작동하는 창의성 개념과 연계되어야 할 것이며, 평정자나 규준(norm)도 해당 문화에서 나와야 할 것이다. 따라서 창의성의 수준에 대한 동서양 간의 비교를 공통의 참조점(reference point) 없이 행하는 것은 심각한 문제가 될 수 있다(Leung et al., 2004; Niu & Sternberg, 2002).[36] 앞으로는 범문화적인 공통의 핵심 창의성 요소를 다루는 과제(검사)를 개발하는 방향과 특정 문화에 고유한 과제를 포함하는 창의성 검사를 개발하는 방향이 명확하게 구분되어야 할 것이다.

중국 학생이나 기타 아시아 국가 학생들의 창의성이 상대적으로 낮게 나타나는 것은 평가 도구가 창의성에 대한 서구의 관념으로 편향되어 동양인들의 창의성 개념은 간과되었다는 점과 더불어, 사회적 가치, 학교 교육 방식, 시험 체계 등의 영향을 받아서일 수 있다. 그래서 단순히 서양인이 동양인보다 더 창의적이라고 결론을 내릴 수는 없다. 집단주의적 유형의 창의성이 높은 사람들은 창의적인 집단이나 복잡한 조직에서 더욱 효과적인 면모를 보일 수도 있다. 하지만 이러한 가능성에 대해서는 아직 충분한 연구가 이루어지지 않았다.

6. 문화 차원과 창의성 간의 관계

앞에서 개인의 창의성(확산적 사고)의 수준에서 동서양 간의 차이에

---

36 여러 연구에서 나타난 동서양의 다양한 차이는 서로 다른 검사 도구를 사용한 점과 연구 시점에서의 시차 때문일 수 있다. 시차 때문에 규준(norm) 점수의 사용에서도 문제가 있다.

대한 분명한 결론을 내리기 어려웠다. 일반적인 개인 수준의 창의적 수행에 대한 동서양의 비교 연구에서도 일관된 결과를 보이지 않는다 (Erez & Nouri, 2010; Morris & Leung, 2010). 지금부터는 문화적 지향성과 문화 차원이 개인, 조직, 국가 수준에서의 창의성과 혁신에 미치는 영향을 살펴보기로 하겠다.

먼저, 문화적 지향성(개인주의 대 집합주의)과 창의성 간의 관계를 다룬 Goncalo와 Staw(2006)의 연구에서는 미국 대학생들[37]에게 타인과의 관계에서 자신을 어떻게 보는지에 대해 특정한 방식으로 답하도록 하여, 문화적 지향성을 점화하였다. 즉, 개인주의 조건에서는 자신이 대부분의 사람들과 다른 이유 세 가지를 작성하도록 하는 등의 세 질문에, 집합주의 조건에서는 자신이 대부분의 사람들과 비슷한 이유 세 가지를 작성하도록 하는 등의 세 질문에 답하도록 했다. 이후 '학교 식당이 폐쇄되었는데, 그곳을 어떻게 활용하면 좋을지'에 대해 브레인스토밍하는 집단 창의성 과제를 수행하도록 하였는데, '창의적'이 되도록 지시한 조건과 '실용적'이 되도록 지시한 두 조건이 있었다. 학생들이 제안한 아이디어를 세 가지 창의성 지표에서 평가했다. 분석 결과, 문화 지향성의 주효과는 나타나지 않았으나, 문화 지향성 조건과 지시 조건 간의 상호작용이 나타났다. 창의성 지시가 있을 때 개인주의 지향성 집단은 집합주의적 집단보다 더 창의적이었다. 그러나 실용성 지시가 있을 때 두 문화 지향성 간에 유의한 차이가 없었다. 또한, 개인주의 지향성 집단은 지시 형태에 따라 창의성에서 유의한 차이를 보였으나, 집합주의 지향성 집단에서는 두 지시 간에 창의성에서 차이가 없었다. 요약하면, 창의성이 분명하게 요구될 때, 개인주의 지향성만이 창의성을 촉진하는 효과를 가져왔다.

---

[37] 이 연구의 참여자들은 특이하게 아시아계 미국인이 59%로 다수였다.

후속 연구로, Bechtoldt 등(2012)은 개인주의와 집합주의를 자기 해석(self construal)과 가치(value)의 두 가지 차원으로 구분했다. 자기 해석은 선행 연구와 동일하게 개인주의 또는 집합주의 지향성으로 점화하였는데, 전자는 '독립적 자아', 후자는 '상호의존적 자아'로 구분하였다. '가치'는 과제 산출물에 대해 집단 보상과 개인 보상으로 조작하였는데, 전자를 '집단 이익 추구(pro-group)', 후자를 '개인 이익 추구(pro-self)'로 구분하였다. '교수법을 어떻게 개선하면 좋을지'에 대해 세 사람이 브레인스토밍으로 아이디어를 내도록 하고 유창성과 독창성 측면에서 평가하였다. 분석 결과, 집합주의 가치 지향성(집단 이익 추구)을 가진 집단은 개인주의 가치 지향성(개인 이익 추구)을 가진 집단보다 아이디어를 더 많이 생성하였다. 더 나아가 가치 지향성과 자기 해석 간의 상호작용이 있었는데, 집합주의적 가치 지향성과 개인주의적 자기 해석(독립적 자아)을 가진 집단 구성원들이 가장 독창적인 아이디어를 생성하였다. 이 연구는 개인주의적인 독립적 자아를 가지면서 집단의 이익을 추구하는 집합주의적 가치를 가질 때 창의성이 증진될 수 있음을 보여준다. 그리고 개인주의-집합주의 개념을 다차원으로 정의하여 연구할 필요가 있다고 강조하였다.

분석 수준을 높여서 조직 또는 국가 단위에서 다양한 문화 차원들이 창의성 및 혁신 수준에 미치는 영향을 살펴보기로 하자. 먼저, 국가 수준에서 창의성이나 혁신은 개인주의와 더 연관성이 크다는 연구 결과들이 있다. 예를 들어, 여러 국가와 사회의 혁신성의 차이가 문화적 가치와 관련이 있는지를 다룬 연구에서 개인주의-집합주의 차원이 다른 어떤 문화 차원들보다 혁신성과 높은 연관성을 보였다(Chiu & Hong, 2019). 구체적으로 60개국 이상을 대상으로 홉스테드 여섯 문화 차원들(Hofstede et al., 2010)과 GII(Global Innovation Index) 간의 단순 상관을 내었다. 여기서 GII는 한 사회의 연간 혁신의 투입(input)과 산출

(output)의 수준을 포괄적으로 측정하는 지표이다. 상관계수의 크기순으로 개인주의-집합주의(.63), 권력 거리(-.52), 장기 지향성(.38)[38], 불확실성 회피(-.25), 관대(indulgence, .25)[39] 차원은 유의한 상관을 보였고, 남성성-여성성 차원은 유의한 관계를 보이지 않았다. 1인당 GDP를 통제한 후, 문화 차원들을 예측변인으로, GII를 준거변인으로 한 다중 회귀분석에서 개인주의-집합주의(.33)와 장기 지향성(.43) 차원이 높은 회귀계수를 보였다.[40]

　　미국과 유럽의 서구 사회가 개인주의 차원에서 높다면, 중국, 홍콩, 대만, 한국 등의 동양 사회는 개인주의 차원에서 상대적으로 낮지만, 장기 지향성 차원에서는 높다. 개인주의 문화에서는 자신의 고유한 시각과 독특성을 표현하도록 지지하고, 새로운 아이디어를 생성하도록 장려한다. 반면, 장기 지향성은 인내, 끈기, 검약 등과 같이 미래의 보상을 지향하는 가치들과 실용적인 관점을 중시하는 정도를 나타낸다. 장기 지향성이 높은 동아시아 문화권은 전통을 존중하는 유교 중심의 가치관을 가지며, 정해진 교육과 기술을 습득하여 열심히 일하고 검소하게 사는 것이 도덕적인 삶이라고 믿는다. 또한, 인내심을 갖고 끈기 있게 노력해야 성공할 수 있으며, 미래를 위한 저축은 가치 있는 투자로 간주한다.

　　중국의 급성장에서 보듯이, 장기 지향적 문화는 실용적인 접근을 취

38　홉스테드가 최초 네 개의 문화 차원을 제시한 이후, 중국 중심의 유교 문화를 반영하기 위하여 새로 추가한 차원이다. 장기 지향성(long-term orientation)은 처음에는 유교적 역동성(Confucian dynamism)이라고 불렸다.

39　2010년에 행복 관련 연구들을 반영하여 마지막으로 추가된 차원이다. 관대(indulgent) 사회는 개인의 행복, 안녕, 여유 시간을 중시하면서 인간의 욕구 충족에 가치를 두지만, 이에 반대되는 제약(restrained) 사회는 욕구를 억누르고 사회 규범에 따르고자 쾌락 추구를 자제한다.

40　권력 거리는 개인주의와 높은 상관을 보여 다중회귀에서는 유의하게 나오지 않았다.

하는 경향이 강하고, 문제해결에서 전략적 계획 수립이 강조된다. 개인주의 문화가 독창적 아이디어의 탐험(exploration)을 권장하는 문화라면, 장기 지향적인 문화는 현재 지식의 활용(exploitation)을 권장하는 문화라고도 볼 수 있다. 또한, 창의성 및 혁신과 관련된 비교문화 연구들에서, 서구 문화는 독창적 창조자들(original creators)에 가깝고, 동양 문화는 실용적 혁신가들(practical innovators)에 더 가까운 것으로 본다. 앞서 창의성의 명시적 이론에 대한 논의 및 암묵적 이론 관련 경험적 연구에서 동아시아 국가들은 독창성이 중요한 서구에 비해 유용성이 상대적으로 더 강조되는 경향이 있음을 논의하였는데, 미래에 초점을 두는 장기 지향성이 산물의 독창성보다는 앞으로 얼마나 쓸모가 있을지의 유용성에 더 주의를 기울이게 하는 이유일 수도 있을 것이다.

권력 거리의 문화 차원도 창의성을 저해할 수 있다. Nouri 등(2015)의 연구에서, 중국과 같이 권력 거리가 높은 문화권의 사람들은 혼자 일할 때보다 관리자가 존재할 때 독창적인 아이디어를 덜 생산하였으며, 미국과 같은 낮은 권력 거리의 문화에서는 그렇지 않았다. Conyne 등(1999)도 중국의 팀 구성원들은 상사가 있을 때는 의견 제시를 덜 하고, 팀 구성원들과도 상호작용을 덜 한다는 것을 보여줌으로써 높은 권력 거리는 창의성을 저해할 수 있다는 생각을 지지하였다.

최근 주목받는 문화 차원은 문화적 견고함-느슨함(tightness-looseness)이다. 대부분의 비교문화 차원 연구들이 가치(values)에 초점을 두지만, 견고함-느슨함의 개념은 행동의 표준에 대한 사회적인 합의의 정도로서의 문화 규범(norm)에 초점을 둔다.[41] Gelfand 등(2006)은 견고함-느슨함의 두 가지 핵심 요소를 구분하였다. 사회 규범의 수와 명

---

41 Triandis(1989)는 견고함-느슨함 차원과 개인주의-집합주의 차원 간에는 약한 연관성이 있다고 제안하였다.

료성 측면인 강도(strength)와 규범으로부터의 이탈에 대한 관용의 측면인 제재(sanction)의 정도이다. 견고한 문화에서는 비교적 사회 규범이 많고 강하며 일탈 행동에 대한 관용이 높지 않은 특성을 보이지만, 느슨한 문화는 상대적으로 약한 규범과 일탈 행동에 대한 높은 관용을 보이기에 다양한 행동이 가능하고, 동조 압력이 강하지 않다. Gelfand 등(2011)의 33개국 조사에서, 한국은 파키스탄, 말레이시아, 인도, 싱가포르 다음으로 매우 견고한 문화에 속하였다. 또한, 견고한 사회는 대개 동질적이며 (일종의 외국인 혐오증과 같이) 외부의 문화적 영향을 거부하는 경향이 있지만, 느슨한 문화는 자신과 다른 사람, 이념, 문화적 영향에 대해 더 개방적이다. 따라서 Gelfand 등(2006)은 문화적 견고함은 창의성을 저해할 것으로 보았다.

글로벌 맥락에서 Chua 등(2015)은 문화적 견고함–느슨함 차원과 창의성 간의 관계를 조사하였다. 그들은 전 세계인들이 참여하는 아이디어 크라우드소싱(crowdsourcing) 플랫폼의 창의적 아이디어 경진대회에 참가한 사람들을 대상으로 연구하였다. 이 경진대회는 특정 시장(국가)에서의 소비재 관련 새로운 상품 아이디어나, 제품 디자인, 마케팅이나 광고 캠페인 아이디어 등을 구매하는 것을 목표로 하였고, 의뢰한 고객 회사(주로 글로벌 기업)는 제안된 아이디어들에 대해 독창성과 관련성 차원에서 평가하였다(평가자들은 해당 영역과 시장의 전문가들이었음). 연구자들은 각 나라의 대회 참가자들의 창의적 아이디어 과제에의 몰입(참여)이나 성공(평가에서 승자가 되는 것)은 아이디어 제안자의 국가와 아이디어가 적용될 국가의 문화적 견고함, 그리고 두 나라 간의 문화적 거리에 달려 있다는 결과를 얻었다. 즉, 견고한 문화의 사람들은 느슨한 문화의 참여자들보다 다른 나라의 창의적 과제에 대해서는 덜 몰입할 뿐 아니라 성공 가능성도 낮은 것으로 나타났고, 아이디어를 사용할 국가와의 문화적 거리(cultural distance)가 클수록 문화적 견고함의 부정적 영향은 더 크게 나타났다.[42] 또한, 아이디어가 적용될 나라가 문화적으로 견고할수록 다른 나라 참가자들의 아이디어가 그 나라에서 성공할 가능성은 더 작았다. 즉, 견고한 문화는 다른 나라의 창의적 아이디어에 대해 덜 수용적이었다.

Gedik과 Ozbek(2020)은 집합주의 수준에서 다양하였던 여러 팀들에서 문화적 견고함, 공정성, 창의성 간의 관계를 조사하였다. 147개의 작업 팀(532명)을 대상으로 분석하였을 때, 문화적 견고함은 낮은 수준의 집합주의를 가진 팀의 경우 팀 창의성과 부적인 관계를 보였으나, 높은 집합주의 수준을 보이는 팀에서는 그런 분명한 관계가 나타나지 않았다. 그리고 집합주의 수준이 낮은 팀에서 팀 구성원들의 공정성 지각의 평균인 팀 공정성 분위기는 문화적 견고함과 팀 창의성 간의 관계를 매개하였다. 이 연구는 문화적 견고함과 같은 규범 기반의 문화 차원과 집합주의와 같은 가치 기반의 문화 차원이 동시에 팀 창의성에 영향을 미칠 수 있음을 보여주었다.

Deckert와 Schomaker(2022)는 국가 수준의 문화적 특성이 혁신성에 미치는 영향을 조사하였다. 그들은 동질적이고 관용이 부족한 사회의 특성인 문화적 견고함[43]은 국가의 혁신성(GII)과 부적인 연관이 있고, 관용과 다양성이 인정되는 사회의 특성인 문화적 느슨함은 정적인 연관을 가짐을 보여주었다.

Bendapudi 등(2018)은 국가 수준에서의 창의적 성과를 위해서는 개인주의 문화를 조성하는 것이 필요함을 보여주는 연구를 수행하였다. GII에서는 혁신 산출(output)을 두 유형의 산출로 구분한다. '지식과 기술 산출(knowledge and technology output)'은 특허, 과학/기술 논문 인용

---

42 연구자들은 낮은 창의적 자기효능감과 인지적 유연성이 원인일 것이라고 보았다.

43 Gelfand 등(2011)의 '견고함' 점수와 Uz(2015)의 '문화적 견고함-느슨함 조합 지표'를 사용하였다.

지수, ISO 9001 품질 인증, 지적 재산권 수입 등과 같은 지표들로 계산되며, '창의적 산출(creative output)'은 문학, 출판과 미디어 발행, 영화와 음악 프로덕션, 모바일 앱 창안 등과 같은 지표들로 계산된다. 그들은 두 유형의 혁신 산출에서, 높은 수준의 교육(교육의 질)은 지식과 기술 산출을 증진하는 데 충분할 것이지만, 창의적 산출을 위해서는 개인주의 가치가 강조되어야 할 것으로 보았다. 창의적 산출은 상징적 지식을 요구하기에 양질의 교육뿐만 아니라 자기 보호(self-protection) 가치보다는 개인주의 가치와 가까운 자기 확장(self-expansion) 가치를 강조하는 문화적 맥락에서 더 유리할 것으로 보았다. 반면, 주로 분석적 및 종합적 지식을 요구하는 지식과 기술 산출은 문화적 가치와는 관계없이 높은 수준의 교육으로도 가능할 것으로 보았다. 그들의 이런 예측은 지지가 되었는데, 32개 국가를 대상으로 한 연구에서 개인주의 가치가 우선시되느냐와는 관계없이, 한 사회가 높은 수준의 교육을 제공하면 그 사회는 지식과 기술 산출에서 높은 경향을 나타내었다. 그러나 교육의 질은 개인주의적 가치를 강조하는 사회에서만 창의적 산출에서의 수행을 예측하였다. 즉, 자기 보호적 가치를 가진 문화에서는 교육의 질과 창의적 산출 간의 정적 관계가 약화된다는 것이다. 이러한 결과는 창의적 산출을 추구하는 창의적 산업을 촉진하려는 국가나 사회는 인적 자원에 대한 투자 외에도, 개인주의적 지향성을 조성할 필요가 있음을 시사한다.[44]

---

[44] 동아시아 국가인 일본의 경우, 1970~1980년대에 다양한 산업 분야에서 두각을 나타내면서 미국을 포함한 전 세계 시장을 잠식하였다. 그러나 1990년대 초 일본 경제의 슬럼프가 시작되면서 많은 사람들이 일본 문화는 너무 합의와 순종을 강조하여 혁신을 가로막았다고 생각하였다. 따라서 관계, 합의, 순종, 규범과 규칙 준수를 가치 있게 여기는 집단주의 문화에서 벗어나기 위해 일본 기업들은 개인주의적인 문화를 조성하고 서구식 시스템과 제도를 도입하는 등의 다양한 노력을 기울였다. 이러한 노력은 성공적인 부분도 없지 않지만, 대부분 실패로 끝났다(다카하시 노부오, 2007).

7. 아시아의 '창의성 문제'

이 장의 앞부분에서 중국을 중심으로 한 아시아 국가들의 위상에 대해 언급하였다. 천 년 전에는 중국이 세계의 중심이었다가 지금은 그 중심이 미국을 비롯한 서구로 이동하였다. 앞으로 혁신의 기반이 되는 창의성 측면에서 동아시아 국가들은 과거의 위상을 되찾을 수 있을까? 이 질문과 관련하여 다음과 같은 몇 가지 논점을 제시해 보고자 한다.

아시아의 창의성 문제(creativity problem)와 관련하여, 2006년에 조그만 논쟁이 있었다. Miller(2006a)는 《진화심리학(*Evolutionary Psychology*)》에 게재한 논문에서 인구나 GDP 증가율뿐만 아니라 문맹률(교육 수준)과 지능(IQ) 측면에서 아시아의 잠재력을 높게 평가하면서[45] 2050년에는 대부분의 심리학 연구가 아시아에서 아시아인들에 의해 이루어질 것이라고 예측하였다(적게는 60%에서 많게는 90%). 1900년 즈음 빌헬름 분트, 헤르만 에빙하우스, 쿠르트 레빈, 후고 뮌스터부르크 등의 독일 심리학자들이 20세기에는 미국이 과학의 중심이 될 것으로 예측하고 실제로 그렇게 된 것처럼, 밀러는 이제 그 중심이 아시아 국가로 넘어갈 것이라는 예측을 한 것이다.

이에 대해 Kanazawa(2006)는 아시아인들의 지능 지수는 미국이나 유럽보다 높더라도 창의적인 사고는 부족하다고 하면서 밀러의 예측을 반박하였다. 동아시아인들은 단순 암기에 의한 기존 지식의 습득과 기존 기술의 응용에는 뛰어나나, 국가별 노벨상 수상자의 수에서 드러나듯이 기초과학에서의 독창적인 기여는 약하다는 것이다.[46] 더불어 그

---

45 제시한 통계에서, 전체 인구 대비 IQ 130이 넘는 인구의 비율에서 한국이 가장 높게 나왔다(5.48%). 그는 과학 영역에서 박사학위를 받고 독창적인 기여를 하는 데 필요한 IQ 역치를 130으로 보았다.

46 아시아에서 비교적 노벨상 수상자를 많이 낸 일본도 인구 대비 수상자 비율에서는 서

는 지나치게 '동조 성향'이 강하여 스승이나 선배의 기존 패러다임을 거부하지 못하는 아시아인들의 성향을 지적하였다(〈참고 13-2〉). 1980년대 중반에 일본이 전 세계를 경제적으로 지배할 것으로 보는 사회과학자들의 예측이 많았으나,[47] 지금은 현실은 그렇지 않다는 사실 또한 아시아의 부상에 대한 반대 증거로 보았다. 이런 일본 사례에서 보듯이 중국 중심의 아시아로 세계의 중심축이 이동할 것이라는 예측이 실현될 것이라고는 확신하기 어렵다는 것이다.

이에 대해 Miller(2006b)는 아시아 역사에서 돋보이는 창의적 산물들과 더불어, 아시아인들은 창의성의 주요한 두 특성 중의 하나인 지능 수준에서 높을 뿐만 아니라 또 다른 특성인 '경험에 대한 개방성'에서도 결코 서구인들보다 낮지 않다는 증거를 제시하였다. 또한, 동조가 강조되는 동양의 집합주의 성향이 강한 점에 대해서도, '창의적이어야 한다'는 명시적 지시가 주어진 조건에는 동양인들의 창의성이 극적으로 향상되는 실험 연구와 집단 창의성이 중요시되는 오늘날의 상황을 고려하면 아시아인들의 창의적 잠재력은 낮지 않다고 재반론을 제시하였다.[48]

구 국가들보다 매우 낮은 수준이다.

[47] 예를 들면, 이 시기에 하버드대의 에즈라 보겔이 쓴 *Japan as Number One: Lessons for America*(1979)와 같은 책들이 주목을 받았다. 1980년대 세계 시가 총액 기준 50대 기업 중 32개가 일본 기업이었다. 또한, 1988년 세계 반도체 시장의 일본 점유율은 거의 절반(50.3%)이었고, 1992년 상위 반도체 기업 열 개 중 여섯 개가 일본 기업이었다. 그러나 2022년 말 시가 총액 기준 상위 50대 기업에 토요타가 유일하게 50위권 주변에 머물고 있다. 상위 10대 기업은 사우디아라비아의 아람코를 제외하고는 모두 미국 기업이다.

[48] 동조하도록 사회화된 아시아 학생들이 '창의적이어야 한다'는 명시적 지시로 동조 성향이 쉽게 극복되는 것을 보여준 실험 연구(Niu & Sternberg, 2003; Chen et al., 2005)는 아시아 학생들이 창의성(적어도 확산적 사고)에서 경쟁력이 뒤떨어질 이유가 없음을 시사한다. 또한, 동아시아 국가들의 교육 방식이나 체계가 창의성에 불리한 환경이지만 유리한 점도 있다. 중국인들은 미국인들 보다 창의성은 변화될 가능성이 크다고 보며, 따라서 직접적인 교육을 통하여 개인의 창의성을 높이려는 노력을 기울

1장에서 보았듯이, 오늘날과 같이 예상치 못한 도전과 새로운 기회들로 넘쳐나는 환경에 서 기업 경영자들에게 요구되는 리더십 요소 중에서 창의성 또는 창의적 문제해결 역량은 다른 어떤 역량보다 중요한 것으로 인식되고 있다(IBM, 2010). 또한, 11장에서 보았듯이, 적어도 최근 미국인들의 암묵적 리더십 이론에서는 창의성이 리더십의 주요 속성으로 포함되어 있다(Offermann & Coats, 2018). 이는 스티브 잡스나 일론 머스크와 같은 하이테크 기업의 혁신적 경영자의 영향으로 리더에게 요구되는 창의성이나 상상력이 기업 성공 요소로 주목받는 현상을 반영한다.

미국에서 아시아인들은 학교 성적, 소득 수준, 고용률 등에서 다른 인종 집단들보다 더 높은 수준을 보이기에, '유능하다(competent)'는 평을 들으며, 성공적인 소수집단의 모델로 인정을 받는다. 그런데 미국에서 리더십 지위(기업의 CEO나 임원, 학교의 회장이나 반장 등)에 있는 아시아인의 수는 불균형적으로 적은 데, 이를 '대나무 천장(Bamboo ceiling)' 현상이라고 한다. 이 현상은 인도나 파키스탄과 같은 남아시아인들에는 나타나지 않고 한국, 일본, 중국 등의 동아시아인들에게서 주로 나타난다.

그간의 연구에 의하면, 동아시아인들은 자신의 이해나 관심사를 적극적으로 얘기하는 언어적 주장성(assertiveness)이 낮은 점(Lu et al., 2020)과 자신과 같은 인종과만 어울리려는 동종 선호(homophily) 경향성(Lu, 2022)의 두 가지가 이 현상의 원인으로 나타났다.

최근 Lu(2023)는 현장 연구와 실험 연구를 통하여 두 가지 원인에 더하여 '동아시아인들은 창의성이 부족하다'는 고정관념도 이 현상의 원인일 수 있음을 보여주었다. 미국 경영대의 2,304명의 MBA 학생들을 대상으로 한 현장 연구에서 학기 초(아직 교우들과의 상호작용이 거의 없는 상태라

일 가능성이 더 크다(Niu & Kaufman, 2013).

서 창의성 고정관념의 영향을 받기 쉬운 시기)의 조사에서 동아시아 학생들은 다른 인종(예: 남아시아나 백인 학생) 집단보다 더 교우들에 의해 덜 창의적인 것으로 지각되었다. 이러한 낮은 창의성 지각은 동아시아인들이 다른 인종집단보다 동료들에 의해 학급 리더로 지명되거나 선출될 가능성이 낮은 것을 설명해주는 매개변인이었다. 이런 매개효과는 리더십 동기나 영어 유창성 등을 통제하고서도 나타났을 뿐 아니라, 또 다른 매개변인인 주장성을 통제해도 나타났다. 이런 결과는 경영자의 경험이 있는 비아시아인들을 대상으로 가상의 인물을 평가하는 실험 연구에서도 동일하게 나타났다. 즉 가상의 인물에 대한 프로필을 읽고 난 후 평가를 하였는데, 다른 인종집단 대비, 거의 동일한 프로필을 가진 동아시아계 미국인 후보자들은 덜 리더로 인식되는 경향을 보였고, 그 원인은 낮은 창의성 지각이었다.

따라서 잭슨 루는 미국에서 리더십 지위에 동아시아인들이 상대적으로 적은 이유는 낮은 주장성이나 동종 교류 경향성과 같은 내적 특성뿐만 아니라 고정관념의 작용과 같은 사회적 과정에서도 찾을 수 있음을 보여준 것이다. 그는 동아시아인들은 '유능하다'는 일반적인 고정관념과 더불어 '창의적이지 않다'는 고정관념도 존재하며, 이것이 적어도 미국 내 학교나 조직에서 리더의 지위에 오르는 것을 방해할 수 있다고 하였다.

비록 진화심리학자들의 조그만 논쟁이지만, 이처럼 앞으로 동아시아 국가들의 혁신과 창의성의 약진 또는 도약이 어느 정도나 나타날지는 두고 볼 일이다. 일본의 사례처럼 단순히 낙관적인 예측만을 허용하지는 않으며, 실제로 창의성이 매우 복잡한 현상인 것처럼, 유효한 예측을 위해서는 다양한 정치, 경제, 사회, 문화적 요소들이 동시에 고려되어야 할 것이다.

향후 창의성의 동서양 비교에서 다음 몇 가지에 주목할 필요가 있다. 첫째, 동서양 간 비교에서 주의할 점으로, '서구 문화'나 '동양 문화'가 문화권 내의 국가들이 전적으로 동질적인 실체를 갖는 것이 아니라는 점이다. 2000년대 초반에 진행된 문화와 리더십 간의 관계에 관한 대규모의 비교문화 연구인 GLOBE 연구(House et al., 2004)에서는 서구 문화를 여러 문화 클러스터(앵글로 문화, 게르만 유럽, 동유럽, 라틴 유럽, 노르딕 유럽)로 구분하였다. 아시아 문화도 유교 문화, 아랍 문화, 남아시아 문화로 나누어졌다. 즉, 특정 문화권 내에서 서로 다른 하위문화들이 있을 수 있다. 또한, 개인주의-집합주의의 메타분석 연구(Oyserman et al., 2002)에서는 동아시아 전체가 집합주의 문화일 것이라는 고정관념은 잘못된 것임을 보여준다. 일본과 한국은 미국과 유의한 차이가 없으며, 오직 공산국가인 중국만이 미국과 유의한 차이로 더 집합주의 지향이 강할 뿐이었다.

둘째, 한 문화도 시간의 흐름에 따라 변화될 수 있다는 점이다. 즉, 역사적 역동을 파악해야 한다는 것이다. 중국이 송(宋)대와 명(明)대 간에 확연하게 차이가 드러나는 것처럼, 한 국가나 문화 내에서도 어떤 사회정치적, 역사적 시기에는 창의적 성취가 폭증하지만, 다른 시기에는 쇠퇴할 수 있는 것이다. 동양과 서구 문명 모두에서 이런 역사적 역동 또는 발달 단계들을 관찰할 수 있다.

세계 경제와 문화가 점차 지구촌화 또는 세계화가 진행되면서, 오늘날 유교 문화권의 나라들이 점차 전통적인 유교 사상에서 벗어나고 있는 것으로 보이지만, 과거 전통이 완전히 없어지거나 과거와 완전히 단절된 것도 아닐 것이다. 유교 문화권의 아시아 국가들의 창의성을 이해하기 위해서는 중국(아시아)의 오랜 역사, 전통, 사상, 문화와 더불어 오늘날의 현대화, 글로벌화, 서구화 측면을 동시에 고려해야 한다.

중국의 경우 마오쩌둥의 문화대혁명 이후 중국인들의 동조성이나 반지성주의가 한동안 팽배하면서 국가 차원에서의 광범위한 '창의성 결여'가 만연되었다(Rudowicz, 2004). 덩샤오핑은 1978년 경제 개혁을 통해 정치적 표현의 자유보다는 경제와 기술 영역에서 자율성과 실험적 시도를 장려하면서, 지금까지 중국 경제가 거대한 발전과 팽창을 이루었다. 그러나 미국 초등학생 시험문제에 'original'의 반의어로 'china'를 쓴 학생이 있다는 우스갯소리처럼, 짝퉁 세상인 중국의 모방이 한계를 언제 벗어날지, 그리고 일당 지배 체제하에서 표현의 자유나 다양성의 제약이 언제 풀리게 될지, 그리고 특정 영역에서만 어느 정도 창의성을 허용하는 정책이 언제 수정될지 등이 중요한 변곡점이 될 것이다.

창의성의 발달에서의 차이는 문화 자체보다는 서구화나 근대화 정도에서의 차이에 더 귀인될 수도 있다. 중국이나 동양 문화도 계속 현대화와 세계화의 영향을 받으며 변화되고 있다. 중국의 유명한 현대 화가인 우관중(吳冠中)[49]은 다음과 같이 말했다.

"오늘날 중국인과 외국인 간에는 거리가 있다. 그러나 오늘의 중국인과 고대의 중국인 간에는 더 큰 거리가 있다. 전자의 거리는 점차 감소할 것이지만, 후자의 거리는 더 멀어질 것이다"(Rudowicz, 2004, p. 52).

---

[49] 중국 현대 회화의 거장으로, 중국 전통 화법에 서양화적 기법을 도입한 독자적인 화풍으로 유명하다. 완벽주의자였던 그는 마음에 들지 않는다는 이유로 수백 점의 자기 작품을 모두 불태웠다는 일화도 있다.

4부 창의성의 명과 암

14장
창의적 잠재력의 실현

"미숙한 시인은 모방한다. 완숙한 시인은 훔친다. 나쁜 시인들은 훔쳐온 것을 흉하게 만들고, 좋은 시인들은 더 낫게 만든다. 더 낫지 않더라도 적어도 훔쳐 온 것과 다르게는 만든다."

- T. S. 엘리엇

　1장에서 언급했듯이, 창의성의 민주화 및 개별화로 이제 인간은 누구나 다 창의성을 발현할 수 있는 잠재력이 있다는 믿음을 갖게 되었다. 물론 여전히 누군가는 창의성은 천재나 특별한 재능을 가진 자에게만 나타날 수 있으며, 일반인과 일상생활과는 무관한 것이라는 생각이 의식적 또는 무의식적으로 지배하고 있을 수 있다. 3장의 CASE 모형이 시사하듯이, 그러한 믿음을 제약하는 요소들이 점차 제거되면서 누구나 창의적일 수 있다는 믿음은 더 강해질 것이다. 더불어 창의적인 사고나 기술을 갖추고 지속적인 노력을 기울인다면, 창의적 성취의 가능성은 더 커질 것이다. 이번 장에서는 창의적인 아이디어를 생성하는 데 도움이 되는 주요한 방법과 창의성을 증진할 수 있는 삶의 태도나 방식에 대해 살펴보았다.

　우선 일반인들에게 친숙한 브레인스토밍 기법에 대해 자세히 살펴보고 이 기법을 보다 효과적으로 사용하는 방법을 제시하였다. 이어서 유추를 사용하는 결부법과 신제품 아이디어를 얻는 데 유용한 속성열거법과 형태분석법에 대해 다루었다. 이어 아이디어가 고갈되었을 때 새로운 각도에서 생각하도록 자극하는 질문법인 스캠퍼, 드보노의 수평적 사고와 육색 사고모에 대해 소개하였다. 미국의 브레인스토밍에 대응하는 구소련의 트리즈법에 대해서도 간단히 소개하였다. 이런 방법들은 오래전부터 창의적 사고를 도와주는 방법들로 널리 알려진 대표적인 기법들이다.

오늘날 주목받는 걷기, 명상 등이 창의성에 미치는 영향과 창의성 훈련 프로그램들이 얼마나 효과가 있는지의 경험적 연구들을 분석하였다. 마지막으로, 창의성을 증진할 수 있는 마인드셋이나 삶의 태도와 관련된 창의성 연구자들의 조언 및 교훈을 소개하였다.

1. 브레인스토밍

직장 생활에서 회의에 보내는 시간은 매우 길다. 요즘의 지식 근로자들은 근무 시간의 25~80%를 회의에 사용한다. 지위가 올라갈수록 회의에 보내는 시간의 비중은 늘어나, 관리자는 80%를 회의에 소비한다 (Lehmann-Willenbrock et al., 2018). 실제로 비효율적인 회의에서는 관련 없는 주제를 토론하느라 시간을 낭비하고, 풋볼 현상도 나타난다.[1] 매번 하는 회의에서 창의적인 아이디어가 나온다고 믿는 직장인들도 많지 않은 것 같다. 이러한 상황에서 창의적인 아이디어를 얻도록 도와주는 방법 중 가장 널리 알려진 것이 브레인스토밍(brainstorming)이다.

---

1 풋볼 현상(football phenomenon)은 회의 말미에 가서 그간 논의된 내용과는 관련 없어 보이는 방향으로 엉뚱하게 결론이 나는 현상을 말한다. 회의 마지막 5분 동안은 대개 어수선하고 혼란스럽게 되는데, 그 와중에 그동안의 토론 내용과는 전혀 관련 없어 보이는 결론이 내려지는 것이다.

1) 브레인스토밍의 원리와 규칙

브레인스토밍은 1950년대 광고회사 경영자였던 알렉스 오즈번(A. Osborn)이 최초로 제안한 방법이다. 브레인스토밍은 두 가지 원리에 기초를 두고 있다. 첫째는 좋거나 나쁘다는 판단을 미뤄두는 것이다. 아이디어를 생성하는 것과 평가하는 것을 엄격히 구분한다. 둘째는 '양이 질을 낳는다'는 원리에 따라, 많은 양의 아이디어를 생성하면 자연히 좋은 아이디어가 나온다고 본다.

앞의 두 가지 원리로부터 브레인스토밍의 네 가지 규칙이 도출된다. 첫째, 절대 다른 사람들의 아이디어에 대해 평가하거나 비판하지 않아야 한다.[2] 둘째, 아이디어는 이상하거나 엉뚱한 것일수록 더 좋다. 셋째, 아이디어는 많으면 많을수록 좋다. 넷째, 다른 사람들이 제안한 것을 개선, 확장하거나 그것과 결합하여 새로운 아이디어를 내놓은 것을 장려한다.

브레인스토밍의 장점은 양을 추구한다는 점과 참여자들 간의 상호 인지적 자극주기(cognitive stimulation)에 있다. 이것은 메드닉(S. A. Mednick)의 연합주의(association)의 원리를 적용한 것으로, 개인이나 집단의 문제해결 역량은 새로운 연합을 생성해내는 역량에 달려 있는데, 다양한 연합을 이루기 위해서는 상당한 양의 입력 자극들이 필요하므로, 초보적이더라도 아이디어의 양이 많을수록 유리하다. 아이디어가 많이 제안될수록 새로운 연합의 기회가 증가하고(유창성), 제안된 아이디어의 내용 범위가 더욱 확대되며(유연성), 전혀 새로운 연합의 가능성도 더욱 커지고(독창성), 또 앞서 제안된 아이디어보다 더 정교해질 수 있다(정교성). 4장에서 보았듯이, 유창성, 유연성, 독창성, 정교성 등은

---

2 이 규칙에 대해 반론으로, 오히려 다른 사람의 아이디어에 대한 비판적 논평이 아이디어의 질을 더 높일 수 있다고 보는 연구자도 있다(Nemeth & O'Connor, 2019).

확산적 사고의 주요 요소로서, 브레인스토밍은 확산적 사고를 촉진할
수 있다고 보는 것이다.

2) 브레인스토밍의 한계

1950년대 이후 브레인스토밍의 효과에 대한 많은 실험 연구들이 이
루어졌고, 브레인스토밍의 규칙을 적용한 집단과 그렇지 않은 집단 간
에는 아이디어의 생산성(유창성, 유연성, 독창성)에서 유의한 차이가 있
었다. 그런데 실망스럽게도, 오즈번의 주장과는 반대로 브레인스토밍
집단은 명목집단(nominal group)[3]보다는 낮은 생산성을 보였다.[4] 명목집
단이 브레인스토밍 집단보다 두 배 이상의 아이디어를 생성해낸 것이
다. 이런 결과는 많은 연구에서 일관되게 나타났다. 연구자들은 브레인
스토밍 집단의 생산성 손실의 원인으로 다음 세 가지를 지목하였다(장
재윤, 2000; Diehl & Stroebe, 1987).[5]

첫째, 집단에서 한 사람이 얘기하고 있으면 다른 사람은 얘기할 수가
없는 산출방해(production blocking)이다. 다른 사람의 얘기를 듣다가 자
신의 아이디어를 망각하기도 한다. 산출방해가 생산성 손실의 가장 큰

3　명목집단은 임의로 집단을 구성한 것으로 각자 독립적으로 아이디어를 산출하고 이후
　합산한다(합산할 때 중복되는 아이디어는 하나만 남긴다).
4　1장의 신화 문항 중 가장 높은 동의율(80%)을 보인 것이 '혼자 생각할 때보다 여러 사람
　이 함께 브레인스토밍을 하면 더 많은 아이디어가 나온다'라는 문항이었다. 일반인들이
　창의성과 관련하여 가장 잘못 이해하고 있는 것이 집단브레인스토밍의 효과이다.
5　Sutton과 Hargadon(1996)은 "브레인스토밍의 규칙을 적용하면 개인 혼자 할 때보다
　집단에서 할 때 두 배 이상의 아이디어를 생성할 수 있다"는 오즈번의 진술은 그의 책
　*Applied Imagination*의 2판에만 나오는 것으로, 3판에서는 언급되지 않았다고 지적하였
　다. 3판(1963)에서 오즈번은 집단브레인스토밍이 잘 구성되면 전통적인 집단 문제해결
　회의보다 짧은 시간에 더 많은 좋은 아이디어를 얻어낼 수 있다고 진술했을 뿐이었다.
　더 나아가 집단 브레인스토밍의 많은 장점에도 불구하고 개별적인 아이디어 생성이 더
　쉽고 생산적이라고 언급하고 있다. 다시 말해 오즈번도 집단 브레인스토밍의 문제점을
　인정하고 있었던 것이다.

원인으로 알려져 있다.

둘째는 평가불안(evaluation apprehension)이다. 평가나 판단이 금지되어 있음에도 아이디어가 너무 획기적이거나 엉뚱하면 불안해진다. 이런 평가불안은 Edmondson(1999)이 팀에서의 심리적 안전감(psychological safety)을 강조한 이유이기도 하다.

셋째는 무임승차(free riding)이다. 집단상황에 있게 되면 항상 집단의 공동 노력에 대해 무임승차하는 사람들이 있다.

3) 대안적 방법

1960년대부터 이미 브레인스토밍의 효과에 대한 의문이 제기되면서 전통적인 면대면 집단브레인스토밍의 다양한 대안이 제시되었다. 생성된 아이디어의 수를 최대화하고자 하면 다음에 소개하는 브레인라이팅이나 전자브레인스토밍을 사용하는 것이 좋다. 구성원들이 내는 아이디어들이 즉각 공유되는 과정을 통해 서로 자극을 주어 아이디어 발상을 최대화하기 때문이다.

브레인라이팅 기법　집단브레인스토밍의 단점을 극복하기 위해 아이디어를 용지에 적는 방식이다. 집단에서 아이디어를 준비된 용지에 적은 후 용지를 옆 사람에게 전달하거나 중앙 테이블에 갖다 놓는다. 그러면 옆 사람이나 다른 사람은 앞서 작성된 아이디어를 보면서 자신의 아이디어를 적는 방식으로 계속 진행하는 것이다. 브레인라이팅에서는 산출방해와 평가불안이 없다. 타인의 방해를 받지 않고 아이디어를 기록할 수 있고, 무기명이므로 누구의 아이디어인지 확인할 수가 없기 때문이다. 또한, 계속 돌아가면서 아이디어를 작성하기에 무임승차도 최소화된다. 브레인라이팅을 다시 약간 변형한 방식으로 '브레인라이팅 게시법(Brainwriting with Post-it)'도 있다.

전자브레인스토밍　최근에는 IT 기술과 유무선 통신망의 발전으로 원거리에 있는 사람들 간에도 쉽게 소통할 수 있는 사회가 되었다. 그래서 동일한 장소에 모이지 않고도 네트워크에 연결된 PC나 스마트폰을 활용하여 브레인스토밍을 할 수 있는데, 이를 전자브레인스토밍(EBS: Electronic Brainstorming)이라고 한다.[6] EBS를 지원하는 전용 프로그램뿐만 아니라 채팅 플랫폼이나 사내 토론방 등에서도 문제나 이슈의 창의적인 해결 방안들을 생성하는 것이 가능하므로 브레인스토밍의 규칙을 숙지하고 지키면서 누구나 전자브레인스토밍을 할 수 있다.

브레인라이팅처럼 EBS도 산출방해 없이 참가자들의 병행 입력(parallel entry)이 가능하다. EBS 전용 프로그램을 활용하는 경우에는 자신의 모니터에 창이 여러 개 뜨면서 한 창에는 다른 사람의 아이디어가 계속 제시되고 그것을 보면서 자신의 아이디어가 생각나면 바로 키보드로 입력할 수 있다. 또한, 익명성을 보장하면 평가불안도 없다. 집단의 크기에도 제한이 없어서, 다양한 견해와 경험을 가진 많은 사람의 아이디어를 얻을 수 있다.

크라우드소싱　1714년 영국 정부가 경도(longitude)를 결정할 때 공개경쟁의 방식을 처음 도입한 것이 시초라고 할 수 있는 크라우드소싱은 '대중(crowd)'과 '외부 자원 활용(outsourcing)'의 합성어로, 전문가 대신 비전문가인 고객과 대중으로 창의적인 아이디어를 얻어 문제를 해결하는 것이다. 기업활동의 전 과정에 소비자나 대중이 참여할 수 있도

6　실제로 네트워킹된 PC들을 활용하여 브레인스토밍을 할 수 있도록 도와주는 EBS 시스템과 소프트웨어들도 있다. EBS를 지원하는 전용 소프트웨어들은 브레인스토밍을 지원할 뿐만 아니라 회의의 전체 과정을 도와주는 기능들도 있다. 예를 들어, 생성된 아이디어들을 키워드로 범주화하거나 중복되고 불필요한 아이디어는 제거하는 편집 기능이 있다. 또한, 아이디어 평가 단계에서는 생성되고 분류된 아이디어의 질(質)을 평가하거나 참가자들 사이에 순위를 매기는 활동을 지원한다. 최종 선정된 아이디어를 실행하는 단계를 기획하고 책임자를 선정하는 것과 같은 작업들도 도와준다. 그리고 창의적 아이디어를 생성하도록 자극해주는 기능을 갖춘 것도 있다(예: 슈퍼맨 기법으로 '당신이 슈퍼맨이라 상상하시오. 어떤 생각이 떠오릅니까?').

록 일부를 개방하고 그들의 창의적 아이디어로 기업 성과가 도출되면 그 수익을 참여자와 공유한다.

크라우드소싱은 개방형 혁신의 일환으로, 고객으로부터 신상품 및 서비스에 대한 아이디어를 얻기 위한 델의 '아이디어 스톰(Idea Storm)'이나 스타벅스의 '마이 스타벅스 아이디어(My Starbucks Idea)'처럼 공개적으로 이슈와 질문을 게시하고 집단 지능을 활용하여 해결책을 찾는다. 같은 목적을 가진 집단이 아니라는 점과 일회성 흥미로 참여하고 잊으면 그만일 뿐이라는 점에서 크라우드소싱은 EBS와는 다르다. 또한, 크라우드소싱은 금전적 보상으로 참여를 유도할 수는 있으나, 협업이 아닌 경쟁으로 흐르게 되어 결국 EBS의 취지와 다른 방향으로 전개될 수 있다.

4) 브레인스토밍의 효과적 사용법

지금까지 브레인스토밍의 허와 실, 그리고 두 가지 대안적 방법들을 살펴보았다. 다음부터 브레인스토밍을 효과적으로 사용하기 위한 경험적 연구 기반의 조언들을 제시하였다(Paulus & Kenworthy, 2019).

첫째, 가능하면 사전 준비 시간을 가지는 것이 좋다. 사전 준비로 회의 참가자들에게 적어도 일주일 전에 회의의 전반적인 목적과 주제에 대해서 전달한다. 이것은 사전 부화기를 갖는 효과가 있다. 집단으로 브레인스토밍하기 전에 개별적으로 브레인스토밍을 짧게 하는 것이 좋다는 의견도 있다(Kabanoff & Rossiter, 1994). 한편, 집단브레인스토밍과 개인 브레인스토밍을 교대로 하는 것이 집단 자극주기(group stimulation)의 효과가 가장 크게 나타나게 한다. 브레인라이팅이나 전자 브레인스토밍 방식에서 이런 세션의 교대는 짧게 이루어질 수 있고, 가장 잘 작동할 수 있다.

둘째, 브레인스토밍 집단의 구성과 관련하여, 집단 크기는 대개

5~12명이 이상적이지만, 면대면 브레인스토밍이나 브레인라이팅은 가급적 집단을 작게 만드는 것이 좋다. 또한, 다양성이 중요하다면 가능한 한 작은 크기로 하되 다양한 분야의 전문가들로 구성해야 한다. 참가자들이 다양한 경험들을 가진 이질적인 사람들로 구성될수록 브레인스토밍 효과가 크다. 다양한 배경과 경험을 가진 사람들로 구성이 되면 상호 인지적 자극주기의 효과가 더욱 극대화되기 때문이다.

셋째, 오즈번이 제시한 브레인스토밍의 규칙 중에서 양(quantity)의 원리가 가장 효과가 있다. 따라서 확산적 사고 단계에서는 양을 추구하는 규칙과 더불어 엉뚱한 아이디어일수록 좋다는 규칙을 잘 지키는 것이 좋다. 반면, 아이디어를 선별하고 정교화하는 수렴적 사고 단계에서는 타인의 아이디어에 근거하여 자신의 아이디어를 내는 규칙이 매우 효과적이다(Paulus & Kenworthy, 2019).

넷째, 브레인스토밍에서는 진행을 맡는 사회자를 정하고, 브레인스토밍을 시작하기 전에 브레인스토밍의 규칙을 상기시킨다. 간단한 연습을 할 수도 있다. 또한, 사회자는 문제를 제시하고 이후 계속 촉진자의 역할을 해야 한다. 집단이 너무 소극적이고 아이디어 생성이 활발하지 못하면 다음에 소개하는 스캠퍼 기법 등을 적용하여 참가자들이 새로운 관점에서 볼 수 있도록 자극한다(예: '이 아이디어를 다른 어떤 것과 조합할 수는 없을까요?'). 또한, 참여한 모든 구성원이 무관한 얘기를 하지 않고 평가불안 없이 적극 아이디어 발상에 몰입하도록 사회자(리더)가 모니터링하거나 촉진하는 것이 도움이 된다.

다섯째, 집단브레인스토밍을 2~3회 반복하면서 일정한 아이디어들이 추출되면 잠시 휴식 시간을 가질 수 있다. 이렇게 하면 휴식 시간[7] 동안의 부화(incubation) 효과를 통해 아이디어 생성에 도움이 된다

---

[7] 6장에서 보았듯이, 부화 효과를 얻기 위해서는 휴식 기간에는 당면 문제를 더 이상 생

(Ellwood et al., 2009). 휴식은 아이디어 생성이 한계에 이르기 시작할 즈음에 갖는 것이 특히 도움이 된다. 다만, 인지적 탄력을 잃지 않고 계속 과업에 집중하기 위해 가급적 짧게 휴식할 필요가 있다.

여섯째, 한 번에 문제의 한 측면에만 집중하도록 세션을 구조화하는 것이 유용하다. 브레인스토밍 세션 전에 다룰 주제들(topics)의 목록을 만들어 하나씩 다루는 것이다. 새로운 주제로 넘어가기 전에 각 주제에 대해 깊이 생각하도록 해야 한다.

일곱째, 아이디어가 고갈될 때, 구성원을 교체하는 것이 도움이 된다(Choi & Thompson, 2005). 이렇게 하면 계속 브레인스토밍을 이어갈 동기가 생기고 이전에 없던 아이디어들이 공유되면 추가적인 아이디어 발상을 자극한다.

5) 브레인스토밍의 효용성

브레인스토밍을 매우 효과적으로 활용하고 있는 기업 중에 IDEO가 있다. IDEO는 삼성, 애플, 마이크로소프트, P&G 등 세계 일류기업이 파트너인 세계 최고의 디자인 기업이다. Sutton과 Hargadon(1996)은 IDEO에서 브레인스토밍이 어떻게 활용되고 있는지 체계적으로 관찰한 결과, 브레인스토밍의 효용은 실험실 연구처럼 생산성 지표만을 고려하기보다는 다른 여러 차원에서 검토되어야 한다고 주장하였다.

그들의 연구에 의하면, IDEO에서 브레인스토밍이 가지는 효과는 크게 다음과 같은 다섯 가지가 있다. 첫째, 빈번하게 이루어지는 집단브레인스토밍은 제품 설계에 유용한 새로운 지식을 생성, 저장, 결합하는 데 활용되고, 이러한 지식은 조직 구성원들에게 전파되고 그들의 기

각하지 않아야 한다. 부화 효과가 무의식적이고 자동적인 처리 과정으로부터 나온 것인지는 아직 불명확하다. 다만, 휴식 동안 새로운 맥락과 관점으로 보도록 하여 고착(fixation)에서 벗어나도록 해주는 것은 분명하다.

억에 저장됨으로써 회사 내 지식의 양과 수준을 높여주었다. 둘째, 브레인스토밍은 디자이너들에게 기술 다양성(skill variety), 즉 다양한 산업에서의 폭넓은 범위의 지식과 기술을 배우고, 활용하고, 확장할 기회를 제공하였다. 왜냐하면, 특정 프로젝트의 초기에 이루어지는 집단브레인스토밍에는 프로젝트팀원 외에 사내 다양한 방면의 전문가가 초빙되어 토론하기 때문이었다. 셋째, 집단브레인스토밍은 직원들 간의 신뢰 및 협력과 같은 긍정적인 조직 문화 및 규범의 생성에도 기여하였다. 넷째, 각 분야의 전문가들이 모인 곳에서 집단브레인스토밍을 하면서 서로의 강점과 전문성을 확인하면서 부지불식간에 서로 간의 평가가 이루어지는 것이다. 따라서 집단브레인스토밍 상황은 디자이너들 사이에 기술적 전문성에 기초한 자연스러운 지위(status) 경쟁의 장이 되었다. 다섯째, 집단브레인스토밍을 통해 컨설팅을 받으러 온 고객들에게도 좋은 인상을 남길 수 있다. 프로젝트의 초기 단계의 집단브레인스토밍에 고객이 초대되는데, 여기서 고객들은 IDEO 직원들의 전문성과 활발하게 새롭고 참신한 아이디어가 교환되는 상황을 지켜보면서 IDEO의 조직 문화에 대해 긍정적 인상과 신뢰를 형성하게 되는 것이다.

이처럼 적어도 실제 조직 현장인 IDEO에서의 브레인스토밍은 아이디어 발상 도구의 기능만 하는 것이 아니라, 구성원과 조직 및 고객에게 다양한 효용을 갖는 과정일 수 있다.[8]

---

8 브레인스토밍의 효용에 대해 학계와 현장에서 서로 반대되는 시각을 갖게 되는 이유는 Hua 등(2022)이 제안한 '창의적 아이디어(creative idea)'에 대한 입자-파동 이중성(particle-wave duality) 모형으로 설명될 수 있다. 그들은 창의적 아이디어에 대한 연구자들의 관점은 크게 두 가지로 구분된다고 보고, 이를 입자와 파동에 비유하였다. 그간 창의적 아이디어의 지배적 관점은 입자 관점으로, 아이디어를 독립적인 존재인 개별 실체로 보는 것이었다. 반면, 파동 관점은 아이디어를 시간의 흐름에 따라 출현하고, 지속적이며, 맥락에 매우 의존적인 것으로 본다. 브레인스토밍의 경우, 학계 연구자들은 아이디어를 입자 관점에서 봄으로써 브레인스토밍 집단이 명목집단보다 더 나은 결과를 보여주지 못하기에 특별한 효용이 없다고 보지만, 조직 현장의 실무자들은 아이

6) 창의적 절벽 착각

브레인스토밍에서 양을 추구해야 하는 또 다른 이유가 있다. 브레인스토밍 또는 문제해결 과정에서 최초 또는 초기 아이디어가 창의적인 경우는 드물기 때문이다(Berg, 2019). 창의적인 아이디어는 시간이 지남에 따라 출현하는 경향이 있다. 이것은 우리가 자연의 명소에 갔을 때 첫 장면에 놀라 사진을 찍지만, 좀 더 다가가 조망이 달라지면 이전보다 멋진 사진을 찍을 수 있는 경험을 하는 것처럼, 첫 아이디어보다는 이후에 나오는 아이디어가 더 놀라운 것이 되는 경우가 많다. 따라서 아이디어 발상의 세션을 여러 차례 진행하면서 후반에 나오는 경우가 많다. 왜냐하면, 새로운 문제를 해결하고자 할 때, 가장 먼저 떠오르는(즉 접근성이 높은) 아이디어는 일상적인 아이디어이거나 최소 저항 경로를 따라 나오는 뻔한 연상일 확률이 높기 때문이다(6장 참조). 또한, 우리 뇌는 효율성을 추구하기에 안전한 답에 의존하려는 경향이 있고, 예상하기 어려운 독특한 아이디어를 택하는 경우는 드물다. 레오나르도 다빈치는 어떤 문제가 생겼을 때 가장 먼저 떠오르는 해결책은 믿지 않으려 하였다고 한다(Eagleman & Brandt, 2017). 그는 가급적 자신의 풍요로운 신경망 안에 숨은 다른 여러 길을 탐색하고자 한 것이다.

Baruah와 Paulhus(2016)는 전자브레인스토밍(EBS)의 효과성에 관한 연구에서 브레인스토밍의 세션이 지남에 따라(세션 1~3) 아이디어의 독창성이 증가하는 결과를 보여주었다. 세션 초기에는 평범하고 새롭지 않은 아이디어들을 생성하지만, 마지막 세션으로 갈수록 범주 내의 더 깊은 탐색을 통하여 독특하고 새로운 연상을 떠올리게 된 것이다. 이는 집단 내에서의 창의적 시너지에 관한 연구는 항상 '시간' 변수를

디어를 파동 관점에서 보기에 집단으로 브레인스토밍을 하는 진행하는 과정에서 출현적으로 나타나는 추가적인 효용에 주목하는 것이다.

고려할 필요가 있음을 보여준다. 또한, 아이디어 발상에서의 이런 특성으로도 '끈기(persistence)'가 창의성의 일관된 결정 요소임을 알 수 있다.

Lucas와 Nordgren(2020)은 자선단체가 지역사회에서 기부를 얻는 방법에 대한 아이디어를 발상하는 세션(5분)을 다섯 번 진행하는 방식의 실험을 통해 일반인들은 아이디어 발상 세션을 계속 이어가는 과정에서 자신의 창의성이 쇠퇴할 것이라고 믿지만, 실제 결과는 그렇지 않다는 것을 보여주었다. 그들은 이것을 '창의적 절벽 착각(creative cliff illusion)' 현상이라고 명명하였다.

사람들이 앞서 생성된 아이디어보다 이후의 생성된 아이디어가 덜 창의적이라고 생각하는 것은 '아이디어의 창의성'과 '아이디어 생성 능력'을 잘못 연합하기 때문이다.[9] 아이디어 생산성은 시간이 지남에 따라 감소하는 경향이 있다. 처음에는 아이디어를 많이 내다가 이후 점점 더 새로운 아이디어를 내기가 어려워지는 것이다. 그런데 아이디어의 창의성은 주관적 판단이고 실시간으로 평가하기 어렵지만, 아이디어의 생산성은 쉽게 드러나는 수행 지표이다. 아이디어 생산의 어려움은 뚜렷하게 경험이 되므로 이런 생산성 저하를 창의성의 저하로 잘못 해석하게 된다. 그러나 여러 경험적 연구(Beaty & Silvia, 2012; Lucas & Nordgren, 2015)에서 아이디어의 창의성은 결코 생산성과 같이 점차 감소하는 것이 아님을 보여준다. 아이디어 발상 세션을 진행해가면서 생산성은 떨어지지만, 창의성은 증가하거나 유지되는 경향이 있다.

창의적 절벽 착각 현상은 창의적 과정에 대한 사람들의 믿음과 실제 간의 불일치를 잘 보여주는 사례이다. 이 착각이 갖는 시사점은 사람들이 아이디어 발상 과정에서 끈기 있게 노력하는 것의 중요성을 과소평

---

9 1장의 사실 문항인 '첫 번째로 떠오른 아이디어는 최상의 아이디어가 아닌 경우가 많다'에 대한 동의율은 47%에 그쳐 두 번째로 낮은 수준을 보였다. 즉, 초기 아이디어가 더 창의적일 수 있다고 믿는 사람이 과반수가 넘은 것이다.

가할 수 있다는 점이다. 즉, 창의적인 아이디어가 아직 머릿속에 남아 있음에도 중간에 중단하게 된다는 것으로, 창의성을 추구하는 팀이나 조직에서는 브레인스토밍 세션을 더 길게 가지거나, 아이디어 할당량을 정해놓거나, 숙고의 기간을 가지는 것과 같은 관행을 제도화하는 것을 고려해볼 수 있다.

한편, 확산적 사고 과제에서 나중에 나오는 아이디어가 더 독창적이라는 순서 효과(serial order effect)와 관련하여, Gonthier와 Besançon(2022)은 순서 효과의 이득을 보려면 많은 아이디어를 생성해야 하는데, 과연 더 많은 아이디어가 반드시 독창성으로 이어지는지에 대해 의문을 제기하였다. 595명의 성인이 네 가지 확산적 사고 과제를 수행하였고, 아이디어의 순서 및 전체 아이디어의 수(즉 유창성)에 따라 독창성과 정교성[10]이 달라지는지 알아보았다. 분석 결과, 나중에 나온 아이디어가 더 독창적이어서 순서 효과는 재현되었지만, 전체 아이디어 수(유창성)는 반대 효과가 나타났다. 즉, 유창성이 낮은 피험자들의 아이디어는 순서와 무관하게 더 독창적일 뿐만 아니라 더 정교한 경향이 있었다. 이것은 나중에 나오는 아이디어가 더 독창적인 순서 효과가 있음에도 불구하고, 양이 질을 낳지는 않은 것이다. 오히려 많은 아이디어를 생성할수록 전반적으로 아이디어의 독창성은 낮아지는 결과가 나왔다. 따라서 독창적이면서 정교화된 아이디어를 얻어야 할 때 단순히 많이 생성하는 것이 능사는 아닐 수도 있음을 시사한다.[11]

통찰 편향: 끈기의 과소평가　Lucas와 Nordgren(2022)은 아이디어

---

[10] 독창성은 훈련된 평가자에 의해 3점 척도로 이루어졌고, 정교성은 생성된 각 텍스트에 대해 전처리를 한 후 포함된 단어의 수로 채점되었다.

[11] 이 연구의 결과에 기반하여 연구자들은 4장에서 다룬 확산적 사고의 채점과 관련하여 '최상의 두 아이디어(best-two ideas) 평가' 또는 '좋은 아이디어의 수(count of good ideas)'와 같은 방법을 사용할 것을 제안하였다. 또한, 이러한 결과는 3장의 BVSR 모형과 관련된 사이먼턴의 과잉성 개념과 일치하지 않는 것으로 보인다.

가 어떻게 생성되는지에 대한 일반인들의 믿음이 창의성에 미치는 영향에 관한 연구를 계속해왔다. 앞서 보았듯이, 창의적인 아이디어는 에디슨의 경우처럼 '끈기(persistence)'에 의한 숙고적(deliberate) 경로와 갑작스러운 '아하'의 순간을 포함하는 '통찰(insight)'에 의한 즉흥적(spontaneous) 경로라는 두 가지 인지적 경로를 통하여 나올 수 있다. 그런데 그들의 최근 연구에 의하면, 사람들의 일반적인 신념은 두 가지 경로를 모두 적절히 반영하기보다는 강한 '통찰 편향(insight bias)'을 보인다. 즉, 사람들은 창의적 사고 과정에서 '끈기' 경로는 과소평가하고, '통찰' 경로를 과대평가하는 것이다.

1장의 창의성 신화에 포함된 문항인 '창의적 결과물은 갑작스럽게 나타난 영감의 결과인 경우가 많다'에 대한 동의율도 60%에 육박하였다. 이 결과에서도 일반인들의 통찰 편향이 어느 정도 드러난다.

이런 편향은 창의적 절벽 착각 현상과도 관련이 있는데, 첫 번째 아이디어 생성 세션이 끝난 후, 두 번째 세션을 시작할 때, 얼마나 많은 창의적 아이디어를 낼 것인지 물으면 대부분 첫 번째보다 적게 생성할 것으로 기대한다. 즉, 지속해서 끈기 있게 노력하는 것의 가치를 저평가하는 것이다.

Gettys 등(1987)은 사람들은 문제해결 공간(특정 문제에 대한 합리적인 해결책들의 집합)이 얼마나 빨리 고갈될 것인지를 과다 추정한다는 것을 발견하였다. 즉, 사람들은 실제로는 20~30% 정도의 문제해결 아이디어를 생각해내었음에도 해결책의 75%를 생성해낸 것으로 추정하였다.

Baas 등(2015)의 연구에서도 사람들은 과업에 의식적으로 집중하기보다는 집중하지 않음으로써 창의성이 더 자극될 수 있다고 믿는 경향이 나타났다. 다만, 최근의 아이디어 생성 경험에 대해 회상하고 묘사해보라고 하면, 집중하지 않기보다는 의도적인 집중을 통해 아이디어가 생성된 경우가 더 많았다.

또한, Tsay(2016)는 사람들이 열심히 일하고 노력해서 아이디어를 얻는 창업가('striver')보다 타고난 재능에서(천재와 관련된 특성과 통찰에서) 아이디어가 나오는 창업가('naturals')를 더 선호함을 발견하였다. 심지어 열심히 일하여 많은 것을 성취한 기업가보다 더 적은 성취를 이루었지만 타고난 재능을 가진 기업가를 더 선호하였다.

이러한 통찰 편향은 관련 정서 경험이 원인일 수 있다. 사람들은 끊임없이 노력해야 하는 경우보다 별다른 노력 없이도 가능했던 '통찰'이 더 즐겁고 긍정적인 정서 경험으로 기억되기 때문이다. Lucas와 Nordgren(2015)은 다양한 창의성 과제를 사용한 여러 실험에서 피험자들이 끈기 있게 계속하면 얻을 수 있을 아이디어를 과소추정하는 경향은 '말을 더듬는 것' 같이 아이디어 생성에 어려움과 난관이 있다는 느낌 때문에 나타난다고 보았다. Lucas와 Nordgren(2020)의 연구에서도 시간이 지나면서 아이디어를 생산하기 어려울 것이라는 '비관적인 느낌'이 아이디어 발상 세션을 거치면서 창의성이 저하될 것이라는 믿음으로 이어졌다.

이러한 통찰 편향은 실제 개인의 창의적 작업과정에 영향을 미칠 수 있다. 통찰을 선호함으로써, 사람들은 일터에서 일하기보다는 욕조에서 휴식을 취할 때 더 창의적일 수 있을 것으로 기대하며, 타고난 재능보다는 끈기와 노력을 통해 성취를 이룬 사람들을 상대적으로 평가절하할 수 있다.

2. 아이디어 발상 기법

이 절에서는 1960년대 이후로 지금까지 창의성 훈련 프로그램으로 인기를 얻었을 뿐만 아니라, 새로운 제품이나 서비스를 생각해내는 데에 널리 사용되었던 주요한 아이디어 발상 기법들을 소개하였다(김영채, 1999).

1) 결부법

결부법(Synectics)은 발명가이자 심리학자였던 윌리엄 고든(W. Gordon)이 1961년에 *Synectics: The Development of Creative Capacity*라는 책을 발간하고, 프린스(G. M. Prince) 등과 함께 시넥틱스 주식회사(Synectics Inc.)를 만들면서 널리 알려졌다. '시넥틱스'는 '관련이 없어 보이는 별개의 요소들을 함께 맞추어 넣는다'는 뜻을 가진다. 결부법의 기본 원리는 '친근한 것을 낯설게, 낯선 것을 친근하게'이며, 주로 유추(analogy)를 활용한다.

'그녀의 입술은 딸기처럼 붉다'와 같은 비유는 두 사물의 '붉다'라는 특징을 연결한 것이기에 유추라기보다는 유사성을 찾은 것이다. 결부법에서의 유추는 둘 혹은 그 이상의 현상들 사이에서 기능적으로 유사하거나 일치하는 내적 관련성을 찾아내는 것이다.

결부법의 핵심은 조작 기제, 즉 유추적 사고에 있다. 이것의 근본 원리는 낯선 것을 친숙하게 하는 분석 단계(analytical phase)와 친숙한 것을 낯선 것으로 만드는 창의적 단계(creative phase)의 두 가지이다. 두 단계에서 일반적으로 활용되는 유추는 의인적 유추(personal analogy), 직접적 유추(direct analogy), 상징적 유추(symbolic analogy), 환상적 유추(fantasy analogy)의 네 가지이다.

의인적 유추 의인적 유추는 자기 자신이 문제의 당사자가 되었다고 상상하고 당사자로서 느끼는 감정과 정서를 이용하는 것이다. 즉, 문제 상황에서 자신이 어떤 느낌이 들며 어떻게 행동할 것 같은지를 상상해보는 것이다. 예로, 최근 도둑이 많이 들어 손실이 생긴 백화점의 절도 문제를 생각해보자. 이 문제에 의인적 유추를 적용하면 자기 자신이 백화점의 절도범이라고 상상해보는 것이다. 그럼으로써 현재 감시 체계의 어디에 문제가 있고 감시 카메라를 어떤 곳에 설치해야 할지 아이디어가 떠오를 수 있다.

소아마비 백신을 개발한 조너스 소크(J. Salk)는 "나는 나 자신이 바이러스나 암세포인 것처럼 상상해보고 그러면 어떻게 되는지를 마음속에 떠올려보곤 한다"고 하였다. 최근 UI(user interface) 개념을 넘어서, 사용자 체험(UX, UE: user experience)[12]이 강조되는 상황에서 의인적 유추법은 매우 유효한 수단이 될 것이며, 전문적인 UX 디자이너는 의인적 유추법에 숙달된 사람일 것이다.

직접적 유추　직접적 유추는 가장 자주 사용되는 기본적 유추이다. 직접적 유추란 두 개의 현상 사이에 일련의 요소가 동일하다는 사실을 바탕으로 그것들의 나머지 요소도 동일할 것으로 추측하면서, 해결할 문제를 전혀 다른 어떤 물건이나 대상, 특히 생물체가 가지고 있는 특성과 관련 지어보는 것이다. 즉, 두 표상 간에 관계 구조(relational structure)의 유사성을 판단하는 논리적 사고 과정으로, 이미 알고 있는 지식에서 새로운 개념에의 통찰을 얻음으로써 난제를 해결할 수 있다.

직접적 유추의 가장 유명한 발명 사례는 가방이나 신발 등 다양한 곳에 붙였다 떼었다 할 수 있는 벨크로(Velcro)이다. 이것의 원리는 Hook & Loop로, 갈고리 같은 것(hook)을 고리(loop)에 거는 식이다. 스위스의 산악인인 조르주 드 메스트랄(G. de Mestral)는 등산 도중에 엉겅퀴 풀이 옷에 달라붙는 것을 보고 현미경으로 관찰해보니, 엉겅퀴 풀의 끝부분이 갈고리 모양인 것을 알게 되었다. 그는 이 원리를 이용하여 1956년 벨크로라는 상품을 세상에 내놓았다. 이처럼 직접적 유추는 겉으로

12　사용자 경험은 사용자가 어떤 시스템, 제품, 서비스를 직간접적으로 이용하면서 느끼고 생각하게 되는 총체적 경험을 말한다. 지각 가능한 모든 측면에서 사용자가 참여, 사용, 관찰하고 상호 교감을 통해서 알 수 있는 가치 있는 경험이다.

보기에는 전혀 관련 없어 보이는 어떤 대상(사물) 또는 생물체의 특성을 현안이 되는 문제와 결부시켜보는 것이다.

직접적 유추를 통한 새로운 아이디어, 발명, 발견의 사례는 수없이 많다. 친숙한 사례로, 구운 감자가 둥근 통의 좁은 공간에 아주 얇게 썰어진 채 담겨 있는 프링글스 감자칩이 있다. 이것은 마른 나뭇잎의 직접적 유추에 의한 것으로, 나뭇잎은 습기가 있을 때 압착이 된다는 점을 유추하여, 감자 칩도 묶음 형태로 포장하기 위해 부서지지 않을 만큼 습기를 넣은 후 빠르게 건조시킨 것이다.

과학 영역에서, 원자의 구조를 밝혀 노벨상을 받은 물리학자 러더퍼드는 미세한 원자 구조를 태양계의 구조에 직접적으로 유추하였다. 태양을 중심으로 여러 행성이 궤도를 도는 태양계에 유추하여 원자 구조도 핵을 중심으로 전자들이 궤도를 도는 형태가 아닐까 생각한 것이다. 그는 실험을 통해 원자는 원자핵의 주위를 전자들이 돌고 있는 형태임을 증명하였다. 최근이 인공지능(AI)의 작동 원리도 인간 뇌의 신경망(neural network)에 직접적으로 유추한 것으로 볼 수 있다. 발명의 예로, 벨은 인간의 귀 구조를 모델로 하여 전화 수화기를 발명하였고, 영국 건축가 브루넬(M. I. Brunel)은 좀조개벌레(shipworm)가 나무에 굴을 파가는 것을 보고 수중 터널 건설 방법을 고안하였다.

상징적 유추　이것은 문제를 새롭게 조명하기 위해 추상적인 원리나 실제 이미지에서 유추를 얻어내는 것인데, 주로 동화나 이야기의 상징적 인물, 사물(이미지), 사건에서 유추를 얻는 것으로, 일종의 은유(metaphor)라고 할 수 있다.

은유적 표현은 시나 미술 등 예술 작품에서 창의성 발현의 주요 수단이 된다. 예를 들어, 신데렐라라는 동화 속의 인물과 이야기를 상징적으로 유추해서 '신데렐라 콤플렉스'라는 신조어를 만들어낸 것이다. 또 '파랑새 증후군'이나 '카멜레온 같은 섬유'라는 표현도 상징적 유추에 의한 아이디어라고 볼 수 있다. 그리고 6장에서 소개한 유기화학자 케쿨레가 꿈에서 자기 꼬리를 물고 있는 뱀의 형상을 보고 벤젠 분자의 구조를 밝힐 수 있었던 것도 상징적 유추의 예라고 할 수 있다.

또한, 서로 모순되거나 반대 의미를 지닌 두 단어를 연결하여 어떤 현상을 묘사하는 것도 상징적 유추에 해당하는데, '천둥 같은 침묵(thunderous silence)', '공개된 비밀(open secret)', '잔인한 친절(cruel kindness)', '신중한 서두름'[13] 같은 표현들이 그 예이다.

환상적 유추 환상적 유추는 실제 세계에서의 실현 가능성이나 제약을 전혀 고려하지 않고 단순히 소망하는 바를 마음껏 상상하는 것이다. 그래서 하늘을 나는 상상을 하는 것과 같이 어린 아이와 같은 사고(즉, 일차적 사고)가 필요하다.[14] 현실주의자가 보기에는 매우 허무맹랑한 이야기처럼 보이지만 그러한 상상의 날개를 펼쳐보는 것도 아이디어를 발상하는데, 특히 획기적인 아이디어를 발상하는 데 도움이 된다. 그리고 지금 보기에는 그런 환상적 유추 내용이 말도 안 되는 소리 같지만, 그것이 나중에 실현되는 경우가 많다. 예를 들어, 극소형 물체가 우리 몸에 들어가 인체 탐험을 하면서 암세포를 제거하는 상상을 해보거나, 냉장고가 스스로 내부를 청소하는 것을 상상해볼 수 있다. 1989년 영화 〈백 투 더 퓨처〉 2편에서는 30년 후인 2015년의 미래로 간 상황을 그렸는데, 이는 많은 이들의 상상력을 자극했다.[15]

---

13 화재 발생 시 대비 요령으로 소방수들이 사용하는 표현이다.
14 유럽연합의 자금 지원을 받는 WHIM(What-If Machine) 프로젝트는 알고리즘을 통해 '만약 ~면 어떨까?'라는 의문을 가지면서 작가들이 제한된 사고방식에서 벗어나 개연성 있는 새로운 시나리오를 만들어내도록 돕는 목적을 가진다. (https://cordis.europa.eu/project/id/611560 참조.)
15 2015년 기자회견에서 로버트 저메키스 감독은 "우리가 예상했던 미래가 50% 정도 실현된 것에 깊은 인상을 받았다"고 하였다. 그러나 오늘날의 스마트폰을 예측하지는 못했다고 고백했다.

2) 속성열거법

속성열거법(Attribute Listing)은 로버트 크로퍼드(R. Crawford)가 개발한 것으로 알려져 있으며, 새로운 아이디어가 막혔을 때나 너무 한쪽으로 치우친 아이디어만 나올 때 또 다른 아이디어가 나오도록 유도하는 데 사용된다. 이 기법은 비교적 간단하면서도 새로운 아이디어를 발전시키는 데 유용하다.

예를 들어, 칫솔을 만드는 회사에서 신제품을 개발하려고 할 때, 다음과 같이 속성열거법을 적용해볼 수 있다. 첫째, 기존 모델의 속성들을 나열한다. 이때 '속성(attribute)'은 크게 다음 세 가지로 분류될 수 있다. 명사적 속성은 모양, 재료, 제조법 등이다. 형용사적 속성은 느낌이나 성질을 나타내는데, '가볍다', '편리하다', '즐겁다', '지저분하다', '작다' 등을 예로 들 수 있다. 마지막 동사적 속성은 주로 기능을 나타내는데, '세척한다', '건강을 유지한다' 등이 예가 된다. 문제에 관련된 속성들은 브레인스토밍을 통하여 도출할 수도 있다.

둘째, 나열한 속성별로, 그것을 다른 것으로 바꿀 수는 없는지 생각해본다. 예를 들어, 명사적 속성인 재료에 근거하여 플라스틱으로 된 칫솔을 친환경 재료나 일회용 재질 등의 다른 가능성을 생각해보는 것이다. 전동식 칫솔은 '손으로 조작한다'라는 동사적 속성의 대안으로 생각한 것이다. 이런 식으로 기존 제품의 여러 속성을 나열하고 하나씩 개선 가능성을 따져보는 것이다.

속성열거법을 사용할 때 주의할 점이 있다. 먼저, 제품의 가장 기본적이고 본질적인 속성에 집중하는 것이 좋다. 제품의 주변 속성에 매달리면 개선 효과가 별로 없거나 혁신적인 제품이 되지 못하기 때문이다. 둘째, 속성을 너무 많이 열거하면 효과적이지 못하기에, 한 번에 일곱 개 정도의 속성을 추출해서 각각에 대해서 아이디어를 내는 것이 바람직하다.

3) 형태분석법

형태분석법(morphological analysis)은 발명이나 특허에 매우 유용한 기법으로, 프리츠 즈비키(F. Zwicky)가 고안한 것으로 알려져 있다. 요소 분석형 강제 연상법의 대표적인 방법으로, 가능한 한 많은 조합을 만들기 위해 바둑판 모양의 도표나 매트릭스를 사용하기에 행렬기법(matrix method)이라고도 불린다. 다음에서 볼 수 있듯이, 앞의 속성 열거법이 '수정'의 원리에 초점을 맞추고 있다면, 형태분석법은 '조합(combination)'의 원리에 초점을 둔다.

형태분석법의 절차는 다음과 같다. 첫째, 당면 문제를 기술해주는 가능한 차원들을 나열한다. 예를 들어, 신제품에 대한 아이디어를 얻는 것이라면 제품의 모양과 재료라는 두 가지 차원을 상정할 수 있다. 둘째, 선정된 차원별로 그 속에 포함된 여러 속성을 나열한다. 예를 들어, 자동차 신제품을 구상하는 경우라면 모양 차원에서는 세단형, 유선형, 상자형 등과 같이 여러 모양의 속성들을 생각해낼 수 있다. 그리고 재료 차원에서 나무, 철, 플라스틱, 티타늄, 알루미늄 등과 같이 여러 속성을 열거해볼 수 있다. 셋째, 두 차원에서 나열된 속성들이 매트릭스 도표(morphological chart)로 정리되며, 매트릭스의 각 셀이 새로운 조합을 구성하게 된다. 따라서 각 셀을 하나씩 검토해가다 보면 그럴듯하고 유망한 아이디어를 찾아낼 수 있다. 예를 들어, 재료 차원에서 '알루미늄'과 모양 차원에서 '유선형'이 결합되어 '알루미늄으로 만든 유선형 자동차'라는 아이디어를 생각해낼 수 있다. 마지막 단계는 이런 식으로 여러 속성 간의 조합에서 얻게 된 몇 가지 좋은 아이디어들을 실현 가능성을 기준으로 평가해보는 것이다. 형태분석법은 문제의 차원 선정 및 각 속성을 나열하고 그 속성들을 강제로 연결하여, 이렇게 하지 않았으면 생각이 나지 않았을 좋은 아이디어를 얻을 수가 있다.

4) 스캠퍼

새로운 생각은 질문에서 시작한다. 특히 상상력과 지적 호기심을 자극할 수 있는 질문들은 창의적인 아이디어를 얻는 데 매우 유용하다. 스캠퍼(SCAMPER)는 Osborn(1963)이 창의적인 사고를 자극할 수 있는 다양한 질문 리스트들을 제시한 것에서 Eberle(1971)가 아홉 개의 주요 질문만을 골라낸 것이다. 스캠퍼는 아이디어 발상이나 집단 회의를 할 때 참석자들이 더 다양하게 생각해볼 수 있도록 도와준다.

첫 번째, SCAMPER의 첫 철자 S(substitute)는 '대체하면 어떻게 될까?'라는 질문을 던지는 것이다. '다른 누가?', '다른 무엇이?', '다른 성분이라면?', '다른 과정을 거치면?', '다른 장소에서라면?' 등과 같이 기존과는 다른 것으로 대체하면 어떻게 될지를 묻는다. 이것의 고전적인 예로는 왕관이 순금으로 만들어졌는지 확인하라는 왕의 지시에 욕조의 물이 넘쳐흐르는 것을 보는 순간 해결책을 떠올린 아르키메데스의 지혜를 들 수 있다.

두 번째, C(Combine)는 조합 또는 결합에 대한 질문이다. 스캠퍼에서 가장 많이 활용되는 C는 두 가지 또는 그 이상의 것들을 연합하여 새로운 것을 생각해내는 것이다. '새로운 무엇과 혼합하면?', '여러 가지 목적을 합하면?', '단어들을 조합하면?' 등과 같은 질문을 던지는 것이다. 스마트폰은 전화기, MP3, 카메라, 인터넷 등이 결합한 것이며, 나일론은 여러 가지 석유 부산물들을 혼합해서 나온 것이다. 또한, 칼, 드라이버, 병따개, 송곳 등이 포함된 등산용 칼이나, 소니사가 이어폰과 트랜지스터 라디오를 합쳐 워크맨을 만든 경우나, 스캐너, 복사기, 프린터를 합쳐 복합기를 만든 경우나, 나일론과 팬티를 합쳐 팬티스타킹을 만든 경우도 이에 해당한다.

세 번째, A(Adapt)는 어떤 형태, 원리, 방법들을 다른 분야의 조건이나 목적에 맞도록 적용(응용)할 수 있을까를 생각하는 것이다. '다른 곳에 적용하면?', '변환하면?', '각색하면?', '이것과 비슷한 것은?' 등과 같은 질문을 던지는 것이다. 예를 들어, 햄버거 모양을 따서 만든 전화기, 도시락 모양의 어린이용 책, 입술 모양의 립스틱 케이스, 주방용 고무장갑 등과 같이 다른 상품의 형태를 빌려서 새로운 영역의 상품에 응용하는 경우이다. 오리의 발에서 영감을 얻은 수영 오리발이나, 덩굴장미를 응용하여 가시철조망을 만든 경우[16]도 이에 해당한다고 볼 수 있다.

네 번째, M은 수정(modify), 확대(magnify), 축소(minify)의 세 가지 의미가 있다. '확대하면?, '한두 가지를 빼면?', '소리나 향기들을 강하게 하면?', '빈도를 높이면?', '작게 하면?' 등과 같이 현안이 되는 제품이나 대상의 모양, 색깔, 동작, 음향, 향기, 맛 등을 수정, 확대, 축소해서 변화를 주는 것이다. 기존 빨대의 불편함을 없애기 위해 주름 빨대를 만든 것처럼, 수정은 모든 분야에서 기존의 것을 조금 변형해서 새로운 것을 만드는 경우이다. 바람개비를 풍차로 만드는 것은 확대의 예이며, 휴대용 선풍기, 태블릿, 스마트폰 등은 축소의 예이다.

다섯 번째, P는 '다른 용도로는 쓰일 수 없는지(put to other use)'를 묻는 것이다. '다른 용도는 없는가?', '맥락을 바꾸면 어떻게 될까?', '약간 수정하면 다른 데 사용 가능한가?' 등과 같은 질문을 던져보는 것이다. 예를 들어, 폐타이어로 집을 짓거나, 종이 상자를 이용하여 사물함을 만들거나, 버리게 된 기차를 카페로 사용하는 것들이 이에 속한다. 영국의 드비어스(De Beers)는 산업용 다이아몬드를 약혼반지 용도로 변경하여 크게 성공하였다. 3M의 포스트잇도 접착력이 떨어지는 신물질을 다른 용도로 활용한 성공 사례이다. 미국인 스트라우스는 천막용 천을

---

16 가시철조망을 발명하여 부자가 된 미국의 양치기 소년 조셉의 사례이다. 어떻게 하면 양들이 울타리 밖으로 넘어가지 못하게 할까 고민하던 소년은 어느 날 양들의 모습을 유심히 관찰하였다. 양들이 가시가 있는 덩굴장미가 있는 쪽으로는 뛰어넘지 않는 것을 보고 가시철조망을 만들었고, 이후 세계 각국의 군대에서 사용하게 되었다.

옷감으로 변경하여 청바지를 발명하였다.[17]

여섯 번째, E(eliminate)는 '특정 속성을 제거해버리면?', '이것을 없애버리면?', '부품 수를 줄이면?', '없어도 되는 것은?' 등과 같은 질문으로 새로운 아이디어를 얻는 것이다. 예를 들어, 무선전화기, 무가당 과일주스, 노천극장, 덮개가 없는 오픈카 등이 삭제한 예에 속한다. 다이슨은 선풍기에 날개를, 청소기에 먼지봉투를 없앴다. 미국 사우스웨스트 항공사는 불필요한 기내 서비스를 제거하여 성공하였고, 델 컴퓨터와 아마존은 중간 상인을 없애서 성공한 사례이다. 제거의 방법은 인간관계에도 적용되는데, 중요한 외교에서 침묵이 오히려 더 좋은 결과를 얻을 수도 있다.

마지막인 R은 형식, 순서, 구성 등을 재배열(rearrange)하거나 거꾸로(reverse) 하면 어떻게 되는지를 묻는 것이다. '거꾸로 해보면?', '반대로하면?', '역할을 바꿔보면?', '위치를 바꾸면?', '원인과 결과의 순서를바꾸면?', '순서를 바꾸면?' 등과 같은 질문으로 역발상을 하도록 하는것이다. 재배열의 예로는 오전 9시부터 오후 6시까지의 근무 시간을 오전 7시부터 오후 4시까지로 변경해서 오후 시간을 개인적으로 활용할수 있게 하거나, 매일 사무실에 출근하는 대신 재택근무를 하게 하는것 등이다. 또한, 맥도날드는 최초로 식당에서 먼저 지불하고 식사하는것으로 순서를 바꾸었다. '거꾸로'는 앞과 뒤, 왼쪽과 오른쪽, 안과 밖,위와 아래를 바꾸는 것으로, 김밥에서 김과 밥의 위치를 바꾼 누드 김밥이나 일본의 츠케멘이 좋은 예이다.

---

17 1930년대 초 샌프란시스코는 '골드러시'로 전 지역이 천막촌으로 변해갔다. 천막 제조업자였던 스트라우스는 군납알선업자로부터 대형천막 10만 개 분량의 천막 천을 납품할 기회를 주선하겠다는 말을 듣고 즉시 빚을 내 생산에 들어가 전량을 만들어냈다. 그러나 군납의 길이 막혀버려, 엄청나게 많은 천막 천이 무용지물이 되었다. 난처한 상황에 그는 주점에 들렸다가 광부들이 해진 바지를 꿰매면서 "질긴 천막 천을 쓰면 좀처럼 떨어지지 않을 텐데"라는 말을 듣고는 천막 천으로 청바지를 만들었다.

5) 수평적 사고

수평적 사고(Lateral Thinking)는 영국 심리학자인 에드워드 드보노(E. De Bono)가 제안한 것이다. 인간의 사고를 수직적 사고와 수평적 사고로 구분한다면, 수직적 사고는 어떤 아이디어나 제안의 진위를 따지기 위한 선택적, 논리적, 비판적 사고로서, 수렴적 사고와 유사하다. 그러나 수평적 사고는 통찰이나 확산적 사고와 유사한데, 옳고 그름의 판단을 하지 않고, 생각의 도약이 있으며, 관련 없어 보이는 것을 환영하며, 가능성을 넓게 보려는 사고이다. 드보노에 의하면, 두뇌에 입력된 정보는 고정된 패턴을 형성하게 되는데 이 고정된 패턴을 깨트리는 것이 수평적 사고이다. 즉 고정관념이나 편견과 같은 기능적 고착(functional fixedness) 또는 마음 갖춤새(mental set)와 같이 그릇된 가정으로 사고의 폭이 좁아지는 것을 극복하는 사고 과정이다. 또한, 문제를 생산자가 아닌 소비자 입장에서 보거나, 아이디어의 원래 용도 이외의 다른 용도를 생각해보는 것과 같이 문제의 본질이나 목표를 바꾸어 생각해보는 것이다. 더불어, 늘 해오던 것을 새로운 관점에서 보는 뷔자데(vu jàdé)의 사고이기도 하다.[18]

수평적 사고는 기존의 상식을 넘어서는 역발상적 사고라고도 볼 수 있다. 통계학자 월드의 다음 사례를 보자(Sutton, 2001).

제2차 세계대전 중 미국과 영국은 전투기가 격추당하는 것을 막기 위해 전투기에 추가로 방탄재를 씌우기로 하였다. 비행기 전체에 씌울 수는 없어서 필요한 부분에만 씌우기로 하였는데, 어디에 그렇게 해야 할지가 문제였다. 월드는 작전 수행 후 귀환한 전투기들에 남아 있는 총탄 자국을

---

18 3장에서 언급했듯이, 이것은 체험한 적이 없지만 마치 이전에 체험해본 것 같이 느껴지는 기시감을 의미하는 데자뷔(déjà vu)를 뒤집어 만든 용어이다. 이미 오랫동안 경험한 것을 마치 처음 보고 경험하는 것처럼 생각하고 행동하라는 의미이다.

모두 조사했다. 그 결과, 동체의 주요 부분, 즉 주날개와 꼬리날개 사이에 남아 있는 자국이 다른 곳보다 훨씬 많다는 사실을 발견했다. 그는 총탄 자국이 별로 없는 부분에 방탄재를 씌우기로 했다. 왜 그랬을까?[19]

수평적 사고는 문제를 재정의하는 것이기도 하다. 세계 최초로 엘리베이터를 만든 오티스(Otis)는 사업 초기에 엘리베이터의 느린 속도 때문에 고객의 불평이 많았다. 하지만 속도를 높이기 위한 개선 노력은 별 성과가 없었다. 기술적인 문제해결은 단기적으로 가능하지 않았지만, '속도'라는 것이 주관적인 개념이라고 생각하는 순간 문제는 금방 해결되었다. 엘리베이터 안에 거울을 다는 방안이었다. 이용자들은 거울을 보느라 엘리베이터가 느리다는 사실을 인식하지 못하게 되었다. 더 빠른 엘리베이터를 설치하는 대신 이용자들의 시간에 대한 감각을 바꾸어 버린 것이다.

또 다른 사례로, 한때 노트북을 오래 사용할 수 있도록 배터리 크기를 늘리되 무게를 줄여 달라는 고객의 요구가 있었다. 당시 3M 연구소에서는 고객이 요구하는 것을 기계적으로 실현하기보다는 고객이 진정 원하는 것이 무엇인지를 재해석하였다. 왜 그것이 필요한지에 대한 물음을 다시 던지면서, 3M은 고객 직접적인 기대와는 다른 방식인 초박막 광학 필름을 만들어 문제를 해결하였다. 이 필름은 스크린을 보는 사람에게 더 많은 빛을 투과해주기 때문에 더 적은 양의 빛이 요구되며, 이로 인해 필요 전력을 줄일 수 있었다. 동일한 배터리 용량으로 노

---

19 처음에 미 해군은 이에 대한 처방으로 총탄이 집중된 부분에 강판을 추가로 부착하고자 했는데, 이에 반기를 든 사람이 헝가리 출신의 통계학자 에이브러햄 월드(A. Wald)였다. 그는 오히려 총탄을 맞지 않은 부분을 강화해야 한다고 주장했다. 그 부분에 총탄을 맞은 비행기는 대부분 추락하여 돌아오지 못했기 때문이다. 미 해군은 연구 대상을 무사 귀환 전투기로 제한하는 실수를 범한 것이다. 미 해군의 실수는 생존자 편향(survivor bias) 또는 표본 편향(sample bias)의 대표적 사례이다.

트북을 더 오랫동안 사용할 수 있게 된 것이다.

이처럼 수평적 사고의 본질은 직선적, 수직적 사고에서 벗어나는 것이며, 상황이나 문제를 기존의 프레임에서 벗어나 새로운 조망과 개념으로 보는 것이다.

드보노의 육색 사고모　앞서 살펴보았듯이, 드보노는 수평적 사고를 하도록 도와주는 다양한 기법들과 교육 프로그램들을 개발하였는데, 그중에서 가장 널리 알려진 것이 육색 사고모(Six Thinking Hats) 기법이다. 그는 인간의 사고형태를 여섯 가지 색깔의 모자에 비유하였고, 이것을 활용하면 더 창의적이고 좋은 해결 방안을 얻을 수 있다고 하였다. 여섯 색깔의 모자가 의미하는 바는 다음과 같다.

첫 번째는 백색모로, 중립적이고 객관적인 사고이다. 이것은 엄격한 사실과 정확한 정보에 기초한 사고 양식을 나타낸다.

두 번째는 적색모로, 감정이나 정서의 사고이다. 어떤 아이디어나 정보에 접했을 때 좋거나 나쁜 감정들에 의한 사고를 나타낸다. 이 모자를 쓸 때는 느낌 또는 영감(직관)에 의지할 뿐이며, 그것에 대한 근거를 제시할 필요도 없다. 백색모가 철저하게 감정이 배제된 아주 딱딱하고 엄격한 중립적, 객관적인 사고라면, 적색모는 좋고 싫음(호오)과 같은 감정적인 표현이 분명한 사고라고 할 수 있다.

세 번째의 황색모는 긍정적, 낙관적 사고를 상징한다. 문제와 사실을 논리적으로 보되, 최대한 긍정적, 낙관적으로 보는 희망의 사고이다.

네 번째의 흑색모는 황색모와 대비되는데, 매사를 부정적이고 비판적으로 보는 사고를 가리킨다. 이 모자를 쓸 때는 논리적으로 비판하거나 부정하면서 매사에 매우 세심한 주의를 기울이는 사고를 한다. 또한, 오류나 잘못을 지적하면서 긴장을 유발하는 악마의 변호인(devil's advocate)의 사고이다.

다섯 번째, 만물이 생성하는 푸르름과 다산의 의미가 있는 녹색모는 새로운 아이디어 발상과 관련된 창의적 사고의 모자이다. 비논리적인 생각도 수용하여 아이디어의 범위를 확장하며, 하나의 아이디어가 떠오르면 더 새로운 아이디어에 도달하기 위해 계속 전진하는 확산적인 사고를 한다.

마지막 여섯 번째는 청색모로, 지휘자의 사고를 나타낸다. 청색모를 쓰면 자기 스스로 아이디어를 개진하기보다 다른 모자를 쓴 사람들을 지휘하고, 감독하고, 조직화하는 사회자의 역할을 한다.

육색 사고모는 사고의 역할 연기라고 볼 수 있는데, 드보노는 육색모를 소개하면서, 개인적으로 사고 스타일을 다양하고 유연하게 만들고 싶으면 여섯 가지 사고모를 바꿔 써가면서 생각하는 연습을 자주 해보는 것이 좋다고 하였다. 여섯 가지 모자를 골고루 사용함으로써, 단일한 사고가 아니라 여러 관점의 사고를 통해 현상이나 문제의 서로 다른 측면에 주의를 기울일 수 있게 된다. 사용 측면에서도 각 모자의 색깔에 따라 스스로에게나 다른 사람들에게 어떤 특정한 양식의 사고를 하도록 요구할 수 있는 형식을 가지며, 사고 스타일을 쉽게 바꿀 수 있도록 하는 편리성을 가진다. 또한, 회의에서 다수의 참석자나 팀원들이 한 순간에 하나의 관점에 집중하게 함으로써 불필요한 충돌이 일어나는 것을 막고, 의견이나 아이디어를 자유롭게 얘기하되 그것이 일정한 방향에 집중되도록 하는 역할을 할 수 있다.

6) 트리즈

브레인스토밍이 미국에서의 창의적 아이디어 발상 기법의 대명사라면, 트리즈(TRIZ)는 소련에서 개발된 것이어서 한동안 서구 세계에는 잘 알려지지 않다가 냉전 종식으로 전 세계에 널리 알려진 기법이다.

트리즈는 구소련의 과학자 알츠슐러(G. Altshuller)가 1946에 소련의 우수한 특허와 기술혁신 사례들을 분석하여 찾아낸 창의적 발명 원리들을 체계적으로 제시한 것이다. 트리즈는 '발명적 문제해결 이론'이라는 의미의 러시아어(*Teoriya Resheniya Izobretatelskikh Zadach*)의 머리글자를 조합한 말이다. 그는 문제해결의 가장 큰 제약 요소인 심리적 타성을 극복하고, 인류 전체의 지식을 이용할 수 있도록 도와주는 강력한 문제해결 도구로서 트리즈를 개발하였다.

알츠슐러는 '인류의 모든 지식을 이용할 수 없을까?'라는 물음에 대한 대답으로 당시 가용하던 여러 분야의 특허 정보를 활용하였다. 특히 그는 엔지니어가 접하는 문제의 90% 이상이 이전에 다른 분야에서 해결된 것이라는 사실을 알아내었고, 기술자들이 이전의 해결책에 관한 지식을 가진다면 문제해결이 쉬울 것으로 보았다. 이러한 생각에서 기존의 지식을 추출하여 유형별로 분석하고 조직화하여 트리즈를 만든 것이다.

트리즈에서는 '모순(contradiction)'이 핵심적인 개념이다. 두 가지 모순이 있는데, 철재 빔의 강도를 좋게 하면 무게가 증가하는 것과 같이 시스템의 파라미터 A를 개선하면 다른 파라미터 B가 악화되는 경우와 같은 기술적(technical) 모순과 비행기 날개의 넓이가 이착륙 시에는 넓어야 하지만 비행 중에는 좁아야 하는 것과 같이 어떤 상황에서는 증가하기를 원하고 다른 상황에서는 감소하기를 원하는 파라미터가 있는 상황과 같은 물리적(physical) 모순이다. 트리즈는 프로젝트를 수행하면서 직면하는 이러한 모순이나 난관을 해결하는 데 도움이 되는 다양한 방안들을 제공한다. 즉, 기존 시스템이 갖는 기술적인 문제들이나 새로운 아이디어를 구현(발명)하는 과정에서 발생하는 과학기술 분야의 문제들을 창의적으로 해결하는 데 도움을 주는 체계적인 문제해결 방법론으로, 40가지 발명 원리를 제시하고 있다. 따라서 연구개발, 기술혁신 또는 발명과 같은 상황에서 많이 활용될 수 있는 매우 실용적인 기법이다.

7) 생각의 도구

루트번스타인 부부는 그들의 저서『생각의 탄생(*Sparks of Genius*)』에서 아인슈타인, 리처드 파인먼, 제인 구달, 모차르트, 버지니아 울프, 피카소 등과 같은 Big-C 수준의 창의성을 보인 인물들의 사고를 분석하여 열세 가지 생각의 도구(thinking tools)를 제시하였다. 영역 일반성-특수성 관점에서 보면, 이들은 영역 일반성의 관점을 지지하면서 다양한 영역에서 공통적으로 활용될 수 있는 창의적 사고의 방식을 제시한 것이다. 이 책은 한국에서도 번역되어 널리 인기를 끌었다. 열세 가지 생각의 도구를 다음에 약술하였다.

관찰　관찰(Observing)은 수동적으로 보는 것이 아닌 '적극적인 보기'를 의미한다. 화가였던 피카소의 아버지는 어린 피카소에게 광장에 나가 비둘기의 발을 그려오라고 시키곤 했다. 관찰의 힘을 기르기 위해서였다. 비유적 표현으로, 5층에서 떨어지는 사람이 바닥에 닿기 전에 그를 그려내지 못하면 걸작을 남길 수 없다고도 한다. 관찰은 먼저 무엇을 주시해야 하는지, 어떻게 주시해야 하는지가 결정되어야 한다. 그렇지 않으면 주의력은 분산되고 진정한 관찰이 될 수 없다. 〈별이 빛나는 밤에〉라는 그림을 보면서 현대 과학자들은 반 고흐가 깊이 있는 관찰을 통해 별의 소용돌이치는 나선형 구조를 익히 알고 있었을 것이라고 본다. 모든 지식은 인내력을 갖고 깊이 있는 관찰을 하는 것에서 시작된다.

형상화　관찰한 것을 상상으로 연결하고 상상을 통해 형상화(Imaging)가 이루어진다. 시각화(visualization)를 통하여 우리는 심적 이미지를 만들어내고, 심적 이미지는 글, 음악, 그림, 영화, 조각, 수학 논문 등의 매체로 전환된다. 베토벤은 이미지 형상화 능력이 뛰어났기에 청력을 상실하고도 걸작을 만들어낼 수 있었다. 스트라빈스키도 어떤 상황이나 행동에 대한 정밀한 이미지는 만드는 것으로 작곡을 시작하였다. 음악과 시, 그림, 조각 등의 영역에서 형상화하기도 하지만 이것이 예술가의 영역만은 아니다. 수학이나 과학 영역에서도 형상화를 이루어낼 수 있다. 아인슈타인은 시각과 운동감각적 이미지에 크게 의존하였다. 그리스의 피타고라스는 이 세상을 수(數)로 설명하기 위해 노력하였고, 수학을 음악에 적용하여 또 다른 형식으로 내면의 진리를 형상화하였다.

추상화　　추상화(Abstracting)는 형상화를 또 한 단계 넘어서는 과정이다. 추상화는 사물, 사람, 움직임, 소리 등의 무엇이든지 그것의 가장 주요한 본질을 드러내는 것이다. 이러한 핵심적 의미를 발견해 내고 드러내는 추상화의 작업은 단순히 정지된 이야기가 아니라 지속적이고 흐름이 있는 이야기들을 포착해낸다. 또한, 그 속에서 다양한 해석이 가능하게 한다. 따라서 하나의 예술 작품 속에서도 단순히 눈에 보이는 형상뿐만 아니라 그 속에 흐르는 많은 이야기들을 알 수 있게 된다. 피카소는 많은 작품에서 추상화 기법의 실험을 시도했으며 그 결과 다양한 해석이 가능한 작품들을 만들어내었다. 추상화는 중요하고 놀라운 사물의 본질을 드러내는 과정으로, 과학에서 실험이란 예술에서의 새로운 시도에 해당하는 것으로 가장 중요한 것을 추려내기 위한 양식화된 과정이다.

패턴 인식　　패턴 인식(Recognizing Patterns)은 관찰과 분석을 통해 알게 된 사실을 바탕으로 다음의 일을 예상하는 것이다. 귀납법의 오류에 빠질 우려도 있지만, 지금까지의 많은 과학적 발견이 패턴 인식을 통해 이루어졌다는 사실은 이것이 또 다른 창조의 문을 여는 열쇠라는 것을 알 수 있다. 패턴 인식을 이야기하면 가장 먼저 떠오르는 사람은 파스칼이다. 그는 수의 패턴 인식을 통하여 그 당시 파격적인 많은 수학적 공식들을 탄생시켰다. 동판화가 에스허르(M. Escher)는 패턴 인식을 바탕으로 다양한 미술적 역작들을 만들어냈다. 또한, 자신이 무엇을 모르는

지 아는 것, 즉 무지의 패턴을 아는 것은 무엇을 알고 있는 것만큼 중요하다. 대개는 패턴이 실제로 존재하지 않는 경우와 실제로 존재하지만 이를 인식하지 못하는 경우를 구분하기 어려운 것이 가장 큰 문제이다.

패턴 형성　패턴 형성(Forming Patterns)은 패턴 인식을 통해 알아낸 사실을 바탕으로 새롭게 재구성하는 것이다. 패턴 형성의 특징은 단순한 요소들의 조합으로부터 복잡성이 나오는 원리이다. 이를 통해 기대하지 않은 또 다른 창조의 세계가 열리게 된다. 바흐는 음악 영역에서 패턴 형성의 대가였다. 단순한 반복적 음계를 사용하면서 중간중간 약간의 변형을 통하여 다양한 음악을 창조하였다. 그래서 바흐의 음악을 들으면 안정 속에서도 중간중간에 새로운 창조의 변화를 느낄 수 있는 것이다. 모든 분야에서 패턴 형성은 혁신에 이르는 열쇠이다.

유추　유추(Analogizing)는 단순한 패턴 인식이 아니라 다양한 상황 속에서 반복성을 깨닫는 것이다. 결부법에서 살펴보았듯이, 서로 다른 것들 간의 연합을 찾아내는 것이다. 따라서 유추를 이끌어내기 위해서는 일방적인 한 방향의 주의력 집중이 아니라 다양한 요소들에 집중하고 그들 간의 관계성을 읽어내면서 규칙성을 발견하게 된다. 유추의 힘을 가장 강력하게 보여준 인물은 헬렌 켈러다. 그녀는 오로지 감촉과 맛, 냄새에만 의지하여 보는 것과 듣는 것의 세계를 배우고 수많은 연상과 유사성을 이끌어낼 수 있었다. 혁신가들에게는 다양한 분야에 관심을 갖는 것이 유추의 힘을 활용할 수 있는 가장 기본이 되는 자세이다.

몸으로 생각하기　사람들은 일반적으로 생각은 머리로 한다고 알고 있다. 그런데 몸에도 '지능'이 있고 해답을 알고 있다(Body Thinking). 우리의 모든 감각은 뇌를 통해서 통제되지만, 그 뇌의 신경은 모두 몸으로 뻗어 있고 그 몸에 있는 신경적 반응이 뇌를 자극하여 새로운 창의적 생각들을 떠올리게 한다(몸의 상상력). 따라서 직접 경험하는 것의 힘을 높이 평가하는 이유는 머릿속으로 생각하는 것보다 직접 몸으로 느껴봄으로써 그 상황을 더 잘 파악할 수 있기 때문이다. 창의적 피아니스트들은 엄청난 연습벌레였다는 것도 이것을 증명한다. 반복적인 연습은 하나의 익숙한 버릇이 되기도 하지만 그 속에서 다음 단계로 넘어가는 발판을 마련하게 되는 것이다. 예를 들어 〈즉흥 환상곡〉을 작곡한 쇼팽도 바로 몸을 통한 연습이 바탕이 되어 그 순간에 감성과의 연계 속에 그러한 명곡을 탄생시킨 것이다.

감정이입　감정이입(Empathizing)은 현상을 관찰하는 행위가 아니라 그것과 하나가 되고자 노력하는 것이다. 또한, 세상을 타자의 눈으로 보는 것이다. 예를 들어 동물학자 제인 구달은 침팬지의 행동방식을 연구하기 위해 그들과 함께 호흡하며 생활하고 그들의 존재 일부가 되기 위해 노력했다. 그리고 그 속에서 침팬지들의 미세한 신호 하나하나를 읽어낼 수 있었고 그들을 더 잘 이해할 수 있었다. 메소드 배우라고 불리는 다니엘 데이 루이스는 자신이 맡은 극중 역할을 실제 '살아본다'고 하였다. 그만큼 감정이입은 어떤 대상, 나아가 이 세상을 더 깊이 이해하는 시작이 되는 것이다. 철학자 칼 포퍼는 새로운 이해를 얻을 수 있는 가장 유용한 방법을 '공감적인 직관', 혹은 '감정이입'이라고 보았는데, 이는 '문제 속으로 들어가 그 문제의 일부가 되는 것'이 얼마나 큰 이해력을 획득하는 수단인지를 반증하는 것이다. 당신이 당신이 아니고 당신이 이해하려고 하는 대상이 될 때 완전한 이해가 가능하다.

차원적 사고　차원적 사고(Dimensional Thinking)는 단순히 평면적 차원의 사고를 넘어서서 입체적 사고를 하는 것이다. 또한, 사물의 비율을 변경하거나, 지도를 그리거나, 시공간을 넘어서는 사고를 하는 것과 같은 것들이다. 차원이 높아지면 높아질수록 그 아래 차원의 영역을 더 잘 이해하고 파악할 수 있게 된다. 예를 들어, 2차원의 세계를 잘 이해하기 위해서는 2차원의 세계에만 머무는 것이 아니라 3차원의 세계에서 바라보면 더 잘 이해할 수 있는 것과 같은 맥락이다. 따라서 의학에서 MRI

의 탄생을 혁명적 발견이라고 하는 것도 그러한 이유일 것이다. 그렇다면 지금의 3차원적 관찰 영역에서 더 큰 차원으로 사고의 영역을 확장한다면 더 많은 창조적 성과물들을 이루어낼 수 있을 것이다. 일반인 중에 색맹보다 형태맹(form blind)인 사람이 더 많다. 일찍이 골턴은 공간 내의 사물을 정신적으로 재구성하는 훈련은 최고의 교육적 성과를 얻을 수 있음에도 교육자들의 태만으로 방치되고 있다고 지적하였다.

모형 만들기　모형 만들기(Modelling)는 걸리버 여행기에서의 소인국 이야기처럼 이 세상을 자신의 시각으로 재현해서 간단하게 형상화해 보는 것이다. 눈으로 보고 몸으로 느끼는 수준을 넘어서서 그 존재를 직접 자신이 인식한 수준에서 재현함으로써 그 존재를 더 잘 이해할 수 있게 되는 것이다. Greene(2006)은 『전쟁의 기술(*The 33 Strategies of War*)』에서 나폴레옹의 전술에 대한 많은 예들을 소개하는데, 나폴레옹의 작전 형성 방법의 이면을 보면 대부분 모형 만들기 작업이 있음을 알 수 있다. 그는 어떤 상황을 머릿속으로 생각한 후에 직접 전장에 대한 모형을 만들고 많은 돌발 요소들을 체크해서 거의 완벽에 가까운 작전을 구사했다. 실제 상황이나 시스템이 관찰되고, 단순화되고, 축소되며, 물리적이든, 언어적이든, 수리적이든, 또는 예술적이든 하나의 형태가 되면 모형은 만들어진다.

놀이　놀이(Playing)는 마음의 문제이다. 세상을 살아가면서 우리는 해결해야 할 문제들에 직면한다. 그런데 문제 자체를 즐기는 사람들이 있다. 그 사람들은 이 세상의 많은 문제를 놀이의 개념으로 접근한다. 8장에서 보았듯이, 즐긴다는 것은 내적으로 동기화되는 것의 정수이다. 놀이에는 어떤 눈앞의 목적이나 목표가 존재하지 않으므로, 단순히 의무감으로 하는 경우보다 더 유연한 사고 속에서 근본적인 해결책들을 생각해낼 수 있다. 물리학자 리처드 파인먼의 엄청난 성과는 문제에 대한 놀이 접근의 위대성을 보여주는 좋은 예이다. 놀이처럼 일하는 것은 각 영역에서 가장 혁신적인 사람들이 취하는 공통적인 태도이다. 다만 놀이에서 가장 큰 어려움은 그것을 할 만큼 충분히 '어린 아이'가 되어야 한다는 것이다.

변형　변형(Transforming)은 새로운 창조이다. 기존의 내용을 다양하게 결합하여 전혀 새로운 것들을 만들어내는 것이다. 마음의 심상을 겉으로 드러내는 것이 형상화라는 창조라고 한다면, 변형은 형상화된 많은 요소와 자신의 심상을 결합하여 새로운 차원의 창조를 시도하는 것이다. 그래서 변형의 영역에서는 모든 경계가 허물어진다. 일련의 도구로 문제를 정의하고, 다른 것으로 그것을 조사하고, 또 다른 것으로 해결안을 찾아내는 것처럼, 상상하면서 분석하거나, 화가인 동시에 과학자가 되는 것과 같은 것이다.

통합　화가는 시를 그림으로 바꾸고 음악가는 그림에 음악성을 부여한다고 한 슈만의 얘기처럼, 통합(Synthesizing)의 영역은 변형의 영역처럼 모든 경계가 허물어진 곳에 존재한다. 감각 인상, 느낌, 지식, 기억의 다양한 양식들이 통합되어 전체를 보게 되면서 세상을 온전히 이해하게 되는 것이다. 나보코프, 파인먼, 칸딘스키, 조지아 오키프, 데이비드 호크니와 같은 수많은 창의적인 인물들이 공감각 능력을 타고난 점은 통합의 묘미를 보여주는 것이다. 19세기 최고의 학자들은 모두 철학, 과학, 예술, 종교 등의 여러 분야에 박학다식한 사람들이었다. 통합은 바로 전인교육의 시작이자, 창조성 교육의 완성이다.

3. 창의적 사고를 증진하는 간접적 방법

시스템 1 사고와 시스템 2 사고가 구분되듯이, 창의적 사고 과정도 숙고적 및 즉흥적 과정의 두 가지로 구분될 수 있다. 앞서 소개한 기법들은 아이디어를 얻는 직접적인 방법이며, 숙고적(deliberate) 사고 과정을 전제로 하는 것이었다. 여기서는 즉흥적(spontaneous) 사고 과정을 전제로 하는 간접적인 방법들을 소개하였다.

1) 명상

오래전부터 초월 명상이나 마음챙김 명상 등 여러 형태의 명상 (meditation)이 창의성을 증진한다는 제안이 있었다. 최근에는 상당한 인기를 끌고 있는 마음챙김 명상의 효과에 관한 연구가 많이 수행되었다.

Colzato 등(2012)은 명상의 유형마다 다른 인지적 통제 상태에 이르게 할 것이라는 생각에 근거하여, 집중(focused-attention) 명상과 개방적 관조(open-monitoring) 명상이 확산적 사고 과제와 수렴적 사고 과제 수행에 미치는 영향을 비교하였다.[20] 그 결과, 집중 명상과 개방적 관조 명상은 창의성에 다르게 영향을 미쳤다. 첫째, 개방적 관조 명상은 분산된 인지적 통제 상태(중앙 통제의 약화)와 관련이 있으므로 여러 대안을 다양하게 생성해내는 확산적 사고를 증진하는 효과를 보였다. 둘째, 집중 명상은 하향식으로 이루어지는 인지적 통제 상태에 있으므로 수렴적 사고의 증진을 가져올 것이라는 예측은 통계적 유의수준에 이르지 못하였다.

Lebuda 등(2016)은 1977~2015년 사이에 발표된 마음챙김과 창의성 간 관계에 관한 연구들에서의 89개의 상관관계를 메타분석하였다. 분석 결과, 둘 간의 유의하지만 아주 높지는 않은 관계를 보였다($r = .22$).

---

20 마음챙김 명상에는 여러 유형이 있지만, 주목을 받는 두 유형으로 '집중 명상'과 '개방적 관조(통찰 또는 초연) 명상'이 있다. 전자는 시각 자극이나 자신의 호흡 등의 감각 대상에 주의(의식)를 집중하는 방식의 명상이다. 후자는 특정 자극에 집중하기보다는 주변의 자극, 감정, 생각 등을 메타 인지적으로 관찰, 감지하는 것으로 현재 발생하고 있는 경험을 있는 그대로 받아들이는 명상이다.

또한, 마음챙김의 유형에 따라 다소 다른 결과가 나타났는데, 탈억제 및 멍 때리기와 연관성이 있는 개방적 관조 명상 유형이 집중 명상과 같은 인식 측면이 강조되는 유형보다 더 높은 수준을 보였다. Hughes 등(2023)은 연구 설계에서 통제집단을 둔 연구(20개)와 사전-사후 단일 집단 설계를 한 연구(17개 연구)를 구분하여 메타분석을 하였다. 두 메타분석 모두에서 마음챙김이 창의성에 상당히 긍정적 효과를 갖는 것으로 나타났다. 또한 마음챙김 개입의 시간이 적정하게 길수록, 그리고 창의성 평가에서 확산적 사고 과제를 사용할 때보다 수렴적 사고 과제(예: 통찰 과제)를 사용할 때 더 효과가 크게 나타났다.

한편, Müller 등(2016)은 아직 명상의 효과가 분명하게 밝혀진 것은 아니라고 보고, 서로 다른 명상 스타일이 창의성에 미치는 근본적인 기제를 조사하고자 하였다. 외적 타당도를 높이기 위하여 성인 대상으로 실험실이 아닌 외부에서 두 집단의 명상 전문가들이 특정 대상, 감정, 생각에 집중하기보다는 떠오르는 생각이나 감정을 관조하는 방식의 마음챙김(mindfulness) 명상과 특정 대상에 집중하는 주의를 계속 집중하는 집중성 명상(concentrative meditation)의 두 명상 집단을 진행하면서 연구가 이루어졌다. 참가자들의 창의성과 인지적 유연성이 명상 세션 전후로 평가되었다. 분석 결과, 명상 스타일과는 관계없이 명상은 창의적 수행을 증진하는 것으로 나타났다. 다만, 인지적 유연성은 집중 명상에서만 증진되었다.

한편, Henriksen 등(2020)은 마음챙김 명상과 창의성 간의 관계에 관한 이전 연구를 개관하면서, 명상과 멍 때리기(mind wandering) 간의 관계에 대해 논의하였다. 앞의 장들에서 보았듯이, 멍 때리기는 일반적인 과업 수행이나 완수를 방해하지만, 새로운 아이디어나 흥미로운 연합을 자극하는 효과가 있기에 창의적 사고와 관련성이 있다(Baird et al., 2012). 멍 때리기가 초점 없이 이런저런 생각을 하는 것이라면, 마음챙김은 주의를 집중하거나 자기 생각의 흐름을 인식하는 것이다. 또한, 명상 동안에는 멍 때리기와 연관된 DMN 관련 뇌 부위들의 기능적 연결성이 감소하는 것으로 보아(Fujino et al., 2018), 둘의 신경과학적 기반은 반대로 작용하는 것으로 보인다. 뇌의 DMN 활성화는 통찰이나 직관으로 문제를 해결하는 것과 연관이 있는데, 마음챙김 동안에는 DMN의 활성화가 저하되는 것이다.

Agnoli 등(2018)은 마음챙김과 멍 때리기가 모두 창의성에 기여할 수 있는 것으로 보임에도 이런 상반되는 기제가 작동하는 역설을 해소할 수 있는 연구를 수행하였다. 그들은 멍 때리기와 마음챙김의 효과를 동시에 조사하였는데, 멍 때리기는 '숙고적 멍 때리기'와 '즉흥적 멍 때리기'의 두 가지로 구분하였고, 마음챙김도 다섯 가지 구성 차원으로 구분하였다. 77명의 학부생을 대상으로 연구한 결과, 멍 때리기와 마음챙김은 각자 창의적 행동을 예측하였다. 다만, 숙고적 멍 때리기는 창의적 수행과 정적으로 연관되었으나, 즉흥적 멍 때리기는 부적으로 연관되었다. 또한, 마음챙김의 일부 차원은 숙고적 멍 때리기와 상호작용하여 창의적 아이디어 생성에 더 큰 효과를 보였다. 이것은 마음챙김과 숙고적 멍 때리기가 같이 이루어지는 '마음챙기는 멍 때리기(mindful mind-wandering)'가 이루어진다면 창의적 성취에 매우 효과적일 수 있음을 시사한다(Henriksen et al., 2020).

2) 수면

잠을 잘 자는 것도 창의성에 도움이 된다는 연구가 있다. Cai 등(2009)은 꿈을 꿀 때 많이 나타나는 REM(rapid eye movement) 수면이 새로운 연상의 형성에 영향, 즉 원격 연상 검사(RAT)로 측정된 창의적 문제해결에 미치는 효과를 연구하였다. 조용한 휴식 조건 및 비REM 낮잠 조건과 비교할 때, REM 낮잠 조건에서 연상 망의 형성이 증가하였다. 즉, 조용한 휴식 및 비REM 수면과 비교하여, REM 수면은 창의적 문제해결을 위하여 연합되지 않는 정보들의 통합을 증진하였다. 그들은 이것이 REM 수면 동안의 콜린성(cholinergic)과 노르아드레날린성(noradrenergic)의 신경조절(neuromodulation)에 의해 증진되는 과정에 의한 것이라고 보았다.[21]

3) 걷기

Csikszentmihalyi(1996)는 일반 성인들에게 하루 동안 무작위로 자신의 창의성의 수준을 평정하도록 하였을 때, 걷기, 운전, 수영과 같은 반자율적인 활동 형태에서 가장 높은 평정이 나타남을 발견하였다. 이것은 특정 목표를 추구하거나 문제에 완전히 집중하는 것만이 최고의 창의성을 위한 최상의 방안은 아니라는 것을 시사한다. 의도적으로 아이디어를 내려고 할 때 생각의 흐름은 직선적 또는 논리적 방향으로 지향되고 예측 가능한 방향을 따르기 쉽다. 그러나 목표(목적) 없이 걸으면서 주위의 경관에 자연스럽게 주의를 기울일 때, DMN과 같은 뇌의 또다른 신경망은 논리나 의도로는 만들어지지 않을 새로운 연합을 추구할 자유를 갖게 된다(10장 참조).

Oppezzo와 Schwartz(2014)는 네 개의 실험을 통하여 걷기(walking)가 창의적인 아이디어 발상을 촉진한다는 결과를 보여주었다. 첫 번째 실험에서 성인들이 앉아 있는 동안과 이후 트레드밀에서 걷는 동안 확산적 사고를 측정하는 길포드의 대안 용도 검사(AUT)와 수렴적 사고를 측정하는 복합명사 원격 연상(compound remote associates) 검사를 받았다. 걷기 조건에서 대안 용도 검사의 수행은 81% 향상되었고 원격 연

---

21 낮잠 효과에 대한 사라 메드닉(S. Mednick)의 테드X 강연(www.youtube.com/watch?v=MklZJprP5F0) 참조.

상 검사 점수는 23% 향상되었다. 두 번째 실험에서는 앉아 있을 때와 이후 걸을 때, 걸을 때와 이후 앉아 있을 때 두 번의 대안 용도 검사를 받았다. 여기서도 걷기에서 대안 용도 검사의 수행이 높았다. 더욱이, 걸은 후에 앉아 있는 경우에도 창의성이 증진되었는데, 이는 걷기 효과가 이월된 것으로 볼 수 있다. 세 번째 실험은 야외에서의 걷기도 창의성에 유익한 효과를 가짐을 보여주었다. 마지막 실험은 걷기가 창의적 유추 생성(creative analogy generation)에 미치는 효과를 조사하였다. 피험자들은 실내에 앉아 있거나, 실내 트레드밀에서 걷거나, 야외에서 걷거나, 휠체어로 야외를 다녔다. 야외에서 걷는 조건에서 가장 새롭고 양질의 유추가 만들어졌다. 연구자들은 걷기가 자유로운 아이디어의 흐름이 가능하도록 해주며, 창의성을 증진하고 신체적 활동을 증진하는 목표에 대한 아주 간단하면서도 분명한 방법이라고 주장하였다.

걷기나 운동과 같은 신체 활동이 창의적 아이디어 발상과 연관이 있음을 보여주지만, 대부분 실험실 연구에 근거한 경우가 많았다. Rominger 등(2023)은 이러한 관계가 실제 일상적 생활에서도 나타나는지를 조사하였다. 그들은 157명의 성인을 대상으로 가속도 센서로 보행 수로 측정하여 신체 활동의 정도를 평가하였고, 일상생활 중 무작위로 신호가 가면 간단한 창의성 과제를 수행하는 생태학적 순간 평가(ecological momentary assessment) 방식[22]으로 창의성을 평가하였다. 분석결과, 걷기와 같은 신체 활동은 창의성, 즉 확산적 사고력을 높여주는 것으로 나타났다. 따라서 걷기와 같은 신체 활동은 건강 증진 효과뿐만 아니라 창의적 사고에도 긍정적인 효과가 있는 것은 분명한 것 같다.

위대한 철학자, 예술가, 과학자 중에는 산책을 매우 좋아한 이들이

---

22 경험표집법과 같이 일상생활 중 신호가 오면 주어진 대안 용도 검사와 같은 간단한 창의성 과제를 수행하는 방식이다.

많이 있다(강석기, 2014). 산책로를 거닐며 제자들을 가르치기를 좋아했던 아리스토텔레스, 매일 오후 정확한 시간에 산책하는 것으로 유명했던 이마누엘 칸트, 하일리겐슈타트에 머물 때 매일 산책로를 걸으며 〈전원 교향곡〉의 아이디어를 얻은 베토벤, 매일 반려견을 데리고 프랑크푸르트 시내를 산책한 쇼펜하우어, 인생 후반기에 집에서 미국 프린스턴 고등연구소까지 3킬로미터를 걸어서 출퇴근했던 아인슈타인 등이다. 여덟 시간이나 산책했던 니체는 진정으로 위대한 사상들은 모두 걷다가 잉태되었다고 하였다. 기업인인 마크 저커버그나 스티브 잡스도 산책 예찬론자였다.[23]

4) 변형된 정신 상태

알코올　대부분 성인은 술에 취한 상태에서 새로운 아이디어들이 떠오른 경험들이 있을 것이다. 2021년 아카데미 국제 장편 영화상을 받은 〈어나더 라운드(Druk)〉는 '혈중 알코올 농도를 0.05%로 유지하면 사람이 적당한 수준에서 창의적이고 활발해진다'는 가설[24]을 바탕으로 실험적으로 최소 0.05%의 혈중 알코올을 유지하려고 한 중년 남성들의 이야기이다.

1장의 신화 문항인 '알코올이나 마리화나가 창의적인 아이디어를 얻

23　걷기 효과에 대한 매릴린 오페조(M. Oppezzo)의 TED 강연(www.youtube.com/watch?v=j4LSwZ05laQ) 참조.

24　인간의 혈류에는 항상 0.05% 알코올이 부족한 상태라는 가설로서, 노르웨이의 정신의학자 핀 스콜데루드(F. Skarderud)가 제안한 것으로 알려져 있으나, 이는 잘못 알려진 것이다. 그는 영화가 아카데미 수상을 하면서 자신의 이름이 널리 알려지자 이를 교정하였다. 이탈리아 정신과 의사인 에드몬도 데 아미치스(E. de Amicis)의 저서 『와인의 심리적 효과(*The Psychological Effects of Wine*)』의 노르웨이 번역서에 있는 자신의 서문을 영화에서 잘못 인용하였다는 것이다. 서문에서 0.05% 알코올 결핍에 대한 언급을 하고, 다음 문장에서 그 가설은 근거 없는 것이라고 분명히 기술하였으나 영화는 앞부분만 인용한 것이다.

는 데 도움이 된다'에 대한 동의율은 36% 정도에 이르렀다. 적당한 양의 알코올은 도움이 될 수 있다. 고대 그리스 아테네인들도 심포지움(향연)을 가질 때 포도주에 물을 타서 마셨을 뿐만 아니라, 한꺼번에 많이 마시지 않고 조금씩 마시기 위해 얕은 잔을 사용했다고 한다.

술과 창의성 간의 관계에 대한 대중의 관심과는 달리 관련 연구는 많지 않다. Jarosz 등(2012)은 자원자 20명에게 보드카와 크랜베리 주스를 섞은 적당량의 알코올을 섭취하도록 했는데, 혈중 알코올 농도가 운전 허용 기준[25]인 0.075%가 되었을 때 멈추었다. 이후 원격 연상 검사(RAT)를 받았다. 보드카를 마신 피험자들은 맨정신인 통제집단보다 더 많은 문제를 해결하였을 뿐만 아니라, 창의적인 답을 생각해내는 데 시간이 덜 걸렸다(11.5초 대 15.4초). 실험 종료 후, 피험자들에게 어떻게 과제에 접근하였는지를 물어본 결과, 취중 집단은 대개 자신의 접근이 '직관적(통찰)'이라고 하였지만, 맨정신 집단은 '분석적'이라는 단어를 주로 사용하였다. 이것은 적정 알코올이 CEN의 집행 기능(executive function)의 통제를 풀면서 느슨한 주의 상태가 되어 이전에 닫혀 있던 창의적 경로를 열어준 것으로 보인다.

Benedek 등(2017)도 적정(moderate) 알코올 섭취가 창의적인 인지에 미치는 효과를 조사하기 위해, 피험자들에게 알코올 맥주(0.03) 또는 비알코올 맥주(위약 조건)를 마시기 전과 후에 집행 및 창의적 인지 과제를 수행하게 하였다. 알코올은 과제 수행의 시작, 진행, 종료 등의 정보처리 과정을 조절하는 집행 기능을 저하시켰지만, 수렴적 사고를 측정하는 원격 연상 검사(RAT)에서의 수행은 증가시켰으며, 대안 용도 검사(AUT)로 측정된 확산적 사고에는 아무런 영향이 없었다. 따라서 이 연구는 약간의 인지적 통제의 감소가 창의성의 한 측면인 수렴적 사

---

[25] 한국에서 음주 운전의 단속 기준은 0.03이고, 0.08 이상은 면허 취소이다.

고에는 유리할 수 있음과 높은 인지적 통제가 항상 더 나은 인지적 수행으로 이어지는 않을 수 있음을 시사하였다.

후속 연구로서, Benedek과 Zöhrer(2020)는 선행 연구를 반복검증하면서 알코올 섭취량이 미치는 영향도 조사하였다. 125명의 참가자는 세 실험 집단(0.03 및 0.06 알코올 농도 조건, 위약 조건)에 무작위적으로 할당되어, 알코올 섭취 이전과 이후에 인지적 통제의 두 검사와 창의적 사고 과제로 RAT와 AUT를 수행하였다. 0.06 농도 집단은 인출 능력의 저하로 언어적 유창성이 감소하는 결과가 나타났지만, 두 알코올 조건 모두에서 작업기억은 영향을 받지 않았다. 알코올은 두 가지 창의적 사고(확산적 및 수렴적 사고) 과제 모두에서 촉진적 또는 해로운 효과를 보이지 않았다. 연구자들은 알코올이 인지적 통제에 미치는 영향은 섭취량에 따라 달라질 수 있으며, 기대와는 달리, 약간 인지적 통제가 느슨해지거나 약해지는 것이 반드시 창의적 사고를 증가시키거나 감소시키는 효과를 가지지는 않는다고 하였다.

마약류　창의적 작업을 수행하는 사람들 사이에 마약류 복용 사례가 종종 관찰된다. 대마초(마리화나)는 창의적 사고에 어떤 영향을 미칠까? Heng 등(2023)은 대마초가 창의성 및 창의성의 평가에 미치는 영향을 조사하였다. 확장 및 구축 이론(broaden-and-build theory)과 정보로서의 정서 이론에 기반하여 그들은 대마초 복용이 즐거움(joviality) 상승을 유발하여 창의적 사고와 창의적 아이디어에 대한 긍정적 평가를 촉진할 것으로 보았다. 두 개의 실험에서 이런 예측을 검증하였는데, 대마초가 즐거움을 상승시키며, 자기 자신 및 타인의 아이디어에 대해 긍정적인 평가를 하는 유도하는 결과를 보였다. 그러나 대마초가 즐거움 상승을 통해 창의적 사고를 증진할 것이라는 예측은 지지되지 않았다. 즉, 대마초가 창의적 아이디어에 대한 긍정적 평가 편향은 초래하지만, 창의성에는 아무런 영향을 미치지 않는다는 것이다.

4. 창의성 훈련 프로그램은 효과가 있는가

1장의 신화 문항인 '개인의 창의력은 정해져 있으며, 그것은 쉽게 바뀌지 않는다'에 대한 동의율은 25%로 나타나 신화 문항 중 가장 낮은 동의율을 보였다. 창의성이 훈련이나 노력으로 어느 정도 변화될 수 있다고 믿는 일반인들이 훨씬 더 많다는 것이다.

그런데 창의성 훈련 프로그램이 효과가 있는가에 대한 물음에 답하기 위해서는 훈련 전과 후에 창의성 수준을 비교하고 어떤 긍정적인 변화가 있는지를 봐야 할 것이다. 더불어 엄격한 연구 설계를 위해서는 통제집단이나 위약(placebo) 처치집단을 반드시 포함해야 한다.

창의성을 증진하는 방법에 대해서는 대중과 현장의 관심이 높지만, 창의성 훈련 프로그램의 효과에 대해서는 명확한 결론을 내리기 어렵다. 오래전 Mansfield 등(1978)의 개관에서도 대부분의 연구가 창의성을 확산적 사고로 측정하는 한계가 있기에 창의성 훈련이 현장에서 실제 효과가 있는지 결론을 내리기 어렵다고 하였다. 4장에서 보았듯이 (Runco & Okuda, 1991), 확산적 사고 과제는 단순히 '창의적이어야 한다'는 단순한 지시만으로도 효과가 나타난다.

Sternberg와 Williams(1996)는 86명의 아동(영재 아동 포함)을 대상으로 통찰 사고에 대한 사전 검사를 하였다. 그리고 반의 아동에게는 통찰 문제를 해결하는 방법에 대해 교육하였다. 이후 모든 학생이 사후 검사를 받았다. 통찰 기술을 배운 아동이 더 높은 점수를 받았다. Ansburg와 Dominowski(2000)의 연구에서는 언어 통찰 문제에 대한 아주 짧은 훈련을 받은 집단은 통제집단보다 다른 통찰 문제를 14~24% 정도 더 많이 해결하였다. 훈련 내용은 400개의 단어로 된 짧은 지시문으로, 문제에 대한 첫 번째 해석 또는 당연한 해석에 집중하지 않도록 주의를 주고 다양한 해석을 찾도록 강조하는 것이었다. Cunningham와

MacGregor(2008)도 유사한 연구를 하였는데, 통찰 과제에서의 교착상태를 벗어나는 것과 관련된 10분 동안의 교육 및 연습 이후 세 유형의 문제로 검사를 받았다. 반은 인공의 퍼즐 형식 문제를 받았고, 나머지 반은 동일한 것을 현실 맥락에서 설정한 문제를 받았다. 훈련을 받은 집단은 인공의 퍼즐 문제에서는 수행이 개선되었지만, 현실 맥락의 문제에서는 그렇지 않았다.

Scott 등(2004a)은 창의성 훈련 프로그램[26]의 효과에 대한 70개의 선행 연구들을 메타분석하였는데, 확산적 사고와 문제해결 준거에서 창의성 훈련 프로그램은 학생이나 일반 성인 모두에서 상당히 효과가 있는 것으로 나타났다. 교육 내용 측면에서, 문제해결 과정에서 아이디어 생성, 문제발견, 개념 조합, 아이디어 평가 등의 인지적 기술을 개발하고 응용하는 데 초점을 둔 프로그램이 효과가 있었다. 또한, 비판적 사고나 수렴적 사고와 같은 분석에 초점을 두는 것이 제약 없는 자유로운 탐색에 초점을 둔 기법(예: 심상 훈련, 표현 활동)보다 더 효과적이었다. 또한, 연구자들은 창의성 훈련은 단기간에 이루어지기에 전문성을 습득하기보다는 인지적 기술을 통해 정보나 지식을 활용하는 방법과 같은 휴리스틱을 학습하는 데 초점을 두어야 한다고 제안하였다. 더불어, 영역 특수성 관점에서 특정 영역에 직접 응용하는 연습에 초점을 둔 프

---

26 창의성 훈련 기법은 심상(imagery) 훈련, 아이디어 생성(idea production) 훈련, 사고 기술(thinking skill) 훈련, 인지적(cognitive) 훈련 등으로 구분될 수 있고, 목표로 하는 인지 과정, 훈련 기법, 매체(media), 연습 과제 유형 등의 측면에서 다르다(Scott et al., 2004b). 한편, Smith(1998)는 172개의 아이디어 생성 기법들에 포함된 활성 요소들(active ingredients)을 확인하고자 하였고, 그 결과 전략(strategies), 전술(tactics), 조력자(enablers)의 세 유형으로 분류되는 50개의 방법을 아이디어 생성을 위한 처방전처럼 분류하였다. 예를 들어, 전략 유형에 해당하는 '습관 깨기(habit-breaking)'의 활성 요소 중 하나는 '가정에 도전하기(Challenge Assumptions)'이다. 스미스는 이러한 처방전을 통해 아이디어 생성 기법에 대한 평가 및 과제에 잘 부합하는 기법의 선택에 도움을 주고자 하였다.

로그램이 특히 효과가 있었는데, 이는 실세계의 사례 예시나 맥락 속에서 학습이 일어나도록 하고 특정 영역에서의 복잡하고 현실적인 맥락에서 반복적으로 연습하는 것이 효과가 크다는 것을 나타낸다.

Gu 등(2022)은 인지 기반의 네 가지 창의성 훈련 기법(스캠퍼, 맹목적 연합, 스키마 위반, 단순 아이디어 발상)의 효과를 조사하였다. 참가자들은 각 기법을 20분 정도 훈련받았고, 확산적 사고는 대안 용도 검사(AUT)로, 수렴적 사고는 원격 연상 검사(RAT)로 사전 및 사후 측정되었다. 네 개의 실험집단과 통제집단을 구성하여 검증한 결과, 확산적 사고의 몇 지표에서 유의한 개선이 있었고, 수렴적 사고에는 아무런 효과가 없었다. 구체적으로 개념 확장에 지향된 스캠퍼 기법은 아이디어의 독창성을 어느 정도 개선하였고, 개념 조합에 지향된 맹목적 연합 기법과 인지적 유연성을 지향하는 스키마 위반 기법은 아이디어 유창성과 유연성을 증진하는 효과가 있었다. 단순 아이디어 발상 기법과 통제집단은 아무런 변화가 없었다.

Hasse 등(2023)은 창의성을 증진하는 다양한 방법들의 332개의 효과크기를 메타 분석하였다. 또한, 그들은 연구에서 사용된 프로그램들을 12개의 방법으로 분류하여 가장 효과적인 창의성 증진 방법을 확인하고자 하였다. 분석 결과, 평균적으로 통제조건 대비 실험(증진) 조건 참여자의 70%가 더 창의적인 것으로 나타났다. 그리고 '명상(meditation)'이나 '새로운 문화에의 노출' 방법이 상대적으로 효과가 큰 것으로 나타났다. 그런데, 연구자들은 연구마다 효과 크기가 상당히 차이가 있었기 때문에 창의성 증진 효과가 전혀 나타나지 않거나 심지어 역효과가 나타날 수도 있음을 지적하였다.

전반적으로 창의성의 실제적인 증진을 위해서는 단기의 일회성 훈련보다는 장기간 여러 방식의 개입 전략이 동원되고 지속적인 교육 훈련이 이루어져야 할 것이다. 더불어 창의성 훈련 프로그램을 설계할 때 주목해야 할 몇 가지 사항이 있다.

첫째, 훈련 프로그램들은 창의성이 '개인'의 능력 또는 인지 과정의 산물이라고 가정한다. 그러나 창의성은 복잡한 사회 및 조직 시스템 내에서 발현된다. 브레인스토밍도 집단 활동이긴 하지만 집단 내 개인의 창의성을 증진하는데 지향되어 있다. 기업에서 구성원의 창의성을 증진하기 위해서는 개인에 초점을 둔 창의성 훈련 기법과 더불어 조직의 구조나 문화에도 관심을 가져야 하며, 필요시 집단이나 조직의 구조나 문화에서의 근본적인 변화를 고려해야 한다. 11장에서 보았듯이, 점점 더 창의성이 개인의 산물이기보다는 팀이나 조직 현장에서의 공동의 결과물로 나타나는 경우가 늘고 있다. 그래서 창의성에서 맥락이나 환경 요소를 항상 중요하게 고려해야 함을 인식해야 한다.

둘째, 통찰은 창의적 과정에서 일부분만을 차지할 뿐이며, 창의적 결과물은 여러 사람이 오랜 기간 복잡하게 관여한 고된 과정에서 나온다. 창의적 성취를 이루기 위해서는 높은 몰입과 헌신이 필요하다. 그런데 그런 몰입과 헌신은 과업이나 업무가 내적으로 동기화하는 것이 아니면 높은 수준으로 나타나기 어렵다. 그러나 창의성 훈련 프로그램들은 과업 몰입, 내적 동기, 오랜 기간의 끈기와 집중 등에 대해서는 잘 다루지 않는다.

셋째, Sawyer(2012)는 창의성 훈련 프로그램들이 서구 문화에 근거한 창의성 모형에서 나온 것이기에, 주로 통찰의 순간을 중요하게 보고, 그것에 도달하는 영역 일반적인 방법을 가르치는데 지향되어 있다고 보았다. 그러나 13장에서 보았듯이, 동아시아의 창의성 모형은 특정 영역에서의 오랜 기간의 훈련과 점진적인 개선을 더 지향한다. 이러한 동아시아의 문화적 특성에 부합하는 창의성 훈련 프로그램을 구상해볼 필요가 있다.

창의성 전문가인 로저 본 외흐(R. von Oech)는『꽉 막힌 한쪽 머리를 후려쳐라(*A Whack on the Side of the Head*)』(1983)에서 창의적 사고를 저해하는 열 가지 생각들을 제시하였다.

첫째, '정답은 하나다'라는 생각은 창의적 사고를 저해한다. 정답이 하나밖에 없다는 생각은 학교 교육을 통해 강화된다. 학교에서 정답만을 찾는 교육을 받다 보니 이 세상의 모든 것이 맞고 틀리는 양자만이 존재하는 이분법적인 사고, 경직된 사고를 하게 되는 것이다. 여러 가지 답이 가능할 수 있다는 유연성이 요구되는데도 불구하고, 정답은 하나밖에 없고 그것 이외에는 모두가 배제되는 사고는 창의성을 저해한다.

둘째, '그것은 논리적이지 못하다'와 같이 매사를 논리의 잣대만을 가지고 판단하는 것도 창의적 사고를 저해한다. 일반적으로 학교 교육에서는 논리성, 법칙성, 규칙성, 그리고 객관적 사실들을 강조한다. 창의적인 사고는 역설적인 사고이다. 맞지만 틀린 것일 수도 있고, 논리적으로 생각하면 서로 공존할 수 없지만 양립할 수도 있다는 사고이다. 다른 표현으로 앞뒤가 다른 '야누스적 사고'이다. 그런데 모든 것을 논리성, 법칙성의 기준을 가지고 아이디어를 평가한다면 창의성이 개입될 여지는 별로 없다.

셋째, '규칙이나 법대로 하라'와 같은 생각도 창의성을 저해한다. 법이나 규칙도 그 자체가 목적이 아닌 다른 것을 실현하기 위한 수단에 불과하다. 그런데 경직된 사고를 하는 사람들을 보면 법이나 규칙 자체가 목적인 것처럼 그것에 지나치게 의지하는 사람들이 있다. 법이나 규칙이 의미하는 상위 수준의 의미에 주의를 기울이며, 필요한 경우에는 법이나 규칙을 뛰어넘거나 변경할 수도 있는 추상성과 유연성이 필요하다. 다만, 다음 장에서 다루지만, 부정적인 창의성을 보이는 사람들은 이러한 경향이 더 강할 수 있다.

넷째, '현실적이어야 한다'는 생각은 너무 현실적 가능성만을 고려하는 것으로 이런 생각에 얽매이면 상상의 날개를 펼 수가 없게 된다. 앞에서 '환상적 유추'에 대해 얘기를 했듯이, 현실 세계에서는 불가능한 것이라도 자주 상상하고 공상하는 것 자체가 획기적인 아이디어나 발견을 가능케 한다. 다만, 11장에서 보았듯이, '유용성 명령(usefulness imperative)'이 작동하는 기업조직에서의 창의성은 상대적으로 현실성이 더 강조되는 경향은 있다.

다섯째, '애매모호한 것은 피하라'는 것도 창의성을 저해한다. 창의적인 사람들의 성격 특성 중의 하나는 '모호성(불확실성)에 대한 인내력'이 강하다는 것이다. 모든 게 확실하고 명확해야 한다고 생각하고 그렇지 않은 상황에서 스트레스를 심하게 받는 사람들은 창의적이기 어려울 수 있다.

여섯째, '잘못이나 실수는 나쁜 것이다'라는 태도도 창의성에 부정적이다. 8장에서 실패가 갖는 의미를 소개하였듯이, 실수의 위험에 대해 두려움을 갖게 되면 새로운 도전적인 탐구를 하지 않게 된다. 과거 대량 생산 체계에서의 효율성만을 추구하던 시기에는 실수가 나오지 않도록 규정을 만들어 반드시 지키도록 하고, 오류에 의한 불량 발생을 최소화하고자 하였으나, 오늘날의 창의성이 강조되는 시기에는 실수나 실패를 창의적인 성취에 이르는 과정의 자연스러운 한 부분으로 인식할 수 있어야 한다.

일곱째, '놀이(play)는 무용한 것이다'라는 생각은 버려야 하는데, 일(work)하는 시간과 노는 시간을 구분하는 것이 필요하다. 놀이 시간에는 논리적이고 직선적인 사고에서 벗어나 좀 더 유연하고 자유롭게 사유할 수 있는 시간과 여유를 가지게 된다. 또한, 멍 때리기와 부화 효과에서 보듯이, 직면한 문제를 해결할 때 지속적인 의식적 노력이 효과가 나타나지 않는 경우 잠시 그 문제에서 벗어나 휴식을 취하거나 다른 놀이를 하는 것이 도움이 될 수 있다.

여덟째, '그것은 내 분야가 아니다'라는 생각도 창의성에는 해로운 것인데, 창의성의 요체 중의 하나가 연합이라고 여러 차례 강조하였다. 이전에 없던 새로운 연합을 위해서는 다른 분야에도 관심과 흥미를 가지고 탐구할 필요가 있다. 5장에서 '전문적 주변성(professional marginality)' 개념을 소개하였는데, 창의적인 인물들은 자신의 전문 영역 이외에 다른 분야에도 관심을 갖는 경우가 많았다.

아홉째, '뚱딴지같은 생각은 하지 마라'라는 태도도 창의성을 방해한다. 브레인스토밍의 규칙에서 보았듯이, 새로운 아이디어를 생성하는 과정에서는 엉뚱하고 말이 안 되는 것 같은 아이디어를 더 환영한다.

마지막으로 '나는 창의적인 사람이 아니다'라는 생각도 창의성을 저해한다. 창의적인 자기 효능감(creative self-efficacy)이 높은 사람들이 실제로 창의적인 결과를 낼 가능성이 크다. 각자 자신의 영역이나 분야에서 기존과는 다른 사고를 통해 새로운 접근을 시도하고 도전하는 행동을 보이려면 자신의 창의적 잠재력에 대한 강한 확신이 있어야 한다. 다만, 여기서 한 가지 강조해야 할 것이 있다. 3장에서 보았듯이, 창의성의 영역 특수성 관점에서 볼 때, 특정 영역을 명시하지 않고 누군가가 창의적이라는 말은 어떤 분야인지 말하지 않고 누군가를 전문가라고 하는 것과 같이 아무런 정보를 주지 못한다. 또한, 지능의 일반 요인(g 요인)과 같은 일부 예외를 제외하고는 창의성과 전문성에는 일반 요인이 없기에, 한 영역에서의 창의성(또는 창의성의 부족)이 다른 영역에서의 창의성(또는 그것의 부족)을 예측하지 않는다고 주장한다. 따라서 영역 일반성에 대한 가정이 초래하는 부작용은 창의성을 잘못 이해하도록 하는 것뿐만 아니라, 자기 자신의 창의성에 대한 오지각(misperception)에 이르게 할 수 있다는 점이다(Baer, 2017). 만약 누군가가 자신은 모든 분야에 전문가라고 하면 아무도 믿지 않을 것처럼, 창의성의 경우도 그러하다. 자신의 창의성에 대한 믿음이나 효능감은 특정한 영역에 대한 것이어야 보다 현실적이다.

5. 창의적 삶을 위한 조언

창의성은 재능이라기보다는 삶의 자세이다. 창의적인 삶을 위해서 가져야 할 태도 및 행동에 대한 제언들로 이 장을 마치고자 한다. 다음의 내용은 창의성에 관한 과학적 연구 결과와 여러 창의성 전문가들 (Sawyer, 2012; Sternberg, 2019)의 제안을 종합한 현실적인 교훈들이다. 자신의 분야에서 pro-c 또는 Big-C 수준의 창의성을 보일 수 있는 삶을 살기 위해 다음의 조언들에 주의를 기울일 필요가 있다.

① 자신의 적성, 흥미, 강점을 파악하는 등 자신에 대해 알아야 하며, 자신에게 잘 맞는 영역과 분야를 찾아야 한다. 직업심리학의 중력 가설(Wilk et al., 1995)[27]처럼 사람들은 자신의 경력 동안 자신의 특성(능력, 적성, 성격 등)에 가장 부합하는 직업을 찾아 이동하게 된다.[28] 그런데 조기에 자신의 관심 분야에 맞고 잠재력을 펼칠 수 있는 분야를 찾게 되면 훨씬 유리한 위치에 있게 되는 것이다. 더구나, 자신의 적성이나 관심사와 일치하는 분야는 내적 동기와 몰입을 유도하며, 이로써 조기에 창의적 성취를 이룰 수 있다.

② 내적으로 동기화되어야 한다. 부자가 되거나 유명해지는 것처럼 다른 무엇인가를 얻는 것이 목표라면 창의적이기는 어렵다. 꿈의 신소재인 그래핀 연구로 노벨 물리학상을 받은 노보셀로프(K. Novoselov)는 자신의 발견은 무엇인가를 이루어내겠다는 목표가 있어 가능했다기보다는 그저 호기심으로 재미있게 연구했기에 가능했다고 말했다. 8장에

---

27 중력 가설은 근로자는 자신의 인지 능력에 부합하는 직무로 점차 이동하게 된다는 주장이다. 즉, 직무 이동의 동인은 인지 능력이며, 이것이 높은 사람은 더 복잡한 직무로 이동하고, 낮은 사람은 덜 복잡한 직무로 이동한다고 본다.

28 조금 단순화한 측면이 있지만, 내성적인 사람은 수학이나 물리학처럼 평가 기준이 명확하여 제시한 해결안이 그 자체로 판정이 되고 타인들을 굳이 설득해야 하는 노력이 필요 없는 분야가 더 잘 맞을 수 있다.

서 애머빌이 창의성의 내적 동기 원리를 강조하였듯이, 창의성은 대부분 자신이 좋아서 하는 활동에서 나온다. 자신에게 잘 맞고 열정을 가지는 영역을 선택해야 하는 이유이다. 놀라운 창의적인 성취를 이루기까지는 오랜 힘든 과정을 거쳐야 하며, 과정을 즐기는 것이 아닌 최종 결과만을 원한다면 그 과정을 온전히 견디어내기 어려울 것이다. 어느 시대든지 당시의 가장 매력적인 직업이라도 재미 요소는 10%밖에 되지 않으며, 나머지 90%는 지루하고 힘든 과정이 있게 마련이다. 그래서 가장 창의적인 사람은 그 90%를 고난이라 여기지 않고 즐길 수 있는 직업이나 분야를 선택하는 사람이다.

③ 창의적 생활 습관을 갖는 것이 필요하다. 먼저, '왜'라는 질문을 던지는 습관이 필요하다. 때론 당연하다고 여겨지는 가정들을 다시 생각해보고, 스스로 새로운 질문을 던진다. '옳은 답'을 찾는 것에서 점차 벗어나 '옳은(또는 좋은) 질문'을 할 수 있어야 한다. 호기심을 갖고 탐구하는 자세는 인식의 영역을 확대하는 적극적인 창의적 활동이다. 편견, 선입관, 편향 등에서 벗어나, 신선하고 새로운 관점에서 친숙한 것도 낯설게 보는 관찰 능력을 키운다. 또한, 항상 아이디어가 떠오르면 기록한다. 대개 아이디어는 갑자기 떠오르고 사라지기 때문에, 잊지 않도록 즉각적으로 자세히 기록해야 한다.

④ 건전한 취미와 놀이의 시간을 갖는다. 취미는 휴식과 이완의 시간이지만, 그 시간 동안 뇌의 DMN이 활성화되면서 통찰과 창의적 아이디어를 얻을 가능성이 있다. 앞서 언급되었듯이, 산책이나 등산과 같은 자신만의 루틴을 갖는 것도 좋다. 또한, 매사 긍정적 마인드를 갖고 유머 감각을 익힌다. 이것은 긴장과 불안감을 감소시킨다. 마지막으로 〈참고 14-1〉에 제시된 것과 같은 창의적 사고를 제약하거나 방해하는 신념이나 태도를 내부의 적으로 인식하고 극복해야 하며, 〈참고 14-2〉처럼 창의성을 가볍게 생각하는 자세도 필요하다.

⑤ 자신의 전문분야의 최신 동향을 파악한다. 자족하지 않고 계속 도전해야 한다. 8장에서 플로우 상태, 즉 절정 경험(peak experience)은 가진 기술과 과제의 난이도가 균형을 이룰 때 나타날 수 있다고 하였다. 경험이 축적되고 기술이 고도화되어도 그것에 안주하지 않고 새로운 도전을 추구해야 한다. 새로운 프로젝트를 기획하거나, 인접 영역으로 이동하여 탐구를 계속하거나, 새로운 경력을 준비하는 경우 등이다. 무엇보다 '생산성'이 창의적 사고와 행동의 핵심이라는 점도 기억해야 한다. 즉, 4장의 사이먼턴의 연구에서 보았듯이, "다작을 하라!"라는 조언에 주목할 필요가 있다. 인간의 다른 특성처럼 창의성도 신중한 연습과 다작을 통해 강화될 수 있다. 이것은 기존 방식의 단순 반복이 아닌 끊임없는 새로운 길로의 탐색 과정이다. 피카소의 경우처럼 수많은 예술가와 발명가들은 생애에 걸쳐 여러 시기로 구분될 정도로 자기 자신을 부정하고(3장의 삼각형 이론 참조) 새로운 양식과 접근방식을 시험하는 삶을 살았다.

⑥ 거인의 어깨 위에 올라서기 위해 역할 모델이 될 만한 스승을 찾는다. 시선을 내부가 아닌 외부로 돌려, 같은 분야의 사람들과 교류하고 특히 최고의 인물들과 자주 만나도록 노력해야 한다. 어떤 도시나 대학이 창의성이 꽃피는 곳인지를 알아야 한다. 멘토가 되어줄 스승이나 선배를 찾아야 한다.

⑦ 자신과 자신의 아이디어를 마케팅해야 한다. 대개 창의적 아이디어는 낯설고 의심스럽고 회의적인 측면이 있으므로, 대중은 부정적으로 반응하기 쉽다. 그래서 자신의 독창적 아이디어를 다른 사람에게 설득하고 확신이 들도록 하는 법을 배워야 한다. 가장 성공적인 창의적 인물은 자신의 창의적 결과물을 장(場)이나 일반 대중에 가장 효과적으로 드러내고 소개하는 사람이다. 외부로 눈을 돌리게 되면, 해당 영역의 문지기인 장의 주요 인물이 누구이고, 어떤 절차로 어떤 것이 '창의

적'으로 평가되는지를 알 수 있다. 따라서 자신의 새로운 결과물이 장에서 어떻게 인식될지를 잘 알게 된다. 또한, 자신의 아이디어의 어떤 부분을 강조하고 어떤 부분은 드러내지 않아도 되는지도 알게 된다.

⑧ 중앙(또는 중심지)으로 진출해야 한다. 12장에서 보았듯이 Florida(2002)에 의하면, 창의성은 뛰어난 사람들이 모여드는 도시나 지역에서 융성하는 경향이 있다. 위대한 창조물은 거의 항상 변방이나 소도시가 아닌 당시의 문화적 중심지에 나타난다(Simonton, 1994). 다중지능에 기반하여 대표적인 창의적 인물을 사례 분석한 Gardner(1993)의 연구에서도 중심지에서 멀리 떨어진 곳에서 태어나 성장하더라도 결국에는 중심지로 이동하여 해당 영역을 마스터하고 장과의 네트워크를 형성하면서 의미 있는 창의적 기여를 한 것으로 나타났다.

⑨ 영역 일반적 창의성이 아니라 영역 특수적 창의성을 추구하여야 한다. 가능한 많은 영역을 탐구하고 시도해보고, 재미있는 것에 더 가지를 치면서 집중한다. 오랜 기간 몰입할 수 있는 좋아하는 세부 영역을 선택한다. 그 영역에서의 기본 기술을 익히는 데 시간을 충분히 들이고, 많은 책을 읽고 전문가의 얘기를 들어야 한다. 자신의 창의성을 드러내기 전에 성장 마인드셋(growth mindset)[29]을 가지고 상당히 긴 시간 동안 인내심을 갖고 지식과 기술을 연마해야 한다. 더불어 앞으로 다가올 기회에 대해서도 주의를 기울여야 한다. 융합과 유추를 위해 자신의 전문분야 이외의 분야에도 관심을 가진다.

⑩ 협력해야 한다. 아이디어를 공유하고 토론할 수 있는 비슷한 생

---

29 Dweck(2007)은 아무리 노력해도 자신의 능력(또는 미래)은 변화가 없이 고정불변이라고 생각하는 고정 마인드셋(fixed mindset)과 현재 처한 상황은 자신의 노력 여하에 따라 변화될 수 있다고 보는 성장 마인드셋을 구분하였다. 2014년 마이크로소프트의 CEO가 된 나델라는 모든 직원들에게 이 성장 마인드셋을 가지라고 강조하면서, 조직문화를 변화시켰다.

각을 가진 가까운 동료들과의 관계를 형성해야 한다. 특정 목표가 없더라도 그들과 자유롭게 얘기하는 시간을 계획하고 자주 가져야 한다. 타인들의 아이디어에 대해 개방적, 수용적 자세를 가지면서, 여러 사람의 창의적 아이디어에 귀 기울여야 한다. 최근에는 집단 지성의 중요성이 더욱 강조되고 있고, 그것을 도와주는 플랫폼들도 활성화되어 있다. 협력 이후의 성과에 대해 누가 이득을 갖게 되는지에는 주의를 기울이지 않는 것이 좋다.

⑪ 적절한 시기에 과감히 모험을 추구하는 자세를 가진다. 자신감을 가지고 위험을 감수할 수 있어야 한다. 9장에서 보았듯이 소심, 불안, 두려움과 같은 정서는 항상 창의성을 방해한다. 새로운 아이디어는 초기엔 완전하지 않아 무시되거나 실패할 확률이 높기에 오랜 시간 계속 개발하려는 끈기와 노력이 필요하다. 창의적인 사람은 강한 자아를 가지며, 심지어 너무 자신감이 넘쳐서 다른 사람에게 거만해 보일 수도 있다. 그러나 그런 자신감과 효능감이 위험을 감수하게 한다. 몇 가지 성공을 경험하면 더 자신감이 생길 것이다. 만약 경직되고 창의성이 요구되지 않는 환경에서 시작한다면, 사소한 몇 가지에 성공하기까지 조금 기다리는 것이 좋다. 자신감이나 효능감은 단순히 타고난 성격에서 나오는 것이 아니라 오랜 기간의 준비기와 숙련기를 거친 후에 생기는 것이다.

참고 14-2 하늘 아래 새로운 것은 없다?

혁신 기술은 갑자기 하늘에서 뚝 떨어지는 것이 아니라 이전에 축적된 아이디어를 바탕으로 만들어진다. 스티브 잡스의 아이폰도 무에서 유가 창조된 것이 아니며, 기초 공사는 오래전부터 차근차근 이루어진 것이었다.

작가 스티브 시콘은 《버펄로 뉴스》 1991년 판 신문 1면에서 미국 소매업체 라디오섀크(Radio Shack) 광고를 우연히 발견하였는데, 그 광고에 게시된 모든 전자제품을 합친 것은 다름 아닌 '아이폰'이었다! 당시 광고의 제품을 모두 사려면 3,054달러 82센트가 필요하였다. 창의성은 생각보다 단순한 것일 수 있다. 역사학자 Gertner(2012)는 다음과 같이 말했다.

"대개 발명은 한순간에 이뤄진다고 생각한다. 발명가에게 갑자기 '유레카'를 외치는 순간이 찾아오고 놀라운 계시 같은 걸 받는다고 말이다. 사실 기술 분야에서 일어나는 괄목할 만한 발전에는 정확한 출발점이 거의 없다. 처음에는 발명을 앞두고 이런저런 사람과 아이디어가 한데 모이면서 힘을 축적한다. 그렇게 몇 개월이나 몇 년(또는 몇십 년)을 거치며 그 힘이 점점 강해지고 분명해지면서 새로운 아이디어가 추가되는 것이다."

또한, 잡스는 다음과 같이 말했다(Beahm, 2011).

"창의성은 그저 이것저것을 연결하는 것이다. 창의적인 사람들에게 어떻게 그걸 해냈느냐고 물으면 그들은 단지 뭔가를 보았을 뿐이고 자신이 실제로 그것을 한 것이 아니라서 약간의 죄의식 같은 걸 느낀다. 조금 지나면 (본 것의 가능성이) 그들에게 명백해지는 것 같다. 왜냐하면, 그들은 자신들의 경험을 연결할 수 있고 새로운 것들로 통합할 수 있기 때문이다. 그들이 그렇게 할 수 있는 이유는 다른 사람들보다 더 많은 경험이 있거나 자신의 경험에 대해 더 많이 생각하기 때문이다."

마이크로소프트 수석 연구원을 지낸 캐나다 HCI 분야의 개척자인 빌 벅스턴(B. Buxton)은 《애틀랜틱(*The Atlantic*)》과의 인터뷰에서, 다음과 같이 말했다(Madrigal, 2011).

"만약 내 말이 믿을 만하다면, 10년 후 10억 달러 가치를 지닐 물건은 이미 10년 전에 만들어졌다는 말 또한 믿을 만하다. 이는 혁신에 접근하는 우리의 방식을 송두리째 뒤바꿔놓는 얘기다. 세상에 갑자기 하늘에서 뚝 떨어진 발명이란 존재하지 않는다. 탐사하고 채굴하고 정제하고 세공해 그 무게만큼의 금보다 더 가치 있는 뭔가를 만들어내는 것이다".

15장
창의성의 어두운 면

"까마귀는 훔치고, 여우는 속이고, 족제비는 등쳐먹고, 인간은 사기를 친다."

— 에드거 앨런 포

미국 루이빌대학 언어학 교수였던 모러(D. W. Maurer)는 범죄자의 언어를 연구하였는데, 당시 범죄자들로부터 사기(詐欺)의 세계에 대해 자세히 듣고 쓴 책이 1940년에 출판된 『빅 콘(*Big Con*)』이다.[1] 이 책에는 전혀 예상치 못한 기발한 아이디어로 사기를 치는 사례들이 넘친다. 케이퍼 영화 〈오션스 일레븐〉, 〈이탈리안 잡〉에서도 기발한 아이디어로 절도를 하는 장면들이 나온다. 사기로는 영화 〈캐치 미 이프 유 캔〉의 실제 주인공인 애버그네일도 빠질 수 없다. 한국은행에서 일어난 절도 사건을 모티브로 한 영화 〈범죄의 재구성〉은 사기꾼들의 새롭고 놀라울 뿐 아니라 (그들에게는) 유용한 아이디어로 웃음을 자아낸다.

『에드거 앨런 포 소설 전집 4: 풍자 편』에 나오는 글귀처럼 '사기는 인간의 숙명'이며, 포(1843)는 사기꾼에게 필요한 자질 중의 하나로 창

---

[1] 1974년 아카데미 일곱 개 부문을 수상한 영화 〈스팅(Sting)〉은 이 소설을 모티브로 하였다.

의성을 꼽았다.[2]

　대부분의 창의성 연구는 긍정성을 전제로 한다. 그러나 창의성은 인간이 가진 바람직한 특성이기도 하지만, 위의 몇 가지 사례들로도 그것이 잠재적인 위협 요소가 될 수 있음을 짐작할 수 있다. 이 장에서는 창조자의 개인적 목표를 위해 창의성을 발휘하지만, 타인에게 해가 되는 결과가 나타나는 부정적 창의성에 대해 다룬다(〈참고 15-1〉). 이런 부정적 창의성 개념을 생각하면, 창의성 또는 창의적 인물에 대한 지나친 미화가 갖는 위험을 지적하지 않을 수 없다.

참고 15-1 홈스의 테라노스: 미국 실리콘밸리 역사상 최대 사기극

한때 미국에서 혈액 한 방울로 최소 30가지 이상의 질환을 검사해낼 수 있는 혈액검사 키트가 FDA 승인을 받으면서 화제가 되었다. '여자 스티브 잡스'로 불린 스탠퍼드대 출신의 엘리자베스 홈스(E. Holmes)가 창업한 바이오 메디컬 업체 테라노스(Theranos)에서 개발된 이 키트를 사용하면, 기존 방식처럼 주사기를 통해 채취된 대량의 혈액 샘플 대신 작은 전자침으로 채취된 혈액 한 방울만으로 각종 질환 검사가 가능하다는 것이었다. 이 키트를 사용하면 적은 비용으로 많은 사람을 빠르게 검사할 수 있기에 개인 의료비 부담 및 의료비용 증가로 고민하는 세계 각국에서 관심이 쏟아졌다. 즉, 이 키트는 독창적일 뿐만 아니라 많은 사람이 겪고 있는 문제를 해결하는 실용성을 갖추었기에 창의적 산물이라고 할 수 있었다. 그녀는 약 1조 2,000억 원의 투자금을 유치했으나, 1년 뒤 테라노스 기술이 실체가 없다는 사실이 언론에 폭로되면서 기소되었다. 당시

2　포(Poe)가 제시한 사기의 아홉 가지 특성은 미세함(minuteness), 자기 이해(interest), 인내력(perseverance), 기발함(ingenuity), 대담함(audacity), 차분함(nonchalance), 독창성(originality), 버릇없음(impertinence), 씩 웃음(grin)이다. 이 중 일부는 창의적인 행위와도 공유되는 특성으로 볼 수 있다.

홈스는 그 기술을 의심하는 시선에 대해, "처음에는 세상을 바꾸려는 사람을 보고 미쳤다고 한다. 그러다가 어느 날 갑자기 세상이 바뀐다"라고 하였다. 2022년 그녀는 오랜 법정 다툼 끝에 투자자 대상 사기죄로 11년이 넘는 중형의 유죄 판결을 받았다. 금발에 파란 눈을 가진 젊은 여성인 홈스는 잡스를 연상시키는 검은색 터틀넥을 입고 중저음의 목소리를 내곤 했지만, 사실은 금발은 염색이었고, 목소리 또한 연기였다.

1. 창의성의 부정적 측면

오스카 쉰들러(O. Schindler)[3]와 지그프리드 제겐도르프(S. Jägendorf)[4]는 나치의 홀로코스트에서 수천 명의 유대인을 구한 용기 있는 행동을 보여준 인물들이다. 그런데, Rappoport와 Kren(1993)이 두 사람의 이런 친사회적 행동의 동기를 분석하고는 그들을 '도덕 관념이 없는 이타주의자(amoral altruist)'라고 불렀다. 그리고 두 사람의 행동이 보여준 이타주의가 윤리 의식에 근거한 것이라는 해석에 의문을 제기하며, 나르시시즘(narcissism)에 기반한 대안적 설명의 가능성을 제시하였다.[5]

이처럼 이타주의와 도덕성 간의 관계가 분명하지 않은 것처럼, '도

---

3 1994년 미국 아카데미 영화상에서 작품상 등 일곱 개 부분을 수상한 〈쉰들러 리스트〉의 실제 주인공이다.

4 제2차 세계대전 당시 군수품 회사를 운영하면서 약 1만 명의 유대인들을 구출하였다. 이후 미국으로 건너가 캘리포니아에서 사망하였다.

5 즉, 나르시시스트적 열정에 의한 것이라고 보았다. 두 사람이 처한 상황과 그들이 가진 능력이 구원자의 역할을 가능케 한 것이며, 유대인들은 자신의 권력과 지위를 드러낼 수 있는 일차적 대상이었다. 두 사람은 구원자 역할로 유대인들로부터 대단한 존경과 찬양을 받으면서 궁극적으로 나르시시스트인 만족을 얻은 것이다. 특히, 당시 강력한 독일군의 위협 속에서 구원 행동을 성공적으로 하면서 자신의 우월성을 매일 느꼈을 것이다.

덕성'과 '창의성'에 대한 연구도 두 가지가 이상적으로 생각했던 것과는 다르게 연관된다는 것을 보여준다.[6] 예를 들어, Andreani와 Pagnin(1993)의 연구에서 창의성이 높지 않은 고등학생들은 윤리 퀴즈 질문에 대해 '이타적 가치를 중시하는' 응답을 보이는 경향이 있지만, 창의성이 높은 학생들은 '독창적인' 응답을 보이는 경향이 있었다. 또한, 창의적인 사람과 연관된 부정적 특성을 보여주는 연구도 있다. 예를 들어, 창의적인 사람들이 덜 정직한 경향이 있거나(Beaussart et al., 2012), 갈등 협상 상황에서 더 기만적인 행동을 보인다(De Dreu & Nijstad, 2008). 따라서 일반적으로 창의성은 긍정적 특성이나 결과들과 연관되지만, 이 장에서 보게 되듯이, 이러한 "창의성은 당연히 좋은 것"이라는 암묵적 편향을 지지하지 않는 증거들이 많다.

1) 선의 편향

Kampylis와 Valtanen(2010)은 창의성에 관한 42개의 명시적(explicit) 정의와 120개의 연관 단어(collocation)들을 수집하여 주제 분석을 하였다. 분석 결과, 대부분의 창의성 정의에는 긍정적 측면이 강조될 뿐 부정적 측면은 거의 언급되지 않았으며, 연관 단어 분석도 그러하였다. 구체적으로, 창의성과 함께 나타나는 120개의 연관 단어들에서 '인도적', '도덕적', '적극적', '유용한' 등과 같은 32개의 단어가 긍정적 단어들이었으며, '악의적', '어두운', '비정상' 등의 다섯 개만이 부정적 범주에 해당하였다. 나머지는 '과학적', '실제적' 등과 같은 중립적 단어들이었다. 이처럼 창의성을 부정적 현상으로 묘사하는 경우는 매우 드물며, 창의성은 '무조건 좋은 것'이라는 선의 편향(benevolence bias)이 지배하

---

[6] 창의성과 도덕성 간에는 정적 상관이 있다는 연구가 있는가 하면(Shen et al., 2019), 상관이 없다는 연구도 있다(Niepel et al., 2015).

고 있다. 즉, 근래에 이르기까지 창의성에 대한 논의는 사회적으로 바람직함을 가정하는 경향이 있었다.[7]

Cropley와 Cropley(2019)는 창의성에 대한 선의 편향이 북미나 서구 유럽에서만 나타나는 것이 아니라고 하였다. 12장에서 보았듯이, 동양사상에는 창의성 개념에 도덕성이 내재되어 있다. 유교의 관점에서는 창의성이 도덕적 선을 실현하고 사회를 이롭게 하는 행위여야 한다(Chan, 2011). 유교 문화권 이외의 북미나 호주 원주민이나 뉴질랜드 마오리족에게도 창의성은 공동체의 구성원들을 이롭게 하는 것을 의미한다(McCann, 2005). 또한, 창의성은 정직성, 진실성, 신뢰성에 기반하여, 미(美), 사랑, 평화, 성장, 자기 존중 등의 긍정적 가치를 증진하는 목표를 가진 것으로 본다(Henning, 2005). 교육, 과학, 비즈니스, 산업, 정치 등 거의 모든 분야에서 창의성은 보편적으로 자명하게 좋은 것으로 간주되는 것이다.

2장에서 보았듯이, 이것은 고대부터 이어져 온 창의성에 대한 인식을 반영하는 것이기도 하다. 플라톤은 창의성을 '신의 발작(divine frenzy)', 아리스토텔레스는 '광기(tincture of madness)'라고 언급하였는데, 이는 모두 창의성이 긍정적인 의미를 갖는 것으로 본다. 고대 로마로부터 르네상스까지 창의적 인물에 대한 예찬이 이어졌고, 1957년의 스푸트니크 쇼크[8] 이후 미국에서는 창의성이 강조되면서 대중에게 긍정적으로 각인되었고, 창의성은 평화와 번영에 이르는 길로 환영을 받았다.

그러나 사실, 위에 언급된 몇 가지 창의성이 발휘된 부정적인 결과들을 보면, 창의성에 어두운 면이 있다는 점은 자명하다. 부정적인 목표

---

7 1장에서 소개한 신화 문항으로 '창의적인 아이디어는 당연히 좋은 것이다'라는 선의 편향 문항에 대해 56%의 응답자들이 '그렇다'고 답하였다.
8 1957년 소련의 인공위성 스푸트니크 1호 발사 성공에 미국은 엄청난 충격을 받았다. 이후 절치부심한 미 정부는 항공우주국(NASA)를 만들어 소련보다 먼저 달에 사람을 보냈다.

를 위한 창의적 행위는 비윤리적이기에 '창의적이지 않다'고 생각하기 쉽지만, 창의성을 온전히 이해하기 위해서는 창의성의 가치 차원에서 긍정 및 부정의 요소가 모두 포함되어야 한다.

Hudson(1966)이 확산적 사고 검사의 대안 용도 과제(예: 벽돌)를 수행할 때 참가자들이 해롭고 폭력적인 반응을 매우 많이 보이는 것을 보고 처음 부정적인 창의성 개념을 제안하였다.[9] 그러나 창의성 연구자들이 선의 편향에서 벗어나 창의성의 어두운 면에 집중하게 된 계기는 McLaren(1993)의 제안이었는데, 이후 본격적으로 창의성을 긍정적 창의성과 부정적 창의성을 구분하게 되었다. 그리고 "나쁜(bad)" 창의성의 본질을 포착하기 위해 다양한 용어들이 사용되기 시작하였다. '부정적' 창의성과 더불어, '고약한(cantankerous)' 창의성, '비뚤어진(perverse)' 창의성, '고삐 풀린(unbridled)' 창의성 등과 같은 용어들이 나왔다.

사실 창의성의 어두운 또는 나쁜 측면은 4Ps 측면에서도 살펴볼 수 있다. 첫째, 창의성의 어두운 면으로 '개인(Person)'에게 창의적인 것 자체가 파괴적인 효과를 가지는 경우이다. 예를 들어, 프랑스 수학자 갈루아는 뛰어난 수학 천재였지만, 고등학교에서 퇴학을 당하였다. 그는 학생 생활에 적응하기에는 너무 창의적이었기 때문이었다. 이처럼 창의성은 타인의 불인정, 소외, 배척, 정신병, 자살 등 당사자에게 어두운 결과가 초래될 수 있다. 둘째, 창의성의 과정(Process) 측면에서도 생

---

9 이와 유사하게, 천재 중의 천재로 다방면에 수많은 창의적인 아이디어를 제시한 레오나르도 다빈치는 화약 제조법, 자동 연사 총, 투석기, 전차, 장갑선, 집속탄, 로봇 기사, 잠수복 등 군사용 도구나 새로운 무기 발명과 관련된 것이 매우 많았다. 그가 고향인 피렌체에서 밀라노로 옮길 당시 후원자가 될 밀라노 군주에게 보낸 자기소개서에는 군사용 공격 무기에 대한 자신의 구상이 대부분이었고, 예술적 재능은 마지막에 소개할 정도였다. 이것은 당시 후원자들의 요구 때문일 수 있다. 그가 어떤 부정적인 성향이나 의도가 있어 군사나 전쟁에 관심이 있었다기보다는 물리학이나 운동 역학에 대한 흥미나 후원을 받기 위한 목적이었다고 보는 것이 더 맞을 것이다.

각해볼 수 있는데(Goncalo et al., 2010), 앞선 창의성이 이후의 창의성에 방해가 되는 현상이다. 예를 들어, 포스트잇을 발명한 프라이의 경우 '포스트잇 맨'이라는 고정관념이 생기면서 이후 모든 문제를 느슨한 접착력을 활용하는 시각으로만 보았다. 셋째, 11장의 창의성의 역설(paradox of creativity) 현상이 보여주듯이, 환경(Press) 측면에서 창의성이 보편적으로 환영을 받는 것도 아니다. 기업 현장에서 창의성을 강조하는 것 같지만, 암묵적으로는 무시되거나 거부되는 현상이 빈발한다(Mueller et al., 2012). 역사적으로도 갈릴레오가 직면했던 것처럼 현실에서 창의성에 대한 '공식적인' 거부의 증거는 수없이 많다.

그러나 창의성의 어두운 면에 대한 논의는 주로 창의적 행동의 결과와 더불어 '의도'나 '동기'에 주로 초점을 두었다.

2) 창의적 행동의 동기

8장에서 보았듯이, 창의성에서의 동기(motivation)에 관한 이전 연구들은 주로 '과정' 초점의 내적 동기와 '결과' 초점의 외적 동기의 역할에 주목하였다. 보상, 평가 등의 맥락적 요인들이 창의성에 미치는 사회적 촉진 또는 억제 효과들은 부분적으로 내적 및 외적 동기에 미치는 효과로서 설명이 되었다. 또한, Forgeard와 Mecklenburg(2013)의 창의성 관련 네 가지 동기 유형 분류(〈표 8-1〉)에서도 모두 긍정적인 결과들만이 언급될 뿐, 창의성의 부정적 결과는 보이지 않는다.

그런데 창의성의 선의성(benevolence)은 주관적인 판단에 근거하는 경우가 많아 모호한 측면이 있다. Clark와 James(1999)는 나쁜 의도는 없었지만, 결과가 나쁜 경우를 '부정적 창의성(negative creativity)'이라고 하였는데, 이것은 상대에게 실제적이고 파괴적인 피해를 줄 의도가 없을 수 있다. 예를 들어, 환경 운동가들의 명작 훼손 시위에서도 작품에 좀 더 가까이 다가가려고 할머니나 장애인으로 위장하는 기발한 행위는 의도는 좋지만 나쁜 결과가 초래될 수 있는 창의성이다. 또한, 직장에서 기발한 방법으로 회사 공금을 횡령하는 경우, 회사를 해롭게 하려는 분명한 목적이 있는 것은 아니고, 단지 자신에게 이득이 되기만을 바랄 뿐이다(그는 횡령 이후에도 회사는 계속 번창하기를 바랄 것이다). 기발한 방법이나 꾀를 부려서 자기 일을 동료에게 떠넘기는 경우도 대신 그것을 해야 하는 누군가는 피해를 보게 되지만, 반드시 그 사람에게 피해를 주려는 목적으로 한 행위는 아니다.

심지어 좋은 의도를 가진 창의성으로부터 부정적 창의성이 나오기도 하는데, Cropley 등(2010)은 심리학, 범죄학, 사회학, 공학, 역사, 디자인 영역에서의 다양한 사례들을 소개하였다. 예를 들어, 제너(E. Jenner)와 파스퇴르(L. Pasteur)의 '면역'의 발견은 인류에 큰 혜택을 가져다주었지만 세균 전쟁의 시발점이 되기도 하였고, 제2차 세계대전 당시 오펜하이머(J. R. Oppenheimer)는 맨해튼 프로젝트에서 자신의 창의성을 발휘하여 원자폭탄을 개발하였지만 수십만 명을 죽이고 세상의 종말을 가져올 수도 있는 상황을 초래하였다.

'인도의 피카소'로 불리는 현대 인도 예술의 거장 후사인(M. F. Husain)은 그의 대표적 작품인 〈벌거벗은 어머니 인도(Naked Mother India)〉[10]로 인해 논쟁의 대상이 되면서 뜻밖의 부정적인 결과를 초래하였다. 유익하고 긍정적인 결과를 의도한 창의적 산물이 의도치 않게 인류 사회에 부정적 결과를 초래하기도 하는 것이다.[11]

---

10 후사인은 힌두교의 신적인 존재를 여성 누드화로 형상화한 예술가로 유명하다. 이 작품 역시 2006년 인도의 지도 모양을 여성 누드화로 표현했고, 인도 우파는 '인도의 어머니'의 이미지를 공개적으로 망신시켰다며 그를 맹비난했다.

11 창의성의 밝은 면과 어두운 면을 구분하고 있지만, 흑백 사이의 회색 지대가 있듯이, 창의성도 이 둘의 중간에 위치할 수도 있다. 창의성의 회색 지대는 창의적 행위가 최종적으로 어떤 결과를 가져올지 불명확한 경우이다. 예를 들어, 정치적 목적을 달성하기 위해 해킹하거나 목표물인 서버 컴퓨터를 무력화하는 기술을 만드는 사회운동을

이런 측면에서 보듯이, 혜택(benefit)이라는 것은 상당히 '주관적'이다. 한 사람에게는 혜택이나 이득이지만 다른 사람에게는 해가 될 수 있다. 창의성이 어떤 집단에게는 이득이 되지만 다른 집단에게는 그렇지 않을 수 있다는 이러한 '주관적 이득' 관점을 좀 더 확장하면, 범죄나 테러리즘과 같은 영역에도 창의성 개념을 적용하는 것이 가능하게 된다. 범죄자나 테러리스트가 자신의 목적을 달성하는 데 효과적인 놀랄만한 '물건'을 만들어내는 경우(그것이 공동의 선에 이득이 되지 않는다는 사실에도 불구하고), 그들은 창의성을 드러냈다고 할 수 있을 것이다. Benjamin과 Simon(2002)도 알카에다(Al Qaeda)의 행동은 '창의적'이며, 그들의 비범함과 대규모 희생자들을 만들어내려는 욕망이 그들을 계속 추동할 것이라고 하였다.

2. 악의적 창의성

긍정적 창의성과 부정적 창의성은 창의적 행위의 목적(목표)에 따라 일부 구분될 수 있을 것이다. 긍정적 창의성은 긍정적 수단에 의해 긍정적 목적을 달성하기 위해 의도된 창의성이다. 반면, 부정적 창의성에서 결과의 부정적 측면은 행위자의 관점에서 보면 훨씬 분명해진다. 즉, 일부 창의성은 누군가에게 해를 끼치거나, 바람직하지 않은 이익을 얻을 의도로 이루어진다.

직장에서 귀찮은 일을 피하는 기발한 방법을 생각해내는 것과 같이 사람은 누구나 부정적인 목적을 위해 창의적인 아이디어를 생각해낼 수 있다. 그런데 타인에게 의도적으로 위해(危害)를 가할 목적으로

나타내는 핵티비즘(hacktivism)은 밝은 면도 있지만 어두운 면도 있다.

전혀 예상치 못한 창의적 방법으로 테러를 자행하는 테러리스트의 경우는 다른 경우이다. 따라서 Cropley(2010)는 부정적 창의성 개념과 구별되는 것으로, 다른 사람에게 해를 끼치려는 계획적인 의도(deliberate intent)가 담긴 창의성을 악의적 창의성(malevolent creativity)이라고 하였다. 또한, 그는 다음과 같이 진술하였다.

"악의적 창의성이 부정적 창의성과 구별되는 가장 핵심적인 요인은 행위자의 의도(the intent of the actor)이다. 악의적 창의성에는 해를 끼치거나 손실을 초래하는 결과 혹은 산물이 포함되어야할 뿐 아니라, 해나 손실을 입히려는 고의적인 의도가 포함되어야 한다. 반면, 부정적 창의성은 고의적인 의도를 포함하고 있지 않다. 부정적 창의성의 경우, 해를 끼치거나 손해를 입히는 결과는 세균 전쟁을 이끈 미생물의 발견과 같이 단순히 운이 없는 부산물일 뿐이다"(p. 366).

Harris 등(2013)은 악의적 창의성을 "개인이나 집단이 사회적 맥락 내에서 물질적, 정신적, 또는 신체적으로 자신이나 타인들에게 해를 끼치려는 의도로 새롭고 유용한 가시적 산물을 만들어내는 적성, 과정, 그리고 환경의 상호작용"으로 정의하였다(p. 237). 창의성의 어두운 측면과 관련하여, 악의적 창의성은 부정적 창의성에 포함될 수 있다(Hunter et al., 2022). 해를 끼치는 것이 일차적 목표가 아니고 부수적으로 나타나는 경우라면 부정적 창의성이라고 볼 수 있지만, 해로운 결과를 내는 데 주로 초점을 두는 경우는 악의적 창의성이다. '부정적 창의성'이 개인적 이익을 위해 회사 물건을 몰래 훔치는 것이라면, '악의적 창의성'은 회사를 망하게 하려는 분명한 의도를 가지고 중요한 회사 기밀을 몰래 빼내 경쟁 기업에 파는 것과 같다.

창의성이 고객 요구를 충족시키고 경쟁력을 확보하는 데 유용할 수 있는 것과 똑같은 방식으로, 새롭고 유용한 산물로써 효과적으로 타인들로부터 비난을 받을 만한 해를 끼칠 수 있다. 사기나 절도, 살인, 사이버 범죄, 마약 밀수, 인신매매, 보이스피싱, 첨단기술의 불법 유출 등의 범죄 행위에는 악의적 창의성이 개입되는 경우가 많다. 더불어 오늘날 가장 놀랍고 명백하게 악의적인 창의성은 타인에게 해를 끼치는 것이 유일한 목적인 테러리즘일 것이다.

다른 사람들에게 해를 입히려는 분명한 의도를 가지고 사전 계획된 창의성으로 볼 수 있는 악의적 창의성은 21세기에 들어와 학계의 주목을 받기 시작하였지만(Cropley et al., 2013), 사실 악의적 창의성이 그리 새롭고 놀랄 일은 아니다. 인류의 역사를 되돌아보면 악의적 창의성의 사례는 셀 수 없이 많다. 히틀러와 나치 독일이 제노사이드를 위한 독특하고 혁신적인 방안을 사용한 것처럼, 지적이며 친절하였던 연쇄 살인범 테드 번디(T. Bundy), 〈양들의 침묵〉의 한니발 렉터 같은 인물이나 새로운 고문 기구, 기발한 치명적 공격 무기, 창의적인 테러리스트의 공격 등의 사례가 넘쳐난다.

그런데, 이미 입증된 방식을 재탕하는 사기꾼은 새롭고 혁신적인 면이 없어서 악의적으로 행동한 것일 뿐 창의적이지는 않다. 그러나 "유나바머(Unabomber)"라는 이름으로 널리 알려진 미국의 카진스키(T. J. Kaczynski)의 경우는 다르다. 그는 전형적인 백인 가정에서 자라, 하버드대 수학과에서 학사, 미시간대 대학원 수학과에서 박사학위를 받고 캘리포니아대 버클리의 수학과에서 2년 동안 조교수로 재직한 수학자였다. 그는 기술의 진보가 인간을 망치는 주범이라고 인식하고 그에 맞서 싸우려는 시도로 17여 년간 사업가, 과학자 등 다양한 사람들에게 편지 폭탄을 보내서 3명을 살해하고, 29명에게 부상을 입힌 테러리스트이기도 했다. 그는 FBI를 따돌리려고 자신의 모든 폭탄에 대해 잘못된 단서들을 남겼고, 폭탄에 어떠한 지문이나 DNA도 남기지 않았으며 일부러 추적이 어려운 오래된 우표를 사용했다. 수사를 교란하기 위해 가짜 증거들을 첨가하기도 했는데, 이런 교란 작전은 매우 유효하게 먹혀들어 FBI 내부에서도 수사 방향에 심한 혼선이 있었다. 그는 FBI의 수사와 더 이상의 살상을 막으려는 동생의 신고로 검거되었다. 고학력자이자 천재인 카진스키의 이런 일탈적인 행동은 매우 혁신적인 방식으로 의도적으로 타인에게 위해를 가한 것이기에 악의적 창의성으로 볼 수 있다.

창의성의 선의 편향으로 인해 악의적 창의성에 관한 심리학적 연구는 이제 시작 단계라고 할 수 있다. 인간이 지적 능력을 '선의'로 유용하게 활용하기 위해서라도 어두운 면인 악의적 창의성에 대한 더 많은 이해가 필요하다.

3. 확장된 창의성의 분류 틀

1장에서 창의성을 다양하게 분류하는 관점들을 제시하였다. 기존 창의성 연구에서는 선의 편향의 영향으로 창조자의 동기는 내적 동기나 친사회적 동기처럼 긍정적인 측면만이 고려되었으나(8장 참조), 의지나 동기를 선의와 악의로 구분한다면, 창의성을 재분류할 수 있을 것이다. 다음에 두 가지 분류 틀을 제시하였다.

첫째, Kampylis와 Valtanen(2010)은 창조자의 의도(Intention of creator)와 더불어 창의적 과정과 결과가 창조자에게 미치는 효과(Effect to creator) 및 창의적 과정과 결과가 타인과 전체 사회에 미치는 영향(Consequence to others)에서의 긍정적 측면과 부정적 측면을 포함하는 포괄적인 창의성의 3차원의 결과 분석 틀(Creativity Consequences Analytical Framework)을 제안하였다(〈그림 15-1〉).

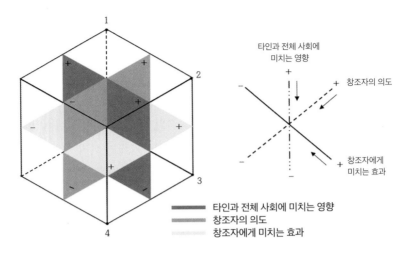

그림 15-1 **3차원 창의성 결과 분석 틀**

〈그림 15-1〉에는 네 가지 숫자가 표시되어 있는데, 각 숫자가 의미하는 바는 다음과 같다. 1번 숫자는 창조자는 긍정적인 의도를 가지며(+), 타인(사회)에 미치는 결과도 건설적이지만(+), 창조자 자신에게는 부정적인 결과가 나타나는(−) 경우이다. 갈릴레오 갈릴레이가 코페르니쿠스의 태양중심설을 일찍부터 확증하고 지지함으로써 가택 연금되어 남은 생을 살게 된 것과 같은 사례가 이에 해당한다. 2번 숫자는 '공동의 선'을 추구하려는 긍정적 의도에서 나온 것으로(+), 결과는 창조자와 타인(사회)에 모두 매우 긍정적인(+, +) 경우이다. 항생제 개발의 길을 열어준 알렉산더 플레밍의 페니실린 발견이 좋은 예이다. 3번 숫자도 긍정적 의도를 가지나(+), 결과가 창조자에게만 긍정적일 뿐(+), 타인들에게는 부정적인 경우이다(−). 예를 들어, 콜럼버스의 신대륙 발견은 유럽인들에게는 긍정적 영향을 미쳤을지 몰라도 아메리카 원주민들에게는 부정적인 결과가 초래되었다. 4번 숫자가 악의적 창의성을 나타낸다. 즉 창조자의 의도는 부정적이며(−), 결과는 창조자에게는 긍

정적이고 적절하였지만(+), 타인들에게는 의도한 대로 부정적이고 부적절한 것이다(-). 연구자들은 네 숫자는 네 가지 극단적인 경우를 나타내는 것일 뿐, 의도성의 정도나 긍정 및 부정의 정도는 다양하므로 수많은 다른 경우들이 가능하다고 하였다.[12]

둘째, Cropley(2010)는 산물(Product), 환경(Press), 의지(Volition)의 세 측면을 포괄하는 창의성의 분류 틀을 제시하였는데, 여기서도 선행을 하려는 의도와 악행을 하려는 의도를 모두 포함하고 있다. 〈표 15-1〉에서 보듯이, 의지 또는 동기(Motivation)는 선의와 악의로 구분되며, 산물 또는 결과(Outcome)는 좋은 것과 나쁜 것으로 구분되며, 환경(Press)은 지지적인 경우와 방해적인 경우로 구분되어, 총 여덟 가지의 결과가 도출된다(〈참고 15-2〉). 그는 이러한 구분을 통해 '실패한 선의(failed

표 15-1 확장된 창의성 분류 틀

동기	결과	환경	명명
악의	나쁨	지지적	의식한 악의
악의	좋음	지지적	실패한 악의
선의	나쁨	지지적	실패한 선의
선의	좋음	지지적	의식한 선의
악의	나쁨	방해적	복원적 악의
악의	좋음	방해적	좌절된 악의
선의	나쁨	방해적	좌절된 선의
선의	좋음	방해적	복원적 선의

12 캄필리스와 발타넨은 창의성 개념의 역사를 형이상학 시기(고대~중세), 귀족적 시기(중세~20세기 중반), 민주적 시기(20세기 후반~)로 구분하였는데(2장 참조), 모든 지적인 인간들은 인류에게 윤리적이면서도 유익한 무엇인가를 창조할 만큼 유능하고 현명하다는 믿음에 기반한 '양심적 창의성(conscientious creativity)'에 집중하는 네 번째 시기로 이동할 필요가 있다고 하였다. 즉, 그들은 이 모형을 제시하면서 앞으로 인간 사회 구성원들에게 유익하고 윤리적인 양심적 창의성이라는 새로운 주제를 탐구해야 한다고 강조하였다.

benevolence)' 또는 '실패한 악의(failed malevolence)'와 같은 아이디어를 도입하였고, 더 흥미로운 '복원적 선의(resilient benevolence)' 및 '복원적 악의(resilient malevolence)'와 같은 개념도 도입하였다. 후자는 테러리스트 공격처럼, 나쁜 의도를 갖고 방해가 있는 불리한 환경에도 불구하고 성공적으로 해를 끼치려는 의도를 말한다.

참고 15-2 예술, 학술 영역에서의 악의적 창의성

Kapoor 등(2016)은 예술 및 과학 영역에서 악의적 창의성의 사례들을 질적으로 분석하였다. 이들이 분석한 사례는 모두 지지적 환경에서 악의적 의도를 가지고 나쁜 산물을 만들어낸 '의식한 악의성(conscious malevolence)'의 범주에 해당하는 것이었다. 이들이 분석한 예술, 학술 영역에서의 최근 사례 중 두 가지를 소개하였다.

예술에서의 위조 사례로 독일 출신의 화가, 볼프강 벨트라키(W. Beltracchi)가 있다. 그는 아내와 함께 거의 완벽에 가까운 위작들을 만들어 엄청난 고가에 판매하였는데, 진품이 만들어진 시기나 사용된 재료를 조사하는 것뿐만 아니라, 그는 스스로 진품 화가가 되려고 노력하였다. 예를 들어, 진품 화가가 새벽에 주로 그림을 그렸다면, 그도 그렇게 하였고, 진품이 한 달 만에 완성한 것이면 그도 한 달 만에 위작을 완성하였다. 그러나 벨트라키 부부는 2010년 사소한 실수로 인해 우연한 그림 성분 분석에서 거짓말이 모두 들통이 났다.[13]

학술 분야에서는 과학 분야, 마이클 라코어(M. LaCour)가 있다. 캘리포니아대학교 로스앤젤레스캠퍼스(UCLA) 정치학과 박사과정생이었던 그

---

13 매우 뛰어난 기술을 갖추고 있었음에도 위작을 그린 이유를 물었을 때, 그는 자신이 아무리 뛰어나도 렘브란트나 피카소의 작품만큼 고가에 팔리지 않기 때문이라고 하였다. 그는 2011년 결국 사기죄로 징역형을 받았는데, 그가 그린 위작 목록과 유통된 수량은 비밀에 부쳐졌다. 그것이 드러나면 미술계에 대혼란이 일어날 수 있기 때문이었다.

는 대규모 방문조사를 통해 얻은 데이터를 통해 동성애 사회운동가의 방문을 받은 적이 있는 사람들은 동성애 결혼에 대해 긍정적인 태도를 갖게 된다는 연구 결과를 2014년 《사이언스》에 발표하였다. 그런데, 이 결과에 흥미를 가진 두 명의 정치학자가 그의 데이터 세트를 조사하는 과정에서 이상한 점을 발견하였고, 결국 모든 데이터가 조작된 것임이 드러났다.

4. 경험적 연구

2005년 이후부터 창의성의 어두운 면에 대한 다양한 관점, 경험적 연구 및 이론적 틀이 개발되기 시작하였다. 특히, 2010년에 데이비드 크로플리(D. H. Cropley) 등이 편집한 악의적 창의성의 대표적인 저술인 *The Dark Side of Creativity*가 출간되면서 경험적 연구들이 이어졌다.

선의 편향에서 완전히 벗어난 부정적(악의적) 창의성 개념은 창의성에 대한 기존 분석 틀에서 새로운 질문을 하거나 기존과는 다른 접근을 할 수 있게 한다. 예를 들어, 일반적으로 받아들여지는 창의성의 4Ps 관점에서 볼 때, 인간(Person)의 어떤 요소가 부정적(악의적) 창의성으로 이끄는가? 어떤 인지적 과정(Process)이 부정적(악의적) 아이디어의 생성에 작용하는가? 어떤 환경(Press)이 부정적(악의적) 창의성에 도움이 되는가? 창의적 산물(Product)의 경우 부정적(악의적) 창의성에만 특유한 속성이 있는가?

이 절에서는 창의성과 비윤리성(비정직성) 간의 관계에 관한 연구에서 시작하여, 부정적 또는 악의적 창의성에 영향을 미치는 개인 특성(Person) 및 상황 요소(Press)에 관한 경험적 연구들을 개관하였다.

1) 창의성과 비윤리성 간 관계 연구

Walczyk 등(2008)은 창의적인 사람들이 거짓말을 더 많이 한다는 것을 보여주었다. 그들은 딜레마를 해결하는 수단으로 거짓말을 해야 하는 시나리오를 사용하여, 창의성과 거짓말 간의 관계를 조사한 결과, 거짓말 횟수는 확산적 사고의 유창성($r = .25$, $p < .05$) 및 독창성($r = .23$, $p < .05$)과 정적 상관이 있는 것으로 나타났다.

Gino와 Ariely(2012)는 창의성이 본질적으로 비윤리적일 수 있다고 보았다. 그들은 다섯 번의 실험에서 창의적 성격과 일시적인 창의적 마인드셋이 자신의 행동을 정당화할 수 있도록 만들어 비윤리적인 행동으로 이끌 수 있음을 보여주었다. 첫 번째 실험에서 창의적 성격[14]을 가진 참가자들이 세 과제에서 더 많이 속이는 행동을 보였다. 또한, 창의적 성격과 과제에서 결과를 조작하는 부정행위 간에는 유의한 정적 상관이 있었지만($r = .23 \sim .53$), 지능과 부정행위 간에는 유의한 관계가 없었다. 두 번째 실험에서 일시적으로 창의적으로 생각하도록 점화된(즉, 창의적 마인드셋이 활성화되도록 한)[15] 참가자들이 통제 조건의 참가자들보다 비정직한 행동을 보이는 경향이 나타났다. 세 번째와 네 번째 실험에서는 창의적 마인드셋과 창의적 성격은 정직하지 않은 행위를 정당화하는 논리를 만들어내는 능력과 연관되고, 이것이 비정직성을 증진한다는 것을 보여주었다. 마지막 실험에서 창의적 성격은 일시적인(점화된) 창의성

---

14 창의적 성격은 창의적 성격 척도(CPS)와 더불어 Hocevar(1980)의 창의적 행동 척도 (Creative Behavior Inventory) 및 Kirton(1976)의 혁신적 사고 양식 척도(5개 문항)의 세 척도로 측정되었다.

15 점화 방법은 다음과 같다. 피험자들에게 다섯 개의 무작위적으로 배치된 단어들(예: sky, is, the, why, blue)에서 문법적으로 옳은 네 단어 문장(예: The sky is blue)을 만들도록 한다. 창의적 마인드셋 조건의 피험자는 스무 개의 문장 중 창의성과 관련된 열두 개의 단어들(creative, original, inventiveness, novel, new, innovative, invention, creativity, ingenious, imagination, originality, ideas)이 포함되었다. 통제 조건에는 그런 단어들이 포함되지 않았다.

마인드셋과 비정직한 행동 간의 관계를 조절하였다.[16] 사람들은 자신의 비윤리적인 행위를 정당화할 수 있으면 그러한 행위의 가능성이 커지는 데, 이는 창의적인 성격을 가지거나 일시적으로라도 창의성이 점화된 경우 그런 정당화의 가능성이 커진다는 것을 보여준다.

창의성이 높으면 비윤리적 행동을 정당화하면서 윤리적 측면에서 유연하게 사고하게 되지만, Vincent와 Goncalo(2014)는 '나는 창의적 사람'이라는 창의적 정체성(creative identity)도 특권의식(sense of entitlement)을 가지게 하여 비정직한 행동을 초래할 수 있다고 보았다. 자신이 창의적이라는 단순한 지각만으로도 정직하지 않게 행동할 수 있다는 것이다. Vincent와 Kouchaki(2016)도 다른 사람들보다 자신의 창의성이 높다고 생각하는 조직 구성원은 비윤리적이어도 된다고 생각하고, 실제로 비윤리적으로 행동하는 경향이 있다고 하였다.

Mai 등(2015)은 특성 활성화 이론(trait activation theory, Tett & Burnett, 2003)[17]과 자기 개념 유지 이론(self-concept maintenance theory, Mazar et al., 2008)[18]을 통합하여, 창의적 성격과 비윤리적 행동

---

16 기질적인 창의성이 낮은 수준이면 창의성 점화가 높을수록 창의적 수행 및 속이는 행동이 더 높은 수준을 보였다. 반면, 기질적인 창의성 수준이 높으면, 창의성 점화와 창의적 수행 및 속이는 행동 간의 유의한 관계가 나타나지 않았다.

17 성격과 관련하여 주목을 받는 이 이론은 인간 행동을 설명하는 특성이론과 상황주의 간의 논쟁을 해결할 수 있는 접근이다. 인간의 특정한 잠재 특성(trait)은 그것을 유발하는 상황이나 맥락(특성 관련 상황 단서)이 존재하는 경우에 분명하게 활성화된다고 본다. 상황은 개인이 가진 특정한 특성을 유발하는 방아쇠로 작용하며, 상황의 요구가 없으면 그 특성은 드러나지 않게 된다. 즉, 특성은 안정된 속성으로 수동적으로 존재하며, 유관 상황의 적극적 자극이 있어야 특성 관련 행동으로 나타난다. 또한, 매우 강한(strong) 상황에서는 모두가 상황의 요구에 동일하게 동조하기에 특성이 드러날 여지가 없다고 본다. 이 이론은 상황의 특수성(situational specificity)을 강조하는데, 한 특성이 더 나은 수행으로 이어지는 것은 맥락에 달려 있다. 이 접근은 상호작용주의(interactionist) 접근이라고 볼 수 있고, 사람-직무 적합(fit) 개념으로 확장될 수 있다.

18 정직하다는 자기 개념을 유지하면서도 비정직성(dishonesty)으로 '일정 수준'의 외적 보상을 얻을 수 있는 경로를 설명한 이론이다. 니나 마자르 등은 이론에 근거하여 다음과 같은 연구 결과를 제시하였다. ① 비정직성으로 이득이 생길 기회가 있으면 사

간의 관계를 더 깊이 이해하고자 하였다. 학생과 일반 성인을 대상으로 한 세 연구에서 일관되게 창의적 성격이 비윤리적 행동에 미치는 영향은 활성화 요인의 존재 여부에 의해 대부분 결정되며, 비윤리적 정당화 기제에 의해 매개되는 결과가 나타났다.

'인지적 유연성'은 창의적인 사람이 문제해결을 위한 새롭고 독특한 관점이나 접근을 하는 데 유용한 사고 특성이다(Amabile, 1983). 그러나 인지적 유연성은 도덕적, 윤리적 문제에 직면하여 법이나 사회적 규범에서 벗어나는 창의적인 방법을 찾아 자신의 행동을 합리화(self-serving rationalization)하는 데에도 유용하게 동원될 수 있다. 앞서 보았듯이, 창의적인 사람은 윤리적 상황에 직면해서 그들의 창의적인 성격을 활성화하면, 자신의 행동을 정당화할 수 있게 됨에 따라 훨씬 더 비윤리적으로 행동한다.

한편, Gino와 Wiltermuth(2014)는 비정직성과 창의적 행동 간에는 '규칙을 어기는' 공통점이 있으며, 이로써 창의성이 비정직성에 이르게 할 뿐 아니라 비정직성도 창의성에 이르게 할 수 있다고 보았다. 그들이 수행한 다섯 번의 실험에서, 참가자들이 선행 과제에서 속이는 행동을 하면(과제에서의 자신의 수행 결과를 과다 보고하는 비정직한 행동을 하면) 이후 창의성을 측정하는 다른 과제에서 더 창의적인 결과를 산출하였다. 정직하지 않은 행동을 하면서 자신은 규칙(규정)의 제약을 받지 않는다는 규칙 위반 마인드셋의 증가가 창의성의 증진으로 이어지는 것이다.

람들은 그런 행동을 하며, ② 비정직성의 정도는 기대된 외적 이득 또는 기만적 행위와 연합된 손실과는 크게 관련이 없으며, ③ 사람들은 자신의 행위를 알고 있지만 자기 개념에의 변화는 없으며, ④ 정직함에 대한 내적 기준을 인식하도록 하면 기만의 가능성은 감소하며, ⑤ 사람들에게 자신의 행위를 해석할 때 '자유도'를 늘리면 기만의 경향성은 더 커진다.

그러나 창의성과 비윤리성 간의 관계를 다룬 경험적 연구들은 일관적이지 않다(Shen et al., 2019). Keem 등(2018)은 비윤리적 행동을 할 기회가 있는 상황에서 사람에 따라 윤리적 이탈(moral disengagement)과 윤리적 상상(moral imagination)의 두 가지 구분되는 윤리적 자기 조절 과정을 경험할 수 있다고 보았다. 윤리적 이탈이 아닌 윤리적 상상의 기제가 작동하면 창의성과 비윤리성 간의 관계가 약화되거나 부적으로 변화될 수 있다고 보았다. 윤리적 상상력은 윤리적 자기 조절의 과정으로서 윤리적 대안들을 생성하고 평가하여 윤리적 딜레마를 다르게 프레이밍할 수 있도록 하는 인지적 추론의 일종이다. 그들은 윤리적 이탈 또는 상상의 두 가지 기제 중 어느 것이 작동하는지는 개인의 윤리적 정체성(moral identity)의 수준에 달려 있다고 보았다. 왜냐하면, 창의적 성향이 높은 사람들은 인지적 유연성과 확산적 사고로서 자신의 결정이 미칠 영향을 사전에 그려볼 수 있고 덜 비윤리적일 수 있는 대안을 고안할 수 있을 것이기 때문이다. 실제로 그들은 시나리오 기반의 실험 연구와 현장 연구를 통해 창의적 성향과 윤리적 정체성이 모두 높은 종업원은 윤리적 이탈이 상대적으로 적고 윤리적 상상의 가능성이 높아서 비윤리적으로 행동할 가능성이 낮음을 보여주었다. 더 나아가 Liu 등(2023)은 창의적 성향과 윤리적 이탈 간의 관계는 경쟁적 동기 또는 친사회적 동기의 작동 여부에 따라 다른 결과가 나올 수 있다고 보았다. 그리고 두 동기와 윤리적 이탈 간의 관계를 집단의 경쟁적 분위기가 조절 효과를 가질 것이라고 보았다. 753명의 종업원을 대상으로 세 차례에 걸친 조사를 통해, 창의적 성격은 경쟁적 동기를 통해서는 윤리적 이탈과 이후의 비윤리적 행동을 증가시키나, 친사회적 동기를 통해서는 두 가지 모두 감소시키는 것으로 나타났다. 더불어 경쟁적 분위기[19]는 친사회적 동기와 윤리적 이탈 간의 부적 관계를 약화시켰을 뿐만 아니라, 친사회적 동기 및 윤리적 이탈을 통한 창의적 성격과 비윤리적 행동 간의 간접적 관계도 약화시키는 것으로 나타났다.

이처럼 창의성과 비윤리성 간의 관계는 복잡하며 후속 연구가 필요하다. 최근에 Storme 등(2021)은 창의성과 비윤리성 간의 관계를 다룬 연구들을 메타분석하였다. 분석 결과, 둘 간에는 약하지만 유의한 정적 상관($r = .09$)이 나타났다. 그리고 조사에서 흔히 나타나는 사회적으로 바람직하게 반응하는 편향 때문에 비윤리성의 자기 보고 측정치인 경우에는 아무런 관계가 나타나지 않았고, 객관적 측정치(타인 보고나 행동 측정치)를 사용하였을 때만 유의한 관계를 보였다. 이는 윤리성 관련 연구에서는 측정 방식이 신중하게 고려되어야 함을 보여준다.

2) 부정적 또는 악의적 창의성과 연관된 개인 특성

악의적 창의성은 아동기의 경험(예: 테드 번디의 경우처럼 무시받거나 방치된 경험)과 관련이 있다. Jia 등(2020)은 중국 대학생들을 대상으로 아동기의 무시 정도가 성인기의 악의적 창의성과 관련이 있음을 보여주었고, 남성들에게서 둘 간의 관계가 더 강한 성차도 나타났다.

Lee와 Dow(2011)는 성별, 성실성, 공격성, 적개심과 악의적 창의성 간의 관계를 분석하였다. 그들은 악의적 창의성을 Guilford(1967)의 대안 용도 과제(AUT)에서의 유창성으로 측정하였는데, 벽돌과 연필의 다른 용도를 생성한 것 중 타인에게 해를 끼칠 의도를 나타내는 반응들을 악의적 창의성을 나타내는 것으로 코딩하였다. 악의적 창의성은 남성에게서 더 높게 나타났으며(벽돌의 악의적 활용과 $r = .25$, 연필의 악의적 활용과 $r = .13$), 공격성과는 정적으로(벽돌의 악의적 활용과 $r = .29$, 연필의 악의적 활용과 $r = .19$), 성실성과는 부적으로(벽돌의 악의적 활용과 $r =$

---

19 이것은 "우리 팀에서 내가 받는 인정(보상)의 양은 다른 구성원 대비 나의 성과가 어떠한지에 달려 있다", "동료들은 빈번하게 서로 성과를 비교한다"와 같은 문항에 개인별로 응답한 것을 집단별로 합산하여 집단 수준의 변인으로 만든 것이다.

−.19, 연필의 악의적 활용과 $r = -.26$) 관련이 있는 것으로 나타났다.[20]

Hao 등(2016)은 일상생활에서의 악의적 창의성을 측정하는 악의적 창의성 행동 척도(MCBS: Malevolent Creativity Behavior Scale)를 개발하였는데,[21] 대학생 대상 조사에서 악의적 창의성 행동 점수는 공격성($r = .50$), 외향성($r = .07$), 경험에 대한 개방성($r = .09$), 룬코의 아이디어 발상 행동 척도 점수($r = .24$)와 유의한 정적 상관을 보였으며, 악의적 창의성 수행 검사 점수도 유의하게 예측하였다. 8장에서 보았듯이, 경험에 대한 개방성은 창의성과 가장 연관성이 높은 성격 특성인데, 악의적 창의성도 예외는 아님을 알 수 있다(상관관계가 높은 수준은 아니지만).

Harris 등(2013)은 일반적으로 창의성과 지능은 정적 상관관계가 있지만(6장 참조), 창의성과 정서 지능 간에는 부적 상관이 있을 것으로 보았다. 즉, 정서 지능이 낮으면 악의적 창의성이 높을 것으로 보았다. 그들은 대학생들을 대상으로 정서 지능을 측정하고, 벽돌과 신발의 대안(특이) 용도를 가능한 한 많이 생성하도록 하였다. 평가자들이 생성한 아이디어에 대해 창의성과 부정성(예: 해로운 정도)을 평가하였다. 연구자들의 예측과 같이, 낮은 정서 지능의 학생들이 악의적인 창의적 아이디어를 더 많이 생각해내는 경향을 보였다. 정서 지능이 낮으면 부정적인 아이디어가 부적절하다는 것을 잘 인식하지 못하며, 타인들이 자신을 어떻게 볼지 별 관심이 없을 수 있다. 이 연구는 정서 지능이 악

---

20 이들의 악의적 창의성 측정 방법에는 약점이 있다. AUT 반응들은 부정적인 결과가 나올 수 있는 것들일 뿐, 분명하게 특정 타깃에 위해를 가할 의도를 측정하였다고 보기는 어렵다.

21 13개 문항으로 구성된 이 척도를 세 요인으로 구성되어 있다. 첫째는 타인 해치기(hurting people) 요인이며 문항의 예로는 '당신은 부당한 대우를 받았을 때 복수할 생각을 얼마나 자주 하십니까?'가 있다. 둘째는 거짓말하기(lying) 요인이며 문항의 예로는 '당신은 자신의 잘못을 정당화하기 위한 구실을 얼마나 자주 생각하십니까?'가 있다. 마지막은 속이기(playing tricks) 요인이며 문항의 예는 '당신은 다른 사람들을 속이는 방법을 얼마나 자주 생각하십니까?'가 있다.

의적 창의성과 연관된 개인 특성 변인일 수 있음을 보여준다.

7장에서 보았듯이, 정신병 경향성(schizotypy)이라는 성격 특성은 창의성 연구에서 상당한 관심의 대상이지만, 대부분의 연구는 선의의 창의적 아이디어 발상과의 관계에만 초점을 두었다. Perchtold-Stefan 등(2022)은 정신병 경향성의 서로 다른 하위차원들이 악의적 창의성과 어떤 관련성을 갖는지를 조사하였다. 104명의 참가자가 악의적 창의성에 대한 새로운 수행 검사를 받았고, 일상적 삶에서 악의적 창의성 관련 행동을 한 빈도를 보고하였다. 정신병 경향성은 sO-LIFE라는 다차원 검사로 평가되었다. sO-LIFE의 하위차원인 충동적 비동조(Impulsive Non-conformity)는 악의적 창의성 검사에서의 수행 및 일상적 악의적 창의성 행동과 정적인 관련성을 보였다. 이는 충동적 반사회적 정신병 경향성이 높은 사람은 악의적 목적을 가지고 창의성을 사용할 능력과 의도가 더 높은 수준이라는 것을 보여준다. 또 다른 차원인 특이한 경험(Unusual Experiences)은 악의적 창의성 수행과 유의수준에 근접하는 약한 관계를 보였다. 기대와 달리, 인지적 해체(Cognitive Disorganization) 차원은 일상적 삶에서의 악의적 창의성 행동과 정적으로 상관되었다. 이런 관계 패턴은 정신병 경향성 성격 특성에서의 개인차가 창의성의 어두운 면과 관련성이 있음을 보여주며, 창의성과 정신병리 간의 관계에 대한 더 풍부한 분석이 가능해질 수 있음을 시사한다.

성격의 어두운 3요소   부정적 또는 악의적 창의성과 연관된 개인 특성으로 나르시시즘(narcissism), 사이코패시(psychopathy), 마키아벨리즘(Machiavellianism)으로 구성된 성격의 어두운 3요소(dark triad)[22]가 특히 주목을 받았다. Kapoor(2015)는 인도 성인들을 대상으로 어두운 성

---

22 어두운 3요소는 모두 준임상적 성격 특성으로 대인관계에서의 적대감이나 공감 부족을 특징으로 한다.

격의 3요소와 부정적 창의성 간의 관계를 조사하였다. 연구자는 긍정적 또는 부정적 창의성에 몰입할 가능성을 측정하는 척도를 자체 개발하였다.[23] 다중 회귀 분석 결과, 나르시시즘과 긍정적 창의성 간, 사이코패시와 부정적 창의성 간의 정적 관계가 나타났다. 3요소의 종합 점수는 부정적 창의성을 유의하게 예측하였다.

Jonason 등(2017)도 성인을 대상으로 성격의 어두운 3요소와 창의성 간의 관계를 조사하였다. 어두운 성격은 단축형 3요소 척도(Dirty Dozen과 Short Dark Triad)로 측정되었다. 창의성은 세 개의 대안 용도 과제(AUT)로 측정되었는데, 네 명의 평가자들이 독립적으로 참가자들의 반응을 유창성, 일반적 창의성, 그리고 유해성(물건을 나쁜 목표에 사용한 것) 차원에서 평가하였다. 분석 결과에 의하면, 나르시시즘이 높은 사람들은 더 창의적이라고 자기 보고하지만, 덜 창의적인 평가를 받았다. 마키아벨리즘과 사이코패시는 창의성의 유해성 차원(harm-based creativity)과 정적인 상관을 보였다.

Batey 등(2022)은 확산적 사고 과제를 선의의 목표와 악의적 목표를 가진 것으로 나누고, 아이디어 생성에 미치는 성격 특성의 영향을 조사하였다. 악의적 확산적 사고 과제에서는 복수를 위해 아이디어를 생성하였고, 선의의 확산적 사고 과제에서는 선의의 아이디어를 생성하였다. 또한, 참가자들은 경험에 대한 개방성과 준임상적 사이코패시에 대해 자기 평정을 하였다. 경험에 대한 개방성은 선의의 확산적 사고와, 사이코패시는 악의적 확산적 사고와 연관될 것이라는 이중 경로 모형

---

23 전체 15개 문항으로 구성된 선택형 설문지였는데, 문항의 예는 다음과 같다. "몇 주 전에 친구가 당신에게 책을 빌려주었는데, 불운하게도 그것을 잃어버렸다. 친구는 그 책을 아직 읽지 않았다며 조만간 돌려 달라고 하였다. 당신은… ① 사과하고 최대한 실감 나게 책의 이야기를 말로 들려주겠다고 한다. ② 친구에게 책에 대해 언급하지 않는다. ③ 친구에게 별로 좋은 책이 아니었다고 말하고, 대신 영화로도 있으니 그것을 보라고 한다. 세 옵션은 순서대로 긍정적, 중립적, 부정적 창의성에 해당한다.

의 예측이 지지되었다. 더 구체적으로, 경험에 대한 개방성의 두 측면 중 '개방성'이 선의의 확산적 사고와 연관되었고, 사이코패시의 하위 요소 중에서는 '냉담성(callousness)'이 악의적 확산적 사고와 연관되었다.

Lebuda 등(2021)은 창의성(확산적 사고, 창의적 활동, 창의적 성취)과 성격의 어두운 3요소 간의 관계에 대한 메타분석을 수행하였다. 다수준 메타분석 결과에 의하면, 창의성은 나르시시즘($r = .15$) 및 마키아벨리즘($r = .06$)과 작지만 유의한 정적인 연관성을 보였지만, 사이코패시($r = .03$)와는 유의한 관계가 나타나지 않았다. 조절 변인 분석에서 창의적 활동으로 창의성이 측정된 경우와 과학 영역 창의성의 경우 대체로 창의성과 3요소 간의 관련성이 약간 더 높게 나타났다.

한편, Cropley 등(2014)은 일반인들이 악의적 창의성을 어떻게 인식하고 있는지를 조사하였다. 그들은 대학생들에게 네 개의 가상의 문제 상황을 해결할 수 있는 총 43개의 진술문을 제시하였는데, 창의성과 악의성 수준이 낮은 것에서 높은 것까지 다양하게 구성되었다. 예를 들어, "어떤 학생이 내일 기말고사를 치러야 하는데, 공부할 시간이 충분하지 않다. 그는 ① 시험 때까지 가능한 벼락치기 공부를 열심히 하려고 한다. ② 쪽지에 메모하여 시험 중에 몰래 보려고 한다… ⑫ 자신의 잘못에 대해 교수에게 변명할 방법을 생각하려고 한다."와 같이 여러 가능한 대안들을 제시하였다. 피험자들은 진술문의 악의성과 창의성 수준을 5점 척도('전혀 아니다' ~ '가능성이 가장 높다')로 평정하였다. 요인 분석 결과, 일반인들의 악의적 창의성 인식은 부도덕한(moral kill) 창의성, 합법적(legal) 창의성, 모호한(ambiguous) 창의성, 불법/비폭력(illegal/non-violent) 창의성, 불법/폭력적(illegal/violent) 창의성의 다섯 가지 요인으로 구분되었다. 또한, 일반인들은 법적, 도덕적으로 모호한 창의성으로 분류된 행동이 가장 창의적이며, 불법/비폭력적 창의성으로 분류된 행동이 가장 창의적이지 않다고 인식하였다.

3) 부정적 또는 악의적 창의성과 연관된 맥락

부정적 창의성과 관련된 상황 또는 맥락 변인에 관한 연구들도 있다. Harris와 Reiter-Palmon(2015)은 특성 활성화 이론에 근거하여 암묵적 공격성, 사전숙고(premeditation)[24], 악의적 창의성을 허용(또는 자극)하는 상황의 세 요인이 악의적인 창의적 아이디어의 생성에 영향을 미칠 것으로 보았다. 가설과 일치되게 3요인 상호작용이 유의하게 나타났는데, 암묵적 공격성이 높고 사전숙고가 낮은 사람들이 악의적 창의성을 자극하는 상황에서 더 악의적으로 창의적일 수 있음을 보여주었다.

더불어 Gutworth 등(2018)은 악의적 창의성의 예측변인으로 맥락 및 개인차 요인들을 조사하였는데, 사회정보처리 이론(Pfeffer & Salancik, 1978)[25]에 근거하여 개인차 요인보다 상황 단서들이 악의적 창의성의 발현에 더 큰 영향을 미칠 수 있다고 보았다. 여기서 공식적 상황 단서는 경쟁 대학에 해를 끼치거나 동료의 명성을 해치는 것과 같은 악의적인 목표(goal)와 이런 목표를 달성하는 악의적 수단(means)을 나타내며, 비공식적 상황 단서는 악의적 의견을 내는 집단 내 한 명의 반대자의 존재와 같은 것을 말한다. 그들은 두 실험 연구를 통하여 성격과 인지적 능력에서의 차이를 통제하고서도, 문제해결 연습의 맥락에서 제공된 공식적 및 비공식적 상황 단서가 악의적 창의성의 요소들을 유의하게 예측하는 결과를 보여주었다. 연구자들은 특정한 사람이 더 악의적 창의성을 보일 가능성이 있다는 생각을 지지하는 증거는 찾기 어렵다고 하였는데, 이처럼 악의적 창의성은 개인 특성보다는 상황적 요인들이 더 크게 영향을 미칠 수 있다.

McBain 등(2017)도 환경(Press)이 성격보다 악의적인 창의성이 성공

---

24 충동성의 한 단면으로, 행동하기 전에 사전 계획하고 숙고하는 정도이다.
25 개인의 태도는 사회적 맥락이나 주변 인물들의 영향을 받아 형성된다는 이론이다.

하는데 더 크게 영향을 미칠 수 있다고 보았다. 그들은 악의적 창의성 연구에서 창의성의 4Ps 중 환경(맥락) 요소를 상대적으로 소홀하게 다루었다고 하면서, 점화와 가상의 시나리오로 참가자들의 악의적 창의성을 유발하는 실험 연구를 수행하였다. 연구 결과, 악의성과 창의성의 지각 및 선택에서 환경의 영향이 상대적으로 크며, 성격은 상대적으로 영향을 덜 미쳤다. 창의성의 4Ps가 고루 영향을 미치는 비즈니스 상황과 같은 선의의 창의성 맥락과 대비되게, 악의적 창의성의 발현에 있어서는 환경의 영향이 특히 두드러진다는 것을 다시 확인할 수 있다.

Hunter 등(2022)도 악의적 창의성이 악의적 혁신으로 이어지는데 기여하는 변인들을 찾은 개관 논문에서, 악의적 창의성이나 혁신의 선행 변인으로서 개인차 변인보다는 악의적 창의성이 실제 실행되어 악의적 혁신으로 이어지도록 하는 데 관련된 요인들에 초점을 두었다.

최근 Baas 등(2019)은 사회적 위협이 공격적인 인지 및 싸울 태세와 더불어 집중된 사고(focused thinking)를 유도한다는 이전 연구에 근거하여, 위협이 악의적인 창의성을 유도할 것이지만, 위협과 관련 없는 영역에서는 창의성이 저하될 것이라고 보았다. 실험에서 죄수 딜레마 게임(PDG)을 수정하여 부당한 착취의 위협이 나타나도록 하였다. 그리고 참가자들은 새로운 벽돌의 용도(연구 1)나 협상 전술(연구 2)에 대한 아이디어를 생성하였다. 결과에 따르면, 높은 사회적 위협이 악의적인 창의성(예: 벽돌을 무기로 사용, 협상 전술로서 협박이나 겁주기 사용)을 더 유도하였다. 연구 1에서 사회적 위협은 위협과 관련이 없는 중립적인 창의적 아이디어 생성은 감소시켰다. 연구 2의 결과는 악의적 창의성의 증가가 방어하고 공격하려는 동기로 인한 것이며, 특히 인지 욕구(need for cognition)가 강한 사람들 사이에서 나타남을 보여주었다.

Clark와 James(1999)는 공정한(혹은 불공정한) 상황과 창의성 간의 관계를 연구하였다. 연구자들은 대학생들에게 실험에 참여하면 현금 50

달러를 받을 수 있는 상품권을 1장에서 6장까지 주겠다고 약속하였다. 그러나 실험자들은 피험자들이 실험에 참여하기 위해 등록을 하자, 피험자 중 절반에게는 실험 참여에의 동기를 높이기 위해 허위로 상품권을 주겠다고 약속했다고 하면서 1장도 주지 않았고(불공정 집단), 절반의 피험자들에게는 약속대로 상품권을 주었다(공정 집단). 이후 두 가지 과제를 수행했는데, 첫 번째 과제는 재정적 문제가 있는 비영리단체의 기금 모금을 위한 창의적 방법을 찾는 것이었고(긍정적 창의성), 또 다른 과제는 경쟁 회사에게 불리한 정보를 고객에게 몰래 제공할 창의적 방법을 찾는 것이었다(부정적 창의성). 그 결과 공정 집단은 긍정적 창의성이 요구되는 과제를 더 창의적으로 수행하였고, 불공정 집단은 부정적 창의성을 요구하는 과제를 더 창의적으로 수행하였다. 이러한 결과는 창의성이 상황에 의해 영향을 받는다는 것을 보여준다. 즉 공정한 대우는 조직이나 사회에 긍정적인 기여를 하는 아이디어의 생성을 유도하지만, 불공정한 대우는 유해한 아이디어를 촉진할 수 있음을 분명히 보여준다.

한편, 조금 다른 시각에서, Ellis(2022)는 창의성에 대한 요구가 늘어나면서 동료의 아이디어를 훔치는 경우도 늘어나는 점에 주목하여 조직 내에서 아이디어 절도에 관한 연구를 수행하였다(지식노동자들의 약 3분의 1이 동료가 자신의 아이디어를 훔쳤다고 보고하였다). 그는 조직에서 아이디어를 훔치는 것이 인간관계에서 초래하는 결과를 일련의 실험 연구로 보여주었는데, 아이디어를 훔친 동료는 돈을 훔친 동료보다 더 나쁜 특성을 가진 것으로 판단하였고, 동료 지원을 덜 제공하고자 하였다. 더불어 아이디어 절도를 행위자의 내적 요인에 귀인하면 이런 경향이 더 강하게 나타났으며, 실용적인(practical) 아이디어보다 창의적인(creative) 아이디어를 훔치는 것을 더 부정적으로 보았다.

이러한 악의적 창의성 연구의 한 가지 제약은 Big-C나 pro-c 수준의 연구를 하기 어렵다는 점이다. 창의성이 매우 높은 전문 범죄자는 잘 잡히지 않을 뿐만 아니라, 잡혀도 이들을 대상으로 창의성이나 기타 변인들을 측정하기가 어렵다. 무엇보다 그들의 창의적인 과정을 실제로 관찰하기는 거의 불가능하다. 이로 인해 악의적 창의성의 연구는 대부분 little-c 수준에서 연구할 수밖에 없는 한계가 있다.

5. 악의적 창의성의 응용 연구

1) 테러리즘과 악의적 창의성

악의적 창의성 개념이 대두된 계기는 9·11 테러와 같은 Big-C 또는 pro-c 수준의 사건들이다. 악의적 창의성으로서의 테러리즘에 관한 초기 연구로, Gill 등(2013)은 테러 조직은 특성상 모방적이면서도 혁신적이라고 보고 테러 조직에서의 창의성과 혁신을 촉진하는 요인들에 대한 개념적 틀을 제시하고자 하였다. 그들은 테러리즘의 대표적 사례들과 조직심리학 연구를 참조하여 테러 조직 내에서 어떤 요인들이 창의성과 혁신을 가능하게 하며, 그러한 테러 조직만의 두드러진 특성이 존재하는지를 분석하고자 하였다.[26]

9·11 테러의 영향으로, 2015년 이후 악의적 창의성의 가장 유력한 응용 분야는 테러 방지(counterterrorism)이다. Asal 등(2015)은 북아일랜드 갈등기(1970~1998년)에 북아일랜드 독립을 위한 과격파 조직인 아일랜드 공화국군(IRA) 여단의 행동을 분석하여 테러리스트 공격의 치명도에 영향을 미치는 조직 요인들을 찾고자 하였다. 주요 관심 변인들

---

26 Horgan(2017)은 심리학이 테러리즘 연구에서 기여할 부분이 많다고 주장하였다. 특히 그는 조직심리학이 테러리즘과 악의적 창의성 관련 연구에 상당히 기여를 할 응용심리학 분야라고 보았다.

은 기술적 전문성 수준, 테러리스트들의 나이, 여단의 크기, 사제폭탄
(IED) 요소 및 배달 방법, 당시의 테러 방지 대책 등이었다. 연구 결과
의 예를 들면, 여단 내 기술적 전문성이 사제폭탄을 신중하게 사용할
수 있도록 하면서 주요 목표 인물들을 더 많이 살상할 수 있으면서도
민간인 희생자를 최소화할 수 있었다(이는 IRA의 세부 전략 목표였다).
또한, 당시 치명적 테러 방지 대책들도 주요 목표 인물과 민간인 모두
를 살해할 가능성에 여러 다른 방식으로 영향을 미쳤다. 연구자들은 테
러리스트 집단의 행동에 영향을 미치는 역동적인 상황적 변인들을 분
석할 필요가 있다고 하였다.

악의적 창의성과 직접 관련되지는 않지만, Hofmann(2016)은 사후
접근(ex post facto approach)[27]으로 테러 집단에 관한 응용연구 사례를 제
시하였다. 이 연구는 카리스마적 리더십이 목표 선정 및 테러 행위의
성공에 미치는 영향에 초점을 두었다.

Fischbacher-Smith(2016)는 악의적 창의성을 포함한 다양한 개념들
을 통합하여 테러 방지에 초점을 둔 이론적 틀을 만들고, 구체적인 가
설들을 제시하였다. 이것은 악의적 창의성 영역에서 이론적 관점이 응
용연구로 이어지는 가교역할을 할 수 있다.

위의 연구 사례처럼, 악의적 창의성은 말 그대로 '악한' 것이기에 그
것이 실제 현장에서 어떻게 적용되는지에 주목하게 된다. Cropley와
Cropley(2013)는 『창의성과 범죄: 심리학적 접근』에서 범죄와 테러리즘
의 예방을 위하여 악의적 창의성의 선행요인을 탐색하고, 개인, 환경,

---

27 독립변인을 사전에 조작하는 진짜(true) 실험설계와 다르게, 독립변인에 해당하는 사
건이 발생한 후에 나타난 종속변수를 연구하는 방식으로, 회고적(retrospective) 연구라
고도 한다. 실험 전 여러 특성을 가능한 동질화시키기 위해 피험자의 과거 역사적 기
록을 통해 집단을 비교한다. 이 접근은 범죄 또는 테러리스트의 창의성에 관한 연구
에 응용될 잠재력이 큰 연구방법이다.

인지적 과정 간의 인과관계를 밝히고자 하였다. 이를 통해 범죄자와 테러리스트들의 악의적 창의성을 감소시키고 범죄와 테러리즘에 대응할 책임이 있는 경찰 조직들의 창의력을 고양하는 데 기여하고자 하였다. 또한, 그들은 범죄자는 연구자의 통제하에 있지 않다는 응용 연구의 근본적인 한계를 극복할 수 있어야 한다고 하면서, 연구 대상자로서 실제 범죄자들의 대규모 표본을 확보해야 한다고 강조하였다.

응용 연구의 어려움에도 불구하고, 악의적 창의성 관련 응용연구들이 많이 이루어지고 있다. 간단한 예로, 아동의 일련의 반사회적 행동 또는 위험한 행동을 조장한다는 우려가 있는 비디오 게임이다. 비디오 게임 형식에는 악의적 창의성이 포함될 수 있으며, 악의적 창의성을 드러낼 의지나 능력을 높이는 위험도 안고 있다. 특히 Cropley(2015)는 비디오 게임이 악의적 창의성을 조장하는 도구가 될 일련의 조건이 있을 수 있다고 하였다(〈참고 15-3〉).

참고 15-3 비디오 게임과 악의적 창의성

2020년 기준 전 세계 비디오 게임 인구는 27억 명에 이르며, 직전 해보다 6% 이상 성장하였다고 한다. 비디오 게임이 공격성과 폭력성을 증가시킨다는 우려가 계속 있지만, 다양한 영역에서 교육이나 훈련 도구로도 효과적으로 사용되고 있다. 비디오 게임이 창의성과도 연관될 수 있다는 결과도 있는데, Jackson 등(2012)은 12세의 아동 491명을 대상으로 비디오 게임을 하는 빈도와 확산적 사고의 여러 지표 간의 유의한 정적 상관을 발견하였다.

그런데 이것이 악의적 창의성을 조장하는 해로운 효과도 있을까? 폭력적 비디오 게임이 아동의 폭력성을 높일 것으로 우려하는 것처럼, 평범한 사람이 비디오 게임을 통해 창의적인 범죄를 저지르게 될 수도 있는 것이다. 문제는 어떤 비디오 게임이 그런 효과를 가지는지를 아직 잘 모른다는 점이다(Cropley, 2015).

비디오 게임이 단순히 폭력적인 주제를 담으면 악의적 창의성을 조장하는지, 아니면 게임에서 독창적인 행위를 할 기회가 반드시 포함되어 있어야 하는지, 또는 그 밖의 다른 중요한 요소가 있는지의 체계적인 검토는 아직 이루어지지 않았다. 악의적 창의성 자체가 단순히 끔찍한 아이디어를 많이 생성하는 것 이상이라면, 비디오 게임도 단순히 다양한 방법으로 좀비를 죽이거나 날려버리는 것 이상일 것이다.

널리 사용되는 기존의 디자인 기준과 함께 악의적 창의성의 잠재성을 판단할 수 있는 새로운 기준을 생각해볼 수 있다. 그럼으로써 악의적 창의성이 담긴 비디오 게임을 선별할 수 있을 것이다. 간단히 몇 가지 기준을 고려해보면, 현실을 잘 모사하는 인터페이스와 직관적 조종이 가능한 다중 게임일 가능성이 크고, 매우 다양하고 예측이 어려운 결과들이 나타나는 형태일 것이다. 무엇보다 법적 및 윤리적으로 모호하면서 위험한 활동들을 게이머가 의도를 가지고, 자유롭고, 계획적으로 할 수 있는 내용이 다수 포함될 것이다. 반면, 게이머가 좀비나 적을 충동적으로 죽이고 폭파하는 단순한 게임이나, 사전 계획된 목표 없이 단순히 새로움만을 추구하거나 비현실적인 맹목적 변이만이 드러나는 게임에서는 악의적 창의성이 잘 조장되지 않을 것이다.

2) 창의성 쇠퇴

모든 창의적 아이디어나 해결안은 쇠퇴하게 되어 있다. 즉, 특별한 조치가 없는 한, 특정 산물이 소통 또는 공개되는 순간부터 그것의 새로움(그리고 놀라움과 효과성)은 서서히 감소한다. Cropley 등(2008)은 악의적 창의성의 한 측면인 '창의성 쇠퇴(creativity decay)'라는 개념을 제시하였는데, 이는 새로운 산물의 공개 정도와 산물의 놀라움에서 얻는 이득 간의 부적인 관계를 나타낸다.

Cropley와 Cropley(2015)는 창조자의 '의지' 측면에서 '좋거나 나쁜 산물을 만들어내려는 의지를 나타내는' 산물 관련(product-related) 의지와 '공개하려는 의지를 나타내는' 소통 관련(communication-related) 의지의 둘로 구분하였다. 테러리즘과 같은 악의적 창의성은 대다수가 원하지 않는 새로운 산물을 만들고자 하며, 그것을 공개적으로 드러내려는 소통 의지가 높다는 점에서 두 가지 의지가 모두 높은 경우이다.

대다수 범죄자의 악의적 창의성은 적어도 처음에는 공개가 되지 않는 창의성이어야 성공할 수 있다. 즉 높은 산물 관련 의지와 더불어 낮은 소통 관련 의지가 동반되어야 한다. '금융 사기'의 경우도, 산물 의지는 높지만, 소통 의지는 전혀 없다. 그렇지 않으면 그것을 사기라고 할 수 없을 것이다.

한편, 테러리스트의 경우에는 자신의 산물이나 행위를 대중에 드러내고, 악의적 의도를 가능한 한 빨리 널리 알리고자 한다. 9·11 테러의 경우, 납치한 항공기로 세계무역센터 북쪽 빌딩에 돌진하여 언론 중계로 세계의 주목을 끈 뒤, 남쪽 건물을 다시 공격한 점에서 굉장히 치밀하게 계획한 테러이다. 즉, 북쪽 빌딩의 충돌 직후 이목이 집중된 상태에서 약간의 시차를 두고 한 번 더 충돌하여 사람들에게 테러라는 메시지를 확실하게 전달한 것이다. 사람들이 사고 현장을 보고 있는 상태에서 두 번째 테러가 가해진 것은 유례를 찾기 어렵다.

9·11 테러는 악의적 창의성의 대표적 사례이지만, 창의성 쇠퇴의 좋은 사례이기도 하다. 비행기를 공중 납치하여 건물에 충돌시키려는 아이디어는 매우 새로울 뿐 아니라 놀라운 것이며, 공격의 첫 몇 분 동안에는 매우 효과적이다. 테러리스트에 의해 납치된 아메리칸항공(AA) 11편(오전 8시 13분), 유나이티드항공(UA) 175편(8시 43분), AA 77편(8시 51분), UA 93편(9시 28분)의 네 편의 항공기가 연이어 납치되었고, 마지막 비행기였던 UA 93편을 제외한 3편의 비행기는 테러의 목표 지

점에 충돌하였다. UA 93편은 승객들의 저항으로 목표 지점까지 이동하지 못하고 도중에 추락하였다. 즉, 아이디어의 새로움은 UA 93편 승객들이 아침의 사건을 들으면서 이내 반감되어 승객들이 대응할 수 있었다. 즉, 승객이 탄 비행기를 자살 폭탄으로 사용하는 새로운 아이디어의 효과는 단 몇 분 만에 대부분 사라졌다.

테러 방지 조직이 그들의 의도를 미리 안다면 대응책을 강구할 것이기에 테러리스트들은 비밀리에 일하지만, 테러 행위 자체는 가능한 한 광범위하게 알려지기를 바란다는 점에서 역설적이라고 할 수 있다. 창의성 쇠퇴는 일반 범죄자들보다 테러리스트들에게 더 해결하기 어려운 문제이다. 또 다른 악의적 창의성인 보이스피싱도 창의성 쇠퇴가 신속하게 나타날 수 있기에 소통 관련 의지가 낮은 유형이다(〈참고 15-4〉).

참고 15-4 보이스피싱

점점 수법이 정교해지는 '보이스피싱'은 악의적 창의성의 사례일 것이다. 보이스피싱은 돈을 가로채려는 과정에서 피해자에게 심각한 해를 입히는 범죄 행위로, 해를 입히는 것 자체가 목적이 아니라는 점에서 부정적 창의성으로 볼 수도 있지만, 돈을 가로채기 위해 피해자에게 경제적, 정신적 해를 입히는 것이 반드시 동반되는 행위이기에 해를 입히려는 고의적인 의도가 분명한 악의적 창의성으로 볼 수 있다.

이미 널리 알려진 수법이 지속된다면 보이스피싱은 단순한 범죄 행위이겠지만, 새롭고 다양한 시나리오를 사용하여 수법이 나날이 발전하고 교묘해진다는 점에서 창의적인 범죄 행위라고 할 수 있다. 이기수(2018)에 따르면, 초창기 보이스피싱은 주로 전화로 건강보험이나 세금 등 환급금을 지급하겠다고 속여 개인 금융정보를 빼내는 수법을 사용했다. 검찰이나 경찰 등의 수사기관을 사칭해 범죄 사건에 연루되었다는 명목으로 피해자를 보호해준다며 입금을 유도하는 수법도 최근까지 널리 사용되는 수법이다. 카카오톡 등의 메신저를 이용해 자녀, 지인 등을 사칭해 긴급자금을 요청하는 수법도 등장했다. 또한, 전화로 자녀가 위험에 처했다며 자녀의 목소리처럼 들리는 사람의 목소리를 들려주는 수법도 성행했는데, 피해자가 당황하거나 판단이 흐려지는 상황을 이용한 것이다. 최근에는 실제 수사기관 사이트와 유사한 사이트를 만들거나 악성 프로그램을 다운받도록 유도해 실제 기관으로 전화를 걸어도 보이스피싱 단체에게 연결되게끔 하여 상황이 거짓이 아니라고 믿게 하거나, 검사나 경찰의 신분증 및 공문서 등을 위조해 보여주는 등 계속 새로운 기술들을 범죄에 활용한다.

보이스피싱은 악의적 창의성의 한 측면인 '창의성 쇠퇴'(Cropley et al., 2008)를 보여주기도 한다. 보이스피싱의 악의적 의도가 널리 알려지게 되면 창의성의 효과가 점차 떨어지게 된다. 보이스피싱의 악의적 창의성이 주는 놀라움과 새로움은 피해를 입거나 보이스피싱임을 눈치챈 사람들이 인터넷에 수법을 공유하면서 피해를 입을 가능성이 줄어드는 것이다. 이에 따라 보이스피싱 범죄자들은 새로운 수법을 지속적으로 개발하여 새로움의 측면을 유지하고 악의적 창의성의 효과, 즉 범죄의 성공률을 유지하려 한다.

6. 대안적 시각 및 예방

마지막으로 부정적(악의적) 창의성 연구에 대한 비판적 관점들을 소개하고, 창의성의 어두운 면을 사전에 예방할 수 있는 방안들에 대해 살펴보았다.

1) 기존 연구에 대한 비판

첫째, 부정적 또는 악의적 창의성에 관한 연구에 대해 비판적인 시각이 있다. 예를 들어, Runco(2010)는 다음과 같이 주장하였다.

"창의성에는 어두운 면이 없다. 창의적 산물과 노력은 악의적일 수 있지만, 그것은 분명 창의성의 효과일 뿐이지 창의성의 본질도 아니고 창의적 성격에 필요한 특성도 아니다. 창의성에 어두운 면이 있다는 것은 마치 '망치'가 물건을 만드는 데 사용될 뿐 아니라 파괴하는 데에도 사용되기 때문에 악한 것이라고 말하는 것과 같다. 중요한 것은 모든 창의적인 일에 내재해 있는 과정은 도덕(혹은 부도덕), 윤리(혹은 비윤리적), 선(혹은 악) 등과는 관계가 없다는 것이다. 창의성은 본질적으로 맹목적(blind)이다. 창의성은 연장처럼 유익하게 사용될 수 있고, 또 비윤리적이고 부도덕하게 사용될 수 있지만, 창의성은 가능한 결과를 포함한 외생적 요인들을 배제하고 그 자체로 간결하게 이해되어야 한다"(p. 15).

룬코는 창의적 산물이 악의적으로 사용될 수 있지만, 그것은 부수적인 문제이기 때문에 창의성의 어두운 면에 대해 논의할 필요가 없다고 하였다. 창의성을 창의적 산물이 생성 또는 발현되는 과정(process)으로 정의한다면 특정 가치에 따라 창의성을 선의 혹은 악의적 창의성으로 구분할 필요가 없다는 것이다. 따라서 그는 창의성은 어두운 면이 없다고 하였다. 창의적 산물과 노력은 악의적일 수 있지만, 그것은 영향이나 효과 측면에서 나타나는 것일 뿐, 창의성의 본유적 성질은 아니라는 것이다. 창의성은 도구처럼, 수많은 방식으로 활용될 수 있고 어떤 경우는 유용하지만 다른 경우는 비윤리적이고 파괴적일 수 있다. 룬코는 창의성을 이해하기 위해서는 최대한 간결한 정의를 유지하고 관련 없는 요소들은 제외하는 것이 최상이라고 하였다. 그는 이런 경제적 관점의 창의성을 강조하였다.

둘째, 창의성은 개인의 차원을 넘어 사회문화적 맥락을 포괄하는 개념이기 때문에, 창의성에 대한 평가는 시대와 문화에 따라 차이가 있을 수 있다(이화선, 최인수, 2014). 특정한 창의적 산물이나 행위는 창의자의 선의와 상관없이 부정적인 결과를 낳을 수 있지만, 그 반대의 경우도 가능하다. 심지어 타인이나 특정 집단에 의도적으로 피해를 주기 위한 창의적 행동이 행위자의 입장에서는 선의의 창의성으로 간주된다. 사실 창의적인 산물(예: 원자폭탄)이 등장하면, 그것의 파급효과를 예측하기가 쉽지 않을 수 있다. 왜냐하면, 누구의 관점이냐에 따라, 그리고 시대에 따라 판단이 달라질 수 있기 때문이다. 또한, 부정적 창의성 개념에서 보았듯이, 그것은 창조자의 의도와는 상관없이 창의적 산물이 긍정적 혹은 부정적으로 사용될 수 있다. 따라서 선의와 악의라는 것은 보는 사람(이해관계자)의 시각에 따라 다르고, 시대에 따라 달라질 수 있는 것이다.

또한, Jasper(2010)는 '기능적' 창의성에는 항상 특정한 효과가 있기에 누군가에게는 이득을 가져다주지만, 다른 이에게는 불이익을 초래할 수 있다고 하였다. 예를 들어, 증기 기차를 생각해낸 엔지니어는 19세기 사람들의 삶을 크게 개선했지만, 마차 제조업자나 마차 운전을 생업으로 하던 사람들의 삶은 어렵게 되었을 것이다. 누군가에게는 이득이고 다른 이에게는 손해라면, 창의성은 어떤 측면에서는 긍정적이고 다른 측면에서는 부정적일 수 있다(〈참고 15-5〉). 그래서 Hilton(2010)은 본질적으로 창의성은 좋은 것과 나쁜 것 모두를 가져온다고 강조하였다. 항상 누군가는 손해를 보게 된다면, 문제는 이득의 분포이다. 힐턴은 창의성의 선과 악은 누가 얼마나 많은 선을 얻고 누가 얼마나 많은 해를 입느냐의 두 요소의 대차대조표(balance)에 있다고 보았다. 창의성에 의한 부정적 영향을 완전히 없애기는 어렵다면, 손해보다는 이득을 극대화하는 방안들을 적용하는 것이 가장 실제적 접근일 것이다.

셋째, 악의적 창의성 연구의 방법 측면으로, 실험 연구의 신뢰도와 타당도 측면에서 일부 한계가 있다. 실험법을 사용하는 연구자들은 사물의 대안 용도 과제(AUT)를 실시하거나, 가상의 시나리오를 읽거나 특정 실험 상황에 있게 한 다음, 피험자의 응답을 통해 부정적 또는 악의적 창의성을 측정한다. 그런데 이런 상황에서 악의적인 창의적 아이디어가 있더라도 그것을 드러내는 것을 주저하는 경향이 있다는 데 실험법의 한계가 있다(Hao et al., 2016). 더욱이 피험자들의 반응 속에 나타난 아이디어의 독창성, 유연성, 유창성과 같은 요인을 바탕으로 피험자들의 창의성을 평가하는데, 이러한 요인들은 창의적 사고의 한 부분인 확산적 사고와 관련이 있다. 일반적으로 창의성을 확산적 사고를 통해 평가하지만, 확산적 사고와 실제 창의적 성취 간에는, 6장에서 보았듯이, 높지 않은 상관관계($r = .216$, Kim, 2008)를 보이기에 이러한 방식만으로는 온전히 창의성을 측정했다고 보기 어려운 한계도 있다.

사실 엄격한 연구설계로 악의적 창의성을 연구하기란 쉽지 않다. 실험 상황에서 피험자들에게 유해한 창의성을 요구함에 따라 수반될 수 있는 윤리적 문제가 있고, 테러와 같은 창의적 범죄나 일반인들의 악의적 창의성에는 여러 가지 요인들이 복합적으로 작용하기에 인과관계를 파악하기 매우 어렵기 때문이다(최병연, 2017).

참고 15-5 기능적 창의성

기업에서 새로운 창의적인 제품이나 서비스로 경쟁업체들과 겨루듯이, 범죄 세계도 범죄자(테러리스트)와 경찰(대테러조직) 간의 치열한 경쟁이 있으며, 여기서도 창의성이 주요한 역할을 한다. 기업에서 기존 제품이나 서비스를 개선하는 수준의 점진적 창의성은 경쟁업체도 어렵지 않게 따라 할 수 있으나, 이전에 없던 새로운 것을 시장에 내놓는 것과 같은 급진적 또는 변형적 창의성은 경쟁 기업에 큰 타격을 줄 수 있다.

범죄 세계도 범죄자가 이전과 크게 차이가 없는 방식으로 범죄 행위를 한다면, 쉽게 예방하거나 검거할 수 있지만, 매우 창의적인 아이디어로 범죄나 테러를 저지를 경우, 일반 대중, 특정 집단, 그리고 경찰에 큰 타격을 줄 수 있다.

2001년 발생한 9·11 테러가 이에 해당한다. 당시 테러 공격의 방식을 사전에 어느 정도 예상할 수 있었다면 대재난을 방지할 수도 있었을 것이다. 그러나 9·11 테러는 악의적이면서, 전혀 예상치 않은 방식으로 매우 새롭고 창의적으로 이루어졌다. 그래서 놀랍고도 (테러집단 입장에서) 유용하고 실질적인 효과가 있었다.

Cropley와 Cropley(2005)의 기능적 창의성(functional creativity) 개념에 따르면, 특정 산물이 창의적이려면 새로움의 요소뿐만 아니라, 관련성 (relevance)과 효과성(effectiveness)도 있어야 한다. 공학 분야에서 특히 중요한 이 개념은 창의적인 산물은 독창적이고 놀라울 뿐만 아니라, 그것이 만들어진 이유나 필요를 충족해야 한다. 예를 들어, 어떤 다리가 기능적 창의성이 있으려면, 독창적이고 보는 이에게 놀라움을 줄 뿐 아니라, 차량이 강을 건너갈 수 있는 본래 기능에도 충실해야 한다. 1940년 개통한 미국 북서부의 타코마 내로스(Tacoma Narrows) 다리는 아름답고 우아한 디자인으로 유명하였으나, 폭풍으로 4개월 만에 붕괴되었다. 교량 건설 역사상 가장 극적인 실패 사례인 이 다리는 전혀 기능적으로 창의적이지 않았다.

범죄자들(예: 소매치기)도 범죄를 특정한 방식으로 실행하기 위해 오랜 시간의 기술 습득이 필요하다. 오랜 기간 연습하면 범죄 행위에 능숙한 전문가 수준에 도달하고 실전에서 자주 사용할 것이다. 그러나 경찰도 오랜 기간 축적된 데이터를 프로파일링하여 이런 표준 방식의 시기, 대상, 수법 등을 예상할 수 있다. 따라서 범죄자가 기능적 창의성을 보여주려면(또는 놀라움을 보여주려면), 표준 방식에서 벗어나 초심자의 관점으로 다시 돌아갈 필요가 있다(Root-Bernstein, 1989). 3장에서 언급했듯이, 기존 지식이나 전문성에서 벗어날 필요가 있는 것이다.

테러의 경우도 동일하다. 테러리스트들은 정치적 목적을 달성하기 위해 지속적으로 일반 대중 또는 특정 집단에게 공포 분위기를 조성하고 위협하고자 한다. 그들은 이것을 효과적으로 실행하기 위해 9·11 테러처럼 창의적인 아이디어를 계속 만들어낼 것이다. 기능적 창의성 관점에서, 대테러 조직도 테러리스트들보다 한 발짝 앞서 계속 새로운 효과적 대응책을 고안하고자 한다.

2) 부정적 또는 악의적 창의성의 예방

앞서 보았듯이, Gutworth 등(2018)에 의하면 행위자의 성격 특성보다는 공식적 혹은 비공식적인 상황 단서가 악의적 창의성이 드러나는 데 더 영향을 미친다. 즉 누구든지 상황에 의해 악의적 창의성이 표출될 수 있는 것이다. 사회인지학습이론(Bandura, 1986)이나 사회정보처리이론(Salancik & Pfeffer, 1978) 모두 인간은 사회적 맥락 내에서 특정 태도와 행동을 학습한다고 제안한다. 따라서 부정적 혹은 악의적 창의성을 조장하거나 용인하는 환경적 요인들을 밝히고, 이를 비판적으로 평가할 수 있는 교육은 부정적 혹은 악의적 창의성을 예방하고 최소화하는 데 도움이 될 것이다(최병연, 2017).

창의성은 악한 목적으로도 사용될 수 있으므로 윤리적 요소를 강조하지 않고 창의성을 신장시키려는 것은 아동들에게 총의 용도나 사용 시기에 대한 안내 없이 총 쏘는 방법을 가르치는 것과 같다는 Nickerson(1999)의 우려처럼, 창의성과 관련된 연구와 교육에서는 부정적 혹은 악의적 창의성에 대한 논의가 반드시 이루어져야 한다(최병연, 2017).

더불어 Csikszentmihalyi(1996)는 부모는 아이의 성격 형성에 크게 영향을 주며, 특히 중요하다고 본 것이 정직성이었다. 어느 분야에서나 진실하지 못하고 의식적으로나 무의식적으로나 왜곡하는 것으로는 성공할 수 없다. 그가 연구한 대다수 창조자는 부모에게서 정직한 성향을 물려받은 것을 다행으로 여겼다.

Cattell과 Butcher(1968)는 '가짜 창의성(pseudo creativity)'을 잠재적으로 독창적이긴 하나 제약 없이 무분별하게 발생하거나 운에 의해 발생하는 것으로 정의하였다. 여기서 제약 없이 발생한다는 것은 때로는 범죄로 이어질 가능성이 있다는 것을 의미한다. Eisenman(1999)은 미국 주 교도소의 젊은 중죄인 중 노래와 춤 공연에서 교도관과 다른 죄수로부터 창의적이라고 평가받은 소수에 주목하였다. 그는 이들이 구조(structure)를 요구하지 않는 영역에서 특히 창의적인 것 같다고 하면서, 이것은 진정한 창의성이라기보다는 단순히 제약이 없는 것 또는 사회적 규범이나 규정을 무시하는 것을 의미할 뿐이라고 하였다. 따라서 이런 '가짜 창의성'에도 경계심을 가져야 한다.

7. 악의적 창의성 연구의 필요성

1장에서 보았듯이, 창의성은 예술가나 소수 천재에게만 나타나거나 요구되는 것이라는 신화가 오랫동안 지속되었다(장재윤 등, 2023). 그러나 창의성은 예술가, 음악가, 기업가, 엔지니어, 과학자의 전유물이라고 생각하는 것도 잘못된 믿음이다. 테러리스트나 범죄자에게도 창의성이 필요한 것처럼, 인간 세계에서 선한 창의성뿐만 아니라 악한 창의성도 발휘될 수 있다. 창의성은 좋은 목적을 위해서도, 나쁜 목적을 위해서도 사용될 수 있는 역량이자 도구인 것이다.

악의적 창의성 연구 분야에서는 아직 탐구해야 할 질문과 주제가 많다. 악의적 창의성을 드러내는 인물들의 독특한 특성 프로파일이 있는가? 그들의 성장 과정이나 발달적 특성은? 선의의 창의성과 악의적 창의성은 서로 다른 인지적 과정을 거치는 것일까? 악의적 창의성을 촉진하거나 방해하는 환경이나 맥락의 특성은 무엇인가?

악의적 창의성에 관한 연구를 하게 되면서, 선의의 창의성에도 희생자가 있을 수 있다는 문제의식을 갖게 된다. 또한, 창의성 발현에 대한 그간의 통상적 접근은 개인의 창의적 잠재력을 최대한 개발하고 실현하는 데 목적을 두었지만, 악의적 창의성에 관한 연구는 그것이 드러나는 맥락과 환경에 더 초점을 두고, 그로 인해 부정적 결과를 최소화하는 개입 방법을 찾는 데 중점을 두어야 할 것이다. 앞으로 인터넷 사기, 디지털 범죄, 테러 위협이 계속되는 환경에서 악의적 창의성 연구의 중요성은 더욱 강조될 것이다.

참고문헌

머리말

Drucker. P. F. (1999). *Management challenges for the 21st century*. Harper Collins.

Gardner, H. (1988). "Creativity: An interdisciplinary perspective", *Creativity Research Journal 1*(1), 8–26.

Harrison, S. H., Rouse, E. D., Fisher, C. M., & Amabile, T. M. (2022). "The turn toward creative work", *Academy of Management Collections 1*, 1–15.

1장

김명철, 민경환 (2012). 「창조성의 사회심리학적 연구: 개념, 방법, 흐름과 주제」, 《한국심리학회지: 사회 및 성격》 26(4), 51–72.

박민영 (2016). 「스티브 잡스는 어떻게 융합형 인재의 모델이 되었나?」, 《인물과 사상》 219, 130–145.

장재윤, 구자숙 (1998). 「보상이 내재적 동기 및 창의성에 미치는 효과: 개관과 적용」, 《한국심리학회지: 사회 및 성격》 12(2), 39–77.

장재윤, 서희영, 김소정 (2023). 「한국 성인들의 창의성 신화에 대한 믿음의 현황 및 관련 변인 탐색」, 《한국심리학회지: 일반》 42(2), 87–118.

장재윤, 박지영 (2007). 『내 모자 밑에 숨어 있는 창의성의 심리학』. 가산출판사.

Acar, S., Burnett, C., & Cabra, J. F. (2017), "Ingredients of creativity:

Originality and more", *Creativity Research Journal 29*(2), 133 – 144.

Benedek, M., Karstendiek, M., Ceh, S. M., Grabner, R. H., Krammer, G., Lebuda, I., Silvia, P. J., Cotter, K. N., Li, Y., Hu, W., Martskvishvili, K., & Kaufman, J. C. (2021). "Creativity myths: Prevalence and correlates of misconceptions on creativity", *Personality and Individual Differences, 182*, 111068.

Besemer, S. P., & O'Quin, K. (1999), "Confirming the three-factor creative product analysis matrix model in an American sample", *Creativity Research Journal, 12*(4), 287 – 296.

Binkley, M., Erstad, O., Herman, J., Raizen, S., Ripley, M., Miller-Ricci, M., & Rumble, M. (2012). "Defining twenty-first century skills", In P. Griffin, B. McGaw, & E. Care (Eds.), *Assessment and teaching of 21st century skills* (pp. 17-66). Dordrecht: Springer.

Boden, M. A. (1990). *The creative mind: Myths and mechanisms*, London: Weidenfeld & Nicolson.

Brandt, A. (2021). "Defining creativity: A view from the arts. *Creativity Research Journal*, Advance online publication.

Burkus, D. (2014). *The myths of creativity: The truth about how innovative companies and people generate great ideas*. San Francisco, CA: Jossey-Bass. (『창조성, 신화를 다시 쓰다』, 박수철 역, 시그마북스)

Burrell, B. (2004). *Postcards from the Brain Museum*. New York: Broadway Books.

Dean, D. L., Hender, J. M., Rodgers, T. L., & Santanen, E. L. (2006). "Identifying quality, novel, and creative ideas: Constructs and scales for idea evaluation", *Journal of the Association for Information Systems 7*(10), 646-698.

Deci, E. L., & Ryan, R. M. (1985). *Intrinsic motivation and self-determination in human behavior.* NY: Plenum Press.

Diedrich, J., Benedek, M., Jauk, E., & Neubauer, A. C. (2015). "Are creative ideas novel and useful?", *Psychology of Aesthetics, Creativity, and the Arts 9*(1), 35 – 40.

Dietrich, A. (2004). "The cognitive neuroscience of creativity", *Psychonomic Bulletin & Review, 11*, 1011-1026.

Florida, R. (2002). *The rise of the creative class and how it's transforming work, life, community and everyday life.* New York: Basic Books.

Fogarty, L., Creanza, N., Feldman, M. W. (2015). "Cultural evolutionary perspectives on creativity and human innovation", *Trends in Ecology & Evolution 30*(12), 736−754.

Gerhart, B., & Fang, M. (2015). "Pay, intrinsic motivation, extrinsic motivation, performance, and creativity in the workplace: Revisiting long−held beliefs", *Annual Review of Organizational Psychology and Organizational Behavior 2*, 489 – 521.

Gilson, L. L., & Madjar, N. (2011). "Radical and incremental creativity: Antecedents and processes", *Psychology of Aesthetics, Creativity, and the Arts, 5*(1), 21 – 28.

Glăveanu, V. P. (2013). "Rewriting the language of creativity: The Five A's framework", *Review of General Psychology, 17*(1), 69 – 81.

Gruber, H. E., & Wallace, D. B. (1999). "The case study method and evolving systems approach for understanding unique creative people at work", In R. J. Sternberg (Ed.), *Handbook of creativity* (pp. 93 – 115). Cambridge University Press.

Haren, F. (2004). *The idea book*. Interesting.org: UK.

Hennessey, B. A., & Amabile, T. M. (2010). "Creativity", *Annual Review of Psychology, 61*, 569 – 598.

Hoelscher, M., & Schubert, J. (2015). "Potential and problems of existing creativity and innovation indices", *Creativity Research Journal, 27*(1), 1 – 15.

IBM (2010). *Capitalizing on complexity: Insights from the global chief executive officer study*. Somers, NY: IBM Corporation.

Jung, R. E., & Vartanian, O. (Eds.). (2018). *The Cambridge handbook of the neuroscience of creativity*. Cambridge University Press.

Kahneman, D. (2011). *Thinking, fast and slow*. Farrar, Straus and Giroux. (『생각에 관한 생각』, 이진원 역, 김영사)

Karwowski, M., & Jankowska, D. (2016). "Four faces of creativity at school", In R. Beghetto & J. Kaufman (Eds.), *Nurturing creativity in the classroom* (pp. 337−354). Cambridge: Cambridge University Press.

Kaufman, J. C., & Beghetto, R. A. (2009). "Beyond big and little: The four C model of creativity", *Review of General Psychology 13*, 1−12.

Kaufmann, G. (2003). "What to measure? A new look at the concept of creativity", *Scandinavian Journal of Educational Research 47*(3), 235−251.

Linkner, J. (2021). *Big little breakthroughs: How small, everyday innovations drive oversized results*. Post Hill Press. (『아웃사이더』, 이종호 역, 와이즈맵)

Litchfield, R. C., Gilson, L. L., & Gilson, P. W. (2015). "Defining creative ideas: Toward a more nuanced approach", *Group & Organization Management 40*(2), 238–265.

Lloyd–Cox, J. Pickering, A., & Bhattacharya, J. (2022). "Evaluating creativity: How idea context and rater personality affect considerations of novelty and usefulness", *Creativity Research Journal 34*(4), 373–390.

Lubart, T. (2017). "The 7 C's of creativity", *Journal of Creative Behavior 51*(4), 293–296.

Mejia, C., D'Ippolito, B., & Kajikawa, Y. (2021). "Major and recent trends in creativity research: An overview of the field with the aid of computational methods", *Creativity and Innovation Management 30*, 475–497.

Mumford, M. D., & Gustafson, S. B. (1988). "Creativity syndrome: Integration, application, and innovation", *Psychological Bulletin 103*, 27–43.

Pichot, N., Bonetto, E., Pavani, J–B., Arciszewski, T., Bonnardel, N., & Weisberg, R. W. (2022). "The construct validity of creativity: Empirical arguments in favor of novelty as the basis for creativity", *Creativity Research Journal 34*(1), 2–13.

Plucker, J. A., Beghetto, R. A., & Dow, G. T. (2004). "Why isn't creativity more important to educational psychologists? Potentials, pitfalls, and future directions in creativity research", *Educational Psychologist 39*(2), 83–96.

Rhodes, M. (1961). "Analysis of creativity", *Phi Delta Kappan, 42(7)*, 305–310.

Robinson, A. G., & Stern, S. (1997). *Corporative creativity: How innovation and improvement actually happen.* San Francisco, CA: Berrett–Koehler Publishers.(『기업의 창의력』, 장재윤 외 역, 지식공작소)

Runco, M. A., & Jaeger, G. J. (2012). "The standard definition of creativity", *Creativity Research Journal 24*(1), 92–96.

Sawyer, R. K. (2012). *Explaining creativity: The science of human innovation* (2nd ed.). Oxford: Oxford University Press.

Simonton, D. K. (1988). "Creativity, leadership and chance", In R. J. Sternberg (Ed.) *The nature of creativity* (pp. 386–426). Cambridge, UK: Cambridge University Press.

Simonton, D. K. (2009). "Varieties of (scientific) creativity: A hierarchical model of disposition, development, and achievement", *Perspectives on Psychological Science 4*, 441–452.

Simonton, D. K. (2012). "Taking the U.S. patent office criteria seriously: A quantitative three-criterion creativity definition and its implications", *Creativity Research Journal 24*(2–3), 97–106.

Simonton, D. K. (2018). "Defining creativity: Don't we also need to define what is not creative?", *Journal of Creative Behavior 52*, 80–90.

Sternberg, R. J. (1985). "Implicit theories of intelligence, creativity, and wisdom", *Journal of Personality and Social Psychology 49*, 607–627.

Sternberg, R. J. (1999). "A propulsion model of types of creative contributions", *Review of General Psychology 3*, 83–100.

Sternberg, R. J., & Lubart, T. I. (1996). "Investing in creativity", *American Psychologist 51*, 677–688.

Tromp, C., & Sternberg, R. J. (2022). "How constraints impact creativity: An interaction paradigm", *Psychology of Aesthetics, Creativity, and the Arts.* Advance online publication.

Unsworth, K. L. (2001). "Unpacking creativity", *Academy of Management Review 26*(2), 289–297.

Unsworth, K. L., & Luksyte, A. (2015). "Is all creativity created equal? Exploring differences in the creativity processes across the creativity types", In C. E. Shalley, M. A. Hitt, & J. Zhou (Eds.), *The Oxford handbook of creativity, innovation, and entrepreneurship* (pp. 279–297). Oxford University Press.

Weisberg, R. W. (2015). "On the usefulness of "value" in the definition of creativity", *Creativity Research Journal 27*(2), 111–124.

World Economic Forum (2016). "The 10 skills you need to thrive in the Fourth Industrial Revolution [Internet]", Available from: https://www.weforum.org/agenda/2016/01/the-10-skills-you-need-to-thrive-in-the-fourth-industrial-revolution/ [Accessed: 2022-01-15]

Zhou, J., & Shalley, C. E. (2003). "Research on employee creativity: A critical review and directions for future research", *Research in Personnel and Human Resources Management 22*, 165–217.

2장

김명철, 민경환 (2013). 「창조성의 사회적 환경: 한국 현대 소설과 회화 영역에 대한 역사측정학 연구」, 《한국심리학회지: 사회 및 성격》 27(4), 29–46.

김상환 (2016). 「동서 합류 시대의 창의성: 21세기의 이념들」, 김상환, 장태순, 박영선 (엮음), 『동서의 학문과 창조』, 이학사.

장재윤 (2018). 『문화적 다양성과 창의성』(아산재단 연구총서). 서울: 집문당.

Adams, J. L. (1974). *Conceptual blockbusting*. NY: Addison−Wesley.

Amabile, T. M. (1983). "The social psychology of creativity: A componential conceptualization", *Journal of Personality and Social Psychology 45*(2), 357 − 376.

Amabile, T. M. (1996). *Creativity in context. Update to the social psychology of creativity*. Boulder, CO: Westview Press.

Cattell, J. M. (1903). "A statistical study of eminent men", Popular Science Monthly 62, 359 − 377.

Choi, D., Glăveanu, V. P., & Kaufman, J. C. (2020). "Creativity models in contemporary psychology", In M. A. Runco & S. Pritzker (Eds.), Encyclopedia of creativity (pp. 268−274). New York: Elsevier.

Cole, S., & Cole, J. R. (1967). "Scientific output and recognition: A study in the operation of the reward system in science", *American Sociological Review, 32*(3), 377 − 390.

Cox, C. M. (1926). *Genetic studies of genius. II. The early mental traits of three hundred geniuses*. Stanford University Press.

Csikszentmihalyi, M. (1988). "Society, culture, person: A systems view of creativity", In R. J. Sternberg (Ed.), *The nature of creativity* (pp. 325 − 339). Cambridge: Cambridge University Press.

Feist, G. J., Dostal, D., & Kwan, V. (2022). "Psychopathology in world−class artistic and scientific creativity", *Psychology of Aesthetics, Creativity, and the Arts*. Advance online publication.

Finke, R. A., Ward, T. B., & Smith, S. M. (1992). Creative cognition: Theory, research, and applications. Cambridge, MA: MIT Press.

Florida, R. (2002). *The rise of the creative class and how it's transforming work, life, community and everyday life*. New York: Basic Books.

Gardner, H. (1993). *Creating minds: An anatomy of creativity seen through the lives of Freud, Einstein, Picasso, Stravinsky, Eliot, Graham, and Gandhi*. Basic Books. (『열정과 기질』, 임재서 역, 북스넷)

Glăveanu, V. P. (2010). "Paradigms in the study of creativity: Introducing the perspective of cultural psychology", *New Ideas in Psychology, 28*, 79 − 93.

Glăveanu, G. P., & Kaufman, J. C. (2019). "Creativity: A historical perspective", In J. C. Kaufman & R. J. Sternberg (Eds.), *The Cambridge Handbook of Creativity* (pp. 9−26). NY: Cambridge University Press.

Gordon, W. (1961). *Synectics: The development of creative capacity*. Harper & Brothers, New York.

Gould, S. J. (1981). *The mismeasure of man*. New York: W.W. Norton & Company. (『인간에 대한 오해』, 김동광 역, 사회평론)

Gruber, H. E. (1981). *Darwin on man : A psychological study of scientific creativity*. Chicago: University of Chicago Press.

Guilford, J. P. (1950). "Creativity", *American Psychologist 5*, 444−454.

Guilford, J. P. (1956). "The structure of intellect", *Psychological Bulletin 53*, 267− 293.

Hanchett Hanson, M. (2015). *Worldmaking: Psychology and the ideology of creativity*. London: Palgrave Macmillan.

Harrington, D. M. (1990). "The ecology of human creativity: A psychological perspective", In M. A. Runco, & R. S. Albert (Eds.), *Theories of creativity* (pp. 143−170). London: Sage Publications.

Kampylis, P. G., & Valtanen, J. (2010). "Redefining creativity − analyzing definitions, collocations, and consequences", *Journal of Creative Behavior 44*(3), 191 − 214.

Kessler, R. C., Berglund, P., Demler, O., Jin, R., Merikangas, K. R., & Walters, E. E. (2005). "Lifetime prevalence and age−of−onset distributions of DSM − IV disorders in the National Comorbidity Survey Replication", *Archives of General Psychiatry, 62*(6), 593 − 602.

Langley, P., Simon, H. A., Bradshaw, G. L., & Zytkow, J. M. (1987). *Scientific discovery: Computational explorations of the creative process*. Cambridge, MA: MIT Press.

Lev−Ran, S., Imtiaz, S., Rehm, J., & Le Foll, B. (2013). "Exploring the association between lifetime prevalence of mental illness and transition from substance use to substance use disorders: Results from the National Epidemiologic Survey of Alcohol and Related Conditions (NESARC)", *The American Journal on Addictions 22*(2), 93 − 98.

Long, H. (2014). "An empirical review of research methodologies and methods in creativity studies (2003 − 2012)", *Creativity Research Journal 26*(4), 427− 438.

Lubart, T. (2010). "Cross−cultural perspectives on creativity", In J. C. Kaufman & R. J. Sternberg (Eds.), *The Cambridge handbook of creativity* (pp. 265 − 278). Cambridge University Press.

Ludwig, A. M. (1995) *The price of greatness: Resolving the creativity and madness controversy.* New York: Guilford Press.

Mayer, R. E. (1999). "Fifty years of creativity research", In R. J. Sternberg (Eds.), *Handbook of creativity* (pp. 449–460). New York: Cambridge University Press.

Montuori, A., & Purser, R. E. (1995). "Deconstructing the lone genius myth: Toward a contextual view of creativity", *Journal of Humanistic Psychology 35*(3), 69–112.

Morris, M. W., & Peng, K. (1994). "Culture and cause: American and Chinese attributions for social and physical events", *Journal of Personality and Social Psychology 67*(6), 949–971.

Nisbett, R. E. (2003). *The geography of thought: How asians and westerners think differently and why.* New York, NY: Oxford University Press.

Reynolds, F., Lim, K. H., & Prior, S. (2008). "Images of resistance: A qualitative enquiry into the meanings of personal artwork for women living with cancer", *Creativity Research Journal 20*, 211–220.

Runco, M. A. (2014). *Creativity: Theories and themes: Research, development, and practice* (2nd ed.). Elsevier Academic Press.

Runco, M. A., Acar, S., Kaufman, J. C., & Halladay, L. R. (2015). "Changes in reputation and associations with fame and biographical data", *Journal of Genius and Eminence 1*(1), 50–58.

Runco, M. A., & Albert, R. S. (2010). "Creativity research: A historical view", In J. C. Kaufman & R. J. Sternberg (Eds.), *The Cambridge handbook of creativity* (pp. 3–19). Cambridge University Press.

Runco, M. A., Kaufman, J. C., Halladay, L. R., & Cole, J. C. (2010). "Change in reputation as an index of genius and eminence", *Historical Methods: A Journal of Quantitative and Interdisciplinary History 43*(2), 91–96.

Sawyer, R. K. (2012). *Explaining creativity: The science of human innovation* (2nd ed.). Oxford: Oxford University Press.

Simonton, D. K. (1975). "Sociocultural context of individual creativity: A transhistorical time–series analysis", *Journal of Personality and Social Psychology, 32(6),* 1119–1133.

Simonton, D. K. (1984). *Genius, creativity, and leadership: Historiometric inquiries.* Cambridge, MA: Harvard University Press.

Simonton, D. K. (1988). *Scientific genius: A psychology of science.* NY: Cambridge

University Press.

Simonton, D. K. (1990). *Psychology, science, and history: An introduction to historiometry*. New Haven, CT: Yale University Press.

Simonton, D. K. (1994). *Greatness: Who makes history and why*. New York, NY: Guilford Press.

Simonton, D. K. (1999). "Significant samples: The psychological study of eminent individuals", *Psychological Methods 4*, 425 – 451.

Simonton, D. K. (2003). "Qualitative and quantitative analyses of historical data", *Annual Review of Psychology 54*, 617 – 640.

Simonton, D. K. (2018). "Historiometric methods", In K. A. Ericsson, R. R. Hoffman, A. Kozbelt, & A. M. Williams (Eds.), *The Cambridge handbook of expertise and expert performance* (pp. 310 – 327). Cambridge University Press.

Simonton, D. K. (2020). "Galton, Terman, Cox: The distinctive Volume II in genetic studies of genius", *Gifted Child Quarterly 64*(4), 275 – 284.

Sternberg, R. J., & Lubart, T. I. (1996). "Investing in creativity", *American Psychologist 51*, 677−688.

Torrance, E. P. (1974). *The Torrance Tests of Creative Thinking: Norms-Technical Manual*. Princeton, NJ: Personal Press.

von Oech, R. (1983). *A whack on the side of the head*. NY: Warner.

Weiner, E. (2016). *The geography of genius: A search for the world's most creative places from ancient Athens to Silicon valley*. Simon & Schster. (『천재의 지도』, 노승영 역, 문학동네)

Weiner, R. P. (2000). *Creativity and beyond: Cultures, values, and change*. New York: State University of New York Press.

Winner, E. (1982) *Invented worlds: The psychology of the arts*. Cambridge: Harvard University Press.

3장

강병직 (2012). 「미술 창의성은 영역 특수적인가, 영역 일반적인가?」, 《미술과 교육》 13(1), 85−102.

김홍식 (2007). 『세상의 모든 지식』, 서해문집.

김빛나, 최준원, 고현석 (2017). 「심리학 연구에서 재현성 위기의 현황과 원인 및 대안 모색에 대한 개관」, 《한국심리학회지: 일반》 36(3), 359−396.

박강수 (2021). 「발견 없는 시대, '학문종말론'에 대한 불안」, 《교수신문》

(2021.08.23.)

유만선 (2023). 「손으로 만드는 창의성, 되찾을 수 있을까?」, 《교수신문》 (2023.05.01.)

이순묵, 한기순 (2004). 「창의성의 영역일반성과 영역특수성 연구에서의 문제 및 대안으로서의 잠재변수모형」, 《교육심리연구》 18(4), 155–176.

최인수 (2011). 『창의성의 발견』. 쌤앤파커스

최재천 (2012). 『다윈 지능』. 사이언스북스.

한기홍 (2013). 「우리 시대의 거장, 스승을 말하다(6): 카라얀의 베토벤 해석, 시노폴리의 인문 정신에 경탄, 지휘자 첼리스트 장한나」, 《월간 중앙》 (2013.08.17). 201309호.

Amabile, T. M. (1983). "The social psychology of creativity: A componential conceptualization", *Journal of Personality and Social Psychology 45*(2), 357–376.

Amabile, T. M. (1996). *"Creativity in context: Update to "The Social Psychology of Creativity""*, Westview Press.

Anderson, J. R. (1983). *The architecture of cognition.* Cambridge, MA: Harvard University Press.

Arnheim, R. (1962). *Picasso's Guernica;: The genesis of a painting.* University of California Press.

Azoulay, P., Fons-Rosen, C., & Graff Zivin, J. S. (2019). "Does science advance one funeral at a time?", *American Economic Review 109*(8), 2889–2920.

Baer, J. (1993). *Creativity and divergent thinking: A task-specific approach.* Lawrence Erlbaum.

Baer, J. (1998). "The case for domain specificity in creativity", *Creativity Research Journal 11*, 173–177.

Baer, J. (2015). "The importance of domain-specific expertise in creativity", *Roeper Review 37*(3), 165–178.

Baer, J., & Kaufman, J. C. (2005). "Bridging generality and specificity: The Amusement Park Theoretical (APT) Model of Creativity", *Roeper Review: A Journal on Gifted Education, 27*(3), 158–163.

Barbot, B., & Eff, H. (2019). "The genetic basis of creativity: A multivariate approach", In J. C. Kaufman & R. J. Sternberg (Eds.), *The Cambridge handbook of creativity* (pp. 132–147). Cambridge University Press.

Bourdieu, P. (1979). *La Distinction: Critique sociale du jugement.* Paris: Éditions de Minuit. (『구별짓기: 문화와 취향의 사회학』, 최종철 역. 새물결)

Brandt, A. K. (2022). "Beethoven and divergent thinking", *Creativity Research Journal*, DOI: 10.1080/10400419.2022.2088131

Campbell, D. T. (1960). "Blind variation and selective retentions in creative thought as in other knowledge processes", *Psychological Review 67*(6), 380 – 400.

Camerer, C. F., Dreber, A., Holzmeister, F., Ho, T.–H., Huber, J., Johannesson, M., Kirchler, M., Nave, G., Nosek, B. A., Pfeiffer, T., Altmejd, A., Buttrick, N., Chan, T., Chen, Y., Forsell, E., Gampa, A., Heikensten, E., Hummer, L., Imai, T., Wu, H. (2018). "Evaluating the replicability of social science experiments in Nature and Science between 2010 and 2015", *Nature Human Behaviour 2*(9), 637 – 644.

Carroll, J. B. (1993). *Human cognitive abilities: A survey of factor-analytic studies*. NY: Cambridge University Press.

Carson, S. H., Peterson, J. B., & Higgins, D. M. (2005). "Reliability, validity, and factor structure of the creative achievement questionnaire", *Creativity Research Journal 17*, 37 – 50.

Ceh, S., Putze, F., & Benedek, M. (2023). "D–I–WHAT? Identifying creative domains in Do–It–Yourself videos on YouTube", *Psychology of Aesthetics, Creativity, and the Arts*. Advance online publication.

Csikszentmihalyi, M. (1988). "Society, culture and person: A systems view of creativity", In R. Sternberg (Ed.), *The nature of creativity: Contemporary psychological perspectives*. NY: Cambridge University Press.

Csikszentmihalyi, M. (1999). "Implications of a systems perspective for the study of creativity", In R. J. Sternberg (Ed.), *Handbook of creativity* (pp. 313 – 335). Cambridge University Press.

Deci, E. L., & Ryan, R. M. (1985). *Intrinsic motivation and self-determination in human behavior.* NY: Plenum Press.

Frensch, P. A., & Sternberg, R. J. (1989). "Expertise and intelligent thinking: When is it worse to know better?" In R. J. Sternberg (Ed.), *Advances in the psychology of human intelligence* (Vol. 5, pp. 157 – 188). Hillsdale, NJ: Erlbaum.

Gabora, L., & Kaufman, S. B. (2010). "Evolutionary perspectives on creativity", In J. Kaufman & R. Sternberg (Eds.), *The Cambridge handbook of creativity* (pp. 279–300). Cambridge, UK: Cambridge University Press.

Gangadharbatla, H. (2010). "Technology component: A modified systems approach to creative thought", *Creativity Research Journal 22*, 219 – 227.

Gardner, H. (1993). *Creating minds: An anatomy of creativity seen through the lives of Freud, Einstein, Picasso, Stravinksy, Eliot, Graham, and Gandhi*. Basic Books. (『열정과 기질』, 임재서 역, 2004, 북서닛)

Gardner, H. (2011). *Frames of mind: The theory of multiple intelligences*. NY: Basic Books.

Getzels, J. W., & Csikszentmihalyi, M. (1976). *The creative vision: A longitudinal study of problem finding in art*. New York: John Wiley.

Guilford, J. P. (1967). *The nature of human intelligence*. New York, NY: McGraw–Hill.

Hagstrom, W. O. (1974). "Competition in Science", *American Sociological Review 39*(1), 1 – 18.

Hayes, J. R. (1989). *The complete problem solver* (2nd ed). Hillsdale, NJ: Erlbaum.

Henriksen, D., & Hoelting, M. (2016). "A systems view of creativity in a YouTube world", *TechTrends 60*(2), 102 – 106.

Hull, D. L., Tessner. P. D., & Diamond, A. M. (1978). "Planck's principle", *Science 202*, 717 – 723.

Karwowski, M., Czerwonka, M., & Kaufman, J. C. (2020). "Does intelligence strengthen creative metacognition?", *Psychology of Aesthetics, Creativity, and the Arts 14*(3), 353 – 360.

Kaufman, J. C. (2012). "Counting the muses: Development of the Kaufman Domains of Creativity Scale (K–DOCS)", *Psychology of Aesthetics, Creativity, and the Arts 6*(4), 298 – 308.

Kaufman, J. C., & Baer, J. (2004). "Heisenberg's haiku, Madonna's math: Why it's hard to be creative in every room of the house", In R. J. Sternberg, E. L. Grigorenko, & J. L. Singer (Eds.), *Creativity: From potential to realization* (pp. 3–20). Washington, DC: American Psychological Association.

Kaufman, J. C., & Glăveanu, V. P. (2022). "Making the CASE for shadow creativity", *Psychology of Aesthetics, Creativity, and the Arts, 16*(1), 44 – 57.

Kell, H. J., & Lang, J. (2018). "The great debate: General ability and specific abilities in the prediction of important outcomes", *Journal of Intelligence 6*(3), 39.

Kruger, J., & Dunning, D. (1999). "Unskilled and unaware of it: How difficulties in recognizing one's own incompetence lead to inflated self–assessments", *Journal of Personality and Social Psychology 77*(6), 1121 – 1134.

Kuhn, T. S. (1970). *The structure of scientific revolutions* (2nd ed.). Chicago, IL: University of Chicago Press.

Mercier, M., Vinchon, F., Pichot, N., Bonetto, E., Bonnardel, N., Girandola, F., & Lubart, T. (2021). "COVID-19: A boon or a bane for creativity?", *Frontiers in Psychology 11*, 601150.

Merrotsy, P. (2013). "Tolerance of ambiguity: A trait of the creative personality?", *Creativity Research Journal 25*(2), 232 - 237.

Messeri, P. (1988). "Age differences in the reception of new scientific theories: The case of Plate Tectonics Theory", *Social Studies of Science 18*(1), 91 - 112.

Merseal, H. M., Luchini, S., Kenett, Y. N., Knudsen, K., Bilder, R. M., & Beaty, R. E. (2023). "Free association ability distinguishes highly creative artists from scientists: Findings from the Big-C project", *Psychology of Aesthetics, Creativity, and the Arts*. Advance online publication.

Mumford, M. D., Marks, M. A., Connelly, M. S., Zaccaro, S. J., & Johnson, J. F. (1998). "Domain-based scoring in divergent-thinking tests: Validation evidence in an occupational sample", *Creativity Research Journal* 11(2), 151–163.

Nakamura, N., & Csikszentmihalyi, M. (2003). "Creativity in later life", In R. K. Sawyer et al. (Eds.), *Creativity and development*. Oxford University Press.

Open Science Collaboration. (2015). "Estimating the reproducibility of psychological science", *Science* 349(6251), Article aac4716. https://doi.org/10.1126/science.aac4716

Perkins, D. N. (1981) *The mind's best work*. Cambridge, MA: Harvard University Press.

Planck, M. (1950). *Scientific autobiography and other papers*. New York: Philosophical Library.

Plucker, J. A. (1998). "Beware of simple conclu☐sions: The case for the content generality of creativity", *Creativity Research Journal 11*, 179 - 182.

Plucker, J. A., & Beghetto, R. A. (2004). "Why creativity is domain general, why it looks domain specific, and why the distinction does not matter", In R. J. Sternberg, E. L. Grigorenko, & J. L. Singer (Eds.), *Creativity: From potential to realization* (pp. 153 - 167). American Psychological Association.

Root-Bernstein, R. S., & Root-Bernstein, M. M. (1999). *Sparks of genius: The thirteen thinking tools of the world's most creative people*. Boston, MA: Houghton Mifflin. (『생각의 탄생』, 박종성 역, 에코의서재)

Runco, M. A. (1993). "Divergent thinking, creativity, and giftedness", *Gifted Child Quarterly 37*(1), 16–22.

Sawyer, K. (2012). *Explaining creativity: The science of human innovation*. Oxford University Press.

Sawyer, R. K., John-Steiner, V., Moran, S., Sternberg, R., Feldman, D. H., Csikszentmihalyi, M., et al. (2003). *Creativity and development*. New York: Oxford University Press.

Schafmeister, F. (2021). "The effect of replications on citation patterns: Evidence from a large-scale reproducibility project" *Psychological Science 32*(10), 1537–1548.

Silvia, P. J., Kaufman, J. C., & Pretz, J. E. (2009). "Is creativity domain-specific? Latent class models of creative accomplishments and creative self-descriptions", *Psychology of Aesthetics, Creativity, and the Arts 3*(3), 139–148.

Simonton, D. K. (1976). "Biographical determinants of achieved eminence: A multivariate approach to the Cox data", *Journal of Personality and Social Psychology 33*, 218–226.

Simonton, D. K. (1984). *Genius, creativity, and leadership: Historiometric inquiries*. Cambridge, MA: Harvard University Press.

Simonton, D. K. (1998). "Fickle fashion versus immortal fame: Transhistorical assessments of creative products in the opera house", *Journal of Personality and Social Psychology, 75*(1), 198–210.

Simonton, D. K. (1999a). "Creativity as blind variation and selective retention: Is the creative process Darwinian?", *Psychological Inquiry 10*, 309–328.

Simonton, D. K. (1999b). "Talent and its development: An emergenic and epigenetic model", *Psychological Review 106*, 435–457.

Simonton, D. K. (2004). "Psychology's status as a scientific discipline: Its empirical placement within an implicit hierarchy of the sciences", *Review of General Psychology 8*, 59–67.

Simonton, D. K. (2007). "The creative process in Picasso's Guernica sketches: Monotonic improvements versus nonmonotonic variants", *Creativity Research Journal 19*, 329–344.

Simonton, D. K. (2009). "Varieties of (scientific) creativity: A hierarchical model of domain-specific disposition, development, and achievement", *Perspectives on Psychological Science 4*(5), 441–452.

Simonton, D. K. (2010). "Creativity in highly eminent individuals", In J. C.

Kaufman & R. J. Sternberg (Eds.), *Cambridge handbook of creativity* (pp. 174 – 188). New York, NY: Cambridge University Press.

Simonton, D. K. (2011). "Creativity and discovery as blind variation and selective retention: Multiple-variant definitions and blind-sighted integration", *Psychology of Aesthetics, Creativity, and the Arts 5*, 222–228.

Simonton, D. K. (2012). "Creativity, problem solving, and solution set sightedness: Radically reformulating BVSR", *Journal of Creative Behavior 46*(1), 48 – 65.

Simonton, D. K. (2017). "Big-C versus little-c creativity: Definitions, implications, and inherent educational contradictions", In R. A. Beghetto, & B. Sriraman (Eds.), *Creative contradictions in education: Cross disciplinary paradoxes and perspectives.* (pp. 3–19). NY: Springer.

Smith, L. D., Best, L. A., Stubbs, D. A., Johnston, J., & Archibald, A. B. (2000). "Scientific graphs and the hierarchy of the sciences", *Social Studies of Science 30*, 73 – 94.

Sternberg, R. J. (1985). *Beyond IQ: A triarchic theory of human intelligence.* CUP Archive.

Sternberg, R. J. (1988). "A three-facet model of creativity", In R. J. Sternberg (Ed.), *The nature of creativity: Contemporary psychological perspectives* (pp. 125 – 147). Cambridge University Press.

Sternberg, R. J. (1989). "Domain-generality versus domain-specificity: The life and impending death of a false dichotomy", *Merrill-Palmer Quarterly 35*(1), 115 – 130.

Sternberg, R. J. (1999). "A propulsion model of types of creative contributions", *Review of General Psychology 3*(2), 83 – 100.

Sternberg, R. J. (2018). "A triangular theory of creativity", *Psychology of Aesthetics, Creativity, and the Arts 12*(1), 50 – 67.

Sternberg, R. J., Kaufman, J. C., & Pretz, J. E. (2001). "The propulsion model of creative contributions applied to the arts and letters", *Journal of Creative Behavior 35*(2), 75–101.

Sternberg, R. J., & Lubart, T. I. (1995). *Defying the crowd: Cultivating creativity in a culture of conformity.* New York: Free Press.

Sutton, R. I. (2001). *Weird ideas that work.* Free Press (『역발상의 법칙』, 오성호 역, 황금가지)

Tierney, P., & Farmer, S. M. (2011). "Creative self-efficacy development and creative performance over time", *Journal of Applied Psychology 96*(2), 277 – 293.

Ward, T. B., & Wickes, K. N. (2009). "Stable and dynamic properties of category structure guide imaginative thought" *Creativity Research Journal 21*, 15 – 23.

4장

강정하, 임지영, 김아영 (2017). 「과학적 창의성 검사의 타당화」, 《영재와 영재교육》 16(1), 87–127.

김영록, 이순묵 (2004). 「한국판 창의적 산물 평가도구의 개발 및 구조확인」, 《한국심리학회지: 산업 및 조직》 17(3), 305–327.

문혜진, 엄정혜, 이혜주, 장재윤 (2021). 「창의적 성격용 조건추론검사의 확장: 새로운 정당화 기제 제안 및 타당화」, 《한국심리학회지: 사회 및 성격》 35(1), 69–97.

유경재, 한윤영, 하주현 (2011). 「KEDI 창의적 인성검사 개발 및 타당화 연구」, 《아시아교육연구》 12(4), 217–247.

이순묵, 김영록, 최인수. (2007). 「산물창의성 검사에서의 창의성 요인과 영역효과: 다특질다방법 접근」, 《교육심리연구》 21(4), 827–846.

장재윤, 문혜진 (2014). 「하루의 기분과 창의 과정 몰입(CPE)간의 관계: 성실성과 개방성의 조절효과」, 《한국심리학회지: 산업 및 조직》 27(1), 165–189.

장재윤, 박영석 (2000). 「창의적 작업환경 측정용 KEYS 척도의 타당화 연구: 한국 기업조직을 대상으로」, 《한국심리학회지: 산업 및 조직》 13, 61–90.

전소현, 장재윤, 이혜주. (2017). 「공격성에 대한 조건추론검사(CRT–A)의 예측 타당도 연구: 외현적 공격성과의 상호작용 효과」, 《한국심리학회지: 산업 및 조직》 30(4), 541–562.

최인수, 이종구 (2004). 『창의성 검사: 창의성 계발을 위한 창의성 검사의 이해와 활용』 서울: 한국가이던스.

최인수, 전요한, 표정민 (2013). 「창의적, 비창의적 성향에 관한 한국, 중국, 일본인의 암묵적 이론연구: ACL–CPS를 사용하여」, 《아시아교육연구》 14(3), 319–344.

하유경, 조한익 (2016). 「대학생용 창의적 자기효능감 척도의 개발과 타당화」, 《한국심리학회지: 학교》 13(1), 55–78.

하주현 (2000). 「창의적 인성 검사 개발」, 《교육심리연구》 14(2), 187–210.

하주현, 한윤영, 유경재 (2012). 「KEDI 교사용 창의적 인성 평정 체크리스트 개발 및 타당화」, 《창의력교육연구》 12(1), 49–69.

Acar, S., Ogurlu, U., & Zorychta, A. (2022). "Exploration of discriminant validity in divergent thinking tasks: A meta-analysis", *Psychology of Aesthetics, Creativity, and the Arts*. Advance online publication.

Acar, S., & Runco, M. A. (2019). "Divergent thinking: New methods, recent research, and extended theory", *Psychology of Aesthetics, Creativity, and the Arts 13*(2), 153 – 158

Amabile, T. M. (1982). "Social psychology of creativity: A consensual assessment technique", *Journal of Personality and Social Psychology 43*, 997 – 1013.

Amabile, T. M. (1988). "A model of creativity and innovation in organizations", *Research in organizational behavior 10*(1), 123–167.

Amabile, T. M., Conti, R., Coon, H., Lazenby, J., & Herron, M. (1996). "Assessing the work environment for creativity", *Academy of Management Journal 39*(5), 1154–1184.

Anderson, N. R., & West, M. A. (1996). "The team climate inventory: The development of the TCI and its applications in teambuilding for innovativeness", *European Journal of Work and Organizational Psychology 5*, 53 – 66.

Baer, J. (1998). "The case for domain specificity in creativity", *Creativity Research Journal 11*, 173 – 177.

Baer, J., & Kaufman, J. C. (2005). "Bridging generality and specificity: The Amusement Park Theoretical (APT) Model of Creativity", *Roeper Review: A Journal on Gifted Education 27*(3), 158 – 163.

Barbot, B., Hass, R. W., & Reiter-Palmon, R. (2019). "Creativity assessment in psychological research: (Re)setting the standards", *Psychology of Aesthetics, Creativity, and the Arts 13*(2), 233 – 240.

Batey, M. (2012). "The measurement of creativity: From definitional consensus to the introduction of a new heuristic framework". *Creativity Research Journal 24*(1), 55 – 65.

Beaty, R. E., Johnson, D. R., Zeitlen, D. C., & Forthmann, B. (2022). "Semantic distance and the alternate uses task: Recommendations for reliable automated assessment of originality", *Creativity Research Journal 34*(3), 245–260.

Beketayev, K, Runco M. A. (2016). "Scoring divergent thinking tests by computer with a semantics-based algorithm", *Europe's Journal of Psychology 12*(2), 210–220.

Benedek, M., Mühlmann, C., Jauk, E., & Neubauer, A. C. (2013). "Assessment of divergent thinking by means of the subjective top—scoring method: Effects of the number of top—ideas and time—on—task on reliability and validity", *Psychology of Aesthetics, Creativity, and the Arts 7*(4), 341 – 349.

Besemer, S., & Treffinger, D. (1981). "Analysis of creative products: Review and synthesis", *Journal of Creative Behavior 15*, 158 – 178.

Bing, M. N., LeBreton, J. M., Davison, H. K., Migetz, D. Z., & James, L. R. (2007). "Integrating implicit and explicit social cognitions for enhanced personality assessment: A general framework for choosing measurement and statistical methods", *Organizational Research Methods 10*(1), 346–389.

Boden, M. A. (1990). *The creative mind: Myths and mechanisms*. London: Weidenfeld & Nicolson.

Bowden, E. M., Jung—Beeman, M. (2003). "Normative data for 144 compound remote associate problems", *Behavior Research Methods, Instruments, & Computers 35*, 634 – 639.

Carson, S. H., Peterson, J. B., & Higgins, D. M. (2005). "Reliability, validity, and factor structure of the Creative Achievement Questionnaire", *Creativity Research Journal 17*, 37 – 50.

Cattell, J. M. (1903). "A statistical study of eminent men", Popular Science Monthly 62, 359 – 377.

Charyton, C. (2014). *Creative engineering design assessment*. Springer.

Chein, J. M., & Weisberg, R. W. (2014). "Working memory and insight in verbal problems: Analysis of compound remote associates", *Memory & Cognition 42*(1), 67 – 83.

Clapham, M. M., Cowdery, E. M., King, K. E., & Montang, M. A. (2005). "Predicting work activities with divergent thinking tests: A longitudinal study", *Journal of Creative Behavior 39*, 149–166.

Cramond, B., Matthews—Morgan, J., Bandalos, D., & Zuo, L. (2005). "A report on the 40—year follow—up of the Torrance Tests of Creative Thinking: Alive and well in the new millennium", *Gifted Child Quarterly 49*(4), 283 – 291.

Cropley, A. J. (1999). "Definitions of creativity", In M. A. Runco & S. R. Pritzker (Eds.), *Encyclopedia of creativity* (Vol. 1, pp. 511 – 524). San Diego, CA: Academic Press.

Cropley, D. H., & Marrone, R. L. (2022). "Automated scoring of figural creativity using a convolutional neural network", *Psychology of Aesthetics, Creativity, and the Arts*. Advance online publication.

Dailey, D. P. (1978). "An analysis and evaluation of the internal validity of the Remote Associates Test: What does it measure?", *Educational and Psychological Measurement 38*(4), 1031 – 1040.

Davis, G. A., & Rimm, S. (1982). "Group Inventory for Finding Interests (GIFFI) I and II: Instruments for identifying creative potential in the junior and senior high school", *Journal of Creative Behavior 16*(1), 50 – 57.

Davis, G. A., Rimm, S. B., & Siegle, D. (2011). *Education of the gifted and talented* (6th ed.). Boston, MA: Pearson.

Diedrich, J., Jauk, E., Silvia, P. J., Gredlein, J. M., Neubauer, A. C., & Benedek, M. (2018). "Assessment of real-life creativity: The Inventory of Creative Activities and Achievements (ICAA)", *Psychology of Aesthetics, Creativity, and the Arts 12*(3), 304 – 316.

Dollinger, S. J. (2003). "Need for uniqueness, need for cognition and creativity", *Journal of Creative Behavior 37*(2), 99 – 116.

Dumas, D., Organisciak, P., Maio, S. & Doherty, M. (2021). "Four text-mining methods for measuring elaboration", *Journal of Creative Behavior 55*, 517 – 531.

Ekvall, G. (1996). "Organizational climate for creativity and innovation", *European Journal of Work and Organizational Psychology 5*, 105 – 123.

Farmer, S. M., Tierney, P., & Kung-Mcintyre, K. (2003). "Employee creativity in Taiwan: An application of role identity theory", *Academy of Management Journal 46*(5), 618 – 630.

Florida, R. (2002). *The rise of the creative class and how it's transforming work, life, community and everyday life.* New York: Basic Books.

Florida, R. (2005). *The flight of the creative class. The new global competition for talent.* New York, NY: Harper Business.

Florida, R., Mellander, C., & King, K. (2015). *The Global Creativity Index 2015.* http://www-2.rotman.utoronto.ca/mpi/content/the-global-creativity-index-2015/

Forthmann, B., & Doebler, P. (2022). "Fifty years later and still working: Rediscovering Paulus et al's (1970) automated scoring of divergent thinking tests", *Psychology of Aesthetics, Creativity, and the Arts*. Advance online publication.

Gabora, L., O'Connor, B. P., & Ranjan, A. (2012). "The recognizability of individual creative styles within and across domains", *Psychology of Aesthetics, Creativity, and the Arts* 6(4), 351 – 360.

Gilson, L. L., & Madjar, N. (2011). "Radical and incremental creativity: Antecedents and processes", *Psychology of Aesthetics, Creativity, and the Arts* 5(1), 21 – 28.

Gough, H. G. (1979). "A creative personality scale for the adjective check list", *Journal of Personality and Social psychology* 37(8), 1398−1405.

Guilford, J. P. (1967). *The nature of human intelligence*. New York: McGraw Hill.

Hass, R. W. (2017). "Semantic search during divergent thinking", *Cognition 166*, 344−357.

Hedlund, J., Wilt, J. M., Nebel, K. R., Ashford, S. J., & Sternberg, R. J. (2006). "Assessing practical intelligence in business school admissions: A supplement to the Graduate Management Admissions Test", *Learning and Individual Differences 16*, 101 – 127.

Heinen, D. J. P., & Johnson, D. R. (2018). "Semantic distance: An automated measure of creativity that is novel and appropriate", *Psychology of Aesthetics, Creativity, and the Arts 12*(2), 144 – 156.

Hocevar, D. (1980). "Intelligence, divergent thinking, and creativity", *Intelligence 4*, 25−40.

Hocevar, D. (1981). "Measurement of creativity: Review and critique", *Journal of Personality Assessment 45*, 450 – 464.

Hoelscher, M., & Schubert, J. (2015). "Potential and problems of existing creativity and innovation indices", *Creativity Research Journal 27*(1), 1 – 15.

Jackson, M. R., Kabwasa−Green, F., & Herranz, J. (2006). *Cultural vitality in communities: Interpretation and indicators. Washington*. DC: Urban Institute.

James, L. R. (1998). "Measurement of personality via conditional reasoning", *Organizational Research Methods 1*(2), 131−163.

James, L. R., & LeBreton, J. M. (2012). *Assessing the implicit personality through conditional reasoning*. Washington, DC: American Psychological Association.

Jellen, H., & Urban, K. K. (1986). "The TCT−DP (Test for Creative Thinking − Drawing Production): An instrument that can be applied to most age and ability groups", *Creative Child and Adult Quarterly 11*, 138−155.

Karwowski, M. (2011). "It doesn't hurt to ask··· But sometimes it hurts to believe:

Polish students' creative self-efficacy and its predictors", *Psychology of Aesthetics. Creativity. and the Arts* 5, 154 – 164.

Kaufman, J. C., Baer, J., Cole, J. C., & Sexton, J. D. (2008). "A comparison of expert and nonexpert raters using the consensual assessment technique", *Creativity Research Journal 20*(2), 171 – 178.

Kaufman, J. C. (2012). "Counting the muses: Development of the Kaufman Domains of Creativity Scale (K–DOCS)", *Psychology of Aesthetics, Creativity, and the Arts 6*(4), 298 – 308.

Kaufmann, G. (2003). "What to measure? A new look at the concept of creativity", *Scandinavian Journal of Educational Research 47*, 235 – 251.

Kenett, Y. N. (2019). "What can quantitative measures of semantic distance tell us about creativity?", *Current Opinion in Behavioral Sciences 27*, 11–16.

Kim, K. H. (2008). "Meta-analyses of the relationship of creative achievement to both IQ and divergent thinking test scores", *Journal of Creative Behavior 42*, 106–130.

Kiratli, N., Rozemeijer, F., Hilken, T., de Ruyter, K., & de Jong, A. (2016). "Climate setting in sourcing teams: Developing a measurement scale for team creativity climate", *Journal of Purchasing and Supply Management 22*(3), 196–204.

LeBreton, J. M., Grimaldi, E. M., & Schoen, J. L. (2020). "Conditional reasoning: A review and suggestions for future test development and validation", *Organizational Research Methods 23*(1), 65–95.

Lee, C. S., Huggins, A. C., & Therriault, D. J. (2014). "A measure of creativity or intelligence? Examining internal and external structure validity evidence of the Remote Associates Test", *Psychology of Aesthetics, Creativity, and the Arts 8*(4), 446 – 460.

Liu, Z., Guo, Q., Sun, P., Wang, Z., & Wu, R. (2018). "Does religion hinder creativity? A national level study on the roles of religiosity and different denominations", *Frontiers in Psychology 9*, 1912. doi: 10.3389/fpsyg.2018.01912.

Luescher, R., Barthelmess, P. Y-Z., Kim, S-Y., Richter, U. H., & Mittag, M. (2019). "Conceptualizing creativity: General and cultural bases in Gough's Creative Personality Scale", *Journal of Creative Behavior 53*, 30–43.

Mackinnon, D. W. (1962). "The nature and nurture of creative talent", *American Psychologist 17*(7), 484–495.

Mathisen, G. E. & Einarsen, S. (2004). "A review of instrument assessing and innovative environments within organizations", *Creativity Research Journal 16*, 119−140.

Mayer, R. E. (1999). "Fifty years of creativity research", In R. J. Sternberg (Ed.), *Handbook of creativity* (pp. 449−460). New York, NY: Cambridge University Press.

McAleer, J. T., Bowler, J. L., Bowler, M. C., & Schoemann, A. M. (2020). "Implicit and explicit creativity: Further evidence of the integrative model", *Personality and Individual Differences 154*(1), 109643.

Mednick, S. A. (1962). "The associative basis of the creative process", *Psychological Review 69*(3), 220−232.

Mumford, M. D., & Gustafson, S. B. (1988). "Creativity syndrome: Integration, application, and innovation", *Psychological Bulletin 103*(1), 27−43.

Mumford, M. D., Marks, M. A., Connelly, M. S., Zaccaro, S. J., & Johnson, J. F. (1998). "Domain−based scoring of divergent thinking tests: Validation evidence in an occupational sample", *Creativity Research Journal 11*, 151−163.

Moon, R. H., Chun, W., Kim, S., & Chang, J. Y. (2020). "The incremental validity of implicit measures of creativity for creative achievement", *Personality and Individual Differences 164*(1), 110088.

Ochse R. (1990). *Before the gates of excellence: The determinants of creative genius.* Cambridge: Cambridge University Press.

Okuda, S. M., Runco, M. A., & Berger, D. E. (1991). "Creativity and the finding and solving of real−world problems", *Journal of Psychoeducational Assessment 9*(1), 45−53.

Olsona, J. A., Nahas, J., Chmoulevitch, D., Cropper, S. J., & Webb, M. E. (2021). "Naming unrelated words predicts creativity", *PNAS Proceedings of the National Academy of Sciences of the United States of America 118*(25), Article e2022340118.

Plucker, J. A. (2022). "The patient is thriving! Current issues, recent advances, and future directions in creativity assessment", *Creativity Research Journal*, DOI: 10.1080/10400419.2022.2110415

Prabhakaran, R., Green, A. E., & Gray, J. R. (2014). "Thin slices of creativity: Using single−word utterances to assess creative cognition", *Behavior Research Methods 46*(3), 641−659.

Rafner, J. Biskjær, M. M., Zana, B., Langsford, S., Bergenholtz, C., Rahimi, S., Carugati, A., Noy, L., & Sherson, J. (2022). "Digital games for creativity assessment: Strengths, weaknesses and opportunities", *Creativity Research Journal 34*(1), 28−54.

Rhodes, M. (1961). "Analysis of creativity", *Phi Delta Kappan 42(7)*, 305 – 310.

Rimm, S., & Davis, G. A. (1976). "GIFT: An instrument for the identification creativity", *Journal of Creative Behavior 10*, 178−182.

Runco, M. A., Abdulla, A. M., Paek, S. H., Al−Jasim, F. A., & Alsuwaidi, H. N. (2016). "Which test of divergent thinking is best?", *Creativity: Theories-Research-Applications 3*(1), 4 – 18.

Runco, M. A., & Acar, S. (2012). "Divergent thinking as an indicator of creative potential", *Creativity research journal 24*(1), 66−75.

Runco, M. A., Millar, G., Acar, S., & Cramond, B. (2010). "Torrance tests of creative thinking as predictors of personal and public achievement: A fifty year follow up", *Creativity Research Journal 22*(4), 361 – 368.

Runco, M. A., Okuda, S. M., & Thurston, B. J. (1987). "The psychometric properties of four systems for scoring divergent thinking tests", *Journal of Psychoeducational Assessment 5*, 149 – 156.

Runco, M. A., Plucker, J. A., & Lim, W. (2000−2001). "Development and psychometric integrity of a measure of ideational behavior", *Creativity Research Journal 13*(3 – 4), 393 – 400.

Runco, M. A., Walczyk, J. J., Acar, S., Cowger, E. L., Simundson, M., & Tripp, S. (2014). "The incremental validity of a short form of the ideational behavior scale and usefulness of distractor, contraindicative, and lie scales", *The Journal of Creative Behavior 48*(3), 185 – 197.

Said−Metwaly, S., Taylor, C. L., Camarda, A., & Barbot, B. (2022). "Divergent thinking and creative achievement−How strong is the link? An updated meta−analysis", *Psychology of Aesthetics, Creativity, and the Arts*, Advance online publication.

Saltelli, A., & Villalba, E. (2009). "How about composite indicators?", In E. Villalba (Ed.), *Measuring creativity* (pp. 17−24). Luxembourg: EU.

Sawyer, R. K. (2012). *Explaining creativity: The science of human innovation* (2nd ed.). Oxford University Press.

Schoen, J. L., Bowler, J. L., & Schilpzand, M. C. (2018). "Conditional Reasoning Test for creative personality: Rationale, theoretical development, and validation", *Journal of Management 44*(4), 1651−1677.

Sen, S. (2022). "A reliability generalization meta−analysis of Runco Ideational Behavior Scale", *Creativity Research Journal 34*(2), 178−194.

Silvia, P. J. (2011). "Subjective scoring of divergent thinking: Examining the reliability of unusual uses, instances, and consequences tasks", *Thinking Skills and Creativity 6*(1), 24−30.

Silvia, P. J. (2015). "Intelligence and creativity are pretty similar after all", *Educational Psychology Review 27*(4), 599 − 606.

Silvia, P. J., Martin, C., & Nusbaum, E. C. (2009). "A snapshot of creativity: Evaluating a quick and simple method for assessing divergent thinking", *Thinking Skills and Creativity 4*(2), 79 − 85.

Silvia, P. J., Wigert, B., Reiter−Palmon, R., & Kaufman, J. C. (2012). "Assessing creativity with self−report scales: A review and empirical evaluation", *Psychology of Aesthetics, Creativity, and the Arts 6*(1), 19 − 34.

Simonton, D. K. (2013). "What is a creative idea? Little−c versus Big−C creativity", In K. Thomas & J. Chan (Eds.), *Handbook of research on creativity* (pp. 69 − 83). Cheltenham, UK: Edward Elgar Publishing Limited.

Sternberg, R. J. (1985). *Beyond IQ: A triarchic theory of intelligence.* Cambridge University Press.

Sternberg, R. J. (2009). "The Rainbow and Kaleidoscope Projects: A new psychological approach to undergraduate admissions". *European Psychologist 14*(4), 279 − 287.

Sternberg, R. J., Bonney, C. R., Gabora, L., Jarvin, L., Karelitz, L., Tzur, M., & Coffin, L. (2010). "Broadening the spectrum of undergraduate admissions: The Kaleidoscope Project", *College and University 86*, 2 − 17.

Sternberg, R. J., & The Rainbow Project Collaborators. (2006). "The Rainbow Project: Enhancing the SAT through assessments of analytical, practical, and creative skills", *Intelligence 34*(4), 321 − 350.

Tierney, P., & Farmer, S. M. (2002). "Creative self−efficacy: Its potential antecedents and relationship to creative performance", *Academy of Management Journal 45*(6), 1137 − 1148.

To, M. L., Fisher, C. D., Ashkanasy, N. M., & Rowe, P. A. (2012). "Within− person relationships between mood and creativity", *Journal of Applied Psychology 97*(3), 599 − 612.

Uhlmann, E. L., Leavitt, K., Menges, J. I., Koopman, J., Howe, M., & Johnson, R. E. (2012). "Getting explicit about the implicit: A taxonomy of implicit measures and guide for their use in organizational research", *Organizational Research Methods 15*(4), 553–601.

Urban, K. K. (2005). "Assessing creativity: The Test for Creative Thinking – Drawing Production (TCT–DP)", *International Education Journal 6*(2), 272–280.

Verkuyten, M. (2010). "Multiculturalism and tolerance: An intergroup perspective", In R. J. Crisp (Ed.), *The psychology of social and cultural diversity* (pp. 147–170). Chichester, UK: Wiley–Blackwell.

Wallach, M. A., & Kogan, N. (1965). *Modes of thinking in young children: A study of the creativity-intelligence distinction*. New York: Holt, Reinhart and Winston.

Weisberg, R. W. (2006). *Creativity: Understanding innovation in problem solving, science, invention, and the arts*. New Jersey: John Wiley & Sons.

Weiss, S., Wilhelm, O., & Kyllonen, P. (2021). "An improved taxonomy of creativity measures based on salient task attributes", *Psychology of Aesthetics, Creativity, and the Arts*. Advance online publication.

Welsh, G. S., Gough, H. B., Hall, W. B., & Bradley, P. (1987). *Manual for the Barron-Welsh Art Scale*. Menlo Park, CA: Mindgarden.

Williams, F. E. (1980). *Creativity Assessment Packet (CAP)*. DOK Publishers.

Wu, C.–L., Huang, S.–Y., Chen, P.–Z., & Chen, H.–C. (2020). "A systematic review of creativity–related studies applying the remote associates test from 2000 to 2019", *Frontiers in Psychology 11*, Article 573432.

Yörük, S., & Sen, S. (2022). "A reliability generalization meta–analysis of the Creative Achievement Questionnaire", *Creativity Research Journal*, DOI: 10.1080/10400419.2022.2148073

Zhang, X., & Bartol, K. M. (2010). "Linking empowering leadership and employee creativity: The influence of psychological empowerment, intrinsic motivation, and creative process engagement", *Academy of Management Journal 53*(1), 107–128

Zeng, L., Proctor, R. W., & Salvendy, G. (2011). "Can traditional divergent thinking tests be trusted in measuring and predicting real–world creativity?", *Creativity Research Journal 23*(1), 24–37.

Zhou, J., & George, J. M. (2001). "When job dissatisfaction leads to creativity:

Encouraging the expression of voice", *Academy of Management Journal 44*(4), 682‒696.

5장

김명철, 민경환 (2013). 「창조성의 사회적 환경: 한국 현대 소설과 회화 영역에 대한 역사측정학 연구」, 《한국심리학회지: 사회 및 성격》 27(4), 29‒46.

김주환 (2011). 『회복탄력성』, 위즈덤하우스.

김해성, 한기순 (2014). 「초등학생의 창의성 발달 경향 분석: 확산적 사고, 창의적 인성, 창의적 효능감을 중심으로」, 《창의력교육연구》 14(2), 55‒74.

유무수 (2022). 「두 개 이상 콘서트 보고 리포트 쓰는 예비과학자」, 《교수신문》 (2022.02.11.). https://www.kyosu.net/news/articleView. html?idxno=84574

이성민 (2021a). 「노벨 과학상의 핵심연구와 수상연령」, 《NRF R&D Brief》 2021‒7호 (2021.05.17.)

이성민 (2021b). 「노벨상 과학상 수상자 통계분석」, 《NRF R&D Brief》, 2021‒10 호 (2021.06.03.)

장재윤 (2018). 『문화적 다양성과 창의성』(아산재단 연구총서). 서울: 집문당.

정민 (2004). 『미쳐야 미친다: 조선 지식인의 내면 읽기』. 서울: 푸른역사.

Alabbasi, A. M. A., Tadik, H., Acar, S., & Runco, M. A. (2021). "Birth order and divergent thinking: A meta‒analysis", *Creativity Research Journal 33*(4), 331‒346.

Albert, R. S. (1980). "Family positions and the attainment of eminence: A study of special family positions and special family experiences", *Gifted Child Quarterly 24*, 87‒95.

Albert, R. S., Runco, M. A. (1989). "Independence and cognitive ability in gifted and exceptionally gifted boys", *Journal of Youth Adolescence 18*, 221‒230.

Altus, W. D. (1965). "Birth order and academic primogeniture", *Journal of Personality and Social Psychology 2*(6), 872‒876.

Artistico, D., Cervone, D., & Pezzuti, L. (2003). "Perceived self‒efficacy and everyday problem solving among young and older adults", *Psychology and Aging 18*(1), 68‒79.

Baer, M., Oldham, G. R., Hollingshead, A. B., & Jacobsohn, G. C. (2005). "Revisiting the birth order‒creativity connection: The role of sibling constellation", *Creativity Research Journal 17*(1), 67‒77.

Barbot, B., & Eff, H. (2019). "The genetic basis of creativity: A multivariate approach", In J. C. Kaufman & R. J. Sternberg (Eds.), *The Cambridge handbook of creativity* (pp. 132 – 147). Cambridge University Press.

Barbot, B., Lubart, T. I., & Bescançon, M. (2016). "Peaks, slumps, and bumps: Individual differences in the development of creativity in children and adolescents", *Perspectives on creativity development. New directions for child and adolescent development 151*, 33 – 45.

Barron, F. (1972). *Artists in the making.* NY: Seminar Press.

Beghetto, R. A. (2006). "Creative self-efficacy: Correlates in middle and secondary students", *Creativity Research Journal 18*, 447 – 457.

Beghetto, R. A. & Kaufman, J. C. (2007). "Toward a broader conception of creativity: A case for "mini-c" creativity", *Psychology of Aesthetics, Creativity, and the Arts 1*, 73 – 79.

Berry, C. (1981). "The Nobel scientists and the origins of scientific achievement", *British Journal of Sociology 32*, 381 – 391.

Binnewies, C., Ohly, S., & Niessen, C. (2008). "Age and creativity at work: The interplay between job resources, age and idea creativity", *Journal of Managerial Psychology 23*, 438 – 457.

Blanchard-Fields, F., Mienaltowski, A., & Seay, R. B. (2007). "Age differences in everyday problem-solving effectiveness: Older adults select more effective strategies for interpersonal problems", *Journal of Gerontology: Series B: Psychological Sciences and Social Sciences 62*, 61 – 64

Bliss, W. D. (1970). "Birth order of creative writers", *Journal of Individual Psychology 26*, 200–202.

Brown, F. (1968). "Bereavement and lack of a parent in childhood", In E. Miller (Ed.), *Foundations of child psychiatry* (pp. 435–455). Oxford, England: Pergamon.

Cattell, R. B. (1963). "Theory of fluid and crystallized intelligence: A critical experiment", *Journal of Educational Psychology 54*, 1 – 22.

Clark, R. D., & Rice, G. A. (1982). "Family constellations and eminence: The birth orders of Nobel Prize winners", *The Journal of Psychology 110*(2), 281 – 287.

Clynes, M., Corbett, A. & Overbaugh, J. (2019). "Why we need good mentoring", *Nature Reviews Cancer 19*, 489 – 493.

Cohen, G. D. (2000). *The creative age: Awakening human potential in the second half of life.* New York: Avon Books.

Cohen, G. D., Perlstein, S., Chapline, J., Kelly, J., Firth, K. M., & Simmens, S. (2006). "The impact of professionally conducted cultural programs on the physical health, mental health, and social functioning of older adults", *The Gerontologist 46*, 726 – 734.

Cole, J. R., & Cole, S. (1972). "The Ortega hypothesis: Citation analysis suggests that only a few scientists contribute to scientific progress", *Science 178*(4059), 368–375.

Csikszentmihalyi, M. (1997). *Creativity: Flow and the psychology of discovery and invention*. HarperCollins Publishers.(『창의성의 즐거움』, 노혜숙 역, 더난출판사)

de Manzano, Ö., & Ullén, F. (2018). "Genetic and environmental influences on the phenotypic associations between intelligence, personality, and creative achievement in the arts and sciences", *Intelligence 69*, 123 – 133.

Dennis, W. (1954). "Review of age and achievement", *Psychological Bulletin 51*, 306–308.

DeYoung, C. G., Cicchetti, D., Rogosch, F. A., Gray, J. R., Eastman, M., & Grigorenko, E. L. (2011). "Sources of cognitive exploration: Genetic variation in the prefrontal dopamine system predicts Openness/Intellect", *Journal of Research in Personality 45*(4), 364–371.

Dietrich, A., & Srinivasan, N. (2007). "The optimal age to start a revolution", *Journal of Creative Behavior 41*(1), 339–351.

Eisenstadt, J. M. (1978). "Parental loss and genius", *American Psychologist 33*, 211 – 223.

Ericsson, K. A. (2016). "Summing up hours of any type of practice versus identifying optimal practice activities: Commentary on Macnamara, Moreau, & Hambrick (2016)", *Perspectives on Psychological Science 11*(3), 351 – 354.

Ericsson, K. A., Krampe, R. T., & Tesch-Römer, C. (1993). "The role of deliberate practice in the acquisition of expert performance", *Psychological Review 100*(3), 363 – 406.

Ericsson, A., & Pool, R. (2016). *Peak: Secrets from the new science of expertise*. Boston: Houghton Mifflin Harcourt.

Feist, G. J. (1993). "A structural model of scientific eminence", *Psychological Science 4*, 366 – 371.

Feist, G. J. (1998). "A meta-analysis of personality in scientific and artistic creativity", *Personality and Social Psychology Review 2*, 290 – 309.

Feist, G. J. (2007). "An evolutionary model of artistic and musical creativity", In C. Martindale, P. Locher, & V. M. Petrov (eds.), *Evolutionary and neurocognitive approaches to aesthetics, creativity, and the arts* (pp. 15 – 30). Amityville, NY: Baywood Publishing.

Galenson, D. W. (2006). *Old masters and young geniuses: The two life cycles of artistic creativity*. Princeton: Princeton University Press.

Gardner, H. (1993). *Creating minds: An anatomy of creativity seen through the lives of Freud, Einstein, Picasso, Stravinksy, Eliot, Graham, and Gandhi*. Basic Books. (『열정과 기질』, 임재서 역, 북서넛)

Gladwell, M. (2008). *Outliers: The story of success*. Little, Brown and Company. (『아웃라이어』, 노정태 역, 김영사)

Goertzel, V., Goertzel, M. G. (1962). *Cradles of eminence*. Boston, Little Brown.

Goertzel, M. G., Goertzel, V., & Goertzel, T. G. (1978). *Three hundred eminent personalities*. San Francisco, Jossey—Bass.

Hambrick, D. Z., Campitelli, G., & Macnamara, B. N. (Eds.). (2017). *The science of expertise: Behavioral, neural, and genetic approaches to complex skill*. Taylor & Francis.

Hawley—Dolan, A., & Winner, E. (2011). "Seeing the mind behind the art: People can distinguish abstract Expressionist paintings from highly similar paintings by children, chimps, monkeys, and elephants", *Psychological Science 22*(4), 435 – 441.

Hayes, J. R. (1989). *The complete problem solver* (2nd ed). Hillsdale, NJ: Erlbaum.

He, W. J. & Wong, W. C. (2015). "Creativity slump and school transition stress: A sequential study from the perspective of the cognitive—relational theory of stress", *Learning and Individual Differences 43*, 185 – 190.

Hermelin, ☒. (2001). *Bright splinters of the mind: a personal story of research with autistic savants*. London, UK: Jessica Kingsley Press

Hertler, S. C. (2017). "Beyond birth order: The biological logic of personality variation among siblings", *Cogent Psychology 4*(1), Article 1325570.

Hoffmann, J. & Russ, S. (2012). "Pretend play, creativity and emotion regulation", *Psychology of Aesthetics, Creativity, and the Arts 6*, 175 – 184.

Hui, A. N. N. (2013). "Creativity & leisure: An activity and engagement perspective", *Journal of Nutrition, Health and Aging 17*(Suppl. 1), S125.

Hui, A. N. N., He, M. W. J., & Wong, W.—C. (2019). "Understanding the development of creativity across the life span", In J. C. Kaufman & R. J. Sternberg (Eds.), *The Cambridge handbook of creativity* (pp. 69‒87). Cambridge University Press.

Isaacson, W. (2011). *Steve Jobs*. Simon & Schuster. (『스티브 잡스』, 안진환 역, 민음사)

Jaquish, G. A., & Ripple, R. E. (1981). "Cognitive creative abilities and self‒esteem across the adult life‒span", *Human Development 24*(2), 110‒119.

Kandler, C., Riemann, R., Angleitner, A., Spinath, F. M., Borkenau, P., Penke, L. (2016). "The nature of creativity: The roles of genetic factors, personality traits, cognitive abilities, and environmental sources", *Journal of Personality and Social Psychology 111*(2), 230‒249.

Kaufman S. B. (2016). "Creativity is much more than 10,000 hours of deliberate practice", *Scientific American*. retrieved from https://blogs.scientificamerican.com/beautiful‒minds/creativity‒is‒much‒more‒than‒10‒000‒hours‒of‒deliberate‒practice/

Kaufman, S. B., & Gregoire, C. (2015). *Wired to create: Unraveling the mysteries of the creative mind*. New York, NY: Perigee. (『창의성을 타고나다』, 정미현 역, 클레마지크)

Kyaga, S., Lichtenstein, P., Boman, M., Hultman, C., Långström, N., & Landén, M. (2011). "Creativity and mental disorder: Family study of 300 000 people with severe mental disorder", *The British Journal of Psychiatry 199*(5), 373‒379.

Kleibeuker, S. W., De Dreu, C. K., & Crone, E. A. (2013). "The development of creative cognition across adolescence: Distinct trajectories for insight and divergent thinking", *Developmental Science 16*(1), 2‒12.

Krebs, H. A. (1967). "The making of a scientist", *Nature 215*, 1441‒1445.

Kuhn, T.S. (1970). *The structure of scientific revolutions* (2nd ed.). Chicago: University of Chicago Press.

Lehman, H. C. (1953). *Age and achievement*. Princeton, N J: Princeton University Press.

Li, W. H., Luo, J‒h., De Sisto, M., & Bartram, T. (2021). "Born to rebel? The owner birth order and R&D investments in Chinese family firms", *Journal of Product Innovation Management 38*, 421‒446.

Lindauer, M. S. (2003). *Aging, creativity, and art: A positive perspective on late-life development*. Kluwer Academic/Plenum Publishers.

Liu, T., & Damian, R. I. (2022). "Are androgynous people more creative than gender conforming people?", *Psychology of Aesthetics, Creativity, and the Arts*. Advance online publication.

Lyubomirsky, S. (2007). *The how of happiness: A scientific approach to getting the life you want*. Penguin Press. (『How to be happy 행복도 연습이 필요하다』, 오혜경 역, 지식노마드)

Macnamara, B. N., Hambrick, D. Z., Oswald, F. L. (2014). "Deliberate practice and performance in music, games, sports, education, and professions: A meta-analysis", *Psychological Science 25*, 1608–1618.

McCann, S. J. H. (2001). "The precocity-longevity hypothesis: Earlier peaks in career achievement predict shorter lives", *Personality and Social Psychology Bulletin 27*(11), 1429–1439.

Macnamara, B. N., Moreau, D., & Hambrick, D. Z. (2016). "The relationship between deliberate practice and performance in sports: A meta-analysis", *Perspectives on Psychological Science 11*(3), 333–350.

McCrae, R. R., Arenberg, D., & Costa, P. T. (1987). "Declines in divergent thinking with age: Cross-sectional, longitudinal, and cross-sequential analyses", *Psychology and Aging 2*(2), 130–137.

Meléndez, J. C., Alfonso-Benlliure, V., Mayordomo, T., & Sales, A. (2016). "Is age just a number? Cognitive reserve as a predictor of divergent thinking in late adulthood", *Creativity Research Journal 28*, 435–441.

Meredith, D., & Kozbelt, A. (2014). "A swan song for the swan-song phenomenon: Multi-level evidence against robust end-of-life effects for classical composers", *Empirical Studies of the Arts 32*(1), 5–25.

Merton, R. K. (1968). "The Matthew effect in science". *Science 159(3810)*, 56–63.

Miller, A. I. (2001). *Einstein Picasso: Space, time, and the beauty that causes havoc*. NY: Basic Books. (『아인슈타인 피카소』, 정영목 역, 작가정신)

Miller, G. F. (2001). "Aesthetic fitness: How sexual selection shaped artistic virtuosity as a fitness indicator and aesthetic preferences as mate choice criteria", *Bulletin of Psychology and the Arts 2*, 20–25.

Nakamura, J., & Csikszentmihalyi, M. (2003). "The motivational sources of creativity as viewed from the paradigm of positive psychology", In L. G. Aspinwall & U. M. Staudinger (Eds.), *A psychology of human strengths: Fundamental questions and future directions for a positive psychology* (pp. 257–269). American Psychological Association.

Ng, T. W. H., & Feldman (2013). "A meta-analysis of the relationships of age and tenure with innovation-related behaviour", *Journal of Occupational and Organizational Psychology 86*(4), 585-616.

Nichols, R .C. (1978). "Twin studies of ability, personality, and interests", *Homo 29*, 158-173.

Nijstad, B. A., De Dreu, C. K., Rietzschel, E. F., & Baas, M. (2010). "The dual pathway to creativity model: Creative ideation as a function of flexibility and persistence", *European Review of Social Psychology 21*(1), 34-77.

Palmiero, M. (2015). "The effects of age on divergent thinking and creative objects production: A cross-sectional study", *High Ability Studies 26*, 93 - 104.

Parisi, J. M., Greene, J. C., Morrow, D. G., & Stine-Morrow, E. A. L. (2007). "The senior odyssey: Participant experiences of a program of social and intellectual engagement", *Activities, Adaptation and Aging 31*, 31 - 49.

Piffer, D., & Hur, Y.-M. (2014). "Heritability of creative achievement", *Creativity Research Journal 26*(2), 151 - 157.

Planck, M. (1950). *Scientific autobiography and other papers*. New York: Philosophical Library.

Reuter, M., Roth, S., Holve, K., & Hennig, J. (2006). "Identification of first candidate genes for creativity: a pilot study", *Brain Research 1069*(1), 190-197.

Reznikoff, M., Domino, G., Bridges, C., & Honeyman, M. (1973). "Creative abilities in identical and fraternal twins", *Behavior Genetics 3*(4), 365 - 377.

Robinson, A. (2010). *Sudden genius? The gradual path to creative breakthroughs*. Oxford University Press.(『천재의 탄생』, 박종성 역, 학고재)

Roe, A. (1952). *The making of a scientist*. New York: Dodd Mead.

Roe, A. (1953). "A psychological study of eminent psychologists and anthropologists, and a comparison with biological and physical scientists", *Psychological Monographs: General and Applied 67*(2), 1 - 55.

Roeling, M. P., Willemsen, G., & Boomsma, D. I. (2017). "Heritability of working in a creative profession", *Behavior Genetics 47*, 298 - 304.

Root-Bernstein, R. S., Bernstein, M., & Garnier, H. (1995). "Correlations between avocations, scientific style, work habits, and professional impact of scientists", *Creativity Research Journal 8*, 115 - 137.

Runco, M. A. (2014). *Creativity: Theories and themes: Research, development, and practice* (2nd Ed.). New York: Academic Press.

Said—Metwaly, S., Fernández—Castilla, B., Kyndt, E. Van den Noortgate, W., & Barbot, B. (2021). "Does the fourth—grade slump in creativity actually exist? A meta—analysis of the development of divergent thinking in school—age children and adolescents", *Educational Psychology Review 33*, 275 – 298.

Sawyer, R. K. (2012). *Explaining creativity: The science of human innovation* (2nd ed.). Oxford University Press.

Schaefer, C. E., & Anastasi, A. (1968). "A biographical inventory for identifying creativity in adolescent boys", *Journal of Applied Psychology 58*, 42 – 48.

Schubert, D. S. P., Wagner, M. E., & Schubert, H. J. P. (1977). "Family constellation and creativity: Firstborn predominance among classical music composers", *Journal of Psychology 95*, 147 – 149.

Schilpp, P. (1951). "Autobiographical notes", In *Albert Einstein: Philosopher-scientist*, pp. 17 – 19.

Shimonaka, Y. & Nakazato, K. (2007). "Creativity and factors affecting creative ability in adulthood and old age", *Japanese Journal of Educational Psychology 55*, 231 – 243.

Simonton, D. K. (1984). "Artistic creativity and interpersonal relationships across and within generations", *Journal of Personality and Social Psychology 46*, 1273 – 1286.

Simonton, D. K. (1986). "Biographical typicality, eminence, and achievement style", *Journal of Creative Behavior 20*, 14 – 22.

Simonton, D. K. (1988). "Age and outstanding achievement: What do we know after a century of research?", *Psychological Bulletin 104*(2), 251 – 267.

Simonton, D. K. (1989). "The swan—song phenomenon: Last—works effects for 172 classical composers", *Psychology and Aging 4*, 42–47.

Simonton, D. K. (1991). "Emergence and realization of genius: The lives and works of 120 classical composers", *Journal of Personality and Social Psychology 61*(5), 829–840.

Simonton, D. K. (1992). "Leaders of American psychology, 1879 – 1967: Career development, creative output, and professional achievement", *Journal of Personality and Social Psychology 62*, 5 – 17.

Simonton, D. K. (1997). "Creative productivity: A predictive and explanatory model of career landmarks and trajectories", *Psychological Review 104*(1), 66–89.

Simonton, D. K. (2000). "Creative development as acquired expertise: Theoretical issues and an empirical test", *Developmental Review 20*(2), 283–318.

Simonton, D. K. (2004a). "Psychology's status as a scientific discipline: Its empirical placement within an implicit hierarchy of the sciences", *Review of General Psychology 8*, 59–67.

Simonton, D. K. (2004b). *Creativity in science: Chance, logic, genius, and zeitgeist.* Cambridge, UK: Cambridge University Press.

Simonton, D. K. (2009). "Varieties of (scientific) creativity: A hierarchical model of domain–specific disposition, development, and achievement", *Perspectives on Psychological Science 4*(5), 441–452.

Simonton, D. K. (2012). "Foresight, insight, oversight, and hindsight in scientific discovery: How sighted were Galileo's telescopic sightings?", *Psychology of Aesthetics, Creativity, and the Arts 6*(3), 243–254.

Simonton, D. K. (2017). "Big–C versus little–c creativity: Definitions, implications, and inherent educational contradictions", In R. Beghetto & B. Sriraman (Eds.), *Creative contradictions in education* (pp. 3–19). New York: Springer.

Stine–Morrow, E. A. L., Parisi, J. M., Morrow, D. G., & Park, D. C. (2008). "The effects of an engaged lifestyle on cognitive vitality: A field experiment", *Psychology and Aging 23*, 778–786.

Sulloway, F. J. (1996). *Born to rebel: Birth order, family dynamics, and creative lives.* NY: Pantheon.

Sulloway, F. J. (2010). "Why siblings are like Darwin's finches: Birth order, sibling competition, and adaptive divergence within the family", In D. M. Buss, & P. H. Hawley (Eds.), *The evolution of personality and individual differences* (pp. 86–119). Oxford: Oxford University Press.

Therivel, W. A. (1998). "Creative genius and the GAM theory of personality: Why Mozart and not Salieri?", *Journal of Social Behavior and Personality 13*, 201–234.

Torrance, E. P. (1968). "A longitudinal examination of the fourth grade slump in creativity", *Gifted Child Quarterly 12*(4), 195–199.

Trapido, D. (2015). "How novelty in knowledge earns recognition: The role of consistent identities", *Research Policy 44*, 1488–1500.

Vinkhuyzen, A. A. E., van der Sluis, S., Posthuma, D., & Boomsma, D. I. (2009). "The heritability of aptitude and exceptional talent across different domains in adolescents and young adults", *Behavior Genetics 39*(4), 380 – 392.

Wang, J., & Shibayama, S. (2022). "Mentorship and creativity: Effects of mentor creativity and mentoring style", *Research Policy 51*, 104451.

Weinberg, B. A., & Galenson, D. W. (2019). "Creative careers: The life cycles of Nobel laureates in economics", *De Economist 167*, 221 – 239.

Werner, E. E. (1995). "Resilience in Development", *Current Directions in Psychological Science 4*(3), 81 – 85.

Winner, E. (1982). *Invented worlds: The psychology of the arts*. Cambridge, MA: Harvard University Press.

Winner, E. (1996). *Gifted children: Myths and realities*. Basic Books.

Zajonc, R. B. (1983). "Validating the confluence model", *Psychological Bulletin 93*, 457–80.

Zhang, W. & Niu, W. H. (2013). "Creativity in the later life: Factors associated with the creativity of the Chinese elderly", *Journal of Creative Behavior 47*, 60 – 76.

Zuckerman, H. (1977). *Scientific elite: Nobel laureates in the United States*. New York: The Free Press.

Zuckerman, H. (1978). "The sociology of the Nobel prize: Further notes and queries: How successful are the Prizes in recognizing scientific excellence?", *American Scientist 66*(4), 420 – 425.

6장

박강수 (2021). 「발견 없는 시대: '학문종말론'에 대한 불안」, 《교수신문》 (2021.08.23.)

이상훈, 오헌석(2015). 「대학교수의 문제발견 과정 연구」, 《아시아교육 연구》 16(1), 159–191.

이준정 (2016). 「인공지능이 발명을 도맡으면 지적재산권은 누구 소유인 가?」, 《이코노믹 리뷰》. https://www.econovill.com/news/articleView. html?idxno=286003

정상혁 (2022). 「글자 입력하니 그림 뚝딱…예술계가 떨고 있다」, 《조선일보》. https://www.chosun.com/culture-life/art-gallery/2022/09/21/5SUOED E2EVAUBMVDS7GITZAML4/

차주경 (2022). 「인공지능, 사진·예술 업계 발칵 뒤집다」, 《IT동아》. https:// v.daum.net/v/20220923081800401

Abdulla, A. M., Paek, S. H., Cramond, B., & Runco, M. A. (2020). "Problem finding and creativity: A meta−analytic review", *Psychology of Aesthetics, Creativity, and the Arts 14*(1), 3 – 14.

Alexandrian, S. (1970). *Surrealist art*. London: Thames and Hudson.

Amabile, T. M. (1996). *Creativity in context*. New York: Westview.

Arnheim, R. (1962). *Picasso's Guernica: The genesis of a painting*. University of California Press.

Ashton, K. (2015). *How to fly a horse: The secret history of creation, invention, and discovery*. Doubleday. (『창조의 탄생』, 이은경 역, 북라이프)

Azoulay, P., Fons−Rosen, C., & Graff Zivin, J. S. (2019). "Does science advance one funeral at a time?", *American Economic Review 109*(8), 2889 – 2920.

Barrett, D. (2001). *The committee of sleep*. Crown House Publishing Limited. (『꿈은 알고 있다』, 이덕남 역, 나무와 숲)

Baumeister, R. F., Bratslavsky, E., Muraven, M., & Tice, D. M. (1998). "Ego depletion: Is the active self a limited resource?", *Journal of Personality and Social Psychology 74*(5), 1252 – 1265.

Berg, J. M. (2014). "The primal mark: How the beginning shapes the end in the development of creative ideas", *Organizational Behavior and Human Decision Processes 125*(1), 1 – 17.

Berkman, E. T. (2020). "The last thing you need to know about ego depletion", *Psychology Today*, Retrieved from https://www.psychologytoday.com/us/blog/the−motivated−brain/202012/the−last−thing−you−need−know−about−ego−depletion?amp

Beveridge, W. I. B. (1957). *The art of scientific investigation*. NY: Random House.

Bilalić, M., McLeod, P., & Gobet, F. (2008). "Inflexibility of experts − Reality or myth? Quantifying the Einstellung effect in chess masters", *Cognitive Psychology 56*, 73 – 102.

Bowden, E. M., & Jung−Beeman, M. (2003). "Aha! insight experience correlates with solution activation in the right hemisphere", *Psychonomic Bulletin & Review 10*, 730 – 737.

Burger, B., Maffettone, P. M., Gusev, V. V., Aitchison, C. M., Bai, Y., Wang, X., Li, X., Alston, B. M., Li, B., Clowes, R., Rankin, N., Harris, B., Sprick, R. S., & Cooper, A. I. (2020). "A mobile robotic chemist", *Nature 583*(7815), 237 – 241.

Cardoso, C. & Badke−Schaub, P. (2011). "The influence of different pictorial representations during idea generation", *Journal of Creative Behavior 45*(2), 130 – 146.

Carson, S. H., Peterson, J. B., & Higgins, D. M. (2005). "Reliability, validity, and factor structure of the creative achievement questionnaire", *Creativity Research Journal 17*, 37 – 50.

Chan, J. & Schunn, C. (2015). "The importance of iteration in creative conceptual combination", *Cognition 145*, 104 – 115.

Chan, J., Fu, K., Schunn, C., Cagan, J., Wood, K., & Kotovsky, K. (2011). "On the benefits and pitfalls of analogies for innovative design: Ideation performance based on analogical distance, commonness, and modality of examples", *Journal of Mechanical Design 133*, 081004.

Chen, B. (2020). "Enhance creative performance via exposure to examples: The role of cognitive thinking style", *Personality and Individual Differences 154*, 109663.

Cheng, P., Mugge, R., & Schoormans, J. P. (2014). "A new strategy to reduce design fixation: Presenting partial photographs to designers", *Design Studies 35*(4), 374 – 391.

Christensen, B. T. & Schunn, C. D. (2007). "The relationship of analogical distance to analogical function and pre−inventive structure: The case of engineering design", *Memory and Cognition 35*, 29 – 38.

Cox, C. M. (1926). *Genetic studies of genius. II. The early mental traits of three hundred geniuses.* Stanford University Press.

Csikszentmihalyi, M. (1990). *Flow: The psychology of optimal experience.* New York: Harper and Row.

de Chantal, P.−L., Zielińska, A., Lebuda, I., & Karwowski, M. (2023, August 17). "How do examples impact divergent thinking? The interplay between associative and executive processes", *Psychology of Aesthetics, Creativity, and the Arts.* Advance online publication.

Di Dio, C., Ardizzi, M., Schieppati, S. V., Massaro, D., Gilli, G., Gallese, V., & Marchetti, A. (2023). "Art made by artificial intelligence: The effect of authorship on aesthetic judgments", *Psychology of Aesthetics, Creativity, and the Arts.* Advance online publication.

Du Sautoy, M. (2019). *The creativity code: Art and innovation in the age of AI.* Cambridge, MA: Belknap (Harvard) Press. (『창조력 코드』, 박유진 역, 북라이프)

Dunbar, K. (1997). "How scientists think: On-line creativity and conceptual change in science", In T. B. Ward, S. M. Smith, & J. Vaid (eds.), *Creative thought: An investigation of conceptual structures and processes* (pp. 461–494). Washington, DC: American Psychological Association

Einstein, A. (1952). *The foundation of the General Theory of Relativity.* NY: Dover.

Einstein, A., & Infeld, L. (1938). *The evolution of physics.* NY: Simon & Schuster.

Ericsson, A., & Pool, R. (2016). *Peak: Secrets from the new science of expertise.* Boston: Houghton Mifflin Harcourt.

Estes, Z. & Ward, T. B. (2002). "The emergence of novel attributes in concept modification", *Creativity Research Journal 14*, 149–156.

Eysenck, H. J. (1995). *Genius: The natural history of creativity.* Cambridge University Press.

Finke, R. A. (1990). *Creative imagery: Discoveries and inventions in visualization.* Lawrence Erlbaum Associates, Inc.

Finke, R. A., Ward, T. B., & Smith, S. M. (1992). *Creative cognition: Theory, research, and applications.* The MIT Press.

Gabora, L. (2011). "An analysis of the blind variation and selective retention theory of creativity", *Creativity Research Journal 23*(2), 155–165.

Gardner, H. (1993). *Creating minds: An anatomy of creativity seen through the lives of Freud, Einstein, Picasso, Stravinksy, Eliot, Graham, and Gandhi.* Basic Books. (『열정과 기질』, 임재서 역, 2004, 북서넛)

Gannett, A. (2018). *The creative curve: How to develop the right idea, at the right time.* Ebury Publishing. (『생각이 돈이 되는 순간』, 이경남 역, 알에이치코리아)

Gentner, D., Brem, S., Ferguson, R., Wolff, P., Markman, A. B., & Forbus, K. (1997). "Analogy and creativity in the works of Johannes Kepler", In T. B. Ward, S. M. Smith, & J. Vaid (eds.), *Creative thought: An investigation of conceptual structures and processes* (pp. 403–460). Washington, DC: American Psychological Association.

George, T., Wiley, J., Koppel, R. H., & Storm, B. C. (2019). "Constraining or constructive? The effects of examples on idea novelty", *Journal of Creative Behavior 53*(3), 396–403.

Gerwig, A., Miroshnik, K., Forthmann, B., Benedek, M., Karwowski, M., & Holling, H. (2021). "The relationship between intelligence and divergent thinking: A meta-analytic update", *Journal of Intelligence 9*(2), 23. https://doi.org/10.3390/jintelligence9020023

Getzels, J. W., & Jackson, P. W. (1962). *Creativity and intelligence: Explorations with gifted students*. New York: Wiley.

Getzels, J. W., & Csikszentmihalyi, M. (1976). *The creative vision: A longitudinal study of problem finding in art*. New York: Wiley.

Girotra, K., Meincke, L., Terwiesch, C., & Ulrich, K. T. (2023). "Ideas are dimes a dozen: Large Language Models for idea generation in innovation", Working Paper, Available at SSRN: https://ssrn.com/abstract=4526071

Gruber, H. E. (1981). *Darwin on man: A psychological study of Scientific creativity* (2nd ed.). University of Chicago Press.

Guilford, J. P. (1967). "Creativity: Yesterday, today and tomorrow", *Journal of Creative Behavior 1*(1), 3–14.

Harris, A. M., Williamson, R. L., & Carter, N. T. (2019). "A conditional threshold hypothesis for creative achievement: On the interaction between intelligence and openness", *Psychology of Aesthetics, Creativity, and the Arts 13*(3), 322–337.

Hearst, E. (1991). "Psychology and nothing", *American Scientist 79*(5), 432–443.

Howard-Jones, P. A., Blakemore, S., Samuel, E. A., Summers, I. R., & Claxton, G. (2005). "Semantic divergence and creative story generation: An fMRI investigation", *Cognitive Brain Research 25*(1), 240–250.

Irving, Z. C., McGrath, C., Flynn, L., Glasser, A., & Mills, C. (2022). "The shower effect: Mind wandering facilitates creative incubation during moderately engaging activities", *Psychology of Aesthetics, Creativity, and the Arts*. Advance online publication.

Isaksen, S. G., & Treffinger, D. J. (1991). "Creative learning and problem solving", In A. L. Costa (Ed.), *Developing minds: Programs for teaching thinking* (Volume 2, pp. 89–93). Alexandria, VA: Association for Supervision and Curriculum Development.

Jansson, D. G., & Smith, S. M. (1991). "Design fixation", *Design Studies 12*, 3–11.

Jauk, E., Benedek, M., Dunst, B., & Neubauer, A. (2013). "The relationship between intelligence and creativity: New support for the threshold hypothesis by means of empirical breakpoint detection", *Intelligence 41*, 212–221.

Kelly, S. D. (2019). "A philosopher argues that an AI can't be an artist", *MIT Technology Review*. https://www.technologyreview.

com/2019/02/21/239489/a−philosopher−argues−that−an−ai−can−never−be−an−artist/

Kim, K. H. (2005). "Can only intelligent people be creative? A meta−analysis", *Journal of Secondary Gifted Education 16*(2−3), 57−66.

Kim, K. H. (2008). "Meta−analyses of the relationship of creative achievement to both IQ and divergent thinking test scores", *The Journal of Creative Behavior 42*(2), 106−130.

Klein, S. (2021). *Wie wir die welt verändern*. German: S. Fischer. (『창조적 사고의 놀라운 역사』, 유영미 역, 어크로스)

Koestler, A. (1964). *The act of creation*. Macmillan.

Kohn, N. & Smith, S. M. (2009). "Partly versus completely out of your mind: Effects of incubation and distraction on resolving fixation", *Journal of Creative Behavior 43*, 102−118.

Kris, E. (1952). *Psychoanalytic explorations in art*. New York: International Universities Press.

Kuhn, T. S. (1970). *The structure of scientific revolution*(2nd ed.). Chicago: University of Chicago Press.

Li, Z., Zhang, Z., Zhang, Y., & Luo, J. (2022). "The incubation effect of creative thinking", *Advances in Psychological Science 30*(2), 291−307.

Lubinski, D., Benbow, C. P., & Kell, H. J. (2014). "Life paths and accomplishments of mathematically precocious males and females four decades later", *Psychological Science 25*(12), 2217−2232.

Lubinski, D., Webb, R. M., Morelock, M. J., & Benbow, C. P. (2001). "Top 1 in 10,000: A 10−year follow−up of the profoundly gifted", *Journal of Applied Psychology 86*(4), 718−729.

Madjar, N., Shalley, C. E. and Herndon, B. (2019). "Taking time to incubate: The moderating role of 'what you do' and 'when you do it' on creative performance", *Journal of Creative Behavior 53*, 377−388.

Marsh, R. L., Landau, J. D., & Hicks, J. L. (1996). "How examples may (and may not) constrain creativity", *Memory and Cognition 24*, 669−680.

Messingschlager, T. V., & Appel, M. (2022). "Creative artificial intelligence and narrative transportation", *Psychology of Aesthetics, Creativity, and the Arts*. Advance online publication.

Miller, A. I. (2019). "Can machines be more creative than humans?", *The Guardian*. https://www.theguardian.com/technology/2019/mar/04/can−

machines—be—more—creative—than—humans

Mobley, M. I., Doares, L. M., & Mumford, M. D. (1992). "Process analytic models of creative capacities: Evidence for the combination and reorganization process", *Creativity Research Journal 5*, 125 – 155.

Mrazek, M. D., Phillips, D. T., Franklin, M. S., Broadway, J. M., & Schooler, J. W. (2013). "Young and restless: validation of the Mind—Wandering Questionnaire(MWQ) reveals disruptive impact of mind—wandering for youth", *Frontiers in Psychology 4*, Article 560.

Mumford, M. D., Mobley, M. I., Uhlman, C. E., Reiter—Palmon, R., & Doares, L. M. (1991). "Process analytic models of creative capacities", *Creativity Research Journal 4*, 91—122.

Okada, T., & Ishibashi, K. (2016). "Imitation, inspiration, and creation: Cognitive process of creative drawing by copying others' artworks", *Cognitive Science 41*(7), 1804—1837.

Olton, R. M. (1979). "Experimental studies of incubation: Searching for the elusive", *Journal of Creative Behaviour 13*, 9 – 22.

Park, M., Leahey, E., & Funk, R. J. (2023). "Papers and patents are becoming less disruptive over time", *Nature 613*, 138—144.

Perkins, D. N. (1981) *The mind's best work*. Cambridge, MA: Harvard University Press.

Popper, K. R. (1959). *The logic of scientific discovery*. Basic Books.

Purcell, A. T. & Gero, J. S. (1996). "Design and other types of fixation", *Design Studies 17*, 363 – 383.

Raichle, M. E. (2015). "The brain's default mode network", *Annual Review of Neuroscience 38*(1), 433—447.

Root—Bernstein, R., & Root—Bernstein, M. (1999). *Sparks of genius: The thirteen thinking tools of creative people*. Houghton, Mifflin and Company. (『생각의 도구』, 박종성 역, 에코의 서재)

Rothenberg, A. (1971). "The process of Janusian thinking in creativity", *Archives of General Psychiatry 24*, 195 – 205.

Samo, A., & Highhouse, S. (2023). "Artificial intelligence and art: Identifying the aesthetic judgment factors that distinguish human—and machine—generated artwork", *Psychology of Aesthetics, Creativity, and the Arts*. Advance online publication.

Sawyer, R. K., John—Steiner, V., Moran, S., Sternberg, R. J., Feldman, D. H.,

Nakamura, J., & Csikszentmihalyi, M. (2003). *Creativity and Development: The development of creativity as a decision-making process.* NY: Oxford University Press.

Segal, E. (2004). "Incubation in insight problem solving", *Creativity Research Journal 16,* 141–148.

Seifert, C. M., Meyer, D. E., Davidson, N., Patalano, A. L., & Yaniv, I. (1995). "Demystification of cognitive insight: Opportunistic assimilation and the prepared-mind perspective", In R. J. Sternberg & J. E. Davidson (Eds.), *The nature of insight* (pp. 65–124). Cambridge, MA: MIT Press.

Shank, D. B., Stefanik, C., Stuhlsatz, C., Kacirek, K., & Belfi, A. M. (2022). "AI composer bias: Listeners like music less when they think it was composed by an AI", *Journal of Experimental Psychology: Applied.* Advance online publication.

Silvia, P. J. (2008a). "Creativity and intelligence revisited: A latent variable analysis of Wallach and Kogan", *Creativity Research Journal 20*(1), 34–39.

Silvia, P. J. (2008b). "Another look at creativity and intelligence: Exploring higher-order models and probable confounds", *Personality and Individual Differences 44,* 1012–1021.

Simonton, D. K. (1999). *Origins of genius: Darwinian perspectives on creativity.* Oxford University Press.

Simonton, D. K. (2007). "The creative process in Picasso's Guernica sketches: Monotonic improvements versus nonmonotonic variants", *Creativity Research Journal 19,* 329–344.

Sio, U. N., & Ormerod, T. C. (2009). "Does incubation enhance problem solving? A meta-analytic review", *Psychological Bulletin 135,* 94–120.

Smith, S. M., & Blankenship, S. E. (1989). "Incubation effects", *Bulletin of the Psychonomic Society 27*(4), 311–314.

Smith, S. M., Ward, T. B., & Schumacher, J. S. (1993). "Constraining effects of examples in a creative generation task", *Memory and Cognition 21,* 837–845.

Sobel, R. S., & Rothenberg, A. (1980). "Artistic creation as stimulated by superimposed versus separated visual images", *Journal of Personality and Social Psychology 39*(5), 953–961.

Sternberg, R. J. (1985). *Beyond IQ: A triarchic theory of human intelligence.* Cambridge University Press.

Sternberg, R. J., & O'Hara, L. A. (1999). "Creativity and intelligence", In R. J. Sternberg (Ed.), *Handbook of creativity* (pp. 251–272). Cambridge: Cambridge University Press.

Tierney, J. (2010, June 29). "Discovering the virtues of a wandering mind", *The New York Times* (Findings column). http://www.nytimes.com/2010/06/29/science/29tier.html?refscience&pagewantedall&_r0

Wagner, A. (2019). *Life finds a way: What evolution teaches us About creativity*. Basic books. (『진화와 창의성』, 우진하 역, 문학사상)

Walberg, H. J., & Zeiser, S. (1997). "Productivity, accomplishment, and eminence", In N. Colangelo & G. A. Davis (Eds.), *Handbook of gifted education* (2nd ed., pp. 328–334). Boston, MA: Allyn and Bacon.

Wallas, G. (1926). *The art of thought*. New York: Harcourt, Brace & Company.

Wallach, M. A., & Kogan, N. (1965). *Modes of thinking in young children: A study of the creativity-intelligence distinction*. New York: Holt, Rinehart, & Winston.

Watzlawick, P., Weakland, J. H., & Fisch, R. (1974). *Change: Principles of problem formation and problem solution*. New York: W.W. Norton.

Ward, T. B. (1994). "Structured imagination: The role of conceptual structure Ill Exemplar generation", *Cognitive Psychology 27*, 1–40.

Ward, T. B. (2008). "The role of domain knowledge in creative generation", *Learning and Individual Differences 18*(4), 363–366.

Ward, T. B., Finke, R. A., & Smith, S. M. (1995). *Creativity and the mind: Discovering the genius within*. Plenum Press.

Ward, T. B., Patterson, M. J., & Sifonis, C. M. (2004). "The role of specificity and abstraction in creative idea generation", *Creativity Research Journal 16*(1), 1–9.

Ward, T. B., Patterson, M. J., Sifonis, C. M., Dodds, R. A., & Saunders, K. N. (2002). "The role of graded category structure in imaginative thought", *Memory and Cognition 30*, 199–216.

Ward, T. B. & Wickes, K. N. S. (2009). "Stable and dynamic properties of graded category structure in imaginative thought", *Creativity Research Journal 21*, 15–23.

Weisberg, R. W. (1993). *Creativity: Beyond the myth of genius*. New York: Freeman.

Weiss, S., Steger, D., Schroeders, U., & Wilhelm, O. (2020). "A reappraisal of the threshold hypothesis of creativity and intelligence", *Journal of Intelligence*

8(4), 38. https://doi.org/10.3390/jintelligence8040038

Welter, M. M., Jaarsveld, S., van Leeuwen, C., & Lachmann, T. (2016). "Intelligence and creativity: Over the threshold together?", *Creativity Research Journal 28*(2), 212–218.

Wertheimer, M. (1945). *Productive thinking*. Harper.

Wilkenfeld, M. J. & Ward, T. B. (2001). "Similarity and emergence in conceptual combination", *Journal of Memory and Language 45*, 21–38.

Wingström, R., Hautala, J., & Lundman, R. (2022). "Redefining creativity in the era of AI? Perspectives of computer scientists and new media artists", *Creativity Research Journal*, Advance online publication.

Yi, X., Plucker, J. A., & Guo, J. (2015). "Modeling influences on divergent thinking and artistic creativity", *Thinking Skills and Creativity 16*, 1662–1668.

Yuan, H., Lu, K., Jing, M., Yang, C., Hao, N. (2022). "Examples in creative exhaustion: The role of example features and individual differences in creativity", *Personality and Individual Differences 189*, 111473.

Zeng, L., Proctor, R. W., & Salvendy, G. (2011). "Fostering creativity in product and service development: Validation in the domain of information technology", *Human Factors 53*(3), 245–270.

7장

구현정 (2018). 「유머에 관한 인지적 접근 – 불일치 이론을 중심으로」, 《한말연구》 49, 5–34.

보건복지부 (2021). 「2021년 정신건강실태조사 결과 발표」, 12월 27일 보도자료.

윤무진 (2023). 「작곡가의 우울증」, 《월간 SPO》 5월호. 서울 시향

장영희 (2005). 「문학의 숲을 거닐다」. 샘터.

장재윤, 서희영, 김소정 (2023). 「한국 성인들의 창의성 신화에 대한 믿음의 현황 및 관련 변인 탐색」, 《한국심리학회지: 일반》 42(2), 87–118.

정민 (2004). 「미쳐야 미친다: 조선 지식인의 내면 읽기」. 서울: 푸른역사.

최영건, 신현정 (2015). 「유머텍스트 처리에서 스키마의 활성화 과정」, 《한국콘텐츠학회논문지》 15(9), 425–435.

최재천 (2012). 「다윈 지능」. 사이언스북스.

Acar, S., & Sen, S. (2013). "A multilevel meta-analysis of the relationship between creativity and schizotypy", *Psychology of Aesthetics, Creativity, and the Arts 7*(3), 214–228.

Adam, D. (2013). "Mental health: On the spectrum", *Nature 496*(7446), 416 – 418.

Andreasen, C. N. (1987). "Creativity and mental illness: Prevalence rates in writers and their first−dregree relative", *The American Journal of Psychiatry 144*(10), 1288 – 1292.

Baas, M., Nijstad, B. A., Boot, N. C., & De Dreu, C. K. W. (2016). "Mad genius revisited: Vulnerability to psychopathology, biobehavioral approach−avoidance, and creativity", *Psychological Bulletin 142*(6), 668 – 692.

Barrick, M. R., Mount, M. K., & Gupta, R. (2003). "Meta−analysis of the relationship between the five−factor model of personality and Holland's occupational types", *Personnel Psychology 56*(1), 45 – 74.

Barron, F. (1963). *Creativity and psychological health*. D. Van Nostrand.

Barron, F., & Harrington, D. M. (1981). "Creativity, intelligence, and personality", *Annual Review of Psychology 32*, 439 – 476.

Batey, M., Chamorro−Premuzic, T., & Furnham, A. (2010). "Individual differences in ideational behavior: Can the big five and psychometric intelligence predict creativity scores?", *Creativity Research Journal 22*(1), 90 – 97.

Beghetto, R. A., Karwowski, M., & Reiter−Palmon, R. (2021). "Intellectual risk taking: A moderating link between creative confidence and creative behavior?", *Psychology of Aesthetics, Creativity, and the Arts 15*(4), 637 – 644.

Bem, S. L. (1974). "The measurement of psychological androgyny", *Journal of Consulting and Clinical Psychology 42*(2), 155 – 162.

Campbell, D. T. (1960). "Blind variation and selective retention in creative thought as in other knowledge processes", *Psychological Review 67*, 380 – 400.

Carson S. H. (2011). "Creativity and psychopathology: A shared vulnerability model", *Canadian Journal of Psychiatry 56*(3), 144−153.

Carson, S. H., Peterson, J. B., & Higgins, D. M. (2003). "Decreased latent inhibition is associated with increased creative achievement in high−functioning individuals", *Journal of Personality and Social Psychology 85*(3), 499 – 506.

Chen, C−H., Chen, H−C., & Roberts, A. M. (2019). "Why humor enhances creativity from theoretical explanations to an empirical humor training program: Effective "Ha—Ha" helps people to "A—Ha"", In S. R. Luria, J. Baer, & J. C. Kaufman (Eds.), *Explorations in Creativity Research: Creativity and Humor* (pp. 83—108). Academic Press.

Christensen, B. T., Drewsen, L. K., & Maaløe, J. (2014). "Implicit theories of the personality of the ideal creative employee", *Psychology of Aesthetics, Creativity, and the Arts 8*(2), 189 – 197.

Crutchfield, R. S. (1955). "Conformity and character", *American Psychologist 10*(5), 191 – 198.

Csikszentmihalyi, M. (1997). *Creativity: Flow and the psychology of discovery and invention*. HarperCollins Publishers.(『창의성의 즐거움』, 노혜숙 역, 더난출판사)

Davis, G. A. (2004). *Creativity is forever* (5th ed.). Dubuque, IA: Kendall Hunt Publishing.

Deci, E. L. (1975). *Intrinsic motivation*. Plenum Press.

DeYoung, C. G. (2006). "Higher—order factors of the Big Five in a multi—informant sample", *Journal of Personality and Social Psychology 91*(6), 1138 – 1151.

DeYoung, C. G. (2013). "The neuromodulator of exploration: A unifying theory of the role of dopamine in personality", *Frontiers in Human Neuroscience 7*, Article 762.

Eysenck, H. J. (1995). *Genius: The natural history of creativity* (Vol. 12). Cambridge University Press.

Feist, G.J. (1998). "A meta—analysis of personality in scientific and artistic creativity", *Personality and Social Psychology Review 2*, 290 – 309.

Feist, G. J. (2006). "How development and personality influence scientific thought, interest, and achievement", *Review of General Psychology 10*(2), 163 – 182.

Feist, G. J. (2012). "Affective states and affective traits in creativity: Evidence for non—linear relationships", In M. A. Runco (Ed.), *The creativity research handbook* (Vol. 3, pp. 61 – 102). Hampton Press.

Feist, G. J., Dostal, D., & Kwan, V. (2022). "Psychopathology in world—class artistic and scientific creativity", *Psychology of Aesthetics, Creativity, and the Arts*. Advance online publication.

Ferrari, J. R., & Tice, D. M. (2000). "Procrastination as a self—handicap for men and women: A task—avoidance strategy in a laboratory setting", *Journal of*

Research in Personality 34, 73–83.

Gardner, H. (1993). *Creating minds: An anatomy of creativity seen through the lives of Freud, Einstein, Picasso, Stravinksy, Eliot, Graham, and Gandhi*. Basic Books. (『열정과 기질』, 임재서 역, 북서닛)

George, J. M., & Zhou, J. (2001). "When openness to experience and conscientiousness are related to creative behavior: An interactional approach", *Journal of Applied Psychology 86*(3), 513 – 524.

Gertner, J. (2012). *The idea factory: Bell Labs and the great age of American innovation*. Penguin Press. (『벨 연구소 이야기』, 정향 역, 살림Biz)

Giancola, M., Palmiero, M., & D'Amico, S. (2022b). "Field dependent – independent cognitive style and creativity from the process and product–oriented approaches: A systematic review", *Creativity Studies 15*(2), 542– 559.

Giancola, M., Palmiero, M., Piccardi, L., & D'Amico S. (2022a). "The relationships between cognitive styles and creativity: The role of field dependence–independence on visual creative production", *Behavioral Sciences 12*(7), 212.

Gino, F. (2018). "The business case for curiosity", *Harvard Business Review 96*(5), 48 – 57.

Goldberg, E. (2018). Creativity: The human brain in the age of innovation. Oxford University Press. (『창의성』, 김미선 역, 시그마북스)

Grant, A. (2016). *Originals: How non-conformists move the world*. Viking. (『오리지널스』, 홍지수 역, 한국경제신문사).

Hornberg, J., & Reiter–Palmon, R. (2017). "Creativity and the big five personality traits: Is the relationship dependent on the creativity measure?", In G. J. Feist, R. Reiter–Palmon, & J. C. Kaufman (Eds.), *The Cambridge handbook of creativity and personality research* (pp. 275 – 293). Cambridge University Press.

Huo, T., Li, Y., Zhuang, K., Song, L., Wang, X., Ren, Z., Liu, Q., Yang, W., & Qiu, J. (2020). "Industriousness moderates the link between default mode network subsystem and creativity", *Neuroscience 427*, 92–104.

Ivcevic, Z., & Mayer, J. D. (2009). "Mapping dimensions of creativity in the life-space", *Creativity Research Journal 21*(2–3), 152 – 165.

Jamison, K. R. (1993). *Touched with fire: Manic-depressive illness and the artistic temperament*. Free Press.

Johnson, S. L., Murray, G., Fredrickson, B., Youngstrom, E. A., Hinshaw, S., Bass, J. M., Deckersbach, T., Schooler, J., & Salloum, I. (2012). "Creativity and bipolar disorder: touched by fire or burning with questions?", *Clinical Pychology Review 32*(1), 1-12.

Karwowski, M., Lebuda, I., & Beghetto, R. (2019). "Creative self-beliefs", In J. C. Kaufman & R. J. Sternberg (Eds.), *The Cambridge Handbook of Creativity* (pp. 396-417). Cambridge University Press.

Kashdan, T. B., Disabato, D. J., Goodman, F. R., & McKnight, P. E. (2020). "The Five-Dimensional Curiosity Scale Revised (5DCR): Briefer subscales while separating overt and covert social curiosity", *Personality and Individual Differences 157*, Article 109836.

Kaufman, J. C. (2001). "The Sylvia Plath effect: Mental illness in eminent creative writers", *Journal of Creative Behavior 35*(1), 37-50.

Kaufman, J. C. (2016). *Creativity 101* (2nd Ed.). Springer. (『창의성 101』, 김정희 역, 학지사)

Kinney, D., & Richards, R. (2017). "Creativity as "compensatory advantage": bipolar and schizophrenic liability, the inverted-U hypothesis, and practical implications", In J. C. Kaufman (Ed.), *Creativity and mental illness* (pp. 295-317). Cambridge University Press.

Ko, Y., & Kim, J. (2008). "Scientific geniuses' psychopathology as a moderator in the relation between creative contribution types and eminence", *Creativity Research Journal 20*(3), 251-261.

Koestler, A. (1964). *The act of creation.* Macmillan.

Kyaga, S., Lichtenstein, P., Boman, M., Hultman, C. M., Långström, N., & Landén, M. (2011). "Creativity and mental disorder: Family study of 300 000 people with severe mental disorder", *British Journal of Psychiatry 199*, 373-379.

Larson, L. M., Rottinghaus, P. J., & Borgen, F. H. (2002). "Meta-analyses of Big Six interests and Big Five personality factors", *Journal of Vocational Behavior 61*, 217-239.

Lewis, R. (2013). "Controversies in psychiatric diagnosis: what is a mental disorder? And when are irrational beliefs delusional?", *Skeptic* [Altadena, CA] 18(4), 32+.

Liu, T., & Damian, R. I. (2022). "Are androgynous people more creative than gender conforming people?", *Psychology of Aesthetics, Creativity, and the Arts.*

Advance online publication.

Lotka, A. J. (1926). "The frequency distribution of scientific productivity", *Journal of Washington Academy Sciences 16*, 317 – 323.

Loewenstein, G. (1994). "The psychology of curiosity: A review and reinterpretation", *Psychological Bulletin 116*(1), 75 – 98.

Ludwig, A. M. (1995). *The price of greatness: Resolving the creativity and madness controversy*. NY: Guilford Press. (『천재인가 광인인가』, 김정휘 역, 이화여대 출판부)

Ludwig, A. (1998). "Method and madness in the arts and sciences", *Creativity Research Journal 11*(2), 93 – 101.

Luria, A. R. (1968). *The mind of a mnemonist*. Basic Books. (『모든 것을 기억하는 남자』, 박중서 역, 갈라파고스)

MacKinnon, D. W. (1962). *In search of human effectiveness*. Buffalo, NY: Creative Education Foundation.

Martín-Brufau, R., & Corbalán, J. (2016). "Creativity and psychopathology: Sex matters", *Creativity Research Journal 28*(2), 222 – 228.

Miller, A. L. (2007). "Creativity and cognitive style: The relationship between field-dependence-independence, expected evaluation, and creative performance", *Psychology of Aesthetics, Creativity, and the Arts 1*(4), 243 – 246.

Mischel, W., & Shoda, Y. (1999). "Integrating dispositions and processing dynamics within a unified theory of personality: The cognitive – affective personality system", In L. A. Pervin & O. P. John (Eds.), *Handbook of personality: Theory and research* (pp. 197 – 218). Guilford Press.

Nolen-Hoeksema, S. (2001). "Gender differences in depression", *Current Directions in Psychological Science 10*(5), 173 – 176.

Paek, S. H., Abdulla, A. M., & Cramond, B. (2016). "A meta-analysis of the relationship between three common psychopathologies—ADHD, anxiety, and depression—and indicators of little-c creativity", *Gifted Child Quarterly 60*(2), 117 – 133.

Perrine, N., & Brodersen, R. (2005). "Artistic and scientific creative behavior: Openness and the mediating role of interests", *Journal of Creative Behavior 39*, 217–236.

Peterson, J. B., & Carson, S. H. (2000). "Latent inhibition and openness to experience in a high-achieving student population", *Personality and*

Individual Differences 28(2), 323–332.

Prentky, R. (1989). "Creativity and psychopathology: Gamboling at the seat of madness", In J. A. Glover, R. R. Ronning, & C. R. Reynolds (Eds.), *Handbook of creativity* (pp. 243–269). Plenum Press.

Raskin, E. A. (1936). "Comparison of scientific and literary ability: A biographical study of eminent scientists and men of letters of the nineteenth century", *The Journal of Abnormal and Social Psychology 31*, 20–35.

Root−Bernstein, R., Allen, L., Beach, L., Bhadula, R., Fast, J., Hosey, C., Kremkow, B., Lapp, J., Lonc, K., & Pawelec, K. (2008). "Arts foster scientific success: Avocations of Nobel, National Academy, Royal Society, and Sigma Xi members", *Journal of the Psychology of Science and Technology 1*, 51–63.

Rothenberg, A. (1990). *The emerging goddess: The creative process in art, science, and other fields*. Chicago, IL: The University of Chicago Press.

Ruch, W., & Heintz, S. (2019). "Humor production and creativity: Overview and recommendations", In S. R. Luria, J. Baer, & J. C. Kaufman (Eds.), *Creativity and humor* (pp. 1–42). Elsevier Academic Press.

Runco, M. A. (2007). *Creativity: Theories and themes: Research, development, and practice*. Amsterdam: Elsevier Academic Press.

Sandblom, P. (1992). *Creativity and disease: How illness affects literature, art, and music*. NY: Marion Boyars. (『창조성과 고통』, 박승숙 역, 아트북스)

Schlesinger, J. (2014). "Building connections on sand: The cautionary chapter", In J. C. Kaufman (Ed.), *Creativity and mental illness* (pp. 60–75). Cambridge University Press.

Schuldberg, D. (1990). "Schizotypal and hypomanic traits, creativity, and psychological health", *Creativity Research Journal 3*(3), 218–230.

Schutte, N. S., & Malouff, J. M. (2020). "A meta−analysis of the relationship between curiosity and creativity", *Journal of Creative Behavior 54*, 940–947.

Shaw, A., Yuan, F. Y., & Clark, M. (2023). "Personality traits as predictors of work creativity: A comparison between self−and other−reports", *Psychology of Aesthetics, Creativity, and the Arts*. Advance online publication.

Silvia, P. J., & Kimbrel, N. A. (2010). "A dimensional analysis of creativity and mental illness: Do anxiety and depression symptoms predict creative cognition, creative accomplishments, and creative self−concepts?", *Psychology of Aesthetics, Creativity, and the Arts 4*(1), 2–10.

Silvia, P. J., Nusbaum, E. C., Berg, C., Martin, C., & O'Connor, A. (2009). "Openness to experience, plasticity, and creativity: Exploring lower-order, high-order, and interactive effects", *Journal of Research in Personality 43*(6), 1087 - 1090.

Simonton, D. K. (1999). *Origins of genius: Darwinian perspectives on creativity*. New York: Oxford University Press.

Simonton, D. K. (2009). "Varieties of (scientific) creativity: A hierarchical model of domain-specific disposition, development, and achievement", *Perspectives on Psychological Science 4*(5), 441-452.

Simonton, D. K. (2014a). "More method in the mad-genius controversy: A historiometric study of 204 historic creators", *Psychology of Aesthetics, Creativity, and the Arts 8*(1), 53 - 61.

Simonton, D. K. (2014b). "The mad-genius paradox: Can creative people be more mentally healthy but highly creative people more mentally ill?", *Perspectives on Psychological Science 9*(5), 470 - 480.

Simonton, D. K. (2017). "The mad (creative) genius: What do we know after a century of historiometric research?", In J. C. Kaufman (Ed.), *Creativity and mental illness* (pp. 25 - 41). Cambridge University Press.

Simonton, D. K. (2019). "Creativity and psychopathology: The tenacious mad genius controversy updated", *Current Opinion in Behavioral Sciences 27*, 17 - 21.

Solomon, A. (2001). *The noonday demon: An atlas of depression*. Scribner/Simon & Schuster. (『한낮의 우울』, 민승남 역, 민음사)

Sternberg, R. J. (1985). "Implicit theories of intelligence, creativity, and wisdom", *Journal of Personality and Social Psychology 49*(3), 607 - 627.

Stirman, S. W., & Pennebaker, J. W. (2001). "Word use in the poetry of suicidal and non-suicidal poets", *Psychosomatic Medicine 63*(4), 517-522.

Sung, S. Y., & Choi, J. N. (2009). "Do big five personality factors affect individual creativity? The moderating role of extrinsic motivation", *Social Behavior and Personality: An International Journal 37*(7), 941 - 956.

Taylor, C. L. (2017). "Creativity and mood disorder: A systematic review and meta-analysis", *Perspectives on Psychological Science 12*(6), 1040-1076.

Tierney, P., & Farmer, S. M. (2002). "Creative self-efficacy: Its potential antecedents and relationship to creative performance", *Academy of Management Journal 45*(6), 1137 - 1148.

Verhaeghen, P., Joormann, J., & Aikman, S. N. (2014). "Creativity, mood, and the examined life: Self-reflective rumination boosts creativity, brooding breeds dysphoria", *Psychology of Aesthetics, Creativity, and the Arts 8*(2), 211 – 218.

Wei, X., Yu, J. W., Shattuck, P., & Blackorby, J. (2017). "High school math and science preparation and postsecondary STEM participation for students with an autism spectrum disorder", *Focus on Autism and Other Developmental Disabilities 32*(2), 83 – 92.

Winner, E. (1982). *Invented worlds: The psychology of the arts*. Cambridge: Harvard University Press.

Zandi, N., Karwowski, M., Forthmann, B., & Holling, H. (2022). "How stable is the creative self-concept? A latent state-trait analysis", *Psychology of Aesthetics, Creativity, and the Arts*. Advance online publication.

Zuckerman, M. (1979). *Sensation seeking: Beyond the optimal level of arousal*. Lawrence Erlbaum Associates.

8장

강석기 (2015). 「다윈 이전에 진화론 주장한 '매튜'」, 《사이언스 타임즈》 (2015.04.24.).

박제가 (1785). 「백화보서(百花譜序)」.

송성수 (2011). 「The historical development of technological capabilities in Korean steel industry: The Case of POSCO」, 《한국과학사학회지》 33(2), 317–334.

안상준 (2022). 「책 읽지 않는 선진국 국민」, 《교수신문》 (2022.02.07.). https://www.kyosu.net/news/articleView.html?idxno=84592

왕경수, 김현영 (2010). 「개별적 배려, 내적 동기, 도전적 직무, 자원, 창의성 및 업무성과의 구조적 관계」, 《사고개발》 6(2), 51–71.

우종옥, 강심원 (2001). 「창의적 동기유형에 따른 초등학생의 창의력과 과학탐구 능력」, 《창의력교육연구》 4, 1–27.

유경훈 (2006). 「창의성과 성취동기 및 내외재 동기와의 관계연구」, 《아동교육》 15(3), 71–82.

장재윤, 구자숙 (1998). 「보상이 내재적 동기 및 창의성에 미치는 효과: 개관과 적용」, 《한국심리학회지: 사회 및 성격》 12(2), 39–77.

정민 (2004). 『미쳐야 미친다: 조선 지식인의 내면 읽기』. 푸른역사.

하대현 (2002). 「T. Amabile 의 창의성 이론에 근거한 동기와 창의성 간의 관계 연구」, 《교육학연구》 40(2), 6–142.

홍세정, 장재윤 (2015). 「내적 동기와 창의성 간의 관계: 메타분석 연구」, 《한국 심리학회지: 일반》 34(1), 57−86.

Adarves−Yorno, I., Alexander Haslam, S., & Postmes, T. (2008). "And now for something completely different? The impact of group membership on perceptions of creativity", *Social Influence* 3(4), 248−266.

Amabile, T. M. (1979). "Effects of external evaluation on artistic creativity", *Journal of Personality and Social Psychology* 37(2), 221−233.

Amabile, T. M. (1982). "Children's artistic creativity: Detrimental effects of competition in a field setting", *Personality and Social Psychology Bulletin* 8(3), 573−578.

Amabile, T. M. (1983). "The social psychology of creativity: A componential conceptualization", *Journal of Personality and Social Psychology* 45(2), 357−376.

Amabile, T. M. (1987). "The motivation to be creative", In S. Isaksen(ed.), *Frontiers in creativity research: Beyond the basics* (pp. 223−254). Buffalo, NY: Bearly Limited.

Amabile, T. M. (1988). "A model of creativity and innovation in organizations", *Research in Organizational Behavior* 10(1), 123−167.

Amabile, T. M. (1993). "Motivational synergy: Toward new conceptualizations of intrinsic and extrinsic motivation in the workplace", *Human Resource Management Review* 3(3), 185−201.

Amabile, T. M. (1996). *Creativity in context.* New York: Westview.

Amabile, T. M., & Gryskiewicz, N. D. (1989). "The creative environment scales: Work environment inventory", *Creativity Research Journal* 2(4), 231−253.

Amabile, T. M., DeJong, W., & Lepper, M. R. (1976). "Effects of externally imposed deadlines on subsequent intrinsic motivation", *Journal of Personality and Social Psychology* 34, 92−98.

Amabile, T. M., Hennessey, B. A., & Grossman, B. S. (1986). "Social influences on creativity: the effects of contracted−for reward", *Journal of Personality and Social Psychology* 50(1), 14−23.

Amabile, T. M., Hill, K. G., Hennessey, B. A., & Tighe, E. M. (1994). "The Work Preference Inventory: assessing intrinsic and extrinsic motivational orientations", *Journal of Personality and Social Psychology* 66(5), 950−967.

Ariely D., Gneezy, U., Loewenstein, G., & Mazar, N. (2009). "Large stakes and big mistakes", *Review of Economic Studies* 76(2), 451−469.

Ashton, K. (2015). *How to fly a horse: The secret history of creation, invention, and discovery. Doubleday.* (『창조의 탄생』, 이은경 역, 북라이프)

Baas, M., De Dreu, C. K. W., & Nijstad, B. A. (2008). "A meta-analysis of 25 years of mood-creativity research: Hedonic tone, activation, or regulatory focus?", *Psychological Bulletin 134*(6), 779 – 806.

Badura, K. L., Grijalva, E., Newman, D. A., Yan, T. T., & Jeon, G. (2018). "Gender and leadership emergence: A meta-analysis and explanatory model", *Personnel Psychology 71*(3), 335–367.

Baer, J., & Kaufman, J. C. (2008). "Gender differences in creativity", *Journal of Creative Behavior 42*(2), 75–105.

Bahrick, H. P., Fitts, P. M., & Rankin, R. E. (1952). "Effect of incentives upon reactions to peripheral stimuli", *Journal of Experimental Psychology 44*(6), 400–406.

Beaussart, M. L., Kaufman, S. B., & Kaufman, J. C. (2012). "Creative activity, personality, mental illness, and short-term mating success", *Journal of Creative Behavior 46*(3), 151–167.

Benedek, M., Bruckdorfer, R., & Jauk, E. (2020). "Motives for creativity: Exploring the what and why of everyday creativity", *Journal of Creative Behavior 54*(3), 610 – 625.

Buss, D. M. (1989). "Sex differences in human mate preferences: Evolutionary hypotheses tested in 37 cultures", *Behavioral and Brain Sciences 12*(1), 1–14.

Byron, K., & Khazanchi, S. (2012). "Rewards and creative performance: A meta-analytic test of theoretically derived hypotheses", *Psychological Bulletin 138*(4), 809 – 830.

Cadsby, C. B., Song, F., & Tapon, F. (2007). "Sorting and Incentive Effects of Pay for Performance: An Experimental Investigation", *Academy of Management Journal 50*(2), 387 – 405.

Cameron, J., & Pierce, W. D. (1994). "Reinforcement, reward, and intrinsic motivation: A meta-analysis", *Review of Educational Research 64*(3), 363–423.

Cardon, M. S., Gregoire, D. A., Stevens, C. E., & Patel, P. C. (2013). "Measuring entrepreneurial passion: Conceptual foundations and scale validation", *Journal of Business Venturing 28*(3), 373–396.

Carmeli, A., & Schaubroeck, J. (2007). "The influence of leaders' and other referents' normative expectations on individual involvement in creative work", *The Leadership Quarterly 18*(1), 35–48.

Catmull, E., & Wallace, A. (2014), *Creativity, Inc.: Overcoming the unseen forces that stand in the way of true inspiration*. NY: Random House.(『창의성을 지휘하라』, 윤태경 역, 와이즈베리)

Cerasoli, C. P., Nicklin, J. M., & Ford, M. T. (2014). "Intrinsic motivation and extrinsic incentives jointly predict performance: A 40–year meta–analysis", *Psychological Bulletin 140*(4), 980 – 1008.

Condry, J.(1977). "Enemies of exploration: Self–initiated versus other–initiated learning", *Journal of Personality and Social Psychology 35*, 459–477.

Costa, P. T., Jr., Terracciano, A., & McCrae, R. R. (2001). "Gender differences in personality traits across cultures: Robust and surprising findings", *Journal of Personality and Social Psychology 81*(2), 322 – 331.

Cropley, A. (2006). "In praise of convergent thinking", *Creativity Research Journal 18*(3), 391 – 404.

Cseh, G. M. (2016). "Flow in creativity: A review of potential theoretical conflict", In L. Harmat, F. Ø. Andersen, F. Ullén, J. Wright, & G. Sadlo (Eds.), *Flow experience: Empirical research and applications*. Berlin: Springer International.

Csikszentmihalyi, M. (1990). *Flow: The psychology of optimal experience*. New York: HarperPerennial.

Csikszentmihalyi, M. (1997). *Flow and the psychology of discovery and invention*. New York: HarperPerennial.

Damasio, A. R. (1994). *Descartes' error: Emotion, reason and the human brain*. Random House. (『데카르트의 오류』, 김린 역, 눈출판)

De Jesus, S. N., Rus, C. L., Lens, W., & Imaginário, S. (2013). "Intrinsic motivation and creativity related to product: A meta–analysis of the studies published between 1990 – 2010", *Creativity Research Journal 25*(1), 80–84.

Deci, E. L.(1971). "The effects of externally mediated rewards on intrinsic motivation", *Journal of Personality and Social Psychology 18*, 105–115.

Deci, E. L., & Ryan, R. M. (1985). *Intrinsic motivation and self-determination in human behavior*. NY: Plenum Press.

Deci, E. L., Koestner, R., & Ryan, R. M. (1999). "A meta–analytic review of experiments examining the effects of extrinsic rewards on intrinsic motivation", *Psychological Bulletin 125*(6), 627 – 668.

Deci, E. L., Ryan, R. M., Gagné, M., Leone, D. R., Usunov, J., & Kornazheva, B. P. (2001). "Need satisfaction, motivation, and well—being in the work organizations of a former eastern bloc country: A cross—cultural study of self—determination", *Personality and Social Psychology Bulletin 27*(8), 930—942.

Delle Fave, A., Massimini, F., & Bassi, M. (2011). *Psychological selection and optimal experience across cultures: Social empowerment through personal growth.* Springer Science + Business Media.

Dietrich, A. (2004). "Neurocognitive mechanisms underlying the experience of flow", *Consciousness and Cognition 13*(4), 746–761.

Eagly, A. H. (1987). "Reporting sex differences", *American Psychologist 42*(7), 756–757.

Eagly, A. H., & Carli, L. L. (2007). *Through the labyrinth: The truth about how women become leaders.* Harvard Business Press.

Eagly, A. H., & Karau, S. J. (2002). "Role congruity theory of prejudice toward female leaders", *Psychological Review 109*(3), 573—598.

Eagly, A. H., & Wood, W. (2011). "Feminism and the evolution of sex differences and similarities", *Sex Roles 64*, 758—767.

Eagly, A. H., & Wood, W. (2012). "Social role theory", *Handbook of theories of social psychology, 2.*

Eisenberg, J., & Thompson, W. F. (2011). "The effects of competition on improvisers' motivation, stress, and creative performance", *Creativity Research Journal 23*(2), 129—136.

Eisenberger, R., & Armeli, S. (1997). "Can salient reward increase creative performance without reducing intrinsic creative interest?", *Journal of Personality and Social Psychology 72*, 652—663.

Eisenberger, R., & Cameron, J. (1996). "Detrimental effects of reward: Reality or myth?", *American Psychologist 51*(11), 1153—1166.

Eisenberger, R., & Rhoades, L. (2001). "Incremental effects of reward on creativity", *Journal of Personality and Social Psychology 81*(4), 728—741.

Eisenberger, R., & Selbst, M. (1994). "Does reward increase or decrease creativity?", *Journal of Personality and Social Psychology 66*(6), 1116—1127.

Eisenberger, R., Armeli, S., & Pretz, J. (1998). "Can the promise of reward increase creativity?", *Journal of Personality and Social Psychology 74*, 704—714.

Fang, M., & Gerhart, B. (2012). "Does pay for performance diminish intrinsic interest?", *International Journal of Human Resource Management 23*(6), 1176–1196.

Forgeard, M. (2022). "Prosocial motivation and creativity in the arts and sciences: Qualitative and quantitative evidence", *Psychology of Aesthetics, Creativity, and the Arts*. Advance online publication. https://doi.org/10.1037/aca0000435

Forgeard, M. J. C., & Mecklenburg, A. C. (2013). "The two dimensions of motivation and a reciprocal model of the creative process", *Review of General Psychology 17*(3), 255 – 266.

Fredrickson, B. L. (2001). "The role of positive emotions in positive psychology: The broaden–and–build theory of positive emotions", *American Psychologist 56*(3), 218 – 226. https://doi.org/10.1037/0003–066X.56.3.218

Freedman, J. L., Cunningham, J. A., & Krismer, K. (1992). "Inferred values and the reverse–incentive effect in induced compliance", *Journal of Personality and Social Psychology 62*(3), 357 – 368.

Gardner, H. (1993). *Creating minds: An anatomy of creativity seen through the lives of Freud, Einstein, Picasso, Stravinksy, Eliot, Graham, and Gandhi.* Basic Books. (『열정과 기질』, 임재서 역, 북서넛)

Gardner, J. (1983/1999). *On becoming a novelist.* WW Norton & Company.

Geher, G., & Kaufman, S. B. (2013). *Mating intelligence unleashed: The role of the mind in sex, dating, and love.* Oxford University Press.

George, J. M. (2007). Creativity in organizations. *Academy of Management Annals, 1*(1), 439–477.

Gerhart, B., & Fang, M. (2015). "Pay, intrinsic motivation, extrinsic motivation, performance, and creativity in the workplace: Revisiting long–held beliefs", *Annual Review of Organizational Psychology and Organizational Behavior 2*, 489–521.

Gerhart, B., & Rynes, S. (2003). *Compensation: Theory, evidence, and strategic implications.* Sage.

Gertner, J. (2012). *The idea factory: Bell Labs and the great age of American innovation.* Penguin Press. (『벨 연구소 이야기』, 정향 역, 살림Biz)

Glucksberg, S. (1962). "The influence of strength of drive on functional fixedness and perceptual recognition", *Journal of Experimental Psychology 63*(1), 36 – 41.

Goetz, E. M., & Baer, D. M. (1973). "Social control of form diversity and the emergence of new forms in children's blockbuilding", *Journal of Applied Behavior Analysis 6*(2), 209–217.

Grant, A. M. (2008). "Does intrinsic motivation fuel the prosocial fire? Motivational synergy in predicting persistence, performance, and productivity", *Journal of Applied Psychology 93*(1), 48–58. https://doi.org/10.1037/0021–9010.93.1.48

Grant, A. M., & Berry, J. W. (2011). "The necessity of others is the mother of invention: Intrinsic and prosocial motivations, perspective taking, and creativity", *Academy of Management Journal 54*(1), 73–96.

Grohman, M. G., Ivcevic, Z., Silvia, P., & Kaufman, S. B. (2017). "The role of passion and persistence in creativity", *Psychology of Aesthetics, Creativity, and the Arts 11*(4), 376–385.

Guéguen, N., Meineri, S., & Fischer–Lokou, J. (2014). "RETRACTED: Men's music ability and attractiveness to women in a real–life courtship context", *Psychology of Music 42*(4), 545–549.

Haines, E. L., Deaux, K., & Lofaro, N. (2016). "The times they are a–changing… or are they not? A comparison of gender stereotypes, 1983–2014", *Psychology of Women Quarterly 40*(3), 353–363.

Harlow, H. F. (1950). "Learning and satiation of response in intrinsically motivated complex puzzle performance by monkeys", *Journal of Comparative and Physiological Psychology 43*(4), 289–294.

Haslam, S. A., Adarves–Yorno, I., Postmes, T., & Jans, L. (2013). "The collective origins of valued originality: A social identity approach to creativity", *Personality and Social Psychology Review 17*(4), 384–401.

Heilman, M. E. (2012). "Gender stereotypes and workplace bias", *Research in Organizational Behavior 32*, 113–135.

Hobson, N., McIntosh, L., & Marashi, M. (2018). "Turning failure into fuel for success", *Psychology Today*. https://www.psychologytoday.com/us/blog/ritual–and–the–brain/201812/turning–failure–fuel–success

Hora, S., Badura, K. L., Lemoine, G. J., & Grijalva, E. (2021). "A meta–analytic examination of the gender difference in creative performance", *Journal of Applied Psychology 107*(11), 1926–1950.

Horan, R. (2009). "The neuropsychological connection between creativity and meditation", *Creativity Research Journal 21*(2–3), 199–222.

House, R. J., Hanges, P. J., Javidan, M., Dorfman, P. W., & Gupta, V. (Eds.). (2004). *Culture, leadership, and organizations: The GLOBE study of 62 societies.* Sage publications.

Jenkins, G. D., Mitra, A., Gupta, N., & Shaw, J. D. (1998). "Are financial incentives related to performance? A meta-analytic review of empirical research", *Journal of Applied Psychology 83*, 777-787.

Jenkins, Jr., G. D.(1986). Financial incentives. In Locke, E. A.(ed.). *Generalizing from laboratory to field settings.* MA: Lexington Books.

Johnson, R., & Thomson, C. (1962). "Incidental and intentional learning under three conditions of motivation", *American Journal of Psychology 75*(2), 284-288.

Kaufman, J. C. (2006). "Self-reported differences in creativity by ethnicity and gender", *Applied Cognitive Psychology: The Official Journal of the Society for Applied Research in Memory and Cognition 20*(8), 1065-1082.

Kaufman, J. C., Baer, J., & Gentile, C. A. (2004). "Differences in gender and ethnicity as measured by ratings of three writing tasks", *Journal of Creative Behavior 38*(1), 56-69.

Kaufman, S. B., Kozbelt, A., Silvia, P., Kaufman, J. C., Ramesh, S., & Feist, G. J. (2016). "Who finds Bill Gates sexy? Creative mate preferences as a function of cognitive ability, personality, and creative achievement", *Journal of Creative Behavior 50*(4), 294-307.

Kenrick, D. T., Griskevicius, V., Neuberg, S. L., & Schaller, M. (2010). "Renovating the pyramid of needs: Contemporary extensions built upon ancient foundations", *Perspectives on Psychological Science 5*, 292-314.

Kim, J. H., Gerhart, B., & Fang, M. (2022). "Do financial incentives help or harm performance in interesting tasks?", *Journal of Applied Psychology 107*(1), 153-167.

Kohn, A. (1993). "Why incentive plans cannot work", *Harvard Business Review 71*(5), 54-60.

Kruglanski, A. W., Friedman, I., & Zeevi, G. (1971). "The effects of extrinsic incentive on some qualitative aspects of task performance", *Journal of Personality 39*(4), 606-617.

Lazear, E. P. (2000). "Performance pay and productivity", *American Economic Review 90*(5), 1346-1361.

Lebeau, J. C., Gatten, H., Perry, I., Wang, Y., Sung, S., & Tenenbaum,

G., (2018). "Is failing the key to success? A randomized experiment investigating goal attainment effects on cognitions, emotions, and subsequent performance", *Psychology of Sport and Exercise 38*, 1—9.

Lebuda, I., & Karwowski, M. (2013). "Tell me your name and I'll tell you how creative your work is: Author's name and gender as factors influencing assessment of products' creativity in four different domains", *Creativity Research Journal 25*(1), 137—142.

LeFevre, J. (1988). "Flow and the quality of experience during work and leisure", In M. Csikszentmihalyi & I. S. Csikszentmihalyi (Eds.), *Optimal experience: Psychological studies of flow in consciousness* (pp. 307–318). Cambridge University Press.

Lepper, M. R., Greene, D., & Nisbett, R. E. (1973). "Undermining children's intrinsic interest with extrinsic reward: A test of the "overjustification" hypothesis", *Journal of Personality and Social Psychology 28*(1), 129—137.

Li, Y., & Bai, X. (2015). "Creating for others: An experimental study of the effects of intrinsic motivation and prosocial motivation on creativity", *Advances in Psychological Science 23*(2), 175—181.

Liu, D., Chen, X.-P., & Yao, X. (2011). "From autonomy to creativity: A multilevel investigation of the mediating role of harmonious passion", *Journal of Applied Psychology 96*(2), 294–309.

Liu, D., Jiang, K., Shalley, C. E., Keem, S., & Zhou, J. (2016). "Motivational mechanisms of employee creativity: A meta-analytic examination and theoretical extension of the creativity literature", *Organizational Behavior and Human Decision Processes 137*, 236—263.

Locke, E. A. (1968). "Toward a theory of task motivation and incentives", *Organizational Behavior and Human Performance 3*, 157—189.

Luksyte, A., Unsworth, K. L., & Avery, D. R. (2018). "Innovative work behavior and sex-based stereotypes: Examining sex differences in perceptions and evaluations of innovative work behavior", *Journal of Organizational Behavior 39*, 292—305.

Madjar, N., Greenberg, E., & Chen, Z. (2011). "Factors for radical creativity, incremental creativity, and routine, noncreative performance", *Journal of Applied Psychology 96*(4), 730—743.

Malik, M. A. R., Butt, A. N., & Choi, J. N. (2015). "Rewards and employee creative performance: Moderating effects of creative self-efficacy, reward importance, and locus of control", *Journal of Organizational Behavior 36*, 59−74.

Malik, M. A. R., Choi, J. N., & Butt, A. N. (2019). "Distinct effects of intrinsic motivation and extrinsic rewards on radical and incremental creativity: The moderating role of goal orientations", *Journal of Organizational Behavior 40*, 1013−1026.

Maltzman, I.(1960). "On the training of originality", *Psychological Review 67*, 229−242.

McGraw, K. O., & McCullers, J. C. (1979). "Evidence of a detrimental effect of extrinsic incentives on breaking a mental set", *Journal of Experimental Social Psychology 15*(3), 285−294.

McNamara, H. J., & Fisch, R. I. (1964). "Effect of high and low motivation on two aspects of attention", *Perceptual and Motor Skills 19*(2), 571−578.

Miller, D. I., Nolla, K. M., Eagly, A. H., & Uttal, D. H. (2018). "The development of children's gender−science stereotypes: A meta−analysis of 5 decades of US Draw−a−Scientist studies", *Child Development 89*(6), 1943−1955.

Miller, G. F. (2000). *The mating mind: How sexual choice shaped the evolution of human nature*. New York: Doubleday.

Moeller, J., Dietrich, J., Eccles, J. S., & Schneider, B. (2017). "Passionate experiences in adolescence: Situational variability and long−term stability", *Journal of Research on Adolescence 27*(2), 344−361.

Müller, B. C. N., Gerasimova, A., & Ritter, S. M. (2016). "Concentrative meditation influences creativity by increasing cognitive flexibility", *Psychology of Aesthetics, Creativity, and the Arts 10*(3), 278 − 286.

Neff, K. (2003). "Self−compassion: An alternative conceptualization of a healthy attitude toward oneself", *Self and Identity 2*(2), 85−101.

Nelson, N., Malkoc, S. A., & Shiv, B. (2018). "Emotions know best: The advantage of emotional versus cognitive responses to failure", *Journal of Behavioral Decision Making 31*, 40 − 51.

Ng, T. W., & Feldman, D. C. (2012). "Employee voice behavior: A meta−analytic test of the conservation of resources framework", *Journal of Organizational Behavior 33*(2), 216−234.

Nicholls, J. C. (1983). "Creativity in the person who will never produce anything original or useful", In R. S. Albert (Ed.), *Genius and eminence: A social psychology of exceptional achievement* (pp. 265−279). NT: Pergamon.

Nijstad, B. A., & De Dreu, C. K. (2012). "Motivated information processing in organizational teams: Progress, puzzles, and prospects", *Research in Organizational Behavior 32*, 87−111.

Patall, E. A., Cooper, H., & Robinson, J. C. (2008). "The effects of choice on intrinsic motivation and related outcomes: a meta−analysis of research findings", *Psychological Bulletin 134*(2), 270.

Perkins, D. N. (1981) *The mind's best work*. Cambridge, MA: Harvard University Press.

Pfeffer, J. (1998). "Six dangerous myths about pay", *Harvard Business Review 76*(3), 109−120.

Piirto, J. (2004). *Understanding creativity*. Scottsdale, AZ: Great Potential Press.

Pittman, T. S., Emery, J., & Boggiano, A. K. (1982). "Intrinsic and extrinsic motivational orientations: Reward−induced changes in preference for complexity", *Journal of Personality and Social Psychology 42*(5), 789−797.

Proudfoot, D., Kay, A. C., & Koval, C. Z. (2015). "A gender bias in the attribution of creativity: Archival and experimental evidence for the perceived association between masculinity and creative thinking", *Psychological Science 26*(11), 1751−1761.

Robinson, A. G., & Stern, S. (1997). *Corporate creativity: How innovation and improvement actually happen*. San Francisco, CA: Berrett−Koehler Publishers.(『기업의 창의력』, 장재윤 외 역, 지식공작소)

Robinson, C. D., Gallus, J., Lee, M. G., & Rogers, T. (2021). "The demotivating effect (and unintended message) of awards", *Organizational Behavior and Human Decision Processes 163*, 51−64.

Ross, M. B., Glennon, B. M., Murciano−Goroff, R., Berkes, E. G., Weinberg, B. A., & Lane, J. I. (2022). "Women are credited less in science than men", *Nature 608*(7921), 135−145.

Rummel, A., & Feinberg, R. (1988). "Cognitive evaluation theory: A meta−analytic review of the literature", *Social Behavior and Personality: an International Journal 16*(2), 147−164.

Schneider, B. (1987). "The people make the place", *Personnel Psychology 40*(3), 437−453.

Shalley, C. E., Zhou, J., & Oldham, G. R. (2004). "The effects of personal and contextual characteristics on creativity: Where should we go from here?",

Journal of Management 30(6), 933−958.

Shapira, Z. (1976). "Expectancy determinants of intrinsically motivated behavior", *Journal of Personality and Social Psychology 34*(6), 1235−1244.

Simon, H. A. (1967). "Motivational and emotional controls of cognition", *Psychological Review 74*(1), 29−39.

Simonton, D. K. (1988). "Creativity, leadership, and chance", In R. J. Sternberg (Ed.), *The nature of creativity: Contemporary psychological perspectives* (pp. 386−426). New York: Cambridge University Press.

Simonton, D. K. (1999). *Origins of genius: Darwinian perspectives on creativity.* Oxford University Press.

Simonton, D. K. (2000). "Creative development as acquired expertise: Theoretical issues and an empirical test", *Developmental Review 20*(2), 283−318.

Staw, B. M.(1977). "The self−perception of motivation", In Staw, B. M.(ed.), *The psychological foundations of organizational behavior.* CA: Goodyear Publishing Co.

Staw, B. M., Calder, B. J., Hess, R. K., & Sandelands, L. E. (1980). "Intrinsic Motivation and norms about payment", *Journal of Personality 48*(1), 1−14.

Tang, S. H., & Hall, V. C. (1995). "The overjustification effect: A meta−analysis", *Applied Cognitive Psychology 9*(5), 365−404.

Toyama, M., Nagamine, M., Asayama, A., Tang, L., Miwa, S., & Kainuma, R. (2023). "Can persistence improve creativity? The effects of implicit beliefs about creativity on creative performance", *Psychology of Aesthetics, Creativity, and the Arts.* Advance online publication.

Wagner, A. (2019). *Life finds a way: What evolution teaches us about creativity.* Basic books. (『진화와 창의성』, 우진하 역, 문학사상)

Wang, Y., Jones, B. F., & Wang, D. (2019). "Early−career setback and future career impact", *Nature Communications 10*, 4331.

Warneken, F., & Tomasello, M. (2008). "Extrinsic rewards undermine altruistic tendencies in 20−month−olds", *Developmental Psychology 44*(6), 1785 − 1788.

Weibel, A., Rost, K., & Osterloh, M. (2010). "Pay for performance in the public sector−Benefits and (hidden) costs". *Journal of Public Administration: Research and Theory 20*, 387 − 341.

Wiersma, U. J. (1992). "The effects of extrinsic rewards in intrinsic motivation: A meta−analysis", *Journal of Occupational and Organizational Psychology 65*(2),

101-114.

Winston, A. S., & Baker, J. E. (1985). "Behavior analytic studies of creativity: A critical review", *The Behavior Analyst 8*, 191-205.

Woodman, R. W., Sawyer, J. E., & Griffin, R. W. (1993). "Toward a theory of organizational creativity", *Academy of Management Review 18*(2), 293-321.

9장

장재윤, 문혜진 (2014). 「하루의 기분과 창의 과정 몰입(CPE) 간의 관계: 성실성과 개방성의 조절효과」, 《한국심리학회지: 산업 및 조직》 27(1), 165-189.

최해연, 최종안 (2016). 「한국인의 정서 구조와 측정」, 《한국심리학회지: 사회 및 성격》 30(2), 89-114.

Adams, J. L. (2019). *Conceptual blockbusting: A guide to better ideas* (5th Ed.). Basic Books.

Akinola, M., & Mendes, W. B. (2008). "The dark side of creativity: Biological vulnerability and negative emotions lead to greater artistic creativity", *Personality and Social Psychology Bulletin 34*(12), 1677 - 1686.

Amabile, T. M. (1996). *Creativity in context*. New York: Westview.

Amabile, T. M., Barsade, S. G., Mueller, J. S., & Staw, B. M. (2005). "Affect and creativity at work", *Administrative Science Quarterly 50*, 367-403.

Amabile, T. M. & Pratt, M. G. (2016). "The dynamic componential model of creativity and innovation in organizations: Making progress, making meaning", *Research in Organizational Behavior 36*, 157 - 183.

Anderson, N., De Dreu, C. K. W., & Nijstad, B. A. (2004). "The routinization of innovation research: A constructively critical review of the state-of-the-science", *Journal of Organizational Behavior 25*(2), 147 - 173.

Averill, J. R. (1999), "Individual differences in emotional creativity: Structure and correlates", *Journal of Personality 67*, 331-371.

Baas, M. (2019). "In the mood for creativity", In J. C. Kaufman & R. J. Sternberg (Eds.), *The Cambridge handbook of creativity* (pp. 257 - 272). Cambridge University Press.

Baas, M., De Dreu, C. K. W., & Nijstad, B. A. (2008). "A meta-analysis of 25 years of mood-creativity research: Hedonic tone, activation, or regulatory focus?", *Psychological Bulletin 134*, 779 - 806.

Baas, M., De Dreu, C. K. W., & Nijstad, B. A. (2011). "When prevention promotes creativity: The role of mood, regulatory focus, and regulatory closure", *Journal of Personality and Social Psychology 100*(5), 794 – 809.

Baas, M., de Dreu, C., & Nijstad, B. A. (2012). "Emotions that associate with uncertainty lead to structured ideation", *Emotion 12*(5), 1004 – 1014.

Baas, M., Nevicka, B., & Ten Velden, F. S. (2014). "Specific mindfulness skills differentially predict creative performance", *Personality and Social Psychology Bulletin 40*(9), 1092–1106.

Baas, M., Nijstad, B. A., Boot, N. C., & De Dreu, C. K. W. (2016). "Mad genius revisited: Vulnerability to psychopathology, biobehavioral approach–avoidance, and creativity", *Psychological Bulletin 142*(6), 668–692.

Basadur, M., Graen, G. B., & Green, S. G. (1982). "Training in creative problem solving: Effects on ideation and problem finding and solving in an industrial research organization", *Organizational Behavior & Human Performance 30*(1), 41 – 70.

Beghetto, R. A. (2014). "Creative mortification: An initial exploration", *Psychology of Aesthetics, Creativity, and the Arts 8*(3), 266 – 276.

Blaney, P. H. (1986). "Affect and memory: A review", *Psychological Bulletin 99*(2), 229 – 246.

Bledow, R., Rosing, K., & Frese, M. (2013). "A dynamic perspective on affect and creativity", *Academy of Management Journal 56*(2), 432 – 450.

Bourgeois–Bougrine, S., Glaveanu, V., Botella, M., Guillou, K., De Biasi, P. M., & Lubart, T. (2014). "The creativity maze: Exploring creativity in screenplay writing", *Psychology of Aesthetics, Creativity, and the Arts 8*(4), 384 – 399.

Bujacz, A., Dunne, S., Fink, D., Gatej, A. R., Karlsson, E., Ruberti, V., & Wronska, M. K. (2016). "Why do we enjoy creative tasks? Results from a multigroup randomized controlled study", *Thinking Skills and Creativity 19*, 188 – 197.

Byron, K., & Khazanchi, S. (2011). "A meta–analytic investigation of the relationship of state and trait anxiety to performance on figural and verbal creative tasks", *Personality and Social Psychology Bulletin 37*(2), 269–283.

Byron, K., Khazanchi, S., & Nazarian, D. (2010). "The relationship between stressors and creativity: A meta–analysis examining competing theoretical models", *Journal of Applied Psychology 95*(1), 201 – 212.

Cahill, L., Uncapher, M., Kilpatrick, L., Alkire, M. T., & Turner, J. (2004). "Sex-related hemispheric lateralization of amygdala function in emotionally influenced memory: An MRI investigation", *Learning and Memory 11*(3), 261-266.

Cardon, M. S., Sudek, R., & Mitteness, C. (2009). "The impact of perceived entrepreneurial passion on angel investing", *Frontiers of Entrepreneurship Research 29*(2), 1-15.

Chen, B., Hu, W., & Plucker, J. A. (2016). "The effect of mood on problem finding in scientific creativity", *Journal of Creative Behavior 50*(4), 308-320.

Chermahini, S. A. & Hommel, B. (2012). "Creative mood swings: Divergent and convergent thinking affect mood in opposite ways", *Psychological Research 76*(5), 634-640.

Chermahini, S. A., & Hommel, B. (2010). "The (b) link between creativity and dopamine: spontaneous eye blink rates predict and dissociate divergent and convergent thinking", *Cognition 115*(3), 458-465.

Cohen, J. B. & Andrade, E. B. (2004). "Affective intuition and task-contingent affect regulation", *Journal of Consumer Research 31*(2), 358-367.

Collins, J. C. (2001). *Good to great: Why some companies make the leap? And others don't.* New York: Harper Business. (『좋은 기업을 넘어 위대한 기업으로』, 이무열 역, 김영사)

Conner, T. S., & Silvia, P. J. (2015). "Creative days: A daily diary study of emotion, personality, and everyday creativity", *Psychology of Aesthetics, Creativity, and the Arts 9*(4), 463-470.

Conner, T. S., DeYoung, C. G., & Silvia, P. J. (2018). "Everyday creative activity as a path to flourishing", *Journal of Positive Psychology 13*(2), 181-189.

Damasio, A. R. (1994). *Descartes' error: Emotion, reason and the human brain.* Random House. (『데카르트의 오류』, 김린 역, 눈출판)

Davis, M. A. (2009). "Understanding the relationship between mood and creativity: A meta-analysis", *Organizational Behavior and Human Decision Processes 108*(1), 25-38.

De Dreu, C. K. W., Baas, M., & Nijstad, B. A. (2008). "Hedonic tone and activation level in the mood-creativity link: Toward a dual pathway to creativity model", *Journal of Personality and Social Psychology 94*(5), 739-756.

De Dreu, C. K. D., Nijstad, B. A., & Baas, M. (2011). "Behavioral activation links to creativity because of increased cognitive flexibility", *Social Psychological and Personality Science 2*(1), 72–80.

Dweck, C. S. (1986). "Motivational processes affecting learning", *American Psychologist 41*(10), 1040–1048.

Edmondson, A. (1999). "Psychological safety and learning behavior in work teams", *Administrative Science Quarterly 44*(2), 350–383.

Eid, M, & Diener E. (1999). "Intraindividual variability in affect: reliability, validity, and personality correlates", *Journal of Personality and Social Psychology 76*(4), 662–676.

Eid, M., & Diener, E. (2001). "Norms for experiencing emotions in different cultures: Inter- and intranational differences", *Journal of Personality and Social Psychology 81*(5), 869–885.

Emich, K. J., & Vincent, L. C. (2020). "Shifting focus: The influence of affective diversity on team creativity", *Organizational Behavior and Human Decision Processes 156*, 24–37.

Feist, G. J. (1999). "The influence of personality on artistic and scientific creativity", In R. Sternberg (Ed.), *Handbook of creativity*: (pp. 272–296). New York: Cambridge University Press.

Fong, C. T. (2006). "The effects of emotional ambivalence on creativity", *Academy of Management Journal 49*(5), 1016–1030.

Forgeard, M. J. C., & Mecklenburg, A. C. (2013). "The two dimensions of motivation and a reciprocal model of the creative process", *Review of General Psychology 17*(3), 255–266.

Fredrickson, B. L. (2001). "The role of positive emotions in positive psychology: The broaden-and-build theory of positive emotions", *American Psychologist 56*(3), 218–226.

Friedman, R. S., Förster, J., & Denzler, M. (2007). "Interactive effects of mood and task framing on creative generation", *Creativity Research Journal 19*(2–3), 141–162.

Frost, R. O., & Green, M. L. (1982). "Velten mood induction procedure effects: Duration and post-experimental removal", *Personality and Social Psychology Bulletin 8*(2), 341–347.

Gasper, K., & Middlewood, B. L. (2014). "Approaching novel thoughts: Understanding why elation and boredom promote associative thought more than distress and relaxation", *Journal of Experimental Social Psychology 52*, 50 – 57.

George, J. M. (2000). "Emotions and leadership: The role of emotional intelligence", *Human Relations 53*(8), 1027 – 1055.

George, J. M., & Zhou, J. (2002). "Understanding when bad moods foster creativity and good ones don't: The role of context and clarity of feelings", *Journal of Applied Psychology 87*(4), 687–697.

George, J. M., & Zhou, J. (2007). "Dual tuning in a supportive context: Joint contributions of positive mood, negative mood, and supervisory behaviors to employee creativity", *Academy of Management Journal 50*(3), 605 – 622.

Gilet, A. L., & Jallais, C. (2011). "Valence, arousal and word associations", *Cognition and Emotion 25*(4), 740–746.

Glăveanu, V., Lubart, T., Bonnardel, N., Botella, M., de Biaisi, P.–M., Desainte–Catherine, M., Georgsdottir, A., Guillou, K., Kurtag, G., Mouchiroud, C., Storme, M., Wojtczuk, A., & Zenasni, F. (2013). "Creativity as action: Findings from five creative domains", *Frontiers in Psychology 4*, 176.

Grant, A. M., & Berry, J. W. (2011). "The necessity of others is the mother of invention: Intrinsic and prosocial motivations, perspective taking, and creativity", *Academy of Management Journal 54*(1), 73–96.

Gray, J. A. (1970). "The psychophysiological basis of introversion–extraversion", *Behaviour Research and Therapy 8*(3), 249 – 266.

Henderson, H. M., Kane, S. J., Zabelina, D. L., & Veilleux, J. C. (2023). "Creativity to prompt willpower: Feeling more creative predicts subsequent activated positive affect and increased willpower in daily life", *Psychology of Aesthetics, Creativity, and the Arts*. Advance online publication.

Higgins, E. T. (1997). "Beyond pleasure and pain", *American Psychologist 52*, 1280 – 1300.

Hirt, E. R., Levine, G. M., McDonald, H. E., Melton, R. J., & Martin, L. L. (1997). "The role of mood in quantitative and qualitative aspects of performance: Single or multiple mechanisms?", *Journal of Experimental Social Psychology 33*, 602–629.

Hoffmann, J. D. & Russ, S. W. (2012). "Pretend play, creativity and emotion regulation in children", *Psychology of Creativity, Aesthetics and the Arts 6*(2), 175 – 184.

Huy, Q. N. (2002). "Emotional balancing of organizational continuity and radical change: The contribution of middle managers", *Administrative Science Quarterly 47*(1), 31−69.

Idson, L. C., Liberman, N., & Higgins, E. T. (2000). "Distinguishing gains from nonlosses and losses from nongains: A regulatory focus perspective on hedonic intensity", *Journal of Experimental Social Psychology 36*(3), 252 – 274.

Isen, A. (1999). "On the relationship between affect and creative problem solving", In S. W. Russ(Ed.), *Affect, creative experience, and psychological adjustment* (pp. 3−18). Philadelphia: Brunner/Mazel.

Isen, A. M., & Baron, R. A. (1991). "Positive affect as a factor in organizational behavior", *Research in Organizational Behavior 13*, 1−53.

Ivcevic, Z. & Brackett, M. (2015). "Predicting creativity: Interactive effects of openness to experience and emotion regulation ability", *Psychology of Aesthetics, Creativity and the Arts 9*(4), 480 – 487.

Ivcevic, Z., & Hoffmann, J. (2019). "Emotions and creativity: From process to person and product", In J. C. Kaufman & R. J. Sternberg (Eds.), *The Cambridge handbook of creativity* (pp. 273 – 295). Cambridge University Press.

James, K., Brodersen, M., & Eisenberg, J. (2004). "Workplace affect and workplace creativity: A review and preliminary model", *Human Performance 17*(2), 169−194.

Jamison, K. R. (1995). "Manic−depressive illness and creativity", *Scientific American 272*(2), 62−67.

Kaufmann, G., & Vosburg, S. K. (1997). " "Paradoxical" mood effects on creative problem−solving", *Cognition and Emotion 11*, 151 – 170.

Kaufmann, G., & Vosburg, S. K. (2002). "The effects of mood on early and late idea production", *Creativity Research Journal 14*(3−4), 317 – 330.

Kim, E., Zeppenfeld, V., & Cohen, D. (2013). "Sublimation, culture, and creativity", *Journal of Personality and Social Psychology 105*(4), 639 – 666.

Klein, G. (2007). "Performing a project premortem", *Harvard Business Review 85*(9), 18−19.

Koestler, A. (1964). *The act of creation: A study of the conscious and unconscious processes of humor, scientific discovery and art.* New York, NY: Macmillan.

Kozbelt, A. (2007). "A quantitative analysis of Beethoven as self−critic:

Implications for psychological theories of musical creativity", *Psychology of Music 35*(1), 144—168.

Kuhl, J. (2000). "A functional—design approach to motivation and self regulation: The dynamics of personality systems and interactions", In M. Boekaerts, P. R. Pintrich, & M. Zeidner (Eds.), *Handbook of self regulation* (pp. 111—169). San Diego, CA: Academic Press.

Kuppens. P., Van Mechelen, I., Nezlek, J. B., Dossche, D., & Timmermans, T. (2007). "Individual differences in core affect variability and their relationship to personality and psychological adjustment", *Emotion 7*(2), 262—274.

Kuška, M., Trnka, R., Mana, J., & Nikolai, T. (2020). "Emotional creativity: A meta—analysis and integrative review", *Creativity Research Journal 32*(2), 151—160.

Larsen, J. T., McGraw, A. P., Cacioppo, J., & Meilers, B. (2004). "The agony of victory and the thrill of defeat: Mixed emotional reactions to disappointing wins and relieving losses", *Psychological Science 15*(5), 325—330.

Lerner, J. S., Li, Y., Valdesolo, P., & Kassam, K. S. (2015). "Emotion and decision making", *Annual Review of Psychology 66*, 799—823.

Leung, A. K.-y., Liou, S., Qiu, L., Kwan, L. Y.-Y., Chiu, C.-y., & Yong, J. C. (2014). "The role of instrumental emotion regulation in the emotions—creativity link: How worries render individuals with high neuroticism more creative", *Emotion 14*(5), 846—856.

Ludwig, A. M. (1995). *The price of greatness: Resolving the creativity, and madness controversy.* New York: Guilford Press.

Lyubomirsky, S., King, L., & Diener, E. (2005). "The benefits of frequent positive affect: Does happiness lead to success?", *Psychological Bulletin 131*(6), 803—855.

Mackay, F., & Moneta, G. B. (2016). "Creativity in work projects as a function of affective shifts: A pilot study", In G. B. Moneta & J. Rogaten (Eds.), *Psychology of creativity: Cognitive, emotional, and social processes* (pp. 127—152). Nova Science Publishers.

Madrid, H. P., Patterson, M. G., Birdi, K. S., Leiva, P. I., & Kausel, E. E. (2014). "The role of weekly high—activated positive mood, context, and personality in innovative work behavior: A multilevel and interactional model", *Journal of Organizational Behavior 35*(2), 234—256.

Madrid, H. P., Totterdell, P., & Niven, K. (2016). "Does leader-affective presence influence communication of creative ideas within work teams?", *Emotion 16*(6), 798 – 802.

Martin, L. L., Ward, D. W., Achee, J. W., & Wyer, R. S. (1993). "Mood as input: People have to interpret the motivational implications of their moods", *Journal of Personality and Social Psychology 64*(3), 317–326.

Martindale, C. (1999). "Biological bases of creativity", In R. J. Sternberg (Ed.), *Handbook of creativity* (pp. 137 – 152). Cambridge University Press.

Mayer, J. D., & Salovey, P. (1997). "What is emotional intelligence?", In P. Salovey & D. Sluyter (Eds.), *Emotional development and emotional intelligence: Educational implications* (pp. 3 – 31). New York, NY: Basic Books.

Mayer, J. D., Roberts, R. D., & Barsade, S. G. (2008). "Human abilities: Emotional intelligence", *Annual Review of Psychology 59*(1), 507 – 536.

Mayer, J., & Mussweiler, T. (2011). "Suspicious spirits, flexible minds: When distrust enhances creativity", *Journal of Personality and Social Psychology 101*(6), 1262 – 1277.

Mednick, S. (1962). "The associative basis of the creative process", *Psychological Review 69*(3), 220–232.

Nicholson, N., Soane, E., Fenton-O'Creevy, M., & Willman, P. (2005). "Personality and domain-specific risk taking", *Journal of Risk Research 8*(2), 157 – 176.

Oppezzo, M., & Schwartz, D. L. (2014). "Give your ideas some legs: The positive effect of walking on creative thinking", *Journal of Experimental Psychology: Learning, Memory, and Cognition 40*(4), 1142 – 1152.

Paek, S. H., Abdulla, A. M., & Cramond, B. (2016). "A meta-analysis of the relationship between three common psychopathologies-ADHD, anxiety, and depression-and indicators of little-c Creativity", *Gifted Child Quarterly 60*(2), 117–133.

Parke, M. R., Seo, M.-G., & Sherf, E. N. (2015). "Regulating and facilitating: The role of emotional intelligence in maintaining and using positive affect for creativity", *Journal of Applied Psychology 100*(3), 917 – 934.

Pfeffer, J. & Sutton, R. I. (2000). *The knowing-doing gap.* Cambridge, MA: Harvard Business School Press. (『왜 지식경영이 실패하는가』, 박우순 역, 지샘)

Poh, M., Loddenkemper, T., Reinsberger, C., Swenson, N. C., Goyal, S.,

Sabtala, M. C., Madsen, J. R., & Picard, R. W. (2012). "Convulsive seizure detection using a wrist—worn electrodermal activity and accelerometry biosensor", *Epilepsia 53*(5), e93—e97.

Richards, R. (1994). "Creativity and bipolar mood swings: Why the association?", In M. P. Shaw & M. A. Runco (Eds.), *Creativity and affect* (pp. 44 —72). Stamford, CT: Ablex.

Rothernberg, A. (1996). "The Janusian process in scientific creativity", *Creativity Research Journal 9*(2), 207—231.

Runco, M. A. (1994). "Creativity and its discontents", In M. P. Shaw & M. A. Runco (Eds.), *Creativity and affect* (pp. 102 – 123). Ablex Publishing.

Russell, J. A. (1980). "A circumplex model of affect", *Journal of Personality and Social Psychology 39*(6), 1161—1178.

Russell, J. A. (2003). "Core affect and the psychological construction of emotion", *Psychological Review 110*(1), 145—172.

Schwarz, N. (2002). "Situated cognition and the wisdom in feelings: Cognitive tuning", In L. F. Barrett & P. Salovey (Eds.), *The wisdom in feeling: Psychological processes in emotional intelligence* (pp. 144 – 166). The Guilford Press.

Schwarz N. (2012). "Feelings—as—information theory", In P. M. Van Lange, A. W. Kruglanski, & E. T. Higgins (Eds.), *Handbook of theories of social psychology* (pp. 289 – 308). Thousand Oaks, CA: Sage

Schwarz, N., & Clore, G. L. (1996). "Feelings and phenomenal experiences", In E. T. Higgins & A. Kruglanski (Eds.), *Social psychology: Handbook of basic principles* (pp. 433—465). New York: Guilford.

Silvia, P .J. (2009). "Looking past pleasure: Anger, confusion, disgust, pride, surprise, and other unusual aesthetic emotions", *Psychology of Aesthetics, Creativity, and the Art, 3*(1), 48 – 51.

Silvia, P. J., Beaty, R. E., Nusbaum, E. C., Eddington, K. M., Levin—Aspenson, H., & Kwapil, T. R. (2014). "Everyday creativity in daily life: An experience—sampling study of 'little c' creativity", *Psychology of Aesthetics, Creativity, and the Arts 8*(2), 183—188.

Sio, U. N., & Ormerod, T. C. (2009). "Does incubation enhance problem solving? A meta—analytic review", *Psychological Bulletin 135*(1), 94 – 120.

Smith, C. A., & Ellsworth, P. C. (1985). "Patterns of cognitive appraisal in emotion", *Journal of Personality and Social Psychology 48*(4), 813—838.

Smith, K., Pickering, A., and Bhattacharya, J. (2022). "The creative life: a daily diary study of creativity, affect, and well-being in creative individuals", *Creativity Research Journal 34*(4), 460 – 479.

Staw, B. M., Sandelands, L. E., & Dutton, J. E. (1981). "Threat-rigidity effects in organizational behavior: A multilevel analysis", *Administrative Science Quarterly 26*(4), 501-524.

Sternberg, R. J. (2018). "A triangular theory of creativity", *Psychology of Aesthetics, Creativity, and the Arts 12*(1), 50 – 67.

Strasbaugh, K., & Connelly, S. (2022). "The influence of anger and anxiety on idea generation: Taking a closer look at integral and incidental emotion effects", *Psychology of Aesthetics, Creativity, and the Arts 16*(3), 529-543.

Tamir, M. (2005). "Don't worry, be happy? Neuroticism, trait-consistent affect regulation, and performance", *Journal of Personality and Social Psychology 89*, 449 – 461.

Tamir, M. (2016). "Why do people regulate their emotions? A taxonomy of motives in emotion regulation", *Personality and Social Psychology Review 20*(3), 199 – 222.

Tinio, P. P. L. (2013). "From artistic creation to aesthetic reception: The mirror model of art", *Psychology of Aesthetics, Creativity, and the Arts 7*(3), 265 – 275.

To, M. L., Fisher, C. D., & Ashkanasy, N. M. (2015). "Unleashing angst: Negative mood, learning goal orientation, psychological empowerment and creative behaviour", *Human Relations 68*(10), 1601 – 1622.

To, M. L., Fisher, C. D., Ashkanasy, N. M., & Rowe, P. A. (2012). "Within-person relationships between mood and creativity", *Journal of Applied Psychology 97*(3), 599-612.

Urban, K. K. (2003). "Toward a componential model of creativity", In D. Ambrose, L. M. Cohen, & A. J. Tannenbaum (eds.), *Creative intelligence: Toward theoretic integration* (pp. 81 – 112). Cresskill, NJ: Hampton Press.

Van Kleef, G. A., Anastasopoulou, C., & Nijstad, B. A. (2010). "Can expressions of anger enhance creativity? A test of the emotions as social information (EASI) model", *Journal of Experimental Social Psychology 46*(6), 1042 – 1048.

Visser, V. A., van Knippenberg, D., van Kleef, G. A., & Wisse, B. (2013). "How leader displays of happiness and sadness influence follower performance: Emotional contagion and creative versus analytical performance", *The*

Leadership Quarterly 24(1), 172 – 188.

Vosburg, S. K. (1998). "The effects of positive and negative mood on divergent— thinking performance", *Creativity research journal 11*(2), 165—172.

Vuori, T. O., & Huy, Q. N. (2016). "Distributed attention and shared emotions in the innovation process: How Nokia lost the smartphone battle", *Administrative Science Quarterly 61*(1), 9 – 51.

Watts, L. L., McIntosh, T. J., Gibson, C., Mulhearn, T. J., Medeiros, K. E., Mecca, J. T. & Cohen—Charash, Y. (2020). "Mild affective shifts and creativity: Effects on idea generation, evaluation, and implementation planning", *Journal of Creative Behavior 54*, 985—1001.

Wegener, D. T., & Petty, R. E. (1994). "Mood management across affective states: The hedonic contingency hypothesis", *Journal of Personality and Social Psychology 66*, 1034—1048.

Yang, H., & Yang, S. (2016). "Sympathy fuels creativity: The beneficial effects of sympathy on originality", *Thinking Skills & Creativity 21*, 132—143.

Yang, J., & Hung, H. V. (2015). "Emotions as constraining and facilitating factors for creativity: Companionate love and anger", *Creativity & Innovation Management 24*(2), 217—230.

Zhou, J., & George, J. M. (2001). "When job dissatisfaction leads to creativity: Encouraging the expression of voice", *Academy of Management Journal 44*(4), 682 – 696.

10장

조수현 (2015). 「창의성에 대한 인지신경과학 개관」, 《인지과학》 26(4), 393—433.

Alajouanine, T. (1948). "Aphasia and artistic realization", *Brain: A Journal of Neurology 71*, 229 – 241.

Anderson, A., Japardi, K., Knudsen, K. S., Bookheimer, S. Y., Ghahremani, D. G., & Bilder, R. M. (2022, March 21). "Big—C creativity in artists and scientists is associated with more random global but less random local fMRI functional Connectivity", *Psychology of Aesthetics, Creativity, and the Arts*. Advance online publication.

Beaty, R. E., Benedek, M., Barry Kaufman, S., & Silvia, P. J. (2015). "Default and executive network coupling supports creative idea production", *Scientific reports 5*(1), 10964.

Beaty, R. E., Benedek, M., Silvia, P. J., & Schacter, D. L. (2016). "Creative cognition and brain network dynamics", *Trends in Cognitive Sciences 20*, 87–95.

Beaty, R. E., Cortes, R. A., Merseal, H. M., Hardiman, M. M., & Green, A. E. (2023). "Brain networks supporting scientific creative thinking", *Psychology of Aesthetics, Creativity, and the Arts*. Advance online publication.

Beaty, R. E., Kenettb, Y. N., Christensen, A. P., Rosenberg, M. D., Benedek, M., Chen, Q., Fink, A., Qiu, J., Kwapil, T. R., Kane, M. J., & Silvia, P. J. (2018). "Robust prediction of individual creative ability from brain functional connectivity", *PNAS 115*(5), 1087–1092.

Beaty, R. E., Seli, P., & Schacter, D. L. (2019). "Network neuroscience of creative cognition: Mapping cognitive mechanisms and individual differences in the creative brain", *Current Opinion in Behavioral Sciences 27*, 22–30.

Bever, T. G., & Chiarello, R. J. (1974). "Cerebral dominance in musicians and nonmusicians", *Science 185*(4150), 537–539.

Bi, B., Che, D., & Bai, Y. (2022). "Neural network of bipolar disorder: Toward integration of neuroimaging and neurocircuit-based treatment strategies", *Translational Psychiatry 12*(1), 143.

Blanke, O., Ortigue, S., & Landis, T. (2003). "Colour neglect in an artist", *The Lancet 361*(9353), 264.

Bogen, J. E., & Bogen, G. M. (1969). "The other side of the brain: III. The corpus callosum and creativity", *Bulletin of the Los Angeles Neurological Society 34*(4), 191–220.

Bogen, J. E., & Bogen, G. M. (1988). "Creativity and the corpus callosum", *Psychiatric Clinics of North America 11*(3), 293–301.

Bor, D., Rothen, N., Schwartzman, D. J., Clayton, S., & Seth, A. K. (2014). "Adults can be trained to acquire synesthetic experiences", *Scientific Reports 18*(4), 7089.

Carlsson, I., Wendt, P. E., & Risberg, J. (2000). "On the neurobiology of creativity: Differences in frontal activity between high and low creative subjects", *Neuropsychologia 38*(6), 873–885.

Carson, S. (2010). *Your creative brain: Seven steps to maximize imagination, productivity, and innovation in your life.* Jossey-Bass. (『우리는 어떻게 창의적이 되는가? 창의적인 뇌를 깨우는 7가지 브레인 세트』, 이영아 역, 알에이치 코리아)

Chamberlain, R., McManus, I. C., Brunswick, N., Rankin, Q., Riley, H., & Kanai, R.. (2014). "Drawing on the right side of the brain: A voxel-based morphometry analysis of observational drawing", *Neuroimage 96*, 167-173.

De Ridder, D., Maciaczyk, J., & Vanneste, S. (2021). "The future of neuromodulation: Smart neuromodulation", *Expert Review of Medical Devices 18*(4), 307-317.

Dietrich, A. (2019). "Where in the brain is creativity: A brief account of a wild-goose chase", *Current Opinion in Behavioral Sciences 27*, 36-39.

Dietrich, A., & Kanso, R. (2010). "A review of EEG, ERP, and neuroimaging studies of creativity and insight", *Psychological Bulletin 136*(5), 822-848.

Einstein, A., & Infeld, L. (1938). *Evolution of physics*. Cambridge, United Kingdom: Cambridge University Press.

Ellamil, M., Dobson, C., Beeman, M., & Christoff, K. (2012) "Evaluative and generative modes of thought during the creative process", *Neuroimage 59*, 1783-1794.

Feist, G.J. (1998). "A meta-analysis of personality in scientific and artistic creativity", *Personality and Social Psychology Review 2*, 290-309.

Fink, A., & Benedek, M. (2014). "EEG alpha power and creative ideation", *Neuroscience & Biobehavioral Reviews 44*, 111-123.

Gardner, H. (1975). *The shattered mind. The person after brain damage*. New York: Alfred A. Knopf.

Gardner, H., & Winner, E. (1981). "Artistry and aphasia", In M. T. Sarno (Ed.), *Acquired aphasia*. New York: Academic Press.

Gardner, H. (1982) *Art, mind and brain*. New York: Basic Books.

Goldberg, E., Podell, K., Harner, R., Riggio, S., & Lovell, M. (1994). "Cognitive bias, functional cortical geometry, and the frontal lobes: Laterality, sex, and handedness", *Journal of Cognitive Neuroscience 6*(3), 276-296.

Goldberg, E. (2009). *The new executive brain: Frontal lobes in a complex world*. Oxford University Press.

Golberg, E. (2018). *Creativity: The human brain in the age of innovation*. NY: Oxford University Press. (『창의성』, 김미선 역, 시그마북스)

Gorovitz, E. S. (1982). "The Creative Brain II: A Revisit with Ned Herrmann", *Training and Development Journal 36*(12), 74-77.

Hécaen, H. (1981). "The neuropsychology of face recognition", In G. Davies, H.

Ellis, & J. Shepherd (Eds.), *Perceiving and remembering faces* (pp. 39–54). London: Academic Press.

Heilman, K. M., Nadeau, S. E., & Beversdorf, D. O. (2003). "Creative innovation: Possible brain mechanisms", *Neurocase 9*(5), 369–379.

Heilman, K. M. (2016). "Possible brain mechanisms of creativity", *Archives of Clinical Neuropsychology 31*(4), 285–296.

Herrnann, N. (1981). "The creative brain", *Training and Development Journal 35*(10), 10–16.

Hines, T. (1987). "Left brain/right brain mythology and implications for management and training", *Academy of Management Review 12*(4), 600–606.

Hoppe, K. D. (1988). "Hemispheric specialization and creativity", *Psychiatric Clinics of North America 11*(3), 303–315.

Jung, R. E., & Meadows, C. (2017). "Sweet dreams are made of this: The role of openness in creativity and brain networks", In G. J. Feist, R. Reiter–Palmon, & J. C. Kaufman (Eds.), *The Cambridge handbook of creativity and personality research* (pp. 28–43). NY, Cambridge University Press.

Kaufman, A. B., Kornilov, S. A ., Bristol, A. S., Tan, M., & Grigorenko, E. L. (2010). "The neurobiological foundation of creative cognition", In J. C. Kaufman & R. J. Sternberg (Eds.), *The Cambridge handbook of creativity* (pp. 216–232). Cambridge University Press.

Klucharev, V., Hytönen, K., Rijpkema, M., Smidts, A., & Fernández, G. (2009). "Reinforcement learning signal predicts social conformity", *Neuron 61*(1), 140–151.

Klucharev, V., Munneke, M. A., Smidts, A., & Fernández, G. (2011). "Downregulation of the posterior medial frontal cortex prevents social conformity", *Journal of Neuroscience 31*(33), 11934–11940.

Kris, E. (1952). *Psychoanalytic explorations in art*. New York: International Universities Press.

Ludden, D. (2017). "Is neuroscience the future or the end of psychology?", *Psychology Today.* https://www.psychologytoday.com/us/blog/talking-apes/201702/is-neuroscience-the-future-or-the-end-psychology

Marin, O. (1982). "Brain and language: The rules of the game", In M. A. Arbib, D. Caplan, & J. C. Marshall (Eds.), *Neural models of language processes*. New York: Academic Press.

Martindale, C. (1999). "Biological bases of creativity", In R. J. Sternberg (Ed.), *Handbook of creativity* (pp. 137 – 152). Cambridge University Press.

Marzi, C. A., & Berlucchi, G. (1977). "Right visual field superiority for accuracy of recognition of famous faces in normals", *Neuropsychologia 15*(6), 751 – 756.

Medaglia, J. D., Lynall, M.–E., & Bassett, D. S. (2015). "Cognitive network neuroscience", *Journal of Cognitive Neuroscience 27*(8), 1471 – 1491.

Mendelsohn, G. A. (1976). "Associative and attentional processes in creative performance", *Journal of Personality 44*(2), 341 – 369.

Mintzberg H. (1976). "Planning on the left side and managing on the right side", *Harvard Business Review 54*, 49–58.

Moore, D. W., Bhadelia, R. A., Billings, R. L., Fulwiler, C., Heilman, K. M., Rood, K. M., & Gansler, D. A. (2009). "Hemispheric connectivity and the visual–spatial divergent–thinking component of creativity", *Brain and Cognition 70*(3), 267–272.

Ramachandran, V. S., & Hubbard, E. M. (2001). "Synaesthesia – a window into perception, thought and language". *Journal of Consciousness Studies 8*(12), 3 – 34.

Rich, A., Bradshaw, J., & Mattingley, J. (2005). "A systematic, large–scale study of synaesthesia: Implications for the role of early experience in lexical–colour associations", *Cognition 98*(1), 53 – 84.

Root–Bernstein, R. S., & Root–Bernstein, M. M. (1999). *Sparks of genius: The thirteen thinking tools of the world's most creative people*. Boston, MA: Houghton Mifflin. (『생각의 탄생』, 박종성 역, 에코의 서재)

Rose, S. (2014). "The end of psychology? Is neuroscience's dominance killing psychology?", *iai News*. https://iai.tv/articles/the–end–of–psychology–auid–406

Sawyer, R. K. (2012). *Explaining creativity: The science of human innovation* (2nd ed.). Oxford University Press.

Schacter, D. L., Gilbert, D. T., & Wegner, D. M. (2011). *Introducing psychology*. New York, NY: Worth.

Schwartz, S. J., Lilienfeld, S. O., Meca, A., & Sauvigné, K. C. (2016). "The role of neuroscience within psychology: A call for inclusiveness over exclusiveness", *American Psychologist 71*(1), 52 – 70.

Smit, D. J., Stam, C. J., Posthuma, D., Boomsma, D. I., & De Geus, E. J.

996

(2008). "Heritability of "small—world" networks in the brain: A graph theoretical analysis of resting—state EEG functional connectivity", *Human brain mapping 29*(12), 1368—1378.

Taggart, W., Robey, D., & Kroeck, K. G. (1985). "Managerial decision styles and cerebral dominance: An empirical study", *Journal of Management Studies 22*(2), 175—192.

van der Linden, D., Tops, M., & Bakker, A. B. (2021). "Go with the flow: A neuroscientific view on being fully engaged", *European Journal of Neuroscience 53*(4), 947—963.

Wertheim, N., & Botez, M. (1961). "Receptive amusia: A clinical analysis", *Brain 84*, 19—30.

Whitman, R. D., Holcomb, E., & Zanes, J. (2010). "Hemispheric collaboration in creative subjects: Cross—hemisphere priming in a lexical decision task", *Creativity Research Journal 22*(2), 109 – 118.

Zaidel, D. W. (2005). *Neuropsychology of art: Neurological, cognitive, and evolutionary perspectives.* Psychology Press.

Zaidel, D. W. (2009). "Brain and art: Neuro—clues from intersection of disciplines", In M. Skov & O. Vartanian (Eds.), *Neuroaesthetics* (pp. 153 – 170). Baywood Publishing Co.

Zaidel, D. W. (2010). "Art and brain: Insights from neuropsychology, biology and evolution", *Journal of Anatomy 216*(2), 177—183.

Zdenek, M. (1983). *The right-brain experience.* New York: McGraw—Hill.

11장

서희영, 장재윤 (2023). 「창의성 역설: 창의성이 중요하다고 믿을수록 타인의 창의적 특성을 더 바람직하게 평가하는가?」, 《한국심리학회지: 산업 및 조직》 36(4), 403—437.

장재윤 (2018). 『문화적 다양성과 창의성』(아산재단 연구총서). 서울: 집문당.

Acar, O. A., Tarakci, M., & Van Knippenberg, D. (2019). "Creativity and innovation under constraints: A cross—disciplinary integrative review", *Journal of Management 45*(1), 96—121.

Allen, T. J. (1984). *Managing the flow of technology: Technology transfer and the dissemination of technological information within the R&D organization.* Cambridge, MA: MIT Press.

Anderson, N., Potočnik, K., & Zhou, J. (2014). "Innovation and creativity in organizations: A state−of−the−science review, prospective commentary, and guiding framework", *Journal of Management 40*(5), 1297−1333.

Audia, P. G., & Goncalo, J. A. (2007). "Past success and creativity over time: A study of inventors in the hard disk drive industry", *Management Science 53*(1), 1−15.

Bailyn, L. (1985). "Autonomy in the industrial R&D lab", *Human Resource Management 24*(2), 129−146.

Basadur, M. (2004). "Leading others to think innovatively together: Creative leadership", *The Leadership Quarterly 15*(1), 103−121.

Baucus, M. S., Norton, W. I., Baucus, D. A., & Human, S. E. (2008). "Fostering creativity and innovation without encouraging unethical behavior", *Journal of Business Ethics 81*, 97−115.

Berg, J. M. (2016). "Balancing on the creative highwire: Forecasting the success of novel ideas in organizations", *Administrative Science Quarterly 61*(3), 433−468.

Berg, J. M. (2019). "When silver is gold: Forecasting the potential creativity of initial ideas", *Organizational Behavior and Human Decision Processes 154*, 96−117.

Berg, J. M. (2022). "One−hit wonders versus hit makers: Sustaining success in creative industries", *Administrative Science Quarterly 67*(3), 630−673.

Blair, C. S., & Mumford, M. D. (2007). "Errors in idea evaluation: Preference for the unoriginal?", *Journal of Creative Behavior 41*(3), 197−222.

Breidenthal, A. P., Liu, D., Bai, Y., & Mao, Y. (2020). "The dark side of creativity: Coworker envy and ostracism as a response to employee creativity", *Organizational Behavior and Human Decision Processes 161*, 242−254.

Business Week (2005). "Get creative! How to build innovative companies" (2005.08.01.)

Carnevale, J. B., Huang, L., Vincent, L. C., Farmer, S., & Wang, L. (2021). "Better to give than to receive (or seek) help? The interpersonal dynamics of maintaining a reputation for creativity", *Organizational Behavior and Human Decision Processes 167*, 144−156.

Criscuolo, P., Dahlander, L., Grohsjean, T., & Salter, A. (2017). "Evaluating novelty: The role of panels in the selection of R&D projects", *Academy of Management Journal 60*(2), 433 – 460.

Csikszentmihalyi, M. (1996). *Flow and the psychology of discovery and invention*. New York: Harper Collins.

Dacey, J. S., & Lennon, K. H. (1998). *Understanding creativity: The interplay of biological, psychological, and social factors.* Jossey-Bass.

Deichmann, D., & Baer, M. (2023). "A recipe for success? Sustaining creativity among first-time creative producers", *Journal of Applied Psychology 108*(1), 100-113.

Drazin, R., Glynn, M. A., & Kazanjian, R. K. (1999). "Multilevel theorizing about creativity in organizations: A sensemaking perspective", *Academy of Management Review 24*(2), 286-307.

Edmondson, A. (1999). "Psychological safety and learning behavior in work teams", *Administrative Science Quarterly 44*(2), 350-383.

Faure, C. (2004). "Beyond brainstorming: Effects of different group procedures on selection of ideas and satisfaction with the process", *Journal of Creative Behavior 38*(1), 13-34.

Foulk, T. A., Venkataramani, V., Cao, R., & Krishnan, S. (2022). "Thinking outside the box helps build social connections: The role of creative mindsets in reducing daily rudeness", *Organizational Behavior and Human Decision Processes 171*, 104167.

Gardner, H. (1993). *Creating minds: An anatomy of creativity seen through the lives of Freud, Einstein, Picasso, Stravinsky, Eliot, Graham, and Gandhi.* Basic Books. (『열정과 기질』, 임재서 역, 북스넷)

George, J. M. (2007). "Creativity in organizations", *Academy of Management Annals 1*(1), 439-477.

Gibson, C., & Vermeulen, F. (2003). "A healthy divide: Subgroups as a stimulus for team learning behavior", *Administrative Science Quarterly 48*(2), 202-239.

Gino, F. & Ariely, D. (2012). "The dark side of creativity: Original thinkers can be more dishonest", *Journal of Personality and Social Psychology 102*(3), 445-459.

Girotra, K., Terwiesch, C., & Ulrich, K. T. (2010). "Idea generation and the quality of the best idea", *Management Science 56*(4), 591-605.

Glăveanu, V. P., Ness, I. J., Wasson, B., & Lubart, T. (2019). "Sociocultural perspectives on creativity, learning, and technology", In C. Mullen (Ed.), *Creativity Under Duress in Education? Creativity Theory and Action in Education*

(Vol. 3, pp. 63 – 82). Springer: ChamCham, Switzerland: Springer. doi:10.1007/978-3-319-90272-2_4

Goldschmidt, G. (2016). "Linkographic evidence for concurrent divergent and convergent thinking in creative design", *Creativity Research Journal 28*(2), 115–122.

Griffin, P., McGaw, B., & Care, E. (2012). "The changing role of education and schools", In P. Griffin, B. McGaw, & E. Care (Eds.), *Assessment and teaching of 21st century skills* (pp. 1–16). Dordrecht, Germany: Springer.

Harrison, S. H., Rouse, E. D., Fisher, C. M., & Amabile, T. M. (2022). "The turn toward creative work", *Academy of Management Collections 1*, 1 – 15.

Harvey, S., & Kou, C. Y. (2013). "Collective engagement in creative tasks: The role of evaluation in the creative process in groups", *Administrative Science Quarterly 58*(3), 346–386.

Haselhuhn, M. P., Wong, E. M., & Ormiston, M. E. (2022). "Investors respond negatively to executives' discussion of creativity", *Organizational Behavior and Human Decision Processes 171*, 104155.

Herman, A., & Reiter-Palmon, R. (2011). "The effect of regulatory focus on idea generation and idea evaluation", *Psychology of Aesthetics, Creativity, and the Arts 5*(1), 13 – 20.

Hoeffler, S. (2003). "Preferences for really new products", *Journal of Marketing Research 40*, 406–420.

House, R. J., Hanges, P. J., Javidan, M., Dorfman, P. W., Gupta, V., & GLOBE associates (2004). *Leadership, culture and organizations: The GLOBE study of 62 nations.* Thousand Oaks, CA: Sage.

Janis, I. (1972). *Victims of groupthink: Psychological studies of policy decisions and fiascoes.* Houghton Miflin Company.

Janssen, O., & Giebels, E. (2013). "When and why creativity-related conflict with coworkers can hamper creative employees' individual job performance", *European Journal of Work and Organizational Psychology 22*(5), 574–587.

Jiang, F., Lu, S., Ji, L.-J., & Wang, H.-J. (2023). "Culture and the way of granting job autonomy: Goal or execution?", *Journal of Occupational and Organizational Psychology 96*, 624 – 645.

Judge, W. Q., Fryxell, G. E., & Dooley, R. S. (1997). "The new task of R&D management: Creating goal-directed communities for innovation",

California Management Review 39(3), 72−85.

Kaufman, J. C., Baer, J., Cole, J. C., & Sexton, J. D. (2008). "A comparison of expert and nonexpert raters using the consensual assessment technique", *Creativity Research Journal 20*(2), 171 – 178.

Kaufman, J. C., Baer, J., Cropley, D. H., Reiter−Palmon, R., & Sinnett, S. (2013). "Furious activity vs. understanding: How much expertise is needed to evaluate creative work?" *Psychology of Aesthetics, Creativity, and the Arts 7*(4), 332.

Kettler, T., Lamb, K. N., Willerson, A., & Mullet, D. R. (2018). "Teachers' perceptions of creativity in the classroom", *Creativity Research Journal 30*(2), 164−171.

Koseoglu, G., Liu, Y., & Shalley, C. E. (2017). "Working with creative leaders: Exploring the relationship between supervisors' and subordinates' creativity", *The Leadership Quarterly 28*(6), 798−811.

Koseoglu, G., Breidenthal, A. P., & Shalley, C. E. (2023). "When perceiving a coworker as creative affects social networks over time: A network theory of social capital perspective", *Journal of Organizational Behavior,* Advance online publication.

KPMG International (2019) *2019 Global CEO outlook.* https://assets.kpmg.com/content/dam/kpmg/xx/pdf/2019/05/kpmg−global−ceo−outlook−2019.pdf

Lee, Y. S., Chang, J. Y., & Choi, J. N. (2017). "Why reject creative ideas? Fear as a driver of implicit bias against creativity", *Creativity Research Journal 29*, 225−235.

Leonard−Barton, D., & Swap, W. C. (1999). *When sparks fly: Igniting creativity in groups.* Harvard Business Press.

Lin, Z., & Lu, S. (2023). "Exponential authorship inflation in neuroscience and psychology from the 1950s to the 2020s", *American Psychologist.* Advance online publication.

Litchfield, R. C., Gilson, L. L., & Gilson, P. W. (2015). "Defining creative ideas: Toward a more nuanced approach", *Group & Organization Management 40*(2), 238−265.

Lord, R. G., Foti, R. J., & De Vader, C. L. (1984). "A test of leadership categorization theory: Internal structure, information processing, and leadership perceptions", *Organizational Behavior and Human Performance*

34(3), 343–378.

Lua, E., Liu, D., & Shalley, C. E. (2023). "Multilevel outcomes of creativity in organizations: An integrative review and agenda for future research", *Journal of Organizational Behavior*, Advance online publication.

Madjar, N., Greenberg, E., & Chen, Z. (2011). "Factors for radical creativity, incremental creativity, and routine, noncreative performance", *Journal of Applied Psychology 96*(4), 730–743.

Mainemelis, C., Kark, R., & Epitropaki, O. (2015). "Creative leadership: A multi-context conceptualization", *Academy of Management Annals 9*(1), 393–482.

Marguc, J., Förster, J., & Van Kleef, G. A. (2011). "Stepping back to see the big picture: When obstacles elicit global processing", *Journal of Personality and Social Psychology 101*(5), 883–901.

Mejia, C., D'Ippolito, B., & Kajikawa, Y. (2021). "Major and recent trends in creativity research: An overview of the field with the aid of computational methods", *Creativity and Innovation Management 30*, 475 – 497.

Miron-Spektor, E., & Erez, M. (2017). "Looking at creativity through a paradox lens: Deeper understanding and new insights", In M. Lewis, W. K. Smith, P. Jarzabkowski, & A. Langley (eds.), *Handbook of organizational paradox: Approaches to plurality, tensions and contradictions* (pp. 434 – 451). Oxford University Press.

Moreau, C. P., Lehmann, D. R., & Markman, A. B. (2001). "Entrenched knowledge structures and consumer response to new products", *Journal of Marketing Research 38*(1), 14–29.

Mueller, J. S., Goncalo, J. A., & Kamdar, D. (2011). "Recognizing creative leadership: Can creative idea expression negatively relate to perceptions of leadership potential?", *Journal of Experimental Social Psychology 47*(2), 494–498.

Mueller, J. S., Melwani, S., & Goncalo, J. A. (2012). "The bias against creativity: Why people desire but reject creative ideas", *Psychological Science 23*(1), 13–17.

Mueller, J. S., Wakslak, C. J., & Krishnan, V. (2014). "Construing creativity: The how and why of recognizing creative ideas", *Journal of Experimental Social Psychology 51*, 81–87.

Mueller, J., Melwani, S., Loewenstein, J., & Deal, J. J. (2018). "Reframing the decision-makers' dilemma: Towards a social context model of creative idea recognition", *Academy of Management Journal 61*(1), 94-110.

Mumford, M. D., Blair, C. S., & Marcy, R. T. (2006). "Alternative knowledge structures in creative thought: Schema, associations, and cases", In J. C. Kaufman & J. Baer (Eds.), *Creativity and reason in cognitive development* (pp. 117-136). Cambridge University Press.

Nemeth, C. J. (1986). "Differential contributions of majority and minority influence", *Psychological Review 93*(1), 23.

Nemeth, C. J., & Goncalo, J. A. (2005). "Creative collaborations from afar: The benefits of independent authors", *Creativity Research Journal 17*(1), 1-8.

Nemeth, C. J., & Goncalo, J. A. (2011). "Rogues and heroes: Finding value in dissent", In J. Jetten & M. J. Hornsey (Eds.), *Rebels in groups: Dissent, deviance, difference and defiance* (pp. 17-35). Wiley Blackwell.

Ng, T. W., & Yam, K. C. (2019). "When and why does employee creativity fuel deviance? Key psychological mechanisms", *Journal of Applied Psychology 104*(9), 1144-1163.

Nijstad, B. A., De Dreu, C. K., Rietzschel, E. F., & Baas, M. (2010). "The dual pathway to creativity model: Creative ideation as a function of flexibility and persistence", *European Review of Social Psychology 21*(1), 34-77.

Offermann, L. R., & Coats, M. R. (2018). "Implicit theories of leadership: Stability and change over two decades", *The Leadership Quarterly 29*(4), 513-522.

Onarheim, B. (2012). "Creativity from constraints in engineering design: Lessons learned at Coloplast", *Journal of Engineering Design 23*, 323-336.

Onarheim, B., & Christensen, B. T. (2012). "Distributed idea screening in stage-gate development processes", *Journal of Engineering Design 23*(9), 660-673.

Perry-Smith, J. E., & Coff, R. W. (2011). "In the mood for entrepreneurial creativity? How optimal group affect differs for generating and selecting ideas for new ventures", *Strategic Entrepreneurship Journal 5*(3), 247-268.

Proudfoot, D., & Fath, S. (2021). "Signaling creative genius: How perceived social connectedness influences judgments of creative potential", *Personality and Social Psychology Bulletin 47*(4), 580-592.

Puccio, G. J., Mance, M., & Murdock, M. C. (2011). *Creative leadership: Skills that drive change* (2nd Ed.). Tousand Oaks, CA: Sage.

Quinn, J. B. (1985). "Managing innovation: Controlled chaos", *Harvard Business*

Review 63(3), 73-85.

Raisch, S., & Birkinshaw, J. (2008). "Organizational ambidexterity: Antecedents, outcomes, and moderators", *Journal of Management 34*, 375-409.

Rietzschel, E. F., Nijstad, B. A., & Stroebe, W. (2006). "Productivity is not enough: A comparison of interactive and nominal brainstorming groups on idea generation and selection", *Journal of Experimental Social Psychology 42*(2), 244-251.

Rietzschel, E. F., Nijstad, B. A., & Stroebe, W. (2010). "The selection of creative ideas after individual idea generation: Choosing between creativity and impact", *British Journal of Psychology 101*(1), 47-68.

Rietzschel, E. F., Nijstad, B. A., & Stroebe, W. (2014). "Effects of problem scope and creativity instructions on idea generation and selection", *Creativity Research Journal 26*(2), 185-191.

Rietzschel, E. F., Nijstad, B. A, & Stroebe, W. (2019). "Why great ideas are often overlooked: A review and theoretical analysis of research on idea evaluation and selection", In P. B. Paulus & B. A. Nijstad (Eds.), *The Oxford handbook of group creativity and innovation* (pp. 179-197). Oxford University Press.

Ritter, S. M., Van Baaren, R. B., & Dijksterhuis, A. (2012). "Creativity: The role of unconscious processes in idea generation and idea selection", *Thinking Skills and Creativity 7*(1), 21-27.

Robinson, A. G. and Stern, S. (1997) *Corporate creativity.* San Francisco: Berrett-Koehler. (『기업 창의성』, 장재윤 외 역, 지식공작소)

Rosing, K., Frese, M., & Bausch, A. (2011). "Explaining the heterogeneity of the leadership-innovation relationship: Ambidextrous leadership", *The Leadership Quarterly 22*(5), 956-974.

Rouse, E. D. (2020). "Where you end and I begin: Understanding intimate co-creation", *Academy of Management Review 45*(1), 181-204.

Scott, S. G., & Bruce, R. A. (1994). "Determinants of innovative behavior: A path model of individual innovation in the workplace", *Academy of Management Journal 37*(3), 580-607.

Sijbom, R. B. L., Janssen, O., & Van Yperen, N. W. (2015). "How to get radical creative ideas into a leader's mind? Leader's achievement goals and subordinates' voice of creative ideas", *European Journal of Work and Organizational Psychology 24*, 279-296.

Sijbom, R. B. L., Janssen, O., & Van Yperen, N. W. (2016). "Leaders' achievement goals and their integrative management of creative ideas voiced by subordinates or superiors", *European Journal of Social Psychology 46*, 732−745.

Silvia, P. J. (2008). "Discernment and creativity: How well can people identify their most creative ideas?", *Psychology of Aesthetics, Creativity, and the Arts 2*(3), 139 − 146.

Simonton, D. K. (1984). *Genius, creativity, and leadership: Historiometric inquiries*. Cambridge, MA: Harvard University Press.

Simonton, D. K. (1991). "Emergence and realization of genius: The lives and works of 120 classical composers", *Journal of Personality and Social Psychology 61*(5), 829−840.

Simonton, D. K. (2016). "Giving credit where credit's due: Why it's so hard to do in psychological science", *Perspectives on Psychological Science 11*(6), 888−892.

Smith, K., & Berg, D. (1986). *Paradoxes of group life: Understanding conflict, paralysis, and movement in group dynamics*. San Francisco, CA, US: Josey−Bass.

Spreitzer, G. M. (1995). "Psychological empowerment in the workplace: Dimensions, measurement, and validation", *Academy of Management Journal 38*(5), 1442 − 1465.

Staw, B. M. (1995). "Why no one really wants creativity", In C. M. Ford & D. A. Gioia (Eds.), *Creative action in organizations: Ivory tower visions and real world voices* (pp. 161 − 166). Thousand Oaks, CA: Sage.

Steiner, I. (1972). *Group process and productivity*. New York, NY: Academic Press.

Sternberg, R. J. (2005). "We want creativity! No we don't!", In F. J. Yammarino & F. Dansereau (Eds.), *Research in multi-level issues:* Volume IV (pp. 93 − 104). Oxford, England: Elsevier.

Sydow, J., Schreyögg, G., & Koch, J. (2009). "Organizational path dependence: Opening the black box", *Academy of Management Review 34*(4), 689−709.

Tavares, S. M. (2016). "How does creativity at work influence employee's positive affect at work?", *European Journal of Work and Organizational Psychology 25*(4), 525−539.

Thorndike, E. L. (1950). "Traits of personality and their intercorrelations as shown in biography", *Journal of Educational Psychology 41*, 193 − 216.

Tromp, C. (2023). "Integrated constraints in creativity: Foundations for a unifying model", *Review of General Psychology 27*(1), 41−61.

Tromp, C., & Sternberg, R. J. (2022). "How constraints impact creativity: An interaction paradigm", *Psychology of Aesthetics, Creativity, and the Arts*. Advance online publication.

Trope, Y., & Liberman, N. (2010). "Construal−level theory of psychological distance", *Psychological Review 117*(2), 440−463.

Unsworth, K. L., & Clegg, C. W. (2010). "Why do employees undertake creative action?", *Journal of Occupational and Organizational Psychology 83*(1), 77−99.

Vincent, L. C., & Goncalo, J. A. (2014). "License to steal: How the creative identity entitles dishonesty", In S. Moran, D. Cropley, & J. C. Kaufman (Eds.), *The ethics of creativity* (pp. 137 − 151). Palgrave Macmillan/Springer Nature.

Vincent, L. C., & Kouchaki, M. (2016). "Creative, rare, entitled, and dishonest: How commonality of creativity in one's group decreases an individual's entitlement and dishonesty", *Academy of Management Journal 59*(4), 1451−1473.

Vroom, V. H. (1964). *Work and motivation*. Wiley.

Westby, E. L., & Dawson, V. L. (1995). "Creativity: Asset or burden in the classroom?", *Creativity Research Journal 8*(1), 1−10.

Woodman, R. W., Sawyer, J. E., & Griffin, R. W. (1993). "Toward a theory of organizational creativity", *Academy of Management Review 18*(2), 293−321.

Wu, L., Wang, D., & Evans, J. A. (2019). "Large teams develop and small teams disrupt science and technology", *Nature 566*, 378−382.

Wuchty, S., Jones, B. F., & Uzzi, B. (2007). "The increasing dominance of teams in production of knowledge", *Science 316*(5827), 1036−1039.

Zhang, X., & Bartol, K. M. (2010). "The influence of creative process engagement on employee creative performance and overall job performance: A curvilinear assessment", *Journal of Applied Psychology 95*(5), 862 − 873.

Zhao, X., Wang, C., & Hong, J. (2022). "Evaluating the individual, situational, and technological drivers for creative ideas generation in virtual communities: A systematic literature review", *Frontiers in Psychology 13*, 978856.

Zheng, X., Qin, X., Liu, X., & Liao, H. (2019). "Will creative employees always make trouble? Investigating the roles of moral identity and moral disengagement", *Journal of Business Ethics 157*(3), 653–672.

Zhou, J. (2003). "When the presence of creative coworkers is related to creativity: Role of supervisor close monitoring, developmental feedback, and creative personality", *Journal of Applied Psychology 88*(3), 413–422.

Zhou, J., Wang, X. M., Bavato, D., Tasselli, S., & Wu, J. (2019). "Understanding the receiving side of creativity: A multidisciplinary review and implications for management research", *Journal of Management 45*(6), 2570–2595.

Zhou, J., Wang, X. M., Song, L. J., & Wu, J. (2017). "Is it new? Personal and contextual influences on perceptions of novelty and creativity", *Journal of Applied Psychology 102*(2), 180–202.

12장

강석기 (2015). 「다윈 이전에 진화론 주장한 '매튜'」, 《사이언스 타임즈》(2015.04.24.).

신정일 (2020). 『천재 허균 – 조선의 천재, 새로운 세상을 꿈꾸다』. 서울: 상상출판.

장재윤 (2018). 『문화적 다양성과 창의성』(아산재단 연구총서). 서울: 집문당.

Albert, R. S. (1988). "How high should one climb to find common ground?", *Creativity Research Journal 1*(1), 52–59.

Berlyne, D. E. (1971). *Aesthetics and psychobiology.* New York: Appleton–Century–Crofts.

Boring, E. G. (1971). "Dual role of the zeitgeist in scientific creativity", In V. S. Sexton, & H. K. Misiak (Eds.), *Historical perspective in psychology: Readings* (pp. 54–65). Belmont, CT: Brooks/Cole.

Dacey, J. S., Lennon, K., & Fiore, L. (1998). *Understanding creativity: The interplay of biological, psychological, and social factors.* San Francisco: Jossey–Bass.

Eldredge, N., & Gould S. J. (1972). "Punctuated equilibria: An alternative to phyletic gradualism", In T. J. M. Schopf (Ed.), *Models in paleobiology* (pp. 82–115). Freeman, Cooper and Company.

Florida, R. L. (2002). *The rise of the creative class: And how it's transforming work, leisure, community and everyday life.* New York: Basic Books.

Franzoni, C., Scellato, G., & Stephan, P. (2014). "The mover's advantage: The superior performance of migrant scientists", *Economics Letters 122*(1), 89–93.

Gersick, C. J. (1991). "Revolutionary change theories: A multilevel exploration of the punctuated equilibrium paradigm", *Academy of Management Review 16*(1), 10–36.

Godart, F. C., Maddux, W. W., Shipilov, A. V., & Galinsky, A. D. (2015). "Fashion with a foreign flair: Professional experiences abroad facilitate the creative innovations of organizations", *Academy of Management Journal 58*(1), 195–220.

Haslam, S. A., Adarves–Yorno, I., Postmes, T., & Jans, L. (2013). "The collective origins of valued originality: A social identity approach to creativity", *Personality and Social Psychology Review 17*(4), 384–401.

Hellmanzik, C. (2013). "Does travel inspire? Evidence from the superstars of modern art", *Empirical Economics 45*, 281–303.

Klein, R. G., & Edgar, B. (2002). *The dawn of human culture*. New York: Wiley.

Kroeber, A. L. (1944). *Configurations of culture growth*. University of California Press.

Kuhn, T. S. (1970). *The structure of scientific revolutions* (2nd ed.). Chicago, IL: University of Chicago Press.

Lamb, D., & Easton, S. M. (1984). *Multiple discovery*. Avebury, England: Avebury.

Leung, A. K.–y., Maddux, W. W., Galinsky, A. D., & Chiu, C.–y. (2008). "Multicultural experience enhances creativity: The when and how", *American Psychologist 63*(3), 169–181.

Maddux, W. W., Bivolaru, E., Hafenbrack, A. C., Tadmor, C. T., & Galinsky, A. D. (2014). "Expanding opportunities by opening your mind: Multicultural engagement predicts job market success through longitudinal increases in integrative complexity", *Social Psychological and Personality Science 5*(5), 608–615.

Martindale, C. (1990). *The clockwork muse: The predictability of artistic change*. Basic Books.

Ogburn, W. F., & Thomas, D. (1922). "Are inventions inevitable? A note on social evolution", *Political Science Quarterly 37*(1), 83–98.

Pfeiffer, J. E. (1982). *The creative explosion: An inquiry into the origins of art and religion*. New York: Harper & Row.

Runco, M. A. (2014). *Creativity: Theories and themes: Research, development, and practice* (2nd ed.). Elsevier Academic Press.

Simonton, D. K. (1975). "Sociocultural context of individual creativity: A transhistorical time-series analysis", *Journal of Personality and Social Psychology 32*(6), 1119–1133.

Simonton, D. K. (1997). "Foreign influence and national achievement: The impact of open milieus on Japanese civilization", *Journal of Personality and Social Psychology 72*(1), 86–94.

Simonton, D. K. (2011). "Creativity and discovery as blind variation: Campbell's (1960) BVSR model after the half-century mark", *Review of General Psychology 15*(2), 158–174.

Simonton, D. K. (2019). "Creativity in sociocultural systems: Cultures, nations, and civilizations", In P. B. Paulus & B. A. Nijstad (Eds.), *The Oxford handbook of group creativity and innovation*(pp. 271–284). New York: Oxford University Press.

Simonton, D. K. (2020). "Zeitgeist", In M. A. Runco & S. Pritzker (Eds.), *Encyclopedia of creativity* (3rd ed., pp. 716–721). Oxford: Elsevier.

Tadmor, C. T., Galinsky, A. D., & Maddux, W. W. (2012). "Getting the most out of living abroad: Biculturalism and integrative complexity as key drivers of creative and professional success", *Journal of Personality and Social Psychology 103*(3), 520–542.

Therivel, W. A. (1995). "Long-term effect of power on creativity", *Creativity Research Journal 8*(2), 173–192.

Weiner, E. (2016). *The geography of genius: A search for the world's most creative places from ancient Athens to Silicon valley.* Simon & Schster. (『천재의 지도』, 노승영 역, 문학동네)

13장

김민희 (2010). 「지혜 암묵이론의 성차」, 《한국심리학회지: 일반》 29(4), 975–997.

김상환 (2016). 「동서 합류 시대의 창의성: 21세기의 이념들」, 김상환, 장태순, 박영선 (엮음), 『동서의 학문과 창조』. 이학사.

나성(2016). 「동양철학에 있어 창조의 변증법」, 김상환, 장태순, 박영선 (엮음), 『동서의 학문과 창조』. 이학사.

다카하시 노부오 (2007). 『성과주의의 허상』. 오즈컨설팅.

성은현 (2006). 「동서양의 창의성 차이 고찰: 창의적 문화와 환경, 성격, 사고, 산물을 중심으로」, 《영재와 영재교육》 5(1), 48–66.

성은현, 한윤영 (2011). 「한국과 미국 대학생들의 창의성 발현 및 저해 요인에 관한 암묵적 생각」, 《교육심리연구》 25, 927-944.

신정근 (2016). 「창조와 조화 그리고 추월」, 김상환, 장태순, 박영선 (엮음), 『동서의 학문과 창조』, 이학사.

이장희 (2016). 「창조성으로서의 성(誠): 로저 에임스의 『중용』 독해를 중심으로」, 김상환, 장태순, 박영선 (엮음), 『동서의 학문과 창조』, 이학사.

이재윤, 김명언 (2015). 「문화와 창의성 개관: 과거, 현재 그리고 미래」, 《한국심리학회지: 일반》 34(1), 1-26.

장재윤, 구자숙 (1998). 「보상이 내재적 동기 및 창의성에 미치는 효과: 개관과 적용」, 《한국심리학회지: 사회 및 성격》 12(2), 39-77.

장재윤, 서희영, 김소정 (2023). 「한국 성인들의 창의성 신화에 대한 믿음 및 관련 변인 탐색」, 《한국심리학회지: 일반》 42(2), 87-118.

장재윤, 조긍호 (2023). 「창의성의 문화 간 차이: 개관과 제언」, 《한국심리학회지: 사회 및 성격》 37(3), 259-296.

조긍호 (2017). 『심리구성체론의 동·서 비교 Ⅲ』, 서강대 출판부.

조긍호 (2021). 『자기발전론의 동·서 비교 Ⅳ』, 서강대 출판부.

최인수, 윤지윤 (2013). 「한국, 중국, 일본의 창의성에 대한 대학생의 암묵적 지식 비교 연구: 창의적인 인물의 직업군과 지각된 창의적 성향을 중심으로」, 《창의력교육연구》 13(2), 159-183.

Adair, W. L., & Xiong, T. X. (2018). "How Chinese and Caucasian Canadians conceptualize creativity: The mediating role of uncertainty avoidance", *Journal of Cross-Cultural Psychology 49*, 223-238.

Amabile, T. M. (1996). *Creativity in context: Update to the social psychology of creativity*. Boulder, CO: Westview Press.

Augier, M., Guo, J., & Rowen, H. (2016). "The Needham Puzzle reconsidered: Organizations, organizing, and innovation in China", *Management and Organization Review 12*(1), 5-24.

Arnheim, R. (1992). *To the rescue of art: Twenty-six essays*. Berkeley, CA: University of California Press.

Averill, J. R., Chon, K. K., & Hahn, D. W. (2001). "Emotions and creativity, East and West", *Asian Journal of Social Psychology 4*(3), 165-183.

Azuma, H. (1984). "Secondary control as a heterogeneous category", *American Psychologist 39*(9), 970-971.

Baer, J. (2010). "Is creativity domain specific?", In J. C. Kaufman, & R. J. Sternberg (Eds.), *Cambridge handbook of creativity* (pp. 321-341). New

York: Cambridge University Press.

Bechtoldt, M. N., Choi, H. S., & Nijstadt, B. A. (2012). "Individuals in mind, mates by heart: Individualistic self-construal and collective value orientation as predictors of group creativity", *Journal of Experimental Social Psychology 48*, 838–844.

Bechtoldt, M. N., De Dreu, C. K., Nijstad, B. A., & Choi, H. S. (2010). "Motivated information processing, social tuning, and group creativity", *Journal of Personality and Social Psychology 99*, 622–637.

Bendapudi, N., Zhan, S., & Hong, Y. (2018). "Cultural values differentially moderate the benefits of basic education on two types of national innovation outputs", *Journal of Cross-Cultural Psychology 49*(2), 199–222.

Benet-Martínez, V., & Haritatos, J. (2005). "Bicultural identity integration (BII): Components and psychosocial antecedents", *Journal of Personality 73*(4), 1015–1050.

Chan, D. W., & Chan, L. (1999). "Implicit theories of creativity: Teachers' perception of student characteristics in Hong Kong", *Creativity Research Journal 12*(3), 185–195.

Chen, C., Kasof, J., Himsel, A., Dmitrieva, J., Dong, Q., & Xue, G. (2005). "Effects of explicit instruction to "Be creative" across domains and cultures", *Journal of Creative Behavior 39*, 89–110.

Chiu, C-y., & Hong, Y-y. (2019). "Culture and creativity/innovation", In D. Cohen & S. Kitayama (Eds.), *Handbook of cultural psychology* (2nd.). NY: Guilford Press.

Choi, I., Koo, M., & An, J. (2007). "Individual differences in analytic versus holistic thinking", *Personality and Social Psychology Bulletin 33*(5), 691–705.

Chua, R. Y. J., Roth, Y., & Lemoine, J.-F. (2015). "The impact of culture on creativity: How cultural tightness and cultural distance affect global innovation crowdsourcing work", *Administrative Science Quarterly 60*(2), 189–227.

Conyne, R. K., Wilson, F. R., Tang, M., & Shi, K. (1999). "Cultural similarities and differences in group work: Pilot study of a U.S.-Chinese group comparison", *Group Dynamics: Theory, Research, and Practice 3*(1), 40–50.

Damian, R. I., & Tou, R. Y. W. (2017). "Culture and creativity", In J. C. Kaufman, V. P. Glăveanu, & J. Baer (Eds.), *The Cambridge handbook of creativity across domains* (pp. 565–586). Cambridge University Press.

Deckert, C., Schomaker, R. M. (2022). "Cultural tightness–looseness and national innovativeness: Impacts of tolerance and diversity of opinion", *Journal of Innovation and Entrepreneurship 11*, 29.

Eisenberger, R., & Cameron, J. (1996). "Detrimental effects of reward: Reality or myth?", *American Psychologist 51*(11), 1153–1166.

Erez, M., & Nouri, R. (2010). "Creativity: The influence of cultural, social, and work contexts", *Management and Organization Review 6*(3), 351–370.

Gao, M. (2001). "Chinese insights to creativity", In M. I. Stein (Ed.), *Creativity's global correspondents* (pp. 50–59). New York: Winslow Press.

Gedik, Y., & Ozbek, M. F. (2020). "How cultural tightness relates to creativity in work teams: Exploring the moderating and mediating mechanisms", *Creativity and Innovation Management 29*(4), 634–647.

Gelfand, M. J., Raver, J. L., Nishii, L., et al. (2011). "Differences between tight and loose cultures: A 33–nation study", *Science 332*(6033), 1100–1104.

Gelfand, M. J., Nishii, L. H., & Raver, J. L. (2006). "On the nature and importance of cultural tightness–looseness", *Journal of Applied Psychology 91*(6), 1225–1244.

Gilson, L. L., & Madjar, N. (2011). "Radical and incremental creativity: Antecedents and processes", *Psychology of Aesthetics, Creativity, and the Arts 5*(1), 21–28.

Goncalo, J. A., & Staw, B. M. (2006). "Individualism–collectivism and group creativity", *Organizational Behavior and Human Decision Processes 100*, 96–109.

Haight, W. L. (1999). "The pragmatics of caregiver–child pretending at home: Understanding culturally specific socialization practices", In A. Goncu (Ed.), *Children's engagement in the world: Sociocultural perspectives* (pp. 128–147). Cambridge University Press.

Hanchett Hanson, M. (2015). *Worldmaking: Psychology and the ideology of creativity*. London: Palgrave Macmillan.

Heckhausen, J., & Schulz, R. (1995). "A life–span theory of control", *Psychological Review 102*(2), 284–304.

Heine, S. J., & Buchtel, E. E. (2009). "Personality: The universal and the culturally specific", *Annual Review of Psychology 60*, 369–394.

Heine, S. J., Lehman, D. R., Ide, E., Leung, C., Kitayama, S., & Takata, T., & Matsumoto, H. (2001). "Divergent consequences of success and failure in Japan and North America: An investigation of self-improving motivations and malleable selves", *Journal of Personality and Social Psychology 81*(4), 599-615.

Hofstede, G., Hofstede, G. J., & Minkov, M. (2010). *Cultures and organizations: Software of the mind.* London: McGraw-Hill. (『세계의 문화와 조직』, 차재호, 나은영 역, 학지사)

House, R. J., Hanges, P. J., Javidan, M., Dorfman, P. W., Gupta, V., & GLOBE associates (2004). *Leadership, culture and organizations: The GLOBE study of 62 nations.* Thousand Oaks, CA: Sage.

IBM (2010). *Capitalizing on complexity: Insights from the global chief executive officer study.* Somers, NY: IBM Corporation.

Iyengar, S. S., & Lepper, M. R. (1999). "Rethinking the value of choice: A cultural perspective on intrinsic motivation", *Journal of Personality and Social Psychology 76*(3), 349 - 366.

Jaquish, G. A., & Ripple, R. E. (1984-1985). "A life-span developmental cross-cultural study of divergent thinking abilities", *The International Journal of Aging & Human Development 20*(1), 1 - 11.

Jellen, H. G., & Urban, K. K. (1989). "Assessing creative potential world-wide: The first cross-cultural application of the Test for Creative Thinking-Drawing Production (TCT-DP)", *Gifted Education International 6*(2), 78 - 86.

Kanazawa, S. (2006). "No, it ain't gonna be like that", *Evolutionary Psychology 4*(1), 120 - 128.

Kaufman, J. C., & Baer, J. (2004). "Hawking's haiku, Madonna's math: Why it is hard to be creative in every room of the house", In R. J. Sternberg, E. L. Grigorenko & J. L. Singer (Eds.), *Creativity: From potential to realization* (pp. 3 - 19). Washington, DC: American Psychological Association.

Kaufman, J. C., & Sternberg, R. J. (Eds.). (2006). *The International Handbook of Creativity.* Cambridge University Press.

Kharkhurin, A. V. (2014). "Creativity.4in1: Four-criterion construct of creativity", *Creativity Research Journal 26*(3), 338 - 352.

Kozbelt, A., & Durmysheva, Y. (2007). "Lifespan creativity in a non-western artistic tradition: A study of Japanese Ukiyo-e printmakers", *International Journal of Aging & Human Development 65*(1), 23 - 51.

Leung, A. K.-y., & Cohen, D. (2011). "Within- and between-culture variation:

Individual differences and the cultural logics of honor, face, and dignity cultures", *Journal of Personality and Social Psychology 100*(3), 507 – 526.

Leung, A. K.-y., Liou, S., Miron-Spektor, E., Koh, B., Chan, D., Eisenberg, R., & Schneider, I. (2018). "Middle ground approach to paradox: Within- and between-culture examination of the creative benefits of paradoxical frames", *Journal of Personality and Social Psychology 114*(3), 443 – 464.

Leung, K., Au, A., & Leung, B. W. (2004). "Creativity and innovation: East-West comparisons with an emphasis on Chinese societies", In S. Lau, A. N. N. Hui, & G. Y. C. Ng (Eds.), *Creativity: When east meets west* (pp. 113 – 135). World Scientific Publishing.

Leung, K., & Wang, J. (2015). "A cross-cultural analysis of creativity", In C. E. Shalley, M. A. Hitt, & J. Zhou (Eds.), *The Oxford handbook of creativity, innovation, and entrepreneurship* (pp. 261 – 278). Oxford University Press.

Li, Y. (1997). "Creativity in horizontal and vertical domains", *Creativity Research Journal 10*(2 & 3), 107 – 132.

Lim, W., & Plucker, J. A. (2001). "Creativity through a lens of social responsibility: Implicit theories of creativity with Korean samples", *Journal of Creative Behavior 35*(2), 115 – 130.

Liou, S., Kwan, L. Y.-Y., & Chiu, C.-Y. (2016). "Historical and cultural obstacles to frame-breaking innovations in China", *Management and Organization Review 12*(1), 35 – 39.

Liou, S., & Lan, X. (2018). "Situational salience of norms moderates cultural differences in the originality and usefulness of creative ideas generated or selected by teams", *Journal of Cross-Cultural Psychology 49*(2), 290 – 302.

Loewenstein, J., & Mueller, J. S. (2016). "Implicit theories of creative ideas: How culture guides creativity assessments", *Academy of Management Discoveries 2*, 320–348.

Lu, J. G. (2022). "A social network perspective on the Bamboo Ceiling: Ethnic homophily explains why East Asians but not South Asians are underrepresented in leadership in multiethnic environments", *Journal of Personality and Social Psychology 122*(6), 959–982.

Lu, J. G. (2023). "A creativity stereotype perspective on the bamboo ceiling: Low perceived creativity explains the underrepresentation of East Asian leaders in the United States", *Journal of Applied Psychology*. Advance online publication.

Lu, J. G., Nisbett, R. E., & Morris, M. W. (2020). "Why East Asians but not South Asians are underrepresented in leadership positions in the United States", *Proceedings of the National Academy of Sciences of the United States of America 117*(9), 4590 – 4600.

Lubart, T. I. (1999). "Creativity across cultures", In R. J. Sternberg (Ed.), *Handbook of creativity* (pp. 339–350). New York: Cambridge University Press.

Markus, H. R., & Kitayama, S. (1991). "Culture and the self: Implications for cognition, emotion, and motivation", *Psychological Review 98*(2), 224 – 253.

Marshak, R. J. (1993). "Lewin meets Confucius: A review of the OD model of change", *Journal of Applied Behavioral Science 29*(4), 393 – 415.

Miller, G. (2006a). "The Asian future of evolutionary psychology", *Evolutionary Psychology 4*(1), 107–119.

Miller, G. (2006b). "Asian creativity: A response to Satoshi Kanazawa", *Evolutionary Psychology 4*(1), 129 – 137.

Miron−Spektor, E., Gino, F., & Argote, L. (2011). "Paradoxical frames and creative sparks: Enhancing individual creativity through conflict and integration", *Organizational Behavior and Human Decision Processes 116*, 229 – 240.

Mok, A., & Morris, M. W. (2010). "Asian−Americans' creative styles in Asian and American situations: Assimilative and contrastive responses as a function of bicultural identity integration", *Management and Organization Review 6*(3), 371 – 390.

Morelli, G. A., Rogoff, B., Oppenheim, D., & Goldsmith, D. (1992). "Cultural variation in infants' sleeping arrangements: Questions of independence", *Developmental Psychology 28*(4), 604 – 613.

Morling, B., Kitayama, S., & Miyamoto, Y. (2002). "Cultural practices emphasize influence in the United States and adjustment in Japan", *Personality and Social Psychology Bulletin 28*(3), 311 – 323.

Morris, M. W., & Leung, K. (2010). "Creativity east and west: Perspectives and parallels", *Management and Organization Review 6*(3), 313 – 327.

Mu, Y., Kitayama, S., Han, S., & Gelfand, M. J. (2015). "How culture gets embrained: Cultural differences in event−related potentials of social norm violations", *PNAS Proceedings of the National Academy of Sciences of the United States of America 112*(50), 15348 – 15353.

Ng, A. K. (2001). *Why Asians are less creative than Westerners.* Singapore: Prentice-Hall.

Nisbett, R. E. (2003). *The geography of thought: How Asians and Westerners think differently ... and why.* Free Press. (『생각의 지도』, 최인철 역, 김영사)

Niu, W. (2015). "Chinese creativity: Past, present, and future", In S. Kakar & G. Blamberger (eds.), *On creativity.* London: Penguin Group.

Niu, W. (2019). "Eastern – Western views of creativity", In J. Kaufman & R. Sternberg (Eds.), *The Cambridge handbook of creativity* (pp. 448–461). Cambridge: Cambridge University Press.

Niu, W., & Kaufman, J. C. (2013). "Creativity of Chinese and American cultures: A synthetic analysis", *The Journal of Creative Behavior 47*(1), 77 – 87.

Niu, W., & Sternberg, R. J. (2002). "Contemporary studies on concept of creativity: The East and the West", *Journal of Creative Behavior 36*, 269–287.

Niu, W., & Sternberg, R. J. (2003), "Societal and school influences on student creativity: The case of China", *Psychology in the Schools 40*, 103–114.

Niu, W., & Sternberg, R. J. (2006). "The philosophical roots of Western and Eastern conceptions of creativity", *Journal of Theoretical and Philosophical Psychology 26*(1–2), 18 – 38.

Niu, W., Zhang, J. X., & Yang, Y. (2007). "Deductive reasoning and creativity: A cross-cultural study", *Psychological Reports 100*(2), 509 – 519.

Nouri, R., Erez, M., Lee, C., Liang, J., Bannister, B. D., & Chiu, W. (2015). "Social context: Key to understanding culture's effects on creativity", *Journal of Organizational Behavior 36*, 899 – 918.

Offermann, L. R., & Coats, M. R. (2018). "Implicit theories of leadership: Stability and change over two decades", *The Leadership Quarterly 29*(4), 513 – 522.

Oyserman, D., Coon, H. M., & Kemmelmeier, M. (2002). "Rethinking individualism and collectivism: Evaluation of theoretical assumptions and meta-analyses", *Psychological Bulletin 128*(1), 3 – 72.

Paletz, S. B. F., & Peng, K. (2008). "Implicit theories of creativity across cultures: Novelty and appropriateness in two product domains", *Journal of Cross-*

Cultural Psychology 39(3), 286 – 302.

Paletz, S. B. F., Peng, K. & Li, S. (2011). "In the world or in the head: External and internal theories of creativity", *Creativity Research Journal 23*(2), 83 – 98.

Park, J., Yamaguchi, S., Sawaumi, T. & Morio, T. (2018). "Dialectical thinking in control orientations: A new perspective on control orientations", In J. Spencer—Rogers, & K. Peng (Eds.), *The psychological and cultural foundations of East Asian cognition: Contradiction, change, and holism* (pp. 309—334). Oxford University Press.

Rothenberg, A. (1971). "The process of Janusian thinking in creativity", *Archives of General Psychiatry 24*, 195 – 205.

Rudowicz, E. (2004). "Creativity among Chinese people: beyond Western perspective", In S. Lau, A. Hui & G. Ng (Eds.), *Creativity: When east meets west* (pp. 55 – 86). Singapore: World Scientific Publishing.

Rudowicz, E., & Hui, A. (1997). "The creative personality: Hong Kong perspective", *Journal of Social Behavior and Personality 12*, 139 – 157.

Rudowicz, E., & Yue, X. (2000). "Concepts of creativity: Similarities and differences among mainland, Hong Kong and Taiwanese Chinese", *Journal of Creative Behavior 34*, 175 – 192.

Runco, M. A. (Ed.). (2010). "Creativity has no dark side", In D. H. Cropley, A. J. Cropley, J. C. Kaufman, & M. A. Runco (Eds.), *The dark side of creativity* (pp. 15 – 32). Cambridge University Press.

Runco, M. A. & Bahleda, M. D. (1986). "Implicit theories of artistic, scientific, and everyday creativity", *Journal of Creative Behavior 20*, 93 – 98.

Runco, M. A., Johnson, D. J., & Bear, P. K. (1993). "Parents' and teachers' implicit theories of children's creativity", *Child Study Journal 23*(2), 91 – 113.

Saarilahti, M., Cramond, B., & Sieppi, H. (2012). "Is creativity nurtured in Finnish classrooms?", *Childhood Education 75*(6), 326 – 331.

Saeki, N, Fan, X., & Van Dusen, L. (2001). "A comparative study of creative thinking of American and Japanese college students", *Journal of Creative Behavior 35*, 24—36.

Sawyer, K. (2012). *Explaining creativity: The science of human innovation* (2nd ed.). Oxford University Press.

Simonton, D. K. (1975). "Sociocultural context of individual creativity: A transhistorical time−series analysis", *Journal of Personality and Social Psychology 32*(6), 1119−1133.

Simonton, D. K. (1984). "Creative productivity and age: A mathematical model based on a two−step cognitive process", *Developmental Review 4*(1), 77 − 111.

Simonton, D. K., & Ting, S. S. (2010). "Creativity in Eastern and Western civilizations: The lessons of historiometry", *Management and Organization Review 6*(3), 329 − 350.

Singh, R. P. (1987). "Parental perception about creative children", *Creative Child & Adult Quarterly 12*(1), 39 − 42.

Smith, C. D., & Wright, L. (2000). "Perceptions of genius: Einstein, lesser mortals and shooting stars", *Journal of Creative Behavior 34*(3), 151 − 164.

Sternberg, R. J. (1985). "Implicit theories of intelligence, creativity, and wisdom", *Journal of Personality and Social Psychology 49*(3), 607 − 627.

Tang, C., Baer, J., & Kaufman, J. C. (2015). "Implicit theories of creativity in computer science in the United States and China", *Journal of Creative Behavior 49*(2), 137 − 156.

Triandis, H. C. (1989). "The self and social behavior in differing cultural contexts", *Psychological Review 96*(3), 506 − 520.

Trompenaars, F., & Hampden−Turner, C. (1998). *Riding the waves of culture: Understanding cultural diversity in global business* (2nd ed.). New York: McGraw−Hill.

Uz, I. (2015). "The Index of Cultural Tightness and Looseness among 68 countries", *Journal of Cross-Cultural Psychology 46*(3), 319 − 335.

Vygotsky, L. S. (1971). *Psychology of art*. Cambridge, MA: MIT Press.

Wonder I., & Blake J. (1992). "Creativity east and west: Intuition vs. logic?", *Journal of Creative Behavior 26*(3), 172−185.

Yue, X. D. (2003). "Meritorious evaluation bias: How Chinese undergraduates perceive and evaluate Chinese and foreign creators", *Journal of Creative Behavior 37*, 151 − 178.

Yue, X. D. (2004). "Whoever is influential is creative: How Chinese undergraduates choose creative people in Chinese societies", *Psychological Reports 94*, 1235 − 1249.

Yue, X. D. & Rudowicz, E. (2002). "Perception of the most creative Chinese by undergraduates in Beijing, Guangzhou, Hong Kong, and Taipei", *Journal* of Creative Behavior 36, 88 – 104.

Zha, P., Walczyk, J., Griffith-Ross, D. A., Tobacyk, J., & Walczyk, D. F. (2006). "The impact of culture and invidualism-collectivism on the creativity and achievement of American and Chinese adults", *Creativity Research Journal 18*, 355–366.

14장

강석기 (2014). 「창의력을 높이고 싶다면 걸으세요」, 《The Science Times》 (2014. 05.30.)

김영채 (1999). 『창의적 문제해결: 창의력의 이론 개발과 수업』. 교육과학사.

장재윤 (2000). 「전자 브레인스토밍: 집단 창의성 기법으로서의 허와 실」, 《한국 심리학회지: 사회 및 성격》 14(3), 79–108.

Agnoli, S., Vanucci, M., Pelagatti, C., & Corazza, G. E. (2018). "Exploring the link between mind wandering, mindfulness, and creativity: A multidimensional approach", *Creativity Research Journal 30*(1), 41 – 53.

Ansburg, P. I., & Dominowski, R. I. (2000). "Promoting insightful problem solving", *The Journal of Creative Behavior 34*(1), 30–60.

Baas, M., Koch, S., Nijstad, B. A., & De Dreu, C. K. W. (2015). "Conceiving creativity: The nature and consequences of laypeople's beliefs about the realization of creativity", *Psychology of Aesthetics, Creativity, and the Arts 9*(3), 340 – 354.

Baer, J. (2017). "Why you are probably more creative (and less creative) than you think", In M. Karwowski & J. C. Kaufman (Eds.), *The creative self: Effect of beliefs, self-efficacy, mindset, and identity* (pp. 259 – 273). Elsevier Academic Press.

Baird, B., Smallwood, J., Mrazek, M. D., Kam, J. W., Franklin, M. S., & Schooler, J. W. (2012). "Inspired by distraction: Mind wandering facilitates creative incubation", *Psychological Science 23*(10), 1117 – 1122.

Baruah, J., & Paulus, P. B. (2016). "The role of time and category relatedness in electronic brainstorming", *Small Group Research 47*(3), 333 – 342.

Beahm, G. (2011). *I, Steve: Steve Jobs in his own words*. Agate B2.

Beaty, R. E., & Silvia, P. J. (2012). "Why do ideas get more creative across time? An executive interpretation of the serial order effect in divergent thinking tasks", *Psychology of Aesthetics, Creativity, and the Arts 6*, 309 – 319.

Benedek, M., Panzierer, L., Jauk, E., & Neubauer, A. C. (2017). "Creativity on tap? Effects of alcohol intoxication on creative cognition", *Consciousness and Cognition 56*, 128–134.

Benedek, M., & Zöhrer, L. (2020). "Creativity on tap 2: Investigating dose effects of alcohol on cognitive control and creative cognition", *Consciousness and Cognition 83*, 102972.

Berg, J. M. (2019). "When silver is gold: Forecasting the potential creativity of initial ideas", *Organizational Behavior and Human Decision Processes 154*, 96–117.

Cai, D. J., Mednick, S. A., Harrison, E. M., Kanady, J. C., & Mednick, S. C. (2009). "REM, not incubation, improves creativity by priming associative networks", *Proceedings of the National Academy of Sciences 106*(25), 10130–10134.

Choi, H. S., & Thompson, L. (2005). "Old wine in a new bottle: Impact of membership change of group creativity", *Organizational Behavior and Human Decision Processes 98*, 121–132.

Colzato, L. S., Szapora, A., & Hommel, B. (2012). "Meditate to create: The impact of focused-attention and open-monitoring training on convergent and divergent thinking", *Frontiers in psychology 3*, 116–120.

Csikszentmihalyi, M. (1996). *Flow and the psychology of discovery and invention*. New York: Harper Collins.

Cunningham, J. B., & MacGregor, J. N. (2008). "Training insightful problem solving: Effects of realistic and puzzle-like contexts", *Creativity Research Journal 20*(3), 291–296.

Diehl, M., & Strobe, W.(1987). "Productivity loss in brainstorming groups: Toward the solution of a riddle", *Journal of Personality and Social Psychology 53*, 497–509.

Dweck, C. S. (2007). *Mindset: The new psychology of success*. Random House. (『마인드셋』, 김준수 역, 스몰빅라이프)

Eagleman, D., & Brandt, A. (2017). *The runaway species: How human creativity remakes the world*. New York, NY: Catapult. (『창조하는 뇌』, 엄성수 역, 샘앤파커스)

Eberle, R. (1971). *SCAMPER: Games for imagination development*. Buffalo: D.O.K.

Edmondson, A. (1999). "Psychological safety and learning behavior in work teams", *Administrative Science Quarterly 44*(2), 350–383.

Ellwood, S., Pallier, G., Snyder, A., & Gallate, J. (2009). "The incubation effect:

hatching a solution?", *Creativity Research Journal 21*(1), 6–14.

Florida, R. L. (2002). *The rise of the creative class: And how it's transforming work, leisure, community and everyday life*. New York: Basic Books.

Fujino, M., Ueda, Y., Mizuhara, H., Saiki, J., & Nomura, M. (2018). "Open monitoring meditation reduces the involvement of brain regions related to memory function", *Scientific Reports 8*(1), 9968–9977.

Gardner, H. (1993). *Multiple intelligences: The theory in practice*. New York: Basic Books.

Gertner, J. (2012). *The idea factory: Bell Labs and the great age of American innovation*. New York: Penguin Press. (『벨 연구소 이야기』, 정향 역, 살림Biz.)

Gettys, C. F., Pliske, R. M., Manning, C. & Casey, J. T. (1987). An evaluation of human act generation performance. *Organizational Behavior and Human Decision Processes 39*, 23–51.

Gonthier, C., & Besançon, M. (2022). "It is not always better to have more ideas: Serial order and the trade-off between fluency and elaboration in divergent thinking tasks", *Psychology of Aesthetics, Creativity, and the Arts*. Advance online publication.

Green, R. (2006). *The 33 strategies of war*. Viking. (『전쟁의 기술』, 안진환 역, 웅진 지식하우스)

Gu, X., Ritter, S. M., Delfmann, L. R., & Dijksterhuis, A. (2022). "Stimulating creativity: Examining the effectiveness of four cognitive-based creativity training techniques", *Journal of Creative Behavior 56*, 312–327.

Haase, J., Hanel, P. H., & Gronau, N. (2023). "Creativity enhancement methods for adults: A meta-analysis", *Psychology of Aesthetics, Creativity, and the Arts*. Advance online publication.

Heng, Y. T., Barnes, C. M., & Yam, K. C. (2023). "Cannabis use does not increase actual creativity but biases evaluations of creativity", *Journal of Applied Psychology 108*(4), 635–646.

Henriksen, D., Richardson, C., & Shack, K. (2020). "Mindfulness and creativity: Implications for thinking and learning", *Thinking Skills and Creativity 37*, 100689.

Hua, M., Harvey, S., & Rietzschel, E. F. (2022). "Unpacking "ideas" in creative work: A multidisciplinary review", *Academy of Management Annals 16*, 621–656.

Hughes, Z., Ball, L.J., Richardson, C., & Judge, J. (2023). "A meta-analytical review of the impact of mindfulness on creativity: Framing current lines of research and defining moderator variables", *Psychonomic Bulletin & Review*. https://doi.org/10.3758/s13423-023-02327-w

Jarosz, A. F., Colflesh, G.J., & Wiley, J. (2012). "Uncorking the muse: Alcohol intoxication facilitates creative problem solving", *Consciousness and Cognition 21*, 487-493.

Kabanoff, B., & Rossiter, J. R. (1994). "Recent developments in applied Creativity", In C. L. Cooper & I. T. Robertson (Eds.), *International Review of Industrial and Organizational Psychology*(Vol. 9, pp. 283-324). John Wiley & Sons.

Lebuda, I., Zabelina, D. L., & Karwowski, M. (2016). "Mind full of ideas: A meta-analysis of the mindfulness-creativity link", *Personality and Individual Differences 93*, 22-26.

Lehmann-Willenbrock, N., & Allen, J. A. (2018). "Modeling temporal interaction dynamics in organizational settings", *Journal of Business and Psychology 33*(3), 325-344.

Lucas, B. J., & Nordgren, L. F. (2015). "People underestimate the value of persistence for creative performance", *Journal of Personality and Social Psychology 109*, 232-243.

Lucas, B. J., & Nordgren, L. F. (2020). "The creative cliff illusion", *PNAS 117*(33), 19830-19836.

Lucas, B. J., & Nordgren, L. F. (2022). "Lay people's beliefs about creativity: Evidence for an insight bias", *Trends in Cognitive Sciences 26*(1), 6-7.

Madrigal, A. C. (2011.5.11.). "The crazy old gadgets that presaged the iPod, iPhone and a whole lot more", *The Atlantic*. Retrieved from https://www.theatlantic.com/technology/archive/2011/05/the-crazy-old-gadgets-that-presaged-the-ipod-iphone-and-a-whole-lot-more/238679/

Mansfield, R. S., Busse, T. V., & Krepelka, E. J. (1978). "The effectiveness of creativity training", *Review of Educational Research 48*(4), 517-536.

Müller, B. C. N., Gerasimova, A., & Ritter, S. M. (2016). "Concentrative meditation influences creativity by increasing cognitive flexibility", *Psychology of Aesthetics, Creativity, and the Arts 10*(3), 278-286.

Nemeth, C. J., & O'Connor, A. (2019). "Better than individuals? Dissent and group creativity", In P. B. Paulus & B. A. Nijstad (Eds.), *The Oxford handbook of group creativity and innovation* (pp. 73-83). Oxford University

Press.

Oppezzo, M., & Schwartz, D. L. (2014). "Give your ideas some legs: The positive effect of walking on creative thinking", *Journal of Experimental Psychology: Learning, Memory, and Cognition 40*(4), 1142−1152.

Osborn, A. (1963). *Applied imagination*. New York: Scribner's.

Paulus, P. B., & Kenworthy, J. B. (2019). "Effective brainstorming", In P. B. Paulus & B. A. Nijstad (Eds.), *The Oxford handbook of group creativity and innovation* (pp. 287 – 305). Oxford University Press.

Rominger, C., Fink, A., Weber, B., Benedek, M., Perchtold−Stefan, C. M., & Schwerdtfeger, A. R. (2023). "Step−by−step to more creativity: The number of steps in everyday life is related to creative ideation performance", *American Psychologist*. Advance online publication.

Root−Bernstein, R. S., & Root−Bernstein, M. M. (1999). *Sparks of genius: The thirteen thinking tools of the world's most creative people*. Boston, MA: Houghton Mifflin. (『생각의 탄생』, 박종성 역, 에코의 서재)

Runco, M. A., & Okuda, S. M. (1991). "The instructional enhancement of the flexibility and originality scores of divergent thinking tests", *Applied Cognitive Psychology 5*(5), 435−441.

Sawyer, K. (2012). *Explaining creativity: The science of human innovation* (2nd ed.). Oxford: Oxford University Press.

Scott, G., Leritz, L. E., & Mumford, M. D. (2004a). "The effectiveness of creativity training: a quantitative review", *Creativity Research Journal 16*(4), 361 – 388.

Scott, G., Leritz, L. E., & Mumford, M. D. (2004b). "Types of creativity training: approaches and their effectiveness", *Journal of Creative Behavior 38*(3), 149 – 179.

Simonton, D. K. (1994). *Greatness: Who makes history and why.* New York: Guilford Press.

Smith, G. F. (1998). "Idea−generation techniques: A formulary of active ingredients", *Journal of Creative Behavior 32*(2), 107−133.

Sternberg, R. J. (2019). "Enhancing people's creativity", In J. C. Kaufman & R. J. Sternberg (Eds.), *The Cambridge handbook of creativity* (pp. 88 – 103). Cambridge University Press.

Sternberg, R. J., & Williams, W. M. (1996). *How to develop student creativity*. Alexandria, VA: Association for Supervision and Curriculum Development.

Sutton, R. I., & Hargadon, A. (1996). "Brainstorming groups in context: Effectiveness in a product design firm", *Administrative Science Quarterly*, 685–718.

Sutton, R. I. (2001). *Weird ideas that work: 11 1/2 practices for promoting, managing, and sustaining innovation.* Free Press (『역발상의 법칙』, 오성호 역, 황금가지)

Tsay, C. J. (2016). "Privileging naturals over strivers: The costs of the naturalness bias", *Personality and Social Psychology Bulletin 42*, 40–53.

von Oech, R. (1983). *A whack on the side of the head.* New York, NY: Warner Books.

Wilk, S. L., Desmarais, L. B., & Sackett, P. R. (1995). "Gravitation to jobs commensurate with ability: Longitudinal and cross-sectional tests", *Journal of Applied Psychology 80*(1), 79–85.

15장

에드거 앨런 포 (1843). 『에드거 앨런 포 소설 전집 4: 풍자 편』. 바른 번역, 코너스톤(2015년 6월 20일 발간).

이기수 (2018). 「최근 보이스피싱의 범죄수법 동향과 법적 대응방안」, 《범죄수사학연구》 4(2), 3–19.

이화선, 최인수 (2014). 「대학교양교육에서의 창의성 교육의 방향」, 《창의력 교육》 14(2), 1–17.

장재윤, 서희영, 김소정 (2023). 「한국 성인들의 창의성 신화에 대한 믿음의 현황 및 관련 변인 탐색」, 《한국심리학회지: 일반》 42(2), 87–118.

최병연 (2017). 「창의성의 어두운 면: 부정적 창의성 및 악의적 창의성 연구 고찰」, 《창의력교육연구》 17(3), 23–41.

Andreani, O. D., & Pagnin, A. (1993). "Moral judgment in creative and talented adolescents", *Creativity Research Journal 6*(1–2), 45–63.

Amabile, T. M. (1983). "The social psychology of creativity: A componential conceptualization", *Journal of Personality and Social Psychology 45*(2), 357–376.

Asal, V., Gill, P., Rethemeyer, R. K., & Horgan, J. (2015). "Killing range explaining lethality variance within a terrorist organization", *Journal of Conflict Resolution 59*(3), 401–427.

Baas, M., Roskes, M., Koch, S., Cheng, Y., & De Dreu, C. K. W. (2019). "Why social threat motivates malevolent creativity", *Personality and Social Psychology Bulletin 45*(11), 1590–1602.

Bandura, A. (1986). *Social cognitive theory: social foundations of thought and action*. New Jersey: Prentice Hall.

Batey, M., Hughes, D. J., Mosley, A., Owens, C. E., & Furnham, A. (2022). "Psychopathy and openness—to—experience as predictors of malevolent and benevolent creativity", *Personality and Individual Differences 196*, 111715.

Beaussart, M. L., Kaufman, S. B., & Kaufman, J. C. (2012). "Creative activity, personality, mental illness, and short—term mating success", *Journal of Creative Behavior 46*(3), 151—167.

Benjamin, D., & Simon, S. (2002). "Al Qaeda's dangerous metamorphosis", *Los Angeles Times*. (2022. 11. 11.)

Cattell, R. B., & Butcher, H. J. (1968). *The prediction of achievement and creativity*. Bobbs—Merrill.

Chan, D. W. (2011). Confucianism. In M. A. Runco & S. R. Pritzker (Eds.), *Encyclopedia of creativity* (pp. 246 – 252). San Diego, CA: Academic Press.

Clark, K. & James, K. (1999). "Justice and positive and negative creativity", *Creativity Research Journal 12*(4), 311 – 320.

Cropley, D. H. (2010). "Summary – The dark side of creativity: A differentiated model", In D. H. Cropley, A. J. Cropley, J. C. Kaufman, & M. A. Runco (Eds.), *The dark side of creativity*. New York: Cambridge University Press.

Cropley, D. H. (2015). "Video games and malevolent creativity: Does one thing lead to another?", In G. P. Green & J. C. Kaufman (Eds.), *Video games and creativity* (pp. 61 – 81). Elsevier Academic Press.

Cropley, D., & Cropley, A. (2005). "Engineering creativity: A systems concept of functional creativity", In J. C. Kaufman & J. Baer (Eds.), *Creativity across domains: Faces of the muse* (pp. 169 – 185). Lawrence Erlbaum Associates Publishers.

Cropley, D. H., & Cropley, A. J. (2013). *Creativity and crime: A psychological approach*. Cambridge: Cambridge University Press.

Cropley, D. H., & Cropley, A. J. (2015). *The psychology of innovation in organizations*. Cambridge University Press.

Cropley, D. H., & Cropley, A. J. (2019). "Creativity and malevolence: Past, present, and future", In Kaufman, J. C., & Sternberg, R. J. (Eds.) (2019). *The Cambridge handbook of creativity* (2nd ed.). Cambridge University Press.

Cropley, D. H., Cropley, A. J., Kaufman, J. C., & Runco, M. A. (Eds.). (2010).

The dark side of creativity. New York: Cambridge University Press.

Cropley, D. H., Kaufman, J. C., & Cropley, A. J. (2008). "Malevolent creativity: A functional model of creativity in terrorism and crime", *Creativity Research Journal 20*(2), 105 – 115.

Cropley, D. H., Kaufman, J. C., & Cropley, A. J. (2013). "Understanding malevolent creativity", In J. Chan & K. Thomas (Eds.), *Handbook of Research on Creativity* (pp. 185–195). Northampton, MA: Edward Elgar Publishing.

Cropley, D. H., Kaufman, J. C., White, A. E., & Chiera, B. A. (2014). "Layperson perceptions of malevolent creativity: The good, the bad, and the ambiguous", *Psychology of Aesthetics, Creativity, and the Arts 8*(4), 1 – 20.

Csikszentmihalyi, M. (1996). *Flow and the psychology of discovery and invention.* New York: Harper Collins.

De Dreu, C. K., & Nijstad, B. A. (2008). "Mental set and creative thought in social conflict: threat rigidity versus motivated focus", *Journal of Personality and Social Psychology 95*(3), 648.

Eisenman, R. (1999). "Creative prisoners: Do they exist?", *Creativity Research Journal 12*(3), 205 – 210.

Ellis, L. M. (2022). "The interpersonal consequences of stealing ideas: Worse character judgments and less co-worker support for an idea (vs. money) thief", *Organizational Behavior and Human Decision Processes 171*, 104165.

Fischbacher-Smith, D. (2016). "Framing the UK's counter-terrorism policy within the context of a wicked problem", *Public Money and Management 36*(6), 399 – 408.

Forgeard, M. J. C., & Mecklenburg, A. C. (2013). "The two dimensions of motivation and a reciprocal model of the creative process", *Review of General Psychology 17*(3), 255 – 266.

Gill, P., Horgan, J., Hunter, S. T., & Cushenbery, L. (2013). "Malevolent creativity in terrorist organizations", *Journal of Creative Behavior 47*, 125 – 151.

Gino, F. & Ariely, D. (2012). "The dark side of creativity: Original thinkers can be more dishonest", *Journal of Personality and Social Psychology 102*(3), 445 – 459.

Gino, F. & Wiltermuth, S. S. (2014). "Evil genius? How dishonesty can lead to greater creativity", *Psychological Science 25*(4), 973 – 981.

Goncalo, J. A., Vincent, L. C., & Audia, P. G. (2010). "Early creativity as a constraint on future achievement", In D. H. Cropley, A. J. Cropley, J. C. Kaufman, & M. A. Runco (Eds.), *The dark side of creativity* (pp. 114–133). New York: Cambridge University Press.

Gutworth, M. B., Cushenbery, L., & Hunter, S. T. (2018). "Creativity for deliberate harm: Malevolent creativity and social information processing theory", *Journal of Creative Behavior 52*(4), 305–322.

Guilford, J. P. (1967). "Creativity: Yesterday, today and tomorrow", *Journal of Creative Behavior 1*(1), 3–14.

Hao, N., Tang, M., Yang, J., Wang, Q., & Runco, M. A. (2016). "A new tool to measure malevolent creativity: The malevolent creativity behavior scale", *Frontiers in Psychology 7*, 682.

Harris, D. J., & Reiter-Palmon, R. (2015). "Fast and furious: The influence of implicit aggression, premeditation, and provoking situations on malevolent creativity", *Psychology of Aesthetics, Creativity, and the Arts 9*(1), 54–64.

Harris, D. J., Reiter-Palmon, R., & Kaufman, J. C. (2013). "The effect of emotional intelligence and task type on malevolent creativity", *Psychology of Aesthetics, Creativity, and the Arts 7*(3), 237–244.

Henning, B. G. (2005). *The ethics of creativity: Beauty, morality, and nature in a processive cosmos.* Pittsburgh, PA: University of Pittsburgh Press.

Hilton, K. (2010). "Boundless creativity", In D. H. Cropley, A. J. Cropley, J. C. Kaufman, & M. A. Runco (Eds.), *The dark side of creativity* (pp. 134–154). Cambridge: Cambridge University Press.

Hocevar, D. (1980). "Intelligence, divergent thinking, and creativity", *Intelligence 4*, 25–40.

Hofmann, D. C. (2016). "The influence of charismatic authority on operational strategies and attack outcomes of terrorist groups", *Journal of Strategic Security 9*(2), 14–44.

Horgan, J. G. (2017). "Psychology of terrorism: Introduction to the special issue", *American Psychologist 72*(3), 199.

Hudson, L. (1966). *Contrary imaginations: A psychological study of the young student.* Schocken Books.

Hunter, S. T., Walters, K., Nguyen, T., Manning, C., & Miller, S. (2022). "Malevolent creativity and malevolent innovation: a critical but tenuous linkage", *Creativity Research Journal 34*(2), 123–144.

Jackson, L. A., Witt, E. A., Games, A. I., Fitzgerald, H. E., Von Eye, A., & Zhao, Y. (2012). "Information technology use and creativity: Findings from the children and technology project", *Computers in Human Behavior* *28* (2), Article 2.

Jasper, J. M. (2010). "The innovation dilemma: Some risks of creativity in strategic agency", In D. H. Cropley, A. J. Cropley, J. C. Kaufman, & M. A. Runco (Eds.), *The dark side of creativity* (pp. 91 – 113). Cambridge University Press.

Jia, X., Wang, Q., & Lin, L. (2020). "The relationship between childhood neglect and malevolent creativity: The mediating effect of the dark triad personality", *Frontiers in Psychology 11*, 613695.

Jonason, P. K., Abboud, R., Tomé, J., Dummett, M., & Hazer, A. (2017). "The dark triad traits and individual differences in self–reported and other–rated creativity", *Personality and Individual Differences 117*, 150–154.

Kampylis, P. G., & Valtanen, J. (2010). "Redefining creativity – analyzing definitions, collocations, and consequences", *Journal of Creative Behavior* *44*(3), 191 – 214.

Kapoor, H. (2015). "The creative side of the dark triad", *Creativity Research Journal* *27*(1), 58–67.

Kapoor, H., Tagat, A., & Cropley, D. H. (2016). "Fifty shades of creativity: Case studies of malevolent creativity in art, science, and technology", In F. K. Reisman (Eds.), *Creativity in arts, science and technology* (pp. 25 – 44). London: KIE Conference Publications.

Keem, S., Shalley, C. E., Kim, E., & Jeong, I. (2018). "Are creative individuals bad apples? A dual pathway model of unethical behavior", *Journal of Applied Psychology 103*(4), 416 – 431.

Kim, K. H. (2008). "Meta–analyses of the relationship of creative achievement to both IQ and divergent thinking test scores", *The Journal of Creative Behavior* *42*(2), 106 – 130.

Kirton, M. (1976). "Adaptors and innovators: A description and measure", *Journal of Applied Psychology 61*(5), 622 – 629.

Lebuda, I., Figura, B., & Karwowski, M. (2021). "Creativity and the Dark Triad: A meta–analysis", *Journal of Research in Personality 92*, 104088.

Lee, S. A., & Dow, G. T. (2011). "Malevolent creativity: Does personality influence malicious divergent thinking?", *Creativity Research Journal 23*(2),

73 – 82.

Liu, X., Lee, B. Y., Kim, T-Y., Gong, Y., & Zheng, X. (2023). "Double-edged effects of creative personality on moral disengagement and unethical behaviors: Dual motivational mechanisms and a situational contingency", *Journal of Business Ethics 185*, 449 – 466.

Mai, K. M., Ellis, A. P., & Welsh, D. T. (2015). "The gray side of creativity: Exploring the role of activation in the link between creative personality and unethical behavior", *Journal of Experimental Social Psychology 60*, 76-85.

Maurer, D. W. (1940). *The Big Con: The story of the confidence man*. Bobbs-Merrill Company. (『빅콘 게임』, 고수미 역, 마고북스)

Mazar, N., Amir, O., & Ariely, D. (2008). "The dishonesty of honest people: A theory of self-concept maintenance", *Journal of Marketing Research 45*(6), 633-644.

McBain, R. M. J., Cropley, D. H., & Kavanagh, P. S. (2017). "The devil made me do it: Press and personality in malevolent creativity", *The International Journal of Creativity & Problem Solving 27*(1), 21 – 44.

McCann, M. (2005). "International perspectives on giftedness: Experimental and cultural observations of IQ and creativity with implications for policy and curriculum design", *International Education Journal 6*, 125 – 133.

McLaren, R. B. (1993). "The dark side of creativity", *Creativity Research Journal 6*, 137 – 144.

Mueller, J. S., Melwani, S., & Goncalo, J. A. (2012). "The bias against creativity: Why people desire but reject creative ideas", *Psychological Science 23*(1), 13 – 17.

Nickerson, R. S. (1999). Enhancing creativity. In R. J. Sternberg (Ed.), *Handbook of creativity* (pp. 392 – 430). Cambridge, England: Cambridge University Press.

Niepel C., Mustafí M., Greiff S., & Roberts R. D. (2015). "The dark side of creativity revisited: is students' creativity associated with subsequent decreases in their ethical decision making?", *Thinking Skills and Creativity 18*, 43 – 52.

Perchtold-Stefan, C. M., Rominger, C., Papousek, I., & Fink, A. (2022). "Antisocial schizotypy is linked to malevolent creativity", *Creativity Research Journal 34*(3), 355-367.

Perchtold-Stefan, C. M., Rominger, C., Papousek, I., & Fink, A. (2022).

"Antisocial schizotypy is linked to malevolent creativity", *Creativity Research Journal 34*(3), 355–367.

Rappoport, L., & Kren, G. (1993). "Amoral rescuers: The ambiguities of altruism", *Creativity Research Journal 6*(1–2), 129–136.

Root–Bernstein, R. S. (1989). "Who discovers and invents", *Research-Technology Management 32*(1), 43–50.

Runco, M. A. (Ed.). (2010). "Creativity has no dark side", In D. H. Cropley, A. J. Cropley, J. C. Kaufman, & M. A. Runco (Eds.), *The dark side of creativity* (pp. 15–32). Cambridge University Press.

Salancik, G. R., & Pfeffer, J. (1978). "A social information processing approach to job attitudes and task design", *Administrative Science Quarterly 23*(2), 224–253.

Shen, W., Yuan, Y., Yi, B., Liu, C., & Zhan, H. (2019). "A theoretical and critical examination on the relationship between creativity and morality", *Current Psychology 38*, 469–485.

Storme, M., Celik, P., & Myszkowski, N. (2021). "Creativity and unethicality: A systematic review and meta–analysis", *Psychology of Aesthetics, Creativity, and the Arts 15*(4), 664–672.

Tett, R. P., & Burnett, D. D. (2003). "A personality trait–based interactionist model of job performance", *Journal of Applied Psychology 88*(3), 500–517.

Vincent, L. C., & Goncalo, J. A. (2014). "License to steal: How the creative identity entitles dishonesty", In S. Moran, D. Cropley, & J. C. Kaufman (Eds.), *The ethics of creativity* (pp. 137–151). Palgrave Macmillan/Springer Nature.

Vincent, L. C., & Kouchaki, M. (2016). "Creative, rare, entitled, and dishonest: How commonality of creativity in one's group decreases an individual's entitlement and dishonesty", *Academy of Management Journal 59*(4), 1451–1473.

Walczyk, J. J., Runco, M. A., Tripp, S. M., & Smith, C. E. (2008). "The creativity of lying: Divergent thinking and ideational correlates of the resolution of social dilemmas", *Creativity Research Journal 20*, 328–342.

찾아보기